2012

广东建设年鉴

广东建设年鉴编纂委员会　编

廣東省出版集團
广东人民出版社
·广州·

图书在版编目（CIP）数据

广东建设年鉴.2012 / 广东建设年鉴编纂委员会编. —广州：广东人民出版社，2012.11
ISBN 978-7-218-08205-9

Ⅰ. ①广… Ⅱ. ①广… Ⅲ. ①城市建设—广东省—2012—年鉴 Ⅳ. ①F299.276.5-54

中国版本图书馆CIP 数据核字（2012）第 241092 号

GUANGDONG JIANSHE NIANJIAN
广东建设年鉴·2012
广东建设年鉴编纂委员会 编

版权所有 翻印必究

出 版 人：曾 莹

责任编辑：柏 峰 张贤明 陈其伟
责任技编：周 杰
装帧设计：徐兴洋

出版发行：广东人民出版社
地 址：广州市大沙头四马路 10 号（邮政编码：510102）
电 话：（020）83798714
传 真：（020）83780199
网 址：http://www.gdpph.com
印 刷：中华商务联合印刷（广东）有限公司
书 号：ISBN 978-7-218-08205-9
开 本：889 毫米×1194 毫米 1/16
印 张：43.25 插页：94 字数：1557 千
版 次：2012 年 11 月第 1 版 2012 年 11 月第 1 次印刷
定 价：260.00 元

《广东建设年鉴》编辑部
地 址：广州市豪贤路 102 号汇德大厦 602 室
电 话：（020）87255508 87252984
网 址：www.gdcic.net
电子邮箱：gdjsnj@gdcic.net
邮政编码：510055
传 真：（020）87255234

如发现印装质量问题，影响阅读，请与出版社（020-83795749）联系调换。

编辑说明

一、《广东建设年鉴》是广东省住房和城乡建设厅主办、广东建设年鉴编纂委员会组织编纂的资料性工具书，于2009年创办。其宗旨是及时、全面、系统、翔实地载录广东住房和城乡建设事业的发展状况，为各级领导决策以及行业管理工作提供依据和参考，为社会各界了解和研究广东住房和城乡建设事业的发展状况提供信息资料和数据。

二、《广东建设年鉴》采用分类编辑法，以部类（篇目）、分目、条目组成框架结构的主体部分。在少数分目中，增加子分目的层次。全书条目标题统一用黑体加【】表示，个别包含多方面资料的条目则在段首加插楷体标题提示，方便读者查阅。全书前有目录，后有索引，具有比较完善的检索系统。

三、《广东建设年鉴》以出版年号为卷次名称。2012年卷主要载录广东省2011年住房和城乡建设事业发展的基本资料。全书设有23个篇目：（1）特辑；（2）大事纪要；（3）广东建设事业发展总述；（4）城乡规划；（5）城市建设与管理；（6）村镇建设；（7）重点工程建设；（8）勘察设计；（9）建筑业；（10）建设科技；（11）住房与房地产业；（12）教育培训与执业资格；（13）行政审批；（14）建设事业信息化；（15）行政执法与法制建设；（16）机关工作与援扶工作；（17）党务工作与廉政建设；（18）人物；（19）各市建设；（20）荣誉榜；（21）统计资料；（22）领导讲话；（23）法规文件。

四、为增加信息量，增强可读性，2012年卷组编了广东省的相关地图及“广东城乡建设数字”、“广东城乡建设要录”，设置了“广东城乡建设风采”、“广东建设行业排头兵”和“各市建设”彩色图片专辑，并在内文加插了一批图片和附表，力求图文并茂地反映广东住房和城乡建设事业发展的风貌。

五、“统计资料”篇目数据由广东省统计局提供，其他篇目数据分别由广东省住房和城乡建设厅相关处室、直属单位以及各地级以上市住房和城乡建设管理部门负责提供和审核。

六、《广东建设年鉴》的编纂出版得到了广东省住房和城乡建设系统各有关单位及社会各界人士的鼎力支持和热情帮助，对此深表谢意。本书存在的问题与不足，恳请广大读者和专家提出宝贵意见和建议，以使《广东建设年鉴》越办越好。

《广东建设年鉴》顾问

陈之泉　劳应勋　韩　松　莫秀吉

《广东建设年鉴》编纂委员会

主　　任　房庆方　王　芃

副 主 任　陈英松　李台然　蔡　瀛　杜　挺　李锡洪　陈承旗
刘锦红　李新建　张少康　李运章　陈天翼

委　　员　（按姓氏笔画为序）

丁　强　丁建隆　丁海潮　马水源　马成辉　马克烈
王　洪　王幼鹏　王全录　王伯昌　王国如　王海明
王逵昱　韦奕铨　车斯文　毛东信　邓惠林　邓潘任
古敏生　卢仲强　叶　锐　史斌斌　兰德华　冯　颢
冯杰焕　吕洪清　朱　川　朱　磊　刘升河　刘伟强
刘忠朴　刘宗孝　刘洪涛　刘耿辉　刘新强　刘耀辉
关　石　江卓君　汤锦贤　许汉焕　许险峰　孙　波
苏建伟　苏树鹏　杨　荣　杨小晶　杨胜军　李　明
李永洁　李廷贵　李庆明　李枝坚　李荣强　李俊夫
李健明　李鸿辉　李德友　肖　宁　肖逸生　吴　松
吴伟强　吴定移　岑炳强　邱衍庆　余云枢　辛颖晖
张　平　张　珂　张中坚　张伟华　张国平　张思成
张绮文　陆景华　陆德华　陈　刘　陈　琼　陈力强
陈少鹏　陈六合　陈永宁　陈芝岳　陈伟杰　陈伟建
陈茂良　陈建国　陈哈理　陈健伟　陈浩斌　陈辉南
陈德深　林丹雄　林仕彬　林兆雄　林建新　林胜初
林健生　林登海　林镇光　欧阳南江　罗庆云　罗思源
罗焯添　罗滇南　周伟文　周伟源　孟广生　赵国坚
赵鹏林　柳玉斌　钟汉谋　钟美恃　钟朝阳　钟耀祥
段　成　侯永铨　施东红　洪　冰　袁小平　袁以立
袁庆华　莫植贵　夏卫兵　钱中强　徐　阳　徐　凯
郭仲秋　郭壮狮　郭建宏　黄大维　黄方亮　黄水祥
黄汉棣　黄志峰　黄克新　黄祖璜　黄维德　黄腾远
黄福平　曹万里　章吉青　梁大盛　梁叶章　梁成满
梁伟明　梁志华　梁君明　梁荣坚　梁雄光　梁智威
梁韶灵　程越华　傅友好　傅运光　曾庆强　曾春盛
曾保友　曾宪川　谢　航　谢　毅　谢莉珍　谢锦波
蒙敬杭　赖庆树　赖源凯　雷　军　蔡东升　蔡珠文
蔡振荣　廖江陵　谭龙海　潘伟堂　潘志文　潘锐波
魏森新

特邀委员　（按姓氏笔画为序）

马小军　王　健　丘小广　刘声向　刘绍生　刘琼祥
张焕新　陆志峰　贺全龙　徐天平　鲁君驷　蔡　光

主　　编　陈承旗
副 主 编　金炳亮　阳晓儒　李运章　黄维德　李健明

《广东建设年鉴》编辑部

主　　任　李健明
副 主 任　陈明明
编　　辑　陈财盛　李　勇
特邀编辑　冯碧英

《广东建设年鉴》主要撰稿人

（按姓氏笔画为序）

刁彩虹　马　蒿　王　务　王礼贵　王　芳　王绍挺　王晓东　王海兵
王海忠　王瑞斌　王勤华　区惠怡　邓　韬　邓慧琨　孔竞兰　石冠文
龙家俊　龙赛姗　卢少媚　卢淑华　卢　雄　叶小凡　叶小青　叶伟尧
叶绍群　由　翌　丘加达　冯文兴　冯育文　冯继妍　皮定峰　吕庆文
朱学武　朱高洪　朱　锋　伍奉恒　伍佩玲　危珺玭　邬永宏　刘　戈
刘石坚　刘伟丞　刘贵凤　刘美玲　刘　勇　关则和　祁奇伟　许　伟
许诗诺　许晓凯　阮菁英　纪晓佳　麦　华　苏西超　苏国兴　苏智勇
杜方磊　杜海蓉　杨丽贞　杨　虹　杨　哲　杨海涛　杨惠勤　李玉泉
李巧环　李东辉　李冬辉　李永上　李亚江　李　旭　李杏浓　李学东
李保刚　李艳环　李艳霞　李素华　李婉葵　肖送文　吴再泉　吴茂林
吴佩玲　吴　珊　吴贵贤　吴秋菊　吴维彬　吴燕婷　邱二庆　邱振汇
邱源园　何　山　何志坚　何思权　何锋军　余丽珍　邹　丹　沈　坚
沈宗文　宋　健　张丹丹　张文宇　张玉凤　张正才　张汉雄　张志军
张志红　张丽芳　张　兵　张珍妮　张秋玲　张　珩　张振勇　张敬东
张朝发　张　鹏　陆彩华　陆韶文　陈万鑫　陈小勇　陈少伟　陈　兵
陈宏略　陈若兰　陈佩珠　陈炎辉　陈思明　陈俊武　陈　洋　陈晓文
陈晓锦　陈辅淳　陈　雷　陈锡群　陈福和　陈蔚宜　范素华　林元满
林伟明　林兆雄　林肖兵　林树欢　林铁洪　欧　茵　欧剑辉　卓云峰
卓　扬　罗光强　罗宇峰　罗军武　罗　欢　罗　栋　罗　勇　罗　婕
罗静凤　罗　曦　金　芳　周　元　周志亮　周　杨　周建雄　周炳明
周　娟　郑标生　郑康振　郑智敏　郑嘉玮　郑演祥　封晓霞　赵丽霞
赵　航　胡　琼　钟志强　钟敏华　饶　静　洪群钊　姚　铭　贺　波
秦小三　袁方正　袁彩华　袁燕森　耿亚兰　贾国东　徐健全　徐海珊
徐　强　殷国新　翁国钿　翁炳东　翁祐雄　高　涛　高　嵘　高　磊
郭苑娜　郭俊雄　郭　蕊　唐丁照　唐　卉　唐　莘　凌红梅　涂学军
黄玉玲　黄永源　黄伟鸿　黄丽英　黄国兴　黄育平　黄钦成　黄彩霞
黄淑娟　黄婉华　黄惠谊　黄锡秦　黄慰慰　曹　滢　崔洁亮　康　薇
梁小贤　梁维智　梁　翼　彭兰阶　彭喜奎　韩启程　傅学燕　傅银波
曾金泉　谢　贝　谢汉奎　谢联辉　谢　鑫　靳亮亮　赖维纲　詹　卡
蔡小裕　蔡曙光　谭巧仪　谭宇昂　谭树治　熊小玲　黎为科　黎　丽
穆占欣　魏春喜

总　目

目　录

图片专辑

特　辑

大事纪要

广东建设事业发展总述

城乡规划

城市建设与管理

村镇建设

重点工程建设

勘察设计

建筑业

建设科技

住房与房地产业

教育培训与执业资格

行政审批

建设事业信息化

行政执法与法制建设

机关工作与援扶工作

党务工作与廉政建设

人　　物

各市建设

荣誉榜

统计资料

领导讲话

法规文件

2011·广东城乡建设数字

常住总人口 10505.01 万人
国家园林城市 16 个
国家级风景名胜区 8 个
国家级历史文化名城 7 座
全国特色景观旅游名镇 7 个
全国特色景观旅游名村 3 个
中国人居环境范例奖 3 个
中国建设工程鲁班奖 8 项
全国建筑工程装饰奖 39 项
国家级工法 23 项
城市建设完成固定资产投资 687.92 亿元
城市人均公园绿地面积 14.38 平方米
城市供水综合生产能力 3506.32 万立方米／日
城市用水人口 4658.75 万人
城市人均日生活用水量 241.38 升
城市自来水普及率 98.39%
城市燃气普及率 91.78%
城市液化石油气年供气总量 406.59 万吨
城市天然气年供气总量 118.42 万立方米
城镇污水处理厂 349 座
城镇污水处理能力 2186.86 万立方米／日
城市污水集中处理率 78.26%
市县城区生活垃圾无害化处理规模 4.83 万吨／日
市县城区生活垃圾无害化处理率 75%
建筑企业 4771 家
完成建筑业总产值 5813 亿元
建筑企业实现利税总额 522 亿元
房屋施工面积 38349.54 万平方米
完成房地产开发投资 4899.19 亿元
商品房销售面积 7761.34 万平方米
公积金实际缴存职工人数 1049.72 万人
廉租住房竣工 2796 套
经济适用住房竣工 1680 套
限价商品房竣工 4684 套
公共租赁住房竣工 78438 套
城市棚户区改造竣工 7224 套

（湘君 辑）

2011·广东城乡建设要录

完成保障性安居工程建设任务

全省新开工建设的保障性住房33.9万套，新竣工保障性住房11.15万套，超额完成国家下达的目标任务，提前一个季度完成原登记在册的7.3万户家庭的廉租住房保障任务。

住房公积金新增缴存额925.78亿元

全省住房公积金新增缴存额925.78亿元，比上年同期增长51.8%；提取额480.44亿元，增长26.83%，占当年缴存额的51.9%；发放个人贷款297.89亿元，占全年缴存额的32.18%。

珠江三角洲绿道网建设实现“两年全部到位”目标

珠江三角洲省立绿道网累计建成驿站345个，设置标识18697个，沿线新增绿化长度2735千米；城市绿道已建成2828千米，沿线新增绿化长度2763千米，实现“两年全部到位”目标。

城市人均公园绿地面积14.38平方米

全省城市人均公园绿地面积14.38平方米，新增城市人均公园绿地面积1.09平方米；建成区绿化覆盖率41.32%，绿地率37.27%，分别比上年提高0.01个百分点和0.59个百分点。

新建生活垃圾无害化处理场16个

全省新建成16座生活垃圾无害化处理场，新增处理规模6250吨／日，市县城区生活垃圾无害化处理率75%，比上年提高5个百分点。

城市污水集中处理率78.26%

全省城市污水集中处理率78.26%，比上年提高3个百分点。

建制镇总体规划覆盖率89%

全省建制镇总体规划覆盖率89%，比上年提高5个百分点；村庄规划覆盖率45%，比上年提高6个百分点。

城镇保障性住房建设、城中村改造、垃圾处理设施建设列入省重点工程项目

全省各地城镇保障性住房建设、城中村改造和垃圾处理设施建设打包列入广东省重点工程项目，分别完成年度投资267亿元、214.3亿元和20.4亿元。

首届岭南特色规划与建筑设计评优活动

评出2000年以来广东省具有岭南特色的规划与建筑设计项目69项。其中“岭南特色建筑设计奖”19项，“岭南特色园林设计奖”18项，“岭南特色规划设计奖”15项，“岭南特色街区奖”9项，“岭南特色乡村民居奖”8项。

新建建筑节能标准施工阶段执行率97.5%

全省新建建筑节能标准施工阶段执行率97.5%，比上年提高1.5个百分点。新增节能建筑9936万平方米，实现减排二氧化碳243万吨。新墙材应用比例为94%，节约能源80.06万吨标煤，减排二氧化碳20.96万吨，减排二氧化硫6851吨。

一批建设工程项目获奖

全省建筑业总产值5813亿元，比上年增长26.7%，获“中国建设工程鲁班奖”8项，“全国建筑工程装饰奖”39项，“国家建设工程项目AAA级安全文明标准化诚信工地”21个，“广东省建设工程金匠奖”50项，“广东省优良样板工程”100项，新技术应用示范工程57项；国家级工法23项，省级工法158项。

203项科技成果通过省级鉴定

全年203项通过广东省级建设科技成果鉴定，49项列入住房和城乡建设部科技计划，21项获“华夏科技奖”，9项获“广东省科技进步奖”。67人通过教授级高级工程师初审，1251人通过高级工程师评审；各类执业注册人员96506人，取得《职业资格证书》23205人。

（湘君 辑）

广东省地图院编制　　审图号：粤S（2011）057号

江西省
JIANGXI
福建省
FUJIAN
大余
Dayu
信丰
Xinfeng
安远
Anyuan
寻乌
Xunwu
龙南
Longnan
定南
Dingnan
全南
Quannan
武平
Wuping
上杭
Shanghang
永定
Yongding
龙岩市
Longyan
漳平市
Zhangping
华安
Hua'an
长泰
Changtai
南靖
Nanjing
漳州市
Zhangzhou
龙海市
Longhai
平和
Pinghe
漳浦
Zhangpu
云霄
Yunxiao
诏安
Zhao'an
东山
Dongshan
东山岛
Dongshan Dao
仁化
Renhua
南雄市
Nanxiong
韶关市
Shaoguan
始兴
Shixing
浈江区
Zhenjiang
曲江区
Qujiang
翁源
Wengyuan
连平
Lianping
和平
Heping
新丰
Xinfeng
龙川
Longchuan
平远
Pingyuan
蕉岭
Jiaoling
梅江区
Meijiang
梅州市
Meizhou
梅县
Meixian
兴宁市
Xingning
大埔
Dapu
五华
Wuhua
丰顺
Fengshun
潮州市
Chaozhou
湘桥区
Xiangqiao
饶平
Raoping
新丰江水库
河源市
Heyuan
东源
Dongyuan
源城区
Yuancheng
紫金
Zijin
龙门
Longmen
从化市
Conghua
增城市
Zengcheng
博罗
Boluo
惠城区
Huicheng
惠州市
Huizhou
惠东
Huidong
揭西
Jiexi
揭阳市
Jieyang
揭东
Jiedong
榕城区
Rongcheng
潮安
Chao'an
澄海区
Chenghai
南澳
Nan'ao
南澳岛
Nan'ao Dao
金平区
Jinping
汕头市
Shantou
龙湖区
Longhu
濠江区
Haojiang
潮南区
Chaonan
潮阳区
Chaoyang
普宁市
Puning
惠来
Huilai
陆河
Luhe
海丰
Haifeng
陆丰市
Lufeng
城区
Chengqu
汕尾市
Shanwei
勒门列岛
Lemen Liedao
南澎列岛
Nanpeng Liedao
北回归线
海门湾
神泉港
红海湾
东莞市
Dongguan
惠阳区
Huiyang
龙岗区
Longgang
南沙区
Nansha
深圳市
Shenzhen
罗湖区
Luohu
宝安区
Bao'an
南山区
Nanshan
福田区
Futian
盐田区
Yantian
珠海市
Zhuhai
香港
Hong Kong
香港特别行政区 HONG KONG SAR.
澳门
Macao
澳门特别行政区
MACAO SAR.
伶仃洋
担杆列岛
Dangan Liedao
万山群岛
Wanshan Qundao
大万山岛
Dawanshan Dao
佳蓬列岛
Jiapeng Liedao
北卫滩
南卫滩
东沙群岛
Dongsha Qundao
东沙岛
东沙礁
南海
SOUTH CHINA SEA
114°
115°
116°
117°
118°
25°
24°
23°
22°
21°
20°
图例 LEGEND
省级行政中心
Province-level Administrative Centre
地级行政中心
Prefecture-Level Administrative Centre
县级行政中心
County-level Administrative Centre
省级行政区界
Province-Level Boundary
特别行政区界
SAR. Boundary
地级行政区界
Prefecture-Level Boundary
县级行政区界
County-level Boundary
铁路
Railway
(未建成)
高速公路
Expressway
国道
National Highway
机场
Airport

: 2550000

广东省城镇体系规划总图（2011-2020年）

N

0 10 50km

湖 南

广 西 壮 族 自 治 区

连州市
连南县
连山县
阳山县
怀集县
清新
广宁县
封开县
四会市
德庆县
肇庆市
郁南县
云安县
佛山
云浮市
高要市
罗定市
鹤山市
新兴县
江
信宜市
开平市
阳春市
恩平市
台山市
高州市
阳江市
阳东县
茂名市
化州市
阳西县
廉江市
电白县
吴川市
上川岛
下川岛
海陵岛
川山群岛
遂溪县
大放鸡
湛江市
南
东海岛
硇洲岛
雷州市
徐闻县
琼 州 海 峡

图例
省域主/副中心城市
地区性中心城市
地方性中心城市
县（市）域中心城市
高速公路

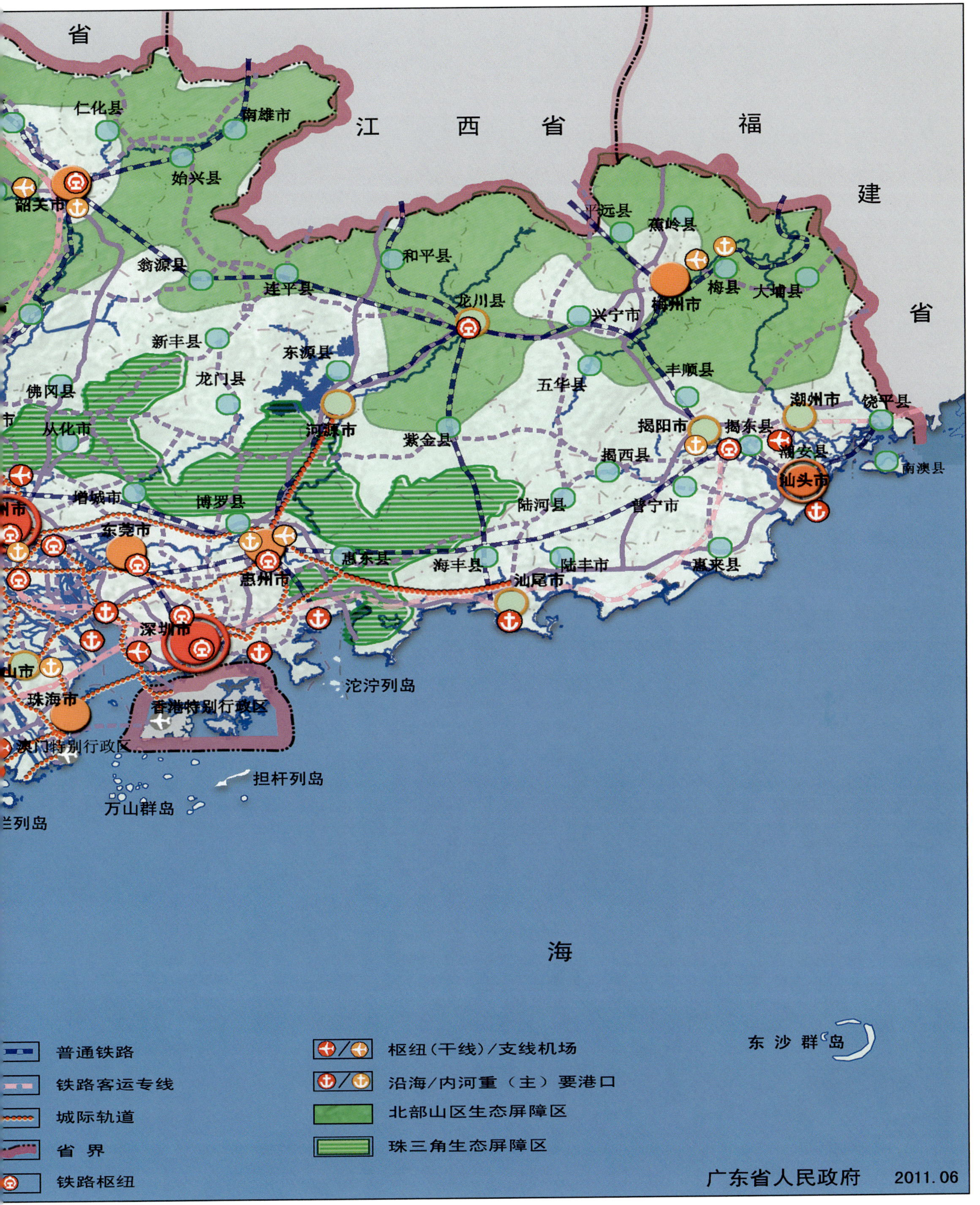

江 西 省
福
建
省
仁化县
南雄市
始兴县
韶关市
翁源县
连平县
和平县
平远县
蕉岭县
梅县
大埔县
梅州市
龙川县
兴宁市
新丰县
东源县
龙门县
佛冈县
从化市
河源市
五华县
丰顺县
紫金县
揭阳市
揭东县
潮州市
饶平县
潮安县
揭西县
汕头市
南澳县
增城市
博罗县
陆河县
普宁市
东莞市
惠东县
海丰县
陆丰市
惠来县
惠州市
汕尾市
深圳市
珠海市
香港特别行政区
澳门特别行政区
沱泞列岛
担杆列岛
万山群岛
海
东沙群岛
普通铁路
铁路客运专线
城际轨道
省 界
铁路枢纽
枢纽（干线）/支线机场
沿海/内河重（主）要港口
北部山区生态屏障区
珠三角生态屏障区
广东省人民政府 2011.06

珠江三角洲地区城际轨道交通网规划示意图

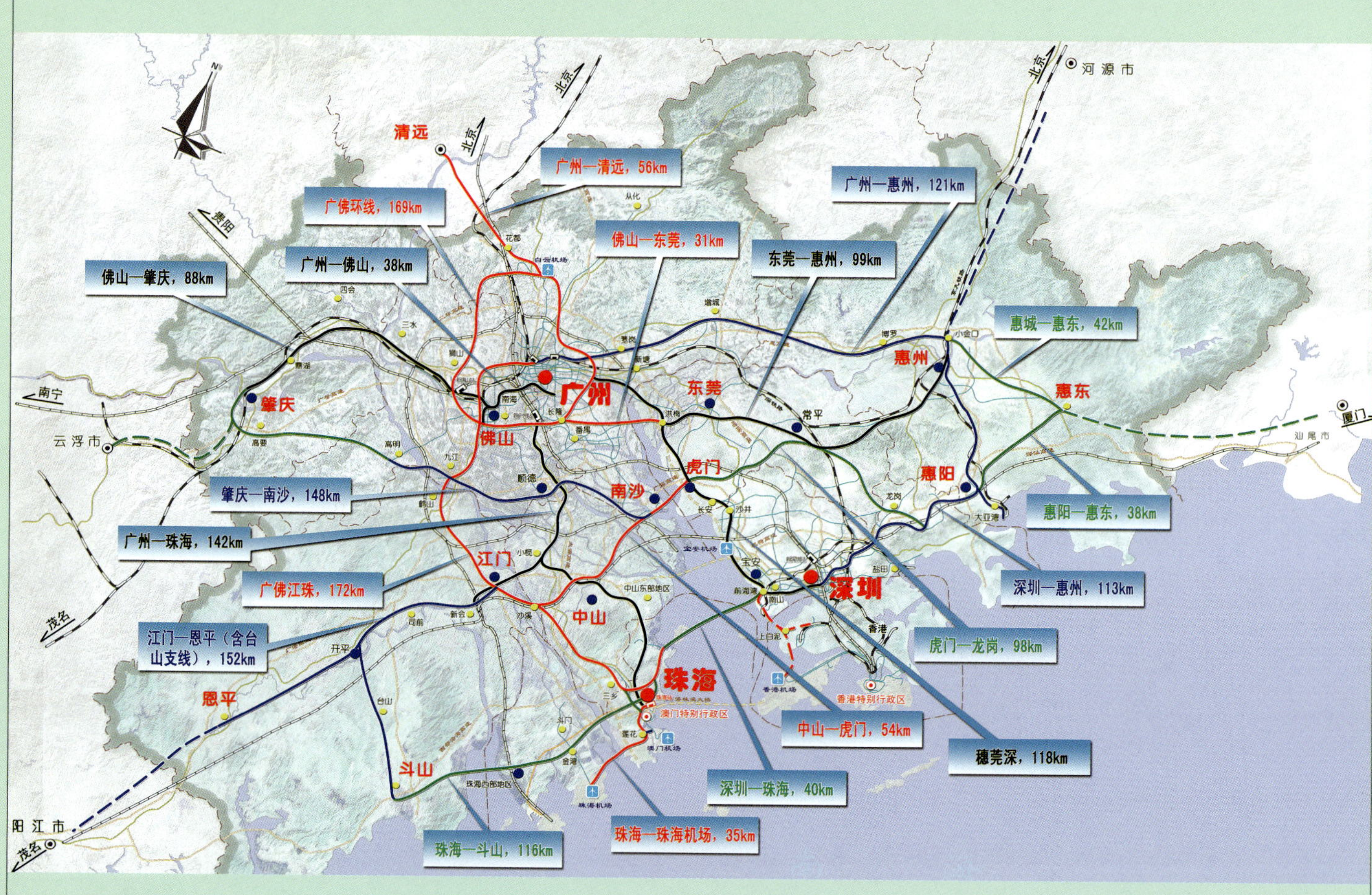

广东城乡建设风采

2011 年，广东省住房和城乡建设系统围绕省委、省政府确定的“加快转型升级，建设幸福广东”这一核心任务，大力推进宜居城乡建设、保障性住房建设和珠三角绿道网建设，城乡面貌日新月异，城乡发展水平和质量不断提高。

2011 年，中共中央总书记、国家主席胡锦涛视察广州市金沙洲保障性住宅小区。中共中央政治局委员、广东省委书记汪洋专程到省住房和城乡建设厅视察，代表省委、省政府向全省住房和城乡建设系统干部职工致以新春祝福，并赞誉珠三角绿道网“一年基本建成”干得好；朱小丹、林木声等省领导专题调研住房保障工作，推动全省住房保障制度的改革创新。

■2011 年 8 月 13 日，中共中央总书记、国家主席胡锦涛（中）视察广州市金沙洲保障性住宅小区。中共中央政治局委员、广东省委书记汪洋（左一）陪同视察。

（广州市国土资源和房屋管理局供稿）

■2011年1月5日，中共中央政治局委员、广东省委书记汪洋（前右一），省委副书记、省长黄华华（前左一）在广州市绿道驿站翻阅由省住房和城乡建设厅主编的《聚焦绿道·印象广东》摄影集，并予以高度肯定和评价。

（广东省住房和城乡建设厅办公室供稿）

■2011年5月30日，中共广东省委副书记、省长黄华华（右一），副省长林木声（右二）等领导调研广州市住房保障工作，视察泰安花园、广氮花园和芳和花园保障性住房项目，并参加保障性安居工程工作座谈会。

（广州市国土资源和房屋管理局供稿）

■2011年1月31日，中共中央政治局委员、广东省委书记汪洋（前右二）到省住房和城乡建设厅视察指导工作，听取省住房和城乡建设厅工作汇报。副省长林木声（右一）陪同视察。 （广东省住房和城乡建设厅办公室供稿）

■2011年10月21日，中共广东省委常委、常务副省长朱小丹（右二）视察汕头市城市建设工作。

（汕头市住房和城乡建设局供稿）

■2011年1月31日，中共中央政治局委员、广东省委书记汪洋（前排中）到省住房和城乡建设厅视察指导工作，并与处级以上领导干部合影。

（广东省住房和城乡建设厅办公室供稿）

2011年，珠江三角洲各市继续推进绿道网建设，完成中共广东省委、省政府提出“两年全部到位”的目标任务。广东省先后出台《广东省省立绿道建设指引》、《广东省城市绿道规划指引》和《广东省绿道控制区划定与管制指引》等指导性文件，继续完善驿站、标识、停车场、自行车租赁点及安全、环卫等配套设施，城市绿道建设进展顺利，省立和城市两级绿道网日趋成熟。全年共接待省外绿道考察团200多批次。

■广州市东濠涌绿道

■深圳市福田特区管理线梅林坳－长岭陂段绿道

■ 珠海市香山竞技绿道

■ 佛山市新城绿道

■ 佛山市顺德区北滘公园绿道驿站

（广东省住房和城乡建设厅绿道网工作领导小组办公室供稿）

■ 中山市中心城区绿道

■ 东莞市大岭山森林公园绿道

■ 肇庆市起点广场绿道

■ 惠州市 5 号区域绿道罗浮山路段

■ 江门市开平自力村乡村绿道

（广东省住房和城乡建设厅绿道网工作领导小组办公室供稿）

2011年，广东省珠江三角洲绿道网建设项目、广州市荔枝湾环境综合整治工程、深圳市建筑科学研究院大楼建筑节能与宣传3个项目获“中国人居环境范例奖”。

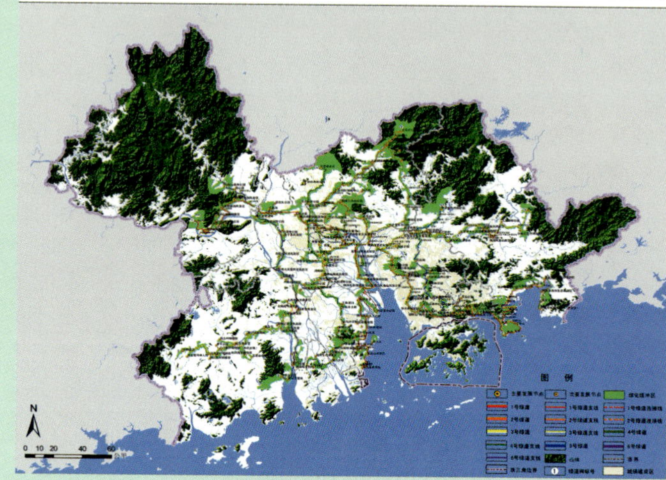

■ 珠江三角洲绿道网总体规划图

（广东省住房和城乡建设厅绿道网工作领导小组办公室供稿）

■ 2011年，珠江三角洲绿道网建设项目获中国人居环境范例奖。图为惠州市大亚湾绿道。

（惠州市住房和城乡规划建设局供稿）

■2011 年，广州市荔枝湾环境综合整治工程获中国人居环境范例奖。 （广州市水务局供稿）

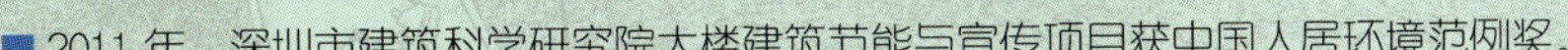

■2011 年，深圳市建筑科学研究院大楼建筑节能与宣传项目获中国人居环境范例奖。 （广东省工程勘察设计行业协会供稿）

2011年，广东省积极推进名镇名村建设。省住房和城乡建设厅制订《广东省名镇名村示范村建设规划编制指引》指导全省各市编制名镇名村示范村建设规划，开展清远市佛冈县等名镇名村建设示范县的规划建设工作，抓好名镇建设示范点的推广与宣传，开展第三批全省历史文化名镇名村评选工作。是年，饶平县新丰镇、清新县太和镇、始兴县沈所镇3个镇，东莞市茶山镇南社村、湛江市霞山区爱国街特呈岛村、恩平市圣堂镇歇马村3个村被评为“第二批全国特色景观旅游名镇（村）”。佛山市南海区西樵镇成为全国第一批示范绿色低碳重点小城镇。

清新县太和镇被评为2011年全国特色景观旅游名镇。

始兴县沈所镇被评为2011年全国特色景观旅游名镇。远处的山岭为宝塔岭。

饶平县新丰镇被评为2011年全国特色景观旅游名镇。左图建筑为新丰镇润丰楼，右图建筑为新丰镇弘法寺。

■ 东莞市茶山镇南社村被评为 2011 年全国特色景观旅游名村。图为村内池塘和古建筑群。

■ 湛江市霞山区爱国街特呈岛村被评为 2011 年全国特色景观旅游名村。图为特呈岛坡尾听涛公园。

■ 恩平市圣堂镇歇马村被评为 2011 年全国特色景观旅游名村。图为村中的励志台。

（广东省住房和城乡建设厅村镇建设处供稿）

2011年，广东省大力推进宜居城乡建设。深圳市蔡屋围金融中心区建设项目、韶关市丹霞山风景名胜区环境综合整治项目和恩平市歇马村历史文化遗产保护项目等21个项目获“广东省宜居环境范例奖”，获奖项目内容涉及城市生活垃圾处理和资源化利用、水环境治理、生态保护和城市绿化建设、风景名胜资源的保护和管理、历史文化遗产保护等10个主题。

■ 深圳市蔡屋围金融中心区建设项目获2011年广东省宜居环境范例奖。 （深圳市城市管理局供稿）

■ 韶关市丹霞山风景名胜区环境综合整治项目获2011年广东省宜居环境范例奖。 （刘加青　摄）

■ 恩平市歇马村历史文化遗产保护项目获2011年广东省宜居环境范例奖。

■ 肇庆市环星湖绿道建设项目获2011年广东省宜居环境范例奖。

■ 阳江市金山植物公园生态保护及建设项目获2011年广东省宜居环境范例奖。

（阳江市城市综合管理局供稿）

■ 连南县南岗古排历史文化遗产保护项目获2011年广东省宜居环境范例奖。

（广东省住房和城乡建设厅城市建设处供稿）

2011年，广东省安排重点工程建设项目280项，总投资31508亿元，年度计划投资4300亿元，全年完成投资4349亿元，为年度投资计划的101.1%。建成投产项目深圳岭澳核电二期、湛江奥里油电厂油改煤工程等21个，新开工项目建设43个。获国家批准建设中科合资广东炼化一体化、深圳至茂名铁路等24个项目，总投资2422亿元；获国家批准梅州抽水蓄能电站、陆丰核电项目一期工程等27个项目开展前期工作，总投资2022亿元。

■2011年6月，广东省重点建设项目之一——广州南车城市轨道装备基地厂房、试车线落成。

（广州市地下铁道总公司供稿）

■第26届世界大学生运动会中心体育场馆于2007年8月16日开工，该项目建设用地3.66万平方米，总建筑面积13.6万平方米，2011年3月24日通过竣工验收。

（深圳市城市管理局供稿）

■ 广州至乐昌高速公路全长 300.8 千米，建设起止年限为 2009 年至 2014 年。截至 2011 年底，该项目累计完成投资 114 亿元。

（广东省发展和改革委员会重点项目处供稿）

■ 2011 年 11 月 22 日，河源汉能硅基薄膜太阳能电池厂正式投产。（广东省发展和改革委员会重点项目处供稿）

■ 2011 年 11 月 29 日，广东省第十四届运动会主场馆工程开工奠基仪式在湛江举行。（湛江市住房和城乡建设局供稿）

■ 2011 年 10 月 8 日，广州辛亥革命纪念馆开馆典礼在广州黄埔长洲岛举行。辛亥革命纪念馆主体建筑面积为 18227.5 平方米，其中展厅总面积 6350 平方米，总投资 3.19 亿元。该项目于 2010 年 8 月开工，2011 年 9 月 30 日全面竣工。

（广东省发展和改革委员会重点项目处供稿）

截至2011年底，广东省城市人均公园绿地面积14.38平方米，建成区绿化覆盖率41.32%，建成区绿地率37.27%。全年新增城市人均公园绿地面积1.09平方米，建成区绿化覆盖率增加0.01个百分点，建成区绿地率增加0.59个百分点。是年，清远市被评为“广东省园林城市”，东莞市长安镇被评为“国家园林城镇”。

■2011年，清远市被评为广东省园林城市。图为清远市清远大道。

■清远市江滨公园（2011）

■清远市北江河畔建筑群（2011）

（清远市城市综合管理局供稿）

■ 东莞市长安镇鸟瞰（2011）

■ 2011 年，东莞市长安镇被评为国家园林城镇。图为位于东莞市长安镇的广深高速公路长安路段。

■ 东莞市长安镇商品住宅小区一角（2011）

（东莞市住房和城乡建设局供稿）

2011年，广东省举办首届广州国际灯光节。此次灯光节包括开闭幕式、室外灯光展示会、室内节能照明展览会等活动，通过运用高科技的灯光照明演绎传统的东方文化，让市民感受最新的照明设计技术和低碳环保的生活理念。近年，全省城市光亮工程已成为广东一道美丽的风景线。

■ 广州海印桥和珠江两岸夜景（2011） （广州市城乡建设委员会供稿）

■ 2011年9月26日晚上，首届广州国际灯光节开幕式在广州花城广场举行。 （广州市城乡建设委员会供稿）

■ 2011 年 11 月 5 日，广东国际旅游文化节在韶关开幕。图为旅游文化节期间的韶关市区夜景。（韶关市城市管理局供稿）

■ 汕头市时代广场夜景（2011）

（汕头市住房和城乡建设局供稿）

■ 阳江市市区夜景（2011）（阳江市城市综合管理局供稿）

■ 清远市佛冈县城夜景（2011）（清远市住房和城乡建设局供稿）

2011 年，广东省建成城市道路总长度 43027.71 千米，城市道路总面积 59570.05 万平方米。其中人行道路总面积 13671 万平方米，人均道路面积 12.58 平方米；桥梁 5670 座，立交桥 397 座。

■ 2011 年 1 月 25 日，由联合国区域发展中心、国际公共交通协会等 7 个国际机构组成的可持续交通奖委员会向广州市授予 2011 年世界可持续交通奖，以表彰广州市在中山大道快速公交（BRT）系统、绿道系统等方面的建设成就，广州也因此成为中国首个获此殊荣的城市。图为中山大道快速公交（BRT）岗顶段。

（广州市城乡建设委员会供稿）

■ 2011 年 6 月 13 日，梅州市世界客都大道加铺沥青主体工程完成，道路恢复正常通行。

（梅州市住房和城乡建设局供稿）

■2011年5月30日，深圳市华强北路立交桥绿化改造工程完成。（深圳市城市管理局供稿）

■2011年2月，佛山市南海区江夏立交桥绿化改造工程完成。
（佛山市住房和城乡建设管理局供稿）

■2011年12月，佛山市顺德区碧桂路改造主线工程完成。
（顺德区国土城建和水利局供稿）

■2011年9月30日，阳江市东风三路绿化改造工程完成。
（阳江市城市综合管理局供稿）

截至2011年底，广东省开工建设地铁的有广州、深圳、佛山、东莞4个城市。全省已建成城市地铁线路15条，总里程387.98千米，其中广州、深圳已建成并开通运营里程分别为209.12千米、178.86千米。

■2011年1月7日，广州至珠海城际铁路开通。（广东省铁路建设投资集团有限公司供稿）

■2011年6月21日，广佛线二期工程石溪站车站主体结构封顶。（广州市地下铁道总公司供稿）

■2011年7月6日，广州南车城市轨道装备有限公司首列地铁车辆正式下线。（广州市地下铁道总公司供稿）

■ 2011 年6月22日，广佛线沙涌站土方开挖工程施工。（广州市地下铁道总公司供稿）

■ 佛山市地铁同济路站（佛山市住房和城乡建设管理局供稿）

■ 2011 年 6 月 22 日，全国重要的区域性铁路客运枢纽深圳北站正式投入使用。（深圳市轨道交通建设办公室供稿）

2011年，广东省环卫工作水平进一步提升，城市道路清扫保洁面积增加，加快推动垃圾分类工作，垃圾分类在珠三角城市逐步推开。截至年底，全省市县城区生活垃圾无害化处理率75%，正在运营的生活垃圾无害化处理场（厂）56座，总处理规模4.83万吨/日。与2010年相比，新增无害化处理量0.6万吨/日，无害化处理率增加5个百分点。广东省已建成城镇污水处理厂349座，城镇污水处理能力2186.86万立方米/日，比2010年新增污水处理厂45座，新增日处理能力483.35万立方米。

■2011年1月20日，茂名市召开全市实施“城乡清洁工程”动员大会，部署开展城乡清洁工程工作。（罗栋 摄）

■2011年1月12日，江门市旗杆石生活垃圾卫生填埋场试运行。（江门市城市综合管理局供稿）

■ 2010 年 11 月 8 日，惠州市惠南大道垃圾转运站试运行。
（惠州市市容环境卫生管理局供稿）

■ 2012 年 1 月 12 日，广州市兴丰垃圾填埋场渗滤液膜处理扩容工程竣工试运行。
（广州市城市管理委员会供稿）

■ 2011 年 1 月，东莞市市区污水处理厂（三期）完工。
（东莞市城建工程管理局供稿）

■ 佛山市驿岗污水处理厂规模为 10 万立方米 / 日，服务面积 56 平方千米，服务人口近 35 万，2011 年该厂被评为广东省环保诚信企业。
（佛山市水务局供稿）

2011年，广东省加快推动省内7条重点河流流域综合整治工作，流域内新建成城镇污水处理厂7座，新增生活污水日处理能力66万吨；淘汰、关闭造纸、印染、电镀、规模化禽畜养殖等重污染企业279家；完成河道综合整治工程22项。佛山水道、深圳河、观澜河、石马河、龙岗河、坪山河水质不同程度得到改善；小东江茂名段基本达到Ⅳ类水质标准；练江、枫江综合水质基本保持稳定。

2011年9月30日，广州市举行海珠湖开园仪式。

2011年11月28日，广州市举行白云湖开园仪式。

（广州市水务局供稿）

■ 韶关市丹霞山锦江河段（2011）　（刘加青 摄）

■ 惠州市市区西枝江河段（2011）
（惠州市住房和城乡规划建设局供稿）

■ 2011 年 8 月 29 日，中山市岐江河清淤工程通过验收。　（中山市水务局供稿）

截至2011年底，全省城市供水综合生产能力3506.32万立方米/日，城市用水人口4658.75万人，自来水普及率98.39%，人均日生活用水量241.38升。全省有液化石油气用户992.5万户，年供气总量406.59万吨，天然气用户313.36万户，年供气总量118.42万立方米。

■ 2011年7月，广州市煤气公司抢险队排查燃气设备隐患。（广州市城市管理委员会供稿）

■ 2011年11月8日，江门市开展燃气安全知识咨询活动。（江门市城市综合管理局供稿）

■ 2011年8月25日，肇庆市举行首批天然气（LNG）公交车营运剪彩仪式。（肇庆市城市综合管理局供稿）

■ 2011 年 10 月 10 日，肇庆市水务集团广宁东乡水厂二期工程竣工投产。（肇庆市水务局供稿）

■ 汕头市新津水厂滤水作业（2011）（汕头市水务局供稿）

■ 2011 年 6 月 25 日， 深圳市举行“节约用水、呵护家园”千个社区“节水进万家”环保宣传活动。（深圳市人居环境委员会供稿）

■ 2011 年 2 月，东莞市水务管理部门对东江水质进行日常水质监测。（东莞市水务局供稿）

2011年，广东省以环境保护推动发展方式转变，以污染减排促进产业结构战略性调整，以环境综合整治保障和改善环境民生，全面规划全省“十二五”环境保护各项工作。

■2011年4月11日，广州市举行垃圾分类执法活动，并检查部分住宅小区的垃圾分类情况。（广州市城市管理综合执法局供稿）

■2011年9月18日，广州市城管委举行数字城管民众开放日活动。（广州市城市管理委员会供稿）

■2011年9月30日，广州市海珠区开展全民灭蚊行动。（广州市城市管理委员会供稿）

■2011 年，深圳市开展严控高考噪声污染夜查行动。图为 6 月 1 日监察执法人员在检测夜间噪声。
（深圳市人居环境委员会供稿）

■2011 年 6 月 10 日，深圳市对机动车尾气进行遥感监控。
（深圳市人居环境委员会供稿）

■2011 年 3 月 25 日，珠海市城市管理部门在珠海吉莲市场开展环境整治活动。
（珠海市城市监督管理局供稿）

■2011 年 12 月 2 日，惠州市设点开展城市管理普法宣传活动。
（惠州市城市管理行政执法局供稿）

2011 年，广东省新开工建设各类保障性住房（含廉租住房租赁补贴）33.9 万套，超额完成年度目标任务，比国家规定时间提前一个月完成；全省新竣工保障性住房 11.15 万套，超额完成国家规定 10.3 万套的目标任务；全省对原登记在册符合合廉租住房保障条件的 7.3 万户家庭实施廉租住房保障，提前一个季度完成廉租住房保障任务。

■2011 年 10 月 25 日，广州市规模最大的保障房项目——萝岗中心城区项目、芳和花园分别举行开工仪式和交付使用仪式。

（广州市国土资源和房屋管理局供稿）

■2011年7月1日，广州市住房保障办公室举行2011年廉租住房摇珠分配仪式。（广州市国土资源和房屋管理局供稿）

■2011年11月1日，汕头市华新城廉租住房新华园小区竣工。（汕头市房产管理局供稿）

■2011年10月，东莞市南城雅园新村（廉租房）首期工程完工。（东莞市住房和城乡建设局供稿）

■2011年12月，茂名市第二技工学校教师公租房竣工并投入使用。（茂名市房产管理局供）

■2011年12月，肇庆市住房保障项目——安居尚苑经适房完工。（肇庆市住房和城乡建设局供稿）

2011 年，广东省积极推进“三旧”改造工作。省住房和城乡建设厅制订并印发《关于加强“三旧”改造规划实施工作的指导意见》、《关于进一步加快“三旧”改造完善历史用地手续规划审查工作的通知》，设立“三旧”改造专项规划备案审查绿色通道。截至年底，完成了 113 个“三旧”改造规划的编制、审批和备案审查工作。

■ 改造前的广州市信义会馆

■ 改造后的广州市信义会馆

■ 改造后东莞市莞城区联丰创意产业园

■ 改造前东莞市莞城区联丰创意产业园

■ 改造期间的清远市清城区6、7、9号区（城市花园）城中村

■ 改造前的清远市清城区6、7、9号区（城市花园）城中村

■ 改造后的阳江市名扬国际广场

■ 改造前的阳江市名扬国际广场

（广东省住房和城乡建设厅城乡规划处供稿）

2011年，广东省开展首届岭南特色规划与建筑设计评优活动，参与评选的广州市解放中路旧城改造项目一期工程、深圳市仙湖植物园、梅州市客家公园、广州市荔枝湾及周边社区环境综合整治和乳源瑶族自治县必背镇必背口瑶族新村等一批项目分别获岭南特色建筑设计、岭南特色园林设计、岭南特色规划设计、岭南特色街区、岭南特色乡村民居的金奖、银奖和铜奖。

■ 2011年岭南特色建筑设计奖金奖——广州市越秀区解放中路旧城改造项目一期工程项目

■ 2011年岭南特色建筑设计奖金奖——华南理工大学建筑设计研究院工作室项目

■ 2011 年岭南特色街区奖金奖——广州市荔枝湾及周边社区环境综合整治（一期）项目

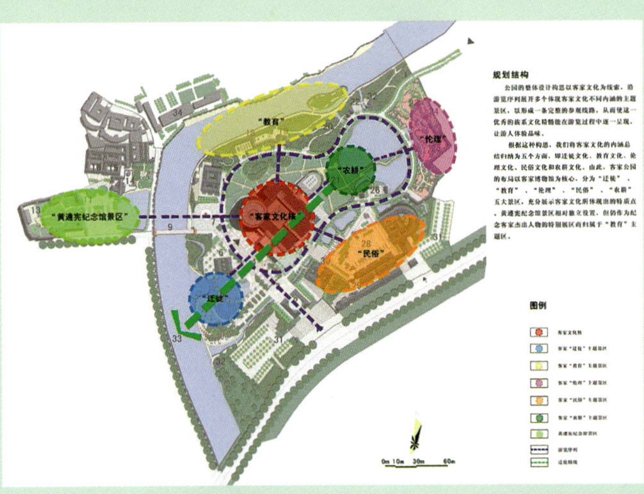

■ 2011 年岭南特色规划设计奖银奖——梅州市客家公园规划项目

■ 2011 年岭南特色园林设计奖金奖——深圳市仙湖植物园项目

■ 2011 年岭南特色乡村民居奖银奖——韶关市乳源瑶族自治县必背镇必背口瑶族新村项目

（广东省住房和城乡建设厅建筑市场监管处供稿）

2011 年，广东省建设科技投入稳步增长，建设科技成果转化应用水平和建设领域科技含量进一步提高，全省住房和城乡建设系统获“华夏建设科学技术奖”21 项，“广东省科学技术进步奖”9 项；列入住房和城乡建设部科技计划项目 49 个，通过广东省建设科技成果鉴定 203 项。

■ “东莞厚街水道大桥分阶段施工合成箱梁的试验与关键技术研究”获住房和城乡建设部 2011 年度华夏建设科学技术奖二等奖。

UDC
中华人民共和国行业标准 CJJ
P CJJ 90－2009

生活垃圾焚烧处理工程技术规范
Technical code for projects of municipal solid waste incineration

2009－03－15 发布　　2009－07－01 实施

中华人民共和国住房和城乡建设部 发布

■《生活垃圾焚烧处理工程技术规范》CJJ90-2009 获住房和城乡建设部 2011 年度华夏建设科学技术奖二等奖。

■ “低 CN 比城市污水连续流脱氮除磷工艺与过程控制技术”获 2011 年度广东省科学技术进步奖一等奖。该技术用于昆明市第九污水处理厂（效果图）。

■ “北江大堤达标加固工程关键技术研究与应用”获 2011 年度广东省科学技术进步奖一等奖。

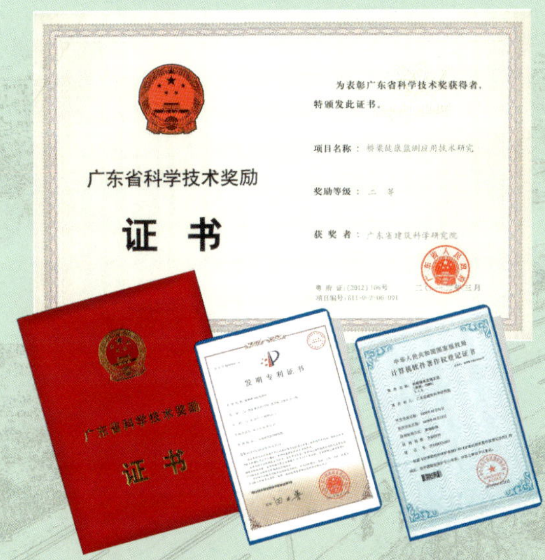

■ “桥梁健康监测应用技术研究”获 2011 年度广东省科学技术进步奖二等奖。

■ “大型冰蓄冷站施工技术”获 2011 年度广东省科学技术进步奖二等奖。

（广东省住房和城乡建设厅科技教育处供稿）

2011 年，广东省有工程勘察设计企业 1252 家，其中甲级 428 家，乙级 383 家。全省勘察设计企业完成工程勘察设计合同额 326.97 亿元，其中工程勘察合同额 39.79 亿元，工程设计合同额 287.18 亿元。

■ 2011 年全国优秀工程勘察设计一等奖（建筑组）——广州塔项目

■ 2011 年全国优秀工程勘察设计一等奖（建筑组）——广州歌剧院项目

■ 2011 年全国优秀工程勘察设计一等奖（建筑组）——广州亚运城综合体育馆项目

■ 2011 年全国优秀工程勘察设计一等奖（建筑组）——广东省博物馆新馆项目

■ 2011 年全国优秀工程勘察设计三等奖（建筑组）——佛山九鼎·国际城项目

■ 2011 年全国优秀工程勘察设计二等奖（园林组）——万科东莞塘厦棠樾景观设计项目（工程一期二期）

■ 2011 年全国优秀工程勘察设计三等奖（建筑组）——中山舰博物馆项目

■ 2011 年全国优秀工程勘察设计三等奖（建筑组）——东莞松山湖长城世家一期项目

（广东省工程勘察设计行业协会供稿）

2011年，《广东省住房和城乡建设事业信息化“十二五”规划》颁布实施，广东省住房信息系统工程开发建设正式启动，广东省建筑建材专业职称管理系统、广东省建设行业统计工作平台投入使用，广东省村镇规划建设管理信息系统、省外入粤企业及人员信息备案等系统陆续研发，全省住房和城乡建设行业信息化水平不断提高。

■ 2011年2月21日，广东省住房和城乡建设厅在广州举行建筑行业信息化座谈会，探讨关于“三库一平台”系统在建筑行业管理中的深化应用。巡视员陈承旗（正面右四）主持，副厅长李台然（正面右五）、杜挺（正面右三）、总工程师李新建（正面右二）等领导出席会议。

■ 2011年3月11日，广东省住房和城乡建设厅召开《广东省住房和城乡建设事业信息化“十二五”规划》专家论证会。省住房和城乡建设厅副厅长杜挺（右三）出席会议。

■2011 年 10 月 24 日，广东省住房和城乡建设厅援建西藏林芝地区住房和城乡建设局网开通；11 月 16 日，广东绿道网开通。

■2011 年，由广东省住房和城乡建设厅主办的官方信息刊物《广东建设年鉴》（2010）获中南地区人民出版社第 32 届优秀图书奖。

（广东省建设信息中心供稿）

2011年，广东省住房和城乡建设厅开展党性党风党纪教育，编制《住房城乡建设领域案件专刊》和廉政宣传画，举办“广东建设人廉政警句”征集活动，推进廉政文化建设，改进民主评议政风行风；做好“民生热线”上线及信访工作，畅通群众诉求渠道；落实省委、省政府关于做好扶贫开发“双到”工作责任制度和领导干部督查工作制度，多渠道筹集帮扶资金。

■2011年9月1日，广东省住房和城乡建设厅巡视员陈承旗（右一）一行专程到深圳市骏高物业服务有限公司，拜访省住房和城乡建设厅作风监督员叶国基，对叶国基给厅机关作风建设提出的建议予以答复，并表示感谢。

■2011年7月21日，广东省住房和城乡建设厅副厅长杜挺（左七）出席梅州市丰顺县莲塘村扶贫双到项目饮水安全工程启动仪式。

（广东省住房和城乡建设厅机关党办供稿）

■ 2011年8月26日，广东省住房和城乡建设厅机关、直属单位干部在佛山参观纪律教育和廉政建设成果展览。

■ 2011年9月，广东省住房和城乡建设厅组织开展“广东建设人廉政警句”征集活动，并编制《广东建设人廉政警句选编》。

■ 2011年9月20日，广东省住房和城乡建设厅在东莞召开全省住房和城乡建设系统民主评议政风行风工作座谈会，并进行工作调研。

（广东省住房和城乡建设厅纪检监察室供稿）

2011年，广东省住房和城乡建设厅继续做好支援新疆喀什地区和西藏林芝地区工作，为当地完成了一批规划及建筑设计项目。同时开展人才援建，打造信息服务平台，提升当地城乡规划、建设和管理水平。

■新疆维吾尔自治区党委书记张春贤（前右二）听取广东省住房和城乡建设厅援疆领导小组副组长张少康（前左一）汇报新疆喀什市总体规划情况。

■2011年7月30日，广州市对口援疆的民心工程——新疆疏附县萨依巴格乡富民安居工程竣工并投入使用。

■2011年10月26日，广东省住房和城乡建设厅副厅长李台然（左）在西藏林芝地区检查指导省住房和城乡建设厅援藏工作，并接受林芝行署副专员刘来兴（右）赠送的援藏纪念品。

■2011年5月，广东省住房和城乡建设厅援藏干部指导当地小学校舍建设。

（广东省住房和城乡建设厅人事处供稿）

特辑

□ 珠江三角洲绿道网建设实现『两年全部到位』目标

□ 城市化发展水平上新台阶

□ 保障性安居工程建设任务提前完成

□ 发展绿色建筑　促进建筑节能

珠江三角洲绿道网建设实现“两年全部到位”目标

【简述】 2011年，广东绿道网建设成效显著。相比2010年，2011年绿道网建设的范围更广、内容更多、任务更重。广东省人民政府印发的《广东省绿道网建设2011年工作要点》提出：2011年，珠江三角洲地区要按照“两年全部到位”的要求配套完善省立绿道的各项设施，铺开城市绿道建设，加快构建长效运营管理机制；东西北地区要开展绿道网规划，启动示范段建设，逐步构建覆盖全省的绿道网络。作为绿道工作的牵头单位，广东省住房和城乡建设厅全力推动绿道网建设各项工作。截至2011年底，珠江三角洲省立绿道设施不断配套完善，基本建成城市绿道主干框架，初步构建省立—城市两级绿道有机衔接的网络系统，全面实现“两年全部到位”的任务目标。

【省立绿道配套设施和城市绿道建设】 2011年，围绕“两年全部到位”目标，广东省住房和城乡建设厅继续实行月报、通报和对口联系督导制度，省市联动，营造绿道网建设“比学赶帮超”的工作氛围。全年共向省委、省政府报送绿道月报12期，工作简报13期。7月22日，省政府在东莞市召开珠江三角洲绿道网建设工作现场会，副省长林木声出席会议并讲话，要求珠江三角洲各市突出重点，狠抓落实，确保实现“两年全部到位”的工作目标。是年，珠江三角洲各市继续发力，绿道网建设工作得到快速推进。截至2011年底，珠江三角洲省立绿道累计建成驿站345个，设置标识18697个，沿线新增绿化长度2735千米，建成安全设施3348个、环卫设施9006个、停车场303个、自行车租赁点373个，珠江三角洲城市绿道主干框架建成慢行道长2828千米，沿线新增绿化长度2763千米，完成率分别为129%、126%，初步构建省立—城市有机衔接的绿道网络。省立绿道、城市绿道均实现“两年全部到位”的任务目标。同时，粤东西北地区各市也按照省的统一部署积极推进绿道建设。其中云浮、河源、清远、汕头、湛江、阳江等市上报了绿道网规划建设实施方案。年内，省住房和城乡建设厅制定完成《珠江三角洲绿道网建设2011年度考核办法》，并提请省政府印发。

【技术指导】 2011年，针对绿道网建设的关键问题，广东省住房和城乡建设厅制订并印发《广东省省立绿道建设指引》、《广东省绿道控制区划定与管制工作指引》以及《广东省城市绿道规划指引》等技术文件，开展《珠三角绿道网综合功能开发利用研究》、《广东省慢行交通规划指引》等专题研究和技术指引的制订工作，为各地提供指导；为防止出现建设时期热度高，使用维护无保障的现象，印发《关于切实加强珠三角绿道网管理维护工作的通知》和《关于开展绿道网管理维护有关问题排查和整改工作的通知》，要求珠江三角洲各市切实做好绿道网管理维护工作。

同时，为及时指导粤东西北地区开展绿道规划建设，省住房和城乡建设厅积极推进《广东省绿道网建设总体规划（2011~2015年）》编制工作，截至2011年底，规划已征求全省21个地级以上市人民政府和有关省直部门的意见，并通过专家评审会审查。《广东省绿道网建设总体规划（2011~2015年）》得到社会各界高度关注，《南方日报》、《广州日报》等省内主流媒体均在头版进行报道。是年5月19日，省住房和城乡建设厅举办专题讲座，邀请来自美国马萨诸塞大学风景园林与区域规划系教授Jack Ahern为省内各地级以上市绿道建设牵头单位的规划设计、建设和管理骨干讲授国外城市绿道和乡村绿道规划与建设情况。12月28~29日，省住房和城乡建设厅举办全省绿道规划建设培训班，为来自全省绿道建设一线的规划、建设、管理人员提供专业培训。

【制度建设】 2011年，广东省住房和城乡建设厅着手制订《广东省绿道规划建设管理规定》，截至2011年底已征求全省21个地级以上市人民政府和有关省直部门意见，并完成初步成果，确保绿道网建设和管理有法可依。同时，指导各市开展绿道建设、管理和运营等方面的制度建设。肇庆市颁布《肇庆市绿道管理暂行办法》，广州、深圳、珠海、惠州等市分别制订绿道管理办法。省住房和城乡建设厅加强与省编制委员会办公室、省财政厅的沟通协调，并联合省财政厅印发《关于建立和完善绿道网管理维护保障机制的通知》，将绿道网建设管理纳入财政保障范围。是年，省编制委员会办公室批准在广东省住房和城乡建设厅城乡规划处加挂广东省绿道网建设管理办公室牌子，并增加3个行政编制，专门负责推进绿道工作。

【宣传报道】 2011年1月，为进一步扩大绿道网建设的影响力，广东省住房和城乡建设厅联合中共广东省委宣传部开展“青年记者绿道行”活动；3月，协助人民日报社《中国经济周刊》对广州、增城、东莞的绿道网建设进行实地采访，并专访副省长林木声；5月，会同中共广东省委宣传部开展“中央媒体记者广东绿道行”活动；9月28日，组织制作的绿道电视公益广告片《绿道见》在广东省各大电视台滚动播出；11月16日，“广东绿道网”网站正式开通。此外，省住房和城乡建设厅还配合南方日报社、省体育局开展“十佳绿道旅游线路”品鉴和“健康共享，幸福广东”珠江三角洲绿道骑行、全国健身休闲绿道建设工作现场会等活动；联合华南师范大学附属中学开展“华附—韵动绿道”调研系列活动，在广东省青少年学生中宣传推广绿道，发挥绿道的科普教育功能；联合省旅游局举办“迎新年·绿道旅游惠民大行动”活动，现场派发“绿道旅游护照”，取得良好效果。截至2011年底，绿道网已成为广东省一道亮丽的风景线和一张对外交流的名片。是年，先后接待河北、山东、安徽、浙江、武汉、湖南、北京、福建、江苏、山西等省市的绿道考察团共200多人次，积极推介广东省绿道网建设的经验。中共中央政治局委员、国务委员刘延东对国家体育总局《关于广东省建设休闲绿道建设管理工作的情况报告》作出重要批示：“广东建设休闲绿道，拓展了全民健身生活场所，推动宜居城乡建设，提高农民收入，一举多得。请总局推动各地采取多种形式加强此类健身公共服务建设。”

为学习借鉴国外绿道建设的先进经验，提高广东省绿道网规划建设水平，9月19~28日，省住房和城乡建设厅厅长房庆方率领由厅绿道办和中山、江门、东莞、惠州市绿道建设主管部门负责人组成的考察团赴美国和加拿大两国进行绿道专题考察。 （高磊）

城市化发展水平上新台阶

【简述】 2011年，广东省住房和城乡建设系统推动城市化发展，加强区域协调，加快区域一体化进程，重点开展珠江三角洲绿道网规划建设，依托珠江三角洲城际轨道推行TOD（公交导向型）开发模式，大力推进城市建设，提高城市综合承载力，积极推进“三旧”改造，促进节约集约用地，突出抓好全省宜居城乡创建工作，加强中心镇与新农村规划建设等工作，取得显著成效。2011年，广东省城镇化率为66.50%。年底，中共广东省委、省人民政府召开全省提高城市化发展水平工作会议，为今后一个时期广东省城市化发展指明方向。

【举措与成效】 2011年，广东省住房和城乡建设系统加大推进城市化发展水平力度，具体举措如下：

1. 加强区域协调，加快区域一体化进程。《珠江三角洲地区改革发展规划纲要（2008~2020年）》提出，以广佛同城化为示范，以基础设施一体化为突破口，扎实推进三大经济圈深度合作，努力推动珠江三角洲地区从“城市经济”向“区域经济”发展，从城市“单打独斗”向“协同作战”转变。为落实《珠江三角洲地区改革发展规划纲要（2008~2020年）》和“五个一体化”规划，广东省以广佛同城化为突破口进行一系列的制度创新。广州、佛山两市于2009年签署《广州市佛山市同城化建设合作框架协议》，成立推动广佛同城化的领导机构，其中，在市委、市政府四人领导小组、市长联席会议制度下设立四个专责小组，城市规划专责小组是其中之一。城市规划专责小组随后签署《广州市、佛山市同城化建设城市规划合作协议》，以“区域同城、产业融合、交通一体、设施共享、环境齐治”为目标，开展多项规划和研究课题，包括《广佛同城化城镇空间发展战略规划》、《重点地区的同城整合规划》、《广佛同城化区域交通一体化规划》以及《广佛同城化规划机制研究》等，同时轨道交通建设和站场建设、西江引水工程建设、跨界道路建设、广佛肇经济圈绿道建设也取得突破性进展，为珠江三角洲一体化发展提供了经验借鉴。

2. 重点开展珠江三角洲绿道网规划建设。中共广东省委十届六次全会作出“率先建设珠江三角洲绿道网”的重大部署，将绿道建设作为新时期广东深入贯彻落实科学发展观，推进宜居城乡建设的创新举措，以及加快转变经济发展方式，推动城乡区域一体化发展的重要抓手。省住房和城乡建设厅加强指导督促，珠江三角洲各市全力组织实施，珠江三角洲绿道网建设胜利完成“一年基本建成，两年全部到位”的任务目标。从建成绿道的使用效果来看，珠江三角洲绿道网促进生态环境的改善和宜居城乡建设，提升城乡发展质量，引领低碳环保的生活方式和消费观念，增强群众的幸福感，受到广大人民群众普遍欢迎。

3. 依托珠江三角洲城际轨道推行TOD开发模式。为落实中共中央政治局委员、广东省委书记汪洋关于“大力推行TOD开发模式，创新城市空间组织方式，促进产业发展创新”的指示，以及代省长朱小丹关于开展珠江三角洲城际轨道站场周边土地综合开发的工作部署，省住房和城乡建设厅牵头组织开展珠江三角洲城际轨道交通沿线土地综合利用工作，形成“专项普查—规划纲要—总体规划—指导意见”的分步推进计划，各项工作进展顺利。一是开展国内外轨道交通沿线开发案例研究以及TOD理论、要素体系及其应用研究，为珠江三角洲城际轨道站场周边土地综合开发奠定理论基础。二是对珠江三角洲城际轨道交通沿线，重点是主骨架网沿线的土地利用状况进行专项普查，掌握各站点交通功能和建设规模、周边土地利用状况等基础信息，以及沿线城市对开展土地综合利用的态度和诉求，对开展站场周边土地综合利用的后续工作提出合理建议。三是对第一批17个轨道线位稳定的站场进行周边土地利用状况深化调查，掌握周边土地利用状况以及可开发用地潜力的规模、分布和权属等情况，以及各市对TOD综合开发中省市综合开发的相关意愿与诉求，为省政府决策提供翔实、准确的参考依据。四是根据经济效益及各市合作开发意愿选取第一批6个站点编制《珠三角城际轨道交通站场TOD综合开发规划（第一批）》，为打造承载城市化的新型城市空间载体，深化沿城际轨道走廊的区域分工协作，促进区域一体化发展提供有力支撑。

4. 推进城市建设，提高城市综合承载力。推进生活垃圾无害化处理，广东省累计生活垃圾无害化处理能力达4.83万吨/日。鹤山、增城等6个试点县（市）基本建立“户收集、村集中、镇转送、县处理”的城乡生活垃圾收运处理模式，覆盖镇街50个，覆盖面72.5%。举办生活垃圾分类大学生公益广告创意征集活动，广州、深圳两地建成生活垃圾分类收集先行点20个。全力保障城市供水安全，全面检查全省市县城区自来水厂128个，组织对北江、东江等流域沿线50个水厂的出厂水42项常规指标进行抽样检测；首次制作全省市县城区自来水厂分布图，建立信息系统；有效应对韶关市武江河出现的锑浓度异常事件。加强城市节水节能工作，深圳市被评为国家节水型城市，东莞勤上公司LED路灯项目入选国家“半导体（LED）照明产品应用示范工程”。开展城市地下管线综合管廊调研，组织编写加强城市地下管线综合管廊管理的指导意见。协调省内城市在第八届中国（重庆）国际园林博览会参展。清远市被评为“广东省园林城市”。开展广东省城市桥梁检查，现场检查桥梁1058座，排查事故隐患。加强燃气行业管理，抽查燃气企业396家，统一印制“燃气经营许可证”示范文本，规范燃气经营企业市场准入和监管。突出抓好风景名胜区保护和管理，积极与当地政府沟通，促成4个后进景区完善机构和规划。截至2011年底，广东省风景名胜区全部建立管理机构，启动或完成规划编制，景区面貌焕然一新。

5. 推进“三旧”改造，促进节约集约用地。推进旧城镇、旧厂房、旧村庄“三旧”改造工作是广东省建设集约节约用地试点示范省的重大举措，是在新的发展阶段转变经济发展方式、推动城市和产业转型升级、提升城市化发展质量的积极探索。按照“全面探索、局部试点、封闭运行、结果可控”的原则，各地各部门协调联动，扎实推进“三旧”改造工作。一是完成全省“三旧”用地的调查摸底。按照“三旧”用地标图建立数据库，全省共有“三旧”用地面积24.03万公顷，其中，旧城镇5.53万公顷，旧村庄9.63万公顷，旧厂房8.87万公顷，显示广东省低效存量用地挖潜空间巨大。二是组织广州、深圳、佛山、东莞等市开展“三旧”改造试点工作，探索行之有效的“三旧”改造模式和运行机制。佛山市创新政府主导拆迁、净地出让土地的旧城改造模式，围绕提高集体建设用地产出效益，采取村集体经济投入、以土地入股、BOT建设等多种旧村改造模式，安排1.2亿元专项资金，用于补助122个旧村居改造项目。三是积极开展“三旧”改造规划编制。省住房和城乡建设厅制定《广东省城市“三旧”改造规划及年度实施计划编制要点》，指导全省各地开展“三旧”改造专项规划的编制工作。截至2011年底，全省计划编制的131个“三旧”改造规划，全部完成编制、审批和备案审查工作。四是制订专门的政策措施，确保“三旧”改造工作顺利推进。全省各地结合本地实际，围绕土地使用权收购的具体程序和价格、补缴地价的标准、土地出让收益的分配使用管理、改造项目审批程序等方面制定100多个地方配套政策，初步形成“三旧”改造的政策体系。

6. 做好全省宜居城乡创建工作。按照“打造宜居城乡，建设美好家园”的要求，广东省住房和城乡建设厅扎实开展宜居城乡创建活动。一是起草并提请省委、省政府印发《关于建设宜居城乡的实施意见》，推动成立广东省宜居城乡建设工作联席会议制度，为推动全省宜居城乡建设提供政策指导，要求力争用10年左右的时间，将广东省建成安居、康居、乐居、具有岭南特色的宜居城乡。二是组织具有一定经济基础、代表性和示范性的中山市和梅州市两个“宜居城市”、汕头市东里镇等10个“宜居城镇”和湛江市石城镇十字路村等20个“宜居村庄”创建试点，通过试点引路，以点带面。三是组织制订并印发《广东省创建宜居城乡工作绩效考核办法》和《广东省宜居城乡综合考核评价标准》，明确自2010年起，从创建实绩、组织保障和公众满意度三个方面对21个地级以上市政府宜居城乡创建工作的绩效进行考核，并将排名向社会公布。在创建实绩方面，选取城镇住房保障指数、宜居社区指数、绿色开敞空间指数等10项宜居指数。四是筹备召开全省建设宜居城乡工作现场会暨第十一期书记（市长）城市建设专题研究班，对全省开展宜居城乡创建活动进行部署。

开展宜居城乡创建工作以来，全省各地通过推进住有所居，改善人居环境，加强社会管理，完善公共服务，城乡面貌焕然一新。广州市延续亚运实现的“大变”成就，继续大力改善城市环境，提升城市形象，获联合国颁发“中国区环境规划优秀示范奖”；深圳利用举办第26届世界大学生运动会的契机，实现基础设施“大提升”、市容市貌“大变样”、生态环境“大优化”；中山市获国家历史文化名城称号。2011年，“广东省珠三角绿道网建设项目”、广州市荔枝湾环境综合政治工程等3个项目获“中国人居环境范例奖”，广东省各地共创建344个“广东省宜居社区”、21个“广东省宜居环境范例奖”、41个“广东省宜居示范城镇”、102个“广东省宜居示范村庄”。

7. 加强中心镇与新农村规划建设工作。根据中共广东省委十届八次全会关于打造名镇名村的重要部署，广东省住房和城乡建设厅对名镇名村的内涵、类型、建设标准等内容开展开创性和基础性研究，制订《广东省名镇名村示范村建设规划编制指引》等技术指引。支持清远市佛冈县等省名镇名村建设示范县的规划建设工作。抓好名镇建设示范点，推荐有实力的规划设计单位为增城市派潭镇等3个镇编制名镇建设规划，上述3个镇71个项目全部进入施工阶段。当地建立规划、设计、施工、管理等“一条龙”的名镇建设模式，整合资源、集中力量推进，取得显著成效，走在全省名镇建设的前列。省住房和城乡建设厅联合省文化厅组织开展第三批全省历史文化名镇名村评选工作。潮州市饶平县新丰镇等3个镇、恩平市圣堂镇歇马村等3个村被评为第二批国家特色景观旅游名镇（村）。佛山市南海区西樵镇成功申报全国第一批示范绿色低碳重点小城镇。省住房和城乡建设厅举办11期村镇规划建设管理人员培训班，培训1500多人；会同省委组织部举办第一期中心镇镇长（书记）村镇建设专题研讨班，38位中心镇镇长（书记）参加学习研讨。争取省财政支持，对省宜居村镇创建指导点“以奖代补”给予项目建设一定的资金支持。

【“理想城市”课题研究】 2011年1月31日，中共中央政治局委员、广东省委书记汪洋视察广东省住房和城乡建设厅时要求“今后五年，要把提高城市化发展水平作为广东省住房和城乡建设厅的工作重点”，并提出要加强研究，理清“一个理想的、文明的、宜居的，又能适应‘五化’（工业化、信息化、城镇化、市场化、国际化）要求的城市应该是什么样的”。为此，广东省住房和城乡建设厅组织北京大学、中山大学、广东省城乡规划设计研究院、深圳市城市规划发展研究中心、深圳市蕾奥规划设计咨询有限公司等研究机构，以《承载“五化”的城市发展模式与路径研究》大课题的形式，开展“广东省宜居城市建设评估基本指标体系”、“大珠三角地区建设世界级城市群行动纲领”、“转型与重构背景下广东省‘十二五’理想城市建设路径建议”、“广东省城乡规划编制、实施和管理检讨与优化研究”等课题研究工作。

【全省提高城市化发展水平工作会议】 2011年12月7日，中共广东省委、省人民政府在广州召开全省提高城市化发展水平工作会议。会议贯彻落实党的十七届五中全会和省委十届八次全会精神，围绕“加快转型升级，建设幸福广东”的核心任务，研究部署提高广东省城市化发展水平工作。

中共中央政治局委员、广东省委书记汪洋出席会议并作讲话。省委副书记、代省长朱小丹主持上午的会议并作大会总结讲话，省委常委、常务副省长肖志恒主持下午的会议。省领导陈小川、林木声、许瑞生、温兰子等出席会议。各地级以上市及顺德区党委和政府主要负责人、政府分管负责人以及住房城乡建设部门（包括城乡规划、房管、城建、市政园林）主要负责人，省有关单位、中直驻粤有关单位主要负责人，共约280人参加会议。

汪洋在总结广东省近年来城镇化发展工作成绩，分析工作中存在问题的基础上，提出把人民的幸福作为城市发展的根本价值取向，建设符合广东实际的文明、宜居、承载力和可持续发展能力强的“理想城市”战略构想，并从经济持续发展、景色优美怡人、交通安全便捷、生活舒适方便、文化气息浓厚、社会和谐稳定、公共服务健全、人文关怀备至等8个方面，探索绿色、智慧、包容、人本的广东特色城镇化发展道路，形成城乡经济社会发展一体化新格局。

会上播放了两部反映广东省城市化发展和城市建设的专题片，分别是由广东省住房和城乡建设厅组织制作的《人之城》和由广州市人民政府组织制作的《筑梦广州》，反响良好。会议印发《中共广东省委、广东省人民政府关于提高广东省城市化发展水平的意见》。会后，广东省委办公厅、省政府办公厅联合下发《印发〈中共广东省委广东省人民政府关于提高我省城市化发展水平的意见〉重点工作分工方案》和《广东省宜居城市建设评估基本指标体系〉的通知》，推动贯彻落实会议精神。 (陈洋)

保障性安居工程建设任务提前完成

【简述】 2011年是广东省大规模建设保障性安居工程的开局之年，也是全省全部解决现有登记在册的符合廉租住房保障条件家庭住房问题的最后一年。面对全省需新增31万套保障性安居房和需全部解决原登记在册符合廉租住房保障条件家庭住房问题的双重艰巨任务，全省各地政府认真贯彻落实全国住房和城乡建设工作会议和中共广东省委十届八次会议精神，建立健全以公共租赁住房为主体的住房保障体系，落实住房保障工作目标责任制，继续推进廉租住房、经济适用住房、限价商品住房的建设，大规模建设公共租赁住房，深化城市和国有工矿、林区、垦区棚户区改造，努力实现全省2011年大规模建设保障性住房的局面。截至2011年底，全省顺利完成当年住房保障工作的目标任务。

【工作成效】 2011年，广东省供应保障性安居工程用地830公顷；完成保障性安居工程建设资金投入267亿元；新增工程项目906个；竣工项目342个。全年全省新开工建设保障性安居工程住房（含租赁补贴）339308套，其中廉租住房29834套（含租赁补贴13264户）、经济适用住房13644套、公共租赁住房213597套、限价房49156套，各类棚户区改造开工33077套。超额完成2011年保障性安居工程新开工目标任务，比国家规定时间提前一个月完成。全省新竣工保障性安居工程住房111480套，其中廉租住房2796套、经济适用住房1680套、公共租赁住房78438套、限价房4684套，各类棚户区改造23882套，超额完成国家规定10.3万套的目标任务。

截至2011年底，对原登记在册符合廉租住房保障条件的7万户家庭实施廉租住房保障72995户，其中实物配租39955户、租赁补贴33040户，全面完成廉租住房保障任务，提前一个季度全面完成廉租住房保障任务。

【工作部署】 2011年1月22日，广东省省长黄华华在省人大十一届四次会议上，承诺将建设31万套保障性住房作为省政府为群众办好的十件实事之一；2月24日，在全国保障性安居工程工作会议上，副省长林木声代表省政府与国家保障性安居工程协调小组签订住房保障工作目标责任书；2月25日，在全省住房和城乡建设工作会议上，副省长林木声明确提出全省2011年住房保障工作的责任目标，对住房保障工作作出部署；4月8日，省政府在广州召开全省保障性安居工程工作会议，副省长林木声代表省政府与各地级以上市人民政府签订2011年度住房保障目标责任书并对全省保障性安居工程工作作出进一步部署；4月19日，围绕住房保障制度创新，中共中央政治局委员、广东省委书记汪洋到南海万科四季花城公共租赁住房试点项目进行专项调研，要求全省各地要加快解决低收入群众住房问题；5月30日，省长黄华华主持召开珠三角五市保障性安居工程工作座谈会，要求全力以赴做好保障性安居工程这件民生实事；7月26日，汪洋在全国人大代表住房保障工作专题调研座谈会上，专门就广东省住房保障制度改革作长篇的发言；10月27日，汪洋主持召开会议，听取深化体制改革工作准备汇报，进一步督导《广东省住房保障改革创新方案》的编写，推进建立广东省住房保障创新机制。

同时，省委、省政府领导多次主持召开工作会议，研究全省保障性住房建设规划、计划，主持修改住房保障改革创新方案，先后前往东莞、惠州、云浮、中山、潮州、揭阳、茂名、阳江等地开展专题调研，督查推进工程建设。

【机制建设】 2011年，广东省强化住房保障目标责任制，围绕保障性安居工程建设这个中心任务，省、市、县各级领导，各级相关部门加强宣传，深入调研，强化督查，积极创新。坚持落实“四项工作机制”，推动住房保障目标任务的圆满完成。一是严格目标责任考核工作机制。省住房和城乡建设厅建立以“城镇常住人口、新增从业人员、地区生产总值、财政一般预算收入、土地出让收入、新增城乡建设用地、上年商品住宅竣工面积、保障住房累计解决户数”等多项指标构成的住房保障工作目标责任分配模型，相对合理地确定各地住房保障工作任务目标，由省政府与各市政府签订2011年度住房保障目标责任书。各地政府按照省政府下达的任务目标，层层分解到所辖县区，并分别签订目标责任书。经省政府同意，印发《广东省住房保障工作目标责任考核办法》和《广东省住房保障工作目标责任量化考核评分细则》，全力抓好一年一考核制度，对完成任务成效显著的城市进行通报表扬，对个别工作不力、推进缓慢的城市给予通报批评，并将考核结果抄送省委组织部和各地级以上市党委和人大常委会，作为《广东省市厅级党政领导班子和领导干部落实科学发展评价指标体系及考核评价办法（试行）》中相关指标的考核评价依据，作为各地政府年度政绩考核的重要内容。二是推行巡查督查工作机制。是年，全省保障性安居工程工作联席会议组织开展4次专项督查和多次重点检查，督促各地加快建设进度，并将日常巡查和专项督查相结合、现场督查和会议督查相结合，对进展快的城市进行表扬，对进展慢的城市督促加大工作力度，取得较好的督查效果。三是落实定期通报和信息公开督办工作机制。为督促各地及时了解本地住房保障在全省的位置，查找差距，采取有效措施，加快工作进度，形成“你追我赶”的工作局面，省住房和城乡建设厅建立全省完成目标责任情况的月通报机制，通报和分析每月全省的工作进展情况，并有针对性对各市工作情况进行督查，确保全省住房保障工作的顺利推进。同时，全省各地陆续在政府网站上公开本市县2011年度保障性安居工程项目基本信息，接受社会和群众的监督。省住房和城乡建设厅在原有广东省住房保障管理信息系统的基础上，研究开发住房保障项目动态管理信息系统，并以肇庆市作为试点。12月28日，在肇庆召开全省保障性住房建设项目动态管理信息系统工作会议，向全省推广应用。通过该系统，可以实时监控全省在建的800多个保障性住房项目建设情况，并实现全省保障性住房项目建设有关数据的实时统计、上传。四是执行约谈问责工作机制。5月12日，省住房和城乡建设厅、省监察厅制定颁发《广东省城市政府落实住房保障和稳定房价工作约谈问责暂行办法》，建立对项目资金土地不落实、政策措施不到位、建设进度缓慢地区的政府负责人进行约谈，以及对没有完成年度目标任务的地区要视情况对其政府负责人进行问责的工作机制。8月23日，省住房和城乡建设厅、省监察厅对保障性安居工程建设进展缓慢的5个城市政府负责人和住房保障工作主管部门主要负责人进行约谈，推动保障性住房项目建设。五是落实快速审批机制。省住房和城乡建设厅、省发展改革委员会把全省保障性安居工程列入省重点工程，促请各地建立项目审批“绿色通道”，通过并联审批、缩短审批时限、加班加点办理审批等措施，加快项目立项、用地、规划设计和招标投标、施工许可等前期手续的办理，确保保障性安居工程按期开工建设。

【政策落实】 2011年，广东省各地进一步贯彻落实保障性安居工程的各项优惠政策，为保障性安居工程的顺利开展提供有效的保障。一是落实资金配套政策。是年，广东省突破性争取到中央补助公共租赁住房、城市棚户区改造、国有工矿棚户区改造专项资金32.1亿元。“十二五”期间，省财政每年安排公租、廉租住房以奖代补专项资金3亿元，筹措2.5亿元资金支持原曲仁矿棚户区改造。省住房和城乡建设厅、省财政厅及时制订分配方案，下拨补助资金。各地政府在增加财政投入的同时，不断推进体制和机制创新，充分调动社会力量，通过多种方式引导社会资金参与保障性安居工程建设。全省共完成保障性安居工程建设投资267亿多元。二是落实土地供应政策。省住房和城乡建设厅、省国土厅等部门专门编制保障性住房建设用地计划，实行新增用地计划指标单列，确保保障性安居工程的用地需要。采取多种途径解决用地来源，将“三旧”改造腾出的地块和政府收回的闲置用地和盘活的存量用地用于保障性安居工程建设；鼓励各地在招拍挂出让商品房用地时，配建保障性住房；对符合建设保障性住房的企事业单位在办理相关用地手续后，利用自有土地建设保障性住房。2011年全省共落实保障性安居工程建设用地830公顷，多数城市建立保障性安居工程土地储备制度，储备了一批优质地块，为“十二五”时期推进保障性安居工程建设奠定良好基础。三是落实多渠道筹集房源政策。全省各地采取措施，多渠道筹集房源，如广州、深圳、珠海、佛山、中山、惠州等市采取政府投资新建、改建、配建、购买、长期租赁、政企合作建设、企业自建、BT建设、企业与农村集体组织合作建设等多种模式，加快解决“夹心层”群体的住房难问题，取得较好效果。

【基础工作】 2011年，广东省各地重视住房保障工作的基础工作。一是规范保障性住房规划设计。省住房和城乡建设厅印发《广东省保障性住房建筑规程》，对保障性住房的规划选址、套型设计、建设标准、建筑质量、节能环保、配套建设等方面提出明确要求，促进保障性住房标准化建设。同时组织省内设计院参与全国的“保障性住房设计大赛”，取得一个特等奖（全国仅两项）、两个一等奖、三个三等奖的好成绩。各地充分考虑低收入家庭对公共交通、学校教育、医疗卫生等配套设施条件的要求，尽可能将保障性安居工程安排在交通相对便利、基础设施和市政公共服务设施较为完善的城市区域。广州市借鉴香港、新加坡先进经验，正在建设的龙归城保障房示范小区（建设规模1.2万套），经过反复研究并修改完善规划设计方案，最后确定引入地铁直接进了社区的建设方案，方便居民出行。二是加强工程质量监管。2011年，省、市、县各级住房和城乡建设部门专门抽查保障性安居工程项目401个，发出整改通知书137份，停工通知书36份。同时，督促有关责任单位按“定人、定时、定措施”的要求，对发现的问题及时落实整改。严格落实建设各方主体质量责任，推行工程质量终身责任制。严格执行工程招投标、施工图审查、施工许可、质量监督、工程监理、竣工验收备案等基本建设程序，落实项目法人责任制、招标投标制、工程监理制、合同管理等规定。执行施工公示牌制度和永久性标牌制度，主动接受社会监督。全面启动住宅工程质量分户验收制度，凡未实行分户验收或分户验收不合格的保障性工程，不得进行住宅工程整体竣工验收，不予办理工程竣工验收备案。三是强化后续管理监管。随着大规模保障性住房即将竣工投入使用，省住房和城乡建设厅一手抓新项目开工建设，一手抓后续监督管理。组织编制《广东省公共租赁住房租赁合同示范文本》，下发各市征求意见。在全省推广“三级审核、两次公示”（街道初审、区级复审、市级终审，区、街道两级公示）和“九查九核”（即对申请家庭户籍、车辆、住房、保险、个税、存贷款、证券、残疾等级及优抚对象等情况进行审查核实）等审查程序，确保保障资格审查的准确性。规范分配管理，住房分配采取定点登记、摇珠分配、公众参与、媒体监督等方式，实行登记结果、分配过程、分配结果三公开。加强动态监管，加快建设住房信息、个人信息、收入信息、信用信息“四位一体”信息管理平台，提高保障性住房动态化管理效率和准确性。完善退出机制，健全保障资格年审机制，通过不定期检查、大规模拉网式入户调查、委托第三方调查取证、畅通投诉渠道等方式，加强保障资格监管和房屋使用情况巡查。 *(卓云峰)*

发展绿色建筑　促进建筑节能

【简述】 广东省高度重视建筑节能工作。2011年，省住房和城乡建设厅贯彻落实国家和广东省建筑节能的法律法规和方针政策，通过强化措施，推进绿色建筑发展，促进建筑节能工作，取得显著成效。全年新建建筑节能设计标准在设计阶段的执行率达到100%，在施工阶段执行率达到97.5%，新增节能建筑9936万平方米，实现减排二氧化碳243万吨，为广东省的节能减排工作作出贡献。在2011年度的全国建设领域节能减排监督检查中，广东省建筑节能工作得到国家检查组的充分肯定。

【建筑节能立法】 2011年3月30日，广东省人大常委会审议通过并颁布《广东省民用建筑节能条例》，同年7月1日起施行。《条例》对上位法进行必要的补充和细化，在民用建筑节能规划、新建建筑节能、既有建筑节能、建筑用能系统运行节能、可再生能源的应用及激励措施等方面实现制度创新。《条例》要求新建建筑项目在进行设计招标投标时将建筑节能内容作为评标条件；明确各地要强制性推广太阳能热水系统的使用，根据当地实际情况确定太阳能在建筑中的应用条件；要求各级政府应通过财政拨款、新型墙体材料专项基金等方式支持建筑节能工作的开展；研究制订公共建筑用电限额标准，对超过用电限额的单位征收超额附加费等。《条例》成为广东省建筑节能领域的第一部省级地方性法规，为推进全省建筑节能工作提供法律保障。

【《广东省建筑节能“十二五”规划》和年度工作计划】 根据住房和城乡建设部，中共广东省委、省人民政府对节能减排工作的要求，2011年11月，广东省住房和城乡建设厅组织制定并印发《广东省建筑节能“十二五”规划》，明确全省“十二五”期间新建建筑执行建筑节能标准、既有建筑节能改造、绿色建筑和绿色园区建设、可再生能源在建筑中的规模化应用、新型墙材推广应用等五个方面的发展目标，并制订保障措施。下发《印发2011年广东省建筑节能工作计划的通知》，对大力发展绿色建筑、强化新建建筑节能管理、推动既有建筑节能改造和用能管理、积极推进可再生能源的建筑应用、推进建筑节能监管体系建设、促进新型墙材、培育建筑节能产业、推广适宜节能技术应用等8个方面进行部署，指导2011年度广东省建设领域节能减排工作的全面有序开展。

【绿色建筑发展】 绿色建筑是今后建筑发展的主要方向。2011年3月，国务院总理温家宝对绿色建筑推广工作作出重要批示，住房和城乡建设部也制订了绿色建筑行动计划草案。2011年是绿色建筑迅猛发展的一年，国家对发展绿色建筑提出明确要求，必须从群众的切身利益和国家的长远利益出发，将其作为转变建筑业发展方式和城乡建设模式的重大问题，作为在中国加快推进工业化、城镇化和新农村建设的关键时期的发展机遇。

“绿色建筑评价标识”是世界公认的推动绿色建筑发展的重要手段。中国自2008年正式启动该项工作以来，经过近四年的发展，管理制度初步建立，标识数量迅速增加，标准体系逐步完善。

广东省住房和城乡建设厅高度重视绿色建筑的发展，将发展绿色建筑列为“建设幸福广东”和推进城市化发展的主要工作之一。制订广东省绿色建筑发展规划，明确“十二五”期间建设4000万平方米绿色建筑的发展目标，并将发展绿色建筑工作列入各地宜居城乡建设的考核指标。推进绿色建筑工作取得显著成效：将“推广绿色建筑”列入《广东省民用建筑节能条例》，使广东省推进绿色建筑工作有法可依；开展绿色建筑和绿色社区的评价标识工作，建立健全绿色建筑技术标准和评价体系。出台《广东省绿色建筑评价标准》（DBJ/T15-83-2011），制订《广东省绿色建筑评价标识管理办法》，成立广东省绿色建筑评价标识专家委员会。广东省绿色建筑评价标识工作获得住房和城乡建设部批准后全面启动。第一批广东省评价的4个绿色建筑评价标识项目已完成评审，全年经国家、广东省和深圳市评审的绿色建筑评价标识34个，其中国家级17个，省级4个（总面积56.35万平方米），深圳市级13个（总面积111.74万平方米）；大力开展绿色建筑的示范推广。采取“示范引路，以点带面”的工作方法，在条件较好的城市开展绿色建筑试点示范工作。广州、深圳、珠海、佛山、清远等城市先后建成一批绿色建筑。截至2011年底，全省获国家级绿色建筑评价标识的项目49个，总建筑面积达320万平方米，项目数和建筑面积均居全国第二。

【广东省绿色建筑评价标识专家委员会】 为推进广东省绿色建筑评价标识管理工作，广东省住房和城乡建设厅从2010年开始着手组建广东省绿色建筑评价标识专家委员会。2011年7月11日，通过全省各地推荐和广东省住房和城乡建设厅组织评审，正式组建广东省绿色建筑评价标识专家委员会，并公布第一批专家委员会成员名单，包括规划与建筑、结构、暖通、给排水、电气、建材、建筑物理等7个专业组在内的专家53名。专家委员会负责绿色建筑评价标识的评审和指导绿色建筑评价技术标准的编制工作。

【规划阶段建设用地用电指标管理】 为加强对规划阶段建筑节能工作的管理，建立规划、设计、施工和验收四位一体的建筑节能监管机制，实现建筑全寿命周期的节能，制订并颁布《关于认真落实建设用地用电指标有关问题的通知》，要求全省各级城乡规划主管部门会同电力部门制订当地不同类型用地和不同类型建筑的建设用地用电标准，并在核发建设用地规划许可证阶段严格核定建设用地用电指标，同时将落实建设用地用电指标的工作情况纳入每年的节能减排和宜居城乡建设工作统一考核，成为全国第一个提出在规划用地许可阶段对用地用电指标进行把关的省份。通过对建设用地用电指标的控制，将实现从源头上防止出现高能耗建筑。

【建筑节能技术标准和产品】 2011年，广东省发布《广东省绿色建筑评价标准》等4部建筑节能地方标准，批准立项并组织编制《蒸压泡沫混凝土墙体工程技术规程》等3项建筑节能地方标准。这些标准的完成，逐步完善全省的建筑节能标准体系，为广东省的建筑节能工作提供技术依据；加大建筑节能产品和技术的推广力度，引导市场选用质优高效的节能产品和先进节能技术，发布两批《广东省建筑节能技术产品推荐目录》，23项建筑节能技术产品列入目录，促进全省建筑节能新技术、新产品的推广应用。

【国家机关办公建筑和大型公共建筑节能监管体系建设】 2011年，广东省对当年全省国家机关办公建筑和大型公共建筑能耗统计、审计、公示工作进行部署。广州、深圳、佛山、东莞、珠海、中山、惠州开展居住建筑和中小型公共建筑能耗统计，其中广州、深圳、佛山、东莞四市圆满完成住房和城乡建设部下达的任务指标。是年，全省21个地级以上市共完成2378栋国家机关办公建筑和公共建筑的能耗统计。广州、深圳、佛山、珠海、惠州、东莞、中山、江门、肇庆等九市共完成502栋建筑的能源审计。通过能耗统计、审计，基本摸清全省各地政府办公建筑和大型公共建筑的基本能耗现状，为今后开展能效公示及既有建筑节能改造提供依据。其中，20个地级市按要求进行建筑能效公示。深圳市建筑节能实时监测平台在线监测的建筑数量350栋；广州市在线监测建筑数量11栋；东莞、中山等市也建成建筑节能实时监测平台试点。上述各市能耗监测平台的建设为今后全省大面积开展能耗监测平台建设奠定了基础。

【建筑节能监管】 2011年，为提高新建建筑节能标准执行率，广东省住房和城乡建设厅加大的建筑节能监管力度，通过开展不同层次监督检查和工作交流，促进全省各地的建筑节能工作。10月17~31日，在全省各地自查的基础上，组织7个建筑节能专项检查小组，对全省21个地级以上市的建筑节能工作进行专项检查，从政策、设计和施工三方面对全省建筑节能工作进行全面的检查，共抽查202个项目，发出执法建议书6份，并对检查情况进行通报；12月18~23日，全国住房和城乡建设领域节能减排专项监督检查组对广东省广州、深圳、江门、从化四市进行专项监督检查，对广东省的建筑节能工作总体上给予较高的评价。据统计，全省新建建筑节能标准执行率逐年提高，2011年，在设计、施工阶段的执行率分别为100%和97.5%，实现了国务院提出的建筑节能年度目标。全省新增节能建筑9936万平方米，实现减排二氧化碳243万吨，达到了广东省2011年建筑节能工作目标的要求。

【建筑节能示范项目建设】 2011年，广东省积极组织开展可再生能源示范工程和示范城市（县、镇）的申报工作，“珠海市尖峰河风香堤光电建筑应用示范项目”等7个项目获批为国家太阳能光电建筑一体化示范项目，蕉岭县获批为国家可再生能源建筑应用示范县，“基于高效热管的太阳能光伏光热建筑一体化关键技术开发及产业化”等两个项目获批为可再生能源建筑应用科技及产业化项目，共获得财政部、住房和城乡建设部补贴6985万元。这些示范项目有效地促进了广东省可再生能源在建筑中的应用；广州国际体育演艺中心、广州珠江新城H3-2地块写字楼等5个项目被批准为国家级绿色建筑和低能耗建筑“双百”示范工程；深圳、广州、珠海和中山成效明显，深圳建科院大楼、华侨城体育中心两个项目获2011年全国绿色建筑创新一等奖。受住房和城乡建设部、财政部委托，会同广东省财政厅完成广州亚运城国家可再生能源建筑应用示范项目和7个国家太阳能光电建筑一体化示范项目的验收工作，加强对国家可再生能源建筑应用示范项目的管理。

【可再生能源在建筑中的应用】 2011年，广东省各市加大可再生能源的规模化推广应用力度，并取得明显成效。深圳、珠海、佛山、东莞等市完成可再生能源应用规划等方案的编制工作，向财政部、住房和城乡建设部申报可再生能源应用示范项目，多个项目获得国家的财政补贴。截至2011年底，深圳市太阳能建筑应用面积累计达到1000万平方米；广州市太阳能光热建筑应用面积累计达到219万平方米；珠海市太阳能光热建筑应用面积累计达到26.2万平方米；佛山市太阳能光热建筑应用面积累计达到16.9万平方米；湛江市太阳能光热建筑应用面积累计达到15.3万平方米。中山市完成“中山市中心城区绿色照明”专项规划，与广东省科技厅共建“广东省绿色照明示范城市”，计划三年内投资2亿元，完成5万盏LED大功率白光路灯的新装或改造工程。通过示范工程的实施，加强LED新技术的研发和可再生能源在建筑中的应用。

【既有建筑节能改造】 2011年，广东省住房和城乡建设厅指导和督促各地探索建筑节能改造的路子，有序推进全省既有建筑节能改造工作。深圳市是国家公共建筑节能改造重点示范城市，“十一五”期间，全市完成既有建筑节能改造项目177个，建筑面积622万平方米，完成29个大运会场馆的绿色节能改造；中山市完成8个公建项目的节能改造，其中小榄人民医院节能改造获评2010年中国节能服务业优秀示范项目；河源市对近6万平方米的市直机关办公用房等工程进行节能改造；阳江市近年来完成21个节能改造项目，建筑面积为7.22万平方米。

【墙体材料革新】 2011年，广东省加强对全省新型墙材专项基金的征收和管理，加大“禁止使用实心粘土砖”工作监督检查的宣传力度，推进墙材革新工作取得显著成效。据统计，2011年新墙材应用量为130亿标准砖，新墙材应用比例94%，节约能源80.06万吨标煤，减排二氧化碳20.96万吨，减排二氧化硫约6851吨。全省列入国家“禁止使用实心粘土砖”名单的城市，绝大部分完成任务。同时，加强对新型墙材和建筑节能材料产品的质量管理，督促各地严格实施建筑节能材料和产品送检和抽检制度，进一步提高了工程质量和产品质量。

【建筑节能宣传培训】 2011年，广东省加大建筑节能宣传培训力度，利用现有的建设教育培训平台，开展不同层次的建筑节能法规、政策、技术标准的教育培训。会同省人大法工委在广州联合召开《广东省民用建筑节能条例》宣传贯彻会，来自全省各级建设行政主管部门和相关单位的160人参加培训。通过培训，提高各地建设行政主管部门的建筑节能政策法规、理论和管理水平；在东莞组织举办“可再生能源在建筑中的应用高峰论坛暨技术与产品展示会”，提高业内人士对节能技术产品的认识。此外，全省各地以《广东省民用建筑节能条例》的颁布为契机，加大建筑节能工作的宣传力度，通过电视、报刊、网络、论坛、宣传小册等形式开展建筑节能宣传，提高社会各界的建筑节能意识和专业技术人员的建筑节能水平。东莞市组织市发改局、财政局、经信局、规划建设办等单位和设计、施工、监理、房地产等有关企业负责人460人参加《广东省民用建筑节能条例》宣传贯彻会；佛山市组织建筑管理部门、设计、施工、审图及房地产企业等单位共280人对《广东省民用建筑节能条例》进行宣传贯彻，邀请广东省建筑科学研究院专家对《广东省民用建筑节能条例》相关内容进行解读；中山市制作《建筑节能知识》、《节能降耗小常识》和《广东省建筑节能条例》小册子向群众派发。各市还通过举办技术培训班、现场经验交流会和参观学习等方式深入广泛地开展建筑节能培训活动。阳江市组织建筑节能研讨班，对建筑节能技术和政策法规进行学习；肇庆市举办肇庆市推广应用预拌砂浆示范工程现场会等活动。

·链接·　**广东省绿色建筑评价标识**

中国的绿色建筑评价标识分一星、二星、三星三种级别，其中三星级的绿色建筑评价标识由住房和城乡建设部组织评价，具备条件的省、直辖市可开展一、二星绿色建筑评价标识工作。广东省先后颁布《广东省绿色建筑评价标准》和《广东省绿色建筑评价标识管理办法》，成立广东省绿色建筑评价标识专家委员会。根据住房和城乡建设部关于开展一星、二星绿色建筑评价标识的规定，广东省已经完全具备开展一星、二星绿色建筑评价标识的条件和能力。2011年底，住房和城乡建设部批广东省开展一星、二星绿色建筑评价标识工作。2011年10月1日，发布《广东省一星、二星级绿色建筑评价标识申报指南》，正式启动广东省绿色建筑评价标识工作。

【广州绿色建筑发展】　广州市将发展绿色建筑列入“十二五”的重点工作。2011年，广州市坚持政策、技术两手抓，采取示范引导、组织动员、学习交流等方式，实现单体绿色建筑向绿色园区的跨越发展，绿色建筑标识项目数量取得新的突破。一是制定配套政策，引领绿色建筑发展。继2010年广州市城乡建设委员会、发展和改革委员会、环境保护局和城市规划局四部门联合发布《广州市发展绿色建筑指导意见》后，2011年又起草《广州市人民政府关于加快发展绿色建筑的通告》，在全国率先强制推广绿色建筑，于年底通过市政府常务会议审议。《通告》规定全市使用财政和国有资金的新建（改建、扩建）房屋建筑项目和中新广州知识城、白云新城等13个城市发展新区的新建房屋建筑项目全面实施绿色建筑技术，并从土地出让、立项、规划、建设等环节依法规范建设各方主体行为，强化绿色建筑监管，采取激励措施。二是编制设计指南，指导绿色建筑设计。为解决设计人员难以掌握现行的《绿色建筑评价标准》，广州市组织编制《广州市绿色建筑设计指南》，将绿色建筑从后评价前置到设计阶段，创造性地按照专业提出设计要点、控制指标、取值建议和设计表达方式等方面，对不同等级的绿色建筑提出合理的技术组合方式，在设计人员中普及绿色建筑设计理念和知识，广泛推广绿色建筑评价标准。三是抓住中新知识城建设契机，启动绿色新区建设。广州市以与新加坡联合开发中新知识城为契机，吸收新加坡绿色建筑建设经验，将中新知识城建设成为绿色园区，园区内建筑100%按绿色建筑标准建设：一方面出台《广州经济技术开发区、广州高新技术产业开发区、广州出口加工区、广州保税区绿色建筑建设导则》、《中新知识城低碳城市建设工作方案》、《中新知识城绿色建筑与绿色园区建设指引》等配套文件，规范知识城绿色建筑的建设；另一方面以知识城三个安置小区二星级绿色建筑建设为试点，全面启动绿色新区的建设。四是广泛动员，组织申报绿色建筑标识。通过宣传动员会、示范项目推广会等形式，积极组织符合条件的项目申报国家绿色建筑标识，广东全球通大厦、金山谷花园二期会所、万科府前花园项目C1~C12栋等17个项目分别通过国家和省的绿色建筑标识评审，总建筑面积135万平方米，其中3星级3个，2星级11个，1星级3个。广州规划展览中心、保利总部大楼、珠光广场等10多个项目也申报了绿色建筑标识。五是开展对外交流，拓宽工作视野。组织参加“第七届国际智能、绿色建筑与建筑节能大会”；承办住房和城乡建设部“绿色新区建设研讨会”，邀请武汉、长沙等5个城市代表介绍各自发展绿色建筑、建设绿色园区的经验；联合澳大利亚昆士兰州召开“可持续城市发展及绿色建筑交流会”；与德国驻广州领事馆一起在珠江城项目现场举办中德绿色技术论坛。通过对外交流学习，有效提高广州市从事建筑节能管理、技术工作的相关人员对国内外先进技术、管理经验、发展模式的认识和应用技能。

【深圳绿色建筑发展】　“十一五”期间，深圳市以打造“绿色建筑之都”，建设“低碳生态城市”为核心战略，推动全市城市建设发展在全国率先转型。从最初的以节能为主，节材、节水、节地、环保（室内环境质量检测等）等专项突破为起点，快速过渡到以绿色建筑示范项目为先导，以绿色建筑单体、绿色园区、绿色城市为主线，由点到线、由线到面全面推进，呈跨越式发展态势。绿色建筑工作始终走在全国的最前列，并与国际先进发展潮流保持一致，成为国内绿色建筑起步较早、发展最快的城市。在建绿色建筑面积突破1000万平方米，已成为全国乃至世界上在建绿色建筑面积最大的城市，绿色建筑之都初具雏形。先后发布《深圳经济特区建筑节能条例》、《深圳建筑废弃物减排与利用条例》，为推进建筑节能与绿色建筑奠定了基础。深圳市政府发布《深圳市预拌混凝土和预拌砂浆管理规定》等行政规章，将制订《深圳市绿色建筑促进办法》列入2011年政府重点工作。组织编制《深圳市绿色建筑与建筑节能十二五规划》和《深圳市绿色建筑设计及技术应用指引》等文件。开展绿色建筑工程建设地方标准建设，颁布实施《深圳市绿色建筑评价标准》，组织编制《深圳市绿色建筑设计规范》等标准。深入推进绿色建筑项目示范，全市80个绿色建筑建设项目中，涌现一大批具有全国乃至国际影响的绿色建筑项目，其中深圳建科院大楼、华侨城体育中心两个项目获2011年全国绿色建筑创新一等奖，占本年度全国获一等奖项目数的50%。绿色建筑示范进一步向绿色园区延伸，全市已建立6个绿色生态园区，均已制订相关建设标准和评价指标。其中深圳市光明新区为深圳与住房和城乡建设部共建的国家绿色建筑示范区（为部、市共建的首个，同时也是规模最大的城区级绿色建筑示范区即绿色生态园区），深圳大学新校区和南方科技大学为部、市共建的绿色生态校区，深圳市桃源绿色新城为市、区共建的绿色住区，深圳市欢乐海岸正打造国家绿色旅游园区，深圳市龙华保障性住房项目则是全国第一个按绿色建筑标准建设的保障性住房小区。推进绿色大运建设，全市新建21个绿色大运场馆和大运会国际广播电视新闻中心、大运村等5个非竞赛类配套绿色项目，总建筑面积126万平方米。大运场馆建设共采用雨水利用、中水回用、湿地净化、太阳能光电光热利用、风能利用等16项先进绿色技术。绿色建筑“双认证”工作全面启动，经住房和城乡建设部批准，深圳市可开展国家一、二星级绿色建筑认证工作，同时开展深圳市绿色建筑认证工作。截至2011年底，全市25个绿色建筑项目获得绿色建筑评价标识，总建筑面积165.69万平方米，30多个项目正在计划申请国家绿色建筑评价标识或深圳市绿色建筑认证。（王礼贵）

大事纪要

□ 汪洋到省住房和城乡建设厅视察

□ 三百四十四个社区被评为『广东省宜居社区』

□ 开展首届岭南特色规划与建筑设计评优活动

□ 《广东省民用建筑节能条例》实施

□ 全省提高城市化发展水平工作会议召开

2011年大事纪要

1月

5日　□广东省建筑设计研究院研发的“一种带防松托限位结构的万向球铰支座”、“大可拔力可滑移球铰支座”获国家发明专利。

6日　□珠江三角洲省立绿道网全线贯通暨“青年记者绿道行”启动仪式在广州市生物岛举行。中共中央政治局委员、广东省委书记汪洋向青年记者代表授旗，并宣布珠江三洲角省立绿道网全线贯通暨“青年记者绿道行”活动正式启动。

10日　□是日至11日，广东省住房和城乡建设厅在佛山召开全省建筑业管理工作会议。全省各地级以上市住房和城乡建设行政主管部门参加会议，省住房和城乡建设厅党组书记、厅长房庆方出席会议并讲话。

13日　□广东省住房和城乡建设厅巡视员陈承旗带队到韶关市慰问建设系统全国及省劳动模范和困难职工，送上党和政府的关怀，以及春节慰问金和节日礼品。

21日　□《广东省促进散装水泥发展和应用规定》经广东省人民政府第十一届68次常务会议审议通过并公布，自2011年5月1日起施行，原《广东省散装水泥管理规定》予以废止。

□广东省住房和城乡建设厅在东莞召开全省个人住房信息系统建设工作会议，党组副书记、副厅长陈英松出席会议并讲话，要求各地以房地产登记簿数据为基础，建立贯通省、市、县的住房信息系统网络和全省个人住房信息中心数据库。同时，对全省房地产行业监管工作进行部署。

28日　□广东省住房和城乡建设厅和广东省摄影家协会共同主办的“聚焦绿道·印象广东”华隧杯摄影大赛颁奖典礼暨优秀作品展在广州文化公园举行。广东省人民政府副秘书长罗欧，省住房和城乡建设厅党组书记、厅长房庆方，省文联专职副主席廖曙辉，中国摄影家协会副主席、广东省摄影家协会主席李伟坤等领导出席开幕式，并为获奖者颁奖。

31日　□中共中央政治局委员、广东省委书记汪洋在广东省副省长林木声的陪同下视察广东省住房和城乡建设厅。省住房和城乡建设厅党组书记、厅长房庆方汇报全省住房和城乡建设工作情况。汪洋充分肯定省住房和城乡建设厅过去一年的工作成绩，并提出今后五年，要把提高城市化发展水平作为广东省住房和城乡建设厅的工作重点。

2月

12日　□广东省人民政府转发国务院办公厅《关于进一步做好房地产市场调控工作有关问题的通知》，要求各市、各有关部门认真做好房地产市场调控工作。

15日　□广东省住房和城乡建设厅实现建筑业、勘察设计等7个行政许可事项与广东省电子监察系统对接。

21日　□广东省人民政府印发《广东省绿道网建设2011年工作要点》，对全省绿道网规划建设工作进行部署。

□是日至22日，广东省住房和城乡建设厅在广州召开建筑行业信息化工作座谈会。巡视员陈承旗主持，副厅长李台然、杜挺，总工程师李新建，执法局长陈天翼等领导出席会议。会议探讨“三库一平台”系统在全省建筑行业管理中的深化应用。

25日　□广东省住房和城乡建设工作会议在广州召开。会议贯彻落实全国住房和城乡建设工作会议以及中共广东省委十届八次全会和省“两会”精神，总结全省住房和城乡建设系统2010年工作情况，部署2011年工作任务。副省长林木声作讲话，省住房和城乡建设厅党组书记、厅长房庆方作工作报告，党组成员、纪检组长李锡洪作党风廉政建设工作报告。会上，省住房和城乡建设厅与各地级以上市住房和城乡建设局签订建筑施工安全管理目标责任书。

3月

3日　□广东省建设行业统计工作平台建成并率先在全省建筑业、勘察设计行业统计中应用。

□是日至4日，广东省住房和城乡建设厅

在韶关丹霞山召开全省省级风景名胜区综合整治总结大会。巡视员刘锦红出席大会并讲话。

□惠州市城管“12319”指挥中心被全国总工会授予“全国五一巾帼标兵岗”称号。

4日 □中央纪委2010年度惩防体系建设检查第六检查组组长、中央纪委常委、监察部副部长屈万祥一行5人到广东省住房和城乡建设厅检查贯彻落实党风廉政建设责任制、推进惩治和预防腐败体系建设以及反腐倡廉制度建设等情况。

7日 □广东省住房和城乡建设厅发布《关于印发〈广东省住房和城乡建设厅执法监察局主要工作职责〉的通知》，明确厅执法监察局工作职责。

□广东省住房和城乡建设厅制订《关于落实2011年党风廉政建设和反腐败工作部署分工的意见》，部署和落实党风廉政建设工作专项任务。

8日 □广东省住房和城乡建设厅印发《2011年广东省住房和城乡建设系统反腐倡廉建设工作要点》，指导全省建设系统党风廉政建设工作。

□是日至11日，由全国老龄工作委员会办公室、住房和城乡建设部、国家无障碍专家组组成的创建全国无障碍建设城市工作检查验收组赴广州、中山、佛山三市进行验收。广州、中山、佛山三市被评为“十一五”创建全国无障碍建设先进城市。

9日 □广东省住房和城乡建设厅召开全省城乡规划局长咨询会议，研究探讨提高全省城市化发展水平在城乡规划领域工作的结合点和发力点。党组书记、厅长房庆方出席会议并讲话。

□2011年广东省建设工程造价管理工作会议在佛山召开。省住房和城乡建设厅副厅长李台然出席会议并讲话。

10日 □广东省住房和城乡建设厅在东莞召开上半年全省建筑施工防范重特大事故暨建筑施工特种作业人员管理工作会议。通报2010年全省建筑施工安全生产形势及全省建筑施工特种作业人员考核情况，总结2010年全省建筑施工安全管理工作，对2011年建筑施工安全管理工作、加强建筑施工特种作业人员管理以及上半年防范重特大事故工作作出安排。

□是日至11日，广东省住房和城乡建设厅在广州召开全省住房公积金管理工作座谈会，全省21个地级以上市的住房公积金管理中心主任出席会议。省住房和城乡建设厅巡视员刘锦红和住房和城乡建设部住房公积金监管司司长张其光出席会议并作讲话。

14日 □广东省住房和城乡建设厅召开“提高广东城市化发展水平专家研讨会”。党组书记、厅长房庆方出席会议并讲话。

15日 □广东省住房和城乡建设厅印发《关于加强建设工程企业技术人员变动后资质动态核查的通知》，对已取得资质、一年内人员变动两次及以上的企业，省住房和城乡建设厅将予以动态核查。

□经广东省人民政府同意，省住房和城乡建设厅印发《关于〈贯彻落实国办发〔2011〕1号文有关问题的意见〉的通知》，要求全省各市按时公布新建住房价格控制目标，建立住房保障和稳定房价工作约谈问责机制的具体措施。

□是日至28日，广东省住房和城乡建设厅牵头组成10个考核小组，对全省各地级以上市完成2010年住房保障工作目标责任情况进行考核。

24日 □岭南新民居建设示范点——惠州市新农村乐园奠基仪式在惠州市惠城区三栋镇鹿颈村举行。中共广东省委常委、宣传部部长林雄，省文明办常务副主任张子兴，省住房和城乡建设厅副厅长蔡瀛，惠州市市长李汝求等省、市、区及相关部门领导出席。

25日 □广东省住房和城乡建设厅制订《关于开展市场中介组织防治腐败工作实施方案》，开展工程造价咨询机构和工程招标代理机构的专项检查。

□广东省散装水泥工作会议在梅州召开。会议总结2010年全省散装水泥工作，部署2011年工作。省住房和城乡建设厅巡视员刘锦红出席会议并讲话。会上，省散装水泥管理办公室与各市散装水泥管理办公室负责人签订发展散装水泥任务目标责任书。

28日 □中共广东省直属机关工作委员会批准，杜挺任中共广东省住房和城乡建设厅直属机关委员会书记。

29日 □是日至4月2日，广东省住房和城乡建设厅派出3个巡查组，在珠海、中山、佛山、江门、清远、韶关等6个地级市开展第一季度房屋建筑和市政基础设施工程质量安全巡查。

30日 □《广东省民用建筑节能条例》经广东省第十一届人民代表大会常务委员会第二十五次会议审议通过并公布，自2011年7月1日起施行。

□广东省住房和城乡建设厅印发《关于公布2010年度广东省建筑业新技术应用示范工程立项项目的通知》，部署开展2011年度广东省建筑业新技术应用示范工程立项申报和评审工作，评出2010年度广东省建筑业新技术应用示范工程立项项目43项。

31日 □广东省住房和城乡建设厅公布2010年度广东省省级工法158项，并颁发广东省省级工法证书。

4月

6 日 □广东省住房和城乡建设厅印发《关于切实加强珠江三角洲绿道网管理维护工作的通知》，要求珠江三角洲各市高度重视绿道的管理和维护，加强对绿道存在问题的排查和改进。

□广东省住房和城乡建设厅出台《关于开展施工图审查质量抽查的通知》，要求各地级以上市建设行政主管部门对辖区内的施工图审查机构进行质量抽查。

7 日 □广东省住房和城乡建设厅转发住房和城乡建设部《关于加强“十二五”近期建设规划制定工作的通知》，部署开展以建设“理想城市”为目标的城市近期建设规划工作。

□广东省建筑设计研究院设计的广州亚运城综合体育馆钢结构工程获“2010年度中国钢结构金奖”、“国家优质工程”称号。

8 日 □广东省人民政府在广州召开全省保障性安居工程工作会议。副省长林木声代表省政府与各地级以上市人民政府签订2011年度住房保障目标责任书，并对全省保障性安居工程工作作全面部署；省住房和城乡建设厅党组书记、厅长房庆方传达全国保障性安居工程工作会议精神并提出贯彻落实意见。

11日 □是日至15日，由国家发展和改革委员会副主任穆虹带队，国务院办公厅、国家发展和改革委员会、住房和城乡建设部、监察部、财政部、中国人民银行等一行11人组成的国务院督察组对广东省落实住房保障和房地产调控政策情况进行督查。督查组认为广东省贯彻执行国家房地产市场调控政策坚决有力及初见成效，并对下一步广东省住房保障工作提出建议。

13日 □广东省住房和城乡建设厅印发《广东省绿道控制区划定与管制工作指引》，对全省绿道控制区划定与管制工作提出相关要求与技术指导。

16日 □中共中央政治局委员、广东省委书记汪洋主持召开绿道建设座谈会，研究部署绿道网建设工作，要求做到“有人办事，有钱办事，有制度管事”，确保将绿道网建设这件好事办好。

17日 □广东省建设信息中心自主研发的“‘三库一平台’管理信息服务系统”、“粤建通认证综合服务系统”通过广东省住房和城乡建设厅科技成果鉴定，分别获得国内领先和国外先进的鉴定评价。12月1日取得广东省科技厅科技成果登记证书。

18日 □住房和城乡建设部在东莞召开名镇建设（广东）暨重点镇建设工作座谈会。住房和城乡建设部村镇建设司副司长赵晖，省住房和城乡建设厅副厅长蔡瀛等出席会议。

19日 □中共中央政治局委员、广东省委书记汪洋到佛山市南海区大沥镇万科四季花城就万科集团面向低收入群体租赁住房试点项目进行专项调研，要求全省各地加快解决低收入群众住房问题。

□广东省人民政府和澳门特别行政区政府在珠海举行竹银水源工程竣工仪式，并进行首次试蓄水。水利部部长陈雷、省长黄华华、澳门特别行政区行政长官崔世安共同为工程竣工剪彩。黄华华宣布工程竣工。

20日 □广东省住房和城乡建设厅印发《广东省住房和城乡建设厅开展廉政风险防控机制建设试点工作实施方案》。

21日 □广东省住房和城乡建设厅发出《关于规范施工图设计文件审查机构认定有关问题的通知》，规定施工图审查机构审查人员实行相应专业注册制度，以确保施工图审查质量。

27日 □广东省住房和城乡建设厅印发《关于开展进一步完善住宅工程质量责任追究制度试点工作的通知》，确定2011年在广州、深圳两市开展进一步完善住宅工程质量责任追究制度试点工作。

□广东省建筑设计研究院研发的《一种施加预应力的钢管整体桁架及其施工方法》获国家发明专利。

28日 □深圳市召开建设科技创新暨国家工程建设标准综合实施城市试点动员大会，住房和城乡建设部副部长陈大卫出席会议，并为深圳市作为国家工程建设标准综合实施试点城市揭牌。会议提出将深圳打造成为全国工程建设标准化先锋城市和绿色建筑之都。

30日 □“健康共享、幸福广东——2011年广东省（广州市）全民健身绿道行系列活动”启动仪式在广州大学城举行。中共中央政治局委员、广东省委书记汪洋宣布系列活动启动，省长黄华华向环珠三角绿道巡游自行车队授旗，省委常委、广州市委书记张广宁致辞，副省长林木声主持启动仪式。

5月

6 日 □“中央媒体记者广东绿道行”情况通报会在广州召开，广东省副省长林木声，省政府副秘书长罗欧，省委宣传部、省住房和城乡建设厅等有关领导出席。林木声讲话并回答记者有关提问。是日至8日，《人民日报》、新华社等12家中央媒体开展“中央媒体记者广东绿道行”活动，集中采访报道珠三角绿道网规划建设情况。

10日 □广东省住房和城乡建设厅印发《关于我省暂不设立丙级工程勘察资质的通知》，明确在新的资质标准出台之前，广东省暂不设立丙级工程勘察资质。

□广东省住房和城乡建设厅开展“建设人廉政警句”征集活动，组织全省住房和城乡建设系统干部职工结合工作岗位职责创作廉政警句。

12日 □广东省住房和城乡建设厅会同省监察厅制订《广东省城市政府落实住房保障和稳定房价工作约谈问责暂行办法》，提出各市落实房地产市场调控、稳定房价的各项措施，指导和督促各市做好住房保障和稳定房价工作。

13日 □广东省住房和城乡建设厅印发《关于迅速开展严厉打击非法违法建筑施工行为专项行动的紧急通知》，对全省住房和城乡建设行政主管部门开展严厉打击非法违法建筑施工行为专项行动进行部署。

□《江门市城市总体规划（2011~2020年）》获国务院批复实施。

17日 □广东省住房和城乡建设厅授予清远市“广东省园林城市”称号。

□是日至18日，广东省副省长林木声率省政府办公厅、省住房和城乡建设厅有关负责人前往河源市调研城镇化和住房保障工作，先后实地察看河源市源城区、龙川县和东源县的城镇化和保障性安居工程项目，听取河源市人民政府的工作汇报。

18日 □广东省住房和城乡建设厅发布《保障性住房建筑规程》，对保障性住房的规划布局、公建配套、建筑与结构、设施设备、建筑节能以及使用和维护等内容进行规范。《规程》于9月1日起实施。

□广东省住房和城乡建设厅印发《关于加强“三旧”改造规划实施工作的指导意见》，指导全省各地通过科学实施规划，有序推进“三旧”改造工作。

□广东省住房和城乡建设厅副厅长蔡瀛带队赴江门台山市调研名镇名村建设工作，对台山发挥侨乡特色，结合自然和人文资源打造名镇名村示范村的工作思路给予肯定。

19日 □广东省住房和城乡建设厅印发《关于开展绿道网管理维护有关问题排查和整改工作的通知》，要求珠江三角洲九市针对目前绿道网管理维护方面存在问题进行排查和整改。

20日 □全省落实住房保障目标责任督查工作座谈会在肇庆召开。广东省住房和城乡建设厅党组副书记、副厅长陈英松出席并讲话。住房和城乡建设部稽查办主任王早生等8名派驻广东省住房保障巡查员参加会议。

23日 □广东省住房和城乡建设厅印发《广东省省立绿道建设指引》，对全省省立绿道建设工作提出相关要求与技术指导。

▲2011年5月8日，中央媒体记者体验广东绿道。

（广东省住房和城乡建设厅绿道网工作领导小组办公室供稿）

□广东省名镇名村示范村建设示范县启动仪式在清远市佛冈县举行。副省长刘昆出席仪式并宣布建设工作启动，省住房和城乡建设厅副厅长蔡瀛出席启动仪式。

□广东省住房和城乡建设厅与省民政厅、公安厅、环境保护厅联合授予广州市番禺区桥南街番奥社区等344个社区“2010年广东省宜居社区”称号。

25日 □是日至26日，广东省住房和城乡建设厅党组书记、厅长房庆方一行到深圳调研绿色建筑建设情况。

30日 □广东省总工会批准“广东省建设厅工会委员会”更名为“广东省住房和城乡建设工会委员会”，其主要职责是领导厅机关及其直属基层工会，指导全省住房和城乡建设系统工会。

□广东省住房和城乡建设厅组织召开法制讲座暨“六五”普法动员大会，对厅机关及直属单位的“五五”普法工作进行总结，对“六五”普法工作进行部署。

31日 □广东省住房和城乡建设厅党组书记、厅长房庆方以“市政园林和绿道网建设管理”为主题在广东电台“民声热线”栏目上听取群众意见、接受投诉和解惑答疑，并公开相关工作的进展和政策。

□广东省住房和城乡建设厅发出《关于建筑业企业三级资质有关问题的通知》，进一步规范全省三级建筑业企业资质审批工作。

6月

2 日 □广东省人民政府批准，王洪任广东省建筑设计研究院院长，免去何锦超广东省建筑设计研究院院长职务。

7 日 □广东省住房和城乡建设厅党组副书记、副厅长陈英松以“住房保障、住房市场和住房质量”为主题在广东电台“民声热线”栏目上听取群众意见和接受投诉，就市民关注的住房保障、住房市场和住房质量问题答疑，并公开相关工作的进展和政策。

□是日至13日，广东省住房和城乡建设厅派出4个宣讲组，分别到广州、佛山、东莞、中山、惠州、江门、清远、韶关八市，对省住房和城乡建设厅印发的《危险性较大的分部分项工程安全管理办法的实施细则》进行宣讲，2334人参加安全宣讲活动。

9 日 □广东省住房和城乡建设厅总工程师李新建主持召开珠江三角洲地区各市推进工程质量检测信息化工作座谈会。听取各市推进工程质量检测信息化管理工作进展的情况汇报，并演示广东省建设工程质量检测监管信息系统省级平台。.

14日 □惠州市建设工程交易中心被住房和城乡建设部、共青团中央联合授予“2008~2010年度全国青年文明号”称号。

15日 □广东省住房和城乡建设厅在湛江召开广东省粤西片住房城乡建设系统工程项目信息公开和诚信体系建设工作座谈会。副厅长李台然出席并讲话。

17日 □是日至10月13日，广东省住房和城乡建设厅会同省财政厅对全省2010年度各地级市公积金管理中心的管理工作进行考核。排列前5名的广州、佛山、东莞、珠海和惠州市获得考核优秀。

21日 □广东省住房和城乡建设厅组织修订并印发《广东省建设工程施工标准工期定额(2011)》。自2011年10月1日起实行，原广东省建设厅2001年颁发的《广东省建筑安装工程工期定额》同时停止使用。

23日 □广东省住房和城乡建设厅、省建筑工程集团有限公司联合举办庆祝中国共产党建党90周年大型活动。省住房和城乡建设厅与省建筑工程集团有限公司共600多人参加活动。

28日 □广东省住房和城乡建设厅、省人大常委会法制工作委员会联合召开《广东省民用建筑节能条例》宣传贯彻会。省住房和城乡建设厅党组书记、厅长房庆方，省人大常委会法制工作委员会主任王波分别作重要讲话。

□广东省住房和城乡建设厅在东莞市虎门镇万科·紫台工程施工现场召开全省建筑工程安全生产文明施工现场会暨建筑施工安全操作教育系列片发行仪式。

29日 □广东省住房和城乡建设厅发布《广东省绿色建筑评价标准》。

30日 □广东省住房和城乡建设厅印发《关于建立房屋建筑和市政基础设施工程施工质量信用档案的指导意见》，明确工程施工质量信用档案的内容、采集记录工作分工、采集内容公开以及档案建立的工作进度。

7月

1 日 □中共广东省委批准，刘丽萍任广东省住房和城乡建设厅副巡视员。

□广东省住房和城乡建设厅印发《关于开展2011年纪律教育学习月活动的通知》，围绕“以人为本，执政为民”主题，开展纪律教育学习月活动。

□韶关市武江河发生锑指标浓度超标事件，影响武江沿线8座自来水厂饮水安全。广东省住房和城乡建设厅副厅长杜挺带领水处理专家前往应急处理，及时降锑，确保了武江沿线城市居民饮水安全。

11日 □广东省住房和城乡建设厅公布广东省绿色建筑评价标识专家委员会第一批专家名单。

□是日至22日，由广东省住房和城乡建设厅牵头，住房和城乡建设部派驻广东省督察员、省保障性安居工程工作联席会议相关单位组成10个省督查组，分别对21个地级以上市政府和顺德区政府2011年住房保障工作目标责任任务落实情况和项目确定、资金落实、土地供应、工程项目开工进度和竣工情况进行督查。

13日 □是日至17日，由监察部副部长郝明金带队，住房和城乡建设部、农业部、国土资源部、公安部、国务院法制办组成的国务院联合督查组到广东省开展征地拆迁制度规定落实情况督查。督查组对广州、佛山两地进行实地检查，广东省住房和城乡建设厅代表省人民政府向督查组汇报广东省贯彻落实征地拆迁各项制度规定的工作情况。

15日 □潮州市饶平县新丰镇、清远市清新县太和镇、韶关市始兴县沈所镇3个镇和东莞市茶山镇南社村、湛江市霞山区爱国街道特呈岛村、江门市恩平市圣堂镇歇马村3个村被住房和城乡建设部与国家旅游局公布为第二批全国特色景观旅游名镇名村。

□广东省住房和城乡建设厅印发《2011年广东省住房城乡建设系统民主评议工作实施方案》，部署和指导全省住房城乡建设系统民主评议工作。

18日 □广东省住房和城乡建设厅印发《广东省城市绿道规划设计指引》，对全省城市绿道规划及设计等方面提出相关要求与技术指导。

19日 □广东省住房和城乡建设厅在从化召开下半年全省建筑施工防范重特大事故暨建筑施工特种作业人员管理工作会议。会议通报上半年全省建筑施工安全生产形势及全省建筑施工特种作业人员考核情况，总结上半年全省建筑施工安全管理工作，对下半年加强建筑施工安全管理和建筑施工特种作业人员考核管理作出安排。

□是日至22日，广东省住房和城乡建设厅组织开展建筑业产业转型升级工作专题调研，两个调研组分别到广州、佛山、江门、汕头、深圳市进行调研，并完成专题调研报告。

20日 □广东省住房和城乡建设厅、香港特别行政区发展局、澳门特别行政区运输工务司在广州召开粤港城市规划及发展专责小组第七次会议暨粤澳城市规划及发展专责小组第四次会议，正式通过《环珠江口宜居湾区建设重点行动计划》纲要成果。

□是日至21日，广东省住房和城乡建设厅副厅长杜挺率队赴梅州市丰顺县留隍镇莲塘村调研扶贫开发“双到”工作，检查帮扶措施落实情况，并慰问贫困户。

22日 □广东省人民政府在东莞召开珠江三角洲绿道网建设工作现场会，副省长林木声出席会议并对下半年绿道网建设工作作出具体部署，要求确保完成珠江三角洲绿道网“两年全部到位”的任务目标。

25日 □是日至26日，全国人大代表一行40人对广东省保障性住房建设情况进行专题调研。在对广州市住房保障工作情况进行深入调研后，26日下午省政府召开汇报会，广东省人大常委会主任欧广源主持会议，省住房和城乡建设厅、财政厅、发改委和国土资源厅等部门作工作汇报，多位全国人大代表发言，中共中央政治局委员、广东省委书记汪洋出席汇报会并讲话。

27日 □广东省住房和城乡建设厅印发《广东省住房和城乡建设事业信息化“十二五”规划》，该《规划》是广东省住房和城乡建设系统“十二五”规划体系中的重要专项，是促进全省住房和城乡建设事业信息化发展的重要指导性文件。

28日 □中共中央政治局委员、广东省委书记汪洋在广东省住房和城乡建设厅《关于上报珠三角绿道网6月份建设进度的报告》中作出“进度良好，继续努力”的批示。

□广东省建筑设计研究院设计的广州亚运城、广东省博物馆新馆、广州自行车馆等3项工程获第三届广东省土木工程詹天佑故乡杯金奖。

29日 □住房和城乡建设部召开全国住房城乡建设安全生产和质量管理电视电话会议。会后广东省住房和城乡建设厅立即召开全省住房城乡建设安全生产和质量管理电视电话会议，党组书记、厅长房庆方出席会议并作讲话，提出贯彻全国电视电话会议精神的意见和加强全省建设安全生产和工程质量管理工作要求。

8月

5日 □广东省住房和城乡建设厅印发《关于完善住房信息系统推进广东省房地产管理服务系统工程建设的通知》，制订《广东省房地产管理服务系统工程建设方案》，明确信息系统建设的目标任务、实施策略和建设规划等内容要点。

8日 □广东省住房和城乡建设厅在广州召开首届岭南特色规划与建筑设计评优活动新闻发布会。副厅长李台然主持，党组书记、厅长房庆方出席并讲话。

13日 □中共中央总书记、国家主席胡锦涛视察广东，前往广州市金沙洲保障性住房小区，听取广州市关于保障性住房建设情况汇报，走访廉租住房住户何耀华家庭，了解其居住状况。胡锦涛强调：保障性住房建设是一项重大民生工程，要加快推进住房保障体系建设。对这件民生大事，各级党委和政府要切实负起责任，千方百计确保土地供应、资金到位、工程质量合格和分配公平，努力使广大人民群众满意。

15日 □广东省住房和城乡建设厅印发《广东省绿色建筑评价标识管理办法》（试行）。

16日 □国家首批公共建筑节能改造重点示范城市名单公布，深圳市以第一名成绩位列3个入选城市榜首，获国家补助资金8000万元。

17日 □经广东省人民政府同意，省财政厅、住房和城乡建设厅联合印发《关于建立和完善绿道网管理维护保障机制的通知》，要求珠江三角洲九市建立和完善绿道网管理维护保障机制，做好绿道网管理维护等有关工作。

23日 □广东省住房和城乡建设厅、省监察厅按照《广东省城市政府落实住房保障和稳定房价工作约谈问责暂行办法》，对保障性安居工程建设进展缓慢的汕头、韶关、揭阳、潮州、清远五市政府负责人和住房保障工作主管部门主要负责人进行了约谈。

25日 □广东省住房和城乡建设厅发出《关于建立全省住房和城乡建设系统行政执法统计分析制度的通知》，定期对行政执法机构及执法人员、专项稽查执法、专案稽查执法和行政处罚案件等情况进行统计分析。

□是日至30日，住房和城乡建设部对广州、佛山、顺德三地建设工程质量安全及建筑市场执法进行检查，对广州、东莞两市在建城市轨道交通工程质量安全工作进行督查。检查组对广东省在法规建设、现场巡查、现场与市场的联动监管、信息化管理等方面作了充分肯定。

□是日至30日，住房和城乡建设部稽查办公室主任王早生一行对广东省保障性住房工程的质量安全、建筑市场和城市既有桥梁运行安全进行检查。

□云浮市人民政府与中国城市规划协会、清华大学人居环境研究中心联合在北京举办“人居环境科学理论与实践——统筹城乡发展，建设人居环境暨《云浮市统筹发展规划》”研讨会。

26日 □广东省住房和城乡建设厅党组副书记、副厅长陈英松召集东莞、中山、惠州、湛江、河源五市的房地产主管部门负责人进行座谈，督导落实好国家和省房地产市场调控政策，切实做好稳定房价工作。

□中共广东省委组织部批准，郭德居任广东省住房和城乡建设厅副巡视员。

30日 □经广东省人民政府同意，省住房和城乡建设厅在广州召开广东省首批城乡规划督察员聘任暨派遣工作会议。党组书记、厅长房庆方宣读《关于派遣广东省首批城乡规划督察员的通知》。省政府副秘书长罗欧、住房和城乡建设部稽查办公室主任王早生出席并讲话。

□广东省住房和城乡建设厅在佛山召开全省城市供水工作会议。

9月

1日 □广东省住房和城乡建设厅出台《广东省实施〈建设工程工程量清单计价规范〉(GB50500-2008)若干意见》。

□广东省建筑建材专业技术职称管理信息系统研发成功并正式启用，首先受理省直单位的建材专业高级职称的申报。

□广东省建设行业企业申请“工程监理企业资质”、“房地产估价机构资质”实现全程网上无纸化申报和审批，并在网上实行申报资料公开、审批意见公开和审批结果公开。

□广东省住房和城乡建设厅巡视员陈承旗一行前往深圳市骏高物业服务有限公司，拜访省住房和城乡建设厅作风监督员叶国基，对叶国基给省住房和城乡建设厅作风建设提出的建议予以答复，并表示感谢。2日，叶国基向省住房和城乡建设厅送来“政府阳光办公，作风转变令人惊喜”的感谢信，对省住房和城乡建设厅领导重视和快速答复监督员建议的工作作风表示满意。

2日 □广东省人民政府办公厅发出《印发广东省住房保障工作目标责任考核办法的通知》。

□住房和城乡建设部、国家发展和改革委员会授予深圳市“国家节水型城市”称号，成为广东省第一个获得此殊荣的城市。

□广东省住房和城乡建设厅印发《广东省超限高层建筑工程抗震设防专项审查实施细则》，要求各级住房和城乡建设主管部门严格执行超限高层建筑工程抗震设防专项审查。

5日 □是日至9日，住房和城乡建设部调研组到广东省开展“城市总体规划编制办法改革与创新”课题调研，认为广东省城市规划工作善于在实践中总结经验和反思问题，提出的建议值得借鉴和参考。

6日 □住房和城乡建设部批复同意广东省住房和城乡建设厅开展一、二星级绿色建筑评价标识工作，省级绿色建筑评价标识工作正式启动，第一批4个绿色建筑评价标识项目通过评审。

11日 □广东省机构编制委员会办公室批准：广东省住房和城乡建设厅城乡规划处加挂广东省绿道网建设管理办公室牌子，增加统筹落实和推进绿道网建设管理工作职能；增加行政编制3名，专门用于加强推进绿道网建设管理工作。

12日 □广东省住房保障项目动态管理信息系统正在肇庆市正式试点开通。

13日 □是日至16日，广东省人民政府聘任的首批城乡规划督察员分别到广州、珠海、东莞、惠州四市就开展城乡规划督察工作进行调研。省住房和城乡建设厅执法监察局局长陈天翼带队调研。

16日 □广东省住房和城乡建设厅会同省建筑业协会在广州召开2011年全省建筑工程质量现场观摩会，总工程师李新建出席并讲话。

□广东省住房和城乡建设厅在广州增城市召开名镇名村示范村规划建设专题培训班暨名镇建设现场会。副厅长蔡瀛出席并讲话。

19日 □经广东省人民政府办公厅批准，省住房和城乡建设厅、发展和改革委员会、国土资源厅联合发出《关于加强珠三角城际轨道站场周边土地规划控制的通知》，明确在珠江三角洲城际轨道站场中心点800米范围内要加强土地开发、规划的统筹协调。

□是日至28日，广东省住房和城乡建设厅党组书记、厅长房庆方率领由中山、江门、东莞、惠州市绿道建设主管部门负责人及省住房和城乡建设厅有关人员组成的考察团，赴美国纽约、波士顿、旧金山及加拿大多伦多等地进行专题考察，学习两国在绿道规划、建设和管理方面的基本制度及做法。

20日 □广东省住房和城乡建设厅印发《国有土地上房屋征收社会稳定风险评估指导意见》要求全省各地在作出房屋征收决定前应按有关规定进行社会稳定风险评估。

23日 □广东省住房和城乡建设厅印发《省外进粤建筑施工企业质量安全管理联络员工作制度》，建立和健全各级住房城乡建设行政主管部门与省外进粤的建筑施工企业之间信息互通和工作协调机制。

□是日至30日，广东省住房和城乡建设厅分别在梅州、清远召开粤东、粤北片住房和城乡建设系统工程项目信息公开和诚信体系建设工作座谈会。副厅长李台然出席粤东片会议。

26日 □广东省住房和城乡建设厅党组副书记、副厅长陈英松接受广东省人民政府门户网站专访，就加快住房保障、完善绿道建设，以及2011年省住房和城乡建设厅牵头负责的“省政府为人民群众办好十件实事”之健全保障性住房体系的进展情况，与网友进行在线交流。

□广东省住房和城乡建设厅召开全省建筑工程质量通病治理研讨会，研讨工程质量通病的预防措施及治理方法，指导全省建设工程质量通病治理工作。

10月

7日 □是日至9日，广东省住房和城乡建设厅联合省委政策研究室赴香港开展提高城市化水平“发力点”调研，撰写《关于将“城市中心区立体步行交通系统建设”作为提高我省城市化发展水平“发力点”的建议》，得到中共中央政治局委员、广东省委书记汪洋的认可。

9日 □是日至13日，中共广东省委组织部、省住房和城乡建设厅、国土资源厅、环境保护厅四个部门在北京大学联合举办主题为“提高城市化发展水平”的第十三期市长（书记）城建专题研究班。广东省副省长林木声，北京大学常务副书记、副校长张彦等领导出席专题研究班结业典礼并讲话。

10日 □广东省住房和城乡建设厅召开2011年全省建筑施工安全生产电视电话会议。总工程师李新建出席并讲话。

12日 □广东省委创优办组织南方日报社、羊城晚报社、广东电视台等省内主流媒体现场采访报道省住房和城乡建设厅对外办事窗口“为民服务创先争优”活动开展情况。11月2日，住房和城乡建设部直属机关党委副书记、文明办主任杨忠诚带队到厅对外办事窗口调研，对窗口的工作给予充分肯定。

14日 □全省垃圾处理“发力点”工作会议在广州召开，广东省住房和城乡建设厅巡视员刘锦红出席会议。

19日 □是日至20日，广东省住房和城乡建设厅副巡视员李运章率省检查组到茂名市监督检查建筑节能工作情况。

22日 □中国物业管理行业协会、深圳市房屋和物业管理委员会在深圳举办物业管理改革发展30周年大会。住房和城乡建设部副部长齐骥，中国物业管理协会会长谢家瑾，广东省住房和城乡建设厅党组书记、厅长房庆方，深圳市市委常委、副市长吕锐峰等领导出席会议。

23日 □广东省建筑设计研究院设计，中国最大的国家重大科技基础设施——散裂中子源工程在东莞奠基。中共中央政治局委员、国务委员刘延东，中共中央政治局委员、广东省委书记汪洋出席奠基仪式。

24日 □广东省建设信息中心无偿开建设的“西藏林芝地区住房和城乡建设局网站”正式开通，省住房和城乡建设厅副厅长李台然出席开通仪式。

25日 □《广东建设年鉴》（2010）在中南地区人民出版社第32届优秀社科图书评选活动中获优秀图书奖，是该活动中唯一获奖的年鉴类图书。

27日 □中共中央政治局委员、广东省委书记汪洋主持召开会议，听取广东省深化体制改革工作情况的汇报。党组书记、厅长房庆方代表省住房和城乡建设厅作关于深化住房保障制度改革创新有关情况的汇报。

31日 □中国联合国教科文组织全国委员会、住房和城乡建设部在韶关市丹霞山举行中国丹霞世界自然遗产地授牌仪式。广东省副省长林木声出席会议并讲话，强调要坚持经济效益和社会效益相统一，保护与开发相结合，规划与管理相并重，全力保护好、推介好、利用好丹霞山资源，把资源优势转化为经济优势，把丹霞山打造成为韶关市和广东省的靓丽名片。

11月

1日 □广东省人民政府办公厅转发《国务院办公厅关于保障性安居工程建设和管理指导意见》。

4日 □广东省住房和城乡建设厅党组副书记、副厅长陈英松，省监察厅副厅长秦通海率调研组赴广州市调研住房保障工作。

6日 □广东省住房和城乡建设系统摄影和球类比赛颁奖典礼及闭幕式在广州体育学院举行。全省各市参赛运动队、摄影比赛获奖者等500人出席。摄影比赛于7月5日开始征稿，球类比赛于10月22日在肇庆市拉开帷幕。

7日 □是日至11日，广东省住房和城乡建设厅召开建筑建材专业教授级高工职称评审会议。78人通过专业组初审，通过率57.35%；67人通过评委会评审，通过率49.06%。

9日 □广东省住房和城乡建设厅公布第一批广东省宜居示范城镇（村庄）名单，广州市番禺区大岗镇等41个镇获“广东省宜居示范城镇”称号，湛江廉江市石城镇十字路村等102个村获“广东省宜居示范村庄”称号。

11日 □第十四届广东（肇庆）房地产博览会暨城乡建设成果联展开幕。省住房和城乡建设厅党组副书记、副厅长陈英松出席开幕式并讲话。

16日 □广东省建设信息中心研发、面向全社会的公众信息网站“广东绿道网”正式建成并上线运行。

17日 □是日至18日，广东省住房和城乡建设系统政治思想工作研究会粤中片研讨会在中山召开。

□广东省住房和城乡建设厅发出《关于部署开展城市房地产业务管理信息系统建设的通知》，要求统一开展城市房地产业务系统建设，逐步形成房地产管理信息化建设“一盘棋”格局。

22日　□广东省住房和城乡建设厅在广州举行首届岭南特色规划与建筑设计评优活动评审专家聘任仪式，聘请何镜堂院士等45名建筑、文化、民俗等领域的专家和学者为“广东省岭南特色规划与建筑设计评优活动”评审专家。

□广东省佛山市南海区西樵镇被财政部、住房和城乡建设部、国家发展和改革委员会确定国家第一批试点示范绿色低碳重点小城镇，成为全国首批7个试点镇之一。

□是日下午，位于汕尾市汕尾大道的中国工商银行股份有限公司汕尾分行培训综合楼工程装饰架屋面层梁板结构在混凝土浇筑过程中发生坍塌，造成6死7伤的较大安全事故。事故造成直接经济损失约1000万元。

□是日至23日，广东省深化体制改革工作会议在汕头召开，省住房和城乡建设厅起草的《广东省住房保障制度改革创新方案》提交会议审议。

23日　□广东省住房和城乡建设厅印发《关于进一步加强房屋市政工程脚手架支撑体系使用的钢管扣件等构配件管理的通知》，对建筑施工企业在广东省内房屋市政工程使用的钢管、扣件及其他构配件管理提出相关要求。

24日　□广东省住房和城乡建设厅党组副书记、副厅长陈英松、省监察厅副厅长秦通海对新建住房价格连续3个月以上超过年度控制目标的珠海、中山两市政府分管领导及住房和城乡建设部门负责人进行约谈，督促其确保实现新建住房价格年度控制目标。

□广东省梅州市等35个城市（区）为被全国爱卫会命名为国家卫生城市（区）。

29日　□揭阳地标性建筑揭阳楼文化广场工程通过竣工验收。

12月

1 日　□《中共广东省委、广东省人民政府关于提高我省城市化发展水平的意见》正式印发。该《意见》明确广东省“十二五”期间提高城市化发展水平的指导思想、基本原则和发展目标，重点从强化规划的统筹协调作用、加速推进城市一体化发展、推进城市公用设施现代化、增强城市民生服务功能、大力改善城市人居环境、推动体制机制创新及落实城市化发展的组织保障等七个方面明确提高全省城市化发展水平的工作任务。

2 日　□广东省住房和城乡建设厅举办全省第一期中心镇镇长（书记）村镇建设专题研讨班，20个地级以上市的38名中心镇镇长（书记）参加学习。副厅长蔡瀛、杜挺出席开班、结业典礼。

5 日　□广东省建筑设计研究院获住房和城乡建设部授予“全国建筑设计行业诚信单位”称号。

□是日至14日，广东省建筑建材专业高级工程师职称评审会议在惠州召开，1251人通过评审，通过率56.22%。

6 日　□由广东省全国人大代表20多人组成的视察组，在省农业厅听取省住房和城乡建设厅副厅长蔡瀛及省农业厅副厅长陈祖煌就全省开展名镇名村规划建设工作的汇报，对省住房和城乡建设厅制订的《广东省名镇名村示范村建设规划编制指引（试行）》给予充分肯定。

7 日　□全省提高城市化发展水平工作会议在广州召开。中共中央政治局委员、广东省委书记汪洋，广东省代省长朱小丹发表讲话，总结和分析了全省城市化发展的现状和存在问题，对今后全省提高城市化发展水平工作

▲*2011年12月7日，广东省提高城市化发展水平工作会议在广州召开。*

（广东省住房和城乡建设厅城乡规划处供稿）

作出全面部署。

□是日至9日，住房和城乡建设部建筑市场监管司在广州召开全国部分省市建设企业资质审批工作座谈会。广东省住房和城乡建设厅在会上介绍广东省行政许可信息化和审批制度改革的工作经验。巡视员陈承旗出席会议并讲话。

9日 □广东省住房和城乡建设厅、澳门特别行政区运输工务司和珠海市人民政府三方签署《关于共同编制〈澳珠协同发展规划〉合作协议书》，通过规划为澳珠两地提供一个对话和交流平台，为共建珠澳国际都会区，深化粤港澳合作，落实粤澳合作框架协议提供支撑。

13日 □广东省垃圾分类大学生公益广告创意征集活动颁奖仪式在广州大学城举行。省人大环境与资源保护委员会副主任委员郭德勤，省住房和城乡建设厅巡视员刘锦红出席活动。

14日 □2011年“珠三角绿道网建设项目”、“广州市荔枝湾环境综合整治工程”和“深圳市建科大楼建筑节能与宣传项目”获“中国人居环境范例奖”。“广州东濠涌综合整治工程”、“肇庆市环星湖绿道建设项目”等21个项目获“2011年广东省宜居环境范例奖”。

□广东省住房和城乡建设厅党组书记、厅长房庆方在中山市就宜居城市建设工作进行调研，强调翠亨国际旅游小镇在建设过程中要更多地保留岭南建筑风格。

20日 □阳江市阳西县织篢镇鸡乸村获中央文明委授予“全国文明村”称号，这是阳江市建市以来唯一获此殊荣的村。

23日 □《广东省绿道网建设总体规划（2011~2015年）》专家评审会在广州召开，住房和城乡建设部城乡规划司副司长张勤，广东省住房和城乡建设厅副厅长蔡瀛出席会议。会上顺利通过该《规划》。

28日 □广东省住房和城乡建设厅、省监察厅在肇庆召开全省住房保障项目动态管理信息系统工作会议，全面推广应用保障性住房建设项目动态管理信息系统，研究部署2012年住房保障及监督检查工作。省住房和城乡建设厅党组副书记、副厅长陈英松、省监察厅副厅长秦通海出席会议并讲话。

30日 □广东省住房城乡建设厅印发《关于〈房屋建筑和市政基础设施工程质量监督管理规定〉的实施办法》，自2012年2月1日起施行。

31日 □广东省建设信息中心对外办事窗口“粤建通综合服务中心”被中华全国总工会授予“2011年度全国工人先锋号”称号。

（广东省住房和城乡建设厅办公室供稿）

广东建设事业发展总述

□ 全面推进宜居城乡建设

□ 加强城乡规划管理

□ 探索创新住房保障制度

□ 八项工程获『中国建设工程鲁班奖』

□ 印发《广东省建筑节能『十二五』规划》

省情概况

【建置沿革】 广东，《吕氏春秋》中称“百越”，《史记》中称“南越”，《汉书》称“南粤”，“越”与“粤”通，也简称“粤”，泛指岭南一带地方。广东的先民很早就在这片土地上生息、劳动、繁衍。在历史长河中，广州、广东等地名次第出现，逐渐演化成广东省及其辖境。

先秦　距今12.9万年以前，岭南出现早期古人（马坝人）。商与西周时代，广东先民便与中原商、周王朝有经济文化往来。春秋战国时期，岭南与吴、越、楚国关系密切，交往频繁。历史上楚庭、南武城的传说，反映出这一时期岭南与楚、越的关系。《国语·楚语上》也有“抚征南海”的记载，可见当时岭南与楚国有军事、政治关系。

秦至南朝时期　公元前222年，秦王嬴政统一六国后，“因南征百越之君”，派屠睢率领50万秦军攻打岭南；公元前214年，秦军基本占领岭南。随即，秦始皇将所夺取的岭南地区，设“桂林、象、南海”3个郡。南海郡辖境是东南濒南海，西到今广西贺州，北连南岭，包括今粤东、粤北、粤中和粤西的一部分，辖番禺、龙川、博罗、四会4个县（据《汉书》记载），郡治番禺。今广东省的大部分地区属南海郡。此外，湛江等地属象郡，粤西有一部分属桂林郡，粤北部分地区属长沙郡。这是广东历史上第一次划分行政区。

秦末，南海郡尉任嚣病危，委任龙川县令赵佗代职。任嚣死后，赵佗即起兵隔绝五岭通中原的道路。秦亡之际，赵佗武力攻并桂林、象郡，建立南越国，自称“南越武王”。当时，广东除今连州及乐昌北境属长沙郡管辖外，都属南越国地盘。赵佗及其后的南越国，都与汉朝一样实行郡县制。汉武帝平定南越后，汉朝将南越地划分为南海、苍梧、郁林、合浦、交趾、九真、日南、儋耳、珠崖9个郡。为了便于监督各郡官吏，汉朝又设立13个常驻监察机构，称为“十三部”，其中设在苍梧郡广信县（今封开）的交趾部，专门负责纠核岭南九郡。东汉末，交趾部改为交州，除监察权外，还拥有军政大权，成为郡上一级政府，地方行政制度也就从郡县二级变为州、郡、县三级。今广东省境包括交州辖下的整个南海郡（粤中、粤东），还包括苍梧郡、合浦郡、荆州贵阳郡和扬州豫章郡的一部。其中南海郡较秦代增置3个县：揭阳、中宿（今清远）和增城。

东汉末，赤壁之战后逐渐形成魏、蜀、吴三国鼎立的局面。汉献帝建安十五年（210年），吴国的孙权任命步骘为交州刺史，率兵抵番禺。建安二十二年（217年），步骘把交州州治从广信东迁番禺。吴景帝永安七年（264年），东吴为便于治理，又把南海、苍梧、郁林、高梁4个郡（今两广大部）从交州划出，另设广州，州治番禺，广州由此得名。东吴时期，今广东省境除广州辖下的4郡外，还包括荆州始兴郡和海南岛。

西晋时，今广东省腹地属当时的广州，粤北属荆州，雷州半岛和海南岛属交州。

南北朝时期，中国政局南北分裂。南朝统治者对俚人（越族）实行“羁縻”政策，在原地大量封官，导致州、郡数猛增。增设的州、郡、县多集中在粤中、粤西、粤北地区，粤东地区设置较少。因为当时粤东农业经济没有粤西发达，交通也没有粤西方便。

隋、唐、五代十国时期　隋初，设广州、循州（今惠州）两个总管府统领诸州。隋炀帝废州为郡，改为郡、县两级，大加省并，今广东省境分属10郡、74县。

唐初地方设州、县。岭南45州分属广州、桂州、容州、邕州、安南5个都督府（又称岭南五管）。655年以后，5府皆隶于广州，长官称为五府（管）经略使，由广州刺史兼任。756年（肃宗至德六年），升五府经略使为岭南节度使。862年（懿宗咸通三年），岭南道划分为东、西道，东道治广州，广东属岭南东道，这是广东省名中“东”字的由来，也是两广分为东西的开始。

五代十国时期，岭南为南汉王刘氏占据，行政区划基本上继承唐朝的建制。南汉升广州为兴王府，在州县稀疏的粤东和粤北，增置1府4州。南汉后期，全境共辖60州、214县。

宋、元、明、清时期　宋代地方行政制度分路、州（府、军）、县三级。今广东省境包括广南东路14州和广南西路境内的7州，共61县。宋朝对唐制有所继承又有所调整。粤西及海南岛裁撤8个州，而粤东、粤北除循唐制外，仍保留南汉所增置的4个州。997年（宋太宗至道三年），广南路分为广南东路和广南西路，东路治所在广州，西路治所在桂州，广东大部分属广南东路，“广东”即广南东路的简称。

元朝地方行政制度分省、路、府（州、军）、县四级，另有道，是省以下、路府之上的承转机构。今广东省境分为广东道和海北海南道。广东道道治在广州，海北海南道道治在今雷州市。

明朝洪武二年（1369年），改广东道为广东等处行中书省，并将海北海南道改隶广东，广东成为明朝的十三行省之一。而且，过去长期与广西同属一个大区的雷州半岛、海南岛划拨广东统辖，结束了广东以往隶属不同政区的状况，广东省区域轮廓自此基本形成。终明一代，广东设10府1直隶州，统辖7州75县。其中，属明代新置的有顺德、从化、高明、饶平、惠来、大埔、普宁、澄海等22县。这些新置的县大多集中在粤东地区，基本形成当今县制的分布格局。

清初承袭明制，地方行政机关分省、道、府、县4级，但将明时的布政使司正式改称为省。“广东省”名称正式使用，所辖范围与明广东布政使司相同。清设总督管辖广东、广西两省，称“两广总督”，初驻肇庆，乾隆十一年（1746年）移广州。清代广东省最南的辖境是南海诸岛的曾母暗沙。西沙群岛（时称“千里长沙”）和南沙群岛（时称“万里石塘”）属于广东省琼州府的万州管辖。南海诸岛自古以来就是中国的领土，北宋时期中国政府已在此行使主权，清政府更是经常派水师巡视。

1841年，鸦片战争中清政府战败，被迫签订《中英南京条约》，香港（时属新安县）正式沦为英国的殖民地。1887年，葡萄牙诱逼清政府签订《中葡和好通商条约》，侵占澳门（时属香山县）。

民国时期　1911年，辛亥革命后建立中华民国，广东省的名称和范围与清代相同，但将府直辖地及州、厅皆改为县，成为省、县二级制，并于省、县之间分区设置绥靖区。民国初年，市建置开始设置。1918年成立广州市政治公所，广州开始以省会设市。1921年，成立广州市政厅。1925年，中华民国国民政府在广州成立，7月改广州市政厅为广州市政府。国民政府的地方行政，分为省、行政区、县和市，实行委员制。广东省政府下设广州、北江、东江、西江、南路、海南6个行政区，每区设一行政委员，代表省政府处理本区事务。1938年10月，日本侵略者侵占广州，广东省府撤退到粤北（今连州市），为适应战时需要，全省设4个行署。1940年全省改设为9个区（包括沦陷区），到1941年，复改设9个行政督察区。1945年抗战胜利后，民国政府把行政督察区分为省府直接督察区和专署行政督察区两种。省府直接督察的有南海、番禺等12个市县，专署行政督察区则分为11个区，共辖88个县。

中华人民共和国时期　1949年10月14日，广州解放；10月28日，广州市人民政府成立；11月6日，广东省人民政府正式成立。中华人民共和国成立后广东政区的调整和变更，主要经历三个阶段：第一阶段是中华人民共和国成立初期，全省共设珠江、东江、西江、北江、粤中、南路、兴梅、潮汕、琼崖等9专区，两个地级市，5个县级市和98个县，广州市为中央直辖市。1952年，广东省和广州市由中南行政委员会领导，将北海市及钦州专区划归广西，广西的怀集县划入广东。1954年，广东省改由中央直接领导，原由中央直辖的广州市划归广东省管辖。第二阶段是1959年至1982年，期间全省政区不断调整。1955年，广西的北海市和钦州专区所属各县划归广东省，并更名为合浦专区。1965年，北海市及合浦专区所属各县划归广西壮族自治区。1979年，原属惠阳地区的宝安县改设深圳市，原属佛山地区的珠海县改设珠海市，均由省直辖。广东省直辖广州、海口、汕头、湛江、茂名、佛山、江门、深圳、珠海、韶关等10市，分设韶关、惠阳、梅县、汕头、佛山、湛江、肇庆等7地区和海南行政区及海南黎族、苗族自治州，共辖14市、92县、3自治县。1981年，设立西沙、南沙、中沙群岛办事处，由海南行政区直接领导。第三阶段是1983年以后，开始实行市管县、乡镇管村的新体制。1988年，中央政府将海南行政区从广东省划出，另设海南省；同年，广东开始取消地区设置，另设18个地级市（后增加到21个地级市），全面实行地级市管县和乡镇管村体制，一直沿用至今。

（黄淑娟）

【自然地理】　位置、范围和面积　广东省地处中国大陆最南部。东邻福建，北接江西、湖南，西连广西，南临南海，珠江口东西两侧分别与香港、澳门特别行政区接壤，西南部雷州半岛隔琼州海峡与海南省相望。全境位于北纬20°09′~25°31′和东经109°45′~117°20′之间。全省陆地面积17.98万平方千米，约占全国陆地面积的1.85%；其中岛屿面积1592.7平方千米，约占全省陆地面积的0.89%。全省沿海共有面积500平方米以上的岛屿759个，数量仅次于浙江、福建两省，居全国第三位。另有明礁和干出礁1631个。全省大陆岸线长3368.1公里，居全国第一位。按照《联合国海洋公约》关于领海、大陆架及专属经济区归沿岸国家管辖的规定，全省海域总面积41.9万平方千米。

地貌　受地壳运动、岩性、褶皱和断裂构造以及外力作用的综合影响，广东省地貌类型复杂多样，有山地、丘陵、台地和平原，其面积分别占全省土地总面积的33.7%、24.9%、14.2%和21.7%，河流和湖泊等只占全省土地总面积的5.5%。地势总体北高南低，北部多为山地和高丘陵，最高峰石坑崆海拔1902米，位于阳山、乳源与湖南省的交界处；南部则为平原和台地。全省山脉大多与地质构造的走向一致，以北东—南西走向居多，如斜贯粤西、粤中和粤东北的罗平山脉和粤东的莲花山脉；粤北的山脉则多为向南拱出的弧形山脉，此外粤东和粤西有少量西北—东南走向的山脉；山脉之间有大小谷地和盆地分布。平原以珠江三角洲平原最大，潮汕平原次之，此外还有高要、清远、杨村和惠阳等冲积平原。台地以雷州半岛—电白—阳江一带和海丰—潮阳一带分布较多。构成各类地貌的基岩岩石以花岗岩最为普遍，砂岩和变质岩也较多，粤西北还有较大片的石灰岩分布，此外局部还有景色奇特的红色岩系地貌，如著名的丹霞山和金鸡岭等，丹霞山和粤西的湖光岩先后被评为世界地质公园；沿海数量众多的优质沙滩以及雷州半岛西南岸的珊瑚礁，也是十分重要的地貌旅游资源。沿海沿河地区多为第四纪沉积层，是构成耕地资源的物质基础。

气候 广东省属于东亚季风区，从北向南分别为中亚热带、南亚热带和热带气候，是全国光、热和水资源最丰富的地区之一。从北向南，年平均日照时数由不足1500小时增加到2300小时以上，年太阳总辐射量在4200~5400兆焦耳/平方米之间，年平均气温约为19℃~24℃。全省平均日照时数为1745.8小时、年平均气温22.3℃。1月平均气温约为16℃~19℃，7月平均气温约为28℃~29℃。

广东降水充沛，年平均降水量在1300~2500毫米之间，全省平均为1777毫米。降雨的空间分布基本上也呈南高北低的趋势。受地形的影响，在有利于水汽抬升形成降水的山地迎风坡有恩平、海丰和清远3个多雨中心，年平均降水量均大于2200毫米；在背风坡的罗定盆地、兴梅盆地和沿海的雷州半岛、潮汕平原少雨区，年平均降水量小于1400毫米。降水的年内分配不均，4~9月的汛期降水占全年的80%以上；年际变化也较大，多雨年降水量为少雨年的两倍以上。

洪涝和干旱灾害经常发生，台风的影响也较为频繁。春季的低温阴雨、秋季的寒露风和秋末至春初的寒潮和霜冻，也是广东多发的灾害性天气。

【资源物产】 *土地资源* 广东是国内人多地少的省份之一。2008年全省土地利用的实际情况为农用地1489.12万公顷；其中耕地284.39万公顷，园地99.73万公顷，林地1012.78万公顷，牧草地2.72万公顷，其他农用地89.50万公顷。建设用地178.96万公顷，其中居民点及独立工矿用地145.70万公顷，交通运输用地12.15万公顷，水利水工建筑用地21.11万公顷。全省未利用地130.05万公顷；其中未利用土地69.79万公顷，其他土地60.26万公顷。

水资源 广东省河流众多，以珠江流域（东江、西江、北江和珠江三角洲）及独流入海的韩江流域和粤东沿海、粤西沿海诸河为主，集水面积占全省面积的99.8%，其余属于长江流域的鄱阳湖和洞庭湖水系。全省集水面积在100平方公里以上的各级干支流共542条（其中，集水面积在1000平方公里以上的有62条）。独流入海河流52条，较大的有韩江、榕江、漠阳江、鉴江、九洲江等。全省多年平均降水量1771毫米，折合年均降水总量3145亿立方米。降水时程和地区上分布不均，年内降水主要集中在汛期4~10月，约占全年降水量的75%~95%；年际之间相差较大，全省最大年降水量是最小年的1.84倍，个别地区甚至达到3倍。全省多年平均水资源总量1830亿立方米，其中地表水资源量1820亿立方米，地下水资源量450亿立方米，地表水与地下水重复计算量440亿立方米。除省内产水量外，还有来自珠江、韩江等上游从邻省入境水量2361亿立方米。全省水能资源理论蕴藏量1137.2万千瓦，技术可开发量859.45万千瓦。此外，广东还有温泉300多处，日总流量9万吨；饮用天然矿泉水145处，探明可采用储量全国第一。

广东省水资源时空分布不均，夏秋易洪涝，冬春常干旱。沿海台地和低丘陵区不利蓄水，缺水现象突出，尤以粤西的雷州半岛最为典型。不少河流中下游河段由于城市污水排放造成污染，存在水质性缺水问题。

矿产资源 广东地处欧亚板块与太平洋板块交接处，矿产资源种类比较齐全，但小矿贫矿共伴生矿多，选冶难。全省已找到矿产148种，探明储量的有101种。其中能源矿产7种，黑色金属矿产4种，有色金属矿产11种，贵金属矿产两种，稀有稀土及分散元素矿产15种，冶金辅助原料矿产8种，化工原料矿产9种，建材及其他非金属矿产41种，水气矿产4种。储量列全国前三位的矿产有高岭土、泥炭、水泥用粗面岩、碲、建筑用花岗岩、油页岩、铋、锗、铊、硒，饰面用大理岩、冶金用脉石英、铅、镉、钛、锆、轻稀土、玉石等。广东省比较短缺的矿产资源主要有煤、石油、天然气、铝、铁、磷、钾盐等。

截至2011年底，已经开采的主要矿种有地下热水、矿泉水、铁、锰、钛、铜、铅、锌、钨、锡、锑、稀土、金、银、硫铁矿，水泥用灰岩、大理岩等。经过多年开采，铜、钨、锡、锑等矿产资源已处于枯竭状态。

植被和生物资源 广东省光、热、水资源丰富，四季常青，动植物种类繁多。全省共有野生维管束植物280科、1645属、7055种，分别占全国总数的76.9%、51.7%和26.0%。另有栽培植物633种，分隶于111科、361属。此外，还有真菌1959种；其中食用菌185种，药用真菌97种。植物种类中，属于国家一级保护植物的有桫椤和银杉两种，属于二级和三级保护的有白豆杉、水杉、野荔枝和观光木等24种及广东松、长苞铁杉、野龙眼和见血封喉等41种，还有省级保护的红豆杉和三尖杉等12种。在植被类型中，有属于地带性植被的北热带季雨林、南亚热带季风常绿阔叶林、中亚热带典型常绿阔叶林和沿海的热带红树林，还有非纬度地带性的常绿—落叶阔叶混交林、常绿针—阔叶混交林、常绿针叶林、竹林、灌丛和草坡，以及水稻、甘蔗和茶园等栽培植被。香蕉、荔枝、龙眼和菠萝是岭南四大名果，经济价值可观。

广东省动物种类多样。陆生脊椎动物829种；其中兽类124种、鸟类510种、爬行类145种、两栖类50种，分别占全国的30%、43.4%、46%和25.5%。此外，还有淡水水生动物的鱼类281种、底栖动物181种和浮游动物256种，以及种类更多的昆虫类动物。动物种类中，被列入国家一级保护的有华南虎、云豹、熊猴和中华白海豚等22种，被列入国家二级保护的有金猫、水鹿、穿山甲、猕猴和白鹇（省鸟）等95种。

广东开展对动、植物资源的开发利用，重视对自然资源和环境的保护。至2011年，全省建立自然保护区360个、森林公园418处。广东重视绿化荒山，提高森林覆盖率，改善生态环境。

海洋资源 广东省海岸线长，海域辽阔，海洋资源丰富。海洋生物包括海洋动物和植物，共有浮游植物406种、浮游动物416种、底栖生物828种、游泳生物1297种。远洋和近海捕捞，以及海洋网箱养鱼和沿海养殖的牡蛎、虾类等海洋水产品年产量约400万吨；可供海水养殖面积77.57万公顷，实际海水养殖面积20.82万公顷，是全国著名的海洋水产大省。雷州半岛的养殖海水珍珠产量居全国首位。沿海还拥有众多的优良港口资源。广州港、深圳港、汕头港和湛江港已成为国内对外交通和贸易的重要通道；大亚湾、大鹏湾、碣石湾、博贺湾及南澳岛等地还有可建大型深水良港的港址。珠江口外海域和北部湾的油气田已打出多口出油井。沿海的风能、潮汐能和波浪能都有一定的开发潜力。广东沿海沙滩众多，气候温暖，红树林分布广、面积大，在祖国大陆的最南端灯楼角又有全国唯一的大陆缘型珊瑚礁，旅游资源开发潜力很大。 *(粤综合)*

【人口·语言】 *人口* 2011年，广东省常住人口10505.01万人，其中男性5478.36万人、女性5026.65万人，性别比（女性为100）108.99。常住人口比上年净增64.07万人。全省出生人数109.44万人、出生率10.45‰；死亡人数45.56万人、死亡率4.35‰；自然增长人数63.89万人、自然增长率6.10‰。全省出生人数和自然增长人数与上年相比分别减少5.56万人和8.88万人，而死亡人数则增加2.29万人。

根据2011年人口变动情况抽样调查结果推算，广东省年末常住人口年龄结构为：0~14岁人口1775.35万人、15~64岁人口8015.32万人、65岁及以上人口714.34万人，分别占常住人口的16.9%、76.4%和6.8%。全省少年儿童人口扶养系数22.15%、老年人口扶养系数8.91%、总扶养系数31.06%；分别比2009年减少4.39、2.06和6.45个百分点。

语言 广东语言状况复杂，除粤北、粤东有瑶、壮、畲语及粤北土语，主要流行3种保留了丰富的古汉语特点又各有特色的汉语方言。

粤方言 又称广州话、白话，省内可分：1. 粤海片（广府片），分布在广州、佛山、肇庆、深圳、南海、顺德、三水、高明、鹤山、怀集、广宁、四会、高要、云浮、封开、郁南、德庆、罗定、阳山、清远、佛冈、增城、从化、连州、连山、惠州、韶关、博罗、惠阳、惠东、海丰、仁化、乐昌、英德，以广州为代表，影响最大。2. 四邑片，分布在台山、开平、恩平、新会、斗门、江门及鹤山部分地区，以台山为代表。3. 高雷片，分布在湛江、茂名、阳江、阳春、高州、信宜、化州、吴川、电白、遂溪、廉江、雷州、徐闻，未形成权威代表。4. 莞宝片，通行于东莞及深圳宝安，以莞城为代表。5. 香山片，通行于中山、珠海（斗门除外），以石岐为代表。各片小有差别，四邑与粤海差异最大。全省使用的人口近4000万人，但上述区域也掺杂小片客家话和闽语。广东粤方言在海外华人社区如马来西亚吉隆坡，越南胡志明市，澳大利亚悉尼、墨尔本，美国纽约、三藩市，加拿大温哥华、多伦多等处广泛流行。

客家方言 广东是客话最重要的流行地，省内可分：1. 粤东片，分布在梅县、蕉岭、平远、兴宁、五华、大埔、丰顺、揭西、紫金、惠阳、惠东、宝安，以及揭阳、饶平、普宁、惠来、潮阳、陆丰、陆河、海丰、深圳、东莞、增城、博罗、中山的一些地区。2. 粤中片，分布在和平、连平、龙川、河源、新丰、龙门、佛冈以及广州、顺德、南海、中山、珠海、斗门、三水、四会、清远、高明、鹤山、开平、新会、台山、恩平的部分地区。3. 粤北片，分布于始兴、乐昌、曲江、连州、连南、乳源、阳山、翁源、英德，以及韶关、南雄、仁化、连山、怀集、广宁、郁南、德庆、云浮、罗定、新兴的部分地区。4. 粤西片，分散于信宜、阳春、阳江、高州、茂名、电白、化州、吴川、廉江、遂溪、雷州、徐闻。省内各地有零星分布，如广州三元里、沙河。全省使用的人口约1500万人。客方言以梅州为代表，内部一致性较强。海外的印度尼西亚、毛里求斯等国华人社区，客话相当通行。

闽方言 广东闽语属闽方言闽南一支，大致可分：1. 潮汕片，以汕头、潮州为代表，流行于汕头、潮州、揭阳、澄海、南澳、饶平、揭西、潮阳、普宁、惠来、汕尾、陆丰、海丰。2. 雷州片，流行于雷州、徐闻、遂溪以及湛江、廉江、吴川、电白、茂名、高州、阳西的部分地区，以雷州为代表。全省使用闽语的人口约1700万人。广东闽语是泰国、柬埔寨、法国等华人社区的强势方言。 *(罗健波　陈晓锦)*

【民族·宗教】 *民族* 广东是56个民族成分齐全的省份。2011年，汉族人口占全省总人口的97.89%。少数民族人口260多万人。世居少数民族有壮、瑶、畲、回、满族。壮族主要分布在连山、怀集、廉江、信宜、化州、罗定等县（自治县、市）；瑶族主要分布在连南、连山、连州、阳山、英德、乳源、乐昌、仁化、曲江、始兴、翁源、龙门、阳春等县（自治县、市、区）；畲族主要分布在乳源、南雄、始兴、增城、和平、连平、龙川、东源、丰顺、饶平、潮安、海丰、惠东、博罗等县（自治县、市）；回族主要分布在广州、深圳、珠海、肇庆、汕头、佛山、东莞等市；满族主要居住在广州市。改革开放以后，因人才流动、婚姻、务工经商等迁移或暂住广东的少数民族流动人口逾200万人，主要集中在广州、深圳、佛山、东莞、中山等珠江三角洲地区各城市。全省有县级范围（含县级）以上少数民族社会团体22个。根据国家宪法和有关法律规定，广东设立了连南瑶族自治县、连山壮族瑶族自治县、乳源瑶族自治县3个自治县和连州市瑶安瑶族乡、三水瑶族乡，龙门县蓝田瑶族乡，怀集县下帅壮族瑶族乡，始兴县深渡水瑶族乡，阳山县秤架瑶族乡，东源县漳溪畲族乡7个民族乡。

宗教　广东是佛教、道教、伊斯兰教、天主教和基督教五大宗教齐全的省份。截至2011年底，全省宗教徒217万人，其中佛教徒111万人，道教徒27万人，穆斯林13万人，天主教徒24万人，基督教徒41万人；全省宗教活动场所2803处，宗教教职人员9161人，其中，佛教僧尼7199人，道教乾道、坤道743人，伊斯兰教阿訇17人，天主教主教、神父、修女190人，基督教牧师、教师、长老、传道1012人。2011年全省县级范围（含县级）以上宗教社会团体273个，其中，全省性宗教团体7个。 *（张朝发）*

【行政区划】　2011年，广东省对部分镇（街）行政区划进行调整。经广东省人民政府批准，全省撤并1个镇，3个镇改设为街道办事处，分设立2个镇和3个街道办事处。

截至2011年底，全省有21个地级市，23个县级市、41个县、3个自治县、54个市辖区，4个乡、7个民族乡、1132个镇、442个街道办事处。 *（何锋军）*

2011年广东省行政区划情况

市名称	县（市、区）名称	辖乡、镇、民族乡、街道数
广州市（10区2县级市）	越秀区　海珠区　荔湾区　天河区　白云区　黄埔区　花都区　番禺区　南沙区　萝岗区　▲从化市　增城市	34镇132街道
深圳市（6区）	福田区　罗湖区　盐田区　南山区　宝安区　龙岗区	57街道
珠海市（3区）	香洲区　金湾区　斗门区	15镇9街道
汕头市（6区1县）	金平区　龙湖区　澄海区　濠江区　潮阳区　潮南区　▲南澳县	32镇37街道
佛山市（5区）	禅城区　南海区　顺德区　高明区　三水区	21镇12街道
韶关市（3区4县1自治县2县级市）	浈江区　武江区　▲曲江区　▲乐昌市　▲南雄市　▲仁化县　▲始兴县　▲翁源县　▲新丰县　▲乳源瑶族自治县	93镇9街道 1民族乡
河源市（1区5县）	源城区　▲东源县　▲和平县　▲龙川县　▲紫金县　▲连平县	94镇5街道 1民族乡
梅州市（1区6县1县级市）	▲梅江区　▲兴宁市　▲梅　县　▲平远县　▲蕉岭县　▲大埔县　▲丰顺县　▲五华县	104镇6街道
惠州市（2区3县）	惠城区　惠阳区　▲惠东县　博罗县　▲龙门县	52镇16街道 1民族乡
汕尾市（1区2县1县级市）	城　区　陆丰市　▲海丰县　▲陆河县	44镇10街道
东莞市		28镇4街道
中山市		18镇6街道
江门市（3区4县级市）	蓬江区　江海区　新会区　台山市　开平市　鹤山市　恩平市	61镇17街道
阳江市（1区2县1县级市）	江城区　▲阳春市　阳东县　阳西县	38镇9街道
湛江市（4区2县3县级市）	赤坎区　霞山区　麻章区　坡头区　雷州市　廉江市　吴川市　遂溪县　徐闻县	82镇37街道 2乡
茂名市（2区1县3县级市）	茂南区　茂港区　▲信宜市　▲高州市　化州市　电白县	87镇22街道
肇庆市（2区4县2县级市）	端州区　鼎湖区　四会市　▲高要市　▲广宁县　▲德庆县　▲封开县　▲怀集县	93镇14街道 1民族乡

（续上表）

市名称	县（市、区）名称	辖乡、镇、民族乡、街道数
清远市（1区3县2自治县2县级市）	清城区 ▲英德市 ▲连州市 ▲佛冈县 ▲清新县 ▲连山壮族瑶族自治县 ▲连南瑶族自治县 ▲阳山县	77镇5街道 3民族乡
潮州市（1区2县）	湘桥区 ▲饶平县 ▲潮安县	41镇9街道
揭阳市（1区3县1县级市）	榕城区 ▲普宁市 揭东县 ▲揭西县 惠来县	63镇18街道 2乡
云浮市（1区3县1县级市）	▲云城区 ▲罗定市 ▲新兴县 ▲郁南县 ▲云安县	55镇8街道
全省合计	21个地级市，23个县级市、41个县、3个自治县、54个市辖区，4个乡、7个民族乡、1132个镇、442个街道办事处。	

注：前面标有▲为山区县（市、区）。

（何锋军）

住房和城乡建设发展概述

【宜居城乡建设】 2011年，广东省城市建设完成固定资产投资687.92亿元。城市燃气普及率91.78%，自来水普及率98.39%，城市污水集中处理率78.26%，人均公共道路面积12.58平方米，全省城市人均公园绿地面积14.38平方米，建成区绿地率37.27%，建成区绿化覆盖率41.32%。新建成16座生活垃圾无害化处理场，新增处理规模6250吨/日。截至2011年底，全省正式运营的生活垃圾无害化处理场56座，市县城区生活垃圾无害化处理规模4.83万吨/日，无害化处理率75%，比上年提高5%。鹤山、增城、从化、新兴、兴宁、乳源等6个试点县（市）基本建立“户收集、村集中、镇转送、县处理”的城乡生活垃圾收运处理模式，共覆盖50个镇街，覆盖面72.5%。截至2011年12月，全省开通城市轨道交通15条，总长387.98千米。其中，广州开通8条，总长209.12千米；深圳市开通7条，总长178.86千米。是年，广州市延续亚运实现城市建设成就，改善城市环境，提升城市形象，获联合国颁发“中国区环境规划优秀示范奖”；深圳市利用举办大运会契机，实现基础设施大提升、市容市貌大变样、生态环境大优化；中山市获“国家历史文化名城”称号。广东省珠三角绿道网建设项目、广东省广州市荔枝湾环境综合整治工程和广东省深圳市建科大楼建筑节能与宣传项目获“中国人居环境范例奖”。清远市通过评审，获“广东省园林城市”称号。东莞市长安镇通过评审，获“2011年国家园林城镇”称号。省住房和城乡建设厅按照宜居城镇、宜居社区、宜居村庄、宜居环境范例奖评选工作要求，经过材料筛选、指标评分、实地考察、拟定名单、征求意见、专家评审、审定公示、名单公布等程序，对广州市番禺区大岗镇等41个镇授予“第一批广东省宜居示范城镇”称号，对广州市番禺区桥南街番奥社区等344个社区授予“2010年广东省宜居社区”称号，对湛江廉江市石城镇十字路村等102个村授予“第一批广东省宜居示范村庄”称号，对广州市东濠涌综合整治工程、深圳市蔡屋围金融中心建设项目等21个项目授予“2011年广东省宜居环境范例奖”称号。

【城乡规划】 2011年，广东省住房和城乡建设厅联合港澳有关部门开展《共建优质生活圈专项规划》和《环珠江口宜居湾区建设重点行动计划》编制，两项编制均已完成初步成果，进入公众咨询阶段。加强与澳门方面的规划合作，联合推进《澳珠协同发展规划》、《澳门与珠江口西岸地区发展规划》的编制工作。组织编制《广东省构建“三规”融合城乡规划平台的工作指引》并完成初步成果，该指引通过技术层面的完善和工作机制的调整，探索解决城乡规划编制、审批和实施过程中与其他规划的协调问题，增强城乡规划的可操作性。印发《关于加强“三旧”改造规划实施的指导意见》。截至年底，全省计划编制的131个“三旧”改造规划全部完成编制、审批和备案审查工作。完成15个省级产业转移工业园的规划审核工作。全年共依法核发38个建设项目规划选址意见书。是年，全省建制镇总体规划覆盖率89%，村庄规划覆盖率45%。省住房和城乡建设厅继续抓好1280个省级村庄规划试点的规划编制工作，省财政安排专项资金1280万元。这一年，省住房和城乡建设厅联合省文化厅开展国家级历史文化名城、名镇、名村保护情况专项检查。开展广东省第三批历史文化街区、名镇、名村评选活动，各地共申报9个街区、17个镇、46个村。组织编制《广东省岭南历史街区复兴规划建设指引》，推动历史风貌保护工作，促进岭南文化传承和城市文化功能提升。开展岭南特色建筑乡村民居奖的评选活动，韶关市乳源必背瑶族新村等4个项目被评为银奖，佛山市禅城区塘头村梁氏家庙等4个项目被评为铜奖。2011年，清远市清新县太和镇、韶关市始兴县沈所镇、潮州市饶平县新丰镇和东莞市茶山镇南社村、湛江市霞山区爱国街道特呈岛村、江门市恩平市圣堂镇歇马村被住房和城乡建设部与国家旅游局评为“第二批国家特色景观旅游名镇名村”。截至年底，全省共有7个特色景观旅游名镇、3个特色景观旅游名村，数量位居全国前列。

【住房保障和房地产业】 2011年，广东省将“推进建设保障性住房和棚户区改造31万套，年底前解决现有登记在册符合廉租住房保障条件家庭的住房问题”列为十件民生实事之一。全省以建立健全以公共租赁住房为主体的住房保障体系为重点，落实住房保障工作目标责任制，顺利完成2011年住房保障工作目标责任，全省全年新开工建设各类保障性住房（含廉租住房租赁补贴）33.9万套，超额完成年度目标任务，比国家规定时间提前一个月完成；新竣工保障性住房11.15万套，超额完成国家规定10.3万套的目标任务；对原登记在册符合廉租住房保障条件的7.3万户家庭实施廉租住房保障，提前一个季度全面完成廉租住房保障任务。根据中共中央政治局委员、广东省委书记汪洋的指示精神和省委、省政府的工作部署，为进一步推进全省住房保障制度改革创新工作，省住房和城乡建设厅开展调研，在广州、中山市试点的基础上，充分研究并吸纳国内外经验和做法，经过反复进行论证和修改，起草《广东省住房保障制度改革创新方案》并报省政府审议，纳入全省体制改革三大重点内容。方案围绕重点发展公租房这条主线，按照问需于民、以需定建、分步实施、轮候解决的思路，坚持政府主导、社会参与、只租不售、公开透明的原则，以体制机制创新为动力，以房源筹集、投融资创新、规划、土地等配套政策支持为支撑，探索建立可持续、能循环、以公共租赁住房为主体的新型住房保障制度。

2011年，全省房地产开发投资4899.19亿元，比上年增长33.87%，占全社会固定资产投资比重的28.83%，房地产开发投资增量占全社会固定资产投资增量的48.91%。商品房销售面积7761.34万平方米，比上年增长6%。房地产业地税收入871.79亿元，比上年增长21.73%，占全省地税入库总额的21.86%。房地产贷款余额15486.79亿元，比上年增长8.3%，占本外币贷款余额的26.42%。全省商品住房均价7612元/平方米，比上年上涨8.65%，涨幅比上年同期收窄两个百分点。全省公积金实际缴存职工人数1049.72万人，住房公积金覆盖率（期末实缴职工人数/期末应缴职工人数）45.41%。全省2011年新增缴存额925.78亿元，比上年同期增长51.8%；新增缴存余额445.34亿元；提取额480.44亿元，增长26.83%，占当年缴存额的51.9%；发放个人贷款297.89亿元，9.99万笔，占全年缴存额的32.18%，分别比上年同期增长33.76%和53.69%；个人贷款逾期率0.00267‰，比上年下降0.00053‰；总增值收益12.37亿元，其中提取风险准备金3.14亿元，划转廉租房补充资金6.08亿元。2011年，全省21个地级以上市新建住房价格涨幅均未突破控制目标，完成目标任务。

【建筑业】 2011年，广东省建筑业总产值达5813亿元，比上年增长26.7%。获中国建设工程鲁班奖8项，全国建筑工程装饰奖39项，国家建设工程项目AAA级安全文明标准化诚信工地21个，省建设工程金匠奖50项，省优良样板工程100项，新技术应用示范工程57项；国家级工法23项，省级工法158项。全年组织开展全省或部分地区建筑施工安全生产大检查5次，季度巡查6次，专项检查7次。新注册工程共17950项，竣工验收合格工程共14204项，一次验收不合格，重新组织验收合格工程项数共6项，一次通过验收合格率99.9%。全省住房和城乡建设系统发生建筑施工生产安全责任事故26起，死亡43人。其中，较大事故4起，死亡20人，全省房屋市政工程施工生产安全责任事故死亡人数占省政府下达的安全生产控制指标的95.6%。开展广东省岭南特色规划与建筑设计评优活动，传承和弘扬岭南建筑传统文化，引导各地加强对岭南特色建筑的保护，挖掘城镇文化底蕴，传承城乡历史文脉。评优活动参评项目为2000年以来完成的建筑单体、乡村民居、园林、规划和街区设计项目，共收到申报项目422个。评出省岭南特色建筑设计奖19项，岭南特色园林设计奖18项，岭南特色规划设计奖15项，岭南特色街区奖9项，岭南特色乡村民居奖8项。

【建设科技和建筑节能】 2011年3月，广东省人大常委会审议通过并颁布《广东省民用建筑节能条例》，同年7月1日起施行。11月，《广东省建筑节能“十二五”规划》印发。全年完成各类建设科技成果鉴定203项，列入住房和城乡建设部科技计划49项，获“华夏建设科学技术奖”21项，获“广东省科技进步奖”9项。教授级高级工程师初审通过67人，高级工程师评审通过1251人；各类执业注册人员96506人；取得职业资格证书的技工23205人。完成第一批广东省评价的4个绿色建筑评价标识项目评审，全年经国家、广东省和深圳市评价标识的绿色建筑项目34个，其中国家级17个，省级4个（总面积56.35万平方米），深圳市级13个（总面积111.74万平方米）。新建建筑节能标准施工阶段执行率达97.5%，提高1.5个百分点。全省新增节能建筑约9936万平方米，实现减排二氧化碳243万吨，达到广东省2011年建筑节能工作目标要求。全年完成既有建筑节能改造项目177个，建筑面积约622万平方米，并完成

29个大运会场馆的绿色节能改造。2011年新墙材应用量130亿标准砖，新墙材应用比例94%，节约能源80.06万吨标煤，减排二氧化碳20.96万吨，减排二氧化硫6851吨。 （周娟）

城乡建设资金收支情况

【城市维护建设资金收入】 2011年，广东省城市维护建设资金总收入886.02亿元，比上年减少45.49亿元，下降4.88%，其中来源于中央财政拨款0.51亿元，下降72.28%，地方财政885.51亿元（含省财政拨款25.77亿元），下降4.75%。全年主要收入是土地出让转让收入428.58亿元，城市维护建设税165.24亿元，市县财政专项拨款88.55亿元，分别占全部收入的48.37%、18.65%、9.99%。是年，来自珠江三角洲地区的收入占全省的87.34%，粤东、粤西地区占全省的5.99%，粤北地区仅为全省的6.67%。

【城市维护建设资金支出】 2011年，广东省城市维护建设资金总支出703.70亿元，比上年增长8.60%，其中固定资产投资359.84亿元，增长20.62%，其他支出169.87亿元，下降23.41%，维护支出174亿元，增长38.80%。 （傅学燕）

2011年广东省城市维护建设资金（财政性资金）收支情况

单位：万元

地区名称	维护建设资金收入合计	中央财政拨款	省级财政拨款	市（县）财政资金			
				合计	市（县）财政专项拨款	城市维护建设税	城镇公用事业附加
广东省	8860239	5120	257665	8468244	885512	1652439	240264
广州市	3481381	0	100000	3289631	251559	788126	81399
韶关市	166711	583	750	165378	0	33969	4805
深圳市	187955	0	0	187955	187955	0	0
珠海市	830313	0	0	830313	19232	99842	10125
汕头市	53603	0	0	53603	0	53603	0
佛山市	989705	0	0	989705	70288	185870	39393
江门市	508508	2831	5190	500487	20646	60236	13191
湛江市	223144	112	3400	219632	15922	28864	5502
茂名市	84537	400	3507	80510	971	64100	3897
肇庆市	442859	0	142302	289033	47644	27716	5535
惠州市	435482	104	176	432679	84918	24634	4406
梅州市	249641	0	2130	247511	1774	27845	1074
汕尾市	18547	0	0	8887	0	490	10
河源市	50914	0	110	50804	0	0	1323
阳江市	47540	0	100	47440	11184	1401	0
清远市	60733	0	0	60726	47905	2919	622
东莞市	746612	0	0	746612	0	221384	66004
中山市	115831	0	0	115831	101105	4500	0
潮州市	44071	90	0	30355	5000	7720	0
揭阳市	58787	1000	0	57787	19018	11949	2978
云浮市	63365	0	0	63365	391	7271	0

(续上表)

地区名称	市（县）财政资金						
	市政公用设施配套费	市政公用设施有偿使用费	过桥、过路费	污水处理费	垃圾处理费	土地出让转让收入	水资源费
广东省	460549	594270	246253	291636	110757	4285784	201055
广州市	292895	167745	112397	46777	8253	1621563	2063
韶关市	3676	5211	0	3939	1272	117027	690
深圳市	0	0	0	0	50893	0	0
珠海市	0	51999	34863	14861	2275	648916	199
汕头市	0	0	0	0	0	0	0
佛山市	23402	85646	2024	71632	20134	578839	4562
江门市	35431	26099	1585	17729	6151	326060	2557
湛江市	17324	14096	507	8555	1768	133930	3934
茂名市	6281	4765	63	4183	323	344	152
肇庆市	10518	11685	2301	7039	2236	174317	385
惠州市	34448	6861	0	2250	4611	82092	177923
梅州市	4694	2198	0	1896	302	209870	25
汕尾市	136	128	0	0	0	0	0
河源市	6543	4750	0	3314	1436	37953	235
阳江市	309	1779	0	0	1779	32430	20
清远市	61	801	0	150	651	8205	154
东莞市	7150	194719	92513	102206	0	253533	3822
中山市	0	6776	0	0	6776	0	3450
潮州市	6306	4056	0	3440	606	4658	129
揭阳市	8123	2851	0	2251	600	6326	130
云浮市	3252	2105	0	1414	691	49721	625

地区名称	市（县）财政资金	其他财政资金	维护建设资金支出合计				
	其他收入			维护支出	固定资产	其他支出	
							偿还贷款
广东省	148371	129210	7036973	1739953	3598357	1698663	1205970
广州市	84281	91750	3212888	766567	1647466	798855	725039
韶关市	0	0	43294	5426	32702	5166	0
深圳市	0	0	187955	28430	76952	82573	0
珠海市	0	0	820432	99903	551980	168549	140105
汕头市	0	0	71520	43262	24193	4065	0
佛山市	1705	0	154495	16250	114017	24228	13654
江门市	16267	0	214415	31027	82833	100555	70009
湛江市	60	0	213088	24748	110190	78150	55718
茂名市	0	120	39490	23754	9744	5992	3052
肇庆市	11233	11524	533918	38339	385470	110109	45897
惠州市	17397	2523	341979	183583	82922	75474	15933
梅州市	31	0	245886	197705	1485	46696	46200
汕尾市	8123	9660	18537	1278	12685	4574	0
河源市	0	0	47700	6192	31508	10000	10000
阳江市	317	0	47303	10176	36755	372	0
清远市	59	7	36212	24214	11499	499	115
东莞市	0	0	597573	203800	320316	73457	73457
中山市	0	0	89976	15939	301	73736	0
潮州市	2486	13626	32901	4833	12585	15483	6791
揭阳市	6412	0	57833	6549	48854	2430	0
云浮市	0	0	29578	7978	3900	17700	0

注：本表为44个城市统计范围，深圳市包括城管局提供的部分数据。

(冯育文)

城乡规划

- □ 绿道网建设向全省推进
- □ 『澳珠协同发展规划』启动编制
- □ 《珠三角城际轨道站场公交导向型（TOD）综合开发规划》编制
- □ 推进国家级历史名城、街区保护
- □ 粤港澳共建优质生活圈专项规划启动编制

综　　述

【概况】 2011年，广东省城乡规划工作围绕"加快转型升级，建设幸福广东"的核心任务，在提高城市化发展水平，推进珠江三角洲绿道网建设，依托珠江三角洲城际轨道推行公交导向型（TOD）开发模式，深化粤港澳规划合作，实施《城乡规划法》等方面实现新的突破。

【城乡规划编制与深化】 2011年，广东省围绕促进城乡统筹，建设宜居城乡，提高人居品质方面开展有关重大规划的编制与研究：一是继续深化完善《广东省城镇体系规划(2011~2020)》，着力优化城镇空间布局，完善区域基础设施体系和社会公共服务系统，引导经济增长方式转变，促进人口、资源和环境协调发展。截至2011年底，业经国务院审批同意。二是在珠江三角洲绿道网基本建成的基础上，编制《广东省绿道网建设总体规划》，推动绿道网逐步向粤东西北地区延伸，建设互联互通、特色鲜明的广东省绿道网。三是为促进珠江三角洲城际轨道站场周边用地科学集约利用，编制《珠三角城际轨道站场TOD（公交导向型）发展总体规划纲要》，并针对第一批6个站点编制《珠三角城际轨道站场TOD综合开发规划（第一批）》，为打造承载城市化的新型城市空间载体，深化沿城际轨道走廊的区域分工协作，促进区域一体化发展等提供有力支撑。四是加强与港澳之间的规划合作，联合港澳有关部门继续深化《共建优质生活圈专项规划》和《环珠江口宜居湾区建设重点行动计划》，共同打造"亚太地区最具活力和国际竞争力的全球城市区域"，联合澳门编制《澳珠协调发展规划》，开展《澳门与珠江口西岸地区发展规划》编制工作，在促进澳门经济适度多元发展的同时，带动珠江口西岸地区的转型升级。五是与美国兰德公司就联合开展《评估生活质量指标与政策选择，以深化大珠江三角洲地区的可持续发展》研究达成共识。

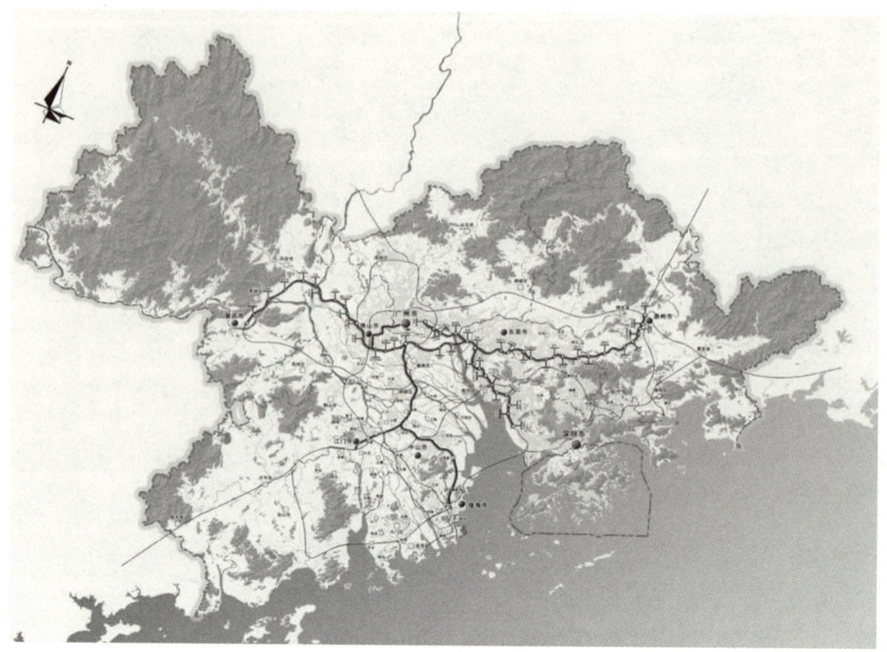

▲*2011年编制完成的珠三角城际轨道交通主骨架网项目示意图*

（广东省住房和城乡建设厅城乡规划处供稿）

【城乡规划管理】 2011年，广东省严格实施《城乡规划法》，提高城乡规划管理水平，健全规划管理制度，加强对城乡规划的督导，城乡规划编制和审批程序日益完善：一是加快《广东省城乡规划条例》的立法进程，建立健全广东省城乡规划管理的长效机制。二是开展城乡规划技术指引的制定工作，完善《城乡规划法》的配套政策和指引。三是在推进实施《珠江三角洲城乡规划一体化规划（2009~2012）》的基础上，促进区域层面一体化规划的形成。四是推进城市总体规划的审查工作，推动全省城市总体规划、"十二五"近期建设规划的编制、审批、实施工作的进程。五是继续开展"三规"融合的探索和尝试，探索进一步提升城乡规划统筹能力的新途径。六是推进"三旧"改造，促进节约集约用地。七是加强历史文化名城、街区保护工作，推动广东省历史文化遗产的保护工作。八是协同推进广东省产业和劳动力"双转移"工作，引导和推动省产业转移工业园集约科学发展。九是围绕"三促进一保持"的目标要求，做好重大建设项目选址的管理工作，履行法定职责。 *（唐卉）*

规划编制与研究

【珠三角城际轨道交通沿线开发研究与土地利用调查】 2010年6月，中共中央政治局委员、广东省委书记汪洋在广东省第四期省委常委集中学习讨论会上的讲话中提到，"要大力推行公交导向型（TOD）开发模式，创新城市空间组织方式，促进产业发展创新，打造一批'城市综合体'"。为深入实施《珠江三角洲地区改革发展规划纲要(2008~2020年)》，在切实推进珠三角城际轨道交通建设工作的同时，大力推行公交导向型（TOD）开发模式，创新珠三角城镇群空间组织方式，加快转变经济发展方式，

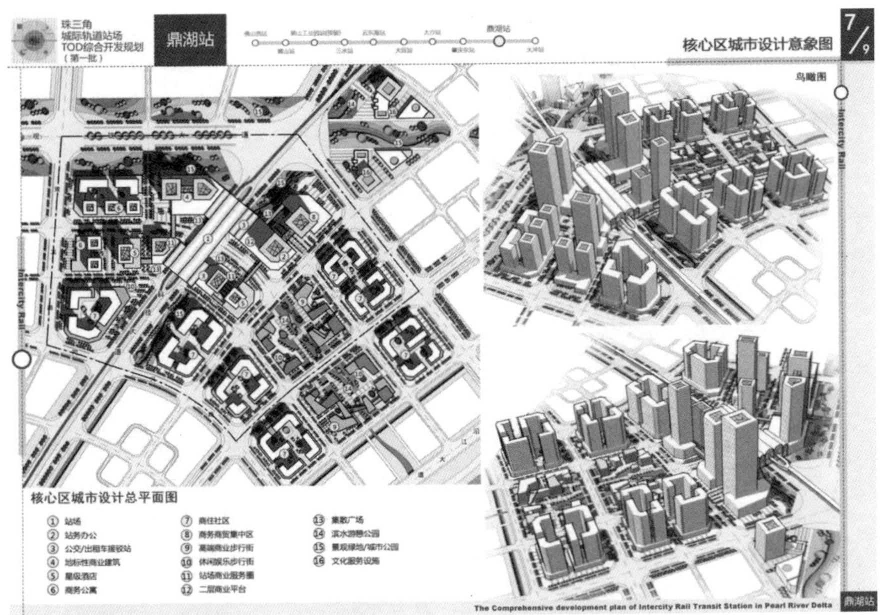

▲*2011年编制完成的珠三角城际轨道交通站场肇庆市鼎湖站TOD综合开发规划——核心区城市设计总平面图　（广东省住房和城乡建设厅城乡规划处供稿）*

提升人居环境质量提供新型空间载体，省政府决定统一规划，有序推进珠三角城际轨道交通沿线的土地综合利用。作为土地综合利用的前期工作和编制《珠三角城际轨道交通沿线土地综合利用总体规划》的基础，省政府办公厅于2010年9月3日下发《关于开展珠三角城际轨道交通沿线土地利用状况专项普查的通知》，对珠三角城际轨道交通沿线，重点是主骨架网沿线的土地利用状况进行专项普查。

2011年初按照省政府的统一部署，省住房和城乡建设厅组织专项普查技术组，会同省铁路建设投资集团有限公司、广东珠三角城际轨道交通有限公司和珠三角各市规划国土主管部门，对珠三角城际轨道主骨架网沿线的50余个站点开展土地利用普查工作，在收集资料、现场踏勘、专题座谈、征求书面意见等工作的基础上完成《珠三角城际轨道交通沿线土地利用状况专项普查报告》及3张附表、59张附图。通过普查，技术组掌握了珠三角城际轨道交通及其主骨架网各项目的规划、设计、建设进展情况及周边土地利用状况，并掌握主骨架网项目与城镇空间发展的关系，同时，了解沿线各市对开展土地综合利用的诉求，对后续工作提出建议。

5月，根据常务副省长朱小丹关于尽快明确已开工项目可供综合开发红线内外的土地数量及分布情况的指示精神，省住房和城乡建设厅会同省铁路建设投资集团有限公司、珠三角城际公司认真研究并形成《关于开展珠三角城际轨道沿线土地利用现状深化调查及规划编制工作的报告》，计划分批次开展珠三角城际轨道站场周边土地利用现状深化调查和编制总体规划，并明确将站位稳定的17个站场纳入第一批站场土地深化调查范围。根据省政府办公厅《关于开展珠三角城际轨道交通站场周边土地利用状况深化调查（第一批）的通知》的要求，以及7月8日常务副省长朱小丹作出的重要指示精神，省住房和城乡建设厅牵头组织，会同省国土资源厅、省铁投组成联合工作组，加快调查工作进度。7月中旬，由省住房和城乡建设厅副厅长蔡瀛带队，会同省国土资源厅、省铁路建设投资集团有限公司、广东珠三角城际轨道交通有限公司派出三个联合工作组，分赴珠海、佛山、惠州、东莞、肇庆、清远、增城等市进行第一批17个站点的深化调查。深入调查摸清了第一批17个站场周边的可开发用地潜力的规模、分布及主要属性，通过对省国土资源厅掌握的第二次全国土地调查数据、图件进行叠加分析后，得到如下主要结论：在允许建设区中扣除难以改造的现状建成区、在建拟建项目等用地后，17个站场周边800米半径内可开发用地潜力合计640.84公

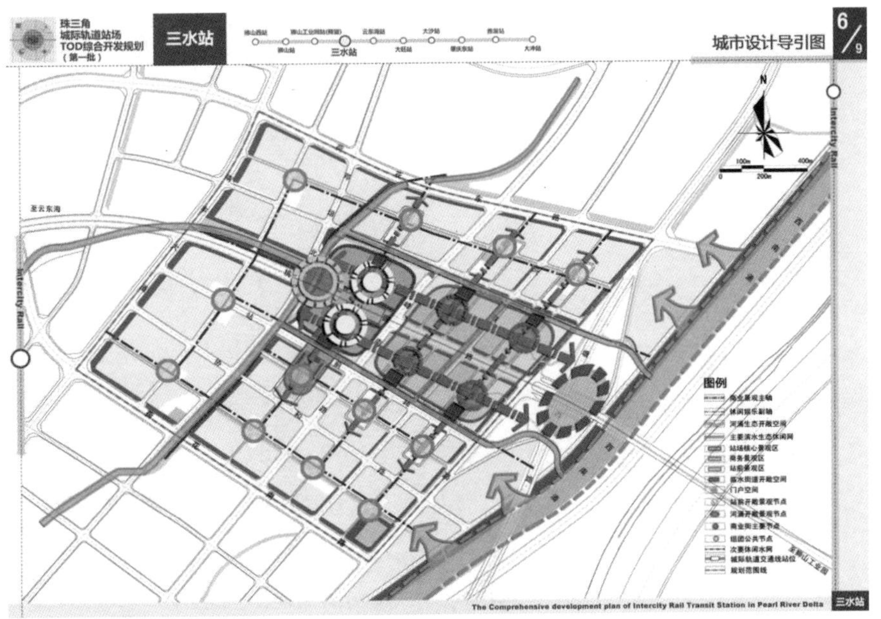

▲*2011年编制完成的珠三角城际轨道交通站场佛山市三水站TOD综合开发规划——城市设计导引示意图　（广东省住房和城乡建设厅城乡规划处供稿）*

顷，其中需新增建设用地指标才能开发的用地潜力规模为485.33公顷；各类面积构成、土地权属等调研结论表达在相应的图、表上；相关站场所在地城市政府均表示支持公交导向型（TOD）综合开发，各地部分市政府已初步规划将一定的土地用于省、市合作综合开发，但还需广东省统筹解决用地指标、利益分配、开发时序等问题。城际轨道主要站场土地利用状况深化调查的开展，有力推进了省、市项目建设进程。 *（刁彩虹）*

【珠三角城际轨道站场公交导向型（TOD）综合开发规划】 为贯彻落实中共中央政治局委员、广东省委书记汪洋关于“大力推行公交导向型（TOD）开发模式，创新城市空间组织方式”的重要指示精神，以及省政府关于“统一规划、有序推进珠三角城际轨道交通沿线的土地综合利用”的重要部署，在珠三角城际轨道交通沿线土地利用状况专项普查和珠三角城际轨道交通站场周边土地利用状况深化调查（第一批）的工作基础上，2011年8月16日，常务副省长朱小丹主持召开会议，对珠三角城际轨道第一批站场土地综合开发各项工作作了进一步的研究部署，选取开发潜力和商业价值较大的珠海北、鼎湖、三水、银盏、虎门商贸城、新塘等6个站场正式启动第一批公交导向型（TOD）综合开发规划，并对合作模式、开发规模、规划编制等有关事项作出决定。

8月底，省住房和城乡建设厅联合规划技术组与省铁路建设投资集团有限公司（下称省铁投）、珠三角城际轨道交通有限公司（下称珠三角轨道公司）派出人员分赴第一批站点进行现场踏勘调研。11月，省住房和城乡建设厅牵头召开专家论证会，邀请北京、上海、香港、广州、深圳等地13位不同领域的著名专家，从城市规划、建筑设计、土地开发、交通和轨道建设等不同角度对规划送审成果进行论证、审查，并先后两次正式发文征求相关省直部门的书面意见。规划正式成果于2012年2月上报和提请省政府印发。2012年3月，省政府正式批复同意印发《珠三角城际轨道站场TOD综合开发规划（第一批）》，并要求各相关城市政府及省直部门认真组织实施。《珠三角城际轨道站场TOD综合开发规划（第一批）》的规划成果包括珠三角城际轨道鼎湖站、三水站、珠海北站、银盏站、虎门商贸城站、新塘站公交导向型（TOD）综合开发规划的规划文本、图集和规划说明书，其中，规划文本和图集由省政府正式印发实施。《规划》从强化区域功能网络体系的高度，明确各站场综合开发的功能定位，力求打造不同等级，多种类型的功能节点；按照以人为本的原则，从功能组织和规划管理的角度出发，以步行距离为依据，分别以站场周边300米、800米距离为基础，结合站场周边具体条件和所在市的相关规划，明确了每个站场公交导向型（TOD）综合开发的功能核心区范围（合计262.96公顷）和协调区范围（合计1952.93公顷）；按照集约紧凑布局，高效开发利用的原则，根据站场在区域和城市中的功能定位进行圈层式的用地布局，鼓励混合用地，以激发不同功能互为价值链，并适度提高建设用地的开发强度，从而充分利用交通优势，提高土地使用价值，打造城市综合体；遵循“零换乘”和公交优先的原则，为各站场设置了充足的交通接驳设施，采用立体化、管道化的交通组织设计方法，确保各种交通方式换乘距离均小于300米，并形成以站场为中心的立体步行网络，同时结合水体、绿地等景观资源以及商业文娱设施，对打造舒适、宜人的步行节点进行规划安排；依托城际轨道交通站场和步行系统，贯彻宜居、低碳、低冲击和适宜步行的理念，打造宜居、美观、低碳的高品质公共空间，凸显各站场的特色风貌；按照有利实施、区域整体利益最大化的原则，确定了省市合作开发备选用地（合计476.41公顷）及其启动区的范围（合计155.87公顷）、控制指标和支持政策，提出一系列的保障措施，包括调整控制性详细规划的强制性要求、调整土地利用总体规划的建议以及提出规划实施的时序安排和近期目标，尤

▲2011年编制完成的珠三角城际轨道交通沿线东莞市虎门商贸城站土地利用状况专项普查调查结果示意图 *（广东省住房和城乡建设厅城乡规划处供稿）*

其是对重点设施、项目的建议。

珠三角城际轨道站场公交导向型（TOD）综合开发规划（第一批）的规划成果是在扎实的理论研究，全面的资料检索，详尽的现状调研，广泛的意见协调，充分论证分析等基础上逐步深化完善形成的，较好地落实了省委、省政府关于珠三角城际轨道站场公交导向型（TOD）综合开发的战略构想，协调平衡各方利益主体诉求，有效指导各有关单位和相关市开展站场公交导向型（TOD）综合开发工作。截至2011年底，省铁投已经按照规划内容与各市就联合开发事宜开展磋商。 *（唐莘）*

【共建优质生活圈专项规划】 粤港澳共同编制《共建优质生活圈专项规划》是中共中央政治局委员、广东省委书记汪洋与香港、澳门行政长官达成的共识，是三地共同实施《珠江三角洲地区改革发展规划纲要（2008~2020年）》的一项重要工作，是新时期、新形势下大珠三角地区以世界眼光和战略思维进行新探索、谋求新发展的重要举措。规划编制工作于2009年8月启动，经过粤港澳三地的牵头部门——广东省住房和城乡建设厅、香港环境局和澳门运输工务司的共同努力，包括三十多次的反复往来沟通，先后六轮向三地政府相关部门全面地征询意见以及广泛征询专家和公众意见，《共建优质生活圈专项规划》于2010年底全面完成。2011年2月起，香港方面提出就规划内容进行公众咨询。为此，在做了大量的准备和协调沟通工作的基础上，粤港澳三方于2011年9月1日至11月30日在粤港澳三地进行为期3个月的公众咨询。公众咨询期间，广东、香港和澳门三地分别组织召开公众论坛，并与有关方面举行七场会议，并通过网站与电子邮件等方式广泛征集社会公众意见，共收到公众反馈意见400条。 *（唐卉）*

2011年《共建优质生活圈专项规划》粤港澳三地公众咨询活动

日期	地点	活动内容
9月1日	香港	香港记者简报会
9月19日	香港	香港环境咨询委员会
9月22日	广州	广东省政府部门座谈会
9月24日	澳门	澳门公众论坛
9月26日	澳门	澳门城市规划及研究协调小组座谈会 澳门环境咨询委员会座谈会
9月28日	香港	大珠三角商务委员会
10月4日	香港	香港公众论坛
10月7日	香港	香港专家座谈会
12月6日	广州	广东公众论坛

【环珠江口宜居湾区建设重点行动计划】 《珠江三角洲地区改革发展规划纲要（2008~2020年）》明确提出“支持共同规划实施环珠江口地区的‘湾区’重点行动计划”的工作要求。2009年2月19日，粤港澳三地政府在香港联合举行第一次共同推进实施《珠江三角洲地区改革发展规划纲要（2008~2020年）》联络协调会，达成共同编制《环珠江口宜居湾区建设重点行动计划》的共识。规划编制工作于2010年3月正式启动。

经过粤港澳三地的牵头部门——广东省住房和城乡建设厅、香港发展局和澳门运输工务司的共同努力，《环珠江口宜居湾区建设重点行动计划》于2011年初完成纲要初步成果，并在粤港澳三地同步开展第一阶段公众咨询活动。根据收集意见，粤港澳三方牵头部门对规划进行完善。7月，粤港暨粤澳城市规划及发展专责小组会议原则通过纲要成果。在征求三地政府相关部门、专家和公众意见的基础上，12月9日形成规划成果。

规划以建设“宜居区域”为目标，以“重点专项行动”为抓手，以“重点合作发展地区”为示范，从绿网、蓝网、区域公交网、文化街区、特色公共空间、公共服务网、宜居社区、步行城市、便捷通关、跨界环保合作等方面制定重点行动计划，明确行动主体、时序和相关的配套政策。同时，为确保这一项重要跨界区域规划的有效实施，省住房和城乡建设厅于9月组织开展《环珠江口宜居湾区建设重点行动实施绩效评估办法》的研究，通过制定科学的评估指标体系和评估工作实施办法，全方位、多角度、有效地考核评估宜居湾区建设行动的实施过程和实施成效，推进各级政府高效有序地落实重点行动计划的要求。 *（曹滢）*

【澳珠协同发展规划】 根据广东省人民政府与澳门特别行政区政府在2011年3月签订的《粤澳合作框架协议》达成的共识以及省政府港澳办的要求，自6月起，广东省住房和城乡建设厅就推进《澳珠协同发展规划》编制事宜与澳门特别行政区运输工务司、珠海市人民政府进行沟通，拟定合作协议书和工作大纲，并同步组织规划编制单位开展规划工作。12月9日，省住房和城乡建设厅、澳门特别行政区运输工务司和珠海市人民政府签署《关于共同编制〈澳珠协同发展规划〉合作协议书》。

《澳珠协同发展规划》发挥了规划的统筹协调作用，珠澳两地达成共建“生态环境优美、公共服务衔接、产业配套发展、工作生活便利的珠澳国际都会区”的发展目标，并具体落实到轨道衔接、港口合作、机场联运、车辆互通、口岸优化、公共服务设施共享、市政基础设施共享、产业协调布局、跨界绿道和环境共治等十大重点专项工作以及大横琴自由贸易区、十字门中央商务区、前山河—内港人文风情带、万山群岛和口岸协调建设带五大重点地区的建设，同时提出相应的政策创新和合作机制创新的建议。

【澳门与珠江口西岸地区发展规划】 为落实广东省人民政府与澳门特别行政区政府于2011年3月签订的《粤澳合作框架协议》中关于"编制编制澳门与珠江口西岸地区发展规划，统筹规划包括澳门、珠海、中山、江门在内的珠江口西岸城市群发展目标和策略"的工作要求，自6月以来，省住房和城乡建设厅与澳门运输工务司多次磋商，就如何在已联合编制一系列区域合作规划的基础上，抓住重点，突出特色编制好《澳门与珠江口西岸地区发展规划》进行讨论和研究。

《澳门与珠江口西岸地区发展规划》将以粤澳关系为核心，以跨界生活、工作、旅游等民生领域为重点，深入梳理澳门与珠江口西岸各城市的现状关系，构建澳门与珠江口西岸城市之间积极平等的对话协商平台，并对其合作的方向策略、重点地区和重点内容作出合理安排，从而强化澳门世界旅游休闲中心和区域商贸服务平台的作用，拓展其经济适度多元发展腹地，促进珠三角西岸城市的经济转型升级，共同打造珠江口西岸都市区。

(曹滢)

【与美国兰德公司共同开展粤港澳合作研究】 根据中共中央政治局委员、广东省委书记汪洋于2011年3月23日与美国兰德公司达成共同开展粤港澳合作研究的共识，11月3日，省住房和城乡建设厅与兰德公司就开展《建立基准（测试）系统，旨在评估、监督和提高粤港澳宜居水平》合作研究进行初步磋商，就合作研究的方式、范围、内容及时间进度进行初步沟通。双方一致同意合作研究将从区域、城市和社区等三个层面，以及交通、土地使用、环境、经济和住房等五个领域开发一套"生活质量"的基准测试系统（草案），并应用到南沙新区、坪山新区、横琴新区等地，提出改善和提升这些地区生活质量的政策选择和建议，并推广应用到大珠三角其他地区。

(唐卉)

城乡规划管理

【概况】 2011年，广东省围绕推进《广东省城乡规划条例》立法进程，探索配套制度建设、推进城市总体规划审查工作，"三旧"改造，协同推进省产业和劳动力"双转移"工作等方面，锐意创新，不断提高省级层面的城乡规划管理水平。

(唐卉)

【《广东省城乡规划条例》制订】 2011年，广东省继续加快推进《广东省城乡规划条例》的立法进程。在完成法规草案的基础上，为进一步提高针对性和可操作性，6~7月，省住房和城乡建设厅书面征求各地级以上市规划主管部门及佛山市顺德区发展规划和统计局的意见；8月9日，组织召开《广东省城乡规划条例》意见征询会，听取各地级市规划主管部门的意见；9~11月，再次征求各地级以上市规划主管部门及佛山市顺德区发展规划和统计局以及全省甲级规划设计单位的意见。为充分学习借鉴兄弟省市的立法经验，提高《广东省城乡规划条例》的立法质量，10月28日至11月3日，省住房和城乡建设厅联合省政府法制办赴四川省成都市开展立法调研，针对法规的可操作性，重点完善规划实施的相关内容。

为贯彻落实中共中央政治局委员、广东省委书记汪洋关于"广东省建筑文化十分丰富，尤以民国时期的建筑在全国建筑中独具特色，对古、旧建筑遗产的保护功在当代，利及子孙，请人大商有关部门考虑立法的问题为宜"的指示精神，省住房和城乡建设厅在深入研究北京、上海、天津、南京等国内城市历史文化保护经验的基础上，在法规中增加"历史文化和自然风貌保护"专章，奠定广东省保护历史街区、建筑和自然风貌的法制文本基础。12月，已完成《广东省城乡规划条例》征求意见工作，并报送省政府法制办审查。

(高磊)

【《城乡规划法》的配套政策和实施指引】 2011年，广东省住房和城乡建设厅组织开展《广东省城市、镇控制性详细规划编制指引》、《广东省提高城镇化发展水平的理想城市建设指南》、《关于在广东省城乡规划管理中落实低碳生态要求的工作规程》、《广东宜居社区规划设计指引》、《广东省应急避护场所规划纲要（2011~2020）》等多项技术文件的制定工作，截至2011年底均已完成初步成果，进一步完善了实施《城乡规划法》的配套政策和实施的指引。

《广东省城市、镇控制性详细规划编制指引》 为贯彻实施《广东省城市控制性详细规划管理条例》，省住房和城乡建设厅于2005年7月颁布试行《广东省城市控制性详细规划编制指引》，促进了全省城市控制性详细规划的编制工作。《城乡规划法》颁布实施后，省住房和城乡建设厅启动《广东省城市控制性详细规划编制指引》的修订工作。2011年10月，形成《广东省城市控制性详细规划编制指引》修订成果，此次修订对原《广东省城市控制性详细规划编制指引》复杂的编制内容进行简化，将成果形式等正文的内容调整到附件中，旨在贯彻住房和城乡建设部

《城市、镇控制性详细规划编制审批办法》精神，弱化控规的成果形式，强化规划管理。

《广东省提高城镇化发展水平的理想城市建设指南》 为充分发挥城乡建设领域推动城镇化发展的积极作用，省住房和城乡建设厅于2010年3月开展《广东省提高城镇化水平的宜居建设指南——绿色·智慧·包容·人本》的编制工作。在编制期间，有关人员先后赴中山、云浮、梅州、清远、增城等地进行调研，广泛征求各地宜居城乡建设牵头部门以及部分规划编制单位的意见。根据2011年12月7日召开的全省提高城市化发展水平会议精神及《中共广东省委、广东省人民政府关于提高广东省城市化发展水平的意见》的有关要求，省住房和城乡建设厅决定将《广东省提高城镇化水平的宜居建设指南——绿色·智慧·包容·人本》的题目修改为《广东省提高城市化发展水平的理想城市建设指南》，并充实完善了相关内容，于12月底完成编制成果。《广东省提高城市化发展水平的理想城市建设指南》准确剖析"理想城市"内涵，围绕广东省提高城市化发展水平的重点工作，从文明宜居、可持续发展和承载力强三个方面提出相应的建设内容和要求，并辅之以详细的行动计划和案例说明，图文并茂、文字精练、表达准确，具有较强的针对性和可操作性。

《广东宜居社区规划设计指引》 2011年，为配合全省宜居城乡建设，有效促进全省城镇化发展水平的提高，省住房和城乡建设厅委托广州市天作建筑规划设计有限公司和华南理工大学建筑学院开展《广东宜居社区规划设计指引》编写工作，截至2011年底已完成初步成果。该《指引》以宜居社区建设为目标，以"提升质素、提供弹性、提倡活力"为原则，从开放空间、道路系统、景观风貌、无障碍设施和低碳设施等5方面提出规划设计指引，并对规划设计的具体实施提出策略建议。

《关于在广东省城乡规划管理中落实低碳生态要求的工作规程》 2011年，广东省住房和城乡建设厅组织开展《关于在广东省城乡规划管理中落实低碳生态要求的工作规程》的编制工作，于9月完成初步成果。《规程》以低碳生态为原则，以城乡规划管理中的行政许可工作为重点，对城乡规划主管部门核发建设项目选址许可、建设用地规划许可、建设工程规划许可和竣工验收许可等环节所涉及的审查内容提出低碳生态技术规范，通过规划管理环节的把关，落实低碳生态建设要求。

《广东省应急避护场所规划纲要（2011~2020）》 为落实《广东省突发事件应对条例》及省政府办公厅《关于认真贯彻实施突发事件应对条例的通知》有关要求，预防和应对各种突发事件，最大限度地减少人员伤亡和财产损失，增强全省抵御突发事件的整体能力，构建和谐平安社会，2011年8月，省住房和城乡建设厅组织编制《广东省应急避护场所建设规划纲要（2011~2020）》，并征求省直相关部门以及各地市城乡规划主管部门的意见，计划报省政府审定后印发。《规划》提出应急避护场所建设的目标和原则，明确以城市、镇为重点，建立适应广东省灾害特征的安全应急避护体系，对室外和室内避护场所、应急交通和生命线系统建设等进行规划安排。 *（高磊　曹滢）*

【城市总体规划审查】 2011年，广东省住房和城乡建设厅重点加强对城市总体规划和近期建设规划工作的指导，部署开展"十二五"时期城市近期建设规划制定工作。全年先后完成广州、云浮、汕尾、雷州、廉江、化州等城市总体规划纲要或成果的审查，化州、南雄、连州等市城市总体规划实施评估成果和潮州、雷州国家历史文化名城保护规划的审查工作。此外，省住房和城乡建设厅组织制订《广东省2011年公共基础设施规划编制工作考核细则》，推进全省公共基础设施规划的编制工作。组织制订《珠江三角洲城乡规划一体化规划考核指标体系》，推动珠三角城乡规划一体化进程。参与国土、环保、文化、交通、水利、成品油等相关专业规划的审核工作，确保相关规划与城乡规划相衔接。

【城市"十二五"近期建设规划】 2011年，广东省住房和城乡建设厅根据住房和城乡建设部《关于加强"十二五"近期建设规划制订工作的通知》，提出将"十二五"近期建设规划的制订和实施作为全省提高城镇化发展水平的重点工作，明确"十二五"近期建设规划的编制重点及审批备案程序。同时，为确保在"十二五"近期建设规划的制定和实施工作中，切实贯彻落实中共中央政治局委员、广东省委书记汪洋关于"建设文明宜居的、可持续发展的、能够适应'五化'发展要求的'理想城市'"的指示精神，省住房和城乡建设厅印发《关于落实汪洋书记重要指示精神，做好"十二五"近期建设规划的通知》，要求各市学习领会汪洋书记的重要指示精神，为做好近期建设规划注入新动力，从建设"理想城市"的目标出发，准确把握广东省开展近期建设规划工作的新要求，认真做好近期建设规划的制定工作。截至2011年底，先后完成深圳、珠海、江门、东莞、惠州、中山、湛江等市"十二五"近期建设规划成果的审查。 *（唐卉）*

规划实施

【概况】 2011年，为切实提高城乡规划统筹能力，推动经济发展方式转型，广东省大力推动珠江三角洲城乡规划一体化工作，开展“三规”融合试点，探索提升城乡规划统筹能力的新途径，指导全省各地科学制定“三旧”改造规划，促进节约集约用地，规范省产业转移工作园的规划认定工作，引导和推动省产业转移工作集约节约科学发展，围绕“三促进一保持”的目标要求，加强和完善重大建设项目选址的管理工作。 (唐卉)

【珠江三角洲城乡规划一体化工作】 2011年，广东省大力推动实施《珠江三角洲城乡规划一体化规划（2009~2012)》的各项工作，一是区域层面规划一体化的规划体系和机制初步形成。广佛肇、深莞惠都市圈开展《广佛肇都市区一体化规划》、《深莞惠地区城镇群协调发展规划》编制工作，珠中江都市圈完成《珠中江城市空间协调发展规划》；广州、佛山共同编制《广佛城镇空间发展战略规划》、《广佛同城化区域交通一体化规划》，以及五个重点交界地区的整合规划。深莞惠都市圈开展的坪（坪山）新（新圩）清（清溪）地区空间发展总体规划进展顺利。二是三大都市圈的规划信息共享和规划协调实施机制不断深化，深莞惠建立规划信息共享平台，设立“深莞惠规划区域合作”互联网网站栏目；广佛肇出台《广佛肇经济圈建设2011年度重点工作计划》、《广佛同城化规划实施保障机制研究》及《广佛同城化体制机制创新研究》等文件，为珠三角城乡规划一体化的体制机制创新提供有力支撑。 (苏西超)

【“三规”融合探索和尝试】 2011年，广东省住房和城乡建设厅参与广州、河源、云浮等试点市“三规”融合研究和相关规划编制工作，并加强技术指导。在转发住房和城乡建设部《关于加强“十二五”近期建设规划制订工作的通知》中，明确要求各地在制订“十二五”近期建设规划工作中，加强与国民经济和社会发展五年规划的衔接，构筑城市政府调控城市社会经济发展的“双平台”。此外，省住房和城乡建设厅继续推进《广东省构建“三规”融合城乡规划平台的工作指引》的编制工作，截至2011年底完成成果。 (高磊)

【“三旧”改造】 2011年，广东省住房和城乡建设厅围绕指导各地开展“三旧”改造专项规划备案成果技术审查，加强“三旧”改造规划实施指导，审批涉及完善历史用地手续的“三旧”改造方案等工作，印发《关于加强“三旧”改造规划实施工作的指导意见》等文件，设立“三旧”改造专项规划备案审查绿色通道，指导各地探索“三旧”改造专项规划实施保障机制，促进全省“三旧”改造工作的有序推进。截至2011年，全省计划编制的131个“三旧”改造规划已全部完成编制、审批和备案审查工作。

在“三旧”改造专项规划编制过程中，部分市创新工作思路，形成一些新做法。如广州市建立“1+3+N”（1指《广州市“三旧”改造规划纲要》，3指分别编制的旧城、旧厂房和旧村庄专项规划，N指“三旧”改造地块的改造方案或规划控制导则）的“三旧”改造专项规划编制体系，强化对“三旧”改造工作的分类指引；深圳市建立城市更新单元制度，对零散土地进行整合和整体开发，解决旧城改造过程中城市基础设施和公共服务设施难以落实及小地块无序开发的问题；佛山市在宏观上划定六种改造功能区，微观上划定若干“改造单元”，提高规划的可操作性；东莞市32个镇街全部编制“三旧”改造规划，整合形成全市的“三旧”改造总体规划，体现规划编制工作“自下而上”与“自上而下”的良性互动。

通过“三旧”改造，各市进一步推动产业结构调整，推进宜居城乡建设，统筹城乡发展，切实保障和改善民生。广州市通过“三旧”改造提高单位面积土地产出，全市“退二进三”项目改造后总产值相比改造前增长9.1倍，其中太古仓码头通过“三旧”改造，拉动社会投资约1亿元，已被打造成为一个集文化创意、展贸、观光旅游、休闲娱乐等功能于一体的“城市客厅”；佛山市将“三旧”改造与“两转型一再造”紧密结合，打造狮山文化体育中心等一批城市新空间，推进25个“农村宅基地换房试点”村居建设；惠州市通过“三旧”改造建设保障性住房3458套，约占8市建设保障性住房总套数的

·链接·

“三规”融合

“三规”融合是指将国民经济和社会发展规划、城市总体规划、土地利用规划中涉及的相同内容统一融合起来，并落实到一个共同的空间规划平台上，各规划的其他内容按相关专业要求各自补充完成。

“三规”融合并非指只有一个规划，而是指只有一个城市空间，在规划安排上互相统一，同时加强规划编制体系、规划标准体系、规划协调机制等方面的制度建设，强化规划的实施和管理，使规划真正成为建设和管理的依据和龙头。

“三旧”改造

“三旧”改造是指“旧城镇、旧厂房、旧村庄”改造，是推进节约集约用地的重要措施。开展“三旧”改造的项目，必须符合城市土地利用总体规划、城乡总体规划，纳入“三旧”改造总体规划、年度计划，纳入省“三旧”改造监管数据库，制订改造方案，并且通过市（县）人民政府的批准。

▲2011年编制完成的广州市大坦沙地区更新改造规划设计效果图

（广东省住房和城乡建设厅城乡规划处供稿）

一半，占全省建设总量近1/5。

（曹滢）

【协同推进省产业和劳动力“双转移”】 2011年，广东省住房和城乡建设厅加强对产业转移园规划编制的指导工作，根据《广东省产业园区规划制订的指导意见（试行）》，督促各地加快产业转移园总体规划成果的上报审批工作，推动产业转移园规划编制水平的提高。是年共完成15个省级产业转移工业园的规划审核工作。3月，省住房和城乡建设厅参加全省产业转移目标责任考核评价工作，对相关的省产业转移工业园规划建设情况进行实地考核，确保工业园开发建设依法依规进行。此外，省住房和城乡建设厅参与《广东省循环经济工业园认定管理办法》、《广东省省级经济开发区扩区和区位调整审批管理暂行办法》、《关于进一步加强工业园区管理的指导意见》等文件的制订，推动各类园区科学发展。

（苏西超）

【重大建设项目规划选址管理】 2011年，广东省住房和城乡建设厅落实国家和广东省扩大内需、促进经济增长的有关政策，加快推进建设项目选址的审批进度。按照部门意见互不为前置条件的审批原则，确保10个工作日内为国家和省重点项目核发选址意见书。截至2011年底，共依法核发38个建设项目规划选址意见书。

（唐卉）

历史文化名城、街区保护

【概况】 2011年，广东省住房和城乡建设厅联合省文化厅开展国家级历史文化名城、名镇、名村保护情况专项检查，指导广州、潮州市迎接国家检查组的实地检查；开展广东省第三批历史文化街区、名镇、名村评选活动。此外，为推动历史风貌保护工作，促进岭南文化传承和城市文化功能提升，制订完成《广东省岭南历史街区复兴规划建设指引》。

【国家级历史文化名城、街区保护专项检查】 根据住房和城乡建设部、国家文物局《关于开展国家历史文化名城、中国历史文化名镇名村保护工作检查的通知》要求，广东省住房和城乡建设厅联合省文化厅成立广东省国家历史文化名城、中国历史文化名镇名村检查工作领导小组，各地级以上市相应成立由规划建设和文物行政部门组成的领导小组。从2011年3月，广东省国家历史文化名城、中国历史文化名镇名村检查工作领导小组组织专家分四批对广东省国家历史文化名城、中国历史文化名镇名村进行检查，通过听取各市自查情况汇报、查看资料和实地勘察等方式，全面掌握各市历史文化名城、名镇名村的保护情况，对发现的问题要求及时采取措施进行整改，并对加强保护工作提出指导性意见和工作要求。8月24~28日，由国家文物局副司长许言带队，住房和城乡建设部、国家文物局组织的联合国家检查组一行9人，在广州、潮州进行实地检查。国家检查组对广东省在国家级历史文化名城、中国历史文化名镇名村保护方面所做的工作给予肯定，认为广东省历史文化底蕴厚重，历史文化保护工作扎实，已经走上一条保护与发展互动的轨道。

【第三批历史文化街区评选活动】 根据《中华人民共和国文物保护法》、《中华人民共和国文物保护法实施条例》、《历史文化名城名镇名村保护条例》的有关规定，经广东省人民政府同意，省住房城乡和建设厅联合省文化厅于2006年开始启动广东省历史文化街区、名镇、名村评选认定工作，制订《广东省历史文化街区、名镇、名村评选办法》。2011年底，省住房和城乡建设厅、省文化厅联合开展第三批广东省历史文化街区、名镇、名村评选活动，认定历史文化街区3

个。分别是东莞市中山路街区、茂名高州市中山路街区和高州市南华路街区。

高州中山路　位于高州城市中心，东西走向，总长1000米，宽12.8米。东起东门与光明路相接，与广东省级文物保护单位——“高州冼太庙”相邻，西至大西门，连接鉴江河畔的观山路，北与南北走向的文明路、新安街、府前路、永镇街、解放路、南华路、常平街和升平街相交。中山路的建筑大部分还保存骑楼风格，骑楼建筑集广州粤派风格兼有本地异域风情而形成高州特色的骑楼风格。（唐卉）

【《广东省岭南历史街区复兴规划建设指引》】　为贯彻落实中共广东省委十届七次全会关于建设文化强省的工作部署和《广东省建设文化强省规划纲要（2011~2020年）》的有关要求，根据中共中央政治局委员、广东省委书记汪洋“莫让岭南文化断代”的指示精神，结合《实施〈珠江三角洲地区改革发展规划纲要〉实现“四年大发展”工作方案》的要求，省住房和城乡建设厅在2010年10月组织编制《广东省岭南历史街区复兴规划建设指引》，于2011年底完成初稿。《指引》把改善群众的居住条件作为重要任务，将保护、继承和发扬优秀历史文化作为主要内容，重点关注改善民生，传承文化和繁荣产业等三方面内容。（刁彩虹）

【岭南特色规划设计奖、特色街区奖评选】　2011年11月22~23日，广东省住房和城乡建设厅组织专家开展岭南特色规划设计奖和岭南特色街区奖评选工作，共评选出岭南特色规划设计奖银奖6项，铜奖9项（金奖空缺）；岭南特色街区奖金奖1项，银奖3项，铜奖5项。其中广州市海珠区小洲村历史文化区保护规划和开平市赤坎镇历史文化保护规划等6个项目获“岭南特色规划设计奖”银奖，广州市沙面历史文化区保护规划（详细规划）等9个项目获“岭南特色规划设计奖”铜奖；广州市荔枝湾及周边社区环境综合整治（一期）项目获“岭南特色街区奖”金奖，台山市台西路商业步行街等8个项目获“岭南特色街区奖”银奖和铜奖。11月24~30日专家们对岭南特色街区金、银奖的获奖项目进行现场踏勘核实。此次评选对进一步弘扬岭南特色文化起积极作用。台山市和龙川县人民政府均表示将以此次评选活动为契机，继续做好历史文化街区保护工作，为今后申报国家级历史文化名城奠定良好基础。（唐卉）

规划成果选介

【茂名滨海新区城市总体规划（2012~2030）】　2011年11月，由广东省城乡规划设计研究院编制的《茂名滨海新区城市总体规划》全面分析茂名经济、社会、交通、生态等方面的优势和存在问题，总结相关规划和政策要求，明确茂名滨海新区要构建经济持续繁荣、社会和谐稳定、宜业宜居、富有魅力的现代化国际化滨海新城和持续增长的理想城市，应对转型升级的挑战，迎接海洋时代的到来。本着绿色、智慧、包容和人本的发展理念，在快—慢交通体系完善、生态环境保育、产业多元发展、宜居城市建设、空间形态塑造和城市魅力营造等方面精心组织。规划确定茂名滨海新区规划建设要点：1. 多元化的产业是滨海新区持续发展的动力，改变现有单一产业结构，以大港口为依托，在强化石化产业的基础上，发展下游产业，开拓新的旅游、服务等高端产业，培育新的经济增长点。2. 构建港口、产业、城市良性互动的发展机制，促进滨海新区建设成为持续增长的理想城市。3. 建设新的中心区是有效推动城市空间南拓，加强新区基础设施和服务设施建设的投入，打造新的城市中心区，并推进城市空间结构的优化发展。4. 将茂名新区建设成为具有区域竞争力和国际影响力的现代化新区，一方面要提高对工业化的承载能力，适应产业的发展需求，促进经济发展；另一方面要加强新区的宜居环境建设，提高新区对高技术人才、知识型人才以及旅游人口的吸引力，提升城市发展活力。（周元　胡琼）

【莞惠城际轨道“西湖”站周边地区详细规划及城市设计】　地处历史文化名城惠州，秀美西湖湖畔，具有成熟的商业氛围，地理位置优越。城轨的开通将给这里带来高效便捷的交通和无限商机。2011年4月该项目启动，由广东省城乡设计研究院编制和设计。项目定位是打造一个传统融合现代、时尚凝聚活力，集交通换乘、旅游观光、购物消费和娱乐休闲于一体的高端风情商业街坊片区，成为惠州的新城市名片。

该项目分3个地块，总用地面积约65000平方米，设计总建筑面积约21万平方米，地上最高10层，地下4层。设计方案通过西北角喇叭型的入口广场和标志塔引入一条南北向的立体商业街，形成负一到地上三层的立体购物流线，中部朝东西两侧分别设置辅助出入口，与远处泗州塔和荔浦风情景区形成视线通廊。西侧沿湖边设长条型三层商业内街以及利用四至五层退台设湖景西餐酒廊，北边设九层集超市、百货、餐饮以及影城功能的综合商业体，东侧设十层商业与精品商务酒店综合体。设计方案中的重点一是研究如何实现地块商业价值最大化，设计中以首层为核心，通过下沉广场、垂直电梯、观光扶梯以及空中连廊等多种手段提升负一层至地上三层的商业价值。二是研究如何利用西湖优美的风景资源，沿湖设计多种建筑退台形成多样的室内外观湖空间，构筑西湖边优美的建筑天际线。三是处理各类交通流线的组织，南北标志塔处分别设置城轨出入口，两处出入口与商业街区可以自由进出，同时也可单独开放，北侧城轨出入口在首层与公交始发站无缝对接，同时在此设置游客服务中心，方便游客。

建筑立面风格来源于传统岭南建筑，吸纳其建筑与环境的精髓并用现代手法演绎，具有鲜明的岭南风格地标性。而内街融入现代与时尚商业设计模式以及生态设计理念，展现的是商业街区的时尚与活力。 *（梁维智　胡琼）*

【广州国际商品展贸城一期工程】 2010年2月启动。由广东省城乡规划设计研究院设计。2011年按照设计方案进行施工，截至2011年底，工程主体已封顶。工程位于广州番禺片区东北部，广州二环线以内，接近广州经济开发区和黄埔码头；位于大学城、广州新城、萝岗中心区三个重点发展区域的几何中心，在东部创新产业发展区内。项目规划总用地面积272万平方米，规划总建筑面积437万平方米。其中一期工程位于展贸城的最南端，有一个入口大广场和四栋建筑，包括三座展览交易馆和一座办公楼，总建筑面积269210平方米。

广州国际商品展贸城为国际商品采购商和国内批发商搭建的一个交易平台，以常年展为主要经营方式，与琶洲会展中心的节日展错位发展的一种城市型职能，肩负着广州树立国际化采购基地的国际形象的任务。在对广州市批发业态进行经济测算与产业策划基础上，广州国际商品展贸城分为八大功能分区、七大产业门类的功能；在对国际采购商业行为和空间行为进行大量的研究和模拟后，提出模块化的展贸空间概念：包括平面化的功能构成、尺度构成、类型构成、模块组合特征、经济收益构成、立体化的交通组织、功能构成等。同时建立平面化的人流、车流、物流三流交通体系，并结合局部立体化交通系统。在建筑和景观设计上，充分考虑采购商识别不同业态场馆的需要，考虑颜色分区、名称分区和标志识别分区，不同的颜色代表不同的展区，不同的名称代表不同的馆区，并设计了不同的标识系统，与整体风格统一。 *（麦华　刘伟丞）*

【肇庆市“一江两岸”沿江景观整治规划】 该规划由广东省城乡规划设计研究院编制。2011年4月，该项目在规划设计前期引入公众参与式调研活动，从市民普遍关心的道路交通、城市景观、娱乐休闲、人文历史及公共配套等问题入手，深入了解肇庆的发展现状以及普通市民对肇庆未来发展的规划意愿，探求肇庆市区发展的空间潜力，从而为美化肇庆市“一江两岸”的城市形象、促进两岸的经济发展提供现实的民意参考。

肇庆滨江两岸将以宋城古貌为依托，重塑历史文化街区；以漫滩湿地为特色，搭建生态旅游基地；以优势产业为支撑，规划总部经济中心；以山水景观为主题，建设生态居住社区。结合该项目规划定位与发展目标，提出“活力纽带”的概念——将整合肇庆一江两岸的各种资源。同时，将公共功能渗透进滨江地块，以获得更多的连续而充满活力的公共界面。最终，规划将整体打造“两带、三区、三心”的滨江城市空间结构。

该项目用五项策略保证上述目标与理念的实施，每个策略自成系统又相互联系。即：提升配置、分区引导；流量疏导、分段设计；宋城风韵、岭南宗始；生态屏障、城中绿道；光亮肇庆、炫彩西江。

（由翌　胡琼）

【珠江三角洲绿道网总体规划纲要】 2009年11月，为解决经济快速发展与生态环境保护之间的矛盾，珠三角曾先后探索“生态敏感区”、“区域绿地”等生态资源保护方式，但这些孤立地进行保护的做法难以改变生态系统被不断蚕食的局面。为真正实现对生态资源的长久保护和永续利用，借鉴国外经验，通过设立连续的绿道（生态廊道和慢行系统的结合）系统，将珠三角主要的生态保护区、郊野公园、历史遗存和城市开放空间串联起来，将“绿色通廊”被动的生态保护功能和“绿道”主动的生活休闲功能结合起来，充分体现“在发展中保护，在保护中发展”的生态文明建设理念。广东省城乡规划设计研究院承担该规划编制工作。规划构建适合珠三角区域生态格局，由6条主线、4条连接线、22条支线、18处城际交界面组成，总长2370千米、绿化缓冲区面积4410平方千米的绿道网总体布局，在完善区域生态保护格局的同时，满足城乡居民日益增长的亲近自然、休闲游憩的生活需求，成为广东实践科学发展观的标志性工程。

该规划项目由广东省城乡规划设计研究院编制，获2011年度全国优秀城乡规划设计一等奖、2011年度广东省优秀城乡规划设计一等奖。 *（罗勇　胡琼）*

【珠三角城乡规划一体化规划】 2009年2月，为贯彻实施《珠江三角洲地区改革发展规划纲要》，广东省委省政府提出进一步开展城乡规划、基础设施、环境保护、产业发展、公共服务等五个一体化规划的部署。

《珠江三角洲城乡一体化规划》是《珠江三角洲地区改革发展规划纲要》配套的五个“一体化规划”之一。在“加强环境再造，促进发展转型，共建低碳化、一体化发展的世界级绿色城镇群”的发展目标下，提出营造区域公交网、推动中心活化、构建区域绿道网、保护岭南传统街区等十五项建设任务。首次提出“区域绿道”建设理念，揭开珠三角乃至全国范围内绿道建设的序幕。

该规划由广东省城乡规划设计研究院编制，获2011年度全国优秀城乡规划设计一等奖、2011年度广东省优秀城乡规划设计一等奖。

（罗小虹　胡琼）

【大珠江三角洲城镇群协调发展规划研究】 2006年3月，该课题经国务院港澳办和粤港澳三地政府同意，由三地城市规划主管部门——广东省住房和城乡建设厅、香港发展局和澳门运输工务司通过粤港、粤澳城市规划及发展专责小组两个合作平台，首次开展的策略性区域规划研究，是中国第一个跨不同制度边界的空间协调研究。具体研究工作由北京大学深圳研究生院和广东省城乡规划设计研究院共同承担。

课题依托于“一国两制”和CEPA框架，本着传承与整合粤港澳三地已有相关规划、政策及学术研究成果的原则，基于对大珠三角城镇群特征与地位、发展的主要矛盾、国内外城镇群比较、国内外形势判断等问题的调研和基本分析，针对能够产生跨界影响的资源开发、环境保护和基础设施建设等问题进行重点研究，并形成最终研究成果。

该研究项目获2011年度全国优秀城乡规划设计一等奖、2011年度广东省优秀城乡规划设计一等奖。

（罗小虹　胡琼）

城市建设与管理

□ 省级风景名胜区综合整治验收

□ 加强城市桥梁建设监管

□ 韶关市武江河锑浓度异常事件及时处置

□ 开展广东省生活垃圾无害化处理设施建设『十二五』规划编制

□ 珠三角绿道网建设等项目获『中国人居环境范例奖』

综　　述

【概况】　2011年，广东省城市建设取得新成就。累计建成地下管线综合管廊项目12个，总长度66.5千米；城市人均公园绿地面积14.38平方米；新建成16座生活垃圾无害化处理场，新增处理规模6250吨/日，市县城区生活垃圾无害化处理率75%；全省建成城市地铁线路15条，总里程387.98千米。

【中央和省级财政资金支持的城市建设项目】　2011年在治污保洁、污水管网建设、供水管理和风景区建设等方面均得到了中央和省财政资金的大力支持。在省级财政资金方面，争取治污保洁资金7000万元,用于补助欠发达地区垃圾清运处理设施建设。首次为风景名胜区争取省级财政资金300万元，25%的省级风景名胜区得到资金支持。争取450万元的供水管理专项资金，用于全省水质督察、水质监测、供水应急处置等工作。在中央财政资金方面，争取1.4亿元城镇污水处理设施配套管网建设项目资金用于粤北四市污水配套管网建设；申报获得城镇污水垃圾处理设施及管网工程项目35820万元；争取财政部国家级风景名胜区保护补助资金补助白云山40万元；争取住房城乡建设部安排15万元用于水质抽检费用。

【城市地下管线综合管廊建设和管理】　截至2011年底，广州、深圳、佛山、肇庆等市已开展地下管线综合管廊建设，已建项目12个，总长度66.5千米。广州、深圳、佛山、中山、韶关等市已建立了地下管线信息系统，实现动态跟踪管理地下管线建设情况。　(宋健)

城市园林绿化

【概况】　截至2011年底，广东省城市人均公园绿地面积14.38平方米，建成区绿化覆盖率41.32%，建成区绿地率37.27%，对比上年，新增城市人均公园绿地面积1.09平方米，建成区绿化覆盖率提高0.01个百分点，建成区绿地率提高0.59个百分点。

【《广东省园林城市、县城标准和申报评审办法》修订】　2011年11月，广东省住房和城乡建设厅印发《广东省园林城市和园林县城（城镇）申报与评审办法》、《广东省园林城市标准》和《广东省园林县城（城镇）标准》。新的《广东省园林城市标准》包括综合管理、绿地建设、建设管控、生态环境、市政设施、人居环境和社会保障7大方面64项考核指标。

【园林城市、园林城镇创建】　2011年，清远市被评为“广东省园林城市”，东莞市长安镇被评为“国家园林城镇”。截至2011年底，全省共有“国家园林城市”16个，“广东省园林城市”3个，“国家园林城镇”3个，“广东省园林城镇”3个。

是年，住房和城乡建设部考查组对深圳市创建“国家生态园林城市”工作进行考核。汕尾市和云浮市召开创建广东省园林城市动员大会，正式启动创建园林城市工作。

【岭南特色园林设计奖评选】　2011年，为弘扬岭南园林文化，促进岭南特色园林项目建设，广东省住房和城乡建设厅组织开展岭南特色园林设计奖评选活动，共评出获

2011 年广东省城市建设设施水平与全国对比情况

指标	全国城市平均设施水平	广东省城市平均设施水平	设施水平对比(+/−)
人口密度	2228(人／平方千米)	2637(人／平方千米)	409(人／平方千米)
人均日生活用水量	170.94(升)	241.38(升)	70.44(升)
用水普及率	97.4%	98.39%	0.99%
燃气普及率	92.41%	91.78%	−0.63 百分点
人均道路面积	13.75(平方米)	12.58(平方米)	−1.17(平方米)
污水处理率	83.63%	80.78%	−2.85 百分点
污水集中处理率	78.08%	78.26%	0.18 百分点
生活垃圾无害化处理率	79.70%	72.82%	−6.88 百分点
建城区绿化覆盖率	39.22%	41.32%	2.1 百分点
建城区绿地率	35.27%	37.27%	2 百分点
人均公园绿地面积	11.80(平方米)	14.38(平方米)	2.58(平方米)

注：本表各项人均指标除人均日生活用水量外，均是以城区人口和城区暂住人口合计为分母计算　(冯育文)

2011年广东省城市市政公用设施情况

地区名称	人口密度（人/平方千米）	人均日生活用水量（升）	用水普及率（%）	燃气普及率（%）	建成区供水管道密度（千米/平方千米）	人均城市道路面积（平方米）	建成区排水管道密度（千米/平方千米）	污水处理率		人均公园绿地面积（平方米）	建成区绿化覆盖率（%）	建成区绿地率（%）	生活垃圾处理率	
								（%）	污水处理厂集中处理率				（%）	生活垃圾无害化处理率
全　省	2637	241.38	98.39	91.78	17.81	12.58	9.98	80.78	78.26	14.38	41.32	37.27	93.32	72.82
广州市	2835	298.69	99.70	99.25	16.88	9.22	9.35	79.43	79.43	15.05	40.30	35.58	91.80	81.36
增城市	1206	242.89	100.00	39.66	12.61	9.05	5.39	65.37	65.37	12.58	40.77	37.12	100.00	100.00
从化市	979	195.03	88.94	77.23	20.07	9.35	9.59	75.80	75.80	13.95	27.51	26.65	91.53	91.53
韶关市	382	243.62	97.78	89.45	19.96	13.61	5.89	80.10	80.10	11.77	46.12	43.14	100.00	100.00
乐昌市	217	134.06	95.01	89.63	9.43	6.03	0.30	63.98	63.98	10.69	27.91	24.24	100.00	0.00
南雄市	3803	124.18	94.59	64.42	5.70	9.08	4.71	86.32	86.32	12.15	26.83	14.55	64.82	0.00
深圳市	5256	224.08	100.00	77.86	17.67	8.67	16.29	95.46	85.38	16.50	45.05	39.16	95.00	95.00
珠海市	2047	248.99	99.70	97.45	22.85	21.97	9.28	86.03	86.03	13.81	51.26	46.41	100.00	100.00
汕头市	4031	183.29	94.09	94.15	12.42	10.17	8.89	90.30	90.30	12.80	41.22	40.28	65.40	65.40
佛山市	3129	355.00	100.00	93.09	30.13	15.38	11.41	95.91	95.91	10.42	37.49	35.08	100.00	79.80
江门市	1991	200.86	97.53	97.53	14.88	17.40	9.71	86.75	77.91	12.50	41.00	38.86	100.00	100.00
台山市	5970	297.89	100.00	100.00	23.75	14.79	8.75	81.02	81.02	14.26	34.98	34.98	100.00	0.00
开平市	1398	246.65	98.82	98.82	24.21	15.53	10.38	50.23	50.23	10.78	41.21	36.04	93.75	0.00
鹤山市	2938	373.86	100.00	94.98	21.70	30.21	14.04	83.49	83.49	12.97	35.98	34.28	100.00	100.00
恩平市	2080	214.29	91.31	91.31	42.23	12.62	8.82	76.30	76.30	9.18	54.76	22.92	100.00	0.00
湛江市	7509	198.83	99.39	98.91	6.45	19.49	4.38	93.50	93.50	12.81	40.42	36.48	97.48	97.48
廉江市	3652	215.97	95.45	94.19	65.48	11.76	9.59	45.91	45.91	36.47	48.32	47.82	97.55	0.00
雷州市	5240	113.27	73.47	67.55	9.53	7.34	4.69	85.41	85.41	8.43	31.37	30.75	96.65	0.00
吴川市	5436	270.81	72.03	73.03	32.78	9.61	6.95	65.62	65.62	10.37	28.19	26.09	100.00	0.00
茂名市	4167	241.93	100.00	100.00	8.23	10.48	3.35	68.30	68.30	11.12	29.22	29.75	100.00	0.00
高州市	2062	100.26	100.00	100.00	8.41	5.58	5.97	81.89	81.89	10.65	40.35	32.85	100.00	0.00
化州市	3605	181.26	78.96	98.94	6.38	9.20	3.43	29.70	29.70	4.44	25.64	22.05	100.00	0.00
信宜市	4624	106.72	100.00	100.07	8.61	3.91	4.41	69.57	69.57	8.56	38.03	28.99	100.00	0.00
肇庆市	1325	273.42	99.96	95.66	16.19	19.46	7.72	85.43	82.03	22.57	35.06	29.64	98.22	98.22
高要市	1832	154.82	95.88	93.90	4.02	12.82	4.95	48.26	48.26	17.97	38.48	36.99	100.00	100.00
四会市	4750	204.86	92.63	98.95	5.58	17.08	9.64	80.00	80.00	8.59	25.90	25.86	62.50	62.50
惠州市	1497	231.67	96.95	93.02	7.44	13.91	9.15	91.73	91.73	12.16	32.94	29.56	100.00	100.00
梅州市	2445	366.67	73.03	92.50	18.66	18.26	7.79	59.32	59.32	11.85	42.85	36.41	100.00	100.00
兴宁市	2245	168.31	84.65	82.81	13.58	11.52	79.21	52.26	52.26	10.82	39.04	38.20	100.00	100.00
汕尾市	2646	169.62	94.46	96.03	30.35	10.01	14.15	60.01	60.01	12.11	42.53	41.28	60.02	60.02
陆丰市	3830	152.05	93.24	80.61	58.88	10.15	8.28	33.35	33.35	7.97	31.02	29.98	100.00	0.00
河源市	9433	254.58	100.00	100.00	27.74	14.39	7.34	89.38	89.38	12.10	44.21	40.61	99.66	99.66
阳江市	5896	199.09	100.00	94.60	0.00	14.46	0.00	63.49	63.49	10.83	37.34	34.68	100.00	100.00
阳春市	655	286.40	97.85	93.46	28.38	5.85	4.00	79.97	79.97	15.08	36.80	35.20	100.00	0.00
清远市	1772	327.17	99.85	90.72	36.26	19.79	0.81	24.03	24.03	11.42	40.54	35.09	76.10	76.10
英德市	998	175.51	95.12	53.51	8.93	17.07	3.51	81.54	81.54	14.33	35.12	34.21	0.00	0.00
连州市	1823	130.82	89.92	78.88	7.30	28.19	11.21	36.23	36.23	10.29	41.80	40.16	100.00	0.00
东莞市	2424	214.66	99.92	101.18	21.84	22.03	9.75	65.21	65.21	16.69	45.78	43.38	95.55	39.32
中山市	4460	279.93	100.00	100.00	15.45	14.17	9.27	91.58	87.79	13.43	45.95	37.77	100.00	100.00
潮州市	2533	197.78	100.00	100.00	12.24	10.67	7.62	86.01	86.01	12.21	44.27	39.90	100.00	100.00
揭阳市	4324	48.99	97.75	90.45	8.46	5.41	0.00	71.04	71.04	13.14	35.30	35.21	90.99	90.99
普宁市	4458	271.93	98.42	76.12	8.84	10.64	9.67	24.65	24.65	0.73	30.53	30.50	0.00	0.00
云浮市	2580	207.22	100.00	91.51	50.23	4.17	3.65	98.54	80.73	12.60	41.22	36.29	100.00	100.00
罗定市	4413	86.84	97.64	87.70	13.84	4.08	3.82	44.09	44.09	11.82	29.56	12.00	100.00	0.00

注：东莞市包含全行政区域范围数据，2005年全部列入城建统计范围。

（冯育文）

2011年广东省城市市政公用设施建设固定资产投资资金来源情况

单位：万元

地区名称	本年资金来源合计	上年末结余资金	本年资金来源									各项应付款
			小计	中央财政拨款	地方财政拨款	国内贷款	利用外资	外商直接投资	自筹资金	单位自有资金	其他资金	
全　省	8303925	351977	7951948	45861	2357905	3773442	142653	116149	1090713	705124	541357	559809
广州市	2260009	33709	2226300	31760	664977	1123345	10612	3640	334278	210879	61311	99536
韶关市	18882	0	18882	583	18299	0	0	0	0	0	0	246
深圳市	3122151	133653	2988498	0	523334	2321732	50051	50051	87381	87381	6000	198023
珠海市	573272	8639	564633	2797	109595	81901	0	0	12340	2110	358000	63153
汕头市	25893	7452	18441	0	6781	5323	0	0	4283	2474	2054	7297
佛山市	654936	51922	603014	0	127825	77300	0	0	370957	345680	26932	9145
江门市	308851	16383	292468	900	68953	138702	7532	0	56198	14897	20183	121722
湛江市	6445	0	6445	0	5615	0	0	0	830	0	0	0
茂名市	17752	4024	13728	1715	5444	0	0	0	4314	4164	2255	213
肇庆市	314868	4270	310598	2000	258905	17713	0	0	28694	3548	3286	21
惠州市	176237	45808	130429	0	64671	4417	0	0	21518	0	39823	8935
梅州市	26995	5241	21754	4000	5437	0	12000	0	317	317	0	3219
汕尾市	35933	3366	32567	0	26333	0	0	0	6234	0	0	0
河源市	35933	3366	32567	0	26333	0	0	0	6234	0	0	0
阳江市	30651	0	30651	0	30651	0	0	0	0	0	0	0
清远市	24848	118	24730	1180	23550	0	0	0	0	0	0	3673
东莞市	271391	6399	264992	0	225243	3009	0	0	23675	12233	13065	24111
中山市	116342	0	116342	0	101571	0	0	0	14771	14771	0	0
潮州市	39729	30254	9475	0	16	0	1458	1458	0	0	8001	20354
揭阳市	261695	0	261695	0	83980	0	61000	61000	116715	180	0	161
云浮市	15200	450	14750	233	6122	0	0	0	7948	6490	447	0

注：本表为21个地级市（含县级市）范围。

(冯育文)

奖项目18个，其中深圳市仙湖植物园和广州珠江公园获金奖，湛江市渔港公园等7个项目获银奖，广州市二沙岛市民公园等9个项目获铜奖。 (王务)

【国家园林城镇选介】 东莞市长安镇　2011年，获“国家园林城镇”称号。东莞市长安镇将“发展循环经济、锻造实力长安，倡导低碳生活、打造活力长安，普及环境文化、塑造魅力长安”作为“创园”理念。在争创“国家园林城镇”过程中，镇委、镇政府遵循创建园林城市的理念，着力推进各项工作：一是完善组织机构，建立齐抓共管的运行机制。成立由镇长挂帅，12个职能部门负责人组成的创建园林城市工作领导小组，深入指导镇、社区的创园工作，使全镇创建活动横向到边、纵向到底。二是加快园林绿化建设，提高城市品位。2008~2011年，全镇累计投入8.6亿元绿化资金，共开展13项园林绿化重点工程。包括对107国道、S358省道、广深高速、振安路等10多个路段进行绿化建设改造；开展镇、社区公园绿化，建成长9.6千米的镇绿道网，新建乌沙象山公园、厦边龙马山公园、厦岗南湖公园、长安体育公园；投入240万元对镇中心区长青路、锦绣路、德政路、绿道沿线等多个路段进行复绿、补绿和增绿，提高了园林绿化建设水平。三是加强生态环境建设，改善人居环境。大力实施水系综合治理、环境综合治理和节能减排，开展东引河、茅洲河、莲花水库清淤清障工程，关停重污染企业10家，积极规划建设环保产业园区，加快三洲污水处理工程，并实现生活垃圾外运焚烧无害化处理，推进路灯、交通信号灯节能升级改造，改善了生态环境和空气质量。

【广东省园林城市选介】 清远市　2011年，获“广东省园林城市”称号。清远市自2009年启动创园工作以来，推进“三江三湖”规划建设，打造“绿色湖城”。新建了向秀丽公园、朱汝珍公园、飞来湖公

2011年广东省城市园林绿化情况

单位：平方米

地区名称	绿化覆盖面积		园林绿地面积		公园绿地面积	公园个数（个）	公园面积
		建成区		建成区			
广　东	475755	199546	414325	179983	68095	2826	60880
广州市	139720	39901	129740	35228	16400	236	4820
增城市	1402	1261	1148	1148	387	11	387
从化市	509	509	493	493	392	5	363
韶关市	3886	3886	3635	3635	626	24	626
乐昌市	449	449	390	390	135	6	135
南雄市	447	319	173	173	110	6	107
深圳市	97575	37918	96352	32960	17271	789	21900
珠海市	30951	6338	6125	5738	2107	42	2551
汕头市	7607	7607	7433	7433	3137	28	1198
佛山市	8946	5745	8359	5376	2164	161	1726
江门市	9885	5509	9580	5221	1409	61	1258
台山市	1574	899	1574	899	281	12	186
开平市	1549	1290	1159	1128	229	7	159
鹤山市	757	738	712	703	173	7	159
恩平市	1212	1180	561	494	168	3	103
湛江市	5671	4271	3855	3855	1058	29	1259
廉江市	952	952	942	942	666	5	668
雷州市	655	655	642	642	171	6	143
吴川市	889	523	484	484	208	6	207
茂名市	3578	2978	3032	3032	538	16	437
高州市	1742	1102	897	897	345	10	315
化州市	875	650	749	559	96	5	127
信宜市	2710	905	2345	690	255	3	255
肇庆市	8427	3244	5246	2743	1175	15	3781
高要市	800	800	772	769	262	5	146
四会市	895	650	756	649	204	6	55
惠州市	7289	7289	6661	6541	1677	57	1150
梅州市	2200	2009	1741	1707	487	14	373
兴宁市	1840	695	1710	680	294	8	329
汕尾市	681	649	660	630	302	13	302
陆丰市	1906	626	755	605	171	1	3
河源市	23027	1278	20205	1174	330	18	277
阳江市	1696	1696	1575	1575	447	20	447
阳春市	920	920	880	880	316	6	338
清远市	2448	2448	2119	2119	549	20	363
英德市	891	891	868	868	241	6	241
连州市	563	563	541	541	150	9	150
东莞市	85595	39113	79079	37057	9974	1054	10624
中山市	4053	4053	3331	3331	1019	51	667
潮州市	1845	1845	1663	1663	471	18	471
揭阳市	2820	2056	2815	2051	1028	7	1326
普宁市	1813	1029	1028	1028	34	7	22
云浮市	1234	836	1024	736	273	9	344
罗定市	1271	1271	516	516	365	4	382

注：东莞市包含全行政区域范围数据。

（冯育文）

园、凤城公园等一批特色公园；扩建了中山公园和江滨公园等一批城市公园；道路绿化建设卓有成效，对市区北江路、广清大道、清远大道、凤翔大道、沿江路等道路绿化进行升级改造；居住区和单位绿化景观及生态效果提高。城市园林绿化建设、城市景观保护建设、生态环境建设和市政基础设施建设取得明显成效。截至2011年底，清远市区建成区绿化覆盖率达40.54%、绿地率达35.09%、人均公园绿地面积11.42平方米。 *(宋健)*

风景名胜区

【概况】 2011年，广东省境内世界自然遗产1处，设有风景名胜区26个，其中国家级风景名胜区8个，省级风景名胜区18个，分布在15个地级以上市。国家级风景名胜区基础数据信息库已基本建成。

【风景名胜区整治】 2011年是广东省级风景名胜区综合整治的整改验收阶段。3月4日召开全省省级风景名胜区综合整治总结大会，印发《关于省级风景名胜区综合整治验收工作情况的通报》。会后，广东省住房和城乡建设厅对整治不积极的景区实施约谈和现场督办，多次与当地政府协调沟通，共同扶持后进景区建设，力促从化温泉和英德宝晶宫等4个景区建立管理机构，启动和完成规划编制。至8月，广东省风景名胜区全部建立管理机构，未编规划的景区全部启动规划编制，景区管理水平显著提升。

【风景名胜区监管】 2011年，广东省住房和城乡建设厅建立联合督察机制，通过运营卫星监测图斑加强对景区监管，对景区违法违规建设项目发出《行政执法督察意见书》两件。其中，位于韶关市丹霞山景区的顺德人山庄属于破坏景区林地违规经营项目，丹霞山管委会接到《行政执法督察意见书》后，立即予以查处，责令停业，有效制止景区违规开发和经营行为。加强保护世界自然遗产资源，组织专家对韶关市丹霞山风景名胜区的保护规划管理工作进行专题调研，于现场拍摄了违规建设项目图册，形成调研报告上报省政府并向韶关市通报。切实加强丹霞山保护管理，理顺体制，杜绝无序开发行为，实施规范管理，确保丹霞山风景名胜资源永续利用。 *(宋健)*

城市轨道交通规划建设

【概况】 2011年，广东省建设地铁的城市包括广州、深圳、东莞、佛山四个城市。截至2011年底，全省已建成城市地铁线路15条，总里程387.98千米，其中广州、深圳建成并开通运营里程分别为209.12千米和178.86千米；东莞已规划开工建设两条线路，全长37.8千米；佛山市已规划开工建设1条，全长64.32千米。 *(宋健)*

【广州城市轨道交通建设】 截至2011年底，广州市建成开通1~5号线、8号线、珠江新城旅客自动输送系统（APM线）、珠江三角洲城际快速轨道交通广州至佛山段（即广佛线魁奇路至西朗段）等8条线路、144座车站，形成覆盖广州八区、横跨广佛两市、总长236千米（含广佛线佛山段约14.8千米）的轨道交通线网格局。线网总里程居全国第三，全年安全运送乘客16.4亿人次，约占广州市公交客运总量的30%；全年日均客运量451万人次，比上年增长15%。

是年，广州市在建轨道线路6条，共92千米。其中，6号线首期工程14座车站主体结构封顶，10个区间已贯通，土建工程累计完成总

2011年广东省城市轨道交通情况

地区名称	地铁(建成)					地铁(在建)					地铁(规划)				轻轨(在建)		
	条数	长度(千米)	车站个数(个)	换乘站数(个)	配置车辆数	条数	长度(千米)	车站个数(个)	换乘站数(个)	配置车辆数	条数	长度(千米)	换乘站数(个)	配置车辆数	条数	长度(千米)	车站个数(个)
全省	15	387.98	267	52	2152	9	249.18	118	28	722	6	190.85	38	1038	2	67.89	9
广州市	8	209.12	136	18	1088	4	79.17	52	12	378	2	45.8	0	0			
深圳市	7	178.86	131	34	1064	0	64.32				4	145.05	38	1038			
东莞市						2	37.8	15	4	120							
佛山市						1	64.32	42	12	216							
肇庆市															1	48.4	6
惠州市															1	19.49	3

(冯育文)

量的86%；6号线二期工程萝岗站已封顶，土建工程累计完成总量的4%；9号线工程两座车站、1个区间进行土建施工，土建工程累计完成总量的19%；7号线一期、8号线凤凰新村至文化公园段工程进行施工前期准备工作；广佛线二期工程4座车站主体结构封顶，两个区间已贯通，土建工程累计完成总量的37%。

【深圳地铁建设】 2011年，是深圳市承诺为第26届世界大学生运动会提供轨道交通5条线路运营服务的兑现年。深圳市轨道交通二期工程罗宝线续建段（深圳大学至机场东站）、蛇口线（世界之窗至新秀）、龙岗线（草埔至益田）、龙华线二期工程（少年宫至清湖）及环中线（前海湾至黄贝岭），总长113千米，80个车站于6月中下旬陆续建成开通。其中，罗宝线续建段、蛇口线和环中线由深圳市地铁集团有限公司负责建设，龙岗线由深圳市地铁3号线投资有限公司负责建设，龙华线二期工程由港铁（深圳）轨道交通有限公司负责建设。深圳地铁二期工程共完成投资107.81亿元，完成年度计划的134%。

是年，深圳地铁二期工程陆续建成开通试运营。6月15日罗宝线续建工程（深大至机场东站）20.2千米开通试运营，6月16日龙华线二期工程（少年宫至清湖）15.8千米开通试运营，6月22日环中线（黄贝岭至前海湾）40千米全线开通试运营，6月28日蛇口线东延线（世界之窗至新秀）20.6千米、龙岗线西延线（草埔至益田）16.8千米开通试运营。截至2011年底深圳市已形成覆盖城市主要发展轴的总长178千米，车站总数131个的轨道交通运营网络。其中，罗宝线、蛇口线、龙岗线、环中线由深圳市地铁集团有限公司负责运营管理，龙华线由港铁轨道交通（深圳）有限公司负责运营管理，运营总里程达178千米。2011年日均客运量125.99万人次，列车正点率99.8%，运行图兑现率99.9%。 （秦小三）

▲2011年7月，广州市轨道交通6号线首期工程进行长湴站主体结构施工。图为施工现场。 （广州市地下铁道总公司供稿）

【珠江三角洲城际快速轨道交通广州至佛山段项目】 简称广佛线，是国内第一条全地下的城际快速轨道交通线路，也是珠江三角洲第一条开通运营的城际轨道交通线路。该线路西起佛山市魁奇路站，东至广州市沥滘站，横跨广州市海珠区、荔湾区和佛山市禅城区、南海区，全长32.16千米，投资约145亿元，设计最高速度80千米/时，平均旅行速度39千米/时。

首通段佛山市魁奇路站至广州市西朗站，长20.732千米，于2010年11月3日开通试运营，可与广州市轨道交通1号线换乘。截至2011年底，广佛线已安全运营1152.5万车千米，客流运输达到4300.35万人次。后通段广州市西朗站至沥滘站，长11.428千米，计划于2014年建成开通。

广佛线是珠三角一体化、广佛同城化的示范工程，全线建成通车后，可与广州线网的1、2、3、8号线和规划中的佛山线网的2、3、4、5、6号线换乘，实现广州与佛山城市间交通的无缝连接，利于提高区域竞争力、推动两市经济和社会发展。 （李艳霞）

城市道路桥梁建设

【概况】 2011年，广东省建成城市道路总长度为43027.71千米、道路总面积59570.05万平方米。其中人行道路总面积13671万平方米，人均道路面积12.58平方米。全省建成城市桥梁共5670座，其中立交桥397座，与上年相比，新增城市桥梁59座，立交桥73座。

【城市道路工程建设】 2011年，广东省新增城市道路面积3701.25万平方米，其中人行道路新增面积930万平方米，全省新建城市桥梁59座。城市道路工程质量较高，获2011年度广东省市政优良样板工程53项，其中道路工程25项。广州市猎德大桥系统工程北延线金穗路—黄埔大道节点（第一、二标段）、广州市大观路与车陂路系统改造工程——奥体中心立交土建工程、广州市番禺区汉溪大道土建工程（施工1标、路面A标）、广州市同泰路升级改造工程、广州国际生物岛螺旋路道路市政工程、广州市海珠区

2011年广东省城市道路和桥梁情况

地区名称	道路长度（千米）	道路面积（万平方米）	人行道	桥梁数（座）	立交桥
全　省	43027.71	59570.05	13671	5670	397
广州市	7081.22	10050.48	1890	1339	186
增城市	108.80	278.51	61	13	0
从化市	144.40	262.70	89	12	0
韶关市	565.30	723.90	136	47	2
乐昌市	76.66	76.10	37	5	1
南雄市	56.90	82.13	20	8	0
深圳市	12977.83	9075.70	2006	1728	97
珠海市	1951.07	3352.65	993	349	2
汕头市	1318.65	2493.21	267	142	5
佛山市	1911.19	3193.83	765	144	35
江门市	1311.65	1960.78	448	173	2
台山市	238	291.32	40	15	0
开平市	169	330	90	14	0
鹤山市	246	403	170	12	0
恩平市	285	231	46	122	0
湛江市	720	1610	545	30	2
廉江市	370.30	214.70	80	17	0
雷州市	89.10	148.80	52	15	0
吴川市	254.50	192.77	53	13	0
茂名市	224.56	506.65	126	36	2
高州市	88.30	180.70	48	13	0
化州市	171	199	72	0	0
信宜市	89.70	116.50	15	15	0
肇庆市	615.48	1012.97	296	57	0
高要市	122.38	186.90	73	2	2
四会市	223.90	405.68	125	0	0
惠州市	1315.31	1918.85	291	46	2
梅州市	476	750	182	38	1
兴宁市	428.90	313	313	5	0
汕尾市	176	249.60	59	6	0
陆丰市	82.30	217.80	53	24	0
河源市	139.15	392.30	158	29	0
阳江市	331.70	596.70	146	8	0
阳春市	74	122.50	3	0	0
清远市	741.77	951.40	186	8	0
英德市	99	287.07	40	10	0
连州市	261.66	411	110	5	0
东莞市	6102.88	13161.67	3004	980	0
中山市	438.75	1074.67	263	137	19
潮州市	205.60	411.40	112	2	0
揭阳市	287.14	423.52	86	7	0
普宁市	349	492.21	70	32	0
云浮市	72.66	90.38	31	12	0
罗定市	35	126	21	0	0

注：东莞市包含全行政区域范围数据。

（冯育文）

滨江路（海印桥—广州大桥）道路升级改造工程、珠海市港湾大道（金鼎转盘至金唐路口段）改造工程被评为“2011年度全国市政金杯示范工程”。

【城市桥梁建设监管】 2011年，广东省住房和城乡建设厅组织开展全省城市桥梁专项检查，现场抽查12个地级以上市的1058座桥梁，对各地城市桥梁技术档案、信息管理系统、养护维修检测、资金落实和安全抢险应急预案等内容进行了核查，对各地跨江桥梁进行重点检查。通过检查督促各地落实城市桥梁各项管理制度，建立“一桥一档”，健全城市桥梁信息管理系统，落实城市桥梁养护维修和检测经费，按规定要求开展城市桥梁检测与养护工作。 *（陈辅淳）*

城市供水

【概况】 截至2011年底，广东省城市供水综合生产能力3506.32万立方米/日，新增城市供水综合生产能力8.91万立方米/日，比上年增长0.25%。城市用水人口4658.75万人，自来水普及率98.39%，人均日生活用水量241.38升。

【供水监管和安全保障】 2011年3月，广东省住房和城乡建设厅联合省环境保护厅、卫生厅开展全省城市供水专项检查，检查内容主要包括各地饮用水源水质保护和供水安全的情况；供水水质监管和饮用水源水质保护监管情况；贯彻落实《生活饮用水卫生标准》要求和水质检测、达标情况；主管部门和供水企业水质检测机构、设备和人员情况；供水设施建设和改造情况；应对饮用水源和供水安全突发事件的应急保障机制情况，备用水源建设情况。该次检查全面涵盖全省21个地级以上市和67个县（市）城区供水企业，从原水、制水、供水实施全过程的检查，首次制作全省市县城区自来水厂分布图和建立信息系统，组织对东江、北江、西江、韩江四大流域沿线50个水厂的出厂水进行抽样送检，进一步掌握全省取水于主要江河流域的水厂供水水质的情况。

省住房和城乡建设厅向省财政申请了城市供水水质安全监管专项经费450万元，用于加强全省城市水厂出厂水的水质抽测、开展全省水质督察和应对突发水质污染事件。

2011年广东省城市供水情况

地区名称	综合生产能力（万立方米/日）	供水总量（万立方米）				
		合计	生产运营用水	公共服务用水	居民家庭用水	其他用水
全　省	3506.32	819520.77	218257.89	113533.97	294678.39	65855.89
广州市	703.7	191019.14	32698.85	30752.84	87694.68	3726.23
增城市	17	5903	403	25	2702	2149
从化市	12	3237.06	392.93	141.88	1637.81	514.3
韶关市	36.5	8435	1112	261	4363	1574
乐昌市	5	868	20	52.44	534.76	82.8
南雄市	5	582.92	167.61	29	347	5.31
深圳市	692	161480	48690	33448	52163	6080
珠海市	102.54	28216	9867	5346	8443	50
汕头市	131.2	27527.42	6555.53	2692.87	12686.34	365.6
佛山市	237.05	47843.59	13095.65	7452.91	19453.57	2113.24
江门市	84.3	15906.47	7079.2	2269.63	5787.43	621.56
台山市	14	3629	748	839	1303	36
开平市	27	4257.16	1386.2	219.78	1670.77	83.66
鹤山市	17	3156.42	659.52	760.23	1060.15	211.58
恩平市	6	1896	117	352	955	272
湛江市	46.75	9308.67	3298.08	655.96	5302.4	36.56
廉江市	15	2198	129	389	985	256
雷州市	5.4	896	78	57	559	0
吴川市	8	1708.73	242.33	484.4	943.9	38.1
茂名市	65.8	12745.51	7300.17	1416.35	2854	58
高州市	9	1653	136	269	916	139
化州市	5.5	1705.3	176	218	912	29

(续上表)

地区名称	综合生产能力（万立方米／日）	供水总量（万立方米）				
		合计	生产运营用水	公共服务用水	居民家庭用水	其他用水
信宜市	5	1600	250	180	980	120
肇庆市	51.15	11573.97	4055.37	1812.77	3380.65	348
高要市	10.5	2176.8	1100	400	390	173
四会市	15	3560	790	525	1120	155
惠州市	115	23493.82	7870.51	2783.04	8519.22	858.57
梅州市	16	5493.65	585.73	1045.18	2027.67	0
兴宁市	10.3	2182	173	125	1288	410
汕尾市	16.5	3467	739	177	1281	28
陆丰市	9	1638.5	446	215	895	50
河源市	19.1	5430	1617	101	2433	527
阳江市	26	4024	288	275	2724	427
阳春市	9	2371	60	257	968	0
清远市	33	10544	2907	2334	3398	355
英德市	11	1779	200	355	670	64
连州市	6	1300	124	140	486	20
东莞市	759.53	173011.83	57203.61	10780.2	35722.15	40285.16
中山市	22	12580	3802	2646	5105	271
潮州市	44	5137.4	340	502	2282.37	950.03
揭阳市	25	2594.71	286	108.18	1259.82	92
普宁市	35.5	6891	220	146	4374	0
云浮市	14	2477.7	631.6	414.31	1224.7	49.09
罗定市	8	2022	217	80	876	112

注：东莞市包含全行政区域统计范围。

(冯育文)

【全省城市供水工作会议】 2011年8月，广东省住房和城乡建设厅在佛山召开全省城市供水工作会议，各市、县级以上供水主管部门主要负责人及供水企业代表参加会议。会议代表实地考察了佛山市三水北江水厂、西江水厂和广州市西江引水工程项目现场进行考察，会议邀请佛山市水务局、深圳市水务局、广州市自来水公司、恩平市自来水公司和中山市坦洲自来水有限公司等8个单位在会上作经验介绍。会议通报分析了2011年全省城市供水专项检查的情况，对下一步全省供水工作作出全面部署。

【原水水质检查与污染预警系统】 2011年，广东省住房和城乡建设厅继续指导广东省城镇供水协会完善北江、韩江、西江三大流域原水水质监测与污染预警系统，筹备建设东江流域的预警系统。该系统旨在通过开展关键技术研发、技术集成和应用示范，建立水厂应对季节性污染（嗅味）和突发污染（重金属、氨氮）等多种突发污染的应急处理技术，建立饮用水安全输配技术，提高各流域的防灾应急处理能力，确保供水系统在应急情况下能够正常运营，达到保障安全饮用水的目标。

【韶关市武江河锑浓度异常事件处置】 2011年6月，韶关市武江乐昌河段出现锑浓度突然升高。广东省住房和城乡建设厅迅速采取果断措施，由省内水处理专家、广州市自来水公司和佛山市水业集团技术骨干力量组成前方处置工作组赶赴韶关乐昌市，开展24小时连续水质监测。通过改进应急除锑技术设备和工艺，完善沿线水厂管理制度，协助建设应急备用水源等一系列有力措施，确保韶关市沿线各自来水厂连续、稳定、安全供水，保障当地经济发展和社会稳定，守住了韶关市安全供水的最后一道防线。

【城市节水】 1996年，国家发展计划委员会、国家经济贸易委员会、建设部联合发布《节水型城市目标导则》，正式在全国开展创建节水型城市活动。截至2011年，全国共有57个“国家节水型城市”。广东省经过多年的努力，2011年，深圳市获“国家节水型城市”称号，成为广东省第一个获此荣誉的城市。近年来，深圳市把节水纳入城市发展战略，不断创新机制，逐步形成全社会齐抓共管的局面，节水工作取得显著成效。通过对水资源总量进行统筹管理和统一调度，完善节水管理审批体系，通过推进污染减排工作、雨水和再生水开发利用等措施，全面强化节水管理。全市万元GDP用水量由2006年的29.8立方米下降到2010年的20.3立方米，城市再生水利用率由2006年的0.6%提高到2010年的27.1%，节水器具普及率由2006年的80%提高到2010年的99%，其中重点单位用户和居民小区等节水型器具普及率达100%。 （王务）

城市污水处理

【概况】 截至2011年底，广东省已建成城镇污水处理厂349座，处理能力2186.86万立方米/日，比2010年新增污水处理厂45座，新增日处理能力483.35万立方米。

【城市污水处理和监管】 广东省住房和城乡建设厅、省发展和改革委员会及财政厅积极申报中央财政支持城镇污水处理设施和配套管网建设项目资金，争取国家对广东省污水处理设施建设的支持。2011年，从国家发展改革委申请中央财政补助14个项目，共1.58亿元；从财政部申请中央专项资金补助污水处理配套管网建设项目45个，共1.4亿元。从国家争取到的资金极大缓解了全省欠发达地区污水处理设施建设资金不足的压力。

是年，省住房和城乡建设厅将完善“全国城镇污水处理管理信息系统”作为重点工作，突破管理体制难题，与广东省环境保护厅联合印发《关于做好全国城镇污水处理管理信息系统信息报送工作的通知》，将全省生活污水处理厂纳入管理信息系统，通过系统对污水处理厂的污水处理量、运行效率、进出水浓度和主要污染物削减总量等近60项运行指标实施动态监管，有效强化了对各地污水处理工作的监管力度。

是年，省住房和城乡建设厅将污水处理设施建设和运营管理工作要求纳入市厅级领导干部落实科学发展观、《珠江三角洲地区改革发展规划纲要》、建设幸福广东、创建园林城市等重大考核中，明确目标，落实责任，督促各地认真落实污水处理厂运营监管任务，从而使全省城镇生活污水处理率提高5个百分点。 （王务）

城市生活垃圾处理

【概况】 2011年，国务院下发《国务院批转住房和城乡建设部等部门关于进一步加强城市生活垃圾处理工作意见的通知》，对生活垃圾处理工作提出具体工作要求。广东省住房和城乡建设厅根据广东省人民政府工作安排，牵头研究制定全省加强生活垃圾处理工作的具体实施意见。是年，广东省人大常委会对《广东省城市垃圾管理条例》的实施情况进行检查。是年，全省完成16座生活垃圾无害化处理场建设，市县城区生活垃圾无害化处理率75%，累计全省正在运营的生活垃圾无害化处理场（厂）56座，总处理规模4.83万吨/日，与2010年相比，新增无害化处理量0.6万吨/日，无害化处理率增加5个百分点。继续推动第一批县域生活垃圾城乡收运处理试点工作，鹤山、从化、增城、兴宁、新兴、乳源等第一批试点取得积极成效，完成县域垃圾处理规划编制，统筹城乡组团发展，加快推进垃圾处理设施建设，完善清运处理设施。

【城市生活垃圾处理场建设】 2011年，广东省住房和城乡建设厅强化监督指导，全力推进项目建设。全年累计开展专项督查54次，对各地项目的前期工作、工程设计、建设进度和运营管理等情况进行现场检查，对成绩突出的地区和建设项目进行表彰和示范推广，对进度缓慢地区和项目实施约谈，督促完成工作任务。全年共完成新建16座生活垃圾无害化处理场的建设，总处理规模达7200吨/日，总投资超过20亿元。

【城市生活垃圾无害化处理】 广东省按照国家要求对城市生活垃圾进行无害化处理，截至2011年底，正在运营的生活垃圾无害化处理场（厂）56座，总处理规模4.83万吨/日，处理规模列全国前列。其中，填埋场36座，处理规模3.10万吨/日，占无害化处理总量的64%，垃圾填埋场均铺设高密度聚乙烯防渗膜防渗，对垃圾渗沥液处理达标后排放，垃圾填埋作业采用分区填埋、消杀覆土等方法，降低对周边环境的影响。焚烧厂20座，处理规模1.73万吨/日，占无害化处理总量的36%，焚烧发电能力达36.7万千瓦，项目主要分布在广州、深圳、珠海、佛山、东莞、中山、惠州等珠三角地区。垃圾焚烧厂对焚烧烟气进行处理达标后排放，并加强垃圾焚烧运行管理，污染物经处理达标后排放。

【城市生活垃圾处理动态监管】 2011年，广东省住房和城乡建设厅通过“全国城镇生活垃圾处理管理信息系统”，统计每月全省各地垃圾清运量、无害化处理量、处理成本和工程建设投资进度等数据，对各地生活垃圾处理信息进行动态监管，全面掌握全省各市的垃圾清运情况、运营垃圾处理场的运营情况和在建垃圾处理场的建设情况。信息报送工作得到住房和城乡建设部的肯定，掌握的数据情况作为科学发展观考核的参考依据。不定期组织对全省垃圾处理设施建设和运行情况进行现场检查和指导，对年度省财政资金补助项目开展绩效评估，逐步形成以“全国城镇生活垃圾处理管理信息系统”为平台，结合现场督查的动态监管体系。

【治污保洁工程专项资金使用监管】 2011年，广东省住房和城乡建设厅组织专家对“2009年省治污保洁工程（垃圾处理设施）专项资金”补助项目的建设情况进行现场督查和绩效评价，加强对广东省治污保洁工程（垃圾处理设施）专项资金管理，提高专项资金使用效率。督查的项目共72个，补助资金6000万元。项目主要分布在粤东、粤西、粤北和珠三角部分经济欠发达县（市），其中地级市项目两个，县和县级市项目27个，建制镇项目28个，农村污水、垃圾处理设施建设项目11个，省住房和城乡建设厅项目4个。专项资金全部下拨项目所在地，资金到位率100%，带动地方投入资金22997万元，资金放大率为4.83倍，建成一批生活垃圾无害化处理场、垃圾转运站和垃圾收集点，购置一批垃圾运输设备。

【《广东省生活垃圾无害化处理设施建设“十二五”规划》编制】

2011年广东省无害化垃圾填埋场情况

地区	项目名称	处理方式	处理量（吨／日）	投资（万元）
广州	市区兴丰填埋场	填埋	7000	68300
	从化市城市废弃物综合处理场	填埋	200	3000
	城市棠夏垃圾填埋场	填埋	400	5195
深圳	市区下坪填埋场	填埋	4050	41700
	宝安区老虎坑填埋场	填埋	3400	10700
	市区西坑尾填埋场	填埋	1000	24600
汕头	市区雷打石填埋场	填埋	1200	8760
	南澳县城填埋场	填埋	100	1000
佛山	高明区苗村白石坳填埋场	填埋	3300	56000
	三水区白泥坑填埋场	填埋	500	26400
韶关	市区花拉寨填埋场	填埋	600	22000
	新丰县岳城填埋场	填埋	100	1000
	乐昌市垃圾填埋场	填埋	200	9000
	乳源县垃圾填埋场	填埋	100	2500
河源	市区七寨垃圾填埋场	填埋	500	24500
	东源县生活垃圾填埋场	填埋	100	1500
梅州	市区奇龙坑垃圾填埋场	填埋	500	16500
	兴宁市黄泥坑垃圾填埋场	填埋	250	690
惠州	惠城区填埋场	填埋	300	8000
	惠阳区山子顶填埋场	填埋	400	8000
东莞	塘厦垃圾填埋场	填埋	500	5000
江门	市区旗杆石垃圾填埋场	填埋	1000	10300
	鹤山市生活垃圾处理场	填埋	350	3914
	台山市下豆坑垃圾填埋场	填埋	400	9998
阳江	市区奕垌填埋场	填埋	400	6000
	阳西县生活垃圾填埋场	填埋	100	2989
湛江	市区填埋场	填埋	700	10100
	徐闻县垃圾填埋场	填埋	200	5608
肇庆	市区马安填埋场	填埋	500	7500
	德庆县生活垃圾填埋场	填埋	100	2300
清远	市区青山填埋场	填埋	580	8000
潮州	市区锡岗填埋场	填埋	750	12000
揭阳	市区东径外草地填埋场	填埋	750	11900
	揭西县生活垃圾填埋场	填埋	300	4800
	大南山侨区生活垃圾卫生填埋场	填埋	50	2926
云浮	市区麻鸡坑填埋场	填埋	200	5000

（陈辅淳）

2011年广东省无害化垃圾焚烧厂情况

地区	项目名称	处理方式	处理量（吨/日）	投资（万元）
广州	市区李坑焚烧发电厂	焚烧	1040	72600
深圳	市区市政环卫综合处理厂	焚烧	450	14000
	市区南山焚烧发电厂	焚烧	800	36300
	市区盐田焚烧发电厂	焚烧	450	24600
	宝安区老虎坑焚烧发电厂	焚烧	1200	56500
	龙岗区中心城区环卫综合处理厂	焚烧	300	11300
	龙岗区平湖焚烧发电厂（一期）	焚烧	675	33000
	龙岗区平湖焚烧发电厂（二期）	焚烧	1000	32000
珠海	市区垃圾发电厂	焚烧	600	20700
佛山	南海区焚烧发电厂一期	焚烧	400	17000
	南海区垃圾焚烧厂二期	焚烧	1500	65000
	顺德区杏坛处理中心	焚烧	600	21400
惠州	惠城区焚烧发电厂	焚烧	500	40000
东莞	市区焚烧发电厂	焚烧	1000	35000
	横沥环保热电厂(一期)	焚烧	1200	30000
	横沥环保热电厂(二期)	焚烧	1500	50000
	厚街环保热电厂(一期)	焚烧	600	15600
	厚街环保热电厂(二期)	焚烧	900	23400
中山	中心组团综合处理场	焚烧	1350	48000
	北部组团综合处理场	焚烧	1200	82200

（陈辅淳）

2011年，广东省住房和城乡建设厅继续会同省发展和改革委员会开展《广东省生活垃圾无害化处理设施建设“十二五”规划》编制工作。《规划》详细评价全省生活垃圾无害化处理设施现状，科学预测无害化处理设施的实际需求，制订合理的规划目标，明确全省生活垃圾处理技术的选择原则，确定规划建设项目的数量、规模、布局和投资，提出了具体可操作的规划保障措施等关键性内容。《规划》先后经过多次专家咨询，并与国家生活垃圾处理设施建设“十二五”规划衔接。12月29日，省发展和改革委员会同省住房和城乡建设厅、环境保护厅组织召开专家评审会，《规划》获专家评审通过。

【《广东省生活垃圾收运设施建设技术指引》编制】 广东省住房和城乡建设厅委托广东省建筑科学研究院编制《广东省生活垃圾收运设施建设技术指引》，内容包括设备选用类型、设施建设技术指引、除臭方法介绍、设施施工和验收要求和设施运行和维护要求等，并选登大量工程实例彩图。该《指引》印发供全省环卫主管部门免费使用，指导省内中小城镇（尤其是县、镇级）新建收运设施的选型。

【佛山市南海垃圾焚烧发电二厂】 南海垃圾焚烧发电二厂项目总投资6.5亿元，于2009年5月8日动工，2011年4月完工。项目设计日处理生活垃圾1500吨，规划建设垃圾处理量为500吨/日的垃圾焚烧炉及余热锅炉三套，配置15MW的汽轮发电机组两套。配套处理焚烧炉产生的烟气处理系统及烟气在线监测系统各三套。设置污水处理装置一套，以处理垃圾渗滤液和生产、生活过程中产生的污水。项目从设计、建设、设备设施的选择都以“高标准、全局性、稳定性、经济性、协调性”为原则，在确保工程整体质量的同时，取得良好的经济效益与社会效益。 （陈辅淳）

城市市容环卫管理

【概况】 2011年，广东省城市道路清扫保洁面积68032万平方米，机械化清扫面积24029万平方米，市容环卫专用车辆设备总数9174台。加快推动垃圾分类工作，垃圾分类在珠三角城市逐步推开。

【市容环卫保洁】 2011年，全省各城市普遍设立环卫行政主管部门、专业服务队伍和保洁队伍。道路清扫、公厕保洁和垃圾粪便清运工作推行管理与养护分离制度，实行环境卫生有偿社会服务，促进环卫作业市场化和专业化发展，提高环卫作业水平，实现城市环境清洁。各地加强城市水面环境卫生管理，成立水上保洁队伍，制定水上保洁工作任务分工，确保城市水域清洁干净。

【垃圾分类收集】 2011年，广东省住房和城乡建设厅积极推进生活垃圾分类收集工作，开始多方面的探索，建立健全管理制度。组织开展广东省垃圾分类公益广告创意征集活动，举办垃圾分类的主题讲座，加大垃圾分类宣传力度，重点推进垃圾分类工作。对广州、深圳垃圾分类收集工作进行专题督办，并对珠江三角洲城市的垃圾分类收集工作进行经验交流和技术指导，各地工作取得明显进展。广州市制订《广州市城市生活垃圾分类管理暂行规定》，印发《居民家庭生活垃圾分类指引手册》，建立大田山厨余垃圾处理试验基地；深圳市编制生活垃圾减量和分类工作（2011~2015年）实施方案；佛山市制订《佛山市中心城区生活垃圾分类工作实施方案》，明确垃圾分类工作目标；惠州市印制《居民生活垃圾分类手册》，组织3200户家庭开展垃圾分类试点工作，免费提供垃圾分类桶和垃圾袋。垃圾分类成为媒体关注的焦点，分类意识开始深入群众，各地逐步完善垃圾分类收集设施，探索建立垃圾分类终处理设施，实现垃圾资源化和减量化。

【环卫科技】 2011年，广东省加大环卫科技投入力度，从环卫清扫保洁、垃圾处理、渗沥液处理、烟气处理和填埋气体应用等方面推广新技术应用。如深圳市下坪填埋场CDM项目将场内垃圾填埋产生的甲烷等气体收集起来，通过焚烧进行发电，并把部分气体提纯制作汽车燃料。

（陈辅淳）

城市燃气

【概况】 2011年，广东省现有液化石油气（LPG）用户逾992.5万户，年供气总量406.59万吨，天然气用户313.36万户，年供气总量118.42万立方米。省内LPG生产企业5家，从事LPG零售业务的三级站700多个，从事LPG分销业务的供应站近2万个。这些企业中，除少量国有和国有控股企业、外资企业外，绝大部分为民营企业。

2011年广东省城市燃气供气情况

地区名称	液化石油气				天然气			
	储气能力（吨）	供气总量合计(吨)	销售气量	居民家庭	储气能力（立方米）	供气总量合计（立方米）	销售气量	居民家庭
全省	571955.2	4065934.64	4058236.8	1761615.14	1677.5	1184181.4	1177062.45	55542.08
广州市	43965.85	967468.33	966234.06	288098.5	494.3	75189.15	73621.88	18899.55
增城市	50	3635	3635	2181	50	440.84	423.82	271.85
从化市	679.6	4104	4104	2379	16.5	294.38	294	18.4
韶关市	130	10942.75	10942.75	10942.75	98	1810	1810	1018
乐昌市	294	3680	3680	3589	6.16	40.49	40.49	10.62
南雄市	245	1382.7	1380	1198	163.46			
深圳市	84957	1289647.55	1289385.55	338076.31	163.46	991622.63	986560.99	25681.13
珠海市	224300	156000	156000	135000		18	18	12
汕头市	114500	185000	185000	141000	42	1488.66	1487.11	170.31
佛山市	2578	66610.04	66357.04	34752.29	39.77	39713.93	39658.93	3745.27
江门市	5109	161683.16	161665	108363	17	2104	2099.7	180
台山市	531	28630.3	28630	22831				
开平市	2920	21860	21860	16555				
鹤山市	411	18337.36	18332	14110				
恩平市	200	3987.5	3987	3864				
湛江市	8211	45000	45000	31500	96	6221	6200	850
廉江市	1040	18300	18300	18300				

(续上表)

地区名称	液化石油气				天然气			
	储气能力（吨）	供气总量合计（吨）	销售气量	居民家庭	储气能力（立方米）	供气总量合计（立方米）	销售气量	居民家庭
雷州市	235	2590	2568	2568				
吴川市	750	7229	7220	7220				
茂名市	3375.15	37512.92	37508.32	37266.15	16	163	163	84.7
高州市	36500	22135	22135	15494.5				
化州市	925	8524	8524	6952.32				
信宜市	780	13700	13650	13450				
肇庆市	2845.5	74348	74348	24871	68	2978.9	2978	504.39
高要市	75.63	2815	2815	2815	48			
四会市	740	6834.7	6825	6820		200	200	65.5
惠州市	5360.07	85544.3	85331.1	60990.6	45.00	753.58	752.08	6
梅州市	250	22300	22300	22100	18	565.4	561.5	58.67
兴宁市	450	10550	10550	9890				
汕尾市	205	24348	24348	22548	24	9.47	7.37	5.51
陆丰市	530	6752.5	6752.5	5093.5	6			
河源市	1304	26463.67	26411.5	22241.57				
阳江市	5245	85151	85111	7690		1002	997	195
阳春市	6628.4	17258.34	11955.62	11955.62		110.37	109.51	15.49
清远市	1144	42285.32	42283.32	8879.02	99	1557	1557	402.99
英德市	396	1346.58	1346.58	1150				
连州市	785	6957.6	6952.68	5528				
东莞市	4994	354866.7	354709.3	240364.31	85	36221.79	36139.06	1488.69
中山市	3300	38977	38977	25335		6263	6241	1497
潮州市	2485	165771	165761	16536	103.2	14976	14706	0
揭阳市	275	27050	27000	22300	0.51	38.01	38.01	38.01
普宁市	406	46150	46150	36250	85	310	310	300
云浮市	1050	6420.48	6420.48	3426.7	54	89.8	88	23
罗定市	800	8600	8600	6500				

注：东莞市包含全行政区域范围数据。

(冯育文)

【燃气经营企业市场准入和监管】 2011年，广东省配合新修订《广东省燃气管理条例》的颁布实施，下发《关于印发〈燃气经营许可证〉及〈燃气经营许可证申请表范本〉的通知》和《关于贯彻落实〈城镇燃气管理条例〉和〈广东省燃气管理条例〉有关工作的通知》，要求各市规范燃气经营许可证的审批程序和标准。

【城市燃气管理执法检查】 2011年，广东省住房和城乡建设厅下发《关于开展〈广东省燃气管理条例〉执行情况检查的通知》，检查各地开展贯彻执行国务院《城镇燃气管理条例》和《广东省燃气管理条例》情况，抽查燃气企业396家，确保燃气稳定供应，安全经营。各市根据《通知》的要求，完成本市燃气主管部门和燃气经营企业的自查。

(宋健)

城市环境综合整治

【概况】 2011年，广东省以环境保护推动发展方式转变，以污染减排促进产业结构战略性调整，以环境综合整治保障和改善环境民生，全面规划全省“十二五”环保工作。

【城市生态环境建设】 2011年，广东省加强城市生态环境建设。佛山南海九江镇等6个镇获“国家生态乡镇”称号，珠海北山村等4个村获“国家生态村”称号，13个乡镇被命名为“广东省生态示范乡镇”。广州等七市通过国家环保模范城复检工作省级验收组的考核。

【水环境整治】 2011年，广东省加快推动省内七条重点河流流域综合整治工作，流域内新建成城镇污水处理厂7座，新增生活污水日处理能力66万吨；淘汰、关闭造纸、印染、电镀、规模化禽畜养殖等重污染企业279家；完成河道综合整治工程22项。佛山水道、深圳河、观澜河、石马河、龙岗河、坪山河水质不同程度改善，小东江茂名段基本达到Ⅳ类水质标准，练江、枫江综合水质基本保持稳定。

【大气污染防治】 2011年，广东省加大力度整治大气污染，完成大气污染治理项目2527个，全省4209万千瓦燃煤机组配套脱硫设施，全年氨氮、二氧化硫分别比上年下降2.32%、0.75%，氮氧化物增长3.39%。 （广东省环境保护厅）

【污水厂污泥生物减水试验研究】 2011年，广东环保集团下属企业——工研所采用改进的生物处理技术，在好氧过程中使污泥中的有机质得到有效降解，在此过程中微生物能够产生大量的热，使得堆体的温度升高，蒸发污泥中水分，并辅以机械抛翻方式，降低污泥含水率，使其能够达到后序处理与处置的要求。同时根据当地实际情况和污泥的性质，进行后处理，可以作为土地培养土，实现污泥的资源化。

污泥生物减水试验研究项目主要达到以下三个目标：1. 将剩余污泥的含水率（80%左右）降低至50%以下，达到出厂要求，实现污泥的减量化处理；2. 将剩余污泥中的寄生虫及病源微生物杀死，实现污泥的无害化处理；3. 完善污泥生物减水工艺及参数，扩大生产。

【污泥深度脱水技术研发】 广业环保集团下属企业环保院自主立项的科研项目，主要解决污泥的深度脱水问题，项目并于2011年9月通过环保集团验收。项目优点是仅通过药剂调理和板框压滤，可使污泥含水率降至60%，处理过程中未添加石灰等有害环境的固体，污泥的特性未发生改变，可满足各种后续处理的要求，运行成本很低。原泥污泥性质因地而异，药剂调理需要根据污泥性质，调整药剂配方，环保院自主开发的两大体系药剂通用性较高，克服了常规药剂调理的弊端，可根据不同污水厂污泥特性与板框机滤布特性，对污泥颗粒大小定量调节，使调节后的污泥颗粒沉降性好、脱水性能高、充分满足滤布孔径对污泥颗粒的要求，通用性强，可靠性高。可处理新鲜污泥也可以对老厂改造，将带式机或离心机处理后的污泥继续处理至含水率60%左右。

（广东省广业环保产业集团有限公司）

中国人居环境范例奖和广东宜居环境范例奖

【概况】 2011年，广东省珠三角绿道网建设项目、广州市荔枝湾环境综合整治工程、深圳市建科院大楼建筑节能与宣传项目3个项目获住房和城乡建设部“中国人居环境范例奖”；广州东濠涌综合整治工程、肇庆市环星湖绿道建设项目等21个项目获省住房和城乡建设厅“广东省宜居环境范例奖”。与上年比，中国人居环境范例奖增加两项，省宜居环境范例奖增加7项。获奖项目内容涉及城市生活垃圾处理和资源化利用、水环境治理、生态保护及城市绿化建设、社区公共管理与服务、三旧改造、推行建筑节能，建设节约型城镇、风景名胜资源的保护和管理、历史文化遗产保护、绿道建设和管理、城市管理与市容环境治理建设等10个主题。

（刘勇）

【2011年广东省获中国人居环境范例奖项目选介】 广东省珠三角绿道网建设项目 珠三角在30多年的改革开放中，经济社会发展取得巨大成就。但随着城镇化迅速推进，人口和产业急剧上升和集中，生态环境恶化等问题也开始出现，对珠三角经济社会的可持续发展构成严重威胁，珠三角城乡居民对休闲游憩活动的需求日益强烈的现象。2010年1月，广东省委十届六次全会作出推进绿道网建设的重大部署，提出在珠三角规划建设6条共2000多千米省立绿道网，全面启动珠三角绿道网的建设。经过近一年的努力，2372千米珠三角省立绿道网全线贯通并投入使用，18个市与市之间城际交界面全部实现省立绿道互联互通，省立绿道沿线共新增绿化1572千米，建成161个驿站和休息点，并初步配建停车场、自行车租赁、餐饮、卫生、安保等服务设施。科学规划建设珠三角绿道网，是广东新时期深入贯彻落实科学发展观、推进宜居城乡建设的创新举措，是加快转变经济发展方式、推动城乡区域一体化发展的重要抓手，是加快转型升级、建设幸福广东的具体举措。2010年11月15

日，温家宝总理在视察珠三角省立绿道1号线珠海段时，称赞建设珠三角绿道网“这件事情办得好”。

广州市荔枝湾环境综合整治工程　荔枝湾位于广州西关，东起泮塘路—龙津西路，西至黄沙大道，北起中山八路，南至多宝路，是西关大屋、西关小姐及粤剧曲艺等老广州文化符号的发祥地，后因城市发展变迁，河水变黑变臭而被覆盖。荔湾区委、区政府借助“迎亚运人居环境整治”和“广州治水”的契机，按照中共中央政治局委员、广东省委书记汪洋提出的“天更蓝、水更清、路更畅、房更靓、城更美”的指示精神，按照“规划设计高起点、建设管理高标准、筹资融资多元化、拆迁保障人性化”等要求，投资3.5亿元，大力推进荔枝湾项目的拆迁、揭盖、清淤、截污、堤岸建设、生态修复、立面整饰、景观绿化建设等工作，取得显著成效。荔枝湾开涌的第一天，人潮如涌，万人空巷，古榕树下、新石桥上、河涌两岸、文塔两旁到处都是看新奇的人群，荔枝湾成了欢乐的海洋。复涌后的荔枝湾涌绵延743米，与荔湾湖相通，两岸繁花灿烂，岸上游人如织，溪中花船似梭，古榕新绿荫涌边，曲水流舟载粤韵。因复涌和周边社区改造，涓涓荔湾水脉，如玉带打通城市肌理，原河涌周边被旧房遮掩的文物景点都得以展现并连通。历代名园、名人故居及千年名胜等文化元素，均按“修旧如故”的原则进行原貌修复。“白荷红荔泮塘西”借揭盖复涌来到城市,以鲜活的场景唤醒这片地区充满历史和文化积淀的记忆，创造出画卷般的效果。

（刘勇）

【2011年广东省宜居环境范例奖项目选介】　广州东濠涌综合整治工程　东濠涌位于广州市区内，全长4.51千米，曾是广州居民的主要供水渠之一。但随着工业化和城市化的进程，东濠涌环境日益恶化，成了藏污纳垢的臭水沟。2009年3月广州市启动综合整治工程后，经过认真规划，大力实施依法拆迁、阳光动迁，通过采取雨污分流、净水补水、景观整饰等方法，改善居民生活质量，恢复河涌原生态，再造广州“六脉通渠”文化特色，实现“水清、岸美”的整治效果，被媒体誉为河涌整治的典范。2011年8月，胡锦涛总书记来到东濠涌实地考察河涌综合整治情况，寄语“营造良好的城市生态环境，是广大群众的热切期盼，也是城市建设的重要任务。希望广州继续抓好河涌整治等城市生态治理，把好事办好，让广大群众拥有一个优美宜居的生活环境”。

深圳万科中心节能减排、新能源利用项目　位于深圳市盐田区大梅沙，占地面积6.17万平方米，建筑面积12.13万平方米，除8个支撑主体交通核外，整体悬空。底部架空9~15米，集写字楼、国际会议中心、高档公寓、酒店于一体，是深圳市重点建筑节能及绿色建筑示范项目。项目采用绿色、可持续发展设计理念，最大限度地减低建筑成本、使用能耗，最大限度地增加地面绿化面积以及建筑对光、风、热、水等自然资源的充分利用，为局部微气候的形成提供条件，为广大市民及游客营造一个开放、宜人的休闲、游园场所。项目全部启用后，年节约电能达270万千瓦时，年节水3.6万立方米，年减少二氧化碳排量2000吨，年减少污水排放量3.6万吨，区域绿化面积增加2万平方米。项目先后获得美国建筑师学会（AIA）建筑荣誉奖、绿色优秀设计奖和美国绿色建筑协会(LEED）认证铂金奖。

阳江金山植物公园生态保护

▲广州东濠涌综合整治工程（2011）

（广东省住房和城乡建设厅城市建设处供稿）

及建设项目　位于阳江市区中心，其前身为阳江市金山森林公园，2009年更名为阳江市金山植物公园。2010年8月由阳江市政府投资5183万元进行改造，改造面积48万平方米。项目通过升级改造，突出人与自然、生态与景观、城市与乡村和谐共处的主题，扩大了公园的服务半径，增加城乡居民基本生活居住空间和均等公共空间资源，满足城市居民日益增长的文化、生态、科普、休闲的需求。项目开创将森林公园建设成为城市公园的先例，找到成功保护自然生态环境与城市公园建设的结合点，保护加勒比松和南洋杉母树林，创造科普与景观最佳组合的范例。　*(刘勇)*

村镇建设

- □召开全省村镇规划建设工作座谈会
- □开展村镇规划建设管理研究
- □第一批省级宜居示范城镇、村庄名单公布
- □开展『岭南特色乡村民居奖』评选
- □推进国家绿色低碳重点小镇试点

综　述

【概况】 2011年，广东省村镇规划建设管理工作取得明显成效。公布第一批41个省宜居示范城镇、102个省宜居示范村庄名单；制订《广东省名镇名村示范村建设规划编制指引（试行）》；举办第一期中心镇镇长（书记）村镇建设专题研讨班；建制镇总体规划覆盖率89%，比上年增长5%；村庄规划覆盖率45%，比上年增长6%；举办11期各级村镇规划建设管理人员培训班，共培训1500多人。佛山市南海区西樵镇被确定为国家第一批绿色低碳重点试点示范小城镇；韶关市始兴县沈所镇等3个镇和东莞市茶山镇南社村等3个村被评为第二批全国特色景观旅游名镇名村。深入开展对口支援新疆喀什“两县一市”和西藏林芝地区规划建设工作，继续支持和指导茂名市、阳江市灾后村镇重建工作。

【全省村镇规划建设工作座谈会】 2011年9月，广东省住房和城乡建设厅在广州增城市召开全省村镇科长座谈会，各地级以上市住房和城乡建设局（委）、规划局分管领导、村镇科（处）长共70多人参加会议。会议研究和部署村镇规划建设重点工作，进一步加强沟通联系，促进经验交流，畅通工作渠道，形成团结一致为全省村镇规划建设管理服务的热烈氛围。

【第一批广东省宜居示范城镇、宜居示范村庄】 为贯彻落实《关于建设宜居城乡的实施意见》，2011年，广东省住房和城乡建设厅按照宜居城镇、宜居村庄评选工作的要求，在各地申报的基础上经材料筛选、指标评分、实地考察、拟定名单、征求意见、审定公示和名单公布等程序，对广州市番禺区大岗镇等41个镇授予“广东省宜居示范城镇”称号、对湛江廉江市石城镇十字路村等102个村授予“广东省宜居示范村庄”称号，通过示范带动全省宜居城乡工作的全面深入开展。省住房和城乡建设厅还制订《广东省宜居城镇、宜居村庄建设行动计划编制工作指引（试行）》，印发各地参照执行，科学指导和规范全省各地的宜居村镇建设工作。

【岭南特色乡村民居奖评选】 根据中共广东省委、省政府主要领导讲话精神，2011年8月，广东省住房和城乡建设厅组织开展首届岭南特色规划与建筑设计评优活动，共设5个单项奖。在“岭南特色乡村民居奖”的评选中，经过评审专家组的实地考察、认真讨论，韶关市乳源县必背瑶族新村、梅州市大埔县百侯镇农民新村、广州市番禺区沙湾敬老中心、顺德区龙江仁园等4个项目被评为银奖；佛山市禅城区塘头村梁氏家庙、广州从化市广裕祠保护修缮、广州市番禺区沙湾古镇、惠州市惠阳区秋长周田村风貌改造等4个项目被评为铜奖。通过评选活动，推动保护和弘扬岭南建筑文化，探索和建立激励岭南特色建筑设计创新的机制。（李玉泉）

村镇规划建设管理

【概况】 2011年，广东省建制镇总体规划覆盖率达89%，比上年增长5%；村庄规划覆盖率达45%，比上年增长6%；但建制镇总体规划和村庄规划覆盖率整体上有待提高。是年，省住房和城乡建设厅继续抓好1280个省级村庄规划试点的规划编制工作，在广州、湛江、梅州、汕头、肇庆等地举办11期各级村镇规划建设管理人员培训班；推广使用《岭南新民居——广东省社会主义新农村住宅设计图集》。

【村镇规划建设管理人员培训】 2011年，广东省住房和城乡建设厅先后在湛江市、梅州市、韶关市和汕头市举办11期省村镇规划建设管理人员培训班，免费培训市、县、镇各级村镇规划建设管理人员、技术人员及省级村庄规划编制试点村、村庄整治试点村的村委会主任或书记1500余人。是年，省财政安排285万元城乡规划培训经费。

【村镇规划建设管理研究】 2011年，广东省住房和城乡建设厅加强对村镇规划编制和村镇建设保护，委托广东省城乡规划设计研究院制订《广东省名镇名村示范村建设规划编制指引（试行）》、《广东省宜居城镇、宜居村庄建设行动计划编制工作指引（试行）》，并印发全省，对全省各地村镇规划编制起重要的指导作用；委托广东工业大学开展《广东历史村镇特色保护和利用研究工作》，委托广东省建科建筑设计院开展《岭南村镇建筑形式和风貌研究工作》，两项研究成果已逐步转化为历史文化名镇名村的保护政策和措施，逐步探索了对广东传统建筑的保护和利用的经验。

（李玉泉）

名镇名村规划建设

【概况】 2011年，中共广东省委十届八次全会作出打造名镇名村的重要部署，广东省住房和城乡建设厅依据任务分工，按照“宏观研究、加强指导、试点引路、全面铺开”的原则，扎实推进名镇名村示范村规划编制，集中力量开展名镇名村建设，取得明显的工作成效，但各地工作不平衡，工作积极性有待进一步提高。

【名镇名村示范村建设规划编制】 2011年，为加强对名镇名村示范村建设规划编制的指导工作，广东省住房和城乡建设厅多次召开专题研究会议，制订《广东省名镇名村示范村建设规划编制指引（试行）》。是年，全省3个示范县、42个名镇、362个名村和765个示范村均启动或计划开展镇村建设规划编制工作。

【国家绿色低碳重点小城镇申报】2011年，按照住房和城乡建设部、国家发展改革委、财政部的部署，广东省住房和城乡建设厅推荐佛山市南海区西樵镇申报国家第一批绿色低碳重点小城镇试点示范，成为全国首批7个试点示范镇之一。

【全国特色景观旅游名镇名村评选】 2011年，清远市清新县太和镇、韶关市始兴县沈所镇、潮州市饶平县新丰镇和东莞市茶山镇南社村、湛江市霞山区爱国街道特呈岛村、江门市恩平市圣堂镇歇马村被住房和城乡建设部与国家旅游局评为第二批全国特色景观旅游名镇名村。截至2011年底，广东省共有7个全国特色景观旅游名镇、3个全国特色景观旅游名村，数量位居全国前列。

【第三批广东省历史文化名镇名村评选】 2011年，经广东省人民政府同意，广东省住房和城乡建设厅联合省文化厅开展第三批广东省历史文化名镇名村评选工作，全省各地共17个镇、46个村申报。评选结果在下年公布。

【名镇名村选介】 佛山市南海区西樵镇　西樵镇为省中心镇、国家首批绿色低碳重点小城镇试点示范之一。地处珠江三角洲腹地的南海区西南部，辖区总面积176.63平方千米，辖15个社区、17个行政村，户籍人口14.8万人，外来人口7万多人。作为产业强镇，西樵已形成纺织、旅游、陶瓷、五金、电器、印刷包装、商贸服务、酒店饮食业等多元化发展的产业体系。2011年，全镇实现地区生产总值163.87亿元。西樵历史文化与现代气息交织相融，是中国面料名镇、中国龙狮名镇、国家卫生镇、广东省教育强镇、广东省文明镇、全国亿万农民健康运动广东省示范镇。位于西樵镇内的西樵山占地14平方千米，主峰大科峰海拔344米，是国家重点风景名胜区、国家AAAA级旅游景区、国家森林公园、国家地质公园，更有“珠江文明的灯塔”、“南粤理学名山”和“南狮发源地、黄飞鸿故里”之美誉。历代文人墨客在山中留下众多的文化古迹和墨宝。宋代有“樵山风景岂虚传”的咏叹，明代有“七十二峰深翠微”的描绘，清代“西樵云瀑”列入“羊城八景”，现有“樵山叠翠”列入“佛山八景”之首。历来以钟灵毓秀的自然景观和博大精深的人文景观著称。在名镇建设工作中，西樵镇以文化旅游为重点，依托西樵山景区，带动发展人文、历史及生态资源综合开发的文化旅游产业，打造成集生态休闲、旅游度假、文化欣赏等于一体的综合性“文翰樵山”岭南旅游文化高地，创建中国历史文化名镇和特色旅游名镇。

梅州市梅县雁洋镇　雁洋镇地处粤东北，位于莲花山脉的五指峰下，隶属于梅州市梅县，全镇辖27个村，两个居委会，279个村民小组，31852人。雁洋镇是叶剑英元帅的家乡，东、南、西、北四面分别与大埔英雅，梅县三乡、丙村、白渡、松南镇接壤，西南距梅州市区33千米，距丙村镇9千米，距松口镇16千米。雁洋古时多为湖洋低洼水田，候鸟多，大雁成群，常聚居于此，故而得名。雁洋镇总面积188平方千米，山地面积1.47万公顷，水田面积800公顷，是“八山一水一分田”的山区镇。矿产资源、水力资源、旅游资源丰富。同时因为辖区内有全国红色旅游经典景区叶剑英纪念园、国家AAAAA级旅游景区雁南飞、AAAA级旅游景区雁鸣湖、千年古刹灵光寺、粤东名山五指峰等五大旅游景区，有广东省文物保护单位桥溪村，因此而出名。在名镇建设工作中，雁洋镇围绕建设“广东梅州文化旅游特色区”的要求，进行国际招标，高标准规划建设历史文化和特色旅游名镇。2011年，雁洋镇在梅州市、梅县的支持下投入6000多万元，按城市道路标准设计，改造提升S223线雁洋段6千米公路，人行道和路沿石用优质花岗岩铺筑，绿化带种植乔木、灌木和花草，实现绿中有花、花中有绿，打造成集交通、旅游、休闲、绿道等多功能的旅游景观大道。

湛江市霞山区爱国街道特呈岛村　特呈岛曾是抗日根据地，北邻南三岛，东临太平洋，西靠湛江港，离市区2.8海里，是湛江港的天然屏障。全岛总面积3.6平方千米，7个自然村，常住人口4500多人。岛内有33.33公顷国家重点保护的红树林、400多年历史的冼太庙、抗日革命旧址。主要产业和经济来源为海洋捕捞及海水养殖。

·链接·　**国家绿色低碳重点小城镇**

2011年9月，住房和城乡建设部、财政部、国家发改委等三部委联合印发《绿色低碳重点小城镇建设评价指标（试行）》。绿色低碳重点小城镇建设评价指标分为社会经济发展水平、规划建设管理水平、建设用地集约性、资源环境保护与节能减排、基础设施与园林绿化、公共服务水平、历史文化保护与特色建设7个类型，分解为35个项目、62项指标。其中6项指标为一票否决项，是评价为绿色重点小城镇的先决条件。绿色低碳重点小城镇建设评价为100分制。评判依据是统计年报、文件档案、公开信息和现场调查结果，由专家进行计算并独立打分。所有专家打分的平均值即为该镇最终的得分。

2011年，全岛捕捞渔船480多艘，海水养殖666.67公顷，成为湛江乃至全省大型的海水养殖基地，连片网箱甚为壮观。2003年4月10日，中共中央总书记胡锦涛视察该村，提出“把特呈岛建设成为文明生态旅游新海岛”的指示。近年来，该村着力解决饮水难、行路难、卖鱼难、渔船避风难等“四难”问题，积极实施海岛绿化工程，发展生态休闲旅游业，村庄面貌发生巨变，成为远近闻名的滨海休闲度假名村。 （李玉泉）

宜居城镇和宜居村庄建设

【概况】 2011年，广东省住房和城乡建设厅扎实推进宜居城镇、宜居村庄建设工作，取得显著成效。公布第一批广州市番禺区大岗镇等41个广东省宜居示范城镇，湛江市廉江市石城镇十字路村等102个广东省宜居示范村庄名单。但全省各地对宜居城镇和宜居村庄建设存在资金筹措投入不足的问题。

【宜居村镇创建】 2011年，广东省住房和城乡建设厅发挥省宜居村镇创建指导点的示范带动作用，在全省全面深入推进宜居城镇和宜居村庄创建工作。一是继续抓好省宜居村镇创建指导点的创建工作。全年新增10个镇和10个村作为省宜居村镇创建指导点，实现创建指导点在各地市的全覆盖。二是加强对创建指导点的项目建设资金支持。省住房和城乡建设厅争取省财政资金，采取“以奖代补”的方式，支持已编制建设行动计划的省创建指导点的项目建设，促进建设行动计划的实施。三是研究制定《广东省宜居城镇、宜居村庄建设行动计划编制工作指引》，印发各地参照执行，科学指导和规范各地的宜居村镇建设工作，推动宜居村镇建设全面铺开。 （李玉泉）

中心镇规划建设管理

【概况】 2011年，广东省住房和城乡建设厅围绕“加快转型升级、建设幸福广东”这一核心，把中心镇规划建设作为小城镇建设的着力点，努力把中心镇打造成小城镇建设的排头兵和县域经济的主力军。截至2011年，广东省共有278个中心镇，已实现中心镇总体规划全覆盖。但目前全省中心镇面临建设用地紧缺，建设资金不足等瓶颈问题。

【中心镇镇长（书记）村镇建设专题研讨班】 2011年12月，广东省住房和城乡建设厅在省委党校举办2011年度第一期中心镇镇长（书记）村镇建设专题研讨班，来自全省20个地级市的38位中心镇镇长（书记）参加学习。研讨班邀请住房和城乡建设部村镇建设司、省委党校、华南理工大学、广东省城乡规划研究院和中山市小榄镇的负责人和专家，就中心镇发展建设的理论、实践、技术、方法和未来发展方向等内容进行课堂教学。通过案例教学、实地考察学习等多种教学形式，使学员掌握了村镇建设的理论知识和实践经验。同时，研讨班对研究部署2012年中心镇工作具有指导意义。

【中心镇选介】 湛江市遂溪县北坡镇　北坡镇是广东省的中心镇，位于遂溪县的西南部，濒临北部湾，东连城月，南接河头，西至港门，北临杨柑，距遂溪县城55千米，距湛江市区60千米。辖区面积164.1平方千米，耕地面积0.7万公顷，城镇建成区面积3.8平方千米。全镇共有15个村委会和2个居委会，146个自然村，总人口5.2万人，镇区人口1.2万人。2011年全镇实现生产总值6.9亿元、比上年增长11.5%，财政收入3722万元、增长11.24%，固定资产投资26398万元、增长21.53%，农民人均纯收入5612元、增长12%，2003年被评为“广东省中心镇”。近年来先后被评为“湛江市十大最整洁镇”、“湛江市城乡清洁工程镇容镇貌样板镇”、“湛江市农村信息化建设示范镇”、“湛江市平安建设先进镇”、“湛江市‘平安家庭’创建活动先进示范镇”、“广东省卫生先进镇”和“广东省生态示范镇”、“广东省宜居示范城镇”、“广东省村级公益事业建设一事一议财政奖补示范镇”。

珠海市斗门区斗门镇　斗门镇是广东省的中心镇，位于珠江三角洲南部，珠海市斗门区西部，地处黄杨山与虎跳门水道之间。东枕黄杨山，南邻乾务镇，西隔虎跳门水道与江门市沙堆镇相望，北与莲洲镇接壤，是珠海市西部的交通枢纽。粤西沿海高速公路、江珠高速、广珠铁路、机场高速、珠港高速、省4号绿道等重要交通设施贯穿其间。斗门镇自然风光优美，背倚青葱翠绿、有“珠江门户第一峰”之称的黄杨山，面向浩瀚无垠

·链接·

宜居城镇（村庄）

指坚持以人为本，以不断改善和发展民生为主线，通过推进住有所居、改善人居环境、加强社会管理、完善公共服务，实现生产发展、生活富裕、生态良好、文化繁荣、社会和谐、人民群众具有幸福感的城镇（村庄）。即城镇居民（村民）享有基本的生活居住空间和均等的公共空间资源，享有清洁的生活生产环境和较完善的公共服务，享有良好的社会秩序和民主法制环境，物质、精神、政治和文化生活不断丰富，逐渐凝聚成为秩序良好、活力充足、参与度高的社会共同体。

2011年广东省中心镇基本情况

地区名称	镇域总面积（平方公里）	镇规划区面积（平方公里）	镇建成区面积（平方公里）	镇域总人口（万人）	镇域户籍人口（万人）
全省合计	47239.3	8217.1	2082.9	2648.7	2099.4
广州市	3098.56	964.50	233.92	249.03	157.97
珠海市	561.89	1516.90	48.70	38.62	22.69
汕头市	547.94	194.85	78.87	21.57	131.66
佛山市	1404.40	424.15	52.22	86.85	54.84
韶关市	5566.89	264.80	83.14	138.13	114.65
河源市	3868.33	410.57	114.10	145.50	114.30
梅州市	5438.38	319.33	103.70	161.90	149.74
惠州市	1906.74	259.32	69.40	86.10	56.83
汕尾市	1262.42	210.08	82.10	107.75	109.61
东莞市	1206.83	1011.35	447.66	384.64	81.34
中山市	226.40	226.40	32.60	62.25	26.88
江门市	1646.17	444.13	112.09	98.24	72.30
阳江市	1889.80	145.40	66.98	93.55	121.65
湛江市	4214.31	219.09	89.79	192.12	181.46
茂名市	1929.76	173.81	71.43		148.25
肇庆市	2742.11	288.29	100.17	127.05	107.20
清远市	6150.16	515.12	90.23	181.52	150.16
潮州市	434.45	152.98	64.59	76.37	65.31
揭阳市	1051.09	336.90	84.82	154.60	144.28
云浮市	2092.78	139.10	56.44	94.40	88.26
珠三角	12793.10	5135.04	1096.76	1132.78	580.06
粤　西	8033.87	538.30	228.20	434.19	451.36
粤　东	3295.90	894.81	310.38	360.29	450.86
粤　北	23116.45	1648.92	447.61	721.44	617.10

地区名称	镇域暂住人口（万人）	镇域非农户籍人口（万户）	镇域就业总人数（万人）	镇域外省就业人数（万人）	镇域本省就业人数（万人）
全省合计	1377.0	532.1	1103.8	407.3	596.1
广州市	91.21	31.66	117.48	52.24	71.04
珠海市	15.63	11.25	10.73	3.21	8.69
汕头市	648.12	12.44	47.45	6.57	30.01
佛山市	33.06	22.81	45.22	20.38	24.96
韶关市	5.60	31.89	45.39	5.02	33.18
河源市	30.65	34.09	49.76	12.27	38.82
梅州市	7.48	42.59	60.04	2.87	43.93
惠州市	28.95	9.27	41.13	18.78	22.85
汕尾市	11.16	48.34	41.69	10.37	18.76
东莞市	331.57	41.82	234.95	178.75	41.51
中山市	35.37	7.96	34.52		
江门市	24.63	14.45	3.37	12.89	18.93
阳江市	12.92	31.79	25.47	3.36	22.11
湛江市	12.81	42.70	57.01	6.94	37.25
茂名市	9.28	32.81	50.81	8.60	42.22
肇庆市	17.86	27.36	76.15	29.74	46.67
清远市	33.10	31.66	70.31	22.05	39.20
潮州市	11.16	19.63	29.22	7.24	21.87
揭阳市	10.26	22.52	22.92	2.62	5.12
云浮市	6.22	15.05	40.21	3.44	28.95
珠三角	578.27	166.57	563.56	315.98	234.65
粤　西	35.01	107.30	133.30	18.90	101.57
粤　东	680.71	102.93	141.28	26.80	75.76
粤　北	83.03	155.28	265.70	45.65	184.09

(续上表)

地区名称	镇建成区总人口（万人）	镇建成区户籍人口（万人）	镇建成区暂住人口（万人）	村镇建设管理人员（人）	其中：专职人员（人）
全省合计	1277.8	793.9	485.3	5063	2363
广州市	81.41	47.07	68.56	502	368
珠海市	11.75	6.44	5.74	80	42
汕头市	67.47	69.36	8.06	150	59
佛山市	26.94	14.97	11.14	199	114
韶关市	47.26	43.09	5.80	388	92
河源市	76.12	48.03	14.71	102	59
梅州市	56.74	47.88	6.89	111	64
惠州市	41.84	18.91	22.62	248	85
汕尾市	78.01	69.21	8.78	127	95
东莞市	277.64	62.42	213.37	1686	557
中山市	42.77	18.82	23.95	76	76
江门市	33.56	14.19	14.38	193	105
阳江市	38.98	27.49	11.61	135	52
湛江市	53.31	44.50	8.62	255	139
茂名市	50.62	43.65	6.97	103	78
肇庆市	56.54	41.47	15.07	161	86
清远市	70.33	46.16	18.60	153	77
潮州市	51.89	44.83	6.75	187	87
揭阳市	77.75	53.19	8.42	130	66
云浮市	36.85	32.16	5.26	77	62
珠三角	572.45	224.29	374.82	3145	1433
粤　西	142.91	115.65	27.19	493	269
粤　东	275.11	236.59	32.01	594	307
粤　北	287.30	217.32	51.27	831	354

中心镇名称	镇域行政村个数（个）	完成规划编制的行政村个数（个）	镇域自然村个数（个）	完成规划编制的自然村个数（个）	镇域GDP（万元）
全省合计	5474	2751	46549	13052	82940946.12
广州市	527	566	3022	2628	14203851
珠海市	59	17	309	16	2744328
汕头市	247	69	184	23	3359977
佛山市	126	57	1000	353	8552758
韶关市	440	105	4324	205	1161417
河源市	343	82	3900	510	849025.44
梅州市	524	246	4055	1472	1112893.59
惠州市	178	175	1561	1218	2559524
汕尾市	229	41	1026	51	2577323
东莞市	250	180	884	328	16214298
中山市	30	30	77		3839342
江门市	241	135	2394	918	3481230.48
阳江市	195	150	2315	1151	2529147
湛江市	375	284	3400	1322	2684628.03
茂名市	304	124	4034	811	2631700
肇庆市	326	66	3370	245	2404887
清远市	365	61	6490	261	7235025.78
潮州市	151	18	536	47	2525390.8
揭阳市	291	101	632	229	1691976
云浮市	273	244	3036	1264	582224
珠三角	1737	1226	12617	5706	54000218.48
粤　西	874	558	9749	3284	7845475.03
粤　东	918	229	2378	350	10154666.8
粤　北	1945	738	21805	3712	10940585.81

(续上表)

中心镇名称	镇域工业总产值（万元）	镇域第一产业总产值（万元）	镇域第二产业总产值（万元）	镇域第三产业总产值（万元）	镇域工业用地面积（平方千米）
全省合计	174567260.59	10803409.54	116942150.46	23700725.49	1940.39
广州市	22547345	1545360	18870183	3916918	170.85
珠海市	4113850	306926	2527387	299688	72.23
汕头市	6647970	327043	4582283	492139	28.00
佛山市	28785120	393734	17475111	2100136	137.78
韶关市	437684	459739.85	418642.72	384826	330.97
河源市	2517262.24	878323.09	2355226.93	195157.33	81.67
梅州市	1165586	400462.89	1049781.7	273217	73.09
惠州市	5442355	325536	5148068	1591987	56.22
汕尾市	1737596	707304	1634790	548787	38.09
东莞市	51129363	60031	15595720	5285813	198.33
中山市	5438465	57414	4391474	2328860	29.55
江门市	13020934	409237.48	12522564	874442.4	114.54
阳江市	1455085	849959.6	1931425.9	853606.3	22.51
湛江市	1852053.35	1150004.16	2063207.21	565420.66	53.95
茂名市	925186	801885	1136336	693479	64.63
肇庆市	2253093	677441	2437413	589323	85.93
清远市	17416277	634222.87	16496962	1397975	234.97
潮州市	3304956	190259	3304789	557422.8	32.62
揭阳市	3724931	150195	2211825	365510	83.23
云浮市	652149	478331.6	788961	386018	31.24
珠三角	132730525	3775679.48	78967920	16987167.4	865.44
粤　西	4232324.35	2801848.76	5130969.11	2112505.96	141.09
粤　东	15415453	1374801	11733687	1963858.8	181.93
粤　北	22188958.24	2851080.3	21109574.35	2637193.33	751.93

中心镇名称	镇域工业园区面积（平方千米）	地方性财政总收入（万元）	可支配财政收入（万元）	城镇维护建设资金财政收入（万元）	城镇维护建设资金财政支出（万元）
全省合计	1218.38	7374115.42	5692962.28	817377.06	895452
广州市	91.91	475050.3	386565.9	95777.54	111488.54
珠海市	49.98	107011.23	78032.86	5448	7029
汕头市	20.07	98275.76	37557.31	2598	3364.77
佛山市	79.8	253324.4	430732.05	156177.82	58848.56
韶关市	235.94	34652.7	20893.7	6600.5	7383.2
河源市	66.58	41510.4	15963.4	4842.5	6226
梅州市	48.562	16964.71	8947.08	2945.55	3550.3
惠州市	48.20	132971	37502	14524.61	15498.51
汕尾市	33.17	14170	11144	1627	3153.5
东莞市	133.59	1846316.46	1345554.86	91110.07	194422.63
中山市	15.2		278971	8018	17006
江门市	60.42	116726.7	89402.33	3511	7143.8
阳江市	23.19	35434.02	30473.02	4765.3	4791.1
湛江市	19.27	164963	13854.46	14158	11762
茂名市	37.62	274876	13937	1126.8	1441.9
肇庆市	54.16	104290.14	54663.95	2916.6	2922
清远市	107.50	93313.54	52600.34	29406.52	23219.62
潮州市	3.52	30739.7	15384.6	1794.5	1443.4
揭阳市	52.78	32909	22705.8	5135.29	7410.29
云浮市	36.92	39498.07	16491	3371.89	2466
珠三角	533.26	3035690.23	2701424.95	377483.64	414359.04
粤　西	80.08	475273.02	58264.48	20050.1	17995
粤　东	109.54	176094.46	86791.71	11154.79	15371.96
粤　北	495.50	2979335.44	2028488.54	195854.13	309840.25

(续上表)

中心镇名称	市政公用设施建设财政资金投入总额（万元）	其中：中央财政（万元）	省级财政（万元）	地级财政（万元）	县级财政（万元）
全省合计	1167804.08	17491.5	14120.48	123517.22	188889.94
广州市	144272.96	8190	410	36699.82	38788.14
珠海市	40386.65	0	0	2375	28500.65
汕头市	2998.5	57.85	26.19	89.19	1704.9
佛山市	47822.07	0	0	0	6943.92
韶关市	21800.5	304	1504	388	2890.4
河源市	20151522	2995	3545	1665	3322
梅州市	15294.01	2232	6346.39	629	4293.65
惠州市	23186.98	72	270	31	5083
汕尾市	7858		2149	296	494
东莞市	209327.46	0	0	18085	0
中山市	19119	0	0	1553	0
江门市	6709.01	0	65.6	35	571.4
阳江市	8564.2			1148	5760.86
湛江市	51138.2	0	1257	870	1302
茂名市	3124	0	380	255	390
肇庆市	3378.1	107	75	80	848.9
清远市	41481.65	600	200	60	40695.55
潮州市	3704.71	20.9	595.45	120	2707.7
揭阳市	12128	298	1832	121.6	1349.5
云浮市	2939	18	21	201	662
珠三角	494202.23	8369	820.6	58858.82	80736.01
粤　西	63010.6	0	1637	2273	7452.86
粤　东	26689.21	376.75	4602.64	626.79	6256.1
粤　北	20581274.82	6646.9	18240.44	25537.6	70370.96

中心镇名称	镇级财政（万元）	镇级自筹（万元）	镇建成区公共绿地面积（平方米）	其中：镇建成区公园绿地面积（平方米）	镇建成区住宅建筑总面积（平方米）
全省合计	675848.96	155910.48	229312878.02	108454344.8	532600077.62
广州市	76793	9155	10099201	3309318.3	43421293
珠海市	9511	0	3448200	1027560	14893688
汕头市	6599.1	1148	4865132	801110	13692750
佛山市	39610.15	0	3946949	1696260	5862345
韶关市	481.8	1359.3	4260667	1633749	11994561
河源市	12110424	8024907	9775529	268700	8978639
梅州市	1257.3	2256.37	3968333	3789872	21404992
惠州市	13138.5	6060	2389700	320008	11463450
汕尾市	808	4530	6497538	4391164	15290932
东莞市	160113.01	45786.45	45448484	26227712	93713761.14
中山市	17566	0	11140982.4	3145805.7	4747020
江门市	5990.8	1173.21	4826030	2650122	6953993
阳江市	1463.37	191.97	4952537.81	4777367	12248886.83
湛江市	1514.2	1693	6524845	250280	12918046
茂名市	591	1508	2940023	1909360	8941464
肇庆市	1977.9	332.5	3792040	2419336	8329831.84
清远市	1220.1	3539.1	11617142.2	4074250.5	11604352.19
潮州市	260.66	580	1482220	980499.4	6914698
揭阳市	1987.79	5797.11	2302556.8	321270	6907880
云浮市	1672	366	2834326	1130240	9184298
珠三角	324700.36	62507.16	85091586.4	40796122	189385381.98
粤　西	3568.57	3392.97	14417405.81	6937007	34108396.83
粤　东	9655.55	12055.11	15147446.8	6494043.4	42806260
粤　北	12320466.43	8100080.01	124752954.21	58289735.6	251596805

(续上表)

中心镇名称	镇域住宅建筑总面积（平方米）	镇区道路长度（千米）	镇域道路长度（千米）	镇区公交站场数量（个）	镇域公交站场数量（个）
全省合计	1010473636.1	14622.05	44860.49	2257	4551
广州市	86353458	912.68	3654.96	31	54
珠海市	23680010	244.61	579.61	4	4
汕头市	20338890	865.75	1145.99	40	54
佛山市	20405100	492.21	1454.70	116	133
韶关市	42554276	700.03	3649.91	61	93
河源市	40074307	1145.50	2777.68	65	189
梅州市	30764274	639.20	3931.60	84	229
惠州市	16978550	206.14	1099.04	57	82
汕尾市	23942544	1249.30	2243.10	12	18
东莞市	110108718.83	1820.06	2871.71	1285	2353
中山市	7829920	649.77	894.35	26	57
江门市	22048814	591.19	1324.96	52	129
阳江市	25403594.62	680.14	2054.73	58	106
湛江市	46513718	601.29	3784.85	65	261
茂名市	49540480	492.75	3749.43	28	184
肇庆市	21144529.58	1020.94	2396.23	67	138
清远市	38942595	804.00	2427.89	100	317
潮州市	13919901	395.83	980.46	28	32
揭阳市	17028590	466.61	997.59	45	86
云浮市	29413299	644.06	2841.70	33	32
珠三角	308549100.41	5937.60	14275.56	1638	2950
粤　西	121457792.62	1774.18	9589.01	151	551
粤　东	75229925	12820.71	37784.22	2189	4461
粤　北	536208111.03	3932.79	15628.78	343	860

中心镇名称	镇区生活污水排放量（万立方米）	镇区生活污水处理量（万立方米）	镇区生活污水处理设施数（个）	镇域生活污水排放量（万立方米）	镇域生活污水处理量（万立方米）
全省合计	106182.42	66036.77	198	162939.40	90820.52
广州市	9362.55	6396.07	38	17316.75	10701.41
珠海市	449.00	340.00	2	683	454
汕头市	1440.60	283.60	3	3326.75	284.8
佛山市	3462.64	3095.27	10	5072.83	4619.49
韶关市	2491.15	1871.80	11	11502.1	9837
河源市	3902.65	714.06	5	3354.95	818.46
梅州市	4071.91	2106.00	4	4071.91	2106
惠州市	1749.55	731.25	4	2993.85	932.25
汕尾市	3041.00	519.00	2	3847	519
东莞市	40786.66	28395.37	26	58907.14	40116.47
中山市	8480.00	8205.00	4	4392	4116.4
江门市	2042.17	1398.16	13	2773.22	1396.81
阳江市	2099.82	1223.60	3	3598.1	663
湛江市	2225.04	533.60	27	6150.23	776.86
茂名市	3231.00	686.00	4	7934	746
肇庆市	4571.70	2148.00	12	7541.35	2827.6
清远市	3306.79	1644.79	864	6912.97	3679.54
潮州市	2746.00	1866.60	4	3923	2208
揭阳市	2806.30	592.00	12	1284.3	162
云浮市	3587.40	2885.10	4	6232.3	3315.5
珠三角	70904.27	50709.12	109	99770.49	65224.36
粤　西	7555.86	2443.20	34	17682.33	2185.86
粤　东	92454.98	56014.10	1008	13412.35	3653.8
粤　北	17688.40	9623.25	34	32074.23	19756.50

(续上表)

中心镇名称	镇域卫生厕所普及率(%)	镇区生产污水排放量(万立方米)	镇区生产污水处理量(万立方米)	镇区生产污水处理设施数(个)	镇域生产污水排放量(万立方米)
全省合计	17260.21	58940.66	30931.38	2880	66922.82
广州市	1440.9	10868.53	8325.74	373	7074.61
珠海市	3.89	623	446	2	921
汕头市		768.4	65.4	24	1285.85
佛山市	623.3	1654.3	1605.1	4	3792
韶关市		1588.8	1434.95	11	9951.66
河源市		2371.67	478.46	14	1574.67
梅州市		14820.20	1938.7	1332	1038.15
惠州市	834	1741.05	1044.7	12	2450.95
汕尾市		1489	100	5	1583
东莞市	899	6064.94	6905.76	571	14116.47
中山市	300	1360	1360	188	2260
江门市	902.33	2975.13	1985.18	13	1348.78
阳江市		851.28	21.08	1	2419.05
湛江市		1919.18	515.3	17	3322.7
茂名市		1821.12	267	4	2327.86
肇庆市	1521	2119.34	1223.32	162	2980.55
清远市		1696.56	458.39	35	2537.29
潮州市		1615.5	699.3	31	3087.8
揭阳市		201.7	75	9	307
云浮市		2095.97	1689	71	2232.13
珠三角	6609.42	27566.29	23055.8	1326	35105.66
粤　西	3147.53	4591.58	803.38	22	8069.61
粤　东	2656.78	4209.6	1072.7	69	6413.65
粤　北	4846.48	22573.19	5999.50	1463	17333.90

中心镇名称	镇域生产污水处理量(万立方米)	镇区生活垃圾处理、中转设施数(个)	镇区生活垃圾处理量(万吨)	其中:镇区生活垃圾处理无害化处理量(万吨)	镇域家庭总户数(户)
全省合计	71000.08	1894.00	73128.79	8614.22	5522638.18
广州市	8733.47	73	53.38	30.36	544601.18
珠海市	591	48	17.64	10.64	99601
汕头市	131.3	315	36130.29	4.65	266766
佛山市	3870	25	42.16	42.16	192251
韶关市	9476.5	115	57.15	47.15	317456
河源市	481.46	91	127.36	4.36	284124
梅州市	703.1	3	4029.03	1616.2	411702
惠州市	1464.6	63	36.07	7.21	164454
汕尾市	81	60	51.39		234112
东莞市	35030.74	368	6842.82	6742.12	297437
中山市	2532	6	17.01	14.46	45245
江门市	664.93	233	43.54	35.90	224475
阳江市		17	14.16	8.72	212243
湛江市	555.5	50	330.46	2.87	422134
茂名市	277	62	213.88	0	380886
肇庆市	1649.1	58	21.52	8.51	304364
清远市	1798.78	96	6052.32	8.43	399574
潮州市	1128.4	63	18983.85	21.75	147504
揭阳市	94	90	15.46	2.82	340888
云浮市	1538.9	26	38.87	5.23	232821
珠三角	54584.14	886	7074.39	6892.03	1872428.18
粤　西	832.5	129	358.51	11.59	1015263
粤　东	1584.7	548	55188.49	29.22	989270
粤　北	13998.74	331	10307.40	1681.38	1645677

(续上表)

中心镇名称	镇域安装电话的家庭户数（户）	镇域安装电脑网络的家庭户数（户）	镇域参加养老、医疗、失业保险人数(人次)	镇区完全中学数(所)	镇区在校学生总数（人）
全省合计	4495875	2098159	19422435	520	2821702
广州市	378020	186069	1255603	41	175772
珠海市	73900	26461	121948	9	32298
汕头市	232114	208898	1710908	22	139674
佛山市	174171	97163	670959	18	69737
韶关市	180274	70865	845070	36	100172
河源市	186555	157693	739416	40.1	111974
梅州市	284403	132446	965900	45	180964
惠州市	117550	72257	492514	10	124488
汕尾市	182769	67041	681797	33	219784
东莞市	950630	459454	3270691	41	372288
中山市	26407	32636	1306258	4	100131
江门市	185061	82056	612649	16	82939
阳江市	135515	56542	547370	20	82604
湛江市	198727	50650	1636801	28	189145
茂名市	232468	81747	1086326	33	225841
肇庆市	220035	60680	511716	27	118660
清远市	198724	68203	1079122	38	179966
潮州市	149438	49970	392992	13	82487
揭阳市	238413	59421	778984	24	100376
云浮市	150701	77907	715411	22	132402
珠三角	2125774	1016776	8242338	166	1076313
粤　西	566710	188939	3270497	81	497590
粤　东	802734	385330	3564681	92	542321
粤　北	1000657	507114	4344919	181.1	705478

中心镇名称	镇区医院数（所）	镇区病床总数（床）	镇域大专以上户籍人口数(人)	镇域卫生技术人员总数(人)
全省合计	907	52400	1535266	84210
广州市	35	4190	154901	5261
珠海市	7	822	30874	1307
汕头市	14	1377	35389	2461
佛山市	15	2203	48273	3286
韶关市	35	1553	64181	3430
河源市	128	2234	71500	5980
梅州市	48	2975	153002	3306
惠州市	21	1894	43980	1607
汕尾市	15	1136	97895	3736
东莞市	306	12067	88956	18349
中山市	57	2285		2072
江门市	19	1448	40365	1374
阳江市	21	1715	57026	1871
湛江市	27	2747	120721	4259
茂名市	27	3057	204244	7186
肇庆市	34	2287	101449	6156
清远市	49	3949	93879	4703
潮州市	15	1504	31243	2279
揭阳市	13	786	49685	2691
云浮市	21	2171	47703	2896
珠三角	494	27196	508798	39412
粤　西	75	7519	381991	13316
粤　东	57	4803	214212	11167
粤　北	281	12882	430265	20315

（冯育文）

的南中国海。山海交辉，景色如画，气候温和，物产丰富。辖区总面积105平方千米，常住人口56243人，其中户籍总人口42078人，外来人口14165人；全镇辖下设有10个村委会和1个居委会，分别为大赤坎村、小赤坎村、上洲村、下洲村、新乡村、斗门村、南门村、八甲村、大濠冲村、小濠冲村村委会及斗门镇居委会。斗门镇是一个海内外知名的文化古镇，已有1000多年的悠久历史。辖区内保存众多的具有较高历史、科学、艺术价值的传统建筑群片、文物等，历史文化积淀深厚。近年来，镇村经济和社会各项事业持续、稳步、健康发展，地区综合实力增强、镇域交通、旅游规划完善。2003年被评为"广东省中心镇"；2008年被评为广东省旅游特色镇，被公布为广东省第一批古村落；2010年被确定为珠海市唯一的名镇试点镇。工农业生产总值91.48亿元，财政一般预算收入9627万元；2011年被确定为珠海市名村建设工程的示范试点。

(李玉泉)

建制镇基础设施建设

【概况】　截至2011年底，广东省共有1025个建制镇。全省建制镇有生活垃圾中转站3059座，比上年增加43座；生活垃圾年清运量533.02万吨，比上年减少48.69吨；有污水处理厂105个、污水处理装置285个，比上年增加69个，年污水处理总量3.66亿立方米，比上年增加600万立方米。

【推广使用《岭南新民居——广东省社会主义新农村住宅设计图集》】　2011年，广东省住房和城乡建设厅继续推广使用《岭南新民居——广东省社会主义新农村住宅设计图集》，惠州市三栋镇鹿颈村和肇庆四会市江谷镇的试点工作成效显著，建成一批环境优美、经济适用、具有岭南特色的农村住宅。汕头、惠州、河源、茂名等市纷纷学习借鉴，编制指导农村住宅建设的设计图集，引导农村住房建设逐步向规范化发展。

(李玉泉)

2011年广东省建制镇基本情况

地区名称	建制镇个数(个)	镇域面积(公顷)	镇域户籍户数(户)	镇域户籍人口(万人)	镇域暂住人口(万人)	建成区面积(公顷)	建成区户籍户数(户)	建成区户籍人口(万人)	建成区暂住人口(万人)
全　省	1025	14245515.95	12247767	5227.60	656.81	283170.74	2753349	1128.06	353.13
广州市	24	318321.52	502500	159.24	92.22	18888.31	101354	27.85	31.18
珠海市	9	74917.85	105623	31.58	17.78	7096.58	29596	8.49	7.07
汕头市	29	143546.49	554756	280.96	21.10	13912.97	271979	127.75	13.64
佛山市	15	179362.00	414897	145.06	102.01	12991.69	130978	44.81	29.95
韶关市	84	1463497.58	584562	209.16	5.84	10026.88	102273	39.16	3.78
河源市	88	1552648.00	614654	286.45	13.57	9888.32	83218	32.78	10.51
梅州市	91	1392626.50	832608	368.23	6.37	14897.32	151969	66.95	4.66
惠州市	50	823014.50	540810	197.28	62.86	22539.91	160095	48.07	36.39
汕尾市	48	424975.00	529774	275.53	22.04	13969.49	193121	94.15	15.71
中山市	19	336305.00	234514	119.45	153.50	31109.01	109066	65.12	102.25
江门市	58	800306.12	669903	247.19	41.32	18126.36	116780	38.51	24.53
阳江市	36	660677.40	499460	202.04	8.94	8198.82	101590	37.72	6.53
湛江市	79	807178.11	1272896	577.43	22.27	16484.43	205335	85.28	14.18
茂名市	85	759089.23	1352694	594.19	13.93	16666.46	227268	85.96	10.14
肇庆市	89	1330311.35	829412	325.80	21.08	11051.80	146367	53.21	15.33
清远市	71	1343443.10	754687	308.51	22.67	11166.14	121598	46.29	11.59
潮州市	37	549638.68	433592	183.16	15.33	15802.15	153602	64.95	7.95
揭阳市	61	386230.52	1012093	501.72	9.54	21843.74	261514	125.12	5.10
云浮市	52	899427.00	508332	214.62	4.44	8510.36	85646	35.89	2.64

(续上表)

地区名称	村镇规划建设管理						市政公用设施建设财政性资金收入(万元)					
	设有村镇建设管理机构的建制镇个数(个)	村镇建设管理人员(人)	专职人员	已编制总体规划的建制镇个数(个)	本年编制	本年村镇规划编制投入(万元)	合计	中央财政	省级财政	地级财政	县级财政	本级财政
全　省	947	7324	4231	823	73	24273.40	547994.44	5865.70	29408.37	69339.03	105320.25	338061.09
广州市	23	367	285	21	4	1102.00	67632.11	0.00	575.00	11340.46	31015.08	24701.57
珠海市	9	131	103	8	1	154.58	9357.73	0.00	0.00	0.00	1388.13	7969.60
汕头市	24	254	124	22	2	110.00	6174.50	14.20	903.30	300.00	1865.90	3091.10
佛山市	15	566	348	15	3	5432.75	130246.24	0.00	0.00	0.00	14504.22	115742.02
韶关市	64	241	128	42	0	72.50	3029.40	16.50	470.65	529.50	917.75	1095.00
河源市	51	190	108	52	5	382.52	11231.30	601.00	2866.00	1499.00	3891.30	2374.00
梅州市	91	322	180	71	21	945.78	12229.70	1370.00	2244.00	1954.00	3072.71	3588.99
惠州市	50	587	286	42	4	2063.80	45993.81	371.80	1805.70	22429.50	6443.80	14943.01
汕尾市	48	434	204	43	0	127.55	10308.50	380.00	2177.00	1363.00	1038.00	5350.50
中山市	18	502	232	18	0	5734.80	168421.81	0.00	20.00	24972.07	24602.00	118827.74
江门市	58	563	331	58	5	805.20	20178.17	727.20	711.12	949.44	6694.52	11095.89
阳江市	36	267	174	35	2	2831.80	8021.60	130.00	4548.00	100.00	1577.30	1666.30
湛江市	79	841	430	73	4	506.00	14802.30	1706.00	5199.90	1726.00	1956.00	4214.40
茂名市	85	416	313	56	3	128.62	1936.34	30.00	536.20	357.32	582.10	430.72
肇庆市	83	488	269	83	8	723.20	2896.24	2.00	30.00	170.24	649.94	2044.06
清远市	67	294	153	60	3	1075.50	5645.80	0.00	265.00	60.50	689.60	4630.70
潮州市	37	267	206	31	3	169.00	7270.00	5.00	1604.00	293.00	2084.00	3284.00
揭阳市	60	335	175	61	2	796.50	15331.69	325.00	4990.00	679.00	1407.90	7929.79
云浮市	49	259	182	32	3	1111.30	7287.20	187.00	462.50	616.00	940.00	5081.70

(冯育文)

2011年广东省建制镇建设投资情况

单位：万元

地区名称	合计	房屋				市政公用设施		
		小计	住宅	公共建筑	生产性建筑	小计	供水	燃气
全　省	3741918	3001548	1729551	370908	901089	740370	75358	11533
广州市	393626	319274	204486	35263	79525	74352	3810	280
珠海市	69749	53354	7049	15939	30366	16395	1928	0
汕头市	112575	87419	47673	13260	26486	25156	2527	220
佛山市	510602	327452	155252	49762	122438	183150	18129	7507
韶关市	31812	24084	13753	3068	7263	7728	1090	15
河源市	50902	36499	28081	4051	4367	14403	3056	169
梅州市	117258	53886	33063	12478	8345	63372	1945	967
惠州市	258360	189800	96725	20649	72426	68560	12177	166
汕尾市	110335	86533	53816	10432	22285	23802	5254	646
中山市	1034387	937343	652774	60285	224284	97044	4168	670
江门市	257499	223471	82337	15680	125454	34028	3878	114
阳江市	92828	78251	32025	41741	4485	14577	1273	0
湛江市	127846	113781	76355	11743	25683	14065	2457	349
茂名市	77334	71107	56671	11744	2692	6227	1109	2
肇庆市	81551	68761	27776	9507	31478	12790	2094	11
清远市	215252	168689	55881	31274	81534	46563	1660	7
潮州市	53062	42917	24000	5113	13804	10145	2413	0
揭阳市	105367	86612	60642	12767	13203	18755	3877	405
云浮市	41573	32315	21192	6152	4971	9258	2513	5

(续上表)

地区名称	市政公用设施							
	道路桥梁	排水		防洪	园林绿化	环境卫生		其他
			污水处理				垃圾处理	
全　省	225628	183551	132953	89508	57418	61188	26889	36183
广州市	17275	29546	28826	5305	2341	8033	3416	7762
珠海市	5671	1379	501	1162	905	983	408	4367
汕头市	8454	1953	45	5976	1456	2854	1009	1716
佛山市	16755	81683	63231	23865	15444	17771	7540	1996
韶关市	4449	494	50	249	299	493	295	639
河源市	4818	1684	320	816	531	1901	1035	1428
梅州市	37384	1454	230	12111	6551	1968	1201	992
惠州市	34490	6518	3360	2613	7025	3594	1919	1977
汕尾市	3484	9239	8395	1699	1236	1493	585	751
中山市	33217	25368	16363	8692	9306	10831	4450	4792
江门市	15166	5860	4059	2359	1903	2450	1441	2298
阳江市	4090	1704	982	926	3938	1274	499	1372
湛江市	5305	1715	701	480	695	1707	542	1357
茂名市	3006	541	127	269	179	745	330	376
肇庆市	3292	4788	4170	477	358	974	379	796
清远市	17520	1795	211	19245	2993	1532	339	1811
潮州市	2433	2271	150	823	439	1260	751	506
揭阳市	4756	4827	957	1985	1446	781	456	678
云浮市	4063	732	275	456	373	544	294	569

(冯育文)

2011年广东省建制镇房屋建设情况

地区名称	住宅					公共建筑		生产性建筑	
	本年建房户数(户)		年末实有建筑面积(万平方米)	本年竣工建筑面积(万平方米)	人均住宅建筑面积(平方米)	年末实有建筑面积(万平方米)	本年竣工建筑面积(万平方米)	年末实有建筑面积(万平方米)	本年竣工建筑面积(万平方米)
		在新址上新建							
全　省	44930	33428	32109.87	1077.40	28.46	8777.68	311.18	15430.58	793.95
广州市	5170	4497	2144.76	80.97	77.01	502.29	19.36	390.22	19.29
珠海市	37	29	425.58	6.40	50.13	39.37	15.26	820.63	38.14
汕头市	2447	1918	3000.81	48.08	23.49	540.10	11.24	834.73	27.27
佛山市	5475	5271	2252.21	100.90	50.26	790.64	30.86	2146.43	115.36
韶关市	1160	738	1145.84	18.70	29.26	419.36	3.42	291.08	13.75
河源市	1853	1086	963.97	29.09	29.41	169.23	4.27	71.02	4.51
梅州市	1326	862	1606.00	29.16	23.99	306.72	11.91	140.45	9.01
惠州市	2715	2491	1638.11	77.38	34.08	640.08	15.24	1216.00	79.96
汕尾市	3438	1550	1306.23	32.62	13.87	235.16	7.61	372.53	13.05
中山市	868	546	2646.76	202.58	40.64	547.91	68.55	2441.30	172.55
江门市	1026	770	1361.24	44.49	35.35	688.47	14.26	1802.15	139.03
阳江市	2029	1751	1210.52	44.46	32.09	251.21	22.53	271.19	7.55
湛江市	2854	2020	2334.68	86.70	27.38	647.94	23.12	443.36	20.34
茂名市	2479	1583	2231.80	61.48	25.96	778.34	14.48	411.02	3.99
肇庆市	1781	1512	1565.35	35.95	29.42	588.15	11.44	1008.92	38.12
清远市	2358	1529	1259.36	63.33	27.21	596.45	18.63	477.51	56.57
潮州市	2395	1388	1284.21	28.28	19.77	666.78	4.30	1743.63	15.20
揭阳市	3623	2666	2360.55	43.25	18.87	257.29	7.36	318.31	8.92
云浮市	1896	1221	1371.89	43.58	38.22	112.19	7.34	230.10	11.34

(冯育文)

2011 年广东省建制镇排水情况

地区名称	对生活污水进行处理的建制镇		污水处理厂		污水处理装置		年污水处理总量（万立方米）		排水管道长度（千米）		排水暗渠长度（千米）	
	个数（个）	占全部建制镇的比例（%）	个数（个）	处理能力（万立方米／日）	个数（个）	处理能力（万立方米／日）		污水处理厂集中处理量		本年新增		本年新增
全　省	109	10.63	105	171.660	285	85.97	36649.92	31968.86	13507.18	658.63	6445.75	304.18
广州市	13	54.17	13	25.180	38	9.39	3826.73	2683.98	692.51	55.38	667.06	2.20
珠海市	1	11.11	0	0.000	2	0.10	3.50	3.50	119.69	16.20	25.30	1.50
汕头市	8	27.59	3	4.300	51	12.00	1864.13	700.00	1043.08	28.65	389.53	29.50
佛山市	14	93.33	30	67.100	53	12.42	8593.12	8315.72	618.20	14.52	337.24	12.80
韶关市	7	8.33	0	0.000	3	0.16	349.80	201.30	372.96	9.50	178.57	3.40
河源市	1	1.14	1	2.000	8	2.00	109.00	109.00	422.35	11.81	209.26	6.32
梅州市	0	0.00	0	0.000	0	0.00	0.00	0.00	422.28	42.86	321.39	27.37
惠州市	5	10.00	5	4.300	3	3.00	1599.00	1394.00	951.78	65.31	430.61	36.90
汕尾市	3	6.25	1	2.000	1	0.00	100.00	80.00	349.41	17.85	130.88	4.68
中山市	18	94.74	17	44.500	15	35.00	15808.19	15448.19	2764.84	88.48	323.92	6.00
江门市	18	31.03	18	6.610	66	4.95	1876.21	1478.17	1146.68	32.21	551.22	23.95
阳江市	2	5.56	2	2.000	2	2.00	346.00	346.00	461.30	30.60	219.02	7.80
湛江市	1	1.27	0	0.000	1	0.00	1.00	0.00	907.12	50.43	715.07	37.12
茂名市	1	1.18	0	0.000	3	0.40	130.00	0.00	517.55	14.14	204.70	3.01
肇庆市	8	8.99	9	7.920	20	1.15	828.00	573.00	685.10	23.20	493.50	18.19
清远市	4	5.63	4	5.200	5	1.90	981.00	632.00	361.30	63.52	525.16	34.20
潮州市	4	10.81	1	0.500	4	1.46	229.94	0.00	435.19	16.00	286.05	9.50
揭阳市	0	0.00	0	0.000	0	0.00	0.00	0.00	395.06	37.84	312.22	28.98
云浮市	1	1.92	1	0.050	10	0.04	4.30	4.00	840.78	40.13	125.05	10.76

（冯育文）

2011 年广东省建制镇供水情况

地区名称	集中供水的建制镇		公共供水			自备水源单位	
	个数（个）	占全部建制镇的比例（%）	设施个数（个）	其中：水厂个数	综合生产能力（万立方米／日）	个数（个）	综合生产能力（万立方米／日）
全　省	982	95.80	1405	982	802.36	1981	173.38
广州市	23	95.83	46	34	84.44	31	35.40
珠海市	9	100.00	12	10	18.83	6	2.82
汕头市	23	79.31	52	40	51.97	151	12.48
佛山市	15	100.00	20	19	159.90	8	38.71
韶关市	83	98.81	107	69	12.22	154	3.41
河源市	83	94.32	116	88	22.86	132	10.29
梅州市	86	94.51	135	101	11.18	180	5.65
惠州市	49	98.00	86	69	58.05	74	6.99
汕尾市	47	97.92	74	36	24.96	25	2.63
中山市	19	100.00	28	26	139.48	16	7.68
江门市	58	100.00	81	61	46.30	112	10.57
阳江市	27	75.00	29	24	12.69	34	3.07
湛江市	78	98.73	168	84	19.19	541	9.18
茂名市	85	100.00	96	72	19.84	108	1.75
肇庆市	89	100.00	95	63	24.03	152	4.25
清远市	71	100.00	80	70	33.82	92	8.98
潮州市	35	94.59	57	35	27.38	71	3.36
揭阳市	50	81.97	63	27	23.99	18	2.03
云浮市	52	100.00	60	54	11.25	76	4.16

(续上表)

地区名称	年供水总量(万立方米)			供水管道长度(千米)		用水人口(万人)
		年生活用水量	年生产用水量		本年新增	
全　省	175621.80	65364.41	88820.11	32451.55	1632.78	1255.25
广州市	14018.71	3948.42	7062.57	2475.00	40.93	45.05
珠海市	1871.52	706.18	820.48	820.26	27.50	15.24
汕头市	13894.41	6376.19	7230.72	1363.45	56.35	134.15
佛山市	24896.41	4639.02	18012.09	1638.10	74.32	73.78
韶关市	2787.54	1550.70	975.31	1069.20	30.87	39.29
河源市	2745.50	1435.14	954.31	1499.78	109.54	37.96
梅州市	3394.59	2045.01	952.15	1556.83	188.46	49.64
惠州市	9097.43	2648.55	5771.31	1960.39	146.78	50.59
汕尾市	9205.78	5006.56	4134.42	1492.89	71.60	88.59
中山市	42251.42	11259.00	19862.73	4375.75	152.71	167.37
江门市	9257.89	2880.13	6147.72	2254.93	94.80	57.09
阳江市	1737.21	1193.50	543.71	720.59	56.70	28.22
湛江市	5728.75	2960.01	2629.95	2009.98	67.70	83.25
茂名市	5835.99	3972.52	1609.47	1087.30	49.10	78.81
肇庆市	6644.85	2778.37	3202.48	1385.33	69.58	54.24
清远市	8280.64	3185.61	4696.33	1682.50	108.50	54.30
潮州市	4748.61	3135.23	1423.87	2088.70	96.36	65.06
揭阳市	5819.27	3977.03	1281.02	1097.30	65.86	97.99
云浮市	3405.28	1667.24	1509.47	1873.27	125.12	34.61

(冯育文)

2011年广东省建制镇园林绿化及环境卫生情况

地区名称	园林绿化(公顷)				环境卫生
	绿化覆盖面积	绿地面积	本年新增	公园绿地面积	生活垃圾年清运量(万吨)
全　省	44547.46	27030.82	831.59	2883.68	533.02
广州市	2995.70	2038.79	12.03	149.45	35.53
珠海市	519.81	377.10	73.14	133.35	6.991
汕头市	2111.55	1314.41	16.85	54.19	94.331
佛山市	1421.22	952.20	35.80	213.90	31.231
韶关市	689.55	353.18	3.15	97.88	11.51
河源市	2018.48	741.29	1.51	22.87	9.93
梅州市	1159.97	515.18	49.05	64.68	13.29
惠州市	3790.55	2833.77	73.22	135.96	32.62
汕尾市	1234.35	750.92	6.70	74.86	36.47
中山市	9751.26	6094.89	128.27	816.55	80.25
江门市	3241.51	1587.73	50.72	240.76	25.22
阳江市	1606.73	1103.39	30.39	86.84	15.19
湛江市	2115.57	1156.98	23.93	36.47	22.22
茂名市	1620.60	873.49	16.56	354.89	23.37
肇庆市	924.80	509.71	45.76	155.79	17.68
清远市	921.93	570.48	84.48	68.56	18.46
潮州市	3737.14	2451.03	14.55	20.43	25.41
揭阳市	3363.03	1937.98	57.29	100.73	23.47
云浮市	1323.71	868.30	108.19	55.53	9.87

(续上表)

地区名称	环境卫生				
	生活垃圾年处理量（万吨）	无害化处理量（万吨）	生活垃圾中转站(座)	环卫专用车辆设备（辆）	公共厕所(座)
全　省	453.70	170.86	3059	6182	6924
广州市	30.84	23.580	157	774	349
珠海市	6.81	4.58	46	67	80
汕头市	55.11	9.73	291	798	798
佛山市	30.13	28.21	66	330	242
韶关市	10.62	0.45	137	314	173
河源市	8.30	2.20	162	143	126
梅州市	11.84	3.83	411	328	241
惠州市	29.56	4.99	82	257	196
汕尾市	35.42	0.00	24	336	568
中山市	80.25	80.25	97	297	335
江门市	24.00	0.41	234	469	312
阳江市	14.69	1.33	28	117	123
湛江市	20.73	1.65	183	320	446
茂名市	21.06	0.00	198	450	328
肇庆市	11.81	0.98	117	327	338
清远市	10.06	0.74	342	181	269
潮州市	22.37	0.00	254	255	1280
揭阳市	21.23	3.75	170	294	453
云浮市	8.88	4.19	60	125	267

(冯育文)

2011 年广东省建制镇燃气和道路桥梁及防洪情况

地区名称	用气人口（万人）	道路长度（千米）	本年新增	道路面积（万平方米）	本年新增	道路照明灯盏数（盏）	本年新增	桥梁座数（座）	本年新增	防洪堤长度(千米)	本年新增
全　省	1044.44	25144.50	1181.44	17898.71	827.75	515448	39343	5856	124	6941.18	216.89
广州市	14.93	1261.42	40.63	1139.28	35.08	34219	3799	361	9	969.90	0.20
珠海市	12.48	532.41	56.00	342.03	54.72	10194	1284	166	1	129.18	4.00
汕头市	92.53	1768.73	73.05	1533.35	43.15	26501	1787	585	3	242.77	2.60
佛山市	42.27	1213.56	47.94	1269.23	32.58	77790	1955	188	2	218.72	18.95
韶关市	30.64	750.85	21.35	493.06	7.57	3684	126	172	7	121.43	5.83
河源市	25.97	1106.58	22.35	521.62	17.69	7632	854	435	8	446.00	1.00
梅州市	43.92	1636.58	76.36	1010.00	58.80	76617	7429	485	35	603.06	75.15
惠州市	37.58	1391.05	123.37	992.29	90.65	39751	4609	309	8	384.58	9.95
汕尾市	82.82	2056.31	115.27	1269.50	54.26	14779	847	235	5	278.04	13.32
中山市	167.37	1334.07	49.72	731.95	27.34	75579	1283	453	2	587.17	12.64
江门市	51.41	1445.81	51.65	1128.64	44.42	31496	1798	386	6	452.68	16.05
阳江市	26.48	724.86	45.14	641.38	22.22	9257	2237	87	2	265.99	3.65
湛江市	73.17	2103.46	59.52	1314.74	45.89	11334	2130	188	3	314.58	3.49
茂名市	71.98	1620.89	85.24	1279.98	50.68	9889	1459	223	2	330.59	14.20
肇庆市	44.38	1133.90	44.38	724.61	18.57	13170	337	177	5	544.70	7.50
清远市	31.80	1241.44	117.12	803.24	118.19	14264	2280	308	6	428.29	17.85
潮州市	63.50	1203.35	68.73	702.34	38.68	31659	2439	646	6	303.78	4.80
揭阳市	106.96	1535.99	46.22	1128.02	25.67	19271	2323	299	10	183.47	3.51
云浮市	24.28	1083.24	37.40	873.45	41.59	8362	367	153	4	136.25	2.20

(冯育文)

村庄整治

【概况】 截至2011年，广东省共有17647个行政村，已开展村庄整治的行政村有5375个，占总数的30.46%，比上年提高4.11%；有生活垃圾收集点的行政村10231个，比上年增加194个。对生活垃圾进行处理的行政村7437个，比上年增加1114个；对生活污水进行处理的行政村2311个，比上年增加479个，年生活垃圾清运量472.5万吨，比上年增加18.46万吨。总体上，全省村庄生活垃圾和生活污水处理水平不高，难以满足村民生产生活的需要。

【村庄综合整治】 2011年，广东省住房和城乡建设厅发挥规划的统筹先导作用，以生活污水和生活垃圾的治理为重点，制定技术指引指导各地开展村庄整治工作，推广使用《广东省农村污水处理技术指引》，推动村庄结合实际情况建立适合自身特点的生活污水处理系统，提高了村镇生活污水处理能力。 (李玉泉)

2011年广东省村庄基本情况

地区名称	村庄现状用地面积（公顷）	村庄户籍户数（户）	村庄户籍人口（万人）	村庄暂住人口（万人）	行政村个数（个）	自然村个数(个)				
						合计	200人以下	201～600人	601−1000人	1000人以上
全　省	914442.84	10066482	4382.80	408.05	17647	145416	65828	53441	17363	8784
广州市	100918.07	717653	246.30	173.65	1065	4351	1507	2139	492	213
珠海市	15930.80	72518	21.83	9.02	109	325	17	203	45	60
汕头市	22752.01	314031	163.65	7.90	534	594	43	62	70	419
佛山市	23349.55	274779	98.07	65.60	290	2333	611	1142	345	235
韶关市	18388.89	457339	175.95	1.42	1058	10933	7094	3283	467	89
河源市	39467.16	534440	256.36	3.20	1234	8966	3239	3713	1515	499
梅州市	48094.63	775446	348.06	1.90	1883	12621	5865	4591	1601	564
惠州市	33798.67	411209	167.03	27.91	934	8139	4239	3249	455	196
汕尾市	96177.06	330384	186.00	4.55	739	3267	446	879	1031	911
中山市	75528.33	116020	48.19	49.87	215	756	142	298	157	159
江门市	53615.13	551125	206.49	16.07	876	9841	5421	3511	672	237
阳江市	32300.86	424474	174.75	3.48	648	8158	4165	3255	587	151
湛江市	148555.55	1141580	535.63	8.57	1497	11629	2451	5011	2788	1379
茂名市	60917.98	1123822	509.62	3.85	1536	21147	9504	7438	2987	1218
肇庆市	25248.47	661894	269.16	4.94	1226	12429	6905	4541	744	239
清远市	25472.24	705512	292.97	13.79	1071	17059	9279	5964	1441	375
潮州市	34082.76	294909	127.27	7.07	788	2647	632	1130	468	417
揭阳市	32436.78	753032	381.54	3.79	1207	2297	84	390	757	1066
云浮市	27407.90	406315	173.93	1.47	737	7924	4184	2642	741	357

(续上表)

地区名称	本年被合并自然村个数（个）	被合并到城镇建成区	村庄规划						村庄整治		
			已编制村庄规划的行政村个数（个）	本年编制	占全部行政村比例（%）	已编制村庄规划的自然村个数（个）	本年编制	占全部自然村比例（%）	已开展村庄整治的行政村个数（个）	本年新增	占全部行政村比例（%）
全　省	170	38	7686	1644	43.55	33552	9125	23.07	5375	1056	30.46
广州市	2	9	962	126	90.33	2412	7	55.44	389	56	36.53
珠海市	0	0	85	6	77.98	2	0	0.62	36	1	33.03
汕头市	0	0	205	19	38.39	193	0	32.49	44	5	8.24
佛山市	4	1	199	15	68.62	1193	125	51.14	105	52	36.21
韶关市	3	3	222	3	20.98	372	67	3.40	133	43	12.57
河源市	0	0	228	28	18.48	1299	100	14.49	414	80	33.55
梅州市	12	6	785	222	41.69	2503	658	19.83	671	189	35.63
惠州市	0	0	927	471	99.25	7962	4135	97.83	421	122	45.07
汕尾市	0	0	309	13	41.81	412	11	12.61	88	8	11.91
中山市	0	0	200	5	93.02	617	49	81.61	215	0	100.00
江门市	9	0	448	160	51.14	1286	413	13.07	486	129	55.48
阳江市	11	3	458	311	70.68	3156	2545	38.69	69	23	10.65
湛江市	14	3	1059	64	70.74	4763	422	40.96	549	68	36.67
茂名市	2	0	466	25	30.34	1805	43	8.54	282	40	18.36
肇庆市	0	0	37	8	3.02	594	112	4.78	396	57	32.30
清远市	59	0	213	43	19.89	1637	200	9.60	197	69	18.39
潮州市	3	3	145	8	18.40	142	28	5.36	109	44	13.83
揭阳市	51	10	194	44	16.07	224	103	9.75	146	37	12.10
云浮市	0	0	544	73	73.81	2980	107	37.61	625	33	84.80

（冯育文）

2011年广东省村庄建设投资情况

单位：万元

地区名称	本年建设投资							
	合计	房屋				市政公用设施		
		小计	住宅	公共建筑	生产性建筑	小计	供水	燃气
全　省	3003933	2378883	1743350	198796	436737	625050	80766	9769
广州市	579106	412305	297182	43610	71513	166801	12951	1332
珠海市	44544	12985	11488	537	960	31559	304	0
汕头市	133173	108991	81586	6258	21147	24182	4843	215
佛山市	361188	300029	163638	13033	123358	61159	6621	1853
韶关市	47069	40269	36742	889	2638	6800	1732	0
河源市	168447	153122	137487	5664	9971	15325	3208	227
梅州市	130727	77235	50520	14903	11812	53492	3923	3039
惠州市	148231	118782	65151	4817	48814	29449	5582	126
汕尾市	79973	59317	42133	12040	5144	20656	2689	1224
中山市	143408	107136	53705	12326	41105	36272	1955	0
江门市	107077	79748	44276	8612	26860	27329	3562	35
阳江市	51278	40192	36635	2732	825	11086	1125	0
湛江市	330138	293937	268549	14130	11258	36201	9887	542
茂名市	191135	182245	165118	11801	5326	8890	2490	42
肇庆市	96723	74027	63752	5345	4930	22696	1962	2
清远市	117391	102303	64050	20057	18196	15088	3354	0
潮州市	61481	50939	35169	4104	11666	10542	2504	0
揭阳市	155855	119124	88551	14095	16478	36731	11167	1052
云浮市	56989	46197	37618	3843	4736	10792	907	80

(续上表)

地区名称	本年建设投资							
	市政公用设施							
	道路桥梁	排水	污水处理	防洪	园林绿化	环境卫生	垃圾处理	其他
全　省	204064	102415	46547	111950	33721	59543	19502	22816
广州市	48093	33316	15058	27580	8686	28216	7414	6627
珠海市	4628	247	0	25759	196	190	0	235
汕头市	10232	2287	157	1351	1053	3394	767	807
佛山市	10108	10710	8831	16382	4838	9140	4801	1507
韶关市	3767	626	7	82	70	308	214	215
河源市	5605	1645	23	469	93	959	465	3119
梅州市	14561	2551	334	16918	8603	2818	1263	1079
惠州市	14627	1902	227	4832	674	1226	657	480
汕尾市	5717	6701	0	2044	338	922	364	1021
中山市	7011	15540	12412	4655	3202	3655	757	254
江门市	15026	2423	77	2778	903	1434	370	1168
阳江市	8198	264	13	52	164	218	62	1065
湛江市	14399	2920	90	2218	1771	1641	365	2823
茂名市	5012	497	68	150	131	477	178	91
肇庆市	15148	748	75	2869	190	803	164	974
清远市	6195	2094	628	1348	1135	858	195	104
潮州市	3916	1148	150	851	286	1364	697	471
揭阳市	5526	15676	8105	893	898	1191	544	328
云浮市	6295	1120	292	719	490	729	225	448

(冯育文)

2011年广东省村庄市政公用设施情况

地区名称	集中供水的行政村		年生活用水量(万立方米)	供水管道长度(千米)		用水人口(万人)	用水普及率(%)	人均日生活用水量(升)	用气人口(万人)	燃气普及率(%)
	个数(个)	比例(%)			本年新增					
全　省	9561	54.18	120940.60	47239.72	3106.98	2918.01	60.91	113.55	2019.44	42.15
广州市	873	81.97	16428.55	6727.73	282.55	330.00	78.58	136.39	141.85	33.78
珠海市	107	98.17	1333.24	586.92	34.00	27.78	90.05	131.49	23.53	76.27
汕头市	405	75.84	4467.75	1151.40	44.80	154.37	89.99	79.29	112.57	65.62
佛山市	287	98.97	7783.72	3651.88	85.68	159.03	97.17	134.10	113.44	69.31
韶关市	478	45.18	2467.37	2186.08	467.24	93.68	52.82	72.16	56.88	32.07
河源市	554	44.89	3947.18	2642.51	178.14	125.52	48.36	86.16	82.82	31.91
梅州市	828	43.97	5691.41	1970.16	382.08	136.13	38.90	114.54	105.07	30.02
惠州市	505	54.07	4598.82	2347.65	108.80	110.17	56.51	114.36	95.72	49.10
汕尾市	376	50.88	3997.00	923.16	106.49	125.44	65.83	87.30	95.48	50.11
中山市	215	100.00	9120.39	3176.91	81.91	133.56	136.20	187.09	118.25	120.59
江门市	780	89.04	5782.58	4283.97	111.52	172.89	77.68	91.63	147.06	66.08
阳江市	128	19.75	1369.98	596.05	117.60	48.18	27.03	77.90	65.75	36.89
湛江市	778	51.97	12197.22	1940.69	237.97	299.84	55.10	111.45	224.41	41.24
茂名市	328	21.35	11107.57	2036.76	198.25	252.87	49.25	120.35	143.25	27.90
肇庆市	903	73.65	6657.75	2164.55	81.43	145.21	52.98	125.61	96.38	35.16
清远市	557	52.01	10428.77	3420.66	207.50	219.66	71.61	130.07	77.62	25.30
潮州市	543	68.91	3640.67	2794.51	78.90	99.10	73.77	100.65	82.10	61.11
揭阳市	574	47.56	6178.70	1371.52	83.02	212.65	55.19	79.60	165.71	43.00
云浮市	342	46.40	3741.93	3266.61	219.10	71.93	41.01	142.53	71.55	40.79

(续上表)

地区名称	村庄内道路长度(千米)			村庄内道路面积(万平方米)			排水管道沟渠长度(千米)	
		本年新增	硬化道路		本年新增	硬化道路		本年新增
全　省	97779.77	3712.04	39227.19	111961.75	3624.31	29160.98	23263.03	1479.26
广州市	6871.08	400.37	1669.41	4972.82	276.39	1650.86	3398.89	165.26
珠海市	345.80	49.13	50.93	827.60	178.58	180.58	88.23	4.82
汕头市	1308.65	46.59	502.58	3926.30	45.68	366.59	772.50	28.12
佛山市	2316.55	64.52	984.99	1647.84	41.65	988.30	1575.60	93.01
韶关市	6279.24	114.40	2256.20	6505.84	122.24	3360.81	820.97	46.55
河源市	3586.52	156.71	2056.34	5262.33	339.60	1688.67	656.37	45.86
梅州市	6529.06	313.16	3120.81	4960.31	354.19	2027.15	1594.62	177.06
惠州市	8107.91	275.16	3296.51	8020.51	231.39	3037.99	902.41	91.33
汕尾市	1980.22	72.14	1121.06	1230.22	38.40	683.59	309.85	12.10
中山市	1625.66	78.16	1056.76	1291.44	52.24	881.19	25.59	0.20
江门市	6066.61	229.29	3053.18	3064.99	114.15	1502.13	2924.92	70.95
阳江市	4055.72	140.37	2110.05	9321.52	369.19	1160.70	327.82	14.10
湛江市	13617.40	456.59	3661.54	31428.56	503.22	2479.26	1773.53	83.50
茂名市	10768.66	299.28	3857.13	13420.91	178.26	3653.20	774.17	89.77
肇庆市	7256.97	214.63	2539.50	5547.85	188.55	1204.07	1827.58	59.70
清远市	4216.91	250.71	1310.82	2693.59	248.11	680.28	832.01	51.77
潮州市	2235.97	152.60	720.57	2279.28	91.71	303.71	899.12	127.92
揭阳市	2837.98	73.27	1780.14	1833.80	52.44	1259.35	1100.24	197.12
云浮市	7772.86	324.96	4078.67	3726.04	198.32	2052.55	2658.61	120.12

地区名称	对生活污水进行处理的行政村		年生活垃圾清运量(吨)	有生活垃圾收集点的行政村		对生活垃圾进行处理的行政村		无害化处理	
	个数(个)	比例(%)		个数(个)	比例(%)	个数(个)	比例(%)	个数(个)	比例(%)
全　省	2311	13.10	4724985.10	10231	57.98	7437	42.14	1227	6.95
广州市	357	33.52	960827.23	1018	95.59	793	74.46	342	32.11
珠海市	35	32.11	63049.30	107	98.17	95	87.16	54	49.54
汕头市	57	10.67	585245.87	381	71.35	238	44.57	65	12.17
佛山市	172	59.31	484601.50	290	100.00	282	97.24	213	73.45
韶关市	75	7.09	57944.90	462	43.67	304	28.73	0	0.00
河源市	42	3.40	122434.45	342	27.71	263	21.31	23	1.86
梅州市	58	3.08	208266.52	1006	53.43	888	47.16	19	1.01
惠州市	296	31.69	147592.10	766	82.01	453	48.50	42	4.50
汕尾市	11	1.49	66933.14	481	65.09	395	53.45	0	0.00
中山市	147	68.37	506950.00	202	93.95	202	93.95	202	93.95
江门市	57	6.51	296084.40	714	81.51	578	65.98	10	1.14
阳江市	0	0.00	35216.68	383	59.10	343	52.93	29	4.48
湛江市	45	3.01	239380.67	473	31.60	320	21.38	21	1.40
茂名市	26	1.69	149314.76	608	39.58	380	24.74	0	0.00
肇庆市	461	37.60	297683.80	972	79.28	224	18.27	63	5.14
清远市	54	5.04	84242.78	413	38.56	279	26.05	9	0.84
潮州市	1	0.13	182653.00	575	72.97	472	59.90	0	0.00
揭阳市	139	11.52	113368.50	703	58.24	629	52.11	61	5.05
云浮市	278	37.72	123195.50	335	45.45	299	40.57	74	10.04

(冯育文)

2011年广东省村庄房屋建设情况

地区名称	住宅				
	本年建房户数(户)	在新址上新建	年末实有建筑面积(平方米)	本年竣工建筑面积(平方米)	人均住宅建筑面积(平方米)
全　省	132451	77867	121312.70	2376.10	27.68
广州市	16216	6790	15008.58	222.30	60.94
珠海市	1865	978	543.95	13.55	24.92
汕头市	2719	2124	3688.99	77.07	22.54
佛山市	3787	2266	4784.33	122.16	48.78
韶关市	4801	3075	6596.55	56.44	37.49
河源市	11227	6795	6154.70	179.09	24.01
梅州市	3844	2565	6895.31	63.77	19.81
惠州市	5748	4333	4658.30	92.48	27.89
汕尾市	3890	1455	2738.94	90.12	14.73
中山市	3	3	2668.66	87.97	55.38
江门市	4010	2773	6522.51	51.21	31.59
阳江市	3563	2119	3203.10	51.79	18.33
湛江市	21952	14248	12685.60	372.58	23.68
茂名市	12654	7268	15049.59	253.40	29.53
肇庆市	6075	3454	5764.90	83.54	21.42
清远市	7741	2841	7167.92	124.50	24.47
潮州市	4778	2491	2821.25	42.35	22.17
揭阳市	10645	7159	5698.50	70.64	14.94
云浮市	6933	5130	8661.02	321.14	49.80

地区名称	危房改造		公共建筑		生产性建筑	
	2009年以来已改造C级和D级危房户数(户)	本年完成	年末实有建筑面积(平方米)	本年竣工建筑面积(平方米)	年末实有建筑面积(平方米)	本年竣工建筑面积(平方米)
全　省	54791	23303	6825.88	196.06	14798.55	658.01
广州市	8027	3766	1170.13	36.34	3661.86	72.31
珠海市	4418	2200	22.43	0.72	127.82	2.10
汕头市	26	26	263.04	7.12	396.86	27.17
佛山市	463	260	348.65	11.30	3786.07	273.14
韶关市	2974	330	254.72	1.14	198.28	5.54
河源市	6681	4534	125.72	8.51	73.79	16.21
梅州市	2131	1047	208.98	12.90	198.55	10.27
惠州市	4952	698	526.81	6.11	1214.95	80.75
汕尾市	283	39	88.35	4.32	59.41	5.04
中山市	35	15	260.98	22.77	884.42	44.74
江门市	1343	394	503.68	9.25	759.76	35.09
阳江市	885	505	98.00	2.89	41.63	1.15
湛江市	9006	3518	708.95	17.77	481.92	15.58
茂名市	1756	627	983.83	14.54	459.54	10.51
肇庆市	1380	168	297.86	8.22	400.66	8.47
清远市	869	524	298.44	11.94	184.88	14.47
潮州市	1422	1162	279.91	5.43	1465.98	14.20
揭阳市	7528	3256	184.28	10.34	238.14	8.26
云浮市	612	234	201.12	4.45	164.03	13.01

(冯育文)

重点工程建设

□全省安排重点建设项目二百八十项

□完成投资四千三百四十九亿元

□二十一个重点项目建成投产

□四十三个重点项目新开工建设

□二十四个项目获国家批准建设

综　述

【概况】　2011年，广东省共安排重点项目280项，总投资31508亿元，年度计划投资4300亿元，全年完成投资4349亿元，为年度投资计划的101.1%。建成投产深圳地铁1号线、5号线、2号线东延线、3号线西延线、广深港客运专线（广州南站至深圳北站段）、揭阳潮汕机场、惠东平海电厂2号机、惠州抽水蓄能电站7~8号机、深圳岭澳核电二期、湛江奥里油电厂油改煤工程、深圳华星光电第8.5代薄膜晶体管液晶显示器件、河源汉能薄膜太阳能电池、肇庆华南再生资源产业基地一期工程、辛亥革命纪念馆等21个项目，新开工建设广州地铁6号线二期和9号线一期、梅大高速公路东延线、深圳抽水蓄能电站、珠海横琴岛燃气多联供、中新广州知识城起步区、东莞散裂中子源基地、汕头核级海绵锆及复合氧化锆、中铁南方装备制造基地、佛山一汽—大众汽车有限公司广东轿车、中科合资广东炼化一体化、河源中兴通讯生产研发培训基地、湛江粤西再生资源产业基地等43个项目。获国家批准建设中科合资广东炼化一体化、深圳至茂名铁路等24个项目，总投资约2422亿元；获国家批准梅州抽水蓄能电站、陆丰核电项目一期工程、西气东输三线天然气管道工程、珠海碧辟年产125万吨PTA三期扩建工程等27个项目开展前期工作，总投资约2022亿元。

【珠江三角洲城际轨道交通项目】　按照2009年国家发展改革委批复的《珠江三角洲城际轨道交通网规划（2009年修订）》确定的目标，到2030年珠江三角洲地区将形成以广州、深圳、珠海为主要枢纽，覆盖区内主要城镇，便捷、快速、安全、高效的城际轨道交通网络，近期实现以广州为中心、主要城市间1小时互通以及珠三角中部、东部和西部三大都市区内部1小时互通，到2020年基本建成珠江三角洲城际轨道交通网，网络规模达到1480千米。2011年，广东省加强沟通衔接，加大协调力度，筹措建设资金，推进城际轨道交通建设。珠江三角洲城际轨道交通在建项目2011年累计完成投资79.3亿元，开工累计完成投资150.97亿元，占总投资的21%；项目前期工作积极推进，穗莞深城际广州至东莞段、广佛环线佛山西至广州南段、佛莞城际广州南站至望洪站段、珠海市区至珠海机场等4个城际轨道交通项目建议书获部、省联合批复，深圳至茂名铁路、合浦至湛江铁路项目建议书获国家批复。　*(梁翼)*

2011年广东省重点建设项目计划投资情况

单位：万元

序号	项目名称	总投资	到2010年底累计完成投资	2011年投资计划
	合计280项	315076697	77197639	43000000
一	综合交通运输工程（70项）	91686930	22740008	11982000
	轨道交通网项目	52231726	15387308	5690000
	高速公路网项目	32440457	6046387	5340000
	高等级航道网项目	386520	154230	93000
	港口集疏运系统项目	3154851	493996	577000
	机场集疏运系统项目	3473376	658087	282000
二	清洁能源保障工程（49项）	48429154	13918023	8917000
	电源项目	30459191	10167646	4752000
	电网项目	10131573	2941636	3272000
	石油天然气项目	7838390	808741	893000
三	现代产业工程(95项)	135362368	26197914	14931000
	现代服务业项目	53096789	12846820	5509000
	战略性新兴产业项目	19698794	3466759	3099000
	先进制造业项目	42063269	4390191	3655000
	传统产业升级项目	18807206	4897960	2338000
	现代农业项目	1696311	596184	330000
四	水利工程(15项)	2684272	817830	754000
五	宜居城乡工程(12项)	22199968	9052035	3462000
六	绿色生态工程(15项)	2837840	674456	256000

(续上表)

序号	项目名称	总投资	到2010年底累计完成投资	2011年投资计划
	生态建设项目	1347640	281351	107000
	资源节约与综合利用项目	1490200	393105	149000
七	民生保障工程(11项)	5857831	82919	1684000
八	文化强省工程(13项)	6018334	3714455	1014000
	国民教育项目	5761993	3663807	942000
	文化艺术项目	256341	50648	72000

(梁翼)

2011年广东省安排的部分重点工程项目

序号	项目名称	建设内容及规模	建设起止年限	2011年投资计划(万元)
	城市轨道交通项目			
1	广佛城际轨道交通项目	轨道交通32.4千米	2007~2012	60000
2	穗莞深城际轨道交通项目	轨道交通73.3千米	2008~2013	420000
3	莞惠城际轨道交通项目	轨道交通99.8千米	2009~2013	650000
4	佛山至肇庆城际轨道交通项目	轨道交通84.8千米	2009~2013	500000
5	广珠城际轨道交通项目	轨道交通142.2千米	2005~2011	85000
6	广清城际轨道交通项目	轨道交通50千米	2011~2015	50000
7	广佛环线(佛山西站至广州南)	轨道交通40千米	2011~2013	100000
8	佛莞城际轨道交通项目(广州南至道滘站段)	轨道交通38千米	2011~2013	100000
9	广州市城市轨道交通项目	地铁88.8千米	2003~2013	430000
10	深圳市城市轨道交通项目	地铁199千米	2006~2015	740000
11	东莞市城市快速轨道交通R2线	地铁37.7千米	2010~2015	180000
	宜居城乡工程			
12	大中城市城中村改造工程	200个城中村改造,改造面积6000万平方米	2007~2015	1960000
13	城市垃圾处理项目			131000
	广州李坑生活垃圾焚烧发电二厂	垃圾处理能力2000吨/日	2009~2011	47000
	珠海西部固体废弃物无害化处置中心	垃圾处理能力1000吨/日	2010~2013	28000
	梅州兴宁黄泥坑、蕉岭、平远垃圾填埋场	垃圾处理能力730吨/日	2010~2014	6000
	汕尾生活垃圾无害化处理中心首期工程	垃圾处理能力700吨/日	2011~2013	15000
	江门市旗杆石、台山下豆坑、恩平生活垃圾卫生填埋场	垃圾处理能力1800吨/日	2009~2012	22000
	揭阳揭西、惠来、大南山侨区生活垃圾卫生填埋场	垃圾处理能力750吨/日	2008~2013	7000
	茂名锡塘生活垃圾处理场	垃圾处理能力350吨/日	2010~2012	6000
14	危险废物处理项目			35000
	广州市废弃物安全处置中心	废弃物填埋量86万立方米,配套建设调配交换中心、物理化学处理车间、稳定化/固化车间、渗滤液/污水处理系统等辅助设施	2004~2012	5000
	韶关粤北危险废物处理处置中心	年处理废物34.3万吨	2009~2011	10000

(续上表)

序号	项目名称	建设内容及规模	建设起止年限	2011年投资计划(万元)
	中山市固体废物综合处理中心	市政污水厂剩余污泥处理区、印染污泥处理区、废旧金属资源再生处理区、高科技环保设备产品生产区、公共工程区等	2010~2012	20000
15	潮州长城废弃陶瓷综合利用项目	年产瓷泥33万吨	2009~2017	5000
16	佛山废电子电器回收拆解及资源循环利用项目	年回收拆解处理及循环利用废旧电子电器产品约18.8万吨	2009~2011	50000
17	汕头潮阳区贵屿镇废弃电器电子产品集中处理场	年拆解废弃电器140万吨	2010~2012	20000
18	污水处理项目			929000
	广州市	水环境综合整治工程，包括城市生活污水治理工程，建设污水处理厂（系统）38座、污水泵站75座、铺设污水管网1140公里；农村生活污水治理工程，覆盖246个村，覆盖人口65.9万人；调水补水工程，建设泵站24座、水闸37座；水浸街治理工程，治理水浸街228处；河涌综合整治工程，整治河涌121条，新增水边绿地面积586.56万平方米	2009~2011	700000
	汕头市	北轴污水处理厂、南区污水处理厂濠江分厂、谷饶污水处理厂、南区污水处理厂海门分厂、潮阳区贵屿镇污水处理厂，处理能力约32万吨/日	2008~2012	60000
	佛山市	顺德龙江污水处理厂二期及配套管网、容桂第二污水处理厂一期及配套管网、顺德区陈村污水处理厂，处理能力13万吨/日	2010~2015	7000
	河源市	龙川县宝通（鹤市）污水处理厂，处理能力3万吨/日	2010~2012	2000
	汕尾市	汕尾东区污水处理厂首期工程，处理能力4万吨/日	2009~2012	4000
	中山市	古镇、三乡、大涌、坦洲、港口、黄圃、三角、民众等镇区生活污水处理厂，处理能力35万吨/日	2009~2015	20000
	江门市	台山市台城污水处理二期工程、杜阮污水处理厂、棠下污水处理厂、江海污水厂配套截污管网工程（二期)、礼乐片区污水管网建设（首期)、高沙港片区截污工程，处理能力13万吨/日	2010~2012	67000
	湛江市	城镇污水处理设施，处理能力47.5万吨/日	2008~2011	40000
	肇庆市	肇庆高新区第一污水处理厂二期工程，处理能力4万吨/日	2011~2012	6000
	揭阳市	城镇污水处理设施，处理能力41万吨/日	2009~2011	23000
19	流域综合整治项目			200000
	东江支流淡水河流域（惠阳段）综合整治工程	整治河段34.6千米	2009~2012	40000
	淡水河流域污染综合整治工程（深圳、惠州)	城镇污水处理厂和配套管网、分散污水处理设施、河道清淤、工业企业污染治理、关停、搬迁等	2009~2020	80000
	石马河流域污染综合整治工程（深圳、东莞)	城镇污水处理厂和配套管网、分散污水处理设施、河道清淤、工业企业污染治理、关停、搬迁等	2009~2020	80000
20	梅州城区江南东片人居环境改善工程	基础设施建设	2007~2011	10000
21	肇庆高新技术产业开发区水系建设工程	大旺围堤防加固、独水河改造及区内排渠、水库、湖泊、河涌、泵站等	2010~2015	30000
22	顺德生态环保产业园区	生态环保等产业项目	2010~2014	80000
23	揭阳普宁白坑湖综合整治工程	白坑湖综合整治，建设环湖堤6.6公里	2010~2012	12000

(续上表)

序号	项目名称	建设内容及规模	建设起止年限	2011年投资计划(万元)
	生态建设项目			
24	南岭山地森林生态及生物多样性功能区保护与建设项目	南岭山地森林生态及生物多样性功能区范围内保护与建设项目，主要包括功能区内生物多样性保护修复工程、国家森林公园、风景名胜区保护开发项目、生态旅游项目等	2009~2015	30000
	韶关市	乐昌市、南雄市、始兴县、仁化县和乳源瑶族自治县生态及生物多样性功能区保护与建设项目，包括韶关市丹霞山生态开发项目、乳源南岭国家森林公园生态开发项目等		10000
	河源市	龙川县、连平县和和平县生态及生物多样性功能区保护与建设项目		10000
	梅州市	兴宁市、平远县和蕉岭县生态及生物多样性功能区保护与建设项目，包括梅州平远南台卧佛山旅游开发项目等		10000
25	湿地及自然保护区工程	自然保护区示范省建设项目、广东国家级自然保护区基础设施建设项目、湿地保护与恢复工程	2007~2013	6000
26	水源涵养林及沿海防护林工程	水源涵养林,人工造林20.9万公顷,封山育林68.5万公顷;沿海防护林,造林3.75万公顷	2011~2015	8000
27	佛山云东海湖生态恢复建设项目	云东海生态养殖及观光农业基地工程及引水工程、排水工程和湿地公园等	2009~2012	35000
28	江门天沙河绿化及核心区人工水系景观工程	路堤结合，绿化面积约46万平方米	2009~2013	8000
29	广州青山绿地二期工程	绿地1.2万公顷	2007~2012	20000
	资源节约与综合利用项目			
30	广州开发区循环经济建设项目	科学城、九龙垃圾压缩中转站，西区、东区、永和、黄陂、九龙、镇龙、九佛及萝岗中心区水质净化厂及污水管网配套、雨污分流等环保环卫基础设施建设，中水回用系统建设，节能技术改造，污泥无害化处理，二氧化碳可降解材料等	2007~2012	30000
31	云浮硫铁矿循环经济工程	选矿100万吨/年，高铁硫酸烧渣综合利用30万吨/年	2008~2011	19000
32	惠州再生资源产业基地	再生资源回收网络体系、物流中心、废物处理区等	2009~2014	25000
33	湛江粤西再生资源产业基地项目	再生资源工业区、物流中心及废旧电子电器回收拆解利用等	2011~2014	10000
34	肇庆华南再生资源产业基地一期工程开发建设项目	年加工利用45万吨废旧塑料	2008~2011	5000
35	肇庆亚洲金属资源再生工业基地	污染处理区、科研试验区等，拆解产能200万吨/年	2006~2012	10000
36	揭阳再生资源城	再生资源交易区、仓库、拍卖中心及相关配套设施等	2009~2013	20000
37	佛山广东科达清洁燃煤气化系统技术改造项目	年产清洁燃煤气化装置300套	2007~2015	20000
38	揭阳达华农业节能节水装备生产基地	年产灌溉面积6.67公顷节水装备及年产6万套太阳能灭虫灯节能系统	2010~2012	10000
	民生保障工程			
39	保障性住房	2011年建设保障性住房31万套		1300000
40	十四届省运会（湛江）体育场馆建设项目	主体育场、游泳跳水馆、跳水训练馆、综合训练馆海上运动基地等场馆及配套设施	2011~2013	10000
41	梅县体育运动中心（三馆一场）	建筑面积2.1万平方米	2010~2012	10000

（续上表）

序号	项目名称	建设内容及规模	建设起止年限	2011年投资计划（万元）
42	广东乳源民族体育训练基地	体育训练用场地及附属设施	2010~2012	10000
43	省疾病预防控制中心	建筑面积6.3万平方米	2010~2012	24000
44	国家级工伤康复基地	建筑面积4.7万平方米	2008~2011	10000
45	省残疾人康复基地	建筑面积11.5万平方米	2011~2013	8000
46	省社会福利服务中心	建筑面积3.2万平方米	2011~2014	15000
47	广州（珠江）国际生命健康项目	首期医院、养老项目，建设医学科研中心、综合中医院、综合西医院、综合服务中心、重度护理中心、家属接待中心及相关生活和商业配套	2011~2014	261000
48	省公安消防应急反应系统基础设施	全省灭火救援指挥中心、区域性战勤保障中心、陆地搜寻与救护基地等	2006~2012	22000
49	省公安厅警用直升机保障基地业务用房项目	飞行区、机房和工作区、业务技术和生活用房、各类保障设施	2010~2011	14000
	国民教育项目			
50	高校建设工程	教学设施建筑面积128.4万平方米		189000
	广州民航职业技术学院花都校区	教学设施建筑面积26.1万平方米	2009~2011	20000
	广东纺织职业技术学院高明校区一期工程	教学设施建筑面积12.2万平方米	2009~2011	10000
	南方科技大学校区建设工程	首期工程教学设施建筑面积23.4万平方米	2010~2012	30000
	广东工贸职业技术学院白云校区一期工程	教学设施建筑面积2.6万平方米	2009~2012	12000
	广东青年干部学院白云校区一期工程	教学设施建筑面积1.6万平方米	2010~2012	22000
	广东理工职业学院中山校区二期工程	教学设施建筑面积5.3万平方米	2009~2012	9000
	茂名职业技术学院新校区工程	教学设施建筑面积31.2万平方米	2009~2013	12000
	广东机电职业技术学院钟落潭校区二期工程	教学设施建筑面积6.9万平方米	2010~2013	10000
	广东技术师范学院江高校区	教学设施建筑面积19.1万平方米	2010~2012	15000
	中山大学新华学院东莞校区	教学楼、实验楼、学生宿舍、学生街、多功能体育馆、学生饭堂、教工宿舍、设备用房、图书信息大楼等	2011~2012	49000
51	普及高中阶段教育工程	教学设施建筑面积1440万平方米，其中普通高中530万平方米，中职学校910万平方米	2007~2011	400000
52	技工学校建设工程	教学设施建筑面积177.5万平方米		253000
	广州市	广东省技工教育示范基地、厅直属四所技校及市三所技工学校的教学楼、实训设施、学生宿舍、图书馆和食堂等配套建设工程，建筑面积79.19万平方米	2008~2015	95000
	汕头市	厅直属一所技校、汕头高级技工学校收购北大附中校产增设新校区的教学楼、实训楼和学生宿舍等配套建设工程，建筑面积15.9万平方米	2008~2011	14000
	佛山市	佛山市高级技工学校的教学楼、实训楼和学生宿舍等配套建设工程，建筑面积20.8万平方米	2009~2011	42000
	韶关市	厅直属两所技校的教学楼、实训楼和学生宿舍等配套建设工程，建筑面积7.53万平方米	2008~2012	4000
	梅州市	市三所技校学生宿舍楼、实训楼、食堂和体育馆等配套建设工程，建筑面积5万平方米	2008~2011	4000
	惠州市	市三所技校学生宿舍楼、实训楼和图书馆等配套建设工程，建筑面积20.76万平方米	2008~2012	38000

(续上表)

序号	项目名称	建设内容及规模	建设起止年限	2011年投资计划(万元)
	江门市	江门市高级技工学校第二校区的教学实训楼等配套建设工程，建筑面积12.5万平方米	2009~2011	22000
	湛江市	市两所技校教学楼、实训楼和学生宿舍楼等配套建设工程，建筑面积4.82万平方米	2009~2011	9000
	茂名市	市五所技校教学楼、实训楼和学生宿舍楼等配套建设工程，建筑面积15.7万平方米	2008~2011	12000
	揭阳市	市技校教学楼建筑面积10.2万平方米	2009~2011	6000
	云浮市	云浮市农民工培训和技工教育实训基地教学楼、实训楼、图书馆、学生宿舍、运动场等配套建设工程，建筑面积10万平方米	2009~2012	7000
53	广东省职业技能鉴定中心南海基地	建筑面积24万平方米	2009~2013	30000
54	广东省人力资源市场及人力资源社会保障集中式一体化信息系统（容灾中心）项目	建设省级人力资源市场、人力资源社会保障数据和业务信息集中处理、集中管理和集中存储的大型计算机信息系统	2010~2015	60000
55	省教育考试命题及保密印刷基地	建筑面积3.1万平方米	2010~2011	10000
	文化艺术项目			
56	辛亥革命纪念馆	建筑面积1.8万平方米	2010~2011	15000
57	广东演艺中心（含群众艺术馆）工程	建筑面积2万平方米	2008~2011	5000
58	广东粤剧艺术演艺大楼工程	建设面积1.88万平方米	2009~2011	7000
59	广东社会科学中心	建筑面积4万平方米	2009~2011	5000
60	潮州古城文化旅游开发项目	潮州古建筑、古民居展示区、潮剧、潮乐等潮州文化展示平台、海外潮人博物馆等	2010~2015	5000
61	广东画院新址	建筑面积4.7万平方米	2011~2013	20000
62	顺德孔雀廊原创（流行）音乐产业制作项目	艺术家之家、演艺培训院、多功能演播厅、制作集群中心等	2011~2015	15000

(梁翼)

重点工程项目选介

【深圳华星光电第8.5代薄膜晶体管液晶显示器件项目】 深圳华星光电第8.5代薄膜晶体管液晶显示器件项目总投资245亿元，设计产能为月加工玻璃基板10万张，年产26英寸、32英寸、46英寸以及55英寸液晶电视模组约1400万块。项目由深圳市华星光电技术有限公司负责建设，建设起止年限为2009至2011年。项目于2011年10月12日完成量产，并于10月31日顺利出货。

▲截至2011年底，正在兴建的广州至乐昌高速公路累计完成投资114亿元。

(广东省发展和改革委员会重点项目处供稿)

【广州至乐昌高速公路】 广州至韶关乐昌高速公路全长300.8千米，

▲*截至2011年底，建设中的阳江核电站累计完成投资242亿元。*

(广东省发展和改革委员会重点项目处供稿)

总投资333亿元，按双向4车道高速公路标准设计，起于广州市机场高速公路北延线，止于湘粤两省交界地小塘，途经广州、韶关、清远三市，将有望分流日益繁忙的京珠北高速公路车流，化解京珠北高速公路穿越常年雾区以及冬季路面结冰带来的严重交通安全问题，提高粤北救灾应急能力，并成为广州白云国际机场直接北上的重要通道，对带动粤北山区特别是沿线欠发达县、镇经济社会跨越式发展具有促进作用。项目由广东省高速公路有限公司负责建设，建设起止年限为2009至2014年。截至2011年底，累计完成投资114亿元，项目已办理用地预审，整体用地报批材料已经国土资源部批复，2011年进行路基、桥涵、隧道施工。

【阳江核电站】 阳江核电站总投资695亿元，装机总容量6×108万千瓦。项目由阳江核电有限公司负责建设，建设起止年限为2008至2017年。截至2011年底，累计完成投资242亿元，进行1、2、3、4号机组核岛结构施工。

【河源汉能薄膜太阳能电池项目】 河源汉能薄膜太阳能电池项目总投资90亿元，一期年产60万千瓦太阳能电池，二期年产40万千瓦太阳能电池。项目由广东汉能光伏有限公司负责建设，建设起止年限为2009至2013年。截至2011年底，累计完成投资65亿元，年产250MW薄膜太阳能电池生产线已于2011年11月19日正式投产。

【清远水利枢纽工程】 清远水利枢纽工程总投资16亿元，总库容3.02亿立方米，装机4.4万千瓦。项目由清远市粤华电力有限公司负责建设，建设起止年限为2009至2012年。截至2011年底，累计完成投资12亿元。右岸13台固定卷扬机已安装完成，船闸工程基本完成并投入试通航，正进行左岸泄水闸及厂房、大燕河水闸启闭机安装施工。

(梁翼)

勘察设计

□ 完成工程设计施工图投资额五千五百四十六点九四亿元

□ 完成工程勘察设计合同额三百二十六点九七亿元

□ 开展岭南特色规划与建筑设计评优活动

□ 加强施工图审查监督管理

□ 加强建筑设计粤港合作

综　　述

【概况】 2011年，据统计广东省工程勘察设计行业从业人员23.67万人，全年完成工程设计施工图投资额5546.94亿元，完成工程勘察设计合同额326.97亿元，其中工程勘察合同额39.79亿元，工程设计合同额287.18亿元。全省施工图设计文件审查机构81家，其中一类56家，二类25家；建筑类77家，市政类26家，工程勘察3家，建筑、市政综合类27家。施工图审查人员约2000人。

【岭南特色规划与建筑设计评优活动】 2011年，为传承和弘扬岭南建筑传统文化，落实中共广东省委、省政府的批示精神，保护岭南特色建筑，传承和弘扬岭南文化，调动广大设计人员创作岭南特色建筑精品的积极性，经广东省人民政府批准，广东省住房和城乡建设厅开展广东省岭南特色规划与建筑设计评优活动。参评项目为主要针对2000年以来广东省建成或修缮完成的规划和建筑设计项目。设5个单项奖，分别是岭南特色建筑设计奖、岭南特色乡村民居奖、岭南特色园林设计奖、岭南特色规划设计奖和岭南特色街区奖。

各地对评优活动反应热烈，共收到申报项目422个；不少部门在门户网站开辟有关岭南建筑文化的专栏，吸引当地著名专家、学者发表言论，营造舆论氛围。

2011年11月22~23日，广东省住房和城乡建设厅组织专家评选工作。邀请中国工程院院士、国家工程设计大师何镜堂和崔恺，以及国家工程设计大师郭明卓、柴裴义、孟建民等45位省内外和香港、台湾建筑、规划、园林、文化、民俗等领域的著名专家、学者担任评审专家。评优活动严格按照工作方案进行，各单项专家评审委员会独立开展评审。评审前，由专家评审委员会研究制定评审标准；评审过程中，专家们对每个申报项目进行评审，各抒己见，民主表决，对不符合评审标准的项目进行逐轮淘汰。对拟提名的获奖项目（特别是金奖项目）进行现场查勘核实，确保评审出真正的岭南建筑精品。

经过评审，评出2000年以来广东省具有岭南特色的规划和建筑项目69个，其中，金奖5个，银奖25个，铜奖39个。各单项中，建筑设计奖金奖2个，银奖5个，铜奖12个。乡村民居奖金奖空缺，银奖4个，铜奖4个。园林设计奖金奖2个，银奖7个，铜奖9个。规划设计奖金奖空缺，银奖6个、铜奖9个。街区奖金奖1个、银奖3个、铜奖5个。岭南特色规划与建筑设计评优活动得到社会各界的广泛关注，吸引多家媒体进行报道。

评优活动在建筑、规划设计业界产生了极大的影响。省内许多设计院和研究所纷纷开展关于岭南建筑文化的研讨，增强设计师对岭南建筑文化精髓的学习与吸收，将岭南建筑文化元素融入到新的建筑设计产品中。此次评优活动，有效地引导全省各地加强对岭南特色建筑的保护，对弘扬岭南特色文化起积极作用。

【建筑设计粤港合作】 2011年，为落实《内地与香港关于建立更紧密经贸关系的安排补充协议七》、《内地与香港关于建立更紧密经贸关系的安排补充协议八》，促进粤港两地的文化交流与经贸合作，繁荣设计创作，广东省住房和城乡建设厅对取得内地注册建筑师、注册结构工程师互认资格的香港建筑师和结构工程师举办注册前的法规测试。9月16~17日，省住房和城乡建设厅联合香港贸易发展局等相关部门在深圳举办第一期取得内地互认资格的香港建筑师、结构工程师等专业人士在广东省注册执业法律法规测试试前培训班，165位香港建筑师参加培训。9月24日开展测试，169名香港建筑师参加法律法规测试。

10月上旬，省住房和城乡建设厅开展香港专业人士在粤执业的分析评估和制定作为企业资质要求人员认定条件的工作。通过与香港建筑师学会和工程师学会沟通，听取香港专业人士的诉求，并向取得内地资格互认的香港一级注册建筑师发放《香港注册建筑师来粤执业意向调查草表》，调查表内容涵盖香港建筑师在香港的注册执业基本情况、年龄分布情况、来内地工作的意向，以及申办企业资质的人员认定条件的意见和建议。根据调查内容，11月2日省住房和城乡建设厅向住房和城乡建设部报送《关于香港建筑师、结构工程师来粤执业评估报告的函》，建议取得注册证书和执业印章的香港建筑师和结构工程师可以作为广东建设工程设计企业申请企业资质时所要求的注册执业人员予以认定。12月27日，住房和城乡建设部同意广东先行先试，允许取得内地互认资质的香港专业人士在广东注册执业和作为资质标准要求的注册执业人员申请企业资质。

（何志坚）

2011年广东省勘察设计企业资质情况

单位：个

地区名称	企业个数	工程勘察		工程设计				专项合计	其中：		建筑装饰	
		甲级	乙级	甲级	乙级	丙级	其他		甲级	乙级	甲级	乙级
全　省	1252	40	47	239	206	160	3	293	149	130	77	50
广州市（含省直）	320	10	7	86	46	15	0	81	50	31	17	6
深圳市	309	12	3	89	22	0	0	101	74	27	49	12
珠海市	54	1	2	11	6	3	0	14	5	9	1	3
汕头市	39	1	1	5	9	4	0	16	3	10	2	7
佛山市	128	4	8	18	20	25	0	32	7	19	6	7
韶关市	17	1	3	2	4	6	0	1	0	0	0	0
河源市	22	2	3	0	3	12	0	0	0	0	0	0
梅州市	21	1	1	2	9	5	0	3	0	3	0	1
惠州市	38	1	2	5	12	6	1	6	1	5	1	1
汕尾市	10	0	2	0	2	4	0	2	0	2	0	0
东莞市	44	0	0	5	7	2	0	11	5	6	0	0
中山市	55	2	0	4	11	7	0	9	3	6	0	6
江门市	56	1	4	3	16	17	0	5	1	4	1	1
阳江市	17	0	1	0	8	5	0	3	0	1	0	1
湛江市	16	3	0	2	3	6	0	1	0	1	0	1
茂名市	28	0	2	2	9	10	0	2	0	2	0	1
肇庆市	24	1	4	2	6	8	0	2	0	1	0	1
清远市	22	0	1	1	8	7	2	1	0	1	0	0
潮州市	11	0	0	1	1	8	0	0	0	0	0	0
揭阳市	12	0	1	1	2	5	0	3	0	2	0	2
云浮市	9	0	2	0	2	5	0	0	0	0	0	0

地区名称	环境工程		风景园林		照明工程		建筑智能化	消防工程		建筑幕墙		轻型钢结构		设计施工一体化
	甲级	乙级	甲级	乙级	甲级	乙级		甲级	乙级	甲级	乙级	甲级	乙级	
全　省	7	19	6	28	1	4	13	33	19	13	4	1	4	264
广州市（含省直）	6	7	2	12	0	0	5	19	4	2	1	0	0	75
深圳市	0	1	2	8	1	2	6	8	1	7	1	1	2	82
珠海市	0	2	0	1	0	0	0	1	2	3	0	0	1	17
汕头市	0	0	0	1	0	1	2	0	0	0	0	0	0	3
佛山市	0	3	0	3	0	0	0	1	4	0	2	0	0	21
韶关市	0	0	0	0	0	0	0	0	0	0	0	0	0	0
河源市	0	0	0	0	0	0	0	0	0	0	0	0	0	2
梅州市	0	2	0	0	0	0	0	0	0	0	0	0	0	0
惠州市	0	1	0	2	0	1	0	0	0	0	0	0	0	5
汕尾市	0	1	0	0	0	0	0	0	1	0	0	0	0	0
东莞市	0	0	1	1	0	0	0	4	4	0	0	0	1	19
中山市	1	0	1	0	0	0	0	0	0	1	0	0	0	22
江门市	0	1	0	0	0	0	0	0	2	0	0	0	0	10
阳江市	0	0	0	0	0	0	0	0	0	0	0	0	0	0
湛江市	0	0	0	0	0	0	0	0	0	0	0	0	0	1
茂名市	0	0	0	0	0	0	0	0	1	0	0	0	0	3
肇庆市	0	0	0	0	0	0	0	0	0	0	0	0	0	1
清远市	0	1	0	0	0	0	0	0	0	0	0	0	0	2
潮州市	0	0	0	0	0	0	0	0	0	0	0	0	0	1
揭阳市	0	0	0	0	0	0	0	0	0	0	0	0	0	0
云浮市	0	0	0	0	0	0	0	0	0	0	0	0	0	0

（凌红梅）

2011年广东省勘察设计企业登记注册情况

单位：个

地区名称	企业个数	企业经济类型											
		内资											
		合计	国有企业	集体企业	股份合作企业	联营企业			有限责任公司		股份有限公司	私营企业	
						国有	集体	其他	国有独资公司	其他有限责任公司		私营独资	私营合伙
全省	1252	1220	203	31	5	1	1	2	8	543	71	8	23
广州市(含省直)	320	311	69	1	2	1	0	1	5	103	12	1	5
深圳市	309	294	20	0	1	0	0	1	2	116	24	1	15
珠海市	54	49	6	0	0	0	0	0	0	42	1	0	0
汕头市	39	39	15	1	0	0	0	0	0	17	0	0	0
佛山市	128	126	2	0	0	0	0	0	0	90	9	0	0
韶关市	17	17	8	2	0	0	0	0	0	4	2	0	0
河源市	22	22	6	5	0	0	0	0	0	5	4	0	0
梅州市	21	21	6	1	0	0	0	0	0	9	2	0	0
惠州市	38	38	10	2	1	0	0	0	0	10	4	0	1
汕尾市	10	10	4	3	0	0	0	0	0	2	0	0	0
东莞市	44	44	1	2	0	0	0	0	0	19	1	3	0
中山市	55	55	3	2	0	0	0	0	0	42	2	2	1
江门市	56	56	6	2	0	0	0	0	0	37	0	1	0
阳江市	17	17	5	0	0	0	1	0	0	4	2	0	0
湛江市	16	16	10	0	0	0	0	0	1	3	0	0	0
茂名市	28	28	8	1	0	0	0	0	0	11	4	0	0
肇庆市	24	23	11	1	0	0	0	0	0	5	2	0	0
清远市	22	22	4	2	0	0	0	0	0	13	1	0	1
潮州市	11	11	5	1	1	0	0	0	0	2	0	0	0
揭阳市	12	12	3	2	0	0	0	0	0	5	0	0	0
云浮市	9	9	1	3	0	0	0	0	0	4	1	0	0

地区名称	企业经济类型												
	内资				港、澳、台商投资企业					外商投资企业			
	私营企业		个人合伙	其他企业	合计	合资经营企业	合作经营企业	独资经营企业	投资股份有限公司	合计	中外合资经营企业	中外合作经营企业	外资企业
	私营有限责任公司	私营股份有限公司											
全省	285	6	4	29	23	14	2	6	1	9	5	1	3
广州市(含省直)	96	1	0	14	7	4	0	2	1	2	1	1	0
深圳市	99	2	4	9	11	7	1	3	0	4	2	0	2
珠海市	0	0	0	0	3	2	0	1	0	2	2	0	0
汕头市	5	1	0	0	0	0	0	0	0	0	0	0	0
佛山市	22	2	0	1	1	1	0	0	0	1	0	0	1
韶关市	0	0	0	1	0	0	0	0	0	0	0	0	0
河源市	1	0	0	1	0	0	0	0	0	0	0	0	0
梅州市	3	0	0	0	0	0	0	0	0	0	0	0	0
惠州市	9	0	0	1	0	0	0	0	0	0	0	0	0
汕尾市	1	0	0	0	0	0	0	0	0	0	0	0	0
东莞市	17	0	0	1	0	0	0	0	0	0	0	0	0
中山市	3	0	0	0	0	0	0	0	0	0	0	0	0
江门市	10	0	0	0	0	0	0	0	0	0	0	0	0
阳江市	5	0	0	0	0	0	0	0	0	0	0	0	0
湛江市	2	0	0	0	0	0	0	0	0	0	0	0	0
茂名市	3	0	0	1	0	0	0	0	0	0	0	0	0
肇庆市	4	0	0	0	1	0	1	0	0	0	0	0	0
清远市	1	0	0	0	0	0	0	0	0	0	0	0	0
潮州市	2	0	0	0	0	0	0	0	0	0	0	0	0
揭阳市	2	0	0	0	0	0	0	0	0	0	0	0	0
云浮市	0	0	0	0	0	0	0	0	0	0	0	0	0

(凌红梅)

2011年广东省勘察设计企业人员情况

单位：人

地区名称	期末从业人员合计	其中：聘用人员	期末专业技术人员合计	其中：高级职称人员	中级职称人员	初级职称人员	期末注册执业人次合计	其中：一级注册建筑师	二级注册建筑师	一级注册结构工程师
全　省	236729	158428	78051	14996	30573	32476	17675	1950	1015	2242
广州市(含省直)	55251	40711	23691	5488	9297	8900	6081	628	281	839
深圳市	124198	80684	28936	4910	10717	13309	6315	828	156	715
珠海市	8977	6386	3383	523	1368	1492	595	66	18	84
汕头市	3139	2458	1592	383	634	575	273	37	27	49
佛山市	17196	10841	5841	871	2279	2691	1582	131	130	182
韶关市	813	613	554	147	275	132	137	5	31	17
河源市	974	799	692	114	314	264	62	1	11	6
梅州市	957	691	624	184	285	155	148	20	16	27
惠州市	4790	1393	1742	315	781	646	292	33	24	43
汕尾市	404	256	319	69	154	96	38	3	13	6
东莞市	4131	2913	1189	206	525	458	320	32	19	41
中山市	5505	4605	2990	340	1107	1543	600	47	61	54
江门市	2429	1935	1675	322	749	604	366	40	59	57
阳江市	523	412	389	105	180	104	82	10	34	18
湛江市	2886	754	1066	171	383	512	187	8	16	16
茂名市	1293	778	885	270	373	242	168	21	15	26
肇庆市	1224	700	759	177	330	252	131	14	25	21
清远市	903	556	747	180	376	191	145	14	31	21
潮州市	502	453	428	92	181	155	86	7	27	9
揭阳市	345	289	304	77	165	62	41	3	12	6
云浮市	289	201	245	52	100	93	26	2	9	5

地区名称	其中：二级注册结构工程师	注册土木工程师(岩土)	注册公用设备工程师	注册电气工程师	注册化工工程师	注册城市规划师	注册监理工程师	注册造价工程师	一级注册建造工程师	二级注册建造工程师	其他注册工程师
全　省	371	539	746	622	54	666	601	988	3647	2524	1710
广州市(含省直)	64	229	342	250	40	306	218	349	998	709	828
深圳市	38	161	244	175	8	154	206	349	2018	754	509
珠海市	9	9	22	24	0	18	22	24	133	114	52
汕头市	11	12	7	24	0	21	12	14	30	26	3
佛山市	55	46	57	61	0	48	24	80	216	441	111
韶关市	14	7	2	3	0	10	27	9	2	1	9
河源市	7	6	0	0	0	0	0	2	3	15	11
梅州市	7	2	4	1	0	9	26	4	3	22	7
惠州市	20	8	7	6	0	1	12	13	37	59	29
汕尾市	6	2	0	1	0	0	0	2	1	1	3
东莞市	9	5	12	22	0	17	0	22	44	79	18
中山市	22	5	23	30	0	21	26	41	69	149	52
江门市	34	17	8	10	0	14	2	23	28	54	20
阳江市	2	2	3	1	0	9	0	3	0	0	0
湛江市	7	8	1	3	0	7	7	8	39	46	21
茂名市	13	1	5	4	4	11	16	11	16	18	7
肇庆市	14	10	2	3	0	7	1	12	2	12	8
清远市	8	7	3	0	2	7	1	8	7	24	12
潮州市	16	0	2	4	0	5	1	9	1	0	5
揭阳市	10	2	2	0	0	1	0	0	0	0	5
云浮市	5	0	0	0	0	0	0	5	0	0	0

（凌红梅）

2011年广东省勘察设计企业业务完成情况

地区名称	工程勘察完成合同额合计（万元）	工程设计			施工图	
		完成合同额合计（万元）	其中：工程总承包中设计完成合同额（万元）	其中：专项设计完成合同额（万元）	完成投资额（万元）	完成建筑面积（万平方米）
全　省	397907	2871835	226136	661364	55469435	46198
广州市（含省直）	204585	1100232	135833	231904	20280477	19202
深圳市	98884	1228771	52504	313522	24448641	15324
珠海市	8053	63744	0	20593	2490196	815
汕头市	11170	47694	1111	23405	632933	515
佛山市	21113	164567	18581	27023	1455206	3834
韶关市	9193	6712	795	194	74614	111
河源市	3655	5200	211	105	104941	823
梅州市	1903	14076	276	1423	139120	162
惠州市	7929	51885	1617	5493	499992	816
汕尾市	671	2523	0	263	70492	46
东莞市	88	31566	3749	4318	497655	338
中山市	4699	60308	2326	23294	3100849	2524
江门市	6132	24035	3234	5700	338975	746
阳江市	5675	7720	0	50	239634	170
湛江市	5836	16608	302	1325	344324	20
茂名市	1826	17169	3184	1905	365230	162
肇庆市	3590	6838	1238	180	162491	238
清远市	1377	13204	191	228	80204	280
潮州市	325	3464	644	0	24856	9
揭阳市	501	4027	340	439	64085	44
云浮市	702	1492	0	0	54520	19

地区名称	工程技术管理服务完成合同额（万元）					工程承包完成合同额（万元）				境外工程完成合同额（万元）
	合计	其中：工程咨询	其中：工程监理	其中：项目管理	其中：工程造价咨询	合计	其中：岩土工程治理	其中：专项承包	其中：工程总承包	
全　省	225005	124594	27856	60747	11808	12106690	54341	7102996	4949353	196645
广州市（含省直）	125589	67138	19474	30141	8836	4087695	18253	864967	3204475	138882
深圳市	72273	37201	5986	26867	2219	6270487	35234	5796505	438748	50254
珠海市	4578	4513	65	0	0	401277	0	157083	244194	0
汕头市	1129	556	573	0	0	46809	0	12915	33894	0
佛山市	9746	9292	150	146	158	773856	0	142847	631009	0
韶关市	1964	852	582	524	6	0	0	0	0	0
河源市	0	0	0	0	0	3745	0	1345	2400	0
梅州市	308	20	288	0	0	9678	0	1180	8498	0
惠州市	290	28	0	262	0	16581	247	6389	9945	0
汕尾市	128	128	0	0	0	788	0	497	291	0
东莞市	2275	815	0	1460	0	56204	0	31187	25017	0
中山市	2404	843	390	1037	134	272111	0	67052	205059	7509
江门市	1362	1272	90	0	0	44502	0	12956	31546	0
阳江市	0	0	0	0	0	0	0	0	0	0
湛江市	44	19	0	25	0	65969	0	6994	58975	0
茂名市	1805	1468	45	285	7	35822	0	0	35822	0
肇庆市	270	270	0	0	0	7572	607	0	6965	0
清远市	32	32	0	0	0	13594	0	1079	12515	0
潮州市	456	8	0	0	448	0	0	0	0	0
揭阳市	99	99	0	0	0	0	0	0	0	0
云浮市	253	40	213	0	0	0	0	0	0	0

（凌红梅）

2011年广东省勘察设计企业科技活动情况

地区名称	科技活动费用支出总额（万元）	科技成果转让收入总额（万元）	企业累计拥有专利（项）	企业累计拥有专有技术（项）	企业获国家级、省部级奖（项）	其中：国家级（项）	参加编制国家、行业、地方技术标准（项）	其中：国家级（项）	参加编制国家、行业、地方标准设计（册）	其中：国家级（册）
全　省	256793	597610	1356	634	1652	413	485	116	70	21
广州市（含省直）	113145	94505	516	282	669	103	120	47	10	2
深圳市	106836	469560	633	278	851	288	316	55	48	19
珠海市	10010	108	27	3	16	4	29	10	1	0
汕头市	817	1	2	0	9	2	1	0	0	0
佛山市	8635	607	87	47	33	4	9	1	2	0
韶关市	195	0	0	0	1	0	0	0	0	0
河源市	330	0	0	0	3	0	0	0	0	0
梅州市	1730	0	2	5	0	0	0	0	0	0
惠州市	697	0	12	5	4	1	0	0	0	0
汕尾市	99	0	0	0	0	0	1	0	1	0
东莞市	918	70	11	11	4	0	0	0	2	0
中山市	10506	32758	56	3	24	6	7	2	2	0
江门市	832	0	0	0	6	0	0	0	4	0
阳江市	166	0	0	0	0	0	0	0	0	0
湛江市	787	0	10	0	31	4	2	1	0	0
茂名市	326	0	0	0	0	0	0	0	0	0
肇庆市	194	1	0	0	1	1	0	0	0	0
清远市	240	0	0	0	0	0	0	0	0	0
潮州市	238	0	0	0	0	0	0	0	0	0
揭阳市	49	0	0	0	0	0	0	0	0	0
云浮市	43	0	0	0	0	0	0	0	0	0

（凌红梅）

2011年广东省勘察设计企业财务情况

地区名称	营业收入合计（万元）	工程勘察收入（万元）	其中：境外工程勘察收入（万元）	工程设计收入（万元）	其中：境外工程设计收入（万元）	工程技术管理服务收入（万元）	其中：境外工程技术管理服务收入（万元）
全　省	17125167	357542	6171	2628372	37023	160368	2633
广州市（含省直）	5398420	179726	6160	964327	33736	73533	2234
深圳市	9010181	69032	0	1226157	3134	66473	399
珠海市	468973	9053	0	58352	0	3253	0
汕头市	82574	11172	0	23388	0	1071	0
佛山市	967709	29147	11	99555	0	8964	0
韶关市	23483	10158	0	11401	0	1254	0
河源市	21296	3899	0	5387	0	0	0
梅州市	26644	3017	0	13728	0	238	0
惠州市	147478	13666	0	28628	0	280	0
汕尾市	4438	337	0	2849	0	373	0
东莞市	117122	59	0	32207	0	889	0
中山市	553607	5179	0	60160	153	654	0
江门市	86051	6491	0	26332	0	1078	0
阳江市	8340	1908	0	6128	0	0	0
湛江市	87554	5462	0	17176	0	17	0
茂名市	45630	958	0	14832	0	1470	0
肇庆市	24881	4991	0	8777	0	0	0
清远市	34374	1831	0	18254	0	51	0
潮州市	8014	252	0	3932	0	456	0
揭阳市	5115	429	0	4590	0	61	0
云浮市	3283	775	0	2212	0	253	0

（凌红梅）

(续上表)

地区名称	工程承包收入(万元)	其中:境外工程承包收入(万元)	其他收入(万元)	其中:境外其他收入(万元)	营业成本(万元)	人均营业收入(万元)
全省	13129962	289407	848923	4436	14336105	72
广州市(含省直)	3932716	37929	248118	937	4507725	98
深圳市	7116060	243728	532459	3499	7673138	73
珠海市	365141	0	33174	0	382571	52
汕头市	46719	0	224	0	66550	26
佛山市	817222	0	12821	0	835748	56
韶关市	453	0	217	0	17251	29
河源市	11989	0	21	0	17591	22
梅州市	9604	0	57	0	19204	28
惠州市	99269	0	5635	0	102654	31
汕尾市	706	0	173	0	2467	11
东莞市	79052	0	4915	0	91991	28
中山市	478268	7662	9346	0	395964	101
江门市	51899	0	251	0	61069	35
阳江市	0	0	304	0	5344	16
湛江市	64863	0	36	0	76650	30
茂名市	28084	0	286	0	20116	35
肇庆市	11073	88	40	0	20130	20
清远市	14085	0	153	0	27161	38
潮州市	2759	0	615	0	6871	16
揭阳市	0	0	35	0	3767	15
云浮市	0	0	43	0	2143	11

地区名称	营业税金及附加(万元)	利润总额(万元)	其中:应交所得税(万元)	净利润(万元)	资产合计(万元)	其中:流动资产(万元)	固定资产(万元)	负债合计(万元)	所有者权益合计(万元)
全省	622945	1092466	235226	927996	13439349	10646121	1399313	7626373	5812976
广州市(含省直)	171989	318006	61781	255533	4326746	3333263	507317	2449650	1877096
深圳市	348163	548644	124179	500776	5921679	4733372	580161	3407880	2513799
珠海市	14543	32731	8235	24452	569281	489842	58575	295056	274225
汕头市	3310	8149	1510	6635	204507	63402	9636	40458	164049
佛山市	35475	59484	15237	42205	1024007	836864	89656	733532	290475
韶关市	1201	3683	947	2559	10755	8710	2027	6631	4124
河源市	1035	1505	330	1164	26606	20003	4858	13635	12971
梅州市	1249	3289	360	2511	37400	29770	5489	19294	18106
惠州市	6098	22077	4232	17773	118876	106023	11351	62453	56423
汕尾市	180	893	240	652	6220	4932	1288	5364	856
东莞市	4740	9875	2421	7078	138521	115121	19143	63591	74930
中山市	17439	55262	10199	44000	638387	557107	62237	305321	333066
江门市	6348	14057	2653	11538	78292	64252	8338	34235	44057
阳江市	369	1764	152	1566	7385	4797	1391	1418	5967
湛江市	4929	3913	349	3565	156070	147419	4874	132810	23260
茂名市	2192	3022	848	2172	106611	81332	19898	22174	84437
肇庆市	1204	1450	422	1027	32497	26893	4005	13747	18750
清远市	1678	3215	902	2306	22543	12841	6437	13476	9067
潮州市	358	120	74	49	6268	4871	1375	3632	2636
揭阳市	264	377	82	271	3875	3167	634	1356	2519
云浮市	181	950	73	164	2823	2140	624	660	2163

(凌红梅)

勘察设计市场监管

【概况】 2011年，广东省住房和城乡建设厅继续完善勘察设计市场的准入清出体系建设，加强对工程勘察设计项目、施工图审查机构审图质量的动态监管，以及对大中型建设项目的初步设计审查。全年共抽查107家工程勘察设计企业、设计与施工一体化企业，其中，合格74家，基本合格16家，不合格企业16家，注销资质1家。对24家在资质申报过程中弄虚作假的企业和8家有市场违规行为的企业，在广东建设信息网上予以曝光并记入黑名单，成为今后重点核查对象。

【勘察设计质量管理】 2011年，广东省住房和城乡建设厅继续加强对建设工程质量安全监督执法检查，逐步实现由以往的“静态审查批准”模式向“动态监控与市场清出相结合”的市场监管模式，扭转以往重审批、轻监管的管理思路，确保工程勘察设计的质量。检查结果显示，工程总体上能按照国家有关工程建设法律法规和强制性标准进行建设，大部分的勘察设计单位质量行为较为规范，勘察设计质量处于受控状态。

【大中型建设项目初步设计审查】 2011年，广东省住房和城乡建设厅组织专家对国家投资或关系公共安全和利益的广东省中医院琶州医院等17个房屋建筑项目（约65万平方米）、汕头市澄海洁源垃圾发电厂等4个市政基础设施项目（投资约11亿元）的初步计进行审查。全年批复由广东电网公司组织审查的送变电项目28个。审查重点是对项目执行基本建设程序和有关工程建设技术标准执行情况进行严格把关，同时对工程设计提出合理化建议。通过审查，有效地提高工程质量，发挥投资效益。

【施工图审查监督管理】 2011年，广东省共有施工图设计文件审查机构81个，其中一类56个，二类25个；建筑类77个，市政类26个，工程勘察3个，建筑、市政综合类27个。施工图审查人员约2000人。是年，为进一步加强全省施工图审查监督管理，保证审查质量，提高工程勘察设计水平，根据《建设工程质量管理条例》等相关法规规定，广东省住房和城乡建设厅发出《关于开展施工图审查质量抽查结果的通报》，布署2011年度全省施工图审查质量抽查工作。抽查工作先由各地级以上市建设行政主管部门自查，省住房和城乡建设厅在各地自查的基础上进行抽查。总体抽查结果显示，施工图审查普遍存在一般性问题漏审的现象，也存在强制性条文漏审的现象，全省施工图审查质量有待提高，对审查机构的监管工作有待加强。

【建筑节能设计监管】 2011年，广东省住房和城乡建设厅加强对勘察设计单位贯彻执行《节约能源法》、《民用建筑节能条例》和《公共机构节能条例》的监督检查，按照国家和广东省有关节能减排的工作要求，督促指导施工图审查机构严格按照建筑节能的强制性标准对施工图设计文件进行审查，对不符合建筑节能强制性标准的施工图设计文件，一律不出具审查合格证书。 （何志坚）

建筑工程抗震设防

【概况】 为进一步规范广东省超限高层建筑工程抗震设防审查工作，2011年9月2日，广东省住房和城乡建设厅编制印发《广东省超限高层建筑工程抗震设防专项审查实施细则》，要求全省各地住房和城乡建设主管部门在超限高层建筑工程抗震设防专项审查中严格执行。全年，省住房和城乡建设厅批复超限高层建筑工程抗震设防审查项目117项，对审查意见中存在较多问题的退回复审。

根据相关地级市的抗震加固补助经费申请，是年省住房和城乡建设厅向省财政厅申请划拨128万元抗震加固补助经费，分别用于补助潮州市的潮安县古巷镇枫二村小学教学楼和饶平县樟溪村锡坑村卫生站，以及揭阳市榕城区梅云镇夏桥小学教学楼的抗震加固。

【中小学校舍安全工程督查】 2011年2月23~25日，广东省住房和城乡建设厅分别到江门台山市和阳江市阳东县进行2010年中小学校舍安全工程实施情况的重点督查，并对两市下一阶段的校舍安全工作提出具体要求及建议。9月26~28日，根据广东省中小学校安工程领导小组单位分片包干督查工作安排，省住房和城乡建设厅组成督查组赴湛江进行督查，要求湛江市中小学校舍安全工程领导小组办公室积极稳妥推进校舍安全工作。

【建筑标准设计管理】 2011年，广东省住房和城乡建设厅批准由广东省建筑标准设计办公室组织编制的《太阳能热水系统安装与建筑构造》图集，以及组织审查并批准发布《陶瓷薄板建筑幕墙构造》、《薄浆干砌自保温墙体构造》两项广东省建筑标准设计。

（陈福和 何志坚）

勘察设计项目选介

【广州汽车工业大厦】 又称京穗中心、圣丰广场，位于广州市广州大道与天河北路交汇点，由一栋184.3米的超高层写字楼和一栋99.8米的高层酒店两座塔楼以及其附属裙房组成，总建筑面积154663平方米，是集办公、五星级酒店于一体的综合性超高层建筑，获2011年度广东省优秀工程设计一等奖。

项目始建于2006年，2011年竣工。该项目设计单位是广东省建筑设计研究院，建设单位是广东长裕发展有限公司。该项目立面造型新颖、活泼、生动，以流线型的外部轮廓为构成的主要元素，既充分体现工业时代的特征，同时也塑造雄浑大气的整体形象。写字楼以椭圆形平面为蓝本逐层收分，形成高耸挺拔的形象；酒店以“L”形平面和写字楼组合，形成良好的外部空间，成为天河商务中心的一道靓丽风景线。

项目结构为超限结构。北塔楼超B级高度，高宽比接近6，核心筒的高宽比15.8，框架柱均采用钢管混凝土柱。针对北塔楼结构在X向高宽比较大及抗侧刚度较弱的特点，设计在采用框架-核心筒结构的基础上，设置外框架加强构造宽扁梁及X向宽梁，从而达到提高主体结构抗侧刚度的要求；南塔楼为L形平面建筑，均符合平面凹凸不规则结构的要求，在裙楼以上L形两端部设置两片带边框的剪力墙，以提高南塔楼的抗扭刚度。

项目裙楼柱距均较大，局部柱距达20米以上，而且对使用梁截面高度限制较严，设计上以大跨度十字扁梁楼盖体系为主，局部采用钢骨混凝土宽扁梁，梁宽超出柱宽时以设置柱帽作加强；项目南塔楼西端在裙楼顶局部梁上托柱转换，转换跨度约为19米，转换层及以下采用钢管混凝土柱，上部转为钢筋混凝土柱；设计根据设备管道的布置，在纵向设置截面为1000毫米×2250毫米的跨层钢骨混凝土转换梁，横向则利用设备管道上下两层的钢骨混凝土梁与纵向梁刚接形成空间受力的转换结构，共同承托轴力为8318kN的两根柱。南塔楼北端部分柱不能落地而需要转换，转换跨度为20米；设计上配合建筑平面的布置，在四层与五层间设置跨层桁架式转换结构。

【江门电视中心】 位于江门市北新区中心地段，五邑广场大道与广场路交汇处，东临市行政中心和五邑广场，背靠元宝山公园，总建筑面积49210平方米，地上22层，地下1层，总建筑高度97.5米，主要功能为电视事业的各类技术业务用房，包括录音制作用房、播音室、大型演播及电视专业设备用房、业务办公室等。该工程获2011年度广东省优秀工程设计二等奖。

项目始建于2004年，2010年竣工。该项目设计单位是广东省建筑设计研究院，建设单位是江门市广播电视局。项目设计分主楼、演播区和网络中心三个部分。主楼位于中部，突显主体地位；演播区位于北部，由三大演播厅组成；网络中心位于南侧，方便对外营业。建筑各部分有机的联系，室外空间收放合理。主楼居中减轻对道路的压力；裙楼围绕主楼布局，营造出宽敞的放射形室外空间，使大堂的室内空间充分延伸，增加室外空间有效使用面积。主楼采用观光电梯，对五邑广场做出有效呼应，在观光梯中内可看到五邑广场开阔空间和优美景观，电视中心同时也成为五邑广场的一道靓丽风景。

项目造型既反映江门市的城市风貌，又反映广播电视事业的特点，采用多型体结合的不对称造型，在丰富多变、尺度亲切的同时，赋予其公共建筑物特有的庄重感；在立面设计中采用现代建筑的设计手法，结合新材料新工艺，体现建筑的雕塑感，同时采用大量的现代化精细构件，以金属饰面与透明玻璃相结合的手法，赋予电视中心新时代高科技的形象特征；项目设有电视节目制作和播出、数据业务传输、网络管理和多功能业务的开发、监测管理、广告、用户服务管理等主要设施，并配套仓库、各类设备用房、车库、停车场、广场和景观等各类综合设施，为丰富江门市民的广播电视娱乐生活提供良好的平台，其鲜明的广播电视建筑特色，得到了业主、施工单位及市民等多方面的高度评价，成为江门市新城区的标志性建筑。

(广东省建筑设计研究院)

【博林海德城项目】 地处深圳市南山区西丽大学城片区，项目位于城市主干道留仙大道北侧，占地面积5万平方米，总建筑面积40万平方米，规定容积率面积24万平方米，架空核增建筑面积8097平方米，总地下室建筑面积1.67万平方米。该工程由深圳市建筑设计研究总院有限公司设计，开工时间2011年1月。项目建设用地为长方形，东端呈梭状，环境具有较丰富的景观和人文资源。地块北侧临西丽大学城苗圃园；南侧为城市主干道留仙大道；西侧为厂房和城中村，将规划为研发办公楼；东侧为大学城生态公园。用地远景资源为：北面的西丽大学城校区，南面的塘朗山脉，东北面的西丽高尔夫球场。项目东、南和北向均有良好的景观面。项目用地面积为50080.37平方米，规划容积率为4.8，规定容积率建筑面积240386平方米，由住宅、商业、社区配套设施、幼儿园等组成。建筑造型为现代简约风格，充分体现现代化、人性化的高档住宅形象。建筑体量挺拔，带状圆角框架游走于主体建筑体量表面，增强形体整体性和灵动性，传达精致高技感，通过体块之间的穿插、色彩变化和肌理对比形成多变的空间关系。

(深圳市建筑设计研究总院有限公司)

建筑业

□ 召开全省建筑业管理工作会议

□ 实行建筑市场动态监管

□ 省外进粤企业和人员信息实行备案制度

□ 推动建筑企业业绩信用信息互认共享

□ 八项工程获『中国建设工程鲁班奖』

综　　述

【概况】　2011年，广东省有建筑业企业4771家，其中特级资质企业6家，一级资质企业526家。全省完成建安总产值5813亿元，比上年增长26.7%；实现利税522亿元，比上年增长30.5%。是年，全省有8项工程获“中国建设工程鲁班奖”，39项工程获“全国建筑工程装饰奖”，21项工程获国家建设工程项目AAA级安全文明标准化诚信工地，全省房屋市政工程施工生产安全责任事故死亡人数占省政府下达的安全生产控制指标的95.6%。

【全省建筑业管理工作会议】

2011年1月10~11日，广东省住房和城乡建设厅在佛山召开全省建筑业

▲*2011年1月10~11日，广东省住房和城乡建设厅在佛山召开全省建筑业管理工作会议。*

（广东省住房和城乡建设厅建筑市场监管处供稿）

2011年广东省建筑业企业生产情况

地区名称	企业个数	从业人员期末人数（人）	签订合同金额（千元）	建筑业总产值（千元）	房屋施工面积（平方米）
全　省	4771	2103751	1328881440	581250235	383495367
广州市（含省直）	661	394214	532847332	140344348	81505259
深圳市	1118	586561	390332762	210166995	91075047
珠海市	165	36705	21861285	12813909	6476589
汕头市	209	141441	56588551	26425400	27598304
佛山市	544	114354	54594948	36733405	32942014
韶关市	85	51649	19918943	11335661	7878586
河源市	129	21353	4742219	3272404	2914538
梅州市	204	88258	34303837	17015639	12980771
惠州市	148	38652	17543124	9731416	10931003
汕尾市	46	12341	2569549	1672142	1762659
东莞市	248	53153	23198698	13561315	7573271
中山市	255	39389	12420583	7892543	6254641
江门市	190	138853	26146705	17092781	16985650
阳江市	110	48900	11297977	6680473	7318649
湛江市	128	107297	35206476	19034834	25544298
茂名市	104	91688	37429041	18806830	18848045
肇庆市	105	28607	12967681	9195500	7320572
清远市	108	34621	13853210	7164873	6570917
潮州市	59	12992	6838265	2488003	3974634
揭阳市	112	45922	10459895	7355685	4862504
云浮市	43	16801	3760359	2466079	2177416

注：数据来源于企业上报的2011年住房和城乡建设系统建筑业统计年报。

（凌红梅）

2011年广东省建筑业企业主要业务指标

地区名称	主营业务收入（千元）	利润总额（千元）	利税总额（千元）
全　省	651504383	31067307	52249242
广州市（含省直）	192396810	7131087	12058007
深圳市	231919885	11030837	19091150
珠海市	12248993	661715	1111141
汕头市	31474128	1059040	2236505
佛山市	37118021	2020221	3094185
韶关市	9935980	273611	662302
河源市	2742229	175486	320082
梅州市	14987263	1182822	1645158
惠州市	9948574	504178	879908
汕尾市	1712193	65405	148946
东莞市	11078178	486285	915884
中山市	8763673	740432	1015681
江门市	14850910	722797	1238072
阳江市	6179314	334269	584781
湛江市	18299464	423673	1126883
茂名市	19495198	3039417	3815186
肇庆市	9604327	253134	595531
清远市	7148324	359246	626880
潮州市	2064149	80867	162732
揭阳市	7301241	412878	712003
云浮市	2235529	109907	208225

注：数据来源于企业上报的2011年住房和城乡建设系统建筑业统计年报。

（凌红梅）

管理工作会议，全省各地级以上市住房和城乡建设行政主管部门参加会议，党组书记、厅长房庆方出席会议并讲话。会议回顾总结2010年全省建筑业管理工作所取得的成绩，部署2011年的工作计划。会议强调2011年广东省住房和城乡建设系统要重点抓好九个方面的工作：一是采取有效措施，促进全省建筑企业做强做大。二是加强建筑市场诚信体系建设，加大市场清出力度。三是抓好工程建设领域专项治理，巩固治理工作成效。四是抓好管理制度和工作机制建设，提高工程质量水平和保持施工安全形势稳定。五是加强技术指导和监督管理，推进建筑节能。六是加强“三库一平台”建设，为建设管理服务。七是完善执法监察制度体系，加大执法监察工作力度。八是加强建设执业资格注册管理，规范注册执业人员行为。九是完善进粤企业和人员告知性备案管理制度，加强对省外进粤企业和人员的管理。

（何志坚）

▲2011年9月12日，全省建筑工程质量现场观摩会在广州召开。

（广东省住房和城乡建设厅工程质量安全监管处供稿）

【《广东省建设工程施工标准工期定额》修订】 2011年，广东省住房和城乡建设厅进一步加强建设工程施工工期管理，保障合理施工工期，确保施工安全和工程质量，编制《广东省建设工程施工标准工期定额》，并印发全省执行。《广东省建设工程施工标准工期定额》为全省建筑市场提供了合理工期制定的标准，有效控制工期各环节，从源头上避免压缩工期的做法，达到合理确定合同工期的目的。

(何志坚)

建筑市场管理

【概况】 2011年，广东省完成建安总产值5813亿元，比上年增长26.7%；实现利税522亿元，比上年增长30.5%。全省设有形建筑市场95个，实行招标工程15237项，工程造价3801亿元，与上年基本持平。其中公开招标工程12722项，工程造价3026亿元。

【建筑市场动态监管】 2011年，广东省住房和城乡建设厅根据《建筑业企业（单位）资质许可后核查工作实施方案》，分6批对全省设计施工一体化、招标代理、混凝土、施工等1124家企业进行资质条件核查。其中，合格714家，需整改199家，不合格211家。不合格企业按照有关规定限期整改，整改后仍不合格企业，撤回资质证书。为有效遏制企业专业技术人员的挂靠行为，出台了《关于加强建设工程企业技术人员变动后资质动态核查的通知》，明确企业取得资质后人员的变动需满足资质标准要求的最低值。对于人员一年内变动两次及以上的企业，省住房和城乡建设厅将予以动态核查。另外，制定了《关于开展市场中介组织防治腐败工作实施方案》，开展工程造价咨询机构和工程招标代理机构的专项检查。共检查有资质的工程造价咨询和工程招标代理机构574家，合格的428家，需整改的118家，不合格的28家。通过检查，及时查处违法行为，规范建筑市场中介机构行为。

▲由泛华建设集团有限公司总承包施工的国检大厦获2010~2011年度中国建设工程鲁班奖。 *(广东省建筑业协会供稿)*

【查处工程项目转包和违法分包行为】 2011年，广东省住房和城乡建设厅会同省审计厅对广东省重点工程尤其是第16届亚洲运动会和广州2010年亚洲残疾人运动会场馆部分工程的项目分包情况进行抽查。重点抽查亚运会省属场馆维修改造工程、亚运会广东竞技综合馆工程、亚运会游泳跳水馆工程、亚运会广州体院体育馆工程和亚运会网球中心工程5个项目，发现上述5个工程项目在分包管理方面存在违法分包的情况，涉及施工单位12家、设计单位两家、监理单位两家。根据违法行为情况，处罚施工企业11家，约谈施工企业1家，约谈设计单位1家、监理单位两家，责令1家设计单位作出书面说明。 *(何志坚)*

【工程建设领域突出问题专项治理】 2011年，广东省住房和城乡建设厅贯彻落实《关于落实2011年广东省工程治理工作安排的责任分工方案》，组织开展全省住房和城乡建设系统专项治理工作，加大建筑市场监管力度，狠抓工程质量和施工安全，加大监管和排查力度，取得显著成效。一是开展建筑市场动态监管。二是加强对市场违法行为的查处。对广东省重点工程分包情况进行抽查，查处25起施工企业提供虚假资料申请资质的行为。三是加大对施工安全违法违规行为的查处力度。对发生事故的46家广东省建筑企业依法作出暂扣安全生产许可证30~60天的行政处罚，对147名相关责任人暂时收回安全生产考核合格证书并暂停上岗；对发生事故的25家外省建筑企业提请其发证机关依法暂扣安全生产许可证，提请住房和城乡建设部对2010年在广东省发生的两起较大事故负有直接责任的1名项目负责人、两名总监理工程师吊销其注册执业资格。四是加快推进长效机制建设。出台规范建筑市场行为的管理办法；加强工程质量管理的法规制度建设，完成《广东省建设工程质量管理条例(修订送审稿)》，并征求省直有关部门、各市住房和城乡建设主管部门意见；加强施工安全生产的长效机制，出台《关于促进建筑施工企业建立健全安全生产责任制度的通知》等若干安全管理文件，完善《广东省住房和城乡建设厅建筑工程安全生产动态管理办法》；稳步推进全省住房城乡建设行政执法规范化建设，制定《关于在全省住房和城乡建设系统开展行政执法规范化建设工作的意见》、《广东省住房和城乡建设行政执法（处罚）文书制作规范》等制度性文件，严格执行执法程序，加强执法管理。五是深化项目信息公开和诚信体系建设。完善广东省住房和城乡建设系统“三库一平台”（即企业信息库、人才信息库、法规标准信息库和行政服务平台）管理信息服务系统建设，为全省各地住房城乡建设主管部门在行政许可、市场准入、招标投标和资质管理等工作中提供统一、权威的信息数据服务；逐步完善“广东省建筑市场诚信信息平台”栏目建设，着力推进工程质量监管信息化建设；组织开发“广东省建设工程质量检测监管信息系统”，省级监管平台已与珠三角九市的市级监管平台联网，并实现数据上传；加快推进项目信息公开工作，研究制定《广东省住房和城乡建设厅2011年全面深入推进工程建设领域项目信息公开和诚信体系建设工作实施方案》。 *(张丹丹)*

▲由广州金辉建设集团有限公司承建的绿洋山庄二期（华发·龙庭）A区获2010~2011年度中国建设工程鲁班奖。 （广东省建筑业协会供稿）

【建设领域工程项目信息公开和诚信体系建设】 2011年，广东省住房和城乡建设厅在总结珠江三角洲试点经验基础上，研究制订《广东省住房和城乡建设厅2011年全面深入推进工程建设领域项目信息公开和诚信体系建设工作实施方案》，截至2011年底，省住房和城乡建设厅工程建设领域项目信息公开专栏收录56万多条信息，其中从业单位信用信息4025条，从业人员信用信息301309条，企业行政处罚和被通报信息533条，人员行政处罚信息287条，企业获奖信息11829条，三类人员证书信息78289条，特种作业人员信息109752条，造价员信息54184条，初步设计方案批复结果145条，规划选址意见批复结果49条，项目建设管理公开64条，超限高层审查134条，施工图审查认定机构80条。

是年，省住房和城乡建设厅分别召开粤西东北三片区全面深入推进工程建设项目信息公开和诚信体系建设工作会议，督促全省各地住房和城乡建设部门按照中央和广东省的要求落实相关工作。 *(何志坚)*

【小型工程项目负责人培训】 根据住房和城乡建设部印发的《注册建造师执业工程规模》（试行），“小型工程项目”是指造价小于3000万元的工程项目。从2010年底起，广东省住房和城乡建设厅委托省建筑业协会牵头会同全省各地建筑业协会，组织开展小型工程项目负责人继续教育培训工作。截至2011年底，全省21个地级以上市和扩权区先后组织培训共190期，累计报名人数18000多人，参加培训考试13691人，总合格率95.7%，为全省培养一大批项目管理人才。

【异地建筑务工人员服务管理】 “异地建筑务工人员”是指省外进粤参与建筑务工的人员。是当前广东省建筑行业中最基本的工人来源和新生的产业工人群体。据不完全统计，2011年在广东省从事建筑施工作业的异地务工人员超过100万人，主要来自湖南、四川、湖北、贵州、重庆、江西、广西、安徽、云南等省、市、自治区。2011年，广东省住房和城乡建设系统围绕构建和谐建筑工地，保障建筑异地务工人员权益，维护社会稳定这一工作重点，采取措施积极协调和化解施工企业的工程款纠纷，并配合省劳动保障部门调查处理建筑施工欠薪个案。省住房和城乡建设厅与省人力资源和社会保障厅、发展和改革委员会、教育厅、公安厅、民政厅、司法厅、财政厅、人口和计划生育委员会等12个行政管理部门联合出台《关于进一步做好农民工积

▲由汕头市建安（集团）公司承建的富力丽港中心项获2010~2011年度中国建设工程鲁班奖。 （广东省建筑业协会供稿）

分制入户和融入城镇工作的意见》，进一步完善农民工积分制入户城镇政策措施，促进全省符合条件的农民工融入城镇工作。转发住房和城乡建设部关于督促做好工程款支付工作的通知，要求全省工程建设各方切实做好工程款结算及工人工资支付工作，确保企业完工后及时结算，农民工在元旦春节前及时领到工资。此外，按照广东省农民工工作联席会议办公室的统一部署，由省住房和城乡建设厅领导带队组成专项检查组赴全省各地部分地区督查企业和建筑工地支付工人工资情况。 （林伟明）

【实行省外进粤企业和人员信息备案制度】 2011年，广东省住房和城乡建设厅成立三个调研组于5月12~20日分别赴广州、深圳、东莞、惠州、珠海、中山、江门、佛山、云浮、河源等市以及四川省进行调研，围绕省外企业和人员入粤经营和监管问题，分别与住房和城乡建设主管部门、信息技术部门、建设工程交易中心、建设工程质量安全监督部门、省外建筑业企业进行座谈，同时到已获当地备案的省外、市外企业现场察看。经过调研，拟定《广东省住房和城乡建设厅关于省外建设工程企业和人员进粤信息备案的管理办法（试行）》（送审稿）。《办法》加强对省外建设工程企业进粤从事城乡规划编制、房屋建筑和市政基础设施建设活动的服务和监管。该《办法》中的备案是告知性备案，省外建设工程企业进粤从事城乡规划编制、房屋建筑和市政基础设施建设活动（包括承揽业务、参与招投标、办理施工许可证等）前须如实登记企业注册基本情况、企业资质情况、驻粤机构情况，以及企业家派驻广东承揽业务的人员信息。该《办法》将于下一年实施。 （何志坚）

工程招投标管理

【概况】 2011年，广东省设有形建筑市场95个，实行招标工程有15237项，工程造价3801亿元。其中公开招标工程12722项，工程造价3026亿元，与上年基本持平。

【推动建筑企业业绩信用信息互认共享】 2011年5月13~19日，广东省住房和城乡建设厅分别在广州市、成都市召开“广东省建设工程招投标专项工作研讨会”，广州、深圳、珠海、佛山、东莞市住房和城乡建设主管部门、建设工程交易中心和广东省建设工程交易协会的有关负责人参加会议。广州、深圳、珠海、东莞、佛山等地建设工程交易中心，就各地建筑企业业绩等诚信信息互认问题达成共识，并在广东省住房和城乡建设厅的指导下率先在五个地级以上市开展，逐步在全省推广实施。此项工作具有针对性和开拓性，有助于消除全省建筑市场地方壁垒。 （何志坚）

【促进有形建筑市场标准化建设】 2011年8月，由广东省建设工程交易协会主办，广州建设工程交易协会、佛山建设工程交易协会协办的广东省工程建设有形市场标准体系研究会议在佛山召开，参加会议的有南京、重庆、长沙、昆明、海口等南方十市的建设工程交易中心主任。会议一致通过并制定有形建筑市场的行业标准，即建设工程招标投标的工作标准、技术标准和管理标准，逐渐形成南方十市区域联盟，为实现区域信息共享，促进区域市场的健康发展奠定基础。标准是规范市场发展的重要技术制度，是构成有形建筑市场核心竞争力的基本要素，标准化是推动和实现区域间信用信息互认共享，实现电子招投标和异地远程评标的基础保障。

【建设工程招标投标先进技术和经验】 继深圳市建设工程交易服务中心代表广东省建设工程交易协会向全国推广《远程评标网络系统》后，2011年，广东省建设工程交易协会组织推广珠海市建设工程网上招标投标交易平台和东莞市建设工程招标投标“e”网通系统的经验。这些经验符合国家《关于开展工程建设领域突出问题专项治理工作的意见》中“建立健全统一规范的工程建设有形市场，为工程交易提供场所，为交易各方提供服务，为信息发布提供平台，为政府监管提供条件”的要求，得到建设主管部门的肯定。（欧茵）

▲由深圳市英龙建安（集团）有限公司承建的陇南市人民医院住院部工程获2010~2011年度中国建设工程鲁班奖。（广东省建筑业协会供稿）

2011年广东省建设工程招标投标情况

地区	报告期发包工程个数：工程个数（个）	报告期发包工程个数：工程造价（万元）	实行直接发包工程：工程个数（个）	实行直接发包工程：工程造价（万元）	直接发包率：工程个数（%）	直接发包率：工程造价（%）	实行招标工程：工程个数（个）	实行招标工程：工程造价（万元）	招标率：工程个数（%）	招标率：工程造价（%）	实行公开招标工程：工程个数（个）	实行公开招标工程：工程造价（万元）
广东省	17313	44692069.91	2076	6677089.37	11.99	14.94	15237	38014980.55	88.01	85.06	12722	30260402.20
广州市	5158	15245600.00	0	0.00	0.00	0.00	5158	15245600.00	100.00	100.00	4265	11335400.00
深圳市	2737	10276942.63	671	3768310.26	24.52	36.67	2066	6508632.38	75.48	63.33	1581	5354682.65
珠海市	1013	2939971.99	231	626525.90	22.80	21.31	782	2313446.09	77.20	78.69	768	2287863.74
汕头市	157	479981.38	58	273282.80	36.94	56.94	99	206698.58	63.06	43.06	95	203918.58
佛山市	1503	2146483.98	0	0.00	0.00	0.00	1503	2146483.98	100.00	100.00	1239	1481520.15
韶关市	223	123709.20	0	0.00	0.00	0.00	223	123709.20	100.00	100.00	223	123709.20
河源市	388	967560.28	17	1314.00	4.38	0.14	371	966246.28	95.62	99.86	322	778775.22
梅州市	744	461813.47	114	44763.20	15.32	9.69	630	417050.27	84.68	90.31	426	261393.74
惠州市	193	682772.56	0	0.00	0.00	0.00	193	682772.56	100.00	100.00	167	472011.24
汕尾市	120	102078.10	4	4488.00	3.33	4.40	116	97590.10	96.67	95.60	115	97366.30
东莞市	415	2984055.12	0	0.00	0.00	0.00	415	2984055.12	100.00	100.00	415	2984055.12
中山市	1204	2493569.90	934	1870806.12	77.57	75.03	270	622763.78	22.43	24.97	168	344428.57
江门市	553	1251860.88	0	0.00	0.00	0.00	553	1251860.88	100.00	100.00	469	1060747.68
阳江市	527	710417.92	0	0.00	0.00	0.00	527	710417.92	100.00	100.00	374	364696.34
湛江市	380	1370295.82	0	0.00	0.00	0.00	380	1370295.82	100.00	100.00	341	1181495.10
茂名市	604	780532.55	0	0.00	0.00	0.00	604	780532.55	100.00	100.00	495	402096.35
肇庆市	454	590132.00	0	0.00	0.00	0.00	454	590132.00	100.00	100.00	434	572323.00
清远市	462	563608.64	0	0.00	0.00	0.00	462	563608.64	100.00	100.00	428	529467.92
潮州市	106	129806.75	47	87599.09	44.34	67.48	59	42207.66	55.66	32.52	49	40236.25
揭阳市	68	220290.22	0	0.00	0.00	0.00	68	220290.22	100.00	100.00	48	216476.54
云浮市	304	170586.52	0	0.00	0.00	0.00	304	170586.52	100.00	100.00	300	167738.50

(续上表)

地区	报告期发包工程个数						招标工程标价			招标工程工期		
	实行招标工程											
	实行公开招标工程		实行邀请招标工程									
	公开招标率		工程个数(个)	工程造价(万元)	邀请招标率		标底造价(万元)	中标工程造价(万元)	浮动率(%)	标底工期(月)	中标工程工期(月)	浮动率(%)
	工程个数(%)	工程造价(%)			工程个数(%)	工程造价(%)						
广东省	83.49	79.60	2515	7754576.35	16.51	20.40	34825273.61	32703525.17	−6.09	10025	10025	0.00
广州市	82.69	74.35	893	3910200.00	17.31	25.65	12487700.00	11912000.00	−4.61	0	0	0.00
深圳市	76.52	82.27	485	1153949.73	23.48	17.73	7294066.67	6508632.38	−10.77			0.00
珠海市	98.21	98.89	14	25582.35	1.79	1.11	2313446.09	2134382.06	−7.74	0	0	0.00
汕头市	95.96	98.66	4	2780.00	4.04	1.34	0.00	0.00	0.00	0	0	0.00
佛山市	82.44	69.02	264	664963.83	17.56	30.98	2353700.84	2146484.18	−8.80	0	0	0.00
韶关市	100.00	100.00	0	0.00	0.00	0.00	0.00	0.00	0.00	0	0	0.00
河源市	86.79	80.60	49	187471.06	13.21	19.40	0.00	0.00	0.00	0	0	0.00
梅州市	67.62	62.68	204	155656.53	32.38	37.32	357467.30	417050.27	16.67	96	96	0.00
惠州市	86.53	69.13	26	210761.32	13.47	30.87	698110.59	682717.40	−2.20	1197	1197	0.00
汕尾市	99.14	99.77	1	223.80	0.86	0.23	101004.92	96225.75	−4.73	0	0	0.00
东莞市	100.00	100.00	0	0.00	0.00	0.00	2984055.12	2745930.85	−7.98	0	0	0.00
中山市	62.22	55.31	102	278335.21	37.78	44.69	702885.04	622763.77	−11.40	1888	1888	0.00
江门市	84.81	84.73	84	191113.20	15.19	15.27	1184289.57	1251860.88	5.71	0	0	0.00
阳江市	70.97	51.34	153	345721.58	29.03	48.66	779794.52	710417.92	−8.90	2139	2139	0.00
湛江市	89.74	86.22	39	188798.72	10.26	13.78	1370295.82	1342516.74	−2.03	0	0	0.00
茂名市	81.95	51.52	109	378436.20	18.05	48.48	808896.33	780491.58	−3.51	0	0	0.00
肇庆市	95.59	96.98	20	17809.00	4.41	3.02	604732.00	590132.00	−2.41	4705	4705	0.00
清远市	92.64	93.94	34	34140.72	7.36	6.06	563608.64	549125.21	−2.57	0	0	0.00
潮州市	83.05	95.33	10	1971.41	16.95	4.67	45224.88	42207.66	−6.67	0	0	0.00
揭阳市	70.59	98.27	20	3813.68	29.41	1.73	0.00	0.00	0.00	0	0	0.00
云浮市	98.68	98.33	4	2848.02	1.32	1.67	175995.28	170586.52	−3.07	0	0	0.00

地区	报告期应招标工程							
			应招标工程中实行招标工程					
					应招标工程中实行公开招标工程			
							应招标工程公开招标率	
	工程个数(个)	工程造价(万元)	工程个数(个)	工程造价(万元)	工程个数(个)	工程造价(万元)	工程个数(%)	工程造价(%)
广东省	15237	38014980.55	15237	38014980.55	12722	30260402.20	83.49	79.60
广州市	5158	15245600.00	5158	15245600.00	4265	11335400.00	82.69	74.35
深圳市	2066	6508632.38	2066	6508632.38	1581	5354682.65	76.52	82.27
珠海市	782	2313446.09	782	2313446.09	768	2287863.74	98.21	98.89
汕头市	99	206698.58	99	206698.58	95	203918.58	95.96	98.66
佛山市	1503	2146483.98	1503	2146483.98	1239	1481520.15	82.44	69.02
韶关市	223	123709.20	223	123709.20	223	123709.20	100.00	100.00
河源市	371	966246.28	371	966246.28	322	778775.22	86.79	80.60
梅州市	630	417050.27	630	417050.27	426	261393.74	67.62	62.68
惠州市	193	682772.56	193	682772.56	167	472011.24	86.53	69.13
汕尾市	116	97590.10	116	97590.10	115	97366.30	99.14	99.77
东莞市	415	2984055.12	415	2984055.12	415	2984055.12	100.00	100.00
中山市	270	622763.78	270	622763.78	168	344428.57	62.22	55.31
江门市	553	1251860.88	553	1251860.88	469	1060747.68	84.81	84.73
阳江市	527	710417.92	527	710417.92	374	364696.34	70.97	51.34
湛江市	380	1370295.82	380	1370295.82	341	1181495.10	89.74	86.22
茂名市	604	780532.55	604	780532.55	495	402096.35	81.95	51.52
肇庆市	454	590132.00	454	590132.00	434	572323.00	95.59	96.98
清远市	462	563608.64	462	563608.64	428	529467.92	92.64	93.94
潮州市	59	42207.66	59	42207.66	49	40236.25	83.05	95.33
揭阳市	68	220290.22	68	220290.22	48	216476.54	70.59	98.27
云浮市	304	170586.52	304	170586.52	300	167738.50	98.68	98.33

（续上表）

地区	报告期应招标工程									
	应招标工程中实行招标工程				应公开招标工程		应公开招标工程中实行公开招标工程			
	应公开招标工程中实行邀请招标工程									
	工程个数（个）	工程造价（万元）	应招标工程邀请招标率		工程个数（个）	工程造价（万元）	工程个数（个）	工程造价（万元）	应公开招标工程公开招标率	
			工程个数（%）	工程造价（%）					工程个数（%）	工程造价（%）
广东省	2515	7754576.35	16.51	20.40	12722	30260402.20	12722	30260402.20	100	100
广州市	893	3910200.00	17.31	25.65	4265	11335400.00	4265	11335400.00	100	100
深圳市	485	1153949.73	23.48	17.73	1581	5354682.65	1581	5354682.65	100	100
珠海市	14	25582.35	1.79	1.11	768	2287863.74	768	2287863.74	100	100
汕头市	4	2780.00	4.04	1.34	95	203918.58	95	203918.58	100	100
佛山市	264	664963.83	17.56	30.98	1239	1481520.15	1239	1481520.15	100	100
韶关市	0	0.00	0.00	0.00	223	123709.20	223	123709.20	100	100
河源市	49	187471.06	13.21	19.40	322	778775.22	322	778775.22	100	100
梅州市	204	155656.53	32.38	37.32	426	261393.74	426	261393.74	100	100
惠州市	26	210761.32	13.47	30.87	167	472011.24	167	472011.25	100	100
汕尾市	1	223.80	0.86	0.23	115	97366.30	115	97366.30	100	100
东莞市	0	0.00	0.00	0.00	415	2984055.12	415	2984055.12	100	100
中山市	102	278335.21	37.78	44.69	168	344428.57	168	344428.57	100	100
江门市	84	191113.20	15.19	15.27	469	1060747.68	469	1060747.68	100	100
阳江市	153	345721.58	29.03	48.66	374	364696.34	374	364696.34	100	100
湛江市	39	188798.72	10.26	13.78	341	1181495.10	341	1181495.10	100	100
茂名市	109	378436.20	18.05	48.48	495	402096.35	495	402096.35	100	100
肇庆市	20	17809.00	4.41	3.02	434	572323.00	434	572323.00	100	100
清远市	34	34140.72	7.36	6.06	428	529467.92	428	529467.92	100	100
潮州市	10	1971.41	16.95	4.67	49	40236.25	49	40236.25	100	100
揭阳市	20	3813.68	29.41	1.73	48	216476.54	48	216476.54	100	100
云浮市	4	2848.02	1.32	1.67	300	167738.50	300	167738.50	100	100

（郭苑娜）

2011年广东省工程招标代理机构人员情况

单位：人

地区名称	期末企业人员							
	合计	正式聘用人员	临时工作人员	招标代理人员	工程造价咨询人员	工程监理人员	项目管理与咨询服务人员	其他人员
全　省	46694	45241	1453	6732	5205	23155	4673	6929
广州市	19152	18801	351	2270	1668	10595	1333	3286
深圳市	16341	16024	317	2093	1958	7006	2837	2447
珠海市	1906	1784	122	367	341	983	79	136
汕头市	537	449	88	147	77	269	23	21
佛山市	2561	2463	98	508	379	1057	108	509
韶关市	215	213	2	54	68	75	12	6
河源市	129	122	7	39	40	31	12	7
梅州市	87	81	6	40	13	25	3	6
惠州市	608	411	197	168	115	261	19	45
汕尾市	201	187	14	55	48	86	0	12
东莞市	973	948	25	233	171	453	56	60
中山市	975	963	12	112	40	699	81	43
江门市	751	724	27	168	56	434	29	64
阳江市	120	117	3	38	16	66	0	0
湛江市	430	395	35	127	28	233	7	35
茂名市	782	694	88	82	38	534	42	86
肇庆市	505	468	37	103	49	263	14	76
清远市	80	74	6	27	40	0	5	8
潮州市	108	108	0	29	28	10	8	33
揭阳市	211	193	18	62	23	75	5	46
云浮市	22	22	0	10	9	0	0	3

(续上表)

地区名称	期末正式聘用专业技术人员					期末正式聘用注册执业人员						
	合计	高级职称人员	中级职称人员	初级职称人员	其他人员	合计	注册造价工程师	注册建筑师	注册工程师	注册建造师	注册监理工程师	其他注册执业人员
全　省	40916	5713	17447	10942	6814	9043	3212	42	193	833	4603	160
广州市	16269	2366	6861	4318	2724	3372	1079	5	61	390	1783	54
深圳市	14942	2122	6165	3997	2658	3045	940	6	51	247	1729	72
珠海市	1646	184	768	426	268	472	213	0	0	29	226	4
汕头市	409	62	236	83	28	172	69	0	0	6	97	0
佛山市	2339	336	926	692	385	529	267	25	41	29	167	0
韶关市	198	19	72	48	59	43	33	0	0	0	10	0
河源市	122	13	70	23	16	32	26	0	0	1	5	0
梅州市	81	9	47	20	5	28	14	0	0	6	8	0
惠州市	373	86	174	90	23	130	78	1	5	2	44	0
汕尾市	169	15	93	32	29	53	28	0	2	0	23	0
东莞市	899	76	450	215	158	244	128	2	20	11	83	0
中山市	903	83	410	305	105	205	42	2	6	30	125	0
江门市	711	110	290	217	94	161	65	1	2	21	63	9
阳江市	117	20	51	32	14	43	19	0	0	3	21	0
湛江市	382	45	182	121	34	120	51	0	1	11	50	7
茂名市	592	58	328	120	86	144	29	0	1	20	81	13
肇庆市	372	60	152	109	51	123	45	0	3	14	61	0
清远市	74	10	36	13	15	28	28	0	0	0	0	0
潮州市	103	14	40	32	17	31	27	0	0	0	4	0
揭阳市	193	23	85	44	41	62	26	0	0	13	23	0
云浮市	22	2	11	5	4	6	5	0	0	0	0	1

(凌红梅)

2011年广东省工程招标代理机构业务完成情况

单位：万元

地区名称	工程招标代理中标金额			
	合计	其中:房屋建筑和市政基础设施工程招标代理中标金额	招标人为政府和国有企事业单位	招标人为其他单位
全　省	26866215.92	22838290.7	19881924.81	6984291.11
广州市	12603500.92	10563712.79	9111858.34	3491642.59
深圳市	6018109.38	5194480.36	4900401.72	1117707.66
珠海市	871574.73	722572.62	684988.01	186586.72
汕头市	412620.64	411683.32	253622.09	158998.55
佛山市	1646314.08	1375089.21	883782.62	762531.45
韶关市	211849.66	166389.12	147639.94	64209.72
河源市	205881.08	205881.08	180025.65	25855.43
梅州市	130315.39	122567.39	74078.11	56237.28
惠州市	959312.94	835839.15	878512.12	80800.82
汕尾市	85081.75	84516.47	84324.47	757.28
东莞市	1699765.47	1314924.86	1354921.13	344844.34
中山市	272580	219511.36	190989.16	81590.84
江门市	318662.61	286942.66	219455.39	99207.22
阳江市	263026.89	242715.01	124157.68	138869.21
湛江市	627205.91	608823.31	481473.56	145732.35
茂名市	129115.82	129115.82	29429.82	99686
肇庆市	216507.52	216263.52	142442.92	74064.6
清远市	50939.44	24501.98	48283.58	2655.86
潮州市	37411.58	28957.76	37237.61	173.97
揭阳市	73884.17	62715.29	36117.63	37766.54
云浮市	32555.94	21087.62	18183.26	14372.68

(续上表)

地区名称	工程招标代理机构承揽合同约定金额					
	合计	工程招标代理承揽合同约定金额	工程监理承揽合同约定金额	工程造价咨询承揽合同约定金额	项目管理与咨询服务承揽合同约定金额	其他业务承揽合同约定金额
全　省	899621.42	74333.2	532213.45	86727.04	65287.04	141060.69
广州市	395174.95	33186.64	238402.34	28409.63	34870.33	60306.01
深圳市	368734.71	15246.36	229267.82	33356.87	27688.21	63175.45
珠海市	18505.22	3123.15	10663.79	3901.83	358.56	457.89
汕头市	7327.36	1080.39	5433.05	762.21	35.2	16.51
佛山市	33087.68	5517.91	7366.32	6010.66	882.06	13310.73
韶关市	2123.53	1091.45	273.12	585.73	90	83.23
河源市	1495.33	573.35	517.4	270.98	133.6	0
梅州市	1031.84	751.94	217.3	62.6	0	0
惠州市	9567.06	2729.73	2112.71	3445.09	338.93	940.6
汕尾市	1190.29	281.64	694.13	214.52	0	0
东莞市	17398.58	3887.83	8324.74	4850.39	0	335.62
中山市	14059.17	1073.49	12269.69	221.99	494	0
江门市	13670.44	1519.45	8800	1306.99	335	1709
阳江市	2657.78	464.2	1811.58	377	0	5
湛江市	4697.58	1046.73	3019.21	477.29	27.7	126.65
茂名市	583.01	405.81	22	155.2	0	0
肇庆市	4113.98	1157.66	2578.59	377.73	0	0
清远市	1391.16	342.57	0	1042.44	6.15	0
潮州市	1512.89	345.92	74.66	471.01	27.3	594
揭阳市	915.65	305.93	365	244.72	0	0
云浮市	383.21	201.05	0	182.16	0	0

(凌红梅)

2011年广东省工程招标代理机构财务完成情况

单位：万元

地区名称	营业收入						营业成本	营业税金及附加
	合　计	工程招标代理收入	工程监理收入	工程造价咨询收入	工程项目管理与咨询服务收入	其他收入		
全　省	2572237.64	78334.58	478552.48	98872.65	162749.04	1753728.89	2278702.27	50257.93
广州市	431433.72	36684.66	240781.56	32740.56	22048.60	99178.35	297001.42	21355.61
深圳市	1968361.55	14026.28	150591.47	37029.63	128609.67	1638104.50	1856341.40	18626.27
珠海市	28183.22	4670.31	18071.62	4497.03	415.92	528.34	21831.91	1657.43
汕头市	5148.18	896.43	3226.38	990.17	35.20	0.00	4449.22	305.78
佛山市	44113.68	5872.15	16661.28	7758.66	3789.87	10031.72	26704.14	2688.02
韶关市	2276.46	1219.46	388.48	564.70	63.99	39.83	1631.55	137.47
河源市	1288.56	514.72	368.70	302.26	102.88	0	1019.76	225.07
梅州市	817.54	548.04	217.30	52.20	0	0	448.84	46.48
惠州市	12866.84	2701.88	5172.69	3603.28	342.58	1046.41	8389.65	724.07
汕尾市	1223.89	303.00	586.87	329.62	0	4.40	945.38	69.10
东莞市	21777.29	4009.74	6713.15	5754.40	4807.00	493.00	17213.83	1219.97
中山市	15614.29	1131.50	13742.94	278.48	457.80	3.57	12519.94	876.94
江门市	12699.76	1434.27	7578.50	1642.99	335.00	1709.00	9030.70	716.46
阳江市	3385.76	347.00	1196.94	377.00	0	1464.82	668.30	182.05
湛江市	5238.55	1321.50	2842.01	556.69	27.70	490.65	3373.95	293.87
茂名市	7830.34	388.75	7237.18	193.41	11.00	0	5746.68	446.60
肇庆市	5677.48	1105.94	2576.37	343.86	1651.31	0	5748.11	459.10
清远市	1333.83	338.05	0	989.63	0	6.15	3534.48	73.70
潮州市	1512.89	345.92	74.66	471.01	27.30	594.00	1228.16	90.31
揭阳市	1127.63	329.52	524.38	244.72	0	29.00	768.57	45.36
云浮市	326.18	145.46	0	152.35	23.22	5.15	106.28	18.27

(续上表)

地区名称	营业利润	利润总额		资产			负债合计	所得者权益合计
		合计	所得税	合计	固定资产	流动资产		
全　省	110374.12	100586.28	20403.26	2592662.66	162476.45	2265048.89	2084867.67	507794.99
广州市	49685.79	43157.17	10784.25	360327.24	33624.07	309022.09	201014.73	159312.51
深圳市	39421.78	38951.91	5197.43	1914878.51	104711.45	1675190.96	1657887.46	256991.05
珠海市	2939.18	2391.92	645.18	191827.01	2994.79	181559.06	178228.05	13598.96
汕头市	349.43	369.65	118.60	6512.18	834.09	5630.90	1765.44	4746.74
佛山市	6318.08	4286.88	1076.56	38705.16	5246.77	31542.89	18666.18	20038.98
韶关市	54.03	76.29	43.49	2098.29	303.73	1621.36	951.60	1146.69
河源市	111.09	96.13	24.01	820.17	533.42	286.75	144.20	675.97
梅州市	54.04	154.94	38.74	2700.62	140.51	2490.10	2046.20	654.42
惠州市	1443.69	1413.25	257.44	10866.77	1685.81	9126.27	3768.52	7098.25
汕尾市	209.23	119.67	29.66	1135.95	267.23	864.75	337.55	798.40
东莞市	2507.33	2012.62	481.24	17259.67	6046.08	10437.33	5296.36	11963.31
中山市	1999.70	2112.31	546.75	9280.68	1374.26	7864.95	3636.65	5644.03
江门市	2256.95	2339.49	485.33	11105.71	1976.09	8511.93	4876.47	6229.24
阳江市	457.33	850.48	80.82	2662.34	218.91	2425.43	311.96	2350.38
湛江市	753.85	728.38	200.29	6635.90	540.06	4993.58	1609.99	5025.91
茂名市	409.73	348.39	90.33	4921.54	264.52	4491.55	1754.30	3167.24
肇庆市	788.83	829.75	189.04	7175.53	917.07	6153.05	1591.19	5584.34
清远市	219.43	219.38	54.84	825.27	53.44	771.83	179.39	645.88
潮州市	121.83	57.99	24.36	1243.49	40.51	1198.22	455.36	788.13
揭阳市	52.92	49.72	26.75	1469.96	641.46	717.40	310.16	1159.80
云浮市	219.88	19.96	8.15	210.67	62.18	148.49	35.91	174.76

(凌红梅)

·链接·　**珠海市建设工程网上招标投标交易平台**

珠海建设工程网上招标投标交易平台利用信息化技术手段，实现建设工程全程规范、标准、安全、高效、便捷的网上招标、投标、开标、评标、定标、监督等活动。平台具有门户网站、招标投标文件制作、澄清答等9大功能。平台具有平台具有规范招标文件，防止量身定做；规范评标办法，堵塞法律漏洞；规范企业绩信，防止弄虚作假；规范投标文件，防止围标串标等优点。通过建设工程网上招标投标交易平台，整合交易中心原有各自独立的子系统，实现了真正意义上的网上招标投标，建立了全新的建设工程招标投标交易模式。网上招标投标交易平台的研发成功是交易模式的创新，也是一种管理模式和服务模式的创新，对于建设工程招标投标市场的良性、健康发展起积极的促进作用。

东莞市建设工程招标投标“e”网通系统

该系统由东莞市建设工程交易中心开发，通过整合、完善建设工程交易信息网、交易管理平台、电子招投标系统、评标专家管理及语音通知系统等系统，为工程交易各方和行政监督部门提供招投标全程服务，实现招投标全过程的“流程化管理、节点控制、无缝对接、自动识别、阳光高效”。

建设工程质量管理

【概况】　2011年，广东省纳入质量安全监督的房屋建筑和市政基础设施工程39741项，建筑工程总建筑面积44791.45万平方米，市政工程总长度2215465延米；新注册工程（指新建并纳入质量安全监管的工程）17950项，竣工验收合格工程14204项，其中，一次通过验收合格率99.9%，一次验收不合格重新组织验收合格工程6项，已办理竣工验收备案工程9846项。全年全省质量监督机构发出整改通知书22560份、局部停工令717份，因质量原因实施行政处罚21宗，全省纳入质量安全监督的房屋建筑和市政基础设施工程未发生质量事故。是年，全省有8项工程获国家最高工程质量奖“中国建设工程鲁班奖”，

39项工程获“国家建筑工程装饰奖”，50项工程获广东省金匠奖，100项工程评定为广东省优良样板工程，111项工程获广东省优秀建筑装饰工程奖。

【工程质量检测信息化建设】 2011年，广东省住房和城乡建设厅继续推进珠江三角洲地区工程质量检测信息化监管平台建设，截至2011年底，除珠海市外，广东省和珠江三角洲地区各市（含佛山市顺德区）工程质量检测信息化监管平台和网络已建成，并已联网运行，对加强全省房屋市政工程质量检测数据的监管，防止检测数据造假，及时处理不合格工程提供有力的技术支持。

【“质量月”活动】 2011年，广东省住房和城乡建设厅组织开展“工程质量月”活动。一是9月16日，在广州市珠江新城召开全省建筑工程质量现场观摩会，全省各地共700人参加会议；二是召开建筑工程质量通病治理研讨会，深入研讨工程质量通病的预防措施及治理方法，进一步指导全省建设工程质量通病治理工作；三是召开部分地区建筑工程质量监督管理工作研讨会，研究改进工程质量监督管理提高工作效能的方法，以及加强保障性安居工程质量监管的对策；四是公布近三年建筑施工企业获得省级以上工程质量奖项的排名榜，加大对工程质量创优成绩突出企业的宣传力度。

【工程质量信用档案建设】 为贯彻落实住房和城乡建设部《房屋建筑和市政基础设施工程施工质量监督管理规定》，广东省住房和城乡建设厅于2011年6月30日印发《关于建立房屋建筑和市政基础设施工程施工质量信用档案的指导意见》，12月下旬建立“广东省工程质量信用信息平台”，实现即时记录和长期保存全省施工企业房屋建筑和市政基础设施工程施工质量信用信息，及时向社会公告工程施工质量良好记录和不良记录等信息。

【工程质量监督执法检查】 2011年，根据住房和城乡建设部办公厅《关于组织开展全国建设工程质量安全及建筑市场监督执法检查的通知》，在企业自查建设工程质量安全的基础上，全省共抽查工程2583项，发出整改通知书1008份、停工通知书216份。8月，省住房和城乡建设厅派出4个督查组，抽查8个市的32项工程，其中，保障性安居工程16项，商品住宅工程8项，公共建筑工程8项，发出督查整改意见书10份。此外，对广州、佛山、东莞的城市轨道交通在建工程进行质量安全检查。通过开展这次建设工程质量安全执法检查，增强工程建设各方责任主体依法加强工程质量管理的意识，消除工程质量隐患。年内，积极配合住房和城乡建设部督查组完成对广东省建设工程质量的督查工作。 *（赵航）*

【质量安全监督检测管理信息化建设调研】 2011年，为推动广东省质量安全监督检测机构信息化建设，由广东省建设工程质量安全监督检测总站开展全省建设工程质量安全监督检测信息化建设情况专题调研。调研对象是在广东省开展检测业务的249个建设工程质量检测机构，全省县区级及以上147个建设工程质量监督机构和151个建筑施工安全监督机构。调研内容是质量安全监督机构和质量检测机构在开展工程监督和检测中利用计算机处理业务、出具检测报告、检测数据自动采集、采用电脑软件联网进行内部自动化管理和与上级质监机构和政府监管部门联网情况等。通过调研，编写近3万字的调研报告，提出了若干加强信息化建设的意见。

【监督检测机构和人员业务培训】 2011年，根据《房屋建筑和市政基础设施工程质量监督管理规定》的要求，广东省建设工程质量安全监督检测总站通过举办培训班和交流会，对全省各地147个工程质量监督机构的3000多名监督人员分期分批进行培训和开展继续教育。免费对全省开展《广东省建筑施工安全管理资料统一用表》（2011版）的使用培训工作，对各级工程安全监督机构的监督人员开展以预防渎职行为为专题的继续教育。配合省住房和城乡建设厅实施《广东省住房和城乡建设厅建筑工程安全生产动态管理办法》，对全省安全监督机构扣分人员进行指导培训。全年举办各类检测员、质监员和安监员培训班、继续教育换证班共34期，培训人员8179人次。

【开展基桩动测能力验证现场试验】 2011年6月，由广东省建设工程质量安全监督检测总站组织开展全省检测单位建筑基桩高应变法和低应变法的检测能力验证。该次能力验证是对广东省开展建筑地基基础工程基桩高应变、低应变动测的检测机构的人员和设备以及实际操作能力的一次综合性检验。全省110个获得广东省住房和城乡建设厅颁发的基桩动测检测资质的检测单位全部参加基桩动测能力验证，其中具有高、低应变二项资质的检测单位69个，具有低应变资质的检测单位41个。

【在建工程质量安全监督巡查】 2011年，受广东省住房和城乡建设厅委托，广东省建设工程质量安全监督检测总站分期分批对全省各地区在建工程项目进行质量安全生产情况监督巡查。从2011年度第二季度起，对深圳、汕头、汕尾、清远、韶关等18个地区的73个工程项目进行质量安全生产情况监督抽查，共发出质量整改意见书16份，执法建议书6份，在建工程实体质量监督抽查情况反馈意见18份；共发出安全隐患整改通知41份，执法建议书6份，安全生产动态扣分通知书53份，约谈2家施工企业主要负责人，加大全省在建工地质量施工安全监督抽查工作力度，形成有效的监督管理机制。 （李素华）

【中国建设工程鲁班奖（国家优质工程）项目】 2011年，广东省8项工程获中国建设工程鲁班奖（国家优秀工程）。分别是广州新电视塔工程、富力丽港中心住宅项目、绿洋山庄二期（华发龙庭）、国检大厦工程、紫荆山庄、广东省飞来峡水利枢纽、广东全球通大厦、灾后援建陇南市人民医院住院部工程。 （张兵）

装饰工程施工

【概况】 2011年，广东省建筑装饰行业通过双向服务的推进，促进行业技术创新能力和管理水平的不断提高。通过加强行业教育培训，使全省建筑装行业持续健康发展。在全国建筑装饰企业百强中，广东企业占了1/3。2011年，全省建筑装饰装修行业产值为938.11亿元。根据省政府提出“低碳建筑”的工作部署，大力推进以技术创新为原动力的科技活动，出台《关于开展2011年广东省建筑装饰绿色环保设计企业评介活动办法（试行）》、《广东省建筑装饰绿色环保设计企业评价活动办法》，进一步提升了建筑装饰施工的技术含量，提高广东省建筑装饰行业在全国的竞争实力。是年，为加强行业的技术服务，成立广东省建筑业协会建筑装饰分会工程技术委员会、幕墙工程委员会和设计委员会。

【建筑装饰科技示范工程和科技创新成果推介】 2011年，广东省建筑装饰行业根据《广东省建筑装饰行业科技示范工程和科技创新成果推介办法（试行）》，开展广东省建筑装饰行业“科技示范工程”和“科技创新成果”推介活动。全年共有76个项目申报参评，评出省级建筑装饰科技示范工程24项、科技创新成果45项。择优推荐并获2011年度全国装饰行业“科技示范工程奖”21项、“科技创新成果奖”23项。

【建筑装饰行业优秀建造师评选】 2011年，广东省建筑装饰行业根据《广东省建筑装饰工程优秀建造师评选办法（试行）》，开展广东省建筑装饰工程优秀建造师评选工作。组织评选2011年广东省建筑装饰行业优秀建造师活动，申报参评119人，共114人获“2011年广东省建筑装饰工程优秀建造师”称号。择优推荐并获2011年全国建筑装饰工程优秀项目经理共33人。 （张兵）

工程造价管理

【概况】 2011年，广东省继续完善市场形成工程造价的机制，推进工程造价制度建设，印发工程量清单计价规范的实施意见，提高对工程造价市场的监管力度，核查105家造价咨询企业，不合格的有11家，发出整改通知书和问题确认书40份，出台两部专业定额。

【工程造价管理法制建设】 2011年，广东省住房和城乡建设厅把工程造价管理纳入法制化轨道，以适应全省规范建筑市场秩序的需要；启动《广东省建设工程造价管理规定》修订工作。8月22日，省住房和城乡建设厅颁发《广东省实施〈建设工程工程量清单计价规范〉（GB50500-2008）若干意见》，进一步规范建设各方计价行为，明确工程量清单计价成为主要的计价方式。

【工程计价依据和标准体系建设】 2011年，广东省建设工程造价管理总站落实工程计价依据和数据标准的编制任务，完善工程计价依据与标准体系，编制《广东省建设工程施工标准工期定额》，由省住房和城乡建设厅颁布并于2011年10月1日开始执行；推进编制2010年省工程计价依据补充本《广东省钢结构工程综合定额》，由省住房和城乡建设厅颁布并于2011年4月1日开始执行；推进《广东省房屋建筑和市政修缮工程综合定额》和《广东省建设工程概算定额》、《广东省城市轨道交通工程综合定额》的编制。受住房和城乡建设部标准定额司和中国建设工程造价管理协会委托，省建设工程造价管理总站主编完成的国家《城市轨道交通工程概算定额》“车站、区间工程”册、《城市轨道交通建筑安装工程费用标准编制规则》在国内征求意见。

【工程造价信息平台建设】 2011年，住房和城乡建设部标准定额司印发《关于做好建设工程造价信息化管理工作的若干意见》，针对工程造价信息资源共享存在的突出问题，广东省建设工程造价管理总站开发全省工程造价信息互联互通和数据共享平台“广东造价在线”，搭建完善的数据收集、整理、共享、分析、上报、发布体系，为全省工程建设各方提供实时、权威、完整的工程造价信息服务，进一步加强了工程造价信息管理工作机制建设。

【工程造价咨询企业资质许可后动态核查】 2011年，按照住房和城乡建设部《关于加强建筑市场资质资格动态监管完善企业和人员准入清出制度的指导意见》的要求，广东省住房和城乡建设厅对上年度开展的全省工程造价咨询企业资质许可后的动态核查情况进行通报。这次核查的重点是工程造价咨询企业的资质达标情况、执业质量、制度建设、分支机构设立及技术档案管理等，共核查工程造价咨询企业105家，其中本省101家，省外驻粤分支机构4家；抽检项目259个；105家企业中合格66家，基本合格28家，不合格11家，发出整改通知书和问题确认书40份。

【推广工程造价互联网备案监管系统】 2011年，广东省建设工程造价管理总站总结开展工程项目“概算价、招标控制价、合同价、竣工结算价网上备案监管系统”的试点，在广州、中山、肇庆等市应用监管与服务一体化综合平台的工程造价监管模式。

【工程造价管理业务交流】 2011年，广东省建设工程造价管理总站围绕工程造价管理热点课题，开展粤港两地工程造价行业合作交流，探索工程造价管理科学发展的发力点。5月30日，“建设工程造价咨询企业改制十年回眸与发展论坛”在广州举行，论坛由广东省工程造价协会举办，来自主管部门、工程造价咨询企业、高等院校的资深学者、专家回顾改制10年来工程造价咨询企业在发展模式、执业水平、人才队伍建设等方面的成就和经验，对工程项目全过程管理与全方位服务模式进行探讨；6月10日，香港测量师学会工料测量组成员一行到省建设工程造价管理总站进行广州和香港两地工程造价学术交流，就粤港两地的工程造价行业发展、香港测量师事务所及测量师在广东省的资质确认、香港测量师学会与广东省工程造价协会联合举办专题论坛讲座、香港测量师学会与广东省建设工程造价管理总站的合作范畴等进行探讨；12月9日，广东省建设工程造价管理总站在东莞召开全省地级市工程造价管理站长座谈会议，会议就推进工程造价管理立法，搭建工程造价数据平台，加强和完善造价员管理体系，规范工程造价专业人员从业行为等进行研讨。 （张中）

工程建设监理

【概况】 2011年，广东省有工程建设监理企业429家，其中综合资质企业12家，甲级资质企业216家，乙级资质企业131家，执业注册监理工程师9446名。监理营业收入597.72亿元。

为提高中国建设监理理论研究水平，推动建设监理理论研究工作，广东省建设监理协会组织监理企业踊跃参加中国建设监理协会理论研究委员会举办的首次优秀科研课题及征（论）文评选活动。由深圳市监理工程师协会主编的《深圳市工程监理行业发展蓝皮书（2009）》、深圳大学建设监理研究

2011年广东省工程监理企业资质情况

单位：个

地区名称	监理企业资质数量											招标代理资质	工程造价咨询资质	工程设计资质	工程咨询资质
	合计	综合	事务所	主营业务				非主营业务							
				小计	甲级	乙级	丙级	小计	甲级	乙级	丙级				
合计	897	12	3	414	216	131	67	468	169	246	53	235	67	14	61
省属	95	3	0	34	27	6	1	58	27	30	1	27	7	2	10
广州市	170	6	1	66	45	19	2	97	44	47	6	61	19	2	19
韶关市	14	0	0	8	0	6	2	6	0	4	2	2	1	0	0
深圳市	245	2	0	99	75	19	5	144	56	80	8	59	15	6	16
珠海市	54	0	0	25	14	5	6	29	9	14	6	18	7	0	5
汕头市	20	0	0	10	4	3	3	10	2	5	3	5	0	1	0
佛山市	68	0	1	38	16	14	8	29	7	19	3	11	3	1	3
江门市	18	0	0	11	4	5	2	7	2	4	1	6	0	0	0
湛江市	18	0	0	9	1	7	1	9	0	7	2	6	0	0	0
茂名市	18	1	0	10	4	5	1	7	3	4	0	3	0	1	0
肇庆市	13	0	0	8	1	5	2	5	0	3	2	6	0	0	0
惠州市	38	0	0	22	8	11	3	16	6	7	3	5	4	0	1
梅州市	15	0	0	10	1	3	6	5	1	1	3	1	0	1	1
汕尾市	8	0	0	5	0	2	3	3	0	2	1	4	3	0	1
河源市	11	0	0	7	0	4	3	4	0	4	0	1	2	0	2
阳江市	7	0	0	3	1	0	2	4	1	1	2	1	0	0	0
清远市	11	0	0	7	3	1	3	4	1	2	1	0	0	0	0
东莞市	32	0	1	17	7	7	3	14	4	8	2	7	3	0	1
中山市	18	0	0	11	3	5	3	7	4	2	1	8	2	0	2
潮州市	10	0	0	5	0	1	4	5	0	0	5	1	1	0	0
揭阳市	6	0	0	4	2	0	2	2	2	0	0	2	0	0	0
云浮市	8	0	0	5	0	3	2	3	0	2	1	1	0	0	0

（冯育文）

2011年广东省工程监理企业基本情况

单位：家

地区名称	企业个数合计	内资企业	小计											
			国有企业	集体企业	股份合作企业	联合企业				有限责任公司		股份有限公司	私营企业	
						国有	集体	国有与集体	其他	国有独资公司	其他有限责任公司		私营独资	私营合伙
全　省	399	395	36	3	1	0	0	0	0	6	197	29	0	0
省　属	33	33	6	0	0	0	0	0	0	0	17	0	0	0
广州市	68	66	7	0	0	0	0	0	0	2	35	2	0	0
韶关市	8	8	0	0	0	0	0	0	0	0	6	1	0	0
深圳市	97	96	14	0	1	0	0	0	0	0	37	6	0	0
珠海市	22	22	0	0	0	0	0	0	0	1	12	0	0	0
汕头市	9	9	2	0	0	0	0	0	0	0	5	2	0	0
佛山市	38	38	0	0	0	0	0	0	0	0	22	4	0	0
江门市	11	11	1	1	0	0	0	0	0	1	4	0	0	0
湛江市	9	9	0	0	0	0	0	0	0	1	5	1	0	0
茂名市	8	8	0	0	0	0	0	0	0	0	4	3	0	0
肇庆市	8	8	0	0	0	0	0	0	0	0	5	1	0	0
惠州市	20	20	4	0	0	0	0	0	0	0	7	2	0	0
梅州市	11	11	1	1	0	0	0	0	0	0	7	0	0	0
汕尾市	5	5	0	0	0	0	0	0	0	0	0	1	0	0
河源市	4	4	1	1	0	0	0	0	0	1	1	0	0	0
阳江市	3	3	0	0	0	0	0	0	0	0	3	0	0	0
清远市	7	7	0	0	0	0	0	0	0	0	3	3	0	0
东莞市	15	15	0	0	0	0	0	0	0	0	10	1	0	0
中山市	9	9	0	0	0	0	0	0	0	0	7	1	0	0
潮州市	5	4	0	0	0	0	0	0	0	0	2	1	0	0
揭阳市	4	4	0	0	0	0	0	0	0	0	3	0	0	0
云浮市	5	5	0	0	0	0	0	0	0	0	2	0	0	0

地区名称	内资企业			港、澳、台商投资企业					外商投资企业					个体经营	
	私营企业		其他企业	小计	合资经营企业	合作经营企业	独资经营企业	投资股份有限公司	小计	中外合资经营企业	中外合作经营企业	外资企业	外商投资股份有限公司	个体户	个人合伙
	私营有限责任公司	私营股份有限公司													
全　省	117	5	1	2	1	1	0	0	1	1	0	0	0	1	0
省　属	10	0	0	0	0	0	0	0	0	0	0	0	0	0	0
广州市	20	0	0	1	0	1	0	0	1	1	0	0	0	0	0
韶关市	1	0	0	0	0	0	0	0	0	0	0	0	0	0	0
深圳市	37	0	1	1	1	0	0	0	0	0	0	0	0	0	0
珠海市	8	1	0	0	0	0	0	0	0	0	0	0	0	0	0
汕头市	0	0	0	0	0	0	0	0	0	0	0	0	0	0	0
佛山市	10	2	0	0	0	0	0	0	0	0	0	0	0	0	0
江门市	4	0	0	0	0	0	0	0	0	0	0	0	0	0	0
湛江市	2	0	0	0	0	0	0	0	0	0	0	0	0	0	0
茂名市	0	1	0	0	0	0	0	0	0	0	0	0	0	0	0
肇庆市	2	0	0	0	0	0	0	0	0	0	0	0	0	0	0
惠州市	7	0	0	0	0	0	0	0	0	0	0	0	0	0	0
梅州市	2	0	0	0	0	0	0	0	0	0	0	0	0	0	0
汕尾市	3	1	0	0	0	0	0	0	0	0	0	0	0	0	0
河源市	0	0	0	0	0	0	0	0	0	0	0	0	0	0	0
阳江市	0	0	0	0	0	0	0	0	0	0	0	0	0	0	0
清远市	1	0	0	0	0	0	0	0	0	0	0	0	0	0	0
东莞市	4	0	0	0	0	0	0	0	0	0	0	0	0	0	0
中山市	1	0	0	0	0	0	0	0	0	0	0	0	0	0	0
潮州市	1	0	0	0	0	0	0	0	0	0	0	0	0	1	0
揭阳市	1	0	0	0	0	0	0	0	0	0	0	0	0	0	0
云浮市	3	0	0	0	0	0	0	0	0	0	0	0	0	0	0

（冯育文）

2011年广东省工程监理企业业务情况

单位：万元

地区名称	建设工程监理企业承揽合同额					
	合计	工程监理合同额	招标代理合同额	工程造价咨询合同额	项目管理与咨询服务合同额	其他业务合同额
合　计	1038870.45	826158.52	43906.97	34524.7	68371.92	65908.34
省　属	139696.12	115652.57	6275.66	5687.09	8675.68	3405.12
广州市	300783.65	237765.3	17108.75	11606.38	30923.26	3379.96
韶关市	3199.95	2983.94	154.78	48	0	13.23
深圳市	400282	297923.19	10272.44	11081.24	27131.35	53873.78
珠海市	24191.75	21089.72	1738.3	1166.18	145.9	51.65
汕头市	6880.37	5936.37	890.8	18	35.2	0
佛山市	36288.07	33304.63	554.97	1680.57	693.9	54
江门市	12392.74	11360.23	1032.51	0	0	0
湛江市	4790.49	4092.25	698.24	0	0	0
茂名市	25709.17	25544.33	122.34	0	22.5	20
肇庆市	6174.94	5421.78	753.16	0	0	0
惠州市	19759.48	14821.87	1730.53	1927.55	338.93	940.6
梅州市	3348.72	3065.88	111.34	0	171.5	0
汕尾市	1321.16	802.67	260.84	227.65	0	30
河源市	2988.16	2575.06	244.3	35.2	133.6	0
阳江市	2630.82	2630.82	0	0	0	0
清远市	6732.07	6732.07	0	0	0	0
东莞市	26164.83	20325.62	978.73	720.48	0	4140
中山市	12466.72	11291.04	785.79	309.09	80.8	0
潮州市	652.39	522.33	93.49	17.27	19.3	0
揭阳市	1625.8	1525.8	100	0	0	0
云浮市	791.05	791.05	0	0	0	0

地区名称	其中境外合同额	承揽境内建设工程监理项目投资额	境内新开工建设工程监理项目数量（个）	境内在建建设工程监理项目数量（个）			境外在建建设工程监理项目数量（个）
				合计	必须实行监理的项目数量	其他实行监理的项目数量	
合　计	12781.72	93378660.41	12678	17291	15706	1585	129
省　属	330.12	24311656.96	851	1496	1098	398	10
广州市	10745.31	30472720.75	3207	4582	4269	313	25
韶关市	0	298519.21	163	207	202	5	0
深圳市	990.05	21893230.08	3809	5323	5054	269	2
珠海市	0	1530382.85	643	747	689	58	80
汕头市	0	525007.91	151	237	126	111	0
佛山市	0	2535751.34	1143	1291	1096	195	0
江门市	0	1184651.16	490	773	722	51	0
湛江市	0	282981.39	193	146	135	11	0
茂名市	0	3900358.55	120	233	191	42	0
肇庆市	0	459886.23	107	223	221	2	0
惠州市	0	1279095.31	403	564	553	11	12
梅州市	0	824085.57	502	194	177	17	0
汕尾市	0	97675.67	88	74	47	27	0
河源市	0	497419.74	155	184	182	2	0
阳江市	716.24	253338.64	24	158	151	7	0
清远市	0	624964.95	85	47	47	0	0
东莞市	0	1122170.02	141	267	254	13	0
中山市	0	1132423.45	259	291	285	6	0
潮州市	0	33990.65	4	10	9	1	0
揭阳市	0	83210	40	91	77	14	0
云浮市	0	35139.98	100	153	121	32	0

（冯育文）

2011年广东省工程监理人员情况

单位：人

地区名称	期末从业人员						其中			期末专业技术人员		
	合计	工程监理人员	招标代理人员	工程造价咨询人员	项目管理与咨询服务人员	其他从业人员	正式聘用人员	30岁以下人员	31岁~60岁人员	合计	高级职称人员	中级职称人员
合计	52944	35428	4223	2938	4918	5437	48535	17684	29429	48227	6534	20738
省属	8365	6212	530	345	649	629	8091	2450	4358	7645	1238	3487
广州市	11772	8169	1007	824	919	853	10499	3833	6946	10757	1501	4334
韶关市	388	292	27	17	6	46	333	69	289	298	44	133
深圳市	18389	9974	1546	1202	2849	2818	17612	7777	10315	17005	2446	7053
珠海市	2006	1508	189	139	74	96	1719	546	1153	1829	218	873
汕头市	575	375	107	14	18	61	479	113	458	481	59	266
佛山市	2523	2044	144	98	77	160	2144	665	1414	2398	215	954
江门市	920	707	114	14	24	61	885	203	570	870	75	305
湛江市	508	387	65	8	4	44	453	91	330	491	52	224
茂名市	1197	913	64	30	53	137	1003	273	517	983	115	498
肇庆市	440	318	62	11	5	44	405	141	233	334	39	129
惠州市	1476	1170	88	93	24	101	1148	407	801	1297	176	622
梅州市	372	226	14	7	34	91	359	73	245	336	70	151
汕尾市	199	87	44	31	20	17	163	43	95	162	18	84
河源市	318	253	13	14	17	21	260	79	130	277	22	143
阳江市	180	145	25	0	0	10	132	55	69	143	20	64
清远市	590	531	2	0	34	23	416	228	184	402	32	126
东莞市	1525	1233	76	41	45	130	1450	427	913	1423	99	793
中山市	717	498	86	33	60	40	567	92	163	646	61	309
潮州市	154	121	5	8	0	20	144	28	126	154	11	62
揭阳市	157	108	15	7	3	24	127	28	50	148	14	59
云浮市	173	157	0	2	3	11	146	63	70	148	9	69

地区名称	期末专业技术人员		其中：新聘用人员	另：调出人员	期末注册执业人员							
	初级职称人员	其他人员			合计	注册监理工程师	注册建筑师	注册工程师	注册建造师	注册造价工程师	注册咨询工程师(投资)	其他注册专业人员
合计	12941	8014	6530	8401	13543	9446	56	127	1388	1872	287	367
省属	1675	1245	930	1085	1731	1171	21	17	154	212	73	83
广州市	3004	1918	1473	1840	3026	2120	3	14	332	424	94	39
韶关市	85	36	7	89	120	89	0	1	13	16	0	1
深圳市	4529	2977	2903	2904	4378	3054	14	39	435	680	92	64
珠海市	488	250	302	415	606	457	0	0	52	91	4	2
汕头市	121	35	38	120	236	165	4	3	24	37	0	3
佛山市	813	416	151	516	784	588	2	6	83	101	0	4
江门市	347	143	47	117	223	154	1	1	31	36	0	0
湛江市	175	40	13	55	132	95	0	1	14	21	0	1
茂名市	215	155	182	181	471	226	4	8	39	34	0	160
肇庆市	110	56	1	89	150	103	1	0	20	25	0	1
惠州市	382	117	51	302	433	327	1	1	40	61	0	3
梅州市	95	20	11	66	123	86	3	4	15	10	5	0
汕尾市	26	34	5	32	46	31	0	0	0	11	4	0
河源市	52	60	36	46	57	41	0	0	3	9	4	0
阳江市	37	22	17	11	54	38	0	1	4	10	0	1
清远市	121	123	115	72	146	90	0	16	27	13	0	0
东莞市	329	202	70	242	469	363	2	11	50	39	0	4
中山市	176	100	49	117	212	137	0	0	31	33	11	0
潮州市	59	22	1	29	40	34	0	0	5	1	0	0
揭阳市	51	24	8	45	56	45	0	0	7	4	0	0
云浮市	51	19	20	28	50	32	0	4	9	4	0	1

(冯育文)

2011年广东省工程监理企业财务情况

单位：万元

地区名称	营业收入						在合计中其中：境外收入	营业成本	营业税金及附加
	合计	工程监理收入	工程招标代理收入	工程造价咨询收入	工程项目管理与咨询服务收入	其他收入			
合　计	2463050.02	597715.8	40348.48	33272.81	145347.99	1646364.94	1229.87	2202550.62	46190.77
省　属	118444.24	99201.41	6796.92	5473.95	5163.38	1808.58	1229.87	82424.58	6866.98
广州市	202562.61	162002.74	14764.58	11365.77	12869.62	1559.9	0	137741.15	11360.37
韶关市	3209.34	2839.9	213.68	48	0	107.76	0	1914.19	179.63
深圳市	1979018.75	204153.49	9064.28	10289.54	124508.4	1631003.04	0	1867019.54	18132.09
珠海市	23547.66	19754.55	1996.62	1417.1	338.17	41.22	0	18473.39	1284.45
汕头市	4386.88	3396.32	690.36	18	35.2	247	0	3403.61	253.87
佛山市	28291.22	25645.08	456.27	1503.78	682.74	3.35	0	16691.41	2137.49
江门市	10141.85	9439.18	683.67	19	0	0	0	7631.61	583.42
湛江市	4214.16	3388.01	671.8	0	27.7	126.65	0	3099.23	244.22
茂名市	12138.89	11446.35	94.34	0	11	587.2	0	8152.04	669.99
肇庆市	6010.67	5283.37	727.3	0	0	0	0	3848.09	335.75
惠州市	17833.13	12959.99	1721.56	1896.69	342.58	912.31	0	13207.39	994.99
梅州市	6400.23	2293.07	111.34	0	102.82	3893	0	5192.58	514.6
汕尾市	1184.7	643.95	232.9	243.55	33.5	30.8	0	911.11	67.05
河源市	2758.34	2432.82	190.44	32.2	102.88	0	0	2173.39	149.35
阳江市	3228.12	1768.3	0	0	0	1459.82	0	543.43	173.55
清远市	6507.32	6442.69	0	0	0	64.63	0	4461.56	360.31
东莞市	20268.02	13144.44	881.09	670.48	1055.9	4516.11	0	15902.86	1147.68
中山市	10236.11	8992.42	907.84	277.48	54.8	3.57	0	7560.65	574.39
潮州市	668.8	538.74	93.49	17.27	19.3	0	0	485.11	42.98
揭阳市	1228.41	1178.41	50	0	0	0	0	1015.88	74.16
云浮市	770.57	770.57	0	0	0	0	0	697.82	43.45

地区名称	营业利润	利润总额		资产合计			负债合计	所有者权益合计	净利润率
			所得税	固定资产		流动资产			
合　计	93745.54	85189.13	19841.64	2427334.93	144854.01	2134747.39	1955120.91	472214.02	2481.94
省　属	12937.23	10356.35	3141.23	71020.22	4990.34	64779.96	30832.36	40187.86	161.19
广州市	23478.12	19581	7351.21	157216.79	20912.68	131439.42	57216.33	100000.46	678.91
韶关市	268.57	205.39	56.36	2619.09	250.47	2231.82	1246.93	1372.16	20.45
深圳市	40354.79	39140.43	5511.45	1899502.04	99696.37	1668652.74	1653988.09	245513.95	232.26
珠海市	1925.05	1902.85	507.97	185650.55	2306.8	176160.2	175523.77	10126.78	476.68
汕头市	171.41	154.3	102.6	4700.88	811.47	3881.41	1438.33	3262.55	36.62
佛山市	2832.63	2189.96	608.49	24212.32	3022.13	19940.84	9896.21	14316.11	204.27
江门市	1739.63	1750.54	414.34	8079.81	1306.47	6755.32	3719.3	4360.51	84.52
湛江市	647.47	613.2	163.73	4803.85	405.08	3714.59	987.89	3815.96	54
茂名市	881.59	848.38	191.5	9604.11	70.08	1384.34	7887.34	3421.82	6182.29
肇庆市	596.74	620.37	167.58	5867.92	829.05	5037.83	969.87	4898.05	61.21
惠州市	2231.38	2211.69	487.65	14063.15	1556.65	12482.55	4526.36	9536.79	120.91
梅州市	638.37	649.01	45.93	9557.89	2815.14	6658.63	2166.2	7391.69	42.38
汕尾市	215.35	98.23	29.75	966.69	282.14	680.58	360.81	605.88	−0.78
河源市	185.56	172.07	43.12	1436.91	598.17	767.67	141.95	1294.96	43.02
阳江市	287.57	685.09	77.11	2059.7	445.98	1610.94	287.53	1772.17	48.34
清远市	726.44	728.35	89.17	3441.22	662.38	2494.78	2259.11	1182.11	31.96
东莞市	1470.98	1459.99	319.98	12941.08	1350.37	11379.11	2675.63	10265.45	91.99
中山市	2035.88	1746.88	476.4	7635.12	712.68	6805.45	2968.51	4666.61	0.5
潮州市	69.12	24.83	13	638.06	102.33	530.97	74.78	563.28	2.27
揭阳市	36.97	35.53	26.64	825.79	354.87	470.92	185.96	639.83	−21.12
云浮市	14.69	14.69	16.43	491.74	58.1	384.32	233.17	258.57	42.28

（冯育文）

所主编的《工程监理的法律责任与风险管理》获优秀监理科研课题奖。 *(何志坚)*

【监理行业诚信自律】 2011年，为加强广东省建设监理行业自律和诚信建设，规范企业行为，广东省建设监理协会下发《关于开展〈广东省监理行业自律公约〉在项目监理机构工地上墙和认真贯彻执行公约活动的通知》，要求全省在建的依法必须实行监理的项目，须在其项目监理机构工地现场办公室张贴公布《广东省监理行业自律公约》，并同时公布该项目监理机构的监理企业的举报投诉联系的方式方法，包括企业名称、地址、联系人姓名、职务、电话等，接受社会各界的监督。

【建设监理动态监管】 2011年，广东省住房和城乡建设厅加强对工程建设监理活动的动态监管。9月26日至10月26日，组织对全省部分监理企业（单位）进行资质动态核查。共抽查工程建设监理企业143家，核查结果为合格93家，基本合格40家，不合格10家。对整改后仍然不合格的7家监理企业，按照有关程序撤回资质。检查发现部分企业存在以下问题：一是监理从业人员数量不能满足企业需要。从部分被核查企业来看，仍存在注册执业人员挂靠现象，少数非注册监理人员未能持证上岗或持无效证书上岗。部分企业对专业技术人员的培训不够重视，人员素质较低。企业内部管理需进一步规范。部分核查企业管理制度不健全，缺乏针对性，管理中没有执行规章制度。二是在监项目管理有待加强。部分企业的在监项目管理资料不齐全，整理归档不及时，整改通知书处理情况未能跟踪落实；个别总监对项目的现场监理工作敷衍了事，对施工组织设计、施工方案、分包单位资格等资料的审查不认真细致；工程原材料进场未能做好平行检验；工程例会、安全监理检查流于形式。三是监理取费偏低的现象仍然比较突出。大部分政府工程的监理收费未能达到国家规定的收费标准，非政府工程监理取费普遍低于国家规定的收费标准。 *(何志坚)*

建筑施工安全生产管理

【概况】 2011年，广东省住房和城乡建设系统发生建筑施工生产安全责任事故26起，死亡人数43人。比2010年分别下降18.8%和4.4%。其中，较大事故4起，死亡人数20人。全省房屋市政工程施工生产安全责任事故死亡人数占省政府下达的安全生产控制指标的95.6%。231项工程被评为“2011年度广东省房屋市政工程安全生产文明施工示范工地”，91项工程被评为“2011年度广东省建设工程项目AA级安全文明标准化诚信工地”，21项工程获国家建设工程项目AAA级安全文明标准化诚信工地。

【促进建筑施工和监理企业落实安全生产主体责任】 为贯彻落实《国务院关于进一步加强企业安全生产工作的通知》以及住房城乡建设部和广东省的实施意见，在充分调研的基础上，广东省住房和城乡建设厅印发了《关于促进建筑施工企业建立健全安全生产责任制度的通知》、《关于促进工程监理企业加强内部管理落实安全监理岗位职责的通知》、《关于促进工程监理企业加强对施工安全隐患排查整治监理工作的通知》、《关于促进建筑施工、监理企业负责人认真履行安全生产领导责任的通知》、《省外进粤建筑施工企业质量安全管理联络员工作制度》、《关于进一步加强房屋市政工程施工从业人员安全教育教训工作的通知》，强化对施工和监理企业落实安全生产主体责任的管理。

【建筑施工安全生产检查、季度巡查】 2011年，广东省住房和城乡建设厅在元旦、春节、“两会”、“五一”、“十一”、第26届世界大学生运动会举办期间，以及强对流天气、台风、汛期、高温酷暑等恶劣天气条件下，及时部署全省开展建筑施工安全生产大检查。据统计，2011年，广东省住房和城乡建设厅共组织开展全省建筑施工安全生产大检查5次，季度巡查6次，专项检查7次。广州、深圳、东莞等市还开展城市轨道交通在建工程安全专项检查。全省共检查15237项工程，发出限期整改通知书5865份，局部停工通知书643份。同时，各地还根据当地实际情况，制订本地区的施工安全专项整治方案，深入开展对深基坑、高支模、建筑起重机械等方面的安全生产专项整治活动。

【安全生产动态管理】 2011年，全省各地住房城乡建设行政主管部门继续严格执行《广东省住房和城乡建设厅建筑工程安全生产动态管理办法》，对不依法履行安全生产责任的单位和人员实施量化扣分，促进建筑施工和监理企业落实安全生产主体责任。截至2011年底，全省共作出动态扣分记录17802条，40名项目负责人和11名专职安全员因扣满分而被收回安全生产考核合格证或在本省暂停3个月担任项目负责人或专职安全员。

【安全生产许可证管理】 2011年，广东省住房和城乡建设厅共受理全省4608家建筑施工企业安全生产许可证新申请或延期申请，其中通过审核的3331家（新申请655家，延期2676家），不予许可的1277家，通过率72.3%。同时，强化对取得安全生产许可证的建筑施工企业的监管，对2011年发生生产安全责任事故的26家本省施工企业依法作出暂扣安全生产许可证30~120天的行政处罚，收回69名项目负责人、专职安全员的安全生产考核合格证，并对发生生产安全事故或严重降低安全生产条件的7家省外施工企业，提请其发证机关依法暂扣安全生产许可证。

【建筑施工安全监督机构考核】 2011年，广东省住房和城乡建设厅组织开展对全省各地级以上市和佛山市顺德区建筑施工安全监督机构三年一度的考核。该次共考核全省各级安监机构151个，其中省级施工安监机构（省建设工程质量安全监督检测总站）1个，地级以上市安监机构（含广州市政站）和佛山市顺德区站23个，县（县级市、区）级安监机构127个。随机选取326名地级以上市安监机构的安监人员进行考核。地级以上市安监机构考核结果为优良的4家，合格的20家，没有基本合格和不合格等级。县（市、区）安监机构考核结果为优良的8个，合格的94个，基本合格的22个，不合格的2个。通过考核，促进施工安全监督机构完善内部管理制度建设，充实专业人才，提高依法实施监督的水平。

【“安全生产月”活动】 2011年6月，广东省住房和城乡建设厅组织全省住房城乡建设系统开展以“关爱生命、关注安全”为主题的“安全生产月”活动。一是派出4个宣讲组，分别到广州、佛山、东莞、中山、惠州、江门、清远、韶关8个市，对省住房和城乡建设厅印发的《危险性较大的分部分项工程安全管理办法的实施细则》进行宣讲，参加安全宣讲活动人数达2334人；二是根据省委宣传部、省安监局等部门的部署，组织开展施工安全生产宣传咨询活动；三是省住房和城乡建设厅在由深圳市广胜达建筑工程有限公司承建的东莞市虎门镇万科紫台工程现场，召开“全省建筑施工安全生产文明施工现场会”，组织500人现场观摩，以先进典型促进建筑安全生产和文明施工。

【摄制建筑施工安全培训教育片】 2011年，针对建筑工人文化程度普遍较低，新上岗工人增多，人员流动性较大等特点，广东省住房和城乡建设厅组织省建筑安全协会、部分大型建筑施工企业、相关专业资深专家，完成了塔式起重机安装拆卸、施工临时用电、“四口”（在建工程预留洞口、电梯井口、通道口、楼梯口）和临边防护等9集建筑施工安全教育系列片的摄制，并通过正式音像出版渠道发行，该片通俗、直观、易懂，对提高培训成效有明显的作用，获住房和城乡建设部质量安全司的肯定和建筑施工、监理企业和施工从业人员的好评。 *(赵航)*

散装水泥

【概况】 2011年，广东省散装水泥工作再上新台阶。3月2日，广东省人民政府出台《广东省促进散装水泥发展和应用规定》，自2011年5月1日起施行。该《规定》对散装水泥、预拌混凝土、预拌砂浆和混凝土预制构件的发展和应用、管理监督和法律责任作了具体规定，使散装水泥推广政策得到完善，促进了全省散装水泥发展水平的提高。是年，全省累计供应散装水泥6258万吨。

【散装水泥目标任务管理】 2011年，广东省散装水泥管理办公室通过建立倒逼机制，层层分解目标任务，与各地级以上市散装水泥主管机构签订目标任务责任书。

是年，广东省散装水泥供应量6258万吨，比上年增加1194万吨，增长24%，在全国各省、区（市）排序中首次位列三甲，完成率114%，水泥散装率50%，比上年增加4个百分点。清远、肇庆、广州、梅州、惠州等5个地级以上市的散装水泥供应量达500万吨以上，占全省总量的70%；珠海、广州、肇庆、清远、云浮等市水泥散装率达60%以上，高于全省平均水平。2011年发展散装水泥，实现节约优质木材207万立方米，节约标准煤144万吨，减少粉尘排放63万吨，减少二氧化碳排放374万吨，减少二氧化硫排放1.2万吨，创综合经济效益37.55亿元。

预拌混凝土在建设工程项目中使用量1.4亿立方米，比上年增加2400万立方米，增长15%，完成率109%，综合利用废弃物1038万吨，节约标准煤188万吨。2011年，广东省预拌混凝土的使用量仍主要集中在经济较发达的广州、深圳、佛山、中山、东莞、珠海、惠州等地，使用量占全省69%。

预拌砂浆产量263.17万吨，比上年增长1.15倍，完成率175%，节约标准煤2.4万吨，减少二氧化碳排放23.7万吨。

【全省散装水泥工作会议】 2011年3月25日，广东省住房和城乡建设厅在梅州市召开全省散装水泥工作会议。会议总结全省散装水泥2010年工作，部署2011年任务。省住房和城乡建设厅对《广东省促进散装水泥发展和应用规定》作有关立法说明；省散装水泥管理办公室主任郭德居作工作报告，并与各地级以上市散装水泥主管机构负责人签订《2011年发展散装水泥目标任务责任书》。

【《广东省促进散装水泥发展和应用规定》宣传贯彻】 2011年3月2日，广东省省长黄华华签发《广东省促进散装水泥发展和应用规定》，对散装水泥、预拌混凝土、预拌砂浆和混凝土预制构件的发展和应用、管理和监督和法律责任等方面作了具体的规定，自2011年5月1日起施行，标志广东散装水泥工作进入依法行政的新阶段。5月12~31

2011年广东省散装水泥、预拌混凝土、干混砂浆物流设施装备情况

设施装备名称	单位	数量	单位	容量或额定量	单位	实际作业量
发放库	个	904	万吨	79.87	万吨	6257.86
中转库	个	384	万吨	41.18	万吨	1276.39
固定接收库	个	2460	万吨	73.19	万吨	4929.14
专用汽车	辆	1470	吨	44617.48	万吨	5939.72
专用船	艘	51	吨	8256	万吨	298.83
散装水泥罐	个	2244	吨	109659	万吨	1206.28
混凝土搅拌车	辆	12179	立方米	106777.8	万立方米	12390.19
混凝土泵车	辆	1199	立方米	94339.5	万立方米	7927.24
干混砂浆运输车	辆	136	吨	3738	万吨	82.6
干混砂浆移动筒仓	个	527	吨	24760	万吨	78.07

(阮菁英)

日，广东省散装水泥管理办公室领导带队，分别督导各地级以上市散装水泥主管机构，召开《广东省促进散装水泥发展和应用规定》宣传贯彻大会。各市均由市政府领导，相关主管部门、建设、施工、监理、设计单位和水泥、预拌混凝土生产企业有关负责人参加会议。

为全面贯彻《广东省促进散装水泥发展和应用规定》，细化规定的可操作性，2011年，广东省散装水泥管理办公室起草了《广东省散装水泥发展与应用规划》、《关于贯彻执行〈广东省促进散装水泥发展和应用规定〉的通知》、《广东省散装水泥专项资金征收和使用管理办法》、《广东省散装水泥设施设备备案管理办法》和《广东省预拌砂浆生产企业备案管理办法》。

【全国散装水泥宣传周活动】 在2011年6月11~17日的全国散装水泥宣传周期间，广东省散装水泥管理办公室下发《关于开展散装水泥宣传周活动的通知》，对宣传周活动作出具体部署。向各级领导及有关部门赠送《广东省促进散装水泥发展和应用规定》和《散装水泥双周刊》；在广东建设信息网散装水泥栏目设置“散装水泥宣传周”专题报道栏目。全省各地散装水泥主管机构通过报纸、网络、电视等媒体，以及手机短信和派发传单等手段，全方位、多途径开展宣传周活动，扩大生产和使用散装水泥的社会影响。

【县级“两禁”执法检查】 2011年9月13日至年底，广东省散装水泥管理办公室赴惠州、清远、汕头、湛江、阳江、茂名、梅州、揭阳、潮州、汕尾、河源、肇庆、云浮、韶关等14个地级市的29个县(市)城区进行“两禁”(禁止使用袋装水泥、禁止现场搅拌混凝土)工作现场执法检查，共检查62个建筑工地，查访29家预拌混凝土企业，召开汇报会和通报会61场次，对8个在建工程项目分别发出《住房和城乡建设行政执法责令停止违法行为通知书》和《住房和城乡建设行政执法责令整改通知书》，占全部检查项目的12.9%。对未实地检查的广州、深圳、珠海、中山、东莞、佛山、江门等7个地级以上市上报的自查、核查情况汇报材料进行审查，并通报检查情况。

【散装水泥专项资金征收和管理】 2011年，广东省共征收散装水泥专项资金11985.18万元，比上年减少2232.82万元，返退1010.37万元，增加167.05万元。是年，投入建设专用设施、专用设备购置和维修、贷款贴息、技术研发与推广、宣传等费用2446.96万元。 (阮菁英)

建设科技

□获『华夏科技奖』二十一项

□完成建设科技成果鉴定二百〇三项

□六个城市被授予『十一五全国无障碍建设创建城市』称号

□成立广东省绿色建筑评价标识专家委员会

□发布十一项广东省工程建设地方标准

综　述

【概况】　2011年，广东省住房和城乡建设系统获华夏建设科学技术奖21项、广东省科学技术奖9项，住房和城乡建设部科技计划项目有49个。科技成果的转化和推广力度加大，完成科技成果鉴定203项，其中有两项达到国际领先水平，17项达到国际先进水平；重点推广14项新型墙体材料、建筑节能材料与应用技术、施工技术与应用等方面的“四新”（新技术、新工艺、新材料、新设备）成果，建筑业、房地产业、市政公用行业科技进步逐年提高。完善建筑节能技术体系，并建立与之配套的标准规范体系，发布11项工程建设地方标准，8项标准立项。科技支撑产业结构调整和增长方式转变的能力、建设科技管理水平逐步提高，企业和科研机构对建设科技的投入明显增长。但全省建设科技工作仍存在不足，建设科技工作的制度和激励措施有待完善；建设科技成果项目转化率低，全省科技成果推广机制不够健全，推广应用的手段、措施不足；乡镇污水处理成熟的成套技术短缺；住宅产业化技术水平较低，建设科技投入偏低，省级建设科技计划项目偏少。

【创建全国无障碍建设城市】“十一五”期间，全省有广州、深圳、珠海、汕头、中山和佛山六市参加由中国残疾人联合会、住房和城乡建设部、民政部、全国老龄工作委员会办公室组织开展的100个“创建全国无障碍建设城市”工作，将无障碍建设城市工作纳入城市经济社会发展大局。制定出台无障碍建设城市地方性法规或规章，建立政府牵头，有关部门各司其职、密切配合，全社会共同参与的工作机制，制定实施无障碍建设城市和改造规划，城市无障碍环境建设水平显著提高，残疾人、老年人和全体社会成员参与社会生活的环境更加便利，全社会关心支持无障碍建设的城市氛围日益浓厚，初步形成全省城市无障碍化的基本格局。2011年3月8~11日，由中国残联领导带队，全国老龄工作委员会办公室、住房和城乡建设部、国家无障碍专家组的有关领导和专家组成的创建全国无障碍建设城市工作检查验收组赴广州、中山、佛山三城市，通过听取各市汇报、观看影像、查阅资料、实地检查等方式进行验收，检查组充分肯定三城市创建工作取得的成绩。广州、中山、佛山三城市被评为“十一五”创建全国无障碍建设先进城市并受到表彰，同时深圳、珠海、汕头三市被授予“‘十一五’全国无障碍建设创建城市”称号，为“十二五”期间在全省其余15个地级市、122个县（市、区）在更高的起点上向全省推进无障碍建设奠定基础。

【广东省绿色建筑评价标识专家委员会成立】　为配合广东省绿色建筑评价标识工作的管理，广东省住房和城乡建设厅于2010年着手组建广东省绿色建筑评价标识专家委员会。通过全省各地推荐和省住房和城乡建设厅组织评审，遴选出包括规划与建筑、结构、暖通、给排水、电气、建材、建筑物理等7个专业组在内的专家53名，2011年7月11日正式组建完成广东省绿色建筑评价标识专家委员会，并公布第一批专家委员会成员名单。专家委员会具体负责绿色建筑评价标识的评审和指导绿色建筑评价技术标准的编制工作。　*（王礼贵）*

【工程建设标准化建设】　2011年，广东省住房和城乡建设厅继续健全覆盖面广、符合地方发展水平的广东省工程建设标准体系。发布《民用建筑能效测评与标识技术规程》等11项广东省工程建设地方标准，为建筑设计、施工和验收等各项工作提供技术支撑；立项标准有《蒸压陶粒轻质混凝土墙板应用技术规程》等8项。

【科技成果鉴定】　2011年，广东省住房和城乡建设厅组织完成各类建设科技成果鉴定203项。其中“桥梁健康监测应用技术研究”等两项达到国际领先水平；“单元式弧形玻璃幕墙综合施工技术”等17项达到国际先进水平，“地下连续墙加锚桩基坑支护施工技术的应用

▲2011年11月2日，湛江市人民政府召开《广东省民用建筑节能条例》宣传贯彻工作会议。
（湛江市住房和城乡建设局供稿）

研究”等83项达到国内领先水平；“悬挑半椭球鼓形镂空节点钢结构空中逆向立体安装技术”等95项达到国内先进水平；“应用双面彩钢复合酚醛板制作安装空调风管施工技术”等两项达到省内领先水平；“自粘橡胶沥青防水卷材湿铺综合施工技术研究”等4项达到省内先进水平。完成住房和城乡建设部、省科技厅委托科技计划项目验收4项。

【建设科技成果推广应用】 2011年，广东省住房和城乡建设系统继续加大科技成果的转化和推广的力度，向全省发布14项广东省住房和城乡建设行业技术成果推广项目。全省住房和城乡建设系统共有9项成果获广东省科技进步奖，其中“深港西部通道工程建设创新实践”获特等奖，“北江大堤加固达标工程关键技术研究与应用”获一等奖；“复合地层盾构施工理论和技术创新的研究”等5项获二等奖；“地铁进口交流传动车辆大修体系和技术创新”等两项获三等奖。全省共有21项成果获华夏建设科学技术奖，其中“低C/N比城市污水连续流脱氮除磷工艺与过程控制技术”等两项获一等奖；“混凝土交叉柱网筒超高层建筑结构研究应用”等5项获二等奖；“中国超高层住宅建筑发展研究”等14项获三等奖。审核同意到外省备案的建设科技和建材产品16项。 *(王礼贵)*

【建筑业新技术应用】 2011年，为适应建筑业技术迅速发展的形势，加快推广应用促进建筑业结构升级和可持续发展的共性技术和关键技术，广东省住房和城乡建设厅继续加大以建筑业10项新技术为主要内容的新技术推广力度。

▲2011年5月25日，广东省住房和城乡建设厅在惠州市举办专业技术人员高级技术研修班。 (广东省住房和城乡建设厅科技教育处供稿)

是年，组织开展对全省建筑企业完成新技术应用示范工程建设任务后的专项验收工作。全年全省57项新技术应用示范工程完成建设任务。

【新技术应用示范工程】 2011年，广东省住房和城乡建设厅不定期组织专家对立项的建筑新技术应用示范工程进行检查指导，同时要求建筑新技术应用示范工程所在地区加强检查督促，全面提高工程质量和施工技术水平。印发《关于对我省建筑企业完成新技术应用示范工程建设任务进行专项验收的通知》，明确新技术应用示范工程专项验收的要求和程序。从2011年开始，陆续组织开展对全省建筑企业完成新技术应用示范工程建设任务后的专项验收工作。是年，全省57项新技术应用示范工程完成，为全省建筑工程提高科技水平起良好的示范作用。

【省级工法申报和评审】 2011年，广东省住房和城乡建设厅评出2010年度广东省省级工法158项，经网上公示和征求社会意见后公布，并颁发《广东省省级工法证书》。择优推荐60项省级工法申报国家级工法评选，其中23项被评为国家级工法。通过对先进工法的评审，以新技术新工艺促进企业发展，推进建筑业产业结构转型升级，加快将工法开发研究成果转化为生产力的步伐。 *(林伟明)*

2009~2010年度国家级工法（广东省）

（认定单位：住房和城乡建设部）

工法编号	工法名称	完成单位	完成人
2009~2010年度国家一级工法名单			
GJYJGF037-2010	后浇混凝土覆盖层超平地面施工工法	广东浩和建筑有限公司	周岳　江创福　朱向锋　杨明　陈代光
GJYJGF116-2010	大型冰蓄冷站施工工法	广东省工业设备安装公司	黄伟江　张广志　李观生　于文杰　李琦

(续上表)

工法编号	工法名称	完成单位	完成人
2009~2010年度国家二级工法名单			
GJEJGF008-2010	联动作业式锚杆施工工法	深圳市鹏城建筑集团有限公司 广东金辉华集团有限公司	詹前进　陆观宏　卢文权　李　甫 周　宇
GJEJGF017-2010	装配式可回收锚索施工工法	广东金辉华集团有限公司 广东省第四建筑工程公司	詹前进　陆观宏　卢文权　李　甫 周　宇
GJEJGF023-2010	软弱土层大面积满布密集管桩静压施工工法	广州市恒盛建设工程有限公司　湖南长大建设集团股份有限公司	陈卫文　赖惠清　邓迎芳　李和平 黄自强　李天成
GJEJGF035-2010	铝合金模板系统及施工工法	广东建星建筑工程有限公司	王爱志　疏　杰　林少锋　程　敏 向　勇
GJEJGF040-2010	建筑用脚手架短钢管光电控制自动焊接施工工法	中国华西企业有限公司	张　洪　刘新玉　邱云胜　戚　岷 龙绍章
GJEJGF052-2010	高空悬挑混凝土结构施工支架平台技术施工工法	广州市建筑机械施工有限公司 佛山市新一建筑集团有限公司	雷雄武　冯少鹏　肖志举　肖焕詹 潘梅胤
GJEJGF081-2010	内浇外挂式外墙PC板施工工法	深圳市鹏城建筑集团有限公司 深圳市建设(集团)有限公司	李世钟　麻　利　费　权　田　原 陈志龙
GJEJGF094-2010	大型折叠升降LED显示屏风帆架施工工法	广州市建筑机械施工有限公司 中十冶集团有限公司	丁昌银　余建洲　黎　丁　黄东阳 雷雄武
GJEJGF105-2010	大面积水隐舞台施工工法	广州市建筑机械施工有限公司 广东浩和建筑有限公司	雷雄武　黎　丁　黄东阳　彭文海 周　岳
GJEJGF135-2010	76m超长自锁式防水压型彩板厂房屋面施工工法	广州市恒盛建设工程有限公司 广州市市政集团有限公司	赖惠清　邓迎芳　徐晓博　李慧莹 张海钊
GJEJGF136-2010	屋面工程细部处理施工工法	汕头市建安(集团)公司 广东正升建筑有限公司	陈松根　林静辉　魏育明　张静民 肖创皆
GJEJGF145-2010	应用激光标线技术的墙面抹灰施工工法	深圳市建设(集团)有限公司 深圳市鹏城建筑集团有限公司	肖　营　陈力波　郭　宁　张宇航 昝　帅
GJEJGF152-2010	软弱土质大口径长距离钢筋混凝土管泥水平衡顶管施工工法	广东华恒建设工程有限公司 金中天集团建设有限公司	吴全科　林　超　米建华　谢绍凯 邓永祥
GJEJGF186-2010	气泡混合轻质土路堤填筑工法	广东冠粤路桥有限公司 广东冠生土木工程技术有限公司	王树林　谢学钦　肖礼经　刘龙伟 陈小丽
GJEJGF215-2010	地铁薄壁异型护栏板的施工工法	广州市市政集团有限公司 广东金辉华集团有限公司	陈世宏　杨　斌　郭　飞　杭世杰 张洪彬
GJEJGF221-2010	浅埋暗挖隧道超大管棚与改良袖阀管复合加固施工工法	广州市建筑机械施工有限公司 裕通建设集团有限公司	黎　丁　陈蜀东　秦健新　何炳泉 谢国华
GJEJGF222-2010	地铁车站预留隧道孔洞之轮幅式支模体系施工工法	广州工程总承包集团有限公司 汕头市达濠市政建设有限公司	文勉聪　饶文海　余建民　陈　广 梁　钊
GJEJGF251-2010	桥梁支座端多点整体同步顶升施工工法	汕头市达濠市政建设有限公司 广州工程总承包集团有限公司	辛绪权　周岳峰
GJEJGF311-2010	采石场岩体块度分区、预测与控制爆破工法	广东宏大爆破股份有限公司 深圳市鹏城建筑集团有限公司	郑炳旭　邢光武　李萍丰　李战军 宋常燕
2009~2010年度升级版国家二级工法名单			
YJGF04-2000 (2009~2010年度升级版-004)	多层地下室逆作法施工工法	广东省基础工程公司	钟显奇　彭小林　张双铃　刘庆兰 严振豪
YJGF18-2000 (2009~2010年度升级版-006)	深基坑开挖监测工法	广东省基础工程公司	邵孟新　李　钦　彭小林　钟国辉 许　健

(广东省建筑业协会)

2011 年广东省住房和城乡建设厅发布的工程建设标准

序号	标准名称	标准编号	实施日期	主编单位
1	民用建筑能效测评与标识技术规程	DBJ/T15-78-2011	2011-8-1	广东省建筑科学研究院
2	刚性—亚刚性桩三维高强复合地基技术规程	DBJ/T15-79-2011	2011-8-1	中国建筑科学研究院建研地基基础工程有限责任公司广东分公司
3	保障性住房建筑规程	DBJ/T15-80-2011	2011-9-1	广东省建筑设计研究院
4	建筑混凝土结构耐火设计技术规程	DBJ/T15-81-2011	2011-9-1	华南理工大学
5	蒸压加气混凝土砌块自承重墙体技术规程	DBJ15-82-2011	2011-10-1	广州大学 广州发展环保建材有限公司
6	广东省绿色建筑评价标准	DBJ/T15-83-2011	2011-7-15	广东省建筑科学研究院
7	蒸压陶粒混泥土墙板应用技术规程	DBJ/T15-84-2011	2011-12-1	广州大学 中山建华墙体材料有限公司
8	工程质量安全监督数据标准	DBJ/T15-85-2011	2011-12-1	广东省建设工程质量安全监督检测总站
9	既有建筑物结构安全性检测鉴定技术标准	DBJ/T15-86-2011	2011-12-1	广东省建筑科学研究院
10	广东省城市桥梁检测技术标准	DBJ/T15-87-2011	2012-4-1	广东省建筑科学研究院
11	建筑幕墙可靠性鉴定技术规程	DBJ/T15-88-2011	2012-4-1	广东省建筑科学研究院

（广东省住房和城乡建设厅科技教育处）

2011 年广东省住房和城乡建设厅立项的工程建设标准

序号	标准名称	立项文号	计划完成时间	主编单位
1	蒸压陶粒轻质混泥土墙板应用技术规程	粤建科函〔2011〕22 号	2011.6	广州大学
2	超高层建筑消防给水设计规程	粤建科函〔2011〕133 号	2011.9	广东省公安消防总队 华南理工大学建筑设计研究院
3	超细干粉自动灭火装置设计、施工及验收规范	粤建科函〔2011〕164 号	2011.9	广东省公安消防总队
4	建筑灾后破坏等级评定标准	粤建科函〔2011〕336 号	2012.6	广东省建筑科学研究院 广东省建设工程质量安全监督检测总站
5	钢结构设计技术规程	粤建科函〔2011〕337 号	2013.1	广东省空间结构学会 广东省建筑科学研究院
6	《夏热冬暖地区居住建筑节能设计标准》广东省实施细则	粤建科函〔2011〕342 号	2011.9	广东省建筑科学研究院
7	蒸压泡沫混凝土墙体工程技术规程	粤建科函〔2011〕343 号	2011.11	广东省建筑材料研究院 江门天风墙体材料有限公司
8	建设工程招投标造价数据标准	粤建科函〔2011〕344 号	2011.8	广东省建设工程造价管理总站 广州建设工程交易中心

（广东省住房和城乡建设厅科技教育处）

2011 年广东省建设科技成果鉴定项目

序号	成果名称	完成单位	成果水平
1	桥梁健康监测应用技术研究	广东省建筑科学研究院	国际领先
2	有约束边界的堆载预压法加固软基机理研究及效果评价	广东省建筑科学研究院 广州市地下铁道总公司 广东省建筑工程机械施工有限公司	国内先进

(续上表)

序号	成果名称	完成单位	成果水平
3	软弱地层浅埋土压平衡盾构下穿繁忙线路微扰动施工关键技术研究	广东省建筑科学研究院 广东水电二局股份有限公司 广州市建设工程质量监督站	国际先进
4	QTZB 系列可折叠双水平臂自升起重机	广东省建筑机械厂	国际先进
5	倒置式管道呼吸节能屋面综合施工技术	广东省第一建筑工程有限公司 裕通建设集团有限公司 广东诺厦建设工程有限公司	国内先进
6	单元式弧形玻璃幕墙综合施工技术	广东省第一建筑工程有限公司 广东鼎信工程有限公司 广东诺厦建设工程有限公司	国内领先
7	地下室底板开裂渗漏治理与加固一体化施工技术	中鑫建设集团有限公司 广东华坤建设工程有限公司	国内先进
8	高空大跨度连廊结构高支模施工技术	广东中城建设集团有限公司 成都建筑工程集团总公司	国内先进
9	铝合金模板系统及其施工技术	广东建星建筑工程有限公司	国内领先
10	预应力管桩沉桩过程模拟与承载力预测	广东省建筑科学研究院 佛山市顺德区建设工程质量安全监督检测中心	国际先进
11	磷石膏砖	湛江市诚丰实业有限公司 广东省建筑材料研究院	国内领先
12	内置遮阳百叶中空玻璃	希美克（广州）实业有限公司	国内领先
13	新型铝塑复合管道系统	佛山市日丰企业有限公司	国内领先
14	新型交联聚乙（PEX）管道系统	佛山市日丰企业有限公司	国内先进
15	新型耐热增强聚乙烯（PE-RT)管道系统	佛山市日丰企业有限公司	国内先进
16	新型 PP-R 塑铝稳态复合管道系统	佛山市日丰企业有限公司	国内先进
17	新型 PP-R 管道系统	佛山市日丰企业有限公司	国内先进
18	工程钢筋成型及应用成套技术	广州市裕丰企业集团有限公司 广州市建筑集团有限公司 广州市建筑科学研究院有限公司 广州市重点公共建设项目管理接公式 广州市设计院 广州大学 深圳市建筑科学研究院有限公司 广州市建设工程质量监督站 广州建设工程质量安全检测中心有限公司 中铁物资集团港澳有限公司	国内领先
19	“三库一平台”管理信息服务系统	广东省建设信息中心	国内领先
20	粤建通认证综合服务系统	广东省建设信息中心	国内先进
21	大跨重型钢厂房施工关键技术研究	广州市恒盛建设工程有限公司 广州市建筑集团有限公司 博思路建筑钢结构（广州）有限公司	国际先进
22	钢筋混凝土核心筒内爬塔吊施工模拟技术	中国建筑第八工程局有限公司	国内先进
23	华夫板 SMC 磨具施工技术	中国建筑第八工程局有限公司 鹿铭实业股份有限公司	国内先进
24	城市地下空间结构耐久性评估及剩余寿命预测技术研究	广州市建筑科学研究院有限公司 中南大学 广州市坑道管理所 广州地铁设计研究院有限公司 广州市建筑科学研究院新技术开发中心有限	国际先进

(续上表)

序号	成果名称	完成单位	成果水平
		公司 广州建设工程质量安全检测中心有限公司	
25	超声波冷热量表	广州柏诚智能科技有限公司	国内领先
26	免烧结页岩多孔砖	鹤山市强兴新型墙体材料有限公司	国内领先
27	建筑用（环保型）硅酮密封胶	广州市高士实业有限公司	国内先进
28	高仿真人造岗石（室内装饰墙板）	万峰石材科技有限公司	国际先进
29	富丽天奥石环保砖与砌块	潮州市富丽天奥石建筑装修材料有限公司	国内领先
30	太阳能光电幕墙在超高层建筑中的一体化应用	广州江河幕墙系统工程有限公司	国内领先
31	微表处现场补给作业施工技术	广东能达高等级公路围护有限公司	国内领先
32	湿热地区重载交通条件下废胎胶粉橡胶沥青路面应用关键技术研究	广东晶通公路工程建设集团有限公司 广州大学 广东梅河高速公路有限公司	国内先进
33	蒸压瓷渣砖及应用技术研究	广州大学 清远住房和城乡建设局 广州市建筑节能与墙材革新管理办公室	国内领先
34	地（水）原热泵机组研究开发	珠海格力电器股份有限公司	国际先进
35	预制小箱梁简支变连续体系转换施工技术	广州市市政集团有限公司 广州市第三市政工程有限公司	国内先进
36	振动沉管素混凝土桩在淤泥层中的施工技术研究	广州市第一市政工程有限公司 广州市第二市政工程有限公司	省内先进
37	大跨度过河涌现浇桥梁支顶架地基基础处理施工技术研究	广州市市政集团有限公司 广州富利建筑安装工程有限公司 广州市第二市政工程有限公司	国内领先
38	红色沥青混凝土路面色彩控制施工技术	广州市第二市政工程有限公司 广州市恒盛建设工程有限公司 广州市第一市政工程有限公司	国内领先
39	嵌挤密实型辛烯橡胶沥青混合料应用技术	广州市市政集团有限公司	国内领先
40	自锚式混凝土景观悬索桥上部结构施工技术	广州市市政工程机械施工有限公司 广州市第三市政工程有限公司	省内先进
41	复杂环境下城市立交桥钢箱梁施工综合技术	广州市市政工程机械施工有限公司 广州市第一市政工程有限公司	省内领先
42	移动式液化天然气加臭调压箱	深圳市燃气集团股份有限公司 广东华南特种气体研究所有限公司	国内领先
43	酚醛泡沫屋面防水保温施工技术研究	广东电白建设集团有限公司 广东恒辉建设有限公司 茂名市电白建筑工程总公司	国内先进
44	加气混凝土砌体外墙复合抹灰层加密钉网施工技术	广东建邦兴业集团有限公司 五邑大学	国内先进
45	套管灌注桩—搅拌桩止水帷幕施工技术	深圳市鸿荣轩建设工程有限公司 深圳市金泰建设工程有限公司	国内领先
46	套管灌注桩—旋喷桩止水帷幕施工技术	深圳市鸿荣轩建设工程有限公司 深圳市金泰建设工程有限公司	国内领先
47	大体积三维曲面清水混凝土钢骨柱施工技术	中国建筑第八工程局有限公司	国内先进
48	单元体玻璃幕墙施工技术	中国国建筑第八工程局有限公司 北京江河幕墙股份有限公司	省内先进
49	采用高空节点平台实施深水导管架卧式组装技术	深圳赤湾胜宝旺工程有限公司	国内领先
50	220KVGIS 内电压互感器交流耐压	广东威恒输变电工程有限公司	国内先进
51	引导式超长型铝合金管母线吊装工艺	广东威恒输变电工程有限公司	国内先进

(续上表)

序号	成果名称	完成单位	成果水平
52	架线施工作业图绘制系统	广东威恒输变电工程有限公司	国内先进
53	变电站综合自动化系统 VQC 程序调试	广东威恒输变电工程有限公司	国内先进
54	10kv-220kv 电力电缆受潮处理系统	广东威恒输变电工程有限公司	国内先进
55	建筑物清洁爆破拆除施工技术	广东宏大爆破股份有限公司	国际先进
56	钢筋混凝土烟囱折叠爆破施工技术	广东宏大爆破股份有限公司	国际先进
57	圆钢栓支座在桥梁多柱式帽梁支顶系统中的施工技术	广州市第一市政工程有限公司 广州大学市政技术学院	国内先进
58	市政桥梁大型盆式橡胶支座安装施工技术	广州市第一市政工程有限公司 广州市市政工程机械施工有限公司	国内先进
59	盖梁抱箍法支架整体施工技术	广州市市政集团有限公司 广州富利建筑安装工程有限公司 广州市第三市政工程有限公司	国际先进
60	拉管滑衬法内修复排水管道施工技术	广州市市政工程机械施工有限公司 广州市市政集团有限公司 广州市第三市政工程有限公司	国内领先
61	城市桥梁现浇混凝土空心板梁轻质内模法施工技术	广州市市政集团有限公司	国际先进
62	基坑支护桩缺位条件下钢板连接支护技术研究	广州市市政集团有限公司 广州市市政工程机械施工有限公司	省内先进
63	城市综合管沟建设全过程管理研究	广州市市政集团有限公司	国内先进
64	地下隧道工程施工孤石处理的应用研究	广东省基础工程公司	国内领先
65	地下连续墙加锚桩基坑支护施工技术的应用研究	广东省基础工程公司	国内领先
66	临近已有高层建筑管桩的地下连续墙施工技术	广东省基础工程公司	国内领先
67	深水急流斜岩面河床上土石围堰施工技术研究	广东省基础工程公司	国内先进
68	高架桥单墩三层箱梁结构同步施工技术	广东省基础工程公司	国内先进
69	超宽斜拉桥变角度牵索三角挂篮技术研究应用	广东省基础工程公司	国内领先
70	用于连续桩施工的反弧形锤研制及应用	广东省基础工程公司	国内领先
71	素混凝土地下连续墙加排桩围护结构技术研究	广东省基础工程公司	国内先进
72	地铁施工中管线探测应用技术	广东省基础工程公司	国内先进
73	薄壁不锈钢管卡压和卡箍式连接施工技术	广东省工业设备安装公司	国内先进
74	超高层建筑大型机电设备吊装技术	广东省工业设备安装公司	国内先进
75	承压不锈钢工艺管道安装技术	广东省工业设备安装公司	国内领先
76	大型发电机组隔振消声环保工程施工技术	广东省工业设备安装公司	国内领先
77	高层建筑大形设备浮动地台施工技术	广东省工业设备安装公司	国内先进
78	高大空间环氧树脂浇注式母线槽施工技术	广东省工业设备安装公司	国内先进
79	高大空间建筑消防系统施工技术	广东省工业设备安装公司	国内领先
80	烟草行业消防报警及高压细水雾灭火系统施工技术	广东省工业设备安装公司	国内先进
81	烟草行业蒸汽冷凝水回收利用及管道保温施工技术	广东省工业设备安装公司	国内领先
82	高层建筑电气防雷及接地装置施工技术	广东五华一建工程有限公司	国内先进
83	古建筑修缮高精度测量和仿真综合技术	广东五华一建工程有限公司	国内领先
84	棱锥玻璃幕墙三维活动节点技术研究	广州市恒盛建设工程有限公司 广州工程总承包集团有限公司	国内领先
85	拼装式大跨度空间桁架平台施工应用技术	广州市恒盛建设工程有限公司 广州房屋开发建设有限公司 广州市建筑集团有限公司	国内领先
86	混凝土面层渗透与外覆盖复合防水施工技术研究	广州市恒盛建设工程有限公司 广州市恒盛园林绿化工程有限公司	国内先进
87	薄壁不锈钢给水管滚压螺纹连接施工技术	广州市恒盛建设工程有限公司 广州霍克实业有限公司	国内领先

(续上表)

序号	成果名称	完成单位	成果水平
88	大规格樟树的反季节种植施工技术	广州市恒盛园林绿化工程有限公司 广州市恒盛建设工程有限公司	国内先进
89	多功能大体积混凝土技术研究	广州市建筑置业有限公司 广州市恒盛建设工程有限公司	国内领先
90	预应力梁后张法计算机仿真监控施工技术研究	金中天集团建设有限公司 金中天集团港航有限公司 广东省金信路桥有限公司	国内先进
91	大直径井壁结构施工技术研究	广东华恒建设工程有限公司 金中天集团建设有限公司 金中天集团港航有限公司	国内先进
92	钢板牛腿纱筒落膜托架法高墩盖梁施工技术	深圳市深安企业有限公司	国内领先
93	盘扣直插式钢管高支顶架施工关键技术	广州市建筑机械施工有限公司 茂名市建筑集团有限公司	国内先进
94	多角度弯曲变化异型铝板幕墙安装施工技术	广州市建筑机械施工有限公司 广东省化州市建筑工程总公司	国内领先
95	岛屿富砂地层搅拌桩施工关键技术	广州市建筑机械施工有限公司 广州市城建工程总承包有限公司	国内先进
96	新型铝塑共挤窗安装施工技术研究	广州市建筑机械施工有限公司 裕达建工集团有限公司	国内先进
97	既有特殊地下室综合改造加固技术研究	广州市建筑机械施工有限公司 裕达建工集团有限公司	国内先进
98	水浮拆除河底大直径钢管施工技术	广州市建筑机械施工有限公司 广东长宏公路工程有限公司	国内领先
99	河涌段双排大直径供水钢管施工综合技术研究	广州市建筑机械施工有限公司 广东省佛山公路工程有限公司	国内领先
100	特大桥T形梁横隔板病害处理及加固施工技术研究	广东泰通建设有限公司 广州市建筑机械施工有限公司	国内先进
101	软弱陡坡预应力管桩基础保护施工关键技术	广州市建筑机械施工有限公司 广东泰通建设有限公司	国内领先
102	软弱土层大型深基坑“钢板桩＋预应力钢支撑”支护施工技术	广州市建筑机械施工有限公司 广东省佛山公路工程有限公司	国内先进
103	悬挑半椭球鼓形镂空节点钢结构空中逆向立体安装技术	广州建筑股份有限公司	国内领先
104	挤塑聚苯板粘贴饰面砖施工关键技术研究	广州建筑股份有限公司	国内先进
105	超高层建筑大直径三段闭合环状预应力拉索施工技术	广州建筑股份有限公司	国内领先
106	大型广场造型超厚石材快速就位铺装施工技术	广州建筑股份有限公司	国内领先
107	底部销接的幕墙钢柱高空安装技术研究	广州建筑股份有限公司	国内先进
108	钢屋架高空安装施工技术研究	广州建筑股份有限公司	国内先进
109	现浇空心楼盖新型蜂巢芯方箱定位技术	广州市第四建筑工程有限公司	国内领先
110	野外现场预制混凝土大型构件雾化保湿养护技术	广东恒大路桥建设有限公司	国内先进
111	灌注桩堵管的“重物下压”处理技术	广东恒大路桥建设有限公司 广东耀南建筑工程有限公司	国内先进
112	斜面岩层冲孔桩爆破纠偏技术	广东恒大路桥建设有限公司 广东耀南建筑工程有限公司	国内领先
113	回填式盾构平衡始发施工技术	广东华隧建设股份有限公司	国内领先
114	回填式盾构平衡到达施工技术	广东华隧建设股份有限公司	国内领先
115	河床监测施工技术	广东华隧建设股份有限公司 广东省基础工程公司	国内领先
116	采用小坦克整体平移盾构机施工技术	广东华隧建设股份有限公司	国内领先
117	土压盾构在粘土层中的渣土改良技术	广东华隧建设股份有限公司	国内领先

(续上表)

序号	成果名称	完成单位	成果水平
118	盾尾密封保护施工技术	广东华隧建设股份有限公司	国内领先
119	土压盾构施工掘进过程中尾刷检查及更换施工技术	广东华隧建设股份有限公司	国内先进
120	地铁车站施工中的岩溶地层处理技术	广东华隧建设股份有限公司	国内先进
121	既有基坑加宽施工技术	广东华隧建设股份有限公司	国内先进
122	素混凝土连续墙防水接头施工技术	广东华隧建设股份有限公司 广州市房屋开发建设有限公司	国内领先
123	基坑岩层爆破开挖施工技术	广东华隧建设股份有限公司 广东珠三角城际轨道交通有限公司	国内先进
124	苏葆外保温隔热板粘贴钩挂一体化施工技术	广东金辉华集团有限公司 广州市苏葆节能环保材料有限公司	国内领先
125	高耐久性空心桩基础施工技术	广东金辉华集团有限公司 广东天竟建设有限公司	国内先进
126	PHC 管桩加腰梁及锚杆土体支护施工技术	广东金辉华集团有限公司 广东天竟建设有限公司	国内先进
127	钢套箱型钢混凝土水下封底施工技术	广东金辉华集团有限公司 广东天竟建设有限公司	国内先进
128	钢管拱肋混凝土分级顶升灌注施工技术	广东金辉华集团有限公司 广东天竟建设有限公司	国内先进
129	轻质砂浆机械化喷涂技术	深圳广田装饰集团股份有限公司	国内领先
130	玻璃钢曲面造型找平施工技术	深圳广田装饰集团股份有限公司	国内先进
131	室内天棚找平机械化施工技术	深圳广田装饰集团股份有限公司	国内领先
132	多高层住宅建筑矩形钢管混凝土框架结构施工技术	深圳市建设（集团）有限公司	国内领先
133	大跨度斜交桥挂篮悬浇施工技术	广东省建筑工程机械施工有限公司 广东省第二建筑工程公司	国内领先
134	花岗岩残积土层中竖向前进式注浆止水帷幕施工技术	广东省建筑工程机械施工有限公司 广东省房屋开发建设有限公司	国内领先
135	受损混凝土桥墩钢套管加固技术	广东省建筑工程机械施工有限公司 广东工业大学 广东省建筑工程集团有限公司	国内领先
136	多层大溶洞渐缩式钢护筒砼灌注桩施工技术	广东省第二建筑工程公司	国内先进
137	高铁客运专线桥墩横梁－桁架组合式钢模板施工技术	广东省第二建筑工程公司 广东省建筑工程机械施工有限公司	国内先进
138	高层建筑外墙变形缝装饰施工技术	深圳市广胜达建筑工程有限公司 江苏省华建建设股份有限公司	国内先进
139	高层民用建筑新型加铝电缆施工技术	深圳市广胜达建筑工程有限公司 江苏省华建建设股份有限公司	国内先进
140	工业厂房及大型商用建筑机电管线共用支架安装施工技术	深圳市广胜达建筑工程有限公司 江苏省华建建设股份有限公司	国内先进
141	轮插式钢管支架施工技术	江苏省华建建设股份有限公司 深圳市广胜达建筑工程有限公司 深圳市建筑工程股份有限公司	国内领先
142	内池壁悬挑圆形双槽沉淀池施工关键技术	广州协安建设工程有限公司	国内领先
143	石壁边坡多排阶梯型脚手架施工技术	广州协安建设工程有限公司	国内先进
144	轮辐式柔性轻钢结构平台施工技术	广州协安建设工程有限公司	国内先进
145	机电、装修工程膨胀新型长吊杆安装技术	广州市房屋开发建设有限公司 广州市恒盛建设工程有限公司	国内先进
146	泥砂分离器和潜水泥浆泵组合清槽施工技术	广州市房屋开发建设有限公司 广州市恒盛建设工程有限公司	国内领先
147	电气火灾监控系统的安装及调试技术	广州市水电设备安装有限公司 广州工程总承包集团有限公司	国内先进

(续上表)

序号	成果名称	完成单位	成果水平
148	自锁型铠装铝合金电缆的安装技术	广州市水电设备安装有限公司 广州工程总承包集团有限公司	国内先进
149	速度相关型非线性粘滞消能器应用技术	广州工程总承包集团有限公司 北京市捷瑞特弹性阻尼体技术研究中心	国内领先
150	旧水泥混凝土路面变基处理施工技术	广州工程总承包集团有限公司 广州市恒盛建设工程有限公司	国内先进
151	钻探施工泥浆回收及循环利用技术研究	广州市盾建地下工程有限公司	国内先进
152	软弱地层盾构隧道联络通道施工技术	广州市盾建地下工程有限公司	国内领先
153	盾构机在非轴线出土扣始发施工技术	广州市盾建地下工程有限公司	国内领先
154	拉力型抗浮锚杆关键技术研究	深圳市市政工程总公司 深圳市工勘岩土工程有限公司	国内先进
155	双城二沉池异形墙体施工技术研究	深圳市市政总公司	国内先进
156	地下结构物隔根防水层施工技术研究	深圳市市政工程总公司 深圳市工勘岩土工程有限公司	国内先进
157	泥浆旋流器在冲孔灌注桩施工中二次清孔施工技术研究	深圳市工勘岩土工程有限公司 深圳市孺子牛建设工程有限公司	国内先进
158	沿海陆域真空堆水联合预压软土地基处理施工技术研究	深圳市工勘岩土工程有限公司	国内领先
159	螺旋挤土成孔技术在预应力管桩施工中引孔施工技术研究	深圳市工勘岩土工程有限公司 深圳市大正业工程机械有限公司	国内领先
160	滑模摊铺机全幅摊铺隧道水泥混凝土路面施工技术	广东冠粤路桥有限公司	国际先进
161	滑模摊铺机路面套模施工技术	广东粤冠路桥有限公司	国际先进
162	道路软基长周期分级超载预压的动态施工技术	汕头市安信路桥建设有限公司 广东新潮建设有限公司	国内先进
163	软弱富水地层下穿燃气管及立交桥隧道设计施工综合技术	深圳市市政设计研究院有限公司 西南交通大学 中铁十九局集团轨道交通有限公司	国际先进
164	大跨度小净距隧道设计与施工技术研究及应用	深圳市市政设计研究院有限公司 西南交通大学	国际领先
165	竖向粗径钢筋 CO_2 气体保护焊连接技术	广东省第一建筑工程有限公司 广东省建筑工程集团有限公司	国内先进
166	带钢塑格栅的超长 TC 桩软基处理技术	广东省第一建筑工程有限公司 广东耀南建筑工程有限公司	国内领先
167	悬挂组装式高大型活动隔断（屏风）制安技术	广东省第一建筑工程有限公司 广东省建筑工程集团有限公司 广东省第四建筑工程有限公司	国内先进
168	体育运动场馆弹性木地板施工技术	广东省第一建筑工程有限公司 广州市第三建筑工程有限公司 广东省第四建筑工程有限公司 北京华体体育场馆施工有限责任公司	国内领先
169	镀铝锌彩钢板复合外墙施工技术	广东省第四建筑工程公司 广东省第一建筑工程有限公司	国内先进
170	大型体育场看台 122m 跨度主拱钢结构施工技术	广东省第四建筑工程公司 广东省第一建筑工程有限公司	国内领先
171	地下室钠基膨润土防水毯施工技术研究与应用	肇庆市建筑安装工程有限公司	国内领先
172	土应力释放空隔离带施工技术研究	肇庆市建筑安装工程有限公司	国内领先
173	自成法浇筑大体积混凝土转换梁施工技术研究与应用	肇庆市建筑安装工程有限公司	省内领先
174	敞开式大空间自动喷水灭火系统管道施工技术	广州金辉建设集团有限公司	国内先进
175	S 型气溶胶灭火系统施工技术	深圳市胜捷消防器材工程有限公司 深圳市安锐消防有限公司	国内先进
176	电缆隧道超细干粉灭火装置施工技术	深圳市胜捷消防器材工程有限公司	国内先进

(续上表)

序号	成果名称	完成单位	成果水平
177	大型转换梁型钢筋混凝土结构拉筋连接施工技术	广州市住宅建设发展有限公司 广州市第二建筑工程有限公司	国内领先
178	卫生间管井防漏水施工技术	广州市住宅建设发展有限公司 广州市第二建筑工程有限公司	国内先进
179	砌筑工程顶砖预制混凝土块收口施工技术	广州市住宅建设发展有限公司 汕头市潮阳第二建筑总公司 广东省广弘华侨建设投资集团有限公司	国内先进
180	玻璃幕墙钢框架防火隔断施工技术	广州市住宅建设发展有限公司 汕头市潮阳第二建筑总公司	国内先进
181	现浇混凝土薄壁—保温板—砌体复合保温墙体施工技术	广东省广弘华侨建设投资集团有限公司 广州市住宅建设发展有限公司	国内领先
182	房间工程中应用射水法建造薄壁混凝土连续墙施工技术研究	广州市第二建筑工程有限公司 中天建设集团有限公司 广州市住宅建设发展有限公司	国内领先
183	大跨度复杂筒壳形钢屋盖施工技术	中国建筑第八工程局有限公司	国内领先
184	大跨度V型斜钢柱抗剪预埋件施工技术	中国建筑第八工程局有限公司	国内先进
185	马鞍型屋面吊顶移动操作平台施工技术	中国建筑第八工程局有限公司	国内领先
186	超高复杂构筑物登高作业专用装置的研制及应用	中交四航工程研究院有限公司	国际先进
187	橡胶颗粒隔音减振板施工技术	龙信建设集团有限公司 珠海市润通隔声工程有限公司	国内领先
188	工地定型化道路路面施工技术研究	中天建设集团有限公司 广州市第二建筑工程有限公司	国内领先
189	高流塑深厚软基下的钢板桩支护施工技术	深圳市兴班建筑工程有限公司	国内先进
190	排水式（OGFC）沥青路面施工技术	深圳市兴班建筑工程有限公司 深圳市中森建筑工程有限公司	国内先进
191	PP-R 给水管	佛山市顺德区四维实业有限公司	国内先进
192	PVC-U 排水管	佛山市顺德区四维实业有限公司	国内先进
193	PVC 阻燃绝缘电工套管	佛山市顺德区四维实业有限公司	国内先进
194	PE-RT 地暖管	佛山市顺德区四维实业有限公司	国内先进
195	大跨度双重环肋—辐射形张悬梁体系关键技术及应用研究	广州协安建设工程有限公司 广州工程总承包集团有限公司 华南理工大学建筑设计研究院	国际先进
196	钢管楞梁模板施工技术	深圳市建工集团股份有限公司	国内先进
197	一种剪力墙结构变形缝部位钢大模板施工技术	深圳市建工集团股份有限公司	国内领先
198	应用双面彩钢复合酚醛板制作安装空调风管施工技术	深圳市建工集团股份有限公司	国内先进

(广东省住房和城乡建设厅科技教育处)

2011年广东省建筑科学研究院科技成果

获科技成果鉴定项目名称	完成单位	成果水平
桥梁健康监测应用技术研究	广东省建筑科学研究院	整体达到国际先进，部分达到国际领先
软弱地层浅埋土压平衡盾构下穿繁忙线路微扰动施工关键技术研究	广东省建筑科学研究院	国际先进
预应力管桩沉桩过程模拟与承载力预测	广东省建筑科学研究院	国际先进
建筑风工程风洞试验及应用集成技术研究	广东省建筑科学研究院	国际先进
有约束边界的堆载预压法加固软基机理研究及效果评价	广东省建筑科学研究院	国内先进

(续上表)

主(参)编并颁布实施的工程建设标准名称	标准编号	实施日期	主编单位
盾构隧道管片质量检测技术标准	CJJ/T 164−2011	2012−3−1	广东省建筑科学研究院
民用建筑能效测评与标识技术规范	DBJ/T 15−78−2011	2011−8−1	广东省建筑科学研究院
广东省绿色建筑评价标准	DBJ/T 15−83−2011	2011−7−15	广东省建筑科学研究院
既有建筑物结构安全性检测鉴定技术标准	DBJ/T 15−86−2011	2011−12−1	广东省建筑科学研究院
城市桥梁检测技术标准	DBJ/T 15−87−2011	2012−4−1	广东省建筑科学研究院
建筑幕墙可靠性鉴定技术规程	DBJ/T 15−88−2011	2012−4−1	广东省建筑科学研究院

获省、部级科技奖项目名称	完成单位	完成人	获奖等级
桥梁健康监测应用技术研究	广东省建筑科学研究院	李　健　杨国龙　陈丽娜　罗　贞　黄国伟　王旭东　付志军　孙　鹏　孙　晖　张新金　王　凯　颜　波　刘志峰　李鹏飞　李　猛　黄海华　何锦荣　罗亲华	二
《广东省建筑节能工程施工质量验收规范》	广东省建筑科学研究院　广东省建设工程质量安全监督检测总站　广州市墙体材料革新与建筑节能管理办公室　华南理工大学　广州市建筑科学研究院有限公司　深圳市建筑科学研究院有限公司　广东工程建设监理有限公司　广东省建筑设计研究院　广州市建设工程质量监督站（广州市建设工程质量监督站轨道分站）　广东省工业设备安装公司　深圳金粤幕墙装饰工程有限公司　广东省第一建筑工程有限公司	杨仕超　马　扬　袁庆华　杨树荣　孟庆林　任　俊　卜增文　倪建国　周　文　邓颖康　丘秉达　王　春　李　琦　吴培浩　余　鹏	三

专利名称	专利号	专利类型	完成人
一种建筑通风系统	ZL 2010 2 0215072.5	实用新型	杨仕超　吴培浩　周　荃　麦粤帮
一种通信基站智能通风系统	ZL 2010 2 0599967.3	实用新型	杨仕超　吴培浩　麦粤帮
一种基站用翅片换热器	ZL 2010 2 0599954.6	实用新型	吴培浩　杨仕超　麦粤帮路建岭
一种智能测风仪	ZL 2010 2 0661593.3	实用新型	余　鹏　罗运有　吴培浩　马扬
一种固定摆幅的塑料波纹管柔韧性自动试验机	ZL 2011 2 0058830.1	实用新型	张永健　庞志亮　王元光　李晓琛　王新祥　林百岑　李　明
一种地面面层材料不发火性能测试仪	ZL 2011 2 0141303.7	实用新型	王元光　郑　靓　张永健　王新祥　赵　君　李建新　马烨红
一种建筑微通风系统	ZL 2011 2 0186032.7	实用新型	杨仕超　马　扬　麦粤帮　周　荃

软件著作权项目名称	授权日期	完成人	登记号
建筑幕墙门窗热工性能计算软件［简称:MQMC］V2010	2011−03−02	杨仕超　吴培浩　张伟生　马　扬　张庆波　杨华秋	软著登字第 0273430 号
建筑结构风荷载及风效应计算软件［简称:SWLS］V1.0	2011−09−07	李庆祥　张夏萍　许　伟　黄启明　肖丹玲	软著登字第 0328077 号
建设工程检测服务系统平台［简称：CETSP］V1.0	2011−10−28	李　健　杨国龙　何与镓　王旭东　罗　贞　黄国伟　孙　晖	软著登字第 0341810 号

(广东省建筑科学研究院)

科技成果选介

【桥梁健康监测应用技术研究】 该项成果提出桥梁健康监测系统的实用设计方法，研发兼容各类型硬件和各种分析方法的开放式健康监测软件平台，编制完成国内首个包含桥梁健康监测内容的技术指导文件——《广东省城市桥梁检测技术标准》（DBJ/T 15-87-2011），“桥梁健康监测系统”分别获得国家发明专利（授权号：ZL201010250555.3）和软件著作权（软著登字第0223796号，登记号：2010SR035523），研究成果综合应用于湛江海湾大桥、中山二桥、广州鹤洞大桥、梅州市广州大桥等特大型桥梁的健康监测项目，该成果由广东省建筑科学研究院研发，获2011年度广东省科学技术二等奖。

【广东省建筑节能工程施工质量验收规范】 该《规范》在国家标准的基础上，针对广东省的气候特点和技术、经济水平，提出更加具体的验收要求和内容，突出广东省建筑节能验收的重点。专家审查后认为，该规范可操作性强，达到国内先进水平。该《规范》自2009年4月正式颁布实施以来，在广东省内发行量超过3000本，与规范配套的公益软件“广东省建筑节能工程施工质量验收资料管理软件”在广东省内实际使用人数过万人，广东省几乎全部新建、扩建和改建的民用建筑工程均按照该规范进行专项验收，该《规范》由广东省建筑科学研究院编制，获2011年度广东省科学技术三等奖。

【大型科技场馆土木建筑工程灾害防护研究应用】 该成果集成多项大型科技场馆建筑防灾减灾技术，包括创建大型科技场馆建筑抗震新体系及性能化设计方法，建立地基处理性能化设计方法，创建大型科技场馆建筑性能化抗风设计理论，建立大型科技场馆建筑的性能化防火设计方法。该成果直接应用于广东科学中心，解决科学中心土木建筑工程防灾减灾技术难题，产生综合经济效益逾亿元，为大型科技场馆建筑工程防灾减灾提供新的途径和新的技术支撑。该成果由广东省建筑科学研究院研发，获2011年度广东省科学技术二等奖。

（广东省建筑科学研究院）

▲2011年9月16日，《蒸压瓷渣砖及应用技术研究》科技成果鉴定会在清远举行。（清远市住房和城乡建设局供稿）

▲2011年10月31日，深圳市召开深圳市轨道交通11、7号线工程初步设计专家预评审暨政府预审查会议。（深圳市轨道交通建设办公室供稿）

住房与房地产业

□房地产市场宏观调控目标实现

□完成房地产开发投资四千八百九十九亿元

□建立健全以公共租赁住房为主的住房保障体系

□住房公积金缴存总额三千七百六十七亿元

□全国物业管理改革发展三十周年大会在广东召开

综　述

【概况】　2011年，广东省贯彻落实国家房地产市场调控政策，推动住房信息系统建设，开展宜居社区建设，进一步完善物业管理，规范产权登记和国有土地上房屋征收工作，推进重点“城中村”改造，促进全省房地产市场平稳发展。完成房地产开发投资4899.19亿元，比上年增长33.87%，占全社会固定资产投资比重的28.83%；完成国有土地上房屋登记2502879宗，面积155783万平方米，比上年增长165%。新开工建设的各类保障性安居工程33.9万套，比上年增加1.64倍；完成投资267亿元，比上年增加1.97倍，超额完成新增31万套保障性安居工程建设和全部解决原登记在册符合廉租住房保障条件家庭住房问题的任务。

【房地产市场调控】　2011年，广东省贯彻落实国家各项房地产市场调控政策，制订新建住房价格控制目标，及时出台国家房地产调控政策配套政策。省住房和城乡建设厅会同省监察厅加强对落实房地产市场调控工作的考核和监督，广州、深圳、佛山三市和珠海中心城区相继执行住房限购政策，韶关、湛江、中山、增城等城市及珠海中心城区相继实行商品住房限价政策。全省21个地级以上市新建住房价格涨幅均未突破控制目标，全部完成目标任务。

【宜居社区建设】　宜居社区是指居住空间宜人，配套设施完善，社区服务健全，社会和谐稳定，文明程度较高的城市社区。2011年，广东省住房和城乡建设厅、民政厅、公安厅、环保厅联合下发《关于授予“2010年广东省宜居社区”称号的通报》，对广州市番禺区桥南街番奥社区等344个社区授予“2010年广东省宜居社区”称号；随后又下发《关于创建“2011年广东省宜居示范社区”的通知》，从2011年起至2015年，以创建广东省宜居示范社区为契机，开展市级宜居社区的创建及评审工作，全省每年建设100个省级宜居社区示范项目。通过打造一批具有地方特色，环境优美、人文和谐的示范社区，“以点带面”地推动全省宜居社区建设。争取到2015年，珠三角地区宜居社区（含省级、市级）比例达到70%，其他地区达到50%。

是年，根据中共广东省委常委会议要求，省住房和城乡建设厅会同民政厅、文化厅、卫生厅、人口计生委等前往广州、深圳等地开展调研，充分研究各方面的建议，征

2011 年广东省房屋登记情况

地区名称	年末已登记房屋总建筑面积情况（万平方米）								
	年末已登记国有土地上的房屋总建筑面积	住宅	成套住宅	私有住宅	非住宅	办公楼	商业营业用房	工业仓储用房	其他
合　计	248176.61	168366.07	124297.37	111176.26	79810.54	10827.51	16740.38	26113.66	26128.99
广州市	34624.28	19521.67	13222.53	15822.55	15102.61	2187.04	2985.86	4605.74	5323.97
深圳市	36619.71	26552.32	19140	10067.39	10067.39	1545.33	2204.70	0	6317.36
珠海市	28856.93	23784.83	8671.60	6505.07	5072.10	461.20	984.04	2589.06	1037.80
汕头市	6742.43	5218.25	4901.51	3407.38	1524.18	100.73	140.11	948.24	335.10
佛山市	28111.62	17726.48	15047.66	15005.81	10385.14	415.20	1718.55	4734.33	3517.06
韶关市	7586.50	5960.09	2367.03	4185.70	1626.41	166.32	286.84	93.94	1079.31
河源市	3589.90	2412.46	2309.13	2257.09	1177.44	199.11	246.53	553.77	178.03
梅州市	2512.78	2462.11	2432.11	0	50.67	9.25	14.32	12.99	14.11
惠州市	14631.69	8544.05	7509.08	5735.92	6087.64	677.60	1825.89	1218.77	2365.38
汕尾市	2406.25	1958.74	1093.12	0	447.51	232.68	97.25	100.58	17
东莞市	15366.54	8248.49	8248.48	5642.59	7118.05	713.50	844.73	3914.42	1645.40
中山市	–	–	–	–	–	–	–	–	–
江门市	9232.20	6207.79	6045.55	4379.76	3024.41	818.53	825.40	1104.12	276.36
阳江市	6397.28	5114.39	3801.19	10011.65	1282.89	241.81	370.16	529.46	141.46
湛江市	8843.62	5725.78	4464.95	3525.55	3117.84	417.83	691.34	469.35	1539.32
茂名市	6787.72	5006.50	3698.40	3501.08	1781.22	830.52	381.61	213.42	355.67
肇庆市	7038.91	4516.51	3845.15	3775.07	2522.40	625.63	781.55	906.59	208.63
清远市	1963.10	1239.09	1011.66	944.11	724.01	43.98	281.90	154.58	243.55
潮州市	2302.73	1550.40	1360.50	1254.60	752.33	152.80	298.40	235.50	65.63
揭阳市	11098.64	8746.58	8412.23	8134.22	2352.06	719.74	802.30	590.08	239.94
云浮市	2904.79	2183.45	1039.68	1552.74	721.34	253.47	226.97	143.14	97.76
顺德区	10558.99	5686.09	5675.81	5467.98	4872.90	15.24	731.93	2995.58	1130.15

(续上表)

地区名称	年末已登记房屋总建筑面积情况（万平方米）			年末已登记住宅总套数情况			
	年末已登记集体土地上的房屋总建筑面积	住宅	非住宅	年末已登记国有土地上的住宅总套数（套（件））	成套住宅（套）	私有住宅（套（件））	年末已登记集体土地上的住宅总套数（套（件））
合　计	19551.45	14301.25	5250.2	11201932	9821995	8641365	792434
广州市	0	0	0	1889458	1393458	1556046	0
深圳市	0	0	0	2522197	2522197	2014955	0
珠海市	3.16	3.16	0	0	0	0	0
汕头市	1711.17	664.89	1046.28	409504	390884	296642	30099
佛山市	6083.68	5206.61	877.07	1372122	1250899	1182550	365874
韶关市	1.25	0.47	0.78	413399	145466	267933	31
河源市	41.35	33.79	7.56	124642	119121	119287	1751
梅州市	0	0	0	0	0	0	0
惠州市	79.46	75.53	3.93	497490	466939	435100	1390
汕尾市	0	0	0	32536	32536	0	0
东莞市	8430.85	5735.26	2695.59	536977	536977	455430	164359
中山市	0	0	0	0	0	0	0
江门市	375.76	301.66	74.10	413707	410641	316628	17910
阳江市	0	0	0	248050	133802	196227	0
湛江市	0	0	0	410526	327057	161052	0
茂名市	81.04	58.51	22.53	405494	389125	255130	2983
肇庆市	25.89	20.49	5.40	350470	290798	297228	883
清远市	39.94	19.75	20.19	49651	46660	37145	1148
潮州市	0	0	0	131650	125130	0	0
揭阳市	0	0	0	795143	712813	638819	0
云浮市	64.88	63.95	0.93	179037	107657	71380	1282
顺德区	2613.02	2117.18	495.84	419879	419835	339813	204724

地区名称	本年登记房屋总建筑面积情况（万平方米）									
	本年登记国有土地上的房屋总建筑面积	所有权登记	初始登记	其他登记	初始登记	转移登记	抵押权登记	地役权登记	预告登记	其他登记
合　计	76491.86	39069.46	19611.49	11056.92	4512.78	3888.27	30104	118	5143.50	2056.9
广州市	4439.63	1614.79	529.83	705.56	363.99	15.41	1221.49	0	0	1603.35
深圳市	8301.61	3931.21	2038.98	1506.06	386.17	0	4370.40	0	0	0
珠海市	11856.70	2388.71	1252.43	718.59	417.69	0	9162.19	0	268.70	37.10
汕头市	805.52	414.61	195.99	154.34	56.50	7.78	337.85	0	51.69	1.37
佛山市	7307.62	3210.48	1161.64	1135.15	815.96	97.73	3988.10	0	62.89	46.15
韶关市	1080.05	593.06	228.94	271.86	77.22	15.04	298.45	0	167.02	21.52
河源市	706.53	405.76	278.66	77.24	48.18	1.68	298.37	0	2.40	0
梅州市	289.60	150.90	58.49	74.07	18.09	0.25	112.56	0	26.10	0.04
惠州市	5332.46	2311.73	1291.92	863.44	126.15	30.22	2273.19	0	681.68	65.86
汕尾市	447.32	291.71	119.57	53.46	112.22	6.46	155.61	0	0	0
东莞市	4568.51	2465.43	1195.88	1047.09	176.96	45.50	1940.76	0	0	162.32
中山市	8535.90	6203.30	3560.45	1383.90	62.65	1196.30	121.97	2.98	2176.55	31.10
江门市	3373.56	1694.02	761.55	709.56	131.58	91.33	1459.45	0	154.41	65.68
阳江市	3753.64	3139.65	2909.77	132.15	67.42	30.31	457.06	0	155.62	1.31
湛江市	3641.39	2781.07	368.79	280.77	282.86	1848.65	740.10	0	109.58	10.64
茂名市	978.74	714.89	227.48	258.30	100.64	128.47	238.99	0	24.86	0
肇庆市	5298.66	4094.23	2289.71	1004.49	504.26	295.77	89.44	115.02	999.97	0
清远市	733.47	388.85	165.82	175.09	31.50	16.44	259.26	0	99.37	5.99
潮州市	196.48	103.53	21.86	62.75	18.92	0	92.95	0	0	0
揭阳市	457.46	226.70	103.95	93.67	29.08	0	142.40	0	84.65	3.71
云浮市	623.35	314.24	159.40	79.72	32.35	42.77	210.34	0	98.01	0.76
顺德区	3763.66	1630.59	690.38	269.66	652.39	18.16	2133.07	0	0	0

(续上表)

地区名称	本年登记房屋总建筑面积情况(万平方米)			本年登记工作量情况 (件)					
	本年登记集体土地上的房屋总建筑面积	变更登记	注销登记	本年登记国有土地上的总件数	所有权登记	初始登记	转移登记	变更登记	注销登记
合　计	1988.63	547.94	1440.69	2502879	1468312	377124	819014	222926	49248
广州市	0	0	0	289464	146654	13184	97965	33897	1608
深圳市	0	0	0	298931	145887	2388	142386	1113	0
珠海市	3.16	3.16	0	117322	43027	888	39343	2796	0
汕头市	212.31	74.69	137.62	45382	26344	10229	13232	1960	923
佛山市	718.15	216.51	501.64	250696	171535	41450	106891	18780	4414
韶关市	1.20	1.15	0.05	56079	32870	4593	22794	3439	2044
河源市	4.11	3.57	0.54	26965	14434	6245	6272	1820	97
梅州市	0	0	0	14903	8643	2717	5507	404	15
惠州市	3.27	3.24	0.03	256491	129899	52169	71994	5537	199
汕尾市	0	0	0	20726	14658	4448	6804	3067	339
东莞市	476.26	125.33	350.93	160836	101155	5751	91550	3581	273
中山市	31.10	7.94	23.16	235343	190278	95167	286	92761	2064
江门市	51.53	20.27	31.26	150468	84130	14002	62980	2795	4353
阳江市	0	0	0	60246	31050	12395	13782	2376	2497
湛江市	0	0	0	143656	106222	37145	41419	21242	6416
茂名市	6.74	5.80	0.94	65272	47962	7788	17952	7317	14905
肇庆市	21.58	18.90	2.68	92279	42045	4829	29122	2336	5758
清远市	1.95	0.81	1.14	50496	25948	9841	14304	1523	280
潮州市	0	0	0	7011	4685	153	4369	163	0
揭阳市	0	0	0	21315	13390	5221	7899	270	0
云浮市	23.84	12.62	11.22	33920	18856	8089	7256	1519	1992
顺德区	433.43	53.95	379.48	105078	68640	38432	14907	14230	1071

地区名称	本年登记工作量情况 (件)						
	抵押权登记	地役权登记	预告登记	其他登记	本年登记集体土地上的总件数	初始登记	其他登记
合　计	751207	46459	182878	54023	59848	14394	45454
广州市	102830	0	0	39980	0	0	0
深圳市	153044	0	0	0	0	0	0
珠海市	47583	0	24583	2129	250	250	0
汕头市	9982	0	8993	63	3286	2185	1101
佛山市	74416	0	4232	513	27500	5973	21527
韶关市	13412	0	8978	819	29	25	4
河源市	12321	0	210	0	590	585	5
梅州市	4458	0	1798	4	0	0	0
惠州市	65110	0	59735	1747	46	44	2
汕尾市	6068	0	0	0	0	0	0
东莞市	57126	0	0	2555	6325	1568	4757
中山市	56	45009	0	0	1554	127	1427
江门市	52227	0	11739	2372	1441	875	566
阳江市	21363	0	7508	325	0	0	0
湛江市	22332	1450	12674	978	0	0	0
茂名市	15160	0	2150	0	142	141	1
肇庆市	27979	0	20303	1952	1575	856	719
清远市	14119	0	10058	371	70	27	43
潮州市	2326	0	0	0	0	0	0
揭阳市	6259	0	1498	168	0	0	0
云浮市	6598	0	8419	47	981	627	354
顺德区	36438	0	0	0	16059	1111	14948

(冯育文)

2011年广东省国有土地上房屋征收情况

地区名称	作出房屋征收决定情况					实际完成情况				
	项目个数(个)	建筑面积(万平方米)	住宅	户数(户)	住户	项目个数(个)	建筑面积(万平方米)	住宅	户数(户)	住户
合　计	85	389.08	252.14	6371	4736	235	254.06	210.39	2445	1917
广州市	0	0	0	0	0	0	0	0	0	0
深圳市	0	0	0	0	0	0	0	0	0	0
珠海市	1	175.59	175.59	4	4	1	175.59	175.59	4	4
汕头市	0	0	0	0	0	0	0	0	0	0
佛山市	1	50.66	20.79	1650	1502	1	17.38	9.80	763	760
韶关市	0	0	0	0	0	0	0	0	0	0
河源市	0	0	0	0	0	0	0	0	0	0
梅州市	2	1.43	1.22	72	72	1	0.93	0.72	54	54
惠州市	0	0	0	0	0	0	0	0	0	0
汕尾市	1	0.21	0.06	193	42	1	0.21	0.06	193	42
东莞市	69	138.30	44.70	2690	1637	65	38.14	8.62	555	297
中山市	0	0	0	0	0	152	2.91	1.99	152	152
江门市	4	6.67	1.16	181	153	4	3.92	0.74	151	121
阳江市	0	0	0	0	0	4	4.12	3.06	277	223
湛江市	5	11.22	8.62	1581	1326	3	7.83	6.81	296	264
茂名市	0	0	0	0	0	0	0	0	0	0
肇庆市	0	0	0	0	0	0	0	0	0	0
清远市	0	0	0	0	0	0	0	0	0	0
潮州市	0	0	0	0	0	0	0	0	0	0
揭阳市	0	0	0	0	0	0	0	0	0	0
云浮市	2	5	0	0	0	3	3.03	3	0	0
顺德区	0	0	0	0	0	0	0	0	0	0

地区名称	作出房屋征收补偿决定情况		房屋征收实施单位及从业人员情况	
	件数(件)	建筑面积(平方米)	房屋征收实施单位数量(个)	从业人员数量(人)
合　计	207	2060.84	145	2573
广州市	0	0	74	1668
深圳市	0	0	0	0
珠海市	0	0	0	0
汕头市	0	0	0	0
佛山市	0	0	11	149
韶关市	0	0	0	0
河源市	0	0	0	0
梅州市	54	0.93	2	55
惠州市	0	0	0	0
汕尾市	1	2057	0	0
东莞市	0	0	23	213
中山市	152	2.91	0	0
江门市	0	0	2	26
阳江市	0	0	6	120
湛江市	0	0	7	160
茂名市	0	0	0	0
肇庆市	0	0	0	0
清远市	0	0	4	32
潮州市	0	0	0	0
揭阳市	0	0	0	0
云浮市	0	0	6	52
顺德区	0	0	10	98

（冯育文）

求省委组织部、宣传部，省人力资源社会保障厅、法制办等18个相关单位及全省各地住房和城乡建设系统单位的意见，形成了《关于加强宜居社区建设的指导意见》（送审稿）报省委办公厅。为使宜居社区考核工作更符合实际和便于操作，在2010年广东省宜居社区考评工作基础上，委托省房地产行业协会召集行业专家共同研究修订了《广东省宜居社区考核标准》，该《标准》具体指导全省未来5~10年的宜居社区建设。

【规范产权登记和国有土地上房屋征收工作】 根据《物权法》、《房屋登记办法》和《国有土地上房屋征收与补偿条例》相关要求，广东省启动《广东省房地产权登记条例》，修订《广东省人民政府关于贯彻〈国有土地上房屋征收与补偿条例〉的实施意见》，通过推动相关立法，规范产权登记和国有土地上房屋征收工作。

【重点"城中村"改造】 2011年，广东省在14个地级以上城市选取100个城中村作为重点"城中村"，将其改造工作纳入广东省2011年重点建设项目。截至2011年底，正在推进的重点改造"城中村"100个，改造面积共计3166.07万平方米，总投资1018亿元，计划完成投资196亿元，实际完成投资206亿元，超额完成任务。 *(张志军)*

房地产市场

【概况】 2011年，广东省积极贯彻国家房地产市场调控措施，房地产市场平稳运行，全省21个地级以上市新建住房价格涨幅均未突破控制目标。

【房地产市场运行】 2011年，广东省完成房地产开发投资4899.19亿元，比上年增长33.87%，占全社会固定资产投资比重的28.83%，房地产开发投资增量占全社会固定资产投资增量的48.91%，有力支撑广东省国民经济运行；商品房销售面积7761.34万平方米，增长6%；房地产业地税收入871.79亿元，增长21.73%，占全省地税入库总额的21.86%，为广东省财税收入增长作出重要贡献；房地产贷款余额15486.79亿元，增长8.3%，占本外币贷款余额的26.42%，促进了全省金融行业的平稳运行；全省商品住房均价7612元/平方米，比上年上涨8.65%，涨幅比上年同期减少两个百分点；总体上看，全省房地产市场运行趋于平稳，调控效果逐步显现。

【房地产市场调控】 2011年2月，广东省人民政府下发《转发国务院办公厅关于进一步做好房地产市场调控工作有关问题的通知》；3月，经省政府同意，省住房和城乡建设厅下发《关于印发〈贯彻落实国办发［2011］1号文有关问题的意见〉的通知》，要求各市按时公布新建住房价格控制目标，建立住房保障和稳定房价工作约谈问责机制的具体措施，特别是房价较高、涨幅较快的城市要适时出台住房限购政策。广州、深圳、佛山三市以及珠海中心城区相继执行住房限购政策，韶关、湛江、中山、增城等市及珠海中心城区相继实行商品住房限价政策。是年，全省商品住房均价7612元/平方米，比上年上涨8.65%，涨幅比上年同期下降两个百分点；全省21个地级以上城市新建住房价格涨幅均未突破控制目标，全部完成目标任务。

【个人住房信息系统】 个人住房信息系统是指将居民个人、家庭的住房产权状况及商品住房市场交易情况通过信息化手段予以归集，并通过技术手段予以整理和分类，以全面监测房地产市场运行及准确掌握个人住房的基础信息及动态变化，是房地产市场调控和行业监管的一项基础性工作，对于全面掌握和了解居民拥有住房情况和居住水平，科学分析房地产市场形势和发展态势，落实差别化住房信贷和房地产税收等调控政策，提高房地产调控决策的效率与质量，促进房地产市场平稳健康发展具有重要意义。2011年，省住房和城乡建设厅组织广东省建设信息中心、广州市国土房管局、深圳市规划国土委、韶关市住房城乡建设局等部门组成了个人住房信息系统建设研究工作小组，起草制订全省个人住房信息系统建设方案以及数据标准和技术方案，研究制订个人住房信息查询办法制度，为系统开发和应用过程中的政策和技术提供决策支撑。截至2011年底，基本建成省级信息系统，满足各市向省传输数据的需要。10月，省住房和城乡建设厅下发《关于加快推进广东省个人住房信息系统建设的通知》，要求各地充分认识推进个人住房信息系统建设的重要性和紧迫性，明确省个人住房信息系统建设的总体思路与工作任务，并提出相关工作要求。《广东省个人住房信息系统建设方案》及《广东省个人住房信息查询办法》已在制订中。

【新建住房价格控制目标制订和公布】 新建住房价格控制目标是指政府预计当年新建住房价格最快的上涨幅度，房价当年的最终涨幅不得超过控制目标。2011年3月15日，经广东省人民政府同意，省住房和城乡建设厅下发《关于印发〈贯彻落实国办发［2011］1号文有关问题的意见〉的通知》，要求各地级以上市人民政府要根据当年当地国内生产总值增长目标、城镇居民人均可支配收入增长目标和居民住房支付能力，合理确定本地区2011年度新建住房价格控制目标，并向社会公布。全省21个地级以上市在3月底前制订并向社会公布新建住房

2011年广东省房地产开发企业资金情况

单位：个、万元

地区名称	项目个数	本年资金来源合计	上年末结余资金	本年资金来源小计	国内贷款	银行贷款	非银行金融机构贷款
全　省	6034	89148327	20253797	68894530	12186515	10954568	1231947
广州市	1265	22064729	5248248	16816481	3523687	3087004	436683
深圳市	543	12057291	3148822	8908469	2200154	1896184	303970
珠海市	285	4856587	1481566	3375021	859216	797940	61276
汕头市	215	749449	23180	726269	70328	70328	0
佛山市	405	12612034	2636060	9975974	1368284	1225246	143038
韶关市	264	1310562	181127	1129435	120390	106835	13555
河源市	99	850963	111527	739436	116315	94385	21930
梅州市	107	619379	37212	582167	68075	67575	500
惠州市	505	6175594	1211382	4964212	762015	698578	63437
汕尾市	27	392404	81117	311287	11903	11903	0
东莞市	390	7877853	1884665	5993188	786127	763199	22928
中山市	441	6454508	1624902	4829606	624693	513123	111570
江门市	262	2793847	632304	2161543	346845	342445	4400
阳江市	189	1080382	151766	928616	73974	73074	900
湛江市	123	1614614	164317	1450297	290061	289021	1040
茂名市	146	995937	173623	822314	197336	187860	9476
肇庆市	336	2186429	479358	1707071	252547	242278	10269
清远市	256	3187069	834883	2352186	371042	345369	25673
潮州市	29	260302	11945	248357	17000	17000	0
揭阳市	78	510804	20856	489948	55690	55690	0
云浮市	69	497590	114937	382653	70833	69531	1302
珠三角（包广州、深圳）	4432	77078872	18347307	58731565	10723568	9565997	1157571
珠三角（不包广州、深圳）	2624	42956852	9950237	33006615	4999727	4582809	416918
中心城市	1808	34122020	8397070	25724950	5723841	4983188	740653
东　翼	349	1912959	137098	1775861	154921	154921	0
西　翼	458	3690933	489706	3201227	561371	549955	11416
粤北山区	795	6465563	1279686	5185877	746655	683695	62960

地区名称	利用外资	其中：外商直接投资	自筹资金	其中：自有资金	其他资金来源	其中：定金及预收款	其中：个人按揭贷款
全　省	814123	644494	21627631	13719998	34266261	20514019	8972947
广州市	481532	451938	3357675	2161075	9453587	5952231	1423287
深圳市	20615	20615	3425951	2812255	3261749	2036855	1053192
珠海市	14358	13411	711061	478819	1790386	1131802	513742
汕头市	24606	24606	522877	317914	108458	63821	41160
佛山市	159885	43753	3195044	1465749	5252761	2469915	1914580
韶关市	550	550	443491	302054	565004	317210	104412
河源市	0	0	343716	204765	279405	173351	49881
梅州市	0	0	419795	232455	94297	39983	34400
惠州市	360	360	1734158	1089756	2467679	1647245	707058
汕尾市	13300	13300	168801	95985	117283	73974	31219
东莞市	3650	3650	2227271	1781524	2976140	1791252	857387
中山市	16889	15135	959078	558631	3228946	1963246	1032304
江门市	21352	150	518414	291806	1274932	738411	354187
阳江市	46450	46450	547979	160548	260213	132513	54839
湛江市	0	0	489012	326880	671224	474684	170159
茂名市	0	0	340396	151485	284582	138679	91291
肇庆市	9776	9776	495295	252824	949453	534730	208413
清远市	800	800	1010520	717816	969824	688540	244088
潮州市	0	0	192634	177804	38723	21522	8662
揭阳市	0	0	419839	93095	14419	731	1118
云浮市	0	0	104624	46758	207196	123324	77568
珠三角（包广州、深圳）	728417	558788	16623947	10892439	30655633	18265687	8064150
珠三角（不包广州、深圳）	226270	86235	9840321	5919109	17940297	10276601	5587671
中心城市	502147	472553	6783626	4973330	12715336	7989086	2476479
东　翼	37906	37906	1304151	684798	278883	160048	82159
西　翼	46450	46450	1377387	638913	1216019	745876	316289
粤北山区	1350	1350	2322146	1503848	2115726	1342408	510349

(续上表)

地区名称	本年各项应付款合计	其中：工程款	待开发土地面积	本年购置土地面积	本年土地成交价款	其中：折迁补偿费	土地使用权出让金	契税
全省	9067665	4797229	35008797	22896931	4794028	211283	2777870	92001
广州市	1484994	961144	5884420	3388537	1166562	2399	1164163	31166
深圳市	1468572	887158	528645	393029	411432	126292	242400	5903
珠海市	378967	184217	2532473	496024	239442	0	60824	4092
汕头市	3190	1728	286719	977860	140562	8095	72408	2581
佛山市	1348093	550425	1332907	862994	433913	1202	133169	4868
韶关市	102550	52307	3598071	1353706	100611	6765	51682	1839
河源市	122762	81452	571484	1372115	186664	21500	133287	3228
梅州市	52174	30740	710189	378217	38115	240	10759	571
惠州市	1138389	569848	6187207	4377342	398928	7851	293467	9726
汕尾市	35805	27588	385765	847744	57883	15363	4795	761
东莞市	817738	310637	1617567	1518747	747937	2290	44025	9630
中山市	919267	518726	3235827	1282263	241764	2013	222526	6333
江门市	154971	80560	4664227	1686311	179487	3000	97549	2936
阳江市	251529	29052	47912	64344	2904	0	0	89
湛江市	99896	77855	281723	343464	111672	2743	85344	3475
茂名市	14367	11218	656918	280377	10020	0	2650	513
肇庆市	213212	128322	436308	1780712	96232	787	54938	1482
清远市	308872	194804	1613712	853463	120253	8592	55254	1044
潮州市	27379	15868	0	53637	15063	500	4338	0
揭阳市	20169	7479	76022	383277	70238	1500	35925	1083
云浮市	104769	76101	360701	202768	24346	151	8367	681
珠三角(包广州、深圳)	7924203	4191037	26419581	15785959	3915697	145834	2313061	76136
珠三角(不包广州、深圳)	4970637	2342735	20006516	12004393	2337703	17143	906498	39067
中心城市	2953566	1848302	6413065	3781566	1577994	128691	1406563	37069
东翼	86543	52663	748506	2262518	283746	25458	117466	4425
西翼	365792	118125	986553	688185	124596	2743	87994	4077
粤北山区	691127	435404	6854157	4160269	469989	37248	259349	7363

(张志军)

2011年广东省商品房销售面积

单位：平方米

项目	房屋面积合计								
		住宅					办公楼	商业营业用房	其他
			90平方米以下住房	140平方米以上住房	经济适用房	别墅、高档公寓			
登记注册类型	77613388	70037177	18006622	22838283	708733	6496946	1544015	3288250	2743946
内源性经济	64907423	58673588	15597608	18573370	708733	4881446	1314826	2740593	2178416
外源性经济	12705965	11363589	2409014	4264913	0	1615500	229189	547657	565530
内资	64907423	58673588	15597608	18573370	708733	4881446	1314826	2740593	2178416
民营经济	55922214	50516096	12306983	16526450	268142	4647371	1109016	2400058	1897044
国有经济	3139763	2882091	1789376	607143	440591	22899	108871	108736	40065
集体经济	1970074	1783002	329321	489182	0	29365	30434	78413	78225
私营个体经济	24012397	21702686	5407272	6584682	61928	1451696	551583	1131938	626190
国有	2058169	1814575	1153698	248324	383964	18982	108558	96969	38067
集体	1863507	1679178	327899	447213	0	28494	30434	78413	75482
股份合作	99320	96577	1422	35070	0	871	0	0	2743
国有联营	0	0	0	0	0	0	0	0	0
集体联营	7247	7247	0	6899	0	0	0	0	0

(续上表)

项目	房屋面积合计								
		住宅					办公楼	商业营业用房	其他
			90平方米以下住房	140平方米以上住房	经济适用房	别墅、高档公寓			
国有与集体联营	–	–	–	–	–	–	–	–	–
其他联营	95133	88262	140	87339	0	0	4091	0	2780
国有独资公司	1081594	1067516	635678	358819	56627	3917	313	11767	1998
其他有限责任公司	31715364	28628571	6898149	9819359	206214	3194804	553342	1268120	1265331
股份有限公司	3406766	3025994	1014410	827869	0	136630	66505	148481	165786
私营独资	1475116	1387642	184368	534949	0	80635	0	67188	20286
私营合伙	183937	167803	8004	21677	0	0	0	5438	10696
私营有限责任公司	20399502	18458340	4688464	5428475	61928	1312277	434062	959222	547878
私营股份有限公司	1953842	1688901	526436	599581	0	58784	117521	100090	47330
其他（内资企业）	567926	562982	158940	157796	0	46052	0	4905	39
港澳台商投资	8002890	6925808	1677159	2455832	0	724563	208369	404821	463892
合资经营	1505001	1347050	360367	502531	0	179174	95199	49057	13695
合作经营	1664615	1342150	267627	636676	0	122180	47945	160146	114374
独资	4661910	4108110	1041071	1289495	0	399108	65225	194201	294374
股份有限公司	171364	128498	8094	27130	0	24101	0	1417	41449
外商投资	4703075	4437781	731855	1809081	0	890937	20820	142836	101638
合资经营	1052965	1010234	262545	331905	0	126084	6112	28099	8520
合作经营	436955	404333	51636	167290	0	13119	0	7117	25505
独资	3104021	2915198	414697	1272035	0	750707	14708	106502	67613
股份有限公司	109134	108016	2977	37851	0	1027	0	1118	0
控股情况	77613388	70037177	18006622	22838283	708733	6496946	1544015	3288250	2743946
国有控股	7106812	6295624	3176347	1831047	440591	220900	255211	205102	350875
集体控股	3197909	2839040	666464	851152	0	216714	34145	146023	178701
私人控股	44410611	40286377	9608890	12517134	268142	2785706	895291	2129802	1099141
港澳台商控股	8387715	7305415	1752286	2570440	0	766091	208369	407182	466749
外商控股	6236213	5932059	944176	2702664	0	1522275	20820	171463	111871
其他	8274128	7378662	1858459	2365846	0	985260	130179	228678	536609
隶属关系	77613388	70037177	18006622	22838283	708733	6496946	1544015	3288250	2743946
中央	1129897	875845	119112	293474	0	69605	151052	38851	64149
省（自治区、直辖市）	202562	170707	15046	79091	0	6115	17316	10940	3599
地区（州、盟、省辖市）	8755095	7994891	3388919	2305566	378169	717981	237115	298537	224552
县（区、市、旗）	5604617	5113754	1033657	1750608	62422	193203	61799	228307	200757
街道	799707	765287	167868	304901	0	96887	0	17722	16698
镇	1116293	1041032	358107	155131	0	10880	0	48661	26600
乡	0	0	0	0	0	0	0	0	0

(续上表)

项目	房屋面积合计								
		住宅					办公楼	商业营业用房	其他
			90平方米以下住房	140平方米以上住房	经济适用房	别墅、高档公寓			
居委会	286506	261306	107455	60168	0	531	626	15140	9434
村委会	444825	417262	144945	166133	0	24819	0	24839	2724
其他	59273886	53397093	12671513	17723211	268142	5376925	1076107	2605253	2195433
企业营业状况	77613388	70037177	18006622	22838283	708733	6496946	1544015	3288250	2743946
营业	76539098	69021846	17716940	22600785	708733	6350126	1540985	3242655	2733612
停业（歇业）	415571	369022	23632	91046	0	12027	3030	33185	10334
筹建	140833	140219	60152	30001	0	0	0	614	0
当年关闭	0	0	0	0	0	0	0	0	0
其他	517886	506090	205898	116451	0	134793	0	11796	0
资质等级	77613388	70037177	18006622	22838283	708733	6496946	1544015	3288250	2743946
一级	4946119	4440495	2159014	1194008	0	175457	228532	129076	148016
二级	5028200	4426992	1259262	1472851	22760	399572	149522	179494	272192
三级	18092742	15887964	2993702	5605609	60323	1690743	551693	907224	745861
四级	17008043	15054406	3286239	4803482	35697	1001247	73152	924117	956368
暂定	27982223	26181456	6704316	8706628	589953	3003344	507082	853378	440307
其他	4556061	4045864	1604089	1055705	0	226583	34034	294961	181202
按市县分	77613388	70037177	18006622	22838283	708733	6496946	1544015	3288250	2743946
珠三角（包广州、深圳）	57088617	50940021	15461814	14760367	618819	4978977	1434654	2460971	2252971
珠三角（不包广州、深圳）	39094738	35480737	9179465	10898350	278649	4287463	177978	1598465	1837558
中心城市	17993879	15459284	6282349	3862017	340170	691514	1256676	862506	415413
东翼	4638628	4265440	643898	2504466	0	160672	22141	206373	144674
西翼	6568909	6022189	1044202	2462288	17382	374945	76818	239167	230735
粤北山区	9317234	8809527	856708	3111162	72532	982352	10402	381739	115566
广州市	12872404	10630776	2519187	3101072	340170	668456	1157631	674585	409412
深圳市	5121475	4828508	3763162	760945	0	23058	99045	187921	6001
珠海市	2674634	2364797	558844	939423	0	79081	16603	93824	199410
汕头市	1875722	1651130	525926	489278	0	56674	10170	120469	93953
佛山市	8952712	7683058	2363472	1932495	0	609705	19434	253557	996663
韶关市	2311211	2159284	96315	632222	0	295785	10402	106657	34868
河源市	1316409	1258593	91865	528470	0	92210	0	54416	3400
梅州市	1431494	1343700	8207	636154	72532	36408	0	60859	26935
惠州市	7982310	7543659	2254096	2217082	236887	873564	66001	198189	174461
汕尾市	717544	703525	10824	487373	0	103998	3000	10049	970
东莞市	5956139	5406769	1976164	1744100	0	1005052	65944	411035	72391
中山市	6597415	6070876	1224391	1420719	0	331534	6983	321393	198163

(续上表)

项目	房屋面积合计								
		住宅					办公楼	商业营业用房	其他
			90平方米以下住房	140平方米以上住房	经济适用房	别墅、高档公寓			
江门市	3434865	3226033	252658	1688463	0	908661	696	143361	64775
阳江市	1751675	1714943	163561	613029	17382	258193	0	33005	3727
湛江市	1999520	1792909	728240	444220	0	11357	60646	85216	60749
茂名市	2817714	2514337	152401	1405039	0	105395	16172	120946	166259
肇庆市	3496663	3185545	549840	956068	41762	479866	2317	177106	131695
清远市	3535642	3393934	578927	1089616	0	539275	0	115690	26018
潮州市	593206	549922	83048	402393	0	0	6831	2181	34272
揭阳市	1452156	1360863	24100	1125422	0	0	2140	73674	15479
云浮市	722478	654016	81394	224700	0	18674	0	44117	24345

(张志军)

2011年广东省房地产投资和销售金额

单位：万元

指标名称	合计	其中：地方	其中：地市县属
计划总投资	274530969	265385521	264287235
自开始建设累计完成投资	165068104	160332606	159655131
本年完成投资	48991884	47124939	46984071
其中：配套工程投资	985885	965735	965735
国有经济控股	6416128	4560373	4510416
内资企业	39583753	37716808	37604552
国有企业	1845444	1486498	1462911
集体企业	459907	459907	459877
股份合作企业	71836	71836	71836
联营企业	40853	40853	40853
国有联营企业	9213	9213	9213
集体联营企业	866	866	866
国有与集体联营企业	–	–	–
其他联营企业	30774	30774	30774
有限责任公司	20448028	19746325	19657686
国有独资公司	479415	411554	410797
其他有限责任公司	19968613	19334771	19246889
股份有限公司	2175615	1369319	1369319
私营企业	14170357	14170357	14170357
私营独资企业	688712	688712	688712
私营合伙企业	90558	90558	90558
私营有限责任公司	12347125	12347125	12347125
私营股份有限公司	1043962	1043962	1043962
其他企业	371713	371713	371713
港澳台商投资企业	6657199	6657199	6656817
与港澳台商合资经营企业	1776247	1776247	1776247

价格年度控制目标，大部分市的新建住房价格年度控制目标和GDP预期增幅相同，全国大部分城市新建住房价格控制目标也是如此制订的。

【房地产市场调研】 2011年，根据中共广东省委、省政府要求，省住房和城乡建设厅会同省政府发展研究中心组织开展“关于国家房地产调控政策对广东金融、财税乃至经济运行的影响”课题研究；会同省政府办公厅、省政府发展研究中心、国土资源厅、物价局开展“解决住房价格过高问题”课题研究，并于9月下旬赴广州、惠州、中山、珠海、顺德等市（区）进行调研，形成调研报告并上报省委、省政府。同时，省住房和城乡建设厅每季度参加省政府组织召开的经济形势分析会，每月参加省发展改革委员会召开的经济形势分析会，定期汇报全省房地产市场运行情况。

【房地产市场调控政策贯彻落实情况监督检查】 2011年，广东省住房和城乡建设厅会同省监察厅制订《关于印发〈广东省城市政府落实住房保障和稳定房价工作约谈问责暂行办法〉的通知》，提出各市今

(续上表)

指标名称	合计	其中：地方	其中：地市县属
与港澳台商合资合作经营企业	1615438	1615438	1615056
港澳台商独资经营企业	3144990	3144990	3144990
港澳台商投资股份有限公司	120524	120524	120524
外商投资企业	2750932	2750932	2722702
中外合资经营企业	710235	710235	693911
中外合作经营企业	296510	296510	284604
外资企业	1663958	1663958	1663958
外商投资股份有限公司	80229	80229	80229
按构成分：建筑工程	31451854	30328166	30241231
安装工程	3404511	3305371	3281960
设备工器具购置	468259	465274	464375
其他费用	13667260	13026128	12996505
其中：旧建筑物购置费	232911	232911	232911
土地购置费	8175049	7620301	7601265
住宅	34954265	33588023	33522422
其中：90平方米以下	8839323	8760254	8738644
其中：140平方米以上	10979762	10682246	10648940
经济适用房	474954	473486	473486
别墅、高档公寓	4055978	4054228	4053728
办公楼	2136472	2020509	1988907
商业营业用房	4564603	4515954	4499399
其他	7336544	7000453	6973343
本年新增固定资产	21151187	20927186	20777702
本年资金来源合计	89148327	86255950	86064378
1. 上年末结余资金	20253797	19627978	19599628
2. 本年资金来源小计	68894530	66627972	66464750
(1) 国内贷款	12186515	11708976	11696401
银行贷款	10954568	10477029	10464454
非银行金融机构贷款	1231947	1231947	1231947
(2) 利用外资	814123	814123	814123
其中：外商直接投资	644494	644494	644494
(3) 自筹资金	21627631	21145204	21083658
其中：自有资金	13719998	13666327	13611568
(4) 其他资金来源	34266261	32959669	32870568
其中：定金及预收款	20514019	20015560	19951357
其中：个人按揭贷款	8972947	8776374	8767917
本年各项应付款合计	9067665	8944549	8916576
其中:工程款	4797229	4777144	4755671
项目规划占地面积	316360763	308869089	307271436
项目规划建筑面积	695190240	681871431	678363138
其中：住宅	514915199	506485031	504144737
商业营业用房	64148433	62531860	62254735
办公楼	21971544	20809109	20556958
其他	94155064	92045431	91406708
规划住宅套数	4229045	4166298	4146576
其中：90平方米以下	1840790	1815661	1806612

年落实房地产市场调控，稳定房价工作的工作重点，明确稳定房价采取约谈问责的具体情况，有力度地指导和督促各市做好住房保障和稳定房价工作。从6月开始，省住房和城乡建设厅按月发布各市新建住房价格情况，并向全省21个地级以上市人民政府通报，要求房价上涨过快的城市及时出台包括住房限购等政策，确保实现新建住房价格控制目标任务；11月24日，会同省监察厅对新建住房价格连续3个月以上超过年度控制目标的珠海、中山两市政府分管领导及住房和城乡建设部门负责人进行约谈，督促其确保实现新建住房价格年度控制目标。截至2011年底，全省21个地级以上市新建住房价格涨幅均未突破控制目标，全部完成目标任务。

(张志军)

物业管理

【概况】 2011年，广东省住房和城乡建设厅制订并颁布了《住宅小区物业管理服务规范》，为广东省物业管理建立标准化、规范化体系奠定基础。探索将物业管理引入社区管理，促进和谐社会建设；通过开展物业管理职业技能竞赛，提高物业管理从业人员素质；落实粤港澳自由贸易区和建立更紧密经贸关系的协议，推动广东省物业管理师与香港屋宇经理职业资格互认工作。是年，全省共有深圳市鸿景翠峰花园等10个物业管理项目获“全国物业管理示范项目”称号。

【住宅小区物业管理服务规范编制】 2011年，广东省住房和城乡建设厅配合省质量技术监督局，制订出台《住宅小区物业管理服务规范》，该《规范》内容包括物业管理服务措施和要求、档案管理、建筑物公用部分的维护管理，以及供水设施设备、供电设施、电梯、排

（续上表）

指标名称	合计	其中：地方	其中：地市县属
90~140 平方米	1543739	1518113	1513890
140 平方米以上	844516	832524	826074
其中：别墅、高档公寓	238245	237044	236044
项目个数	6034	5975	5942
待开发土地面积	35008797	34112004	34063811
本年购置土地面积	22896931	22340201	22245165
本年土地成交价款	4794028	4548899	4547248
其中：拆迁补偿费	211283	210106	210106
土地使用权出让金	2777870	2740040	2738389
契税	92001	90867	90867

（张志军）

污系统、消防设施等维护。《规范》于10月1日起开始实施，进一步推动全省住宅小区物业管理的规范化、标准化运作，减少矛盾纠纷。

【物业管理改革发展30周年大会】中国内地的物业管理起源于广东。1981年3月，中国内地第一家物业服务企业——深圳市物业管理公司成立，标志着中国物业管理行业的诞生。由中国物业管理行业协会、深圳市房屋和物业管理委员会共同主办的“物业管理改革发展30周年

2011 年广东省房地产物业管理行业情况

地区名称	企业从员总数（人）	其中：经营管理人员	其中：管理处主任（项目经理）	企业经营与财务资产总计（万元）	营业利润（万元）	本年应付工资总额（贷方累计发生额）（万元）	本年应付福利费总额（贷方累计发生额）（万元）	劳动、待业、养老和医疗保险费合计（万元）	归集住宅专项维修资金总额（万元）	住宅专项维修资金余额（万元）	成立业主大会数量（个）
广东省	584020.18	123190	23098	13319981.94	960305.59	4480857.58	432160	315577.98	2032054.93	1991495.48	3402
广州市	86887	20075	8163	7721373.07	780807.87	2940470.4	309167.7	109728.37	585246	569463	579
深圳市	278239	41952	7000	4400558	161042	718271	47232	56029	607579	606648.13	1103
珠海市	18438	2086	751	138627.52	6058.58	48825.96	2867.32	4367.59	0	0	161
汕头市	42953	5383	1198	167541.24	40.07	642805.82	56994.97	122300.98	301590.22	300931.04	516
佛山市	19330	2533	449	63785.05	2308.58	45471.67	6716.18	3558.64	42400	33000	20
韶关市	5485	1144	240	37722.14	−958.32	0	0	5855.94	28356.11	28429.02	34
河源市	3676	646	202	9365.69	−1259.8	4309.32	355.69	578.06	1406.03	1128.11	44
梅州市	2913	223	129	0	0	0	0	0	0	0	33
惠州市	22754	5465	1143	48192	17316	5689	2275	1820	190906.29	190322.82	89
汕尾市	860	190	56	4124.95	489.73	1327.22	68.04	104.2	75.48	68.08	2
东莞市	9953	2630	429	0	0	0	0	0	5029	5029	64
中山市	37520	31200	886	558314.12	2698.86	0	0	0	52826	52826	223
江门市	9500	2600	384	0	0	0	0	0	12500	0	45
阳江市	4303	318	112	0	0	0	0	0	8552.62	8482.76	11
湛江市	6426	906	525	5112.9	700	11293.8	771.12	3855.6	17619.02	17442	48
茂名市	2024	401	74	4270.11	−317.95	3146.1	409.59	132.17	12649.57	12649.57	36
肇庆市	5114	1086	252	69542.97	−1430.71	8938.2	663.84	1025.29	23769.72	23741.59	35
清远市	7658	1056	286	40569.51	−2077.22	15769.44	1496.37	1683.57	23326.73	23294.04	49
潮州市	1215	210	82	0	0	0	0	0	0	0	6
揭阳市	32.18	487	144	5903	−937.24	2973.62	75.62	208.66	0	0	0
云浮市	1746	225	55	6613.27	774.44	3407.73	265.11	513.46	2591.7	2591.06	12
顺德区	16994	2374	538	38366.4	−4949.3	28158.3	2801.45	3816.45	115631.44	115449.26	292

（冯育文）

大会”于2011年10月22日在深圳召开，会议总结回顾物业管理行业30年发展历程和取得的光辉成就。住房和城乡建设部副部长齐骥出席会议并讲话。会议对物业管理改革发展中作出突出贡献的先进集体、先进个人以及全国物业服务企业综合实力排名100强进行表彰。广东省有38家企业进入全国物业服务企业综合实力排名100强，位居全国各省、市、自治区首位。

【物业管理与社区管理融合】 2011年，广东省住房和城乡建设厅会同有关部门研究制订《关于加强宜居社区建设的指导意见》，要求社区通过市场化方式选聘物业服务企业，提供专业化的物业管理服务。以物业保安为依托，构筑群防群治体系；建立物业服务企业参加的社区服务工作协调机制，推行居委会与业委会委员交叉任职制度等，逐步将物业管理与社区建设紧密结合。

【首届物业管理职业技能竞赛】 2011年，广东省住房和城乡建设厅和广东省总工会共同举办广东省首届物业管理职业技能竞赛，全省2000多名选手报名参赛。决赛第1至8名获奖者依次分别是深圳市金地物业管理有限公司张佩行、广州锦绣香江物业管理有限公司王振兴、广州城建开发物业有限公司郭蕾鸣、广州城建开发物业有限公司郑志华、深圳市龙城物业管理有限公司东莞分公司储诚诚、广州无线电集团有限公司李瑜、广州城建开发物业有限公司曾广海、佛山市顺德区新世界酒店管理服务有限公司冯秀英。前8名将被省人力资源和社会保障厅授予“广东省技能能手”称号，第1名由省总工会予以申报“广东省五一劳动奖章”。

【广东省物业管理师与香港屋宇经理执业资格互认】 2011年，广东省住房和城乡建设厅制订《关于开展我省物业管理师与香港屋宇经理资格互认的工作方案》并报送人力资源和社会保障部。《工作方案》提出内地物业管理师与香港物业管理测量师、屋宇经理执业资格在粤港两地互认，取得互认资格人员可在两地从事物业管理专业工作。7月，省住房和城乡建设厅、省物业管理行业协会在香港与香港测量师学会和屋宇经理学会进行磋商，双方表示通过广东省物业管理师与香港屋宇经理执业资格互认，有利于加强两地交流，引进先进的管理人才和管理技术，进一步提高物业管理从业人员素质，并有利于全省物业服务企业开拓港澳市场，增强国际视野，并作为全国的先行先试地区积累经验。 *(张志军)*

房地产权属登记

【概况】 2011年，广东省通过开展房地产登记立法工作，推动登记机构规范化建设，推进全省权属登记规范化，保障物权人合法权益。2011年，广东省完成国有土地上房屋登记2502879宗，面积 155783万平方米，比上年增长165%；其中房屋所有权登记1468312宗，面积39069万平方米，增长39%。是年，完成集体土地上房屋登记59848宗，面积1989万平方米，增长39%。

【《广东省城镇房地产权登记条例》修订】 1994年，广东省第八届人大第九次会议审议通过《广东省城镇房地产权登记条例》，并于当年9月1日施行。随着2007年《物权法》和《房屋登记办法》的颁布实施，城镇房地产权属登记制度发生重大变革，原《广东省房地产权登记条例》与《物权法》和《房屋登记办法》等上位法不一致，不能适应广东省房地产权属登记的需要，必须进行重新修订。2011年，省住房和城乡建设厅积极推进《广东省房地产权登记条例》修订工作。修订内容包括：1. 明确房地产登记机构的职责和承担的责任；2. 实行房地产登记簿，房地产登记簿是房地产权利归属和内容的依据；3. 新增预告登记、地役权登记、异议登记等登记事项；4. 新增对业主共有部分的权利登记内容；5. 新增集体土地上房屋登记内容。截至2011年底，已形成征求意见稿并发送相关单位征求意见，通过完善立法发，解决房地产权登记中遇到的热点和难点问题。

【房地产交易与权属登记规范化建设】 2011年，广东省各地借助个人住房信息系统建设及相关信息系统整合工作，加快完善各项制度和历史数据整理，不断提高自身管理和服务水平，实现房地产管理的一体化、规范化、数字化。是年，根据住房城乡和建设部《房地产交易与权属登记规范化管理考核标准》，省住房和城乡建设厅组织了实地考核并公示，认定东莞市房产管理局、广州市番禺区房地产登记交易所等7个单位为2011年“广东省房地产交易与登记规范化管理单位”，并挑选4个单位向住房和城乡建设部申报房地产交易与登记规范化管理先进单位。

【登记审核人员培训考试】 2011年，广东省共有房地产登记人员4000多人。为提升登记审核人员理论及业务水平，提高房地产登记质量，省住房和城乡建设厅组织省内专业人员参加住房和城乡建设部组织的培训考核工作，全省第1批登记审核人员共550人参加培训考核，128人通过考核取得房屋登记官资格。 *(张志军)*

住宅产业化

【概况】 住宅产业化是指以工业

化的方式生产住宅，运用新技术、新材料、新工艺、新设备，使传统粗放式住宅生产方式转型升级，大幅度提高住宅建设的劳动生产率，全面提升住宅质量，实现节能、节水、节材、节地和环保（简称“四节一环保”），降低住宅生产和使用的全寿命周期成本。2011年，广东省继续通过开展国家康居示范工程、广厦奖、中国土木工程詹天佑优秀住宅小区奖项、广东省绿色住区评选活动，积极推动全省住宅产业化建设。广东省住宅产业化、一次装修化、绿色建筑项目不断增加。（张志军）

【国家康居示范工程建设】 2011年，广东省住房和城乡建设厅积极引导全省房地产开发企业从节能、节地、节材、节水和环保等方面全面提升小区住宅的综合品质。11月24日，由住房和城乡建设部住宅产业化促进中心组织专家，对中山深城建房地产有限公司开发建设的中山御城金湾住宅小区申报的国家康居示范工程方案进行评审，并顺利通过专家组的评审。截至2011年底，广东省共有广州保利花园、广州山水庭苑、深圳中城康桥花园（二期）、深圳万科四季花城、湛江金沙湾新城（二期）、梅州鸿都花园（二期）、中山中经颐和山庄、广州星河湾（三期）、广州汇景新城、深圳龙岗世纪山庄、中山御城金湾、深圳坪山新区聚龙山保障性住房项目等成功列入国家康居示范工程计划。（李巧环）

【深圳市住宅产业化建设】 2011年，深圳市进一步加大推进住宅产业化建设。编制《深圳住宅产业现代化发展纲要》、《深圳市住宅产业化“十二五”规划（2011~2015）》，制定《深圳市住宅性能认定工作规程》、《深圳市优良住宅部品推荐工作规程》和《申报深圳市住宅产业化示范基地规程》。开展《深圳市住宅一次性装修现状调查统计》、《深圳市住宅项目住宅产业现代化实施情况调查》和《深圳市住宅产业化投资与开发规模的研究》等课题研究，以及《深圳市保障性住房标准化系列化设计》的研究工作。9月27~29日，住房和城乡建设部在北京展览馆举办“第十届中国（国际）住宅产业博览会”，深圳市万科股份公司、嘉达高科、中集公司等26家深圳重点企业展示住宅产业化高新技术和产品，其中嘉达高科采用无机改性复合系统技术生产的合成树脂幕墙和隔热材料等环保建材成为住博会的一大亮点；10月1~5日，深圳市人居委在深圳会展中心举办“2011中国（深圳）第八届住宅产业国际博览会”。会议将进一步推动深圳住宅产业化发展，展示国内外住宅“四节一环保”（节能、节水、节地、节材和环保）的最新技术成果，引导住宅产业走新型工业化的道路。万科、招商、卓越、花样年华等大型房地产开发企业均表示今后将以推进住宅产业现代化作为社会责任，以住宅产业现代化为手段，向社会推出高品质、消耗低、循环利用率高的住宅。截至2011年底，深圳共有25个住宅产业化示范基地和项目，其中两个公司获“国家住宅产业现代化基地”称号，为全省推进住宅产业化发展起示范和引导作用。（雷文优）

【万科公司推进建筑工业化进程】 2011年，万科企业股份有限公司在全国14个城市实现工业化建筑项目开工，总建筑面积272万平方米。是年，沈阳春河里全预制装配项目被沈阳市城乡建设委员会评选为“沈阳市现代建筑产业化示范项目”。

是年，万科公司参与编制国家行业标准《装配式钢筋混凝土结构技术规程》，并主编深圳地方标准《预制装配钢筋混凝土外墙技术规程》。该《标准》根据预制装配钢筋混凝土结构中预制外墙的特点，对材料、建筑设计、结构设计、构件制作、安装施工、质量验收等作出相关规定，将进一步发挥预制装配整体式钢筋混凝土结构中预制外墙的优越性，促进建筑工业化的发展，在预制装配钢筋混凝土外墙的设计、制作与施工中贯彻执行国家的技术政策，达到安全适用、技术先进、确保质量和经济合理的目标。按照标准建造的预制装配钢筋混凝土外墙住宅，有效地杜绝传统生产方式建造下外墙裂缝、渗漏、饰面脱落等工程质量通病，降低施工强度，提高工作效率，其社会效益显著。（谭宇昂）

【珠江三角洲房地产博览会】 2011年4月22~24日，由广东省住房和城乡建设厅指导，广东省房地产行业协会主办，珠三角各市住房和城乡建设局支持，珠三角各市房地产协会联合举办的2011珠三角房博会在广州锦汉展览中心隆重举行，近6万人次的市民参观此次展会。房博会以“城际轨道，宜居生活”为主题，展示来自广州、肇庆、清远、佛山、惠州、中山、云浮城市的上百个楼盘，富力、恒大、合生、新世界、碧桂园、龙光、颐和、合富等知名品牌的房地产企业都将旗下的珠三角地区的楼盘悉数推出。肇庆市更是以组团参展的方式宣传城市品牌。组委会通过在房博会上提供多品种、多户型、多价位、多区域商品房展示，满足社会多层次住房需求。

【“广厦奖”评选】 “广厦奖”是经建设部批准，由中国房地产业协会、住房和城乡建设部住宅产业化促进中心共同设立的国家级房地产开发项目综合性大奖。获奖项目必须是坚持全面贯彻落实科学发展观和建立资源节约型和环境友好型社会，做到规划设计水平高，环境规划好，工程质量优，并在推进住宅产业化，节能节地节水节材环保，解决群众住房困难起示范带动作用。"广厦奖"评选活动自2007年正式启动，截至2010年已连续评选4届。从2011年开始，"广厦奖"每两年评选一次，广东省共11个项目获此殊荣。

【中国土木工程詹天佑优秀住宅小区金奖评定】 中国土木工程詹天佑优秀住宅小区金奖项目是由中国土木工程学会住宅工程指导工作委员会对全国各地推荐和申报的住宅小区进行评选，授予"中国土木工程詹天佑优秀住宅小区金奖"。2011年，广州万科金域蓝湾花园二期（A7~A9、B4~B8、C1~C2和F栋）获2011中国土木工程詹天佑奖优秀住宅小区金奖；中信凯旋城枫丹白露区（11-18栋）获2011中国土木工程詹天佑奖优秀住宅小区优秀规划奖。

【广东省绿色住区认定】 由广东省房地产行业协会设立的广东省绿色住区，是广东省房地产行业唯一综合性奖项。自2002年开始启动，符合《广东省绿色住区标准》条件要求的住宅小区均可申报。截至2011年底，全省159个住宅小区通过"绿色住区"认定，分布在18个地级市。2010年，经省住房和城乡建设厅、省质量技术监督局批准，《广东省绿色住区评价标准》被列入"广东省地方标准制修订计划项目"。2011年，广州金域蓝湾花园（二期）（A7~A9栋、B4~B8栋、C1~C2栋、F栋）、江门开平汇景湾、云浮新兴县翔顺花园二区、肇庆星荷湖畔、肇庆中源名都（一、二期）、肇庆鼎湖森邻（一、二期）、肇庆臻汇园（一期A、B区）、东莞中信·凯旋国际花园、汕头中信嘉顿小镇（西区）、汕头柏嘉半岛花园（一期）、佛山岭南天地—4地块商住项目东华嘉苑、佛山星晖园、佛山顺德雅居乐花园（一期）、广州岭南新苑等14个项目通过"广东省绿色住区"认定。 *(张志军)*

住房保障

【概况】 2011年，广东省住房和城乡建设系统开展大规模的保障性住房建设，建立健全以公共租赁住房为主体的住房保障体系，落实住房保障工作责任目标制，继续安排廉租住房、经济适用住房、限价商品住房建设，加快城市、国有工矿、林区、垦区、棚户区改造。全年新开工建设各类保障性安居工程33.9万套，比上年增加1.64倍；完成投资267亿元，比上年增加1.97倍；超额完成新增31万套保障性安居工程建设和全部解决原登记在册符合廉租住房保障条件家庭住房问题的任务。

【保障性安居工程建设】 2011年，广东省提出将建设31万套保障性住房作为省政府为群众办的十件实事之一。2月24日，在全国保障性安居工程工作会议上，副省长林木声代表广东省人民政府与国家保障性安居工程协调小组签订住房保障工作目标责任书；4月8日，省政府在广州召开全省保障性安居工程工作会议，林木声代表省政府与各地级以上市人民政府签订2011年度住房保障目标责任书并对全省保障性安居工程工作作进一步部署。至此，保障性安居工程所涵盖的廉租住房、经济适用住房、公共租赁住房、限价商品住房、城市棚户区、林区棚户区、垦区棚户区、国有工矿棚户区改造等民生工程建设在广东省大规模铺开。随后，全省各地政府围绕保障性安居工程目标责任进行目标分解，落实各项政策，完善工作机制，夯实工作基础，全面开展保障性安居工程建设。

是年，全省新开工建设各类保障性住房（含廉租住房租赁补贴）33.9万套，超额完成年度目标任务，比国家规定时间提前一个月完成；全省新竣工保障性住房11.15万套，超额完成国家规定10.3万套的目标任务；全省对原登记在册符合廉租住房保障条件的7.3万户家庭实施廉租住房保障，提前一个季度全面完成廉租住房保障任务。

【保障性住房建设管理】 2011年，广东省通过多种形式，加强保障性住房建设与管理。一是抓好技术规范。5月18日，省住房和城乡建设厅正式发布《保障性住房建筑规程》，对保障性住房的规划布局、公建配套、建筑与结构、设施设备、建筑节能以及使用和维护等内容进行规范。《规程》于9月1日起正式实施。二是明确工程责任。全省各地严格履行法定的保障性安居工程项目建设程序，规范工程招投标，落实项目法人责任制、合同管理制、工程监理制，严格建筑材料验核制度。实行勘察、设计、施工、监理单位负责人和项目负责人责任终身制，在住房建筑上设置质量责任永久性标识制度，接受社会监督。三是加强质量安全监督。认真贯彻落实参加全国保障性安居工程质量管理电视电话会议精神，积极配合国家保障性安居工程质量安全检查组对广东省保障性安居工程进行全面检查。加强日常的质量监管，落实建设单位以及设计、施工、监理等单位对工程质量和安全生产的责任。是年，省、市、县各级住房和城乡建设部门专门抽查保障性安居工程项目401个，发出整改通知书137份，停工通知书36份。

【住房保障政策措施】 2011年11月，广东省人民政府办公厅转发国务院办公厅《关于保障性安居工程建设和管理指导意见》，对保障性安居工程的建设和管理提出进一步的要求。一是资金配套，落实制度。加快中央及省级保障性住房专项补助资金的下拨，督促各地落实住房保障资金。2011年突破性争取到中央补助公共租赁住房、城市棚户区改造、国有工矿棚户区改造专

2011年广东省保障性住房开工建设情况

单位：万元、套

地区／分类	保障性住房开工建设总数（含租赁补贴）	租赁补贴（户）	廉租住房开工建设套数	经济适用住房开工建设套数	公共租赁住房开工建设套数	限价房开工建设套数	城市棚户区改造套数	国有工矿棚户区改造套数
全　省	327798	13264	16570	13644	213597	49156	19657	1910
广州市	91323	5457	5024	2847	51630	26365		
深圳市	74912	1197		0	46231	18994	8490	
珠海市	10774	1010	260	2506	4077		2921	
汕头市	10235	712	1781	1151	5591	1000		
佛山市	14864	817	365	230	13452	0		
顺德区	7877	58			5663	2156	0	0
韶关市	13171		1076	660	6595	127	3673	1040
河源市	5589	178	545	756	2693		547	870
梅州市	4465	675	508	362	2446	474		
惠州市	14190	574	591	435	12590			
汕尾市	3127	132	408	366	2221			
东莞市	17865				17865			
中山市	8701	92	300	200	8109			
江门市	8240	388	510	164	6704		474	
阳江市	4633		425	391	3817			
湛江市	7034	183	518	784.00	2384		3165	
茂名市	7363	640	1835	54	4447		387	
肇庆市	6550	328	330	1146	4746			
清远市	6147	342	651	169	4945	40		
潮州市	3789	294	788	999	1708			
揭阳市	4357	151	522	294	3390			
云浮市	2592	36	133	130	2293	0		

（卓云峰）

项资金32.1亿元，并及时下达全省各地；省财政部门及时下达2亿元廉租住房专项补助资金，筹措2.5亿元支持原曲仁矿棚户区改造，经省政府同意设立“十二五”期间的省级公租、廉租住房以奖代补专项资金，每年安排奖补资金3亿元。从2011年地方政府债券资金中安排15.5亿元支持保障性安居工程建设。全年累计完成财政性资金投资187亿元，累计完成总投资267亿元。二是土地供应，措施有力。国土部门编制保障性住房建设用地计划，并实行新增用地计划指标单列，确保保障性安居工程的用地需要，同时采取多种途径解决用地来源，通过在“三旧”改造腾出的地块，政府收回的闲置用地和盘活的存量用地用于保障性安居工程建设；鼓励全省各地在招拍挂出让商品房用地时，配套建设保障性住房；对符合建设保障性住房的企事业单位在办理相关用地手续后，利用自有土地建设保障性住房。2011年，累计落实保障性安居工程用地指标830公顷。三是多种渠道，筹集房源。在商品房建设用地和“三旧”改造中配套建设一定比例的保障性住房，长期租赁“城中村”的农民富余住房等措施筹集房源。五是简化手续，便捷办理。把保障性安居工程列入省重点工程，建立“绿色通道”，加快各项审批程序，以及对项目立项、用地手续办理、规划设计和招投标等前期手续的办理。

【住房保障工作机制】　2011年，广东省住房保障工作机制进一步完善。一是落实工作目标责任制。2月24日全国保障性安居工程工作会议上，副省长林木声代表省政府与

2011年广东省保障性住房竣工情况

单位：万元、套

分类＼地区	保障性住房竣工总数（含租赁补贴）	租赁补贴	廉租住房竣工套数	经济适用住房竣工套数	公共租赁住房竣工套数	限价房竣工套数	城市棚户区改造竣工套数	国有工矿棚户区改造竣工套数
全省	108496	13264	2796	1680	78438	4684	7224	410
广州市	20535	5457	62	0	11209	3807		
深圳市	11704	1197	0	147	7700	513	2147	0
珠海市	4659	1010			3457		192	
汕头市	5387	712	115	251	4309			
佛山市	1114	817	0		297			
顺德区	4039	58			3981			
韶关市	3343		410	114	1767	0	1052	
河源市	3339	178	0	41	2465		245	410
梅州市	3357	675	243	120	1995	324		
惠州市	7860	574	401	218	6667			
汕尾市	1728	132	217		1379			
东莞市	7544				7544			
中山市	6598	92			6506			
江门市	1834	388	0	0	1446	0	0	0
阳江市	4242		425		3817			
湛江市	2944	183	104		1040		1617	
茂名市	3236	640	184	0	2058	0	354	
肇庆市	4437	328	103	764	3242			
清远市	5040	342	150	0	4508	40		
潮州市	1155	294	173	25	663			
揭阳市	2912	151	104		1040		1617	
云浮市	1489	36	105		1348			

（卓云峰）

国家保障性安居工程协调小组签订住房保障工作目标责任书；省住房和城乡建设厅根据21个地级以上市、佛山顺德区的“城镇常住人口、新增从业人员、地区生产总值、财政一般预算收入、土地出让收入、新增城乡建设用地、上年商品住宅竣工面积、保障住房累计解决户数”等多项指标制定全省住房保障任务的分配办法，合理确定全省各地2011年住房保障工作任务目标。二是落实责任目标考核制度。3月15~28日，由省住房和城乡建设厅牵头，会同保障性安居工程联席会议成员组成10个考核小组对全省各地级以上市完成2010年住房保障工作目标责任情况进行考核。考核结果报省政府并向全省通报。9月，省政府办公厅印发《广东省住房保障工作目标责任考核办法》。三是采取多种方式，落实督查工作机制。5月20日，召开全省住房保障目标责任督查工作会议，省保障性安居工程工作联席会议成员单位组成的联合督察组对全省2011年全省各地住房保障工作目标责任进展情况进行督查，并落实约谈问责机制。省住房和城乡建设厅、监察厅按照《广东省城市政府落实住房保障和稳定房价工作约谈问责暂行办法》，对保障性安居工程建设进展缓慢的汕头、韶关、揭阳、潮州、清远5个市的政府负责人和住房保障工作主管部门主要负责人进行约谈。省住房和城乡建设厅会同省监察厅、国土资源厅、国资委组成督查组，对汕头、潮州、韶关市进行重点督查。四是建立保障性安居工程项目进度公开机制。根据住房和城乡建设部《关于公开城镇保障性安居工程建设信息有关事项的通知》要求，全省各地陆续在政府网站公开本市县2011年度保障性安居工程项目基本信息，接受社会和群众的监督。五是建立月报机制。每月对全省的工作进展情况进行分析，并向全省通报。

【探索建立新型住房保障制度】 2011年4月19日，中共中央政治局委员、广东省委书记汪洋到南海万科四季花城公共租赁住房试点项目进行专项调研。省住房和城乡建设厅确定将广州市、中山市作为保障性住房建设运行新机制试点。

是年，省住房和城乡建设厅深入开展调研，起草《广东省住房保障制度改革创新方案》。

广东省创新的住房保障制度主要有四大亮点：一是明确保障对象、种类、方式和标准，具有广东特色，符合广东实际。二是提出建立申报登记、以需定建、先规划后建设、轮候保障和准入退出机制等一系列新举措。三是创新建设模式，转变以往政府包揽的做法，引导社会力量建设公租房。四是强化配套政策和保障措施的落实，明确资金保障、土地保障、规划保障和体制保障的具体要求，具有较强的可操作性。

【保障性住房小区选介】 东莞市雅园新村小区　位于东莞市环城路旁，南与东莞一中和高级中学隔路相望，东面为台心医院和莞长汽车客运站，北面和西面分别与东城立新社区九头村和南城雅园工业区相邻，由3条市政道路分隔为廉租房、经济适用房、小学幼儿园3个组团。项目总占地面积13.5万平方米，总建筑面积约40万平方米，总投资概算为10.08亿元，设计总套数为4852套。其中廉租房1564套、经济适用房3288套，小学规划36个班，幼儿园规划18个班。

中山市祈安苑小区　位于中山市南区岐关西路东侧，小区总占地面积3.4万平方米，规划总建筑面积13.35万平方米，小区建设分三期进行。2010年小区一期工程动工，建设一栋26层高层住宅，套型建筑面积49平方米，总建筑面积1.03万平方米，可提供200套两室一厅的保障性住房，一期工程总投资3493万元，计划2012年竣工并交付使用。二期工程共建6幢1272套住宅，投资额约2亿元，总建筑面积6.5万平方米，于2011年9月29日动工，计划2013年竣工并交付使用。

肇庆市龙塘路保障性住房小区　位于肇庆市端州区12区肇庆市大道南、龙塘西路，总占地面积约4万平方米，规划建设17幢8~18层共1821套保障性住房，总建筑面积8.88万平方米（含配套设施）。其中，公共租赁住房1190套4.5万平方米，廉租房238套1.5万平方米，经济适用住房393套2.7万平方米。整个小区按照统一规划、统一建设、统一管理的原则进行，建成后将成为经济实用、配套完善、生活便利、美观大方、户型布局合理、绿化率为30.1%的花园式住宅小区。廉租住房和公共租赁住房具备基本装修，入住即能使用，减轻租户二次装修负担。同时，在首层设置临街商铺和公共配套用房，商铺作为政府物业，出租的租金收益以弥补特困户交不起租金和物业管理费用的缺口。第一期工程119套廉租住房在2010年10月25日正式动工，2011年竣工并完成抽签分配。第二期投资1.5亿元建设1062套保障性住房，于2011年10月正式动工，截至2011年底基本完成桩基础施工。第三期计划2012年6月底前开工，计划建设保障性住房640套2.68万平方米。

▲2011年3月22~23日，广东省保障性安居工程联合考核组第三小组赴广州市考核2010年度住房保障工作目标责任完成情况。（广州市国土资源和房屋管理局供稿）

【住房保障机构选介】 中山市住房保障办公室　2011年12月9日，中山市编委批复同意成立市住房保障办公室（正处级），主要职责是贯彻执行国家和省住房保障和住房制度改革法律、法规和政策，拟订和组织实施本市住房保障和住房制度改革的规范性文件和政策，监督、检查、指导全市各镇区开展住房保障和住房制度改革工作。组织编制和实施本市住房保障发展规划和年度建设、投资计划；拟订住房租赁补贴、公共租赁住房租金等标准。组织开展住房保障需求调查，拟定住房保障对象条件并经批准后公布。负责筹集、管理保障性住房建设资金和住房租赁补贴资金并监督检查使用情况，落实税费减免政策。监督指导全市保障性住房的建

2011年广东省住房货币分配情况

地区名称	本期末累计发放人数(人)	其中:政府机关	事业单位	企业	其他	本期新增发放人数(人)	其中:政府机关	事业单位	企业	其他
广东省	723604	128418	211700	356232	635	54417	11136	20974	22129	192
广州市	372883	32759	90465	249659		27153	3855	10332	12966	
珠海市	40674	10410	10468	19796		2000	826	652	522	
汕头市	23908	5253	3375	15280		754	453	163	138	
佛山市	33849	17726	9108	7015	0	214	80	85	49	0
韶关市	5890	2422	2348	1119	1	264	45	209	10	0
河源市	7142	4907	1410	825	0	1445	803	582	60	0
梅州市	8091	1979	1084	5007	21	660	375	73	210	2
惠州市	18531	6193	8470	3868	0	357	121	202	34	0
汕尾市	0	0	0	0	0		0	0	0	0
东莞市	68549	13643	40788	14118		2466	1175	894	397	
中山市	22889	6335	13144	3410	0	269	59	201	9	0
江门市	27258	6573	10027	10658	0	2867	544	1952	371	0
阳江市	8027	2355		6072		252	27		225	
湛江市	18760					1060	80	514	282	184
茂名市	18512	3500	6659			10867	1850	3249	5768	
肇庆市	13448	2253	4215	6980	0	4	1	0	3	
清远市	15785	5002	3010	7773		3132	430	1735	967	
潮州市	3686	1327	1605	754	94	40	54			
揭阳市	2133	150	369	1095	519	6				6
云浮市	13589	5631	5155	2803	0	607	358	131	118	

地区名称	本期末累计发放金额(万元)	其中:政府机关	事业单位	企业	其他	本期末新增发放金额(万元)	其中:政府机关	事业单位	企业	其他
广东省	1715051.95	402829.11	650605.21	764444.52	465.59	263382.91	61616.37	164641.38	79457.77	29.36
广州市	1104623	156718	408532	539374		192370	41355	97582	53433	
珠海市	134177.91	31699.2	42238	60240.71	0	11896.92	3134.17	4231.31	4531.44	
汕头市	3434.48	8510.07	3270.27	19654.4		3870.99	1640.99	46468.59	1761.41	
佛山市	12194.94	85938.76	17412.87	18563.31	0	5739.51	4927.38	725.9	86.23	0
韶关市	5436.35	3037.08	2273.76	125.44	0.07	436.04	116.47	316.93	2.64	0
河源市	8088	3528	2999	1561	0	1302	1037	174	91	
梅州市	14628.08					1308.03				
惠州市	22914	6523	11059	5332		1249	580	567	102	
汕尾市	0	0	0	0	0	0	0	0	0	0
东莞市	89778.03	16802.58	50338.42	22637.03		3277.2	1475.18	1359.64	442.38	
中山市	120963	43382	62308	15273	0	4574	1440	2848	285	0
江门市	69231.2	18935.19	23481.95	26814.06	0	8807.82	2376.18	4774.32	1657.32	0
阳江市	14898.6	4938.7		9959.9		1602	665.3		936.7	
湛江市	19800					2329				
茂名市	22717	1358	4865	16494		17793	481	2676	14636	
肇庆市	23020.85	3740.52	9513.82	9766.51		763.7	242.68	304.32	216.7	0
清远市	23944.25	7651.90	5186.60	11105.75		3694.36	916.37	1947.18	830.81	
潮州市	4969.7	1931	1874	1164		200.3	79.5	120.8		
揭阳市	2440.8	53.83	443.12	1478.33	465.52	29.36				29.36
云浮市	17791.76	8081.28	4809.4	4901.08	0	2139.68	1149.15	545.39	445.14	

(冯育文)

设管理，统筹协调保障性住房建设过程中涉及土地征用、储备、用地报批、规划许可、施工许可等相关工作。负责住房保障信息系统建设管理以及住房保障档案的建档和管理工作。指导全市住房制度改革工作，处理房改历史遗留问题。负责住房保障信访、举报、投诉的调查处理工作。负责市住房保障委员会日常工作。

肇庆市住房保障办公室　2011年11月，肇庆市编委批复同意在市住房和城乡建设局增设住房保障办公室。主要职责是贯彻落实国家和省市有关城镇住房保障政策法规，并组织实施；拟订本市住房保障政策法规，会同有关部门编制住房保障发展规划和年度计划并监督执行；负责组织市本级保障性住房项目的建设和监督管理；负责本市城区申请住房保障家庭资格的复核、分配和备案工作；负责市本级保障性住房房源的租、售及管理工作；会同有关部门做好市级财政住房保障资金计划并监督各地组织实施；指导全市开展住房保障工作并对全市住房保障工作进行监督、考核。

（卓云峰）

住房公积金监管

【概况】　2011年，广东省住房和城乡建设厅以保障住房公积金资金安全为监管重点，指导全省各地级以上市住房公积金管理中心的工作；各地继续加强完善公积金管理工作规程，理顺管理体制方面的工作，确保住房公积金缴存、提取和贷款等各项业务健康发展。

缴存人数与缴存总额持续稳定增长　截至2011年末，全省应缴职工人数2311.7万人，实际缴存职工人数1049.72万人，实缴人数比上年增加395.89万人，增幅达60.55%，比上年同期增长4倍。2011年缴存人数大幅增加的原因主要是深圳市正式开展住房公积金缴存业务，仅深圳市就新增缴存人数307.43万人；除深圳外，全省各市缴存人数增加88.46万人，增长13.56%，与往年增幅大体一致。住房公积金覆盖率（期末实缴职工人数/期末应缴职工人数）45.41%。全省缴存总额3766.68亿元，新增缴存额925.78亿元，增幅32.59%，比上年同期增长51.8%。缴存余额1732.74亿元，全年新增余额445.34亿元。

个人贷款额与提取额持续增长，个人贷款额和提取额占缴存额的比例持续处于高位，个人贷款逾期率有所下降　截至2011年末，全省住房公积金提取总额2033.94亿元，占住房公积金缴存总额的54%；全年提取额为480.44亿元，增长30.93%，比上年同期增长26.83%，占当年缴存额的51.9%。提取总额占缴存总额的比例连续两年均保持在54%。全省个人住房公积金发放贷款总额为1376.2亿元，累计发放62.1万笔，占缴存总额的36.54%，增幅分别为27.63%、19.16%。全年发放个人贷款297.89亿元，9.99万笔，占全年缴存额的32.18%，比上年同期增长33.76%和53.69%。个人贷款余额为889.8亿元，全年新增余额197.33亿元，增幅为28.5%，比上年同期增长56.6%。个人贷款逾期率为0.00267‰，比上年下降0.00053‰。

【全省住房公积金管理工作座谈会】　2011年，广东省住房和城乡建设厅在广州召开全省住房公积金管理工作座谈会。全省21个地级以上市的住房公积金管理中心主任出席会议。住房和城乡建设部住房公积金监管司司长张其光和省住房公积金管理专项治理领导小组成员单位的领导也参加会议。会上，21个地级以上市的住房公积金中心主任汇报各地管理情况，研究和探讨全省住房公积金行业当前存在问题。省住房和城乡建设厅提出全省住房公积金工作必须把工作重点放在支持职工改善自住住房和公积金风险防控上，确保资金运行安全高效。

【住房公积金管理中心业务考核】　2011年，广东省住房和城乡建设厅会同省财政厅按照住房和城乡建设部、财政部出台的《住房公积金管理中心业务管理工作考核办法（试行）》，对全省21个地级以上市住房公积金管理中心2010年度的管理工作进行考核。7月，部署要求全省各地级市管理中心开展自评工作；8~9月上旬，组成7个考核小组到各地级以上市住房公积金管理中心以及其下辖一到两个县级管理部进行实地考核。查阅管理制度和个人业务办理原始凭证，亲自模拟业务办理流程，并到业务办理窗口检查业务办理现场情况。从考核的情况看，敛各地在制度建设和加强资金安全两个方面做了很多工作。但管理中心的机构和人员设置仍是制约全省住房公积金事业发展的根本因素。部分地级以上市的住房公积金信息系统建设与《住房公积金管理条例》中规定的“中心运作”目标要求仍有差距。考核结束后，省住房和城乡建设厅下发《关于对全省住房公积金管理中心2010年度管理工作考核情况的通报》，根据考核

▲2011年珠江三角洲住房公积金工作会议在广州召开。

（广州市住房公积金管理中心供稿）

2011年广东省住房公积金缴存情况

地区名称	缴存职工人数		缴存率 (%)	缴存总额 (万元)	缴存余额 (万元)	当年缴存额 (万元)	占缴存余额 (%)	增值收益 (万元)
	应缴（人）	实缴（人）						
广东省	23117025	10497152	45.41	37666801.63	17327415.23	9257770.49	53.43	123707.41
广州市	4709400	3184373	67.62	19007301.10	7427671.53	3453609.02	46.50	47170.54
深圳市	9195700	3092965	33.63	2198611.33	1928774.82	2181461.42	113.10	5044.75
珠海市	420018	416988	99.28	1868924.40	566481.72	376324.97	66.43	7760.17
汕头市	317903	149639	47.07	840968.57	527310.82	164872.58	31.27	2460.19
韶关市	192700	159552	82.80	929859.46	461335.93	172365.18	37.36	2331.40
河源市	143688	110032	76.58	327474.52	158444.07	72124.34	45.52	776.50
梅州市	220928	175937	79.64	497860.00	315519.00	99270.00	31.46	3443.00
惠州市	754854	309379	40.99	993340.76	494658.68	260705.15	52.70	5314.34
汕尾市	79954	54235	67.83	135471.07	68816.06	34254.67	49.78	122.79
东莞市	4126453	697163	16.89	2227546.34	1149762.63	504319.56	43.86	7553.38
中山市	260147	264280	101.59	810936.29	348837.04	180725.60	51.81	4006.76
江门市	437642	248862	56.86	1223885.38	610111.95	268853.44	44.07	4835.52
佛山市	542202	611656	112.81	2349387.36	874417.86	539671.40	61.72	13212.85
阳江市	145900	77220	52.93	239932.49	135495.43	56504.14	41.70	1755.58
湛江市	396589	233940	58.99	1182826.62	661162.75	255497.99	38.64	2943.04
茂名市	297181	164620	55.39	754052.60	431941.27	142727.54	33.04	5172.00
肇庆市	267383	173140	64.75	543152.80	308985.62	127490.35	41.26	2358.65
清远市	177413	103616	58.40	650670.29	327624.50	158937.01	48.51	4677.94
潮州市	115873	80171	69.19	263394.49	169235.00	58066.20	34.31	792.91
揭阳市	141800	97655	68.87	324032.15	189910.90	81953.85	43.15	541.76
云浮市	173297	91729	52.93	297173.61	170917.65	68036.08	39.81	1433.34
珠三角	20713799	8998806	43.44	31223085.76	13709701.85	7893160.91	57.57	97256.96
东　翼	655530	381700	58.23	1563866.28	955272.78	339147.30	35.50	3917.65
西　翼	839670	475780	56.66	2176811.71	1228599.45	454729.67	37.01	9870.62
粤北山区	908026	640866	70.58	2703037.88	1433841.15	570732.61	39.80	12662.18

（郭苑娜）

分数对全省20个地级以上市（由于深圳市在2010年12月21日才正式运作，故不参与评分）的工作绩效进行排名。其中，前五名的广州、佛山、东莞、珠海和惠州市获优秀等次。

【住房公积金专项治理】 2011年7月，广东省住房和城乡建设厅下发《关于加快做好逾期项目贷款、挤占挪用住房公积金资金清收工作的通知》，对仍有项目贷款和挤占挪用公积金的城市管理委员会和管理中心提出制订清收和归还计划。是年全省共回收资金约3000万元，逾期项目贷款由13857.5万元降低至10857.5万元。

【住房公积金监管系统建设】 2011年，住房和城乡建设部提出建设全国住房信息系统，全国住房公积金监管系统是该系统下的三个子系统之一。是年，确立全年系统建设的目标是完成全国70个城市的数据镜像容灾网络，部署镜像服务器，为全国各中心提供数据容灾备份服务，为监管系统提供数据支

2011年广东省住房公积金使用情况

地区名称	个人提取情况		个人贷款情况					
	提取总额（万元）	当年提取（万元）	累计发放额（万元）	当年发放额（万元）	贷款余额（万元）	个贷率（%）	累计发放户数（户）	逾期率（%）
广东省	20339386.40	529043.29	13762061.09	2978924.70	8898094.83	51.35	620871	0.027
广州市	11579629.57	211530.42	6837523.08	1381891.60	4020662.01	54.13	241461	0.041
深圳市	269836.51	94687.81	0.00	11121.10	0.00	0.00	0	0.000
珠海市	1302442.68	27835.01	608293.91	28650.00	363932.12	64.24	33499	0.012
汕头市	313657.75	7000.48	113822.25	59484.90	97856.94	18.56	5064	0.000
韶关市	468523.53	13040.19	253797.42	43734.91	171856.71	37.25	29315	0.031
河源市	169030.45	4835.80	198915.49	108811.50	131712.92	83.13	17015	0.084
梅州市	182341.00	5121.00	290233.00	70769.55	204819.00	64.91	22994	0.000
惠州市	498682.08	17588.43	431943.62	123923.52	294953.49	59.63	30542	0.087
汕尾市	66655.01	2789.34	0.00	24908.90	0.00	0.00	0	0.000
东莞市	1077783.71	30161.53	1171789.51	253936.06	809793.79	70.43	39578	0.010
中山市	462099.25	11447.30	443285.65	146634.65	331744.08	95.10	4851	0.000
江门市	613773.43	14235.93	478792.63	89031.50	329367.26	53.98	35202	0.018
佛山市	1474969.50	36113.78	1137413.13	108395.80	771640.71	88.25	58001	0.003
阳江市	104437.06	3155.23	135610.90	41263.49	109182.82	80.58	6904	0.000
湛江市	521663.87	13305.15	484729.84	138820.00	372308.61	56.31	26570	0.000
茂名市	322111.33	7364.44	363497.78	84374.56	258902.78	59.94	19983	0.000
肇庆市	234167.18	6176.03	271560.15	94297.62	197837.28	64.03	19123	0.042
清远市	323045.79	11105.87	336631.32	96738.57	265641.10	81.08	18613	0.002
潮州市	94159.49	2892.70	24725.20	11722.90	21084.28	12.46	1173	0.000
揭阳市	134121.25	5179.28	49060.80	13878.10	42287.96	22.27	2323	0.000
云浮市	126255.96	3477.57	130435.41	46535.47	102510.97	59.98	8660	0.015
珠三角	17513383.91	449776.24	11380601.68	2237881.85	7119930.74	51.93	462257	0.031
东　翼	608593.50	17861.80	187608.25	109994.80	161229.18	16.88	8560	0.000
西　翼	948212.26	23824.82	983838.52	264458.05	740394.21	60.26	53457	0.000
粤北山区	1269196.73	37580.43	1210012.64	366590.00	876540.70	61.13	96597	0.021

（郭苑娜）

撑。5月，住房和城乡建设部选取广州、深圳、韶关、惠州、湛江五市作为第一批部署数据镜像服务器的城市；11月又选取中山作为备选城市。省住房和城乡建设厅按照工作要求进行工作部署，要求各中心积极配合系统建设施工工作。截至2011年末，广州市已完成第一期数据镜像服务器的部署施工工作，数据连通顺畅。其他城市的建设施工仍在紧张进行中。

【住房公积金管理机构选介】 湛江市住房公积金管理中心　该中心是湛江市人民政府直属的参照公务员法管理的事业单位。成立于1993年5月，原名湛江市住房资金管理中心，2004年改现名。下设徐闻、雷州、遂溪、廉江、吴川五个办事处，办事处为中心派出机构，人员、经费由中心统一管理。

中心坚持以制度管人管事。自2008年12月起建立了湛江市住房公积金网络信息化管理系统，截至2011年已先后建成住房公积金筹集管理、贷款管理、提取使用管理、财务管理以及计划统计、报表、催缴、综合、网点管理等管理模块，并建立信息数据库、数据处理中心，实现对各委托银行、各办事处的统一管理和业务监督。

2009年，在全国率先开展预提住房公积金交首付房款业务，余款可以通过贷款解决，截至2011年，已有8559人次提取住房公积金6.8亿元交首付房款，缓解职工购房首付资金难的问题，提高缴存户购房能力。中心还先后率先开展异地缴存贷款业务，截至2011年12月，已有431户分别在省内或外省的住房公积金缴存户到中心办理贷款。开展重特大疾病救治可以提取住房公积金以及租房可以按季足额提取住房公积金等业务。对租住廉租住房、公租房以及户籍在农村的缴存人员提取使用住房公积金实行政策倾斜。开展住房公积金贷款期限变更和放权便民，下放离退休职工提取使用住房公积金审批权等业务。同时不断实现管理创新，建立网络信息管理系统；开通网上查询、手机短信查询住房公积金业务；实行自动划转住房公积金偿还住房贷款等业务。 *(张文宇)*

教育培训与执业资格

□ 举办广东省第十三期市长（书记）城建专题研究班

□ 加强全省建设职业技能鉴定机构管理

□ 加大建设行业专业技术人员继续教育培训力度

□ 全省建设执业注册人员规模继续名列全国前茅

□ 推进广东省建筑建材专业职称评审管理系统建设

教育培训

【概况】 2011年，广东省建设教育培训工作扎实开展。全省建设教育培训管理体制逐步健全，管理办法不断完善。在北京举办广东省第十三期市长（书记）城建专题研究班，开展广东省住房和城乡建设厅机关和直属单位科级以上干部的培训。加大住房和城乡建设行业专业技术人员的继续教育、管理人员的培训和一线操作人员的职业技能培训力度。加强建设教育培训、职业技能鉴定机构的软硬件建设，提高培训鉴定质量，为全省住房和城乡建设事业的发展提供人才保证。教育培训年度任务完成，建设教育培训工作仍存在一些不足。推行建设职业资格证书制度步伐有待加快，安装、装饰、燃气、市政、园林、环卫、房地产开发和物业管理等工种的技能培训鉴定工作不能适应建设事业快速发展的需要；高级工、技师和高级技师等高技能人才的培训欠缺；全省建设教育工作发展不平衡。

【广东省第十三期市长（书记）城建专题研究班】 由中共广东省委组织部、省住房和城乡建设厅、国土资源厅、环境保护厅四部门联合举办的第十三期市长（书记）城建专题研究班于2011年10月9~13日在北京大学举办。参加这次专题研究班的学员有全省各地级以上市和部分县级市市长（书记）、部分地级以上市辖区区长（书记）共42人。研究班的主题是“提高城市化发展水平”，邀请住房和城乡建设部副部长仇保兴、北京大学城市与环境学院教授冯长春、城市与环境学院蔡运龙、景观设计学院副教授李迪华等8位知名专家从城镇化发展过程、现状问题以及未来展望等方面进行讲授。期间还组织学员参观北京规划展览馆。该次研究班主题鲜明，联系实际，把专题研讨与全省当前经济任务紧密结合起来，对提高全省城市化水平，加快城市现代化步伐建设具有深远意义。

【机关干部培训】 根据中共广东省委办公厅《关于适应我省加快经济发展方式要求大规模培训干部的指导意见》，为推动全省科学发展，培养一支善于领导科学发展，适应加快转变经济发展方式要求的高素质干部队伍，2011年2~5月省住房和城乡建设厅分别举办“广东经济转型之路探索”专题讲座和“厅法制讲座暨‘六五’普法动员大会”，厅机关全体干部及直属单位科级以上干部约200人参加培训。

【建设职业技能鉴定机构管理】 为加强广东省建设行业职业技能鉴定工作的管理和监督，规范鉴定工作程序，进一步提高鉴定质量，根据省人力资源和社会保障厅《关于开展职业技能鉴定所（站）质量管理评估及换证工作的通知》要求，在各鉴定机构自评的基础上，省住房和城乡建设厅组织由部分鉴定机构负责人和省建设教育协会专家组成的检查小组，于2011年3月14日至4月2日分别到粤东、粤中、粤西三片对全省30个建设职业技能鉴定站的质量管理情况进行全面检查评估。经检查小组评定，达到鉴定站质量合格标准的有21个，达到申报国家示范鉴定站标准的有3个。指标未达要求的鉴定站8个，责成限期整改；个别工作开展不得力，主动申请撤销的1个。

【专业技术人员继续教育】 2011年，广东省住房和城乡建设厅继续加大建设行业专业技术人员的继续教育培训力度。是年，在广州、惠州、湛江、汕头等4个片区举办12期建设行业专业技术人员高新技术研修班，共培训4043人。

【职业技能培训与鉴定】 2011年，针对全省安装、装饰、燃气、市政、园林等工种的技能培训鉴定工作不能适应住房和城乡建设事业快速发展的需要，高级工、技师和高级技师等高技能人才的培训欠缺的情况，广东省住房和城乡建设厅组织开展一线生产操作人员职业技能培训鉴定工作。全年通过培训取得《职业资格证书》的人员有23205人次，其中初级工8004人，中级工9891人，高级工5310人。 *(王礼贵)*

建设执业资格注册制度

【概况】 截至2011年底，广东省各类建设执业资格注册人员共计

2011年广东省建设行业岗位培训与继续教育情况

单位：人次

类别	职业技能培训			职业技能鉴定			厅机关、厅直属单位科级以上干部培训	专业技术人员高新技术培训
	初级工	中级工	高级工	初级工	中级工	高级工		
合计	12809	16489	8495	8004	9891	5310	200	4043
建筑类	9431	11468	5128	5752	6944	3419		
市政类	3378	5021	3367	2252	2947	1891		

(王礼贵)

2011年广东省建设执业注册情况

注册类别		2011年			合计注册人次	注册总人数
		初始注册	变更注册	延续注册		
注册建筑师	一级	91	112	638	841	1478
	二级	43	76	276	395	2353
注册结构工程师	一级	104	239	333	676	2439
	二级	68	38	26	142	787
注册监理工程师		1266	1858	968	4092	10986
注册造价工程师		373	1086	1400	2859	9753
注册房地产估价师		277	324	1026	1627	4173
注册城市规划师		85	78	15	178	1500
注册土木工程师（岩土）		82	59	50	191	726
注册建造师	一级	2529	2430	/	5588	22202
	二级	4687	4133	12674	24953	38412
注册公用设备工程师		164	60	/	224	918
注册电气工程师		165	42	/	207	716
注册化工工程师		8	5	/	13	63
合计		9942	10540	17406	41086	96506

注：表中一、二级注册建筑师和结构工程师数据不含深圳市。 （广东省建设执业资格注册中心）

96506人，比上年增加10462人，增长12.2%。广东省建设执业资格注册人员规模继续名列全国前茅，注册人数占全国近1/10。

【执业考试】 2011年，广东省建设执业资格注册中心共受理考试报名61513人，比上年增加11321人，增长22.6%；共计6697人通过考试。全年共选送25位专家参加全国评卷，组织326位专家参加广东省评卷。

【执业注册】 2011年，广东省建设执业资格注册中心共受理建设执业资格注册41086人次，其中一级注册建筑师841人次，二级注册建筑师395人次，一级注册结构工程师676人次，二级注册结构工程师142人次，注册监理工程师4092人次，注册造价工程师2859人次，注册房地产估价师1627人次，注册城市规划师178人次，注册土木工程师（岩土）191人次，注册公用设备工程师224人次，注册电气工程师207人次，注册化工工程师13人次，一级注册建造师5588人次，二级注册建造师24953人次（一、二级注册建筑师、结构工程师人数不含深圳市）。

【继续教育】 2011年，广东省建设执业资格注册中心组织建设执业资格继续教育培训54293人次。其中注册建筑师培训1850人次；注册结构工程师培训1064人次；注册造价工程师面授培训3469人次，网络教育培训2936人次；注册监理工程师培训1961人次；注册城市规划师343人次；注册土木工程师（岩土）299人次；二级注册建造师面授培训19903人次，网络教育培训22468人次。年内大幅增加在各地市办班的比例，分别在深圳、珠海、汕头

2011年广东省建设执业继续教育情况

注册师类别		举办期数	培训人数
注册建筑师		7	1850
注册结构工程师		4	1064
注册造价工程师	面授教育	9	3469
	网络教育	1	2936
注册监理工程师		6	1961
二级注册建造师	面授教育	65	19903
	网络教育	3	22468
注册城市规划师		1	343
注册土木工程师（岩土）		1	299
合计		97	54293

（广东省建设执业资格注册中心）

等市举办培训班54个，占全年培训班总数的55.67%，参加培训人数16817人次，占全年培训人次总数30.97%。

【交流合作】 根据广东省注册建筑师与工程师管理委员会出台的《取得内地一级注册建筑师互认资格的香港建筑师在广东省注册执业管理办法》的规定，广东省注册建筑师与工程师管理委员会于2011年9月24日在广州举办2011年度面向香港建筑师的法规测试，共有169名香港建筑师通过测试。 *(刘贵凤)*

职称评审

【概况】 2011年，广东省住房和城乡建设厅规范职称评审工作。推进广东省建筑建材专业职称评审管理系统建设，举办职称评审政策宣传贯彻培训班，对教授级高工专业组评委库和第一中、高级评委库进行调整和扩容，严格评审程序，强化评审纪律。全年有2827名专业技术人员参加由广东省住房和城乡建设厅组织的广东省建筑建材专业技术职称评审及认定，经过广东省建筑专业教授级高工专业组、第一高评委、第一中评委公平、公正、公开的评审及认定，共有1708人通过教授级、高级、中级和初级职称评审（认定）。全省职称评审工作仍存在问题，如职称评审过程中仍有弄虚作假现象，专业技术职务聘任及聘后管理工作有待加强，专业技术人员的工资和待遇仍然是平均主义，岗位设置工作进展缓慢等。

2011年广东省建筑专业教授级高工专业组、第一高评委、第一中评委职称评审及认定情况

类别	教授级高工		高级工程师	工程师		助理工师程	
	专业组初审	评审		评审	认定	评审	认定
参评人数	136		2225	303	12	15	135
通过人数	78	67	1251	259	11	8	112

(王礼贵)

【规范职称评审】 2011年，为提高广东省建筑建材专业职称评审工作的信息化管理水平，推进信息化平台建设，省住房和城乡建设厅委托省建设信息中心开发广东省建筑建材专业职称评审管理系统。该系统主要应用于广东省建筑建材专业职称评审网上申报、资料审核、评审公示等方面。为逐步完善和推广应用该系统，是年先以省直单位为试点试用此系统，进一步完善后再逐步在全省范围内推广应用。5~6月，举办三期广东省建筑建材专业职称评审管理系统演示暨（防护、防化专业）政策宣传贯彻培训班，提高全省建筑类各级职称主管部门及建筑专业技术人员申报防护、防化设计专业的政策水平。加强专家库的管理，严格按照有关规定对广东省建筑工程第一高评委专家库的专家进行合理调整。

【建筑建材专业技术职称评审】 2011年，广东省住房和城乡建设厅共受理申报建筑建材专业各级技术资格评审材料2826份，其中教授级136份、高级2225份、中级315份（评审303份、认定12份）、初级150份（评审15份、认定135份）。经评委会评审，教授级通过67人，通过率49.06%（教授级专业组初审通过78人，通过率57.35%）；高级通过1251人，通过率56.22%；中级评审通过259人，通过率85.48%；中级认定通过11人，通过率91.67%；初级评审通过8人，通过率53.33%；初级认定通过112人，通过率82.96%。 *(王礼贵)*

行政审批

□六家企业通过国家特级资质就位

□企业资质审批实行『三公』制度

□厅对外办事窗口『民主评议』见成效

□部分企业资质实现网上申报和审批

□六项行政审批事项下放至县级管理

综　　述

【概况】　2011年，广东省住房和城乡建设厅以依法行政，文明服务，廉洁高效为目标，以创建“文明服务窗口单位”为抓手，在推进审批制度改革、队伍建设、作风建设和廉政建设等方面取得成效，其中优化审批方式、提高审批效率、信息化建设和窗口文明服务等工作先后受到中纪委、住房和城乡建设部、省政府、省纪委和省委创优办的肯定，行政许可管理处获广东省监察厅、广东省人民政府纠风办、广东省文明办授予“2011年度广东省系统和行业窗口之星”称号。

(陈雷)

【行政审批制度改革】　2011年，广东省住房和城乡建设厅按照中共广东省委、省政府关于简政放权、富县强镇的要求，推进行政审批制度改革。在做好优化行政审批流程试点有关工作的基础上，将占用城市绿地1500平方米以上7000平方米以下、城市园林绿化企业三级及以下资质核准，城市规划编制单位丙级资质核准、工程设计行业专业专项丙级及以下资质核准、工程勘察劳务类资质核准、工程监理企业专业丙级事务所资质核准等6项行政审批事项列入《广东省第二批扩大县级政府管理权限事项目录》，下放至县级管理。截至2011年底，由广东省住房和城乡建设厅实施的行政审批事项共20项，其中行政许可事项17项，非行政许可的行政审批事项3项。

(肖送文)

【建设工程企业资质审批工作座谈会】　2011年12月8~9日，住房和城乡建设部建筑市场监管司在广东省广州市召开建设工程企业资质审批工作座谈会。来自北京、上海、浙江、江苏、甘肃、江西、湖南、广东等省、市住房和城乡建设厅主管部门负责人参加会议。住房和城乡建设部建筑市场监管司资质处领导传达国家、住房和城乡建设部有关企业资质审批改革工作的精神。各省、市主管部门的领导交流工作经验，分析企业资质审批工作存在的问题，并就提高企业资质审批的效能、信息公开和加快推进行政审批信息化进程进行讨论。会议要求各地要针对当前企业资质审批工作中存在的问题，减少和优化行政审批程序，推进电子政务建设和网上审批一站式服务，建立健全监管机制，加强内部监督，实行信息公开，强化社会监督，建立诚信档案，提高政府机关行政审批效能。

广东省住房和城乡建设厅在会上介绍了网上申报和审批的做法和经验。巡视员陈承旗出席会议并讲话。

▲*2011年12月8日，住房和城乡建设部建筑市场监管司在广东省广州市召开建设工程企业资质审批工作座谈会。　(广东省住房和城乡建设厅行政许可管理处供稿)*

【企业资质网上申报审批】　2011年，广东省住房和城乡建设厅继续深入推进企业资质网上申报审批工作。一是实现委托地市审批事项及企业人员注册到位后申领证书事项的审查、审核、审批等环节全部在行政审批平台上办理，办理时间从过去的10个工作日缩减为5个工作日。二是自2011年9月1日起，企业申请“工程监理企业资质”、“房地产估价机构资质”实现全程网上受理审批，不再需要提供纸质材料，所有申请资料均通过“三库一平台”直接上传，申报信息即时向社会公开，办理过程中受理、审查、审核、审批等环节全部在网上进行，实现全程无纸化。提高了行政效能，为下一步全面推进全部资质事项网上申报审批奠定基础。

【企业资质审批信息“三公”制度】　“三公”是指广东省住房和城乡建设厅在实施企业资质审批过程中，公开企业申报信息、公示行政审查意见、公布行政许可结果。2011年，广东省住房和城乡建设厅信息公开工作在原有公布行政许可结果的基础上，将企业申报资质的基本信息、人员和业绩信息全部公开，将行政审查的意见面向全社会进行公示，将审批结果公告，并赋予企业陈述权利，做到全面接受社会的监督，使行政许可工作公开、公平、公正的原则得到体现，受到广大企业和社会各界的好评。

【企业使用无效身份信息申报资质行为专项整治】　2011年，针对企业使用无效身份信息申报资质的情况，广东省住房和城乡建设厅开展专项整治工作，共查出1079个无效身份信息，共有1201人次被企业用于申办资质，涉及255家企业和420个批准的申请事项。通过整改，合格企业247家，合格率达96.9%，整治工作取得较好成效，主要表现：一是体现行政审批工作的公正性和严肃性；二是清理“三库一平台”中人员库的数据信息，为日后全面推进网上资质审批奠定基础。

【施工企业总承包特级资质就位】2011年，按照住房和城乡建设部统一部署，全国建筑施工企业特级资质就位工作全面展开。为了稳步推进特级企业资质就位工作，确保审查质量，广东省住房和城乡建设厅成立了特级企业资质就位工作领导小组和专家小组，制订了工作方案。分3批进行，第1批时间为2011年3月，分别为广东省建筑工程集团有限公司、广州建筑股份有限公司、广东省长大公路工程有限公司；第2批时间为2011年9月，分别为中国华西企业有限公司、深圳市市政工程总公司；第3批时间为2011年12月，深圳市建设（集团）有限公司参与了资质就位工作。历经一年，除香港建设（中国）有限公司主动放弃原特级资质就位外，广东省建筑工程集团有限公司、广州建筑股份有限公司、深圳市市政工程总公司、深圳市建设（集团）有限公司、中国华西企业有限公司、广东省长大公路工程有限公司6家公司顺利通过国家建筑施工总承包企业特级资质就位。（陈雷）

▲2011年，广东省住房和城乡建设厅对外办事窗口在开展“为民服务，创先争优”活动中成绩显著，得到住房和城乡建设部的充分肯定。

（广东省住房和城乡建设厅行政许可管理处供稿）

行政许可

【概况】2011年，广东省住房和城乡建设厅共完成办理企业申请资质2867件，其中准予许可的1629件，同意上报住房和城乡建设部的307件，不予许可的768件，不同意报部和不予受理等办结类型的163件。全年广东省施工企业升级取得施工总承包一级资质的41宗，取得施工总承包二级资质的79宗；设计企业升级取得甲级资质的42宗，取得乙级资质的36宗。办理企业出省经营介绍信（含诚信证明）4998件，与上年相比总数上升35%；发出省内外商请核查函76件，立案转执法局处理案件52件；注销企业资质20件；办理企业资质变更事项1108件；答复咨询电话2万多人次，回复网络咨询1万多件次。（陈雷）

【行政许可制度建设】2011年，广东省住房和城乡建设厅着力制定并实施一批规章制度。通过制定《行政许可管理处工作守则》、《行政许可管理处服务规范》、《行政许可管理处过错责任追究规定》、《网上来信办理制度》等规章制度并汇编成《行政许可管理处工作手册》，促使行政许可管理工作更加规范有序。

【对外办事窗口建设】2011年，广东省住房和城乡建设厅对外办事窗口通过开展“打造一流作风、建设一流队伍、展现一流形象、提供一流服务”主题实践活动，推动“为民服务，创先争优”活动深入开展。一是窗口整体服务意识明显增强。二是窗口服务作风明显改进。三是服务效能提高。坚持依法行政，依规办事，营造有利于推进全省建设行业发展的高效廉洁的政务环境。

10月12日，广东省委创优办组织南方日报社、羊城晚报社、广东电视台等媒体采访报道省住房和城乡建设厅对外办事窗口“为民服务创先争优”活动开展情况；10月25日，《广东建设报》刊登《用心擦亮“窗口”》的通讯，报道省住房和城乡建设厅对外办事窗口“民主评议”见成效；11月2日，住房和城乡建设部直属机关党委副书记、文明办主任杨忠诚带队到省住房和城乡建设厅对外办事窗口调研“为民服务创先争优”活动开展情况，对窗口的工作给予充分肯定。

【行政许可廉政风险防控机制建设】坚持依法行政，确保行政许可的公开、公平、公正。2011年行政许可处积极开展廉政风险防控机制建设工作，通过查找审批办理全过程各环节的廉政风险点，提出每个风险点的具体廉政风险表现，将容易滋生商业贿赂的环节作为重点督查对象，并有针对性地制定防控措施，制定《企业资质审批风险点防控流程图及防控措施》，完善一批管理制度。将岗位责任制的落实与风险防控紧密结合，加强思想道德和廉政建设，干部职工服务意识、廉政意识和依法行政意识得到进一步加强。开通网上问政平台、电话咨询专线等措施畅通服务渠道，主动接受社会监督，规范企业的申请行为和行政审批机关的审批行为。

（陈雷）

2011年广东省住房和城乡建设厅实施的行政审批事项

类　别	序号	行政审批事项名称及级别
行政许可事项	1	建筑工程施工图设计文件审查机构资格认定
	2	省管建筑工程施工许可证核发
	3	房地产估价机构二级资质核准
	4	建筑业企业施工总承包二级、专业承包一级资质核准
	5	工程监理企业乙级资质核准
	6	工程造价咨询企业乙级资质认定
	7	工程建设项目招标代理机构乙级、暂定级资格核准
	8	建设工程勘察设计单位乙级资质核准
	9	乙级城市规划编制单位资质核准
	10	建筑施工企业安全生产许可证核发
	11	建设工程注册证核准：1. 注册建筑师；2. 勘察设计注册工程师；3.注册监理工程师；4.注册房地产估价师；5. 注册造价工程师；6. 注册城市规划师；7. 注册建造师。
	12	建设工程质量检测机构资质核准
	13	城市勘察、市政工程测量资格认定
	14	房屋平面测绘机构资质证书核发
	15	物业服务企业二级资质核准
	16	建筑施工企业安全生产管理人员考核合格证核发
	17	建筑施工特种作业人员操作资格证核发
非行政许可的行政审批事项	1	大中型工程建设项目初步设计审批
	2	国家和广东省发展改革委审批的建设项目的规划选址意见核发
	3	风景名胜区重大建设项目设计方案审批

（广东省住房和城乡建设厅法规处）

广东建设行业排头兵

2011年，广东省住房和城乡建设系统的企事业单位围绕广东经济建设和社会发展的中心工作，积极参与全省城市基础设施、重点工程和保障性安居工程的建设，一批建设工程竣工并获国家级和省级奖项，涌现出许多优秀企业单位，充分发挥了建设行业排头兵的模范带头作用。

项目名称：广州塔
承建单位：广州市建筑集团有限公司

广州塔工程获“2011年度中国建设工程鲁班奖”。用地面积17.5万平方米，塔基用地面积为8.5万平方米，总建筑面积12.9万平方米，建筑物高度为600米。电视塔主体结构为钢和混凝土组合结构。该工程由一座高达454米的主塔体和一根高146米的天线桅杆构成，建筑结构由一个向上延伸、旋转、缩放的椭圆形钢外壳不断变化生成，使用功能为商业、观光旅游及电视信号发射。

承建单位广州市建筑集团有限公司成立于1950年，具有房屋建筑工程总承包特级资质1项和总承包一级资质29项。拥有二级企业38家，主要业务范围涵盖土木工程施工、机电安装、市政公用、隧道城轨、公路建设、国际工程、绿化园林古建筑修缮、建筑装饰、建机生产、建材供应、建设投资、房地产开发、项目代建、建筑设计、科学研究等领域，基本覆盖建筑行业的全部专业范畴，具备完整的现代建筑业产业链。2011年，完成营业收入301亿元，主营收入287亿元，工程承包业务板块新签合同量411.5亿元。在中国企业500强中排名第308位，列建筑业企业第21位；在广东省企业500强中排名第29位，列建筑业企业第1位。

■广州塔工程获2011年度中国建设工程鲁班奖。

■广州天河体育中心改造工程获2011年度中国土木工程詹天佑奖。

广州市建筑集团有限公司承建的部分工程

■ 广州塔、海心沙体育馆（2010）

■ 广州国际金融中心（2009）

■ 广州琶洲会展中心二期工程（2009）

■ 第 16 届广州亚运会综合体育馆工程获 2011 年度中国土木工程詹天佑奖。

项目名称：惠州富力丽港中心
承建单位：汕头市建安（集团）公司

惠州富力丽港中心工程获“2011 年度中国建设工程鲁班奖”。建筑面积 44586 平方米，于 2009 年竣工验收。

承建单位汕头市建安（集团）公司成立于 1992 年，是住房和城乡建设部资审核准的房屋建筑工程、市政公用工程施工总承包一级企业，并具有建筑装修装饰工程、机电设备安装工程专业承包一级，以及体育场地设施工程、地基与基础工程等专业承包资质和经商务部批准的对外承包工程经营和所需劳务等资格。经营网点遍布全国 20 多个大中城市。年均完成建安工作量 15 亿元以上，是汕头市纳税大户，是粤东地区首家通过 ISO9001 国际质量体系认证的建筑企业，并率先取得外交部“驻外机构馆舍施工企业库 A 库”和商务部“对外经济合作经营”资格，承接中国驻荷兰、肯尼亚、巴哈马、斐济等国家的大使馆建设工程。

曾获“中国建设工程鲁班奖”7 项，“广东省建设工程金匠奖”7 项，省、市“优良样板工程”70 多项；被中国建筑业协会评为“创鲁班奖工程特别荣誉企业”、“全国安全生产优秀施工企业”、“全国建筑业先进企业”、“质量安全管理先进单位”、“全国工程建设优秀质量管理 QC 小组”，以及“汕头市建筑施工先进企业”、“广东省诚信示范企业”、“中国建设系统资信 AAA 级单位”，“全国建筑业 AAA 级信用企业”，连续 22 年被广东省工商行政管理局授予“守合同，重信用”企业等称号。

2011 年，完成建安工作量 12 亿元，上缴汕头地税局税费 7194 万元，竣工面积 69 万平方米，工程合格率 100%，安全生产、文明施工合格率 100%。获“中国建设工程鲁班奖”1 项，“广东省优良样板工程”两项、“广东省安全文明‘双优’工地”两项，“汕头市优良样板工程”3 项、“市安全文明‘双优’工地”4 项，“省级新技术应用示范工程”4 个，国家级工法 1 个、省级工法 1 个。

■ 惠州富力丽港中心工程获 2011 年度中国建设工程鲁班奖。

汕头市建安（集团）公司承建的部分工程

■ 广州富力金羊花园 C1-C4 幢工程获 2005 年度中国建设工程鲁班奖。

■ 广州兰亭颖园工程获 2003 年度中国建设工程鲁班奖。

■ 广州科学城海格通信产业园工程获 2010 年度中国建设工程鲁班奖。

■ 广州富力国际公寓工程获 2008 年度中国建设工程鲁班奖。

项目名称：汶川县第一中学
承建单位：广东耀南建筑工程有限公司

四川省汶川县第一中学工程获“2011 年度中国建设工程鲁班奖”。建筑面积 68895 平方米，框架结构、天然基础，结构按 8 度抗震设防，执行 9 度抗震措施。学校规模宏大，坐落在风景优美的岷江边，具有强烈的藏羌民族特色，是一所功能齐全的现代化学校。

承建单位广东耀南建筑工程有限公司成立于 1998 年，具有房屋建筑工程施工总承包一级、市政公用工程施工总承包一级、机电安装工程施工总承包一级和钢结构工程等 4 个专业承包一级资质，及园林古建筑等 6 个专业承包二级资质。承担数十项各种类型和规模的工程项目，工程优良率达到 90% 以上，曾获省、市以上优良样板工程奖励。获“全国五一劳动奖”，“全国企业文化建设示范单位”，连续 12 年被评为“广东省守合同、重信用企业”，“江门市纳税超千万元建筑企业”。投入社会公益事业达 500 万元。

2011 年，完成工作量 13 亿元，上缴税费 6850 万元。全员劳动生产率 16.57 万元 / 人，竣工面积 56.22 万平方米，工程合格率 100%，安全生产、文明施工合格率 100%。获“中国建设工程鲁班奖”1 项、“广东省优良样板工程”1 项、“广东省建设工程金匠奖”1 项、“AA 级安全文明标准化诚信工地”1 项、“广东省房屋市政工程安全生产文明施工示范工地”1 项。实现全年施工安全生产，无发生重大质量安全事故，无重大环境投诉，保持企业生产平稳发展。

■四川省汶川县第一中学工程获 2011 年度中国建设工程鲁班奖。

■珠海横琴岛澳门大学新校区效果图（2011）

■恩平供电局生产调度综合楼工程被评定为 2011 年度广东省优良样板工地，并获广东省建设工程金匠奖。

项目名称：灾后援建陇南市人民医院住院部工程
承建单位：深圳市英龙建安（集团）有限公司

灾后援建甘肃省陇南市人民医院住院部工程获“2011 年度中国建设工程鲁班奖”。建筑面积 23243.64 平方米，建筑总高度 65.15 米，框架剪力墙结构，为一类公共高层建筑，集医疗、病理研究、办公于一体。

承建单位深圳市英龙建安（集团）有限公司成立于 1983 年，注册资本金 20010 万元，具有房屋建筑工程施工总承包一级、市政公用工程施工总承包一级资质和多项专业承包一级资质。执行“以人为本，诚信守法，预防为主，不断进取；营造绿色安全环境，提供满意建造服务”的管理方针，在以“质量为本、信誉为魂”的经营理念下，勇于开拓、锐意进取，在北京、广州等地设立分公司，实现稳健经营、适度扩张的经营方略。

2011 年，承建的深圳湾滨海休闲带景观工程、大运中心竹篱路市政工程获“深圳市优质工程”；在建工程深圳英龙商务大厦获“2011 年度广东省安全生产文明施工示范工地”、“深圳市双优工地”、“优质结构工程”等奖项。

■ 灾后援建陇南市人民医院住院部工程获 2011 年度中国建设工程鲁班奖。

■ 深圳竹篱路市政工程（2010）

■ 深圳湾滨海休闲带 A 段景观工程（2010）

项目名称：广州萝岗会议中心（凯云楼）
承建单位：广东省建筑工程集团有限公司

广州萝岗会议中心（凯云楼）工程获“2011 年第十届中国土木工程詹天佑奖”。建筑面积 39430 平方米，建筑高度 20 米。施工中采用科学合理、经济实用、节能环保的设计及绿色高性能混凝土新技术等多项创新技术。

承建单位广东省建筑工程集团有限公司成立于 1953 年，集团拥有房屋建筑施工总承包特级资质及专业配套齐全的资质体系，拥有 3 家工程设计甲级资质的公司，业务涵盖房屋建筑、城市轨道交通、地基基础、市政公用、道路桥梁、水利水电、机电安装、建筑构件、建筑机械、科技研发等。拥有 40 多家分支机构，专业技术人员 6000 多人，拥有总资产 110 亿元，年生产能力超过 300 亿元。获“中国建设工程鲁班奖”34 项，“中国土木工程詹天佑奖”23 项、“全国市政金杯示范工程奖”8 项、“中国水利工程优质（大禹）奖”4 项、“国家优质工程银奖”15 项、“全国建筑工程装饰金奖”40 项、“全国用户满意工程”9 项、“新中国成立 60 周年百项经典暨精品工程”4 项、“中国安装工程优质奖”3 项、“中国建筑钢结构金奖”两项、“中国人民解放军军队优质工程奖一等奖”2 项，总参优质工程奖两项，获部（省、市）级奖多项。科技创新方面，被评为“‘十一五’全国建筑业科技进步与技术创新先进企业”，“广东省自主创新标杆企业”，“广东企业创新记录金奖单位”；获“全国十大建设科技成就奖”3 项、“全国建筑业新技术应用示范工程”两项、“华夏建设科学技术奖”7 项、省部级科学技术奖 38 项。获国家级工法 13 项、省级工法 93 项、专利 50 项、软件著作权 20 项。

2011 年，承接工程任务 334 亿元，营业收入 228 亿元，上缴税费 7.52 亿元，工程质量合格率 100%，全年没有发生工伤死亡责任事故。主要代表项目有广州塔（参建）、广东全球通大厦、广州大剧院（参建）、广州粤财大厦、四川映秀灾后重建恢复市政工程、飞来峡水利枢纽工程、广州市轨道交通 3 号线北延段和广州市珠江新城旅客自动输送系统等。

■广州市萝岗会议中心（凯云楼）工程获 2011 年第十届中国土木工程詹天佑奖。

■惠州金山湖体育馆工程获2011年度广东建设工程金匠奖。

■四川省汶川县映秀镇灾后恢复重建市政及园林景观工程获2011年度国家优质工程银质奖。

■广州世纪云顶雅苑工程获2011年广东省建设工程金匠奖。

■广东全球通大厦工程获2011年度中国建设工程鲁班奖。

广东省建筑工程集团有限公司承建的部分工程

项目名称：广州天河体育中心综合改造及扩建工程
承建单位：广东省第一建筑工程有限公司

广州天河体育中心综合改造及扩建工程获“2011 年第十届中国土木工程詹天佑奖”。该项目包括广州天河体育中心内场馆建筑及场地装修、体育工艺改造、设施和设备更新、消防、灯光照明、节能改造、建筑智能、环保绿化等内容。旧场馆改造建筑面积为 9.6 万平方米，总造价 4.3 亿元。

承建单位广东省第一建筑工程有限公司成立于 1950 年，属国有综合性施工企业，年经营产值达 30 多亿元，业务涵盖工程施工、机电设备安装、市政工程、建筑装饰、起重设备安装、房地产开发、物业管理等。具有房屋建筑工程施工总承包一级和市政公用工程施工总承包一级，并具有地基与基础工程、建筑装饰装修工程设计与施工、机电设备安装工程、消防设施工程、起重设备安装等专业承包一级，以及钢结构工程、建筑幕墙工程设计与施工、建筑智能化工程设计与施工、园林古建筑工程专业承包二级等多项资质。拥有各类专业技术人员 500 多人，建造师 180 人。

遵循“团结、开拓、守约、创优”的企业精神，以“质量第一、用户至上”为宗旨，承建多项具有代表性的工业与民用建筑工程项目。曾获“中国建设工程鲁班奖”1 项，“中国土木工程詹天佑奖”两项，“住房和城乡建设部优质工程”1 项，省、市“优良样板工程”200 多项。

2011 年，获奖项目包括“中国土木工程詹天佑奖”1 项、“广东省建设工程金匠奖”1 项、“广东省优良样板工程”3 项、“广东省优秀建筑装饰工程奖”两项，“AAA 级安全文明标准化诚信工地”1 项、“AA 级安全文明标准化诚信工地”3 项，“广东省建设工程安全生产文明施工优良样板工地”6 项；获国家发明专利 1 项，省级工法两项，“全国工程建设质量管理小组优秀奖”1 项；获“广东省自主创新标杆企业”、“广东省诚信示范企业”、连续 18 年“广东省‘守合同、重信用’企业”、“广州市开展安全生产隐患排查治理工作突出单位”等称号。

■ 广州天河体育中心体育馆室内场馆改造工程（2011）

■ 广州天河体育中心综合改造及扩建工程获 2011 年第十届中国土木工程詹天佑奖。

■ 广州天河体育中心游泳馆改造工程（2011）

广东省第一建筑工程有限公司承建的部分工程

■ 珠海市第一中学扩建工程被评定为 2011 年度广东省优良样板工程。

■ 东莞财富广场（2009）

■ 广州大学城华南理工大学图书馆二期工程（2006）

■ 广州远洋大厦工程被评定为 2011 年度广东省优良样板工程。

项目名称：广州国际体育演艺中心工程
承建单位：广州市第四建筑工程有限公司

广州国际体育演艺中心工程被评定为“2011年度广东省优良样板工程”、“2011年度广东省建设工程金匠奖”和“2011年全国建筑工程装饰奖”。

承建单位广州市第四建筑工程有限公司成立于1956年，具有国家房屋建筑总承包一级、市政公用工程施工总承包一级、机电设备安装专业承包一级、建筑装修装饰专业承包一级、附着升降脚手架专业承包一级、地基与基础专业承包一级和钢结构专业承包一级资质。曾获“中国建设工程鲁班奖”6项，创“鲁班特别荣誉奖”两项，“中国市政金杯示范工程奖”1项，“国家优质工程金质奖”1项、“银质奖”两项，“中国土木工程詹天佑奖”1项，“新中国成立60周年百项精品工程”1项，省、市级质量“优良样板工程”140多项，省、市“安全文明施工样板工地”超过70多项。

广东省优良样板工程证书

广州市第四建筑工程有限公司 参建的 广州国际体育演艺中心 工程评定为二〇一一年度广东省优良样板工程。

特发此证

粤建工程优质证字（2011）004B1号

二〇一一年五月十日

2011年，全年生产经营能力30亿元，年竣工工程面积80万～90万平方米。共创出“全国建筑工程装饰奖”1项，“广东省优良样板工程”3项，“金匠奖工程”两项，“市级样板工程”8项；累计创出1个国家级、两个省级、21个市级QC小组；获省、市级“建筑业新技术应用示范工程”3项、“AAA级安全文明标准化诚信工地”1项、省级“安全文明施工样板工地”3项、市级“安全文明施工样板工地”7项；获“全国质量管理小组活动优秀企业”称号。

■广州国际体育演艺中心工程被评定为2011年度广东省优良样板工程。

■ 广州亚运城医院工程获 2011 年度广东省建设工程金匠奖。

■ 广州江南新苑（2011）

■ 广州万菱汇广场（2010）

■ 广州大学附属中学大学城校区一期（2011）

广州市第四建筑工程有限公司承建的部分工程

项目名称：广州数控设备有限公司GSK系列数控产业化基地建设工程（二期）电机车间、冲压车间工程

承建单位：广东梁亮建筑工程有限公司

广州数控设备有限公司GSK系列数控产业化基地建设工程（二期）电机车间、冲压车间工程评定为“2011年度广东省优良样板工程”。建筑面积22785平方米，包含电机车间（5层），建筑面积约20000平方米；冲压车间（单层），钢结构屋盖，建筑面积2785平方米等两个单体。

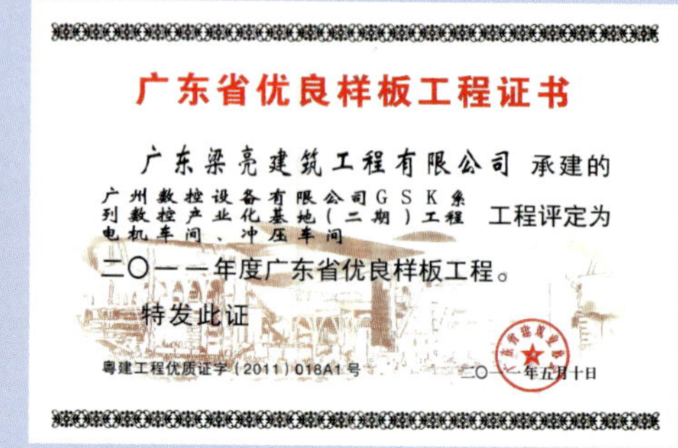

广东省优良样板工程证书

广东梁亮建筑工程有限公司 承建的 广州数控设备有限公司GSK系列数控产业化基地（二期）工程电机车间、冲压车间 工程评定为

二〇一一年度广东省优良样板工程。

特发此证

粤建工程优质证字（2011）018A1号

二〇一一年五月十日

承建单位广东梁亮建筑工程有限公司成立于2000年，注册资金1亿元，具有房屋建筑工程施工总承包一级、市政公用工程施工总承包一级、地基与基础工程专业承包一级、机电设备安装工程专业承包一级、建筑装修装饰工程专业承包一级、金属门窗工程专业承包一级，起重设备安装工程专业承包三级、承装（修、试）电力设施资质。业务范围还涉及房地产开发、物业管理、仓储、生产、销售，以及建筑装饰材料、房屋及建筑工程机械与设备租赁。拥有各类管理人员320人，通过GB/T19001-2008、GB/T24001-2004、GB/T28001-2001三标一体化管理体系的认证。

2011年，累计获“中国建筑工程鲁班奖”两项、“广东省建设工程金匠奖”8项、“广东省优良样板工程”20项、“广州地区建设工程质量五羊杯奖”10项、“广州市优良样板工程”32项；“全国建筑安全奖”以及广东省、广州市“安全生产文明施工优良样板工地”54项。

■广州数控设备有限公司GSK系列数控产业化基地建设工程（二期）电机车间、冲压车间工程被评定为2011年度广东省优良样板工程。

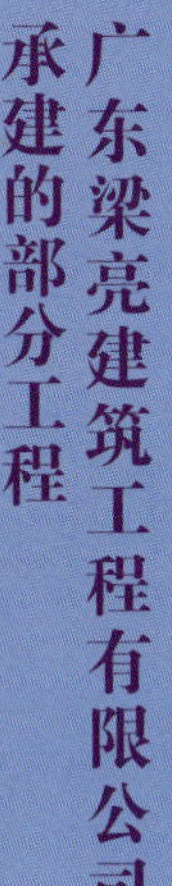

■ 广州保利金沙洲春天里（2011）

■ 广州南国商苑（2012）

■ 广州云来斯堡酒店（2012）

广东腾越建筑工程有限公司

成立于 1984 年，前身为顺德北滘建筑队，1990 年经重组成为广东腾越建筑工程有限公司，属碧桂园控股有限公司旗下的二级法人企业，外商独资经营企业。具有房屋建筑施工总承包一级、建筑幕墙设计与施工二级、机电安装专业承包三级等专业施工资质，专业从事碧桂园集团公司开发的酒店、住宅项目的施工组织和管理工作。曾获“全国民营建筑企业综合实力第二名”、“中国建筑业百强”、“广东省最具竞争力建筑企业”、“中国建筑‘百强之星’安全质量管理优秀施工单位”等荣誉。恪守“过程精品，人居典范”的质量方针，建立了一整套完整的质量监督管理体系，承建的广州凤凰城酒店等 11 个项目获省、市级“优良样板工程”。

2011 年，全年在建工程面积 500 万平方米，完成竣工备案面积 300 多万平方米，实现营业收入 59 亿元，上缴税金逾 4 亿元。公司颁布实施“新两防”、“创优 100”等质量管理规定，加强施工过程控制和监管，推行“两会五线”管理举措，特别是对各在建工程进行月度工程质量大检查及排名，有效提高内部管控水平。全年获市级“安全生产文明施工优良样板工地”两项，“标准化先进项目部奖”1 项，“先进项目部奖”1 项，相继被评为“2010 ~ 2011 广东最具竞争力建筑企业”、“中国建筑百强之星安全质量管理优秀施工单位”。

■ 封开碧桂园施工工地被评定为 2011 年度肇庆市安全生产文明施工优良样板工地。

■ 沈阳碧桂园玛丽蒂姆酒店效果图（2009）

■ 韶关碧桂园太阳城（2007）

■ 南海碧桂园（2004）

■ 鹤山碧桂园（2003）

■ 广州凤凰城（2001）

广东建星建筑工程有限公司

成立于1991年，具有施工企业一级资质。获多项国家、省级奖项，主要项目有珠海华发新城、万科魅力之城、世邦家居世界、罗定凯旋广场等，并将“建星制造”打造成品牌保证。近年，公司注重科技开发，从建筑施工向房地产开发、劳务分包、新型环保材料生产开发等领域多元化发展。其中，铝合金模板获全国专利产品。

2011年，在珠海的施工面积100多万平方米，其中珠海市伟高电子有限公司厂房宿舍楼、罗定市凯旋广场被评为“广东省安全文明施工优良样板工地”，珠海华发新城六期主体建安工程C区-4标段、华发蔚蓝堡主体建安工程—8标段被评为“珠海市优良样板工地”；在新型模板科技创新方面，铝合金模板系统及其施工技术获国家级工法1项，国家专利8项。

■罗定市凯旋广场大堂效果图（2011）

■罗定市凯旋广场施工工地被评定为2011年度广东省安全生产文明施工示范工地。

■ 公司施工中应用铝合金模板拼装的现场（2011）

■ 铝合金模板生产现场（2011）

■ 珠海华发新城（2011）

■ 深圳广弘美居效果图（2011）

广东金辉华集团有限公司

成立于1999年，注册资金逾4亿元，国家一级施工企业，纳税信用等级A级，银行信用等级AAA级，连续9年获“守合同重信用”企业，多年获“纳税大户”称号。业务范围遍布全国各地，涉及房地产开发、建筑设计和施工、电力工程、水利水电工程、物业管理等。贯彻“科技兴企”的战略方针，成立企业技术中心并获省级认定；拥有实用新型专利13项，发明专利1项，省级工法17项，国家级工法5项，主持编写3部国家行业标准。

2011年，完成产值20多亿元，广州亚运大道工程被评定为“广东省市政优良样板工程”。是年，在建项目100多项，工程总造价40多亿元，被中国建筑业协会评为“中国建筑业最具成长性百强企业”。

■ 江门开平金辉华综合大厦（2010）

■ 江门开平潭江大桥（2009）

■ 广州亚运大道工程被评定为2011年度广东省市政优良样板工程。

广东鸿高建设集团有限公司

成立于 1986 年，原名为东莞市企石铁岗建筑工程公司，2002 年改制后更名为东莞市鸿高建设工程有限公司。2011 年，与东莞市道滘鸿发污水处理有限公司、东莞市鸿翔建设工程试验检测有限公司、东莞市虎门威远岛环岛路工程建设有限公司共同组建成立广东鸿高建设集团有限公司，成为隶属于广东鸿发投资集团有限公司的二级集团公司。

拥有公路工程施工总承包一级、房屋建筑工程施工总承包一级、市政公用工程施工总承包一级、公路路面工程专业承包二级、公路路基工程专业承包二级、桥梁工程专业承包二级、隧道工程专业承包二级、城市及道路照明工程专业承包二级等三个施工总承包资质和五个专业承包资质。企业注册资金 3 亿元，在职员工 929 人。承建东莞体育运动学校新校区、鸿发大厦、卡布斯国际广场、钻石半岛酒店、金椅豪园、鼎峰品筑、东莞市市区污水处理厂三期施工总承包工程、鼎峰尚境、东莞理工学院城市学院新校区等项目工程。连续多年被地方政府授予“纳税大户”称号。

2011 年，主要完成房建项目有东莞鼎峰尚境二期；市政路桥项目有东莞市企石镇环镇路、湖泉路改造工程，虎门镇威远岛环岛路工程（公路工程）、虎门镇中心区路网升级改造项目第 2 标段等。

■ 东莞鼎峰品筑二期住宅楼（2011）

■ 虎门威远岛环岛路效果图（2011）

■ 虎门镇中心区路网系统升级改造项目效果图（2011）

碧桂园控股有限公司

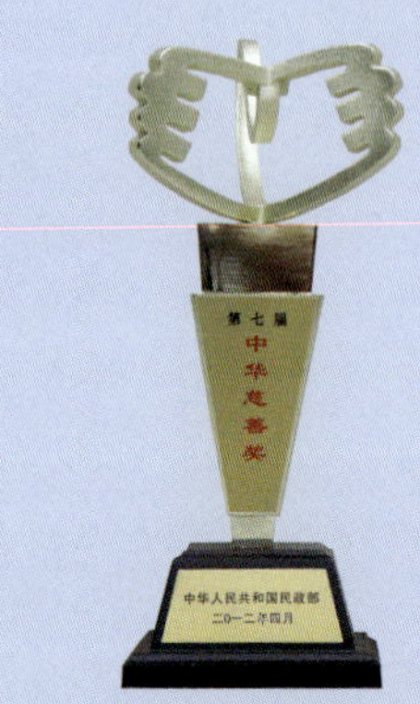

成立于1992年，具有房地产企业一级资质，是以房地产为主营业务，涵盖建筑、装修、物业发展、物业管理、酒店开发及管理等行业的综合性房地产开发企业。截至2011年底，碧桂园已在中国、马来西亚拥有逾百个地产项目。

以“我们要做有良心、有社会责任感的阳光企业”为核心价值观，依法经营，积极纳税，诚信为本。 创始人杨国强热心社会公益事业，历年为教育、扶贫、赈灾、医疗等公益事业捐赠超16亿元。

2011年，全年合同销售金额432亿元，合同销售建筑面积687万平方米，实现交楼面积590万平方米，全年总收入347.5亿元，权益所有人应占利润58亿元。获“中华慈善奖最具爱心捐赠企业”、“全国扶贫开发先进集体”、“中国房地产开发企业500强”前10名等称号，以及被福布斯评定为“亚太上市公司30强”。

■ 惠东碧桂园·十里银滩（2010）

■ 河源碧桂园 · 东江凤凰城（2010）

■ 中山碧桂园 · 秀丽湖（2010）

■ 广州碧桂园 · 假日半岛（1998）

■ 清远碧桂园 · 清泉城（2004）

■ 广州凤凰城（2001）

越秀地产股份有限公司

成立于1983年，具有房地产企业一级资质，是集规划设计、开发建设、监理咨询、中介服务和物业管理等多个产业链环节于一体的专业性房地产发展商。1992年，越秀地产在香港联交所上市，并成为摩根士丹利资本国际（MSCI）中国指数股。2011年，越秀地产在中国内地的经营主体广州市城市建设开发有限公司正式更名为“越秀地产”。该公司以“成就美好生活”为己任，致力于建筑和谐人居，开发了广州江南新苑、岭南湾畔、星汇文华、星汇云锦、广州国际金融中心、白马大厦、维多利广场等数十个优质住宅项目和商业项目。拥有20家行业配套完善并居于专业领先地位的全资、控股公司，员工数量逾5600人。

2011年，完成合同销售签约额超过90亿元，土地储备总量突破1100万平方米，年末资产总额达610亿元，逐渐形成以广州为依托，以珠三角为核心，以长三角、环渤海、中部地区为重点的全国性战略布局。被评为“广东地产资信二十强”、“最具影响力地产品牌”、“中国房地产开发企业百强”、“中国房地产开发企业责任地产十强”、“广州市城市建设突出贡献企业”以及香港财经杂志《资本一周》颁发的“2011杰出上市企业大奖”、“2011中国杰出房地产商”等。

■ 广州岭南湾畔（2011）

■ 广州大学城星汇文华效果图（2011）

■ 中山星汇云锦效果图（2011）

■ 广州可逸家园(2011)

■ 沈阳玥湖岷（2011）

■ 江门星汇名庭(2011)

■ 山东烟台星汇凤凰(2011)

■ 广州国际金融中心(2009)

格力地产股份有限公司

成立于 1985 年，具有房地产企业一级资质，下设珠海格力房产有限公司、重庆格力房地产有限公司、西安格力房地产开发有限公司等，业务范围遍及房地产开发、物业服务、会所管理、营销策划等领域。受珠海市政府委托，全资注册成立了珠海格力港珠澳大桥人工岛发展有限公司，负责港珠澳大桥珠澳口岸人工岛项目的建设和融资工作。参与珠海特区建设，建造多项工业厂房、配套用房、大型社区、生活小区、安居房、民生房等，累计开发面积超过 500 万平方米。曾获“中国土木工程詹天佑奖”、“全国优秀示范小区”、“詹天佑优秀住宅小区金奖”、“全球人居环境生态社区”等奖项。

2011 年，坚持以销售为核心，以质量为根基，以融资为保障，抓住发展机遇，应对市场挑战，实现营业总收入 13.4 亿元，比上年增长 15.4%；实现净利润 2.53 亿元，比上年增长 75.3%。

■珠海格力广场工程获 2010 年第十届中国土木工程詹天佑奖。

■ 港珠澳大桥珠澳口岸人工岛项目效果图(2011)

■ 珠海格力海岸项目效果图(2011)

■ 珠海格力·香樟项目(2011)

广州市越汇房地产开发有限公司

成立于2007年，是越秀集团下属的项目开发公司，具有房地产企业三级资质，在编员工49人。负责财富天地广场和越秀星汇云锦广场的开发建设，具有强烈的社会责任意识，注重弘扬岭南本土文化，对岭南新苑住宅小区的建筑、园林、外观色彩、植被、小品标识等细节都注入了传统与现代有机糅合的岭南色彩，逐步得到消费者和业界同行业的广泛认同。曾获“中国土木工程詹天佑奖”；被广东省房地产行业协会评为“广东省绿色住区”；先后被评为“广州市青年文明号单位”，“广州市荔湾区纳税大户”和“安全生产工作先进单位”等。

2011年，全年累计销售额8.04亿元，销售面积3.87万平方米；完成岭南新苑及其公建配套协和幼儿园、广雅小学、真光中学、消防站等工程的竣工验收，并交付使用。

■ 广州财富天地广场 · 岭南新苑航拍图（2010）

■ 广州财富天地广场 · 中心园林（2010）

■广州财富天地广场 · 广雅小学（2010）

■广州财富天地广场 · 商贸城（2010）

■广州财富天地广场 · 住宅小区（2010）

宜华地产股份有限公司

成立于2000年，具有房地产企业二级资质，在2007年重组上市，是宜华集团控股的第二家上市公司，粤东地区房地产行业首家上市公司。现为广东省房地产协会副会长单位、汕头市房地产协会副会长单位。业务涵盖房地产开发、物业管理、公路建设、商业地产、旅游地产、城市基础设施建设等产业。宜华地产的建设项目立足广东省汕头、揭阳、梅州等市，并进入湖南省湘潭、浏阳，四川、山东省等。曾获中国房地产先进单位、中国房地产示范单位、中国金房奖·最具影响力企业等。

下属企业广东宜华物业管理有限公司现为汕头市物业管理协会副会长单位，是一家拥有省二级物业管理资质的企业，荣获“ISO9001质量管理体系认证”和“中国质量信用AAA+企业”。辖下的宜居华庭、宜嘉名都等小区先后获“广东省绿色住区”称号。

2011年，获“广东房地产最具抗风险能力10强”、“中国上市公司诚信企业100强”、“广东省‘守合同、重信用’企业”、“汕头市最具爱心善捐赠单位”等称号。全年储备土地267公顷，计划新增土地储备200公顷，以保障近10年的开发计划。

■ 汕头外砂一河两岸别墅效果图(2011)

■ 汕头外砂一河两岸商业区效果图(2011)

■ 湖南浏阳山水名城效果图（2011）

■ 梅州金色华府（2010）

■ 湖南湘潭湘江名城效果图（2010）

■ 湖南湘潭湘江名城实景图（2011）

■ 汕头海湾尚景 (2011)

■ 汕头宜华 · 庄园效果图 (2011)

■ 汕头宜诚轩效果图 (2011)

■ 汕头水岸名都效果图 (2011)

■ 2011 年 6 月 1 日，宜华房地产股份有限公司、广东宜华物业管理有限公司在汕头宜居华庭举办首届宜华地产社区文化节。

■ 2011 年 8 月 27 日，广东宜华物业管理有限公司在汕头宜都帝景举办夏日游泳比赛。

■ 广东宜华物业管理有限公司倡导“文化筑家”的物管新理念，创造安全、便利、舒适的生活社区。

广东省长大公路工程有限公司

成立于1952年，是广东省创建最早的公路施工专业队伍，也是广东省的一支战备和应急队伍。具备国家公路工程施工总承包特级资质、公路行业设计甲级资质，拥有对外经营权，集公路施工、设计、养护、科研、资本运作于一体的综合服务型企业，总资产119亿元。进入9个国家和地区以及国内11个省的公路建设市场，参与承建虎门大桥、杭州湾跨海大桥、嘉绍跨江大桥等具有代表性的特大型、大中型桥梁260座。施工技术达到国内领先水平，曾获"国家科技进步奖"3项、"省部级科技进步奖"51项、"中国土木工程詹天佑奖"5项、"中国建设工程鲁班奖"2项、"西班牙国际建筑大奖"1项、国家级工法3项、发明专利8项；参与社会抢险救灾重任和社会公益活动，在2006年乐昌抗洪救灾中，被广东省委、省政府授予"抗洪救灾先进集体"称号；2008年在南方抗击冰灾中，被广东省委省政府、国家交通部授予"抗灾保通先进集体"称号；重视企业团队建设和人文关怀，曾获"全国五一劳动奖状"、"全国工人先锋号"、"全国交通运输系统先进集体"、"十大桥梁英雄团队"、"全国先进基层党组织"等称号。

2011年，新签合同额84.8亿元，以高新技术企业、省级工程技术研发中心和省级企业技术中心为平台，以技术创新、管理创新为重点，围绕公司管理和施工难点，积极开展管理攻关，强化科研攻关和工艺优化机制，坚持以施工项目为依托，加强对项目前期策划的管理及项目实施过程中的技术支持，结合工程的施工实践，对港珠澳大桥试桩、沥青路面施工等重点工程和关键技术领域加强了管理与研究，努力探索新的施工技术，总结新的施工工艺，应用新的施工材料，提升建设工程施工技术应用水平，推动施工新技术、新工艺、新材料的应用与推广，取得显著成效。

■浙江舟山朱家尖大桥工程在施工中（2011）

■ 浙江宁波大榭第二大桥工程在施工中（2010）

■ 浙江嘉绍大桥下塔柱工程在施工中（2009）

■ 广乐高速清远北江特大桥工程在施工中（2010）

■ 广东博深高速东江特大桥工程在施工中（2010）

深圳市市政工程总公司

成立于1983年，是上市企业深圳市天健(集团)股份有限公司的全资控股核心企业，注册资本6.08亿元，总资产59.28亿元，净资产32.49亿元。主营业务为市政工程、公路工程、建筑工程等施工总承包、工程总承包和工程项目管理。拥有市政公用工程施工总承包特级资质；公路和房建总承包一级资质；地基与基础、土石方、公路路基、路面专业承包一级资质；城市轨道交通专业承包资质，水利、机电施工总承包二级资质。该公司是深圳本土唯一拥有盾构成套设备和掌握地铁盾构施工综合技术的施工企业，在2011年进入深圳地铁三期BT综合承包领域。完成深圳深南大道、滨海大道、深港西部通道等市政工程300多项，承揽深圳市公路主枢纽管理中心等230多项工业与民用建筑工程；广深高速等200余千米高速公路；架设广州南部快速马克特大桥等50多座大型桥梁；代建管理深圳东部沿海高速公路等50亿元的投资项目。

曾获国家、省、市等荣誉100余项，其中“中国市政工程金杯奖”10项、“中国建设工程鲁班奖”两项、“香港管理金奖”1项、“安全促进奖”1项。被评为“中国建筑施工企业综合实力百强第一名”、“中国500家最佳经济效益建筑企业一级第一名”、“全国质量管理优秀企业”、“全国用户满意施工企业”、“全国最佳施工企业”、“全国优秀施工企业”、“全国建设技术创新先进单位”、“深圳市50家综合实力最强建筑施工企业第一名”等，并被中华全国总工会授予“全国五一劳动奖状”。近年，在技术创新和经营规模两个方面有所突破，已开发研制的新技术、新材料20余项，获省部级科技进步奖20项次，8项实用新型专利和3项发明专利获得授权，拥有4项国家级工法，主（参）编5部国家及地方行业标准。先后被评为“深圳市建设科技创新单位”、“广东省科学技术先进单位”、“全国建设科技创新先进单位”。

2011年，在建项目67项，合同造价62.73亿元，全年完成工程28项，合同造价16.32亿元，完工工程一次交工验收合格率100%。承建的深圳市大工业区水厂获“中国市政金杯示范工程”，深圳地铁2号线侨香站获“深圳市工程质量奖金牛奖”。通过省级技术中心认定评审，成为深圳市唯一拥有省级技术中心的建筑施工企业。

■深圳市大工业区水厂工程被评定为2011年度中国市政金杯示范工程。

■ 深圳龙岗中心城吉祥路（2011）

■ 深圳公路主枢纽管理控制中心（1999）

■ 深圳东部沿海高速公路莲塘至盐田段（2005）

■ 深圳地铁 2 号线侨香站工程获 2011 年度深圳市工程质量奖金牛奖。

深圳市建筑设计研究总院有限公司

成立于1982年，是深圳市直属的大型国家甲级设计院，在职员工2000余人，下设第一、二、三分公司，城市规划设计院，城市环境设计研究院及直属设计部所，驻外机构有重庆、武汉、北京、合肥、成都分公司，控股（参股）公司有总源物业管理有限公司、众望建设监理公司、精鼎建筑工程咨询有限公司。从事各类民用及工业建筑设计、装饰工程设计、城市规划编制、施工图设计文件审查、建筑科学技术研究、建筑新材料新技术推广和应用以及建设工程监理、造价咨询等业务。累计完成国内外建筑工程设计项目4700余项，覆盖办公建筑、商业建筑、医疗建筑、体育建筑、居住建筑、教育建筑、工业园区及城市规划、市政工程等各种类型，以及各类规划研究、总体规划、详细规划、城市设计等。

2011年，承接各类设计项目600余项，实现营业收入近10亿元。深圳市大运中心体育馆获“中国建筑工程钢结构金奖”、“第七届空间结构优秀工程设计奖”；西部通道口岸联检大楼获“广东省科技进步特等奖”；第16届广州亚运会网球中心获“广东省优秀工程勘察设计二等奖”；张家港第一人民医院获“中国建筑学会第六届创作大奖”；深圳横岗车辆段上盖保障性住房方案获“中国首届保障性住房设计竞赛二等奖”；张家港暨阳湖一号工程获“中国土木工程詹天佑奖”、“优秀住宅小区优秀科技奖”等。全年获国家、省、市奖项31项。在技术创新方面。申请发明专利6项，应用专利32项并有8项获批。

■ 深圳博林海德城（2012）

■山东汶上县体育馆（2011）

■深圳国际能源集团总部大厦（2010）

■深圳南方博时基金大厦（2010）

■深圳岗厦华嵘世纪大厦（2009）

（本页均为效果图）

深圳市北林苑景观及建筑规划设计院有限公司

成立于2001年，具有风景园林工程设计专项甲级、城市规划编制甲级、水土保持甲级和建筑行业(建筑工程)专业乙级等资质，获ISO9001:2008质量管理体系认证，拥有200多人的专业规划设计团队，在北京等地设立分公司。在全国范围完成各种风景园林、城市规划、水土保持、生态、建筑旅游等1500多个项目，获奖200多项。

2011年，获“深圳市勘察设计行业优秀企业”称号。完成规划设计项目117项，14个项目竞标获胜。先后参与编写《广东省绿道网总体规划》和《广东省城市绿道规划设计指引》；深圳、珠海等地的绿道规划设计工作；“迎大运”系列景园规划设计等项目。获“全国优秀工程勘察设计奖银奖”1项；“全国优秀工程勘察设计行业奖”一等奖1项、二等奖两项、三等奖1项；“广东省优秀工程勘察设计奖”一等奖、二等奖、三等奖近10项；“广东省岭南特色规划与建筑设计活动岭南特色园林设计奖”金奖1项、银奖3项、铜奖3项。

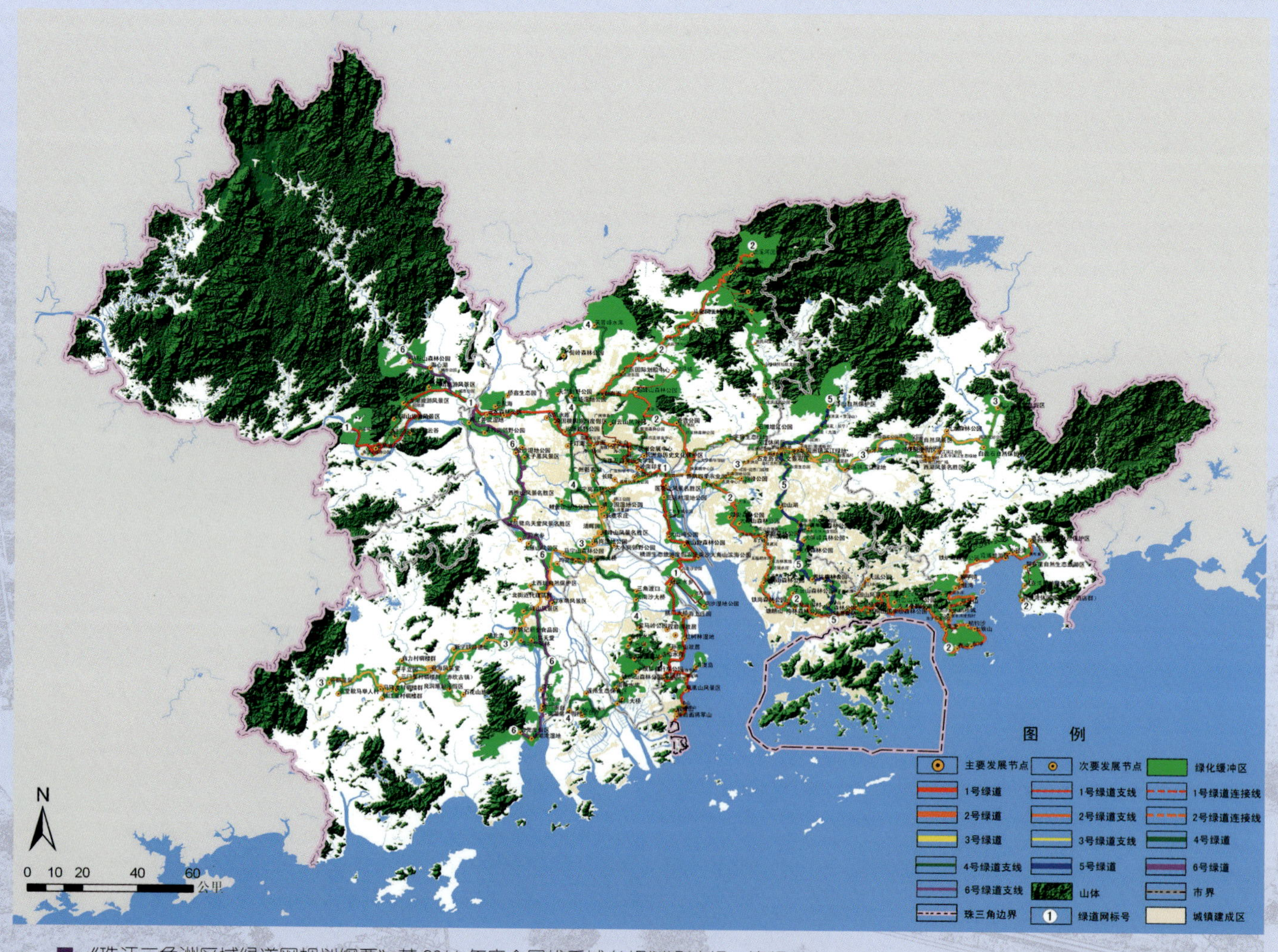

■《珠江三角洲区域绿道网规划纲要》获2011年度全国优秀城乡规划设计奖一等奖。

■ 深圳市水土保持科技示范园获国际风景园林师联合会（IFLA）亚太区第九届风景园林奖主席奖、2011 年全国优秀工程勘察设计行业奖一等奖。

■ 深圳湾公园获国际风景园林师联合会（IFLA）亚太区第九届风景园林奖杰出奖。

■ 深圳市仙湖植物园获 2011 年广东省岭南特色规划与建筑设计奖金奖。

■ 深圳大鹏半岛地质博物馆获 2010 年广东省注册建筑师协会第五次优秀建筑创作奖。

华艺设计顾问有限公司

1986年在香港注册，同年设立具有甲级工程设计资质的全资子公司——香港华艺设计顾问（深圳）有限公司。2009年，注册成立具有城乡规划甲级资质的北京中海华艺城市规划设计有限公司。华艺公司由中国海外发展有限公司全资控股，隶属于中国建筑工程总公司，在北京、上海、重庆、南京、武汉、广州、厦门、成都等设立分公司，拥有780名专业人员。主要业务为公共与民用建筑工程设计、城市设计、居住区规划、室内设计及前期顾问和建筑策划研究。

2011年，完成各类设计项目90余项，包括深圳湾科技生态城B-TEC、贵阳国际金融中心等大型城市综合体及多地（深圳、南京、武汉等）保障房设计等项目，获国家、省、市设计奖25项；获国家专利授权及软件著作权共9项，并被认定为“国家级高新技术企业”；获委任为“深圳工程设计行业BIM工作委员会”主任单位；编制行业标准《深圳市建筑设计管理规定及指标修订》；增设重庆、广州分公司，完成全国8地网点布局；被评为“深圳市勘察设计行业优秀企业”、“履约评价优秀单位”、“工程建设标准化试点企业”等。

■ 深圳湾科技生态城效果图（2011）

■ 南京中建大厦效果图（2011）

■ 中国海洋石油大厦（2010）

■ 国家开发银行三亚研究院（2009）

■ 深圳大鹏半岛地质博物馆（2009）

■ 四川省北川县行政中心（2009）

广东省建筑科学研究院

2011年，获“全国优秀勘察设计银奖”1项、行业三等奖1项，“广东省科学技术二等奖”两项、三等奖1项，“广东省优秀设计奖”8项（其中一等奖两项），实用新型专利7项、软件著作权3项。主（参）编的标准全年颁布实施7项、通过评审待颁布5项，新立项主编标准7项；当选为中国工程建设标准化协会第七届理事会副理事长单位，在工程建设标准化领域的影响力和地位得到提高。5项课题通过科技成果鉴定，其中4项达到国际先进水平。

■2011年12月13日，“广东省新型节能建材重点科研基地”通过广东省科技厅的验收。

■2011年7月17日，由该院主持承担的“十二五”国家科技支撑计划课题“夏热冬暖地区建筑节能关键技术集成与示范”正式启动。

■2011年4月9日～11日，由该院主编的行业标准《城市桥梁检测与评定技术规范》在广州召开第二次编制工作会议。

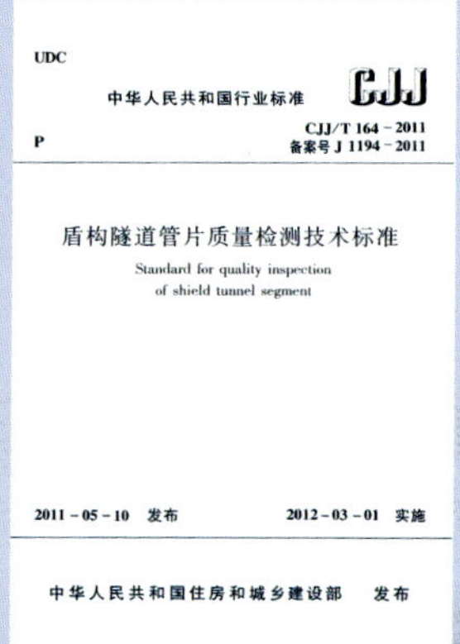

UDC
中华人民共和国行业标准 CJJ
P
CJJ/T 164－2011
备案号 J 1194－2011

盾构隧道管片质量检测技术标准

Standard for quality inspection of shield tunnel segment

2011－05－10 发布 2012－03－01 实施

中华人民共和国住房和城乡建设部 发布

■参与编写的《盾构隧道管片质量检测技术标准》（2011）

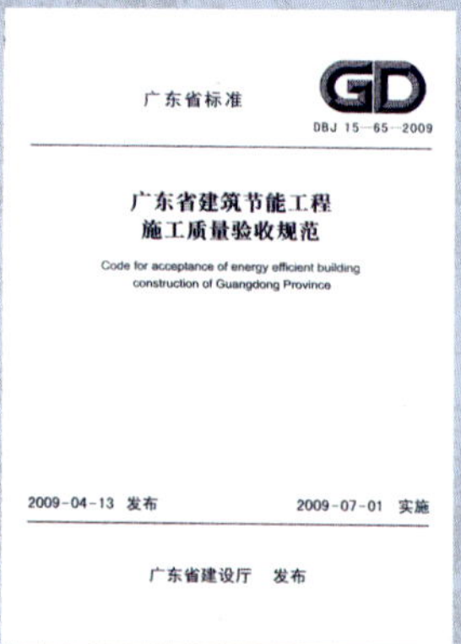

广东省标准 GD
DBJ 15－65－2009

广东省建筑节能工程施工质量验收规范

Code for acceptance of energy efficient building construction of Guangdong Province

2009－04－13 发布 2009－07－01 实施

广东省建设厅 发布

■参与编写的《广东省建筑节能工程施工质量验收规范》（2009）

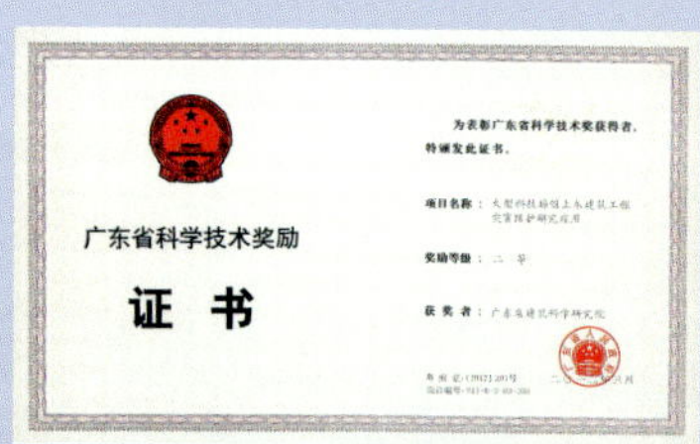

■“桥梁健康监测应用技术研究”课题获广东省科技二等奖。

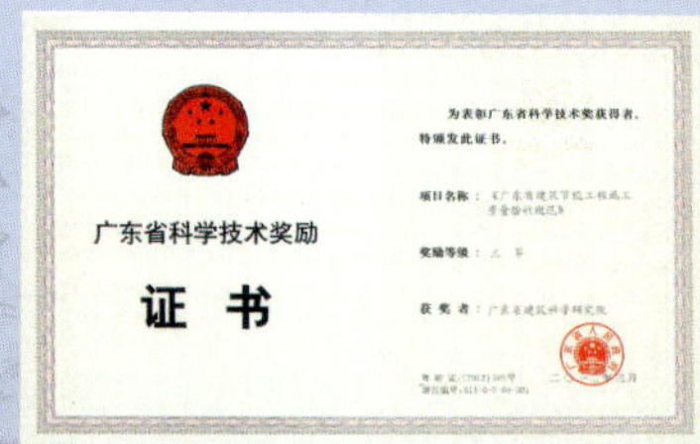

■《广东省建筑节能工程施工质量验收规范》获广东省科技三等奖。

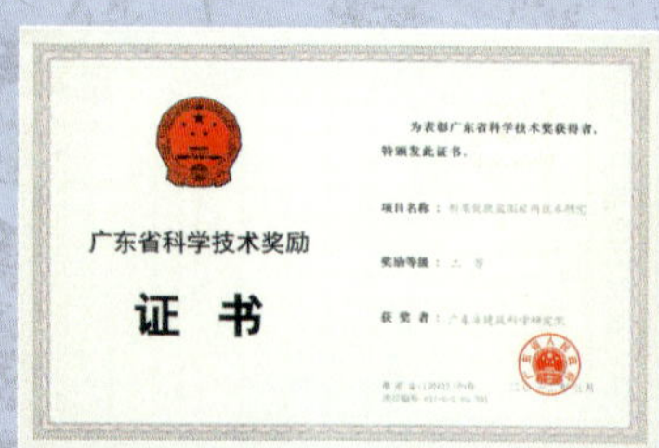

■“大型科技场馆土木建筑工程灾害防护研究应用”获广东省科技二等奖。

■ 在广州地铁工程应用的自平衡法基桩抗拔静载技术

■工程技术人员对广东省内中小学校舍安全进行鉴定与加固。

■ 50 吨高应变检测重锤设备

■ 对梅州市广州大桥进行风洞试验。

■ 参与编写的《广东省生活垃圾收运设施建设技术指引》（2011）

■ 参与编制的《天津钱隆城规划》（2011）

广东建设工程监理有限公司

成立于1985年，原为广东省建筑设计研究院工程监理部，具有甲级工程监理、甲级招标代理、甲级政府采购代理等专业监理资质，是中国建设监理协会会员、广东省建设监理协会副会长单位。拥有国家注册监理工程师95人，注册造价工程师19人，注册一级建造师20人，国家招标师8人，其他注册类工程师9人。业务范围主要在广东省境内，在北京、四川、安徽、新疆、广西、云南、海南等地设立分公司。监理各类工程共1000多项，累计完成的工程投资总额超过1000亿元。曾获"中国土木工程詹天佑奖"、"全国十佳建设科技成就奖"、"全国建筑工程装饰奖"、省市"优良样板工程"、第16届亚运会组委会和广州2010年亚残运会组委会颁发的"突出贡献奖"；"广东省'守合同、重信用'企业"、"广东省先进监理企业"等。

2011年，由公司监理的广州海珠区滨江路道路升级改造工程获"全国市政金杯示范工程奖"；中共河源市委党校教研楼工程、广州世纪云顶大厦、韶关大道工程Ⅰ标段均获"广东省建设工程金匠奖"；汕头大学新图书馆精装修工程获"全国建筑工程装饰奖"；广州亚运城获"第十届中国土木工程詹天佑奖"。

■ 广州市国家档案馆新馆（2011）

■ 广州地铁3号线加装屏蔽门工程（2011）

■ 广州南沙行政中心（2011）

■ 广州鸟涌整治工程（2011）

■ 广州南国商苑（2011）

■ 西江引水工程（2011）

■ 第16届广州亚运会飞碟中心（2010）

■ 第16届广州亚运会
自行车馆（2010）

广东粤能工程管理有限公司

成立于1993年，属专业工程管理咨询公司，具有工程监理（房屋建筑、市政公用、电力工程）、工程招标代理、工程造价咨询和政府采购代理四项甲级资质，拥有各类注册工程师84名。秉承“敬业、规范、专业、高效”的立业宗旨，通过为广大业主提供优质的管理咨询服务，赢得社会各界的广泛赞誉。业务范围遍及广东省内，并在各地级市均设立分支机构，承接总建筑面积达500万平方米的房屋建筑工程，市政公用工程等，曾获省、市“优良样板工程（工地）”近30项。

2011年，各项业务持续发展，先后承接广州绿地金融中心、广州白云万达广场、美的大良顺峰山、长沙复地崑玉国际、昆明同德广场等城市综合体监理项目；电力工程监理业务取得重大突破，申请进入中国南方电网有限责任公司资信档案，并在贵州和海南承接多项高压输变电工程监理业务。全年有8项工程被评定为省、市“优良样板工程（工地）”。

■广州白云万达广场(2011)

■ 广州绿地金融中心（2011）

■ 从化市区段升级改造工程国道 105 线（2011）

■ 昆明同德广场（2011）

（本页均为效果图）

广东省广业环保产业集团有限公司

成立于2008年，是广东省广业资产经营有限公司所属全资国有企业，以水环境治理和固废处理为主业，为社会提供投资咨询、规划设计、工程总包、环保装备、运营管理、检测认证、适度多元、产业金融相结合的一体化解决方案，是具有全产业链协同服务能力的环境综合服务商和中国环境保护产业骨干企业。

2011年，实现营业收入38.7亿元，利润总额6353万元，资产总额75.8亿元，净资产10.1亿元，净资产收益率6.46%，国有资产保值增值率105.85%。集团负责投资建设运营的广东省东西北地区污水处理项目建成厂区47个，管网35个（约200千米）。截至2011年底，集团共有在运营污水处理项目58个，总处理规模约200万吨/日。

■ 汕尾市海丰县污水处理施工现场（2011）

■ 汕尾市海丰县城污水处理实景（2011）

■ 汕头市朝阳区污水处理厂（2011）

■ 汕头市北轴污水处理厂（2011）

■ 梅州市梅县新城水质净化厂内部设备（2011）

■ 梅州市梅县新城水质净化施工现场（2011）

广州石建建材有限公司

成立于2007年，是经上级有关部门核准的预拌混凝土生产企业。在职员工168人，其中高级职称1人，中级职称4人，专业技术人员20人。拥有3条自动化混凝土生产设备，混凝土设备年产量160万立方米，装备原装进口的奔驰泵车3台、搅拌车80台。

参与亚洲最大的火车站——广州南站37万平方米站房建设所需的商品混凝土供应工作。面对该站混凝土使用量大、工期紧、高强度砼和防水抗渗砼技术要求严格的情况，该公司本着强烈的职业责任感，以专业的知识、敬业的工作态度，出色完成广州南站的商品混凝土供应工作，得到客户的一致好评，在市场上树立了良好的企业形象。2011年，公司继续重视产品质量，努力实现“行业一流”的企业经营理念。

■公司参与广州南站站房建设所需的混凝土供应工作。

■广州南站施工现场（2010）

■位于广州市番禺区的广州石建建材有限公司（2011）

■混凝土搅拌车（2011）

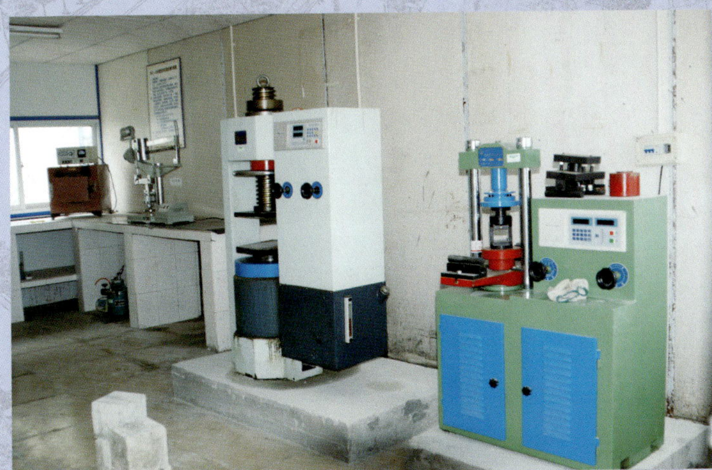

■混凝土检测设备（2011）

■生产线控制室（2011）

江西有色建设集团有限公司

成立于1987年，注册资本2亿元，总资产超过10亿元，拥有公路、市政、房建三个总承包一级和路面、路基、隧道、桥梁、地基与基础、装修装饰等六个专业承包一级及地质灾害勘查、施工甲级资质。1991年进入广东建设市场，代表工程有珠海西区迎宾大厦，广深高速公路，广州市东南西环高速公路、内环路，广州南沙开发区市政道路建设工程、广州南沙蕉门桥和洪奇沥大桥加固工程、广州南沙开发区白坭山地质灾害治理工程；广州市迎亚运项目：棠溪雨污分流工程、黄埔东路改造工程，东莞市莞惠快速路、常平环城路和中麻一级公路沥青路面工程、北王路交通安全设施工程、大朗截污主干管道工程，深圳市横平一级公路工程。

2011年，新签施工合同额42亿元，完成施工产值36亿元。在建项目有东莞市交通堵塞点治理工程、东部快速干线和广州市番禺区黄榄快速干线（西段）建设工程。

■广州南沙开发区环岛西路（2011）

■广州南沙蕉门桥加固工程（2011）

■ 广州南沙开发区白坭山地质灾害治理工程

■ 广州南沙开发区龙穴大道（2010）

广东省建筑设计研究院

2011年，参与设计南方钢厂二期等保障性住房项目4项，总建筑面积93.8万平方米；参与设计小新塘等“三旧改造”项目10项，总建筑面积1019万平方米；承接广州花都等地固废处理项目26项；承接新兴等城镇和工业园区规划修编项目30项；完成广州市供水规划等城镇供水设计咨询项目19项；完成国家“十一五”水专项科研项目4项；组织编写广东省标准《保障性住房建筑规程》，编写标准图集《变形缝建筑构造》等。获国家发明专利3项；“部级优秀设计奖”一等奖两项、金奖1项、二等奖7项、三等奖5项；省级优秀设计一等奖9项、金奖1项、二等奖19项、三等奖24项。

推动技术援疆，以项目合作为桥梁带动当地技术人才队伍迅速成长；投入援藏工作经费30万元，技术扶持林芝地区的城乡规划和新农村建设等；投入扶贫开发经费122万元；完成信宜平塘镇灾后重建规划工作。2011年获“全国住房和城乡建设系统企业文化建设示范单位”称号，援建威州项目获“广州市对口援建威州工程建设优质金质奖”。

■ 国家重点项目中国散裂中子源工程效果图（2011）

■ 2011年10月20日，中共中央政治局委员、国务委员刘延东（右九），中共中央政治局委员、广东省委书记汪洋（右八）在东莞出席中国散裂中子源工程奠基仪式。该项目由广东省建筑设计研究院设计。

■ 广州保利商务中心效果图（2011）

■ 广州绿地金融中心效果图（2011）

■ 揭阳潮汕机场效果图（2010）

■ 广州市国家档案馆效果图（2010）

■江门电视中心获 2011 年度广东省优秀工程勘察设计二等奖。

■广州汽车工业大厦获 2011 年度广东省优秀工程勘察设计奖。

■广州天河员村沙滩泳场效果图（2011）

■ 广州萝岗知识城生态绿廊效果图 (2011)

■ 新疆伊吾县水环境景观效果图 (2011)

■ 江西赣州湿地景观带中心区园林效果图 (2011)

广东省城乡规划设计研究院

2011年，承担《关于提高我省城市化发展水平的意见》、《广东省绿道网建设总体规划》、《珠江三角洲绿道网总体规划》、《环珠江口宜居湾区建设重点行动计划》、《共建优质生活圈专项规划》、《广东省“十二五”住房保障规划》、《澳门与珠海协同发展规划》、《广东省对口援疆城乡建设专项规划(2011-2020)》等40个重大项目。获“全国优秀城乡规划设计奖”8项(含一等奖3项、二等奖4项、三等奖1项)，“广东省优秀城乡规划设计奖”14项(含一等奖7项、二等奖7项)，“岭南特色规划与建筑设计奖银奖”1项，“全国电力行业优秀工程咨询成果三等奖”1项，“广东省优秀工程勘察设计奖”两项，“第十届中国土木工程詹天佑奖”1项。集体或个人先后获得“广东省文明单位”、“全国交通建设系统先进工会”、“全国总工会工人先锋号”、“全国五一巾帼标兵”等称号。

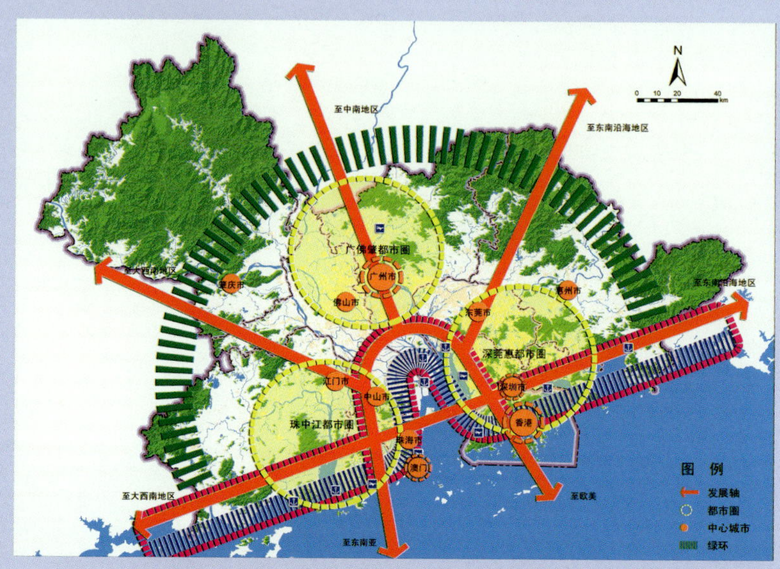

■《珠江三角洲城乡一体化规划》获2011年度全国优秀城乡规划设计一等奖、广东省优秀城乡规划设计一等奖。

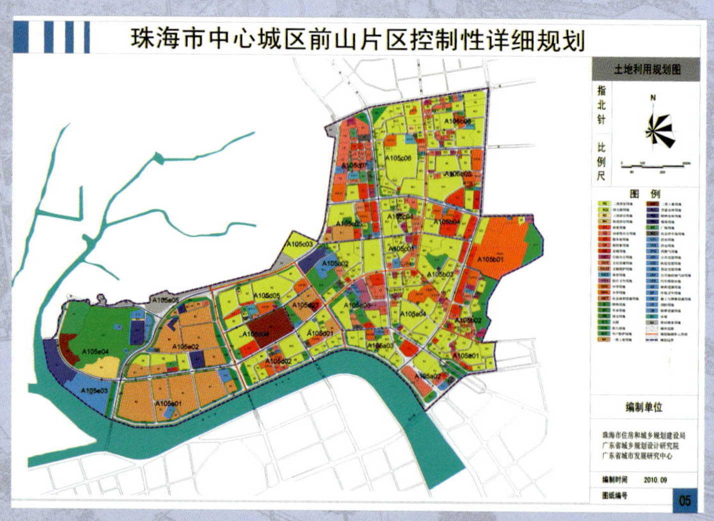

■《珠海市中心城区前山片区控制性详细规划》获2011年度广东省优秀城乡规划设计一等奖。

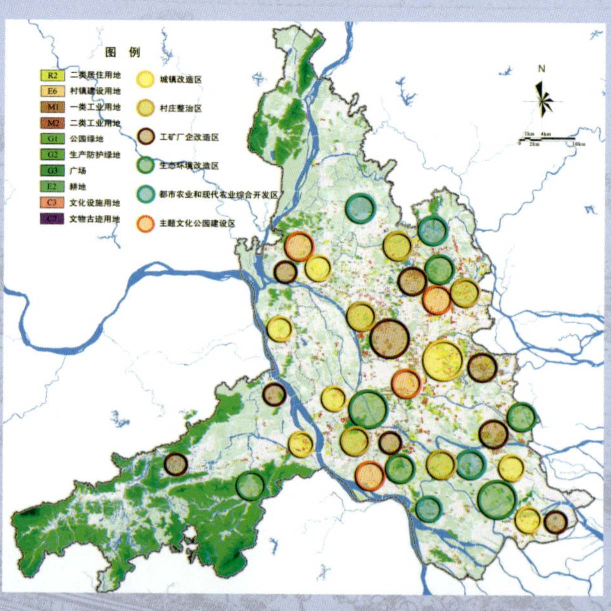

■《佛山市“三旧”改造专项规划(2010-2015)》获2011年度全国优秀城乡规划设计表扬奖、广东省优秀城乡规划设计一等奖。

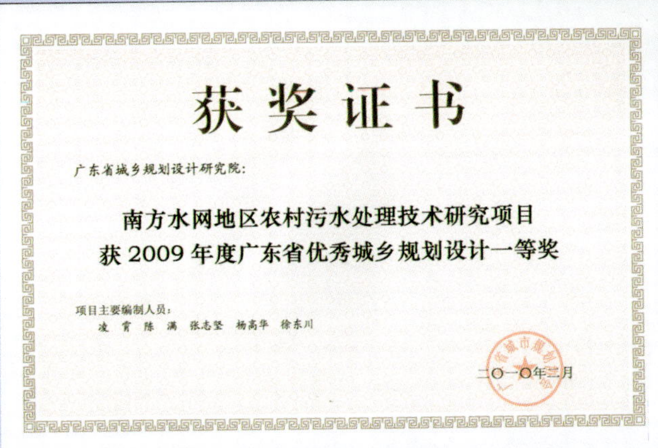
获奖证书

广东省城乡规划设计研究院：

南方水网地区农村污水处理技术研究项目
获2009年度广东省优秀城乡规划设计一等奖

项目主要编制人员：
凌 青 陈 满 张志坚 杨高华 徐东川

二〇一〇年二月

■ 南方水网地区农村污水处理技术研究项目获 2009 年度广东省优秀城乡规划设计一等奖。

■ 《韶关市技工教育及农民工培训示范基地规划方案》获 2009 年度广东省优秀工程勘察设计三等奖。

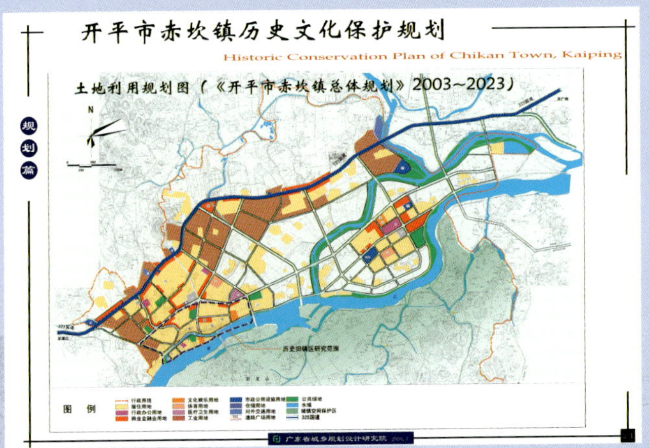

■ 《开平市赤坎镇历史文化保护规划（2003 ~ 2023）》获 2011 年度广东省岭南特色规划设计银奖。

■ 《第 16 届广州亚运会亚运村修建性详细规划》获 2009 年度全国优秀城乡规划设计一等奖。

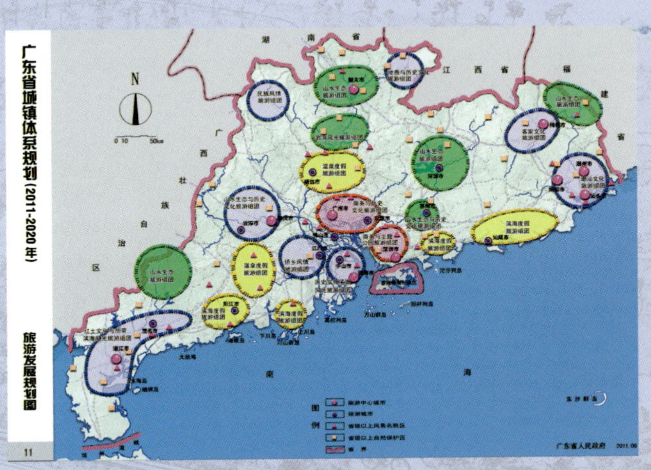

■ 《广东省城镇体系规划（2011 ~ 2020 年）》获 2009 年度广东省优秀城乡规划设计二等奖。

广东省建设信息中心

2011年，继续深化、拓展"三库一平台"系统应用，完成广东省建设工程项目管理系统（肇庆市版）、广东省村镇规划建设管理信息系统、省外入粤企业及人员信息备案系统等的研发，参与全省住房信息系统工程的建设，启动广东省建筑建材专业职称管理系统、广东省建设行业统计工作平台，完善广东建设网的建设，提高网站服务水平，完成林芝地区住房和城乡建设局网、广东绿道网的开发建设，自主研发的"三库一平台"和"粤建通认证综合服务系统"通过国家科技成果鉴定，省住房和城乡建设厅官方刊物《广东建设年鉴》（2010）获"2011年中南地区人民出版社第32届优秀图书奖"；省建设信息中心对外服务窗口粤建通综合服务中心被中华全国总工会授予"2011年度工人先锋号"称号。

■ 广东省住房和城乡建设厅厅长房庆方（前右一）向省建设信息中心粤建通综合服务中心颁发中华全国总工会授予的"2011年度工人先锋号"奖牌。

■ 广东省住房和城乡建设厅对外办事窗口采用由省建设信息中心研发的"三库一平台"管理信息服务系统，提供无纸化申报、全程网上审批、审批时效监察和对审批过程短信告知等功能，实现行政审批服务提速增效30%的目标。

■在《广东建设年鉴》（2012）编委会聘请顾问、副主编和特邀编委仪式上，原广东省建设委员会主任、《广东建设年鉴》编委会顾问陈之泉（右六）向《广东建设年鉴》编辑部惠赠墨宝。

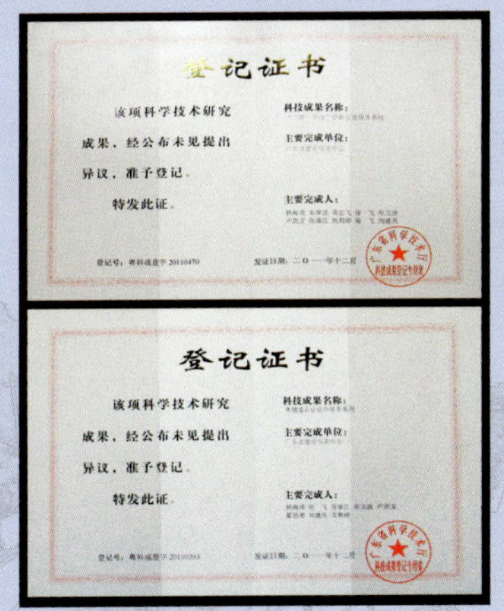
登记证书

该项科学技术研究成果，经公布未见提出异议，准予登记。

特发此证。

登记证书

该项科学技术研究成果，经公布未见提出异议，准予登记。

特发此证。

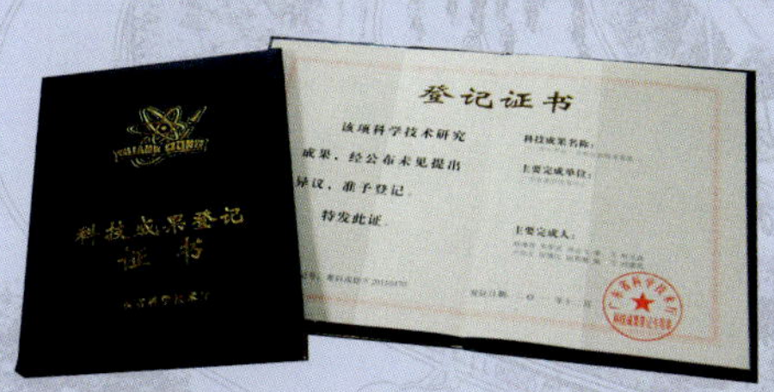
登记证书

该项科学技术研究成果，经公布未见提出异议，准予登记。

特发此证

■2011年9月，广东省建设信息中心针对用户服务页面进行改版，并加强政务信息建设。

■由广东省建设信息中心自主研发的“三库一平台”和“粤建通认证综合服务系统”通过国家科技成果鉴定。

广东省建设工程造价管理总站

2011 年，继续完善工程计价依据与标准体系，编制《广东省建设工程施工标准工期定额》、2010 年省工程计价依据补充本《广东省钢结构工程综合定额》，开展工程造价咨询企业资质许可后的动态监管，配合广东省住房和城乡建设厅实施对核查中发现问题进行整改和处罚，推广工程造价互联网备案监管系统，搭建全省工程造价信息互联互通和数据共享平台“广东造价在线”。

■ 2011 年 12 月 26 日，广东省住房和城乡建设厅副厅长李台然（左三）一行到省建设工程造价管理总站调研。

■ 2011 年 12 月 26 日，广东省建设工程造价管理总站与广东同望科技股份有限公司签署战略合作协议建设“广东造价在线”。

■2011 年 12 月 23 日，广东省建设工程造价管理总站职工进行登山健身活动。

■2011 年 9 月 22 日，广东省建设工程造价管理总站工作人员到建筑工地调研。

■2011 年 12 月 9 日，广东省建设工程造价管理站站长会议在东莞召开。

广东省建设工程质量安全监督检测总站

2011年，创新质量安全监督管理机制，推动全省质量安全监督管理和质量检测信息化建设，加强质量安全监督机构和检测单位及人员的管理，开展全省各地市在建工程质量安全监督巡查工作。参与标准规范编制工作，主编广东省标准《建筑工程施工质量检测与试验规范》，参编行业标准《城市桥梁检测与评定技术规范》和4项广东省标准。组织开展全省检测单位建筑基桩高应变法（69家）和低应变法（110家）检测能力对比验证。开展全省建设工程质量安全监督和检测机构信息化管理工作调研，撰写3万多字的调研报告。编辑出版国内外公开发行的科技期刊《建筑监督检测与造价》。对全省质量安全监督、检测人员进行上岗培训和继续教育，举办各类培训班34期，培训人员8179人次，完成“三类”人员安全生产考核服务工作，“三类人员”考核办公室被广东省总工会授予“广东省工人先锋号”称号，获“广东省住房和城乡建设厅文明单位”称号。

■广东省建设工程质量安全监督检测总站和省建设工程造价管理总站联合主办的科技期刊《建筑监督检测与造价》

■2011年6月16日，广东省住房和城乡建设厅厅长房庆方（前右二）一行到广东省建设工程质量安全监督检测总站指导工作。

■2011 年 9 月 21 日，广东省建设工程质量安全监督检测总站检查组在汕头某工程现场进行施工质量监督巡查。

■2011 年 8 月 29 日，广东省建设工程质量安全监督检测总站工作人员到施工现场进行安全监督。

■2011 年 5 月 19 日，广东省建设工程质量安全监督检测总站在顺德举办 2011 年广东省高应变法和低应变法检测能力验证活动。

广东省建设执业资格注册中心

2011年，全面开展二级建造师继续教育、延续注册工作；启用新继续教育网上报名系统、网络教育系统、二级执业师注册管理系统；组织面向香港建筑师、工程师的法规测试，正式开通香港执业师在粤注册管理系统。

全年受理执业资格考试报名61513人，比上年增加11321人，增长22.6%；受理执业注册申请41086人次，增加3826人次，增长10.3%；举办继续教育培训班97期，培训班期数比上年增长76.4%，参加培训54293人次，增加38948人次，比上年增长253.8%。截至2011年底，全省各类建设执业资格注册人员达96506人，比上年增加10462人，增长12.2%。

■2011年8月15～19日，广东省建设执业资格注册中心与广东省人事考试局在东莞举行2011年度二级建造师执业资格考试主观题（广东考区）评卷工作会议。

■2011年9月6～9日，广东省建设执业资格注册中心举办2011年"特色建筑与西安世界园艺博览会"主题学习班。

■2011年2月28～3月2日，广东省建设执业资格注册中心在广州举办注册城市规划师继续教育选修课学习班暨广东经济转型之路探索专题讲座。

■2011年11月9日，住房和城乡建设部"创先争优"活动和精神文明建设工作调研组到广东省建设执业资格注册中心检查工作。

■2011年11月23日，广东省人民政府信息公开检查组到广东省建设执业资格注册中心检查信息公开工作。

■2011年4月25～28日，广东省建设执业资格注册中心举办注册执业师"亚运建筑与绿道建设"主题学习班。

广东省散装水泥管理办公室

2011年，全面贯彻《广东省促进散装水泥发展和应用规定》为主线，制订散装水泥发展和应用规划、预拌砂浆生产企业备案等相关配套政策。全省散装水泥供应量突破6000万吨大关达6258万吨，比上年增加1194万吨，在全国各省、区（市）排序中首次位列三甲；建设工程项目预拌混凝土使用量1.4亿立方米；预拌砂浆使用量达263.17万吨。全省通过发展散装水泥，实现节约优质木材207万立方米，节约标准煤144万吨，减少粉尘排放63万吨，减少二氧化碳排放374万吨，减少二氧化硫排放1.2万吨，创综合经济效益37.55亿元。

■ 2011年3月25日，广东省住房和城乡建设厅在梅州召开全省散装水泥工作会议。

■ 2011年10月24日，广东省住房和城乡建设厅厅长房庆方（前右三）一行到广东省散装水泥管理办公室调研，并与部分干部合影。

■2011年5月12日，广东省散装水泥管理办公室在肇庆召开《广东省促进散装水泥发展和应用规定》宣传贯彻大会。

■2011年12月7日，广东省预拌混凝土行业协会预拌砂浆专业委员会在惠州召开成立大会。

■2011年12月19～21日，广东省散装水泥管理办公室检查组到肇庆市广宁县、怀集县进行“两禁”工作检查。图为检查组在施工现场核查资料。

■2011年1月8日，全省散装水泥主管机构代表参观深圳市首家干混砂浆企业生产线。

广东省城市发展研究中心

成立于1997年，是广东省城乡规划设计研究院的附属机构，具有规划研究、规划设计以及行业管理等职能，承担广东省重大区域与城乡规划、相关政策规范的研究及制定工作。1997年与广东省城市规划协会秘书处合署办公，2005年后设在广东省城乡规划设计研究院。

2011年，主持和参与制订《环珠江口宜居湾区建设重点行动计划》、《广东省绿道网建设总体规划》、《关于提高城市化发展水平的若干意见》及相关配套文件、《广东省“十二五”住房保障规划》、《珠中江城市空间协调发展规划》、《南沙新区粤港澳合作发展总体规划》等重大区域和城市规划20余项。是年报送的《珠三角城乡一体化规划》、《珠三角绿道网总体规划纲要》、《大珠三角城镇群协调发展规划研究》等获“全国优秀城乡规划设计一等奖”；《珠海横琴新区控制性详细规划》、《佛山迳口华侨经济区总体规划》等获“全国优秀城乡规划设计二等奖”；《佛山市三旧改造专项规划》获“全国优秀城乡规划设计表扬奖”；发表论文30余篇。

■ 佛山市三水区迳口华侨经济区（南山镇）开发建设规划（2008—2020）获2011年度全国优秀城乡规划设计二等奖。

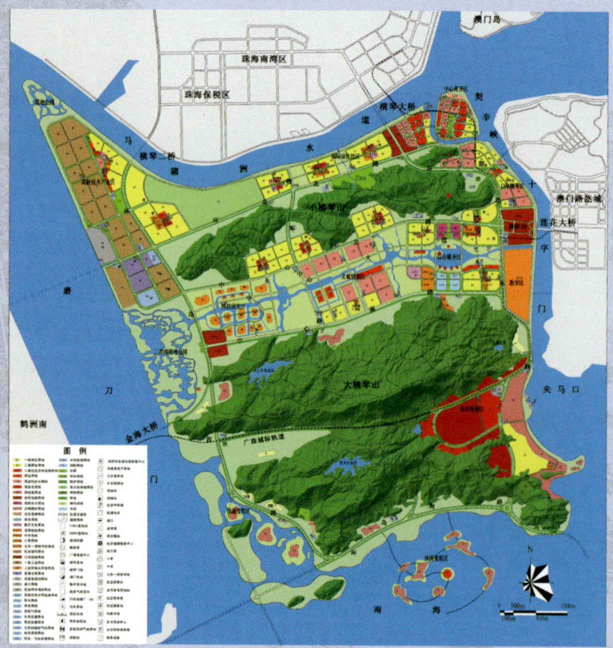

■《珠海市横琴新区控制性详细规划》获2011年度全国优秀城乡规划设计二等奖。

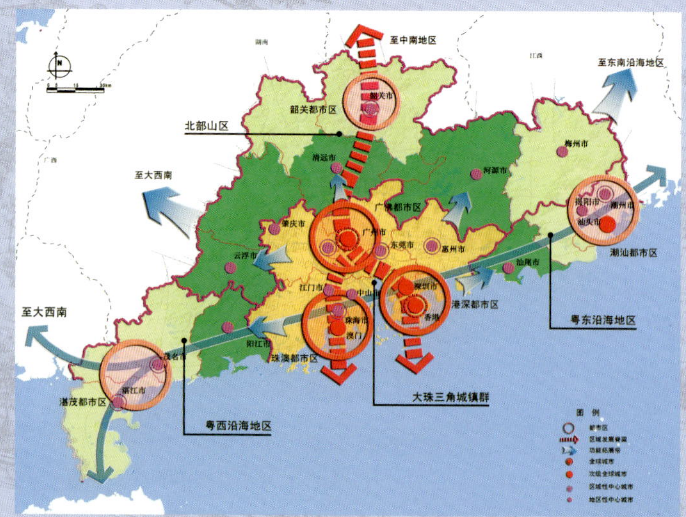

■《粤港澳地区空间发展战略规划纲要》获2009年度广东省优秀城乡规划设计一等奖。

建设事业信息化

□《广东省住房和城乡建设事业信息化『十二五』规划》颁布实施

□广东绿道网站开通运行

□重大电子政务系统通过科技成果鉴定

□推进建设行政许可与行业管理『一体化』信息系统建设

□粤建通综合服务中心获全国『工人先锋号』称号

综　　述

【概况】　2011年，广东省住房和城乡建设行业信息化建设取得瞩目的成绩。是年，《广东省住房和城乡建设事业信息化“十二五”规划》颁布实施，以肇庆市为试点的建设工程项目管理系统研发成功，推进建设工程项目管理数据库的建设，“三库一平台”系统应用进一步深化和拓展，广东省住房信息系统工程正式启动，个人住房信息系统建设加快推进，广东省建筑建材专业职称管理系统和广东省建设行业统计工作平台的启用，广东省村镇规划建设管理信息系统、省外入粤企业及人员信息备案系统的研发，促进全省建设信息化水平进一步提高。

是年，广东绿道网站开通运行。“三库一平台”和“粤建通认证综合服务系统”通过科技成果鉴定。广东省住房和城乡建设厅官方刊物《广东建设年鉴》(2010)获“2011年中南地区人民出版社第32届优秀图书奖”。粤建通综合服务中心被中华全国总工会授予2011年度“工人先锋号”。

【《广东省住房和城乡建设事业信息化“十二五”规划》颁布实施】2011年7月27日，广东省住房和城乡建设厅颁布实施《广东省住房和城乡建设事业信息化“十二五”规划》。该《规划》由省住房和城乡建设厅组织，省建设信息中心负责具体编写。按照“统一标准，统一规范；整合资源，信息共享；政府主导，统筹规划；明确责任，细化管理”的原则编制完成。

该《规划》是广东省住房和城乡建设系统“十二五”规划体系中的一个重要专项，是促进全省住房和城乡建设事业信息化发展的重要指导性文件和主要行动纲领。总体目标是建立完善住房和城乡建设系统信息化标准规范体系，加强整合集成全省住房和城乡建设行业信息资源，着眼于信息化服务涵盖的电子政务、行业信息化、公众服务信息化等三大范畴，重点构建骨干平台，以示范和推广为着力点引领指导全省住房和城乡建设系统信息化工作，开拓“标准化、集成化、一体化、平台化、网络化”的广东省住房和城乡建设系统信息化发展新局面，为全省住房和城乡建设事业的科学决策和民生保障提供支撑。主要任务是以信息化标准体系建设促进住房和城乡建设事业信息系统研发应用，以省级数据中心建设促进公共数据资源集成共享，以完善电子政务系统建设促进政务办公一体化，以行业信息系统建设促进行业管理平台化，以公众服务平台建设促进公共服务网络化，最终形成“一套标准、一个中心、三大平台”的广东省住房和城乡建设系统信息化新体系。

【广东绿道网站开通运行】　为加大绿道网的宣传力度，广东省住房和城乡建设厅按照《珠江三角洲绿道网总体规划纲要》和省政府有关绿道网建设工作要点的要求，依托省建设信息中心委托研发面向全社会的公众信息网——“广东绿道网”，以提升绿道网的影响力和知名度，方便社会公众对绿道网的了解和使用。

2011年11月16日，“广东绿道网”正式开通。网站由内容管理系统、用户互动系统、电子地图系统、商务信息系统、检索系统五大系统组成，设置“绿道动态”、“行走绿道”、“绿道规划”、“绿道掠影”、“绿道百科”、“互动交流”、“电子地图”等一级栏目，在一级栏目下再设置若干二级栏目，力求全方位、多角度地反映绿道建设动态。网站同时开通“广东绿道网”微博，与用户沟通。

（凌红梅）

政务信息化

【概况】　2011年，广东省住房和城乡建设厅启动一系列电子政务系统，促进全省建设行业的信息化建设。开发建设广东省建设行政许可和行业管理“一体化”信息系统，加强行业监督管理，简化和优化办事程序，提高行政效能和服务水平。广东省村镇规划建设管理信息系统研发完成，实现对全省村镇各项规划建设活动的动态管理。广东省建筑建材专业职称管理系统的启用，改变过去手工办理和归档申报资料的状态，提升职称评审工作的信息化管理水平。

（凌红梅）

【广东省建设行政许可与行业管理“一体化”信息系统建设】　2011年，广东省住房和城乡建设厅决定建立建设行政许可和行业管理“一体化”工作机制，建立和完善更具人性化的管理信息系统和业务工作平台，切实提高行政机关的办事效率，简化政府、企事业单位和个人的办事流程，实现跨越式发展。

全面推行行政许可事项从申报、受理、审批到发证的全过程网络化办理，加快审批制度改革　以工程监理企业资质和房地产估价机构资质为试点，实现企业报送资质资料网上传送、网上公开和资质审批意见公示、审批结果公开等功能，并为全面推行各项资质全程化网络审批奠定基础。

对现有的行政服务平台进行全面的升级改造，实现“一体化”管理　结合行政服务平台运行情况，对工作界面、业务资源、业务流程等进行科学合理的统筹规划、统一设计；集成行政许可与内部监督、市场管理和执法监察等功能，方便主管部门统筹和集中掌控企业和人员信息资源；建立企业档案，实现对企业从最初的设立、从业、动态变迁乃至注销歇业、人员资格注销的全过程进行全方位的记录和跟踪管理。

【广东省村镇规划建设管理信息系统研发】 2011年，为推进宜居城镇和宜居村庄建设，提高广东省城市化发展水平，广东省住房和城乡建设厅完成“广东省村镇规划建设管理系统”建设，实现对全省村镇的各项规划建设活动进行动态管理。

通过各市、县、镇有关部门实行网上报送村镇建设统计资料的工作平台，建立了广东省村镇规划建设管理的数据中心，归集全省宜居城镇、宜居村庄的建设情况、中心镇总体规划和控制性详细规划的编制和实施情况、建制镇总体规划的编制和实施情况、省级村庄规划试点村的规划成果等信息进行动态管理，进一步提高村镇规划建设的管理效能，为宜居城镇、宜居村庄创建工作提供优质管理服务。

【广东省建筑建材专业职称管理系统启用】 2011年，为加强和提高全省建筑、建材专业职称评审工作的信息化管理水平，推进全省建筑、建材行业信息化平台建设，广东省住房和城乡建设厅开始部署搭建“广东省建筑、建材专业职称评审管理系统”。9月，“广东省建筑、建材专业职称评审管理系统”正式上线运行，是年顺利完成2011年度省直单位建筑、建材专业高级、教授级高级工程师网上申报试点工作，逐步向全省推广。该系统实现建筑、建材专业技术人员网上申报和主管部门网上审核功能，改变过去原手工办理并归档申报资料的状态，进一步规范建筑、建材专业职称评审工作的信息化管理，提高申报服务的效率和质量。

(龙赛姗)

【重大电子政务系统建设通过科技成果鉴定与登记】 2011年，由广东省建设信息中心自主研发的“‘三库一平台’管理信息服务系统”、“粤建通认证综合服务系统”通过广东省住房和城乡建设厅科技成果鉴定。鉴定委员会一致认为：“‘三库一平台’管理信息服务系统”为广东省建设行业的阳光政务、信息管理和诚信体系建设等提供技术支撑；项目提出类收发器机制（TSM）柔性流转软件模式，提高了工作流管理效率；在复杂业务信息建模及时态数据处理方面具有特色和创新。项目研究成果建立了一项行业标准，获得一项软件著作权并发表一篇学术论文。项目建立的“三库一平台”在广东省建设行业的行政审批、诚信体系建设等方面得到实际应用，取得良好的社会与经济效益，该科技成果达到国内领先水平。

“粤建通认证综合服务系统”项目基于RSA算法并结合建设行业实际应用需求，研发出一套认证综合服务系统，实现数据加密、身份验证和数字签名功能。项目成果获得一项软件著作权并应用在广东省建设行业“三库一平台”管理信息服务等系统中，取得较好的社会效益和经济效益。系统提供的认证服务配套完整、便捷可靠，该科技成果达到国内先进水平。2011年12月，两项目均取得广东省科学技术厅颁发的科技成果登记证书。

(凌红梅)

行业信息化

【概况】 2011年，广东建设信息网（简称“粤建网”）进一步完善，网站服务水平不断提高。是年，广东省建设行业统计工作平台启用，健全和规范了统计信息报送制度。省外入粤企业及人员信息备案管理平台的研发，加强了对省外建设工程企业进粤从事有关建设活动的管理，实现了进粤企业和人员信息统一备案和监督管理。正式启动广东省住房信息系统工程，以技术手段完善管理机制，强化信息应用，加快推进个人住房信息系统建设；贯彻落实房地产市场调控政策，提高政府公共服务能力和政府市场监管能力。

【广东建设信息网】 2011年，对广东建设信息网（简称“粤建网”）进行了搜索引擎改造。通过利用数据库全文检索模式，实现与网站信息的定期异步更新，提高搜索的性能和效果。增加高级检索功能，实现更精确细致的检索体验，提高搜索结果的可用性。通过网页分析、自动抓取、动态采集等技术，实现自动抓取省内各工程交易中心及相关网站的招标、中标信息，利用分析技术，自动加载抓取结果，减轻编辑人员工作量，提高工作效率。改版“网员之家”，提供粤建网网员享有的各项服务。此外还改造法规库前后台页面，增强导航功能和用户体验，充实完善法规库、标准库信息。

粤建网加强原创专题建设。围绕建设行业和社会热点，新开设“广东省优良样板工程展示”、“提高建筑防震性能，防患于未然”、“岭南特色规划与建筑评优活动”等专题。开辟企业新资质宣传专栏，探索网站经营新模式。开通粤建网微博，加强与用户的沟通交流，提升网站服务水平。

【广东造价信息网】 随着造价管理业务的发展和网络技术的提升，广东造价信息网因开发语言较落后已不能满足发展的需要，网络安全存在较大隐患。2011年，省建设信息中心与省工程造价管理总站联合完成“广东省造价信息网”的改造工作。以.NET Framework 4.0技术为基础框架，重新打造“广东造价信息网”的前后台架构，重新设计网站布局和风格，使网站整体风格面貌一新,配置功能更完善的后台数据库和网络安全技术支撑，保障

新版网站的稳定运行。 (凌红梅)

【广东省建设工程项目管理信息系统（肇庆市版）基本建成】 2011年，“广东省建设工程项目管理信息系统（肇庆市版）”基本建成，主要完成了项目立项、规划许可、施工图审、工程发包（招投标）、散装水泥专项资金缴交和返退申请、新型墙体材料专项基金缴交和返退申请、施工许可、施工过程监督、竣工验收以及验收备案等十大模块的建设任务。通过组织内部验收，将系统从开发阶段转入应用实操阶段，以便在应用中检验和完善，加快推进项目的建设进程。

【外省入粤企业及人员备案系统研发】 2011年，为进一步规范建筑市场行为，建立和完善建筑市场诚信体系，加强对省外建设工程企业进粤从事城乡规划编制、房屋建筑和市政基础设施建设活动的管理，依据有关法律法规，广东省住房和城乡建设厅决定对进粤企业和人员信息建立备案制度，搭建“进粤企业和人员信息备案管理平台”，实现对进粤企业和人员信息统一备案管理和日常监督管理。“进粤企业和人员信息备案管理平台”主要实现进粤企业备案相关业务网上申请和行政主管部门网上业务办理两类功能。通过该系统，企业能够更加方便快捷进行网上业务申请和办事状态查询；各级行政主管部门能够实现在线的业务办理和信息发布；社会公众能够通过系统提供的信息公开、统计查询等公共服务功能，及时地掌握经系统登记备案的企业、人员的信息以及当前的备案状态，加强社会监督。 (朱学武)

【行业统计工作平台正式启用】 2011年3月，广东省建设行业统计工作平台正式启用，率先在全省建筑业、勘察设计行业统计中应用。该平台的启用为进一步做好全省建设行业统计工作，加强统计管理，改进统计手段，完善统计系统功能，逐步向其他行业统计推广打下基础。建设行业企业通过该平台在线填报统计数据，各级住房和城乡建设行政主管部门实时查阅、审核企业数据，完成各级汇总、上报工作，有效提高统计工作效率。

(凌红梅)

【广东省住房信息系统工程正式启动】 2011年，广东省住房和城乡建设厅加快住房信息系统建设，积极部署和实施房地产信息系统工程建设工作。

1月21日，省住房和城乡建设厅召开全省个人住房信息系统建设工作会议，启动了广东省个人住房信息系统建设工程；印发《关于完善住房信息系统推进广东省房地产管理服务系统工程建设的通知》，确定系统建设的基本思路框架和主要任务要求，标志着项目建设工作进入全省全面展开的阶段。

是年，以个人住房信息管理为核心的广东省房地产信息系统建设工作取得阶段性进展。5月底，完成《广东省个人住房信息系统建设方案》和《广东省个人住房信息查询办法（暂行）》的编制；7月底，完成《广东省房地产管理服务系统工程建设方案》的编制。于去年6月起启动住房信息系统省级平台相关课题的预研和开发工作，并在此基础上以自主知识产权的Internet异构数据同步通用中间件系统GSMS（V1.0）为雏形，开发了面向海量异构住房信息互联网同步应用的GSMS新版本；2011年9月，在没有财政专项资金支持的情况下，自筹配置相关服务器和网络设备搭起省房地产信息中心数据库体系的初步框架，并实施广州（含所辖县级市）住房数据归集至省数据中心的数据，归集上千万条房地产数据至省中心数据库；11月完成《广东省住房信息系统项目可行性研究报告》内容编制，9~12月，在分析广州试车归集数据的基础上，完成省级查询统计分析平台系统主体“省住房信息系统数据中心内部检索和统计分析系统”的原型开发工作。

(杨海涛)

【全省住房保障信息化系统建设取得阶段性成果】 2011年，广东省各市基本实现住房保障管理信息系统的市县联网，建立完整的家庭档案库和保障房源库，实现住房保障信息化系统在住房保障业务中的应用，进一步促进住房保障工作的公平、公正、公开。

为及时了解分析全省的保障房项目建设任务完成情况，动态监管各市的项目建设，督导和推进保障房的建设进度，是年5月，广东省住房和城乡建设厅部署“广东省住房保障项目动态管理系统”开发，8月在肇庆市试点运行。12月，与省纪委在肇庆联合召开广东省住房保障建设项目动态监管系统启动会，肯定该系统的作用，部署2012年在全省各地市和区县安装使用，加强对市县保障用房建设项目的督查。 (凌红梅)

【编辑出版《建筑监督检测与造价》】 期刊《建筑监督检测与造价》是由广东省住房和城乡建设厅主管，广东省建设工程质量安全监督检测总站和广东省建设工程造价管理总站主办的国内外公开发行的行业综合性科技期刊，是国内唯一的建筑工程监督、检测和造价方面的综合性科技期刊。集政策性、技术性、学术性、实用性于一体，是国内最大学术期刊数据库（中国知网）收录期刊，中国科技论文统计源期刊。

主要刊登内容为：国家政策法律法规及其解读，建设工程领域的热点问题探讨、行业动态报导，监督、检测、造价管理机构、建筑施工企业、监理公司、设计院、科研院校等人员的技术经验交流，现行标准规范的介绍和应用交流，名建筑赏析、名人访谈，建筑业发展新技术和重要成果介绍等方面的文稿。主要读者为建筑业界从业人员、勘察、设计、施工、检测、监督、造价等广大中高级技术人员和管理人员、科研院校的工程技术人员和师生等。 （李素华）

信息化服务

【概况】 2011年，广东省住房和城乡建设行业信息化服务品牌突出，以“粤建通”综合服务中心为代表，通过建立规范的服务标准和流程，强化服务队伍建设，树立信息化服务品牌。

【“粤建通”服务品牌】 2009年，为配合广东省建设行业“三库一平台”管理信息服务系统的应用和开展全省建设行业信息化工作，设立了“粤建通综合服务中心”为对外办事窗口。该中心坚持以“客户的满意就是财富”为宗旨，强化专业技术支持和咨询服务队伍建设，完善“粤建通”服务网站、业务办理服务系统和用户服务平台，努力创建“粤建通”服务品牌。

2011年，“粤建通综合服务中心”重点支持施工安全生产许可证纳入“三库一平台”管理信息服务系统统一管理、协助省住房和城乡建设厅行政许可处开展的从业人员无效身份信息整改、落实省住房和城乡建设厅清理企业和人才信息库部署等多项工作，满足全省建设行业企事业单位及从业人员的服务需求，更好地为行业提供信息应用服务。制定及完善《粤建通综合服务中心工作指引》、《规范化服务标准》、《业务咨询服务管理办法》、《粤建通办理流程》、《入库信息维护、删除管理办法》和责任追究、奖惩制度；编印《粤建通业务办理指南》、《“三库一平台”使用手册》、《常见问题答疑汇编》；实行限时办结、短信告知、服务承诺、挂牌服务，建立服务监督管理机制；开展“每月服务之星”评选活动，调动各类人员的积极性，表彰先进，激励全体员工积极进取，提高业绩，逐步形成健康、积极、相互竞争的工作局面，努力打造星级服务团队，初步形成功能齐全、流程科学、操作规范、运行高效的工作体系。是年粤建通综合服务中心被中华全国总工会授予2011年度全国“工人先锋号”称号。

【西藏林芝地区住房和城乡建设局网站建设】 2011年10月，由广东省住房和城乡建设厅组织，广东省建设信息中心无偿开发和建设的西藏林芝地区住房和城乡建设局网站正式开通。该网站的开通是广东省住房和城乡建设系统以实际行动，技术援藏、智慧援藏的具体体现；也是林芝建设系统向外界展示形象、推介林芝建设事业发展的新窗口。 （凌红梅）

城建档案管理

【概况】 2011年，广东省城建档案工作围绕省、市的重大建设项目，配合做好珠三角绿道网建设、城镇保障性住房建设、城中村改造、垃圾处理设施建设、历史文化名城创建、名镇名村示范村建设、深圳大运会工程等重点项目的跟踪拍摄和档案接收入库工作。省住房和城乡建设厅加大对各市城建档案工作指导，组织各市城建档案工作人员参加由住房和城乡建设部组织的城乡建设档案培训班、信息公开工作培训班，提高城建档案工作人员素质。广东省各地市城建档案馆利用开发城建档案资源，提供档案查阅、利用信息反馈、档案咨询、信息公开等服务，为城市规划建设、工程改建扩建、施工单位资质申报、工程备案、房产办理、产权纠纷、司法部门取证、编史修志等提供依据。

【城建档案科技成果】 2011年10月，由广州市城市建设档案馆研发的科学技术计划项目“数字城市建设档案馆系统”通过住房和城乡建设部的验收。该项目开创性地制定和推行数字城建档案馆的标准、规范与法规，改造城建档案馆的工作流程及人才队伍，开发数字城建档案馆的一站式办公系统及其他应用系统，建设高效的档案数字化生产线，形成先进的数字城建档案馆模式，从而与其他相关单位一起带动整个行业的数字化建设，建立一个由众多档案资源库群、档案信息资源处理中心、档案用户群构成的档案馆（室）群，实现档案信息共享与资源整合。由韶关市城市建设档案馆和南京大学共同研发的“基于WebBos的韶关市数字化城建档案管理系统”获2011年“中国建研院CABR杯”华夏建设科学技术奖二等奖。

【城建档案编研成果】 广州市城建档案馆编印《图说城市文脉——广州古今地图集》，运用古今地图及历史照片等历史资料，从城市建设发展变迁的角度对广州城市建设发展的历史进行解读，以“图文互证、图城互映”的形式复原广州不同时期的城市历史记忆，展示广州2000多年的变迁轨迹和发展脉络，探索城市历史形态演进历程，该地图集获广东省档案编研成果一等奖。2011年，广州市城建档案馆与广州市档案局合作启动“宜居宜业魅力羊城——第三届‘城市与人’广州市摄影大赛”，并编辑出版大赛获奖作品集《宜居宜业，魅力羊城》。广州市城建档案馆开展民国城建史编研，编撰完成《五羊城脉——1911~1949广州城市建设》。东莞市城建档案馆编研成果《城市化之路——东莞市改革开放30周年城乡规划建设照片集》获广东省档案编研成果二等奖。韶关市城建档案馆编研成果《回眸·展望——韶关市城市规划建设管理六十年》获广东省档案编研成果优秀奖。

【编辑出版《广东城建档案》】 2011年，广东省城建档案研究会和省住房和城乡建设厅联合启动广东省城建档案研究会会刊《广东城建档案》的出版工作。该刊物以“纪录城建历史、造福城乡未来、服务规划建设”为宗旨，为广东省城建档案行业搭建新的交流平台，宣传交流城建档案工作成果、呈现专业技术风范和行业精神风貌，团结城建档案行业，在保存城建历史中发挥积极作用。 *(周娟)*

行政执法与法制建设

□『六五』普法工作启动

□一批法律法规颁布实施

□开展广东省城镇住房保障立法工作

□开展执法人员专业法律法规培训

□城乡规划督察工作启动

综　　述

【概况】　2011年，广东省住房和城乡建设厅继续贯彻落实科学发展观，部署全省住房和城乡建设系统启动“六五”普法依法治理工作。加强住房和城乡建设行业立法，开展规章、规范性文件清理工作，强化行政复议层级监督作用，促进依法行政，深化行政审批制度改革，推动简政放权、富县强镇，法制建设取得较大成效。截至2011年底，全省现行有效的住房和城乡建设地方性法规20项，省政府规章13项。

【《广东省促进散装水泥发展和应用规定》宣传贯彻】　2011年3月25日，广东省住房和城乡建设厅在梅州市召开全省散装水泥工作会议，对2011年5月1日起施行的《广东省促进散装水泥发展和应用规定》进行宣传并贯彻实行，要求各地散装水泥主管部门以《广东省促进散装水泥发展和应用规定》的颁布为契机，将推广和应用散装水泥工作纳入法制化轨道。　*(肖送文)*

住房和城乡建设立法

【概况】　2011年，广东住房和城乡建设厅坚持以科学发展观为指导，围绕“加快转型升级、建设幸福广东”的目标，继续解放思想，开拓创新，推进住房和城乡建设行业立法工作。是年，《广东省民用建筑节能条例》和《广东省促进散装水泥发展和应用规定》公布实施。

【《广东省民用建筑节能条例》颁布实施】　《广东省民用建筑节能条例》于2011年3月30日经广东省第十一届人民代表大会常务委员会第二十五次会议审议通过并颁布，自2011年7月1日起施行。该《条例》进一步明确建设、设计、施工、监理、施工图审查、质量监督等单位在建筑节能工作中的责任，规范建筑能效测评机构的行为，强化建筑节能工作的激励机制。

▲2011年5月30日，广东省住房和城乡建设厅召开法制讲座暨“六五”普法动员大会。
(广东省住房和城乡建设厅法规处供稿)

【《广东省促进散装水泥发展和应用规定》公布实施】　《广东省促进散装水泥发展和应用规定》于2011年1月21日经广东省人民政府第十一届第六十八次常务会议通过并颁布，自2011年5月1日起施行。该《规定》明确建设行政主管部门可根据经济社会发展状况逐步扩大禁止使用袋装水泥和现场搅拌混凝土及砂浆的范围，并建立散装水泥发展和应用规划、预拌砂浆生产企业备案制度以及预拌混凝土和预拌砂浆的使用情况核验制度。《规定》的颁布实施将推动广东省散装水泥的发展和应用，促进节约资源和能源，保护环境。同时，广东省人民政府1997年3月27日以省政府令第12号发布、2000年6月8日以粤府〔2000〕34号文件修改的《广东省散装水泥管理规定》予以废止。

【《广东省城乡规划条例》修改完善】　为深入贯彻落实2008年1月1日起施行的《中华人民共和国城乡规划法》，加强和改进广东省城乡规划工作，促进提高城镇化发展水平，保护历史街区、建筑和自然风貌，传承广东省优秀自然文化遗产，广东住房和城乡建设厅组织起草《广东省城乡规划条例》（草案征求意见稿）。2011年，省住房和城乡建设厅通过论证会、座谈会和书面征求意见等多种形式，就《广东省城乡规划条例》征求专家、各地级以上市规划主管部门和省直各有关单位的意见，并参照有关意见对《广东省城乡规划条例》进行修改和完善。

【《广东省建设工程质量管理条例》修订】　为加强广东省建设工程质量管理，规范建设各方责任主体行为，保证建设工程质量，保护人民生命和财产安全，省住房和城乡建设厅根据《中华人民共和国建筑法》、《建设工程质量管理条例》等法律法规，结合全省建设工程发展现状，对1997年起实施的《广东省建设工程质量管理条例》进行修订，组织起草《广东省建设工程质量管理条例（修订草案送审稿）》。2011年，就该《条例（修订草案送审稿）》征求省直各有关部门和各地级以上市住房和城乡建设行业主管部门的意见，对其进行修改和完善。

【广东省城镇住房保障立法工作】为贯彻落实国务院和中共广东省委、省政府关于切实解决城镇低收入家庭住房困难的有关精神，针对广东省住房保障机构不健全、保障性住房建设用地和资金落实困难，特别是住房保障法律法规体系和相关制度还不够完善等现状，省住房和城乡建设厅组织开展广东省城镇住房保障立法工作，起草《广东省城镇住房保障条例》，于2011年2月底提请广东省人民政府审议《广东省城镇住房保障条例（送审稿）》，并配合广东省人民政府法制办公室做好立法调研和征求意见工作。此后，按照省领导指示和有关讲话精神，将《条例》修改成《广东省城镇住房保障办法》，并按照省政府规章的要求和有关意见，会同广东省人民政府法制办公室进行进一步修改、完善，形成《广东省城镇住房保障办法（送审稿）》。

【法规、规章和规范性文件清理】2011年，根据广东省人大常委会和广东省人民政府统一部署，省住房和城乡建设厅对照《行政强制法》，对20件住房城乡建设行业地方性法规进行行政强制专项清理，向广东省人大常委会提出拟保留15件、拟修订4件、拟废止1件的清理建议。根据广东省人民政府法制办公室《关于开展工程建设领域规章规范性文件清理工作的通知》和《关于开展有关征地拆迁规章和规范性文件专项清理工作的通知》、《关于开展涉企规章和规范性文件清理工作的通知》等要求，省住房和城乡建设厅开展多次规章和规范性文件专项清理工作。截至2011年底，由省住房和城乡建设厅制发现行有效的规范性文件28件。 *（肖送文）*

行政复议和行政诉讼

【概况】 行政复议和行政诉讼案件涉及范围广，囊括行政处罚、行政许可、行政确认、行政强制等多个执法种类，但又相对集中在城市房屋拆迁、城乡规划、产权纠纷、信息公开等方面。每宗复议案件都需要进行公平、公正地审理，充分发挥行政复议定纷止争、案结事了的作用。

2011年，广东省住房和城乡建设厅严格按照《行政复议法》、《行政复议法实施条例》和相关规定受理行政复议申请，并在严格依法行政的前提下，积极探索和解、调解等行政复议新制度。

【行政复议】 2011年，广东省住房和城乡建设厅共办理行政复议案件95宗。其中，依法受理90宗，不符合法定受案条件、决定不予受理的5宗。在受理的90宗案件中，经审理依法予以维持的有75宗，依法驳回申请人行政复议申请的有10宗，申请人撤销复议申请的有4宗，确认违法的有1宗。其中，涉及房地产管理的69宗（占72.6%），涉及建筑市场管理的20宗（占21.1%），涉及城乡规划的6宗（占6.3%）；行政许可引发的69宗（占72.6%），政府信息公开引发的9宗（9.5%），行政裁决引发的行政复议8宗（8.4%），行政处罚引发的3宗（3.2%），行政确认引发的3宗（3.2%），其他3宗（3.2%）。是年，广东省住房和城乡建设厅机关作为被申请人被住房和城乡建设部、广东省人民政府要求行政复议答复的案件共3宗，两复议机关都作出终止行政复议审查的决定。

【行政诉讼】 2011年，广东省住房和城乡建设厅被提起行政诉讼5宗，涉及房屋拆迁的3宗，城乡规划的1宗，房屋登记的1宗。其中4宗法院判决广东省住房和城乡建设厅胜诉，1宗一审法院判决广东省住房和城乡建设厅胜诉，二审尚未审结。 *（肖送文）*

▲ *《广东省民用建筑节能条例》于2011年7月1日起施行。图为6月28日省住房和城乡建设厅、省人大常委会法制工作委员会联合在广州召开《广东省民用建筑节能条例》宣传贯彻会。* *（广东省住房和城乡建设厅法规处供稿）*

法制宣传教育

【概况】 2011年是“六五”普法开局之年。广东省住房和城乡建设厅在总结“五五”普法依法治理工作的基础上，推荐典型，表彰先进，同时启动“六五”普法依法治理工作。

【住房和城乡建设部普法调研】 2011年9月5日，住房和城乡建设部法规司副司长徐宗威率调研组到广东省住房和城乡建设系统开展普法工作调研。省住房和城乡建设厅、清远市人民政府、珠海市住房城乡规划建设局、清远市住房和城乡建设局、城市综合管理局、城乡规划局和清城区、清新县、佛冈县住房和城乡建设局的代表参加座谈会。会上，徐宗威充分肯定省住房和城乡建设系统“五五”普法工作所取得的成绩，同时要求在“六五”普法工作中，要以“五五”普法工作为基础，创新宣传手段，通过健全法律法规来约束市场经济的逐利行为。

【《广东省住房和城乡建设系统开展法制宣传教育的第六个五年规划》】 根据《中央宣传部、司法部关于在公民中开展法制宣传教育的第六个五年规划（2011~2015年）》和广东省人民政府法制办公室关于《法治广东建设五年规划（2011~2015年）》的实施意见等有关规划和政策文件精神，结合全省住房和城乡建设系统实际，省住房和城乡建设厅起草《广东省住房城乡建设系统开展法制宣传教育的第六个五年规划（征求意见稿）》，对全省住房和城乡建设系统开展“六五”普法依法治理工作作出全面部署。

【法制讲座暨“六五”普法动员大会】 2011年5月30日，广东省住房和城乡建设厅组织召开住房和城乡建设厅法制讲座暨“六五”普法动员大会，对厅机关及直属单位的“五五”普法工作进行总结，对“六五”普法工作进行部署，并开展以“幸福广东，与法同行——法治是加快转型升级，建设幸福广东的第一保障”为主题的法制讲座活动。

【推荐表彰普法先进典型】 2011年，在总结“五五”普法依法治理工作的基础上，广东省住房和城乡建设厅向全国普法办公室、住房和城乡建设部、广东省普法办公室推荐普法典型，推广普法经验。汕尾市住房和城乡建设局获全国“五五”普法工作先进集体称号，广东省住房和城乡建设厅卿文峰获全国“五五”普法工作先进工作者称号；广州市城乡建设委员会、珠海市住房和城乡规划建设局、清远市住房和城乡建设局3个单位被评为全国住房和城乡建设系统“五五”普法工作先进单位，深圳市规划与国土资源委员会武小平等5人被评为全国住房城乡建设系统“五五”普法工作先进个人；广东省住房和城乡建设厅等本系统6个单位获全省“五五”普法先进集体称号，广州市城乡建设委员会侯永铨等本系统7人获全省“五五”普法先进工作者称号。 *（肖送文）*

▲*2011年9月5日，住房和城乡建设部到广东开展普法调研。*

（广东省住房和城乡建设厅法规处供稿）

执法监察

【概况】 2011年，广东省住房和城乡建设厅以落实科学发展观为指导，围绕全省住房和城乡建设的中心工作，以完善制度体系和构建广东省行政执法监察工作网络为依托，夯实执法监察的基础；以解决全省住房和城乡建设领域存在的突出问题为重点，积极开展重点稽查执法工作；以推动广东省城乡规划督察员工作为途径，强化全省城乡规划监察力度。通过建章立制，规范行政执法行为，稳步推进行政执法监察工作，加强对全省住房和城乡建设系统行政执法工作的指导和监督。

全省住房和城乡建设系统加大稽查执法工作的力度，取得了较好的执法成果。是年，全省住房和城乡建设系统共组织开展专项检查2938次，发现违法违规问题56687个，纠正违法违规问题55081个，查处违法违规行为28415宗；共组织专家查处各类案件22140件，罚没金额6034万元，给予行政机关处理175件，给予行政执法人员处理20人；全系统在日常执法监督检查中，作出行政处罚53474宗，其中，警告23894宗，罚款27576宗，责令停产停业155宗，暂扣许可证46宗，吊销许可证20宗，其他处罚1783宗。

【执法监察工作制度建设】 2011年，广东省住房和城乡建设厅狠抓行政执法监察工作制度和机制的建设，初步建立一批与当前执法监察工作要求相适应的基本工作制度。一是出台《关于印发〈广东省住房和城乡建设厅执法监察局主要工作职责〉的通知》，进一步明确执法监察局的工作职责；二是印发《关于建立全省住房和城乡建设系统行政执法统计分析制度的通知》，定期对行政执法机构及执法人员、专项稽查执法、专案稽查执法、行政处罚案件等情况进行统计分析；三是完善违法违规案件举报受理工作制度，明确受理举报“五个严格”的要求；四是建立全省住房和城乡建设执法监察工作网络，进一步强化全省执法监察工作。

【行政执法规范化建设】 2011年，广东省住房和城乡建设厅根据全省住房和城乡建设系统行政执法的实际情况，提出“五个规范化”的工作目标：一是清理行政执法主体和依法合理界定执法职权，做到执法主体合法、权责清晰，实现执法主体规范化；二是健全所有行政执法事项的实施程序，做到程序公开合法、高效便民，实现执法程序规范化；三是制订和使用一套适合行政执法工作的标准执法文书，做到内容合法、格式统一，实现执法文书规范化；四是建立一套与行政执法工作相配套的管理制度，做到执法有规、管理有矩，实现执法队伍建设规范化；五是完善一套行政执法层级监督和内部监督的工作机制，做到监督有手段、检查有标准，实现执法监督考核规范化。是年，省住房和城乡建设厅组织编写全省统一的行政执法处罚文书制作规范；下发《关于在全省住房和城乡建设系统开展行政执法案卷评查的通知》，部署全省行政执法案卷评查工作；组织编制住房和城乡建设系统行政处罚自由裁量权基准（初稿）。通过采取多种措施推动全省住房和城乡建设系统行政执法规范化建设的各项工作。

▲2011年8月30日，广东省住房和城乡建设厅召开首批城乡规划督察员聘任暨派遣工作会议。（广东省住房和城乡建设厅执法监察局供稿）

【执法人员专业法律法规培训】 为落实好《广东省行政执法责任制条例》、《广东省〈行政执法证〉管理办法》和住房和城乡建设部、国务院法制办《关于加强行政执法人员建设专业法律法规知识培训有关问题的通知》等文件的要求，2011年，广东省住房和城乡建设厅、省法制办联合印发《关于进一步加强全省住房和城乡建设行政执法人员专业法律法规知识培训工作的通知》，提出凡广东省住房和城乡建设系统行政执法岗位工作的在编人员在新申请或年审换领行政执法证前应参加住房和城乡建设专业法律法规知识培训考试，将全省住房和城乡建设系统建设行政执法人员资格考核、持证上岗和岗后培训工作纳入统一管理，以此促进全省住房和城乡建设系统行政执法人员专业法律法规知识水平的提高。

【珠江三角洲城乡规划督察员巡察制度】 经广东省人民政府同意，广东省住房和城乡建设厅于2011年8月30日在广州召开广东省首批城乡规划督察员聘任暨派遣工作会议，正式聘任陈醒钟、蔡启富、刘家驹、赵崇仁、刘慧林、张华义等6人担任广东省首批省派遣城乡规划督察员。成立两个城乡规划督察员组对珠三角9个城市进行巡察。通过城乡规划督察员事前和事中的监督，及时发现、制止、查处珠三角各市城乡规划违法违规行为，确保城乡规划得到有效的实施；探索实现社会监督同行政执法监督、城乡规划监督制度和行政责任追究制度有效衔接的新渠道，拓展行政执法监督的范围，增强行政执法监督工作的及时性和有效性。

【稽查执法】 2011年，广东省住房和城乡建设厅以“三个坚持”为着力点，切实推进全省住房和城乡建设系统的稽查执法工作。一是坚持突出重点，统筹推进住房和城乡建设领域稽查执法工作的开展。针对全省住房和城乡建设领域存在的突出问题，以惩防并举、重在预防、查建相结合的原则，制订全省开展重点稽查执法的工作方案，指导全省各地开展稽查执法工作。加强对房地产市场调控、住房保障、城乡规划、建筑节能和城镇减排、住房公积金管理、工程质量安全、城市供水安全和桥梁安全、建筑市场秩序、行政执法规范化建设等八个方面的专项稽查执法。二是坚持依法查办案件，严厉打击住房和城乡建设领域的违法违规行为。是年，省住房和城乡建设厅执法监察局共立案查处案件97宗，其中住房和城乡建设部转办案件13宗，企业提供虚假材料申请资质案件49宗，其他投诉举报案件35宗。三是坚持严格执法与疏导教育相结合，发挥执法监察在纠正不正当行为和查处违法经营行为的效能作用。是年，省住房和城乡建设厅加强对重大复杂案件的查办力度，对一些城市发生的重点工程质量问题、房屋测绘问题、经济适用房分配问题、某校工程建设进度影响入学问题、房屋拆迁程序问题、某项目违法建设问题等进行实地调查处理。在案件办理过程中，坚持依法办案和规范行政行为相结合，及时向相关主管部门发出《行政执法监督检查建议书》，责成相关主管部门对不当行政行为进行整改，在严厉打击违法违规行为的同时，及时化解潜在的社会矛盾。 *(苏智勇)*

机关工作与援扶工作

□纪律教育学习月活动继续开展

□机关作风监督员制度进一步完善

□广东省绿道网建设管理办公室成立

□干部培训力度加大

□支援帮扶工作取得新成绩

综　　述

【概况】　2011年，广东省住房和城乡建设厅加强机关作风建设，完善厅机关作风监督员制度，不断提高厅直属机关窗口单位的服务效能。

是年，广东省住房和城乡建设厅继续做好援藏、援疆和“规划到户、责任到人”扶贫开发工作。投入各类帮扶资金391万多元。

【机关作风建设】　2011年，广东省住房和城乡建设厅积极开展机关作风建设。一是坚持开展纪律教育学习月活动。围绕“以人为本，执政为民”的主题，组织厅机关和直属单位干部职工学习十七届中央纪委六次全会、省纪委十届五次全会精神，观看反腐倡廉专题教育片，加强党纪政纪和法律法规教育，加强思想道德建设，增强党员干部的法纪观念、自我约束能力和思想素质、道德修养，营造“为民、务实、清廉”的机关氛围。二是完善厅机关作风监督员制度。是年，省住房和城乡建设厅为第一、第二批69名厅机关作风监督员印发监督员证，为第一批39名厅机关作风监督员发出续聘通知和聘书。三是成立厅直属机关窗口单位提高服务效能工作小组。主要任务是通过采取定期和不定期召开工作座谈会、研讨会、现场观摩会等方式，组织厅直属机关窗口单位相互交流经验，共同研讨并找出解决工作中遇到新情况、新问题的对策和措施。

(何思权)

人事管理

【概况】　2011年，广东省住房和城乡建设厅继续发挥围绕中心服务大局的职能作用，较好地完成各项工作任务。

【机构编制管理】　2011年，广东省住房和城乡建设厅机构编制管理工作取得新的突破。一是上报广东省机构编制委员会办公室申请成立常设机构广东省绿道网建设管理办公室，负责统筹落实和推进绿道网建设管理工作。9月获批准。二是为应对广东省城市供水水质安全的严峻形势，加强城市供水水质督察，上报广东省机构编制委员会办公室申请设立广东省城市供水水质监测中心。三是具体指导省住房和城乡建设厅直属7个直属事业单位研究制订各单位的岗位设置方案。11月，获广东省人力资源和社会保障厅核准，为全面建立事业单位岗位管理制度奠定基础。

【干部选拔任用和调配】　2011年省住房和城乡建设厅积极做好干部竞争性的选拔工作，大力推进差额选拔干部，加大干部交流轮岗工作。一是完成广东省住房和城乡建设厅机关3名副处长和广东省建设工程造价管理总站1名副站长的公开遴选。二是协助中共广东省委组织部完成两人提任广东省住房和城乡建设厅副巡视员，1人提任广东省建筑设计研究院院长，两人提任广东省建筑设计研究院副院长的民主推荐、组织考察、民主测评和报批等工作。三是组织完成3人提任副调研员，1人提任直属事业单位副职的民主推荐、组织考察、民主测评和职务任免工作，以及3人提任副主任科员的审批工作。四是组织完成6名正处级干部、9名副处长和3名直属事业单位副职试用期满(聘任期满)的组织考察、民主测评和任职工作。五是加强干部交流轮岗，完成3名处长、两名副处长和1名副调研员，以及直属事业单位1名正职、两名副职的轮岗任职或聘任工作。六是完成调任1名、转任3名公务员的考察、报批和任职工作。七是完成两名厅级干部退休的报批和4名处级干部退休的审批工作。八是完成选派挂职干部工作，选派1人为第十二批博士服务团成员，挂任海南省琼中县副县长。选派1人为第八批科技副职人选，挂任梅县副县长。完成第七批科技副职挂职人员1人挂职期满的考核。九是完成1人转任茂名市城乡规划局局长、党组书记，1人调任韶关市城乡规划局局长、党组书记，1人调任湛江市城市规划局副局长、党组副书记的有关工作。十是完成接收安置4名军转干部工作。

(王瑞斌)

【干部年度考核】　2011年，按照《广东省公务员考核办法》和《省住房和城乡建设厅机关工作人员考核办法》的精神，广东省住房和城乡建设厅对机关公务员进行年度考核。按照“个人总结、处室考评、确定优秀候选人、民主推荐”的步骤，经厅年度考核工作领导小组和党组研究，通过上报省人力资源和社会保障厅审核等程序，顺利完成厅机关103人2011年年度考核工作，批准15人年度考核等次为优秀，其余为称职等次。组织完成7个直属事业单位领导班子及26名领导班子成员的年度考核工作。　(陈思明)

【干部因公出国（境）管理】　2011年，广东省住房和城乡建设厅严格按照因公出国（境）管理的规定和要求，认真办理广东省住房和城乡建设厅机关和直属事业单位因公出国和赴港澳台报批工作。是年，共办理3个团组以及105人次出国出境考察学习或参加会议的报批手续。这一年，省住房和城乡建设厅首次组织省直部门和地级以上市业务主管部门共13人的培训团组赴美国参加为期25天的国外垃圾收集处理法律政策和技术标准体系学习培训。　(王瑞斌)

【干部培训】　2011年，广东省住房和城乡建设厅继续加大干部培训

广东省住房和城乡建设厅职能

序号	职　能
1	贯彻执行国家和省有关住房和城乡建设工作的方针政策和法律法规，组织起草有关地方性法规、规章草案，组织编制相关规划和年度计划，拟订相关政策、标准并指导和监督实施。
2	承担推进住房改革与发展和保障城镇低收入家庭住房的责任。指导全省住房制度改革工作，会同有关部门做好省级财政廉租住房保障资金安排并监督各地组织实施。
3	负责住房公积金监督管理，确保公积金的有效使用和安全。会同有关部门拟订住房公积金政策并组织实施，制定住房公积金缴存、使用、管理和监督制度，监督全省住房公积金和其他住房资金的管理、使用和安全。
4	承担规范房地产市场秩序、监督管理房地产市场的责任。指导城镇土地使用权有偿转让和开发利用工作，提出全省房地产行业发展规划和产业政策。
5	承担城乡规划监督管理的责任。指导全省城乡规划的编制、实施和管理工作，负责省人民政府交办的城市总体规划、市域城镇体系规划的审核报批和监督实施，参与土地利用总体规划等相关规划的审核，会同文物行政部门负责历史文化名城（镇、村）保护的监督管理工作。
6	承担指导城市建设的责任。指导城市供水、节水、燃气、污水和生活垃圾处理等市政公用设施的建设、安全和应急管理，负责国家级、省级风景名胜区的审核报批和监督管理，组织审核世界自然遗产的申报，会同有关部门审核世界自然遗产与文化遗产双重遗产的申报。
7	承担规范、指导村镇建设的责任。指导村镇规划的编制、实施和管理工作，指导村镇建设和农村住房建设，指导小城镇和村庄人居环境的改善工作。
8	监督管理建筑市场，规范建筑市场各方主体行为。指导全省工程建设、建筑业的行业改革发展，制定和发布工程建设全省统一定额、工期定额和有关技术标准并监督和指导实施，负责推进工程勘察设计业的改革发展。
9	承担建筑工程质量安全监管的责任。负责全省工程质量和安全生产工作的指导和监督检查，指导编制工程质量安全事故应急救援预案，组织或参与重大工程质量安全事故调查和处理。
10	承担推进建筑节能减排和行业科技发展的责任。组织科技项目研究开发，指导建设科技成果转化推广，负责发展散装水泥和商品混凝土的管理工作，指导行业注册师执业资格管理工作，会同有关部门组织行业的职称改革及专业技术职称评审工作，组织制定地方工程建设标准、规范、规程并监督实施。
11	开展住房和城乡建设方面的对外经济技术交流与合作。
12	承办省人民政府与住房和城乡建设部交办的其他事项。

（摘自广东省人民政府办公厅文件）

广东省住房和城乡建设厅领导成员

职　务	姓　名 / 任　期
党组书记、厅长	房庆方（2009.09～　　）
党组副书记	陈英松（2009.11～　　）
副厅长	陈英松（2009.10～　　）　李台然（2009.10～　　）　蔡　瀛（2009.10～　　） 杜　挺（2009.09～　　）
党组成员	蔡　瀛（2009.09～　　）　杜　挺（2009.09～　　）
党组成员、省纪委（省监察厅）派驻省住房和城乡建设厅纪检组长（监察专员）	李锡洪（2009.09～　　）
党组成员、总工程师	李新建（2009.12～　　）
党组成员、巡视员	陈承旗（2009.09～　　）　刘锦红（2009.09～　　）
执法监察局局长	陈天翼（2010.02～　　）
副巡视员	李运章（2009.09～　　）　刘丽萍（2011.07～2011.07）　郭德居（2011.08～2011.10）
中共广东省住房和城乡建设厅直属机关委员会书记	李锡洪（2009.12～2011.03）　杜　挺（2011.03～　　）

（广东省住房和城乡建设厅人事处）

广东省住房和城乡建设厅各处室职能

处室名称	职　　能
1. 办公室 主任：黄维德（2009.11～　）	负责文电、会务、机要、档案等机关日常工作；承担信息、安全、保密、新闻宣传、信访、督办、政务公开等工作；起草重要文稿；负责住房和城乡建设经济技术交流与合作；指导和协调住房和城乡建设系统电子政务、城市建设档案工作。
2. 法规处 处长：刘耿辉（2010.08～2011.08） 章吉青（2011.08～　）	组织起草有关地方性法规、规章草案；承担有关规范性文件的合法性审核工作；承担有关行政复议和行政应诉工作；负责行政许可实施的监督和评估；负责住房和城乡建设法律法规实施的评估；组织住房和城乡建设普法工作。
3. 计划财务处 处长：张平（2010.07～　）	指导住房和城乡建设系统行业信息统计工作；负责机关各项资金、国有资产的管理、使用和财务工作；承担住房和城乡建设系统行政事业性收费项目的立项、申报和管理工作，指导直属事业单位财务监督管理和审计工作。
4. 住房发展与房地产市场监管处 处长：潘伟堂（2009.11～　）	拟订住房和房地产管理政策并监督实施；提出住房和房地产产业发展规划和产业政策；编制住房建设规划和年度计划并指导、监督实施；指导全省城镇住房制度改革与住房发展工作；指导城镇土地使用权有偿转让和开发利用工作。
5. 住房保障处 处长：吕洪清（2010.06～2011.08） 刘耿辉（2011.08～　） 6. 住房公积金监管处 处长：余云枢（2009.11～　） （住房保障处与住房公积金监管处合署办公）	拟订本省城镇住房保障政策法规、编制住房保障发展规划和年度计划并监督执行；会同有关部门拟订本省住房公积金发展规划并组织实施；拟订住房公积金缴存、使用、管理和监督制度；会同有关部门做好省级财政廉租住房保障资金安排并监督各地组织实施；监督全省住房公积金及其他住房资金的管理、使用和安全；指导住房公积金业务网络管理系统的建立，管理住房公积金监督网络系统和举报投诉系统。
7. 城乡规划处（珠江三角洲城镇群规划管理办公室、省绿道网建设管理办公室） 处长：邱衍庆（2010.11～　）	拟订城乡规划及城镇化发展的政策和法规、规章草案；组织编制和监督实施省域城镇体系规划、珠江三角洲城镇群规划及其他次区域规划；指导全省城乡规划的编制、实施和管理；承担省人民政府交办的城市总体规划、市域城镇体系规划的审核报批和监督实施；承担地级以上市控制性详细规划的备案管理工作；参与县以上土地利用总体规划等相关规划的审核；按规定权限核发建设项目选址意见书；承担历史文化名城及历史街区保护的监督管理工作；指导城市勘察、市政工程测量、地下空间开发利用和城市雕塑工作；监督管理城乡规划编制单位；统筹落实和推进绿道网建设管理工作。
8. 城市建设处 处长：郭壮狮（2010.07～　）	承担国家级、省级风景名胜区的审核报批和监督管理；指导城市市政公用设施的应急管理；指导城市供水、节水、燃气、市政设施、园林、市容环境治理等工作；指导城镇污水和生活垃圾处理设施建设和运行监管；指导城市规划区的绿化工作；指导城市地铁与轨道交通的规划和建设；承担世界自然遗产项目和世界自然与文化双重遗产项目的有关工作。
9. 村镇建设处 处长：黄祖璜（2009.11～　）	拟订村镇规划建设的政策和法规、规章草案；指导村镇规划的编制、实施和管理工作；指导村镇建设和农村住房建设；参与村镇土地利用总体规划等相关规划的审核；指导小城镇和村庄人居生态环境的改善工作；会同文物行政部门负责历史文化名镇（村）保护的监督管理工作。
10. 建筑市场监管处 处长：廖江陵（2009.11～　）	拟订工程建设、建筑业、勘察设计的行业发展政策、规章制度并监督执行；拟订规范建筑市场各方主体行为、房屋和市政工程项目招标投标、建设监理、施工合同管理、工程风险管理的规章制度并监督执行；监督施工企业、建设监理企业、工程建设项目招标代理机构、工程造价咨询机构、勘察设计咨询单位资质标准的执行；组织拟订建设工程全省统一定额、工期定额和工程造价技术标准并监督和指导执行；参与省重点工程项目建设的有关工作；监督房屋和市政工程抗震设防标准的执行；组织大中型工程项目初步设计审查；负责建筑工程施工图设计审查的监督管理；指导建筑节能设计、建筑工程设计招标投标工作。
11. 工程质量安全监管处 处长：梁志华（2009.11～　）	拟订建筑工程质量、建筑安全生产规章制度和技术标准并监督执行；指导全省工程质量和安全监督、检测机构的监督管理和相关人员的考核工作；承担全省施工企业安全生产的监督管理和相关人员的考核工作；指导编制工程质量、安全事故应急救援预案；组织或参与工程重大质量、安全事故的调查处理。

（续上表）

处室名称	职　　能
12. 科技教育处 处长：钟汉谋（2009.11～　）	拟订住房和城乡建设行业科技、建筑节能、墙体材料革新以及散装水泥的发展规划和政策并监督执行；组织拟订工程建设标准、规范、规程并监督实施；组织科技项目研究开发，指导科技成果的转化推广；指导发展散装水泥和商品混凝土工作；指导行业从业人员继续教育、岗位培训和职业技能鉴定；指导行业注册执业资格管理工作；会同有关部门组织行业的职称改革及专业技术职称评审工作。
13. 行政许可管理处 处长：洪冰（2009.11～　）	承办本厅直接实施和审查上报住房和城乡建设部的企业资质、个人执业资格类行政许可事项的审批、核准、审核、备案和变更工作。
14. 人事处 处长：谢莉珍（2009.11～　） 15. 直属机关党委办公室 主任：谭龙海(2010.07～　) (人事处与直属机关党委办公室合署办公)	负责机关和指导直属单位的人事管理、机构编制、劳动工资、离退休人员服务和党群等工作；指导全省住房和城乡建设系统精神文明建设工作。
16. 执法监察局 局长（副厅级）：陈天翼（2010.02～　）	监督有关住房和城乡建设法律法规、标准的执行；指导、监督、协调全省住房和城乡建设综合行政执法工作；承办住房和城乡建设领域重大纠纷和案件的有关工作，组织检查和处理相关违法违规行为。

（广东省住房和城乡建设厅人事处）

广东省住房和城乡建设厅各直属单位职能

单位名称	职能
1. 广东省建设厅工会委员会（2011年5月更名为广东省住房和城乡建设工会委员会） 主席：林兆雄（2009.11～　）	领导厅机关及直属基层工会，指导全省建设系统工会。
2. 广东省散装水泥管理办公室 主任：郭德居（1993.09～2011.09） 袁庆华（2011.09～　）	负责发展散装水泥和商品混凝土管理的具体业务。按规定征收、管理和使用发展散装水泥专项资金；负责散装水泥工作的信息交流、宣传教育、专业培训和新技术、新工艺、新设备的推广应用；受委托协调散装水泥生产、运输、中转、使用等环节中出现的问题。
3. 广东省建筑设计研究院 院长：何锦超（2002.11～2011.06） 王洪（2011.06～　） 党委书记：李鸿辉（2004.03～　）	承担建筑设计及规划、室内装修设计、结构、桥梁道路、给排水、电气照明、空气调节、机械、经济分析、电子计算、工程总承包、房地产开发、工程测试、岩土工程、科技开发、技术咨询等业务。还承担本行业国外和国内外资工程的勘测、咨询、设计和监理业务及其所需的设备、材料及零配件出口，对外派遣本行业的勘测、咨询、设计和监理劳务人员。
4. 广东省城乡规划设计研究院 院长：曾宪川（2010.11～　） 党委书记：钱中强（2009.07～　）	承担区域规划、城镇体系规划、城市（村镇）总体规划、控制性及修建性详细规划、城市设计、风景园林规划设计、建筑设计、市政工程设计、投资策划、房地产开发、工程监理等业务。
5. 广东省建设信息中心 主任：李健明（2008.10～　）	负责全省建设系统信息资源开发、利用和管理，收集、整理建设市场信息，建立建设行业信息网络和数据库，指导建设行业信息工作。
6. 广东省建设工程造价管理总站 站长：袁庆华（2009.07～2011.09） 副站长并主持工作： 刘宗孝（2011.09～　）	贯彻执行国家建设工程造价管理和工程建设定额的方针、政策和法规，负责建设工程造价和工程定额的编制、修订、解释等具体管理工作，指导省工程建设定额的执行，指导编制建设工程估算、概算、结算，受省建设厅委托发布工程造价信息，指导标底的编制审核工作，按规定参与建设工程招投标的审标、评标、定标工作。
7. 广东省建设工程质量安全监督检测总站 站长：吴松（2009.07～　）	指导全省建设工程质量、安全监督检测机构的业务工作，组织省直单位、中央、部队在粤建设工程和省重点项目工程质量安全监督工作，负责有关工程质量安全方面的规划、培训、考核、统计等，接受上级主管部门和社会委托，对工程的质量情况进行检测、鉴定。
8. 广东省建设执业资格注册中心 主任：梁雄光（2008.04～　）	执行国家有关执业资格注册的方针、政策，受省建设厅、人事厅的委托承担建设行业执业资格注册的有关具体工作。承办注册建筑师、注册结构工程师、注册监理工程师、注册房地产估价师、注册造价工程师、注册规划师、注册建造师等的培训工作，协助有关部门办理这类建设专业执业资格考试的有关考务工作。

（广东省住房和城乡建设厅人事处）

工作力度，多层次、多渠道地选派干部参加各类培训。一年来共选派37名干部出国、出境或在国内、省内参加各类的培训，培训内容包括：党派合作、城乡统筹、公共管理以及任前业务培训等，增强了干部的理论和业务素质。

根据中共广东省委组织部进一步拓宽大规模培训干部渠道的部署，广东省住房和城乡建设厅组织机关干部和直属各单位领导班子成员参加“广东省干部培训网络学院”的网络学习培训，全年约160人在网络学院注册并开展网络学习。（陈思明）

【干部培养锻炼】 2011年，广东省住房和城乡建设厅继续选派干部到基层培养锻炼。选派主任科员李海涛到梅州市丰顺县留隍镇莲塘村负责“规划到户、责任到人”的扶贫开发工作，挂任莲塘村委会主任助理；选派广东省城乡规划设计研究院市政设计所技术总监、高级工程师、博士凌霄为第十二批博士服务团成员，挂任海南省琼中县副县长。对继续挂任新疆喀什地区行署副专员并担任广东省对口支援新疆工作前方指挥部成员、广东省对口支援新疆工作前方指挥部副总指挥的张少康，挂任西藏林芝地区住房和城乡建设局党组副书记、副局长的卢立明加大支持力度，鼓励他们发挥聪明才干，为当地建设多作贡献。（金芳）

【老干部工作】 截至2011年底，广东省住房和城乡建设厅共有离退休干部102名，其中离休干部18名，退休干部84名。省住房和城乡建设厅党组高度重视离退休干部工作，强化服务意识，高标准、严要求，全力以赴地做好为离退休人员服务工作，精心组织多项老干部活动，丰富老同志的晚年生活。全年共协助安排1次老干党支部大会和4次老干党支部支委会；重要节日组织上门慰问以及敬老团拜会；继续组织季度生日午宴活动；组织60多名老干部到新兴建兴山庄疗养；组织离休和厅级退休老干部到从化温泉镇疗养。及时慰问和探望生病住院的老干部。（陈思明）

【资金保障】 2011年，广东省住房和城乡建设厅为保障珠三角绿道网规划建设、保障性安居工程、建筑节能、治污保洁工程等中心工作的顺利开展，根据年度专项业务资金需求和分配计划，编制年度专项资金预算，向省财政申报预算资金，是年省财政共下达专项预算资金3.3亿元，其中转移支付补助地级市县2.91亿元。针对全省住房和城乡建设行业的新任务和新情况，额外争取省财政资金支持。向省财政厅申请经费46万元，为实施提高城市化发展水平作前期准备；根据政府采购协议（GPA）工作，向省财政申请资金30万元，用以研究省政府采购工程领域出价清单问题；筹措援藏工作经费105万元，确保省住房和城乡建设厅支援西藏建设工作顺利开展。

【财务资金管理】 2011年，根据广东省财政预算资金安排，省住房和城乡建设厅做好专项资金的使用计划和安排，按工作计划和项目实施进度，合理使用和拨付项目资金，是年省财政直接支付地级市县保障性安居工程等专项补助资金2.58亿元，省住房和城乡建设厅拨付项目资金697.92万元，使用专项资金523.88万元。注重对专项资金实施监控、跟踪和检查，经评审，城镇廉租住房保障省级专项、省治污保洁工程（垃圾处理设施）、省级珠三角绿道网规划建设3个项目通过省财政支出项目绩效评价。按照省财政厅、监察厅制定的《省直机关事业单位行政经费节约考核办法》规定，严格控制机关行政经费支出，2011年终行政经费考核结果显示：广东省住房和城乡建设厅公用经费预算实际执行情况和交通费、出国费、会议费、办公费、招待费、培训费6个经济科目实际支出数均未超过单位行政经费考核基数，省财政厅对省住房和城乡建设厅行政经费节约考核为“良好”等次。

【财务基层服务】 2011年，广东省住房和城乡建设厅协助省政府解决撤销广东粤建实业发展公司的职工安置补偿问题，审核广东粤建实业发展公司向省政府申报的经济补偿方案，落实省财政安置资金452万元，及时足额将安置资金全部发放到职工个人手中，避免了群体性上访事件的发生。指导所属企业化（中型）管理事业单位企业工效挂钩工作，根据广东省人力资源和社会保障厅批复的工效挂钩工资清算和实行工资总额同自营产值挂钩方案，广东省建筑设计研究院、广东省城乡规划设计研究院完成2010年工资清算，并制订和报送2011年继续实行工效挂钩方案。（傅学燕）

支援帮扶工作

【概况】 2011年，广东省住房和城乡建设厅继续积极做好援藏、援疆和“规划到户、责任到人”扶贫开发工作，对茂名、阳江市灾后重建做了大量工作。

【扶贫开发】 2011年，广东省住房和城乡建设厅认真抓好梅州市丰顺县莲塘村扶贫开发“双到”工作措施的落实，全年投入各类帮扶资金391万多元（其中厅自筹185万多元），在特色产业、民生保障、基础设施、宜居创建、基层党建五个方面取得新成绩。一是注重产业帮扶。佛手、橄榄的种植面积扩大到10.67公顷和40多公顷，增加鸡、猪、牛、羊、鱼等以养为主的产业扶持，扩大农村劳动力转移就业。二是注重民生保障帮扶。完成55户农房的改造任务，开展购买新农合，资助贫困子女上学，为140名60周岁以上的贫困老人购买养老保险等活动，使村民“住有所居”、“有病能医”、“学有所教”、“老有所养”。三是注重基础设施帮扶。投入128万元帮助村民解决饮水安全问题，是年饮水主体工程已竣工；修建6处陂头和1.3千米圳道；完善休闲公园健身器材配套设施，完善农田灌溉基础设施和公共服务设施。四是注重宜居创建帮扶。在推进村垃圾收运、疏通排水排污沟渠、营造村民休闲环境、改变村容村貌方面取得新成绩。2011年，梅州市丰顺县莲塘村被列入广东省第一批宜居示范村庄。

【支援西藏林芝地区】 2011年，广东省住房和城乡建设厅继续选派广东省建设工程造价管理总站副站长卢立明参加广东省第六批援藏工作队，挂任西藏林芝地区住房和城乡建设局党组副书记、副局长。

是年，广东省住房和城乡建设厅帮助林芝地区住房和城乡建设部门选取小康示范村建设、生态综合养殖、垃圾转运站、旅游环线公路建设、八一镇福清河景观带建设及改造等16个条件成熟的项目作为2011年第一批对口援藏项目。

帮助建设政务网站 2011年4月，广东省住房和城乡建设厅巡视员陈承旗带队到林芝地区住房和城乡建局考察了解信息化建设工作。随后选派广东省建设信息中心的技术专家到林芝帮助政务网站建设，并争取有关企业捐赠20万元购置网站建设设备。10月，省住房和城乡建设厅副厅长李台然率队参加林芝地区住房和城乡建设局政务网站开通仪式。

精心编制对口支援规划 组织一批规划专业人员精心编制《广东省“十二五”时期对口支援西藏经济社会发展规划》，截至2011年底，该《规划》得到有关部门的高度评价并通过国家发展改革委员会审查。

完善援藏项目管理制度 结合新时期援藏工作的特点，草拟《广东省第六批援藏工作队“交支票项目”管理办法》和《广东省第六批援藏工作队“交钥匙项目”管理办法》，规范援藏项目的管理办法，确保援藏资金用到实处。

做好2010年先行项目的建设管理 加强对八一镇格桑北路、格桑南路、青年路、科技路市政工程项目的现场监督，注重工程质量，控制资金，使工程按期保质完成并交付使用。

抓好福清河两岸整治改造项目的规划建设工作 组织由专家、学者组成的规划设计团队到实地考察调研，与当地有关部门召开交流会，对规划设计等问题进行深入讨论，2011年底顺利完成福清河两岸整治改选项目的施工设计和项目招标工作。

加强交流，促进当地发展 先后邀请中国造价协会，四川省、广州市、东莞市和佛山市等地的造价行业专业人员14批共160多人次到林芝地区进行学习交流，帮助引进先进的管理理念和模式。

【支援新疆喀什“两县一市”建设】 2011年，根据中共广东省委的要求，继续选派广东省住房和城乡建设厅正厅级干部张少康参加广东省第六批援疆工作，挂任新疆喀什地区行署副专员并担任广东省对口支援新疆工作前方指挥部成员、广东省对口支援新疆工作前方指挥部副总指挥。

是年，按照中共广东省委、省人民政府的部署，省住房和城乡建设厅全面贯彻落实中央新疆工作座谈会和对口援疆工作会议精神，把援疆工作作为重大政治任务认真落实，加大对新疆喀什地区“两市一县”（疏附县、伽师县、图木舒克市）的人才支援和技术支援等，顺利完成各项援建工作任务。

组织专业人员进疆调研和技术指导 广东省住房和城乡建设厅有关部门、各地市建设部门先后组织多批专业技术人员进疆调研、技术指导，为当地城乡规划、建设和管理工作的提高夯实基础。

科学开展规划编制工作 广东省城乡规划设计研究院、广州市城市规划勘探设计研究院、深圳市城市规划设计研究院和广东省建筑科学研究院等多家高水平设计单位承接了大量受援地区的城乡规划编制工作，组织精干技术力量，配合广东省住房和城乡建设厅的援疆工作，按时编制完成援扶地区城镇总体规划、小城镇建设规划、乡村规划及重点援建项目设计等50余项规划设计任务。其中《广东省对口支援新疆喀什地区两县及兵团农三师总体规划（2011~2020）》获新疆维吾尔自治区“创新奖”。

全面支援群众住房建设 参照当地民族地区的特点，协助援扶地区改善住房供给结构，加大支援当地安居房、保障性住房和棚户区改造的建设力度。2011年，广东省共援建新农村抗震安居房16450户，完成棚户区改造房3000户。（金芳）

【茂名市、阳江市“9·21”灾后重建规划建设】 2011年，按照中共广东省委、省人民政府的部署，省住房和城乡建设厅先后开展多次督导工作，继续做好茂名和阳江“9·21”灾后重建规划建设工作。完成茂名高州市马贵镇等6个镇、高州市大坡镇白马村委会东朗村等77个重灾村的规划编制工作，确保顺利实现2011年春节前全部受灾群众入住新房的目标。组织人员先后两次赴茂名市开展督导工作，针对规划建设中存在的问题，指导当地规划建设部门依据有关法律法规和基建程序妥善处理。（李玉泉）

工会工作

【概况】 2011年，广东省住房和城乡建设工会本着为职工服务、为党政分忧、为单位和谐、为工作加油的宗旨，坚持“有为才有位”的理念和“组织起来，切实维权”的工作方针，发挥桥梁和纽带作用，基本完成年初在强化自身建设、维护职工权益、开展文体活动、促进创先争优等方面的目标任务。

【工会活动】 2011年，广东省住房和城乡建设工会精心组织各项文体活动，充分展示广东省住房和城乡建设系统广大干部职工的风采。1月8~9日，组织厅机关和惠州市住房和城乡规划局进行体育活动，包括乒乓球、网球、羽毛球、篮球等项目的比赛并进行文艺表演；1月27日，厅机关干部职工和各直属单位代表385人参加文艺表演和表彰大会；2月22~24日，厅机关工会、各直属单位工会主席和工会5个俱乐部负责人到湛江市考察学习，进一步扩大工会以及粤建俱乐部在全省住房和城乡建设系统的影响力；3月12日，组织机关男子篮球队到中山市与中山市住房和城乡建设局进行篮球友谊赛；5月7日，组织举办第二届“粤建杯”男子篮球赛，厅机关和直属各单位参加比赛；6月17~18日，组织篮球队和羽毛球队到茂名市与茂名住房和城乡建设局进行友谊赛；8月，组织举办第二届“粤建规划杯”男子篮球赛、“长大杯”羽毛球赛；10~11月，组织举办省住房和城乡建设系统摄影和球类比赛。球类比赛设篮球、网球、女子乒乓球、男子乒乓球和羽毛球5个项目，厅机关及直属单位、全省各市局共有55支代表队参加比赛，省住房和城乡建设系统广大干部职工恪守“公平、公正”的竞争原则，赛出风格，赛出水平，加强沟通，增进友谊；12月，厅男子篮球队参加广州市“穗科杯”篮球邀请赛。组织粤建摄影俱乐部的成员参加摄影专题讲座，邀请省摄影家协会、《羊城晚报》资深摄影记者讲授摄影的专业理论知识和实践探索。先后到韶关、肇庆、江门等地进行采风活动，优秀习作编印成册。

【构建和谐劳动关系】 2011年，广东省住房和城乡建设工会以提高职代会质量为基础，继续协助厅机关及直属7个单位完善政务公开工作制度，保障和发挥职代会代表和工会组织在民主决策、民主管理、民主监督等方面的积极作用。年内，开展扶贫帮困送温暖活动。1月11~16日，工会、城建处、建管处、许可处干部赴韶关市开展送温暖活动，慰问困难职工，并就其反映的困难职工住房和子女就业等问题及时协调有关部门帮助解决。

【评先选模树典型】 2011年，广东省住房和城乡建设工会积极做好评先选模、树先进典型工作。按照省总工会的要求，争取先进名额，做好劳模的推选。是年，广东省梁亮建筑有限公司被评为“全国五一劳动奖状单位”，省规划院规划一所被评为“全国工人先锋号”；省质量安全监督检测总站被评为“广东省工人先锋号”，厅规划处副处长郭建华获“广东省五一劳动奖章”；省规划院城市发展研究中心罗小虹被评为“全国五一巾帼标兵”；在全国交通建设系统的评选表彰活动中，省住房和城乡建设工会、省城市规划院工会、省建设信息中心工会被评为工会工作先进集体，省住房和城乡建设工会主席林兆雄、湛江住房和城乡建设局肖广明、省质量安全监督检测总站郭俊萍、省建筑设计研究院陈文萍被评为优秀工会工作者，省建筑设计研究院李鸿辉被评为优秀工会之友。

(林兆雄)

党务工作与廉政建设

□ 开展『创先争优促发展』主题实践活动

□ 加强干部职工思想道德和职业道德建设

□ 治理商业贿赂工作取得新成效

□ 开展廉政文化创建活动

□ 开展廉政风险防控机制建设

综　　述

【概况】 2011年，广东省住房和城乡建设厅积极推进党务工作和廉政建设，开展“创先争优促发展”主题实践活动，在窗口单位开展“为民服务创先争优”活动。加强干部廉政自律和廉政风险防控机制建设，落实党风廉政建设责任制。开展民主评议政风行风工作和廉政文化创建活动。各项工作取得显著成效。

【庆祝中国共产党建党90周年系列活动】 2011年，广东省住房和城乡建设厅开展以“高举党的伟大旗帜，永远跟党走”为主题的爱党、爱国、爱社会主义教育系列活动。包括召开“纪念建党90周年创先争优表彰大会”，开展“党的知识竞赛”，“纪念建党90周年文艺演出”，“重温入党誓词”活动。组织100余名离退休老党员参加的庆祝活动，向全体离退休老党员转发中组部致全国老干部、老党员的慰问信，表彰优秀离退休老党员和党务工作者。 (熊小玲)

【廉政文化创建活动】 为培育廉洁价值理念，2011年广东省住房和城乡建设厅驻厅纪检组组织开展一系列廉政文化创建活动。一是每季度出版一期《住房城乡建设领域案件专刊》，摘录近期发生在住房和城乡建设领域的部分违纪违法案件，转发厅机关各处（局、室）、直属各单位和各地级以上市行政主管部门，希望引起更多人的思考，自学提高反腐倡廉思想觉悟。二是每半年印刷一张廉政宣传画，张贴在厅机关各楼层、对外办事窗口及直属各单位，使廉洁理念、廉政意识融入干部职工的日常生活中。三是征集“建设人廉政警句”，动员全省住房和城乡建设系统的干部职工结合工作岗位、职责以“修筑廉政防线、建设宜居城乡”为主题自创廉政警句，并出版成册，派发给全省各地级以上市住房和城乡建设行政主管部门。 (张丹丹)

党务工作

【概况】 2011年，广东省住房和城乡建设厅认真贯彻落实科学发展观，按照“服务中心、建设队伍”的要求，组织学习贯彻党的十七届五中、六中全会精神，省委十届会议精神、胡锦涛视察广东重要讲话精神，开展以“创先争优促发展”为主题实践活动，深入推进创先争优活动，结合纪念中国共产党成立90周年的契机，大力开展爱党、爱国、爱社会主义教育，坚持以改革创新精神推进党建各项工作，切实提高厅直属机关党建科学化水平，为全省住房和城乡建设事业科学发展提供政治动力和组织保证。

【直属机关党委重要活动】 2011年，广东省住房和城乡建设厅积极开展各项党建活动：一是学习贯彻落实中央、省委会议精神，学习贯彻胡锦涛同志在庆祝中国共产党成立90周年大会上重要讲话和党的十七届六中全会精神。二是开展以“创先争优促发展”为主题的实践活动。根据省直机关工委部署，印发《省住房和城乡建设厅开展“创先争优促发展”主题实践活动实施方案》，突出科学发展主题，推动创先争优活动的深入开展。三是在厅机关对外办事窗口单位开展“为民服务创先争优”活动。通过“亮标准、亮身份、亮承诺，比技能、比作风、比业绩，群众评议、党员互议、领导点评”为环节的比赛，推动窗口单位坚持“以人为本、执政为民”的理念，增强服务意识，改进工作作风，提高业务水平，更好地为人民群众服务。四是为隆重纪念建党90周年，以“高举党的伟大旗帜，永远跟党走”为主题开展爱党、爱国、爱社会主义教育系列活动。五是举办“机关党建走在基层组织建设前头”理论研讨活动。组织报送的《“三坚持三促进”推动住房城乡建设上台阶》研究论文入选省直机关工委编印的论文集。六是开展厅直属机关评选表彰工作。授予13个党组织为先进基层党组织，71名党员为优秀共产党员，30名党务工作者为优秀党务工作者。七是做好党的十八大、省十一次党代会和省直党代会代表的推荐选举工作。

【创先争优促发展主题实践活动】 2011年2月22日，广东省住房和城乡建设厅印发《开展“创先争优促发展”主题实践活动实施方案》，对各项活动开展进行全面部署。组织基层党组织负责人到广州海事局南沙海事处就“创先争优促发展”主题参观学习交流；举办学习贯彻《中国共产党党和国家机关基层组织工作条例》辅导讲座；在窗口单位开展“为民服务创先争优”活动，按省委创先争优领导小组办公室宣传组要求，组织窗口单位接受媒体专题报道活动。 (熊小玲)

精神文明建设

【概况】 2011年，广东省住房和城乡建设系统精神文明建设工作坚持以党的十七届五中、六中全会精神为方针，深入贯彻落实科学发展观，按照“围绕中心、服务大局”的要求，以实施国民经济和社会发展“十二五”规划为契机，以推动社会主义核心价值体系建设为根本，以群众性精神文明创建活动为载体，积极开展各项活动，各项工作均取得新成效。

【干部职工思想道德和职业道德建设】 2011年，广东省住房和城乡建设系统各级管理部门注重加强干部职工思想道德和职业道德建设。一是继续深入贯彻落实《公民道德建设实施纲要》。开展以“八荣八耻”为主题的社会主义荣辱观教育和以“爱国、守法、诚信、知礼”为主题现代公民教育，使全体干部职工的社会公德、职业道德和个人品德教育得到强化。二是开展养成文明行为的教育。开展践行文明礼仪活动，宣传普及文明礼仪知识，干部职工知荣辱、明是非、辨善恶、识大体、重礼义、守小节的文明习惯得到新的提升。三是开展以“增强社会责任感，做现代文明公民”为主题的教育实践活动。以“感恩、责任、公益”为主题，以各种道德实践活动为载体，在现代公民中宣传普及，使干部职工社会责任意识、民主法治意识和公平正义意识等现代价值理念增强。四是加强爱党、爱国、爱社会主义教育。

【广东省建设系统政研会工作】 2011年，广东省建设系统政研会开展“思想道德楷模”专栏材料征集活动，向中国建设政研会报送广州市住房和城乡建设系统邓良慧和惠州市环卫工人邹椿燕先进事迹材料；开展庆祝建党90周年思想政治工作创作座谈征文活动，向省政研会报送省建筑设计院王继川撰写的《以人文关怀和心理调节为载体，推进思想政治工作上新台阶》等3篇论文。是年第四季度先后在阳江、中山、深圳召开粤西、粤中、粤东片政研会研讨会，收集论文60多篇。其中18人分别围绕“创先争优促发展，加强和创新新形势下思想政治工作”的主题，就加强团队文化建设、加强学习型党组织建设、开展文明行业创建活动、提升企业文化品牌、注重人文关怀和心理疏导等方面交流学习和研究成果。 *（何思权）*

党风廉政建设

【概况】 2011年，广东省住房和城乡建设厅按照省政府廉政工作会议的部署，围绕全省住房和城乡建设的中心工作，以“提高落实上级重大决策的执行力、注重解决社会各界关注的热点问题、规范领导干部廉洁从政行为、加强惩治和预防腐败体系建设”为重点，坚持“标本兼治、综合治理、惩防并举、注重预防”的方针，突出重点，整体推进，努力推进党风廉政建设和反腐败工作。

【民主评议行风政风】 2011年，广东省住房和城乡建设厅扎实抓好民主评议政风行风工作。按照国务院纠风办和省政府纠风办的工作部署，全省各地住房和城乡建设主管部门被确定为政风行风民主评议对象。全省各地住房和城乡建设主管部门积极配合开展评议活动，着力查找问题，深挖根源，并突出从建立住房保障体系，加强房地产市场调控，改进宜居城乡建设考核机制，健全行业监管机制入手，狠抓长效机制建设，努力提高管理水平。通过开展民主评议政风行风活动，促进科学发展观的全面贯彻落实，在推进宜居城乡建设和保障性住房建设，贯彻落实国家和省房地产市场调控政策，转变机关作风，提高行业管理水平，改善为基层和群众服务的效率和质量等方面均取得明显成效。

【党风廉政建设责任制】 2011年，广东省住房和城乡建设厅认真部署和落实党风廉政建设工作。一是在全省住房和城乡建设工作会议上，对2010年全省住房和城乡建设系统推进党风廉政建设的工作进行总结，并根据上级有关部署和全省住房和城乡建设系统面临的形势和任务，对2011年进一步加强党风廉政建设工作全面部署，并提出明确要求。二是制定下发《2011年广东省住房和城乡建设系统反腐倡廉建设工作要点》。三是根据住房和城乡建设部、省纪委下达的各项任务，制定《关于落实2011年党风廉政建设和反腐败工作部署分工的意见》，对党风廉政建设和反腐败的各项工作作出明确分工，把责任落实到有关厅领导和各部门。

【治理商业贿赂工作】 2011年，根据住房和城乡建设部、省治理商业贿赂领导小组对2011年治理商业贿赂工作的要求，广东省住房和城乡建设厅印发《关于认真做好2011年我省住房和城乡建设系统治理商业贿赂工作的通知》，部署开展全省住房和城乡建设系统治理商业贿赂工作。一是调整充实机构，强化组织领导。根据部、省治贿办有关强化组织机构的要求，对治理商业贿赂领导小组及其办公室的人员进行调整。强化组织领导，充实工作力量，明确工作职责，做到治贿工作“队伍不散，力度不减，势头不弱”，确保治理商业贿赂专项工作的深入开展。二是加强宣传教育，提高思想认识。把开展纪律教育学习月活动与治理商业贿赂工作结合起来，深入分析引发商业贿赂的思想根源和制度缺陷，完善防患和整改措施。把民主评议政风行风工作与治理商业贿赂工作结合起来。转变机关作风，从源头上遏制不正之风的蔓延，促进治理商业贿赂工作的深入开展。三是突出重点治理，强化行业监管。严厉查处转包、违法分包等行为；加强建筑业企业资质动态监管工作；加强对保障性住房建设工作任务的监督检查，推进住房保障体系建设；加强对中介机构行为的监督，发挥行业协会自律作用。四是完善诚信体系，规范市场秩序。通过充实广东省建筑市场诚信信息平台的信息内容，加快推进项目信息公开和诚信体系建设工作；探讨建筑市场标准化建设，推动部分城市业绩诚信信息互认；建立市场中介组织信息管理系统，把对市场中介组织的引导、培育、监管工作纳入规范化、法制化轨道。将企业信用资料录入省住房和城乡建设厅官方网站广东建设信息网设立的企业诚信平台，公布企业良好行为纪录和不良行为纪录，接受社会咨询和监督。五是加强制度建设，构筑长效机制。完善住房保障工作制度和机制，制订《住房保障工作目标责任考核办法》；健全城乡规划实施制度，加强城乡规划法制建设，制定《广东省城乡规划条例》、《广东省一书三证核发工作规程》、《广东省城市控制性详细规划编制指引》等《城乡规划法》的配套法规，编制《广东省城乡规划公众参与手册》，全面推行“阳光规划”制度；建立全省城乡规划督察员制度，对全省各市城乡规划的编制、审批、实施管理工作实施进行事前和事中的监督，实现城乡规划监督制度和行政责任追究制度的有效衔接；逐步完善行政执法的工作制度。继续加强执法监察局内部制度和工作机制的建设，进一步规范执法监察各项工作；改革资质审批工作方式，提高审批工作效率。在工程建设监理企业和房地产估价机构资质申请方面全面实行网上受理、公示和公开企业信息，在简化审批流程的同时加大社会监督力度，使资质审批工作更加公开、透明，企业办事更加方便。

【纪律教育学习月活动】 2011年，围绕“以人为本，执政为民”主题，广东省住房和城乡建设厅组织厅机关和直属单位开展纪律教育学习月活动，召开纪律教育学习月活动动员大会，传达省委十届九次全会精神和“七一”讲话精神，组织观看反腐倡廉专题教育片，副厅长杜挺为全体党员干部作“以人为本，执政为民”的专题报告，并确定厅人事处和广东省建设信息中心为2011年的纪律教育学习月活动联系点。

【廉政风险防控机制建设】 2011年，广东省住房和城乡建设厅印发《广东省住房和城乡建设厅开展廉政风险防控机制建设工作实施方案》，选择厅机关具有人事任免、财务管理、行政审批、行政处罚职能的四个业务部门为试点单位，确定处级领导干部选拔、村镇规划事业费核发、设计施工一体化审批、安全生产许可证暂扣与吊销等4项权力的运行为试点事项，着力查找“五类风险”（思想道德风险、制度风险、业务流程风险、岗位职责风险、外部环境风险），构筑“三道防线”（制定预防措施形成前期预防第一道防线、建立风险监控网络形成中期监控第二道防线、超前处置廉政风险形成后期处置第三道防线）。 *（张丹丹）*

人物

□ 全国五一劳动奖章获得者

□ 全国五一巾帼标兵

□ 广东省五一劳动奖章获得者

全国五一劳动奖章获得者

吴克新 1972年10月生。广东揭阳人，广东宏和集团有限公司总经理。以稳健诚信的经营模式，从小产业起步，不断做强做大企业，历年来其经营下属各公司上缴税收近千万元，为揭阳的经济发展作出贡献。该公司捐助公益事业累计超过5000万元，支持揭阳公益事业、捐资修桥造路、扶贫济困、慰问乡村老人等；捐助家乡小学建设，为教育事业发展尽心尽力；为家乡和企业所在地乡村修桥筑路，美化环境；体现一个民营企业家宽大的胸怀和强烈的社会责任感。2005~2008年度获"揭阳市青年岗位能手"称号，2010年被评为"揭阳市劳动模范"，2011年获中华全国总工会授予"全国五一劳动奖章"。

谭立心 1975年9月生。广东雷州人，中共党员，路桥高级工程师，1997年6月从长沙交通学院毕业到广东省长大公路工程有限公司工作至今，历任厦门海沧大桥项目部技术员、崖门大桥项目部副总工程师、广西南宁永和大桥项目部总工程师、广州珠江黄埔大桥项目部总工程师、浙江嘉绍跨江大桥第IV合同段项目经理部经理。在《公路》、《桥梁建设》等核心期刊发表论文十余篇，编制《地下连续墙铣接法复合成槽施工工法》等多项省级工法，其研究的《大型桥梁拱肋无支架施工方法》、《地下连续墙施工中槽段连接的方法》取得国家专利；先后获广东省"三比一创"活动优秀职工、全国交通行业青年岗位能手、广东省交通集团"十年十佳员工"、"全国加快交通基础设施建设重点工程劳动竞赛"先进个人等称号；2011年获中华全国总工会授予"全国五一劳动奖章"。

全国五一巾帼标兵

马　扬 女，1978年8月生，河南信阳人，中共党员，硕士研究生，高级工程师，广东省建筑科学研究院建筑节能研究所副所长，住房和城乡建设部建筑门窗节能性能标识专家组成员。主要从事建筑节能研究相关工作，参编国家标准3项、地方标准3项，在编的国家标准1项、地方标准3项；作为主要人员参加的国家及地方科研课题15项，其中国家"十一五"课题4项；参与开发并获得软件著作权5项。先后获"南粤女职工能手"、"广东省节能先进个人"、"广东省建工集团青年岗位能手"称号，2011年获中华全国总工会授予"全国五一巾帼标兵"称号。

李　翔 女，1980年4月生。广西南宁人，2000年8月参加工作。肇庆市住房和城乡建设局房地产交易中心副科级干部，一直工作在窗口一线，是住房和城乡建设部审核公示的全国首批"登记官"之一，担任单位的青年文明号号长。始终牢记服务宗旨，踏实做好每件事情，深受领导和群众的好评。连年被评选为肇庆住房和城乡建设局先进工作者、岗位标兵。2008年，肇庆市电视台在专栏节目中介绍其先进事迹。2010年获中华全国总工会授予"全国五一巾帼标兵"称号。

张海燕 女，1974年5月生。山西人，1994年8月参加工作。硕士研究生，广州地铁总公司运营总部党委书记，曾长期分管地铁运营生产、运输、服务、新线运营筹备等业务工作。以科学的管理理念，务实进取的精神，与地铁运营员工一起开拓创新，创造许多优异成绩，为广州地铁服务品牌的提升和运营的可持续发展作出突出贡献。曾获得"2010年广州亚运会亚残会公共交通保障工作先进个人"，2011年获中华全国总工会授予"全国五一巾帼标兵"称号。2011年当选为广州市海珠区第十五届人民代表大会代表。

罗小虹 女，1978年8月生，江西赣州人，中共党员，硕士研究生，城市规划高级工程师，全国注册城市规划师，广东省城市发展研究中心行业发展办公室主任、省城市发展研究中心党支部书记。历任广东省城乡规划设计研究院省城市发展研究中心国际合作部部长、行业发展部部长。历年参与完成各类指令性项目40余项，涵盖重大区域规划、政策法规、技术指引和相关政策等多种类型，获得全国优秀城乡规划设计一等奖1项、二等奖1项，全省优秀城乡规划设计一等奖4项、二等奖2项。2011年获中华全总工会授予“全国五一巾帼标兵”称号。

广东省五一劳动奖章获得者

江　峰　1961年5月生，湖北京山人，大学专科。1981年3月参加工作。广州市林业和园林局园林工程处处长，长期工作在园林绿化建设管理工作一线，在广州市迎亚运园林绿化建设工作中表现突出，先后被评为2010年度广州市林业和园林工作先进个人，2010年度广州城市管理先进个人，广东省广州亚运会、亚残运会先进个人，2011年获广东省总工会授予“广东省五一劳动奖章”。

林静和　1950年12月生，揭阳市

人，揭阳市荣华建筑工程有限公司总经理。早年当过生产队队长，从经营建材、家具起步，先后从事玉器业、不锈钢产业和房地产业的经营，一步一个脚印地走来。始终将“勤奋工作，不断求知，从不言败，自强不息”奉为自己的人生信条，不断艰苦创业，十多年前收购揭阳市荣华建筑工程有限公司，带资建设揭阳阳美国际大酒店，后开发揭阳中国玉都花园，在周边地区和多个省份拥有自己的实业。热心公益事业，将毕生的积蓄捐献，回报社会。对公益事业出手阔绰的他，自己的生活却相当节俭，一身装扮依然像农民，平时省吃俭用，为乡里公益事业捐献近1000万元。2011年获广东省总工会授予“广东省五一劳动奖章”。

周大林　1967年12月生。贵州兴义人，广州地铁总公司运营总部维修中心总经理兼党委书记。率领2300多名员工，确保236千米、日均客流400多万人次的大地铁线网的21类专业设备设施的安全可靠。主要参与的“城市轨道交通牵引供变电系统整流器”项目和“广州地铁一号线‘柔改刚’接触网改造设计”项目分别获得2002年度湖南省科学技术进步奖一等奖和2009年度中国中铁股份有限公司优秀工程设计二等奖。3次被评为总公司“先进工作者”和“优秀共产党员”。2011年获广东省总工会授予“广东省五一劳动奖章”。

赵金福　1957年7月生。广东肇庆

人，肇庆市端州区环境卫生管理局运输场副场长。务过农，当过兵。1984年起在肇庆市环境卫生管理部门工作，2010年6月任运输场副场长。自1984年参加环卫工作以来，27年如一日，为肇庆端城除污铲垢，清扫洗刷。2003年，“非典”暴发后，“非典”隔离观察区产生的垃圾和废弃物成了可怕的传染源。其间，他每天冒着30度的高温，穿着厚厚的防护服，戴着口罩、手套、眼镜，浑身湿透地对垃圾运输车进行仔细清洗、消毒。2010年6月，被提拔为运输场副场长。负责车场车辆的日常调度、维修保养、安全行驶、垃圾桶管理、油料进出等管理工作。任副场长以来，坚持深入工作第一线，与职工群众打成一片，有问题与场部其他成员共同商量解决；做到团结一致，敢于管理，善于管理，从而使整个城区的垃圾桶停放点的卫生状况不断改观。2011年获广东省总工会授予“广东省五一劳动奖章”。

徐天平　1962年生，湖北仙桃人，中共党员，硕士研究生，教授级高级工程师，国务院特殊津贴专家，广东省建工集团总工程师，兼任广东省建筑科学研究院院长。长期从事建设领域科研和技术工作，先后获省部级科技进步奖特等奖1项、二等奖2项、三等奖5项，获全国优秀工程咨询成果一等奖1项；主编广东省标准《建筑地基基础检测规范》和国家行业标准《盾构管片检测技术标准》等7项，参编标准4项；编著《基桩质量检测技术》等5部著作，拥有发明专利1项、软件著作权2项。先后获“全国优秀科技工作者”、“广东省国资委优秀共产党员”、“广东省建设系统精神文明建设先进工作者”等荣誉。2011年获广东省总工会授予“广东省五一劳动奖章”。

郭建华　女，1971年10月生，山西太原人，广东省住房和城乡建设厅城乡规划处副处长，主要

分管区域绿地及珠三角绿道网规划建设、城镇化、城乡规划管理等工作。组织制作绿道专题片，并在省委十届六次全会播放；组织完成《珠三角绿道网总体规划纲要》，并分工负责珠三角绿道网建设的具体组织实施工作，较好地推动了珠三角绿道网的建设；组织完成《广东省推进城镇化扩大内需研究报告》、《广东省提高城镇化发展质量专题研究》、《广东省城镇化发展"十二五"规划》等重要成果，参与起草和修改省委、省政府出台的《关于提高我省城市化发展水平的意见》，以及《人之城》专题片制作等。2011年获广东省总工会颁发"广东省五一劳动奖章"。

黎周英 女，1965年6月生，广东省罗定市人，初中学历，佛山市禅城区环境卫生管理处工人。从1991年开始从事马路保洁工作。20年如一日保持着全勤记录。每年除夕夜都放弃与家人团聚的时间，参与清扫"花市"工作，并且主动提出负责捡桃花残枝等最辛苦的工作。平时乐于助人，除工友对她有较高的评价外，社会上也有不少人熟悉她的为人，每次在路上拾到别人所丢失的证件与财物等，都主动送回单位，并联系归还失主。

由于工作认真负责，2006年被佛山市禅城区人民政府评为"禅城区劳动模范"；2010年4月，被佛山市禅城区妇联评为"最美丽的半边天"；2010年9月被广东省环卫协会评为"南粤环卫三十佳"；2011年4月，获广东省总工会颁发"广东省五一劳动奖章"。

(广东省住房和城乡建设工会)

各市建设

- 广州市完成历史文化名城保护规划
- 深圳市建筑节能量达七十一点六万吨标准煤
- 珠海市推进景区精品化建设
- 湛江市重点工程建设完成额度创历年之最
- 清远市获『广东省园林城市』称号

广州建设

【概况】 2011年，广州市完成城建投资58.24亿元，是年度计划的78.36%。其中市财政投资完成10.80亿元，城投集团投资完成47.44亿元（其中道路交通工程23.39亿元，绿化景观工程2.6亿元，路灯改造及光亮工程0.78亿元，环境整治工程10.1亿元，雨污分流改造工程1.8亿元，其他工程1.46亿元，经营性项目7.29亿元)。完成工作量45.95亿元，是年度计划的64.97%。是年，围绕市政府确定的“改善市民出行”民生实事，大力推动道路基础设施建设，推进新一轮轨道交通线网建设。

完善城市基础设施，大力推动公共设施建设。推进垃圾焚烧发电工程、输电线路及变电站工程、天然气利用工程、消防站建设工程等工程建设。

注重巩固提升深化人居环境综合整治。重点打造海心沙、珠江两岸及白鹅潭地区光亮工程升级改造。

厉行节能环保，强化建筑节能。完成600多栋建筑的能耗统计和6000多栋居住建筑和中小型公共建筑的能耗调查，建立广州市民用建筑能耗统计信息数据库；开展建筑节能示范工程建设，3个项目列入住房和城乡建设部2011年绿色建筑和低能耗建筑“双百”科技示范项目，广州大学城光伏电站(3MW）列入国家金太阳示范。广州市“双百”示范项目总数已达到14个，处于全国领先地位。出台《广州市人民政府关于加快发展绿色建筑的通告》，全年推动约208万平方米建筑按绿色建筑标准进行设计，4个项目相继获得国家绿色建筑标识。

统筹城乡建设，建设名镇名村。2011年，市财政共安排1.65亿元资金用于建设中心镇75个基础设施建设项目。以名镇名村建设作为加快推进城镇化跨越式发展的重要抓手，全市10镇25村共计655个项目，计划投资131亿，截至2011年底，已完成96个项目，完成投资约30亿元。实施农村亮化工程，改善农村照明条件。围绕市政府确定的“安装农村路灯”民生实事，认真组织实施农村路灯“亮化”工程，完成从化等区（县级市）6.7万多盏农村路灯安装任务。

规范建筑业管理，推动行业发展。截至2011年底，广州市建筑业完成总产值1549.04亿元，比上年增长3%；房屋施工面积为9499.89万平方米，增长4%。全市房屋建筑和市政基础设施工程获得鲁班奖2项，国家优质工程奖2项，詹天佑奖4项，省优良样板工程26项，省市政优良样板工程4项，工程质量管理水平显著提高。 *(李保刚)*

【宜居城乡建设】 2011年，广州市编制完成《广州市城市总体规划纲要（2010~2020年)》，城市控制性详细规划覆盖十区，完成珠江新城—员村、琶洲地区、白云新城、白鹅潭地区、城市新中轴线地区、广州南站、广州（黄埔）临港商务区等重点功能区的规划编制并陆续推进建设，城市空间布局更加优化。中新广州知识城建设已经启动，南沙新区新一轮开发建设拉开序幕。城市快速轨道和高快速路网体系日趋完善，中心城市功能进一步增强。中心镇建设稳步推进，全部行政村实现“五通”，新农村建设扎实推进，开展农村生活污水治理工程，在村内通过统一铺建排水管网收集污水，采取厌氧水解、人工湿地等技术集中净化处理，实现生活污水达标排放。截至2011年底，全市超过700个行政村实现生活污水集中处理。在农村垃圾处理方面，普遍建立农村保洁队伍，设置垃圾池、垃圾桶和垃圾中转站，实行“户集、村收、镇运、区(市）处理”的农村生活垃圾集中收运处理模式，基本实现生活垃圾100%集中处理的目标。白云区钟落潭镇还建立垃圾分拣场，在垃圾减量化、资源化、无害化方面走在前面。 *(李保刚)*

宜居城镇（村庄）建设行动计划制定 番禺区大岗镇和增城市新塘镇西南村按照省住建厅的要求，组织专业设计单位制定《宜居城镇(村庄）建设行动计划》，对照宜居村镇考核指标，从目标任务中找差距，以建设项目引领村镇大变样，制订详细工程项目实施计划并设立目标责任人制度，确保为宜居城乡建设解决实际操作问题，真正做到实用、适用，并可为全省宜居城镇和宜居村庄建设起示范引导作用。《宜居城镇（村庄）建设行动计划》经省住房和城乡建设厅组织的专家评审会评审，专家组对建设行动计划总体上给予肯定。

广东省首批宜居示范城镇（村庄）申报 根据《关于推荐省第一批宜居城镇和宜居村庄候选名单的通知》，广州市建委组织全市镇、村对照考核指标，结合自身条件申报广东省第一批宜居城镇、宜居村庄。全市有建制镇的区（县级市）共申报宜居城镇10个，宜居村庄115个，市建委择优向省推荐番禺区大岗镇、萝岗区九龙镇等2个镇为广东省第一批宜居城镇，推荐白云区钟落潭镇长腰岭村等16个村为广东省第一批宜居村庄。经省组织有关专家对全省各地的推荐名单进行评选，广州市番禺区大岗镇获得广东省首批“宜居示范城镇”称号，番禺区东涌镇大稔村、南村镇坑头村、增城市新塘镇西南村和白云区钟落潭镇长腰岭村获得广东省首批“宜居示范村庄”称号。 *(杜方磊)*

【城乡规划】 *规划编制* 2011年，广州市规划部门共开展53项规划项目编制工作。完成《广州城市总体规划（2011~2020）纲要》编制工作，提出六大城市总体发展战略：

发挥区域辐射带动能力，强化国家中心城市地位、优化产业结构，构建现代产业体系、拓展城市文化内涵，建设世界文化名城、完善城乡功能，构筑宜居城乡、推进城乡一体化进程，实现城乡统筹发展、从粗放到集约，强化组团发展；明确以珠江为生态文化轴，构建“云山—珠水—名城”空间格局，建设世界文化名城；明确城镇空间体系为：“都会区—外围城区—重点镇——一般镇”。

全力推进“两个新城区”规划工作，引导多中心网络型空间结构的形成。完成南沙新区规划的前期研究、国际咨询和综合深化三个阶段工作，形成《南沙新区总体概念规划综合方案》，确定“南沙新区将建设成为服务内地、连接港澳、面向世界的粤港澳全面合作的国家级新区”的总体定位，以及“以人为本，以生态、品质、智慧、从容为核心，建设理想城市典范”的发展理念。完成《中新广州知识城起步区控制性详细规划》的编制工作。积极推进东部山水新城规划工作。

抓好重要城市功能区规划，引领城市发展模式转变和经济发展方式转型。完成珠江新城—员村地区、琶洲地区、白云新城、白鹅潭地区、城市新中轴线南段地区、广州（黄埔）临港商务区六大现代服务业功能区和空港经济区、广州南站地区的规划编制和规委会审议工作。

完成控制性详细规划全覆盖。实现《广州市城市总体规划（2001~2010）》所确定的城镇建设用地的控制性详细规划全覆盖，约2362平方千米城镇建设集中区（含区内的农村）均以控规覆盖，其余1375平方千米按照村庄规划进行管理，实现对市辖十区3737平方千米行政范围的控规全覆盖，为广州市规划管理和建设提供法定依据。

完成《广州市历史文化名城保护规划》，正在征求市民意见。核查20.39平方千米历史城区内自1987年至今的1452件已批历史案件，对其中1038件已批未建项目，采取重新优化方案、减少建设量及至撤销历史审批、建议政府给予补偿等措施，并同时实行严格的建筑高度控制，尽量避免其对城市历史风貌保护产生影响。以此为基础，完成《广州市旧城保护与更新规划纲要》专家审查会和修改完善工作，重点推进11项历史文化保护区、旧城更新地区保护规划的审查、审批工作。

完成各类专项规划编制，强化规划对建设的引领功能。完成万亩果园湿地规划咨询和深化工作；完成白云湖和海珠湖所在地区的规划编制和相关规划许可手续，两个湖的一期工程均已完成并对外开放。推进《白云山麓湖周边环境升级改造与交通组织规划》编制工作；完成荔枝湾二期综合整治工程规划方案审查；组织完善《东濠涌二期沿线环境改善和地块改造规划》。完成帽峰山地区总体规划。继续推进绿道网规划建设。

完成《广州市旧厂房改造专项规划》的编制和规委会审议等工作。科学引导“三旧”改造工作又快又好地推进，促进产业结构升级转型。

完成交通广佛同城等一批规划。完成《广州市2020年轨道交通线网规划》、《广州市轨道交通2011~2015年近期建设规划》、《广州市综合交通规划》等交通规划工作，以完善交通规划，构建多层次交通体系；完成《广佛金沙洲地区同城整合规划》等相关规划工作，继续推进广佛同城规划，协调区域发展。另外，还会同电力部门完成《广州市高压电网规划》的编制工作并经市政府批准；配合各相关部门推进、完成《广州市环境卫生总体规划》（修编）、《广州市医疗卫生设施布局专项规划》、《广州市土地利用规划（2010~2020）》、《广州市人防工程规划（2010~2020）》、《全市餐饮业布局控规方案》等专业规划的协调、审查工作。

规划研究　2011年，开展并完成《广州市宜居城乡规划技术标准研究》、《村庄规划编制技术规定研究》等多项研究工作，进一步完善、优化规划编制和管理技术标准的相关内容，提高规划的科学性。继续开展利用卫星遥感技术辅助城乡规划督察工作，为监督城市总体规划、历史文化名城保护规划、风景名胜区总体规划执行情况提供客观、科学依据。加强城建档案研究，历时九年的“城建档案数字化工程”科技项目完成，标志着广州市城市建设“数字城建档案馆”档案信息统一平台基本搭建完成。加强低碳城市建设研究，挂牌成立华南地区首家低碳研究机构——广州中英低碳合作研究中心。

规划管理　2011年，广州市贯彻“依法规划”的战略思想和指导方针，推进从经验管理向依法规、依规划管理，从指标管理向效果管理的转变。把建立和完善规划编制和管理法律制度体系作为常态化、制度化的工作。

是年，立法工作实现较大突破。制定《广州市城乡规划程序规定》，并于12月1日颁布实施。同年新制定《广州市户外广告和招牌设置规范》等9项规范性文件。

是年，市规划局全面推进事权改革实施方案，对十个规划分局实行垂直领导，城市规划实行属地管理，除重大建设项目和跨区的市政设施外，其他建设项目由分局审批。（张玉凤）

【城市建设与管理】　城市基础设施建设　2011年，广州市大力推进垃圾处理、供电、供气、消防、照明等城市公共设施建设，主要项目有：李坑焚烧发电二厂、兴丰生活垃圾填埋一场扩容和配套工程、兴丰渗滤液扩容工程建设，以及兴丰生活垃圾卫生填埋二场、兴丰生活垃圾焚烧发电厂及周边生活垃圾处理设施项目筹建；番禺垃圾焚烧发电厂五个备选点（大石、东涌、沙湾、榄核、大岗）的调研和设备招标及监理招标工作。推进500千伏狮桂线路工程、狮洋变电站工程等9个涉电项目。推进天然气利用工程建设，至年底广州市天然气利用工程一期工程中东门—南门线路工程（建设规模：D711－30.63千米）、太和—田心线路工程（建设规模：D711－18.86千米）基本完工。东莞庄、沙溪、广信花地湾等7个消防站及金碧花园消防执勤点建设工程。全年共完成征地拆迁管线迁改合同工作量22.13亿元；完成征地约152.54公顷，借地约2.65公顷，拆迁房屋约4.13万平方米；完成概预决算审核及合同鉴证共2000多宗、涉及金额约60亿元。安装了海心沙环岛及猎德大桥共208套节庆灯具、新电视台挂网灯、海心沙岛2号桥堤岸灯及照树灯，修复海心沙岛和珠江两岸共19栋建筑的光亮工程；白鹅潭地区光亮工程升级改造完成初步设计；基本完成全市“三遥”控制系统安装，共安装99个项目186套三遥装置。

道路交通设施建设　完成辛亥革命纪念馆周边道路、护林路二期、广州世界大观路口至长平公路市政化改造工程、石化大道二期等一批项重点道路工程，累计完成新建、改建道路85千米。建成广州世界大观路口至长平公路市政化改造工程、疾控中心周边道路、科韵路北延线等道路的立体式过街人行设施27座。完成省工伤康复中心易地新建项目配套道路工程、沙河涌桥抢险重建等7条道路、桥梁或隧道修建等一批重点路桥工程。共验收中山大道BRT试验线工程等65个项目。

机场和铁路建设方面，加快新白云机场周边噪音区搬迁安置工作；妥善处理白云机场一期工程和扩建工程建设遗留的问题，进一步完善项目基建手续；协调解决广珠铁路、贵广南广铁路广州枢纽工程问题，确保铁路建设顺利进行。

（李保刚）

城市轨道交通建设　2011年，广州市在建线路6条，共92千米。其中，六号线首期工程14座车站主体结构封顶，10个区间已贯通，土建工程累计完成总量的86%；六号线二期工程萝岗站已封顶，土建工程累计完成总量的4%；九号线工程2座车站、1个区间进行土建施工，土建工程累计完成总量的19%；七号线一期、八号线凤凰新村至文化公园段工程进行施工前期准备工作；广佛线二期工程4座车站主体结构封顶，2个区间已贯通，土建工程累计完成总量的37%。

广东省重点项目——广州南车城市轨道装备基地建设。为解决广东省城市轨道车辆架修、大修和组装本地化问题，广东省和广州市政府与中国南车建立战略联盟，由南车株洲电力机车有限公司和广州市地下铁道总公司共同在广州番禺石壁投资成立广州南车城市轨道装备有限公司（简称广州南车公司），重点培育发展A、B型地铁车辆的大架修和制造产业，并建设国际一流的专业化、产业化、规模化城轨装备基地。该项目首期投资7.37亿元，占地面积23.55公顷，规划产能350辆/年。经过一年多时间的筹备和建设，广州南车城市轨道装备基地顺利落成。2011年7月6日，广东省省长黄华华及省市相关领导出席广州南车公司首列地铁车辆下线仪式并启动车辆下线。首列城轨车辆下线后已服务于广州地铁三号线北延段，标志着“广东地铁广东造”由梦想变成现实。（罗光强）

城市园林绿化　2011年，广州市组织开展白云湖、海珠湖绿化景观建设、青山绿地工程二期建设、花卉布置、木棉认种等工作，加强园林绿化精细化管理，进一步提升了城市园林绿化水平。

白云湖、海珠湖工程。白云湖、海珠湖建设是广州市2011年的重点工程。白云湖位于白云区石井街，规划总面积2.07平方千米，其中水面面积1.06平方千米、绿地面积96.4公顷，是目前广州市中心城区面积最大的人工湖。是年，市林业和园林局组织实施白云湖景观升级改造工程，主要包括补植大树、在重要节点进行园林造景、建设湖区绿道及驿站、沿湖区红线种植10~20米宽的速生林带等建设内容，将白云湖打造成为具有岭南特色的园林水景，使其成为广州城市湿地公园。海珠湖占地总面积94.8公顷，其中水面面积53公顷，已完成陆地绿化面积33.4公顷、水生植物5.5公顷，着重打造四季开花的湿地公园，并于9月1日向市民开放。

“锦上添花”工程。一是实施“花景计划”。在重要景区、主干道两侧规划建设30个主题花景，并启动帽峰山景区等示范点建设，提升城区的“花视率”。二是花卉布置常态化。选取临江大道、花城广场、二沙岛等18条主干道、重要景观点，进行常年花卉布置，保持鲜花常开。三是组织木棉认种活动。全年共认种木棉2285株。四是选育新优花卉品种。开展岭南乡土野生花卉的引种驯化栽培，对市花木棉进行良种和不飘絮选育，建设广州特色花卉标准化生产示范基地。

青山绿地二期工程。一是积极推进森林公园建设保护。按照“保护为主、适度开发、合理利用”的原则，开展市属林场流溪河森林公园、石门森林公园、白江湖森林公园和白水寨森林公园的建设开发工作，组织重新修编各森林公园总体规划，加大开发深度和广度，提升接待能力和服务水平。二是持续实施生态林带建设。继续推进森林围城，在城市外围重点实施华南快速干线三期、广深高速公路两侧绿化升级改造建设，加快推进大坦沙岛环岛绿化和五丫口大桥两侧绿地等工程，提升城乡绿化生态效益和景观效果，改善城乡人居环境。三是按照《帽峰山景区近期建设规划（一期）》，主要实施景点周边、道路沿线林相（林分）改造，建设中注重使用木棉、宫粉紫荆、红花荷、串钱柳、茶花等观花植物，在不同区位打造不同主题的“花景”，完成帽峰山天湖茶花园节点建设。同时，建设古庙至沁园酒店等6条防火通道20.5公里，相应配套建设生态停车场、公厕、游客服务、防火蓄水池等基础设施。

绿化精细化管养。按照《关于加强城市道路绿化养护管理的通知》，进一步明确绿化养护标准、检查评分细则、工作绩效考核办法等，完善考评体系。成立专门的绿化巡查和管养队伍，完善市、区、工区三级绿化管理体系，邀请专家、社会监督员等第三方共同打造全新的监督检查平台，以城市绿化“优胜杯”、公园管理“红棉杯”评比为依托，加强重点路段的养护巡检，促进绿化养护工作上台阶、上水平。针对公园免费开放后，游人增加、服务设施老化等问题，推进公园升级改造，提升管理服务水平。其中天河区、越秀区大力加强城市绿化精细化管养，越秀公园、珠江公园、烈士陵园、晓港公园加强绿化升级改造和精细化管理服务，带动和提升了全市绿化养护和管理服务水平。此外，成功举办第18届广州园林博览会、广州国际盆景展、兰花展、石门红叶、萝岗香雪等一系列充满岭南特色的园林艺术精品展览。

花卉布置扮靓广州城。配合8月举办的深圳大学生运动会，选取临江大道、广州大道、花城广场、机场高速、二沙岛等18个主干道、重要景观点，全力组织花卉布置，与“大运会”互相呼应，营造喜庆氛围，让广州“绿树成荫，花团锦簇”，笑迎八方来宾，扩大广州影响。在花城广场、临江大道等重要路段和景观点进行常年花卉布置，保持鲜花常开。常年花卉布置以地栽花和护栏挂花形式为主，一年换花8次；重大节日或活动时，还在花城广场等地设置立体花坛，营造热烈气氛。

木棉认种活动。2011年5月29日，市林业和园林局组织在英雄广场开展“共建绿色家园，共享幸福广州”为主题的大型认种木棉活动，是年全市共认种木棉2285株。2011年6月26日，首批认种木棉活动在临江大道、广州大道和花果山公园同时开展。其中临江大道绿地种植木棉235株，广州大道绿地种植木棉50株，花果山公园种植木棉100株。2011年7月31日组织开展第二批木棉认种活动，认种地点在白云湖和海珠湖。种植数量为600株，其中白云湖和海珠湖各300株。2011年10月12日在沙贝立交、浔峰洲立交、丰乐立交、石湖收费站等16个城市出入口开展认种木棉活动。共认种木棉约1300株。

园林（园艺）博览会广州展园。1. 西安世界园艺博览会广州展园。西安世界园艺博览会（以下简称“西安世园会”）于2011年4月28日至10月22日在西安举行。广州市组织参加西安世园会。广州展园“花城丝路”经过专家组评比，获得综合类金奖、设计优秀奖、植物配置优秀奖、水景优秀奖等多项大奖。2. 第八届中国（重庆）国际园林博览会广州展园。第八届中国（重庆）国际园林博览会于2011年11月至2012年4月在重庆举行。广州参加了项目建设。广州展园经过专家组评比，获得综合类金奖、施工优秀奖、植物配置优秀奖等多项大奖。

绿道建设　2011年全市新增绿道862千米，新增驿站和服务点52个，新增和改造绿化917公顷，全市绿道总里程达2038千米，建成驿站和服务点151个，覆盖面积3600平方千米，服务人口超过800万，位居全省第一。同时，为切实加强绿道运营管理，组织制定《广州市绿道管理办法》，进一步明确绿道管理维护主体、资金、标准、措施等，确保绿道管理规范有序。

（吴茂林）

城市环境卫生　环卫设施建设。2011年，广州市加快推进李坑生活垃圾焚烧二厂项目，李坑生活垃圾综合处理工程BOT特许经营项目正式开始实施，基本完成主体工程建设，建成后该项目日处理生活垃圾2000吨。初步建成兴丰垃圾场六区工程和垃圾渗滤液扩容工程，预计将延长兴丰填埋场使用年限至2014年，有效缓解广州市“垃圾围城”危机。完成庆丰餐厨垃圾处理示范项目立项，项目总规模日处理餐厨垃圾200吨。是年，淘汰更新环卫作业黄标车61辆，购置260多辆（台）现代化清扫保洁设备，中心六区一、二级道路机械化清扫保洁率提升到60%以上，全市道路总体机械化清扫保洁率接近40%。配置13台特种专项作业设备用于隧道和隔音墙清洗，全面覆盖274千米内环路和高架路、29千米隧道等作业范围，中心城区特殊市政设施的机械化作业率达100%。完成海珠、黄埔、荔湾、天河等5个区域的环卫车场改造。购置一批组合式公厕，调配解决部分地区“如厕难”局面，同时出台新建或改建公厕男女厕位比例不低于1:1.5的要求，全年改造公厕无障碍设施152间。

市容保洁。2011年，组织开展“清洁城乡，健康广州”为主题的全城清洁卫生大行动，将每月开展一次的“清洁家园”活动纳入区和街道日常卫生工作。全市道路清扫保洁面积1.02亿平方米，人行道保洁面积6997万平方米。全市水域保洁长度800多千米，日清捞垃圾最高达558吨，创历史新高。中心城区一、二级道路机械化清扫率达60%，冲洗作业面积约2000平方千米，形成“市级巡查、区局督办、街道落实”的三级环境卫生监管网络。

生活垃圾处理。全面推行垃圾分类处理，2011年4月1日，国内第一部生活垃圾分类的政府规章《广州市城市生活垃圾分类管理暂行规定》颁布施行，《广州市生活垃圾处理终端阶梯式计量管理办法》同步出台，广州市垃圾分类工作步入法制化、科学化、系统化轨道。开展垃圾分类“四进宣传推广”活动(进学校、进单位、进社区、进家庭)177次，每月坚持开展形式多样的“垃圾分类全民行动日”活动，广泛开展各类宣传配合活动，表彰100个积极参与垃圾分类的“优秀环境友好家庭”，发动56万人加入城管志愿服务队伍，先后组建成立余泥渣土排放监督、病媒生物防制、城市管理综合巡检、燃气管理、城管执法、越秀城市管理、西关小屋和学生等8支志愿服务大队。是年，全市开展垃圾分类的社区305个、机团单位1647个、市场429个、学校1035所，创建“环境友好家庭”1万个，配置分类废物箱9.26万个，配置分类收集容器10.82万个，初步建成先分流再分类的生活垃圾分类运行体系。全市全年生活垃圾清运处理总量504万吨，日均1.38万吨，粪便无害化处理2.38万吨，死禽畜卫生处理2373吨。建立1438个规范的有证照再生资源回收站、17个餐厨垃圾资源化处理站、13个有害垃圾贮存库。再生资源回收240.4万吨（其中可回收物为74.89万吨），在兴丰填埋场建设了日处理能力达到1000吨的餐厨垃圾填埋处理专区。建成了大田山生态循环园，日处理30~50吨市场垃圾和厨余垃圾。兴丰填埋场和李坑发电厂共发电1.73亿千瓦，相当于节约13.35万吨标准煤，减少二氧化碳排放33.3万吨，发电收入8318万元。全市生活垃圾填埋、焚烧日均处理量同比为-0.3%，达到生活垃圾填埋、焚烧处理总量零增长的预期目标。

爱国卫生运动。2011年，广州市积极筹备国家卫生城市迎检复审，深入开展百万市民城乡环境卫生清洁行动和病媒生物防制工作，开展以灭鼠为重点的爱国卫生运动、全国爱国卫生月活动、防控登革热专项行动等一系列活动，举办病媒生物防制培训班161期、6325人次，印发38万份灭鼠宣传海报和家庭、单位、公共环境灭蚊指引宣传折页。全年共清除各类积水5万多宗，堵塞鼠洞8000多处，喷洒药物面积500万平方米，清除病媒生物孳生地1万多处。新增无烟单位746个，全市累计已达2457个，控烟执法开出广州历史上第一张罚单。加大农村环境卫生整治和卫生创建力度，完成农村改厕项目3400户，全市农村卫生厕所普及率达到98.16%。全年有32个街道被评为“广州市一星级卫生街道”，11个街道被评为“广州市二星级卫生街道”，有46个村获得“广东省卫生村”称号，65个村获得“广州市卫生村”称号。 *(徐强)*

城市生态环境保护和建设　2011年，广州市落实“空气整治50条”和“新31条”措施，是年优良天数达到360天，摘掉了10年的重酸雨区帽子。对全市127条河涌进行综合整治，建成白云湖、海珠湖；新建污水处理厂38座，铺设截污管网1234千米，城市生活污水处理率达88%，珠江广州段水质从劣五类提高到四类标准。建成西江引水工程，中心城区自来水出厂水质提前两年达到国家新标准。对1500个社区进行人居环境综合整治。实施“静音工程”，完成环市路小学示范点隔音设施的整改和安装工作，全年共建设隔音窗2.55万平方米、隔音屏3.66千米。完成17个“城中村”改造方案，猎德村、黄埔古村等“城中村”改造已见成效，10万村民人居环境得到改善。实施《花园城市行动纲领》，推进青山绿地工程和城市绿化升级改造，新增和改造绿地面积19平方千米，全市森林覆盖率41.66%，建成区绿化覆盖率40.3%，人均公园绿地面积15.05平方米，建成2038千米绿道网。先后获“国家环境保护模范城市”、“国家园林城市”、“国家森林城市”、“国家卫生城市”等荣誉称号。 *(李保刚)*

城市水环境建设　水环境治理工程。广州市推进2011年水环境治理工程，包括城镇生活污水治理、农村生活污水治理、河涌综合整治、城区内涝治理和雨污分流五大类177项。截至2012年3月31日，全市水环境治理项目已完成102项，占57.63%。全市工程综合进度为90.19%。

重点推进两湖五河涌工程，海珠湖景观绿化工程已全部完成，湖心区已全部开放，并于2011年9月1日起组织市民免费入园参观，从2011年9月1日至12月31日，超300万人次进入湖区参观。2011年11月28日成功举办白云湖开园活动，至2011年12月31日，接待游客约65万人次，成为中心城区重要的游览观光、休闲娱乐的水利景区。越秀区的东濠涌二期继续打造亲水生态休闲走廊，与一期连接贯通云山珠水；荔湾区的荔枝湾涌二期结合一期特色进行整治，努力营造和谐的岭南水乡文化；天河区的猎德涌升级改造突出都市水系的景观；海珠区的石榴岗河升级改造突出滨江特色，打造农业观光景观长廊；白云区的石井河整治彻底摆脱“黑龙江”之名。

污水治理。截至2011年底，全市共有城镇污水处理厂47座，污水泵站103座，总处理能力达到465.18万吨/日，市政排水管道9600千米（其中污水管道4203千米、合流管道1986千米、雨水管道3411千米），城镇生活污水处理率达到87.41%。全市共有1248个行政村，其中410个已纳入城镇生活污水处理系统，838个行政村需要建设分散式污水处理设施，已完成315个。基本实现珠江广州市区段、中心城区主要河涌的截污、主要污染源接入污水处理系统。

2011年，广州市制定《2011年广州市水环境治理工作方案》的污水处理任务，广州市的目标是完善污水处理系统管网建设，新增污水管道140千米，逐步提高污水处理厂的运行负荷率，城市生活污水处理率达到87%。因地制宜建设76个行政村的农村分散污水治理设施，提高农村生活环境水平。

是年底，广州市十区两市建成区及万人以上镇（30个）建成集中式污水处理系统，白云、花都、番禺、南沙、萝岗和从化、增城市等32个镇（街）所属的315个村的生活污水进行治理，采用生物生态组合处理技术等因地制宜的污水处理手段，城区生活污水有效收集处理、农村水环境有效改善，环境得到美化，惠及农村人口达92.5万人。农村生活污水处理率达40.8%。

城市供水　2011年，广州市十区共有35间水厂，供水管道长1657.2万米，供水综合生产能力702.7万立方米/日。

供水管理。开展城市供水水质督察工作，确保城市供水安全。广州市水质监测中心根据广州市水务局下达的工作任务，对广州市35间公共供水水厂的水源水、出厂水和管网水，以及中心城区的二次供水进行水质督察。对14家较大型供水企业供水水质每月2次进行公示，公示水厂的供水能力占全市供水能力的92%。每月对广州市自来水公司管网供水压力进行公示。

完善应急管理体制，快速妥善处理了机场西乐嘉路春暖花园二次供水水质异常、海珠区聚得花园G44-2栋二次供水水质异常、西洲水厂DN2200原水管发生自然爆漏，造成西洲水厂全停产供水等突发事件，保障了市民的用水安全。

全面推行供水行业规范化管理，4月28日印发《广州市供水行业服务规范（试行）》，以明确的要求，规范供水企业。

按照城乡供水一体化发展要求，加强对农村供水建设规划、管理的指导。2011年完成市级安排5000万元农村供水建设资金项目，惠及从化44个行政村的118个自然村7.7万人、增城56个行政村的452个自然村9.15万人。（*黄玉玲*）

城市供气　2011年，广州市全面落实燃气经营许可制度，相关的管理办法和考核表已被省住房和城乡建设厅在全省推广。做好西气东输二线天然气接收和利用的协调，完成高压管道铺设23.33千米，建成北兴门站，广州市已具备接收和利用西气东输二线天然气的条件。完成对16个汽车加气站监控视频接入城管监控指挥中心，在地理信息平台系统接入广州燃气集团有限公司燃气管网地理信息数据。是年，专项整治打击流动分装液化石油气行为，加强对家用电器销售和燃气热水器安装维修行为的源头管理，检查各类燃气站点111个，整改安全隐患266项，修复泄漏、高风险燃气管道8168米。（*徐强*）

城市综合管理　整治市容市貌。2011年，广州市严格落实《关于划定严禁乱摆卖区域的通告》，对乱摆卖实行分时段、无盲区、闭环式、无缝隙管理，重点区域定点值守，一般区域流动巡查，执法力量向早、午、晚、深夜时段倾斜，重力整治148条主要道路、82个重点地区、185个乱摆卖聚集点，为广大市民营造整洁干净、舒适有序的城市环境。组织开展“春季”、“食品安全”、“畅通”等全市统一执法行动，整合各级城市管理力量，集中精力解决饮食店档占道经营、无证烧烤、地铁出入口、地下市政通道和BRT站点周边乱摆卖等市民投诉多、反映强烈的问题，基本消除成行成市的乱摆卖黑点。做好春运、中高考、龙舟赛、创文国检、重阳登高和110届交易会等重大活动保障服务任务，着重抓好会场展馆、演出场所、校园周边、旅游景点、商业旺地等重点区域，确保市民群众集中活动场所市容环境井然有序。加强对流浪乞讨人员的救助管理，联合民政、公安等部门救助流浪乞讨人员3257人次。坚持管理与服务相结合，积极稳妥推进少数民族流动商贩管理工作。据统计，2011年，共取缔乱摆卖64.7万宗，整治占道经营32.8万宗，清理乱张贴7.6万宗、乱拉挂4.1万宗，教育处罚乱丢乱吐6.1万宗。

清拆违法建设。2011年，广州市颁布实施《关于强化查控违法建设工作责任制的实施意见》，部门分工更加明晰具体，查控违法建设合力进一步形成。组织召开严查严控违法建设现场会，启动清拆违法建设行动月活动，强势推进清拆违法建设工作，切实刹住违法建设的风头。行动月中，全市没有新增一宗违法建设，没有发现一宗在建违法建设，没有发生一宗暴力抗法事件，没有出现一宗人员伤亡事故。认真做好违法建设行政处罚权的移交与对接，深入研究违法建设没收实物和违法收入的行政处罚工作，召开规划、国土、法制、法院等部门参加的专题座谈会，确定了没收实物和违法收入的原则、标准、程序和办法。重点查处白云太和、天河凌塘、萝岗九龙、番禺小谷围等一批重大典型违法建设案件，遏制村民、村社集体的抢建势头。据统计，2011年，共制止新增违法建设87.3万平方米，清拆违法建设189.29万平方米。

工地管理和建筑废弃物排放运输秩序整治。2011年，广州市全面启动建筑废弃物排放和运输秩序专项整治“三号行动”，坚持抓源头管理与抓路面执法并重并举，遏制违规排放和运输行为。保留全市100名余泥监督员编制，实行严格的余泥监督员管理制度，定期开展多部门联合执法行动，从严查处无证运输、超装超载、余泥洒漏、偷排乱倒等行为，违规排放运输行为直线下降，“泥头车”负面报道大幅减少。无证运输比上年下降75%，不密闭运输下降60%，不冲洗车辆下降57%，路面余泥污染率下降30%，交通事故率减少20%。大力实施“宁静工程”，狠抓建筑施工噪声监管，从严打击夜间超时施工扰民行为。据统计，2011年，共查处无证施工、无证夜间施工等行为8975宗。

户外广告招牌整治。按照2011年初户外广告整治工作会议的总体部署，组织开展了楼顶广告招牌和LED户外广告屏整治，查处涉嫌违法设置广告招牌715宗、LED广告32宗，拆除火车站售票大厅楼顶等大型违法户外广告一批，全市98条主要道路两侧建筑物楼顶无广告的目标基本实现。巩固亚运户外广告整治成果，组织开展机场高速沿线违法户外广告、招牌及乱搭建专项整治行动。据统计，2011年共拆除违法户外广告招牌7031块，面积5.7万平方米。

创文迎检工作。2011年，广州市全面启动创文迎检工作，市城管执法局制定《2011年创建全国文明城市工作方案》，全面加强创文工作的统筹指挥、组织协调与检查监督，构建起齐抓共管、合力攻坚的创文工作格局，顺利通过“省检”及问卷调查测评工作。在创文公示期间，延续创文期间的良好工作势头，创建机构不散、创建力度不减，创建标准不降，继续在落实整改、狠抓细节、务求实效上下工夫，遏制各类城市管理问题的反弹，善始善终做好创文公示前的各项保障工作，以优异成绩夺取创文成功。

城管综合执法。2011年，《广州市城市管理综合执法细则》正式施行。授权城管行使12个方面232项行政处罚权，设置执法规则，强化日常监管，完善了执法协作，为促进队伍依法行政提供了有力保障。制定与《细则》相配套的执法操作规范，对执法活动中的检查、调查、询问、告知、审批、处罚、结案等环节做出具体规定。梳理行政强制措施与行政强制执行行为，加强城管执法与《行政强制法》的衔接。是年，《广州市违法建设查处条例》通过市政府常务会议审议。《关于强化查控违法建设工作责任制的实施意见》顺利出台，《关于建立公安城管协同执法工作机制的意见》加快推进，进一步明确了城管执法各部门责任与执法原则。 (高嵘)

【城镇村庄建设】 广州市从2011年1月9日起在全市范围内深入开展名镇名村的创建工作，并于2月中旬完成名镇名村创建工作方案初稿，经市政府常务会议先后两次进行讨论研究，明确工作思路，部署名镇名村规划、资金、建设等有关具体事项。对确定为名镇名村创建点的镇和村，重点完成三项规划设计：一是镇村规划修编工作；二是土地利用规划修编工作；三是对镇容镇貌、村容村貌进行专项设计。

创建目标和任务 全市有创建任务的区、县级市有海珠区、白云区、花都区、番禺区、南沙区、萝岗区、从化市、增城市。名镇名村创建工作从2011年开始试点，分市级创建点和区（县级市）创建点同步推进。经过三轮申报比选，市级创建点共3镇4村，分别是：番禺区沙湾镇、花都区梯面镇、增城市派潭镇，番禺区大岭村、海珠区黄埔村、花都区朗头村、从化市狮象村。区（县级市）创建点共7镇25村。

资金投入 广州市对名镇名村建设争取多渠道投入资金。资金来源主要有：社会资金、扶贫资金、新农村建设资金、财政专项补助资金。财政资金以区（县级市）财政投入为主，市财政专项补助为辅。2011年市财政安排1600万元专项资金，用于市级名镇名村建设。

彰显特色 各区结合地域资源，挖掘和培育属地优势，努力打造特色名镇名村。 (杜方磊)

【中心镇建设】 广州市共有省级中心镇17个（分别是白云区江高镇、太和镇、钟落潭镇，花都区狮岭镇、炭步镇、花东镇，番禺区榄核镇、石楼镇、大岗镇，从化市太平镇、鳌头镇、良口镇，增城市石滩镇、新塘镇、中新镇，以及南沙区万顷沙镇、萝岗区九龙镇）。截至2011年底，市、区两级财政共投入中心镇基础设施建设专项资金21.6亿元，大部分中心镇各项税费返还率达到90%以上。进一步完善了中心镇道路交通、供水、供电、污水处理等市政基础设施。

中心镇建成区范围内路灯建设。广州市把中心镇建成区范围内道路路灯建设纳入2011年中心镇统筹金项目中优先安排。据初步统计，花都区、白云区、番禺区、增城市、从化市各中心镇建成区内需要安装路灯3407盏，2011年利用市财政补助资金安装2079盏，企业赞助安装795盏，其余533盏拟在2012年中心镇建设计划中安排。目前各中心镇各路灯建设建设项目已经基本完成，中心镇建成区路灯得到进一步完善。 (杜方磊)

农村路灯建设 农村地区路灯建设是2011年市政府十件民生实事之一。主要在广州增城市、从化市、花都区、白云区、番禺区、南沙区、萝岗区的广大农村地区安装路灯。根据统计，为达到村村亮路灯的目标，广州市农村地区共需要路灯15.18万盏，涉及33个镇（未包括番禺区、南沙区、萝岗区），安装路灯道路长度4860千米，实施范围涉及2857平方千米，惠及人口约200万人。

截至2011年12月31日，全面完成2011年5万盏农村路灯建设任务，其中，花都区扎实推进2.3万盏农村路灯建设工作；增城市扎实推进北部派潭、正果、小楼三镇农村道路亮化工程；从化市积极推进吕田镇和鳌头镇路灯建设，完成建设农村路灯1万盏，超额完成建设农村路灯8000盏的工作任务。 (姚铭)

【住房与房地产业】 房地产开发 2011年，广州市10区2县级市共有房地产开发企业1293家，其中一级

10家、二级167家、三级620家、暂定级496家。全市完成房地产开发投资1306.74亿元，同比增长32.8%。民间投资依然为房地产投资主体，1~12月全市房地产开发民间投资754.96亿元，比上年增长32.9%，占全市房地产开发投资的57.8%；港澳台投资319.97亿元，增长18.3%，占24.5%；国有单位投资117.46亿元，增长66.4%，占9.0%；外商投资114.35亿元，增长53.8%，占8.8%。

住宅投资仍为房地产开发投资重点。2011年，全市住宅完成投资780.81亿元，比上年增长42.4%，占房地产开发投资比重的59.8%。商业和办公开发投资保持稳定增长。办公楼完成投资126.34亿元，比上年增长54.9%，是增幅最高开发投资类型；商业营业用房和其他用房完成投资分别为13.5%和17.0%。

土地购置费、土地购置面积和成交价款大幅增长，但土地成交均价大幅下降，宏观调控渐见成效。全年土地购置费204.83亿元，比上年增长32.7%；购置土地面积338.85万平方米，增长80.6%；土地成交（合同）总价款116.66亿元，下降7.0%；土地成交均价为3443元/平方米，下降48.5%。

企业资金来源稳步增长，其他资金来源（如定金预付款）仍为主要渠道。2011年，全市房地产开发企业到位资金2206.47亿元，比上年增长6.9%。2011年度企业资金来源为1681.65亿元，比上年增长11.9%。受调控政策收紧影响，开发企业资金来源中国内贷款比重下降，占21.0%；其他资金来源比重上升，达到56.2%；利用外资有所增长，但所占比重依然较低，仅为2.9%。

房屋施工面积增速先抑后扬，新开工面积由降转升，显示开发企业根据市场情况积极调整开发进度。2011年全市房地产开发施工面积7704.34万平方米，比上年增长19.2%，累计新开工面积2143.32万平方米（其中住宅新开工面积1477.1万平方米），比上年增长12.4%，占比重68.9%；商业营业用房新开工面积141.66万平方米，为各类新开工面积中降幅最大的类型，下降26.4%；办公楼和其他房屋新开工面积增长83.9%和0.1%。

商品房待售（空置）面积持续增加，房地产市场销售压力逐步增大。截至2011年底，全市商品房待售面积492.19万平方米，比上年同期增加43.7%。其中，商品住宅待售面积226.44万平方米，增幅为66.9%；办公楼待售41.18万平方米，增幅为29.9%；商业营业用房待售109.5万平方米，增长9.5%；其他房屋待售115.07万平方米，增长53.0%。 *（邬永宏）*

房地产市场管理 2011年，广州市开展查处闲置土地专项行动。针对已供应的未动工用地进行清理，全年共促使173宗超期未动工土地依法动工，对84宗土地核发《闲置土地调查通知书》，并以限期一年动工的方式处置56宗、面积182.53公顷闲置土地，收取土地闲置费2551万元，收回闲置土地8宗、面积14.46公顷。

是年，广州市国土房管局下发《关于报送年度商品房项目预（销）售计划和商品房预售方案有关事项的通知》，要求开发企业每年初申报房地产项目年度预（销）售计划和申办商品房预售许可证时，必须根据开发项目建设进度制定商品房预售方案；要求开发企业根据规划部门出具的《建设工程规划许可证》，提供公建配套设施的建设情况，督促开发企业完善公建配套的建设。

广州市全年十区新批准商品房预售项目318宗，共批准预售面积864.99万平方米，比上年减少6.75%。其中住宅687.53万平方米，比上年减少8.26%。

广州市国土房管局加强对中心六区734个预售商品房项目的监控，监控总房款540.22亿元；受理预售款划拨6412次，划拨预售款526.79亿元。

2011年1月1日起，广州市中心六区正式实行存量房网上交易工作。全年共办理存量房网上交易5.78万宗，其中中介机构促成的交易1.74万宗，均价1.2万元/平方米；自行交易4.05万宗，均价8712元/平方米。

▲2011年1月14日，广东省委常委、广州市委书记张广宁（左六），广州市委副书记、市长万庆良（右五），市政府秘书长谢晓丹（右二），市国土房管局局长、市住房保障办主任李俊夫（左一）等领导出席广州市龙归保障房示范小区。

（广州市国土资源和房屋管理局供稿）

房地产市场运行 2011年，广州市政府印发《关于贯彻国务院办公厅关于进一步做好房地产市场调控工作有关问题的通知的实施意见》，完善广州市多层次、差别化的住房供应和消费政策，综合采取税收、信贷、行政、土地、住房保障等调控措施；公布《关于我市新建住房2011年度价格控制目标的意见》，提出2011年新建住房价格涨幅要低于全市年度生产总值增幅和城市居民人均可支配收入增幅。

广州市市辖十区全年公开挂牌出让土地共计146宗，比上年增长2.7%；用地面积656.46万平方米，比上年下降10.8%；金额284.56亿元，下降4.7%。广州市市辖十区全年新建商品住宅新增供应面积687.53万平方米，比上年下降8.26%。新建商品住宅全年网上签约面积557.34万平方米，下降15.2%。签约均价为1.34万元/平方米，上升2.5%。

广州市市辖十区二手住宅交易面积599.26万平方米，同比减少27.4%。受宏观调控影响，二手住宅成交量明显缩减，减幅大于一手住宅（15.2%）。成交均价为1.36万元/平方米，同比上涨23.1%。

产权登记发证 2011年，广州市国土房管局制定《关于追究不履行办证义务的开发建设单位违法违规责任的工作意见》，加快解决历史遗留办证难问题。

截至2011年12月底，广州市市辖十区共核发房地产权证51.35万本，比上年增长6.4%。全年共受理历史遗留案件登记申请6.78万宗，可发证6.27万宗，已发证5.95万宗，有1271个项目完善确权办证各项前期手续（全市历史遗留办证难问题共1360个项目）。

广州市国土房管局推出“便民利民十大举措”，包括现场预约、服务进社区、广聘服务监督员、网上申办、短信互动、指纹加密、承诺“111”服务、业务提速、全市通收通发和增设越秀受理点。

物业管理 2011年，广州市政府出台《关于加强小区物业管理，促进幸福家园建设的实施意见》，加强监管广州市的物业服务管理工作。广州市国土房管局印发《物业管理项目巡查办法（试行）》、《广州市和谐物业幸福小区评选方案》、《广州市物业管理行业创建全国文明城市工作方案》，指导和推动物业服务企业提高管理水平和资质。

截至2011年底，广州市从事物业服务的企业有1554家，其中一级资质45家，二级资质119家，三级资质（含暂定三级）1390家。广州市物业服务项目4789个，覆盖面积2.79亿平方米，与2009年相比物业服务项目增加54个，覆盖面积增加0.6亿平方米。

广州市（十区二县级市）全年共归集物业专项维修资金11.86亿元，使用物业专项维修资金1727万元。物业专项维修资金归集累计总额为58.50亿元，累计使用6346万元，累计退款9460万元，归集余额56.92亿元。共有2709个物业小区建立物业专项维修资金，为118.94万户业主办理广州市物业专项维修资金卡。

是年，增加深圳发展银行为广州市物业专项维修资金专户管理银行，加强对物业专项维修资金的管理。

直管公房管理 2011年，广州市共有直管房2.72万栋，11.26万套。其中，住宅10.28万套，总面积282.50万平方米（按出租面积计算），居住人数33万人，年租金收入0.96亿元；非住宅9823套，总面积127.63万平方米，年租金收入3.50亿元。是年，广州市直管房累计实际租金收入4.46亿元，比上年增长11.73%。

房屋租赁管理 2011年，广州市国土房管局加强对房屋租赁管理的法制建设，强化市场监管，推行“网上租赁备案”，探索土地年租制度。

是年，广州市国土房管局出台《印发广州市计收原划拨用地及其地上建筑物用于非住宅出租经营土地出让金实施细则及其合同的通知》，制定征收土地出让金的实施细则、配套征收合同，对广州市原划拨土地其地上建筑物用于非住宅出租经营的计征土地年租。实行“简政强区、重心下移”，市房屋租赁管理的行政执法职能全部下放各区房管局，实现由具体事务型向宏观管理型转变。

是年，广州市共有出租屋378.38万套，比上年增长9.03%；出租面积1.51亿平方米，比上年增长5.62%。其中住宅328.66万套，非住宅49.72万套。全年全市新办理房屋租赁登记备案59.31万件，比上年增长4.64%；登记备案面积3766.25万平方米，比上年下降26.18%。其中住宅租赁登记备案45.98万件，登记备案面积1177.85万平方米；非住宅租赁登记备案13.33万件，登记备案面积2588.4万平方米。广州市中心城区住宅租金有比较明显的上涨，商铺与办公用房租金表现较为稳定，工业用房租金上涨较明显。

房屋拆迁管理 2011年，广州市国土房管局执行《国有土地上房屋征收与补偿条例》规定，停止核发《房屋拆迁许可证》，并全面停止行政强制拆迁；对2011年1月21日前已经领取《房屋拆迁许可证》的案件进行全面梳理、分类，加快推进历史案件的处理。

广州市共核发房屋拆迁许可证、拆迁公告2宗（均为1月21日前核发），房屋拆迁面积0.45万平方米；拆迁许可延期45宗。房屋拆迁结案12宗，已完成房屋拆迁面积共26.8万平方米。

危房改造工程 2011年，广州市印发《关于下达2011年度危改工作任务的通知》，加快推进危房改造工作，改善民生。全年共完成11.19万平方米危破房改造任务，直接受益群众622户、2177人。2011年房屋安全普查新增4.73万平

方米危房。

荔湾区光复中、豆栏上街、海珠区南华东、黄埔区安来直、南安正等5个连片危房改造项目分别完成文物论证、环保评审、规划报批、财政评审以及公开招标等前期手续。继续推进恩宁路项目拆迁安置，东濠涌越秀南项目动迁工作。

广州市国土房管局出台《关于2011年度危改工作进展情况的通报》，推进2005年在册农村危房改造工作。2008年至2011年，市级财政已预拨农村危房补助资金2.59亿元，区（县级市）级财政已预拨农村危房补助资金2.24亿元。截至2011年12月底，2005年在册农村危房1.64万户完成改造任务。市辖五区（白云区、萝岗区、番禺区、花都区、南沙区）已完成改造任务；从化市、增城市已完成7996户和2736户。

保障性住房建设　2011年，广州市保障性住房建设资金在土地出让净收益中的提取比例从10%提高至13%，土地出让收入超收部分优先安排保障性住房项目建设。市财政全年共筹集廉租住房保障资金50.06亿元，中央补助公共租赁住房专项资金7.45亿元。全市如期完成省下达广州市的筹集8.5万套保障性住房目标任务。

广州市国土房管局审核通过廉租住房保障资格4770户家庭，核发经济适用住房准购证明1.14万份。通过廉租住房实物配租、租金核减、租赁补贴和出售经济适用住房等方式新增解决1.31万户低收入家庭住房困难问题。2008年至2011年，已累计解决7.77万户低收入家庭住房困难，提前1年解决在册7.72万户低收入家庭住房困难问题的目标任务，实现在册低收入住房困难家庭的“应保尽保”。

广州市共有3375个单位实施住房货币分配，36.67万名职工领取住房货币补贴，共归集住房补贴资金110亿元，支取住房补贴资金79亿元，住房补贴资金归集余额为31亿元。

广州市国土房管局初步建立保障性住房后续监管的长效机制，明确保障房小区前期物业服务企业需要承担协助管理保障户住户的职能。市保障办联合保障房小区物业管理公司对2008年以来销售的经济适用住房使用情况进行拉网式调查，共调查户数4729户，入户调查4676套，入户调查率为98.88%。通过调查取证，对违规使用保障性住房的家庭进行处理。　*（何欣）*

住房公积金管理　归集方面。2011年，全市（含广铁分中心、番禺、花都、从化、增城四个办事处）新增住房公积金缴存额342.59亿元，新增缴存单位0.49万个、缴存职工32.80万人；历年累计共有3.89万个单位的318.44万名职工缴存住房公积金，缴存总额达1900.85亿元，缴存余额742.91亿元。

公积金提取。是年，共有83.82万人次按规定提取个人名下住房公积金合计238.66亿元，其中提取用于购、建、租住房的有64.05万人次，合计201.33亿元，占提取总额的84.36%；因离退休养老、出境定居、完全丧失劳动能力、户口迁出本市、非本市户口职工与单位终止劳动关系、职工死亡之后继承等情况提取的有19.77万人，合计37.33亿元，占提取总额的15.64%。历年累计共有569.14万人次支取个人名下住房公积金1157.94亿元，占缴存总额的60.92%。

发放贷款。2011年，共向2.97万户职工发放住房公积金个人贷款136.99亿元，支持购房面积278.40万平方米，贷款余额90.00亿元。历年累计向24.18万户职工发放个人贷款684.03亿元，支持购房面积2254.66万平方米，贷款余额403.03亿元。截至2011年底，中心已为5134户购买保障性住房家庭提供公积金贷款13.63亿元，支持购房面积达43.8万平方米。

增值收益方面。2010年7月1日至2011年6月30日，共向缴存人支付公积金利息14.90亿元，比上年增长91.52%，2011年共实现增值收益4.68亿元，历年累计实现增值收益44.84亿元，上缴财政廉租房建设补充资金26.37亿元。　*（严颖）*

【“三旧”改造】　2011年，广州市继续开展“三旧”改造工作，一是完善历史用地手续。全市各类需完善历史用地的用地面积为1.5万公顷。2011年完成上报市“三旧”改造办审核3933公顷，获批准完善用地手续2600公顷。二是审批“三旧”改造项目。全市（十区）批复“城中村”改造方案19个，涉及用地面积10.17平方千米。其中全面改造17个，用地面积9.43平方千米；综合整治2个，用地面积0.74平方千米。全市（十区）共计审批旧厂改造项目124个，涉及用地5.64平方千米。　*（周海林）*

【建筑业】　截至2011年底，在广州市从事建筑业活动的建筑业企业5551家，其中施工企业4542家、监理企业545家、招标代理企业242家、造价咨询企业139家。截至12月份，完成建筑业总产值1688.21亿元，比上年增长4%。房屋施工面积10467.52万平方米，比上年增长6%。房屋竣工面积1627.78万平方米，下降13%。

有形建筑市场管理成效明显。2011年，进场交易累计完成招投标项目4940项，交易额合计约1439.31亿元。对比招标控制价下浮5.0%，为国家节约投资约52.62亿元。

加强行业动态管理。对7批共277家不符合要求的外地企业进行通报批评，规范市场行为；改进完善建筑业企业诚信评价体系，形成“奖优罚劣”的良好市场导向。

扎实开展专项治理。加大对转包和违法分包行为的惩处力度，2011年共对27家转包和违法分包企业进行查处；继续开展清理拖欠工程款和农民工工资工作，至2011年12月底，共处理拖欠工程款和农民工工资的信访案31宗，涉及金额3.06亿元。 *(袁方正)*

建设工程造价管理 2011年，广州市造价站每月及时、准确在《广州市建设工程造价信息》及广州市造价信息网站上发布广州市机械设备租赁价格信息、建筑工程劳务价格信息、主要建筑材料市场价格及其价格指数、招标控制价备案工程主要材料价格统计数据、广州市建设工程招投标参考指标以及广州市房屋建筑工程和市政基础设施工程施工招标控制价备案情况。同时，建立健全咨询企业诚信综合评价系统，把工程造价咨询企业市场行为诚信综合评价体系建设作为2011年强化行业管理工作的重点。2011年7月1日造价咨询行业诚信评价系统正式启动以来，已有70家工程造价咨询企业在诚信综合评价系统上报业绩资料共2149宗，通过审核的有1845宗，通过率达85%。2011年对86宗备案项目进行抽查审核，工程金额达73.23亿元，对存在问题的企业及时发出《关于招标控制价存在问题的函》，明确提出整改意见。是年，派出三个专家检查组，分别抽查18家工程造价咨询企业，并将抽查结果上报市建委。

2011年，广州市进一步完善信息化管理系统，在信息化备案管理平台上，设立“工程项目备案系统”，及时向社会公布有关招标控制价备案的六类信息，实现招标控制价备案信息的全面公开。2011年完成招标控制价备案项目676宗，备案总金额242.81亿元。 *(杜海蓉)*

【建设科技】 2011年，广州市建筑业创新技术标准，引领行业发展。编制《广州市绿色建筑设计指南》、《广州市居住建筑节能65%设计标准》、《民用建筑太阳能热水系统建筑一体化设计标准》，参与《〈国家机关办公建筑和大型公共建筑能源审计导则〉广东省实施细则》、《〈民用建筑能耗统计报表制度〉广东省实施细则》等多项技术文件的编制工作，为确保“十二五”期间各项工作目标的实现打下基础。

探索和建立本地化建筑节能技术路线 在新建项目中大力推广与广州气候相适应的建筑节能新技术，如广州规划展览中心采用幕墙双效外遮阳技术，保利总部办公大楼应用可调节外遮阳与建筑一体化技术，中交集团南方总部大厦项目采用水冷多联式节能空调等技术。同时，还建立建筑节能产品推荐制度，对于工程应用效果好的技术、产品编入《广州市建筑节能技术产品推荐目录》，供建设、开发、施工等单位优先选用。采取经济激励措施促进建筑节能技术进步。市财政在全市节能专项资金中安排建筑节能分项资金，重点扶持建筑节能科学研究及新技术开发、建筑节能设计与标准规范编制、标准图集编制、建筑节能及绿色建筑重大科技成果转化以及工业建筑（厂房）的节能适用技术研究和建筑工业化推广工作。至年底有25个项目通过专家评审。

提高科技创新与应用技术水平 2011年，广州市建设领域共有12项技术成果获得“2011年广州市科学技术奖”。其中，广州市建筑集团有限公司等承担的“大型公共建筑场馆施工关键技术研究与应用”项目、广州市地铁设计研究院有限公司等单位承担的“大型近接暗挖换乘地铁车站施工关键技术研究”项目获得一等奖；广州市建筑科学研究院有限公司等单位承担的“广东省标准《城市地下空间开发利用规划与设计技术规程》”项目、广州大学等单位承担的“广东科学中心土木建筑工程灾害防护研究应用”获二等奖。

是年，广州市有135万平方米建筑通过绿色建筑标识评审；完成约3992万平方米民用建筑的能耗调查；新增节能建筑超过902万平方米；实施既有建筑节能改造92万平方米；可再生能源建筑应用推广面积超过86万平方米；新墙材应用量达19.09亿块标砖，新墙材应用比例超过95%（市区达98%以上）。广州市组织编制《广州市“十一五”建筑节能和墙材革新成果集》，印发《广州市建筑节能“十二五”专项规划》，出台《广州市民用建筑节能管理试行办法》，起草了《广州市建筑节能管理规定》，列入2012年政府规章立项的正式项目。

实施新建建筑节能监管 在全市范围内全面贯彻执行建筑节能设计审查及备案制度，凡新建、改建、扩建项目，必须进行建筑节能专项设计审查及备案；在办理备案的同时，试行备案抽查制度，对办理备案的项目随机抽查施工图设计资料，对发现的问题及时要求整改。此外，出台《关于进一步加强建筑工程消防、节能以及环保设计管理有关事项的通知》，对建筑节能设计变更进一步规范程序，严禁随意变更和先变更后补手续。截至11月底，共完成建筑节能验收备案项目总建筑面积902万平方米。

安排建筑节能分项资金，激励建筑节能新技术的开发应用 市财政安排建筑节能分项资金1000万，重点扶持建筑节能科学研究及新技术开发、建筑节能设计与标准规范编制、标准图集编制、建筑节能及绿色建筑重大科技成果转化以及工业建筑（厂房）的节能适用技术研究和建筑工业化推广工作，通过经济激励措施引导建筑节能技术进步。

推广轻质、保温、隔热新型墙体材料 是年，全市限制使用热工性能差的墙体材料，禁止使用粘土砖，公开发布《新型墙体材料产品及企业目录》，推广加气混凝土砌块、普通混凝土砌块、轻集料混凝土砌块等新型墙体材料；对热工性能差、容重大的灰砂砖限制使用，不予返退新型墙体材料基金；2011

年全市新墙材生产量达34亿块标砖，新墙材应用量达19.09亿块标砖，节约能源11.83万吨标煤，减排二氧化硫2367吨，新墙材应用比例约95%（市区达到了98%以上）。

通过多种方式推进太阳能在建筑中的应用　一是大力推广太阳能光热技术的应用。以市政府颁布的《新能源发展规划》为指导，在学校、宾馆、医院等具有稳定热水需求的建筑，大力推广太阳能热水、空气源热泵热水等技术的应用。据统计，广州市太阳能集热板安装面积已超过40万平方米。二是开展光伏建筑应用试点，已建、在建的项目有南沙行政办公楼、广州大学城、流花展贸中心等，其中广州大学城光伏电站（3MW）列入国家金太阳示范，已于2011年6月正式投产，年发电量约300万千瓦时。开展节能监管体系建设，扩大政府办公建筑和大型公共建筑能耗统计范围，完成600多栋建筑的能耗统计，同时完成6000多栋居住建筑和中小型公共建筑的能耗调查，建立广州市民用建筑能耗统计信息数据库。

结合既有建筑的不同管理模式，开展既有建筑节能改造　通过引入合同能源管理模式，鼓励社会资金参与节能改造，以商业建筑为突破口，以试点示范为带动，以围护结构和空调、热水系统节能改造为重点，对广东迎宾馆、流花展贸中心等既有公共建筑实施节能改造。2011年，广州市“广州国际体育演艺中心”、“保利房地产集团有限公司总部A座办公楼”以及“珠江新城H3-2地块写字楼”等3个项目被列入住房和城乡建设部2011年绿色建筑和低能耗建筑“双百”科技示范项目计划，“双百”示范计划实施的项目总数已达到14个。（王海兵）

散装水泥推广使用。2011年，广州市散装水泥供应量733.09万吨，预拌混凝土供应量2128.27万立方，预拌砂浆供应量130.75万吨。全年共计节约木材24.19万立方、电力5278.25万度、煤炭5.7万吨，减少向大气排放粉尘7.35万吨。全市办理预缴散装水泥专项资金2970.5万元（市散办负责的中心六区办理预缴散装水泥专项资金378宗，征收资金852.5万元）；办理返退散装水泥专项资金155.6万元（市散办负责的中心六区返退资金71万元）。（周杨）

【信息化建设】　2011年，广州市建设部门重点加强数字城建建设和行业诚信等信息资源的整合，优化信息化服务手段。

编制《广州市城乡建设委员会“城建云”平台建设规划（2012~2014年）》　通过建设“城建云”平台，整合委机关、下属机构和各区相关部门等成为统一的信息服务平台，实现资源共享，消除“信息孤岛”，扩大规模效应和影响范围，提升城乡建设与管理的信息化水平。

开发建设工程项目综合管理平台　完善资金计划管理系统并新建广州市城建路桥项目建设管理系统，是年正式投入运行。完成广州市城建项目工程储备库系统的开发，实现项目前期、资金计划、项目实施的链式管理。

是年，启动建筑劳务市场管理信息系统、房地产行业诚信综合管理平台的建设工作。

此外，完善建筑市场监管共享平台、建设系统信息资源共享等系统建设，改善系统性能及支撑的功能接口。新增与科信局15项业务数据的信息共享，日共享数据量达到10余万条。（陈兵）

附录：广州市住房和城乡建设管理部门主要领导

广州市城乡建设委员会
　党工委书记、主任：侯永铨
广州市规划局
　局长：王　东
　党委书记：刘毅东
广州市国土资源和房屋管理局
　党委书记、局长：李俊夫
广州市林业和园林局
　党委副书记、局长：王国如
　党委书记：杨国权
广州市城市管理委员会
　党委书记、主任：李廷贵
广州市城市管理综合执法局
　党委副书记、局长：李廷贵
　党委书记：陈小朋
广州市水务局
　党委书记、局长：张　虎
广州市环境保护局
　党委书记、局长：罗思源
广州市住房公积金管理中心
　主任：夏卫兵
　党委书记：肖恒光

深圳建设

【概况】　2011年，深圳市依托世界大学生夏季运动会的举办，城市建设快速发展，交通、住房、人居环境、水务、城市面貌等各项工作成效显著，城市功能更趋完善。

是年，深圳市交通网络尤其轨道交通建设取得历史性进展。随着地铁2号线东延线、3号线西延线暨轨道交通二期工程全面开通试运营，深圳轨道交通二期工程1、2、3、4、5号线的建设取得全面胜利，运营线路达178千米，118座车站，13座换乘站，形成“四横三纵”的地铁网络结构。

2011年全市开工建设保障性住房7.3万套、安排建设6.2万套，竣工1万套，建设规模创历史之最，圆满完成中央和省下达的建设任务。

全市共有80个绿色建筑建设项目、6个绿色生态园区，其中1个为国家级绿色建筑示范区，已建和在建绿色建筑面积已突破1000万平方米，涌现一大批具有全国乃至国际影响的绿色建筑项目。组织开展既有建筑节能改造，重点完成对36个大运会场馆的绿色节能改造，践行深圳“绿色大运”的承诺。

全年共完成市本级水务工程政府投资逾20亿元。全市原水供应量达19.5亿立方米，自来水供应量16.1亿立方米，年处理污水量达到9.7亿立方米，COD减排量25.8万吨，超额完成市下达减排任务。

全年累计完成建筑立面刷新面积4500万平方米，整修楼房15000栋，中心区主次干道、公园、重点窗口地区已基本覆盖。全市共完成道路绿化升级改造任务520项，新增绿化面积2622.5公顷，改造林相面积1133公顷，种植沿海防护林4002公顷，复绿黄土裸露区400多公顷，种植乔灌木1.19亿余株，建成区绿化覆盖率和人均公园绿地面积分别达到45%和16.5平方米，居全国领先水平，生态环境建设达到一个新的水平。（贺波）

【宜居城市建设】 2011年，深圳市制定《深圳市创建宜居城市行动计划》，科学合理设置创建宜居城市、宜居社区阶段目标，明确创建宜居城市各项重点工程。编制《深圳宜居城市年度报告》，对全市教育、医疗、交通等重大宜居指标进行对比评价。为加强市民与政府相互间信息沟通，准确把握民意，委托第三方开展宜居城市民意调查。组织社区工作人员培训、交流活动，开展宜居社区全面摸底，引导社区科学有序地推进宜居创建。组织开展中国人居环境范例奖、广东省宜居环境范例培育申报，深圳建科大楼项目获评2011年度中国人居环境范例奖，深圳宝安海裕社区和谐康居建设、深圳滨河污水处理厂改造、深圳蔡屋围金融中心区建设、深圳万科中心节能减排及新能源利用、深圳中国观澜版画原创产业基地建设等5个项目获评“2011年广东省宜居环境范例奖”，深圳市成为2011年度广东省获得宜居范例奖最多的城市。（杨虹）

【城市规划】 城市规划研究 2011年，深圳市规划国土委继续推进2040城市发展策略研究，阶段性完成关于2040的全民畅想，深入推进公众参与，寻找未来城市发展的社会共识；推动城市总体规划实施，出台城市总体规划实施意见，组织制订落实城市总体规划的行动方案，完成近期建设规划并报市政府，完善年度实施计划的编制和管理；加强专项工作研究，推进围填海策略研究、人口老龄化规划及大空港综合规划研究工作，启动深圳市综合交通体系规划及国际咨询的研究工作。

区域规划合作 2011年，市规划国土委全力推进深港合作，召开市规划国土委与香港规划署联席会议，推动落马洲河套地区规划；推进深莞惠规划合作及三市交界的坪新清地区空间规划，完成三市合作机制研究；开展援建新疆喀什规划编制工作；形成了前海深港现代服务业合作区综合规划方案和坪山新区综合发展规划方案。

近期建设与土地利用规划(2011~2015) 《深圳市近期建设与土地利用规划（2011~2015）》编制工作于2010年4月启动，2011年8月通过广东省住房和城乡建设厅组织的专家论证。2011年12月，经市政府五届四十六次常务会议审议通过。

法定图则 2011年，市规划国土委继续推进法定图则编制和个案修改工作。全市共有法定图则253项，已编制完成227项，面积达1131平方千米，覆盖率达91%，剩余9%地区多数也已形成方案，基本实现法定图则对城市规划建设用地的全覆盖，成效明显。2011年1月至11月初，有13项法定图则草案通过图则委审批，其中已公示的2项。

城市发展单元规划 2011年，市规划国土委根据全市城市发展工作会议要求，全力推进坪山中心区、坪山河流域碧岭－沙湖地区、光明门户区、光明平板显示产业园、光明中心区、蛇口沿山地区、笋岗—清水河地区、华为科技城、大浪石凹共9个地区（总面积63.4平方千米）的城市发展单元工作。至年底，发展单元规划编制工作总体进展顺利，并形成阶段性成果。其中已审议通过的发展单元规划大纲方案包括坪山中心区、坪山河流域碧岭—沙湖片区、光明门户区、光明平板显示园、龙岗华为科技城片区5个发展单元，各试点大纲正陆续公示；坪山中心区和光明门户区发展单元规划作为第一批成果于

▲2011年12月8日，深圳市领导出席第四届深圳香港城市建筑双城双年展开幕式。

（深圳市规划和国土资源委员会供稿）

12月报市政府审批。

城市设计　围绕提升城市发展质量要求，深圳市规划国土委高起点规划前海、后海及深圳湾等总部基地及重点地区的城市设计。2011年，完成《前海深港现代服务业合作区综合规划》，规划实施深圳湾15千米滨海休闲带，确保休闲带于2011年6月建成并全线向市民开放。由市政府主办、市规划国土委等承办的第四届深圳香港城市/建筑双城双年展于2011年底开幕，年展以“城市创造”为主题，分别在深港两地举办10多个子展览，年展创造一种文化发展与城市发展互动的新模式，已成为深港两地文化发展的重要内容。

市政专项规划　2011年，深圳市继续推进市政专项规划工作。年内，完成《深圳市给水系统布局规划》、《深圳市污水系统布局规划》修编工作，《深圳市雨洪利用系统布局规划》、《深圳市再生水布局规划》和《深圳市消防设施系统布局规划》通过市城市规划委员会审批；推进《宝安区珠江口水系防洪排涝规划》、《深圳湾国家红树林湿地系统规划》、小型水库管理控制范围线的划定；推进清林径引水调蓄工程等大型水源工程和茅洲河、龙岗河、坪山河等流域的治水工程。年内，完成“深圳电网2009~2010年新增项目110千伏及以上架空线改造入地配套电缆隧道工程”设计等前期工作；组织开展提前核发变电站选址及用地预审；完成《光明新区220KV/20KV电力专项规划》编制，以及《深圳市瓶装燃气供应站系统布局规划及选址研究》、《深圳市天然气高压管网阀室选址及用地规模研究》，协调“西气东输二线”深港支干线规划建设审批工作等。

交通专项规划　2011年，深圳市规划国土委积极开展各层次交通专项规划工作。年内，深化并完成《2010年深圳市居民出行调查与分析》、《深圳市停车发展策略研究及重点地区停车评估与对策》等项目；完成《莲塘口岸（交通详细规划）》、《深港跨境交通信息服务体系规划》。支持确保轨道交通二期工程如期通车，形成178千米轨道交通网络；完成《深圳市轨道交通近期建设规划(2011~2016年)》的国家报批工作；配合铁道部、广东省协调加快穗莞深城际线的规划设计；同步推进轨道交通三期工程前期工作，完成7、9、11号线初步设计审查，推动6号线初步设计、8号线详细规划等。

低碳生态城市规划　2011年，深圳市规划国土委组织编制《深圳市建设国家低碳生态示范市工作方案2011~2015》，经市政府常务会议审议后，于1月由市政府办公厅正式发布。年内，组织编制并发布《深圳创建国家低碳生态示范市白皮书（2010~2011）》，全面反映各部门、各区2010~2011年度在低碳生态城市规划、建设、管理方面的成绩和成效，建立健全低碳生态城市规划建设管理的长效机制。年内，全面开展试点项目研究和低碳生态项目的规划编制工作，推进光明、坪山、南山商业文化中心区、前海等示范地区的低碳生态建设和规划编制，全年共开展和完成近30项相关研究项目和20余项相关规划的编制工作。（王芳）

【城市建设与管理】　市政设施建设　深圳地铁建设。2011年，深圳市轨道交通二期工程罗宝线续建段(深大至机场东站)、蛇口线（世界之窗至新秀)、龙岗线（草埔至益田)、龙华线二期工程（少年宫至清湖）及环中线（前海湾至黄贝岭)，总长113千米，80个车站于6月中下旬陆续建成开通。是年，深圳市地铁二期工程共完成投资107.81亿元，完成年度计划的134%。6月15日罗宝线续建工程（深大至机场东站）20.2千米开通试运营，6月28日蛇口线东延线（世界之窗至新秀）20.6千米、龙岗线西延线（草埔至益田）16.8千米开通试运营，6月16日龙华线二期工程（少年宫至清湖）15.8千米开通试运营，6月22日环中线（黄贝岭至前海湾）40.0千米全线开通试运营。截至2011年，深圳市已形成覆盖城市主要发展轴的总长178千米、车站总数118个的轨道交通运营网络。全年日均客运量为125.99万人次，列车正点率99.8%，运行图兑现率为99.9%。

（秦小三）

园林绿化与林业管理　改造城市绿化。2011年，深圳市共完成道路绿化升级改造任务520项，新增绿化面积2622.5公顷，改造林相面积1133公顷，种植沿海防护林4002公顷，复绿黄土裸露区400多公顷，种植乔灌木1.19亿株，打造深圳湾体育馆周边、留仙大道、深南大道、龙翔大道等一大批道路和景观节点的绿化精品。如龙岗区在绿化美化环境方面，投入大，效果好，共完成植树90万棵，种植片林30个，绿化小区65个，整治黄土裸露达120多万平方米，营造出一批高标准、效果好的园林生态公园、园林生态单位和园林生态社区。全市已基本消除黄土裸露现象，建成区绿化覆盖率和人均公园绿地面积分别达到45%和16.5平方米，居全国领先水平，生态环境建设取得历史性的突破。

构建“公园之城”。2011年，深圳市新建公园106个、提升改造220个，各类公园总量达到789个，初步形成“森林（郊野）公园–综合性公园–社区公园”三级公园体系。在数量增加的同时，公园景观水平、服务设施、服务质量、文化内涵也进一步提升，“公园之城”轮廓初现。是年，全市42万人次参与全民绿化，绿化面积361公顷，植树128.8万株，捐款2.98亿元，全社会爱绿、护绿意识明显增强。

营造城市景观。结合大学生运动会市容环境提升工作，为营造热烈祥和的城市气氛，园林管理部门多层次构建鲜花廊道，在城市重要门户、主要道路、城市开放空间等场所系统配置增种桂花、紫薇、市花簕杜鹃等乔、灌木花卉。在大运会举办期间，采取大量增种草本花卉、开花灌木、色叶植物、立体花球、立交桥悬挂花箱、运动图标造景等多项措施共摆（种）草花574万盆、建设16个立体花坛、200个运动图标，优质高效地完成花卉布置任务，营造多条花团锦簇、青春时尚的亮丽风景线。此外，利用“公园文化节活动”，举办各具特色的花事活动，如莲花山公园的市花展、洪湖公园的荷花展、东湖公园菊花展等，全面带动特色花卉景观的营造。

野生动植物保护。2011年，在深圳红树林海滨生态公园成功举办“科学爱鸟护鸟、弘扬生态文明”为主题的爱鸟周宣传活动；在全市连续播放野生动物保护专题电视宣传片12集，时间达3个月；与省林业局在园博园共同主办以“保护野生动物，亲近自然家园”为主题的宣传活动，取得广泛的社会效果。同时，开展野生动物科普展览，积极配合做好野生动物行政执法和救护工作。全年拯救市民和海关、工商等执法部门移送、移交的野生动物共1065只（头），其中国家一级保护动物5只、国家二级保护动物142只（头）、“三有动物”918只（头）。积极开展野生动植物救护研究工作，拯救濒危野生动植物资源。年内，珍稀动植物保护繁育基地建设已经国家发改委立项，已完成前期经费申请和初步设计等工作，并开展项目筹建。

森林保护。2011年，深圳市森林公安民警认真履行工作职责，开展一系列打击涉林违法犯罪的专项行动，严厉打击破坏森林资源和野生动物违法犯罪行为，维护了林区秩序稳定。年内共立案100多宗，共查获野生动物2857余只（头）。森林防火和保护区建设取得新的成效。是年，全市发生森林火灾49宗，其中一般森林火灾45宗，较大森林火灾4宗。全市森林火灾总过火面积40.72公顷，受害森林面积18.57公顷，森林火灾受害率为0.25‰，低于省下达的1‰控制指标。全市没有发生重特大森林火灾和人员伤亡事故。同时，自然保护区建设稳步推进。大鹏半岛自然保护区完成总体规划、环境影响评价报告、可行性研究报告的编制。

（邱振汇）

绿道建设　2011年，深圳市全方位推进绿道网建设，打造“不一样精彩”的深圳绿道网。于大运会开幕前完成342.6千米省立绿道的全部建设任务，共配置38个驿站，运营21个自行车租赁点，还精心打造福永凤凰山、光明葫芦农家、南澳新东路等8条重点展示段，为市民休闲游憩、运动健身提供新的绿色开敞空间。是年，全面启动城市和社区绿道建设，建成城市绿道318.2千米，社区绿道533.5千米，并高标准建设深圳湾滨海休闲绿道、福荣都市绿道、福田河城市绿道等一批特色示范段，提高城市和社区绿道的规模和品质。至年底，全市绿道网总里程达到1194.3千米，基本形成深圳绿道网络主干框架，绿道的长度和密度在珠三角各城市中名列前茅。逐步形成绿道建设、管理、维护等方面的长效机制。通过招标确定绿道管养维护运营单位，全面启动养护和运营工作，发挥绿道网的综合功能和效益。

（朱高洪）

市容环境卫生　大运场馆环境卫生保障。大学生运动会举行期间，环卫人员连续20多天坚守在场馆，高标准地进行场馆赛前深度清洁、赛后恢复性保洁工作，规范废弃物分类收集、贮存与运输管理。赛事期间，全市64个场馆等大运会重要区域，共配设环卫工人超过3500名，动用垃圾清运车辆120多辆，清运垃圾超过6000吨，各大运场馆均没有出现任何重大卫生问题。

全面提升城市保洁水平。2011年，深圳市环卫管理工作坚持日常管理、动态保洁、专项整治三者相结合，对全市主干道，大学生运动会比赛路线、签约饭店，大型文化活动场所、重点旅游景点、重要商业街区、重要交通枢纽等区域，实行全天候连续性循环保洁，重点抓好机械化清扫和道路路清洗，进一步推进精细化作业。

推进垃圾减量和分类工作。2011年，深圳市成立专项工作小组，统筹全市推进垃圾减量和分类工作。起草《深圳市城市生活垃圾减量和分类工作（2011~2015年）实施方案》（送审稿）上报市政府，编写《鹏城市民城市生活垃圾减量和分类指导手册》、《城市生活垃圾处理知识系列问答》等宣教普及资料，制定《深圳市城市生活垃圾减量和分类试点实施案例——金色家园小区》，大力推进垃圾减量和分类试点项目的建设、推广工作。同时，加快推进餐厨垃圾管理，并取得明显成效。

城市垃圾处理　2011年，国内规模最大日处理能力4200吨的深圳市老虎坑垃圾焚烧厂二期土建工程基本完工，宝安区将在全市率先实现垃圾全部焚烧处理。下坪场完成基建投资计划1.4亿元，二期完成工程量的90%，日处理1500吨的渗滤液处理厂已完成调试。新卫生厂正式投产运行，有效消减清水河环境园的臭气负荷。综合厂设备更新改造项目基本完成。坪山、塘朗山环境园建设工作有序推进。东部垃圾焚烧厂建设前期工作取得初步进展。加快餐厨垃圾处理设施建设，中西部（塘朗山）、中部（部九窝）、罗湖、福田餐厨垃圾处理项目正在进行规划选址工作。同时，余泥渣土受纳场以及中小型环卫设施规划建设也取得明显成效。年内，全市共处理生活垃圾457.73万吨（其中填埋279.57万吨，焚烧178.6万吨），无害化处理率达95%。全年垃圾处理费收缴额超过5亿元，

征收率达94%。（邱振汇）

城市生态环境保护和建设　生态文明建设。2011年，深圳市福田区与南山区获得“国家生态区”称号。宝安观澜高新技术产业园区创建国家生态工业园区；欢乐海岸项目进行水环境整治、生态环境修复等各项工作，获得“国家生态旅游示范区”称号。完成大学生运动赛场周边裸露山体、边坡、石料开采场生态恢复工作，确保大运会场馆周边生态良好。

2011年，深圳市环保和城市综合管理执法部门继续强化环境监督专项执法，清理广深铁路沿线多处违法养殖窝棚，依法查封深圳水库一级区内大望钓鱼场内3家违法经营餐厅，确保饮用水源安全。联合市交警东湖支队开展水库路段货车限行检查，查处违规行驶沙湾路深圳水库路段的无证货运车辆和危险品车辆，共排查无证违章行驶货车16辆。完成铁岗—石岩、西丽、长岭皮、岗头和甘坑等10个水库水源区的现场稽查，及时报告存在的环境风险隐患。

年内，深圳市开展水源保护区排污口整治、围网隔离、水源保护林建设、截污治污等工程。出台《关于进一步强化龙岗河、坪山河和观澜河流域环保产业导向的通知》，进一步提高“三河”流域环保准入门槛，促进流域调整产业结构、转变发展方式，淘汰关闭93家重污染企业。

大气污染防治。2011年，深圳市稳步推进电厂污染治理，全市现役11台燃油机组全部完成油改气，实现二氧化硫零排放；9台机组安装低氮燃烧器，年削减氮氧化物达1.1万吨；妈湾电厂6台机组全部完成烟气脱硫治理，年削减二氧化硫4.2万吨，其中4台机组安装低氮燃烧器并投入使用，年削减氮氧化物约8000吨；进一步推进工商业锅炉污染治理，淘汰燃烧高污染原料锅炉690台，208台锅炉改用清洁燃料，年减排 SO_2 约3200吨、PM_{10} 约300吨，SO_2 减排量为全市总排量的10%；全面推进挥发性有机物污染治理，129家家具企业完成涂装生产线的水性化升级改造，年削减VOC排放量1.3万吨；62家印刷企业改用环保性油墨，年削减VOC排放210吨；另有包括比亚迪、中集公司等重点VOC排放企业完成治理工作，年削减VOC排放量8000吨；全面完成饮食服务业油烟污染整治工作，督促378家未使用清洁燃料或未安装油烟污染防治设施的企业单位完成整改任务，完成全市油烟排放管道清理，建立饮食服务油烟防治设施的维护保养和检查的长效管理制度。

在机动车排气污染整治方面，提高车用燃油和机动车环保标准，2011年1月起在全市推广使用国IV标准车用汽油，对轻型汽油车和重型燃气新车上牌执行国IV排放标准；大力推广新能源汽车，全市投放纯电动、混合动力等各类新能源汽车3035辆；全面实施在用车检测与强制维护制度（I/M）和简易工况法排气检测新标准，在严格实施在用车排气污染定期检测基础上，全年路检、抽检高污染车辆3.9万辆；出台黄标车淘汰奖励政策，进一步扩大黄标车限行范围，大运会期间在全市范围内限行黄标车；加强油气污染治理日常监管，对全市加油站、储油库的检查率达100%，确保油气污染物达标排放；加强区域联防联控，签署《深莞惠机动车排气污染联防联治工作协议》，与周边城市联合开展跨境黑烟车、高排放车辆联合整治行动。

噪声防治。2011年，对《深圳经济特区环境噪声污染防治条例》进行修订，修订后的条例于2012年1月1日起正式实施。为缓解全市交通噪声污染问题，开展交通噪声治理研究工作，提出有关道路安装隔音设施及采取其他降噪措施的原则、方式及实施计划等。

（饶静　马蒿　郑康振）

城市水环境建设　水务迎大运。2011年，深圳市水务迎大学生运动会实施完成25项投资少、见效快的水质改善工程和河道精细化管理、污水处理设施运营监管、水政执法等9项管理提升行动。制订水务各领域工作方案和预案20多件，组织开展500多次各种类型应急演练。大学生运动会期间，全市水环境明显改善，达到近年来的最优水平，福田河、大沙河、龙岗河干流等河道成为展示城市建设成就的重要窗口和“办赛事、惠民生”的重要载体；未发生一起供水安全事故；三防、水务安全反恐形势平稳有序，实现“零事故、零伤亡、零损失”。

水务工程建设。2011年，深圳市水务工程建立实施单位、市水务局、市政府三级项目协调机制，健全牵头单位、实施单位、项目负责人、直接责任人四级责任制网络，统筹全市有关力量加快推进水务工程建设。是年，建成布吉、光明等13座污水处理厂新改扩建工程和横岗再生水厂，组织贯通300多千米污水管道，完成福田河、龙岗河干流一期等河流治理工程，重点区域水环境质量大幅提升。完成第一批小型水库除险加固任务，完工沙井河片区排涝工程共和泵站、潭头水闸等建设，城市防洪排涝能力进一步增强。东江水源二期工程顺利通水，水源供水保障体系进一步完善。与此同时，龙华、观澜两座污水处理厂扩建工程，公明供水调蓄工程等26项在建工程取得进展，福田河综合整治工程、布吉污水处理厂工程获市政府通令嘉奖。

水环境综合治理。2011年，深圳市水务局水环境综合治理工作实现突破。推动8座污水处理厂投入商业运行，新增污水处理能力123.5万吨/日，增量接近过去30年历史存量的一半，总有效污水集中处理能力达到390万吨/日，基本满足污水处理规模要求。组织完成13座污水处理厂配套污水管道工程和9项污水管道接驳工程建设，减少污水直排河道120万吨/日，全市污水收集骨干框架初步形成。完成福永污泥处理项目挖潜改造和寮坑污泥处理项目改造升级，基本解决全市污泥出路问题。河流综合治理成效初显，全市河流水质明显改善，中心城区河道水质达到景观水体标准。启动河道管理范围勘定工作，明晰涉河建设项目行政许可流程，河道管理职能发挥更加充分有效。完成原特区外四大河流干流管养维护招标并制定相关考评办法，对河道管养实行月检查、季考核和年考评，全市河道维护管养质量明显提高。完成布吉河（第二阶段）、龙岗河干流（二期）、龙岗河下游（田坑水片区）排涝工程等一批河道整治项目前期工作，启动龙岗河干流深惠交界处大松山段整治，积极推动观澜河大和水闸扩建项目总承办试点，实施大运期间河道补水、布吉河万象城段水质提升、大沙河河口除臭等一批河流水环境提升项目，福田河、龙岗河、观澜河等河道实现“河畅、水清、岸绿、景美”。

城市排水　2011年，深圳市水务局城市排水管理更加规范到位。梳理和整改完善大运比赛场馆及周边排水管网，清疏雨污管渠248千米、检查井3.28万座、雨水箅子近10万个，排查整改轨道交通工程沿线排水隐患101处。编制完成原特区内2011－2015年五年清源行动工程实施方案和“三不管”排水管网改造工程实施方案，开工17个住宅小区排水管网改造工程，创建排水达标小区299个，开展小业态（门店）排水专项整治，查处违法排水案件481宗，办理排水许可1637件，排水源头管理取得明显成效。强化排水设施运营监管，原特区外地区9600千米排水管网纳入专业化运营管理。

城市供水　2011年，深圳市城市供水管理扎实高效。按照“三条红线、八大体系、三个类别”系统推进国家水资源综合管理试点工作，组织完成38项试点任务，推动15项考核指标提前达标，分别占到总任务的40%、79%和43%，为顺利通过考核验收打下坚实基础。推动“西水东调”工程进入规划阶段，加快推进东江三期、盐田支线等项目前期工作和光明水厂等供水工程建设，水源供水工程体系进一步完善。开展供水水质专项督查，检查二次供水水箱316个，抽查23个村级水厂水质，全市供水水质综合达标率保持在99.5%以上，供水质量稳步攀升。推动原水价格与自来水价格联动调整，原特区内原水、自来水水价调整如期完成，全市即将实现同网同价。推进一级水源保护区封闭管理，加强水源保护，主要饮用水水源地水质达标率连续三年达到100%。　*(詹卡　靳亮亮)*

城市供气　2011年，深圳市天然气消费量28.8亿立方米，比上年增长24%，居民用户110.2万户，增长9%；液化石油气销售量136.47万吨，增长11.5%，居民用户用气量30.3万吨，下降7.3%；天然气管道3202千米，其中高压268千米、次高压162千米和中压2772千米；天然气门站3座，调峰（气化）站5座，调压站21座，汽车加气站8座，天然气汽车700辆。燃气行业固定资产投资达到11.7亿元。天然气的推广利用取得良好的环境效益和社会效益，全年减少排放二氧化碳约300万吨，氮氧化物1.2万吨，硫化物1.3万吨，粉尘5.4万吨。　*(贺波)*

城市综合管理　市容环境综合整治。城市更新任务全面完成，建筑立面焕发出新的风采。2011年，深圳市通过实施“穿衣戴帽”工程，使城市建筑立面更加规范、整洁、优美。是年，深圳市累计完成建筑立面刷新面积4500万平方米，整修楼房1.5万栋，中心区主次干道、公园、重点窗口地区已基本覆盖，建成以深南中路、南山大道、机场周边、深惠路等为代表的数十条（个）城市风景线、风景点。

街道设施整治一新，城市街景美观有序。2011年，对市内主次干道和重点区域的电线杆、垃圾桶、有线电视端子箱、变电箱、电话交接箱等19类共18.4万个设施，进行清洗刷新和更新、修缮。对报刊亭、早餐车、电话亭等经营性街道设施，按照严控路段、控制路段和一般路段的分类标准，实施减量和迁移调整，共清理各类经营性街道设施5993个。同时，加强对城市道路设施的粉刷翻新，完成粉刷道路设施169处，面积130万平方米；翻新路段82处，面积50万平方米；更新公交站牌3441张，新建公交平板站架1044个，并对全市9297个公交站台、站亭、站架、站牌设施进行全面的清洗刷新。

重点清理户外广告，规范设置和提升品位。2011年，深圳市开展建市以来最大规模的户外广告的清理整治，共拆除大型立柱广告300块，拆除陈旧破损和设置不规范的户外广告11.4万块，解决多年的老大难问题。通过一体化设计，对深南路等654条市政道路沿街建筑物上的户外广告和招牌进行更新重置。经过整治，户外广告更加整洁有序，整齐美观。

大力改造重要节点和通道，城市窗口形象全面提升。在口岸环境形象方面，罗湖、文锦渡、皇岗、沙头角口岸等，是深圳的四个老口岸，通过改造翻新，老口岸焕发新面貌；在空港方面，对深圳机场进行环境整治提升，拆除一批广告招牌，补植大量乔灌木，安装灯光设施，成为展示深圳形象的一个视觉亮点。同时，全面提升广深铁路和广深高速公路沿线周边市容环境，实施234栋建筑的立面刷新和屋顶改造，整治黄土裸露15万平方米，并在进入深圳的节点位置设置标志景观石，使主要通道沿线的视觉景观水平显著提升。

实施夜景亮化工程，打造城市的“第二风景线”。2011年，按照“突出亮化重点、亮化档次、亮化特色”工作思路，全市共安排实施46项城市照明提升工程，包括市民中心西北广场景观照明建设、滨河–滨海大道灯光长廊完善、机场周边景观照明建设、三个大学生运动场馆周边景观建设、深南大道灯光长廊景观照明优化提升，以及大学生运动会开幕式联动灯光工程等。

推进“城中村”综合整治，改善人居环境。2011年，深圳市以消防安全治理为重点的城中村综合整治，是与市容环境提升行动同步进行的又一重点工程。全市组建城中村专（兼）职消防队363支，配置小型消防车、消防摩托车1153辆，开设逃生口208.8万个，铺设消防管道94.3万米，整治各类管线950万米，新增绿化面积33.8万平方米，新增垃圾桶和果皮箱2.3万个，硬底化面积101.3万平方米。经过整治后的城中村，村容村貌明显改善，消除安全隐患、完善基础设施、改善治安环境，促进经济发展。

加强余泥渣土管理工作。为解决渣土车辆遗撒严重、乱倒乱卸等突出问题，深圳市城市管理局牵头，建立、实施多部门联动机制，将渣土管理许可与建设、环保、公安交通等管理部门的许可工作相衔接，形成管理与执法协调配合的监管机制。年内全市共查验运输余泥渣土车辆1.27万台次，与住建、公安交警等部门开展联合执法行动23次，邀请媒体参与行动9次，整治施工单位184家次，处罚施工单位13家，查处违章泥头车台1146台次，取缔非法受纳场8个，查获违法偷排案件16起。

行政综合执法　2011年，深圳市以市容环境整治作为执法工作的主线，通过日常执法与集中整治相结合，实现城管执法在时间、地域、责任上的全覆盖、精细化和无缝隙衔接。年内，全市共清理乱摆卖123万宗；清理“三乱”210万处；救助流浪乞讨人员8153人次；整治乱搭建1.2万处共76万平方米；查处私宰生猪1400头；查处散养犬1753只；调查取证“乱张贴、乱涂写、乱刻画”电信号码9.28万个、核实2.12万个，实施报停1.22万个、追呼1852个、短信扣费542个。

数字城管系统高效运转。2011年，全市数字城管监督部门共受理城市管理案件130.18万宗，平均每天3500宗，立案派遣114.99万宗，应结案113.89万宗，结案数113.79万宗，按期结案率92.76%，总体结案率99.39%，比上年增长2.94%。

（邱振汇）

【住房与房地产业】　2011年，深圳市房地产开发投资规模快速增长。全市共完成房地产开发投资590.21亿元，比上年增长28.7%。从用途结构来看，住宅完成投资393.35亿元，比上年增长29%。其中，90平方米以下住宅投资规模为211.35亿元，增长18%；办公楼投资规模为40.55亿元，增长7%；商业用房投资规模为70.68亿元，增长19.1%；其他用房投资规模为85.63亿元，增长52%。从施工情况来看，全市商品房施工面积3082.46万平方米，比上年增长4.9%。从新开工情况来看，全市商品房新开工面积628.47万平方米，增长33.4%。从竣工情况来看，全市商品房竣工面积343.36万平方米，比上年下降0.3%。

房地产一级市场管理　2011年，深圳市继续加强房地产一级市场即土地市场管理。全年深圳市土地招拍挂出让总面积189.96公顷，比上年下降60.13%，占土地供应总量的34.99%；协议出让总面积为352.90公顷，下降36.93%，占供应总量的65.01%。是年，全市房地产开发用地供应总量为280.22公顷，比上年增长21.23%，占全市建设用地供应总量的51.62%；全年房地产开发用地重点为住宅用地，占房地产开发用地的92.22%，住宅用地比上年增长77.27%，商服用地面积为21.78公顷，比上年大幅减少。全年全市保障性住房用地供应量为77.73公顷，占住宅用地供应总量的30.08%。

房地产二级市场管理　2011年，市规划国土委制定《关于印发深圳市房地产经纪市场秩序专项整治工作方案的通知》，并于2011年下半年开展房地产经纪市场秩序专项整治工作，共发出80份《责令整改通知书》。全市于7月11日正式实施存量房交易税收评估工作，有效打击阴阳合同和投机性炒房行为，得到国家税务总局的充分肯定。年内，市规划国土委对全市611家房地产开发企业、330家经纪机构及1766家分支机构、54家估价机构进行年检。2011年，全市商品房批准预售面积440.30万平方米，比上年下降8.7%。2011年，全市商品房成交367.59万平方米，比上年下降22.3%。期房成交305.77万平方米，下降15.7%，其中住宅成交270.82万平方米，下降13.5%；办公楼成交6.56万平方米，下降64.2%；商业用房成交20.60万平方米，增长34.3%；其他用房成交7.78万平方米，下降50.9%。

房地产三级市场管理　2011年，深圳市继续加强房地产三级市场管理。年内，全市房地产三级市场交易7.31万宗，比上年下降40.9%；面积681.52万平方米，下降39.1%。其中，住宅成交511.09万平方米，比上年下降44.6%；办公楼成交32.06万平方米，下降8.6%；商业用房成交66.06万平方米，下降3.1%；其他用房成交72.31万平方米，下降22.1%。

市场调控　2011年，深圳市规划国土委开展《深圳市“十二五”住房建设规划》研究和编制工作，经市政府审议通过后正式发布实施。同时进一步完善房地产信息系统建设，通过与国家统计局公布的房价指数挂钩，在原有价格调控的基础上新增楼盘销售价格涨幅控制的功能模块，进一步完善调控手段；初步建立“深圳市房地产宏观调控信息共享平台”，并不断加快

“深圳市个人住房信息系统建设工程”的开发工作，为房地产市场调控工作提供科学有效的工具。

(王芳)

保障性住房建设 2011年，中央和广东省下达给深圳市的指标是开工建设7.3万套保障性住房。市住房和建设局克服时间紧、任务重、用地紧张、资金不足等困难，在9月底完成开工任务，全年实际开工建设7.6万套、新增安排6.2万套、竣工1万套，提前超额完成既定目标。

是年，深圳市推进第二批低收入住房保障工作。严格执行“三级审核、四次公示”，严厉惩处骗租骗购等行为，确保公平分配，为4000多户低收入家庭提供住房保障，实现2007年以前符合条件的户籍低收入家庭应保尽保，保障水平居全国前列。

启动人才安居工程。完成“十百千万”计划，为1.09万名人才提供共计2070万元租房补贴，安排1110套公租房用于人才安居；制定重点企事业单位名录，启动人才安居常态化受理。

这一年，出台《人才安居暂行办法》和《安居型商品房建设和管理暂行办法》，完善住房保障配套政策。起草住房保障制度改革创新纲要，构建特殊困难群体优先保障、人才群体重点覆盖、惠及所有住房困难群体，以租为主、租售补结合的住房保障新体系。

物业管理 2011年，深圳市继续加强物业管理企业资质动态监管，开展物业管理标准化试点。引入智能物业管理系统，推进智慧小区建设。开展业主满意度测评满意指数为80.2。成功承办中国物业管理改革发展30年纪念大会，在全国物业服务企业百强中，深圳有26家入选，其中前10强占5家。将物业管理与社会管理有机结合，继续推进物业管理进社区，在18个住宅区引入物业管理。推行物业小区电子投票，提高业主投票率和业主委员会换届率。加强物业专项维修资金管理，继续推进维修金收缴工作和‘两金合一’工作，累计归集维修资金突破67亿元，完成支付1152.6万元，实现维修资金的保值增值，切实保障广大业主的合法权益。

住房公积金管理 深圳市住房公积金缴存业务于2010年12月对外试运行。截至2011年12月31日，全市住房公积金累计归集资金187亿元，累计单位开户7.4万家，累计个人开户399万人，归集人数跃居全国前列。全年住房公积金提取资金累计27亿元。

(贺波)

【“三旧”改造】 2011年，深圳市规划和国土资源委员会制定的《深圳市城市更新办法实施细则》经市政府常务会议审议通过，印发《深圳市人民政府关于深入推进城市更新工作的意见》，发布《深圳市城市更新提速专项行动计划》。年内，实现更新单元计划常态申报，全年拟定5批城市更新单元计划，包含57个更新单元，涉及拆除用地面积约487公顷；提速更新单元规划审批，其中拆除重建类项目47项，涉及拆除用地面积450公顷，规划批准总建筑面积1716万平方米；办理土地出让手续的城市更新项目涉及拆除用地面积102公顷，收缴土地出让收入26.09亿元。2011年，全市完成拆除重建类更新项目11个，涉及拆除用地面积61公顷；全年所有新建、续建城市更新项目投入改造资金142亿元；通过更新项目落实保障性住房6000套。在2011年5月广东省政府“三旧”改造实施情况综合考评中，深圳市荣获2010年度全省“三旧”改造单项一等奖；赴港参加省外经贸厅、省国土资源厅举办的“广东省地块招商推介会”，深圳市推出的赛格日立工业区和龙岗宝吉工业区两个旧改项目签约金额达310亿元，约占全省签约项目的40%。年内，深圳市第一批工业区升级改造项目——福田区赛格日立工业区升级改造项目开工；蔡屋围金融中心改造项目完成，成为全市城市更新的成功范例；全省最大的城中村改造项目、投资超过200亿元的大冲村整体改造工程开工。

(王芳)

【建筑业】 2011年，深圳市共完成固定资产投资总额2136亿元，比上年增长9.84%，轨道交通二期、深圳湾体育中心等大运保障类项目顺利完工。完成建筑业总产值1733.36亿元，比上年增长46.82%，占GDP比重为3.1%；房屋建筑施工面积1.09亿平方米，增长94.32%，其中新开工面积3557.07万平方米，增长68.89%；完成物业服务业总产值296亿元，增长19.8%。

建筑行业管理 2011年，深圳市实施“引进来、走出去”策略，引进中央企业落户深圳，支持4家市属特级企业申报特级资质就位，鼓励建筑装饰、幕墙等传统优势产业“走出去”，在全国百强中，深圳装饰企业占45家。全年建筑业增加值348.23亿元，比上年增长10.0%，占全市生产总值3.0%。企业在省外完成建筑业产值达622.33亿元，比上年增长85.45%。培育高端建筑服务业，以前海现代服务业合作区建设为契机，支持工程监理等建筑服务类企业转型升级。充分运用招投标、资质审批、预选承包商等手段，引导形成总承包企业为核心、专业承包企业和劳务服务企业为支撑的“金字塔式”产业体系。提升科技含量，依托市骨干企业建立八大建设工程技术研发中心，引入中国建科院在深建立国家建筑工程技术研究中心南方中心，支持深圳建科院建设国家绿色建筑和建筑节能工程技术（南方）研究中心。

强化市场监管与服务。建立“评核分离”的资质审批机制，共批准三级资质100家，比上年下降46%，加强资质动态核查，对25家检查不合格的企业限期整改，推进外地企业属地化管理，对475家外地施工企业信息卡进行现场核查。完善市场主体信用体系，收集企业良好、不良与履约信用信息，开展阶段与实时诚信综合评价，并将评价结果与招投标挂钩，实行差别化监管。创新市场服务，完善窗口集中办文制度，全年共受理各类业务10.43万件，比上年增长54.4%，实行重大投资项目和政府投资项目跨部门协同办理，即到即办率达98.7%，深圳市住房和建设局连续五年被评为市行政服务大厅先进窗口单位，业务办理中心连续两年被评为“广东省建设系统精神文明建设先进单位”。

引导和规范市场行为。启动新一轮招标投标改革，试行评定分离，进一步规范招标人行为，落实招标人定标责任。加强有形建筑市场建设，完善电子评标、异地评标制度，加强评标专家管理，规范清标、评标、定标程序，全年共有发包项目4538个，涉及工程造价1122.21亿元，比上年增长10.75%，节约国有资金81.5亿元。

工程质量安全管理　2011年，深圳市建筑部门发挥设计龙头作用，组织轨道交通工程初步设计审查，着重强化对结构体系选用、施工工法选择、基坑支护形式等方面的审查指导。进一步强化勘察文件和施工图审查监管力度，加强勘察作业现场监督检查，开展超限高层建筑抗震设防审查，从设计源头把好质量安全关。

创新工程质量监管机制，采取市区交叉执法、异地专家抽查、监督抽检等措施，开展17项质量专项检查，严厉打击“瘦身钢筋”、沥青路面偷工减料等行为，市管工程质量投诉比上年下降39.7%。

加强施工安全监管，实行监督与服务并重、现场执法与后台评价结合、项目安全与企业管理衔接，在分类控制的基础上，突出对危险性较大分部分项工程的专项整治。突出重点，着重强化轨道交通、大运工程、保障性住房等重点项目的监管力度。建立保障性住房工程质量责任追究制度，确保保障性住房项目质量。加强房屋安全管理，编制海砂楼、历史遗留建筑物检测鉴定技术规程，组织专家对全市38栋学校宿舍、大型办公楼、居民住房等进行安全隐患处理。（贺波）

【建设科技】　2011年，深圳市建设科技水平不断提高，西部通道工程获得建市以来第三个、建设系统全省唯一的省科技进步特等奖；产业结构进一步优化，与中水等5家央企签署将研发或区域总部落户深圳的合作意向协议，行业上市企业达5家；节能减排效果进一步突显，全年建筑节能量71.6万吨标准煤，节能建筑面积累计6088万平方米，已建和在建绿色建筑应用面积达1000万平方米，成为全球在建绿色建筑面积最大的城市。

建筑节能力度进一步加大　是年，深圳市严把建筑节能设计审查关、竣工验收关，新建建筑100%符合节能标准。全面加强用能管理，完成750幢大型公建能源审计、80栋能效公示，实现500栋大型公建在线能耗监测，编制建筑物能耗限额标准。推进建筑节能改造，累计完成改造622万平方米，以第一名成绩被评为首批国家公共建筑节能改造重点城市，首批4800万元资金拨付到位。推进“太阳能屋顶计划”，新增可再生能源建筑应用面积约700万平方米，推进20个国家级太阳能示范项目建设。

建筑减排措施进一步落实　南科大项目100万吨建筑废弃物实现就地处理利用，部九窝余泥渣土受纳场建筑废弃物综合利用项目启动建设。推进14个重点工程率先推行使用绿色再生建材产品。加强散装水泥、预拌混凝土、预拌砂浆和新型墙材的推广工作，新增3个干混砂浆厂。推行绿色施工，落实建筑工地治污保洁等措施，减少粉尘、污水、垃圾排放。

绿色建筑示范效应进一步显现　打造绿色精品，2011年，全市共有80多个绿色建筑示范项目，建科大楼、华侨城体育中心获全国绿色建筑创新一等奖，占到该奖项总数的一半。开展绿色建筑认证，共认证项目32个。建设绿色生态园区，制定6个绿色园区建设标准和评价指标，国家绿色旅游园区欢乐海岸一期工程基本建成，全国首个保障性住房绿色小区龙悦居主体封顶。打造绿色城区，组织编制光明新区绿色建筑示范区建设专项规划。倡导绿色大运，完成29个大运会场馆的绿色改造。实施绿色物业管理，出台全国首个绿色物业管理导则。（贺波）

【信息化建设】　2011年，深圳市信息化建设已具备较好工作基础。十多年来，建筑信息系统先后进行过三次较大规模的开发建设或升级改造，总投资超过3000万元，已初步建成一个涵盖局机关建设工程和燃气业务的管理信息系统，已建立起超过50T的住房和建设数据中心。实现与区级住房和建设主管部门、局属事业单位信息共享，服务范围涵盖局机关、直属事业单位、区级建设主管部门及住房和建设系统从业企业、人员和社会公众。

建设工程标准化监管、大型公共建筑能耗监测等信息化项目被住房和城乡建设部列为全国试点城市，住房和建设电子政务全国试点城市正在申报中“深圳市建设工程计算机自动评标系统”作为“科技防腐”主题入选“辉煌60年——中华人民共和国成立60周年成就展”。此外，建筑市场主体诚信评价系统、建筑工地现场执法系统等都处于国内领先水平。（贺波）

附录：深圳市住房和城乡建设管理部门主要领导

深圳市住房和建设局

党组书记、局长：李荣强

深圳市规划和国土资源委员会

党组书记、主任：王　芃

深圳市人居环境委员会
　党组书记、主任：刘忠朴
深圳市城市管理局（深圳市城市管理行政执法局）
　党委书记、局长：蒙敬杭
深圳市建筑工务署
　党组书记、署长：杨胜军
深圳市轨道交通建设办公室
　主任：赵鹏林（兼任）
深圳市水务局
　党组书记、局长：张绮文
深圳市住房公积金管理中心
　党委书记、主任：袁以立

珠海建设

【概况】 2011年，珠海市按照珠江口西岸核心城市的战略定位，率先探索生态文明发展道路，奠定发展优势。经济特区范围扩大至全市，横琴新区开发上升为国家战略，城市的区域竞争力和影响力明显提高。是年，调整优化城市功能布局，总规修改取得突破性进展，重大规划编制加快推进；全市共完成房地产开发投资256.59亿元，比上年增长42.94%；实现建筑业增加值50.12亿元，增长9.2%。超额完成省下达的保障性住房建设任务，完成率120%。房地产调控初见成效，工程质量安全监管效果明显。珠海市住建系统有关部门先后荣获全国城乡建设档案工作突出贡献单位、全国住房和城乡建设系统“五五普法”先进单位、中国GIS优秀工程奖银奖等。一批工程项目获得国家、省、市级奖项，华发绿洋山庄工程荣获国家鲁班奖、港湾大道改建工程获得国家市政工程优质奖——金杯奖。（王海忠）

【宜居城乡建设】 2011年，珠海市制定《珠海市宜居城乡名镇名村整体实施方案》，选定斗门镇和莲江村等村（社区）为珠海市2011年名镇名村创建点。组织开展《珠海市名镇名村建设总体规划》的编制工作，协助各区、镇编制创建点的近期建设规划。（王海忠）

【城乡规划】 2011年，珠海市共组织或协助组织开展城乡规划编制项目113项，其中市财政项目80项，已完成23项，正在开展57项；非市财政项目33项。

2011年4月，珠海市城市总体规划修改经住房和城乡建设部和有关部委审查，并上报国务院。

区域协调发展规划编制　珠海市与省住房和城乡建设厅、澳门土地运输工务局共同启动《澳珠协同发展规划》并已形成初步成果；编制完成《珠海市“十二五”近期建设规划》，为“十二五”期间城市空间发展和重大项目规划管理提供重要依据；编制完成《珠海市轨道交通线网规划》、《珠海市综合交通运输体系规划》等重大交通规划；组织或配合开展各项园区规划编制工作，奠定核心城市的产业格局；编制完成《珠海市拱北商贸中心规划》等城市空间布局规划，促进城市集约高效利用存量土地，正确引导城市建设；开展《提高珠海城市化发展水平的规划研究》、《珠海市城市风貌特色规划研究》、《珠海市重点地区规划控制研究》等专项研究，为城市规划建设提供参考指引。

规划管理服务　围绕《珠海市2010~2011年十大重点建设工程》、《珠海市惠民生办实事30项实施方案》，市规划部门对重大项目开通绿色通道，全力跟进重大项目的规划建设审批服务工作。至2011年底，全市范围已批控规48个，香洲中心城区和横琴新区实现控规全覆盖，其余地区的近期建设区大部分覆盖。完成广珠城轨珠海境内近期市政配套设施、港珠澳大桥珠澳口岸人工岛以及珠海连接线、“一院三馆”（珠海歌剧院、珠海博物馆、珠海规划展览馆和珠海文化馆）、中航通飞、海泉湾二期、金港路（金凤路段）、明珠路、港昌路、十字门中央商务区一期等一批重大项目的规划审批工作。共承担续建、新建及前期项目等政府工程项目共23个，总建筑面积66.76万平方米，总投资额27.13亿元，重点项目建设取得阶段性成绩。市人民医院北区、市技工学校、市疾病预防控制中心、珠海市第十一中学、市文园中学分校区等项目进展顺利。2011年，珠海市住规建局行政审批服务窗口共受理各类申请事项2437项，办结2425项，办理重大项目绿色通道审批项目38个，全部在规定时限内完成。

（王海忠）

【城市建设与管理】 市政设施建设　2011年，珠海市市政行业结合实施“净畅宁美”环境大整治大提升行动，加大对市政设施综合整治力度，升级改造和维修翻新一批市政道路和设施，路容路貌有较大改善，市容环境得到提升，为创建国家文明城市，营造“净畅宁美”的城市环境作出应有的贡献。

市政处及各区政府共投入5亿多元对道桥设施进行维修改造。其中，投入0.4亿元组织开展前山大桥维修加固工程、前山立交桥维修加固工程、凤凰桥维修加固工程；开展总投资1.9亿的粤海西路、凤凰路改造工程前期工作；金湾区投入2.2亿元对三灶镇金海岸大道和金岛路8.75千米进行高标准升级改造，投入0.3亿元完成三灶鱼月至鱼弄道路工程、力派尔西侧道路工程等市政基础设施工程。

（范素华）

城市照明。2011年，珠海市区政府投入资金4500万元，安装LED路灯2000余盏、LED景观灯1700余套，改造珠海大道南屏立交至珠海大桥东主干道、金岛路、金海岸大道等路段路灯，新建前山河西岸、文园路等路灯和斗门尖峰大桥、尖峰山公园等景观灯。

2011年5月24日，市绿色照明

产业发展工作联席会议领导小组办公室发文《关于新建、改建道路路灯工程采用LED灯具的通知》，决定：“全市新建、改建道路路灯工程中必须采用LED路灯灯具。”珠海市“绿色照明示范城市”专项行动计划扎实推进，城市照明节能减排取得较好的成绩。

是年，全市各路灯管养单位加大路灯、景观灯的维修力度，全年共排除城市照明各种故障850起，城市照明设施完好率、亮灯率保持在国家规定的要求。 *(许泽洪)*

园林绿化　2011年，珠海市建成区面积123.64平方千米，绿化覆盖率51.26%，绿地率46.41%，人均公园绿地面积13.81平方米。全年园林绿化主要工作如下：

组织开展全民义务植树活动，举行植树爱鸟嘉年华活动。2011年是开展全民义务植树运动30周年。3月20日，市绿化委员会组织在海天公园举行“植树爱鸟嘉年华”活动，当天植树4000多株，其中包括90株大型木棉树，象征建党90周年。全市各区（功能区）都组织形式多样的义务植树活动，建设各种主题林及纪念林，在植树月活动期间，全市种植树木100余万株（含折算株数），征缴义务植树绿化费10万余元。

实施林分林相改造工程，改善城市森林环境。珠海市依据《森林珠海发展规划（2010~2020年）》、《珠江三角洲区域绿道网总体规划纲要》，分期实施林相改造，构建多树种、多层次、多色彩、多功能的滨海生态景观林体系，建成具有稳定性、高效性和多样性的森林生态系统和区域性滨海自然生态景观走廊。市财政安排专项资金在主城区凤凰山、板障山及将军山实施林分林相改造工程886.67公顷。建设登山林道8千米和瞭望亭、休息平台等相关配套设施。种植枫香、秋枫、黎蒴、风铃木、红花荷、山乌桕、红花银桦、降香黄檀及楝叶吴茱萸等40多个品种累计136万余株苗木。

实施“森林城市、生态家园、幸福珠海”工程。根据《珠海市绿化建设工作方案（2011年）》的要求，为进一步提升城市的绿化档次，打造生态家居城市，在人民西路、柠溪路、紫荆路景观树种植和顺果、桃花心木、火焰木、芒果、秋枫、美丽异木棉、红花紫荆等乔木820株。

加强全市古树名木保护管理工作。为进一步掌握全市古树名木资源现状，及时进行有效保护，2011年，市野生动植物保护管理所组织对全市古树名木资源进行系统调查，并完成《珠海市古树名木资源调查和保护规划》调查编制任务。据调查，全市现有古树名木2082株，组成种类共有97种，分属38个科，70个属。

规划工作。2011年，为调整优化城市园林绿化布局，珠海市有关部门开展《唐家湾中山公园总体规划》、《高栏港西海岸生态公园规划》等公园规划，完成《珠海市城市绿线规划》及《珠海市绿地系统规划整合》编制工作。

参加第八届中国（重庆）国际园林博览会，建设“珠海展园”。珠海展园的珠海渔女、陈芳故居、石溪、蚝壳墙等极具珠海特色的人文建筑，充分展现海滨城市的文化特色与浪漫氛围。第八届中国（重庆）国际园林博览会于2011年11月19日在重庆开幕。 *(陈金良)*

城市环境卫生　2011年，珠海市以迎接国家卫生城市和国家环保模范城市复查为契机，大力加强城市环境卫生各项工作，城市环境卫生管理水平和卫生保洁质量得到全面改善，顺利通过国家卫生城市复查。全年共处理城镇生活垃圾66.7万吨，比上年增长15.5%，全市城镇生活垃圾无害化处理率达100%。全年处理医疗垃圾1328.9吨，建筑垃圾100多万立方米。全年环境卫生保洁经费增加2700万元，清扫道路面积2508万平方米，清洁海面面积4.6平方千米。完成生活垃圾分类试点工作，试点区域的分类正确率在85%以上。全年筹集约2700万元用于改造更新环卫设施设备，新建建筑垃圾受纳场1座，新建和改造垃圾压缩中转站8座、垃圾房15座、垃圾收集点36个，购置各类垃圾清扫、收运等车辆设备500多台，新增各类果皮箱5100个、保洁自行车1000多辆。全年收取垃圾处理费2263万元，减免困难家庭380户。

为实现垃圾处理的无害化、资源化、减量化目标，这一年，珠海市投入约5000万元，重点推进东西部垃圾处理设施的建设，提升全市生活垃圾处理水平。是年9月，完成西坑尾垃圾填埋场计量站、洗车台、观景台等配套工程；10月完成西坑尾垃圾填埋场填埋A区、B区、渗滤液处理一期工程的竣工环保验收；11月西坑尾垃圾填埋场填埋B区投入使用；12月医疗垃圾焚烧厂项目一期工程和黄杨山垃圾填埋场封场一期工程竣工。年内还开展西坑尾垃圾填埋场粪便处理车间和沥溪垃圾填埋场渗滤液收集站改造工程的建设，并抓紧推进斗门茶冷迳垃圾无害化处理中心项目和东部垃圾分选项目的前期工作。

城市生态环境保护和建设　2011年，珠海市全年日照时数1989.8小时。全年有201天空气质量级别Ⅰ级（优），占55.1%；164天的空气质量级别Ⅱ级（良），占44.9%，空气质量均达到二级标准。全年灰霾天气日数82天。酸雨发生率为45.0%，比上年提升0.7个百分点。建成污水处理厂3座，城市污水日处理能力达到54.3万吨，比上年增长26.9%；城镇生活垃圾无害化处理率达到100%。 *(珠海市环境保护局)*

城市水环境建设　截至2011年底，珠海市建成污水处理厂10座，总设计规模54.3万吨/日。全市配套建设污水干管总长超过600千米，2011年城镇生活污水集中处理率超过80%。在建的白蕉污水处理厂

(4万吨/日)形象进度95%，富山工业园污水处理厂(4万吨/日)形象进度80%，计划2012年上半年通水试运营。

全年城镇污水处理厂及污水管网建设情况：红旗污水收集系统工程总体形象进度83%。新青污水处理厂配套管网工程项目基本完成。白蕉污水处理厂配套管网工程总体形象进度46%。富山污水处理厂工程形象进度80%；富山污水处理厂配套管网工程总体形象进度23%。金凤路翠屏段给排水系统工程项目总体形象进度94%。G105国道辅道排水系统工程总体形象进度96%。情侣路沿线排水口整治改造工程基本完成。南屏珠海大道污水管网系统完善一期工程全部完成。

城市供水　2011年，珠海市总供水量(含净化水和原水)4.1亿立方米，比上年增长4.7%。其中：净化水3.14亿立方米，比上年增长5.11%；工业用原水1714万立方米，下降0.35%；对澳门供原水7941万立方米，增长4.22%。全市总售水量(含工业原水)2.78亿立方米，比上年增长5.48%。全市产销差率16.85%，比上年上升0.5个百分点；水费回收率99.55%，上升0.02个百分点。全市建卡水表52.85万个，比上年增长7.7%。

供水水质。是年，按照国家《生活饮用水卫生标准》，主城区出厂水水质合格率为99.9%，管网水水质合格率99.3%，饮用水水质综合合格率为99.9%；按小型集中式供水标准统计，斗门、金湾、海岛等区镇出厂水水质合格率为99.6%，管网水水质合格率为99.4%，饮用水水质综合合格率为99.9%；二次供水水质综合合格率为93.8%。供水水质达到或优于国家标准。

水源系统工程。截至2011年12月，竹银水源工程完成工程建设投资约8.98亿元，占工程建设总投资的94%。其中，竹银水源工程超额完成年度计划投资1.6亿元(年度计划投资1.48亿元)。4月竹银水源系统首期工程竣工，并在当年咸期中发挥重要作用，保证了珠澳两地供水安全。2011年竹银水源系统工程供水超过1亿立方米，其中竹银水库供水量达到3332万立方米。

水厂及供水管网。是年，珠海市南区水厂工程、乾务水厂至高栏港输水干管工程稳步推进，南区水厂已基本完工。高栏港高速、机场高速供水管迁建工程开工建设。对横琴干管工程完成施工图设计；平岗——广昌原水供应保障工程(西水东调二期)、广南梅供水管工程完成初步设计；主城区供水管网完善工程、西部城区供水管网完善工程完成可研报批工作。

新一轮农村水改工作。是年，金湾区、高新区、高栏港经济区的农村水改工作全部完成，斗门区完成29条村水改工作。全年全市农村水改共投入资金1.27亿元，铺设供水管道974千米，完成5.12万户的抄表到户工作。　(吴成元)

城市供气　截至2011年末，珠海市共有瓶装气经营企业8家，管道燃气经营单位1家，燃气气库10座，管道燃气气化站4座，市政中压燃气管线120千米。其中瓶装气用户60万户，全市已开通管道燃气的住宅小区183个，管道燃气用户9万户，全市燃气年供应量13.5万吨(液化石油气)。累计完成新建市政燃气管网约11千米。

是年，珠海市燃气管理部门为燃气供应和安全做了以下工作：一是组织珠海市规划设计研究院编制瓶装液化石油气供应站规划，推进全市瓶装液化石油气集中供应站规划建设。二是组织编制《珠海市燃气专项规划(2011~2020年)》。三是推进管道燃气特许经营权的调整工作，协调和推进城市燃气管道设施建设。四是组织珠海港控股集团有限公司编制《南屏片区天然气置换工作方案》，做好天然气置换前期准备工作。五是签署《珠海、中山、江门、顺德、番禺五地区燃气管理部门合作框架协议》，建立五地区之间燃气主管部门工作协商配合机制，合力打击跨区域违法燃气经营行为。六是完成《珠海市燃气管理办法》的起草工作。七是建立珠海市燃气供应应急保障机制及珠海市市燃气经营企业诚信档案和不良行为公示制度。　(范素华)

城市综合管理　2011年，珠海市城市综合管理部门协同有关单位抓好农贸市场周边及市容黑点的综合治理。全力抓好南坑市场、夏湾市场、吉莲市场、三灶唐人街市场、金鼎市场等样板市场的建设，改造和整治农贸市场105个，修整市场周边人行道砖铺设、市场外墙清洗以及广告招牌和伸缩雨篷的清拆与改造，设置自行车停放点，解决车辆无序停放的问题。

开展“七乱一占”市容环境综合整治。全面清理卫生死角，清理“牛皮癣”等突出问题，开展户外广告专项治理行动，在全面查处、规范的基础上，拆除一批违法设置的市容广告招牌，使城市空间环境秩序得到维护和美化。

协调各区，多管齐下，拆除多年未解决的违法建筑。例如横琴新区依法拆除中心南路、中心北路以及向阳村内违法建筑5300平方米，保税区集中清理南侧二期项目用地60万平方米的违法建筑，香洲区强制拆除前山河岸、南屏危房建筑，前山福溪村12层高违建楼等违法建筑共460宗，清拆面积40万平方米，拆除临时养猪棚2万多平方米；高新区成功拆除三圣庙西侧、永丰村代耕农、杨寮水库周边等地违法建筑物230宗，2510余平方米；斗门区开展清理斗门大道、珠广大道、乾务镇东澳村等多处违法建筑物212宗，2.03万平方米。

开展治污和城市排洪渠、河涌等方面的综合治理。实施上冲、十四村、中大五院及凤凰河等美化工程，启动城区排水管道及附属设施修复整治完善工程建设，河渠养护共打捞水浮莲100多吨，清理渠内淤泥30车；封堵违规偷排污水口70

个，完成管道清疏10.86万米，清理雨水口3.05万座。

“数字城管”业务建设全面深入。是年，通过“数字城管”信息受理平台，共受理各类案件12.88万宗，均已全部立案。案件办结率为89.1%。通过“数字城管”“12319”24小时值班热线，更快更准地把案件（问题）派发至相应的值班人员，有效提高数字城管的应急处理能力。（张丽芳）

▲2011年3月31日，珠海市城市监督管理局在海滨公园举行市民文明论坛。

（珠海市城市监督管理局供稿）

【城镇村庄建设】 2011年，珠海市始终坚持发展经济与保护生态并重、“东西互动”与“区域协同”并举，“陆海”开发和城乡建设并进，促进城乡区域全面协调可持续发展。珠海市2011年名镇名村创建点为斗门区斗门镇和莲洲镇莲江村、金湾区三灶镇中心村、高栏港经济区平沙镇平塘社区、国家高新技术开发区唐家湾镇会同社区、万山区外伶仃村。

莲花塘整治工程、新村冲上道路整治工程（包括挖河泥及绿化）、供水工程等9项工程完工 项目共投入资金523.42万元。五指山绿道建设、供电设施安装（配电器）、和谐路两旁绿化景观建筑等7项工程正在施工，共投入资金284.7万元。

斗门镇灯笼村和虾山村纳入珠海市名村重点规划建设范围 灯笼村素有“沙田水乡”之称。“水上婚嫁”作为民间婚俗，于2007年3月29日列入珠海市第一批非物质文化遗产名录，2007年11月列入省级非物质文化遗产名录，2008年6月14日被公布列入第二批国家级非物质文化遗产名录（与山西孝义贾家庄婚俗、浙江宁海十里红妆婚俗一起，成为全国三大汉族传统婚俗代表），为珠海市实现国家级非物质文化遗产零的突破。2011年，灯笼村的名村建设项目有：整村推进旅游开发规划编制、环境卫生及河涌整治工程、一河两岸石堤和绿化工程、农村污水收集处理系统工程、休闲公园（艺术沙龙）等。涉及的项目有12个，预计投资规模4140万元。虾山村是一条客家村，具有浓厚的客家文化特色。是年，虾山村的名村建设项目有：虾山名村规划编制、虾山村牌坊工程、村内美化绿化工程、客家文化园建设工程、环山路硬底化工程、排水和排污处理工程等。涉及的项目有11个，预计投资规模4200万元。

金湾区三灶镇中心村拟打造成自然生态名村 是年，由镇、村两级财政筹措1192万元，用于道路、基耕桥、排水、村场环境共7个项目的建设。其中部分村道、基耕桥和村场“电眼”监控工程已经完成，还有排水、村场环境整治等项目正在施工中。

国家高新技术开发区唐家湾镇会同社区拟创建人文历史名村 是年，会同社区投入财政经费28万元，对会同社区的柏叶林、正坑排水渠实施改造工程并改善卫生设施设置布点；为做好文化遗产保护工作，投资66.88万元实施会同古村北碉楼修缮工程，达到修旧如旧的文物保护效果。

高栏港经济区平沙镇平塘社区被广东省农业厅确定为社会主义新农村示范村 2011年，开始创建新农村示范村及农业特色产业名村。是年10月，社区内的基础设施、公共服务设施和环境整治项目和村村通自来水工程陆续完工。

万山海洋开发试验区外伶仃村建设AAA国家级旅游景区和广东省滨海旅游示范区 是年，开始创建乡村旅游名村，开展12个项目，其中伶仃湾驿站、污水管网建设、环境整治的部分工程等6个项目已完成，投资规模706万元。村容村貌整治和绿化工程等3个项目正计划建设，投资规模156万元。

（王海忠）

【中心镇建设】 2011年，斗门镇开始创建历史文化名镇。按照“一年见实效，两年实现目标”的要求，一年内，斗门大道景观改造工程、旅游大道等基础设施建设完成；珠海影视文化产业基地、斗门古街、接霞庄、龙山湖公园、菉猗祠、体育健身广场、风流桥修复、黄杨风景区开工建设、文化广场展馆、电影院开始装修；两年内，珠海影视文化产业基地基本成型，接霞庄市政配套工程、黄杨风景区、古街修复工程竣工并接待游客，龙山湖公园和体育健身广场建设完成；工业旅游、农业旅游线路基本成型；旅游大道通车。2011年，斗门镇名镇名村建设已完工的工程总量为6300万元。

是年，白蕉镇按照《珠海市西部中心城区概念规划》的要求，推进2.03平方千米的西部中心城区白蕉起步区建设，促使白蕉镇由区域中心镇向城区中心区转变，打造紧凑型滨江田园生态镇。进一步完善交通等基础设施，镇域内省道S272白蕉段通车，省道S365、井岸二桥白蕉段工程动工，竹银水源工程竣工。

同年，平沙镇继续完善各项基础设施建设。平沙水质净化厂开工建设，近期建设规模为3万吨/日，远期为8万吨/日，远期用地面积约4.4万平方米。近期投资概算6315.3万元。规划服务人口24.12万人。

这一年，红旗镇筹集资金2亿多元，先后对虹晖路、南翔路、藤山一路等路段共计3千米进行美化升级改造；沿珠海大道从广安路口至鸡啼门水道及城市主干道建设污水主管网，管线总长13千米；建成红旗文化广场、健身广场、大林广场等2万多平方米；广安便民市场、红旗文化站等一批文化休闲、生活配套设施投入使用。 *(王海忠)*

【住房与房地产业】 *房地产市场管理* 2011年，珠海市继续抓好房地产市场调控措施的落实。制定房地产行业发展规划，完成“住房建设规划整合”专题规划的编制，出台“限购”、“限价”等多项政策措施，切实稳定新建住房价格。全年全市共完成房地产开发投资256.59亿元，比上年增长42.94%。在房地产开发投资中，商品房住宅投资163.60亿元，比上年增长33.1%。全年商品房施工面积1653.24万平方米，比上年增长36.5%，其中商品住宅1199.86万平方米，增长30.8%；商品房竣工面积349.08万平方米，增长65.5%，其中住宅275.26万平方米，增长60.1%；商品房销售面积240.86万平方米，下降6.4%，其中住宅209.88万平方米，下降10.1%。年末商品房待售面积53.11万平方米，比上年增长5.2%，其中住宅32.45万平方米，增长19.9%，商品房销售额281.29亿元，增长2.2%。

是年，珠海市有关部门对商品房预售许可和预售资金管理严格把关，达不到要求，一律不予办理预售许可和监管资金拨付、解除；加强房地产市场现场监督和抽查；联合相关部门实施商品房买卖网上签约备案。

保障性住房建设 珠海市15个保障性住房项目均按要求在2010年10月底前开工，2011年珠海市保障性安居工程任务已超额完成，完成率120%，走在全省前列。建设和新增保障性住房总套数为9764套(其中廉租住房260套、经济适用房2506套、公共租赁房4077套、城市棚户区改造2921套)，确定的4077套公共租赁住房中，已竣工3457套，主要分配给企业员工入住。2011年，市住房保障窗口共受理办结各项业务5212宗。 *(王海忠)*

住房公积金管理 截至2011年12月31日，珠海市住房公积金期末缴存总额186.89亿元，比上年增长25%；期末缴存余额56.65亿元，增长23%；期末提取总额130.24亿元，增长26%；期末发放个人购房贷款总额60.83亿元，增长8%；期末累计发放个人购房贷款笔数3.34万笔，增长10%。其中，2011年住房公积金缴存额37.63亿元，比上年增长16%；提取额27.20亿元，增长11%；发放住房公积金个人购房贷款额4.45亿元，下降29%。 *(李东学)*

【“三旧”改造】 2011年，珠海市编制完成《珠海市“三旧”改造规划(2010~2014)》，理顺“三旧”改造项目规划审批流程，制定《关于加强我市中心城区“三旧”改造项目规划审批工作的通知》、《“三旧”改造项目审批流程（试行)》，共受理审批改建改造项目62个。 *(王海忠)*

【建筑业】 *建筑市场管理* 2011年末，珠海市全市拥有资质等级以上独立核算总承包和专业承包建筑业企业147家，实现建筑业增加值50.12亿元，比上年增长9.2%。全年通过市建设工程交易中心招标的建设工程共有781项，招标金额229.62亿元，成交金额213.31亿元，平均中标降幅7.10%，有形建筑市场总体秩序良好。是年，完善建筑市场企业诚信管理体系，全面启动珠海市建筑市场企业及从业人员诚信行为动态管理信息系统，通过该系统综合考核各企业及现场从业人员的履约行为，披露不良行为信息，建立起有效的诚信激励和失信惩罚机制，营造诚实守信的市场环境。

建筑施工质量安全管理 2011年，珠海市有19项工程被评为市优良样板工程，13项工程被评为省优良样板工程。全年共组织12次建筑施工安全大检查和专项检查，下发隐患整改通知书1195份，暂停施工通知书85份，警示约谈15次，安全动态扣分通知书946份。累计为13.7万人次建筑工人办理“平安卡”，未出现建筑施工安全重大事故。珠海市有24个工地被评为省安全生产、文明施工样板工地，73个工地被评为市安全生产、文明施工样板工地。 *(王海忠)*

【建设科技】 2011年，珠海市以示范工程建设推进建筑节能。组织编制《珠海市太阳能热水系统与建筑一体化设计应用指引》和《珠海市绿色建筑设计和应用导则》，颁布并实施《珠海市预拌混凝土和预拌砂浆管理规定》。是年，珠海市安排200万元对6个可再生能源应用示范项目进行补贴，其中，新增的“珠海市尖峰河风香堤光电建筑”和“丽珠新工业园区1MW光电建筑”为国家级光电建筑应用示范项目，获财政部光电一体化项目补助1395万元，占全省总补贴的70%。

(王海忠)

【信息化建设】 2011年，珠海市开展规划建设管理业务信息支撑平台建设。启动规划方案动态支持系统建设，利用三维虚拟现实等信息化技术，建立城市现状三维仿真环境，实现贯穿规划管理多阶段的三维辅助决策。不断拓展、深化城市规划空间信息数据库系统平台建设，在2011年度中国GIS优秀工程奖的评选中，该平台获中国GIS优秀工程奖银奖。大力加强数据库体系建设，数据分析和决策支持能力进一步增强。启动全市域控规成果数据建库全覆盖工作，预计利用两年时间，建立全市控规成果数据中心。充实完善门户网站建设，推动政务公开。 (王海忠)

附录：珠海市住房和城乡建设管理部门主要领导

珠海市住房和城乡规划建设局

局长：陈哈理

党组书记、副局长：彭治权

珠海市城市监督管理局（珠海市城市管理行政执法局）

党组书记、局长：刘新强

珠海市市政园林和林业局

党组成员、局长：邓潘任

党组书记、副局长：王小勤

珠海市海洋农渔和水务局

党组成员、局长：郭仲秋

党组书记、副局长：李新泉

珠海市环境保护局

党组书记、局长：毛东信

珠海市住房公积金管理中心

党委书记、主任：卢仲强

汕头建设

【概况】 2011年，汕头市住房和城乡建设事业取得较好成效，实现"十二五"的良好开局。一是城市建设投融资方式取得新突破。12月获国家发改委核准发行13亿元城投债，主要用于保障性住房和市政基础设施建设，有效破解汕头市城市建设融投资难问题。二是保障性住房建设取得新进展。三个保障房项目如期开工建设；筹集各类保障性住房9169套，完成省任务的104%。三是房地产市场秩序进一步规范。新成立企业8家，通过资质延续审查194家，注销16家房地产企业。完成商品房投资57亿元，销售额68亿元。四是重点市政基础设施建设加快推进。全年完成市政投资4.5亿元，新建道路1.2万平方米，新建下水道3523米，新增绿化6万平方米。五是绿道网规划建设迈出新步伐。完成礐石、海滨路、中山东路、牛田洋、南山湾35千米的绿道网示范段建设。六是建筑业转型升级迈上新台阶。完成施工产值256.3亿元，外向度达75%，增加值56.8亿元；上缴税金逾20亿元，其中转移外税约5亿元；创建一批国优、省优、市优工程。七是全力推进宜居城乡创建。引导农民逐步形成文明、健康的生活方式；各区县开展创宜绩效考核，6个社区获"省级宜居示范社区"称号；制订汕头市千村环境卫生整治行动方案和提高城市化发展水平行动计划。八是启动国有土地上房屋征收和补偿工作。启动西堤路改造工程房屋征收补偿试点工作；完成4个旧城改造项目，竣工新楼21幢，竣工面积25万平方米，回迁居民138户。九是管道燃气建设步伐加快。完成中心城区燃气专项规划修编，全年投资1亿元，铺设市政管道28千米，新增用户11818户。十是政风行风建设取得明显成效，行风评议活动获全市第二名好成绩。开展行政审批制度改革，将涉及濠江区所有审批及日常管理事项予以下放；探索重点项目并联审批制度，机关效能提速增效。全年受理事项2052项，即到即办1785项，即办率87%，提前办结率100%，实现零投诉。 (彭兰阶)

【宜居城乡建设】 2011年，汕头市人民政府公布《2011年汕头市创建宜居城乡工作意见》、《汕头市2011年创建宜居城乡工作实施方案》等指导性文件，部署全年创建宜居城乡工作。

汕头市住房和城乡建设局作为创建宜居城乡工作牵头单位，协调召开全市创宜工作领导小组会议，开展各区县创宜绩效考核工作，会同国家统计局汕头调查队到7个区县开展创建宜居城乡公众满意度调查，组织专家开展创建宜居城乡实地考察，配合省调研组开展宜居社区建设情况实地调研。做好宜居城镇、宜居村庄试点工作，开展市级宜居社区评选工作，推荐龙湖区金霞街道碧霞社区等8个社区申报"2011年广东省宜居示范社区"。同时，牵头制订全市千村环境卫生整治行动方案和提高城市化发展水平行动计划报市政府审定。

是年，龙湖区珠池街道金晖社区等6个社区被评为2010年广东省宜居社区；澄海区东里镇和潮南区成田镇大寮村分别获得首批广东省宜居城镇、宜居村庄称号。

(彭兰阶)

【城市规划】 城市发展战略规划 2011年，汕头市城市总体规划修改工作分城市发展战略规划、专题研究、城市总体规划修改三个阶段开展。汕头市组织开展《汕头市城市发展战略规划》咨询竞赛工作，邀请国内知名的规划研究机构参与规划编制竞赛，经过市政府遴选，确定南京大学城市规划设计研究院、广东省城乡规划设计研究院、深圳市城市规划设计研究院有限公司、广州中大规划设计研究院（联合体）等三家规划编制单位负责汕头市城市战略发展规划的编制工作。

重点片区规划 一湾两岸规划。2010年8月，汕头市城乡规划局开始组织开展《汕头内海湾"一湾两岸"概念设计》方案竞赛，并选定优胜设计方案，至2011年底，优胜单位华南理工大学建筑设计研究院按照专家和市领导的评审意见，综合其他设计方案的优点，对设计方案进行多轮修改补充。

珠港新城规划。2011年，《珠港新城总部经济园区（一期）控制性详细规划》，规划草案已经市规划委员会审议通过、市政府常务会议批准；《珠港新城控制性详细规划》也已经完成规划草案，并将根据城市设计方案竞赛情况进一步修改完善。

濠江新城规划。汕头市从推进全市城乡一体化发展的角度出发，按照新的研究角度和先进的规划理念，做好《濠江滨海新城战略概念规划》和《中信南滨湾城市设计》方案的审查工作，2011年5月23日，《汕头市中信滨海新城战略概念规划》经市政府批准通过。

厦深铁路潮阳站规划。厦深铁路潮阳站建设是省、市2011年度重点建设项目之一。汕头市城乡规划局组织规划编制单位对潮阳站周边片区规划进行调整和优化，围绕站前广场、客流、物流等要素，从更大的区域上着手编制该片区的控制性详细规划，并分步实施，以解决该项目面临的建设时间紧迫，又为今后发展留出应有空间的矛盾。至年底，控制性详细规划初步方案已编制完成，征求市有关部门、潮汕商会意见后，进行方案公示。

控制性详细规划　2011年，汕头市组织开展《汕头市中心城区西片区专题规划研究》，结合《汕头市（金平区）西片区概念规划》，推进《桑浦山龙泉岩片区专项控制规划》、《汕头大学南侧片区控制性详细规划》、《牛田洋综合服务区控制性详细规划》等的编制工作。其中，《牛田洋综合服务区控制性详细规划》和《汕头大学南侧片区控制性详细规划》项目已完成初步方案并进行公示，市城乡规划局已对规划草案提出审查意见。

“三旧”改造规划　2011年，汕头市城乡规划局组织开展以半年为一个周期的“三旧”改造专项规划（补充规划）编制工作，已完成规划方案及公示程序。并加快推进“三旧”改造控制性详细规划编制工作，2011年度开展中心城区“三旧”改造控制性详细规划编制共26项，总编制规模约1019.18公顷。其中，高新改造片区、珠峰路南侧片区等规划已经市政府批准；汕樟路中段西侧片区、珠湖加工区等规划已经市规划委员会审议通过，近期正上报市政府批准；大华路2号仓库改造片区、新湖村改造片区等规划已完成初步草案。

专项规划　根据汕头市政府的工作要求，2011年，市城乡规划局组织编制了金凤西路（大学路—揭阳市界）和金砂西路（潮汕路—揭阳市界）道路选线规划、11街区市民广场地下车库详细规划；配合中心城区禁摩工作，组织编制中心城区摩托车换乘停车场规划；组织开展汕头市第11街区修建性详细规划修编。以上规划方案已上报市政府审定。

新农村规划　2011年，汕头市有205个村被列入年度省级村庄规划试点。结合汕头市扶贫开发“规划到户、责任到人”帮扶工作，在市非中心城区的澄海区、潮阳区、潮南区及南澳县选取28个有代表性的村庄作为新农村规划建设示范点，分批分期分类型进行规划编制，已开展5个村庄规划编制工作，并形成规划成果。推进中心城区村庄整治规划编制工作，组织编制47个村居（社区）规划，其中11个村居规划已被批准。

城乡测绘工作　2011年，汕头市完成中心城区南岸1:1000地形图修测成果评审验收，并启动新一轮地形图修测更新工作，完成南岸1:1000的全部修测任务，组织开展汕头市域1:1万地形图数据拼合整理，形成格式、图层统一的汕头市1:10000地形图框架（面积为2604平方千米），为汕头市城市发展战略规划编制提供保障。

城乡规划管理　法制建设。2011年，市城乡规划局按照特区扩围后的新形势、新要求对条例草案进行进一步修改完善，形成《汕头经济特区城乡规划条例（草案修改稿）》，并研究制订《汕头市城市规划管理技术规定》，至年底，以上方案在进一步修改完善中。

是年，市城乡规划局组织研究、起草并向市政府上报《进一步加强城乡规划管理工作的意见》、《汕头市城市建设用地性质和容积率调整规划管理办法》、《汕头市中心城区“三旧”改造项目公共服务设施配套规划实施细则》等规划管理规范性文件草案，已由市政府印发实施。

规划许可。在建设项目审批过程中，有关部门坚持以规划为依据、以法律法规为准绳，进一步完善审批制度建设，优化审批流程、简化审批程序、提高审批效率，实行一个窗口对外。2011年共核发《建设项目选址意见书》6宗（用地面积合计288亩），《建设用地规划许可证》72宗（实用地面积共3731亩），核发《临时建设用地规划许可证》3宗（实用地面积共72亩），《建设工程规划许可证》140宗（建筑面积合计273.4393万平方米）。

规划监督。落实城乡规划管理、监督检查职责，加强规划区域建设工程的检查监督，确保违法建设早发现、早告知，使执法部门能够早制止、早处理。2011年在规划管理中共查获各项违法建设167宗，总建筑面积19.8万平方米，并依法进行处理。　*（邱二庆　周建雄）*

【城市建设与管理】　10年期13亿元城投债获核准　2011年，汕头市住建局提交《关于我市创新融资方式筹措城市基础设施建设资金的对策建议》，得到市主要领导的高度重视。汕头市政府决定以市城市建设开发总公司作为投融资平台，申请发行20亿元城投债。汕头市住房和城乡建设局发挥牵头作用，在市发改局等部门的通力协作下，通过比选确定主承销商、审计、评级、律师四大机构，做好投融资平台的资产重组和包装策划工作，用最短的时间完成申报材料的制作，于2011年12月获国家发改委核准发行13亿元城投债。同时，该局做好城投债募投项目的策划工作，力争形成后续滚动开发模式，建立完善的“借、用、管、还”新型城市投融资机制，使募集资金能在最短时间内产生最大的经济效益。*（彭兰阶）*

市政设施建设　2011年，汕头市做好市政设施建设重点项目和重点工作责任安排，加强组织协调，强化督促检查，完善奖惩机制，形成攻坚克难的良好氛围。海滨路改造工程全面完成，跃进路、同益路和博爱路应急整修工程等项目交付使用，市区往潮汕机场方向各路段标志牌全部翻新，金凤西路一期工程启动建设，东厦泵站、利安泵站及北轴、南区污水处理厂管网工程加快施工，大华路、西堤路改造项目和礐石大桥、海湾大桥两侧景观环境整治前期工作加快推进，全年完成市政投资4.5亿元，新建道路1.2万平方米，新建下水道3523米，新增绿化6万平方米。

推进路灯工程建设。完成广达大道LED路灯工程、金砂路配套金鸿公路路灯、长江路北侧路路灯以及嵩山路路灯改造等一批路灯工程，新增路灯78盏。利用路灯杆灯箱广告设置使用权出让收益回拨资金改造长平路（衡山路—泰山路）110盏危旧路灯。全年改建路灯228盏、新装路灯1216盏。

落实“水浸街”改造。针对市区7处暴雨时出现积水路段的问题进行研究，制订“一路一策”改造实施方案，完成衡山路（世贸花园、金砂东路-明珠广场）、黄河路（市公安局前）、长江路与嵩山路交叉口4个水浸点的改造，其余长江路（黄山路—泰山路）、衡山路（珠合市场、韩江路口）等3个水浸点尚未改造。同时，解决跃进路、衡山路、外马路、长江路、海滨路及新兴路等部分路段积水瓶颈问题，暴雨时部分路段积水问题得到明显缓解。

园林绿化　参加第八届中国（重庆）国际园林博览会。2011年，汕头市按时保质完成第八届中国（重庆）国际园林博览会汕头展区“汕头园”的建设，“汕头园”通过选取“四点金”和“下山虎”等潮汕民居特色作为创作元素加以提炼，配以滨海水景设计、现代手法的玻璃曲桥以及十幅汕头城市文化历史名片壁画等，展示汕头历史文化的深厚底蕴，体现海洋文化、华侨文化和潮商文化等内涵，受到海内外游客较高评价。

推进园林绿化建设。2011年，完成广东锦峰集团出资的蓝水星西侧绿化带建设，由广东龙光集团出资建设的儿童公园（西园）、汕头东豪投资有限公司出资建设的儿童公园（东园）建设项目委托汕头市规划设计院进行详细规划，星湖公园绿化景观设施改造工程完成招投标并实施改造工作，人民广场绿化景观设施改造工程完成立项、预算编制等工作。广泛发动市区各单位、各部门开展义务植树活动，全年约出动100万人次，植树248.91万株。完成树木迁移、补种、新种工作，对中心医院外围、中山东、海滨路各路口、金环西路、水质净化厂南侧平台等路段补种树木4814株；对中山东南侧绿带华月线电缆敷设工程施工区域绿化恢复补种树木共1.92万株，合计补种灌木面积700多平方米；滨港路绿地改种红檵木50余平方米（900株）。加强绿化法制建设，巩固城市绿化成果。《汕头经济特区城市绿化条例》，经汕头市第十二届人民代表大会常务委员会第三十七次会议审议通过并于2012年1月1日起施行。此外，做好市政道路绿化维护，完善公园基建及管理。例如：石炮台公园对入口东面环境进行改造，铺设石板300平方米，补种福建茶、黄心榕、小叶榕、垂叶榕、胡椒木等，同时改造柯达园绿化120平方米。

（彭兰阶　郑智敏）

绿道建设　2011年，汕头市成立由汕头市住房和城乡建设局牵头的汕头市绿道网规划建设领导小组办公室，制订《汕头市绿道网规划建设实施方案》，召开专题工作会议，确保绿道网规划建设工作有序推进。是年，汕头市完成的海滨

▲*2011年10月22日，中共汕头市委书记李锋、代市长郑人豪视察礐石绿道建设。*

（汕头市住房和城乡建设局供稿）

路、中山东路、牛田洋、濠江区和礐石等35千米绿道网示范段建设，兼顾生态型、郊野型、都市型三种类型，充分展现潮汕滨海特色风光。汕头市住房和城乡建设局作为礐石绿道的建设主体，发动建筑和房地产企业捐建，汕头花园集团公司、广东联泰集团公司、汕头长平房产公司、汕头欣利房产公司、广东金东海集团公司、汕头升达混凝土公司和广东龙光公司等7家民营企业共捐资1338万元，为项目建设提供了资金保障。汕头礐石绿道示范段结合景区东入口改造，建设汕头规模最大的攀岩壁、滑板基地，最长的休闲栈道，最大的生态型停车场，营造宜人景观环境，打造“绿化+步行道+自行车+服务站”四要素组成的公共公间。按照“政府主导、企业捐建、市场运营”的原则，通过媒体发布进行公开招商，确定汕头市潮庭食品公司为礐石绿道经营主体，将驿站和停车场经营与环卫保洁、绿化管养、保安管理、市政设施管养等捆绑，进行市场化运营。 *(彭兰阶)*

城市生态环境保护和建设　2011年，汕头市区空气质量良好，各项污染指标年日均值均符合国家《环境空气质量标准》（GB3095－1996）二级标准及广东省参考评价值。汕头市区区域环境噪声等效声级平均值为55.7分贝，符合国家《声环境质量标准》（GB3096－2008）中的2类标准值（昼间等效声级60分贝），等效声级平均值比上年上升0.2分贝，按照城市区域环境噪声质量等级划分属于轻度污染。

污染物总量减排。2011年，是汕头市环保污染减排的第一年，减排内容增加畜禽养殖业减排和机动车减排。市环保局执行国家、省产业政策，严把项目审批关，通过进一步淘汰印染、造纸等行业的落后产能，有效推进结构减排。根据环保部和省环保厅的统一部署，汕头市组织开展整治违法排污企业保障群众健康环保专项行动，成立专项行动领导小组，加大对重点区域和重点污染行业的执法力度。

环境执法规范化建设。2011年，汕头市环保系统继续推进重污染行业整治工作，市政府制定对企业污染物偷排“发现第一次停产二个月，第二次停产四个月，第三次吊销排污许可证”的严厉监管措施。推进污染整治挂牌督办工作。经过全市各级部门的全方位整治，2011年5月，环保部正式发文，解除对汕头市造纸企业环境违法案的挂牌督办。加大力度，确保排污费征收到位。2011年，全市环保系统办理排污申报登记单位4791家，共征收排污费7975.48万元，比上年增长1.8%。加强环境信访工作，维护群众环境权益。2011年，共受理环境投诉案件2304宗，已调处的2235宗，理结率97%。通过处理群众投诉，妥善解决2000多个厂点的污染扰民问题。 *(纪晓佳)*

城市环境卫生　生活垃圾处理。2011年，汕头市推进生活垃圾终端处理设施建设，努力提高生活垃圾无害化处理率。加快推进雷打石环保电厂项目建设。该项目总投资约5亿元，日焚烧处理生活垃圾1200吨。发电装机容量为18～24MW，年发电量1.5亿千瓦时。资金来源采用建设—运营—移交（BOT）市场化运作模式进行融资。实施建设雷打石生活垃圾卫生填埋场渗沥液处理系统升级改造工程，该项目已完成生化系统池组的改造和设备安装，新建膜处理和脱水车间浇筑，生化段调试和菌种培养，超滤、纳滤和反渗透设备安装，并进入调试阶段；完成投资1100万元，获得第二批中央预算内投资750万元。建设雷打石生活垃圾卫生填埋场填埋气体回收利用精制生物燃气项目，该项目一期总投资1496万元，资金由项目投资主体山东十方环保能源股份有限公司自筹解决，主要建设内容为填埋场内集气井110座，集气站15座，净化提纯系统设备一套，已进入试产阶段。同时，严格按标准和规范抓好雷打石生活垃圾填埋场的日常管理，确保中心城区生活垃圾无害化处理率100%。该场全年无害化处理居民生活垃圾45.63万吨。

(郑智敏)

城市水环境建设　城市污水治理。2011年，汕头市全力推进污水处理设施工程建设，各项工程建设进展顺利。至2011年底，全市已有汕头联泰水质净化厂、北轴污水处理厂、澄海区清源水质净化厂、潮阳区污水处理厂、潮南区峡山污水处理厂、潮南区两英污水处理厂和南澳县后江污水处理厂共7座污水处理厂建成投入运行，日处理污水能力从2003年的14万吨增至58.7万吨。

练江污染整治。是年1月，汕头市政府对练江流域全面实施流域限批制度。7月，市政府出台练江流域“十二五”水污染综合整治方案，对整治任务列出明确的时间表，并印发《汕头市关于进一步深化印染电镀等重污染企业环保专项整治工作的通知》，要求潮阳、潮南区政府对存在的问题分门别类开展整治，强力推进违规违法重污染企业关停取缔工作。

饮用水源保护。是年，汕头市环保部门继续实施中心城区饮用水源保护区定期巡查、通报工作制度；结合日常巡查工作中发现的污染隐患开展整治。加强流域协作，水质监测结果，掌握韩江、练江上游来水水质情况。汕头市环保局联合有关部门对新津河龙喉洲饮用水源保护区内污染程度进行分析，研究整治意见，与发改局等多个部门联合印发《关于贯彻落实〈全国城市饮用水水源地环境保护规划(2008~2020年)〉的意见》。配合做好各级人大代表、政协委员对全市饮用水源保护工作的检查。

这一年，汕头市区饮用水源水质继续保持良好，各项指标年均值都符合《地表水环境质量标准》

(GB3838-2002) Ⅲ类标准。庵埠、新津河、冠山、隆都、河溪水库和秋风水库6个监测点位水质达标率均为100%。（纪晓佳）

城市供水　为解决中心城区"城中村"和涉农社区转供水的问题，2008年，汕头市启动中心城区"城中村"和涉农社区供水改造工作。2011年完成供水改造的社区44个，四年来累计完成125个社区的供水改造，累计铺设管道长129.2万米，完成投资额2.23亿元，完成户数约10万户，惠及人口约40万人，基本实现中心城区居民供水"同网、同质、同价"的目标。

11月，汕头市启动中心城区居民多层住宅小区供水直抄到户改造工作，计划用4年时间基本完成中心城区116个建设年限在10年以上的多层居民住宅小区的供水直抄到户改造工作，同时按照城市总体规划，在改造期间同步配套建设2座市区市政加压泵站。全年已完成供水直抄到户改造的居民住宅小区4个。

为进一步加强城市供水水质监测工作，大力推进城乡供水企业出厂水水质达标工作，汕头市自来水总公司投资2800多万元，建设新水质检测中心。2011年2月，汕头市为民水质检测服务有限公司正式揭牌运营，可为全市乃至粤东各市的供水单位提供106项水质检测服务。（彭喜奎）

城市供气　2011年，汕头市颁布实施《汕头市中心城区燃气专项规划修编》，为城区加快管道燃气建设奠定基础。投资1.35亿元的得源塔头气库建成使用，投资6300万元的岭海气化站建成供气，储存20万立方米的暹罗广澳气库复产。完成30多个住宅小区管网和一批市政燃气管道建设，铺设市政管道28千米，新增用户1.18万户。

是年，汕头市出台加快瓶装燃气便民服务点建设措施，统一店面标识、统一服务规范、统一管理制度，建成便民服务点153个；开展燃气市场整治，建立企业经营信用档案，公示24个方面企业不良行为；加强瓶组间管理，消除安全隐患。取缔无证经营点26个，查扣钢瓶650只，送检钢瓶48.5万只。

城市综合管理　2011年，汕头市数字化城管试点工作系统于7月21日正式上线运作，至年底试点平台共受理城管监督员上报问题903个，有效立案案卷709个，已解决问题694个，办结率97.88%。试点范围内城市管理成效较为明显，市容市貌有较大改观。

是年，汕头市城管部门组成6支联合整治队伍查处非法上路行驶营运的人力三轮车，共取缔回收人力三轮车4365辆。组成专项联合整治队伍，开展为期一个月的建筑工地运输车辆专项整治行动，共检查建筑工地76处，责令现场整改18处，限期整改13处。进一步对中心城区违章占用公共场地设置户外广告设施遗留问题进行清理，过渡期满后未自行拆除的广告设施牵头各相关部门组成联合执法队实行强制拆除。全年共组织开展执法专项整治行动68场次，完成各类重大活动期间的市容保障工作54场次。拆除各类违法违章搭建物7876平方米；查处违章张贴城市"牛皮癣"行为87宗；查扣未经检疫的"私宰肉、病害肉"4685千克。此外，结合重大节庆及市重要活动，组织在市区人民广场、时代广场等主要部位和主要道路摆设鲜花14.8万盆，并在市区主要干道、重点部位、城市主要出入口路灯杆悬挂红灯笼，营造优美的城市环境。（郑智敏）

【城镇村庄建设】　从2011年5月1日开始，汕头经济特区的范围扩大至全市，标志着汕头经济特区发展跨进新的里程。汕头全年生产总值1425亿元，比上年增长13%；人均生产总值26300元，比上年增长10.3%；来源于市财政收入216.07亿元，比上年增长26.7%；城镇居民人均可支配收入17400元，农村居民人均纯收入7700元，年均分别增长9.7%、10.5%；城镇登记失业率从5年前的3.1%下降到2.4%。城镇综合实力迈上新台阶。积极推进现代产业体系建设，产业发展有新举措。形成17个产业集群，澄海玩具礼品、龙湖工艺毛织服装、龙湖输配电设备列入省级产业集群升级示范区，成为国家玩具礼品、化妆品、包装装潢印刷产业重要生产基地。创新机制，重点领域改革有新突破。广东澄海潮商村镇银行挂牌开业，成为粤东首家村镇银行；潮阳、澄海、南澳3家农信社完成统一法人产权改革。增进民生福祉有新成效。城镇居民基本医疗保险和新型农村合作医疗保险实现全覆盖，年人均收入低于1500元的困难家庭全部纳入低保，新增就业8.3万人，解决农村68.1万人饮水安全问题，实施校安工程项目52个。

（彭兰阶）

【中心镇建设】　汕头11个省级中心镇在全市城镇体系中区位条件优越，发展基础较好，经济总量较大，基础设施较完善，区域分布也比较平衡，对周边城镇和广大农村已经具有较强的辐射带动作用，形成道路畅通、供水充足、电力保障、通讯便捷、设施配套、生产方便的城镇发展格局，成为推进汕头城镇化进程的生力军。

汕头市中心镇发展规划把城市建设与生态环境保护同步推进，并拓展现代产业建设。引进一批大型央企参与产业发展，推进省示范性产业转移园建设。2011年，汕头市产业转移工业园通过竞争入选广东省产业转移园10大重点产业园区，获得省用地指标和3000万元专项资金的扶持。推动省示范园的招商引资和园区基础设施建设，累计建成企业30家，总投资98.84亿元；在建企业27家，总投资30.8亿元；已签订投资合同项目34个，总投资额364.3亿元。（彭兰阶）

【住房与房地产业】 *房地产市场管理* 2011年，汕头市新设立房地产开发企业8家，办理资质延续手续194家，不予延续16家。完成商品房投资57亿元，销售额68亿元。

商品房价格调控。2011年，汕头市按国家和省要求，落实全市、中心城区、三区一县新建住房价格控制工作的责任主体。并细化实施措施，落实对高价楼盘企业负责人进行约谈、提请税务部门清算和稽查，限定分期销售、暂停预（销）售、采取有针对性限购措施等政策措施；建立商品房项目发售计划集中申报、统筹安排的工作模式等。报请市政府印发《汕头市进一步控制新建住房价格工作意见》，成立市房地产市场调控和住房保障工作联席会议及房地产市场调控工作协调组，并要求区县参照市的做法落实房地产市场调控相关工作。建立房价调控信息通报制度，每季度向市各有关部门、区县政府发出季度新建住房价格调控情况通报。经市政府审议同意，上报2011年中心城区建设1000套限价房的方案，并组织实施。是年，市政府颁布实施《汕头市中心城区限价商品住房管理规定（试行）》。完成年度房价控制目标，2011年全市新建商品住房均价涨幅控制在15%以内。

商品房交易。汕头市中心城区核发《商品房预售许可证》31宗，建筑面积129.43万平方米；办理现房销售备案30宗，建筑面积34.7万平方米。房地产交易登记2.25万宗，建筑面积214.6万平方米，金额87.36亿元，分别比上年下降13%、21%和增长6%。其中商品房交易登记1.22万宗，建筑面积105万平方米，金额59.26亿元，商品住房成交均价5369元/平方米；二手房交易10267宗，面积109.6万平方米，金额28.1亿元，住房成交均价2651元/平方米。全市商品住房成交141万平方米，均价4826元/平方米，完成本年度房价控制目标。监管商品房预售款约35亿元。受理国有、集体房地产交易登记491宗，交易费收入98.20万元（其中挂牌成交199宗），面积10.70万平方米，交易额1.90亿元；拍卖成交45宗，结算成交金额2926.10万元，拍卖业务费收入164.71万元。协助征收和代征各项税款约2.77亿元。

建立房地产市场秩序监管长效机制。汕头市房管部门应用商品房预售款监管信息系统，对预售款归集和使用进行自动化统计和监管，监管的商品房项目无一出现“烂尾楼”现象。成立市房地产估价师和经纪人学会，为房地产经纪管理提供新平台。举办2011汕头房地产展示展销会，促进楼市在宏观调控下持续健康发展。

房屋产权登记发证 2011年共办理商品房初始登记81幢，6270套，建筑面积55.94万平方米；办理房屋产权登记核发《房地产权证》23746份，建筑面积240.18万平方米；办理抵押权及抵押权预告登记共1.26万宗，金额33.83亿元。办理商品房、存量房交易预告登记5039宗。办理注销他项权登记8501宗，涉及金额38.57亿元。协助司法机关查封、续封房地产764宗，解封房地产874宗。

《汕头市房屋登记办法》于2011年8月1日正式颁布实施，配套颁布《汕头市房地产登记办事程序及工作时限》的规定。

房屋管理 2011年，汕头市房管部门完成在管公房普查3734座，95万平方米，查列危险房屋1068座，14万平方米。投入维修资金230万元，维修危旧房屋约1594座，受益约4948户。发布《关于加强危险房屋管理的通告》，明确危房管理、抢险的责任主体，以促进不同责任主体各自加强对危房的管理。结合“三防”工作要求，落实防御超强台风和特大洪水应急预案，加强危房排查、抢险工作，向危房户发出《危房撤离通知书》，及时动员危房户撤离，以确保人民群众生命财产安全。组织对在管公房及廉租住房进行清理整治，治理转租、转借、无故拖欠租金、无正当理由长期闲置、改变使用性质等违规行为。修改完善《汕头市市区房地产租赁管理暂行办法》，规范房地产租赁管理。

保障性住房建设 2011年，汕头住房保障工作任务繁重。根据汕头市政府与广东省人民政府签订的责任书，必须完成廉租住房1559套、经济适用住房1257套、公共租赁住房4800套、限价商品房1000套（总共8616套）的建设任务。其中，市本级必须完成廉租住房1130套、经济适用住房907套、公共租赁住房600套、限价商品房1000套，所有工程必须在10月底前全面开工建设。为此，汕头创新机制，探索“政府+企业+市场”的保障性住房建设发展新模式，充分发挥汕头市城市建设开发总公司实施公益性项目的优势，将教师公寓2.53公顷、华新城限价房4.2公顷项目交由该司投资建设，以期破解保障房建设资金瓶颈，打破以往“财政兜底”的传统格局；安居工程6.27公顷项目由汕头市安居工程发展总公司作为建设主体。同时，市政府为此专门成立由汕头市住房和城乡建设局牵头的中心城区保障性安居工程建设协调小组，制订实施方案，列出项目开工倒计时表，超常规加快项目的建设进程。中心城区3个保障性住房项目均于2011年10月底如期开工。通过新开工、清理、购买和租赁方式，全年共筹建各类保障性住房9523套，发放租赁补贴712户，完成省下达目标责任任务的110.7%。

物业管理 2011年，汕头市物业管理部门办理物业服务企业资质审批事项35宗，其中：暂定三级资质12宗，评定三级资质12宗，变更资质内容10宗，办理外来物业服务企业备案1宗、物业服务区域和物业服务合同备案共39宗；办理7个小区业主委员会备案。调研、起草《汕头市物业管理条例》，会同市物

价局研究制定《关于规范和调整实行政府指导价物业服务收费标准的通知》等五个文件，规范汕头市物业服务收费问题。先后出台《汕头市住宅专项维修资金管理实施办法》相关配套文件，完善操作程序。中心城区住宅专项维修资金开户达2.07万户，缴存金额共5029万元。引导物业管理企业创建品牌，有8个小区评为“汕头市物业服务示范小区”，推动行业自律及诚信建设。

住房公积金管理　2011年，汕头市住房公积金归集额16.48亿元，比上年增长27.04%；累计归集额84.09亿元，余额52.73亿元。职工提取额6.55亿元，历年累计提取额31.37亿元。实际连续缴存人数14.96万人，实际缴存率47.07%，比上年增长4.17%，全市已建立住房公积金账户人数（含封存户）20.87万人，覆盖率达65.65%，比上年增长3.09%。个人住房公积金贷款2264宗，放款金额5.54亿元，分别比上年增长94.17%、109.21%；历年贷款宗数5064宗，贷款余额为9.79亿元。个贷逾期率为零。完善内外监管机制，设立专门机构，做好个贷审批、贷后跟踪维护等工作，控制个贷风险，对资金、工作时限等实行指标化管理，确保住房公积金的安全运作。2011年实现可分配住房公积金增值2467.82万元，上缴该市财政1665.4万元作为市廉租住房建设补充资金，历年累计上缴6422.12万元。（叶少群）

【“三旧”改造】　新修订的《国有土地上房屋征收和补偿条例》于2011年1月21日起正式实施，《城市房屋拆迁管理条例》同时废止。汕头市住房和城乡建设局起草《汕头经济特区国有土地上房屋征收与补偿暂行办法》、《汕头经济特区国有土地上房屋征收工作规则》等4个规范性文件，上报市政府审议。经汕头市人民政府同意，先期将启动西堤路改造工程房屋征收补偿工作。完成西港片区、西片区改造项目规划编制及上报工作，完成4个旧城改造片点、25宗拆迁。全年竣工新楼21幢，竣工面积25万平方米，回迁居民138户。（彭兰阶）

【建筑业】　建筑行业管理　2011年，汕头市建筑业完成施工产值256.3亿元，比上年增长18.9%；其中外出施工产值192亿元，增长19.2%，外向度达75%；增加值56.8亿元，增长20.1%；上缴税金逾20亿元，其中转移外税5亿元，增长28.5%；全市建筑业吸纳城乡劳动力30多万人，90%务工人员来自农村，每年为农民创收50亿元。建筑业在推进城乡统筹发展、改善城乡人居环境、提高人民生活品质、解决农民工就业、增加地方财政收入等方面发挥积极作用，成为名副其实的富民强市产业。汕头市委、市政府高度重视建筑业发展，分别在广州、深圳等地慰问驻外施工队伍；推行“走出去”战略，打造市内、省内、省外三个“汕头建筑业”。加大行业龙头企业培育力度，将一批实力强、规模大、业绩优的施工企业纳入“特级资质企业后备库”，重点扶持达濠市政建设有限公司等成为特级资质企业，14家企业资质升级增项；龙头企业引领作用明显，一级施工企业完成产值172亿元，占总产值67.2%。市场领域不断拓展，完成公路桥梁、水利水电、港口航道等专业工程产值超50亿元。

建筑市场管理　2011年，汕头市政府出台《关于进一步加强我市政府投资建设工程施工招标投标管理的意见》。中心城区全年办理交易登记115项；备案实行公开招投标项目29个，造价12.12亿元，实现招标率和公开招标率两个100%。开展建筑业企业资质动态核查，撤销6家不合格企业的《建筑业资质证书》；开展工程建设领域突出问题专项治理。严格工程造价管理，积极推进建设工程“二价备案”制度。继续做好建设领域清理拖欠工程款工作，组织开展清欠“回头看”活动，同时深入落实防范新欠工程款的长效机制，进一步巩固清欠成果。

工程质量安全管理　2011年，汕头市建筑企业的工程质量稳步提高，创建一批国优、省优、市优工程。市建安集团承建的惠州富力丽港中心项目获“中国建设工程鲁班奖”，实现汕头创鲁班奖“六连冠”，表明汕头建筑企业的施工技术水平已跨入国内先进行业。是年，建筑业管理部门进一步落实企业建筑施工安全生产主体责任，组织开展建筑施工“安全生产年”活动，保持建筑安全生产形势持续稳定。组织开展草坡乡援建项目质量“回头看”活动，草坡乡小学、乡卫生院和文化站等项目房屋结构安全可靠、建筑功能完善、观感质量良好。创新性开发建筑工人安全教育动漫游戏软件，寓安全教育于动漫游戏中，提高一线工人安全施工意识。

勘察设计管理　2011年，汕头市开展勘察设计市场整治，严格实施勘察设计招投标备案、初步设计审查和施工图审查制度。完成11个项目勘察设计招标备案和15个项目初步设计、96个项目施工图设计文件及69个项目勘察报告的审查，及时纠正383条违反国家规定条文行为。扶持企业做强做大，3家企业晋升资质，粤东勘察院获工程勘察综合甲级资质。开展工程创优评优活动，繁荣建筑设计创作，11个项目获省设计大奖。编撰集联排、双拼、独立农居、多层公寓等16套设计方案的《潮汕新农居》；举办《潮汕新农居》首发式，向全市的乡镇和村居免费发放。加强工程档案管理，全年接收2500卷档案入库。（彭兰阶）

【建设科技】　2011年，汕头市实施科技兴业战略，加强工法应用，加大科技成果转化，成效显著。申报18项国家专利，取得4项国家、20项省级工法和7项国家、多项省级QC成果；广东金东海集团公司在长沙理工大学设立工程技术研发中心，3个研发课题处于国内领先水平；汕头建安实业集团公司与中国石油、南方电网等大企业实施战略合作；广东省二建安公司通过实施“质量年”目标管理，实现全年项目工序一次性过关、工程质量合格率100%。

是年，汕头市严格执行建设工程节能设计审查、施工监管和验收备案登记“三制度”；新建项目建筑节能设计审查率和施工执行率均达到100%，顺利通过全省建筑节能执行标准专项检查。全年使用散装水泥88万吨、新型墙材35万立方米，综合利用粉煤灰95万吨。经折算，全年节约能源3.25万吨标煤，减少二氧化碳排量566.8吨、粉尘排放1.05万吨，经济效益和社会环境效益非常明显。陈惜芳被评为全国散装水泥行业统计工作先进个人，苏钿陞被评为广东省节能先进个人。 *(彭兰阶)*

【信息化建设】 2011年，汕头市住房和城乡建设局坚持把推行电子政务作为加强机关效能建设的切入点，不断整合政务流程，优化网上办事系统，抓好政务网站“汕头建设网”建设，构建全市住建系统统一的电子政务平台，网上办公比例逐年提高。“汕头建设网”年访问总量超过600万人次，已成为汕头住建系统面向政府、企业、公众的电子政务平台。一是加强组织领导。成立分管领导任组长的汕头市住房和城乡建设局信息化管理领导小组，指导和协调全市住建系统电子政务工作；指派具体人员专门负责，落实专门工作经费，出台具体实施方案，切实做到领导、机构、人员、经费四落实。二是定期举办培训班，学习新形势下信息化管理的新技术、新标准、新规范。同时网站积极配合做好各类重大政务活动的宣传，推出“三打两建”、绿道网建设、千村环境卫生整治等主题栏目。三是利用信息化手段，创新管理方式。建立七个系统，开辟两个专栏，构建一个平台，努力打造透明、快捷、灵敏、准确的电子政务平台。建立建设工程施工交易备案网上填报系统，为建设单位办理交易备案手续提供项目网上填报、统一管理；建立招标投标系统。实现招标公告、网上答疑、资料下载、报名情况、资格预审、抽签情况、入围情况、评审情况、中标情况等全过程实时公开，使招投标行为更为公开、便捷和透明；建立招标公告、报名情况网上填报系统，实现招投标网上报名；建立勘察设计企业统计月报网上填报系统，由企业直接在线填写、提交和查看、修改资料数据；建立短信服务系统，实现网络和手机之间的互动，为建设系统各企事业单位提供一种更方便快捷的优质信息服务；建立后台接收公文系统，要求向各类企业下发的文件，均利用“汕头建设网”后台管理系统和手机短信平台发送，较大地提高时效性和办事效率；建立行政服务系统，将全局所有办事指南、办事表格均放置在汕头建设网供申请人免费查看下载；开辟“建设工程法律咨询”栏目，为营造良好的“学法、守法、用法、护法”法治环境，有效提高行业依法行政水平；开辟“在线答疑”和“点题公开”等栏目，构建政府与企业方便、快捷的双向沟通渠道；构建建筑人才招应聘服务平台和市场信息平台，定期发布建设人才招应聘及人工、材料、机械台班市场价等信息，及时为企业提供全方位的信息服务。 *(彭兰阶)*

附录：汕头市住房和城乡建设管理部门主要领导

汕头市住房和城乡建设局

党组副书记、局长：徐　凯

党组书记：王德声

汕头市城乡规划局

党组副书记、局长：魏森新

党组书记、副局长：陈春松

汕头市房产管理局

党组书记、局长：刘小钢

汕头市城市综合管理局

党组书记、局长：徐　阳

汕头市水务局

党组书记、局长：曾保友

汕头市环境保护局

党组书记、局长：刘长有（任至2011年8月）

党组书记、局长：黄腾远（2011年8月任职）

汕头市住房公积金管理中心

党支部书记、主任：苏建伟

佛山建设

【概况】 2011年，佛山市住房和城乡建设管理系统落实佛山市委、市政府和广东省住房和城乡建设厅下达的各项工作任务，省下达的1.37万套保障性住房建设任务已全部开工，实际建设开工1.41万套，开工率102.9%；贯彻执行佛山市住房限购政策，完成2011年新建住房价格涨幅不高于本年度GDP增长速度的控制目标；全市投入“三旧”改造资金53.15亿元，新增改造项目343个，涉及土地面积0.18万公顷；全市人均公园绿地面积10.08平方米；建成城市绿道370千米，完成省立绿道379千米各项配套设施建设；新建南海环保发电二厂及三水白泥坑垃圾填埋场，全市新建垃圾中转站13座，全市城镇生活垃圾无害化处理率达87.63%，市政环卫公共服务逐步向乡村延伸，试点垃圾分类；全市有54间污水处理厂投入运营（试运行）、中心城区生活污水处理率达到88.98%，全市城镇污水处理率达81.49%以上；佛山市城乡建设管理部门积极配合做好佛山市创建全国文明城市和创建宜居城乡工作，为佛山市的经济社会发展作出贡献。 *(张珍妮)*

【宜居城乡建设】 2011年5月，佛山市组织“农村社区建设工作全覆盖”（南海区）、“城乡一体化生活垃圾转运工程及集中控制系统项目”（南海区）、“生态保护及城市绿化建设”（禅城区南庄生态休闲区）等3个项目申报“2011年广东省宜居环境范例奖”。7月，按照《佛山市2010年创建宜居城乡工作绩效考核方案》要求，组织佛山市直相关部门对禅城区、南海区、高明区、三水区开展2010年度创建宜居城乡工作绩效考核，其中南海区以总分88.4分的成绩位居全市第一名；10月，佛山市推荐上报10个市级宜居社区参评“2011年广东省宜居示范社区”。是年，经佛山市创建宜居城乡工作联席会议办公室批准公布，全市有1个镇、15个村庄、59个社区成为市级宜居城镇、宜居村庄、宜居社区，10个社区成为市级宜居示范社区。经广东省住房和城乡建设厅批准公布，全市有1个镇、6个村成为省级宜居城镇、宜居村庄。 *（伍佩玲）*

【城乡规划】 规划编制 2011年，佛山市规划编制着力于以下几个方面：一是完善城乡规划体系。开展新一轮《佛山市城市总体规划》的前期立项、政府采购工作，组织编制《佛山市“十二五”近期建设规划》、《佛山市“2+5”组团产业空间演变研究》、《佛山市新城市中轴线规划研究》等多项规划研究成果，按法定程序审查《高明区沿江路以东一带区域用地控制性详细规划》、《东平新城核心区相关地块控规调整研究》等5个控规。二是解决交通发展结构问题。组织编制《交通白皮书》，完成三个咨询研究、五个专题研究和五个专项规划研究共13个支撑研究成果的编制，并进入白皮书文本的编制阶段。深入研究新型交通系统规划，该规划成果已由市政府审批下发实施。三是综合提升城市内涵品质。深入滨河景观的前期研究，制定分类控制指引，确定各区近期实施的重点项目。对《汾江河（佛山水道）沿线用地控制性详细规划》进行局部调整，妥善解决企业发展和农村集体经济发展诉求等问题。组织开展《佛山市中心区特色步行街区布局规划》编制。四是区域统筹协调发展。完成《广佛同城化金沙洲片区整合规划》的编制审批工作，会同广州市规划局开展“花都空港地区”和“五沙地区”两个片区的同城整合规划，并启动《广佛同城化规划机制研究》、《跨界地区城市规划编制研究》的编制工作。五是改善城市人居环境。更新《佛山市绿道网建设规划（2010~2020）》所确定的区域绿道走向，补充新建绿道驿站、兴趣点、服务设施等节点信息。印发实施《佛山市城市绿道网建设规划（2011~2020）》，对各区绿道走向进行统筹衔接，确定城市绿道主框架。六是援疆援藏工作。完成《佛山市对口支援伽师县城乡建设专项规划》、《佛山市对口支援伽师县城市生活示范区控制性详细规划及城市设计》、《佛山市对口支援易贡茶场总体规划（2011~2020）》和《易贡茶场启动区修建性详细规划》的编制工作，全面完成市政府交办的援疆援藏任务。

规划实施 抓紧制定《佛山市城市升级三年行动计划》。该计划共包括土地节约利用、轨道交通建设、城市基础设施、生态环境等6大工程，约100个建设项目，并包含若干个子项目。

广佛轨道交通建设。推进南海区新型公共交通一号线（佛山轨道二号线）三山林岳至广州南站段通道工程，以及南海区境内其他城市轨道线路的衔接，并就广州六号线延伸的可行性进行探讨。加快广佛环线陈村至广州南站段工程的建设，做好广州七号线西延线方案的研究。

佛山新城建设。进一步理顺与佛山新城管委会的事权关系，加快推进公共文化综合体、东平广场、创意中心等重点项目的建设工作。完成佛山新城26平方千米区域的航拍摄影摄像，重点项目建设。会同有关部门，协调解决国家铁路、城际轨道、城市轨道、西江引水工程后续问题、东平广场、公共文化综合体，以及东平新城内的重点建设项目的方案确定、规划选址、用地管理和修建性详细规划等工作。 *（许伟）*

▲*2011年8月31日，佛山市领导调研数字化城市管理工作。*

（佛山市住房和城乡建设管理局供稿）

【城市建设与管理】 市政设施建设 无障碍设施建设。2011年3月，住房和城乡建设部、民政部、国家残联、全国老龄委办公室等四部委组织对佛山市创建全国无障碍建设城市工作进行全面验收，佛山市创建全国无障碍建设城市工作得到国家验收组的高度评价，顺利通过验收考核。12月，四部委联合发出《关于表彰“十一五”全国无障碍建设先进城市的决定》，佛山市成功获评“十一五”全国无障碍建设先进城市。2011年，全市继续推进既有城市道路和建筑物无障碍设施改造工作，共完成110项无障碍设施改造项目，主要是城市道路、政府机关办公建筑、文化体育建筑以及室外公共厕所无障碍设施改造。

(吴燕婷)

园林绿化 2011年，佛山市建成区绿地率35.09%，绿化覆盖率37.49%，城市人均公园绿地面积10.80平方米。编制《佛山市城市绿化应用植物规划（2011~2020）》，组织开展第二批绿线图则的划定工作。编制“佛山市‘十二五’城乡绿化行动计划”。完成佛山市城市公园绿地信息系统建设和佛山市古树名木信息系统建设立项工作。完满完成重庆园博会参展项目，参展规模约为2000平方米左右。

绿道建设 2011年，佛山市全面完成省立绿道379千米的各项配套设施建设，新增驿站16个，绿化提升129千米，设置标识495个，安全设施257个，环卫设施309个，停车场25个，自行车租赁点18个，开辟了金沙滩湿地公园和逢简水乡等水上绿道。建成省立绿道10%（即39千米）的重点展示段。划定绿道控制区，出台《佛山市绿道控制区管理规定》。与广州、中山、江门、肇庆等9个城际交界面以及佛山市内区间省立绿道交界面全部实现互联互通。

全市城市绿道主框架2011年省下达任务325千米，实际已贯通370千米，完成114%，完成全线绿化和设置必要的标识、安全设施和环卫设施等，部分绿道已设置驿站或休息点、自行车租赁点、观景平台，并配置坐凳、篮球场、停车场，建成一批绿道精品（如佛山新城绿道、南海三山绿道、海寿岛绿道、逢简水乡绿道等）。在城市绿道建设中，佛山市进一步加大乡村绿道的建设力度，通过绿道建设改善村居环境和设施。 *(黄丽英)*

城市环境卫生 生活垃圾处理。2011年，佛山市有生活垃圾无害化处理设施4座，填埋场2座，焚烧厂2座，其中2011年新建生活垃圾处理场（厂）两座，分别是三水区白泥坑垃圾填埋场及南海垃圾焚烧发电厂二期，均已投入运营。是年，佛山市城镇生活垃圾产生量为77.2万吨/日，城镇生活垃圾无害化处理量为67.65万吨/日，生活垃圾无害化处理率为87.63%。

(黄伟鸿)

城市生态环境保护和建设 2011年，佛山市环境质量进一步好转。集中式饮用水水源地水质达标率100%，主要江河水质符合功能区水质标准要求，城市内河涌总体水质状况有所好转，全市整体环境空气质量进一步改善。

水环境质量。2011年，佛山市饮用水源地水质达标率为100%，全市14个饮用水源地均达到《地表水环境质量标准》（GB3838－2002）Ⅲ类水质标准。全市7条主要江河水质状况良好，除平洲水道符合Ⅲ类水质外，西江干流水道、东平水道、顺德水道、容桂水道、东海水道和潭洲水道均达到Ⅱ类水质，水质状况优。全市7条主要城市内河水质保持稳定，桂畔海、大良河和高明河达到相应水质标准，其余内河仍存在超标现象，主要超标污染物为溶解氧、氨氮、五日生化需氧量和总磷等。全市降水pH均值为4.71，全年酸雨频率为61.0%，酸雨频率比上年减少22.4个百分点。

城市空气质量。2011年，城市空气质量总体良好，全市优良（API≤100）的天数达357天，占全年总天数的97.8%。环境空气中二氧化硫、二氧化氮和可吸入颗粒物年平均浓度分别为0.034毫克/立方米、0.052毫克/立方米、0.070毫克/立方米，均达到《环境空气质量标准》（GB3095－1996）二级标准。与2010年相比，除二氧化硫有所下降外，其余两项污染物年均浓度均略有上升，其中二氧化氮上升2.0%，可吸入颗粒物上升9.4%。降尘量为4.10吨/平方千米·月，优于省推荐标准（8吨/平方千米·月）。

声环境质量。2011年，佛山市声环境质量较好。城市区域环境噪声平均等效声级为56.3dB（A），达到国家区域环境噪声2类区昼间标准。城市区域环境噪声源构成以生活和交通类声源为主。道路交通噪声平均等效声级为67.7dB（A），达到70dB（A）的标准。

全市功能区噪声昼间平均等效声级为58.6dB（A），夜间平均等效声级为51.3dB（A），除4类区（交通干线两侧一定距离范围）夜间平均等效声级超过相应质量标准，其余各类功能区噪声昼间、夜间平均等效声级均达到相应的标准。

饮用水源保护。继续推进饮用水源地标准化工程建设工作。对《佛山市饮用水源保护区标准化建设规范手册》进行修编，并完成沙口水厂饮用水源地标准化建设的提升工程。

是年，加大饮用水源保护区周边面源污染源的管治力度。制定《佛山市饮用水源保护定期巡查制度（试行）》，建立日常的饮用水源检查执法体系，通过清理禁养区内的畜禽养殖业，清除威胁饮用水安全的隐患，保障饮用水源安全。

环境保护与生态建设工作。一是建立健全生态市创建工作机制。2011年，佛山市提出创建国家生态市的目标，深入实施环保优先战略，进一步开创环境保护与生态建设新局面。成立佛山生态市创建工作联席会议协调机构，各区也成立相应创建工作领导机构，切实加强对城市生态市创建工作的领导与协调。二是积极有效推进生态市各项创建工作。印发《佛山市创建国家生态市工作实施方案》，明确各区政府、市直单位的工作任务，并将生态市建设的重点工作任务和重点工程纳入《佛山市城市升级三年行动计划》；组织编制生态市建设规划。在开展生态市建设工作中，佛山市还以生态区、镇及农村环境综合整治等作为创建工作的突破口，全面推改善农村人居生态环境。三是深入开展生态示范创建活动，夯实生态市创建工作的基础。2011年，全市共有116个村被命名为市级生态示范村，9个镇被命名为市级生态示范镇，南海区九江镇烟南村被命名为广东省生态示范村，禅城区南庄镇、三水区大塘镇等6个镇被命名为广东省生态示范乡镇，南海区九江镇被命名为国家级生态乡镇。（钟敏华）

城市水环境建设　污水处理。2011年，佛山市新建成污水处理厂1宗，污水处理能力新增2万吨/日；配套管网增加128.1千米。截至年底，全市投入运营的污水处理厂54间，设计污水处理规模为226.36万吨/日，配套收集主干管1406.1千米，全市处理水量6.82亿吨，中心城区生活污水处理率达94.60%，城镇污水处理率达81.49%，超额完成年度目标。市水务局继续推进农村污水处理建设，全市54间污水处理厂有41间位于镇区，总设计处理能力达105.36万吨/日，纳污范围包括镇周边的附近行政村，该部分村居的污水已基本上引入城镇污水处理厂进行处理。同时，大力推广小型污水处理装置，如三水区在白坭镇西岸村、白坭角里村建成农村生活污水处理的试点，采用人工湿地污水处理系统，效果良好。南海区农村小型污水处理装置的处理方式包括生态浮床、人工湿地、埋地式小型污水处理装置，对改善当地生态环境起到较明显作用。

2011年全市污水处理厂产生的污泥量按污水处理厂的处理能力计算产生量约为540吨/日，全年各区实际处理污泥量（含水率80%）共14.57万吨。

城市排水。全市中心城区排水管网总长度为2683千米，市政雨水泵站共23座，排水标准大部分区域为一年一遇标准，部分重点区域为二年一遇标准。根据汛期统计，2011年全市城镇内涝点98处，大部分内涝点的成因为排涝标准低，地势低洼、出水口堵塞管径偏小。全年投入排水设施维护资金1380万元，对排水管网的清疏维护，市政泵站的设备维修更换及相关的排水管网改造，清疏排水管934.5千米，清理淤泥8549立方米，并对禅城区江湾路陶瓷城、人民西路、高明区沧江路、三水西南中心城区等91个水浸点进行治理，暴雨水浸情况明显改善。

河涌综合整治。2011年，佛山市政府常务会议批准在市水务局增设河涌整治办，并加挂汾江河综合整治指挥部办公室、市珠江综合整治项目世行贷款办公室牌子，统一管理市内河涌和汾江河综合整治工作。2011年，全市重建、扩建、新建电排站14座，新增装机流量1.3万千瓦，新增流量180立方米/秒。2011年，汾江河综合整治工程取得新突破，推动汾江河北岸整治工程；加紧搬迁和关闭沿线高污染企业，将“三旧”改造、环境整治与土地开发相结合，其中南海区沙仔围工业区经过整治，已经被规划成为广东金融高新区C区；汾江河底泥疏浚及安全处置工程已完工，疏浚并环保填埋底泥近80万立方米，完成汾江河浮岛及人工曝气二期工程，新增人工曝气点1处，新增浮岛面积3500平方米。

城市供水　截至2011年底，全市建成水厂34间（不含顺德区），供水管道4876千米（管径75厘米以上），总设计供水能力371万吨/日，年实际供水量7.7亿吨，日均供水量216万吨。有国家级水质监测站和省级监测站各1个，均具备《生活饮用水卫生标准》出厂水106项指标的检测能力。为进一步加强对供水水质的监督管理，2011年6月，佛山市全面实施水质月度公报，市水务局对全市各区中心城区及日供水规模10万立方米以上的水厂供水水质实施监测并每月通过网站公布，接受社会监督。是年9月，市水务局对全市34间水厂供水水质和运营管理情况进行全面检查，对所有水厂的水源水和出厂水、管网水进行采集取样，并根据国家标准对出厂水进行106项指标的水质检测。经检测，2011年全市城市供水水质综合合格率为99.83%，比上年略有提升，并超过国家标准规定95%合格率的要求。另外，在综合分析各区农村供水现状和城乡发展规划的基础上，市水务局制定《佛山市推进农村供水设施建设、改造工作方案》。

佛山市继续推进城市应急备用水源建设，2011年西江水厂输水管网与三水区、禅城区及南海区丹灶片区的供水主干管实现部分联网；区域间供水管网互联互通，禅城区与南海区中心城区供水主干管在桂园及桂丹路已连接应急供水阀门，可实现应急供水支援；建立“北江流域原水水质监测与污染预警体系”，覆盖北江流域韶关、清远、佛山、广州等地共20个供水主体。（刘勇）

城市供气　2011年，佛山市禅城区、南海区、三水区、高明区管道天然气实行特许经营，分别由佛山市燃气集团股份有限公司、佛山市南海燃气发展有限公司、佛山市高明燃气有限公司、佛山市三水燃气有限公司统一经营禅城区、南海区、三水区、高明区管道燃气。2011年，全市（不含顺德区）液化石油气全年销量32万吨，禅城区、南海区、三水区、高明区天然气全年销量为38万吨。天然气居民用气价格为3.65元/立方米。全市高压管网长度86千米，中压管网长度禅城区、南海区、三水区、高明区1031千米。（黄伟鸿）

城市综合管理　2011年，佛山市住房和城乡建设管理部门抓住工作重点，全力保障佛山市创建全国文明城市。是年，佛山市住房和城乡建设管理部门召开创建全国文明城市动员大会，成立部门创建全国文明城市办公室统筹工作，制订工作方案，协调相关部门，落实测评指标任务。加大执法力度，是年，佛山市禅城区、南海区、高明区、三水区共查处市容环卫、城市规划、园林绿化、市政管理、生活环境噪声等污染、无照商贩占道经营、室内违建等方面的行政处罚案件38万宗，其中劝导教育和纠正各类违法行为37.5万宗，立案6000多宗。加强对部门创建全国文明城市工作的督查，3~6月，佛山市住房和城乡建设管理局共出动执法人员1000多人次。开展整治行动月、泥头车乱撒漏等专项整治行动。推进广佛同城化城市管理领域合作，制定广州、佛山接壤区域城管联动协调工作机制，在南海区里水镇里广路与白云区金沙洲浔峰路之间路段合作创建“广佛城管共建共管路”试点。（张珍妮）

【城镇村庄建设】　2011年，佛山市禅城区、南海区、高明区、三水区共设建制镇15个，行政村290个，已编制村庄规划的行政村199个，占全部行政村比例68.62%，建制镇镇域面积17.94万公顷，镇域户籍人口145.06万人，暂住人口102.01万人；其中建成区面积1.30万公顷，建成区户籍人口44.81万人，暂住人口29.95万人；村镇建设管理人员566人，专职人员348人；建制镇市政公用设施方面（含暂住人口），燃气普及率56.54%，人均道路面积16.98平方米，污水处理率47.42%，人均公园绿地面积2.86平方米，绿化覆盖率10.94%。

（伍佩玲）

【中心镇建设】　2011年，佛山市禅城区、南海区、高明区、三水区共设中心镇7个，分别是南海区里水镇、西樵镇，高明区明城镇、更合镇、杨和镇，三水区乐平镇、芦苞镇。中心镇镇域总面积1404.40平方千米，镇域总人口86.84万人，镇域暂住人口33.06万人；其中建成区面积52.22平方千米，建成区户籍人口14.97万人，建成区暂住人口11.15万人；村镇建设管理人员199人，其中专职人员114人；中心镇建成区公共绿地面积394.69万平方米，公园绿地面积169.62万平方米，镇区道路长度492.21千米，镇域道路长度1454.70千米。

（伍佩玲）

【住房与房地产业】　2011年，全市累计完成房地产开发投资599.22亿元，比上年增长23.4%，是五年来的高位。房地产开发企业2011年资金来源997.60亿元，比上年增长20.7%。其中，国内贷款136.83亿元，比上年下降4.3%；利用外资15.99亿元，下降20.5%；自筹资金319.50亿元，增长20.7%；其他资金525.28亿元，增长31.7%。全市房地产开发企业商品房施工面积2872.24万平方米，比上年增长22.0%。新开工面积1178.58万平方米，比上年增长19.9%。竣工面积386.39万平方米，比上年增长16.8%。商品房空置面积111.30万平方米，比上年增长0.2%。商品房批准预售面积1054.13万平方米，销售面积785.07万平方米，比上年下降13%；销售金额639.39亿元，下降5%。

房地产市场调控　2011年3月18日，佛山市公布新建住房价格控制目标和住房限购措施，出台配套实施细则和配套文件，并向社会做好宣传。佛山是全国第二个，全省第一个出台住房限购措施的地级市。全市住房均价从2011年3月8756.13元/平方米的历史高位调控至全年8170.19元/平方米；商品住房销售总面积633.89万平方米，比上年下降19%；销售金额517.9亿元，下降11%，实现2011年新建住房价格涨幅不高于本年度GDP增长速度的控制目标。房地产投资投机行为得到遏制，住房调控措施取得成效。（孔竞兰）

保障性住房建设　2011年，广东省下达佛山市的1.37万套保障性住房建设已全部开工，实际建设开工1.41万套，开工率102.9%，其中禅城区3880套、南海区7179套、高明区1241套、三水区1747套。

（陈小勇）

物业管理　2011年，以佛山创建全国文明城市工作为契机，全面提升物业管理工作，逐步建立起市、区、镇街、居委、业主五级物业管理监管机制，出台《物业收费办法》、《物业服务菜单式收费标准》、《物业小区群体性事件处理指引》、《物业小区应急处理指引》、《物业管理项目“创文明”标准》、《住宅小区物业管理征询居委会意见》、《物业服务合同示范文本》、《住宅小区业主满意度测评方案》等配套文件。（孔竞兰）

住房公积金管理　截至2011年末，全市开户职工人数72.92万名、保有量61.17万名，净增缴存人数9.14万人，净增长率17.58%。其中缴存职工中各类企业职工超过75%。缴存金额53.97亿元，比上年增长21.13%；累计缴存额234.94亿元；缴存余额87.44亿元。

全年发放贷款18.27亿元；历年累计发放贷款113.74亿元，贷款余额77.16亿元。贷款质量良好，贷款逾期率0.0034%。是年，增值收益为1.32亿元，比上年增长5.9%；扣除风险准备金和管理经费，提供城市廉租房建设补充资金1.1亿元。（耿亚兰）

【“三旧”改造】　2011年，佛山市

五区投入“三旧”改造资金53.15亿元，新增改造项目343个，涉及土地面积0.18万公顷。其中工业提升示范项目42个，改造面积343.66公顷。“三旧”改造工作重点向两个方向转变：一是向工业提升发展方向转变，指导和协助各区“三旧”改造项目重点向提升工业发展方向转变。二是向推进项目连片开发方向转变，克服过去零打碎敲、单体独建的改造模式，努力推进连片成片项目改造，并取得初步成效。全市启动和正在改造的面积达20公顷以上的改造项目34个，总面积超过4万公顷。（许伟）

【建筑业】 2011年，佛山市在建监督工程6564项，建筑面积3510万平方米，工程合计总造价609.37亿元；佛山市禅城区、南海区、高明区、三水区共新报建项目2629个，建筑面积1931.44万平方米，工程合计造价292.58亿元。7家企业被评为2010年度优秀施工企业，9家企业被评为2010年度先进监理企业。

工程质量管理 2011年，佛山市建筑工程质量稳定，佛山市禅城区、南海区、三水区、高明区32项工程被评为佛山市优良样板工程，4项工程被评为“省优良样板工程”。是年，佛山市、区住房和城乡建设行政主管部门加强对工程实体质量和参建各方主体质量的行为监督，不定期组织巡查抽检；开展建筑钢材、混凝土、构配件、建筑砖材等主要建材和工程实体质量的检查；开展工程实体质量的检查，佛山住房和城乡建设管理局共抽查35个在建工程，发出22份建设工程质量安全整改告知书，对8个项目责令暂停施工。开展建筑工程质量强市，在保障性住房工程、超大规模或技术复杂工程实行质量样板引路；建立工程质量检测监管信息化系统，实现全市工程质量检测机构联网，并与广东省住房和城乡建设厅对接，上传检测数据；开展“质量月”系列活动，组织佛山市、区住房和城乡建设管理部门、质量监督机构及相关企业负责人参加广东省住房和城乡建设厅召开的工程质量现场观摩会、工程质量监督工作研讨会、工程质量通病治理经验交流会以及组织建筑施工、监理企业知识竞赛等活动。

施工安全管理 2011年，佛山市禅城区、南海区、三水区、高明区共有32项工程被评为佛山市建筑工程安全生产文明施工优良样板工地。全年发生1起建筑施工安全事故，死亡1人，事故起数比上年下降50%，死亡人数下降67%。是年，佛山市、区两级住房和城乡建设行政主管部门和施工安全监督机构组织包括建筑施工安全季度巡查、节前建筑施工安全检查及高处坠落、起重机械安装使用和施工坍塌专项整治，加强对危险性较大的分部分项工程安全专项施工技术方案的编制、审查、论证、审批和验收制度的监督管理。（谭树治）

勘察设计管理 2011年，佛山市禅城区、南海区、三水区、高明区共有施工图审查机构7家，其中房屋建筑工程一类机构4家、二类机构2家；市政基础设施工程二类机构1家，从事审查业务专业技术人员188人；完成房屋建筑和市政基础设施工程施工图审查项目1099个，项目建筑面积1712.57万平方米，其中市政基础设施工程项目85个。

2011年1月1日起，《佛山市住房和城乡建设局关于大中型房屋建筑和市政基础设施工程初步设计审查实施办法》施行，进一步规范大中型建设工程初步设计审查管理。是年，佛山市禅城区、南海区、三水区、高明区共完成81项大中型建设项目初步设计审查，办理15项超限高层建筑抗震设防专项审查以及上报广东省住房和城乡建设厅批复的工作。同年，佛山市住房和城乡建设管理局联合佛山市交通运输局、佛山市水务局出台《关于实行房屋建筑和市政基础设施工程勘察文件前置审查制度的通知》，进一步加强工程勘察质量管理。

（吴燕婷）

【建设科技】 2011年，高明区海天味业二期酱油扩建项目顺利通过省建筑业新技术应用示范工程专项验收；依云水岸三期1标段等6项房屋建筑项目组织申报2011年度省建筑业新技术应用示范工程（立项）。佛山岭南天地-5地块商住项目预制构件系统2010年通过省住房和城乡建设厅组织的专家论证，2011年进行大面积施工，该项目是佛山市在住宅产业化建设方面进行的首次尝试，该项目组织申报省住宅产业化建设试点。

建筑节能 2011年，佛山市住房和城乡建设管理局获得“2010年度广东省建筑节能先进单位”称号。佛山市在2011年度广东省建筑节能专项检查考核中位列第5名。是年，佛山市住房和城乡建设管理局组织对区建设主管部门开展2011年度建筑节能工作考核；佛山市首次设立市民用建筑节能发展专项资金，重点扶持和推广建筑节能新技术、可再生能源建筑一体化应用，绿色建筑等示范项目；佛山市住房和城乡建设管理局与佛山市财政局联合出台《佛山市民用建筑节能发展专项资金管理暂行办法》，规范专项资金的使用和管理；佛山市图书馆等6个市级建筑节能示范项目获得共计135万元补助资金。

2011年，完成106栋国家机关办公建筑和大型公共建筑2010年度能耗统计、审计和公示，3栋建筑能耗监测平台和12栋建筑能源审计工作。组织创建佛山市青少宫科技馆、图书馆、档案中心等绿色建筑示范项目5项。重点推进南海金谷光电产业社区A、B栋节能改造工程以及佛山市一人民医院综合大楼等既有建筑节能改造试点，改造面积20万平方米。（吴燕婷）

【信息化建设】 2011年，以房地产业务一体化、软件技术一体化、数据管理一体化为目标建立全市统一的房地产信息系统平台。是年，除市场数据监测分析及预警预报外其余子系统的开发工作已基本完成，并与国土、公安、财税、银行、电子监察等进行数据对接或采集，系统的建设全程引入监理和第三方测试，确保系统的稳定性和安全性。

佛山市房地产行业诚信系统推行和使用　佛山市建立起企业诚信档案，2011年，全市已有1024家房地产企业、1074个项目、9647名从业人员进入房地产行业诚信管理系统接受管理。

是年，继续推行和使用“佛山市建筑行业诚信管理系统”（升级版），该管理涵盖招标代理、勘察设计、施工图审查、建筑施工、工程监理、建筑劳务分包、工程造价咨询、预拌商品混凝土生产和建筑工程检测等企业，以及建筑行业建造师、建筑师、造价师、监理工程师等专业技术人员。建筑行业信用档案的内容包括企业基本情况、业绩、项目、良好行为、综合评价纪录以及人员和证件情况纪录，违规不良行为及处理情况等，为政府部门和建设单位监督建筑企业市场行为提供依据，以及查询企业和个人信用信息提供途经。

佛山市工程建设领域项目信息公开平台使用　该平台及时发布工程项目审批、招投标、施工管理、拆迁、从业单位和从业人员信用情况等信息，是年全市已发布工程项目审批等信息4934条，从业单位信用信息5204条，从业人员信用信息11.50万条。

佛山市数字化城市管理信息系统基本建成　该系统于2009年初启动建设，全市同步实施，2011年12月15日，全市12319热线同步与系统顺利实现对接，呼叫中心正式启动，系统开始在全市范围内投入试运行。2011年，系统日均案件处置能力近600宗，结案率、案件处理效率稳步提升，系统的运行效能日益提高。

（李婉葵　孔竞兰　周炳明　梁小贤）

附录：佛山市住房和城乡建设管理部门主要领导

佛山市住房和城乡建设局

党组书记、局长：林灼杰（任至2011年5月）

佛山市城市综合管理局

党组书记、局长：钟美恃（任至2011年5月）

佛山市住房和城乡建设管理局

党组书记、局长：钟美恃（2011年5月任职）

佛山市城乡规划局

党组书记、局长：柳玉斌（任至2011年5月）

佛山市国土资源和城乡规划局

党组书记：潘念礼（2011年5月任职）

党组副书记、局长：柳玉斌（2011年5月任职）

佛山市水务局

党组书记、局长：韦奕铨

佛山市环境保护局

党组书记、局长：潘志文

佛山市住房公积金管理中心

党总支书记、主任：冯　颢

顺德建设

【概况】 2011年，佛山市顺德区城乡建设继续贯彻实施《珠江三角洲改革发展规划纲要》，打造“宜居顺德、智慧顺德、和谐顺德、文明顺德”，不断提升城市发展质量。顺番公路、碧桂路、均荷路等一大批交通基础设施项目建成通车，交通路网不断优化。贯通城市绿道28.6万米，新增（改造）绿化面积230公顷，生态绿网不断完善。完成内河涌疏浚47万米，推进36个重点水利工程项目，现代水网功能进一步完善。落实房地产调控政策，筹建保障性住房7877套。建设工程的质量和安全管理水平不断提升。纳入“三旧”改造地块标图建库的项目551个，总用地面积为0.68万公顷。城市功能、城市形态和城市环境均得到优化，城市的综合实力和竞争力得到明显提升。（殷国新）

【宜居城乡建设】 2011年，顺德区建立创建宜居城乡工作联席会议制度，成立创建宜居城乡工作联席会议办公室，印发《顺德区创建宜居城乡工作实施方案》。明确宜居城乡的建设范围、目标和时限要求。是年，大良中区等22个社区被授予“佛山市宜居社区”称号。

（殷国新）

【城乡规划】 规划编制　完善规划编制体系。2011年，顺德开展近期建设规划编制；推进《顺德区分区控制大纲规划》编制，制定《顺德区控制性详细规划编制指引》；组织编制10个镇街重点区域以及云近东区等共计23项控制性详细规划；全面推进各层次专项规划编制工作，包括《佛山市顺德区交通规划》、《顺德区生态环境保护规划〈修编〉》、《区新型公交系统规划》、《105国道交通改善规划》、《新型公交一号线规划》、《德胜新区交通改善规划》、《碧桂路北延线规划》、《顺德区停车系统专项规划》和《顺德区绿地系统近期建设规划》、《区基本公共服务均等化规划》等专项规划，均按计划完成或推进。

规划研究　2011年，制定《顺德区城市升级五年行动计划（征求意见稿）》；开展顺德区三大片区战略评估及行动纲领研究工作；推进《德胜河“一河两岸”概念规划》、《德胜河北岸（105国道–德胜大桥段）滨河景观带改造提升规划》、《桂畔海沿岸地区景观规划》编制与研究工作。

规划管理　2011年，顺德区共完成规划选址、规划条件、用地规划许可、修规审查、工程规划许可、规划条件核实等各类规划审批约1900宗，推进长鹿农庄休闲度假旅游项目、广东工业设计城、佛山港了哥山港区项目、孔雀廊与清立方项目、顺德新城德胜商务区拟出让地块、北滘新城总部办公地块、顺德区梁銶琚职业技术学校易地重建、南方智谷等重点项目的规划选址和建设。完善规划管理制度，制定《关于进一步加强集约利用土地的规定（实施细则）》、《关于规划条件变更审批事项的说明（操作细则）》、《与总规不符或不完全符合的工业用地规划条件操作流程及办法》和《统建房改建规划管理暂行规定》。

规划监督　强化规划监督，加大批前公示力度。2011年，顺德区共办理85份建设项目规划审批，对公示反映意见较大的规划调整，组织开展规划审批听证会，是年共开展4次听证会。　*（皮定峰　邓慧琨）*

【城市建设与管理】　市政道路建设　重点基础设施建设加快推进。2011年，顺德完成广珠城轨五个站场配套工程、顺番路大金山隧道东至甘竹滩大桥北段、百安路永安至仓门段改造工程、碧桂路改造工程、均荷路改造工程和G325龙州路口下穿隧道等交通基础设施建设。建设人行天桥2座，总投资1150万元。大力推进乐龙路、伦桂路、南国路东延线、五沙大桥扩建、百安路光华路口段、羊大路改造、文登路改造等30个项目的建设工作。上述项目中有高速公路项目4个，分别是广明高速、佛开高速扩建、江番高速北沿线、江珠北高速；广佛同城项目4个，分别是黄榄快速干线（西段）、三善大桥扩建、榄核西线公路延长线、佛陈路陈村大桥至广州南站道路工程；市、区重点建设项目22个，涉及项目总投资超150亿元。

园林绿化　2011年，顺德区共营造主题林20个，义务植树80.1万株，全年共新增、改造绿化面积230公顷，完成15个公园的改造建设工作。

绿道建设　2011年，顺德区共投入资金1亿元，建成并贯通城市绿道286千米，新增（改造）绿化面积230公顷。进一步完善2010年建成的省立绿道配套设施，包括：完成绿化提升14千米，完善标识51个，安全设施21个，环卫设施30个，停车场1个，自行车租赁点4个，连接线完善提升1.6千米。打造14千米区域绿道重点展示段，建设大良顺峰山公园、杏坛逢简水乡和均安翠湖公园三个社区绿道示范区。印发《顺德区绿道管理暂行办法》，全区绿道管理维护工作已基本进入正常轨道。

城市生态环境保护与建设　2011年，顺德区建设省生态乡镇4个（分别为北滘、陈村、乐从、龙江），省绿色社区1个，省绿色学校（幼儿园）5所；开展调整容奇桂洲水厂饮用水源保护区以及在各饮用水源保护区设置规范的标志牌等相关工作，并清理容桂水厂饮用水源保护区二级区内的两家饮食店档。是年，全区环境空气质量优良天数有所增加，大气综合污染指数略有下降，降雨质量有所好转。大气环境中，二氧化硫、二氧化氮和可吸入颗粒物的年日均浓度均符合国家二级标准，降尘量年均值符合广东省暂定标准。全区各镇、街道综合区域环境噪声昼间平均值符合2类区标准，交通道路噪声昼间平均值符合4类区标准，声环境质量维持稳定。水环境中，饮用水源地水质和主要河道水质保持“优”级别，内河涌水质为“轻度污染”级，水质与上年比无明显变化。

是年，为保障大运会空气质量，制定《顺德区大运会空气质量保障工作方案》，重点推进火电厂降氮脱硝、机动车污染防治、挥发性有机污染物治理、扬尘污染控制、禁止露天焚烧生物质和燃煤小锅炉治理等工作。完成13家省控挥发性有机化合物排放重点监管企业的整改任务；全区13家铅蓄电池企业有5家完成全面整改并通过综合验收，3家关停或停止铅蓄电池生产，5家按要求开展其他方面的整改；开展重金属污染企业调查，制订有关实施方案和近两年的工作计划；推动污染企业落实自愿性清洁生产，共有12家企业通过自愿性清洁生产审核，督促分散电镀、漂染水洗企业集中搬迁或实施清洁生产审核，基本完成电镀行业整改搬迁；大良、伦教、陈村等镇、街道对沿河水道的违规畜禽养殖场进行清理整治，整治面积3万多平方米。

城市水环境建设　2011年，顺德区容桂第二污水处理厂一期、勒流污水处理厂三期、陈村污水处理厂二期、乐从污水处理厂二期和龙江污水处理厂二期及配套管网工程继续稳步推进；全区日均实际污水处理量为45.37万吨，全年共产生剩余污泥6.5万吨；实施污水处理费下拨与进水COD浓度挂钩机制，使全区城镇污水处理厂进水COD浓度有明显提升，由100mg/L提高到150mg/L。

是年启动辖区内16条共510多千米支干河涌和支涌的疏浚、护岸等整治工程，完成河涌疏浚、整治470千米，扩大河涌的过流断面，有效提高引水和排涝能力。

城市供水　2011年，顺德区饮用水源地水质和主要河道水质保持“良好”级别，稳步推进农村供水设施的改造，其中均安南沙水厂已关闭，勒流见龙水厂接收工程有序推进，勒流扶闾水厂整合工程计划于2012年开工。

城市供气　2011年，顺德区共建成天然气计量调压站3座（分别位于乐从、北滘、大良），LNG气化站1座（位于杏坛），天然气汽车加气站3座（2座位于大良，1座位于容桂），新建市政管道70千米（总管道长度为445千米），遍及全区10个镇街，实现建成区天然气管网基本全覆盖，大幅度增加天然气可供应范围，具备为全部规模较大的住宅小区供应天然气的条件。截至2011年底，天然气民用生效客户5.4万户，工商客户323户，年天然气销售量1亿立方米。 (翁国钿)

城市综合管理　2011年，顺德区结合“美城行动”，重点抓好中心城区内主要大街和重点地区市容市貌管理，兼顾落实辖区内交通秩序与管理工作。确保辖区内门前“三包”落实到位，规范工地及泥头车管理，加强道路施工开挖管理，整治流动摊贩、违规违章占道经营、破坏绿化行为，无乱张贴、乱拉挂、乱涂写、乱设广告牌和单位铭牌现象，年内共查处市容环卫、城市规划、园林绿化、市政管理、生活环境噪声等污染、无照商贩占道经营、室内违建等方面的案件4万多宗，城市容貌得到很大改观和提升。 (徐海珊)

【住房与房地产业】　2011年，顺德区办理预售房地产192宗，建筑面积337.18万平方米，用地面积127.02万平方米；确权287宗，建筑面积437.16万平方米，用地面积147.98万平方米；办理房地产权初始登记2892宗，变更登记2万多宗，注销登记862宗。自3月18日开始在全区实施住宅限购政策，受其影响，全年商品住宅成交量为237.86万平方米，比上年下降22.83%，年均商品住宅交易均价为7167.26元/平方米，比上年上升10.52%。

保障性住房建设　2011年，广东省下达顺德区的保障房任务为新增保障性住房7750套。是年，顺德实际筹建保障性住房（含新增发放租赁补贴）7877套，任务完成率101.6%。

对符合廉租住房保障条件的585户家庭已全面实施保障。其中以发放租赁补贴方式保障的家庭406户，全年发放补贴金额222万元，历年累计发放补贴金额552万元；以实物配租方式保障的家庭共179户。大良、容桂街道销售经济适用房41套，剩余58套未售。顺德面向无房的异地务工人员和新就业职工提供公租房2731套，入住人数5478人。

物业市场管理　2011年，顺德区共受理前期物业管理备案51宗，新成立业主委员会34个，全区共成立业主委员会286个。

建立住宅专项维修资金退款管理、月报制度，以及召开加强老旧住宅小区电梯管理、落实物业管理用房规划配建等专题会议，修订《前期物业服务合同》及《(前期)物业服务协议》示范文本。推行前期物业管理招标投标工作全程监控，实行物业管理“菜单式”收费，在区物业管理协会挂牌成立佛山市首个“行业协会联调工作室”。 (殷国新)

【“三旧”改造】　2011年，顺德区出台《关于贯彻市政府关于通过“三旧”改造促进工业提升发展的若干意见的实施细则的通知》、《关于顺德区推进“三旧”改造工作实施意见的补充意见》。是年，顺德纳入“三旧”改造地块标图建库的项目551个，总用地面积为6773.33公顷。开展改造项目土地权属调查。全年共完善“三旧”改造项目涉及历史用地的建设用地报批手续10宗、面积96.4公顷；需完善历史用地手续的项目20宗、面积32.99公顷。推进“三旧”改造提速。2011年认定项目29个，用地面积140.33公顷（其中属于旧厂房项目23个，面积112.6公顷）。另有14个项目通过预申请，用地面积150.4公顷。形成以德胜河“一河两岸”、北滘都宁工业区、乐从325国道北入口、勒流宏宇集团工业厂房改造项目、大良牛津布厂（孵化器项目）等为引领的改造项目体系。 (皮定峰　邓慧琨)

【建筑业】　2011年，顺德区共核发施工许可458项，面积1112.5万平方米，造价164.22亿元；办理单位工程竣工验收备案474项，面积800.14万平方米，造价91.7亿元。是年，顺德获省2010年安全生产文明施工优良样板工地1项，佛山市优良样板工程2项，佛山市安全生产文明施工优良样板工地10项，比上年略有增加。广东润胜建筑工程有限公司承建的“广东锻压机床厂有限公司办公楼”工程项目获颁“2011年度广东省房屋工程安全生产文明施工示范工地”称号。

工程质量管理　2011年，顺德区建筑工程质量稳定，未发生一般或一般以上的工程质量事故。出台《佛山市顺德区保障性安居工程质量监督管理办法（试行)》，同时，建立保障性安居工程监督台账，动态掌握全区保障性安居工程的质量状况。制定《顺德区商品住宅工程“质量样板间”监督工作指引》，编写并派发《顺德区房屋建筑工程质量样板引路工作手册》，召开两次“样板引路”宣贯教育会，组织800人次的“质量样板间”工地观摩活动，全年已有43项在建的住宅工程建立“质量样板间”制度。3月开展建筑节能质量专项检查。

建设工程质量检测。2011年，顺德区共完成工程基桩检测4.58万根，常规建筑材料检测25.25万组，完成建筑面积10.15平方米的房屋鉴定工作，其中发现不合格基桩780根，不合格建筑材料5587组，并组织对民营检测机构、鉴定机构、预拌混凝土生产企业和预制建筑构件生产企业进行质量监督共148次。顺德区建设工程质量安全检测中心参与开展的《预应力管桩沉桩过程模拟与承载力预测》课题获得广东省建筑工程集团有限公司科技进步奖一等奖。

施工安全管理　2011年，对顺德区建筑工程加强监控，开展日常安全监督巡查、季度检查和不定期的安全检查，全年未发生一般或一般以上的工程安全事故。4月，对已建临时建筑物安全隐患进行全面排查，规范现场文明施工临时设施管理。6月，顺德区建设工程质量安全监督站通过省住房和城乡建设厅的安监机构及人员考核初评。

全年组织施工现场临时建筑物安全隐患排查专项检查、临时设施安全专项检查、外脚手架和卸料平台的专项检查、危险性较大分部分项工程管理和建筑起重机械专项检查和督查行动、消防安全专项检查等专项检查，发出整改通知书1590份。

对顺德区建筑起重设备进行信息化管理，动态、全面掌握各企业在用起重设备的设备信息、拆装和使用信息，对安全问题严重的设备和单位记录不良行为，实施差异化管理。

招投标管理　2011年，顺德区国土城建和水利局共受理招标项目备案306项（其中43项重复二次或三次），完成招标项目程序250项，投资额（中标价）57.04亿元，其中，采用公开招标的184项，投资额（中标价）34.27亿元；邀请招标66项，投资额（中标价）22.77亿元。

完成国有或集体投资建设工程招标控制价备案309项，工程造价50.55亿元。受理国有或集体资金投资工程的竣工结算备案249项，工程造价11.4亿元，备案核减1604万元。受理施工合同备案177项，对76项不符合要求的合同进行纠正。受理工程造价变更备案15项，现场抽查12个区财政和国有投资工程项目的中标后的造价控制情况。

勘察设计管理　2011年，顺德区共完成施工图审查项目2123个，其中勘察专业499项，进尺439.34千米，分别是上年同期的91.06%和111.37%；建筑结构专业478项，面积1133.39万平方米，分别是上年同期的80.88%和97.27%；给排水专业442项，面积1077.96万平方米，分别是上年同期的74.78%和94.10%；电气专业447项，面积1112.83万平方米，分别是上年同期的71.98%和91.81%；暖通空调专业140项，面积684.04万平方米，分别是上年同期的103.94%和101.00%；路桥专业90项；燃气专业244项。（殷国新）

【建设科技】　2011年，顺德区审查节能设计工程项目179个，总建筑面积435.89万平方米，其中居住建筑面积为306.69万平方米，公共建筑面积为129.20万平方米。新建建筑设计阶段建筑节能标准执行率为100%，民用建筑新型墙材应用率为100%，建筑技能设计达标率为100%。

新型墙体标砖生产　是年，顺德共有新型墙材厂家5家，是年，新型墙体材料实际生产量4.31亿块标砖，折合节约耕地47公顷，节约能源2.68万吨标煤，减少废气排放1.27万吨。

建筑节能　完成3个试点项目的能源审计和220栋建筑的能耗统计工作，安装广东省大型公共建筑能耗监测系统，建立建筑能耗监管平台。发布《顺德区建筑太阳能光伏系统技术导则》和《顺德区建筑太阳能光伏系统工程监督与验收暂行办法》规范太阳能光伏与建筑一体化工程的设计、施工和验收工作。推进光伏示范项目，太阳能光电建筑应用装机容量为3.923兆瓦。12月，顺德区第一个太阳能光伏示范项目“顺德职业技术学院496KWp非晶硅太阳能屋顶示范电站项目”通过国家专家组验收。（殷国新）

【信息化建设】　2011年，顺德区推进城建大平台一期工程建设，完成城建大平台、网上申报、地质灾害预防、人防系统的改造升级、数据中心初步设计和接口开发，初步整合全局的建设、房产、人防、国土、水利等业务系统。完成建设工程施工图审查系统建设，实现施工图网上审查的功能。开发建设工程网上招投标二期系统，把系统的使用范围由区扩展到各镇（街道）。配合顺德区通用审批一体化系统的建设，开发对接区通用审批系统的数据接口，促进顺德建设、房产、人防、国土、水利等审批业务与区其他部门的信息共享。（殷国新）

附录：佛山市顺德区住房和城乡建设管理部门主要领导

顺德区国土城建和水利局

局长：杨小晶（任至2011年9月）

党组书记、常务副局长：陈仲贤

局长：林胜初（2011年9月任职）

顺德区发展规划和统计局

局长：杜镜初（任至2011年11月）

局长：杨小晶（2011年11月任职）

党委书记：杜镜初（任至2011年9月）　梁伟沛（2011年9月任职）

顺德区环境运输和城市管理局

党委书记、局长：王干林（任至2011年9月）

党委书记、局长：陈浩斌（2011年9月任职）

韶关建设

【概况】　2011年，韶关市住房和城乡建设系统围绕“推动经济社会跨越发展、建设幸福美好韶关”这一核心任务，切实加大规划编制和规划管理力度，推进重点项目建设，《韶关市芙蓉新城发展战略规划与控制性详细规划》项目形成初步规划成果并通过专家评审。截至2011年底，韶关市共有4个国家级生态示范镇，4个镇、3个行政村、7个自然村、4个生态园被命名为“省级生态示范镇（村、园）”，49个自然村被命名为“市级生态示范村”。2011年，全市建筑业增加值48.97亿元，比上年增长18.2%，完成建筑施工产值130.5亿元，增长28.1%；实现利润3.7亿元，增长25.4%；利税总额10.8亿元，增长

62.2%。房屋施工面积952.8万平方米，比上年增长21.9%；房屋竣工面积460.5万平方米，增长56.5%。全市房地产开发企业完成投资81.27亿元，比上年增长27.1%；全市商品房销售231.12万平方米，下降1.2%；销售额85.64亿元，增长13%。继续重点抓好城市污水处理厂管网建设，完成污水收集管网改造29.3千米，经过管网改造后，全市污水处理厂的污水处理量和生活污水处理率得到进一步提高。2011年，韶关市丹霞山风景名胜区全力推进景区精品化建设，全年接待游客350万人次，比上年增长15%；实现旅游总收入7亿元，增长15%，超额完成全年经营目标。 *（黄国兴　崔洁亮）*

【宜居城乡建设】 2011年，韶关市把创建宜居城乡作为推动全市跨越发展、改善城乡基础设施和提高城市管理水平的切入点来抓。因地制宜确定建设主题，有计划有步骤地推动工作开展。2011年，武江区新华街道金州社区等7个小区获得“2010年广东省宜居社区”称号，是继韶关市石塘古村历史文化遗产保护项目获得“2010年度广东省宜居环境范例奖”之后的又一大创建亮点。 *（黄国兴　崔洁亮）*

【城乡规划】 城市规划编制　2011年，韶关市规划部门组织编制《韶关市芙蓉新城发展战略规划与控制性详细规划》，加快推进芙蓉新城规划建设。2011年6月，项目形成初步规划成果，同年9月7日，规划方案通过专家评审。编制完成《韶塘路地区控制性详细规划》、《城市燃气工程规划》、《城市道路红线规划》、《韶关市绿道规划》、《黄金村片区控制性详细规划》、《浈江区十里亭片区控制性详细规划》和《韶关市区关键节点交通整治规划》。结合芙蓉新城规划整合，组织编制莞韶产业园区扩园规划，科学规划推进园区产业升级。是年底，莞韶产业园区扩园规划形成初步成果，并根据园区发展需要，完成产业园区20多宗用地的用地性质调整。

规划管理　是年，韶关市严格组织实施各类城市规划，切实加强市区建设项目“一书三证”的核发管理。落实联合审批制度，完成联合审批21项；落实跟踪服务和绿色审批通道制度，坚持对重大项目提前介入，完成比亚迪汽车零配件、汉鸿木业、田螺冲保障性住房、韶冶异地改造升级、广东国际旅游文化节主会场和新城恒大商住小区等重大项目的规划选址和报建审批工作；受理各类行政许可申请435宗，办结484宗（含上年12月底受理今年1月办结的项目），提前办结率为100%。 *（李冬辉）*

【城市建设与管理】 市政工程建设　韶南大道大修工程。该工程是市政府2011年承诺为民办的八件实事之一，同时也是“2011广东国际旅游文化节”的重点工程。在实施道路改造的同时，同步实施以户外广告和招牌规范设置为主要内容的“文明样板路”创建工程，以崭新的南出口形象迎接广东国际旅游文化节在韶关市的召开。

市区亮化工程。“2011广东国际旅游文化节”在时间紧、任务重的情况下，韶关市各责任单位积极配合，自2011年8月上旬开始至11月4日，经过80多天的努力，完成包括主会场周边、三江六岸、巡游路线的建筑、路树、桥梁、小品和广场节点夜景景观等共221个亮化点的亮化任务，如期、圆满地完成亮化工作任务。旅游文化节期间，主会场周边、三江六岸和花车巡游路线沿线以及街道两旁流光溢彩，美轮美奂，到处洋溢着喜庆的节日氛围。

林桥坑排水渠二期整治工程。该工程起点从移山路（西河镇政府）至华泰花园，渠道覆盖长约2千米，覆盖渠面宽度约在5米至10米不等，整治还包含解决农业局种子公司、和平里、纺织进出口公司及市质量技术监督局等单位和居民区的长年内涝问题，工程计划总投资约3600万元，计划工期15个月。至2011年底，已完成产值1600多万元，覆盖700多米，完成总工程量的65%。该工程完成后，将彻底改善沿线居民的生活和工作环境。

重建洲心岛通天塔工程。2010年底，市政协向市委、市政府提出《关于重建洲心岛通天塔的建议》，在2011年市政协十届五次会议上，林典来等16位政协委员提出《关于恢复城南浈武二水合流处洲心岛“通天塔”的建议》被列为市政协重点督办提案之一。于7月3日开始施工，2011年底主塔已封顶，计划2012年10月竣工。 *（高涛）*

园林绿化　丹霞山风景区建设。2011年，韶关市丹霞山风景名胜区全力推进景区精品化建设，加大品牌宣传促销力度，全面做好遗产地的保护、规划、管理、建设工作。全年接待游客350万人次，比上年增长15%；实现旅游总收入7亿元，增长15%，超额完成全年经营目标。是年，丹霞山风景区党委被中共中央组织部评为“全国先进基层党组织”，丹霞山风景名胜区被中央文明委评为“全国文明单位”，被国家旅游局评定为“AAAAA级旅游景区”。是年，丹霞山风景名胜区加大基础设施建设和环境整治力度。更新完善80多块地质解说牌和8块导览图。翻新改造游道沿线环卫设施和休憩设施，配套绿化、休息凳椅等；完成丹霞山庄A栋楼、丹霞山花园独栋别墅等装修改造工程。完成市区至丹霞山绿道中的芙茫坝至阳元山景区段22千米绿道建设。坐落于丹霞山风景区中心位置的新游客中心落成，该中心总建筑面积3900平方米，共投资1380万元，历时2年建成。以四合院落布局，吸纳客家民居锅耳墙造型，极具粤北民居风格。主要布置有丹霞山全景地形模型、地质公园展厅、景区荣誉展厅、旅游展示厅、艺术展示厅、主题演出大厅、游客休憩的茶吧，以及电子信息触摸屏等。同年12月，新票务中心办公综合楼建成，该综合楼总建筑面积2551平方米，共投资600万元，历时2年建成。主要布置有新票务大厅、办公楼等并配套建成一个面积为420平方米的高级旅游公厕。

旅游文化节鲜花装饰工作。在“2011广东国际旅游文化节”举办前夕，韶关市以“五彩韶城迎盛会”为主题，在市区的主要公园及公共绿地上，组织园林工作人员进行鲜花装饰工作，用于装饰巡游路线周边区域的鲜花约有15万盆，其中11万盆是市园林部门自主培育，包括硫化菊、向日葵、万寿菊、红穗、黄穗等10多个品种。鲜花的摆放主题鲜明，设计优化，在多种方案中融入旅游文化节相关要素，以及瑶族文化、丹霞地貌等元素营造出喜庆、热闹的气氛。

国际园林博览会韶关展园建设。第八届中国（重庆）国际园林博览会于11月19日在重庆举办，由市园林部门建设的韶关展园以“园林，让城市更加美好”为主题，以韶关地标建筑“风采楼”和丹霞地貌为全园的中心，设计“九龄风度”、“梅关古道”、“丹霞画卷”、“禅宗文化”、“马坝智人”等多处景点，并配置粤北乡土植物，通过展园向世人展示韶关独具特色的历史人文及自然景观。展园建设在8月8日全面完工，是国内第二个、省内第一个完成建设任务的参展单位。

臭水沟变身街心小花园工程。1月28日，市领导在慰问市政工人时提出在林桥坑一期已覆盖的渠面上进行绿化和美化，把生硬的覆盖面打造成周围居民休闲娱乐的街心小公园，使之成为“建设幸福美好韶关”的新亮点。园林部门经过半年多紧张的施工，顺利完成工程建设，公园命名为“林桥滴翠”，该公园共设计三个景点，分别为“林桥滴翠”、“竹径桃影”和“贮荫”。周围的居民自发地送来大红锦旗和感谢信，感谢韶关市委、市政府改善他们生活居住的环境，把原来臭不可闻的露天大水沟改造成优美的宜居环境。 *（刘美玲　高涛）*

绿道建设　为迎接“2011广东国际旅游文化节”的到来，韶关市组织建设杜鹃公园至丹霞山绿道以及莲花山绿道。丹霞山绿道总长48千米，以突出生态和郊野为重点，重在体现丹霞山风景区和沿线农家生态、郊野的特点，同时兼顾沿江自然景观特色，是一条宜骑车宜步行的郊野型生态绿道。该条绿道在10月底前完成建设任务；11月5日举办“丹霞绿道体验骑行活动”，标志着丹霞山绿道正式投入使用，为旅游文化节增添新亮点。

城市环境卫生　2011年，韶关市三个区共有环卫工人2288名，清扫面积达1100万平方米，日清运垃圾500吨，管养公厕80座、垃圾中转站16座，环卫运输设备90辆，垃圾卫生填埋场1座，市区垃圾无害化处理率达100%。

是年，韶关市已经在武江区、浈江区、曲江区的中心城区基本实现垃圾袋装上门收集，即由手推车、人力或电动三轮车上门收集后，运至垃圾中转站，再由垃圾转运车辆运至垃圾填埋场。这一年，韶关市投入145万元对市区范围内的果皮箱、垃圾桶、三轮车、手推车等环卫设施设备进行更新补充，共购置930只果皮箱、800只垃圾桶、250辆三轮车和200辆保洁车，进一步完善市区范围内的环卫设施。 *（高涛）*

城市生态环境保护和建设

环境质量。2011年韶关市空气环境质量达到国家二级标准（优良）；集中式饮用水水源地水质和地表水环境功能区水质达标率达100%；声环境质量保持稳定。

环保责任考核。经省核定，韶关市2011年度环境保护责任考核达到广东省下达的目标要求，考核等次为合格。

工业污染治理。是年，韶关市加强环境管理，做好工业企业污染防治工作，确保其污染治理设施正常运转和污染物达标排放。完成始兴县联兴造纸实业有限公司强制清洁生产审核工作；对韶铸集团有限公司、广东五联木业集团有限公司、广东韶能珠玑纸业分公司等7家企业进行清洁生产审核验收工作，并确定为2011年韶关市清洁生产企业。

建设项目环境管理。是年，韶关市坚持严格环保准入，落实总量指标环保前置审批，不断完善环保审批制度，严格执行环评法和环保“三同时”制度，对不符合国家产业政策、有重大环境污染隐患、污染严重且治理难度大的项目坚决不予审批。经审批的项目全部落实污染防治措施，有效地控制新污染的产生。

环保执法。加强日常的环保监督执法检查，这一年继续开展整治违法排污企业保障群众健康环保专项行动，确保环境安全。一是切实加强饮用水源地保护。深入开展饮用水源地环境安全风险隐患排查，确保饮用水源地安全。二是开展全市环境安全隐患排查和环境安全监察行动，督促企业加强环境管理，做好污染防治工作，确保污染治理设施正常运转和污染物达标排放。三是全面开展铅蓄电池企业、涉重金属排放企业专项整治。对辖区内的11家铅酸蓄电池企业，1家锌锰电池企业，1家铅回收企业进行排查。四是开展水上餐饮船专项整治。截至2011年底，北江韶关市区河段所有从事水上餐饮经营活动的船舶全部停止营业。全年共出动2200多人次对760多家（次）污染源进行现场监察，对11家违法企业进行立案查处，处罚金额51.3万元，对2家违法企业下达停止排污通知，下达限期整改共28份。

环境突发事件处理。及时处理处置翁源县S341线128千米处因交通事故引起氢氟酸泄漏、京港澳高速公路乳源段因交通事故导致煤焦油泄漏等7起环境突发事件。通过应急处置，事故未造成明显的环境影响。

生态示范村镇创建。2011年，始兴县的马市镇、罗坝镇被命名为“国家级生态示范镇”，仁化县董塘镇高莲村、始兴县深渡水瑶族乡横岭村被命名为“省级生态示范村”，至2011年末，韶关市共有4个国家级生态示范镇，4个镇、3条行政村、7条自然村、4个生态园被命名为“省级生态示范镇（村、园）”；49条自然村被命名为“市级生态示范村”。

生活污水处理。2011年，韶关市重点抓好城市污水处理厂管网建设。完成污水收集管网改造29.3千米，经过管网改造后，污水处理厂入水浓度有所提高，污泥产出量比上年增加约4000吨。全市城镇污水处理厂的实际污水处理量和生活污水处理率得到进一步提高，完成上级下达的污水处理设施建设和运行成效目标任务，全市2008~2010年的污水处理设施建设考核被省政府评为“优秀”等级。

是年，全市污水处理厂运行正常，处理出水稳定达标排放，污水处理能力达到26万吨/日，城镇生活污水集中处理率达80.87%。全市11座城镇生活污水处理厂共处理污水8013万吨，实际处理量比上年度增加约8%。

同时，推进乡镇污水处理设施建设，犁市镇污水处理厂0.3万吨/日工程项目完成选址、工程立项、环评批复等前期工作；桂头镇污水处理厂0.25万吨/日工程完成项目选址等前期工作；马市镇污水处理厂0.2万吨/日工程已完成选址、设计等前期工作。促进各产业转移园污水处理厂建设。莞韶产业转移工业园污水处理厂基本完成厂内工程建设，配套截污管网工程已完成施工设计图审查工作；中山三角（浈江）产业转移工业园污水处理厂完成厂内土建工程量30%左右，配套截污管网完成工程量98%左右；曲江经济开发区工业园污水处理厂完成了厂内工程建设；南雄市产业转移工业园污水处理厂现处于调试运行中，乐昌市、始兴县产业转移工业园污水处理厂正在进行土建工程。

（贾国东）

城市供水　管网水水质综合合格率达到100%，全年共安全供水5600万立方米，比上年增长0.18%；销售收入为8288万元，增长13.01%；新敷设管径DN80以上的供水主管6.8千米，完成“一户一表”改造工程8007户（含2010年底做好工程预算未施工的）。

有效应对和稳妥处置突发性的武江河锑污染事件，保障城区供水安全。6月下旬，市自来水公司在水质月全分析时发现四间水厂的原水锑指标均高于《生活饮用水卫生标准》限值（0.0050mg/L），该局在启动供水应急预案的同时，立即向市政府做专题汇报，引起省市领导的高度重视，先后作出重要指示和部署，有关部门采取一系列及时、有效的措施，妥善地处理武江河锑浓度异常的情况，保障市区饮用水供水水质。国家水处理专家、清华大学的张晓键教授对韶关市除锑工作取得的成绩给予高度评价。

完善市区供水基础设施，解决供水需求问题。一是按计划完成新韶镇石山、候山两个村800户“一户一表”供水管安装工程。使村民在春节前用上干净的自来水。二是实施塘湾村供水工程。解决当地的用水难问题。三是组织工程技术人员对浈江工业转移园园区进行踏勘调研，拟订工程方案，上报市政府同意后组织施工。同时，做好北区泵站建设工作，至年底达到加压供水目标。

城市供气　2011年，韶关市区管道燃气投入5300万元，完成旧管网改造8千米，新敷设地下管网20千米；发展各类用户8289户，实现销气量1700万立方米，减少二氧化碳排放6.1万吨、减少二氧化硫排放653吨，减少废渣排放6259吨，实现产值1.1亿元，上交税费680万元；入户安全检查4.3万次，消除安全隐患3243个，全年实现平稳、安全供气。用户投诉处理满意度达到100%。同时，稳步推进西气东输二线对接工程全面启动，完成项目立项、设计、场地平整、设备采购等工作。

（高涛）

城市综合管理　查处违章建筑。2011年，韶关市城管部门采取专人分区监管模式进行巡逻暗查，加大力度对违法建筑进行监控、检查和管理，及时发现、查处。此外，办好大案要案，对群众投诉热点、社会影响恶劣的督办案件抓紧时间查处，按照法定程序做好案件的调查取证和处理工作，争取工作主动权，一批各界反映较强烈的热点案件得到及时办结，如五里亭碧桂园水木春华对面一宗违法建筑被强制拆除，浈江区莱斯豪苑未报建的围墙自行拆除完毕，沙洲尾林桥滴翠周边一批违章建筑全部强制拆除完毕，五祖路金和酒店搭设的设施也处理完毕。

车辆违章撒漏监控。是年，对建筑工地及时介入，加强宣传，力争预防为主，有效地防止扬尘、撒漏，做到严格管理、大力整治，对粤北医院工地、天泓居一期工地、碧桂园工地、莱斯大酒店11个在建工地等进行重点监控，总体效果良好。同时，加强对管辖区各工地进行巡查监督，发现有运输车辆撒漏淤泥污染路面的情况，按照工作职能及时对区执法分局发出督查通知书，并及时跟进区分局的处理情况，共发出督查通知书65份，教育整改75宗，还积极联络工地负责人，对其进行纠正教育，直到其清洗干净路面为止，有效遏制工地车辆带泥上路污染路面现象。

整治户外广告横幅。是年，韶关市城管部门对市辖两区各主次干道户外广告进行巡查，加大力度对设置不规范、破损、残旧的户外广告招牌、灯箱、横幅进行巡查、整改、拆除，共计拆除横幅1000余条，发出限期整改、拆除通知书806份，整改户外广告招牌、灯箱223宗，拆除面积556平方米，清理违章搭建舞台32宗、拱门96宗。

迎接“创建文明城市”资格申报检查。是年，韶关市组织各单位开展“创文”迎检工作，召开迎检动员会，对迎检阶段的各项任务进行部署，要求各单位对完成的工作任务实行汇报制度，及时反馈工作进度及存在的问题，并予以跟踪督查落实。同时，加强市区创文公益宣传力度，营造浓厚的“创文”氛围，临时征用市区部分户外广告用于创文公益宣传，并在5月27日前全部上画完毕。“创文”公益宣传广告短时间内在全市掀起创建全国文明城市活动热潮，形成浓厚的创建氛围。

“六乱”综合整治工作。2011年，韶关市加强对城区“六乱”的整治，重点规范和整治主次干道、商业繁华地段、街道广场、城区交通要道路口、重要办公场所和学校周边、城市出入口的各类违规占道摊点、占道洗车、夜市大排档、流动季节性瓜果摊点、露水菜场等。同时，针对市辖两区夜间“六乱”违章现象，尤其是夜间大排档占道经营现象进行巡查、监控、拍照取证，共发出督查通知书2276份，有效遏制“六乱”现象的蔓延。

市政设施管养。是年，韶关市市政工程维修管理处继续以按量计费为抓手，全面推行精细化养护，按照创建全国文明城市的要求，全力做好市政设施管养和维护工作，确保市政设施完好，全年共维修沥青路面8.33万平方米，水泥路面1.7万平方米，人行道2.6万平方米；沥青灌缝82.8千米；清疏下水道渠（含林桥坑）986千米，清疏雨水井、污水井1.55万座，维修更换井环井盖、雨水格栅约550件/套，更换“四防装置”1200多个，冲洗“四防装置”5000多个。

城市信息化管理。是年，“12319城管热线”共受理各类业务1675宗，全部获得及时处理和答复。进一步抓好网络问政工作，全年受理和回复网民问政留言676条，全部在规定的时限内受理和回复，没有出现红牌或黄牌，解决一大批网民反映的热点、难点问题，取得良好的效果。 *（高涛）*

【城镇村庄建设】 镇村规划编制。2011年，韶关市抓好市区周边镇总体规划编制试点工作，编制完成曲江区樟市镇、罗坑镇、枫湾镇总体规划；根据韶关市2011年度镇村规划编制工作计划，遴选、确定100个省、市级试点村，发放试点村规划编制补助经费415万元，组织编制试点镇村规划，全面推进省市级试点村庄规划整治。

加大名镇、名村、示范村建设力度。编制完成《韶关市名镇、名村、示范村建设总体规划》；完成始兴马市镇黄塘村古村落保护规划初步方案；完成广东省岭南特色规划与建筑设计评优的组织、审查和申报工作；编印下发《韶关新民居——韶关社会主义新农村建设图集》。 *（李冬辉）*

【中心镇建设】 2011年，韶关市进一步加强中心镇建设，组织开展中心镇控制性详细规划编制工作，编制完成浈江区桂头镇、翁源县翁城镇控制性详细规划初步方案。 *（李冬辉）*

【住房与房地产业】 *房地产市场调控* 落实宏观调控政策，起草下发《落实调控政策促进房地产市场健康平稳发展的通知》，确定2011年市区新建住房价格控制目标。密切关注全市房地产市场发展动向，以市政府名义起草下发《关于采取措施稳定新建住房价格的意见》，及时制定出台控制商品房价格涨幅的措施。印发《关于商品房交付使用有关问题的通知》，维护住房消费者的正当权益和房地产市场秩序。是年，全市房地产开发企业完成投资81.27亿元，比上年增长27.1%；全市商品房销售231.12万平方米，比上年下降1.2%；销售额85.64亿元，增长13%。市区（不含曲江区）共审核发放商品房预售许可证49宗，审批预售商品房6049套，面积7.67万平方米，其中住宅5311套、69.87万平方米。全市审核批准房地产开发企业资质47家、物业服务企业资质18家。市区物业维修资金新增归集5220户，新增归集额4854.83万元，累计归集余额为2.75亿元。审核维修资金支出申请18宗，支出使用维修资金16.02万元。办理维修资金变更134宗，备案出函19宗。

保障性住房建设 2011年，韶关市将廉租住房保障资金纳入年度预算安排，通过提取不低于土地出让净收益的10%、公积金增值收益提取贷款风险准备和管理费用后的全部余额、省拨资金及财政预算安排等形式，确保落实廉租住房建设资金。是年，通过省级补助、财政预算安排、社会投资、职工出资等多种形式落实各类保障性住房的建设资金8.1亿元，通过划拨等方式落实保障性住房用地47.74万平方米，确保各类保障性安居工程的建设需要。是年省政府下达韶关市的各类保障性安居工程建设任务为13036套，全市按照“政府主导，社会参与，多措并举，确保落实”的总体思路，充分挖掘社会潜力，筹集落实保障性安居开工工程项目82个、住房13171套，完成目标任务的101%。严格保障性住房申请条件审核，全年市区共审核批准安置廉租住房116户，经济适用住房141户。

针对2011年住房保障工作的重点和难点都在原曲仁矿棚户区改造的实际，韶关市在原有“市解决城市低收入家庭住房困难工作领导小组”的基础上，专门成立以市委书记郑振涛和市长艾学峰为组长的“韶关市原曲仁矿棚户区改造试点工作领导小组”，全力做好原曲仁矿棚户区改造试点安置方案的宣贯和修订工作。首期工程龙归社主安置点3幢样板安置房顺利完成，于12月底举行交钥匙仪式。丝茅坪安置点的红线界址已放界桩，完成地质钻探。田螺冲安置点完成征地和修规制订等工作，已进场施工。天子岭廉租住房二期工程建设被列为2011年为民办实事之一，二期工程共建设廉租房4幢，住房240套，建设面积1.3万平方米，于2011年11月竣工交付使用。

房地产交易与权属登记管理 2011年，韶关市制定《产权登记部业务操作技术规程》、《收件窗口业务操作技术规程》、《档案信息泄密追究制度》、《房地产档案整理、安全管理及利用规范》、《韶关市房地产交易登记所房地产档案保密制度》和《韶关房屋登记簿查询办法》，建立健全登记业务标准化管理制度。在商品房预售款监管上，制定《初始登记（办证）的流程与收件标准》、《在建工程抵押登记变更的流程与收件标准》及制定解除商品房买卖合同及预购商品房预告登记的步骤等业务流程，为全市房地产交易登记工作科学发展奠定坚实基础。是年，新建商品房买卖、二手房交易量不断增大，房地产与银行融资市场异常活跃，档案查询利用、商品房资金监管等工作量大幅增长。2011年，市房地产交易登记中心共发放产权证（含他项权证）1.35万本，办理市区房地产交易与权属登记2.18万宗，面积385万平方米，金额63亿元。其中：商品房网上签约6021宗，面积80万平方米，金额47亿元；二手房交易登记5133宗，面积49.9万平方米，金额9.9亿元；抵押登记4324宗，在建工程抵押8宗。全市28个商品房预售楼盘及预售款的使用纳入监管，预售款审批430宗，金额38.75亿元。

房地产权交易登记信息化建设。是年，韶关市完善房地产档案管理体系，电子档案与登记簿管理信息系统全面使用。一是建立电子档案系统，将传统的纸质档案变为电子档案，有效提高档案的存储备份能力。二是制定商品房网上签约系统流程，健全房地产交易诚信机制。根据现行商品房预售款审批流程与实际操作的情况，在商品房网上签约系统制定“初审→审批→打印答复书”组成流程。每个流程都有各自的处理意见以及审批时间，从而明确审批流程中各个环节的责任和义务。按照《韶关市房地产开发企业信用系统的评分标准》，及时对房地产开发企业违反标准的有关不良行为进行记录、评分，并作为全市行业规范管理的一项重要依据。三是按照“统一系统平台，分县（市、区）建立数据库”的原则，搭建韶关市房地产电子登记簿系统区县联网平台。四是继续研发改进网络子系统，不断完善房地产地理信息系统。该信息系统于2011年初进入后续部分应用软件的设计和实施阶段，年内陆续完成“房地产公众网络地理信息系统”、“三维房地产地理信息系统”、“房地产统计分析决策辅助信息系统”、“行政办公系统”的开发。

房地产中介市场管理 2011年，在韶关市区范围内全面启用“韶关市存量房网上交易系统”，市区所有的存量房买卖均需通过该系统发布挂牌信息，并从网上签订和打印合同，存量房挂牌和销售的相关信息将上网公布，不通过网上挂牌、网上签约的存量房买卖合同将不得办理交易及权属登记手续。对在韶关市开展房地产经纪业务的机构（含分支机构），要求于2011年9月30日前到市住房和城乡建设局办理备案登记，凭核发的《韶关市房地产经纪机构备案证书》或《预备案通知书》取得“二手房交易系统”的房地产经纪业务资格。截至年底，市区已经办理预备案的房地产经纪机构192家。

直管公房管理 一是推进直管公房住宅调租工作。住宅租金每年增加近600万元。二是规范直管公房产权产籍管理。为确保直管公房权属的完整与安全，共完成公房办证134宗、社区用房办证25宗。完成市区9000份《直管公房租赁合同》的换发工作。三是做好“韶关市住房保障信息系统”完善工作。新增并完善直管公房租金实行银行托收及统计等系统功能，实现市县

▲2011年11月28日，韶关市住房和城乡建设局局长梁韶灵在棚户区改造示范房暨水上居民入住廉租房交钥匙仪式上讲话。（韶关市住房和城乡建设局供稿）

联网。四是做好直管公房修缮维护工作。

住房公积金管理　2011年，韶关市住房公积金归集额保持平稳增长。截至年底，全市累计缴存住房公积金91.5亿元（其中市级44.5亿元），比上年增长23%，全市当年归集住房公积金15.8亿元（其中市级7.7亿元），增长5.4%，韶关市住房公积金归集总额连续多年在全省山区城市中名列前茅。是年，住房公积金增值收益1508万元。是年，韶关市住房公积金支取业务不断扩大。截至2011年底，全市累计支取住房公积金46.85亿元（其中市级24.1亿元），当年支取12亿元（其中市级6.45亿元），资金余额约为46亿元，满足职工的购房需求。同时个人住房公积金贷款有序发放与回收。截至2011年底，全市累计发放住房公积金委托贷款25.38亿元（其中市级17.26亿元），当年发放住房公积金委托贷款4.28亿元（其中市级2.86亿元），贷款余额为17.19亿元。累计为全市2.93万户职工提供购房贷款（其中市级1.58万户）。

（黄国兴　崔洁亮）

【“三旧”改造】　2011年，韶关市组织编制“三旧”改造专项规划和“三旧”改造单元规划，完成“三旧”改造规划设计条件审批15件、修建性详细规划审批43宗，核发“三旧”改造规划编制通知18件，出具“三旧”改造规划意见15份，完成曲仁矿棚户区改造一期规划和二期改造的测绘、规划前期工作。

（李冬辉）

【建筑业】　2011年，韶关市切实减轻建筑施工企业负担，多措并举促进建筑业转型升级、做大做强。韶关市人民政府下发《韶关市人民政府关于加大政策扶持力度促进建筑业发展的意见》，进一步规范对建筑业企业税收的征收征管，拓展了税收优惠扶持政策，积极引导鼓励外地建筑施工企业在韶关落户注册。全年建筑业增加值48.97亿元，比上年增长18.2%，超过市政府制定的建筑业经济目标的3.2%。全市资质等级及以上建筑企业93个，比上年增加17个。完成建筑施工产值130.5亿元，比上年增长28.1%；实现利润3.7亿元，增长25.4%；利税总额10.8亿元，增长62.2%。房屋施工面积952.8万平方米，比上年增长21.9%；房屋竣工面积460.5万平方米，增长56.5%。

建筑工程安全管理　2011年，召开韶关市建筑管理工作会议，组织各县（市、区）建设局局长和市质量安全监督站长签订《建设工程安全生产责任书》，强化施工安全监管责任的落实。加强建筑施工安全管理，落实重大安全隐患排查、整改、监控等关键措施。全市在建工程250项，工程面积582.86万平方米，造价86.24亿元，全年未发生等级以上安全生产事故，安全生产无等级安全事故已连续保持四年。

建筑工程质量管理　严格按照住房和城乡建设部《房屋建筑和市政基础设施工程质量监督管理规定》，切实履行监督职责。2011年，市区在建项目总面积322.7万平方米，均已办理质量监督注册手续，受监率达100%。严格执行住宅工程分户验收制度。工程项目建设、施工、监理、设计单位对所有商品房逐户进行验收，并由市质监站对分户验收方案及验收结论进行符合性抽查，对达不到分户验收标准的住宅，不出具监督报告，不得交付使用。继续深化全市建筑工程“渗、漏、裂”质量通病防治，积极消除质量隐患。南雄市全年开展分户验收工程21项，住房600多套，消费者对住宅工程质量的满意度有很大的提高。是年，全市房屋建筑获“广东省建设工程金匠奖”1项，“广东省优良样板工程”2项，“韶关市优良样板工程”7项，“广东省建设工程安全生产、文明施工示范工地”6项，“韶关市建设工程安全生产、文明施工示范工地”20项。

建设工程招投标管理　2011年，韶关市创新投标报名和资格审查方式，严格资格审查程序，从资格预审转为资格后审，实行招标环节无缝对接，从制度上遏制围标串标行为。创新科技手段，开通网上招投标报名系统，变制度隔离为技术隔离，推行专家语音抽取通知系统等软件，隔断招投标各方相对人的联系，确保招投标的公开、公平、公正。是年，全市进入各建设工程交易中心交易工程共570项，累计成交金额总价34.2亿元，比上年下降7.49%；公开招标项目541个，中标总价25.2亿元；邀请招标项目21个，中标总价4.36亿元；进场采取非招标方式发包项目13个，总价4.65亿元。进入韶关市建设工程交易中心241个，成交金额19.75亿元，比上年下降9.03%。通过招投标工程中标价较工程预算价综合下浮4.7%，共节约建设资金1.3亿元，确保投资效益。

【建设科技】　2011年，韶关市加强建筑节能审查备案制度的管理，严格执行节能设计标准，确保市区新建民用建筑设计阶段100%达到节能50%的目标要求。同时，加强新建建筑施工阶段节能标准执行的监管力度，严格按照施工图纸施工。全年市区建筑节能设计审查备案工程项目50个，建筑面积130.61万平方米，备案率达到100%，市区施工阶段建筑节能强制性标准执行比例达到96%。全市生产新型墙体材料折标准砖3.83亿块，建筑工程应用比例达到78%。全年完成散装水泥供应量139.88万吨，完成预拌混凝土供应量276.16万立方米。全年使用新型墙体材料和推广散装水泥节约土地99.15公顷，节约标准煤5.58万吨，减少二氧化碳排放14.52万吨，减少二氧化硫排放0.047万吨，综合利用工业废渣27.04万吨。

是年，抓好建筑节能试点项目，引导和动员“三江紫苑”和“御龙湾”两个项目申报省星级绿色建筑节能标识。11月，组织广东粤佳太阳能有限公司参加广州市“首届中国国际绿色创新技术产品展览会”。启动既有建筑节能改造，将韶关东站“锦通大厦”和市国土资源局办公业务用房两个项目（建筑面积2.12万平方米）进行节能改造。 *(黄国兴　崔洁亮)*

【信息化建设】 2011年，韶关市继续抓好城乡规划管理信息系统、韶关市城市地理信息系统和韶关城建档案管理信息系统的运行、升级；开发建设城市基础数据共享平台和城市规划管理辅助决策系统，城市基础数据共享平台被住房和城乡建设部列入2011年科学技术项目计划，是年11月通过专家验收。加强城乡规划信息网站建设，全面运行电子政务综合系统，推进城乡规划政府信息公开，是年，共主动公布机构职能、行政许可、人事任免信息82条、工程建设领域信息325条、党务信息52条，更新门户网站信息140条。 *(李东辉)*

附录：韶关市住房和城乡建设管理部门主要领导

韶关市住房和城乡建设局

党组书记、局长：梁韶灵

韶关市城乡规划局

党组书记、局长：文超祥（任至2011年11月）

党组书记、局长：许险峰（2011年11月任职）

韶关市丹霞山风景名胜区管理委员会

党委书记、主任：黄大维

韶关市城市综合管理局

党工委书记、局长：周伟源

韶关市水务局

党组书记、局长：马水源

韶关市环境保护局

党组书记、局长：张中坚

韶关市住房公积金管理中心

党委书记、主任：周伟文

河源建设

【概况】 2011年，河源市住房和城乡规划建设部门以推动住房城乡规划建设事业科学发展为主题，以打造“公园城市、万绿水城”和建设宜居城乡为目标，以“客家古邑、万绿河源”城市形象为特色，推进各项工作，全面完成各项目标任务。全市城镇化水平达45%，市区建成区面积达39.7平方千米，人均城市道路面积14.39平方米，建成区绿地率40.61%，建成区绿化覆盖率44.21%，人均公园绿地面积12.10平方米，生活垃圾无害化处理率99.66%，燃气普及率99.69%，自来水普及率99.98%，路灯亮化率98.81%。全市共落实保障性住房建设资金6.8亿元，落实建设用地11.2万平方米，新启动保障性住房建设项目44个，超额完成各项保障性住房建设任务。 *(张正才)*

【宜居城乡建设】 2011年，河源市各县区以实施宜居村镇“六个一”工程建设为抓手，加快推进城乡基础设施和公共服务设施建设，宜居村镇建设呈现新亮点。源城区开展埔前镇新一轮城镇总体规划的调整修编，启动埔前河“一河两岸”的改造，农房改造率达80%，镇区亮灯率达95%。东源县完成“一江两岸”概念规划及城市景观带规划等一批规划编制，实施城乡清洁工程，全县新建垃圾池（屋）250个，新增垃圾收集点410个，开发建设赛纳湾、东江水乡、霸王花君临苑等住房地产项目。龙川县实施“一江两岸”景观工程建设，推进标准样板路、生活垃圾填埋场、自来水厂和商业步行街的建设改造。紫金县开展“城乡建设管理和重大项目推进年”活动，编制县城34平方千米和临古经济带40平方千米的控制性详细规划，建设城西垃圾压缩中转站，扩建中山公园和千家寨生态公园，县城新建住宅小区10余个，实施村庄整治30个。和平县编制县城新城核心区和城西片区的控制性详细规划，开展城市“六乱”整治行动，建成一批品位较高的住宅小区。连平县大力实施城镇化发展战略，重点推进县城10千米标准样板路改造，实施富民新区亲水步道、影剧院、四星级酒店等重点工程建设，推进农村居住环境综合整治。 *(张正才)*

【城乡规划】 规划编制　2011年，《河源市城市总体规划（2008~2020）》及《河源市城乡总体规划（2008~2020）》通过市城市规划委员会、市政府常务会议和市人大常委会的审议，正在组织上报省政府审批。

是年，编制完成《河源市公园城市专项规划》、《河源市万绿水城专项规划》、《河源市东江、新丰江“两江四岸”总体城市设计》、《河源市城区排水专项规划》、《河源市中心城区高压电网规划》以及群丰、庄田、黄子洞、白田榄坝等4个村民保留点规划。其中公园城市、万绿水城专项规划和“两江四岸”总体城市设计分别由市人大五届六次、七次会议审议通过并批准实施。“两江四岸”总体城市设计获2011年度广东省优秀城乡规划设计奖二等奖，正在申报全国优秀城乡规划设计奖。完成河源市源西片区、东城中东西片区、钓鱼台风光片区、市高新区（中心区）和高埔岗农场片区（东江巴登城）、中兴通讯及配套项目等6项控制性详细规划的编制，开展河源市庄田片区、高塘片区控制性详细规划，城南客运交通枢纽控制性详细规划、用地修建性详细规划及城市设计，太平街区保护与更新规划及街景立面设计的编制工作。

规划审批和管理　2011年，河源市城市规划委员会召开全体成员会议7次、主任委员会议4次，审议重要规划和建筑设计方案30余项，召开局规划联审会议17次，审查规划和建筑设计方案60余项，审批规划设计方案112项。住房和城乡建设局依法核发建设项目选址意见书、建设用地规划许可证、建设工程规划验收合格证等共700多份。全年共查处违法违章建设行为552宗，拆除违法违章建筑404宗3.2万平方米，开展强制拆除行动16次。

是年，强化规划管理的制度建设。制定出台《河源市容积率指标计算规则》，起草《关于加强河源市中心城区东源紫金辖区规划管理的暂行规定》并由市政府颁布实施，完成《河源市区建设用地容积率管理暂行规定》的制定并已上报市政府研究审议。（张正才）

【城市建设与管理】 市政设施建设　2011年，河源市加快市政道路改造，解决“水浸街”问题，完成西环路、华怡集团门前及学前坝等排水系统改造工程，铺设管道2100米；维修、疏通下水管道总长18.23千米，清理检查雨水井500多座，增设雨水井87座，有效解决“水浸街”难题。实施永和路、纬十一路、纬十二路及大同北路等“断头路”贯通改造工程，进一步完善城市道路网络。强化市政设施管理，维修道路设施，维修破损人行道面积2000平方米，混凝土路面面积3300平方米，沥青路面面积1800平方米。强化路灯管理，提高亮化水平，新装路灯460盏、灯杆313条，亮化道路9千米；检修路灯达4100盏，修复路灯线路14千米；逐步推广LED路灯应用，节省电费开支110万元；全面维修高喷，更新高喷水下彩灯180只、水泵23台、音箱5个，确保高喷正常开放。是年市区路灯亮灯率达98.81%以上。

城市园林绿化　2011年，河源市加大绿化建设力度，建成区绿地率40.61%，建成区绿化覆盖率44.21%，人均公园绿地面积12.10平方米，加快建设客家文化公园孙中山铜像广场以南景观工程。加快园林绿化规划进程，完成七寨湖公园绿道规划设计工作，规划首期建设绿道16.26千米；基本完成《河源市园林产业发展战略规划》和《河源市市区绿地系统近期建设规划》的编制工作；新丰江黄金水道景观改造工程规划已咨询专家，正征求意见；制定《创建国家园林城市工作方案》，为全市创园工作做好充分准备。抓好园林绿化管护，实行精细化管理，补种、改植乔灌木12.9万株，种植时花7万盆；加强绿化的施肥、病虫害防治、“扫白”、垃圾清运等管理，园林绿化管护水平进一步提高。

城市环境卫生　2011年，河源市巩固“创卫”成果，进一步建立健全检查考核制度，出台《河源市区环境卫生作业质量考核办法》，强化市区清扫保洁检查考核，提高市区清扫保洁水平；进一步推进环卫基础设施社会化承包管理，市区7间公厕和24间垃圾中转站实行社会化承包，严格执行定量考核服务管理标准，切实保障公厕、中转站管理达标运行。

是年，河源市墩头垃圾压缩转运站建成并投入使用，提高市区生活垃圾压缩二次转运能力；新环卫车队停车场已动工建设；新购置环保型果皮箱720个，安装在市区主次干道；完成七寨生活垃圾卫生填埋场办公楼建设任务，安装环保在线监控系统，正开展创建国家一级垃圾场活动，市区生活生活垃圾无害化处理率99.66%。对石碘垃圾场实施封场工程，拟将该地改造建设为环境优美、功能齐全的生态公园。（朱锋）

城市生态环境保护和建设　2011年，河源环境质量总体保持优良水平。全市饮用水源水质达标率、地表水功能区水质达标率均达100%，其中新丰江、枫树坝两大水库的水质常年保持国家地表水Ⅰ类标准，东江干流河源段水质保持国家地表水Ⅰ～Ⅱ类标准，东江干流河源向惠州交接江口断面的水质达到国家地表水Ⅱ类标准。河源是广东省唯一无酸雨纪录的地级市，全市环境空气质量继续保持优级水平；12月23日在北京“中国市长之家”召开的“2011中国低碳城市评价结果发布会暨首届中国城市低碳发展峰会”上，全国低碳经济媒体联盟发布的首个中国低碳城市评价结果显示，河源2011年度空气质量一级天数（365天）在全国位居榜首。声环境质量维持良好，城市区域环境噪声、交通干线噪声均达标。

空气环境质量。是年空气污染指数在13~41之间，平均值为24，质量级别为一级，质量水平为优。降尘年均值为5.03吨/平方千米·月，符合省推荐标准（8.0吨/平方千米·月）；降水pH均值为6.70，酸雨频率为零。各县城区空气质量级别为一级，质量水平为优。监测数据表明，全市空气质量优良天数达365天，空气质量功能区达标率100%。

▲*2011年，河源市实施“光亮工程”。图为河源市夜景。* *（河源市住房和城乡规划建设局供稿）*

水环境质量。是年，河源市区集中式饮用水源、省控重点湖泊水库以及东江干流、东江支流共设置9个国控与省控监测断面。其中新丰江水库龙川铁路桥龙川城下、东源仙塘、临江、俐江出口、榄溪渡口等5个省控监测断面水质状况为优。龙川新村断面水质状况为良。

声环境质量。是年，河源市区区域环境噪声等效声级年均值为52.3分贝，声环境质量等级为较好（50.1~55.0dB（A））；交通噪声平均等效声级为65.6分贝，声环境质量等级为较好（68.1~70dB（A））；各类功能区的昼夜间等效声级（Ld、Ln）值均达到所属功能区声环境质量标准。

建设项目环保管理。是年，河源市贯彻执行环保法律法规和国家产业政策、分级审批、分类管理规定，强化建设项目管理，从源头上控制环境污染。严把产业选择关，推动新电子、新能源、新材料、新医药产业发展；严把产业布局关，推动工业项目向园区集中，实现园区统一规划、集中管理、集中治污；严把项目准入关，严禁污染重、治理难的项目落户市内；严把规划环评关，稳步推进规划环评制度；严把项目验收关，督促建设项目依法落实“三同时”（污染防治设施与主体工程同时设计、同时施工、同时投产使用）制度。坚持高效办理建设项目环境影响评价审批和环境保护竣工验收，为符合产业政策和环保准入要求的重点项目、扩内需项目开辟环保审批“绿色通道”，充分发挥环保的调控、优化作用，服务产业转型升级。这一年，全市为320个建设项目提供环评技术咨询服务，审批431个建设项目环境影响评价文件，审批或初审辐射建设项目17个，审查2个规划环境影响评价文件，为171个建设项目办理环境保护竣工验收。

污染物减排。是年，河源市出台《河源市“十二五”主要污染物总量控制规划》和《2011年度主要污染物总量减排计划》，加强已建成污水处理厂和重点减排项目的监管，加大落后产能淘汰力度，大力推进清洁生产审核，开展机动车、农业源减排，继续推进污水处理厂及其配套管网建设，加强排污许可证的监督管理，建立完善排污许可证电子档案。年内，河源完成燃煤电厂脱硫工作，关停和淘汰减排项目36家，11家企业通过评估验收并获得“广东省清洁生产企业”称号；办理排污许可证218个，发放机动车环保标志9990个；9座已建成污水处理厂基本正常运行，污水处理能力达到22.5万吨/天，建成配套管网142.13千米；东源县锡场镇污水处理设施主体工程完工，东江教育园区污水处理问题已提出初步方案，新丰江市区河段截污管网建设前期工作持续推进；完成2010年度污染源普查动态更新调查，摸清“十二五”减排基数；全市主要污染物总量减排工作通过国家核查组现场核查。

水源保护。完成水源水质调查工作。是年，河源市组织开展全市集中式饮用水水源基础环境调查及评估工作，重点对新丰江水库库区及市区两个自来水厂进行现场调查，对新丰江水库周边地区矿山采选情况进行专项调研。各县区开展非法矿点清查和“三不留一毁闭”取缔行动，共关闭非法开采矿点104个，抓获涉嫌非法采矿者6人，填平捣毁沉淀池、浸液池220个，摧毁工棚56个，取得阶段性成效。河源市政府组织对东江干流河源市区段水面无证无照经营饮食业船舶进行历时8个月的全面清理，使134户水上居民全部上岸定居，135艘住家船、121艘附属小艇和48艘餐饮船及31艘小艇全部收回拆解，较好地解决东江干流市区段水面经营餐饮业的船舶污染水质问题。

环保执法。妥善处置“三威”事件。是年5月，河源发生三威电池有限公司周边部分群众血铅超标事件。事件发生后，河源迅速成立事件调查小组，免费治愈事件中所有的血铅超标者，采取稳控措施确保社会稳定，及时发布信息接受社会监督。并配合省调查组，对事件相关责任人员进行全面调查，涉案3人被立案查处，12人受到不同程度的行政处分，诫勉谈话3人。河源三威电池有限公司已依法关闭，其法人已被刑拘，拟提起公诉追究其法律责任。

是年5~8月，河源重点排查和整治铅蓄电池生产、重金属排放、矿山尾矿库、新建项目和其他涉污等五类重点企业。整治期间，全市累计检查企业560家，查处环保问题企业123家，其中关闭21家、搬迁6家、停产整顿38家、责令整改58家，依法依规对5家铅蓄电池生产企业实施关闭。在5月26日环保部下发《关于暂停广东省河源市建设项目环境影响评价审批的通知》后，经过三个多月的努力，河源以显著的整改成效获得省环保厅和环保部肯定，成功争取环保部于9月16日发文解除对河源的建设项目环境影响评价审批禁令。

年内，对固体废物监管逐步规范。深入企业开展全面摸底调查，摸清全市产生固废的企业、具有处置危废资质的企业和具有一般固废、严控废物、医疗废物处置资质的企业底数。对全市进口废物加工利用企业、固废产生企业进行执法检查；开展“地沟油”执法检查；进一步规范危险废物处置管理及转移审批手续。

同时，强化企业日常环保监管。加强对辖区内企业污染防治设施的现场检查力度，对重点污染源排污情况实行24小时在线监控监测，从源头上预防重大污染事故的发生。开展排污费征收工作，全市征收排污费1274万元，比上年增长36%，在全省排污征收工作考评中名列第四，获二等奖。

农村环境保护。是年，河源逐

步将环保工作重心转向农村，加大农村环保工作力度。一是推进农村环境综合整治。引导村镇整治饮用水源环境，疏浚农村河道，修建排污渠道、沉淀氧化池、垃圾临时贮存池，购置垃圾清运车，逐步改善农村环境。完成东源县上莞镇新轮村、连平县元善镇大埠村、紫金县紫城镇教场村的环境综合整治项目绩效评估。二是开展农村环境综合调研。对新丰江水库库区半江、锡场、新回龙、新港、双江、涧头等6镇进行农业和禽畜养殖业面源污染调研，掌握库区内乡镇人口、禽畜养殖分布及生产过程中产生的点源污染、农田径流带来的面源污染等情况，重点调查规模养猪场的污染情况。三是完成生态建设调研任务。牵头组织开展“加强环境保护，促进林业生态市建设”专题调研活动，收集全市自然保护区名单及相关基础材料。

创建国家环保模范城市。河源市自2004年确定创建国家环保模范城市（以下简称“创模”）目标、2005年正式向国家环保总局提交创模申请以来，全市坚持“生态优先、环保至上”的发展理念，把生态环境保护作为全市经济社会可持续发展的生命线，举全市之力坚持不懈地推进创模进程。通过8年的艰苦奋战，河源市环保基础设施建设等创模重点难点工作实现重大突破，26项创模考核指标基本达标，并于2011年1月13日通过创模省技术预评估。

6月23日，联合国亚太城市发展研究中心、联合国人居环境发展促进会、中国城市建设发展促进会、中国开发区发展促进会、中国品牌管理协会、商务时报社等单位在海南省三亚市联合组织第七届中国城市品牌大会，河源市被大会评为“全国最佳环保示范市”和“中国节能减排示范城市”。 *（罗曦）*

水环境建设　2011年，河源市水质保护良好，全市地表水质保持在各功能区标准，其中东江干流水质保持在国家地表水Ⅰ－Ⅱ标准，新丰江、枫树坝两大水库的水质常年保持国家地表水Ⅰ类标准，全市饮用水源水质达标率100%；水资源总量减少。全市水资源总量122.74亿立方米，比上年减少40.94亿立方米。全年降水量1417.7毫米，比上年减少21.7%。年末全市大型水库蓄水总量83.73亿立方米，比上年下降9.10亿立方米。全年总用水量19.96亿立方米，比上年增加6.8%，万元地区生产总值用水量349立方米，下降10.95%。 *（钟宇云）*

城市供水　2011年，河源市加强水质检测，市区3家供水企业按照《生活饮用水卫生标准》，每月对出厂水进行42项常规指标检测，确保市区供水安全；提高供水应急保障能力，制定《河源市市区供水突发事件应急预案》，完善水质预警系统和应急净水设施，落实供水原材料、应急物资、应急设备的储存，并定期组织演练，提高供水应急保障能力；改造供水管网设施，督促市区供水企业，投资约2200万元，对市区东江西路、建设大道（红星东路至东江西路）、大同路（永和路至维十一路）、维十四路（越王大道至东江西路）、双下路、新兴路等供水管道进行改造，有效解决市民“用水难”问题。

城市供气　2011年，河源市组织燃气企业人员参加国家、省燃气行业协会举办的业务培训，提高从业人员的业务素质；利用各种方式广泛宣传普及燃气安全常识，发放宣传材料2万多份，增强市民燃气安全意识；强化安全生产检查。开展燃气安全大发检查，发出整改通知书20份，查获过期未检钢瓶60多个，强制送检40多个；强化应急预案演练。协同相关部门开展救援演练，进一步提高应对突发事故的抢险处置能力和协同配合能力。 *（张正才）*

城市综合管理　2011年，河源市加强狠抓“两个城市管理问责制”，加大城市“六乱”的整治力度，市容市貌明显好转。整治乱堆乱放行为，重点对新市区主次干道占道乱堆放行为进行专项整治，整理乱堆放建筑材料及余泥渣土。整治乱摆乱卖行为，重点对红星路、兴源路、中山大道、文化广场、新风路等10多条主要路街占道经营进行了专项整治，有效遏制占道经营行为的蔓延。落实“门前三包”责任制。调整充实40名卫生监督员（新老城各20人），采取教育与处罚并举的方式，督促市民改变陋习，破解创卫难题；抓紧对未签订“门前三包”责任书的门店业主做好思想工作，做到边宣传边整治边签订责任书。开展户外广告专项整治，加大户外广告整治力度，拆除残旧破损广告牌、灯柱挂旗、指示牌和桥梁广告牌等共300多个，市区大、中型违章贴墙广告牌40多个，拆除面积达1万平方米。推进户外广告长效管理，以市场化的管理模式审批设置户外广告牌，全部实行有偿设置使用；抓好户外广告有偿使用费的追缴工作，追缴资金约80万元。协调户外广告设置业主，积极制作发布公益广告，营造浓厚的宣传氛围。投资120万元建设完善一江两岸城市亮化工程。 *（朱锋）*

【城镇村庄建设】　村镇规划编制。2011年，河源市规划部门协调指导县区加快推进村镇规划编制工作，做好县区上报城镇规划的审查审批。年内全市共成建制镇总体规划编制11个，完成村庄规划编制187个。同时，该市还组织编制《河源市新农村住宅和村委会办公楼通用设计图集》，召开图集推广工作会议，并印制3000本图集发放到各县区供推广使用。

是年，全市安排宜居城镇试点2个、宜居村庄试点25个，安排村镇改造试点镇11个、试点村95个。各项试点工作取得初步成效。同时，举办了两期村镇建设管理培训班，提高村镇建设管理人员的业务水平。 *（张正才）*

【中心镇建设】 截至2011年底，河源市有中心镇19个，完成了东源县船塘镇总体规划编制工作。至此，该市中心镇总体规划编制已全部完成，龙川县城镇还开展了新一轮的城市总体规划修编工作。各中心镇筹集资金不断完善镇区道路、排水、排污、路灯、绿化、供水、垃圾处理场等市政基础设施建设，综合功能不断完善，对周边镇村的影响和带动辐射能力进一步增强。但一般建制镇，每年投入城镇建设的资金有限，长期以来市政基础设施投入欠佳。 （张正才）

【住房与房地产业】 2011年，河源市完成房地产开发投资42.82亿元，比上年增长84.6%，其中市区31.32亿元，增长95.2%；全市商品房销售面积203.52万平方米，增长57.5%，其中市区110.22万平方米，增长37.3%；全市商品房销售（含预售）金额69.05亿元，增长75.1%，其中市区47.87亿元，增长68.8%。

是年，河源市继续按照国家和省房地产业调控政策，加强房地产行业监管，促进房地产业健康发展。制定《河源市2011年新建住房价格控制目标》，加快个人住房信息系统建设。依法查处捂盘惜售、哄抬房价等违法违规行为，严格执行差别化住房信贷政策和有关税收政策。加强引导和服务，做好房地产项目规划设计方案的审查审批等工作，促进市区17个新项目开工建设。 （张正才）

房地产市场调控 2011年，河源市贯彻落实国务院办公厅《关于进一步做好房地产市场调控工作有关问题的通知》（又称“新国八条”），稳定房价，促进房地产市场持续健康发展。主要措施：一是开展房地产市场调研。是年2月，组织人员到市区房地产企业和市民群众中去，调查房地产市场供销等情况。二是公布房价控制目标。制定《河源市2011年新建住房价格控制目标》，把房价控制目标纳入政府及相关部门政绩考核和约谈问责内容。三是开展房价调控工作大检查。落实中低价位、中小套型普通商品住房和保障性住房建设，促进商品房供应与住房保障协调发展。四是执行差别化住房信贷政策，实行“限贷”、“限外”措施。对贷款购买第二套住房的家庭，贷款首付款比例不得低于60%，贷款利率不低于基准利率的1.1倍；暂停发放购买第三套及以上住房贷款；通过税收征管手段和差别化住房信贷政策引导市民合理住房消费，抑制投机性和投资性需求。五是加强市场监管。要求企业在销售场所规范张挂《预售许可证》、《销售房源一览表》等公示牌匾，在取得预售许可证后10日内一次性公开全部准售房源及每套房屋价格，并按照申报价格明码标价对外销售。对违反规定的企业采取警告、通报、停止预售资格等处罚措施，营造主体诚信、行为规范的市场环境。

是年，河源市新建住房价格控制在目标范围内。

（李永上 曾金泉）

保障性住房建设 2011年，河源市共筹集保障性住房建设资金6.8亿元（其中上级专项补助资金6248万元），建设用地10.58万平方米，新增保障性住房建设项目44个（其中经济适用住房项目7个，廉租住房项目7个，公共租赁住房项目15个，城市棚户区改造项目11个、工矿棚户区改造项目4个），新增各类保障性住房5411套（其中，经济适用住房756套，廉租住房545套，公共租赁住房2693套，棚户区改造1417户），新增发放廉租住房租赁补贴178户。已竣工24个项目3536套住房，竣工率为65.35%。

住房公积金管理 2011年，河源市新增缴存单位191个，净增2940人，累计1935个单位，10.39万人，覆盖率为77%，比上年增长1%。新增归集7.21亿元，比上年增长25%，累计缴存32.75亿元，缴存余额15.84亿元。新增提取4.41亿元，比上年增长29.08%，累计提取16.90亿元，新增发放个人贷款2214户4.19亿元，累计发放19.90亿元，贷款余额13.17亿元。

（叶小凡）

【“三旧”改造】 2011年，河源市投入“三旧”改造资金7476万元，改造项目10个（旧城镇7，旧厂房2个，旧村庄1个），面积7.17公顷。其中，源城区2个，面积1.6公顷；和平县2个，面积3.7公顷；连平县3个，面积1.04公顷；东源县1个，面积0.08公顷；龙川县1个，面积0.36公顷；紫金县1个，面积0.28公顷。制定出台了《关于河源市“三旧”改造项目审批手续有关问题的通知》，进一步规范和完善了河源市“三旧”改造项目审批手续，明确职责加强责任。 （张正才）

【建筑业】 *建筑行业管理* 2011年，河源市施工报建（不含私人建筑，下同）213项，报建面积680万平方米，报建造价42亿元。其中市区报建70项，比上年下降3%；报建面积146万平方米，增长27%，报建造价20亿元，增长36%。2011年，全市进入建设工程交易中心招投标项目383项，造价52.51亿元，其中进入市建设工程交易中心项目109项，造价25.9亿元。该市市区办理建筑工程施工图审查备案58项，其中房屋建筑48项，建筑面积144.37万平方米；办理房屋装修装饰及改造5项，工程预算造价1936万元，市政公用工程5项，工程预算造价3907万元。建筑节能工作有效开展，市区民用建筑工程节能审查备案率达100%，施工阶段节能标准执行率达96%以上。

工程质量管理 2011年，河源市建筑管理部门严格执行规范，进一步完善监督管理模式，加大施工现场的巡查力度，加强对预拌混凝土、钢材等建筑材料的质量控制，稳步推进住宅工程竣工分户验收，

大力开展住宅工程质量通病防治，加强建筑工程实体质量监督检查等，保证全市建设工程质量安全。是年，开展工程创优活动。全年创广东省优良样板工程4项、广东省金匠奖1项、报评广东省“双优”工地10个，评选市优良样板工程11项、评审市“双优”工地20个。

施工安全管理　2011年，河源市以落实安全生产责任制为主线，以安全隐患治理为重点，进一步强化企业安全生产的主体责任和县区行政主管部门的监管责任。每季度召开一次安全生产工作例会，及时总结和部署建筑施工安全生产工作。深入开展“安全生产年”、“安全生产月”活动和施工安全专项整治，加强安全生产宣传教育培训，继续做好在建工地实施“平安卡”的管理制度工作，有483名工人参加“平安卡”的培训考核。组织开展建筑施工防火等应急演练。全年建筑施工安全生产保持良好态势，事故指标严格控制在上级下达的安全生产事故指标内。

工程招投标管理　2011年，开展全市建设工程招投标工作专题调研，制定《河源市建筑行业诚信管理暂行办法》，并与市监察局联合印发实施，完善建筑施工、监理、勘察设计等企业的准入、清出和诚信管理机制建设，加强招标文件审查备案、评标现场监管、企业及人员资质审查等各个环节的工作，营造公平有序竞争的市场环境，确保工程招投标工作的正常开展。

勘察设计管理　2011年，河源市开展全市建设工程勘察设计和建筑市场监督执法检查。检查建筑项目34个，对存在问题的项目全部进行整改。组织开展全市优秀工程勘察设计评选活动，评选出优秀工程勘察设计项目10个，并选送《龙川佗城历史街区景观保护与修复设计》等12个设计项目分别参加岭南特色规划设计、岭南特色建筑设计、岭南特色街区、岭南特色乡村民居奖的评选，其中龙川佗城历史街区景观保护与修复设计项目获得“岭南特色街区银奖”。　（张正才）

【建设科技】　2011年，河源市开展建设工程施工现场远程视频监控的推广使用，及时掌握施工现场动态，并探索项目在线联运管理。针对当全市建筑施工钢管脚手架搭设和使用中存在的突出问题，为确保脚手板的使用安全，满足建筑施工防火要求，在全市范围禁止建筑工地使用竹、木材料制作的脚手板和非阻燃安全网，推广和应用冲压钢脚手板或钢笆网片脚手板和阻燃型安全网。　（张正才）

【信息化建设】　2011年，河源市开展“市规划一张图综合管理平台”建设，对河源住房和城乡规划建设局信息系统做进一步的升级和集成完善。完成“河源规划一张图综合管理平台”建设方案的编制，并邀请专家对该建设方案进行评审，并通过有关部门的评审备案。

（张正才）

附录：河源市住房和城乡建设管理部门主要领导

河源市住房和城乡规划建设局

党组书记：刘伟强（任至2011年11月）

党组书记：黄庆源（2011年11月任职）

局长：刘伟强

河源市房地产管理局

党总支书记、局长：赖庆树

河源市城市综合管理局

党组书记、局长：程越华

河源市水务局

党组书记、局长：陈水砚

河源市环境保护局

局长：黄福平

党组书记：张福来

河源市住房公积金管理中心

党总支书记、主任：钟　军

梅州建设

【概况】　2011年，梅州市发挥城乡规划引领作用，强化和规范规划管理，提升城市品位，并扎实推进村镇规划工作。是年，梅州市城镇基础设施建设步伐进一步加快，城市园林绿化景观水平显著提升，公共服务能力建设稳步推进，城市市容环卫管理有序进行，城市生活垃圾处理和资源综合利用成效显著，生态环境保护和污染防治工作扎实推进，环境质量保持良好稳定，是全省城市空气质量达到国家一级标准的三个市之一，城乡建设管理水平稳步提高；建筑市场、房地产市场进一步规范，工程质量再上台阶。是年，梅州成功创建“国家卫生城市”。世界客都大道、客天下旅游产业园（一期）建成投入使用，梅州城区文化休闲区、梅县机场扩建、绿色健康休闲度假区等重点项目配套市政设施建设按计划推进。截至2011年底，全市设市城市和县城建成区面积为115.74平方千米，与2010年相比，增加1.34平方千米，其中梅州城区（含梅县新县城）建成区面积46.88平方千米；全市完成建筑业总产值126.49亿元，上缴税收5.71亿元；全市完成房地产开发投资25.46亿元。

（谢汉奎）

【宜居城乡建设】　2011年，梅州市把建设宜居城乡作为“推动绿色的经济崛起，建设富庶美丽幸福新梅州”的重点工作之一，城乡环境不断改善，群众幸福感和安全感持续增强，初步形成客家特色鲜明、生态环境良好、社会和谐稳定的宜居城乡新格局。

推进名镇名村示范村建设　2011年初，确定梅县雁洋镇、大埔县百侯镇为市级创建名镇示范点；梅江区城北镇玉水村、梅县雁洋镇长教村、南口镇侨乡村为市级创建名村示范点。为加快名镇建设规划编制的进度，梅州市住房和城乡建设局从工作经费中支持两个名镇各5万元，作为名镇建设规划编制的专项补助经费。

无害化垃圾填埋场建设 2011年6月，邀请专家对梅州市奇龙坑新生活垃圾填埋场无害化处理情况进行检查和评价。经评价，自评分为90分，达到生活垃圾填埋无害化处理Ⅰ级标准，并向省住房和城乡建设厅申请进行生活垃圾无害化评价。大力推进城区垃圾处理专项规划工作，至2011年底已全面完成垃圾处理专项规划的编制工作任务。开展创建“2镇10村”垃圾收集处理示范点工作，全年共计投入2800多万元。

“山边、路边、水边”整治工作 梅州市政府于2011年3月1日批准实施《梅州市山边、路边、水边整治工作方案》。各县（市、区）共确定“三边”整治示范点29个。全年共计投入4500万元开展“三边”整治工作。 （蔡小裕）

【城乡规划】 规划编制 2011年，梅州市贯彻“科学规划、依法规划、创新规划、民主规划”理念，按照“世界客都、宜居家园”的发展定位，继续推进《梅州市域城乡总体发展规划》编制和《梅州市城市总体规划》第三次修编，组织编制《梅州一江两岸夜景规划》、《梅州文化旅游特色区发展战略规划》、《叶剑英纪念园二期修建性详细规划》、《梅县桥溪村旅游开发修建性详细规划划》、《三乡村野公园规划》等。全面推行规划设计招标，引进国内外名家名院参与梅州市的规划、研讨和设计。是年10月开展《梅州市江南新区城市设计》、《丰顺温泉城概念规划及核心区城市设计》和《梅州文化旅游特色区雁洋综合服务区城市设计》的国际方案征集活动，吸引美国、英国、德国、法国、意大利、澳大利亚、日本、新加坡、中国香港、中国台湾等国际国内众多设计单位，共同为对梅州建设特色宜居城乡和广东梅州文化旅游特色区出谋献策。

村镇规划取得新进展，全市完成76个建制镇规划任务，覆盖率达80.9%，完成1019个行政村村庄整治规划，覆盖率达50.27%，超额完成年初制定的村镇规划任务。

规划管理 2011年，梅州市出台《关于进一步加强城乡规划工作的意见》，组织起草《关于加强梅州市区规划建设管理的意见》等，规划管理走向法制化、规范化、制度化。全市建立村镇规划建设管理机构，选调部分人员。制定《梅州市农村建房规划管理十条规定》，规范农村建房。在市城乡规划委员会下设城市设计专家委员会，加强建设项目的规划把关，规范规划审批。严格各项规划审批，全年共审批修建性详细规划54项，出具用地规划条件32项；《建设工程规划许可证》263宗，占地面积40万平方米，建筑面积176万平方米；《临时建设工程规划许可证》165宗，累计建筑面积4.3万平方米；完成单体建设工程规划核实102宗；《建设用地规划许可证》113宗，建设用地规划面积98万平方米。至2011年，城市建成区达46.88平方千米。 （黎为科）

【城市建设与管理】 市政设施建设 2011年，梅州市实施城市基础设施建设项目36个，累计完成总投资3.5亿元，呈现出投资加大、步伐加快，向民生和重点项目倾斜的特点。一是市重点项目建设有序推进。梅州城区广州大桥建设、江北人居环境改善工程重点项目八一大道BT（二期）改造工程正在紧张推进，梅州大桥东端立交、中级法院侧“一纵两横”BT项目工程建设接近尾声。二是新建改造一批市政道路。全年完成新建道路3千米，在建道路5.5千米；完成梅水路、彬芳大道等8条城区主要道路沥青加铺工程共16.7千米，路面改造与花带、港湾式公交站亭、水沟、管线等综合实施，道路等级、舒适度不断提高。三是环卫基础设施建设有新进展。奇龙坑垃圾场办公楼、进场天桥、污水处理等配套设施已建成投入使用，首期填埋区加高扩容工程已完成；新建公厕1座、垃圾中转站2座。

城市园林绿化 2011年，梅州市建成区绿地率36.41%，绿化覆盖率42.85%，人均公共绿地面积达11.85平方米。园林绿化工作突出抓好几个重点：一是景观提升改造。完成城区10个圆盘（交通岛），5条主要道路面积共10万平方米的景观提升改造，道路绿化整体景观效果有较大提升。二是推动全民绿化，协助组织“我为梅州添绿、共建幸福家园”认种认捐公益植树绿化活动，共完成种植观花闻香植物1万多株；指导各单位“拆围建绿”工作，主动参与复绿方案设计及施工监管。三是公园管理工作得到加强。成立滨江公园管理中心，归读公园、院士广场、亲水公园、梅江公园、滨江公园共20万平方米公园绿地管理得到加强，管理秩序更加规范。剑英公园、归读公园绿道标识牌、驿站、自行车租赁等相关设施及服务进一步完善。四是园林绿化行业管理持续加强。城区4万多株路树、56万平方米公共绿地管养良好，承接12.5万平方米的客都大道绿化并按一级标准管理，公共绿地标准化管理水平不断提高。重视古树名木保护园林绿化科研和苗木培育工作。

绿道建设 为扎实推进梅州市绿道网建设工作，建设特色宜居城乡，实现绿色的经济崛起，打造好世界客都品牌，各县（市、区）结合各自实际，开展区域绿道和绿道示范段建设，全年全市建成总长约60千米的绿道，并逐步按照有关标准完善设施。梅州城区四大公园的绿道建设基本完成后，绿道周边绿化、驿站建设、自行车租赁管理等相关设施建设工作正在完善。至年底在剑英公园、归读公园内设置绿道驿站；文化公园因东湖泵站建设影响未打通的绿道，也正在组织完善中。

城市环境卫生　2011年，梅州市环境卫生管理进一步加强。全年每天清扫保洁城市道路350多万平方米，机械化清扫率达30%。累计无害化处理生活垃圾18.2万吨，受纳排放建筑垃圾24万立方米，门前三包责任制得到进一步落实，城区卫生保洁等级和水平不断提高。

是年，梅州市进一步搞好生活垃圾处理工作，一是加强奇龙坑新生活垃圾卫生填埋场的建设和管理。全年投入1000多万元，继续完善场内硬件建设，力争达到一级无害化处理标准。新建进场天桥、办公房已接近竣工；渗滤液处理系统设备安装调试完成，达到一类排放标准，已通过市环保部门的验收；完成首期填埋区加高扩容工程。二是梅县新县城、畲江高新区、西阳等临近乡镇的生活垃圾全部运往奇龙坑生活垃圾卫生填埋场无害化处理，每天新增处理生活垃圾100多吨，全部实现无害化填埋处理。三是加强龙丰垃圾场封场等后续管理，确保沼气发电正常，植被绿化、污水倒灌净化。

（郑演祥　黄慰慰）

城市生态环境保护和建设　2011年，梅州市环境质量保持良好稳定，城市空气质量达到国家一级标准，空气质量优良率为100%，全年空气质量优的天数为327天，比上年增加13天，水环境质量达标率继续保持100%，主要江河水质、饮用水源水质均达到Ⅱ－Ⅲ类水质，韩江潮州赤凤跨界断面水质稳定达到Ⅱ类标准，城市功能区噪声达标率保持100%。

建设项目环境管理。是年，梅州市全面落实环评审批制度，严格执行国家、省产业政策目录，严把项目环评审批关，强化环评管理工作，制定《梅州市环评机构管理规定》，提高环评文件质量。全市环保系统共审批建设项目723个，环评审批执行率100%。在严格把关的同时，全力支持重点项目建设，在项目选址、总量分配、环评审批、环保验收、清洁生产等方面提供优质服务，广州（梅州）产业转移工业园、梅州高新区梅县（扶大）园、东莞石碣（兴宁）产业转移工业园等3个园区通过ISO14001环境管理体系认证，提高了园区环保管理水平。

▲梅州市广州大桥全长1300米，其中桥梁全长876米，主桥最大宽度33.5米，最大跨度139米，双向六车道单塔斜拉桥，总投资2.5亿元。图为梅州城区广州大桥施工现场。

（梅州市住房和城乡建设局供稿）

环境整治与执法监管。制定《梅州市2011年整治违法排污企业保障群众健康环保专项行动工作方案》，全面开展环境隐患排查，严格执法监管，全市环保部门共出动执法人员1.58万人次，检查企业6165家次，限期整改296家排污企业，立案查处71宗，罚款100多万元。扎实开展全市稀土企业的环保专项整治工作，督促4家稀土生产企业规范管理，达标排污。开展市属化学品环境管理、危险废物、电镀行业企业专项检查，督促62家企业开展规范化管理，排查环境安全隐患，确保环境安全。加强梅州经济开发区环境综合整治，投资6000多万元、日处理能力1.2万吨的开发区污水处理厂建成投用，铺设总长80多千米的集污管网，将园区各家企业废水分质分类接入污水处理厂集中处理。完成省挂牌督办的长潭、多宝水库畜禽养殖业整治任务，平远县、蕉岭县依法划定畜禽养殖禁养区、限养区，共出动执法人员5300多人次，落实清理整治补偿资金820多万元，拆除猪舍面积4000多平方米，清理长潭水库库区禁养区内畜禽养殖户95家、生猪1877头，整改治理限养区内的养殖户10家、生猪2378头；清理多宝水库库区禁养区内养殖户18家、生猪3850头，如期完成省挂牌督办整治任务。丰顺县电声行业电镀企业环境整治中，对6家保留配套电镀车间实行清洁生产审核，安装远程流量控制和自动采样设施。

污染物减排。启动污水处理厂二期工程规划建设，各县（市）完成污水处理厂二期工程建设规划和市区清源水质净化中心二期工程选址，梅州城区江北截流输污工程基本完成，已建成的8座城镇污水处理厂安装氨氮在线监控设施，并与省市环保部门联网，4家火电厂完成在线监控数据传输系统改造。至2011年底，淘汰落后水泥产能142万吨、落后造纸产能3.28万吨。

生态村镇创建。梅州市第六次党代会、市委六届二次全会和市六届人大一次会议提出力争在全省山区市中率先创建国家环保模范城市的目标，把“创模”作为今后五年的重点工作之一。2011年，梅州市生态创建成效明显，出台实施《梅州市环境保护与生态建设“十二五”规划》和2011年生态示范镇（村）创建计划，成功创建“全国环境优美乡镇”1个（大埔湖寮镇）、“国家级生态村”1个（梅县雁洋镇长教村）、“广东省生态镇”3个（梅县程江镇、兴宁市新圩镇、丰顺县汤坑镇）、“广东省生态村”1个（梅县南口镇侨乡村），创建广东省绿色学校3所（梅江区鸿都小学、兴宁市实验中学、平远县城南中学），创建市绿化达标企业90家。

(徐建全)

城市水环境建设　2011年，梅州市落实市人大《梅江河水保洁防污染议案》和《关于加大梅州市清凉山水库饮用水源保护工作力度的议案》，全面完成议案提出的梅江河水保洁防污染工作指标和任务，经梅州市人大常委会审议通过结案。开展饮用水源保护专项检查，对清凉山水库和梅江河备用饮用水源进行每月不少于一次的监测，督促各县（市、区）依法划定禁养区、限养区，加强畜禽养殖业污染防治，减少农村面源污染，确保饮用水源安全。 *(徐建全　林巧娟)*

城市污水治理。截至2011年，梅州市共建成市、县两级8座城镇污水处理厂和广州（梅州）产业转移园污水处理厂、梅州市经济开发区污水处理厂共10座污水处理厂，均正常运行，污水日处理能力达18.8万立方米，城市污水处理率达76.5%。污水经处理后全部达标排放，促进了水环境质量的稳定良好。

梅州城区江北截流输污工程于2011年10月动工。该工程包括全长约2千米的截流输污管网，沿途配套建设两座污水提升泵站，总投资约3120万元，按近期3.19万立方米/日、远期5.43万立主米/日的截流输污规模进行规划建设，建成后可解决梅州城区江北片老城区生活污水未经处理直排梅江的现状，有效减少对梅江河城区段水质的污染。

城市供水　2011年，梅州市、县两级8个供水单位共9间市政水厂采取多种措施保障供水安全，水源水质完全符合《地表水环境质量标准》（GB3838−2002）三类以上，供水水质基本达到《生活饮用水卫生标准》（GB5749−2006）要求。是年，梅州城区及部分县（市）供水单位多方筹措资金进行供水设施改、扩建。梅州城区西桥水厂分厂扩建工程于2011年5月动工，新建一条日产水4万立方米的生产线，建成后可有效缓解梅州城区的供水紧张局面。兴宁市第一自来水厂迁建工程于2011年2月动工，该项目包含在第二水厂新建一条日产水5万立方米的生产线、建设日供水达10万吨的黄竹坜加压泵站、完善第二水厂至黄竹坜加压泵站输水管2千米及新铺设黄竹坜加压泵站后供水管网25千米等三大建设项目，该项目建成投产后，兴宁城区及周边饮用水将完全退出河道取水，不但水质更有保障，而且供水能力增大近一倍，可为城市的进一步扩展提供有力保障。五华县城供水输水管道改造工程基本建成通水试运行，该项目总投入1800多万元，共建成混凝土浇筑“四面光”输水渠道1850米，维修输水渠道2625米，铺设内径1米的压力钢管4500米。该工程建成通水后作为主输水管道使用，结束五华县城只有一条主输水管的历史。

是年，梅州市城镇水厂供水能力为55.18万立方米/日。

(叶伟尧)

城市供气　2011年，燃气建设管理不断加强。全年完成城区管道天然气项目投资1100多万元，敷设管道天然气市政（庭院）管道18千米，管道已到江北碧桂园住宅小区，第二条过江管道敷设及进入广州（梅州）高新技术产业园区工作正在推进。到2011年底，天然气在册用户累计达1.9万户，已通气点火的居民、商业和工厂用户达6800多户，累计供气量达330万立方米。瓶装（瓶组）液化气供应站管理进一步规范，燃气经营行业管理得到加强。 *(郑演祥　黄慰慰)*

城市综合管理　2011年，梅州市按照建设特色宜居城市的要求，进一步推进市容市貌整治和城市管理行政执法工作，城市综合管理水平有较大提升。

违法建设防控。把违法建设防控整治列为城管工作的重点。在做好日常巡查监控的基础上，加强江南新区、芹洋片、碧桂园片规划区等重点发展区域的防控整治。与当地政府的协调配合，对“两违”建设及时发现、及时制止、及时拆除。全年共拆除违法建设168宗共1.16万平方米。没有出现大规模的违法建设现象。

市容环境综合整治。是年全市共拆除临时搭建365户共1.47万平方米，规范门店和占道经营8089宗。丽都东路、金燕大道、泮坑市政路、206国道城区段等进出城区重点道路长期以来“脏、乱、差、堵”的问题得到较好的解决；成功打造嘉应中路、沿江路为市容市貌样板路。城市广告招牌整治。全年共整治清理过期、无证、破损广告牌741块。规范主干道围墙广告，对梅水路、梅湖路等主干道工地围墙，统一喷画公益广告。整治拆除S223线、百岁山登山路商业广告、招牌100多块。稳妥有序推进楼面临时搭建整治。

城市照明管理。新建改造新中路、汉酒路、兰金路、陂塘等路段路灯，市政道路“有路无灯”现象基本得到解决，部分道路和区域的城市照明条件得到较大改善。一江两岸景观亮化一期工程及沿江其他部分重要节点景观亮化已完成。城市照明管理自动化、机械化、专业化水平有不同程度提升。

（郑演祥　黄慰慰）

【城镇村庄建设】 2011年，梅州市印发《梅州市打造名镇名村示范村带动农村宜居建设工作方案》等一系列文件，开展创建名镇名村示范村建设工作。9月，梅县雁洋镇等5个镇、梅县雁洋镇长教村等12个村获第一批“广东省宜居示范城镇、宜居示范村庄”称号，数量位于全省前列。

城镇治污保洁水平进一步提升。为加快垃圾处理专项规划工作的推进力度，按照省住房和城乡建设厅的工作部署及市政府关于完成各县（市、区）垃圾处理专项规划的有关要求，梅州市住房和城乡建设局督促各县（市）完成垃圾处理专项规划编制工作任务。

兴宁市城区无害化垃圾填埋场二期工程已通过省住房和城乡建设厅的无害化评估。同时，兴宁市三期工程和平远、蕉岭县城区无害化垃圾填埋场正在按计划实施，大埔、丰顺、五华等县正在进行城区无害化垃圾填埋场建设的前期准备工作。是年，梅州市（不含兴宁市）共有34个申报省治污保洁专项资金项目向省提交申报材料，其中，有7个申报项目获得省下拨的共650万元专项补助资金，大大推动梅州市垃圾处理水平的提高。

（蔡小裕）

【中心镇建设】 2011年，梅州市有22个中心镇，占全市建制镇总数的21.15%。为加强中心镇对周边村镇辐射带动作用，梅州市各级党委、政府重视中心镇的建设，不断加大基础设施建设的投入，完善各项市政基础设施，促进中心镇建设持续稳步发展。

市政建设　中心镇供水、供气、市政道路、路灯、园林绿化等方面的建设进一步提高。中心镇污水处理设施列入“十二五”规划，通过采取省、市扶持和补助一部分，县、镇解决一部分的方式，不断提高中心镇污水处理水平。

农村生活垃圾处理　按照梅州市人民政府与各县（市、区）签订的《2011年度建设宜居城乡责任书》中“各县（市、区）要创建‘2镇10村’农村生活垃圾处理示范点”的要求，各县（市、区）重点开展创建“2镇10村”农村生活垃圾处理示范点工作，并取得较好的示范带动作用。其中梅县、梅江区全面启动农村垃圾收集处理工作。

镇村规划建设　开展《城乡规划建设管理知识读本》（下称《知识读本》）编印工作，并聘请省城市发展研究中心为顾问单位，制定《知识读本》编印工作计划书，待梅州新一轮科学规划出台后，作进一步修改和完善印发。编制《梅州市客家新民居规划建设指引》，为推动客家特色新农村建设中农民建房提供技术支持。

（蔡小裕）

【住房与房地产业】 *房地产开发*　2011年，梅州市有房地产开发资质企业202家，完成房地产开发投资42.19亿元，比上年增长66%；开发项目141个，下降35%；新开工面积144.72万平方米，增长21%；竣工面积122.55万平方米，增长48%；销售商品房面积125.91万平方米，增长27%；空置商品房面积74.24万平方米，增长132%；存量住宅4274套，增长223%。

房地产市场管理　2011年，梅州市贯彻落实国家和省调控房地产市场的一系列政策，合理确定2011年度新建商品房价格控制目标（涨幅小于15%），制定落实房地产市场调控政策的措施。随着一系列房地产市场调控政策的实施，商业银行严格按规定放贷，房价增速放慢，实现涨幅小于15%的目标。

进一步规范房地产市场，实施商品房网上销售，实现所有预售商品房房源信息公开。进一步加强房地产估价机构监管。根据《房地产估价机构管理办法》规定，除对本地的房地产评估机构进行规范整治外，还加强对外地来梅执业的评估机构的监管。

（郑嘉玮）

产权产籍管理　2011年，梅州市共完成新建商品房现售成交1.19万套，比上年增长5%；成交面积138.9万平方米，下降6%；成交金额29亿元，增长3%。完成存量房（二手房）交易4660套，下降38%；成交面积57万平方米，下降41%；成交金额6.5亿元，下降49%。完成预购商品房和现房抵押贷款登记1.72万宗，下降23%；抵押登记面积249万平方米，下降41%；抵押登记金额81.6亿元，下降25%。

梅州市区全年完成新建商品房现售成交2312套，比上年下降34%；成交面积24.6万平方米，下降41%；成交金额7.8亿元，下降28%。完成存量房（二手房）交易2649套，下降37%；成交面积39万平方米，下降29%；成交金额5.97亿元，下降1%。完成预购商品房和现房抵押贷款登记5379宗，比上年下降23%；抵押登记面积125.7万平方米，增长1%。完成房地产权属登记5541宗，比上年增长34%。档案管理部门接受新建房产档案1.3万份。

（丘加达）

保障性住房建设　2011年，广东省下达梅州市的住房保障目标任务为3985套（户），比上年增长近5倍。其中：新增保障性住房3585套，新增发放住房租赁补贴400户。

是年，广东省下拨梅州市公共租赁住房中央专项资金4168万元、城镇廉租住房省级专项资金1371万元、地方政府债券转贷资金预算保障性安居工程建设资金2261万元，合计7800万元。经过一年的努力，全市已开工（含租赁补贴）4465套，占年度任务的112%。其中：廉租住房508套、经济适用住房362

套、公共租赁住房2446套、限价商品房474套；供应土地7.10万平方米，完成投资3.25亿元；新增发放住房租赁补贴675户，超额275户；截至2011年12月底，已竣工保障性住房2682套，竣工率达到74.8%，在建1108套。

是年，市直单位共发放住房货币补贴1194.8万元，合计600人。其中，财政拨款832.7万元，393人，单位自筹资金362.06万元，207人。 （赖维纲）

公房租赁管理 梅州市公房租赁管理制定、落实每季度进行一次用电、燃气、危旧房屋安全排查的制度，发现问题及时整改，特别是台风、暴雨季节，成立保障小组，将安全防范措施宣传到户，落到实处，并做好备案、跟踪复查工作。

2011年，梅州城区市本级在管公房面积15.49万平方米（其中廉租房面积1.95万平方米），符合租赁公房的租赁户数有2296户、人数6888人（其中廉租房租赁户数294户，人数882人），租金收入367.23万元。维修公房691宗，保障了公房租赁户的人身、财产和居住安全。 （唐丁照）

物业管理 进一步明确梅州城区物业管理市、区、镇（街）的工作职责，充分发挥区主管部门和各街道办事处（镇人民政府）在物业管理中的作用。指导业主委员会和物业服务企业工作，耐心处理物业管理纠纷。 （郑嘉玮）

住房公积金管理 2011年，梅州市归集住房公积金9.93亿元，比上年增长24.2%；累计归集总额49.79亿元，归集余额31.55亿元；当年提取住房公积金4.26亿元，当年提取率为42.9%，累计提取18.23亿元；全市缴存覆盖率为80%。全市2011年发放个人住房抵押贷款5.89亿元，累计发放个人住房抵押贷款29.02亿元，个贷余额20.48亿元；全年新增贷款2913户，累计发放贷款2.3万户；个贷逾期率为0.04‰；全市个贷率为65%。 （钟志强）

【“三旧”改造】 2011年，梅州市共实施“三旧”改造项目26个，投入“三旧”改造资金18.87亿元，占固定资产投资总额的9.5%。当年共完成改造项目4个，面积6.47公顷，其中旧城镇改造项目1个，面积0.21公顷；旧厂房改造项目3个，面积6.27公顷；正在实施改造项目22个，面积29.73公顷。 （吕庆文）

【建筑业】 2011年，梅州市建筑业总产值为157.17亿元，比上年增长24.25%；建筑业增加值36.94亿元，增长24.29%；建筑业增加值占全市GDP的5.03%，比上年下降6.74%；建筑业上缴税收7.27亿元，增长27.32%；建筑业税收占全市地方税收的17.88%，比去年增加0.85个百分点。发生建筑施工安全生产事故1起（一般事故），死亡1人。2011年度全市共22项工程被评为“梅州市建设工程安全生产、文明施工样板工地”，4项工程被评为“梅州市质量优良样板工程”，6项工程被评为“广东省建设工程安全生产、文明施工样板工地”。

建筑市场管理 建立科学、有效的建筑市场准入清出机制，维护建筑市场秩序，创建优胜劣汰的市场运行环境。组织开展建筑业企业资质动态核查，共检查35家企业（其中设计企业5家、施工企业25家、监理企业5家），其中31家企业检查结论为合格。对达不到资质标准要求的4家企业作撤回资质的处理。对检查有问题的企业，通过限期完善、纠正和限期整改等措施，促进企业加强管理。通过企业资质动态检查，掌握梅州市建筑企业近年来经营发展状况。

招投标管理 2011年，梅州市不断完善招标投标制度。在信息发布、资格审查、招标文件、评标、定标等环节上完善操作规则和方法，细化规则，严肃查处招标投标活动中违法违规行为。全年全市建筑市场招投标交易的工程项目共630项（其中公开招标426项，邀请招标204项），总投资额44亿元。通过招标交易，节约投资1.9亿元。

工程质量监管 一是加强工程招投标的监管，杜绝肢解发包工程、低于成本的价格中标和任意压缩合理工期等影响工程质量的违法违规行为。二是加强建筑市场诚信体系建设。采取通告、公示等方式对存在不良行为纪录的主体及责任人进行信用惩戒，增强质量责任意识。三是开展工程主体结构的监督抽查工作。对进入施工现场的原材料现场抽查，杜绝不合格的材料用于工程实体，同时，加强对预拌混凝土生产企业的检查，确保预拌混凝土质量。四是加强勘察设计企业的监督检查。对存在问题的企业采取通报批评、录入诚信平台等手段，使梅州市的勘察设计市场向着健康有序的方向发展。五是开展工程质量通病治理，落实通病防治措施，确保工程质量。六是全面推行住宅工程质量分户验收制度，特别是保障性住房工程分户验收率要达到100%。七是加强技术指导，推动节能工作。

建筑施工安全监管 2011年，梅州市建筑行业发生一般安全生产事故1起，死亡1人，比上年下降50%。是年，全市建设安全管理主要措施，一是加强安全生产工作部署。建立安全生产形势分析制度，研究、部署安全生产工作。二是建立安全生产责任体系。建立起安全生产层级监督管理体制。三是贯彻落实安全生产“一岗双责”制度。形成安全生产工作全局上下“齐抓共管，群防群治”的局面。四是继续深化建筑施工“安全生产年”活动，严厉打击建筑施工非法违法行为。共组织开展7次全市建筑施工安全生产检查、督查和专项检查，检查在建工程项目220个，下达隐患整改通知书205份。五是实行预警提示制度，强化事故预防措施。在重大节日、重要会议、特殊季节、恶劣天气到来和施工高峰期之前，提前有针对性地对本地区、本

行业的安全生产工作进行指导，做好防范措施，全年共发出预警短信500多条。六是加强应急救援演练，提高应急处置能力。修订、完善《梅州市建设工程重大安全事故应急救援预案》，组织开展应急救援演练。七是突出重点，开展建筑施工安全专项整治工作。集中解决高处坠落事故、垂直起重机械设备伤害及坍塌事故预防工作中存在的突出问题，进一步推动施工现场安全技术措施的落实，提高从业人员安全意识，减少作业人员违章违规行为。八是组织开展从业人员安全生产培训教育。

市政府投资建设项目管理　按照《梅州市政府投资市属非经营性建设项目代建管理办法（试行）》，履行职责，把抓工程质量、控制投资和工期、加强廉政建设作为“代建管理”的宗旨，切实担负起行使市政府投资建设项目业主管理职能，完成各项工作任务。2011年接收代建项目27项，总投资7.57亿元；完成施工任务32项，总投资13.39亿元。

工程建设领域突出问题专项治理　根据中央、省、市关于开展工程治理重点领域检查的相关文件精神，梅州市住房和城乡建设局采取项目自查、专项督查等方式继续开展工程治理重点领域检查工作，全面梳理和检查2008年以来共131个500万元（含）以上政府财政性投资项目和3000万元（含）以上非政府财政性投资的在建、竣工工程项目履行审批和监管、办理基建程序、招标投标、施工许可、项目实施及工程质量安全管理等方面的基本情况以及对存在问题的整改落实情况。本次检查共涉及建设单位20多家，总投资额约18亿元，代建项目77项，代建完成总投资约12.7亿元。131个项目中在建项目33个，竣工项目98个，总投资额在500万元（含）至3000万元的项目122个，3000万元（含）至5000万元的项目2个，5000万元（含）以上的项目5个，非财政性投资项目2个。通过排查找出存在的突出问题，分析原因，提出治理对策，针对存在的问题进行整改规范，为各项工作任务的圆满完成奠定坚实基础。（郭俊雄）

【建设科技】　建筑节能　2011年，梅州市针对建筑节能工作采取以下几个主要措施：一是完善建筑节能设计备案制度，努力实现建筑节能设计执行标准率100%的目标。二是完善建筑节能信息公示制度。执行梅州市住房和城乡建设局《关于实施民用建筑节能信息公示制度的通知》，落实施工现场和商品房销售现节能公示，接受社会监督。三是建立建筑节能认定备案制度，推广建筑节能新技术、新材料的应用。逐步将建筑节能材料纳入管理，加大对节能材料的监督管理力度。四是开展政府机关办公建筑和大型公共建筑能耗统计。完成23栋梅州市直机关办公楼能耗统计，并在网上进行能耗公示，为开展能源审计、监管平台建设打下基础。五是巩固墙材革新工作的成效。梅州市通过积极推广使用粉煤灰烧结实心砖，通过在施工中加强监督检查，严格把关，基本淘汰实心粘土砖及混凝土实心砖。全年新型墙体材料的使用量2亿多块标砖，节约用于生产粘土砖的土地16.67公顷，标煤6万吨。城区工程新型墙材使用率达85%以上。（郭俊雄）

市政建设科技创新　梅州市路灯管理处自主开发的金柚和围龙屋形灯罩获国家外观设计专利。梅州市园林管理处与梅州市环卫局合作，重点攻关龙丰垃圾填埋场生态型植被恢复技术研究项目，通过对场地的覆土、消毒、植被、环境监测等，确定适宜垃圾场封场使用的树种苗木，至2011年已种植三角梅、红千层、紫薇、大红花等1000多株。市园林管理处对市花——梅花的研究取得新进展。

（郑演祥　黄慰慰）

环境监测与科研　完成环境质量例行监测、监督性监测、委托监测、比对监测、应急监测等各项监测任务，为环境管理提供科学依据，梅州市环保局环境质量管理三年行动计划获得全省第二名。梅江区、梅县、大埔县、丰顺县、兴宁市、平远县、蕉岭县、五华县建成运行空气自动监测站。经环保部批准，梅州市环境科学研究获“社会区域”类别的环评报告书编制资质。（徐建全）

【信息化建设】　2011年，梅州市建设行业在办公、行业管理、业务应用等方面采用信息网络技术，不断提高管理的效率和水平，提高城市建设和建筑业等的现代化水平和科技含量，推动建设事业的发展。

（谢汉奎）

附录：梅州市住房和城乡建设管理部门主要领导

梅州市住房和城乡建设局
　党组书记、局长：刁东平
梅州市城乡规划局
　党组书记、局长：谢　航
梅州市城市综合管理局
　党委书记、局长：吴献华
梅州市水务局
　党委书记、局长：陈伟建
梅州市环境保护局
　党组书记、局长：袁小平
梅州市住房公积金管理中心
　党支部书记、主任：段　成

惠州建设

【概况】　2011年，惠州围绕“加快转型升级，升华惠民之州”的科学发展目标，按照“南进北拓、东西伸延”的城市发展战略，以突出城市特色、彰显城市个性的理念科学编制城乡规划34项，实施重点工程和民生工程改善城乡基础设施和环境，宜居宜业宜游的城市魅力日益凸显。是年，惠城中心区市政道路总长215千米，桥梁和隧道36座，城市照明线路总长965千米，城市中心区下水道总长550千米，城市供水主管道总长1000千米，日供水能力70万吨。市区城市园林绿地面积6642.57万平方米，绿化覆盖率38.35%，绿地率34.95%，人均公园绿地面积12.16平方米，新增公共绿地面积299.35万平方米。新增省立绿道33千米，省立绿道总长334.5千米，建成城市绿道106千米，安装智能型航空灯413盏。市区垃圾无害化处理率达100%，4座污水厂投入运营，新增处理能力10万吨/日，城镇生活污水处理率进一步提高。全年共完成房地产开发投资377.5亿元，比上年增长40.9%，增幅回落11.9个百分点。全市共筹集建设各类保障性住房1.36万套。城市管理在转型升级中不断创新，成立惠州市流动商户之家，市区核心区设立8个农产品直销点。 *(赵丽霞)*

【宜居城乡建设】 2011年，惠州稳步开展宜居城乡建设，并取得积极进展。博罗县园洲镇被授予“2010年广东省宜居示范城镇”，郭前村、嘉义庄村、柏田村、泰安村、长龙村、矮光村、塘尾村等7个村被授予“2010年广东省宜居示范村庄”。麦地社区、上湖塘社区、东河社区、下埔社区、花边岭社区、南坛社区、金青社区、东湖社区、文昌社区、长湖苑社区、紫西岭社区、莱园墩社区、祝屋巷社区、水北社区、横江社区、上塘社区等16个社区被授予“2010年广东省宜居社区”。 *(赵丽霞)*

【城乡规划】 规划编制 全年编制完成或正在编制的各层次城乡规划和专题研究34项，其中镇总体规划3项，控制性详细规划13项，专项规划和专题研究18项。《惠州市城市总体规划（2006~2020）》、《惠州西湖风景名胜区总体规划》上报国务院待批。马安镇、汝湖镇、吉隆镇总体规划已编制完成，进入审批阶段。控制性详细规划方面，完成市林场激流坑、桥东片区、马安中心区、鹿江沥南岸地区等规划的上报审批；完成惠南大道两侧及白石地区规划的专家审查；完成江北金鸡地区、火车站片区、小金口金源片区、火车西站地区的规划初步方案。专项规划和研究方面，组织完成惠州市“十二五”城市建设规划、尖峰山地区土地开发策略研究、惠州市“三大轴线”发展战略研究及行动计划、市民乐园地下空间综合利用规划上报审批工作等。此外，西枝江北桥头公共停车场规划设计、云山东路、惠民大道改造工程规划及“三旧”改造研究方案已通过“规委会”审议；惠州市“十二五”和谐交通规划、惠城中心区慢行交通系统专项规划、惠州市轨道交通线网规划（修编）、北环大道工程规划已完成，正加快推进历史文化名城保护规划和金山河“水清岸绿”工程规划的编制。 *(赵丽霞)*

【城市建设与管理】 市政设施维护建设 2011年，惠城中心区建成使用的市政道路、桥梁总长215千米，总面积718万平方米，桥梁、隧道总数36座。年内，市政道路桥梁设施管养维护累计投入资金1549万元；维修路面5.55万平方米；人行道4.9万平方米。通过全面维护，市政道路桥梁设施完好率达到98%以上。

城市照明 2011年惠州市实施照明工程10项，工程包括配套道路桥梁建设或改造照明工程3项，老城区路灯完善项目及内街小巷路等工程7项。共安装路灯516盏，铺设线路1.63万米，安装变压器2台，配电器6台。至年底，城市照明线路总长965千米，灯具总量6.66万盏，城市照明设施完好率达到98.2%，亮灯率达到98.1%，均优于95%的国家标准。 *(吴珊)*

园林绿化 2011年，惠州市区城市园林绿地面积6642.57万平方米，绿化覆盖率38.35%，绿地率34.95%，人均公园绿地面积12.02平方米，新增公共绿地面积280.04万平方米。新种乔木1.96万株。惠城中心区城市绿化实行市场化养护面积355.5万平方米，年养护经费2650.19万元。市园林局下属单位培育苗木20个品种共16.5万株（袋），花卉10.5万株。重大活动及节日摆花18.6万盆。西湖和红花湖景区接待游客342万人次，政务接待811批次。下埔滨江公园举行大型文化活动46场。

年内，市区红花湖大型停车场及其附属设施正式启用，红花湖景区登山步道、故乡园二期、高榜山公安微波站等建设工程相继完工。惠州森林公园建设正式启动。红花湖景区免费开放。 *(黄永源)*

绿道建设 2011年，省立绿道网惠州段建设在“全线贯通”和“基本建成”的基础上，完成所有配套设施的建设并投入使用。至是年底，全市建成省立绿道334.5千米，比上年增加33千米。建成省立绿道驿站40个，建设省立绿道标识1342个，自行车租赁点15个，安全设施129个，环卫设施215个，停车场22个，均超额完成目标任务。同时，将红花湖、黄沙洞、罗浮山、黄金海岸和巽寮湾等路段打造为特色明显的省立绿道重点展示段。完成26.17千米省立绿道连接线以及61个绿道与道路交叉口的完善工作，增加绿道连接线标识99个，新增绿道连接线绿化8.8千米，提升绿道网连接线的安全性和景观环境。完成城市绿道绿化106千米，建设慢行道106千米。

为发挥绿道网的综合效益，年内开展“青年记者绿道行”、“健康共享·幸福广东”珠三角绿道骑行惠州段活动、“惠州绿道全国自行车公开赛”、“惠州城市游绿道游”、“千人游大亚湾”、“广东省第二届希望之路惠州站——慈善绿道行”等绿道主题活动。 *(赵丽霞)*

城市环境卫生　2011年，惠州市环卫局不断提高全市的环境卫生质量，持续为市民提供优质的环卫服务。一是坚持不懈地落实“三包”责任制度、“三员”工作制度、“三个一”考核奖惩制度、应急自动响应制度等环境卫生长效管理制度，确保市区1200万平方米的街道和1200万平方米的“两江一河”（指东江、西枝江市区段和新开河）水面每天保持干净整洁；1000吨生活垃圾日产日清，100%无害化处理；32座垃圾中转站、76座公厕、9800多个果皮箱和垃圾桶每天正常运行、发挥作用；1644块路名牌、96座候车亭、540张座椅每天保持干净整洁。二是坚持市区居民生活垃圾上门收集制度，优化生活垃圾运输系统，提高工作效率和质量。三是为多项重点活动提供优质的环卫保障服务。四是实施覆盖市县（区）两级的城市环境卫生质量检查通报制度，对各县（区）的环境卫生每月一检查，每季度一通报，提高全市的环境卫生质量和管理水平。

开展垃圾分类试点工作。通过前期摸底、调研后，制定垃圾分类试点工作方案和宣传方案。选定惠州市区金迪星苑和东湖花园5号小区共3200户居民进行生活垃圾分类试点，于9月3日举行启动仪式。年内，试点小区居民垃圾分类知晓率达90%以上，参与率40%以上，是全省继广州、深圳、珠海之后，开展生活垃圾分类试点的城市。

推动城乡环卫一体化工作。一是推进县（区）垃圾无害化处理设施的建设。敦促惠东县、博罗县垃圾填埋场前期规划、环评、可研等工作的落实，博罗县垃圾填埋于12月建成投入使用，惠东县垃圾填埋场也取得实质性的进展；推动惠阳区、龙门县垃圾填埋场的改造；督促惠阳区垃圾填埋场渗滤液深度（膜）处理工程建设。二是召开环卫局长会议和组织参观学习，为全市环卫系统提供一个交流经验、研究工作的平台。三是印发《关于推进城乡环境卫生管理一体化奖励资金申报、拨付等有关事项的通知》。年内，惠城区、惠阳区、大亚湾区完成行政村均设保洁队的任务，落实区级财政对村组保洁人员经费保障政策；惠东、博罗、龙门县完成部分行政村设保洁队的任务，并对其人员经费实施补贴。惠城区、惠阳区被国家住房和城乡建设部评为全国第一批村镇垃圾治理全覆盖县（市、区），全国仅28个，惠州市占2席，惠州市村镇垃圾治理工作走在全国的前列。

生活垃圾处理。惠州市区建成使用的垃圾处理设施有：垃圾焚烧发电厂1座，处理能力为1000吨/日；无害化生活垃圾填埋场1座，库容为70万立方米；垃圾渗滤液预处理场1座，处理能力600吨/日；垃圾渗滤液深度（膜）处理场1座，处理能力400吨/日；垃圾填埋场沼气发电项目1个，发电能力1500千瓦。主要处理该市惠城中心区和仲恺高新区的10个办事处及5个周边镇的生活垃圾，每天处理垃圾量约1000吨，无害化处理率100%。惠州市环卫局建立健全各项管理制度，保障垃圾焚烧发电厂、垃圾填埋场、垃圾渗滤液预处理场及垃圾渗滤液深度（膜）处理场等设施的正常运营。垃圾填埋场的垃圾渗滤液经垃圾渗滤液预处理场处理后，输送到垃圾渗滤液深度（膜）处理场处理后排放，优于一级排放标准；垃圾焚烧厂废气达标排放，保证周边环境质量达到规定的要求。

（黄婉华）

城市生态环境保护和建设　大气污染防治。2011年，惠州市结合深圳大运会空气质量保障工作，大力推进大气污染防治。开展锅炉废气治理，118台中小锅炉完成淘汰或清洁能源改造，167台4蒸吨以上锅炉完成达标治理，惠城区高污染燃料禁燃区内共有8家企业完成清洁能源改造，9家关停或搬迁。开展整治冒黑烟锅炉专项行动，完成惠城区梅湖工业区、博罗县石湾镇、园洲镇片区等重点区域的整治。加强VOC废气治理，52家VOC重点企业落实废气处理设施并实现达标排放。加强机动车排气污染控制，实施新车国Ⅳ准入制度，全面推广粤Ⅲ标准成品油，推进公交车及出租车“油改气”，投放LNG公交车100辆，淘汰旧公交车辆105辆；强化机动车环保标志管理，共核发26.6万份环保标志，其中绿标24.7万份。加强扬尘污染控制，建立部门联动机制，通过加强施工工地管理、建筑垃圾道路运输管理、城市绿化、道路保洁等措施，大力控制市区扬尘。

城市噪声防治。是年，惠州市加强饮食服务业监管，建立环保、工商、文化等多部门联合执法工作机制，取缔噪声严重扰民的餐饮店，对中心区噪声扰民问题严重的酒吧进行专项治理；加强建筑施工噪声污染整治。对建筑施工实行多部门联合审批，大力整治违法超时施工，对重复违法施工单位实施限批。重复投诉率明显降低。（杨哲）

城市水环境建设　金山河整治工程。工程于2011年12月开工，按照相关规划方案，金山河综合整治工程将按照生态治河的理念和“防洪排涝、截污治污、生态修复、景观美化”的总体思路进行整治，建设成为国内一流标准、“以水为主题”的城市景观样板工程，计划整治河道10千米，总投资5.86亿元，预计次年底竣工。此外，采取非工程措施，加大河涌保洁力度。

（罗军武）

淡水河、潼河整治情况。是年，惠州市围绕东江水质保护，重点推进淡水河、潼湖两个重点流域的污染整治，通过加快流域内污水处理设施建设、关停22家重污染企业、全面清退养殖场等措施，持续减少入河污染物总量，淡水河紫溪断面综合污染指数比西湖村断面和坪山河上垟断面分别比上年下降27.4%、56.9%，潼湖水系东岸涌监测断面综合污染指数下降12.3%。

污水处理。是年，建成水口二期、博罗石湾二期、惠东大岭、仲恺陈江二期4座污水厂投入运行，新增处理能力10万吨/日。此外，建成5座污水厂主体工程，10座正在建设中，完善江北、金山等污水厂配套管网，城镇生活污水处理率进一步提高。建成城市生活污泥无害化处理项目主体工程，有效解决污水处理污泥二次污染。

（杨哲）

城市排水　截至2011年底，惠州市公用事业局管辖的下水道总长550千米，泵站11座，市区排水设施完好率达98%。全年累计清疏排水管道1.82万米；清疏检查沙井、集水井2.19万座。全年累计组织应急抢险排涝Ⅰ级以上13次，出动应急排涝人员近1040人次，排除内涝积水48处；共实施排水专项工程2项，完成投资128万元。2011年3月，编制《中心城区重点保障路段排涝抢险工作安排方案》，市政排水设施巡查PDA管理系统、泵站远程信息化管理系统和数字市政排水管理系统已基本建成并升级完善，实现设施巡查、维护、排涝抢险和泵站管理信息化。

城市供水　2011年，惠州市自来水总公司全年完成售水量1.20亿吨，总产值2.36亿元，铺设及改造管径100毫米以上管道38.1千米。出厂水质综合合格率100%，城市管网水水质综合合格率98.3%，均优于《城市供水水质标准》95%的国家标准；至年底，城市供水主管道总长1000千米，日供水能力70万吨。市区“一户一表”改造工程于2010年6月开始实施，截至2011年底，正在改造和已经完成改造的用户已累计达到7.4万户。潼湖水厂建设已完成各项前期准备工作，正在进行土地拆迁补偿及土地审批等工作，于12月27日举行首期20万吨/日工程开工仪式。城市供水调度中心已建成投入使用，供水管网地理信息系统（GIS系统）建设完成并验收，供水信息化管理工作全面展开。

（吴珊）

城市供气　2011年，惠州市新增燃气管道133.63千米，新增管道燃气用户9289户，新增液化石油气瓶装气用户538户，临时瓶组气化站23个，液化石油气瓶装供应站数量256个。截至2011年底，市政燃气管道总长1003千米，管道燃气用户14万户，瓶装燃气用户29万户。

（封晓霞）

城市综合管理　创新社会管理工作。2011年，惠州市成立流动商户之家，建立三级管理网络，通过“规划定点、规范管理、考评验收”三步法建立疏导点，采取现场工作点、实行持卡经营等方式，强化规范管理工作实效。截至年底，惠州市有流动商户6050户，2.42万人。在市区（惠城区、仲恺区）核心区共设立疏导区和疏导点48个，疏导流动商户2100多户。按照“天光圩”和“周末直销市场”两种方式建设农产品直销点，经过筛选和公示，在惠州市区核心区设立8个农产品直销点。惠州市流动商户之家和农产品直销点建设，有效搭建便民、利民的工作平台，创新社会管理，提升了城市文明水平。

查处违法建设。是年，惠州市落实查违工作责任，建立完善管控机制，委托惠城区、仲恺区政府行使老村庄内查违工作部分执法权，强化考评监督，进一步增强工作实效，有效打击抢建博赔歪风，违法建设势头得到有力遏制，存量违法建设逐步消化。全年惠城、仲恺两区共查处违法建设431宗，面积32万平方米，共拆除377宗，面积29.6万平方米。

市容市貌管理。年内，城管执法局按照市容市貌执法管理标准和要求开展考评工作，下发考评通报8期。坚持“疏、管、教”并举，在加强执法管理的同时，注重加强疏导管理，市容市貌管理取得积极成效，一批城市管理的老大难问题逐步解决，市容市貌管理常态化管理机制逐步形成。全年共开展各类整治行动1.4万次，清理“牛皮癣”12.5万处（张），教育规劝乱摆卖行为9.9万人（次）、占道经营行为6.6万人（次）、流动摊档6.3万人次。

（罗静凤）

【城镇村庄建设】　2011年，惠州通过编制村庄规划和名镇名村及历史文化名村规划，推进城乡一体化建设。全市完成50户以上自然村规划编制，共编制2812个村庄规划。74个省级贫困村中有60个村编制完成村庄规划。

选定博罗县长宁镇、横河镇2个镇和惠城区三栋镇鹿颈村、惠阳区秋长街道周田村、龙门县永汉镇嘉义庄村等各具特色的17个村庄为惠州市2011年度名镇名村建设示范点。完成《生态罗浮，岭南名镇——博罗县名镇名村建设升级规划（一期）》编制工作。开展历史文化名村保护规划，与意大利米兰理工大学建筑学院合作开展惠阳客家围屋保护规划研究，完成《惠阳区客家围屋保护与旅游开发研究》成果。组织开展第三批广东省历史文化街区、名镇、名村申报工作。惠阳区秋长周田村风貌改造规划入围广东省岭南特色乡村民居奖。

（赵丽霞）

【中心镇建设】　2011年，惠州围绕统筹城乡发展，开展乡镇总体规划编修。组织开展博罗县总体规划、横沥镇、汝湖镇等镇总体规划修编工作，编制完成《惠州市惠城区汝湖镇总体规划》、《惠东县吉隆镇总体规划》。修改完善《惠州市海洋生态园总体规划》，按照《惠州市中小城镇基础设施“十二五”规划（2011~2015）》，推进城镇基础设施建设，不断增强城镇的服务功能。

（赵丽霞）

【住房与房地产业】 2011年，惠州市房地产开发受市场调控政策影响较为明显，资金投入速度相对平缓，房地产开发投资保持平稳增长态势。全年新增经营性用地207宗，供应总面积为844.99万平方米。

全年共完成房地产开发投资377.5亿元，比上年增长40.9%，增幅回落11.9个百分点，其中，完成住宅投资291.45亿元，增长46.9%。商品房施工面积3925.04万平方米，增长27.7%；新开工面积1342.57万平方米，增长1.5%；竣工面积503.57万平方米，下降10.8%。

房地产市场运行 2011年，惠州市商品房批准预售面积为1315.98万平方米，比上年增长54.55%，其中，新建商品住房1207.47万平方米，增长59.72%，新增上市规模呈“前低后高”趋势。截至年底，全市商品房累计可售面积874.6万平方米，市场供应较为充足。全市全年新建商品房累计销售面积798.2万平方米，比上年增长27.2%。除中小户型住房销售增长较快之外，其他各类住房的销售较为均衡。全市新建商品房全年销售均价为5534元/平方米，增长11.6%，其中新建住宅销售均价为5509元/平方米，增长14.37%，随着调控政策的落实，房价逐步回归理性。

是年，受金融、信贷政策的影响，惠州市二手房市场有所降温，成交较为低迷，全市全年二手房成交面积累计为214.38万平方米，比上年下降3.77%，成交套数1.54万套，下降5.1%。

商品房交易 2011年，惠州市强化房地产市场管理各项工作。一是加强商品房预销售资金管理，印发《关于进一步加强商品房预售款管理的通知》，对预售资金的缴存、使用进一步细化，确保预售资金用于后续工程建设，全年共核拨商品房预售款用款1456宗。二是严格实行商品房明码标价，由市物价部门对商品房销售价格进行确认并办理监制手续，市房产管理部门将价格信息导入楼盘表相对应的房屋信息中，规范商品房交易价格行为。三是加强房产中介管理，研究制定评估报告价格备案管理系统，对各房地产评估机构的评估行为实施网点式分布管理；对二手房交易资金监管工作组织成立惠州市国有土地上房屋征收评估专家委员会，为莞惠城际轨道建设国有土地上房屋征收与补偿工作顺利进行提供保障。四是加强房屋租赁管理，全年共完成房屋租赁登记备案2945套，面积46万多平方米。五是健全房地产市场监测机制，“城房指数”技术成果于3月通过住房和城乡建设部的验收，进入常态运行阶段。（王晓东）

▲2011年8月7日，惠州市城市管理志愿者活动参与城管活动——清除城市牛皮癣。
（惠州市城市管理行政执法局供稿）

保障性住房建设 2011年，惠州住房保障工作以公共租赁住房为主体，健全土地和资金保障机制，创新建设模式，全市共筹集建设各类保障性住房1.36万套，完成年度目标任务的112.8%。2010年度住房保障工作目标责任考核惠州市获广东省住房和城乡建设厅考核优秀等级。

统筹规划保障性住房。为进一步完善住房保障体系，年内，编制完成《惠州市区“十二五”住房保障规划》和《惠州市公共租赁住房管理办法》报市政府审批。

建立以公租房为主体的住房保障体系。是年，惠州住房保障工作以公共租赁住房为主体，12580户保障目标中，廉租住房补贴574户、公共租赁住房10980户、廉租住房591户、经济适用房435户。全年需筹集、建设的12006套保障性住房任务分解落实到32个建设项目，通过政府主导、BT、代建、企业自建和筹资建设等建设模式，实际开工建设13616套保障性住房，项目开工率100%，套数开工率112.8%。惠城中心区开工建设金石花园二期、古塘坳尖峰山、火车西站3个保障性住房项目，共建设3569套保障性住房。

公平公开公正分配。是年1月15日，惠城区三个保障性住房项目正式交付使用，惠城区2010年取得住房保障资格的1157户家庭陆续迁入金石花园、惠民花园和东安花园，其中廉租住房租赁264户、经济适用住房租赁351户、经济适用住房购买542户。2011年上半年，惠城中心区保障性住房房源774套，经审核公示，611户家庭获得住房保障资格，其中廉租住房70户，经济适用租赁住房245户，经济适用

住房申购296户。（赵丽霞）

产权产籍管理　2011年，惠州市房产交易中心被评为“广东省青年文明号标兵示范单位”。全年共办发各类权证9.06万宗，比上年增长5.7%。完成房产测绘9130宗，测绘面积1049万平方米。完成9.71万份房产档案资料的整理、录入工作。完成房产档案查询6.99万份，出具首次购买普通住房证明1.93万份，办理法院查、解封业务3394宗。

物业管理　2011年，惠州市房产管理部门共受理开发建设单位申请办理前期物业管理115项目次，批准78个新建项目的开发建设单位采用协议方式选聘物业服务企业，落实物业管理用房约3000平方米。对235家物业服务企业进行年检，分别为141家物业服务企业办理注册、核准定级和资质变更。开发物业管理信息化系统，逐步实现物业投诉处理、业务办理流程自动化。组织开展物业管理员、项目经理、电梯安全管理等培训4期，受训人员1000多人次。开展物业管理示范项目考评和十佳诚信物业服务企业评选活动，隆生半岛广场等15个物业管理单位被评为市示范项目，雅居乐物业管理服务有限公司惠州分公司等10家企业被评为市住宅物业服务行业十佳诚信企业。做好新建商品住房维修资金的归集工作，全年共归集维修资金约2亿元，追缴维修资金2000余万元。依法指导住宅小区成立业主大会，全年市区共有10个住宅小区成立业主大会，选举产生业主委员会。

直管公房管理　2011年，惠州市房产管理部门开展直管公房租赁审查工作，坚决遏制转租、转借行为。全年共收缴房租660多万元，完成公房租赁更名87户。对543户较危险公房集中进行安全鉴定，完成惠新东一栋的楼梯改造和惠新西街一巷19-27号三栋危楼的排危修建。制定《公房维修工程认定工作实施方案》，对公房维修项目实行立项论证，全年共完成公房维修407宗，维修房屋面积3.7万平方米。完成首批50户直管非住宅公房的市场化招租工作，招租后每年增加租金54.45万元。完成2667户公房号牌的编制和安装工作。对历史原因造成的房屋面积严重不实和未办证的公房进行重新测绘，并办理产权证，确保国有资产产权清晰。（王晓东）

住房公积金管理　2011年，惠州市公积金覆盖面进一步扩大，全市新增开户单位570家，新增缴存职工人数8.1万人，完成年度新增人数计划的566%，全市住房公积金缴存单位总计5039户，缴存职工37.80万人，缴存人数比上年底增长27%，新开单位数和开户数在全省名列前茅。

是年，惠州市住房公积金归集额26.07亿元，比上年增加7.16亿元；提取住房公积金13.33亿元，比上年增加3.68亿元；实现住房公积金增值收益5314万元。发放个人住房公积金贷款共6154笔，金额合计11.5亿元，比上年增长74%；历年累计发放贷款30542笔，累计发放贷款43.2亿元，年末住房公积金贷款余额26.54亿元。年末委托贷款余额占住房公积金归集余额的比率为60%，住房公积金使用率为80%，增值收益率位列全省第一。（李杏浓）

【“三旧”改造】　2011，惠州市完成各县、区的“三旧”改造专项规划编制，并按程序上报省住房和城乡建设厅和国土资源厅审查备案，为科学指导各县区“三旧”改造奠定良好的基础。是年，新受理15宗“三旧”改造项目用地的《规划设计条件告知书》案卷。惠州大力推动“三旧”改造项目招商推介活动，8月，赴香港参加2011年“三旧”改造项目招商推介会，共有10个项目成功签约。（赵丽霞）

【建筑业】　建筑市场管理　2011年，惠州市建设工程交易中心完成工程施工交易共103项，工程造价52.48亿元，其中公开招标工程81项，工程造价27.71亿元，邀请招标工程22项，造价24.77亿元。完成工程监理交易42项，工程造价52.09亿元，其中公开招标工程30项，工程造价34.91亿元，邀请招标工程12项，造价17.18亿元。

为营造“合理、公平、有序、快捷、高效”的交易环境，启用新的交易场所，采用识别指纹的电子门禁系统和手机屏蔽等管理手段，建立了企业工程人员信息库，涵盖建造师等十一类技术人员的信息。继续使用工程量清单计价办法，采用电子评标辅助系统评标评分的54项工程，中标交易价下浮2.43%，节省资金9203.55万元。

同时，严格执行市场准入制度。加强市场主体的从业资格管理，扶持本地企业不断增强竞争能力，引进有实力、信誉好的企业参与惠州建筑市场竞争，将违法转包的建筑企业清除出惠州建筑市场。年内对27家建筑装修装饰工程专业承包三级资质企业和15家预拌混凝土企业进行核查。

工程质量管理　惠州建设工程质量监管以质量强市为宗旨，开展建筑钢筋、建筑节能、惠民工程质量等专项检查和工程质量综合执法检查，累计抽查检查在建工程100个，抽查的各类规格钢筋、水泥强度、楼板厚度合格率为100%，发出整改通知5份。对质量管理体系落实不到位的质量责任主体发出整改或停工通知。加大对主要建筑材料的抽查力度，从源头把好工程质量关。实施样板引路，推动建设工程质量上台阶，并首度荣获中国建筑工程“鲁班奖”。

建筑安全生产管理　2011年，惠州市建筑行业针对惠州报业传媒集团文化产业基地一期裙楼高支模坍塌和大亚湾区亚迪二村吊顶倒塌事故，深入排查、清理和整治各类安全隐患，扭转建筑安全生产的严峻形势。推行建筑工人“平安卡”管理制度，实行建筑工程团体意外伤害保险。开展施工安全专项检查、“安全生产月”活动和打击非法违法生产经营建设行为的专项行动。开展示范工地观摩活动，以点带面推动施工安全管理工作上水平。

规划勘测管理　全年累计完成规划勘测业务870宗。完成地形图修测40宗，151万平方米；建筑物放线、验线131宗，752栋；规划竣工验收测绘518宗，525万平方米；市政道路、排水、放线20宗，41千米；市政道路、排水竣工验收12宗，11.5千米；处罚测绘14宗；规划用地拨地定桩10宗；计算总平面坐标100宗；计算土方量21万立方米。新增城市建设工程测量、变形（沉降）观测两项业务。（赵丽霞）

【建设科技】　建筑节能　2011年，惠州市进一步明确规划、设计、审查、施工、监理、检测、质监、验收等各环节所涉及的建筑节能监督管理责任和目标，全年新建建筑设计阶段执行建筑节能标准和施工图节能审查备案比例均达100%，新建建筑施工阶段建筑节能强制性标准执行率达98%以上，近50个工程项目采用太阳能热水系统设计，比上年增长35%，施工现场实行节能信息公示制度。完成全市72栋国家机关办公建筑和大型公共建筑的能耗调查、统计和有效数字汇总。对重点商贸酒店等11栋大型公共建筑开展能源审计并编制节能规划，着手开展居住建筑能耗调查统计工作。《惠州市建筑节能“十二五”规划纲要》编制完成。

散装水泥使用　全市完成散装水泥供应量590万吨，使用量380万吨，分别比上年增长6.3%和5.5%，预拌混凝土使用量达610万立方米，增长5.1%。散装水泥率60%，节约标准煤9.04万吨，减少粉尘排放5.93万吨，减少二氧化碳排放26.55万吨，减少二氧化硫排放0.02万吨，综合经济效益3.54亿元。

墙材革新　年内，拓展新型墙体品种，新增纸面石膏板、建筑用轻质隔墙条板、维保板材3个新型材料，填补惠州空白。全市67家混凝土砌块新型墙体材料生产企业，年生产能力近870万立方米，蒸压加气混凝土企业18家，年设计生产能力400万立方米。市区内建设项目新型墙体材料的使用占总墙体的比例达93%以上，居全省前列。2011年，全市生产新型墙材共计节约土地133.33公顷，节约能源15万吨标煤，减少废气排放36万吨，利用废渣95万吨。（赵丽霞）

【信息化建设】　2011年，惠州市住房和城乡规划部门进一步改善信息化设备，建立完善城市地理信息系统、数字化地形图库、用地红线图库、道路红线图库等规划图库，全面推进信息化进程。

全年共办理道路红线图出图业务341宗；办理提供数字地形图业务88宗；更新入库1：500地形图710幅；办理规划信息查询业务118宗；发布公告公示489份；回复处理网民意见建议1318宗；电子监察系统上传数据，受理业务1395宗，办结业务1432宗；录入制作大屏幕宣传资料24宗；制作并发放123个公示牌。

是年，进一步完善网络问政工作制度，制定《惠州市住房和城乡规划建设局网络问政工作制度》，实行网络问政月报制度，并在时效性和质量上狠下工夫。充实更新工程建设领域项目信息，发布录入信息989条。“深莞惠城市规划信息共享平台”项目建设达成共识，确定了建设目标、建设内容和项目实施方案，平台项目首期建设已在惠州市发展与改革局立项。增设一台保密计算机，各类技术参数达到保密要求。（赵丽霞）

附录：惠州市住房和城乡建设管理部门主要领导

惠州市住房和城乡规划建设局
党组书记、局长：李德友
惠州市房产管理局
党委书记、局长：周仲珩
惠州市园林管理局、惠州市西湖风景区管理局
党委书记、局长：叶启灵
惠州市市容环境卫生管理局
党委书记、局长：黄水祥
惠州市公用事业管理局
党委书记、局长：胡斯平
惠州市城市管理行政执法局
党组副书记、局长：钟朝阳
党组书记：陈贻荣
惠州市水务局
党组书记、局长：钟日强
惠州市环境保护局
党组书记、局长：王细波
惠州市住房公积金管理中心
党组书记、主任：兰德华

汕尾建设

【概况】　2011年，汕尾市围绕打造“一（中）心一轴、一带三片（区）、多组团”城市空间发展结构，实现城市总体规划、产业布局、土地利用、环境保护“四规合一”。市本级负责实施的重点市政工程项目共9个，完成投资2亿元；全市共创建市级试点宜居城镇10个、宜居村庄21个、宜居社区17个；市区供水区域不断拓展，供水压力得到缓解，解决群众用水难题；市区管道燃气工程实施顺利，市区道路网络，以及城镇文化娱乐设施、健身设施不断完善；超额完成省下达保障性安居工程建设任务，全市房地产市场基本平稳，新建住房价格均未突破年度控制目标；全市共完成建筑业总产值16亿元，房屋施工面积152.67万平方米，房屋竣工面积88.13万平方米，全员劳动生产率1.05万元/人。

（蔡曙光）

【宜居城乡建设】 2011年，汕尾市宜居创建工作取得显著成效。获得宜居称号的城镇村庄不断增加。全市创建市级宜居城镇10个、宜居村庄21个、宜居社区17个。其中海丰县海城镇北门社区和市城区新港街道立新社区被授予省级宜居社区称号；陆河县螺溪镇和新田镇丰山村分别被省住房和城乡建设厅确定为省宜居城镇和宜居村庄创建指导点之一。陆河县螺溪镇、陆河县水唇镇高塘村、陆河县新田镇丰山村、市城区马宫镇长沙村、海丰县黄羌镇坑联村、红海湾开发区遮浪街道四石柱村等6个村镇被省住房和城乡建设厅评定为“广东省第一批宜居示范城镇、宜居示范村庄”。

截至2011年底，全市共解决城镇低收入家庭住房困难户1925户，其中保障房（解困房）配售1272套，发放租赁补贴653户。2011年度建成公共租赁住房1379套。宜居城乡创建工作启动以来，建成污水处理厂6个、改造污水管网5千米。汕尾市生活垃圾无害化处理中心首期工程建设顺利推进，累计完成投资8000万元。市区新建燃气管道10.8千米，市区道路总里程已达60千米，道路总面积160万平方米，人均道路面积9.77平方米。

(蔡曙光)

【城乡规划】 城市总体规划调整 2011年10月，《汕尾市城市总体规划（2011~2020)》成果通过省住房和城乡建设厅审查，并报省政府审批。

是年3月完成汕尾火车站交通接驳规划及汕尾市区滨海地带（老城区段）控制性详细规划，并通过规委会评审；4月完成城市规划编制与设计《汕遮公路绿道景观设计》；6月完成《汕尾市城市文化广场景观设计》和《汕尾市银龙湾片区概念规划》；10月完成《汕尾市滨湖广场环境景观设计》。

城市规划管理 2011年7月，汕尾市政府通过《汕尾市区“三边一中”规划建设管理规定暂行规定》，12月通过市人大常委会审议颁布实施。《汕尾市区“三边一中”规划建设管理规定暂行规定》的制定工作，逐步完善全市城乡规划管理配套法规和技术规程。截至2011年底，汕尾市市城乡规划局行政服务中心规划窗口共受理业务123宗，办毕业务91宗；共受理用地申请29宗，核发《建设用地规划许可证》21本，面积共65.22万平方米；发选址意见书6宗，审核规划设计及建筑单体设计方案21宗，其中办结10宗；办理工程竣工规划验收15宗，建筑总面积为24.58万平方米；

是年，建设监察大队处理违法违章建设案件115宗，追回补办报建手续3件，立案查处违法建设57件，发出《拟作出行政处罚告知书》57份，《行政处罚听证告知书》57份，发出停建通知书207份，拆除违法建设10宗。 *(康微)*

【城市建设与管理】 市政设施建设 2011年，汕尾市区在建市政工程项目主要有：市生活垃圾无害化处理中心项目首期工程、工业大道东段、金湖路东段、污水处理厂集污管道、腾飞路东段、成业路南段、体育路、公园路、红海西路等共9个市政工程项目，项目总投资8亿元，完成投资2亿元。其中腾飞路东段、成业路南段、工业大道东段、金湖路东区污水处理厂集污管道工程等5个市政工程项目全面建成，完成年度建设计划的100%。

(蔡曙光)

园林绿化 2011年，汕尾市提出申报“广东省园林城市”。为实现建设“宜居城市”和创建“广东省园林城市”工作目标，汕尾市革新管理方法，大力开展综合整治和专项整治工作。

一是结合迎接广东省第四届粤东侨博会、迎中秋庆国庆，开展专项整治工作，如奎山湖清淤整治工程。二是突出重点工作，把日常管理和专项整治活动结合在一起，贯穿全年，提升市区绿化的美化净化效果和绿化品位。2011年，先后完成汕尾大道、海滨大道和奎山河绿化带等15条市区主干道4万平方米，以及奎山公园、玉台山慈云公园的绿化补植、修剪和施肥等工作。三是加强园林监察巡查力度，保护绿化成果。 *(翁炳东)*

城市环境卫生 生活垃圾处理。2011年，汕尾市抓好治污保洁工作，统筹集中建设全市生活垃圾处理设施，完善县城和镇区、村庄垃圾清运设施建设，建立村收集、镇运输、县统一处理的生活垃圾处理网络，全年共争取到省治污保洁工程（垃圾清运设施）专项资金500万元。

截至2011年底，汕尾市生活垃圾无害化处理中心项目首期工程已完成项目建议书及其批复、项目选址意见书及其评审，完成项目征地、补偿，完成焚烧发电厂环评大纲评审、填埋场环评报告书及审批、水土保持方案和地质勘察、地形测量，完成厂区场地平整及进厂道路路基土方工程、北区卫生填埋场土方工程和60万立方米的主体工程，累计完成投资8000多万元。

城市环境保护和建设 2011年，汕尾市的环保工作以解决影响可持续发展和危害群众健康的突出环境问题为重点，以污染减排为抓手，强化环境监管和污染防治，大力推进生态文明和环保“软环境”建设。

是年，汕尾市被列入污染减排计划结构性减排项目的有海丰县联安豆腐加工厂、海丰县附城瑞峰毛织厂等7家企业，均按要求落实关停，全年共可削减化学需氧量1071吨、氨氮7吨。加强日常监管，继续推行清洁生产，对重污染企业实行清洁生产强制审核，是年全市9家企业被命名为市级清洁生产企业。

是年，经广东省环境保护厅核定汕尾市2010年环保责任考核成绩为80.88分（合格79分），考核等次为合格。

加强管理，提高污染控制水平。是年，汕尾市共审批建设项目61宗，出具立项意见9宗，并对32宗申请污染防治设施竣工环境保护验收和试生产项目进行现场检查和验收。开展全省首批危险废物规范化管理试点工作和重金属污染防治工作。

推进水资源和农村环境保护。开展饮用水源常规和预警监测，对主要饮用水源实行定期监测监控。落实农村环境综合整治项目环境成效评估办法，加强自然保护区的建设，做好省级生态示范区申报工作。截至2011年末，汕尾市先后建成自然保护区、森林公园、风景名胜区、饮用水源一级保护区25个，总面积520平方千米。

依法行政，全面加强环境监察。全年共出动执法人员2705人次、检查企业780家。发出限期整改通知书27份。对6家环境违法企业进行立案查处。加大排污费征收力度，提高排污企业的污染防治及纳费意识，全年征收排污费约1100多万元。

生活污水处理　截至2011年底，全市共建成6个污水处理厂，分别是：汕尾市西区污水处理厂、市区东区污水处理厂、海丰县污水处理厂、陆河县水质净化厂、红海湾开发区污水处理厂。6座污水厂总设计规模为日处理污水25.5万吨，服务人口110.7万人，污水管网设计总长度为38.92千米，已建成的管网长度34.8千米。　*（张秋玲）*

城市供水　2011年，汕尾市进一步深化供水企业内部改革，加强企业管理，建立健全有效的内部监督约束和激励机制，加速城市供水管网建设步伐，不断完善供水管网结构，满足全市用水日益增长的需求。全年供水总量3769万立方米，比上年增长7.8%；售水总量2225万立方米，增长6.5%；实现经济总收入5010万元，增长8.4%（其中水费收入4668万元、工程安装收入291万元）；上缴税金345万元，扩大新用水户2613户；投资760万元新铺设和改造市区供水管道DN100以上9230米（其中改造市区老旧管网长6758米、完成新铺设管道2484米），管网水质综合合格率达99.4%。全年实现安全供水无事故，确保管网连续安全稳定供水。

▲汕尾市区金湖路（2011）　　*（汕尾市住房和城乡建设局供稿）*

加快管网建设，优化管网结构，拓展供水服务区域。全年共投入240万元改造市区旧管网，分期分段对旧城区的供水管网按计划完成改造，解决3000多户居民的饮用水难题。

城市供气　加强燃气行业管理，制定《汕尾市燃气突发事件应急预案》报市政府审定并印发实施；继续推行月检、季检、年检、节前检、不定期检“五检”制度，并按形式分为单项检、普检、综合检、联合检、突击抽检，形成一套较为完善的管理制度，保证安全隐患得到及时排除。2011年共发出行政执法建议书12份；落实燃气经营许可制度，组织全市各地按要求换发新的燃气经营许可证；举办首期燃气从业人员专业培训班，共培训燃气从业人员88人。　*（蔡曙光）*

城市综合管理　2011年，汕尾市以迎接广东省第四届粤东侨博会环境整治工作为契机，以创建宜居城市为目标，不断转变城管工作理念，大力开展整治市容市貌工作，全面完成各项整治任务和工作目标。是年，城市综合管理局被评为“广东省广州亚运会亚残运会先进集体”，局长林登海被评为“广州亚运会亚残运会组委会嘉奖个人”。

城市环境综合整治。年内，对海滨大道、滨湖大道43家违章经营夜市摊档进行全面的清理整顿。加强户外广告设置管理，在市区设置11个布标定点悬挂点，实行定点悬挂，清理市区各种乱拉乱挂的布标横幅，拆除乱设置的户外广告。整治无牌证非法营运三轮车，以通港路、文明路、五十米大道、通航路等路段为重点路段，采取站岗式和跟踪式措施，查扣无牌证三轮车。清理城市牛皮癣和路边杂草。加强市容景观日常维护管理。是年，汕尾市城管部门严格按照工作责任制，对工作定岗、定人、定责，确保事事有人抓，层层抓落实。全年共出动执法人员2.68万人次，发出《占道经营限期整改通知书》986份。

市政设施维护。全年共修补

排水井盖近255个、39套，受理大型路面维修4宗、小型路面修补12宗，清疏道路排水干管、污水管道等。

城市管理规范性文件颁布。是年11月1日，《汕尾市区城市容貌标准》、《汕尾市区城市道路临时占用管理暂行办法》、《汕尾市区户外广告设施设置管理暂行办法》等三个规范性文件经市政府颁布，推动城管工作向法制化、规范化道路发展。 （吴秋菊）

【城镇村庄建设】 2011年，经汕尾市政府同意，确定并公布海丰县附城镇、陆河县水唇镇、红海湾开发区遮浪街道为汕尾市第二批宜居城镇，陆河县河田镇共联村、新田镇参城村、河口镇剑门村、螺溪镇螺溪村、海丰县可塘镇仓前村、城东镇桂树港村、平东镇新东村、公平镇胜高楼村，红海湾开发区遮浪街道新湖村为汕尾市第二批宜居村庄。至2011年底，全市有295个村庄完成编制规划，基本形成多层级、广覆盖的城乡规划体系。 （蔡曙光）

【中心镇建设】 2011年，汕尾市中心镇经济发展建设扎实推进，各中心镇镇区建设成果显著，全市10个中心镇镇域总人口达120.83万人，镇域GDP总额约2577323万元，镇域工业总产值约1737596万元，可支配财政收入达11144万元，城镇维护建设资金财政支出3153.5万元。截至年底，10个中心镇建成区公共绿地面积477.17万平方米，镇区自来水普及率达95%，镇区燃气普及率达96%，镇区道路长度达1249.3公里，镇区生活垃圾处理、中转设施数达60个。 （蔡曙光）

【住房与房地产业】 *房地产市场管理* 2011年，汕尾市根据《广东省商品房预售管理条例》，加强商品房预售管理，维护预售人和预购人的合法权益，促进房地产业的健康发展。全年全市新建商品房批准预售面积85.86万平方米，已预售套数5282套，已预售面积45.93万平方米，已预售金额12.94亿元；新建商品房现售成交套数3302套，成交面积53.96万平方米，成交金额14.92亿元，均价2765元/平方米。其中市区销售732套，成交面积13.7万平方米，成交金额4.7亿元，均价3431元/平方米。加强房地产开发企业资质管理，规范房地产开发企业经营行为。2011年，全市房地产开发企业150家，其中市区房地产开发企业38家。加强对物业服务企业活动的监督管理，规范物业管理市场秩序，提高物业管理服务水平。是年，全市物业服务企业29家，其中市区物业服务企业13家。加强房地产中介服务管理，保障房地产市场交易活动当事人的合法权益。2011年，全市房地产估价机构3家，其中市区房地产估价机构1家。

综合考虑汕尾市2011年国内生产总值计划年增长18%、城镇居民人均可支配收入计划增长12%，以及当时汕尾市房价与周边城市相比整体偏低等实际情况，汕尾市拟定2011年度新建住房价格增长控制目标不超过15%。陆丰市、海丰县、陆河县三市（县）政府也参照市的做法，制定控制指标。经过各级有关方面的努力，是年，汕尾市房地产市场基本平稳，商品房价格增长速度也在调控范围之内，为13.54%。

保障性住房建设 2011年省直接分配下达汕尾市的保障性住房建设任务为2897套（户），截至2011年底，全市落实新建开工项目28个共2995套，开工率为107.9%，竣工套数1000套，落实用地7.6万平方米，建筑面积14万平方米，投入资金1.5亿元。在全省2011年住房保障工作目标任务完成情况的通报中，汕尾市工作目标任务完成率排名全省第二位。

住房公积金管理 2011年，全市新增缴存公积金单位352个，新增缴存人数17560人，公积金制度覆盖面比上年增长14.91%，归集额为2.57亿元，累计归集总额为12.69亿元，归集余额为6.51亿元。 （蔡曙光）

【“三旧”改造】 2011年，汕尾市加大“三旧”改造工作力度，具体如下：

出台“三旧”改造地方规范性配套文件 为确保全市“三旧”改造工作符合相关政策规范 制定出台了《汕尾市推进“三旧”改造促进节约集约用地实施办法》。拟定了《汕尾市“三旧”改造项目审批操作办法》、《汕尾市“三旧”改造项目国有建设用地协议出让操作办法》、《汕尾市“三旧”改造项目土地使用权收购及定价实施办法》、《汕尾市“三旧”改造国有企业用地和集体建设用地土地出让纯收益管理办法》等4个相应的配套文件，并下发施行。同时，还编制完成了全市“三旧”改造专项规划，业经广东省住房和城乡建设厅组织的专家组评审，修改、完善专项规划工作已基本完成，正在上报审批之中。

落实改造项目“标图建库”工作 据统计，全市上报业已通过省国土资源厅核查验收并“标图建库”的“三旧”改造地块335块，面积1301.14公顷。其中：旧城镇125块，面积516.44公顷；旧厂房119块，面积443.97公顷；旧村庄91块，面积340.73公顷。合计合法用地面积1018.54公顷，需完善历史用地手续面积282.60公顷。

启动“三旧”改造示范项目 2011年7月，在香港举办的广东省“三旧”改造地块招商推介会上，选定了海丰县城东“旧厂房”改造项目（名园商住区）作为签约项目，市城区“旧城镇”改造项目（奎山社区商住项目）、海丰县附城“旧村庄”改造项目（联河彭厝围改造项目）、陆丰市“旧城镇”改

造项目（民间艺术馆）、陆丰市“旧厂房”改造项目（现代产业综合园区）和陆河县“旧城镇”改造项目（客家文化美食街）作为推介项目，面积共计34.95公顷。9月，在广东省人民政府举办的世界500强和境外大型企业合作交流会“三旧”改造地块项目推介专场上，将陆丰市“旧厂房”改造项目（现代产业综合园区）作为“三旧”改造推介项目在会上推介。这些项目，包括了旧城镇、旧村庄、旧厂房等“三旧”改造项目，既有政府公共建设项目，也有商业住宅综合性项目。改造后，能取得良好的社会效益、经济效益和环保效益，对改善城乡居住环境、增加地方财税收入和节约集约土地资源均有积极的意义。 *（蔡曙光）*

【建筑业】 2011年，汕尾市房屋建筑和市政基础设施工程核发施工许可证111项，合计建筑面积约263.42万平方米，造价31.49亿元（其中市属核发施工许可证14项，合计建筑面积18.88万平方米，工程造价2.47亿元）。全市共完成建筑业总产值16.9亿元，房屋施工面积178.28万平方米，房屋竣工面积96.45万平方米。

行业管理 2011年，汕尾市大力提升建筑行业管理水平。一是加强招标项目备案检查和现场监督。是年，全市招标98项，其中市属房屋建筑和市政基础设施工程实行施工招标项目9项（工程预算总造价5372.25万元，中标价5232.58万元，节约资金139.67万元）、监理招标项目1项，应公开招标10项，实行公开招标10项，应公开招标率100%。二是开展全市第一、二、三批（共52家）建筑业企业资质许可后核查工作。核查结果为：合格33家，基本合格5家，不合格9家，申请注销资质5家。同时受理外来施工企业2011年度备案登记11家，实施单项备案的建筑施工企业16家，监理11家，检测企业5家，勘察设计29家，建造师初始注册24人、建造师变更注册12人、二级建造师临时延续注册16人、二级建造师延续注册71人，营业执照注册号等变更11家。

安全生产管理 严格执行省住房和城乡建设厅《建筑工程安全生产动态管理办法》，对相关责任主体和责任人的违法违规行为进行动态扣分处理，2011年全市共扣分处理410条。通过开展建筑施工安全检查，共发出暂停施工通知书86份，安全隐患整改通知书187份，收到整改反馈单187份。按照“属地管理”、“谁主管、谁负责”的原则，落实“一岗双责”制度，依法加强安全生产监管职责。完成建筑施工企业安全生产许可证延期初审34家，申办建筑施工企业安全生产许可证1家，施工企业“三类人员”办证核实22人。 *（蔡曙光）*

【建设科技】 2011年，汕尾市建筑节能政策法规逐步完善，建筑节能新技术、新产品推广应用全面铺开。建立和实施建筑节能施工图审查制度，出台建筑节能专项规划《汕尾市建筑节能工作“十二五”规划》等，各县（市、区）也通过各种文件制定建筑节能年度和长期工作目标、措施。市建立建筑节能目标考核制度，下发《汕尾市建筑节能目标责任制和考核制度》，全市严格执行建筑节能的标准，切实开展建筑节能设计审查和备案工作，确保新建项目基本上能够按照建筑节能设计标准进行设计、审查和备案，设计阶段执行节能标准率稳步提高。监督施工阶段落实建筑节能措施的工作也逐步加强。

建筑节能新技术、新产品推广应用工作成效显著。建筑节能新产品如蒸压加气混凝土砌块、镀膜玻璃等等，得到普遍的推广应用。太阳能热水系统等可再生能源技术得到重视和推广应用。汕尾碧桂园等项目都采用了蒸压加气混凝土砌块、轻集料混凝土砌块等墙材，改变新墙材产品单一、供应不足、质量不稳、价格偏高的现象。太阳能热水系统的应用比例逐步提高。

开展建筑基本信息和能耗统计工作。累计完成48栋建筑基本信息及能耗统计工作，并对其中39栋市政府机关办公建筑的能耗信息进行公示，碧桂园等房地产项目和建筑工地也实施节能信息公示。

继续大力推进散装水泥管理工作。是年，全市使用散装水泥使用量达到31.46万吨，比上年增长285%；使用预拌混凝土111.3万平方米，比上年增长326.1%，超额完成省办下达的全年任务；2011年，全市征收散装水泥专项基金达到173.73万元，增长27.3%。市散装水泥管理办公室被广东省散装水泥管理办公室评为“十一五”期间全省发展散装水泥先进单位。

（林铁洪　蔡曙光）

【信息化建设】 2011年，汕尾市进一步推进建设项目信息公开和诚信体系建设，根据省住房和城乡建设厅和汕尾市《工程建设领域项目公开和诚信体系建设试点方案》的要求，督促有关部门和单位及时发布工程建设项目行政审批信息、招标信息，公开项目招标过程情况、施工过程管理情况、合同履约情况、质量检查和竣工验收结果情况等相关建设信息。同时依法规范建设部门的行政决策、行政执行和行政监督行为，进一步规范政府信息公开、办事制度，把各项建设事务行政审批纳入电子监察系统，落实服务承诺制和责任追究制等制度。

（蔡曙光）

附录：汕尾市住房和城乡建设管理部门主要领导

汕尾市住房和城乡建设局
　党组书记、局长：陈辉南
汕尾市城乡规划局
　党组书记、局长：郑捷奋
汕尾市房产管理局
　局长：刘升河

汕尾市园林局

党支部书记、局长：蔡珠文

汕尾市城市综合管理局

党组书记、局长：林登海

汕尾市水务局

党组书记、局长：陈永宁

汕尾市环境保护局

党组书记、局长：李成耀

汕尾市住房公积金管理中心

负责人：辛颖晖

东莞建设

【概况】 2011年，东莞市建筑业实现增加值77.79亿元，比上年下降12.2%。建筑企业完成总产值133.50亿元，比上年增长10.8%；施工面积759.11万平方米，增长3.5%；竣工面积396.15万平方米，增长27.0%。建筑企业按施工产值计算的全员劳动生产率为人均22.99万元，比上年增长1.5%。房地产业实现增加值358.55亿元，比上年增长6.6%；完成房地产开发投资373.76亿元，增长25.0%；商品房施工面积2396.55万平方米，增长16.3%；竣工面积242.28万平方米，下降18.3%；销售面积595.61万平方米，增长16.5%。承建市/镇财政投资工程72项，完成投资27亿元。其中15项工程被评为省双优工地，9项工程被评为省优良样板工程；5项工程获2011年省金匠奖。援建映秀“交钥匙”市政和园林景观工程获国家优质工程银质奖，市政项目和震中纪念地获四川省“天府杯”金奖，援建工程管理处被评为全国汶川大地震灾后恢复重建先进集体。

是年，全市共有污水处理厂37座（均达到二级处理能力）正常运营，处理设计总规模达到255.5万吨/天，合共处理污水量8.02亿吨，全市城镇生活污水处理率为84.2%，COD减排量10万吨。全市35项截污主干管网工程总里程860千米，至2011年底已建成823千米，约占总里程的96%，整体工程进入扫尾和验收阶段。城镇生活垃圾无害化处理率达56.57%；全市人均公园绿地面积达16.64平方米，城市绿化覆盖率达45.43%；全年铺设天然气高中压管网140千米，建成汽车加气站4座；新建公厕43座、垃圾转运站71座；全市创建“东莞市市容环境优美村（社区）”137个。

(吴维彬)

【宜居城乡建设】 2011年，东东市住房和城乡建设局着手开展建设80个宜居社区（村）前期准备工作，制定指引社区（村）开展宜居建设工作的各种规范性文件。80个社区（村）由市镇财政资金投入的宜居建设项目合计496项，财政投入1.6亿元，带动总预算5.6亿元。2011年12月，市住房和城乡建设局牵头宜居城乡建设领导小组各单位组成考核组，对全市80个宜居社区（村）进行现场考核验收。通过开展宜居城乡创建工作，80个社区（村）环境和村容村貌得到实质性改善，促使当地干部群众转变观念，提高认识，更加注重本社区（村）的可持续发展，年度目标基本完成。

是年，推荐塘厦镇、大朗镇，中堂潢涌、南城周溪、塘厦沙湖、塘厦林村、东城柏洲边、东城石井、大朗蔡边、大朗宝陂、大朗石厦等推荐评选省第一批宜居城镇和宜居村庄。7月，省住房和城乡建设厅牵头省农业厅、相关规划设计单位组成联合检查组，对东莞市申报第一批广东省宜居城镇、宜居村庄的候选村镇进行实地检查；11月，省住房和城乡建设厅公布第一批广东省宜居示范城镇宜居示范村庄名单，东莞市上报的2个镇、9个社区（村）全部获评为宜居城镇和宜居村庄。 *(吴维彬)*

【城乡规划】 2011年，东莞市启动总体规划修编工作，基本完成上版总规实施评估；各镇总体规划修编全面展开。全年共审查编制计划11份，前期研究4份，规划草案3份，沙田、寮步、大朗、望牛墩四镇规划方案已通过技术审查和市规委会审议，其中寮步、沙田两镇总规成果已通过市政府审批。推进《东莞市中心城区近期建设规划》编制工作，进一步明确城市近期发展的方向、规模和布局。是年，共审查控规方案83宗，控规调整154宗。

市属重点规划项目　2011年，市城乡规划局承担市植物园、迎宾馆、中医院、职教城、篮球中心、网球中心、运河综合整治、城市规划展览馆、黄旗山城市公园、虎门港客运码头搬迁、东莞卫生学校新校、市民文化艺术中心及工人文化宫、石龙火车站迁建工程和东莞市若干主干道路交通堵塞节点整治工程等20多项市属重点项目的规划设计工作，各项项目稳步推进。

三区规划设计。是年，东莞市中央商务区、中央商圈和中央休闲区三区规划建设取得实质性进展。中央商务区城市设计已通过专家评审；中央商贸区和中央休闲区规划设计成果已通过市城建领导小组和市规委会审议，实施方案获市政府批准。

“三旧”改造规划。是年，东莞市组织《东莞市“三旧”改造实施细则》修订工作，编制完成《东莞市“三旧”改造规划管理政策中期评估报告》，提出“坚持政府主导、先行争取指标、简化审批环节”等政策建议。加快单元规划审查。通过明晰责任、简化程序、突出重点等多项措施，提高审批效率。全年共审查编制计划30份，规划方案40份，成果验收11份，其中《寮步镇牛杨片区“三旧”改造单元规划》等4份已通过市城建领导小组审查。 *(黄惠谊)*

轨道交通建设规划　2011年，东莞市轨道办继续开展轨道交通建设协调工作。推动《东莞市轨道交通建设规划（2012~2016）》上报省和国家相关部门审批，9月15日，该《规划》通过广东省住房和城乡建设厅、省发改委联合主持的专家审查。（吴维彬）

对口援建规划项目　2011年，市城乡规划局积极参与对口援建工作。选派一名业务骨干常驻新疆，并多次派员到农三师图木舒克市进行实地考察和工作对接，组织编制完成《图木舒克市域城镇体系规划》、《图木舒克市域总体规划修编》、《图木舒克市近期建设规划》等六个规划项目。派员参与援建西藏林芝工作，及时成立林芝县小康示范村规划项目组，在两次实地考察的基础上，编制完成曲古村等八个小康示范村村庄整治规划，完成援建任务。

规划研究　2011年，市城乡规划局组织开展《东莞市今后五年城建工作建言》、《东莞市提高城市化发展水平研究》、《东莞市“三旧”改造规划管理政策中期评估报告》、《东莞市中心区交通综合改善规划研究》等20余项规划研究工作，其中《基于遥感和GIS的东莞市生态资源核算研究》获“2011年华夏建设科学技术三等奖”；《东莞市城市扩张与生态环境变化遥感动态监测研究》获“东莞市科学技术进步二等奖”、“2011年地理信息科技进步三等奖”；《东莞市地下空间开发利用的现状、问题及对策分析》被列为东莞市2011年社科立项课题；《东莞市轨道交通对城市空间演变的影响研究》被正式列入“住房和城乡建设部2011年科学技术项目”，获住房和城乡建设部专家的认可。

城市规划管理　2011年，东莞市城乡规划局通过多项举措推进规划管理规范化、精细化、信息化。编制完成《东莞市城乡规划局管理手册》，统一管理标准，明晰审批流程，该手册将成为全市规划管理工作的重要守则。开展地下管线普查及截污管网竣工测量工作，市区地下管线普查二期工程顺利通过成果验收，共普查地下管线9408.22千米，探测各类管线点55.65万个，编绘1：1000综合管线图1001幅；截污管网竣工测量的外业探测全部完成。健全控规入库制度，全面梳理控规成果，实现控规“一张图”管理，为规划审批提供依据。健全重点工程信息管理系统，提高重点工程的管理水平。（黄惠谊）

【城市建设与管理】　市政设施建设　截止2011年底，全年共计承建市镇财政投资工程72项，完成投资27亿元，其中东莞市中医院新院、运河整治A段、广电中心、档案馆等19项工程完工，东莞市廉租房二期、规划展览馆、网球中心、残疾人康复实验学校和体育训练中心一期等14项工程开工。东莞东引运河整治A段工程于是年9月底完工通车；东莞市黄旗山城市公园一期工程于12月底基本完工并对外开放；东莞市档案馆档案大楼于5月完工。

35项工程被评为市优良样板工程，67项工程被评为市“安全生产、文明施工”双优工地，其中15项工程被评为省双优工地，9项工程被评为省优良样板工程；5项工程获2011年省金匠奖。援建映秀“交钥匙”市政和园林景观工程获国家优质工程银质奖，市政项目和震中纪念地获四川省“天府杯”金奖，援建工程管理处被评为全国汶川大地震灾后恢复重建先进集体。

全市建成区土地面积854.3平方千米，公共设施用地面积71.01平方公里。林业用地面积6.04万公顷，森林覆盖率36.9%，林地绿化率97.8%；城市建成区绿地率42.3%，绿化覆盖率44.5%，人均公园绿地面积16.46平方米；全市已建成公园广场1039个，面积1.05万公顷。全市城镇生活垃圾无害化处理率56.57%；全市人均公园绿地面积16.64平方米，城市绿化覆盖率45.43%；全年铺设天然气高中压管网140公里，建成汽车加气站4座；新建公厕43座、垃圾转运站71座；升级改造市区一期公交站亭站牌129座，中心广场地埋灯2052盏；全市创建“东莞市市容环境优美村（社区）”137个。（吴维彬　郑标生）

园林绿化　提升城市绿化水平。2011年，东莞市加强园林绿化精细化管养，确保直管项目的景观效果。完成东莞大道景观升级工程，增加观花植物、改造部分老化植物。加强社区绿化建设，全市新建大朗莲湖公园、万江上甲体育公园等一批乡村公园。

绿化专项活动。是年，东莞市参加第八届中国（重庆）国际园林博览会，打造“莞邑山水园”，得到各级领导和游客的称赞。

镇（街）园林绿化。是年，东莞市指导镇（街）加强园林绿化管养，石碣、沙田、寮步镇先后创建为“广东省园林城镇”。至此，全省6个省级园林城镇已有5个落户东莞市。是年，新增加一级资质园林企业2家，二级资质园林企业5家，三级资质园林企业32家。（陈佩珠）

绿道建设　绿道建设是东莞市政府2011年“十件实事”之一。截至2011年底，东莞已经建成省立绿道225千米，城市和社区绿道511千米，完成总投资15亿元。在建设模式上，将绿道建设与环境整治相结合，与宜居社区相结合，与整山治水相结合，与园区建设相结合，与道路升级相结合，使城乡面貌焕然一新。在建设过程中，完成与广州、深圳和惠州接驳的5个城际交界面；新增绿化面积820多万平方米，种植乔木40多万株，新建绿道畅通桥梁23座；建设驿站64个；安装绿道内部标识牌6550多个；在弯道、河旁和陡峭等易出现安全事故的地段，设置安全护栏160处，共4800多米。覆盖市区的绿道公共自行车系统建设工作已经开始，其中松山湖绿道公共自行车系统已经于是年5月开通，广受市民欢迎。此

▲*2011年3月23日，东莞市住房和城乡建设局召开全市建设行业企业管理工作会议。*

(东莞市住房和城乡建设局供稿)

外，建立健全绿道运营管理机制。根据高标准、公益性的绿道管理原则，制定《东莞市珠三角绿道网管理标准》、《区域绿道示范段管理标准》等文件，统一全市绿道管理标准。 *(黄惠谊)*

城市环境卫生　加强市容环卫管理。2011年，东莞市加大对"八路一广场"、东江、运河水面的保洁监管力度，提高环卫保洁作业标准，从而提升市容环卫保洁水平。配合做好各项创建迎检工作，加强巡查督导，加强清扫保洁，营造整洁靓丽的市容市貌。配合市环卫整治办开展整治工作，参与整治环境卫生工作大检查，巩固环境卫生整治成果。完善环卫基础设施，在市区七大公园建设节能环保的新型公共厕所。截至2011年底，全市共建成国家三类以上标准公厕2205座，生活垃圾转运站1343座。

健全环卫长效机制。2011年，东莞市组织编制的《东莞市域环境卫生专项规划（2010~2020）》于1月经市政府正式批准同意实施。《东莞市市容环境卫生管理规定》于5月发布实施。

创建"市容环境优美村（社区）"。是年，东莞市有137个村(社区）通过考核验收，挂牌成为"市容环境优美村（社区）"。同时，开展对"市容环境优美村（社区）"的复评考核活动，考核对象为2008年、2009年获"东莞市市容环境优美村（社区）"荣誉称号的217个村(社区)。

城乡生活垃圾处理。推进垃圾处理厂建设。是年，东莞市遵循垃圾处理减量化、无害化和资源化的原则，围绕"焚烧为主、填埋为辅"的工作思路，坚持"建设让市民放心的垃圾处理厂"的理念，全面推进垃圾无害化处理工作，取得显著成效。城管系统垃圾处理宣传工作组多次举办直面群众的答疑会和座谈会，还参加媒体举办的一系列宣传活动，通过电视、广播、报纸的宣传，使理解和支持垃圾焚烧处理的市民越来越多。是年末，横沥垃圾处理厂已完成了工艺技术更新、科技含量更高的二期工程建设并试运行。市区垃圾处理厂的技改升级工作也在进行中。麻涌、虎门、清溪垃圾处理厂的环评工作也取得了阶段性成果。

垃圾填埋场整治。是年，东莞市按照"先后缓急、分批突破"的做法，推进塘厦石潭埔、虎门五马、樟木头樟洋3座垃圾填埋场的综合整治。截至2011年底，该3座垃圾填埋场的防渗系统、渗滤液处理系统、道路系统、填埋气体处理系统等建设工作已基本完成，并通过省环保专家的预评估。其中，塘厦石潭埔垃圾填埋场可达到《生活垃圾填埋场无害化评价标准》(CJJ/T107-2005）Ⅰ级标准，成为全市第一个生活垃圾卫生填埋场。

垃圾分类试点工作。2011年，东莞市于6月29日在寮步镇率先启动垃圾分类试点，随即在全市31个镇（街）铺开垃圾分类试点工作。同时成立生活垃圾分类志愿服务先锋队，深入镇（街）开展垃圾分类宣传活动。通过举行"垃圾分类从我做起"演讲比赛、举办专题讲座、制作宣传手册等方式，进一步普及垃圾分类知识。至年底，全市试点生活垃圾分类群众知晓率80%，垃圾分类投放准确率30%。

(陈佩珠)

城市生态环境保护和建设　环境质量。2011年，东莞市环境质量总体水平稳中转好。市区环境空气质量保持良好水平，达到国家二级标准（居住区标准）。地表水环境质量稳中好转，其中：市区饮用水源水质达标率为100%；东江东莞段水质状况为优，符合国家地表水Ⅱ类水质标准；东莞运河达到国家地表水Ⅴ类水质标准。市区声环境质量持续保持良好。5月23日，东莞市获"国家环境保护模范城市"称号。

污染物减排。是年，东莞市持续推进污染物减排工作，完成2010年度及"十一五"总量减排考核。完成2010年污染源普查动态更新、环境统计和排污申报工作。全面推进排污证换证、发证工作，共核发2598份。

大运会环境质量保障。是年，东莞市成立大学生运动会环境质量保障领导小组检查，制定实施《东莞市保障2011年第26届世界大学生夏季运动会空气质量措施方案》和《东莞市保障第26届深圳世界大学生夏季运动会东江供水水源水质安全工作方案》，多次召开工作会议，落实各项保障措施，顺利完成大运会期间环境质量保障任务。

环境监管。是年，东莞市组织开展整治违法排污企业保障群众健康环保专项行动、第六届环境安全月、餐具消毒企业专项检查、铅蓄电池专项检查、重金属排放企业专项检查、陆源溢油专项检查、危险（严控）废物专项检查、食品安全专项检查、东江水源保护专项检查等，累计出动执法人员6.81万人次，检查企业2.72万家次。

企业环境监管。是年，东莞市开征排污单位1490户，入库金额9123万元。重新修订企业环保信用管理办法，建立信用预警和修复机制，对578家企业进行信用评价管理。完成东莞市在线监控中心改造，对344家企业实行在线监控，并实行第三方托管运营维护。

行政许可管理。全市审批项目1.06万个，严格控制新增落后产能和污染项目，提高环保准入门槛，从源头上推动产业升级，累计拒批项目392个。

行政处罚管理。是年，处罚环境违法行为822宗，处罚金额2864万元；责令改正违法行为883宗。

（袁彩华）

城市水环境建设　河道整治。2011年，东莞市加快运河综合整治工程的进度，大力推进市域河网“截污、清淤、活源、治堤”工作，其中A段（峡口至大龙路）路堤达标工程于10月完工通车，B段路堤达标工程约完成工程总量的86.5%，东莞运河城区段基本实现不黑不臭。河涌水系的堤防整治、清淤疏浚、生态治理和水体修复等工作力度加大，中堂北海仔河和桥头小海河综合整治启动。

水利防灾减灾。是年，3批次395宗（2006~2010）全市城乡水利防灾减灾工程建设已基本完成并逐步发挥效益，127宗（2011~2013）城乡水利防灾减灾工程建设项目陆续启动建设。加强水利防灾减灾工程的统筹调度研究，31个欠发达镇机电排灌工程项目中，已有17个完成验收，14个正在施工。

内涝整治。市区内涝整治应急工程已纳入2011年市政府“十件实事”。市区内涝整治应急二期工程鸿福河系统和四环路宏远路段分别完成总工程量的65%和25%，市区内涝整治应急三期工程（新开河系统）已完成初设编制及专家评审，北侧分流工程施工图设计工作也已完成。全面实施“八路一广场”排水设施维修工程，共新建或更换管道约2950米、各类雨水口362个及雨水盖板约1748米。

城市污水治理。是年，东莞市共有污水处理厂37座（均达到二级处理能力），处理设计总规模达到255.5万吨/天。全年全市处理污水量共约8.02亿吨，全市城镇生活污水处理率为84.2%，COD削减量10万吨。全市35项截污主干管网工程总里程约860千米，已建成823千米，约占总里程的96%，整体工程进入扫尾和验收阶段。34座污水提升泵站已完成29座泵站主体工程。21项污水处理厂的尾水工程已完成20项，石龙新区、凤岗竹塘、中堂、厚街、石碣、长安新民、清溪厦坭、茶山等8个项目均已完成竣工验收或预验收工作。全市截污次支管网建设启动，有22个镇（街）已开展截污次支管网专项规划工作，其中9个镇（街）已基本完成规划编制。

城市供水　2011年，东莞市启动27个重点饮用水水源地保护区划分和《东莞市全国重要饮用水水源地达标建设规划》编制工作。制定《东莞市水资源分配方案》和《东莞市“放心水”工程建设实施方案》，南城、东城、万江水司先后并入东江水务，大市区“供水一张网”取得突破；国家水专项东莞市东江水务有限公司中试研究基地和市水质监测中心新大楼正式投入使用。制定实施《东莞市2011年供水行业水质监测方案》、《东莞市城市供水水质督察管理办法》，对全市水源水、出厂水、管网水、二次供水实施水质全面监测。2011年，全市老化供水管网改造加快推进，全年完成老化管网改造882千米，总计投资2.63亿元。2011年，全市供水总量达17.3亿立方米，日平均供水量474万立方米。全市共有供水企业102家，水厂119座，供水能力超过700万吨/日。（谢联辉）

城市供气　燃气工程建设。2011年，东莞市稳步推进天然气高压管网二期工程建设，按期接收西气东输二线工程气源，为全市经济社会双转型提供能源保障。全年铺设天然气高中压管网140千米，新增用户4万户，实现安全供应天然气6亿立方米，比去年增长20%，供应液化石油气33.8万吨。

燃气安全供应。2011年，东莞市坚持例行检查、“飞行式”检查和交叉大检查，全年共开展5个专项检查，规范燃气经营行为，保障城镇供气安全。强化应急管理，指导燃气企业编制应急抢险预案，开展应急预案演练，提高燃气企业应急管理能力。加强燃气安全使用的宣传，严厉打击“黑瓶”、“黑气”，共取缔无证照经营燃气行为7宗，收缴“黑瓶”230个，净化全市燃气市场，保障市民用气安全。

落实新颁布的广东省燃气管理条例。是年，东莞市制订原有燃气企业资质证换发燃气经营许可证工作方案，并布置和指导燃气企业开展此项工作。建立《东莞市城市综合管理局燃气经营企业的诚信档案和不良行为公示制度》，记录企业良好和不良行为并向社会公布。施行建筑施工许可（燃气）核准，进一步完善燃气工程管理。

（陈佩珠）

城市综合管理　2011年，东莞市城市管理综合执法部门进一步明确实行“简政强镇”的基层分局的职、责、权、利，进一步强化属地化管理权责，充分发挥属地管理的积极性，推进执法重心下移，建立完善一个属地化管理模式。

城市“六乱”整治。采取阶段性的集中整治办法，力求“六乱”整治收到更好的效果；加强违法建筑整治，采取强有力的措施，从源头上在建违法建筑，做到早发现、早查处，使违法建设行为基本得到控制，逐步建立长效管理机制；抓好无证照生产经营食品、非法行医、生活噪音整治的专项整治工作。

市政道路养护。是年，东莞市加强市政道路的巡查与监管，有效提高市政道路修复效率。总体养护效果理想，有效保障道路行人、行车安全。

照明设施养护。全面提高照明设施的修复效率，杜绝漏电安全隐患，保证城市亮灯率达99%以上。全面实施“千里十万”和“十城万盏”LED路灯推广工程。

桥梁日常养护。是年，东莞市全面落实市直管245座城市桥梁经常性检查、定期检测、日常维修以及航标维护等各项工作，并完成曲海大桥等27座城市桥梁特殊检测评估。 *(陈佩珠)*

【城镇村庄建设】 2011年，东莞市开展建设80个宜居社区（村）工作，制定指引社区（村）开展宜居建设工作的各种规范性文件。80个社区（村）由市镇财政资金投入的宜居建设项目合计496项，财政投入1.6亿元，带动总预算5.6亿元。是年12月，市住房和城乡建设局牵头宜居城乡建设领导小组各单位组成考核组，对全市80个宜居社区（村）进行现场考核验收。通过开展宜居城乡创建工作，80个社区（村）环境和村容村貌得到实质性改善，促使当地干部群众转变观念，提高认识，更加注重本社区（村）的可持续发展，年度目标基本完成。

年内，市住房和城乡建设局择优选取塘厦镇、大朗镇，中堂潢涌、南城周溪、塘厦沙湖、塘厦林村、东城柏洲边、东城石井、大朗蔡边、大朗宝陂、大朗石厦等推荐评选省第一批宜居城镇和宜居村庄。7月，省住房和城乡建设厅牵头省农业厅、相关规划设计单位组成联合检查组，对东莞市申报第一批广东省宜居城镇、宜居村庄的候选村镇进行实地检查；11月，省住房和城乡建设厅公布第一批广东省宜居示范城镇宜居示范村庄名单，东莞市上报的2个镇、9个社区（村）全部获评为宜居城镇和宜居村庄。 *(吴维彬)*

【中心镇建设】 2011年，东莞市有13个省中心镇。通过整合资源，精简机构设置，石龙镇原来的13个事业单位整合为7个，把塘厦原来的14个事业单位整合为7个，精简幅度分别达到46%和50%。石龙镇组建经济发展改革委员会、城市规划建设委员会、人口与社会事务委员会等3个议事协调机构，实行统筹管理，提高议事决事效率。议事协调机构组建后，共召开专题会议12次，决策事项涉及投资金额约1.1亿元。同时，参照县级行政机关的管理权限，按照权责一致的原则，大力推进事权下放。是年，全市下放给试点镇的事权达到575项，基本赋予试点镇县一级的经济社会管理权限。 *(吴维彬)*

【住房与房地产业】 *房地产市场* 2011年，东莞市住房和城乡建设局共核发商品房预（现）售许可证448个，核准销售总面积622.95万平方米，其中住宅534.6万平方米。实行商品房预售款差异化监管，办理商品房预售款专用账户的设立198批次，提取预售款金额261.22亿元。实行商品住房销售价格备案、网上公示、明码标价、一套一标等稳健调控措施，加强房地产市场价格监管，遏制房价过快上涨，确保房价保持稳定。全年新建商品住宅均价8177元，比上年增长7.53%，低于东莞市上年GDP增速，实现年度房价控制目标。

推动实施新建商品住房销售价格备案与公示制度。是年5月16日，市物价局、市住房和城乡建设局、房管局联合发出《关于新建商品住房销售价格实行备案的通知》，规定东莞市范围内的新建商品住房项目必须先到市物价局办理商品住房销售价格备案，方可到市住房和城乡建设局办理预售许可（或现售备案）、到市房管局办理建档手续；8月5日，三个部门再次发出《关于加强新建商品住房销售价格备案管理的补充通知》，规定所有符合价格备案范围的新建商品住房项目，销售价格一经备案，将自动设置15%的下浮限幅，以防止开发企业随意虚高房价误导消费者的行为，使备案价格趋于真实合理。另外，对销售现场价格公示也做出详细规定。 *(吴维彬)*

房地产交易 2011年，东莞市共办理商品房和二手房交易9.19万宗，交易面积1039.98万平方米，交易金额503.11亿元。其中商品房交易5.99万宗，比上年下降2.20%；交易面积615.02万平方米，比上年下降4.03%；交易金额382.40亿元，增长7.16%；二手房交易31991宗，增长17.15%；交易面积424.96万平方米、增长9.38%；交易金额120.72亿元，增长26.72%；办理商品房备案63837宗，增长19.76%；面积636.18万平方米，增长18.38%；金额523.71亿元，增长33.84%；按揭3.73万宗，下降0.58%；面积391.85万平方米，下降2.65%；贷款金额220.56亿元，增长9.14%。

房产抵押登记 2011年，共办理抵押登记5.28万宗，比上年下降4.26%；抵押房产建筑面积为2154.27万平方米，下降9.10%；抵押金额为754.19亿元，增长6.61%。 *(张敬东)*

保障性住房建设 2011年，全市共完成对1250户城乡低收入困难家庭的廉租住房保障，其中，完成

房屋修葺696户、租赁补贴517户、实物配租27户、租金核减10户，购买经适房116户。2011年省下达给东莞市住房保障工作目标任务是新建公共租赁住房17455套。截至2011年底，全市共完成公租房任务17865套，占全年任务的102.35%，其中已竣工7544套、开工10321套；已完成的任务数中，政府投资建设2344套，占13.12%；学校、医院配建的宿舍2714套，占15.19%；企业投资建设的职工公寓和集体宿舍12807套，占71.69%。

是年，东莞市确定公共租赁住房的发展方向。一是政府投资建设；二是鼓励和支持各工业园区建设公共租赁住房，用作园区企业的员工宿舍；三是鼓励企事业单位利用自有土地建设员工宿舍；四是把部分富余的廉租房和经济适用房转为公租房；五是探索利用"统包统租"出租屋的方式解决。（吴维彬）

物业管理　2011年，东莞市房管部门严格执行物业管理企业资质认证制度和业主委员会登记备案制度，核发《物业管理企业资质证书》113本，其中，三级资质85本，暂定三级资质28本，215份物业管理委托合同进行备案登记；2011年初审房地产评估机构资质12份，组织物业服务行业专家对申报市物业管理示范项目的23个小区进行考评，世纪城国际公馆三期、星河传说聚星岛、东方华府等16个项目被评为"2011年度东莞市物业管理示范住宅小区（大厦）"。

完善小区物业管理配套政策。是年，修订《东莞市业主大会和业主委员会成立若干规定》，草拟《东莞市物业服务招标投标实施细则》、《关于实施东莞市物业服务招投标有关问题的通知》和《东莞市物业服务评标细则》等物业招投标配套文件，为加强对物业服务行业管理打下基础。

全年共指导18个住宅小区依法召开业主大会选举业主委员会，并完成在东莞市房管局备案登记工作。（张敬东）

住房公积金管理　2011年，东莞市住房公积金归集量稳步提高，全年新增开户缴存单位3321家，比上年增长21.03%，新增开户缴存人数26.59万人，增长23.79%；截至年末，开户单位共有1.17万个、个人账户78万个，扣除封存账户后实际缴存人数69.72万人；全年归集资金50.43亿元，比上年增长24.40%，截至年末，累计归集资金222.75亿元，归集余额为114.98亿元，比上年末分别增长29.27%、23.58%。

住房公积金贷款快速增长。2011年，新增贷款27.78亿元、7811笔，分别比上年增长133.75%、103.09%。至年末，累计发放住房公积金贷款117亿元，贷款余额为80.99亿元，逾期贷款额为77.55万元，逾期率为0.010%，比上年末下降0.006个百分点。

住房公积金提取持续增长全年提取量达到31万人次、28.49亿元，分别比上年增长27.41%、22.84%；其中住房消费类提取为20.28万人次、21.61亿元，分别占65.41%、75.85%，分别增长33.59%、23.55%。

是年，在全省住房公积金管理中心管理情况考核中，东莞与广州、佛山、珠海和惠州等5个市公积金中心同被评为"2010年度优秀单位"。（祁奇伟）

【"三旧"改造】　2011年，东莞市继续深入开展"三旧"改造工作。市城乡规划局积极加强政策研究，参与市组织的《东莞市"三旧"改造实施细则》修订工作，编制完成《东莞市"三旧"改造规划管理政策中期评估报告》，提出"坚持政府主导、先行争取指标、简化审批环节"等政策建议。同时，加快单元规划审查，通过明晰责任、简化程序、突出重点等多项措施，提高审批效率。是年，共审查编制计划30份，规划方案40份，成果验收11份，其中《寮步镇牛杨片区"三旧"改造单元规划》等4份已通过东莞市城市建设领导小组审查。（黄惠谊）

【建筑业】　建筑行业管理　2011年，东莞市住房和城乡建设局坚持实行"实名制"、核对社保信息、指模到位确认、视频远程监控等管理措施，严厉打击假章、假证、假签名等虚假行为，实行良好行为加分不良行为扣分机制，基本建立建筑业信用管理体系。

实施企业诚信管理动态管理机制。2011年，市住房和城乡建设局对《企业不良行为记分标准》和《企业良好行为加分标准》进行修订。全年在莞已建立信用档案的施工、监理企业因在莞承接工程业务、完工业绩和优良工程、双优工程、标准化样板工地、示范工地，以及年度优秀企业、守合同重信用企业等良好行为作出加分处理的累计2971条，共加分5.9万分；因企业管理人员不到位、施工现场违法违规行为和不履行合同、拖欠工人工资的行为等不良行为已作出扣分处理的累计5496条，共扣分1.57万分。7家企业受到"两年内不得入莞承接业务"的处理，66家企业因信用分值低于80分被注销手册，19家企业自行申请注销手册、撤出东莞。实现企业在莞市场行为信用动态监管。

勘察设计管理　企业资质许可后核查工作。下发《关于开展勘察设计企业及施工图审查机构资质许可后核查工作实施方案》等文件，对117家勘察设计企业、施工图审查机构开展资质许可和在莞建立信用档案后的动态核查工作。

勘察、设计审查。严格初步设计审查，避免设计文件编制深度不足，违反强制性标准条文等现象。2011年，共对260项工程开展施工图设计文件质量抽查，发现违反强条的为2条。

招标投标管理　2011年6月1日

起，东莞市实行施工企业信用分值投标差异化措施，实现企业中标机率与企业市场信用、在莞业绩相结合。截至2011年底，有25项公开招标项目采用投标差异化措施确定中标人。10月1日起，要求镇街（园区）限额内的房建市政施工项目招投标全部在市建设工程交易中心进行交易。全面推广使用《东莞市房屋建筑和市政基础设施工程财政性投资项目的施工招标文件示范文本(2011版)（试行)》。

是年，东莞市建设交易中心实现招投标服务全过程电子化管理，工程招投标从项目上网登记到招投标资料归档，整个流程在统一平台上操作，实行效能管理，形成“流程化管理、节点控制、无缝对接、自动识别、阳光高效”的东莞招投标特色。全年共办理投标405项，完成招投标415项，扣除勘察设计、监理、咨询等服务类项目后，招标项目预算总金额298.46亿元，中标总金额274.65亿元，平均下浮7.98%。东莞市住房和城乡建设局负责监督的房屋建筑和市政基础设施工程的施工、监理招标项目，上网发布招标公告的共169项，已完成投标的共155项，其中施工类招标项目完成投标的共107项，总预算金额112.49亿元，总中标金额95.23亿元，平均下浮率为15.34%；监理类招标项目完成投标的共48项，所有监理招标项目中标人的监理服务收费系数均为0.80。

工程质量与建筑施工安全 2011年1月1日起，东莞市正式实施建筑工程施工安全标准化工作和住宅工程质量通病防治工作。积极督促在建工程贯彻执行《东莞市建筑工程施工安全标准化图集》和《东莞市建筑工程施工安全标准化实施办法》，全年共564项单位工程达到标准化施工，得分率达到85%的单位工程占89.5%，东莞市建筑工程安全施工保持良好态势。

是年，东莞市住房和城乡建设局三次组织市内各施工、监理企业和各镇街（园区）规划建设办（局）分管领导到工地现场进行施工质量现场观摩活动。通过样板工程项目带头作用，提高各企业施工安全标准化管理水平和质量通病防治工作。

这一年，东莞市加强质量安全常规监督。受理房建工程质量监督1884项，监督总建筑面积1787.3万平方米，工程造价267.2亿元；受理市政工程、轨道工程质量监督46项，总造价96.87亿元。全年工程质量和施工安全形势保持平稳，实现建筑施工安全零死亡。 （吴维彬）

【建设科技】 2011年，东东市住房和城乡建设局制定并发布《东莞市建筑节能“十二五”专项规划》，对“十二五”期间新建建筑节能、既有建筑节能改造、可再生能源建筑应用、绿色建筑推广、新型墙体材料应用等工作做出明确要求。对全市204栋政府机关办公建筑和大型公共建筑进行能耗统计和公示，对能耗较高的15栋建筑开展能源审计，提出建筑节能改造技术；建立建筑能耗实时监测平台，将10栋公共建筑纳入平台监控，对高能耗建筑用能情况进行有效管理，指导进行针对性的节能改造。东莞生态园控股有限公司办公楼项目获国家三星绿色建筑设计评价标识认证。重点推广太阳能光热、光伏等可再生能源与建筑一体化应用，完成太阳能光热应用建筑面积约88万平方米，建成或在建大型屋顶太阳能集中式光伏建筑示范工程4项，总装机容量2.66MWp，分别为被列为国家太阳能光电建筑应用示范工程的万科住宅产业化研究基地屋顶光伏电站项目总装机容量0.68MWp、易事特厂房屋顶光伏发电站项目总装机容量0.5MWp、宏图科技中心光伏示范项目总装机容量0.3MWp；被列为国家“金太阳”示范工程的广东五星太阳能股份有限公司太阳能光电建筑应用示范项目总装机容量1.18MWp。完成建筑节能改造面积约93万平方米，主要改造项目为中央空调、生活热水、照明、建筑外遮阳等。 （吴维彬）

【信息化建设】 2011年，东莞市城建部门利用现代信息手段提升管理，按照功能配置更为齐全、信息内容更为丰富、使用更加便捷的理念，对信息综合管理系统进行全面完善和提升，对局门户网站进行改版升级，全面推行工地远程视频监控和指纹签到考勤管理，实行电子财专会议，实现了网上办公、网上审批、网上监管，大大提高了管理的信息化、科学化水平。

（郑标生）

附录：东莞市住房和城乡建设管理部门主要领导

东莞市住房和城乡建设局
党组书记、局长：朱　川
东莞市城乡规划局
党组书记、局长：欧阳南江
东莞市房产管理局
党组书记、局长：张伟华
东莞市城建工程管理局
党组书记、局长：丁海潮
东莞市城市综合管理局
党组书记、局长：钟耀祥
东莞市水务局
党组书记、局长：刘伟全（任至2011年4月）
党组书记、局长：张国平（2011年4月任职）
东莞市环境保护局
党组书记、局长：袁绍东
东莞市住房公积金管理中心
党支部书记、主任：秦庆祖（任至2011年8月）
党支部书记、主任：王海明(2011年9月任职)

中山建设

【概况】 2011年，中山市加大力度进行基础设施建设，城市面貌明显改善。翠亨新区列入省“十二五”规划预备项目，翠亨国际旅游小镇进入规划实施阶段。主城区建设扩至“六区四镇”，城市管理覆盖城乡。大力推进交通畅行，新岐江公路、新十水线古镇至小榄段、阜港公路等建成通车；建成智能交通二期工程，投入334辆新能源公交车，公交出行分担率达20%。新种树木30万株，新增公共绿地面积11.06公顷，城市绿化档次明显提升。全禄蓄淡抗咸工程、长江水厂扩建等项目竣工使用。是年，中山市通过国家环保模范城市复检，珠江综合整治考核居全省前列，获评“八年江水变清”优秀城市。（罗婕）

【宜居城乡建设】 2011年6月28日，中山市在南头镇召开创建幸福和美中山（宜居镇、村）现场会，推广南头、小榄、三乡镇和黄圃镇文明村、古镇镇古一村等创建宜居城乡的经验做法，全面推进幸福和美宜居城市试点市的工作。2011年5月，坦洲镇坦洲村社区、东区夏洋社区、东区花苑社区、南朗镇南朗社区、石岐区东明社区5个社区获“2010年广东省宜居社区”称号；11月，古镇镇、三乡镇、小榄镇、坦洲镇、沙溪镇5个镇获“第一批广东省宜居示范城镇”称号；古镇镇古一村、沙溪镇龙瑞村、东升镇高沙社区、南朗镇崖口村、小榄镇永宁社区、黄圃镇马安村、东凤镇小沥村7个村庄获“第一批广东省宜居示范村庄”称号；12月，南头镇等4个镇获“中山市第二批宜居示范城镇”称号，翠亨村等28个村（社区）获“中山市第二批宜居示范村庄”称号。（罗婕）

【城市规划】 规划编制 2011年，中山市调整上报《中山市城市总体规划（2010~2020）》，完成《中山市近期建设规划》编制并通过省住房和城乡建设厅组织的专家审查，完成《中山市十二五住房保障规划》、《中山市绿道网选线规划》、《中山市城际轨道沿线广告设施规划》等规划编制。其他重点专项规划还有：

翠亨新区规划。委托同济大学完成翠亨新区空间发展战略规划与城市总体设计，成果于10月完成并公开征求意见。

综合交通规划。完成《中山市与周边城市道路衔接规划》、《中山市城乡统筹道路整合规划》等成果，开展《中山市中心城区关键节点交通改善规划》研究。推进轨道交通，完成《中山市市域轨道交通线网规划》中间审查。协调“深茂高铁”、“深中通道”等重大交通设施的规划选线。

优化城市环境规划。完成《中山市悦来南路沿线（中山路人行天桥至南区办事处）城市设计》、《中山市石岐河两岸（狮窖口至东明桥）城市设计》、《南区中心区重点地段城市设计》、《中山市石岐河亲水宜居长廊预控》和《中山市古神公路生态带保护预控》等项目的专家评审。

城市功能项目规划。完成《中山市中心城区雨水工程专项规划》，完成《中山市污水建设规划（修编）2010~2020》和各镇雨污分流专项规划。

控规和村庄规划。继续推进中山市域范围内控规全覆盖工作，市城乡规划局重点加强对尚未完成控规全覆盖镇区的控规编制的跟踪与管理，加强指导，解决历史遗留问题和有关技术难点，推动工作进展。全市域共编制控规342个，其中255个已经市政府审批通过。完成对全市各镇村庄规划的审查工作。82个村庄规划获政府批复，13个村庄规划正在报送市政府审批。

规划研究 2011年，中山市规划部门完成《提高中山市城市化水平研究报告》、《物权法实施背景下城乡规划管理之对策研究》，完成《中山市“三规合一”专项规划研究》初步成果，完成《中山市提升主城区首位度的对策研究》成果专家评审，推进中山市城镇布局规划研究、沿海高速铁路中山站（广珠城际轨道中山北站）地区定位与城市发展规划。

国家历史文化名城规划研究与编制。是年3月17日，中山市获国务院批准为国家历史文化名城。成功申报国家历史文化名城后，开展历史文化名城相关规划的研究与编制工作，完成《中山市历史城区保护与更新研究（意大利全国建筑学院协会联合进行历史文化保护研究）》、《环铁城整治保护可行性研究》、《九曲河及周边地区环境整治规划》、《从善坊历史文化街区整治保护规划》等项目招投标，开展《中山市历史建筑勘测与评定》、《环铁城更新保护规划》招投标。（冯继妍）

【城市建设与管理】 2011年，中山市住房和城乡建设局负责组织实施的市财政投资工程共60项，完工11项，截至12月底，累计完成投资额达7.33亿元（含征地拆迁等费用）。新建、改造道路总长12.7千米，新建绿地面积19.74万平方米，新建、改建污水、排水主干管近29.5千米。

市政工程建设 2011年，中山市城区绿道一期工程、西河涌覆盖工程、环城至中嘉污水主干管工程、市中心城区主干道（部分路段）建筑立面综合整治工程、中山三路隧道工程、岐江河一河两岸滨水景观工程等先后完工。体校综合训练馆、体育馆修缮项目、市计划生育服务中心五桂山服务点修缮工程一、二期工程等也进入竣工验收阶段。

是年，继续加强城市道路与路灯照明的管理和养护。由市财政负责管理养护的道路共279条，面积776.67万平方米；桥梁137座，面积57.68万平方米；隧道15座；路灯1.64万支，共4.36万盏。全年路灯月平均亮灯率、完好率均达到

99%以上。全年水泥混凝土路面维修3823平方米；沥青路面维修7339平方米；人行道维修11.25万平方米；安装侧石9002米；安装拦车柱922根。

园林绿化 2011年，中山市新增专用绿地面积18.95公顷，新增公共绿地和道路绿地面积11.06公顷。全市建成区绿化覆盖面积1635.74公顷，绿化覆盖率达38.76%；建成区绿地面积1480.8442公顷，绿地率达35.09%，人均公园绿地面积11.88平方米。

城市环境卫生 2011年，中山市中心城区垃圾清运量17.6万吨。中心基地及北部基地共焚烧生活垃圾67.07万吨，发电总量2.13亿度，其中上网发电量1.79亿度；再生利用制砖的炉渣5.38万吨，填埋不可利用的废炉渣7.74万吨，处理垃圾渗滤液27.23万吨、飞灰2.39万吨。征收垃圾处理费6776万元。*(罗婕)*

城市生态环境保护和建设 2011年7月15日，环保部正式授予中山市“国家生态市”的称号。同时，环保部将中山市列为第二批全国生态文明建设试点城市。是年，中山市选聘专家，深入调研，经多次修改，基本完成《中山市生态与环境保护“十二五”规划》、《中山市生态文明建设规划（2010~2020年）》，修编《中山市环境保护规划（2006~2020年）》指导开展市级生态村创建；市委市政府下发《印发中山市生态文明建设实施方案的通知》、《中共中山市委中山市人民政府关于加快全国生态文明示范市建设工作的意见》，为全市生态文明建设指明方向。

全面开展国家环保模范城市复核迎检工作，提高生态文明水平。8月通过广东省环保厅组织的预评估，11月25日通过环保部的复核。

整治水环境，保障群众饮用水水源安全。是年，中山市推进环保设施建设，突出推进茅湾涌、麻子涌以及前山河流域整治。督促麻子涌两岸超过500人的厂企自建生活污水治理设施，相关镇分别启动和完成茅湾涌、麻子涌截污工程。坦洲、三乡镇投入资金8000万元，完善污水管网收集系统，新增前山河流域内生活污水处理能力7万吨/日；完成鹅嘴涌、坦洲涌北岸、翠微涌和东灌渠截污工程。以沙心涌湿地工程为试点，建设沿河挂管收集生活污水工程。以岐江夜游为契机，投入约3亿元继续推进岐江河整治；开展西江（古镇段）饮用水源整治行动，清拆饮用水源保护区177家违法排污企业，清拆面积达8.67公顷，取得广大群众拥护和好评，关系民生的内河涌治理工作取得阶段性进展。

▲*2011年10月6日，中山市中山三路下穿隧道工程全线完工并顺利通车。*

(中山市住房和城乡建设局供稿)

加强污染物总量减排工作，促进经济发展方式转变。是年，逐步淘汰高污染小锅炉。加大督办力度，推进民众固体废物综合处理中心建设，妥善处置生活污水处理厂和纺织印染厂产生的污泥问题。经统计，2011年，市环保部门拒绝73项不符合环保政策的建设项目，11家企业通过市级清洁生产验收，21家企业获得“自愿性清洁生产企业”称号，环保促进经济发展方式转变措施初见成效。

加强环境执法，解决民生热点环境问题。一是集中整治和关闭了15家在产铅蓄电池企业，查处环境违法行为10宗，处罚金额达67万元；二是整治三角高平工业区32家电镀企业和33家印染企业；推动设立三角高平、小榄龙山两个电镀定点基地，以及小榄酸洗磷化表面处理集聚区，督促重污染企业入园入区；三是全面整治禽畜养殖污染，清拆1611户非法禽畜养殖场，清拆面积54.50万平方米，完成率为98.1%；四是开展岐江河流域打击违法排污专项行动，2011年全市共立案查处511宗，处罚金额为1907.5万元，突破历年纪录。

(邹丹)

城市水环境建设 2011年，中山市推进内河涌排涝规划和内河整治规划的编制，抓好水利“十二五”规划的实施工作。全年总投资10.5亿元，推动排涝工程、内河涌整治等水利工程，新开工工程65宗。全力抓好投资9000万元的三角福隆泵站建设，累计完成投资4200万元。有序铺开火炬开发区张家边泵站建设，工程于11月初正式动工，各项工作进展顺利。抓好长坑三级、金钟、逸仙、石塘等4宗小型病险水库除险和完工销号。投入3.51亿元整治内河涌293千米，完成疏挖土方421万立方米，石方33万立方米。

岐江河水环境综合整治。是年，中山市政府提出将综合整治水环境作为集中力量办好的十件民生实事之一，着力实施岐江河净化美化工程。市水务局承担相关职能，牵头编制《中山市岐江河水环境综合整治工作方案》，同时，着力抓好岐江河清淤疏浚工程的实施，在各方努力下，岐江河中山三桥至员峰桥段7.6千米清淤疏浚工程于5月16日正式启动实施，施工合同价4995万元。该工程于8月29日顺利完工。(罗宇峰)

中心城区污水处理。是年，中嘉污水处理厂处理水量6787.80万吨，出水达标排放率100%，处理污泥量（含水率为80%）为2.47万吨；珍家山污水处理厂处理水量2289.11万吨，出水达标排放率100%，处理污泥量7647.58吨（含水率为80%）。中心城区生活污水处理率达到90.09%。

抗咸工程建设。该工程被中山市人大列为2011年的“一号议案”，住房和城乡建设局作为议案主办单位，组织力量全力推进全禄水厂蓄淡抗咸工程（岚田抗咸水库）及长江水厂二期扩建工程建设，两项工程如期完成并投入使用，有效应对历史最大咸潮的袭击，保障中心片区咸潮期的供水安全。

城市供水　2011年，中山市自来水供水量为5.70亿吨，售水量为4.88亿吨。

城市供气　2011年，中山市有燃气经营企业16家，其中包括12家瓶装液化石油气经营企业和4家管道燃气经营企业，瓶装液化石油气销售点150家，全市液化石油气的储存能力达到6350立方米。中心城区的气化率100%，全市气化率达98%以上，2011年全市燃气的供应总量：液化石油气7.8亿吨，天然气1.4亿立方米，比上年增长1.47倍，建设地下管网649.5千米。

防震减灾　2011年，中山市组织开展地震监测台站运行情况检查，完成民众镇多宝社区新村以及西区广丰社区、后山社区地震安全农居示范村验收，完成新增三乡镇、坦洲镇2个地震安全农居示范村选点和建设筹备工作。制定主城区地震应急避难场所建设规划，完成城区3处应急避难场所的指示路牌设置。大力开展地震应急自救互救知识宣传。

城市综合管理　推进“大城管”工作格局。2011年，中山市政府发出《关于进一步加强城市管理工作的若干意见》，市城管委办公室多措并举，构建城市综合管理的“大城管”工作格局。加大城市管理的联动，强化协调、督导职能。

规范临时摊贩管理。通过规划空置地，设置临时摊位，开辟墟日、集市等疏堵结合方式，规范临时摊档管理。在全市24个镇区共设置了2500个规范摊位，占地面积达4.6万平方米，解决一批困难人员的生活问题。

城市管理覆盖城乡，城管工作站入驻村居。全市共在279个社区（村）、53个物管小区、9个市场设置了城管工作站，配备全职或兼职工作人员1800多人。是年10月，中山市城管执法局以委托授权的方式，下放全部城管行政执法职权。

城市管理专项整治。是年，中山市城管部门先后组织、参与前山河流域水环境治理、岐江河流域整治、禽畜养殖违章搭建整治、违法户外广告和招牌专项整治、市场周边环境整治、“美城行动Ⅱ”等市容环境治理行动。有效拆除纳入前山河流域清拆范围的533宗、6万余平方米的违法建筑，清理两岸垃圾1500余吨，按要求完成城管整治任务。在各项市容环境整治行动中，规范全市38条街道的户外广告设置，拆除和规范广告牌匾1.5万块；清理乱张贴广告8万余条；清理无照流动商贩1万多宗。

(韩启程　危珺玭)

【城镇村庄建设】　中山市是广东省辖地级市，下辖1个国家级火炬高技术产业开发区，5个街道办事处，18个镇，153个行政村，126个社区居委会。截至2011年底，投入10亿元建设全民安居工程；投入170亿元建设大批生态环保工程，成为全国第一个国家地级生态市；投入11.8亿元综合整治打造生态河流；生活污水处理厂覆盖全部镇区，城镇污水处理率达87.5%；所有镇区成为国家或省级卫生镇，文体设施全覆盖，镇镇有图书馆和健身广场，村村有农家书屋和健身园，所有全民健身设施免费向社会开放。

(罗婕)

【中心镇建设】　2011年，中山市小榄、三乡、沙溪三个中心镇，综合经济实力不断增强，区域优势明显，规划建设走在全市的前面。小榄镇先后获“国家卫生镇”、“全国造林绿化百佳镇”、“全国环境优美乡镇”、“全国文明村镇”、“中国乡镇之星”、“全国村镇建设示范镇”、“国家园林城镇”等称号，是年，创建成为“广东省宜居城镇”。三乡镇先后获“国家卫生镇”、“全国环境优美乡镇”、“中国古典家具名镇”、“中国最佳休闲名镇”、“广东省生态示范镇”、“国际旅游名镇”、“广东省旅游名镇”等称号。这一年，三乡镇积极创建“中国特色景观旅游名镇”；沙溪镇先后获“中国休闲服装名镇”、“全国环境优美乡镇”、“全国民间艺术之乡”、“全国群众体育先进单位”、“国家经济综合开发示范镇”、“广东省文明镇”、“广东省教育强镇”等称号。(罗婕)

【住房与房地产业】　房地产市场调控　根据往年经济发展数据及2011年经济发展目标，结合国家和省的具体要求，中山确定2011年度全市新建住房价格涨幅，要低于全市年度生产总值增幅的控制目标。规定单套商品房合同销售价格不得超过5800元/平方米。

商品房交易　2011年，共有316家房地产开发企业的楼盘进入市房地产管理信息系统销售，全市通过网上登记备案系统审批的可售房屋32.17万套，可售面积3126.5万平方米。本年度经该系统共出售商品6.14万套，销售面积632.2万平方米，交易金额384亿元。在建立健全中山市房地产管理信息系统的基础上，建立中山市商品房抵押登记备案网上申报系统，并于1月4日起正式启用，截至12月底，已通过网上申请办理抵押登记备案30636宗，注销抵押登记备案3695宗。

二手土地房产交易　2011年，中山市共办理二手土地使用权交易4623宗，比上年增长5.2%；成交面积837.6万平方米、金额96.5亿元，比上年分别下降27.5%、16.3%；二手房屋交易2.61万宗，成交面积509.7万平方米，成交金额113亿元，同比分别增长17.3%、23.5%、31.4%。

房地产权属登记发证　2011年，中山市全年共办理房地产权登记2.85万宗，房地产抵押登记2.10万宗，房地产注销抵押登记2.79万宗，商品房确权2000宗，核发房地产权证4.59万宗；完成国有土地使用权登记发证（已发证数）为34.35万本，集体土地所有权土地登记发证（已发证数）为1340本，集体建设用地使用权土地登记发证（已发证数）为34.20万本，宅基地使用权土地登记发证（已发证数）为34.61万本，查处假证86本。

房地产中介市场管理　2011年，中山市共办理审核新成立房地产经纪机构备案登记8家（宗），年检审核合格房地产经纪机构162家（宗），变更房地产经纪机构备案证书（含换证）48家（宗），注销备案证书6家（宗）。全年办理执业登记20宗，变更职业登记35宗，注销登记4宗。全年累计办理执业登记房地产经纪职业人数共1013人。

征地与房屋拆迁　2011年，中山市征地拆迁部门抓好广珠城际快速轨道、广珠西线三期、博爱路悦来南路交叉处下穿隧道、五桂山职教园区、中山纪念中学、辛亥革命纪念广场等6项重点建设工程项目征地与房屋拆迁工作。本年度涉及征地面积47.21公顷，已完成征地42.33公顷，完成率为90%；征收房屋、厂房305间，已完成拆迁房屋、厂房269间，完成率为88.2%；广珠西线三期征地完成率为99.9%；博爱路悦来南路交叉处下穿隧道房屋征收工作完成率为97%。　*（陈万鑫）*

保障性住房建设　2011年，广东省人民政府下达给中山的新建保障性住房任务为8456套（包括廉租房、公共租赁房和经济适用房），其中市级统筹解决1450套，各镇区负责解决7006套。截至2011年底，农村危房改造任务532套，均已确定改造对象，改造房屋大部分已完工入住，部分已基本完工；新增租赁住房补贴由市级统筹250户，已落实专项资金200万元，共92户符合条件的保障对象提出申请并领取，沙溪镇统筹落实25户；城区祈安苑保障房小区一期200套廉租房建设项目工程进展顺利，已完成主体结构施工；二期及二期扩建项目共1272套现正进行打桩等基础施工；各镇区共筹建保障性住房项目47个8609套，其中已竣工验收项目有10个2299套，建成未验收有30个4354套，在建7个1956套，提前并超额完成2011年省政府下达的工作任务。是年，中山市被列为广东省住房保障制度改革创新试点城市，中山根据现行法律法规及相关政策制定实施《中山市住房保障管理暂行办法》，坚持“政府主导，社会参与”原则，实行“市场租金、租补分离”政策，建立一套以实物配租为主、租金补贴为辅的住房保障方式，对城镇低保低收入家庭实行应保尽保，鼓励社会力量投资建设保障房，解决外来务工人员住房问题。在创新融资渠道方面，探索政府出资与社会筹资相结合的公共租赁住房股权信托基金融资模式，多渠道筹集建设资金，允许民营企业利用自有资本或利用土地抵押融资，合作建设公共租赁住房。

公房管理　2011年，中山住房和城乡建设局共审核批准公房住宅租赁申请532宗。其中公房住宅租赁新增100宗，续租306宗，承租人更名38宗，预制构件公房改造安置5宗，租住政府周转房83宗。办理住户入住资格初审578户。共审查发现违规租赁公房46宗，已交由中山市公建物业投资管理有限公司收回公房使用权。

是年3月，检查城区公房1478间，面积27.02万平方米。2011年，中山市公建物业投资管理有限公司共投入公房维修资金255.9万元，维修房屋958宗。

物业管理　1999年市政府颁发的《中山市物业管理实施细则》已于2010年废止。2011年，中山住房和城乡建设局以《物业管理条例》、《物权法》、《广东省物业管理条例》、《住宅专项维修资金管理办法》为依据，结合中山市物业管理的实际情况，重新修订《中山市物业管理实施细则》，并报送市法制局审核。严格执行前期物业管理招投标的有关规定，凡新开发的住宅项目，必须通过公开招投标招聘物业管理公司管理，减少房地产商与物业管理公司父子公司的管理模式。　*（罗婕）*

住房公积金管理　截至2011年底，全市执行住房公积金制度缴存单位2984个，住房公积金缴存总人数26.4万人，住房公积金累计归集总额81亿元，归集余额34.88亿元；全市累计发放贷款44.33亿元，累计贷款余额33.17亿元；累计全市住房公积金提取46.21亿元。

（陈万鑫）

【“三旧”改造】　2011年，中山市共审批认定“三旧”改造项目1564个，面积1966.67公顷。各镇区共上报完善用地手续土地272宗，面积225.93公顷，其中，省、市已批准150.4公顷，已上报省国土资源厅审批56.23公顷。已建成盛景尚峰、大信新都汇商业圈等一大批项目，兴中广场、华南家电创新区、天悦广场、LED中国九州城、小榄车站广场、腾步国际航海培训项目、古镇为民广场、华艺国际灯饰商城、小榄金融大厦、工业设计产业园等一批项目已动工建设。在建改造项目中，属于产业结构调整的项目56个，淘汰转移项目26个，属于现代先进制造业和现代服务业项目32个，促进产业转型升级和节约集约用地，有力推动中山市经济发展方式的转变。 *（陈万鑫）*

【建筑业】 2011年，中山市完成建设工程施工许可报建共5244宗，总建筑面积2321.86万平方米，总造价242.08亿元。全市核准工程竣工验收房屋工程4053项，备案总建筑面积为1312.75万平方米，备案总造价为104.4亿元。完成本市相关资质申请业务共133项。其中，办理建筑业企业施工资质申请31宗，办理建筑业企业施工资质增项26宗，办理资质升级、委托资质审批、资质初审等76宗。

建筑市场管理　2011年，中山市继续执行施工许可制度和工程竣工验收备案制度，把好工程的开工审批与交付使用关。在办理施工许可手续时，严格执行安全生产许可证制度，将不符合法定安全生产条件的施工企业依法清出本市建筑市场。制定《关于进一步加强工程建设管理工作的通知》，明确各镇区建设部门必须对分管辖区的建设工程加强监管，加强工程建设管理执法力度，发现问题及时处理，杜绝违规工程。

工程招标投标管理　为规范全市建筑市场招标投标行为，倡导招标投标市场诚信经营，加快完善招标投标市场诚信体系建设，促进有形建筑市场持续、健康发展，根据《中华人民共和国招标投标法》、《建筑市场诚信行为信息管理办法》、《印发广东省住房和城乡建设系统全面推进过程建设领域项目信息公开和诚信体系建设工作实施方案的通知》的有关规定，结合中山实际，2011年12月，中山住房和城乡建设局制定《中山市建设工程招标投标诚信行为管理暂行办法》。

施工安全管理　2011年，中山市建筑行业贯彻落实国家和省关于危险性较大的分部分项工程安全管理的要求，进一步细化专家论证办法和落实措施，重点强化对高支模、深基坑、塔吊、外用电梯、超高外架等重大危险源的管理，做到对"存在重大隐患不排除不罢休"。在安全生产月期间，组织全市施工单位、监理企业和各镇建设所参加重大危险源的分析宣贯班，同时，为吸取古镇"8·10"较大生产安全事故的教训，防范类似事故发生，迅速对全市的卸料平台、外脚手架进行专项大检查，加强巡查、加大扣分力度，使各方提高安全生产意识，进一步落实安全生产责任制。

工程质量管理　2011年，中山市加强对住宅工程质量通病的预防整治。中山住房和城乡建设局将质量通病防治二十条印成小册子，要求监督人员在开工前的监督告知交底时，将小册子派发给监理、施工、建设单位，明确治理通病做法，验收标准。同时，还要求企业建立工程质量样板引路的管理模式，针对建设工程突出的质量问题、薄弱环节，采取针对性加强措施，在工地制作实物样板，以样板标准完成每一个施工工序，从源头上解决质量问题。通过开展一系列专项整治检查，督促施工企业强化对墙体裂缝、渗漏、楼板防裂等工作落实。 *（罗婕）*

【建设科技】 2011年，中山市基本完善建筑节能设计、施工、验收相关政策，制定中山市住房和城乡建设局建筑节能工作目标及措施，建立责任目标考核制度，将具体工作安排到各责任科室，促进工作落实。配合发改和经贸部门完成省对市的节能考核，以及市对镇的节能考核工作。在全市开展国家机关办公建筑和大型公共建筑的能耗统计、能源审计、能效公示工作，共组织统计167栋，公示167栋，审计了10栋建筑。

是年，中山市制定关于限制使用实心砖的管理措施，进一步调整中山新墙材的产品结构，促进墙材革新与建筑节能相结合。中山市发布《关于限制使用实心砖有关问题的通知》，在建筑物的围护结构中限制使用热工性能较差的蒸压灰砂实心砖、混凝土实心砖以及页岩等实心砖，推荐使用容重小于1400千克/立方米并达到各种节能指标要求的新墙材，从而配合和促进全市建筑节能工作向前发展。这一年全市新墙材的使用比例达到95%，预计征收墙材资金1.8亿元。预计新墙材产量为9.6亿块标砖，累计节约耕地105.6公顷、标煤5.95万吨，利用工业废渣14万吨，减少废气排放1440吨，有效地促进了节约能源、保护耕地和生态环境工作。

（罗婕）

【信息化建设】 2011年，按照广东省、中山市有关推行电子招投标系统，试行网上全过程招标投标的要求，中山住房和城乡建设局开展电子招投标系统的建设。电子招投标系统包括以下内容：建设工程交易业务系统、建设工程招标投标信息备案系统、计算机辅助评标系统、专家管理及抽取通知系统、中心门户网站、数据共享平台（含数据分析挖掘系统）、统一门户平台、数据分析报表系统、诚信评价系统。

电子招投标系统建设完成后，工程项目登记、编制招标文件、招标申请备案、投标报名、招标答疑、投标文件制作、投标、抽取评标专家、开标评标定标、发出中标通知书等均可通过计算机完成。电子招标投标系统应用减少人为因素对建设工程招投标的影响，遏制围标、串标行为，可发现异常投标报价，遏制抬价中标现象，减少招投标成本，节约资源，可靠性高，评标效率得到提高，充分发挥监督作用，保证招投标过程的公开、公平、公正。 （罗婕）

附录：中山市住房和城乡建设管理部门主要领导

中山市住房和城乡建设局

党委书记、局长：崔振南（任至2011年10月）

党委书记、局长：陆德华（2011年11月任职）

中山市城乡规划局

党委书记、局长：梁泽强（任至2011年8月）

党委书记、局长：张珂（2011年8月任职）

中山市国土资源局

党组书记、局长：何权昌（任至2011年8月）

党组书记、局长：吴伟强（2011年8月任职）

中山市城市管理行政执法局

党组书记、局长：李健生（任至2011年10月）

党组书记、局长：梁叶章（2011年10月任职）

中山市水务局

党委书记、局长：郭建宏

中山市环境保护局

党委书记、局长：罗焯添

中山市住房公积金管理中心

党支部书记、主任：罗绮冬（女）

江门建设

【概况】 2011年，江门市全年完成城乡基础设施固定资产投资30亿元，城市建成区面积扩大至233.42平方千米。截至2011年末，有城镇道路3696.46千米。大小桥梁722座，供水管道6968.84千米，排水管道3479.51千米，天然气储气能力17万立方米，供气管道147.2千米，天然气用户2.4万户，天然气汽车加气站4座。城镇建成区绿化覆盖面积1.49万公顷，绿化覆盖率41.12%，园林绿地面积1.35万公顷，绿地率36.18%，人均公园绿地面积12.2平方米。全年城镇自来水供应量3.78亿立方米，城市自来水普及率97.51%，镇村自来水普及率90.56%。液化石油气供应量16.17万吨，城市燃气普及率97.14%，镇村燃气普及率81.56%。2011年5月《江门市城市总体规划（2011~2020)》获国务院批准实施。 （陈若兰）

【宜居城乡建设】 2011年，深入贯彻落实《珠三角规划纲要》，以拓展骨架、建设新城、优化环境、完善功能为重点，加快城市公共基础设施和环境设施建设。广珠铁路江门段、江番高速、江珠北延线、江顺大桥等重大交通项目持续推进，滨江新区启动区建设全面铺开，13项基础设施加快实施，完成“三旧”改造173.93公顷，改造项目17个，286千米省立绿道和228千米城市绿道全线贯通。江门高新产业园、翠山湖产业转移园、米仓产业转移园、江沙工业走廊等工业园建设取得重大进展，广东南车、台山核电、富华重工等大项目的配套设施建设顺利实施。全市建成城镇污水处理设施30座，城镇生活污水处理率75%，城市集中式饮用水源水质达标率100%。城市管理和绿化美化水平明显提升，高分通过“国家园林城市”复评。住房保障范围进一步扩大，保障标准明显提高。农村基础设施建设步伐加快，“村村通自来水”工程有效推进，农村人口饮用水不安全问题得到全面解决，实现镇客运站、通车行政村候车亭全覆盖，农村电网实现“同网同价”。宜居试点创建取得良好成效，共和镇、荷塘镇、沙湖镇和五星村、歇马村、独联村、马降龙村、五丰村被评为“广东省宜居城镇、宜居村庄”，怡康社区等24个社区被评为“广东省宜居社区”。 （陈若兰）

【城乡规划】 规划编制　2011年，江门市加大控规编制和审查力度，组织编制杜阮镇楼山地段、江海区金溪地段等控制性详细规划15项，面积约37平方千米。先进制造业江沙示范园区（棠下、雅瑶基地）控规修编、滨江沙田地段等15.6平方千米控制性详细规划经江门市政府批准执行。另有9项控规共16.5平方千米通过市规委会审议待批。蓬江、江海两区在编和已批控规总面积120平方千米，扣除山体、水域及村庄建设用地后，约占两区规划建设用地面积（123平方千米）的80%。

在加快控规编制的同时，认真贯彻《珠江三角洲地区改革发展规划纲要》，加快交通一体化建设，开展《江门市区轨道交通枢纽及周边地段规划研究》和《江门市区轨道交通网络规划》规划编制。由市规划局组织编制的《江门市综合交通一体化规划（一期)》获广东省优秀城乡规划设计一等奖。组织编制《江门市区山体保护利用规划》、《江门市天沙河沿岸景观改造规划》和《江门中心城区公园绿地及社区绿道规划》，为优化城市结构、提高人居环境奠定基础。

规划展览馆建设。江门市把规划展馆作为宣传江门的窗口、对外交流的重要场所、接待来宾的“城市客厅”、市情教育的基地、观光旅游的新景点和公众参与规划的重要平台而加紧建设。是年9月6日，规划展览正式开馆。

建设城镇规划管理信息平台，推进数字化城市建设。组织开发江门市地下管网信息系统和江门市控制性详细规划管理系统，实现对江门市城市基础空间信息数据的统一管理和应用，为城市规划、建设、管理提供技术决策支持。是年11月，江门市地下管网信息系统顺利通过市科技局组织的科技成果鉴定，被评定为达到“国内领先”水平。

加强村庄规划修编工作，保护村镇特色风貌。江门市制定村庄整治规划指引、村镇规划编制计划，督促各级政府落实村镇规划编制资金，推动村镇规划编制。截至2011年底，已完成和正在开展的村庄规划编制有653条，村庄规划编制完成率达到60%，完成年初定下的覆盖率目标。

建设用地规划管理　2011年，完成环境监测和核应急综合大楼、民政福彩营销综合楼、妇女儿童活动中心、联通通信枢纽大楼、华润燃气白石大道加气站、国翔时代广场规划建筑方案、新市民广场规划、培英高中新疆班项目、胜利桥拆迁安置及保障性住房等一批市政府重要项目、重要公共建筑的规划方案和规划选址。

建设工程规划管理　推进建筑单体电子报批软件的研发和应用，做好建设工程的规划管理以及重大基础设施和市重点工程建设项目的规划相关工作。2011年，完成荔枝山公园、美吉特广场、茅龙书院、国翔.时代广场、帕佳图.书香世家、月珑湾、上城·摩卡、茶山里商住小区、益丞海悦豪园、汇景湾新城小区、中天国际花园三期中天城市广场规划、汎港-凯旋堡、濠江花园、白石2号地、白石6号地、白石15号地、中心医院、第二人民医院等建设工程的规划审批。配合有关部门做好杜阮污水厂、棠下污水厂、礼乐污水工程、高新区工业污水处理中心、文昌沙污水厂、江海污水厂、潮连污水厂、旗杆石垃圾场、能源基地输出(500kv狮洋线)走廊、礼东大桥、胜利大桥、东华大桥、广珠铁路、胜利南路、江睦路、五邑路扩建工程等重点城建项目的规划协调工作。

城市规划监察管理　2011年，继续做好城乡规划法的宣传教育工作，加强对滨江新区、主要城市干道和批后项目的规划执法检查和监督管理，依法查处违法建设。

(谢贝)

【城市建设与管理】　市政建设重点工程项目　2011年，江门市区共安排市政建设重点工程项目53项，其中道路工程23项、桥梁工程4项、防洪排涝工程3项、宜居生态工程7项、社会事业工程16项。53个项目年度计划投资29.5亿元，受金融政策影响，实际完成投资20亿元，为年度投资计划的67.7%。滨江新区天沙河路（江沙路-新南路），滨江新区新昌路（天沙河路—北环路），滨江新区天沙河两岸景观，市区绿道网工程，城乡规划展览馆，白水带风景名胜区虎山火烧迹地复绿幼林抚育，华侨广场环路东连接线（篁庄大道—北环路）工程，西环路至殡仪馆道路改造工程，江海生活污水处理厂首期及技术改造，是年绿化专项、市区市花、市树推广种植及市区园林增色添彩工程等11项城市公共基础设施全面完成。东华大桥、胜利大桥、礼东大桥、滨江新区新南路（江沙路—天沙河路）等30个项目正在建设中，江门市滨江体育中心、金瓯路（江门水道—港澳码头）改造工程、江睦路（江海路—金瓯路）、胜利南路（新中大道—金瓯路）等12项工程开展项目前期工作，未完成建设的项目全部结转2012年实施。

此外，江门市区安排的公共建筑项目还有50个，截至2011年底，完工的有19项，实现投资2.95亿元；动工的11项，总投资11.06亿元；开展了前期工作的20项，总投资4.84亿元；未完成建设的项目全部结转2012年实施。　*(陈若兰)*

城市园林绿化　2011年，江门市大力开展公园建设、市区公园绿地和道路绿化升级改造、城市绿化增色添彩和推广市花（簕杜鹃）等工程。市区公共绿地建设完成投资1.45亿元，新建绿地94.6公顷，改造绿地53.38公顷，新建鸡爪山公园、澜石公园、长岗岭公园、潮连公园、禾岗公园和滨江新区天沙河景观带等绿地。改造公坑寺风景区、叱石公园、潮连沙滩公园、原新会动物公园和育才教育公园等。完善群星公园、东湖公园、白水带风景区龙光塔等公园和景区的配套设施。在发展大道、迎宾路等主要道路绿化带大规模加种乔木、开花和色叶植物，在港口路、江会路等加种市花，对蓬江桥、九中天桥、体育场天桥和胜利立交桥进行立体绿化。截至年末，江门市城市建成

▲*2011年9月6日，江门市规划展览馆开馆。*　*(江门市城乡规划局供稿)*

区绿化覆盖率达41%，绿地率38.85%，人均公园绿地面积12.5平方米。 (谭小媚)

绿道建设 2011年，江门市在以省立绿道3号线和6号线为主干的基础上，结合城市的空间形态，大力开展城市绿道规划建设，选取城市内最有代表性的森林公园、文化遗迹、传统街区、滨水空间等自然、人文景点作为节点，进行有机串联，极大地丰富了绿道网络结构。

3月15日，江门市人民政府印发《江门市2011年绿道建设实施方案》，要求各市（区）政府和责任部门继续紧抓绿道建设工作。至年末，江门市投入资金6702万元，建成城市绿道250千米，超额完成省下达的建设任务。新建城市绿道省立绿道江门段新增绿道141千米，建成驿站25个、停车场35个，设立自行车租赁点23个，安装绿道标识1024个、安全设施144个，添置环卫设施280个、防护栏39千米，新建10多座园林景观亭、休息亭，还根据不同路段特点和市民需求，配套了厕所、座椅、路灯、健身器材等设施。

为提高绿道建设和管理水平，江门市制定《江门市绿道管理实施意见》、《江门市绿道管养维护运营方案》、《江门市鼓励和引导社会资本参与绿道网建设管理的意见》、《江门市绿道网绿化认建认养实施意见（试行）》、《江门市绿道义工管理指导意见》等文件，鼓励社会资本投入绿道及配套设施的建设管理。江门市政府还专门组织公安、城管等部门多次开展绿道专项整治行动，建立起绿道网治安巡查机制。

是年，江门市共组织开展绿道网旅游观光、乡村体验、节庆民俗、文化展示、餐饮购物、科普教育、康体健身、体育赛事、影视拍摄、宣传推介等绿道活动数十次，如开平市乡村绿道障碍比赛以及江海区环保创意登山比赛等，吸引众多市民群众参与和使用绿道，逐渐形成绿道“政府主导、群众主体、社会支持、区域推动”的格局。

(陈若兰)

城市环境卫生 2011年，江门市加快城市生活垃圾和污水处理设施“两厂两场”建设，完成江海污水厂首期第二系统设备安装，并正式投入商业运营；文昌沙水质净化厂二期15万吨/天厂区及管网扩建工程于8月24日通过省环保厅批准试运行；市区旗杆石生活垃圾卫生填埋场场区一期主体工程已建成投入运行，生活垃圾渗滤液处理设施等配套环保工程已完成并投入生产，从7月1日起全面接收蓬江、江海、新会三区的生活垃圾进场处理，全年无害化处理生活垃圾约22万吨；大推车山生活垃圾填埋场停止接收垃圾，转入场区后期维护管理和封场工程。

是年底，江门市建成正式运营的生活垃圾无害化处理场共3座，包括江门市旗杆石生活垃圾卫生填埋场、台山市下豆坑生活垃圾卫生填埋场和鹤山市马山生活垃圾卫生填埋场，设计处理能力合计为1650吨/日，全市生活垃圾无害化处理率达85%。累计建成污水处理厂31座，建成配套污水管网213.32千米，全年污水处理能力达到75.7万立方米/日，污水厂综合负荷率为75.71%，全年共处理污水1.56亿立方米，污水排放量为1.91亿立方米，COD_{cr}减排量为2.24万吨，城镇污水处理率为80.99%。

城市生态环境保护和建设 空气污染治理。2011年，江门市深入实施清洁空气行动计划，开展二氧化硫、氮氧化物、颗粒物、VOC等多污染物协同控制，完成江门市新华造纸厂、江门市广悦电化有限公司、江门益胜浮法玻璃有限公司的脱硫工程和台山电厂2号机组脱硝工程等重点减排项目。全市5套燃煤火电（含热电联供）机组全部安装脱硫设施，累计脱硫装机容量达342万千瓦，工业锅炉全面实施新排放标准。同时开展挥发性有机物污染治理，推进印刷、制鞋、家具等行业和其他行业挥发性有机物治理工作。全市共核发机动车环保检验合格标志6.55万个，整治冒黑烟公共汽车102辆次，责令限期检修超标公共汽车14辆，市区52辆LNG公交车投入运营。

城市噪音治理。2011年，江门市环保局将饮食服务业油烟噪声扰民专项整治作为市环保专项行动的重要内容之一，抽调20多名业务骨干，组成5个专项行动小组和监测组、宣传组，集中对多个油烟噪声扰民投诉重点问题进行整治。一是对未报批环评文件擅自设立并投入经营的饮食服务业一律从严依法查处，共对24家饮食店作出责令停止经营并处罚款的行政处罚；二是对油烟噪声治理设施不过关的饮食服务业一律责令整改，共对36家饮食店下达责令限期改正通知书，对4家歌舞娱乐场所落实噪声治理措施；三是对超时施工的建筑工地一律责令停止超时施工行为，并对2个超时施工违法严重的建筑工地依法进行处罚。是年，江门市区区域环境噪声等效声级平均值55.7分贝，达到国家区域环境噪声2类区（居住、商业、工业混杂区）昼间标准。市区道路交通噪声等效声级平均值69.2分贝，优于国家区域环境噪声4类区（城市交通干线两侧区域）昼间标准，质量处于较好水平。市区功能区噪声等效声级年均值中，除1、4类区夜间外其余昼夜均符合相应功能区的标准。全市共处理噪声投诉2545宗。

城市水环境建设 采取清淤、截污、引水、护岸、绿化等措施，对天沙河、麻园河、紫水河、台城河、沙坪河等河段及河涌实施综合整治。天沙河引水增流工程主体工程于2011年11月16日正式投入运行，水质保障能力得到明显提高。天沙河引水增流工程是天沙河综合治理工程的组成部分，位于江门市滨江新区内，是2011年江门市委、市政府实施的33项重大民心工程之一，其主要任务是引西江水入城，以达到改善天沙河水环境目的。工程总投资1.62亿元，建设内容包括：1. 扩建横江水闸；2. 新建横江泵站；3. 扩宽疏浚横江河；4. 天沙河海口—五环桥段全长9.0千米的河道疏浚；5. 新建海口水闸；6. 兴建自动化监控系统；7. 完善工程管理配套设施。（*吕婉静*）

城市供水　2011年，江门市切实加强饮用水源保护，西江、锦江水库、大沙河水库和镇海水库等主要饮用水源水质保护良好，全年未发生影响供水安全的水污染事件。全年城镇自来水供应量3.78亿立方米，城市自来水普及率97.51%，村镇自来水普及率90.56%。

城市供气　江门市燃气供应以液化石油气为主，逐步推广使用天然气。已建成液化石油气储配站27座（其中两座暂停运作），液化石油气储气规模达13740立方米，年供气量16万吨，用户达90多万户。城市管道燃气工程建设是江门市人民政府2011年民生建设十大工程项目之一。江门华润燃气有限公司累计投资1亿多元，铺设中压管网140千米，拥有CNG高中压调压站1座、LNG气化站2座、CNG加气站及LNG加气站各1座，共有天然气居民用户2.4万户、工商业用户120户，并为433台CNG出租车、172台LNG公交车加气，日供天然气达到4万多立方米，2011年天然气供气量2000万立方米。其中，2011年蓬江区、江海区铺设市政燃气管道35千米，新增供应管道天然气居民用户5050户，超额完成市政府下达的新增30千米管道和5000户居民的考核目标。2011年12月8日，穿越西江的中江高压燃气管道通气，从此结束江门市无上游管输气源供应的历史，大大提高市区管道燃气供应的保障能力。（*杨丽贞*）

城市综合管理　整治市容环境。2011年，江门市大力抓好市容环境整治工作。通过联合市义工联组织干部职工和义工上街清理，组建专业队伍，运用市场化手段选择经营单位承包清理城市“牛皮癣”，以及启用“城管语音提示系统”干扰制“癣”、贴“癣”手机号码等多项举措，使整治乱张贴工作收到明显效果，市容面貌焕然一新；在占道经营整治中加大驻守、巡查、劝导和执法力度，对潮江路、地王广场沿街、市区农贸市场周边等区域和路段进行重点整治，实施20多次专项执法行动，劝导和查处商铺超门槛占道经营1.8万宗，查处清理流动小贩摊档3.2万宗，清理摆放在道路和绿化带的违章灯箱广告招牌1100多个，整治占道经营工作取得阶段性成果；同时采取“疏堵结合”举措，分别在蓬江区的堤西路、炮台北路，江海区东环路，新会区世纪广场步行街等地段，设定市区流动摊档安置点，实行定时、定点、定经营范围的规范管理，为解决占道经营问题开辟了新渠道；通过落实“门前三包”责任制，社区环境卫生管理工作明显提升。

整治泥头车违规运输。督促和指导市区建筑工地落实工地出口硬底化，设置冲洗车装置，严控污染源头。联合交警、交通、公路、建设等部门在蓬江、江海两区开展泥头车违规运输整治行动，维护良好运输秩序，全年共查处运输车辆泥污染路面254宗、乱倒余泥垃圾1421宗，有效遏制泥头车违规运输现象。

拆除违章建筑。是年，江门市共查处违法建筑13宗，拆除违章建筑1.56万平方米；拆除市场周边零乱的经营货架和不规范雨篷等3万多平方米；查处违规设置户外广告641宗，拆除违规和废旧户外广告1138平方米。

维护市政设施。是年，完成堤东路（跃进路至吉利街路口）路段局部沥青维修工程、环市二路近华园桥路面花圃改造工程、江会路堤西路栏杆维修工程、市区人行道无障碍设施改造工程、金瓯路七西村桥桥面铺装层维修工程等百多项市政工程任务，共修复破损砼路面3583平方米、沥青路面7724平方米、人行道7385平方米、路侧石708米，改造盲道6602米。全年清疏下水道360余千米，维护检查井盖导轨装置5300个，补装四防装置1200个，维修下水道300米，更换检查井井套320套，此外，对港口二路等排水不畅道路进行整改，大大减少市区水浸现象的发生。安排桥梁检测32座，维修城市桥梁8座，修复河堤栏杆1970米、下水道375米，安装花岗岩挡车柱2269条，安排拆除小斜坡377个，新安装各类管线装饰井1506座，以及完成堤东路、江北路、海傍路等河堤栏杆和江门大桥、蓬江大桥等桥梁栏杆的油漆翻新工作，保障市政设施安全完好使用。累计投资1030万元，大力推进对市区河堤更换栏杆、道路两侧添加坐椅、修缮和铺设道路无障碍设施（盲道）等工程。逐步更新市政地理信息，全年更新排水管线16.5千米，检查井1240个，雨篦682个，路灯管线9.5千米，路灯395盏。将桥梁巡查、动静载试验、桥梁维修等最新资料录入江门市城市桥梁管理系统，进一步充实市政信息系统资料。

推进广东省绿色照明示范城市（江门市）LED路灯改造工程建设。是年，检修路灯2.37万盏次，新装路灯216盏，维修路灯1.39万盏次，实现路灯亮灯率99%。投入50万元在65个社区的内街小巷新装路灯136盏，投资200万元完成篁庄大道、江会路、联合村等18项路灯改造工程，是年末，市区（蓬江、江海区）路灯达到3.33万盏、灯饰景观1.28万米。

建设数字化城管系统。继续完善“城管语音提示系统”，受理语音提示电话525个，实施处罚111宗，停机处理414宗，为治理城市“牛皮癣”发挥应有作用。累计投入2047万元，建立数字化城市管理系统，1月26日开始试运行，并实现与12345服务热线、蓬江区、江海区、新会区数字城管系统平台的对接工作，在市区安装视频监控点74个，分布在市场周边和流动摊贩乱摆卖多发地段，实现动态监控，构建起城市管理的快速反应和处置机制。同时，制订《提高数字城管系统运行效率实施方案》，强化指挥中心值班制度，建立市级兼职的信息采集员队伍，并配置城管通PDA手机40多个，共采集、上报、立案、派遣、查案件1780宗，结案率达到99.8%。 *(杨丽贞)*

【城镇村庄建设】 2011年，江门市共有建制镇58个，行政村876个。全年全市投资2.4亿元进行村镇公共基础设施建设，铺筑水泥道路280.94千米，铺设自来水管道206.32千米，修筑下水道94.85千米；新建桥梁6座，安装街灯1798盏；新增公园绿地面积50.72公顷。截至2011年末，江门市镇区绿化覆盖率达到17.88%，人均公园绿地面积3.82平方米，建成镇级生活污水处理厂18座，生活污水日处理能力达到6.26万吨。

村庄整治工作继续推进，全年投入3.05亿元对524个行政村进行了村庄整治。其中，投入1.38亿元铺筑村道383.5千米，改造排水渠254.67千米，安装路灯3922盏；投入资金6917.7万元改造危房1244间，建筑面积15.92万平方米；投入1942万元用于改水工作，新增自来水户8971户；投入2018.9万元，改造家庭卫生厕所9048间，新增公厕315间，大部分村还配套建设篮球场、文化室、小公园、小广场等。 *(陈若兰)*

【中心镇建设】 2011年，江门市14个中心镇共投入2亿多元用于镇区规划建设，其中投入300多万元进一步完善镇域、镇区总体和控制性详细规划，投入1.8亿元开展基础设施建设，按照“六个一”工程（即建成一个绿地广场、一条样板街道、一个综合市场、一个有一定规模的公园、一个文明住宅小区和一个工业园）建设要求，重点配套完善道路、给排水、电力电讯、医院、市场等市政和公共基础设施建设，进一步提升中心镇的投资环境和居住环境。 *(陈若兰)*

【住房与房地产业】 2011年上半年，江门市房地产市场延续上一年发展形势，商品房投资与销售产销两旺，新建商品房价格继续上升。为保证房地产市场稳定健康发展，江门市政府及有关部门严格落实国家宏观调控政策，并印发《关于加强江门市区商品房预售款监管的通知》加强市场监管与整治，下半年房价上升势头得到有效控制。

房地产市场投资与销售 受调控政策影响，2011年江门房地产开发投资规模和房价的增长速度有所回落，市场成交量稳中略降，供大于求的形势开始显现，新会、开平较为突出。全市城镇商品房完成开发投资147.95亿元，比上年增长30.72%，其中住宅投资122.42亿元，增长20.5%；施工面积1499.2万平方米，增长19.70%；新开工面积553.09万平方米，增长23.45%；竣工面积409.78万平方米，增长17.77%；批准预售面积460.74万平方米，增长14.69%；销售面积307.71万平方米，下降18.71%；销售金额173.39亿元，增长1.5%。全市存量房成交面积255.04万平方米，比上年下降5.9%，存量住宅成交1.65万套，下降2.4%。

是年，江门市中心城区完成房地产开发投资55.91亿元，比上年增长25.19%；施工面积558.66万平方米，增长19.91%；新开工面积190.28万平方米，增长17.62%；竣工面积148.06万平方米，增长19.02%；批准预售面积119.29万平方米，下降0.76%；销售面积108.24万平方米，增长4.1%；销售金额71.42亿元，增长22.04%。市区北新区成为商品房交易核心区。

全年江门中心城区存量房成交面积78.84万平方米，比上年增长8.2%；其中住宅成交54.57万平方米，增长20.8%，住宅合共5783套，月均482套，增长19.3%；套均面积94.4平方米，比上年略有增加；住宅成交均价2495元，上涨18.7%。

保障性住房建设 2011年，江门市加大住房保障力度，积极扩大住房保障受惠面，对申请享受住房保障的标准作了新的调整，即家庭人均月收入825元以下、人均住房建筑面积13平方米以下，未享受过住房货币补贴和房改购房优惠的城镇家庭均可申请住房保障。为确保足够的保障性住房房源和多样化的保障渠道，江门市通过政府投入、社会集资、企业自建等形式，共投入建设资金4.2亿元，落实建设用地196亩，开展保障性住房建设。全年实施保障性住房项目39项，新开工各类保障性住房7852套，新增廉租住房租赁补贴家庭383户，超额完成省政府下达的住房保障考核目标任务。是年末，江门市有3877套保障性住房完成主体工程，1410套房屋进入地上施工阶段，2565套进入基础施工阶段，3项指标均达到国家的要求。

江门市将保障住房定位为“过渡性住房”，在设计和建设过程中严格控制户型面积和建设标准，廉租住房建筑面积不超过50平方米，其他保障性住房建筑面积不超过60平方米，房屋内部结构按照基本生活需求设计，做到既简洁又满足日常需要。在配套基础设施方面，有条件的地区遵循适度超前的原则，可配置小型电梯和一定数量的车库、停车位等。

11月30日，江门市区最大的保障性住宅小区进行第一次摇珠分配，120户符合条件的低收入家庭获得廉租住房保障。

物业管理 2011年，江门市共有物业服务二级企业1家，三级企

业123家，比上年增加20家，物业服务项目260个。其中，市区物业服务三级企业资质92家，物业服务项目211个。

8月，《江门市物业管理实施细则（试行）》经江门市政府审议通过，自2012年1月1日起试行，有效期三年；为推动物业服务行业管理制度化和规范化，江门市着手开展健康物业管理小区试点创建工作，10月，江门市区萃锦园住宅小区成功创建健康物业管理小区试点；鹤山碧桂园公园1号、新会碧桂园被评为“江门市物业管理住宅示范小区”称号的小区。

江门市住房和城乡建设局全年受理物业管理投诉件196件，信访件12件，比上年下降40%。

市区问题楼盘处置　2011年，江门市问题楼盘解遗申报登记447宗，其中165宗得到全面解决并登记发证，其余282宗因涉及欠缴税费问题，经市政府同意，按照“优先办理房产证，保留对拖欠单位追索权”的办法处理，移送地税部门进行税费处置。

住房公积金管理　2011年，江门市住房公积金缴存新开户5.53万人，至年末累计开户职工人数达32.3万人。全年共归集住房公积金25.51亿元，比上年增长20.19%；发放住房公积金贷款10.09亿元，下降2.32%，实现增值收益4835.52万元。

是年4月15日，为落实中央和省房地产市场宏观调控政策，江门市对住房公积金贷款政策进行调整，对使用住房公积金贷款购买第二套住房实行条件限制，并停止向购买第三套及以上住房的职工家庭发放住房公积金贷款。

6月9日，江门市住房公积金管理委员会第十次全体委员会议审议通过《关于既有住宅增设电梯允许提取住房公积金有关问题的通知》，自7月1日起，既有住宅增设电梯的房地产权所有人及其配偶可申请提取住房公积金，江门市住房公积金的使用范围进一步拓宽。　*（陈若兰）*

【“三旧”改造】　2011年，江门市纳入“三旧”改造范围的地块占地面积约1.09万公顷，其中旧城镇1113.33公顷，旧村庄4480公顷，旧厂房5340公顷，分别占需改造土地面积的10.21%、40.95%和48.84%。截至2011年末，江门市完成“三旧”改造项目42个，面积106.8公顷，正在实施“三旧”改造项目37个，面积188.87公顷，已完成和正在实施改造项目总投资43.06亿元。　*（陈若兰）*

【建筑业】　2011年，江门市有资质的建筑业企业累计完成建筑业总产值157.7亿元，比上年增长42.3%，创历史新高；市外生产总值达53.8亿元，增长63.5%。建筑业全年税收20.6亿元，比上年增长56.1%。房屋建筑施工面积1634.8万平方米，增长14.5%。

是年，江门市产值超5亿元以上的建筑业企业有6家，产值总和达77.05亿元，其中广东建邦、广东金辉华、广东耀南这三家建筑业企业较为突出，建筑业产值超10亿元。

建筑业企业提升资质等级的意愿明显增强，企业资质增项明显增多，全年共有16家建筑业企业提升资质等级，6家建筑业企业实现专业资质增项。至2011年底，江门市有资质的建筑业企业共287家，按资质等级分，一级资质企业29家，二级资质企业85家，三级资质企业160家，其中，劳务分包企业36家，设计与施工一体化企业12家。

全年已注册一、二级建造师总人数1937人，其中一级注册建造师486人，二级注册建造师1451人。全市大中型工程项目的项目经理均由有注册执业资格的建造师担任。市直、开平市的建造师注册情况较好，江海区、恩平市注册建造师数量相对较少。全市建筑业从业人员总人数约13.3万人。

建设工程招投标　2011年，江门市建设工程招标项目共627个，中标价126.03亿元，最高限价129.28亿元，节约投资3.25亿元，下浮2.51%，其中本市企业中标335项，工程量26.7亿元，本地企业与外地企业在市内承接工程所占比例总体持平，但总中标价差距较大。全年纳入各市（区）招标办监督管理的项目329项，中标价62.40亿元，最高限价64.13亿元，节约工程投资1.73亿元，下浮2.70%。

建筑工程质量管理　2011年，江门市纳入监管的房屋建筑和市政基础工程项目有2557项，建筑工程总面积2118.83万平方米，市政工程总长度10.8万延米，建筑工程总面积和市政工程总长度均比2010年有所增长，总造价130.53亿元。全年办理竣工验收备案项目1095个。建筑业企业承建工程获评为广东省优良样板工程4项，获评为市优良样板工程共18项。

建设施工安全管理　2011年，江门市发生建筑施工安全事故2起，死亡2人，事故死亡人数控制在省住房和城乡建设厅、市政府下达的安全事故指标以内。

截至2011年末，全市累计有3.66万名施工从业人员通过安全教育和考核获得“平安卡”，有3230人获得特种作业人员培训。办理产权备案的建筑起重机械共2670台，其中塔吊305台、施工电梯66台、钢井架2299台。

是年，江门市被评为广东省“安全生产与文明施工”双优样板工地有9项，获评为市“安全生产与文明施工”双优样板工地16项。

勘察设计管理　2011年，江门市有勘察设计企业62家，全年完成合同额3.02亿元，比上年增长14%。其中，由外地企业完成的合同额约2亿元。从勘察设计程序划分来看，工程勘察完成合同额6132万元，增长20%；工程设计完成合同额2.4亿元，增长13%。从行业划分来看，建筑行业完成合同额1.07亿元，比上年增长18%，完成施工图建筑面积692万平方米，下降5.7%；电力行业完成合同额7682万元，下降17%；水利行业完成合同额1847万元，增长21%；公路行业完成合同额458万元，增长13%；市政行业完成合同额619万元，增长32%。勘察设计行业从业人员共2429人，具有技术职称的人员1675人，占从业人员70%，比上年增长8%，注册执业人员366人，占从业人员15%，增长8%。（陈若兰）

【建设科技】 2011年，由江门市建筑设计院设计的中山投资大厦、鹤山市电力设计有限公司设计的110千伏沙坪数字化变电站获2011年度广东省优秀工程勘察设计二等奖；开平市腾达建筑设计有限公司、江门电力设计院有限公司、江门市大光明电力设计有限公司和江门市建筑设计院等5个单位设计的作品获2011年度广东省优秀工程勘察设计三等奖。江门市新会区宏图规划建筑设计院有限公司设计的“江门市新会中心景观岭南特色街区”获得广东省“岭南特色规划与建筑设计”铜奖。江门市强力建材科技有限公司与华南理工大学、广东省建筑材料研究院的合作项目——新型聚羧酸减水剂的研究开发与应用获“广东省科学技术奖一等奖”。

墙材革新和建筑节能 2011年，江门市建制镇以上新建建筑基本实现禁止使用实心粘土砖，新型墙体材料使用率超过98%，市区工程竣工验收阶段执行建筑节能比例达97%。江门市中心医院、江门市人民医院、逸豪酒店、丽宫酒店等一批大型公共建筑陆续开展节能改造。江门“星汇名庭”一期（1~11栋）项目获国家住建部绿色建筑评价标识二星级认证。

是年，颁布《江门市散装水泥发展和应用“十二五”规划意见》，指导预拌混凝土行业发展。在国家调整产业结构，继续加大淘汰小水泥等落后产能力度的情况下，江门市散装水泥供应量超430万吨，比上年增长10%，实现节约木材14.22万立方米，节约水8.63亿立方米，节电0.31亿度，节约标煤3.37万吨，减少粉尘排放1.80万吨，创造社会综合经济效益2.59亿元。预拌混凝土全年供应量超500万立方米，比上年增长30%，全市建设工程项目基本使用商品混凝土。（陈若兰）

【信息化建设】 房地产纸质档案数字化 2011年，江门市住房和城乡建设局按照房地产交易登记规范化管理的要求，推进房地产纸质档案数字化进程。是年，完成房地产档案扫描187万页，补录数据23万宗，启动远程备份系统的建设工作，第一期工作已完成，实现房地产交易数据的异地存储。（陈若兰）

数字化城管系统建设 2011年，江门市继续完善“城管语音提示系统”，受理语音提示电话525个，实施处罚111宗，停机处理414宗，为治理城市“牛皮癣”发挥应有作用。累计投入2047万元，建立数字化城市管理系统，1月26日开始试运行，并实现与12345服务热线、蓬江区、江海区、新会区数字城管系统平台的对接工作，在市区安装视频监控点74个，分布在市场周边和流动摊贩乱摆卖多发地段，实现动态监控，构建起城市管理的快速反应和处置机制。同时，制订《提高数字城管系统运行效率实施方案》，强化指挥中心值班制度，建立市级兼职的信息采集员队伍，并配置城管通PDA手机40多个，共采集、上报、立案、派遣、查案件1780宗，结案率达到99.8%。

（杨丽贞）

附录：江门市住房和城乡建设管理部门主要领导

江门市住房和城乡建设局

党委书记、局长：马克烈

江门市城乡规划局

党组书记、局长：林健生

江门市城市综合管理局

党委书记、局长：岑炳强

江门市水务局

党组书记、局长：梁君明

江门市园林局

党委书记、局长：陈健伟

江门市环境保护局

党组书记、局长：谢锦波

江门市住房公积金管理中心

党支部书记、主任：王逵昱（女）

阳江建设

【概况】 2011年，阳江市建筑和房地产业持续快速发展，实现“六个大幅增长”：全市完成建安产值62.28亿元，比上年增长23%；完成房地产开发投资50.1亿元，增长10.8%；商品房施工面积624.5万平方米，增长28.8%；商品房销售面积153.8万平方米，增长24.3%；商品房销售额为60.8亿元，增长57.5%；实现市内建安税收7.01亿元，增长29%，实现房地产税收6.93亿元，增长52%。

城镇化发展和宜居城乡建设有序实施 截至2011年底，全市城镇化水平为46.97%，比“十五”期末的44.1%提高2.86个百分点；全市城镇建成区总面积172.61平方千米。以市区为中心的城市地位得到强化，辐射带动作用进一步增强；以阳春市区，以及阳东、阳西两个县城为次中心的城市发展地位得到进一步的巩固和提高。城镇基础设施和公共设施建设成效显著，城镇面貌与生产、生活环境得到进一步改善。城镇人均道路面积达到13.56平方米，城镇人均公园绿地面积7.34平方米，其中阳江中心城区人均公园绿地面积10.59平方米，森林覆盖率54.5%。

重大项目加快推进 全市固定资产投资完成408.5亿元，比上年增长43%。城镇和农村投资分别完成377.5亿元和30.9亿元，房地产投资76.1亿元。十里银滩综合开发等城建和房地产项目建设进展顺利。切实加强对政府公共工程项目的建设管理，截至2011年底，阳江市公共工程管理局累计代建阳江市政府投资的市属非经营性项目共23个，总投资额18亿元，其中已完工项目11个，施工项目5个，正在推进前期工作项目7个。（林元满）

【宜居城乡建设】 2011年，阳江市组织实施《阳江市创建宜居城乡示范镇、示范村工作实施方案》、《阳江市名镇名村示范村建设实施方案》；3月，在阳春召开全市创建宜居城乡暨绿道建设工作现场会，对创建宜居城乡工作进行具体的部署。在全市开展“宜居城镇”、“宜居村庄”、“宜居社区”试点工作，推进4个宜居城镇和10个宜居村庄示范点建设工作，建成32个镇垃圾中转站和3051个村生活垃圾收集池。阳西县的沙扒镇和织篢镇的鸡嵋朗村分别获得广东省首批“宜居城镇”、“宜居村庄”称号，其中，阳西县织篢筑镇鸡嵋朗村获得“全国文明村”称号，这也是阳江市建市以来首次获此殊荣。江城区金湾社区、阳东县合山社区、阳西县西湖社区分别获“广东省宜居社区”称号。阳西县生活垃圾填埋场建设首期工程已建成并投入使用；阳春市、阳东县生活垃圾填埋场规划选址、征地、立项等项目建设前期工作已基本完成。全市村庄规划编制有突破性进展，截至2011年底，全市完成规划编制成果的村庄有3156个，村庄规划编制率从2010年9%提升到39%。（王绍挺）

【城乡规划】 规划编制 2011年，阳江市规划部门重点抓好阳江市中心城区近期建设规划（2011～2015）、西平北路北延伸线两侧控规、城南新区B区控制性详细规划、“黄线、蓝线、紫线”三线规划、阳江市城镇化发展“十二五”规划、阳江市绿道网总体规划等规划编制工作。注重城市设计在城市规划管理中的运用，切实提高规划管理水平，完成城南新区和闸坡东片区等城市设计。据统计，全年市区完成编制和审批控制性详细规划及法定图则31项，总面积846公顷；修建性详细规划33项，总面积131.45公顷；市政道路规划设计及施工图32.7千米，为推进城市基础设施建设、改善城市环境打下基础。

规划管理 2011年，阳江市落实规划公示制、听证制，重大规划和建设项目都在阳江住房和城乡规划建设网规划展示厅和《阳江日报》进行公示。执行城市规划委员会制度，完善规划决策机制，深入推进“阳光规划”，在坚持规划公示制、听证座谈制、三级会审制、跟踪监管制、责任追究制的基础上规范审批会审制度，层层把关，提高规划审批的透明度和严密性。健全完善城乡规划管理日常巡查制度，形成建设工程批后管理长效机制。建设项目规划方案现场公示率100%。是年，市区共核发建设项目选址意见书25份；建设用地规划许可证827份，用地面积326.45万平方米；建设工程规划许可证811份，总占地面积174.8万平方米，总建筑面积390.32万平方米；一书两证的发放率和准确率均100%；审查建筑工程设计方案共386宗。（王绍挺）

【城市建设与管理】 市政设施建设 2011年，阳江市完成市区鸳鸯湖景区东风二三路，环湖路，市区5条旧路，城市防洪第八、十、十一标段，连环水库豪贤路连通渠出口等工程项目的建设和改造；并推进西平路、东门路、二环路、滨江东路、马曹路东段、东门南路工程、体育北路等工程建设。

完成城区道路的路灯新建改造任务和内街小巷“惠民工程”建设。一是完成城区道路路灯的新建、改造任务，完成东风二三路、河堤路、雅白线、二环路、金碧路、白云路、西平路、东门路、农科路等路段的路灯安装工程，先后安装路灯911基、装灯4554盏，敷设路灯电缆70625米。二是推进内街小巷“惠民工程”建设，完成北湖小区等98条街巷的路灯安装任务。三是完善市区景观灯饰亮化及节日灯饰设置安装工作。

园林绿化 2011年，阳江市抓好城区绿化、园林景观建设。一是强化绿化日常管养水平。利用季节有利时机，做好除草施肥、修剪、治虫等常规管理，对大规格风景树安装5025株防风钢架支架，提升园林绿化精细化管理水平。二是增种绿化树木，提升绿化档次。全面完成市区29米以上道路横路绿化植树，共种植各种大规格风景树5600株、补植各种绿化树1500株、各类绿化袋苗18万袋，新植补植绿化11.75万平方米。三是开展苗木栽培、开发及引进工作，园林技术人员潜心探索各类苗木的培育方法、栽培各类种苗，并引进郁金香种苗，通过精心培育，成功控制郁金香花果花期。四是完成阳江市城市园林绿化遥感测试工作。五是开展生物多样性研究和园林植物科研推广应用工作，杜鹃红山茶的产业化开发及示范已获得省科技厅立项批准。六是举办阳江市首届公园艺术节。金山植物园设置“兔年吉祥”、“十二生肖”、“鸿运风车”、“心心相印”、“火树银花”等花坛造型以及郁金香观赏区，在中山公园举办现场挥毫书写展示春联活动以及迎春象棋擂台赛。

绿道建设 2011年，阳江市逐步完善城市绿道建设。完成鸳鸯湖景区环湖路绿道建设，该绿道东起东风三路，盘绕鸳鸯湖畔，西接环湖西路，全长3070米，宽6~18米，是环鸳鸯湖畔的一条景观道绿道，丰富了人们的休闲生活，人们幸福感增强，低碳出行和居住的生活韵味提升。阳江市绿道建设标志性工程动工建设，该工程以能源广场为起点，环绕共青湖水库和放鸡水库，设环山支线及金鸡寺支线，全长9900米，绿道面积4.4公顷，325国道（创业北转盘至白沙转盘）两侧绿道正筹备建设。

城市环境卫生 2011年，阳江市城市综合管理局负责市区清扫保洁道路面积685万平方米，管理市区公厕37座，垃圾中转站12座，全年清运填埋处理垃圾总量17.36万吨。环卫基础设施不断完善，改造垃圾中转站4座。

城市生活垃圾处理。是年，奕垌垃圾综合处理场一期填埋区沼气导排建设工程基本完成。《阳江市城市环境卫生专项规划（2011~2020)》（初稿）已编制完成。新的生活垃圾填埋场将命名为阳江市垃圾综合处理环境园，是以生活垃圾填埋场为主，集多种处理工艺于一身的垃圾综合处理园区。至年底，阳江市垃圾综合处理园区规划选址已通过专家评审。 *(关则和)*

城市生态环境保护和建设 2011年，阳江市继续强化环境保护责任考核及主要污染物总量减排考核，全市环境质量保持良好水平。近岸海域水质达到功能区标准，环境空气质量保持国家一级标准，全年365天空气全部达到优良。道路交通噪声平均值、城市区域环境噪声平均值保持在良好水平。污水处理、垃圾处理等城市环境基础设施建设取得新进展，全市生活污水处理能力提高到17万吨/日，医疗废物处置率达到100%，生活垃圾处理率达到100%，奕垌垃圾场达到无害化水平。据初步测算，是年阳江市二氧化硫排放总量1.83万吨，氮氧化物排放总量4.57万吨，化学需氧量排放总量4.21万吨，氨氮排放总量0.58万吨，主要污染物总量减排任务完成率均达到100%，主要污染物排放总量得到有效的控制。

城市环境综合治理。2011年，阳江市大力推进以“江、湖、厂、场、中心”五大工程为重点的治污保洁工程，不断加大环境保护投入力度，加快城市环境综合治理，一是继续推进漠阳江环境综合整治。马南河两岸综合整治及市区雨污分流改造工程已完成了设计、工程招标等前期工作，并已开工建设。二是完成鸳鸯湖、金山植物公园等环境综合整治改造工程，进一步改善市区人居环境。三是加快建设城市污水处理厂。阳春市城区污水处理厂二期工程、阳东县城污水处理厂（二期）和高新区第一污水处理厂建成并投入运行，中山火炬（阳西）、东莞长安（阳春）、佛山禅城（阳东万象）产业转移园污水处理厂已建成并投入试运行，江城银岭污水处理厂已动工建设，市区城南、城北污水处理厂加紧推进征地等前期工作。四是加快生活垃圾无害化处理场建设。市区奕垌垃圾填埋场二期工程正常运转，建成阳西县城垃圾填埋场，阳春生活垃圾无害化综合处理厂、阳东县城垃圾填埋场正在加快建设。五是加快市工业固体废物处理处置中心建设，进一步完善医疗废物收集、运输、焚烧处理系统，确保全市医疗废物得到无害化处理，解决医疗废物的污染问题。

▲*2011年，阳江市加大城市环境综合整治。图为改造后的鸳鸯湖景区。*

(阳江市城市综合管理局供稿)

环境监督执法。进一步加大挂牌督办力度。是年，阳江市环保局、市监察局对春潭水泥有限公司金同水泥厂、广东一片天医药集团有限公司和阳西长江制革有限公司环境问题进行联合挂牌督办。至2011年底，广东春潭水泥有限公司金同水泥厂已停产，阳西县长江制革有限公司环境问题整治及广东一片天医药集团制药有限公司限期整改任务按时完成，并获市环保局、监察局摘牌。是年，加大污染整治力度。开展重金属污染防治，加强危险废物规范化管理，顺利完成岗列那格五金电镀城搬迁，推进工业锅炉、油气回收，挥发性有机物治理等污染整治工作。同时，加大环保执法力度。以国控重点污染源、重污染企业、重点流域和区域、重大环境安全隐患、重大信访案件、重大建设项目的环境监管为重点，开展集中整治铅蓄电池为主的重金属和危险废物、化学品污染，清理饮用水源保护区内排污口等专项行动，严厉打击各类环境违法行为。全年各级环保部门检查企业5300多家（次），限期治理企业16家，限期整改企业208家，关停企业13家，立案查处违法企业91家，有力打击环境违法行为。同时，加大污染纠纷查处力度，维护人民群众环境权益。据统计，全市各级环保部门受理环境信访案件475件，结案472件，结案率达99.2%。

生态环境建设。是年，阳江市制订《阳江市关于实行“以奖促治”加快解决突出的农村环境问题的实施方案》，推动全市各地开展农村环境综合整治工作，要求各地积极开展创建生态示范村（镇、园）工作。年内，为加强自然保护区管理，制定并严格执行《阳春市人民政府关于加强鹅凰嶂自然保护区管理的通告》及《百涌自然保护区管理的通告》，有效遏制生态破坏行为，两个保护区的自然环境、自然资源得到较好保护，保护区内野生动植物稳定并向良好的态势发展。对保护区内的重点保护植物进行了专门的管护，保护区根据各保护站内的重点保护植物分布登记造册，明确保护责任到自然保护站，由保护站再具体明确到个人，特别是对国家一级保护的珍稀植物猪血木、虎颜花等，给予专门的保护，并定期组织检查。完成污染源普查动态更新调查的工业企业共748家，其中重点工业源692家，集中式治理设施8家，重点农业源48家。

（林良斌）

城市水环境建设　水资源管理。2011年，阳江市实行严格的水资源管理制度，按照《阳江市水库水资源管理办法（试行）》和《阳江市水库水资源管理考核办法》，按照水库水资源管理的规划情况、取水许可监督管理情况、水资源管理制度的落实情况、保护情况、水资源费征收使用管理以及水资源统计情况等六大项内容，对全市大、中、小型水库水资源管理进行考核。

依法治水管水。一是加强水法规宣传工作。以“3·22”世界水日和中国水周为契机，多种形式广泛宣传水法规，进一步提高人民群众的水法规意识。二是加强水政执法工作。加强对河道采砂、水利工程、水资源保护的监管，查处并有效打击水事违法行为。按照省水利厅的要求，开展“水政执法能力建设年”活动，市水政支队配备执法服装。三是做好水利规费征收工作，增加财政收入。

农村安全饮水工程建设。按农村饮水安全工程规划要求，阳江市要解决94.33万人的饮水不安全问题。经过各级的不断努力，2010年之前省下达的73宗农村饮水安全工程项目已100%完成，已解决69.79万人的饮水不安全问题。2011年下达的11宗农村饮水安全工程项目已全部开工，其中中央下达计划的9宗项目已在10月前完成工程建设，正在试运行通水，其余2宗项目可在2012年前完工。以上11宗项目完成后可解决16.02万人的饮水不安全问题。　*（阳江市水务局）*

城市供水　供水设施建设。2011年，阳江市自来水公司投资2785万元，完成城南新区部分供水工程、高新区广青项目供水工程、市区供水管网改造工程，收购白沙自来水有限公司，更新旧水厂供水设备，完成城西供水加压站前期建设工作和第二水厂建设前期筹备工作，完成阳江核电基地供水工程等供水工程。市区供水管道建设逐步配套完善，供水压力不断提高，城市区域及工业园区实现供水全覆盖，基本做到城市发展到哪里，供水服务就到哪里。

水源水质。阳江供水源水取自漠阳江，源水水质达到国家Ⅱ类水质标准。出厂水水质综合合格率达到100%。

供水服务。全年共完成供水量7175万吨，比上年增长12.81%；完成售水4617万吨，增长8.79%；销售产值8100万元，增长13.9%。

（吴贵贤）

城市供气　2011年，阳江市根据《燃气经营许可证》的条件，核发经营许可证燃气企业19家。受阳江市政府委托，6月3日，阳江市住房和城乡规划建设局与阳江市通能天然气有限公司正式签订《阳江市城市管道燃气特许经营协议》。是年，开展阳江市海陵区、高新区管道天然气项目的招标工作。发挥燃气促进会的作用，加强企业的经营及价格自律行为。协调市区管道天然气工程建设，截至2011年底，市区主干道周边已基本铺设天然气管网，主管网和庭院管网长度共191千米，使用天然气的用户已达1.23万户。

是年，全市燃气销售总量10.4万吨，比上年下降33%，销售额5.94亿元，下降33%，用气总量预测为5.3万吨，下降17%，实现税金1223.9万元。

城市综合管理　2011年，阳江市“12319”城管热线和网络问政等平台，共受理市民群众有关城市管理投诉业务1275宗，及时处理和办结率97%以上，市民反映的热点难点问题得到解决。

扎实推进市容市貌治理工作，全年共清理乱摆乱卖、乱停乱放、乱拉乱挂、乱搭乱建、乱挖乱掘、乱张乱贴等“六乱”行为2.78万宗，城市管理秩序得到有效的控制。是年，加强违法违章建筑拆除力度，全年共立案查处违法违章建筑1873件，强制拆除严重违法违章建筑182件，拆除面积达26.2万平方米。加强户外广告的管理和设计建设，严把户外广告设置审批关口，完成安宁路等13条主干道户外广告招牌改造，拆除各类不符合规定的户外广告招牌1.2万块，规范、增设高档次大型广告牌一批，对东风二三路两边大型公共楼宇实施了亮化装饰。　*（关则和）*

【城镇村庄建设】　2011年，阳江市抓好城镇总体规划修编工作。其中，阳西县溪头、新墟镇总体规划已完成编制工作，阳春市岗美、八甲、马水三个镇现正在进行规划论证及规划文体、说明书的正式编制阶段。阳春市石望等5个镇正在开展测量及收集基础资料。做好阳春市重灾镇、重灾村的灾后重建工作。共投入资金1800万元，支持重灾镇、重灾村开展村镇整治、修复排水、市政道路、栽种绿化、建设垃圾中转站、收集池。认真抓好城镇市政公用基础设施建设，开展“万村百镇”整治工作，实施“净化、美化、绿化、亮化”工程，逐步改善人居环境。2011年，全市村镇房屋建筑竣工面积118.45万平方米，完成投资68231.1万元，村镇新建道路53.29千米，新建市政排水管道16.87千米，自来水供水总量3667.27万立方米，销售收入4692.35万元，新增供水管道长度75千米，共发放“一书两证”3861份，“一书一证”2416份。300人以上自然村道路硬底化改造任务全面完成。（王绍挺）

【中心镇建设】 2011年，阳江市成立以市政府分管领导为总召集人、相关部门负责人为成员的名镇名村示范村建设工作联席会议制度，召开专门工作会议，要求各部门加强沟通联系，各负其责，共同推进。10月8日，阳江市印发《阳江市名镇名村示范村建设实施方案》，决定在全市38个镇和701个行政村中选择条件成熟的镇村开展名镇名村示范村创建活动。是年全市共选择2个镇（阳西县沙扒镇、海陵区闸坡镇）作为名镇建设，10个行政村作为名村建设。

为加强对名镇名村示范村建设工作的领导，阳江市制订《阳江市名镇名村示范村建设分工方案》，进一步明确各单位的分工职责。同时，建立名镇名村示范村建设工作领导挂点联系制度。市、县（市、区）两级领导挂点联系70条名村示范村建设，其中市级领导由原来新农村建设联系点调整到名村联系点。各县（市、区）作为建设主体，也参照市的做法，落实挂点联系领导，使名镇名村示范村建设工作有联系领导，有牵头和参与单位，分工明确，协同推进。阳江市加大对名镇、名村、示范村建设的财政投入，采取“财政解决一点、村（群众）筹资一点、社会捐助一点、企业支持一点”等办法，多方筹措建设资金。争取省财政310万元的专项建设资金支持；市财政安排市领导挂点联系的名村每村10万元建设资金。（王绍挺）

【住房与房地产业】 *房地产市场管理* 2011年，阳江市为贯彻落实《国务院办公厅关于进一步做好房地产市场调控工作有关问题的通知》和省有关文件精神，出台《关于进一步做好房地产市场调控工作的实施意见》，从2011年3月份起，把房价的年度控制目标分解到每季每月进行。同时，对商品房预售进行价格登记制度，切实加强对商品房销售行为的监管和市场预测预警，杜绝无证销售和超前预售等违规行为，确保房价保持在可控范围内。严格执行房地产开发和房地产中介服务的市场准入标准，落实约谈问责机制。建立和完善开发项目、房源情况和市场需求等市场信息披露制度。全年共核准房地产开发企业资质135家（其中新成立12家）；对3家房地产估价机构的从业资格、资质等级进行了核准、审查。

是年，阳江市房地产开发投资额增幅有所下降，房价过快增长的势头得到有效的遏制，但是商品房销售面积和销售额、实现房地产税收等指标仍然保持增长态势，房地产市场继续健康稳定发展。是年，全市商品房（含商业用房、住宅等）空置面积3.3万平方米，比上年下降21.4%；全市商品住宅交易平均价格为3453元/平方米，比上年增长12.9%，市区（江城区）商品住宅交易平均价格为3916元/平方米，增长7.6%。从各县（市）区房地产发展的情况来看，阳东县、阳西县完成开发投资额明显回落，市区、阳春市完成开发投资额增幅明显减缓。阳西县的商品房销售面积、销售额均下降十几个百分点。阳东县因毗邻市区，高档大楼盘较多，房价继续领跑全市，交易均价达4249元/平方米。

全市批准预售的商品住宅共1.15万套，比上年增长3%，面积为157.91万平方米，增长10.7%。全市销售的商品住宅共1.25万套，比上年增长34.7%；面积为150.16万平方米，增长23.57%。成功举办第五届阳江房地产展销会。

房地产交易 2011年，阳江市进一步落实二手房交易实行房地产交易价格评估制度，全市二手房交易中严格以基准地价、标定地价和各类房屋的重置价格为基础进行估价，对成交价格明显低于正常市场价格的，以评估价格作为缴纳税费的依据，杜绝“阴阳合同”等偷逃税费行为。8月29~31日，全市房地产开发办证业务培训班在阳江市住房和城乡规划建设局举行，来自广东金世纪实业有限公司等150家房地产开发企业的管理人员、销售人员、办证人员共280多人参加培训。

是年，阳江市区房地产交易4893宗，交易面积74.88万平方米，交易金额16.73亿元。其中商品房交易2422宗，交易面积32.61万平方米，交易金额9.23亿元；二手房交易2471宗，交易面积42.27万平方米，交易金额7.5亿元。商品房买卖合同备案4534宗，面积54.69万平方米，合同金额22.67亿元。

全年市区建立房屋登记簿1.65万宗，建立电子档案2.3万宗，完成城建档案和房屋权属档案整理1.3万份，提供档案利用1.29万卷次，满足了全社会对城建和房屋权属档案信息的需求。

保障性住房建设 2011年，广东省政府下达阳江市4477套保障性住房建设目标任务。是年，全市各类保障性住房建设项目开工率100%，超额完成了廉租住房、公共租赁住房建设任务，完成省下达的年度目标任务。阳江市区投入

2400万元建设富源小区廉租住房（三期）项目，建设216套廉租住房，完成任务108%。阳春市投入1122万元，结合“一河两岸”改造拆迁安置项目，在春城河西平天塘龙发安置小区配套建设廉租住房110套，完成任务100%。阳东县投入900万元在东城镇金桂雅苑小区保障性住房项目用地内建设65套廉租住房，完成任务100%。阳西县投入140万元购置10套拆迁安置房改建用作廉租住房，完成任务100%。海陵岛试验区投入120万元对闸坡镇飞鸥小学旧校址改造项目完成24套廉租住房，完成任务100%。6月2日，副省长林木声到阳江市进行廉租住房建设工作考察，对阳江市住房保障工作给予充分肯定。

公共租赁住房完成筹集目标任务的110%。是年，全由政府主导建设和市各工业园区建设的公共租赁住房项目14个，共筹集公共租赁住房3817套，超额完成省下达阳江市的3468套公共租赁住房年度目标任务。

这一年，市区按计划启动基业经济适用住房项目和阳东县金桂雅苑经济适用住房项目，实现开工率100%。

物业管理 2011年，阳江市创新物业管理监管体制，着力推进区、街、社区履行物业管理职责，建立区、街、社区物业管理工作矛盾纠纷排查调处联席会议制度，处理办结物业投诉36起，办结市人大、政协提案、议案3件。对物业服务企业加强监督管理，引导物业服务企业内强素质、外塑形象，鼓励物业服务项目争先创优，促进行业服务质量和服务水平的整体提升。全市物业服务企业81家，物业服务从业人员3500人，物业管理覆盖率达80%。做好小区成立业主委员会的指导工作。是年，市区新成立3家业主委员会；做好物业专项维修资金和物业保修金的收缴与使用工作，物业专项维修资金共归集0.9亿元。

直管公房管理 结合直管公房安全隐患，及时进行修缮，定期检查，并加强宣传引导，注重预防。严格按照公房收缴租金标准，按时收缴公房租金。2011年，市区共投入公房维修资金50.4万元，维修房屋314间，维修面积1.8万平方米。

推行房屋安全“阳光鉴定”。是年，全市共完成房屋安全鉴定1257宗，鉴定面积16.3万平方米。同时，配合阳江市教育局对90处无证幼儿园的校舍进行安全复查，完成2011年房屋鉴定档案归类共1257宗。积极探索白蚁防治的新方法、新技术，推广使用更加环保安全的白蚁防治新药物。进一步健全蚁害动态管理制度，积极应对白蚁分飞高峰期。全年市区实行房屋白蚁预防420宗，其中工程建筑面积44.2万平方米，竣工建筑面积12.9万平方米，住宅建筑面积10.7万平方米，回访175户。

住房公积金管理 2011年，阳江市住房公积金制度覆盖面不断扩大。全市归集单位1267个，住房公积金缴存人数9.2万人，累计缴存总额约23.99亿元，缴存余额13.55亿元，累计发放个人贷款13.56亿元，支持全市6904户职工家庭解决住房问题。建立阳江市住房公积金监督管理信息系统，并于12月试开通运行，运行状态正常后即可实现部、省、市三级联网，实行实时监控。

住房货币分配工作卓有成效。截至2011年底，全市累计参加住房货币分配单位142个，其中财政供养单位78个，企（事）业单位64个，人数6700人，累计发放住房补贴1.5亿元。 *（王绍挺）*

房屋征收拆迁 2011年，阳江市房屋征收部门强化项目征收拆迁的管理服务，抓好征收拆迁维稳信访工作，化解一批拆迁历史遗留问题，实现依法、和谐拆迁，促进重点项目的顺利推进。其中开阳高速公路阳江立交及连接线工程建成通车，市区河堤北路、市区创业路北段等拆迁项目顺利完成，东门南路、瑞禾路等项目建设加快，东风三路、高凉西路、滨江东路南段等一批项目拆迁工作进入扫尾阶段。2011年，市区完成拆迁建筑面积2.3万平方米，搬迁居民138户，拆迁补偿金额6400万元。 *（陈晓文）*

【“三旧”改造】 2011年，阳江市“三旧”改造在新起点上取得新进展，基本实现“两年突破性进展”的工作目标。这一年，经市（县、市）审批的“三旧”改造项目306个，涉及改造面积197.25公顷；正在改造项目41个，涉及面积106.52公顷；完成改造项目33个，涉及改造面积39.55公顷，节约土地面积27.16公顷，节地率达68.68%；投入改造资金26.53亿，占全市固定资产投资比例7.20%。

完善历史用地手续工作进展顺利 2011年经市（县、市）政府审批的完善历史用地手续项目277个，涉及改造面积126.44公顷，占新审批“三旧”改造项目总数的90.52%。

更新改造项目工作加快推进 2011年经市（县、市）政府审批的更新改造项目29个，涉及改造面积70.80公顷。市区和各县（市、区）的“三旧”改造项目中，市区名扬国际广场二期、松岗山（百利广场）、瑞禾路（金源广场）、华美纸箱厂、阳西阳泉纸厂、阳春南山工业园、高新区文化广场等20多个重点改造项目建设加快；江城区南排排后村、南排石湾村、金郊上村和海陵那大村、阳西茶山坡村、阳春城北砂砾村等10多个城中村改造项目稳步推进；市区新华南路、南濠路、欧坑片区、国营小刀厂和阳春城北工业区、阳东金恒华城、高新区粮管所等20多个改造项目前期工作扎实开展。阳江市名扬国际广场改造项目作为5个示范项目之一，在全省和港澳台地区推广。

（陈晓文）

【建筑业】 建筑业市场管理 2011年，阳江市围绕做大做强阳江建筑业这个目标，加强对建筑行业的工作指导和管理，特别是加强对建筑企业外出拓展市场的指导，重点扶持市建安集团、一建集团等龙头企业开拓市外市场，带动全市建筑企业向外发展，取得显著的效果，确保全市建筑业的持续健康发展。是年，全市共有建筑业施工企业152家（2011年新增10家），其中一级企业10家，二级企业31家，三级企业104家，劳务分包企业7家。

加强资质核查，抓好市场监管。7月上旬和9月中旬对阳江市建筑业企业进行资质核查工作，对市区、阳东县和高新区范围内的共8家生产预拌商品混凝土企业和市区10家建筑施工企业开展核查工作。对核查资质为“不合格”的6家建筑业企业撤回资质并上报广东省住房和城乡建设厅。

是年6月1日起实施《阳江市建筑市场信用管理暂行办法》、《阳江市外来施工企业备案管理暂行办法》、《阳江市建筑业企业建设行为信用动态管理暂行办法》。这些暂行办法的实施，加强对建筑市场的动态管理，并通过动态核查对建筑企业行为信用等级进行评价，作为企业投标资格条件和纳入阳江市工程招投标的资格依据。

勘察设计 勘察设计行业稳步发展，截至2011年底，全市共有工程勘察设计企业22家，其中乙级10家（建筑设计4家，专项勘察、设计6家），丙级12家，1家建筑设计企业申请晋升甲级。施工图审查机构2家（二类）。全年勘察设计企业营业收入8810万元，比上年增长8%；实现利润总额1936万元，增长5%。工程项目审查工作有序进行，2011年全市审图机构完成审查工程项目221项，建筑总面积135.5万平方米，总投资10.66亿元，一次性审查通过81项。其中按规定应进行节能设计审查的房屋建筑工程和装饰工程都实行节能审查，节能审查率100%。

招投标管理 2011年，阳江市对公共资源交易机构进行整合，将分别由阳江市住房和城乡规划建设局管理的市建设工程交易中心、市机关事务管理局管理的政府采购中心和市国土资源局管理的土地与矿业权交易中心等交易机构进行整合，打破原有建制，组建阳江市公共资源交易中心。11月18日，阳江公共资源交易中心正式挂牌成立。阳江市公共资源交易中心的挂牌成立是阳江市推进政府管理创新，优化投资环境的一件大事，标志着阳江市公共资源交易管理工作翻开崭新的一页。

加快推进网上电子化招投标工作，阳江市成立网上建设工程招标投标工作协调领导小组，是年，全市新招标工程项目521项，工程总投资额77.69亿元，中标工程总造价70.61亿元，节约建设资金7.08亿元，工程造价下浮率9.1%，综合招标率和应公开招标工程公开招标率均达100%。其中，市直招标工程141项，工程总投资额26.74亿元，中标工程造价23.59亿元，节约建设资金3.15亿元，工程造价下浮率11.8%。

工程质量管理 2011年，阳江市建筑管理部门深入推进质量通病治理和住宅质量分户验收制度，把工程质量终身负责制落到实处。加大对工程质量的大检查、巡查、抽查力度，着重查处工程重点部位及质量控制关，加大对建筑材料、构配件、砼质量的抽查力度。全年共巡查工程项目265个，总建筑面积573.3万平方米，发出整改通知书258份。全年市区完成砼抗压、砖抗压、水泥试验等建筑材料测试管理。

是年，阳江市12项工程获奖，其中获“省建设工程金匠奖”1项，获“省优良样板工程”奖1项，获“省文明施工示范工地”奖1项，获“市双优工地”奖9项。其中阳江市市区御水雅筑项目获2011年省建设工程“金匠奖”，这也是阳江市建市以来第三个获此殊荣的建筑项目。

这一年，全市（包括各县、区）纳入质量监督工程265项，其中市区纳入质量监督工程88项，建筑面积256万平方米，工程造价31亿元，工程竣工验收55项，竣工验收合格率为100%。

施工安全管理 落实安全生产责任目标管理。2011年，阳江市人民政府分别与各县市区签订《2011年度安全生产工作目标管理责任书》，阳江市住房和城乡规划建设局与各县（市、区）住房规划建设局及市直100家施工企业签订《2011年度安全生产工作目标管理责任书》，将安全生产工作与年终考核、评先结合起来。在全市建筑行业开展以严格执行标准规范为重点的建筑施工安全隐患大检查大排查大治理等活动，强化监管，落实责任，全年建筑安全生产形势平稳。加强对施工安全的监督。全年共组织8次建筑施工安全生产检查，共检查在建项目789次，发出安全隐患整改通知书578份，扣分通知书245份。对整改不力的10个工程项目发出暂停工通知书10份。对各县（市、区）督查发出执法建议书11份。加强“平安卡”管理制度的实施，阳江市辖区在建工程项目按要求购买建筑意外伤害保险并购买卡机，已办理“平安卡”7256张，市区实施“平安卡”制度以来已累计培训一线工人1万多人次。

以开展“安全生产月”活动为契机，开展形式多样的安全生产宣传教育活动。抓好生产经营单位主要负责人、安全管理人员和特种作业人员等重点岗位从业人员培训考核工作。是年，对市区在建项目的特种作业人员持证上岗作8次专项检查。举办27期特种工（包括井架操作工、施工升降机司机、塔吊司机、建筑焊工、建筑电工、桩工）培训班，全市有2041人参加学习。

经过培训教育，重点岗位从业人员的安全素质稳步提高。

开展建筑施工安全约谈制度。阳江市住房规划建设局对存在较大安全隐患、有事故苗头、整改不力的在建项目责任人进行约谈，使安全隐患得到及时消除，取得预期效果。

应急救援体系建设。2011年，出台《阳江市住建系统重特大安全事故应急救援预案》，成立重特大安全生产事故应急救援总指挥部，下设建筑施工应急救援组、燃气应急救援组、市政设施应急救援组、公房应急救援组四个小组。制订《阳江市建筑施工安全事故应急预案》，并组织有关专家进行评审、修改完善。

工程造价管理　2011年，阳江市加强信息服务职能，办好《阳江市工程造价信息》（期刊），定期发布人工、材料参考价格，造价指数、造价实例分析，及时刊登国家、省、市有关法规文件及工程计价和定额管理专业知识，为阳江市广大造价人员提供服务。完善信息资源共享网络的建设，通过“阳江工程造价信息网”和查询平台“广东造价通”实现网刊合一，提高造价信息资源利用率和发布频率。

参与政府投资工程的造价管理，加强最高报价值（招标控制价）、施工合同的备案工作。全年施工合同备案为21项，最高报价值（招标控制价）备案为20项。

（王绍挺）

【建设科技】　2011年，阳江市积极推广使用散装水泥和新型墙体材料，推进建筑节能工作。出台实施《阳江市民用建筑节能管理办法》。是年，阳江市顺利通过省、市节能目标责任考核。2011年新建建筑设计阶段执行建筑节能标准比例为100%，施工阶段执行建筑节能标准比例为97%以上。

是年，阳江市散装水泥的使用量和预拌混凝土供应量稳步增长。散装水泥使用量60万吨，比上年增长15%，预拌混凝土供应量70万立方米，增长15.5%，新型墙材使用量1.3亿块标砖，可保护耕地14.87公顷，节约能源1.76万吨标煤，市区工程建设项目绝大部分都已使用新型墙材，阳江市的推广应用新型墙材工作有较好的发展。阳江市散装水泥办公室获全国散装水泥统计工作先进单位、“十一五”期间全省发展散装水泥先进单位。

这一年，阳江市对违规黏土砖瓦生产企业展开清理整治工作。各县（市、区）成立专项整治工作小组，并对辖区内企业分类分批制定治理措施，推进黏土砖瓦企业治理整顿工作。阳东县、阳西县、阳春市、江城区、高新区分别对辖区内黏土砖厂烟囱进行分批拆除，整治工作已取得初步成效，截至2011年底，全市67家黏土砖瓦企业，已拆除15家、查封15家。　（王绍挺）

【信息化建设】　2011年，新整合改版升级的阳江市住房和城乡规划建设网设计更加合理、美观，实现可用性、稳定性和规范性。全年做到安全无漏洞，无病毒，无安全事故。阳江市住房规划建设网站全年共发布信息3455条，其中，发布公示公告2697条，发布工作动态、行业信息480条，发布各类住房规划建设文件、政策、法律法规、政策解读信息278条。8月，阳江开通网络问政工作以来，阳江市住房规划建设局全年网上回复各种咨询、举报、投诉、建议等277件。全面开展推进使用正版软件工作。截至2011年末，操作系统正版率达到100%，办公软件达到62%，杀毒软件达到100%。启动研发建立电子评标系统，逐步推行电子评标制度。　（王绍挺）

附录：阳江市住房和城乡建设管理部门主要领导

阳江市住房和城乡规划建设局

党组副书记、局长：李孟志

党组书记：冯国强

阳江市城市综合管理局

党组书记、局长：关　石

阳江市水务局

党组书记、局长：庞　华

阳江市环境保护局

党组书记、局长：雷　军

阳江市住房公积金管理中心

主任：陈建国

党支部书记：吴名越

湛江建设

【概况】　2011年，湛江市深入实施“工业立市、港口兴市、生态建市”发展战略，加快转变发展方式，努力建设幸福湛江，实现“十二五”良好开局。城乡建设再上新台阶。是年，全市共完成房地产开发投资107.46亿元；商品房施工面积996.74万平方米；投入保障性住房建设资金约12.96亿元，落实建设项目35个6851套。全市建筑业总产值达204亿元，创税9.77亿元。增加公园用地733.33公顷，建成绿道40千米，新增绿地面积100万平方米，市区环境空气质量优良率100%，继续名列全国环保重点城市前列，入选当年中国十佳低碳生态城市。　（黄育平）

【宜居城乡建设】　2011年，湛江市根据《湛江市创建宜居城乡工作实施方案》，推进省、市级宜居镇村试点工作。徐闻县曲界镇、廉江市安铺镇、遂溪县北坡镇被评为第一批广东省宜居示范城镇；遂溪县后塘村等12条自然村被评为第一批广东省宜居示范村庄。年初，湛江市创建宜居城乡联席会议办公室（设在湛江市住房和城乡建设局）牵头组织市直有关部门开展对各县（市）2010年度创建宜居城乡工作进行绩效考核，并对各县（市、区）上报的宜居城镇、宜居村庄进

行抽查考核。根据考核结果，公布湛江市第二批5个宜居城镇、20个宜居村庄。 (黄育平)

【城乡规划】 市区规划编制与研究 2011年，湛江市城市规划编制主要有以下几个方面：一是开展城市总体规划等重要规划编制。协助省城乡规划设计研究院编制完成《粤西城镇群协调发展规划》、《广东省绿道网规划（湛江部分)》。启动新一轮城市总体规划、城乡发展战略规划、城市近期建设规划的编制工作。二是开展分区规划编制。完成南三岛分区规划，开展湖光片区分区规划等编制工作。三是开展控制性详细规划编制。开展麻章城区南北两个组团、银宝片区、逸仙旧城区控制性详细规划的修编工作，组织疏港大道两侧控制性详细规划、沙墩片控制性详细规划、临港工业园二期控制性详细规划等多项规划的编制工作。四是开展专项规划编制研究。完成第十四届省运会承办工作总体规划、省运会主场馆及水上运动中心规划、湛江市汉口路东堤路西侧街区修缮设计及新建建筑设计。启动《湛江中央商务区发展策划与城市规划设计》、《湛江市华侨农场总体规划和首期开发用地控制性详细规划》，继续深化《湛江市“一湾两岸”城市景观设计》。编制完成《湛江市中心城区“三环”道路系统规划》等规划工作。

县（市）及村镇规划编制 是年，湛江市各县（市）共有20个镇开展总体规划修编工作，其中吴川市5个，廉江市7个，雷州市6个，徐闻县2个。

推进村庄规划工作，完成600多条村庄规划。湛江市财政继续投入300万元用于补助村庄规划编制。截至2011年底，全市累计编制村庄规划6029个，占农村自然村庄总数1.18万个的51.2%，占200人或50户以上农村自然村村庄9389个的64.2%。

规划实施管理 2011年，湛江市区全年核发《建设项目选址意见书》17份，项目用地面积177.78公顷；核发《建设用地规划许可证》40份，用地面积160.12公顷；审批规划方案26项，项目用地面积141.84公顷，建设规模222.41万平方米。

湛江市城市规划局坚持以人为本、科学发展，推进规划管理创新。一是组织修订《湛江市城市规划管理技术规定》，鼓励在城区内临城市道路的新建建筑首层配建开放性骑楼或风雨走廊，营造丰富的城市天际线景观，加强城市灯光夜景的规划管理。二是为建设单位提供优质高效的规划服务。细化用地规划条件，并附上规划成果设计和报送的重要温馨提示，规划成果修改意见一次性告知，为城市规划的实施从源头上把好关。 (张志红)

【城市建设与管理】 市政设施建设 2011年，湛江市计划安排市政项目建设资金5亿元，年内完成4.6亿元，已完成多项工程项目，其中有：赤坎江整治二期工程、海田片景观整治二期道路排水工程、疏港公路二期道路排水工程、滨湖整治道路排水（二期）工程、奋勇大道新建工程等。年内完成全市8条小街小巷整治改造；完成维修、补强市区道路面积8万多平方米。

城市照明建设。年内新安装路灯638盏，截至2011年底市区共有路灯26020盏，供电线路总长380千米，亮灯率95%以上；继续实施城市亮化和景观照明工程，对市区主干道18个单位的楼宇进行景观照明装饰，景观照明效果良好；年内共有12个企业单位（公司）、商住小区和写字楼等完成景观照明建设，总投资达1000万元。

城市园林绿化 2011年，湛江市完成滨湖公园一期工程，森林公园生态恢复景区道路工程等园林项目建设，建成绿道35千米，市区新增绿化面积100万平方米。截2011年底湛江市城市建成区绿地率40.80%，绿化覆盖率45.80%，人均公园绿地面积12.80平方米，共有公园29个，小游园63个。

是年，湛江市渔港公园获“广东省岭南特色规划与建筑设计银奖”。成功完成第八届中国（重庆）国际园林博览会湛江园项目建设，充分展示南方海滨城市园林绿化特色。获中华人民共和国住房和城乡建设部颁发的第八届中国（重庆）国际园林博览会筹办工作组织奖、第八届中国（重庆）国际园林博览会筹办工作先进集体和筹办工作特优建设奖。同时，湛江园获第八届中国（重庆）国际园林博览会组委会颁发的室外展园金奖、建筑小品大奖、展园施工优秀奖、植物配置优秀奖和室内插花展铜奖。

(魏春喜)

绿道建设 2011年，湛江市开展绿道网规划建设，并将其作为“十二五”工作重点，制订实施方案，统一规划，加快城乡绿道网建设。是年，市区建设三岭山森林公园绿道等，廉江市实施塘山岭公园等两条绿道的规划建设工作。

城市环境卫生 2011年，湛江市探索和实施市容环境卫生管理改革，如改革垃圾收费、门前三包、小额罚款、委托执法、市场化动作等措施，城市环境卫生水平有新的提升。

湛江市积极推广“村收集—镇转运—县处理”的城乡生活垃圾清运处理模式，加快生活垃圾无害化处理场的建设步伐。2011年，湛江市生活垃圾处理场渗滤液改造工程，投资规模为3023.89万元，分两期改造，年内已完成总工程量的95%。湛江市生活垃圾处理场一区封场工程，投资规模约1415万元，分二期建设，已完成首期工程，二期已完成总工程量90%。徐闻县生活垃圾卫生填埋场建设已全部完成投入运行，日处理垃圾160吨；其余县（市）已开始启动生活垃圾无害化处理场建设前期工作。各县

（市）城区进一步完善排污管网，提高污水处理率，并推进有条件的建制镇建设污水处理设施。其中，遂溪县北坡镇投入100多万元建设的生态污水处理设施已完成并投入运行。

城市生态环境保护和建设　2011年，湛江市全面实施《湛江生态市建设规划》，生态保护力度加大。编制完成《湛江市雷州、徐闻生态经济区发展规划》。徐闻县委托中科院编制完成《广东省徐闻县生态示范区建设总体规划》，生态示范区建设有序推进。申报国家级生态示范镇、村的徐闻县南山镇、海安镇和徐闻县海安镇广安村通过省环保厅考核验收。徐闻县下桥镇被命名为“广东省生态乡镇”，新增4个市级生态示范镇、32条市级生态示范村、5所省级绿色学校、1个绿色社区。湛江市生态环境保护在全省处于领先地位。是年8月，中央政治局委员、中共广东省委书记汪洋莅湛调研时充分肯定湛江生态建设的成果，赞叹湛江蓝天白云、碧水晚霞、良田沃野、生态极佳。（谢鑫）

大气环境质量。是年，湛江市环境空气质量保持优良，空气质量为优、良的天数分别为310天和55天，全年优良率100%。二氧化硫、二氧化氮年均浓度值分别0.012毫克/立方米和0.010毫克/立方米，符合《环境空气质量标准》（GB3095-1996）中一级标准，可吸入颗粒物年均浓度值为0.043毫克/立方米，符合二级标准。通过空气污染指数分析显示，影响城市空气质量的主要污染物仍是可吸入颗粒物。

声环境质量。由于湛江市城市建成区面积的增大及交通道路网的建设，原来的声环境质量监测点代表性变差，是年对声环境质量监测点位进行调整优化。全年湛江市城市区域环境噪声等效声级平均值为53.7分贝，符合国家标准中的2类区昼间标准，噪声质量等级属“较好”；湛江市城市道路交通噪声平均等效声级为66.9分贝，低于标准限值（70分贝）3.1分贝，噪声质量等级划分属“好”。2011年超70分贝以上路段占总路段长的6.6%，绝大部分路段测值在66~70分贝范围内，占监测路段总长的62.4%。（李亚江）

城市水环境建设　2011年，湛江市水环境建设各级共投入水利资金12.29亿元，其中中央投入1.73亿元，省级补助8.79亿元，市级投入9431.9万元，县级以下投入8287.1万元。截至2011年底，已完成总投资11.61亿元，土方523万立方米，石方51万立方米，混凝土13万立方米。水利重点项目建设。鉴江供水枢纽工程是解决湛江钢铁、石化两大龙头项目用水需求的关键性配套工程，是湛江有史以来规模最大的跨流域调水工程，也是广东省在建最大的BT投资水利项目，总投资达41亿元。2011年计划完成总投资13亿元，至是年底，工程累计完成投资15.16亿元。基本完成一期闸坝工程和二期围堰填筑工程；基本完成库区排涝与防护工程初步设计报批和红星水库扩建工程立项报批工作。雷州青年运河灌区续建配套与节水改造工程也是省重点水利工程，概算总投资14.59亿元，

推进水资源节约和保护工作：一是加强水资源统一管理和优化配置，以水库水资源为重点的水资源保护工作逐步展开。筹备市区备用水源建设，合流水库规划作为市区供水的调节水库，市政府已成立合流水库扩建指挥部办公室，正着手进行可行性研究报告编制等前期工作。初步确定启用五一水库作为东海岛50万吨/日水厂备用水源，实施意见已报市政府。二是严厉打击非法采砂和乱占河道岸线等水事违法行为，全市共组织执法行动65次，共清理查处违法水事行为10宗。追缴拖欠水资源费20万元，排查非法打井25宗，维护正常的水事秩序，确保河道和水库的安全运行，取得了明显成效。三是加大水利规费征收力度。2011年全市共征收堤围防护费17792万元，比上年增长25%；征收水资源费2049万元，增长12%；征收水土保持补偿费95万元，其中市区比上年增收63.2万元；征收自备水源污水处理等费用682.8万元，顺利完成年度各项征收任务。四是深入持久地开展“世界水日”和“中国水周”宣传活动，水法规体系进一步完善，水法制观念进一步增强。（龙家俊）

城市供水　2011年，湛江市城区有自来水水厂12座，日供水能力为46万立方米/日，2011年全年供水量为9738.44万立方米。管网水质合格率为98.72%。有DN300及以上口径的主供水管道总长326.32千米，DN80及以上供水管道总长567.25千米。2011年，湛江市城区供水启动重点饮用水水源保护区划分及申报工作，初步确认东菊、屋山、客路、祝美、司马、沙沟等6个地下水饮用水源保护区。与此同时，霞山区西厅地表水源自来水厂首期工程（25万立方米/日）建设前期工作、麻章区15万立方米/日（首期7.5万立方米/日）水厂建设前期工作、东海岛地表水源水厂首期工程建设前期工作也在积极进行。（黎丽）

城市供气　2011年，湛江市组织燃气安全知识宣传活动，在湛江电视台定期播放燃气安全使用知识公益广告；加大培训力度，举办市区燃气企业瓶装液化石油气供应站负责人安全知识培训班；开展应急救援预案编制培训和演练，提高抢险队伍的应急救援能力；加大隐患排查的力度，对市区燃气企业、瓶装燃气供应站进行安全生产检查，消除安全隐患80多起。开展对非法“黑点”和违规行为的整治，及时纠正和打击违规行为。做好天然气清洁能源推广利用，燃气行业发展平稳，天然气推广应用走在全省地级市前列。至2011年底，湛江市区共有燃气企业13家，创税约1800万

元。已建设液化天然气库2座，贮量为96万立方米，铺设天然气中低压管道600余千米，天然气居民用户5.3万户、工商业用户约300家。建成天然气汽车加气站4座，市区有天然气出租车1278台，天然气大公交车250台，天然气小公交车50台，年供汽车天然气1500万立方米。 （黄育平）

城市综合管理 机构及管理体制改革 2011年，湛江市城管执法局执行市委、市政府关于城管机构改革、执法重心下移的指示和部署，于5月23日将赤坎区、霞山区、坡头区、麻章区、火车南站广场共5个分局的日常执法和管理工作移交各区政府管理，将城市管理执法重心下移到区、街道，实行城市建设、管理、执法“三位一体”长效机制，充分发挥区、街道、社区的作用，强化属地管理的责任，实现“一级执法、二级管理、责任在基层”的全新城市管理执法工作新格局。

违法建设查处。是年，湛江市组织对市政府2010年1月颁布的《湛江市查处违法建设工作过错责任追究暂行办法》进行修订，进一步明确各区、各部门查违拆违工作职责，加大查违工作过错责任追究力度。一是通过整治违法建设活动，进一步摸索和建立起与各区、职能部门间的沟通协作机制，促进城管工作从“小城管”到“大城管”的转变。二是建立违法建设巡查督察队，明确查处违法建设工作原则、范围、职责、要求，加大巡查力度；拟订城中村违法建设调查工作方案，为下一步市政府加大查处工作力度提供决策依据。

市容环境专项整治。是年，市城管执法部门加大对占道经营、乱摆乱卖、户外广告等方面的管理和执法力度，将严格控制与疏通引导相结合，逐步实行规范管理。

这一年，湛江市大力整治群众反映强烈的夜间大排档、洗车场、修车档、废品站。针对城乡结合部主干道两旁的修车档、洗车场占道经营、油污及污水污染道路影响市容的现象，加大执法力度，加强巡查监控，确保洗车场和修车档严格落实“门前三包”的规定，规范经营、文明经营。并联合工商部门，通过教育，引导修车档、洗车场从主干道逐步向次要道路转移，对屡纠不改的修车档、洗车场吊销营业证照。通过整治，占道修车、污染道路的现象得到有效遏制。

▲2011年1月1日，湛江市政协领导到市城市综合管理局调研。
（湛江市城市综合管理局供稿）

对噪音扰民、非法设置广告牌、非法经营燃气行为开展专项整治。成立户外广告清理小组，对市区大型广告进行拉网式清理。对市区乱张贴乱涂画行为严重的问题进行专项整治。2011年，除督促专业清洁公司按质保量完成合同治理要求外，通过加强源头抓堵，实行夜间巡查蹲点、打击制证窝点、建立小广告公示牌等办法，使乱张贴现象得到遏制，提高了清理的质量和效率，使长期以来市容管理的一大顽疾得到较好解决。 （林肖兵）

建筑垃圾监管。是年，湛江市住房和城乡建设局组织排放建筑垃圾（余泥）125万立方米，办理《准运证》1870张，查处违章运输建筑垃圾和建筑散体物料车辆726辆次，平整市区道路两旁乱堆乱放的建筑垃圾约3万立方米，派出水车冲洗市区道路430多车次，污染市区道路的现象明显减少。是年4月下旬组织清运海丰路堆放的建筑垃圾，利用一周的时间完成6万多立方米建筑垃圾的清运工作任务。严格查处违章运输，坚持不间断巡查工作责任制，发现问题及时处理，把污染面减少到最小范围。加强对排放建筑垃圾工程的重点跟踪检查，严格把好建筑垃圾和建筑散体物料运输准运关，不断加强施工现场管理，对进出工地的车辆，严格检查“一不准进、三不准出”制度的落实情况，发现问题及时发出整改通知书。自3月1日至10月30日对市区建筑垃圾和建筑散体物料运输车辆开展联合整治行动，坚持每周2次集中整治，对规范市区建筑垃圾和建筑散体物料运输行为收到了明显的效果。 （黄育平）

【城镇村庄建设】 2011年，湛江市制定推进名镇名村示范村建设的目标任务、实施步骤和保障措施等，拟到2015年底，全市30%的行政村完成示范村建设，10%的镇（乡）和行政村完成名镇名村建设，即每年建设名镇2个，名村30个，示范村90个，全面提升新农村建设水平。是年，湛江市确定建设名镇2个，即廉江市安铺镇和遂溪县北坡镇，建设名村28个（其中特色产业9个、休闲旅游10个、民居风貌2个、乡村名企1个、生态1个、基层建设1个、名史3个、全国新农村建设典型1个），示范村56个。

是年，省住房和城乡建设厅、文化厅检查组对该市国家历史文化名城雷州市和中国历史文化名镇吴阳镇进行检查，省检查组对该市历史文化名城、名镇的保护工作给予肯定。组织雷州市南兴镇东林村申报第三批广东省历史文化名村；组织霞山区特呈岛申报第二批全国特色景观旅游名村，并获此殊荣。

（黄育平）

【中心镇建设】 2011年，湛江市中心镇经济建设发展扎实推进，建设成果显著。全市19个中心镇中总体规划面积190.49平方千米，其中18个已完成总体规划修编，完成10个中心镇片区控制性详细规划编制。

中心镇的建设发展推动小城镇的集聚发展，加快县域经济发展和农民增收的步伐。至2011年底，19个中心镇镇域总面积3500平方千米，镇规划区面积190平方千米，镇建成区面积87平方千米；镇域总人口200万人，镇建成区总人口54万人。19个中心镇镇域GDP合计约为210亿元，镇域工业总产值160亿元，镇域第一产业总产值110亿元，镇域第二产业总产值155亿元，镇域第三产业总产值60亿元；镇域工业用地面积90平方千米，工业园面积30平方千米。中心镇建成区公共绿地面积700万平方米，住宅建筑总面积1500万平方米，道路长度900多千米。镇区自来水普及率94%，镇域74%；镇区燃气普及率85%，镇域56%；镇区生产污水处理量600万立方米，镇域650万立方米；镇区生活垃圾处理量超16万吨。

（黄育平）

【住房与房地产业】 *房地产开发* 2011年，湛江市加强房地产资质管理工作，不断完善管理制度和审批程序。7月份，对各县（市）房地产企业资质管理情况进行一次全面的检查和指导，有力地推进规范化管理工作。截至2011年底，全市有房地产开发企业352家，其中市区190家（一级1家、二级11家、三级25家、四级51家、暂定102家），县市162家。共完成开发投资107.46亿元，比上年增长43.2%，商品房施工面积996.74万平方米，增长48.7%，商品房销售面积199.95万平方米，增长34.9%。市一级房地产业税收7.68亿元，土地出让金收入11.88亿元。

（黄育平）

房地产市场调控 2011年，湛江市贯彻执行国家、省有关调控政策，维护房地产市场健康平稳发展。一是综合全市年度经济发展目标、人均可支配收入增长速度和居民住房支付能力等因素，合理确定新建住房价格控制目标，即湛江市新建住房价格指数（以国家统计局公布为准）增幅不高于本年度全市生产总值增长速度。根据国家统计局公布的数据，是年湛江市新建住宅价格指数同比平均涨幅为4.9%，低于年度控制目标8.1个百分点。二是加强房地产市场监管服务，制定《关于进一步加强商品房预售管理的通知》、《关于严格规范商品房合同备案注销变更工作的通知》等规范性文件，细化落实房地产市场调控政策，在全省率先实行退订房源一律网上公示、公开摇珠、明码标价的做法，打击了违规销售、期房炒作、哄抬房价等扰乱市场稳定的行为。三是在全市开展定期巡查、专项整治、投诉督查等活动。全年累计开展各类巡查100余次，涉及房地产开发项目58个，存在违规销售现象的开发企业发出限期整改通知45份，并对严重违规的企业采取停止网签、暂停批准使用预售款等惩治措施。四是加强商品房预售资金监管，细化商品房预售款的缴存和使用。全年共核拨商品房预售款用款611宗，涉及金额42.5亿元。

是年，湛江市市区新建商品住房网上签约共1.07万宗、89.65万平方米，网上签约金额58.56亿元，分别比上年增长46.74%、37.02%和58.61%；市区新建商品住宅网上签约均价6580元/平方米，增长16.6%。

保障性住房建设 湛江市多方式、有重点地推进住房保障工作，切实加快解决低收入家庭住房困难问题。一是做好住房保障工作任务分解，明确各县（市、区）的目标责任任务，并定期联合市财政、监察等单位深入各县（市、区）督查住房保障目标责任完成情况。二是通过增加财政预算、在商品房项目中配建经济适用住房、公共租赁住房等办法落实住房保障资金和建设用地。年内，全市累计投入建设资金12.96亿元，其中廉租住房0.74亿元，经济适用住房1.61亿元，公共租赁住房3.15亿元，棚户区改造7.46亿元；落实建设用地18.77公顷，其中廉租住房1.28公顷，经济适用住房1.85公顷，公共租赁住房8.42公顷，棚户区改造7.22公顷。三是加快保障性安居工程建设进程。截至12月底，全市共落实保障性住房建设项目35个6851套，已开工6851套，其中新开工廉租住房518套，经济适用住房784套，公共租赁住房2384套，城市棚户区改造3165套；发放住房租赁补贴436户。

房屋产权产籍管理 登记工作方面，一是简化房屋登记流程，提高登记效率。全年累计办理商品房交易1.2万宗，涉及交易面积102.39万平方米，成交金额68.05亿元；办理二手房交易4329宗，涉及交易面积43.65万平方米，成交金额11.63亿元；抵押登记1.35万宗，涉及抵押面积414.84万平方米，抵押金额149.49亿元；办理房产权初始登记92宗，涉及建筑面积119.99

万平方米，其中商品房49宗共106.59万平方米；办理房产权登记3.3万宗，其中发证2.31万宗；受理房屋产权异议登记12宗，受理行政诉讼案件18宗。办理房产测绘1.6万宗，测绘面积355万平方米。二是落实公证书核实工作，全年核实公证文书3520份，降低房屋产权登记的风险。三是规范遗失补证手续，全年办理产权证遗失声明234宗。四是根据预告登记、房屋登记簿等业务的需要和规则，对商品房预（销）售系统、存量房网上备案系统等进行改版升级。五是提高窗口服务质量，改善窗口服务条件。投入100万元改造服务大厅，进一步完善办事指南、办事流程、执法依据、收费标准等事项的公示，方便办事群众。

房地产档案管理方面，年内共接收各门类档案3.5万卷，其中登记档案2.8万卷，抵押按揭档案0.7万卷；接待社会各界查询档案4.7万人次；出具房地产档案资料证明3.1万份，与此同时，继续加强房产档案数据库建设，全年共录入各类档案数据9万余份。

直管公房管理 加强直管公房租赁审查工作。年内多次对公房的租赁情况进行清理，共稽查房屋1781户，按规定对出现转租行为的17户住户进行处理；加大直管公房的租金收缴力度，全年累计收缴公房租金1294万元；加大直管公房维修和改建力度。全年投入公房维修资金335万元，维修房屋785幢（间），维修面积5.68万平方米，确保了公房的安全使用。投入公房改造资金2589万元，拆除改建公房25幢，新增公房面积1.65万平方米。

物业服务管理 2011年，湛江市加强对物业服务企业的监管，分别对全市117家物业服务企业进行资质年检、核准定级、资质变更和登记备案等；做好小区成立业主大会的指导工作。全年监督指导6个住宅小区召开首次业主大会并选举业主委员会，换届选举业主委员会8个；加大住宅专项维修资金监管力度，切实做好专项维修资金的归集和使用。截至年底，市本级维修资金专户累计归集1.67亿元，余额为1.65亿元，并相应细化到业主个人账户。先后规范70家物业公司按照两个三分之二以上业主的意愿使用维修资金200余万元。

房屋租赁管理 2011年，湛江市制定并公布《湛江市市区2011年房屋租赁市场指导性租金》，明确城区各地段房屋的租金标准；以商业出租铺面为管理重点和突破口，加强查验和督促，提升房屋租赁登记备案率。全年新办房屋租赁登记备案231宗，涉及租赁面积2.3万平方米，涉及月租金82.9万元；加强房屋租赁价格调节基金代征力度和租赁手续费收缴力度。全年代征房屋租赁价格调节基金305万元，收取租赁手续费78万元；协助调解处理房屋租赁纠纷10宗，追回拖欠租金近30万元。 *（李旭）*

住房公积金管理 2011年，湛江市归集住房公积金25.55亿元，比上年增长24.65%，汇缴单位3417个，汇缴人数23.39万人，其中新增汇缴单位207个，新增缴存人数2.06万人。至2011年底，全市累计归集住房公积金118.28亿元，归集扩面工作成效显著。

是年，全市共发放住房公积金贷款15.97亿元，5577户，分别比上年增长43.53%和34.26%，全市住房公积金个人住房按揭贷款率为56.31%，贷款逾期率为0。据中国人民银行湛江市中心支行统计，2011年湛江市个人住房贷款总额为32.02亿元，1.14万户。 *（张振勇）*

【“三旧”改造】 2011年，湛江市出台《关于印发〈湛江市市区“三旧”改造项目开发强度核准细则〉有关问题的通知》、《关于实行湛江市区城中村改造优惠鼓励政策的通知》、《湛江市市区“三旧”改造项目申报指南》等配套政策文件，对“三旧”改造强化监管，规范推进。全市确定将实施“三旧”改造项目2236个，已完成“三旧”改造项目137个，涉及土地面积284.52公顷，完成投资近181.6亿元。其中，属于“退二进三”项目22个，改造用地面积28.16公顷；属于住宅建设项目75个，用地面积75.13公顷；属于城市基础设施用地26.33公顷；公共绿地15.17公顷；增加就业人口4.48万人；增加产值47.93亿元。

科学推进“三旧”改造工作 2011年，全市已批准“三旧”项目改造方案167个，涉及改造面积2946.67公顷，计划投资434.34亿元；市区“三旧”改造项目单元规划已经评审组评审的项目28个，规划用地面积437.56公顷，在建“三旧”改造项目108个，改造面积485.79公顷，投入资金87.91亿元。

旧厂区“退二进三”改造成为城市建设的新亮点 部分工业企业投资商抓住“三旧”改造机遇，纷纷策划“腾笼换鸟”，实施企业异地改造。2011年，开发区平乐地块18家工业企业“退二进三”改造规划已经专家评审，中央商务区规划正进行修改完善；廉江市的文化广场片区、安铺镇的文化广场片区，吴川市清源村改造建设的中央商务广场已成为市民悠闲、健身、娱乐的好场所。雷州市的中央商务广场（7.2公顷），廉江市的中央商务广场广场（7.2公顷），霞山区的渔人码头片区、民享片区，赤坎区的尧丰片区等，都将成为今后“三旧”改造和城市建设的新亮点。

（黄育平）

【建筑业】 *建设市场管理* 2011年，湛江市具有资质等级的建筑业企业有154家。其中一级资质16家；二级资质49家；三级资质89家；建筑劳务分包资质19家。全市在建项目868个，建筑面积2420万平方米，竣工项目192个，竣工面积655万平方米。其中市区在建项目404个，建筑面积1107万平方米，竣工建筑面积330万平方米。全市建筑业总产值204亿元，创税9.77亿元。2011年，湛江市继续实行企业网上申请和数据录入，对企业和人员的诚信行为进行量化管理，建立诚信综合评价体系对建筑市场主体行为进行综合评价，并将评价结果公示，应用到招标投标活动中。

是年，开展建筑业企业资质许可后核查工作，其中核查建筑施工企业22家，配合省住房和城乡建设厅核查组核查监理企业6家，招标代理机构5家。开展工程领域突出问题专项治理工作，全年排查2011年以来领取施工许可证的工程项目共106项，对排查出的问题分别进行查处和改正。

招投标管理　2011年全市实行招标的工程项目148个，其中施工招标92个，造价42.79亿元，中标价40.44亿元，下浮率为5.5%；监理招标21个；勘察设计招标32个；代建及造价咨询等项目招标3个。应招标工程招标率100%，应公开招标工程公开招标率100%。

10月8日新的建设工程交易场所正式投入使用，湛江市交易场所严重不足的问题得到有效解决。

是年湛江市制订推行《工程招标代理机构业务员备案制度》，对进入交易场所执业的工程招标代理机构人员进行统一培训及备案。

工程造价管理　2011年，湛江市发布《关于贯彻执行〈广东省建设工程计价依据（2010）〉的通知》，及时调整工程工资标准。完成24个项目工程的社会保险费和安全文明施工措施费的审核，计算社保费5000多万元。举办安装、市政两个专业267人的培训考证班，举办220人的《广东省建设工程计价依据（2010）》暨软件应用培训班，举办1380人的造价员再教育学习班。

勘察设计市场管理　湛江市重视施工图审查环节的把关，强化对施工图审查机构的监督检查力度，建立施工图设计文件审查情况月度通报和警示约谈违反强条总部领导、责任设计人员制度，加强对施工图审查机构及设计单位的质量管理。做好大中型建设工程项目初步设计审查工作及超限高层抗震设防专项审查工作。2011年，湛江市完成坡头污水处理厂、市生活垃圾场三期填埋区、市档案馆、湛江市第二技工学校、湛江市海滨大道改扩建工程、广东省第十四届运动会主场馆项目6个项目的初步设计评审工作，完成广和澳海城超限审查。

工程质量管理　2011年，湛江市建筑工程质量监督管理部门强化对地基基础、主体结构、建筑节能等关键部位重点监控，逐步形成质量管理长效机制。湛江市建筑工程质量监督站全年到工地检查共3402人次，发出现场检查通知书及现场监督意见书共616份，催办通知书21份，整改通知书55份，查出和消除质量与安全隐患1453起，全年未发生重大质量事故。

在开展工程质量监督过程中，湛江推行工程质量样板间引路制度，进一步细化住宅工程质量分户验收，加强对重点工程的质量监督，积极开展样板工程的示范工作，全面带动湛江市区及辖下县区施工质量的提高。强化施工现场各方质量责任主体行为的监督，对所有在监工程项目开展施工及监理企业质量管理考核，全年共开展216次量化考核，并将考核情况通过湛江市建设信息网和《湛江市建筑工程质量监督动态》向社会公示，促进湛江市建筑市场良性发展。

在湛江市建筑工程质量监督站加强监督管理下，湛江市建筑工程质量通病的范围逐年减少，全年竣工验收一次性通过率达100%，共获得市优良样板工程10项，省优良样板工程2项。

是年，湛江市建筑工程质量检测站继续加强建材的检测能力，提高检测水平。在“2011年广东省水泥检验大比对”活动中再次被评为“水泥品质指标检验大比对优胜单位”，连续四年荣获“广东省水泥品质指标优胜单位”称号，湛江市建筑工程质量监督站的水泥物检和化学分析检测水平已经走在全省工程检测站的前列。

是年，湛江市建筑工程质量检测站参加由中国国家认证认可监督管理委员会举办的“防水涂料拉伸性能测试能力验证”比赛，收到由承办单位国家建筑材料质量监督检验中心寄发的“能力验证合格实验室证书（编号CNCA－10－A16－22)”，这是湛江市建筑工程质量检测站继2007年获得“铝合金建筑型材阳极氧化膜厚度”检测项目合格证书之后获得的第二个国家级的合格证书。

施工安全管理　2011年，湛江市市区共监督在建工程项目121项，总面积562万平方米。全年排查出重大安全隐患27项，查出施工安全隐患173起，消除隐患156起，发出整改通知书119份，整改回复89份，发出量化扣分通知书226份，竣工评价书49份，举行16期“平安卡”培训，完成1.06万名建筑一线工人安全知识培训，实施6次安全大检查。是年，湛江市施工工程获省“示范工地”称号的工程5项。全市无较大以上安全事故发生，没有出现群死群伤事故，实现省、市年度下达的安全管理目标。

湛江市实施《广东省建设厅建筑工程安全生产动态管理办法》量化考评工作。通过实行动态管理，湛江市进一步加强对建筑工程安全生产的监督管理，规范企业和管理人员的行为规则，促进了安全生产责任制的落实，确保及时消除施工安全隐患。

是年，继续完善安全监管机制，加大安全隐患自查自纠力度，并加强对深基坑、高支模、外脚手架等危险性较大的分部分项工程以及建筑起重机械安装拆卸等施工过程的监管，进一步强化事故隐患源的专项治理，杜绝重特大安全事故发生。（黄育平）

【建设科技】 2011年，湛江市新建居住建筑设计阶段的建筑节能执行率为100%，施工阶段执行率为97.5%。出台《关于认真做好广东省民用建筑节能条例贯彻实施工作的通知》，建立行政审批责任制和问责制，按照“谁审批、谁监督、谁负责”的原则，对不按规定办事导致新建项目不符合节能标准的，依法追究责任，确保新建建筑严格执行建筑节能标准。

是年，湛江市建筑节能抓好推广散装水泥及新型墙体材料使用工作。全年散装水泥供应量为285万吨，比上年增加13.06万吨，增长4.8%，散装率达到44.81%。预拌商品混凝土供应量为197万立方米，比上年增加29万立方米，增长17.26%。预拌干混砂浆供应量1000吨。推广使用散装水泥、商品混凝土及预拌干混砂浆，为国家节约包装纸1.71万吨，折合优质木材9.40万立方米，节约电力2052万千瓦/小时，节约煤炭2.22万吨，节约烧碱0.62万吨，减少水泥损失12.82万吨，综合经济效益1.71亿元。超额完成了省年度下达的散装水泥195万吨、商品混凝土供应量190万立方米、预拌干混砂浆1000吨的三项指标。全年湛江市区墙体材料验收的工程有49项，总墙体面积157.62万平方米，新型墙体面积157.28万平方米，新型墙体材料使用比例99.78%，减少实心粘土砖使用1.92亿块，减少土地损耗21.18公顷，减少废气排放268.55吨，节省燃料煤1.19万吨。

2011年能耗统计数据结果表明，湛江市国家机关办公建筑单位建筑面积能耗为53.167kWh/a.m²；大型宾馆饭店建筑面积能耗为138.186kWh/a.m²；大型商场建筑面积能耗为261.605kWh/a.m²；大型医疗卫生建筑能耗为18.857kWh/a.m²；大型科研教育建筑能耗为18.602kWh/a.m²。统计完成后，对所统计的建筑以单位能耗高低的顺序进行排列，在湛江建设信息网上公示。 *(黄育平)*

【信息化建设】 电子政务建设 2011年，湛江市建成“三库一平台”（项目、企业、人员库与电子政务管理平台）系统数据，入库管理的项目628项、各类建筑业企业788家、专业人员信息29033人。该系统使全市工程建设领域项目信息公开和诚信体系建设工作转入常态化、长效化、规范化。

根据测评标准，借鉴各地网站建设的先进经验，湛江市建设科技与信息中心对湛江建设信息网进行改版，使浏览和查阅更加方便。建立湛江房地产信息网，以门户网站为参照模式，设置资讯、房产、商铺、论坛等频道，支持手机WAP访问和微博互动。

政务信息公开 是年，湛江市住房和城乡建设局对十四届省运会体育场馆建设、“三旧”改造、工程质量安全管理、建筑节能、宜居城乡等进行广泛宣传。利用湛江建设信息网、广东省建设信息网、碧海银沙等各种新闻媒体开展宣传工作，全年共计在各类媒体发布建设信息560条。 *(黄育平)*

附录：湛江市住房和城乡建设管理部门主要领导

湛江市住房和城乡建设局

党组书记、局长：罗滇南

湛江市城市规划局

党组书记、局长：罗锡平

湛江市房产管理局

党委书记、局长：马澄波

湛江市城市综合管理局

党委书记、局长：车斯文

湛江市城市管理行政执法局

党委书记、局长：陈伟杰

湛江市水务局

党组书记、局长：周荣生

湛江市环境保护局

党组书记、局长：陈 刘

湛江市住房公积金管理中心

党支部书记、主任：莫植贵

茂名建设

【概况】 2011年，茂名市围绕城市“向东、向南、靠海发展”的战略目标，为推进茂名滨海新区开发建设做好规划引导。着力加快城市建设步伐，进一步完善城市路网，拉开城市发展框架。着力营造良好人居环境，环境保护工作得到加强，全市环境质量保持稳定，市区空气质量继续保持优良，农村生态环境保护和海洋生态环境保护持续改善。城乡水利防灾减灾和病险水库除险加固工程初步完成，农村饮用水安全工程和水库移民扶持扎实推进，“9·21”水毁水利工程修复工程基本完成。

是年，茂名市建筑业、房地产业持续增长，完成保障房建设等各项工作任务；完成房地产投资54.21亿元，比上年增长45.6%。建筑业总产值183.98亿元，实现利润6.5亿元，分别比上年增长50%和52%。 *(罗栋)*

【宜居城乡建设】 2011年，茂名市高州市长坡镇、电白县沙琅镇被省住建厅授予“广东省宜居示范城镇”称号；电白县沙琅镇跃进村、茂南区镇盛镇彭村、高州市东岸镇禄福庄村、化州市官桥镇名教村被授予“广东省宜居示范村庄”称号。该市以高州水库库区7个镇为试点，探索试行“村收集、镇转运、县处理”的农村生活垃圾收集处理模式。完成全市城乡垃圾综合处理回收系统项目建议书编制工作，为全市垃圾综合处理回收系统建设打下前期基础。配合市财政局将省治污保洁工程（垃圾处理设施）专项资金321.5万元下拨到“9·21”受灾相关镇、村。

“城乡清洁工程”取得初步成效。实施“城乡清洁工程”是茂名市创建宜居城乡、建设幸福茂名的重要举措。一是出台一系列工作文件。先后印发《茂名市“城乡清洁工程”实施办法》、《关于开展“城乡清洁工程”推进情况督办督查的通知》、《关于加强城乡生活垃圾收集处理深入推进“城乡清洁工程”的通知》及《茂名市实施“城乡清洁工程”考核暂行办法》等文件，有效指导各地开展此项工作。二是加强宣传报道。在《茂名日报》、《茂名晚报》、茂名名升网及局政务网站等设立“城乡清洁工程”专栏，市广播电视台拍摄专题节目。三是争取专项经费。市财政部门将“城乡清洁工程”专项资金550万元划拨到各市各镇（街道）。四是加强督查和考核工作。按地区、河流、景区等不同区域规划“明查暗访”线路，不定期组织人员进行巡查。抽取有关部门的人员组成六个考核小组，分赴各地进行检查考核，督促指导各地进一步深入开展城乡清洁工作。

是年，“城乡清洁工程”取得初步成效：一是提高各地搞好城乡清洁的意识；二是城乡环境卫生情况有较大改善；三是推进各地垃圾清运和处理设施建设步伐，如高州市、化州市生活垃圾无害化处理设施项目已进入工程招标阶段，其他县（市、区）也正在加快开展相关工作。（吴再泉　罗栋）

【城乡规划】　城市规划编制　2011年，茂名市为贯彻落实省委、省政府关于建设茂名滨海新区的工作要求，举办茂名滨海新区城市总体规划研讨会，邀请国内外知名专家学者为茂名滨海新区的发展建设建言献策，为滨海新区的规划建设提供更多参考和智力支持。

《茂名市城市总体规划（2008–2020）》成果与茂名滨海新区城市总体规划和茂名市土地利用总体规划充分衔接，待修改完善后上报省政府审批实施；年内，多次组织专家、学者论证《茂名市城镇体系规划》、《茂名滨海新区城市总体规划（2012~2030）》、《南海片区分区规划和控制性详细规划》、《城市东组团分区规划及近期建设用地控制性详细规划》和《环水东湾新城城市设计》等方案的阶段性成果。《高州市城市总体规划（2011~2020）》修编前的专项评估和《化州市城市总体规划（2011~2020年）》纲要成果已经省住房和城乡建设厅审查通过；《信宜市城市总体规划（2011~2020）》经与信宜市土地利用总体规划衔接后重新上报省政府审批。《电白县城市总体规划（2011~2020）》进入方案修编阶段。

是年，组织编制茂名市城市规划区内博贺湾新城片区、南海片区控制性详细规划；进一步深化完善市区内南香小区等经市规划委员会审议通过的24个小区控制性详细规划成果，充分发挥控制性规划对城市开发建设的引导和控制作用。

村镇规划编制　2011年，茂名市全面完成“9·21”洪灾的8个重灾镇、6个重灾村重建总体规划编制工作。出台《茂名市村庄规划编制技术指引》，指导村庄开展村庄规划编制工作。各县（市、区）按照市政府《关于加快建设镇总体规划编制工作的通知》要求，做好镇总体规划编制计划，并有序推进规划编制工作。

规划管理　2011年，茂名市城乡规划主管部门起草《关于进一步加强城乡规划工作的意见》，通过强化制度保障、组织保障、机构保障、经费保障和队伍保障等方式，确保规划的落实和实施。

规划行政许可。茂名市城乡规划主管部门依据《城乡规划法》及其相关的法规、规章要求，对项目选址、规划方案、建筑方案等审批严格把关。是年，市城乡规划主管部门受理规划相关业务共1806宗，按时办结率为98.9%。

规划信息公开。市城乡规划主管部门多渠道推进规划信息公开工作，及时向社会公布最新工作动态，主动接受公众监督和指导。定期编印《茂名城乡规划简报》，自是年9~12月，已编印简报22期，展现茂名规划工作进展；重新构建市城乡规划主管部门门户网站，保持实时更新，及时向社会公众公布市城乡规划主管部门工作动态。（张珩）

【城市建设与管理】　市政设施建设　2011年，作为茂名市人民政府“十件民生实事”之一的打通市区“半截路”工程项目进一步实施，双山七路建成通车，西粤南路（站前路到三茂铁路段）基本建设完成，官山五路抓紧推进，进一步完善城市路网，拉开了城市发展框架。

加大市区道路改造力度。对黎和路、市九中门前道路、高凉南路、油城三路及市五小门前建设南路进行改造，解决了市区部分路段路面坑洼不平、通行困难问题。开展市区人行道铺装及小区道路硬底化工作，对福华小游园等30多个项目进行人行道铺装，完成人行道铺装9万多平方米，方便市民出行。

抓好城市路灯维护建设。对油城二路、环市西路、新福五路、高凉中路、沿江中路、江东北路及市区公园、广场等进行路灯安装和亮化改造，全年新增路灯667支，维修路灯0.8万盏，更换电缆1.8千米，使市区亮化水平得到进一步提高。

着力改造市区排水设施，提高市区防洪能力，对新湖路、官山路、三万七、幸福路等积水严重的排水系统进行改造，增强了泄洪能力，并对损坏的4台高压潜水泵进行修理，确保汛期排水畅通，全年累计清疏通下水管道238千米。

抓好茂名滨海国际酒店工程建设。该项目是市的重点工程项目，茂名市住房和城乡建设局作为该项目责任单位，不断提高服务质量，在职责范围内，为项目开设“绿色通道”，加快项目勘察设计工作。通过与各方通力合作，该工程已于是年8月正式动工，到2011年底已基本完成主体工程。

(吴再泉　罗栋)

城市园林绿化　2011年，茂名市以打造生态园林城市为目标，继续加大绿化建设力度，着力营造良好人居环境。一是抓好新建道路绿化建设。对西粤中路、油城九路、羊坡公路、迎宾路以及双山六路等进行绿化建设，采用乔、灌、地被植物相结合方式，为市民创造优美、恬静、舒适的城市生态风景园林景观。二是推动公园建设改造。完成了南香公园建设并开放使用。建设南香公园是茂名市2011年“十件民生实事”之一，公园规划总用地面积5.23公顷，是一个集休闲游乐观赏于一体的社区公园，也是茂名市第一个以社会捐资形式建设的城市公园，为城市公共事业的发展开创了新的建设模式。进一步抓好公园升级改造。对新湖公园、福华小游园等进行改造，铺设新园路，安装了新路灯，加装石凳等设施，从整体上提高了公园景观质量。三是极力营造四季花香的美丽油城。在西粤中路、油城五路等主要路段交叉口及文化广场等种植孔雀草、长春花、夏瑾、凤仙等时花4批次近20万盆，给人视觉以极大的享受。全年市区新增绿地约9.5万平方米，共种植乔木约1万株、花灌木100万株、草皮等地被植物10多万平方米。

城市环境卫生　2011年，茂名市进一步创新环卫管理模式，完善环卫基础设施，提升环卫服务水平。道路清扫作业实行“人工清扫保洁、机械化清扫、洒水降尘高压冲洗”三位一体全天候作业新模式，主干道实行16小时保洁。在清扫保洁工作中实施绩效工资激励，在监督体制上，进一步完善考评制度，实行管理模式的创新，进一步提高环卫管理水平。

生活垃圾处理。是年，茂名市生活垃圾运输实行压缩化、密闭化，通过加强管理，包车到岗，责任到人，提高垃圾清运效率。据统计，年内每天清运市区垃圾480多吨，年清运垃圾总量17.69万吨。进一步完善环卫服务设施，新建成大园垃圾压缩站、永久桥头及竹园桥头2座公厕，购买了2辆新型垃圾收集车，在文化广场安装122个果皮箱，并对9座垃圾压缩站及公厕的设施进行全面维修。对处在责任区外的城中村、城乡结合部及内街小巷的80多个卫生死角进行30多次清理，清理垃圾余泥3000多吨，改善小区、城中村、城乡结合部的环境卫生质量。生活垃圾焚烧发电项目于2010年11月奠基，2011年土建基础工程基本完成，部分设备已就位；锡塘垃圾处理场项目于2011年7月进场施工；两项目均计划于2012年建成投入使用。

(张汉雄)

城市生态环境保护和建设　2011年，茂名市环境质量保持稳定，市区空气质量继续保持优良，二氧化硫、二氧化氮、可吸入颗粒物年日均值分别为0.32毫克/立方米、0.015毫克/立方米、0.050毫克/立方米，达到国家一级或二级标准。高州水库、罗坑水库水质良好，饮用水源水质达标率保持100%。小东江、白沙河通过环境综合整治，先后关闭18家皮革加工企业和1家纸厂，对23家企业实行限期治理；茂南区和高州市政府在相关地段划定畜禽养殖禁限养区；水质已达到国家地表水三、四类为主的标准，改变了长期为劣五类水的状况。近岸海域水质均达到相应的海域水质功能要求。

农村生态环境保护。是年，茂名市环保部门指导、督促获中央农村环保专项资金的信宜市池洞镇大坡村和电白县旦场镇旦河村，落实“以奖促治”项目。高州水库石骨库区建设水质自动监测站，集雨区7个镇的生活污水处理设施建设继续推进，其中深镇、平山镇两镇已完成主体和管网工程，正在进行电气设备安装。环保部门与高州市大坡镇福州村及茂南区高山镇黄竹蔡屋村共建生态示范村，推进农村生态建设。广东省云开山自然保护区晋升国家级自然保护区已通过评审委员会评审。

海洋生态环境保护。茂名放鸡岛文昌鱼市级自然保护区生态良好，大放鸡岛南建成人工礁区面积200公顷；茂港区第一滩外海建成人工礁区342公顷。沿海地区违法填围海、毁林养鱼养虾等行为得到遏制。实施水东湾生态恢复工程，拆除整治湾内海域养殖设施及其构筑物。当地红树林生势喜人，种植面积不断扩大。

(陈炎辉)

城市水环境建设　防灾减灾水利工程。2011年，茂名市把在汛前完成19宗城乡水利防灾减灾工程、6宗大中型病险水库、73宗小型水库除险加固建设任务作为水利工作的头等大事，加强领导，加大施工力量，落实工作责任制和责任追究制，落实地方配套自筹建设资金，加强项目资金监管，加强工程建设进度督导等有力措施，保质量，推进度。至年底，省已批复全市14宗防减灾工程、6宗大中型病险水库和73宗小型病险水库工程验收销号，其余正在抓紧建设。通过这些工程措施，茂名市县级以上城市防洪标准达到50年一遇以上，经过除险加固的水库防洪标准也大幅度提高，全市城乡防灾减灾能力显著增强。

水毁水利工程。是年，根据《茂名市“9·21”水毁水利工程灾后恢复重建规划》，按照“轻重缓急，先急后缓，先易后难，优先解决应急与惠民工程”的原则，重点抓好曹江河（马贵河）、钱排河、双合河的应急工程除险加固和惠民水利工程修复。水毁水利工程共投入资金10.35亿元，其中，省以上政府投入4.55亿元，市以下及群众自筹5.8亿元，完成投资10.35亿元。完成上级补助资金的重点项目2520宗，发动群众自筹修复水毁水利工程项目共3494宗。通过这些工程建设，灾区的水利保障水平明显提高。

农村饮水安全工程。是年，茂名市共下达农村饮水安全工程项目279宗，包括农村居民饮水安全工程149宗、农村学校师生饮水安全工程130宗，总投资5亿多元，解决近86万人的饮水不安全问题。按计划完成了建设任务。至年底，茂名市已解决188万人的饮水不安全问题，为在2012年完成余下的36万多人的饮水安全工程建设任务打下良好基础。2011年9月8日，全省农村饮水安全工程建后管理现场会议在茂名市召开，茂南区作为先进典型介绍饮水安全工程建设管理的做法和经验。

水库移民扶持工作。是年，茂名市水库移民扶持工作以水库移民安居工程及移民安置区和库区基础设施建设为重点，推进全市水库移民后期扶持的工作开展。投入水库移民扶持资金10672万元，其中：1. 移民安居工程建设资金3270万元，建设水库移民新村29个。完成水库移民危房改造2126户，分别完成计划任务的118%和122%。2. 移民安置区和库区基础设施建设资金2145万元，建设移民村道路110宗、81千米，建设桥梁11座、饮水工程24宗、水库移民安置区农田水利工程8宗、教育文化设施10宗。3. 发放大中型水库移民“直补资金”5257万元，受益水库移民87622人。（何山）

城市生活污水治理。茂名市切实加强生活污水处理设备的维修保养和设备技术改造，是年11月10日，投资570多万元的自控系统改造项目通过竣工验收。全年实现处理生活污水3221万立方米，生活污水处理率为88.71%。各项生产指标稳步提高，均达到或超过预定计划。经上级部门审核评价，市第一污水处理厂还获得重点污染源信用管理绿牌（环保诚信企业）称号。

城市供水　以确保用水安全为第一要务，科学应对原水污染，加强应急队伍建设和演练，提高应急处置能力，全年出厂水水质综合合格率达到99.7%，管网水水质综合合格率达到99.7%。抓住茂港区、茂南区农村水改列入省先行点的机遇，不断扩大供水面，超额完成生产任务，全年售水4854万立方米，比上年增长5.4%。此外还抓住滨海新区建设的机遇，加快推进滨海新区的供水管网建设，并在11月对环水东湾旦场片区居民永久生活用水工程开工建设。（张汉雄）

城市供气　茂名市抓好燃气企业日常安全生产监督检查，通过“查隐患、抓整改”的方式，2011年先后开展4次安全生产监督检查，检查液化石油气储灌站32家（次），市区天然气市政管道11.5千米，居民住宅小区工程39个，督促整改安全隐患28次，有效促进全市燃气事业安全生产工作。是年，全市共销售液化石油气15万吨（茂石化中转气除外），天然气88万立方米，实现燃气安全生产稳定好转、事故为零的安全生产目标。

（吴再泉　罗栋）

城市综合管理　2011年，茂名市容管理继续推进精细化、常态化管理。对各类违章摆卖者“不追赶、不争抢、不打骂”，进行耐心的规劝、和谐的整治，取得良好效果，受市民群众好评。同时还确立推进市区主干道完全入室经营，重点路段、次干道、内街逐步规范管理的目标。全年共发放市容管理宣传单张1.75万份，同经营业主签订《文明经营承诺书》2763份，纠正违章摆卖4.6万摊次。特别是对群众反映强烈的双山三路南一巷麻辣小食街、人民北路新湖公园对面沙煲粉夜排档、一建大厦周边、十五中周边、远光大厦北面出入口等深夜扰民现象进行强有力整治，效果明显，群众满意。市区主干道入室经营的管理目标已基本实现。

违法建筑治理。是年，茂名市城管执法部门加强宣传教育，并与街道、居（村）委等基层单位的沟通，进一步强化违法建设的事前防控。通过制作《执法图册》、开设《依法行政拆违图片展》及召开村委座谈会等措施，规划监察工作逐渐由“强拆”转变为“防控”，这种以防为主的工作思路，有效治理违建的“病根”，令执法成本大大降低，大规模强拆的现象正逐步递减，主动拆除违法建设的现象逐年增加。如：2010年强拆面积为17874平方米，主动拆除的案例13宗；2011年需强拆违建面积下降至7330平方米，主动拆除的案例有46宗。规划监察工作由“乱”到“治”，由“强拆”到“防控”，从根本上发生了改变，逐步走向正轨。（张汉雄）

【城镇村庄建设】　茂名市城市规划区内村庄分为重建型“城中村”、整改型“城中村”和控制型“城中村”。对“城中村”村民建房申请，市城乡规划主管部门严格按照《茂名市城市规划区农（居）民个人建造住宅管理暂行规定》进行审批。属于重建型“城中村”的，只能进行“危房改造”，即按原房屋的基础、面积、结构进行翻修；属于整改型“城中村”的，只能拆建和翻修，不能新建；属于控制型“城中村”的，在符合城市规划要求和有关规定的情况下，可进行翻修、拆建和宅基地新建住宅。2011年，“危房改造”、“拆旧建新”和“基地建房”申请共1084宗，核发“建设用地规划许可证（农建类）”834宗、“建设工程规划许可证（农建类）”250宗。（张珩）

【中心镇建设】　2011年，茂名市城乡规划主管部门着力推进茂名市市域城镇体系规划编制工作，科学确定市域城镇等级规模和空间结构，合理划分各中心镇职能，为中心镇产业发展和开发建设提供规划指引。同时，市城乡规划主管部门加强对中心镇控制性详细规划编制工作的检查和指导，确保各中心镇总体规划得到有效落实。（张珩）

▲*2011年11月17日，茂名市召开茂名滨海新区城市总体规划研讨会。*

(蔡华明　摄)

【住房与房地产业】　房地产行业管理　是年，茂名市贯彻落实国务院和省政府关于房地产宏观调控的各项政策要求，结合本市实际，公布市区2011年新建住房价格控制目标，同时督促各县市按时公布2011年新建住房价格控制目标。加强对房地产开发企业经营行为的监管力度，规范企业的预售行为，营造良好的市场环境。全年共办理企业核准136宗（含新审批开发企业12家、物业9家），办理资质备案的房地产企业393家。全年全市完成房地产投资54.21亿元，比上年增长45.6%；商品房屋销售面积281.77万平方米，增长41.7%；商品房屋销售额107.28亿元，增长92.9%。全市商品房平均销售价格基本保持稳定，市区和各县市新建住房均价涨幅为2.74%，实现了该市年初提出涨幅低于5%的房地产调控目标。

保障性住房建设　2011年省下达茂名市的保障性安居工程建设任务为7027套。这一年，茂名市克服各种困难，落实保障性住房项目55个、建设用地9.36公顷，争取中央及省市专项资金1.2亿元，确保全市保障性安居工程建设任务真正落到实处。截至12月底，全市保障性住房开工建设（筹建）套数达到6723套，完成保障性住房建设投资3.2亿元，并新增发放廉租住房租赁补贴344户，超额完成省政府下达的2011年度保障性住房建设任务和市政府“十件民心实事”目标要求。　*(吴再泉　罗栋)*

房屋登记发证　2011年，市区全年办理房屋登记发证业务4.85万宗，比上年增长21%，创历年新高；房屋登记业务中有两个显著增长点：一是新开展的车位登记发证工作，累计发证2511宗；二是变更登记1.13万宗，比上年增长161.3%，是增长速度最快的登记类别。

物业市场管理　2011年，茂名市新商品房住宅专项维修资金开户资金累计达1.9亿元，到账资金1亿多元。强制配置物业服务用房共1500平方米。已累计强制配置物业服务用房总面积8580平方米。

公房管理　至2011年底，茂名市市区各类公房拥有量如下：廉租房842套总面积4.94万平方米、公租房143套6861.61平方米、直管公房1120套4.7万平方米，公房非住宅533间2.22万平方米。

房屋安全管理　完成各类房屋鉴定1510宗，鉴定面积47万平方米。

房屋租赁管理　完成房屋租赁登记备案2817宗，调解房屋租赁纠纷33宗，完成代征房屋租赁税744.5万元，代征非住宅出租房屋价格调节基金133.9万元。　*(李大锦)*

住房公积金管理　住房公积金归集。2011年，茂名市新增住房公积金缴存单位214个，新增缴存人数2.02万人。归集住房公积金13.33亿元，比上年增加1.96亿元，增长17%，完成全年任务的148%。截至2011年末，全市住房公积金缴存单位达2566个，缴存人数为17.23万人，覆盖率为58%。历年累计归集住房公积金75.4亿元，归集余额为43.2亿元。

住房公积金个人住房贷款。2011年为全市3522户职工家庭发放个人住房贷款8.86亿元，完成全年任务的147.7%。截至2011年末，历年累计为全市19983户职工发放住房公积金贷款36.35亿元，贷款余额为25.89亿元，个贷率为59.94%，逾期率为0.65‰。

住房公积金提取。全年办理住房公积金提取7.57亿元，比上年增加0.63亿元，增长9.1%。截至年末，历年累计办理住房公积金提取32.21亿元。

年内在2010年住房公积金的增值收益中安排廉租房建设补充资金4100万元，历年累计已支持市廉租房建设补充资金1.01亿元。年末，住房公积金的资金运用率达72.9%，使用率达84.1%。　*(周志亮)*

【“三旧”改造】　2011年，茂名市“三旧”改造专项规划编制工作全面启动，至年底，茂南区、茂港区、信宜市、高州市、化州市和电白县“三旧”改造专项规划已编制完成并按程序上报省住房和城乡建设厅、省国土资源厅备案。市城乡规划主管部门配合市“三旧”改造主管部门推进茂名市“三旧”改造工作，对有关项目严格把关、认真审查，按照茂名市“三旧”改造专项规划和有关政策要求办理茂名市影剧院“三旧”改造等项目规划许可手续，着力推动茂名市“三旧”改造进程，盘活存量土地，改善城乡环境。　*(张珩)*

【建筑业】　建筑业行业管理　2011年，茂名市建筑行业建立资质动态核查机制，规范企业和从业人员的市场行为，有效维护建筑市场秩序。同时加大企业资质升级的扶持力度和外出施工管理力度，建立健全拓展外地建筑市场的激励机制，搭建外地建设行政主管部门与茂名市建筑行业企业交流合作平台。

是年，茂名市有建筑业企业149家（一级16家，二级42家，三级90家，特种专业1家），监理企业12家（甲级5家，乙级4家，丙级3家），招标代理机构6家（乙级3家，暂定级3家），混凝土企业8家，劳务公司7家（一级4家，二级3家）。茂名市建筑业总产值183.98亿元、人均劳动生产率8.36万元/人、实现利润6.5亿元，分别比上年增长50%、21%、52%；建筑施工面积1871.5万平方米，竣工面积为825万平方米。

建设工程质量安全管理　2011年，茂名市以开展优良样板工程评选、工程质量样板引路和质量强市活动为契机，进一步增强工程建设各方主体质量意识，强化工程质量管理。加强灾后重建指导，为恢复重建工作提供有力保障。全市建筑质量、安全生产总体形势平稳。全年有2个工地通过省“安全文明施工示范工地”的初步评审，有5项工程通过省“优良样板工程”初步评审。全年组织全市季度安全生产巡查4次，并开展建筑起重机械安全专项整治、严厉打击建筑施工非法违法行为和建筑施工防火专项检查等一系列专项整治行动，以及质量月和安全生产月等活动，共检查工地128个次，查出安全隐患268处，重大隐患3处，全部已整改。

招投标管理　加强对招标文件的编制、招标公告的发布、投标报名、评标办法和定标等各个环节的监管，工程交易行为规范。加大资金投入，将交易中心办公场所划分为对外办事区、监控区和封闭评标区，建立相应的监控系统和网上报名系统及发布招标系统，并设立大型LED显示屏用于招投标信息公开，基本实现工程交易全过程的自动化、信息化和网络化管理。全年市区招标投标工程项目269项，中标工程造价27.54亿元，比预算投资降低1.51亿元。

工程勘察设计管理　2011年，茂名市建筑管理部门加强勘察、设计行业管理，规范行业行为，严禁出卖图章、人员挂靠、压价竞争、超越资质承接任务等违规行为。积极推行勘察设计招投标制度，全年进场交易的勘察、设计招标共有55项。组织并完成大中型初步设计审查共8个。施工图审查项目212个，建筑面积360万平方米，一次性通过审查的有36个，违反强制性条文62条次，严重错漏的有1725次。勘察、设计质量得到进一步提高。（吴再泉　罗栋）

【建设科技】　2011年，茂名市散装水泥供应量为51.77万吨，比上年增长50.93%，完成年度目标40万吨的127.3%；散装水泥使用量为84.03万吨，增长66.79%；预拌混凝土供应量为99万立方米，增长38.29%，完成年度目标80万立方米的123.8%；市区新型墙材使用量达2.2亿块标砖，增长38%，节约土地24.56公顷，节约标煤1.4万吨，减少二氧化硫排放346吨，给社会带来1.46亿元的经济效益和巨大的环保效益。

完成对全市48栋机关办公建筑和大型公共建筑2011年的能效统计核查工作。继续推进市辖区实心黏土砖厂专项整治工作，争取市政府印发《茂名市加快推进市辖区实心黏土砖厂专项整治工作方案》，到2011年底成功拆除砖厂8家，实施停产15家，专项整治工作取得初步成果。（吴再泉　罗栋）

【信息化建设】　2011年，茂名市建设信息工作取得较大发展。为茂名市住房和城乡建设局新办公楼新设一条24芯的政府内网光纤，并适度拓展带宽，确保办公楼网络通信畅顺。围绕全省及全市建设行业信息化建设阶段任务，开设“创建宜居城乡”、“城乡清洁工程”、“民主评议政风行风回头查”等专栏，构建茂名市住房和城乡建设局工程建设领域项目信息公开平台，并对上述专题相关信息进行筛选及整理。开发建设茂名市建设培训学校视频点播系统，为实行远程培训奠定基础。（吴再泉　罗栋）

附录：茂名市住房和城乡建设管理部门主要领导

茂名市住房和城乡建设局

党组书记、局长：朱裕锦（任至2011年5月）

党组书记、局长：曹万里（2011年11月任职）

茂名市城乡规划局

党组书记、局长：卢　勇（任至2011年5月）

党组书记、局长：孙　波（2011年8月任职）

茂名市房产管理局

党组书记、局长：梁伟明

茂名市城市综合管理局

党组书记、局长：曾庆强

茂名市水务局

党组书记、局长：朱　积

茂名市环境保护局

党组书记、局长：张荣光

茂名市住房公积金管理中心

党总支书记、主任：曾春盛

肇庆建设

【概况】　2011年，肇庆市贯彻实施《珠江三角洲改革发展规划纲要》，继续开展“城市建设管理年”活动，不断加大城市基础设施建设力度，有力拉动城市经济的发展。坚持规划先行，全市20多项城乡规划编制项目正在开展，中心城区控制性详细规划覆盖率超过80%。建筑、房地产业保持增长，完成建筑业总产值为102.38亿元，比上年增长24.13%；完成房地产投资142.87亿元，增长56.8%（房地产数据为快报数）。全市实际开工建设保障性住房6549套（户），完成省下达目标任务的102.7%，任务完成率排全省第六名。是年实施“三旧”（旧城镇、旧厂房、旧村庄）项目的连片综合升级改造，节约土地面积42.71公顷，节地率达54.3%。全市新增、改造城市主干道30多千米。市城区牌坊公园、波海公园等一批生态公园竣工，新建和改造绿地面积90多万平方米。完成市垃圾处理场渗滤液处理厂改造、垃圾场扩容（一期）工程，市城区生活垃圾无害化处理率达98.22%。星湖大道改造工程A－2标段获2011年广东省市政优良样板工程称号，环星湖绿道获中国“最美绿道”称号。

（叶小青）

【宜居城乡建设】 2011年4月6日，“高要市黎槎古村落历史文化遗产保护项目”获广东省住房和城乡建设厅授予2010年“广东省宜居环境范例奖”；11月，怀集县怀城镇等5个镇（街道）获省住房和城乡建设厅授予第一批“广东省宜居示范城镇”称号，在全省并列排名第1名。怀集县大岗镇岗勇村等5个村获省住房和城乡建设厅授予第一批“广东省宜居示范村庄”称号，在全省并列排名第6名；同月，肇庆市鼎湖区莲花镇等12个镇被列为肇庆市第二批宜居城镇；12月，鼎湖区竹坝村小组等50个村被列为肇庆市第二批宜居村庄，端州区黄岗街道嘉湖社区等35个社区被列为肇庆市第二批宜居社区。

（刘石坚）

【城乡规划】 规划研究与编制 2011年，肇庆市城乡规划局加强对肇庆中心区域包括端州、鼎湖、高要、四会、高新区在内的规划统筹，编制完成《肇庆市城镇化发展“十二五”规划》，拓展城市未来发展空间，将中心区域打造成为肇庆市融入广佛肇经济圈一体化发展的先导区域。

市域规划编制。编制完成《肇庆市创建宜居城乡规划（2010~2020）》、《肇庆市城市绿道专项规划》并经市政府同意实施；编制完成《鼎湖山新入口城市设计》、《肇庆北岭片区城市设计》、《肇庆市近期建设规划》、《星湖风景名胜区总体规划（2011~2030）》等规划，并按程序报批；完成《肇庆市端州区北岭片区控制性详细规划》、《肇庆市“一江两岸”修建性详细规划》及其示范段修建设计等规划成果；完善城乡规划编制体系，发挥城市规划在科学引领城市发展中的作用。

肇庆新区规划编制。配合实施“两区引领两化”战略，按低碳绿色新城发展模式，完成《肇庆新区概念规划》，并通过多种形式征求知名专家意见。2011年12月全面启动《肇庆新区总体规划》编制工作，委托新加坡盛邦国际咨询有限公司完成新区总体规划4个专题研究工作，将根据专题研究成果提出总体规划初步方案。

加快“三旧”改造规划建设。完成《肇庆市中心城区“三旧”改造年度实施计划》和《肇庆中心城区“三旧”改造单元规划》，为端州城区包括龟顶山、人民北、府城、阅江及城东123等片区的“三旧”改造提供科学依据。配合市“三旧”办对34项旧改项目进行调查并提出规划意见。结合肇庆实际，制定《关于肇庆市实施“三旧”改造规划的工作意见》。

此外，做好跨区域重大交通基础设施的规划对接。协助推进广东大唐国际高要金淘热电冷联产项目、封开县金装镇板梯长滩头矿区扩建3万吨/年金矿采选项目、四会市江谷精细化工制造项目、广佛肇高速公路、汕湛高速公路、怀罗高速公路、佛肇城际轨道、南广铁路、贵广铁路等重大交通项目的规划选址和建设，为肇庆加快融入珠三角核心区一体化发展提供更好基础。

规划管理 2011年，肇庆市规划部门补充制定管理细则，加强规划管理。制订《阳台建筑面积计算细则》并将其纳入《肇庆市城乡规划管理技术规定》；加强批前、批后公示及现场售楼模型的监管，对端州城区在建楼盘进行核查，发出《关于限期整改售楼部沙盘展示模型及现场规划公示牌的通知》10多份，有效地遏止开发商对购房者的隐瞒及欺骗行为，保证公众知情权。

严格把规划审批关。至2011年底，肇庆城区（端州、鼎湖）共核发“建设用地规划许可证”（含重核、补办）1669宗，总用地面积433.87公顷；核发“建设工程规划许可证”（含私人住宅）1382宗，总建筑面积412.56万平方米；核发“临时建设工程规划许可证”52宗，市政管线“建设工程规划许可证”225宗等。

规划执法 2011年，结合肇庆市迎接国家卫生城市复查工作，不断完善执法机制，强化对在建工程的跟踪管理，使违法建设、乱搭乱建势头得到有效遏制。全年共发出通知书912份，拆除违法乱搭乱建（包括户外广告招牌）合计3.26万平方米。同时，做好群众投诉案件的受理工作，实行台账管理。全年共接到来电来信来访投诉（含信访和举报案件）280件，共解决投诉案件268件，案件解决率达到96%。建立与国土、工商、城监、住房和城乡建设等部门之间的合作机制和联席会议制度，形成管理联动机制，全年共召开联席会议6次，发函至相关部门14份，通过提前介入，与各部门配合，有效遏制违法建设行为。

（区惠怡）

【城市建设与管理】 市政设施建设 2011年，肇庆市新建、改建市政重点工程项目6个，完成投资5.6亿元，新增道路长度5.6千米，新增绿地面积50多万平方米。其中砚都南快速干道（端州路至星湖大道）于5月全面竣工通车，东湖路延长线建设工程于9月30日全线开通，牌坊广场二期改造工程（牌坊公园）于10月1日全面对外开放，环星湖绿道网全线贯通，肇庆大道拓宽改造工程主体工程实现通车，西江路拓宽改造工程积极推进，力争2012年4月底竣工。

是年，列入代建管理的项目共有44个，总投资58.76亿元，其中房屋建筑工程项目31个，总建筑面积54.50万平方米，总投资22.92亿元；市政工程项目13个，总投资35.84亿元。截至2011年底，七星岩东门广场、市国防教育训练基地、市一院感染病区等6项工程顺利完工并交付使用；市中医院住院大楼已进行初步验收；市一院新院建设工程三个标段主体工程已完成，进入装修装饰及机电工程安装阶段；市图书馆新馆建设工程完成土建工程的80%；端州路人行隧道于2011年9月动工，2012年春节前基本完成两隧道跨端州路段主体结构施工和恢复端州路路面交通；环星湖亮化工程2011年11月完成BT项目投资方的招标工作，2012年春节前完成东门广场关键节点；北岭四区、桥北路立交项目进入施工招标阶段；江滨路改造示范段、大冲交通枢纽、下湾湿地公园、城东新区水景体系建设等14个项目进行前期工作。

是年改造安装路灯共989基、2092盏，铺设输电线路18.45千米，路灯亮灯率和设施完好率保持98%以上。完成尚东康城东侧支路、蕉园东岗南侧道路等9条道路“百姓灯”安装工程，投入资金350多万元，新装路灯220基。针对江滨堤路灯照明不足问题，对堤路152杆760盏灯加装反光器，照明亮度提高80%。推进城区路灯自动化节能监控建设，提高路灯管理监控水平，做到节能降耗，科学亮灯。

园林绿化　2011年累计新种乔灌木1.6万株，新增绿地面积50多万平方米，补植灌木7500多平方米，铺植绿化地被4000多平方米。提高绿化管养机械化、自动化作业程度，城区三分之一的绿化带实现自动和半自动喷淋。建立《绿化养护管理工作月历》，根据季节气候有计划、有侧重地开展养护工作。通过向社会公开招标，择优选用管理单位，提高新建广场、主干道绿化质量和绿化成活率，解决养护人员不足问题。加大力度对国家一级名木黄花梨的保护管理，对文明路安装视频监控仪器，全路段实行24小时监控。城区“十块绿地”工程基本完成，结合肇庆市财力实际，对项目进行投资优化调整，选定二塔路、火车站西侧等作为十块绿地建设点，共投入建设资金447万元，新增绿地面积1.74万平方米，提高了城区的绿地量。*（罗欢　卢淑华）*

绿道建设　肇庆市规划建设绿道网总长1130千米，已建成922千米，其中省立绿道1号线和6号线（肇庆段）105千米于2010年底全线贯通，城市绿道建成817千米，超额完成“两年全部到位”建设任务。2011年，肇庆市编制完成《肇庆市城市绿道专项规划》及《肇庆市城市绿道修建性详细规划》，城市绿道完成慢行道里程达到372千米，完成本年度工作任务的118%；省立绿道沿线建成19个驿站和几十个休息点，全线标识系统已经安装完毕，沿线绿化建设和安全设施建设到位，各项配套设施建设已按省的要求超额完成任务。肇庆市先后印发并实施《肇庆市绿道缓冲区管理暂行办法》、《肇庆市绿道网建设2011年实施方案》、《肇庆市文化绿道建设工作方案》、《肇庆市绿道网管理暂行办法》等，为统筹指导肇庆市的绿道建设管理提供制度化保障。*（区惠怡）*

城市环境卫生　为做好迎接国家卫生城市复检工作，端州区环境卫生管理部门共出动2.43万人次，清理城区卫生死角，清理生活垃圾、建筑垃圾、乱张贴、乱涂乱画以及路面污染，查处各类违章案件并进行现场教育。2011年，端州区共清运生活垃圾11.54万吨，平均每天垃圾收运量（产生量）为316.1吨，垃圾清运率达100%。投入415万元对蓝塘路压缩中转站、堤下路压缩中转站、宋城路压缩中转站进行升级改造，加装压缩中转设备。落实市政府颁布实施的《肇庆市端州城区“门前三包”责任管理暂行办法》，加大环境卫生“门前三包”的宣传力度，共签订环境卫生“门前三包”责任单位1.4万个。5月15日，区环卫部门按照区政府《端州区环境卫生分级管理暂行方案》的要求，向6个办事处移交环卫保洁人员336人，作业工具及车辆338套，全面加强社区环境卫生管理工作，解决小街小巷保洁不到位等问题，争取实现卫生保洁全覆盖。*（许诗诺）*

是年，肇庆市处理生活垃圾20.8万吨，处理渗滤液5万立方米，进场生活垃圾处理率100%。完成市垃圾场扩容（一期）工程建设，投资4072万元新增填埋库容80万立方米，日处理垃圾规模提高至500吨，受纳端州区、高要城区、鼎湖区、高新区和四会市生活垃圾，实现多区域生活垃圾处理一体化。安排资金173万元完善进场道路、垃圾称重地磅改造、宿舍楼电路整改和渗滤液处理厂高（压）配电安装工程等基础设施建设，保障垃圾处理场正常有效运作，提高生活垃圾无害化处理能力。加强对县（市、区）业务工作指导，协助各县（市、区）向省住房和城乡建设厅申请治污保洁专项资金，组织开展垃圾处理设施建设情况督查工作，推进垃圾处理工程建设，提高全市垃圾处理率。*（罗欢）*

城市环境保护和建设　2011年10月21日，在肇庆市国家环保模范城市复核预评估反馈会上，国家环保模范城市省预评估组宣布肇庆市在基本条件、经济社会、环境质量、环境建设和环境管理五个方面26项指标均达到考核要求，通过国家环保模范城市复核省级预评估。

(许诗诺)

空气污染治理。是年，肇庆市城区空气污染指数优良以上的天数比2010年增加5天，空气质量优于国家二级标准限值，二氧化硫、二氧化氮、可吸入颗粒物三项主要污染物年平均浓度分别比2010年下降13.9%、31%和1.7%；酸雨频率为47.2%，比2010年下降34个百分点；降水pH值年平均5.02，比2010年上升0.6个pH单位，已脱离重酸雨区范围。主要措施：一是明确提出今后肇庆市中心区不再引进陶瓷生产企业，并对现存的陶瓷生产企业加强监管，安装高效除尘设备和脱硫设施，加快改燃清洁能源的各项改造。对全市215台非使用清洁能源工业锅炉实施全面监测和监管，对其中81台锅炉实施清洁能源改造或关停淘汰。二是对22家国控、省控重点企业全面推行挥发性有机物(VOCs)治理设施的建设及更新改造。三是推行机动车环保标志管理制度，规范机动车环保分类标志发放和管理工作；全面推广使用“国Ⅲ”车用成品油（包括柴油和汽油），新车注册登记全面执行国Ⅳ排放标准；市环保部门联合市交通集团开展公交车尾气监测工作，共检测公交车383辆次，对其中62辆尾气排放超标的公交车发出整改通知书；8月25日，首批45辆天然气公交车投放市城区部分自营线路运营，并在大冲设置加气站；完成138座加油站、50台油罐车、3座储油库的油气回收综合治理任务。是年，市城区空气环境质量稳定达到国家大气环境质量二级标准要求。

城市噪音治理。是年，肇庆市城区环境噪声54.4分贝，比上年减少0.3分贝；道路交通噪声66.2分贝，增加0.2分贝，城市声环境质量得到一定改善。一是加强工业噪声污染控制。对工业企业噪声源厂界噪声不达标的责令限期治理，对噪声大、离居民区近、又无法治理的噪声源，建议政府纳入城市“三旧改造”范围，限期搬迁或转产，以减少对居民的干扰。2011年度有10家“城中厂”搬离市区，彻底解决这些工业企业噪声对居民的影响。二是严格建筑施工申报审批制度。对新开工的建筑房地产项目全面进行环境影响评价，施工阶段的噪声排放必须符合国家及地方的有关规定，并严格执行夜间施工管理制度，采取与110联动的方式，执法人员接到群众投诉后马上到达现场制止违法夜间施工。三是配合公安、文化等部门加强对商业网点、娱乐场所等主要生活噪声源的管理。噪声达不到相应功能区标准的，要限期整改，整改后仍不能达标者坚决关停。

污染物减排。开展医药制造企业、危险化学品生产企业和涉及危险废物等环保专项整治行动，市环保、监察部门对全市8家铅蓄电池和涉铅企业、高要两大电镀园区、怀集“两河”问题等一批重点环境问题进行挂牌督办，取得明显的整治成效。全面推进清洁生产工作，已有151家企业通过清洁生产审核，清洁生产的力度和成效得到省的充分肯定。 *(邱源圆 黄钦成)*

城市水环境建设 城市污水治理。2011年，肇庆市多项污水治理工程竣工。一是8座中心镇污水处理厂完成环保竣工验收。其中有高要市金利镇污水处理厂（2万吨/日）、高要市新桥镇污水处理厂（0.5万吨/日）、高要市白土镇污水处理厂（2万吨/日）、鼎湖区莲花镇污水处理厂（0.5万吨/日）、鼎湖区永安镇污水处理厂（0.5万吨/日）、四会市大沙镇污水处理厂（1.5万吨/日）、四会市江谷镇污水处理厂（0.3万吨/日）、四会市地豆镇污水处理厂（0.2万吨/日），这8座中心镇污水处理厂及四会市南江工业园污水处理厂（1.5万吨/日）试运行正常并在6月份完成环保竣工验收。全市新增生活污水日处理能力为9万吨，使城镇生活污水处理率达到80%以上。

二是四会市城区污水处理厂（一期）交付肇水集团运营。肇水集团参与拍卖并竞得四会市城区污水处理一期项目（3万吨/日），实现污水处理业务的首次跨区域扩张，集团污水处理规模达19万吨/日，同比提高18.8%。四会市城区污水处理厂（一期）正式交付肇水集团运营后，为实现稳定正常运营管理，展开清洁生产审核和技术改造，保障了污水处理达标达产。

三是怀集县污水处理厂投入运行。该厂于2010年7月开始正式商业运营，2011年，该厂整体生产运行稳定，全年累计处理污水量490万立方米，平均月处理量40.8万立方米，全部处理截污管网提供的污水，处理率为100%。

四是端州区蓝塘路污水提升泵站和归集管工程建设竣工。该站设计日抽污水能力6万立方米，敷设污水管道966米，工程合计总投资1500万元，于2012年1月竣工验收，于2月开始投入试运行。

城市排水建设。是年，肇庆市成立城区渠网管理中心。城区道路排水建设工程主要有：1. 肇庆大道拓宽改造工程道路（前村至端州八路）全长11.1千米，建设污水管网长度2687.3米，投资215.85万元，于2011年11月竣工。2. 端州区蓝塘路污水提升泵站配套归集管工程建设，敷设污水管道966米，于2012年1月竣工。3. 端州四路（含两个隧道）道路改造工程增设149米过街污水管，管径1.5米，造价108万元，可望在2012年中完成。4. 西江路拓宽改造工程中建设排水管总长3.65千米，已基本完成。5. 完成城东新区多个区域和多条道路的排水建设，以及矾西路管网改造工程、羚山涌污水处理T配套管网改造等项目。排水设施管养情况：完成更换井盖817件，维修进水井、检查井1057座。完成城区端州三路、中南巷及建设路等多条道路排水渠清疏，对城区多个排水"黑点"位置进行定期监测、疏通，解决二塔路、大桥路、建设路中心市场、端州三路小花园酒店前的水浸黑点，改善了市民的出行环境。

河涌湖泊整治。羚山涌河涌整治。是年，肇庆市开展羚山涌河涌整治工程。羚山涌河涌整治长度共1.55千米，设计工程总投资269.42万元。工程项目于2011年10月立项，12月开始进场施工，至2012年1月20日羚山涌河涌整治工程按设计要求全部完成。工程实施后，羚山涌水体得到改善，河涌周边环境得到有效整治。

星湖河湖联通工程方案。是年，肇庆市委市府关于引西江水入星湖的构想得到省水利厅的肯定和支持，并由市水务局组织编制了肇庆市河湖（西江—星湖）联通工程总体方案。项目规划从西江提水入外坑渠流入星湖，再以星湖为调蓄中心，联通城西二桂干渠水系、城中跃龙涌水系和城东羚山涌水系。通过整合整个城区现有的水网，把污染治理与生态修复相结合、湖泊治理与河网治理相结合，综合形成城市亲水公共生态环境。是年，河湖联通工作方案的修改稿已报送市政府。

城市供水　2011年，肇庆市加强西江及全市19个饮用水源保护区的保护力度。对西江三榕水厂、鼎湖区九坑河水库等饮用水源保护区进行标志更新设置，严厉打击饮用水源保护区内的环境违法行为。落实《2010~2011年广佛肇重点合作计划》项目，建立水污染区域联防联治机制。西江、绥江、贺江等大江大河干流肇庆河段水质保持优良，总体水质优于Ⅱ类标准，其中西江为全国水质最好的河流之一；全市19个集中式饮用水源地、主要江河、跨市河流交接断面水质达标率均达到100%；星湖水质达到Ⅳ类水环境功能标准。　*（余丽珍）*

肇庆市开展多项供水管网改造工程，其中有：端州区管网改造工程、鼎湖管网改造工程、封开县城区管网改造工程、广宁县城区管网改造工程。至2011年末，肇庆市城区有供水管道1498.24千米，城区自来水普及率115.59%。

（欧剑辉）

城市供气　推进城区天然气项目建设。2011年，肇庆市完成投资2000万元，建设天然气管网150多千米，端州区、鼎湖区两区间管道连通，实现为8万户用户供气能力，可覆盖用气人口30多万人。是年9月，肇庆市首个天然气汽车加气站建成，首批天然气公交车投入使用，环保、廉价、清洁的动力燃料营造低碳、环保绿色肇庆。

（罗欢）

城市综合管理　2011年，按照肇庆市创建卫生城市指挥部统一部署，城市综合管理部门从3月开始，在城区开展大规模、大范围的市容环境整治行动，全面清理城区主次干道以及跃龙中路、二马路、新街、康乐北路、芙蓉路等占道摆卖较为突出的路段，联合工商、公安、交警等职能部门集中开展清理乱搭建、乱摆卖等"六乱"行为，对城区禁止范围内饲养禽畜和种植农作物现象进行清理，依法取缔无证照经营行为，监督落实"门前三包"责任。加强城区公园、广场及星湖绿道、栈道的市容秩序监管，整治流动商贩。全年共查处各类违章案件8004件。采取"以堵为主、以疏为辅"疏堵结合的措施强化城市管理，加快建设城区非肉菜商品临时摆卖点，妥善安置255户生活困难经营者入室经营并实施规范管理，同时，推进文明路灯光夜市搬迁工作。对城区端州路、天宁路、星湖大道、砚都大道等主干道的户外广告进行联合整治，依法清理拆除违规广告宣传2113幅，处理违章设置广告案件379件，对基础结构欠牢固、设施陈旧影响市容环境和城市品位的户外广告实施全面整顿，提升城市形象。配合交警部门对城区违章占道停车行为开展专项整治行动，规范城区机动车辆停放秩序，合理增设车辆临时停泊位约5000个，进一步解决城区停车难问题。　*（罗欢）*

【城镇村庄建设】　2011年，肇庆市规划部门为加快怀集县怀城镇等宜居城乡试点的规划，指导其编制完成《肇庆市怀集县怀城镇建设宜居城镇行动计划》并经市政府批准实施；协助市政府对各县（市、区）宜居城乡创建工作进行督查指导，确定一批宜居城镇、宜居村庄指导创建点和宜居社区名单。2011年11月，怀集县怀城镇、封开县江口镇、广宁县南街镇、德庆县德城街道、高要市回龙镇等5个镇被省住房和城乡建设厅公布为第一批"广东省宜居示范城镇"，四会市大沙镇下罗村、高要市金渡镇榄塘新村、德庆县武垄镇武垄村、广宁县坑口镇上林村、怀集县大岗镇岗勇村等5个村被公布为第一批"广东省宜居示范村庄"。是年，加强名镇名村规划建设，启动高要市回龙镇等试点建设规划的组织编制工作。指导督查各县（市、区）完成共250条村庄规划的编制任务。　*（区惠怡）*

【中心镇建设】　2011年，肇庆市规划部门加大村镇规划指导，《怀集县城市总体规划（2010~2025）》、《德庆县悦城镇总体规划（2010~2020）》、《高要市金利镇总体规划（2010~2020）》等规划经市政府批复实施；《高要市白土镇总体规划（2010~2020）、《四会市江谷镇总体规划（2010~2020）》上报市政府审批，并完成规划成果审查；四会市、高要市和德庆县开展新一轮城市总体规划修编，并完成规划纲要成果。推动专业特色城镇发展，高要市金利小五金专业镇，德庆县悦城龙母历史文化旅游镇，广宁县南街竹器加工镇，怀集县桥头燕岩旅

游镇等产业链初具规模，带动县域经济的发展。（区惠怡）

【住房与房地产业】 2011年，肇庆市房地产开发投资142.87亿元，比上年增长56.8%；商品房销售面积为349.67万平方米，增长2.2%；销售总额165.99亿元，增长18.3%。商品房销售均价4747元/平方米，商品住宅销售均价4546元/平方米。商品房施工面积为1412.89万平方米，比上年增长29.3%，其中住宅为1129.55万平方米，增长29.2%；商品房新开工面积为544.98万平方米，增长0.8%，其中住宅为444.44万平方米，比上年增长5.6%，(该段数据根据2011年1~12月统计快报数据整理）全市共有房地产开发企业314家。其中，城区（含端州、鼎湖）148家，高新区18家，高要市41家，封开县22家，德庆县18家，广宁县27家，怀集县17家，四会市23家。二级资质企业6家，三级资质企业64家。

房地产行业管理 一是进行房地产企业调研。2011年1月5~10日，肇庆市房地产管理部门对端州区的20家房地产开发企业的开发经营情况进行调研，了解端州城区房地产开发企业年内的发展计划，听取企业对政府相关部门的意见和建议，并鼓励企业做大做优做强，创立自己的品牌。二是制定新建住房价控制目标。经肇庆市政府同意，确定全市2011年新建住房价格控制目标为不高于当年全市生产总值增长速度。三是规范房地产市场交易秩序。1.规范商品房买卖合同。对《商品房买卖合同》的第八条、第十五条、第十七条等有关条款的填写作为了明确规定。从5月1日起，企业申报“商品房预售许可证”时，需提供经房产交易登记部门审核通过的《商品房买卖合同》（样本）、经物价部门备案的《商品房销售价格表》和楼盘宣传资料。2.对房地产市场交易秩序进行专项检查。5月17~20日，对端州城区房地产市场交易秩序进行专项检查。四是做好房地产开发企业、物业服务企业资质证书的换证工作。是年，对有效期即将届满的房地产开发企业和物业服务企业的资质证书进行换证，通过资质证书换证，对群众投诉多又不认真改进的企业进行严肃查处。五是举办“房博会”，大力推介肇庆的房地产项目。11月11~14日在市体育中心成功举办第十四届广东（肇庆）房地产博览会暨城乡建设成果联展。

保障性住房建设 2011年，广东省下达肇庆市住房保障目标任务6378户（其中，新增廉租住房308套，新增发放租赁补贴291户，新增经济适用住房1079套，新增公共租赁住房4700套）。按照目标任务与保障需求相适应的原则，肇庆市将目标任务定为6444套（户）。是年，全市保障性住房已开工6549套（户），其中廉租住房330套，经济适用住房1145套，公共租赁住房4746套，发放租赁补贴328户，完成省下达目标任务6378套（户）的102.7%。全市保障性住房已竣工4215套（户），达到住房和城乡建设部要求的项目竣工、主体施工、基础施工3个三分之一的目标。（谭巧仪）

产权登记 2011年，肇庆市直完成房屋发证32458件；建筑面积633.32万平方米。其中，房屋登记发证15458件，建筑面积172.89万平方米；抵押登记发证6218件，建筑面积114.57万平方米；预告登记证明发证10278件，建筑面积121.7万平方米；在建工程抵押登记发证320件，建筑面积150.2万平方米；商品房确权登记发证184件，建筑面积73.96万平方米。（黄彩霞）

房产交易管理 2011年，肇庆市共办理商品房交易建筑面积174.92万平方米，比上年增长13%；交易金额68.37亿元，增长36%。其中城区共办理商品房交易建筑面积143.01万平方米，比上年增长37%，交易金额60.05亿元，增长57%。全市共办理二手房交易建筑面积78.03万平方米，比上年下降24%，成交金额18.73亿元，增长4%。其中城区二手房交易建筑面积46.35万平方米，比上年下降20%，成交金额12.71亿元，增长41%。

商品房预售管理 2011年，肇庆市共办理商品房预售备案建筑面积176.3万平方米，比上年下降6%；预售成交金额85.11亿元，增长17%。城区办理商品房预售建筑面积89.45万平方米，比上年下降1.9%；预售成交金额48.91亿元，增长14%。对端州城区的房地产开发企业实行商品房预售款监控管理，按工程进度共拨付预售款52.78亿元，比上年增长42%。

房地产中介管理 2011年，对肇庆市持有《房地产评估机构资格证书》的6家评估机构（其中一级资质1家、二级资质2家、三级资质3家）的评估业务实行备案管理；对城区24家房地产经纪服务机构办理登记备案。（石冠文）

物业管理 2011年，肇庆市共有物业服务企业110家，其中二级资质2家，三级资质64家，临时资质44家；端州城区共有物业服务企业65家，其中二级资质2家，三级资质42家，临时资质21家。是年，举办广东省物业管理从业人员（管理员）岗位培训班，166人通过参加培训持证上岗，提高全市物业管理队伍的素质。肇庆市房协组织物业管理示范小区（大厦）考评专家组对全市申报物业管理示范小区的7个小区进行考评。经专家组综合评议，星湖名郡（1~6期）、肇庆碧桂园（1、2、3期）、湖景园、波海蓝湾（1、2期）、鼎湖森邻（1、2期）、星湖奥园（A、B区）、封开山水雅苑等7个项目为2011年度市物业管理示范小区。加强和规范住宅专项维修资金管理，从2011年2月1日起，将端州城区住宅专项维修资金缴存凭证纳入办理房地产权证应提供的资料。（陆秋霞）

房屋安全管理 2011年，肇庆

市城市房屋鉴定所共完成房屋安全鉴定17幢，比上年下降41%；完成安全鉴定建筑面积2.15万平方米，下降54%；鉴定费4.05万元，下降0.3%。

房屋突发事件处理 2011年5月6日广宁县出现强降水，造成该县古水镇18间民房地基下沉，肇庆市城市房屋安全鉴定所技术人员会同有资格的房屋安全鉴定公司及时赶赴事故现场察看，经与当地建设部门衔接，对事故现场房屋的险情排除提出可行意见，对需要作出安全鉴定的房屋提出建议。

房屋租赁管理 2011年，肇庆市共办理房屋租赁备案登记440宗，比上年下降43%；备案建筑面积13.07万平方米，增长188%。其中市直办理房屋租赁备案登记34宗，比上年增长13%，备案建筑面积约5.49万平方米，增长35%。 *(邓韬)*

住房公积金管理 归集情况。2011年，肇庆市全年共缴存住房公积金12.75亿元，比上年增长36.42%，历年累计归集总额达54.32亿元。全市共有3328个单位，173140人参加了住房公积金缴存，缴存率为79.17%，比上年增长40.05%。2011年缴存余额为30.9亿元。

肇庆市全年共有2.77万名职工提取住房公积金，累计5.61亿元。历年累计共有21.07万人次支取住房公积金，支取总额23.42亿元。在贷款方面，2011年全年共发放贷款7.05亿元，比上年增长28.72%，个贷率为64.03%，运用率为64.04%，为3694户职工提供购房贷款。全市历年来累计共发放个人住房抵押贷款27.16亿元，为1.91万户职工购房提供了贷款。截至2011年12月底，已回收资金7.37亿元，贷款余额为19.78亿元。

是年，实现增值收益2358.65万元，按规定计提贷款风险准备金274.88万元，计提廉租住房建设资金1083.32万元，管理费1000.45万元。历年来共划拨廉租住房建设资金4550.99万元。 *(卢少媚)*

【“三旧”改造】 2011年，肇庆市“三旧”改造地块总面积680公顷，占全市纳入“三旧”改造项目地块数据库总面积（7640公顷）的8.9%。其中新动工面积203.45公顷，投入资金45.76亿元，占全市固定资产投资（709.79亿元）的6.45%。经核查，肇庆市需完善手续的“三旧”历史用地面积为1626.67公顷，已完成10宗，面积59.1公顷。全市“三旧”改造规划面积为7953.33公顷，其中已完成控制性详细规划的面积3160公顷，正在编制的面积有1626.67公顷。年内，“三旧”改造新增动工项目共49个。其中保障性住房项目有2个，规划总建筑面积3.47万平方米，已完成建筑面积1.16万平方米；新建市政道路22千米，已完成15千米；建设公共绿地约39.13公顷；建设公益性项目1个（学校），13.33公顷。通过“三旧”改造，二产转三产的项目共21个，二产升级项目1个，如鼎湖区的鼎湖山泉旧厂房进行改造升级，改造后将由仓库改为饮用水研发中心、科普长廊和成品仓库。 *(陆彩华)*

【建筑业】 2011年，肇庆市报建工程569项，建筑面积744.85万平方米，比上年增长33.4%；工程总造价101.1亿元，增长34.8%。

建设工程质量安全管理 2011年，肇庆市建筑管理部门开展以“安全发展，预防为主”为主题的安全月活动以及开展以“抓质量水平提升，促发展方式转变”为主题的质量月活动。推进房屋建筑工程质量样板引路工作，加强施工安全监管信息化建设，城区施工现场实现远程视频监控，着力抓好建筑工地施工安全标准化建设工作，分别在市城区碧湖广场、中原明都工地召开相关现场会。是年，肇庆市获全国建筑工程装饰奖1项、广东省优良样板工程4项、肇庆市优良样板工程15项、广东省房屋市政工程安全生产文明施工示范工地8个、广东省建设工程项目AA级安全文明标准化诚信工地3项、肇庆市建设工程安全生产文明施工优良样板工地31项。自推行建筑“平安卡”管理系统以来至2011年底，全市共有515个项目办理建筑“平安卡”，受监工程竣工验收合格率100%，受监工程无重大质量安全事故发生。

工程招标投标 2011年，肇庆市完成462项（段），招标预算总造价61.69亿元，中标价60.17亿元，节省建设资金1.52亿元，中标价比预算价平均下降1.96%。其中端州城区完成75项（段），招标预算总造价18.88亿元，中标价18.64亿元，节省建设资金0.24亿元，中标价比预算价平均下浮1.26%。向全市各县（市、区）全面推广应用计算机抽取专家、计算机辅助评标、企业IC卡管理“三大信息系统”。

(陈蔚宜)

勘察设计管理 2011年，肇庆市完成建筑节能项目审查404项，建筑面积941.79万平方米，新建建筑设计阶段建筑节能强制性标准执行率达100%。 *(陆韶文)*

【建设科技】 2011年，肇庆市住房和城乡建设部门加强专业技术人员培训。开展肇庆市起重机械特种作业人员的培训考核工作，截至2011年底，全市共有1423人取得建筑施工特种作业资格证。在全市5个县（市）免费举办建筑节能新技术、新标准的专题培训共5期，培训近400人。开展建筑节能宣传周活动，组织建筑节能专题培训500人次。

继续推进建筑节能和新型墙体材料的应用 编制《肇庆市“十二五”建筑节能专项规划》，重点抓好新建建筑节能强制性标准执行率，全市新建建筑设计阶段建筑节能强制性标准执行率为100%，施工阶段建筑节能强制性标准执行率

为98%，太阳能光热应用面积达到66万平方米，比上年增长37.5%。开展国家机关办公建筑和大型公共建筑能耗统计工作，对肇庆市71栋办公建筑和部分大型公共建筑2010年度能耗（水、电）情况进行能耗统计及能效公示，并对其中10栋建筑进行能源审计。

推广蒸压加气混凝土砌块和烧结页岩多孔砖的应用，设立示范工程　发展散装水泥，推广应用预拌混凝土和预拌砂浆，年内，全市散装水泥生产企业5家，预拌混凝土生产企业19家，预拌砂浆生产企业2家；完成供应散装水泥量758.38万吨，比上年增长174.4%；预拌混凝土生产量241.6万立方米（未包括交通建设专项工程混凝土使用量），增长97.8%；预拌砂浆使用量1.48万吨，增长196%。

（叶小青　伍奉恒　穆占欣）

【信息化建设】　2011年，肇庆市住房和城乡建设部门致力于信息化建设，不断提高现代化办公管理水平。一是向各县（市、区）推广应用计算机抽取专家、计算机辅助评标、企业IC卡管理的建设工程招标投标“三大信息系统”，各县（市区）都已启用IC卡报名系统。二是开发业务管理系统，年内开展业务管理系统建设共7个，包括企业诚信评价系统、网上投标系统、网上评标系统、建筑工程项目管理信息系统（肇庆版）、房产档案馆电子档案数据库信息系统、个人住房信息化管理系统、建设工程质量检测系统。三是在端州城区建立建筑施工现场视频监控系统，实时监测施工现场安全生产设施落实情况，强化动态监管。年内城区安装视频监控设备的建筑工地有56个。四是根据省的部署安排，将肇庆作为广东省住房保障项目动态管理信息系统运行的试点城市，自9月份开始试点运行，效果良好。五是继续在全市范围内推广应用建筑“平安卡”管理系统。全年新办理“平安卡”系统107个，发放“平安卡”7136张，完成指标任务7000张的101.94%。

（郭蕊　叶小青）

附录：肇庆市住房和城乡建设管理部门主要领导

肇庆市住房和城乡建设局

党组书记、局长：孟广生

肇庆市城乡规划局

党组书记：刘卫红（任至2011年9月）

局长：刘卫红（任至2011年12月）

党组书记：施东红（2011年9月任职）

局长：施东红（2011年12月任职）

肇庆市城市综合管理局

党组书记、局长：王　岩（任至2011年12月）

党组书记、局长：陈六合（2011年12月任职）

肇庆市水务局

党组副书记、局长：梁大盛

肇庆市环境保护局

党组书记、局长：严威盛（任至2011年10月）

局长：潘锐波（2011年10月任职）

肇庆市住房公积金管理中心

主任：黄志峰

党支部书记、副主任：吴稳根

清远建设

【概况】　2011年，清远市完成城市总体规划修编、各类专项规划、控制性详细规划以及城市设计等规划编制工作。政府投资工程项目完成投资14.21亿元。深入推进城乡清洁工程、“三边”（路边、山边、水边）整治，宜居城乡和新农村建设试点进展顺利，城乡面貌明显改善。完成江滨公园东扩（索菲特—丁香花园段），清远大道、凤翔大道等一批绿化改造工程。全市城市（县城）供水企业有11家，供水人口约146.5万人。加强水资源和环境保护，全市有16间污水处理厂，生活污水处理率为66.16%。北江水利枢纽工程成功截流，飞来湖防灾减灾工程基本完成，大燕河水利枢纽工程全面开工，湖城建设的基础工程基本完成。各县县城的中轴线建设初见成效，城市功能不断完善。成功创建成为省卫生城市、省园林城市。是年，清远市报建总建筑面积885.9万平方米，比上年下降39.53%，报建总造价137.1亿元，下降41.83%。

（杨惠勤）

【宜居城乡建设】　2011年，清远市全面推进宜居城乡建设。完成2010年度广东省对清远市宜居城乡工作绩效考核工作及清远市对各县（市、区）宜居城乡工作绩效考核工作，确定11个城镇、9个村庄、14个社区为市第一批宜居城镇（村庄、社区）。是年5月23日，清远市清城区石角镇石角社区、东城街办青云社区、洲心街办镇南社区、英德市英城街办仙泉花园社区、浛洸镇光南社区、清新县太和镇建设社区、连州市连州镇燕喜社区7个社区获广东省住房和城乡建设厅、省民政厅、省公安厅、省环境保护厅等省直部门联合授予“2010年广东省宜居社区”称号。11月9日，清城区源潭镇、清新县太和镇、连州市东陂镇、佛冈县石角镇4个镇获广东省住房和城乡建设厅授予“广东省第一批宜居示范城镇”称号，阳山县杜步镇康西村、连州市东陂镇白家城村、清城区石角镇兴仁居委会一队和二队、连州市保安镇熊屋村、清城区东城街道莲塘二村、英德市黎溪镇塘壁岭移民新村7个村获广东省住房和城乡建设厅授予“广东省第一批宜居示范村庄”称号。组织申报《2011年度广东省宜居环境范例奖》，清远市上报5个项目。

（杨惠勤）

【城市规划】　规划编修　2011年，清远市规划部门根据有关法律法规的要求和市委市政府的工作部署，结合全市的实际，及时组织编制和修编各类规划，主要如下：

市域城镇体系规划。为解决清远市城镇体系存在的中心城市带动能力较弱、城镇化水平低、城镇空间布局凌乱等诸多问题，组织编制完成《清远市城镇化发展“十二五”规划》、《清远市提高城镇化水平对策研究》。

城市总体规划。为适应城镇特色化的需要，根据市委、市政府要求，对2010年的总规成果再次进行完善，重点调整南部都市区的城镇功能和产业布局，增设特色小镇(狮子湖、美林湖、黄腾峡、银盏温泉、飞来峡、三坑温泉)。

专项规划。组织编制完成《清远市绿道网专项规划》、《清远市区公共设施专项规划》、《清远市湖城水系与景观规划》、《清远市区户外广告专项规划》、《保障性住房用地规划》等多个专项规划，正在组织编制《清远市“十二五”近期建设规划》。

控制性详细规划。制定清远市城市规划区控制性详细规划全覆盖计划，并完成莲湖工业园区控制性详细规划，清远黄腾峡漂流小镇控制性详细规划，东城J2、J3号区控制性详细规划及源潭镇H77H78H79号区控制性详细规划等11个控制性详细规划编制。

城市设计。组织编制完成《清远市大学路商业街城市设计》，完成《清远市区总体城市设计》、《飞来湖周边地区城市设计》初步方案。

村镇规划。加大市域村镇规划编制力度。2011年，组织编制《清远市名镇名村规划》并获评审通过。《清远市名镇名村规划》将新农村建设、城乡清洁工程、万村百镇整治统筹协调，确定到2015年完成11个名镇、102个名村和329个示范村建设，以名镇名村示范村的规划建设带动全市域村镇的环境卫生、生态景观、公共服务等方面全面提升。

规划管理　依法规划。坚持依法行政，维护规划的严肃性和权威性。严格按《中华人民共和国城乡规划法》、《广东省城市控制性详细规划管理条例》等法律、法规要求的程序开展规划审批工作，坚持规划的刚性约束。严格执行城市规划委员会审议制度，坚持规划制定(特别是规划条件的确定)和规划变更的法定程序，防止随意改变规划的现象发生。严格规划的批后管理，加强对规划实施过程的监督和管理。

阳光规划。坚持公开审批，营造公平、正义的审批环境。制定《清远市建设项目规划公示公告办法》，通过公示、听证、公告、设立投诉电话和信箱等多种形式、多种渠道推进信息公开，主动接受群众监督。

科学规划。明确技术规定，统一技术标准，确保规划审批的科学性。制定或修编包括《建设工程竣工规划验收办法》、《清远市经营性用地容积率管理暂行办法》、《清远市城市规划管理技术规定》、《清远市户外广告和招牌设置规划管理技术规定》等多项技术规定和管理规则，并通过市规委会审议后发布。建立电子审批系统，推行电子审批，减少人为因素的影响。制定城乡规划设计登记备案制度，加强对规划设计质量的管理，督促规划设计单位提高设计质量。

高效规划。改进审批方式，提高审批效率。优化审批流程，建立重点项目绿色通道。实行重点项目即来即办，保障重点项目的推进速度。在工作量逐年增大的情况下，仍按时保质完成审批任务。全年共受理5826个项目，按时办结率达100%，提前办结率也越来越高。研发电子辅助报批审查系统，减少人工校核，提高技术审查的准确性、规范性和快捷性，缩短了审批时间。实行行政审批和技术审查分离，技术部门对规划报批的成果进行检验性的技术把关，行政审批部门依据技术审查结果和法定程序进行审批，形成高效的审批机制。

(李艳环)

【城市建设与管理】　市政设施建设　2011年，清远市代建项目管理局完成市政工程5项，包括清远市特殊学校一期工程，清远市档案馆综合楼工程(土建部分)，清远市高级技工学校风雨操场、学生活动中心、机电系教学大楼工程，清远市财政局停车场工程，高级技工学校2号饭堂工程及实习厂房二期工程。该市重点建设工程——飞来湖工程计划总工期两年，年内在加紧建设。

是年，清远市加大城市基础设施管养力度，组织开展城市桥梁常规定期检测评估，完善市政设施每日巡查维护制度，改造一批人行横道交通指示灯，新建和改造道路指示牌166件，安装银泉路与锦霞路、连江路与锦霞路、连江路与鹿鸣路、鹿鸣路与北江二路、滨江路与凤鸣路、永安路与北江三路、市政府门前路口等7个平交路口交通信号控制系统。截至2011年底，全市城市道路总面积1197.29万平方米，城市桥梁46座。其中，市区城市道路面积581.56万平方米，城市道路长195.43千米，大小城市桥梁22座。

1月，市区路灯控制中心建成并投入使用。通过路灯管理监控系统，实时掌握整个路灯网络的运行状况，并对突发故障作出相应快速处理，彻底解决清远市路灯监控点分散难管的问题，填补全市在城市照明的遥感、遥测、遥控等领域的空白，实现全天候不间断监测整个市区景观和道路照明网络的运行状况，提升工作效率和管理水平。至2011年年底，市辖区内各类路灯达到7.35万盏。其中各类礼灯和饰灯1.12万盏，变压器128台。是年，清远市景观和道路照明亮灯率保持在98%以上。

园林绿化　2011年，清远市种

植各类乔木、花灌木2.8万株，袋苗27.7万袋，时花25.7万盆，地被7300平方米。开展园林评比活动，清远市云山诗意住宅小区获得广东省住房和城乡建设厅主办的（首届）广东省岭南特色规划与建筑设计评优活动——岭南特色园林设计奖。同时，加大中心区域绿化升级改造和“三边”整治力度，围绕“增绿量、添色彩、出亮点”为重点，采取“连点成线、以线带面”的绿化种植方式，增加绿化种植色彩，突出城市生态景观。是年，完成清远大道、凤翔大道等一批绿化改造工程。

加强与国内外园林绿化先进城市的交流学习，根据清远市委市政府参展第八届中国（重庆）国际园林博览会的决定，市城市综合管理局全力做好“清远园”的规划、建设等各项工作，以岭南园林独特的造园手法，以清远市独有的凤城文化、福地文化和英石文化为主题，成功打造具有本土特色的、园区面积约1500平方米的“清远园”以及与之相配套的室内展区。这是清远建市以来第一次参与国内（国际）园林盛会，更加是第一次在本市以外建造实体园林景观。

是年，全市绿化覆盖面积5424公顷，其中市区2448公顷；绿地面积4840公顷，其中市区2119公顷；公园面积1055公顷，其中市区363公顷；新建公园绿地面积66公顷，其中市区11公顷；新建附属绿地面积90公顷，其中市区44公顷。市区绿地率35.08%，绿化覆盖率40.52%，人均公园绿地面积11.42平方米。

创建园林城市。是年，清远市园林管理部门按照创园标准，编制完成9本创园文本资料、创园技术专题汇报片、创园画册；开展城市绿地认建认养认管活动，开展省（市）级风景园林优良样板工程评（参）选和园林单位（小区）的评选工作；完成北江河原水利用、太阳能风能互补路灯、枝叶循环利用等配套工作；完成一批城市道路、绿地的升级改造。并多次邀请省创园专家到清远市进行指导、检查，优化迎检路线，查漏补缺，开展创建省园林城市的各项工作。是年4月，清远市顺利通过省园林城市考核验收组的严格考核。5月17日，省住房和城乡建设厅正式发文授予清远市“广东省园林城市”称号。

（翁祐雄）

▲2011年5月，清远市获“广东省园林城市”称号。（清远市城市综合管理局供稿）

绿道建设　2011年，清远市将绿道网建设列为重点工作之一。市政府颁发《清远市绿道网建设实施意见》，指导全市开展绿道网规划建设工作。成立清远市绿道网建设工作领导小组，启动绿道网示范段建设。市区完成飞来湖环湖绿道、北江一江两岸绿道、城西大道绿道等合计6.3千米的绿道网示范段建设。各县（市、区）有序推进绿道建设，完成绿道建设合计42.8千米。

（杨惠勤）

城市环境卫生　2011年，清远市市容环境卫生目标管理。开展作业人员岗位培训，加强监督检查，提高机械化程度，强化内部管理，提高环卫作业水平。推进各项环卫基础设施的建设工作，满足市区垃圾无害化处理工作的需求与各项创建工作的需求。是年，市环卫处全面接管广清大道和石角镇的环境卫生工作，规范环卫作业服务，有效改善上述区域的城乡环境卫生面貌，推动环卫作业“城乡一体化”。

生活垃圾处理。逐步完善“村收集，镇（乡）转运，市（县、区）处理”的生活垃圾收运处理系统。各县（市）城市生活垃圾无害化处理进展不平衡。其中，市青山城市生活垃圾卫生填埋场是全市目前唯一的生活垃圾无害化处理场，肩负市区、清城区、清远经济开发区及清新县县城的生活垃圾处理，无害化处理率为100%；其余各县（市）均采用简易填埋的方式处理城市生活垃圾，尚未达到无害化处理的要求。是年，全市城市生活垃圾无害化处理率50.24%。2011年全市共收集、清运生活垃圾40.96万吨。其中，20.58万吨作无害化处理，20.38万吨作简易填埋处理，处理垃圾渗滤液9.31万吨。

（翁祐雄）

城市生态环境保护和建设　执行环境影响评价制度。2011年，清远市坚持建设项目环评制度，落实国家和省有关环评审批的要求，切实把好环保审批关，积极从源头上控制环境污染和生态破坏。措施：一是规范审批管理。严格环保准入，在优化和调整产业结构方面取得积极成效。全年共审批新建项目404个，拒批46个不符合规划、不符合产业政策和地方规定的建设项目，完成195个建设项目的环保竣工验收。二是严格项目准入。按照“工业园区化”的要求和主体功能区规划布局，根据产业政策、生态环境功能区划和总量控制要求，严把项目准入关，对符合产业政策、扩大内需等重点项目，开辟“绿色通道”，做到及时办理、规范高效；对环境资源敏感的重大项目环保部门提前介入，加强指导；对不能达到环保要求的项目、产能过剩、淘汰类的项目坚决不予准入。三是做好环保规划。出台《清远市环境保护和生态建设“十二五”规划》、《清远市重金属污染综合防治规划（2011—2015）》、《清远市污泥集中处理处置“十二五”规划（2011—2015）》等文件政策；完成了全市第一个专项规划环评——《广东省清远水泥产业发展规划（2010—2015）环境影响报告书》的审查工作。通过抓好规划编制，促进全市产业合理布局和经济结构调整。

污染物减排。是年，制订《清远市“十二五”主要污染物总量减排工作方案》，大力推进减排“三大体系”建设，强化减排工程的监管，努力完成省下达的年度主要污染物减排目标任务。一是切实强化减排管理，大力推进结构减排。采取淘汰落后产能、推行清洁生产、限期治理、停产治理等措施，加快工业污染治理步伐。继续推进淘汰落后水泥、钢铁生产能力工作，2011年全市淘汰水泥厂及其他建材企业13家，淘汰关停小钢铁企业7家。二是加快环保配套设施建设，大力实施工程减排。筹备建设东城污水处理厂（4万吨/日）、横荷污水处理厂（4万吨/日）及石角乐排河污水处理厂（2万吨/日），做好在“十一五”期间建成的龙塘污水处理厂、源潭污水处理厂、石角污水处理厂和禾云污水处理厂增加预处理设施的论证设计工作。2011年，全市共有7家污水处理厂的配套集污管网工程正在实施。粤连电厂对环保设施进行深入改造，更新主要环保设备，优化脱硫工艺，把电厂的全年平均脱硫效率提高到90%以上；佛冈盈泰印染厂完成锅炉改造和二氧化硫治理工程，新北江药厂锅炉改烧生物质燃料，两项目改造工程已全面完成。三是加强减排监督管理。进一步加强对火电厂、污水处理厂和重点减排企业的监管，2011年，全市新增加的国控重点污染源已全部完成在线监控系统建设。

多措并举，严厉打击环境违法行为。一是加强陶瓷行业整治。清城区加大对源潭陶瓷园区环境综合整治力度，先后开展6次专项行动，清理违规陶瓷原料场29间，督促园区12家陶瓷企业累计投资4200多万元完成脱硫除尘治污设施升级改造。二是做好重点行业企业环境风险检查。制订《全市重点行业企业环境风险及化学品检查工作方案》，对全市139家重点企业进行检查，掌握化学品生产、贮存的种类、数量等重要信息，建立企业环境风险和化学品档案，做到一企一档。三是大力推进畜禽养殖业整治。制订《清远市畜禽养殖业专项环境执法检查工作实施方案》，对沿江沿河、自然保护区、人口集中居住区畜禽养殖场进行专项检查。基本完成水源保护区和环境敏感区内畜禽养殖场的清理。全市基本完成畜禽养殖禁养区、限养区和适养区划定工作，规模化畜禽养殖场纳入日常环境监管。四是加强危险废物与辐射源管理。印发《清远市危险废物产生单位危险废物规范化管理工作实施方案》，明确危险管理工作的目标和任务；加强对危险废物的转移审批，严格依据《固体废物污染环境防治法》等法规对产生及处置危险废物的单位在收集、运输、处置、贮存等全过程中实施监督管理。（罗炜炜）

城市水环境建设 2011年，清远市人民政府作出湖城建设规划，把清远水利枢纽工程、飞来湖、大燕河综合整治工程、青榄海工程等水利工程列为湖城建设体系。通过建设清远水利枢纽工程使市区北江河段保持10.5米水位，通过大燕河综合整治工程形成大燕湖，通过拟建的青榄海工程把北江与大燕河连通，这些工程与飞来湖共同构成清远湖城水系。

重点水利工程：清远水利枢纽工程。清远水利枢纽工程是广东省“十一五”重点水利工程项目，是以航运和改善水环境为主，结合发电、反调节，兼顾灌溉和供水条件、旅游、养殖和水资源配置等的综合性水利枢纽工程，枢纽坝顶全长1520.42米。水库正常蓄水位为珠江基面10米高程，相应水库库容为1.4亿立方米。泄水闸共31孔，全长为614.5米。枢纽船闸是广东省目前为止建设规模最大的船闸，按单线1000吨级标准设计建设。发电站布置在北江干流的左岸，安装有4台贯流式灯泡水轮发电机组，电站额定总装机容量为4.4万千瓦。工程批准概算16.37亿元。枢纽设计总工期为3年零8个月，2009年10月正式开工建设，计划2012年12月31日全部完工。截至2011年底，已完成投资13.84亿元，占总投资的84.5%。预计2012年底主体工程全面完成。

城市排水。截至2011年，清远市新市区已建成雨污排水管管径300毫米以上排水管道224.2千米，其中雨水管97.7千米，污水管106.7千米，雨污合流管24.2千米。2011年主要开展了新市区水污染整治，海仔排水涵管改造和多处残旧雨污管道的维修和整改，对新市区排水状况进行调查摸底，加强排水管理的制度建设，已制订《清远市新市区防内涝应急预案》，成立应急组织机构和应急分队。拟出《清远市城市排水许可管理办法》，将提交市政府审议批准出台实施，为加强排水管理工作打下良好的基础。

污水处理。是年，清远全市共有16间污水处理厂，分别是清新与旧城污水处理厂（4万吨/日）、新城污水处理厂（2万吨/日）、佛冈县城（3万吨/日）、阳山县城（2万吨/日）、清新的禾云镇（1万吨/日）、太平镇（1万吨/日）、英德市西城（6万吨/日）、大站（1万吨/日）、浛洸镇（1万吨/日）、东华镇（1万吨/日）、连州市（2万吨/日）、连山县城（1万吨/日）、连南县城（1.5万吨/日）。市规划区内的龙塘镇（4万吨/日）源潭镇（3万吨/日）、石角镇（1万吨/日），处理污水能力共34.5万吨/日，全市共新建污水处理厂配套管网57.71千米，基本上保证各污水处理厂的污水处理量。2011年全市生活污水处理率为66.16%。

城市供水　全市城市（县城）供水企业共有11家，其中地市级3家，县（市）级8家；国有企业4家，股份制企业7家；职工总人数约为892人。自来水厂14座，其中：清远市区3座，清新2座，阳山县1座，连山县2座，连州市2座，连南县1座，佛冈县2座，英德市1座。这14座自来水厂设计供水总量为81.7万立方米/日，实际供水总量53.17万立方米/日，各供水企业通过多年的管网建设和改造，管网主干管全长达（75毫米管径以上）2106.5千米，供水人口146.5万人。

（涂学军）

城市供气　2011年，清远市继续加强城市燃气行业监管工作，确保燃气经营安全有序。一是加强监督检查，确保燃气安全运营；二是开展燃气行业职业技能鉴定持证上岗培训，全市燃气从业技能人员持证上岗率51%；三是开展规范化管理，统一安全标准；四是重新核发《燃气经营许可证》；五是协调解决市区两家管道燃气公司特许经营区域重叠的问题；六是联合相关单位对市区多个非法销售燃气“黑点”进行打击查处。是年开展检查燃气销售点80多家次，查扣非法经营燃气气瓶2000多个，非法运输车辆11台，屏蔽（停止）无证经营燃气电话22个。

截至2011年底，全市管道燃气经营企业管网总长556千米，用户3.36万户（市区管网覆盖率78%）。是年液化石油气销售量为5.62万吨，比上年增长15%；天然气销售量为1.09万吨，增长50%。

（杨惠勤）

城市综合管理　2011年，清远市加大“六乱”整治和督察力度，重点开展市容市貌专项整治行动，努力提高行政执法水平。城乡清洁工程调整工作重心，以镇村为重点，及时制订《清远市镇（村）环境卫生检查考核评分标准（暂行）》，组织连州、阳山两次现场会和赴外地参观学习，促进各镇（村）城乡清洁工程的扎实开展。是年共受理群众投诉问题143件，办结率100%，满意率98%。全年发出督察通知242份，清理流动摊点1.32万宗，取缔马路市场7个，治理跨门槛经营2.31万宗，清理违章夜市摊点1746处，清理占道早市摊点1627处，查处工地乱象行为170宗，查处违法建设553宗，完成一般程序材料共623份，组织大型宣传活动2期，派发宣传资料10万多份，接受市民咨询近万人次，向市民发放征求意见表700多份，广泛听取市民对城市建设监察工作的意见和建议。

（翁祐雄）

【城镇村庄建设】　2011年，清远市城镇基础设施建设投入22.14亿元，其中全市城镇污水处理率达到70.51%，城镇生活垃圾处理率达到64.89%；城镇美化绿化总投入1.01亿元，新增城镇绿化面积76.68万平方米；城镇道路广场建设总投入5.48亿元，新建设面积57.70万平方米；下水道及排污管铺设总投入5221.6万元，新增长度3.74万米；新增路灯5078盏，总投入7187.5万元；其他城镇基础设施总投入14.40亿元。进行生活污水处理的行政村102个，进行生活垃圾处理的行政村520个。全市397个行政村开展村庄整治，总投入1.26亿元。开展清远市名镇名村示范村创建活动，规划2011~2015年名镇名村个数分别为：11个名镇、102个名村、329个示范村。

（杨惠勤）

【中心镇建设】　2011年，清远市有23个中心镇。该市统筹城乡发展，充分发挥中心镇的辐射带动作用，加大各中心镇建设投入力度，结合名镇名村建设和宜居城镇建设，进一步完善城镇基础设施、城镇配套设施、城镇公共设施。

（杨惠勤）

【住房与房地产业】　商品房价格调控　2011年，国家继续加大房地产市场调控力度，受此影响，清远市的房地产市场价格在2010年下半年强劲反弹的势头受到遏制，同时，因广州佛山限购的溢出效应和外地购买力的补充，房地产市场表现出箱体振荡、调整运行的态势。清远市制定2011年度新建住房价格控制目标，房价稳中微升，调控初现成效。是年全市商品房交易均价为4124元/平方米，商品住宅交易均价为3975元/平方米，其中市区商品房交易均价为5293元/平方米，商品住宅交易均价4851元/平方米；英德市区、连州市区商品住宅交易均价分别为2536元/平方米和2757元/平方米，对比2010年度三地市区商品住宅交易均价，清远市区增长1.61%，英德和连州分别增长15.06%、15.69%，没有突破房价控制目标。是年，全市有房地产企业645家，其中市区360家；上述企业中三级33家，四级49家，项目公司349家。

房地产行业管理　2011年，清远市对全市房地产市场运行情况进行检查，并现场抽查市区部分楼盘，未发现扰乱市场秩序行为。是年，市区办理房地产开发企业资质年审218家，房地产广告备案152家。市区审批项目公司资质39家，计划投资总额234.09亿元；核定二级企业0家、三级企业5家、四级企业9家。各县（市）审批项目公司资质61家，计划投资39.63亿元。市区批准预售项目221个，面积248.31万平方米，2.10万单元；各县（市）批准预售项目222个，面积389.41万平方米，2.51万单元。

房地产开发 2011年，全市房地产开发企业完成投资164.48亿元，比上年增长23.71%，其中市区142.03亿元，增长62.46%；商品房施工面积931.4万平方米，增长24.06%，其中市区408.67万平方米，增长16.92%；商品房新开工面积470.66万平方米，增长1.15%，其中市区338.76万平方米，增长14.31%。商品房竣工面积466.01万平方米，比上年下降6.28%，其中市区244.99万平方米，下降11.46%。商品房销售面积327.24万平方米，比上年下降0.34%，其中市区193.66万平方米，增长3.87%；商品房销售额133.61亿元，下降1.25%，其中市区102.51亿元，增长12.8%；商品房空置面积93.24万平方米，增长15.1%，其中市区44.73万平方米，增长20.63%。

保障性住房建设 2011年，保障性住房建设被广东省、清远市政府承诺为人民群众办好的十件实事之一，省下达清远市的任务是5966套（上年的任务是544套），比上年新增5422套。为完成省下达的任务，清远市住房保障工作领导小组办公室通过召开专门会议、现场督办、上报进度、倒排计划和约谈等多种办法，及时将保障性住房目标责任任务、资金分解下达，确保在规定时间内项目巡查率、开工率达到100%。印发《清远市落实住房保障和稳定房价工作约谈问责暂行办法》，督促地方加强项目管理和工程质量管理，并做好保障房档案管理工作。各县（市、区）政府和住建局高度重视，认真组织实施，全力完成市下达的2011年住房保障工作目标责任任务。是年，全市新开工保障性住房5805套，开工率为103%；投入资金1.55亿元；竣工（包括筹集房源）4698套。发放廉租房租赁补贴342户，发放资金17.3万元。住房保障工作目标责任任务完成率为100%。旧城区上、下廓街解困改造项目进展顺利，完成10户回迁户的回迁安置工作。

商品房预售款监管 贯彻执行《广东省商品房预售管理条例》和《广东省商品房预售款监督管理办法》，建立与银行、开发商三者之间预售款监管的约谈机制。2011年，市区所有在售商品房的预售款全部进入监管账户，签订市区商品房预售款监管协议126份，比上年下降6.67%；审批92个楼盘1860笔预售款提用申请，累计98亿元，增长56.18%。

房产交易 2011年，清远市个人住房信息系统基本建成，初步实现个人住房信息全市互联共享。开展市区存量房网签系统的开发和资金托管工作。是年8月1日起，清远市实施市政府公布存量房交易基准价，成为广东省率先开展基准价工作的三个地市之一。是年，市区及所属乡镇办理商品房合同备案1.81万份；核发房地产权证2.22万份，其中，市区核发2.11万份，乡镇核发1081份。办理存量房（二手房）交易4272份，其中，市区3998份，乡镇274份。核发他项权证及在建工程抵押登记证明、预告登记证明4.9万份，其中，市区核发4.82万份，乡镇核发764份。全年商品房成交面积193.66万平方米，成交金额102.51亿元，其中，住宅成交面积180.77万平方米，成交金额87.70亿元，非住宅成交面积12.89万平方米，成交金额14.81亿元。存量房成交面积51.97万平方米，成交金额12.4亿元，其中住宅成交面积34.68万平方米，成交金额6.13亿元，非住宅成交面积17.29万平方米，成交金额6.27亿元。

产权产籍管理 2011年，办理房屋初始登记1.94万宗，抵押登记1.23万宗，查封登记1379宗，解封登记744宗，注销登记16宗，异议登记9宗。全年市区完成各类房屋测绘6733宗。清远市房产信息中心全年接收、入库市区房屋产权产籍档案8万份，接待查询档案4.5万人次。

解决房屋办证历史遗留问题。清远市解决市区房屋办证历史遗留问题协调领导小组办公室对符合办证条件的1484户进行公示，办理1462户房屋产权证。是年，清远市政府同意市区房屋办证历史遗留问题的办理时间延长至2012年6月30日。

公房管理 2011年，清远市区管理公房2542套，总面积17.55万平方米，其中住宅2165套，面积11.77万平方米；非住宅377套，面积5.78万平方米。全年市区公房租金收入754.42万元，比上年增加171.61万元。维修公房1292宗，费用47.05万元，减少4.85万元。全年出售公私共有产权房屋3套，面积112.99平方米，收入8.87万元。

物业管理 2011年，完成清远市区房地产项目前期物业服务备案工作；协助市物价局规范物业服务收费行为；完善物业服务招投标管理。组织物业服务项目现场检查，对存在问题发出整改意见书。开展物业管理示范项目评优工作，指导协助“美林国际社区”、“云山诗意”、“御景湖畔”等小区争创“广东省物业管理示范小区”。完成清远市物业管理协会换届选举工作，举办全市264人参加的物业服务企业经理岗位培训班。全年审批物业服务企业暂定三级资质26家，晋升三级资质20家。至是年底，全市有物业服务企业102家，其中25家是外地驻清物业服务企业，市区成立48个业主委员会。是年市区住

宅专项维修资金账户新增维修资金6536.88万元，历年累计归集专项维修资金2.03亿元；历年累计使用专项维修资金5.07万元，专项维修资金余额2.03亿元。（杨惠勤）

住房公积金管理　2011年，清远市应缴住房公积金职工人数17.74万人，实际缴存人数10.36万人，实际缴存人数增加2763人，比上年增长2.7%。全市住房公积金归集额为15.89亿元，比上年增加1.89亿元，增长13.5%。全市到2011年12月底住房公积金缴存总额为65.07亿元，全年新增缴存额15.89亿元，比上年增长32%。住房公积金累计归集余额为32.7亿元，比上年增加5.7亿元，增长21%。

住房公积金提取。是年，全市办理住房公积金提退（包括转移）共计金额10.15亿元，比上年增加11.99亿元，增长24.47%。

住房公积金贷款。截至2011年12月底全市住房公积金贷款总额33.66亿元，住房公积金贷款累计余额为26.56亿元，比上年增加6.09亿元，增长29.7%。个人贷款逾期率为0.015‰。（沈坚）

【“三旧”改造】　2011年4月6日至8日，清远市人大常委会组织部分委员和市人大代表对全市“三旧”改造工作情况进行调研。是年7月7日，清远市参加由广东省外经贸厅、省国土资源厅组织在香港举行的2011粤港交流会暨“三旧”改造用地招商推介会，宣传“三旧”改造政策。是年10月27日，清远市政府出台《清远市区“三旧”改造实施办法和配套政策的补充意见（试行)》。加强项目审核和监管，清远市首批纳入全省数据库的“三旧”用地共计0.93万公顷，全年通过召开市“三旧”改造工作领导小组联席会议的形式，集中审批94个中心区域的改造项目，改造面积0.08万公顷。抓好全市试点项目改造，市区B6、7、9号区改造，阳山县旧村庄增减挂钩改造，连南县地质灾害隐患点搬迁改造等试点项目正顺利推进，并取得初步成效。（杨惠勤）

【建筑业】　2011年，清远市报建总建筑面积885.9万平方米，比上年下降39.53%，报建总造价137.1亿元，下降41.83%。其中市区报建总建筑面积309.27万平方米，下降70.15%；报建总造价54.69亿元，下降70.90%。全市建筑业企业131家，其中总承包企业64家（一级1家，二级19家，三级44家），专业承包企业35家，劳务分包企业32家。监理企业7家（其中甲级3家，乙级1家，丙级3家），工程造价咨询企业11家（其中5家为市属工程造价咨询企业，6家为年度备案企业）。是年，全市有5家企业成功晋升等级。

建设市场管理　2011年，清远市加强外来建筑业企业管理，全年受理47家外来建筑业企业分支机构年度备案申请，已备案45家，办理单项备案211宗、投标备案182宗次。开展分支机构延期审核工作，将外来建筑业企业一年来承接工程情况、参与工程投标情况、诚信信息等作为审核内容，实施诚信管理手册，受理126家分支机构延期申请，已完成121家。推行资质动态管理，全年进行三次资质动态核查，核查企业31家，注销建筑业企业资质9家；审批施工监理企业资质22家，其中资质增项申请10家。继续推行建筑劳务分包制度，规范劳务分包和用工行为。加强工程担保管理，推进工程担保制度实施，受理并通过审查的建设工程担保企业有10家。以加强“建筑施工许可”及“安全生产许可”制度管理为主线，对房屋建筑工程、市政工程进行整治，开展打击非法违法施工行为专项检查。全年办理房屋建筑工程竣工验收备案63宗，面积125.07万平方米。

是年，清远市住房和城乡建设局驻清远市人民政府行政服务中心窗口开通“一网式”审批系统，从2月底开始，企业办理事项均通过“一网式”审批系统申报、审批、办结。为企业提供上门服务，是年分别到清城区石角万科及源潭东鹏陶瓷厂、狮子湖房地产开发有限公司项目、蒙牛乳业项目、先导稀有材料股份有限公司项目施工现场进行现场办公。清远市推进行政审批制度改革，窗口作为政务服务改革创新试点，获得2011年度清远市人民政府行政服务中心“政务服务工作创新”一等奖。是年，该窗口被评为2011年度清远市人民政府行政服务中心“先进窗口”。

是年，窗口办理各类登记、审批、备案920宗，比上年下降55.68%。办理一网式审批业务1089项。

工程质量管理　2011年，清远市建筑工程质量监督站，结合本地实际，调整监督模式，全面实施差别化质量安全监管，初步建立工程项目的诚信体系。开展工程质量安全专项整治，拟订2011年度质量通病防治措施和安全生产重点整治内容，加强房屋建筑地基基础、主体工程、钢筋加工的质量安全管理，特别是强化对商品混凝土生产企业的质量监管，进行商品混凝土生产企业的专项检查和突击检查。全面实施住宅质量分户验收工作，市区所有住宅工程竣工验收前都必须先完成分户验收，各县区也逐步推行这项制度。大力推行样板引路制度和安全生产文明施工示范工程，组织全市建设主管部门、施工、监理企业在万科城工地和云山诗意工地召开现场会，宣传、落实施工质量安全有关制度，有效促进整体水平的提高。2011年度申报结构优良工程13宗，狮子湖阿拉伯会议酒店等7宗工程被评为“2010年度清远市房屋建筑结构优良工程”。加强检测管理，拓展工程检测业务和计量认证，全市可开展的工程检测项目已达32大项，156小项。是年，市质监站新监督工程655宗，比上年增加316宗；建筑面积1406万平方米，增加943万平方米，竣工工程质量监督报告92宗。

施工安全管理　2011年，清远市大力推行施工现场安装视频监控系统，市区有50个工程项目安装视频监控系统，用信息化手段监管工程质量安全，提高监督效率。加强标准化管理，启动《施工质量、安全标准图集》制订工作。做好建筑施工安全生产的前期监督管理工作，完成74宗工程的安全技术交底和77宗工程风险辨识工作并对168个危险性较大工程安全专项施工方案组织专家论证。根据《广东省建设厅安全生产动态管理办法》，全年发出各类扣分通知书397份。完成全市建筑工程安全监督机构和人员考核工作，清远市工程建设安全监督站顺利通过省住房和城乡建设厅的考核；八个县（市、区）有四个县（市）安全机构达到合格等级，四个县（区）达到基本合格等级。2011年度申报清远市安全生产文明施工优良样板工地18宗，比上年增加7宗，其中申报广东省双优工地8宗。

是年，全市实现建筑施工质量安全事故零死亡目标。

招投标管理　2011年，完善招标文件会审程序，建立招标代理预选名录，规范招标代理机构的监督管理，完成招标代理单项备案234宗。依法监督建设工程招投标活动，配合完成清远市“十个一批”政府投资重点工程、BT项目的招标工作。是年进入市建设工程交易中心交易的工程项目206个，比上年减少133个；建筑面积232.87万平方米，比上年减少655.13万平方米；中标工程造价57.06亿元，比上年减少116.17亿元。应招标项目76个（其中公开招标69个，邀请招标7个），比上年减少6个；直接发包项目130个，比上年减少127个。

工程造价管理　2011年，完善外地造价咨询企业进入清远市的备案管理制度。提高《工程造价信息》的动态适时性。大力扶持造价咨询企业资质升级，华林工程造价咨询服务有限公司晋升甲级资质已通过省检。至是年底，清远市拥有造价员979人。全年完成工程预结算备案180项，比上年减少426项；总造价38亿元，比上年减少119.46亿元。

勘察设计管理　2011年，清远市有勘察设计单位20个，其中甲级1家，乙级10家，丙级7家，丁级2家；市外进入清远市承接勘察设计任务并在市住房和城乡建设局登记备案的单位有71个。是年，清远市勘察设计单位完成设计工程项目总投资1.82亿元，勘察设计总收入2.387亿元。加强勘察设计行业管理。严格实行勘察设计单位资质、个人执业资格准入制度，强化外来勘察设计单位的管理，做好勘察设计招投标前的资质核查工作，提高设计招投标评审质量。是年，受理勘察设计资质申请8项，其中广东省委托行政许可的有2项（丙级设计企业资质2项）。办理外来勘察设计单位单项备案152家，年度备案19家。完成大中型建设项目初步设计审查119项，比上年下降25.16%；建设工程勘察设计合同备案112项，比上年下降50.66%。推进勘察设计创优评优工作。“清远市飞来寺大雄宝殿钟鼓楼”建设项目被广东省勘察设计协会评为“2011年度广东省优秀工程勘察设计三等奖”，实现省级优秀勘察设计奖零的突破。开展清远市优秀工程勘察设计评选工作，全市有24个工程项目获得“优秀工程勘察设计奖”。做好“岭南特色建筑设计奖”申报工作，清远市申报5个项目。（杨惠勤）

【建设科技】　建筑节能　2011年，清远市抓好建筑节能法律法规及技术标准的宣传贯彻工作，在全市开展以“节能我行动，低碳新生活”为主题的大型节能宣传活动。新建民用建筑全面执行建筑节能标准，设计阶段建筑节能强制性标准执行率达到100%，施工阶段建筑节能强制性标准执行率达到97%。开展建筑节能“十二五”规划编制工作。做好建设项目建筑节能设计和竣工验收备案工作。是年办理建筑节能设计备案88项，比上年下降52.18%；备案面积281.78万平方米，下降66.27%。办理建筑节能竣工备案30项，减少8项；竣工备案面积157.89万平方米，与上年基本持平。

散装水泥管理　2011年，清远市加大“禁现”力度，基本实现限期禁止在城市城区现场搅拌混凝土的目标。编制《清远市预拌混凝土行业发展规划（2011~2020年）》。加强对预拌混凝土企业的管理，配合广东省住房和城乡建设厅开展全市预拌混凝土生产企业产品质量专项检查，并做好市区预拌混凝土最高限价管理工作。完成预拌砂浆推广使用前期工作。2011年全市完成供散量1392.23万吨，比上年增长1.23%；预拌混凝土生产量382.72万立方米，增长36.72%。

新型墙材应用　2011年，加大对建筑工程项目使用新型墙体材料的监督检查力度，支持、引导黏土砖（红砖）生产企业转型升级，利用瓷渣烧结节能型新墙砖，全力落实“禁实”目标。是年，新型墙材产品研发取得新突破，清远市住房和城乡建设局联合广州大学研发利用陶瓷工业废渣生产蒸压瓷渣砖的技术，已通过广东省住房和城乡建设厅组织的科技成果鉴定会。鉴定委员会认为该成果达到国内同类技术领先水平，并已向广东省科技厅申请成果登记。清远市住房和城乡建设局与广州大学继续进行瓷渣轻质烧结环保砖、发泡节能材料等系列产品的研究。是年办理墙材报建手续的工程125宗，比上年下降45.18%；建筑面积343.24万平方米，下降66.53%。至年底，全市已建成投产的新型墙材企业55家，其中市区20家。（杨惠勤）

【信息化建设】　2011年，清远市住房和城乡建设局加强政府信息公开工作，修订、完善《政务信息公开制度》、《政府信息公开发布协调制度》等一系列制度，并明确信息公开职责和任务。主动公开政府信息，在门户网站信息公开平台公开46个栏目114类信息。群众可通过市政府门户网站的网上办事大厅“住建局网上办事窗口”进行在线申请或咨询相关事项。加强信息网站建设，根据市法制局的安排，开展行政执法职权核准界定工作，将核准界定后的部门职权及时在信息网站上公布。在信息网站上新增“依申请公开”专栏，在栏目内公布《政务信息依申请公开制度》以及依申请公开流程图和申请表。

（杨惠勤）

附录：清远市住房和城乡建设管理部门主要领导

清远市住房和城乡建设局

党组书记、局长：龙伙灵

清远市城乡规划局

党组书记、局长：戴金华

清远市城市综合管理局

党组书记、局长：梁智威

清远市代建项目管理局

党组书记、局长：吴定移

清远市水务局

局长：汤锦贤

党组书记：汤锦贤（任至2011年10月）

党组书记：钟耀林（2011年10月任职）

清远市环境保护局

党组书记、局长：何国雄

清远市住房公积金管理中心

主任：肖　宁

潮州建设

【概况】　2011年，潮州市以“向东扩展、西北改善”为工作目标，完成城市总体规划和历史文化保护规划等规划编制，为保护潮州名城风貌特色和持续发展提供了规划指引。全年加大宜居城乡建设力度，完成投资21.5亿元，商品住房新开工面积65.2万平方米。截至2011年末，潮州城市建成区面积41.68平方千米，建成区绿化覆盖率42.1%，人均公园绿地面积10.29平方米/人。管道燃气城区普及率100%。

（卓扬）

【宜居城乡建设】　2011年，潮州市围绕促进“创新宜业、生态宜游、惠民宜居的幸福名城”建设，贯彻落实广东省委、省政府《关于提高我省城市化发展水平的意见》，以城市拓展为契机，以新区建设、宜居社区建设、建筑绿色建筑、绿道网建设为工作重点，加大城乡统筹力度，强化城乡建设管理，推动城市向东扩展，优化城乡空间布局，提升城市化水平。同时，以创建宜居城镇、宜居村庄、宜居社区为切入点，扎实推进宜居城乡建设，按照省住房和城乡建设厅的部署要求，结合全市城镇化工作，因地制宜做好规划，抓好各项工作的落实。截至2011年底，潮州市湘桥区北马社区、枫溪区南国花苑社区已通过考核，被评为“广东宜居社区”；潮安县庵埠镇、潮安县浮洋镇、饶平县三饶镇被授予“广东省宜居示范城镇”称号；浮洋镇大吴村被授予“广东省宜居示范村庄”称号。

（卓扬）

【城市规划】　规划编制　《潮州市城市总体规划修编（2008～2020）》于2011年3月通过市政府第二次常务会议审查；同年4月经市人大常委会审议通过，已上报省人民政府审批。完成《潮州国家历史文化保护规划》成果编制并通过专家评审；《潮州市古城区控制性详细规划》通过专家评审，经潮州市城市规划委员会审议通过，进一步充实和完善历史文化名城的保护体系，为保护潮州名城风貌特色、弘扬名城传统文化、彰显名城文化特色、实现名城永续发展提供更加科学的规划指引。控规编制力度加大，完成城区34平方千米的《潮州城区部分用地控制性详细规划（包括“三旧”改造用地）》编制，规划成果经市政府审议通过，批准实施，为土地的合理利用，特别是“三旧”改造建设提供了更科学更具体的法定的规划管理依据。着手策划中心城区控规全覆盖工作，拟定中心城区48.73平方千米未编制控规建设用地的控规编制工作计划，完成前期工作。统筹抓好专项规划编制，完善城市功能。启动《潮州市中心城区综合道路交通规划》和《潮州市中心城区绿道网规划》编制的前期调研工作，开展城市道路交通网建设时序研究及市域范围绿道规划的现状勘查、基础资料收集、规划初步方案提纲编制等基础工作。

加强村镇规划编制工作的指导。饶平县切实推进饶洋镇、东山镇、汫洲镇等5个镇的总体规划编制工作，其中饶洋镇、汫洲镇的总体规划已通过专家评审；新丰镇被评为第二批全国特色景观旅游名镇(村)。

规划管理　2011年，潮州市城市规划委员会的运作步入正轨，全年召开市规划委员会议3次，审议并通过控规4项。建立规划管理监督员制度，聘任11名城乡规划管理监督员，出台《潮州市城乡规划管理监督员工作办法》，强化外部监督。坚持信息公开，落实规划编制、用地规划设计、规划修改调整及项目选址、用地规划、工程规划和规划竣工验收等行政许可信息的批前公示和批后公告，有效加强“阳光规划”建设。服务经济社会建设，突出推进重点项目建设，协调、审查各层次规划编制实施。例如做好《潮州港经济开发区总体规划》和《西澳港区总体规划》用地范围、填海位置及功能定位的技术协调等。2011年，共核发选址意见书2份，用地面积1.76万平方米；《建设用地规划许可证》18份，用地面积49.28万平方米；《建设工程规划许可证》（副本）44份，建筑面积79.69万平方米；经规划验收合格核发《建设工程规划许可证》（正本）26份，总建筑面积48.99万平方米。规划执法力度进一步加大，年内，对城市规划区内建设项目进行跟踪管理，纠正违章建筑10宗，面积8.7万平方米；纠正违章立面建设84宗，面积2235平方米；对17宗违法违规建设作出行政处罚，处罚金额317.9万元；强制拆除13宗（次）严重影响城市规划的违法建筑，面积达2273平方米。（洪群钊）

【城市建设与管理】 市政设施建设 “十一五”期间，潮州市市政基础设施建设累计完成投资294.8亿元。其中交通建设完成投资65.4亿元，汕梅高速公路潮州段和省道335线、334线、233线、222线、231线潮州段等改造建设工程全面完成，厦深铁路潮州段及潮汕火车站进站公路、市客运中心枢纽站等建设正在推进，潮揭高速公路复工建设，镇通行政村公路硬底化建设提前一年完成省提出的目标要求；电网建设完成投资35亿元，超额完成“十一五”电力建设任务，新建11座110千伏以上输变电站和其他一批重点工程，电力保障能力全面提高；水利建设完成投资10.5亿元，韩江潮州供水枢纽建成蓄水，仙洲岛堤围整治和韩江南北堤达标加固等14宗水利防灾减灾工程，以及凤凰水库等6宗中型水库、102宗小型水库除险加固工程基本完成，沟尾溪、内洋南总干、河内湖三大涝区整治工程全部开工建设。

城市园林绿化 2011年，潮州市各公园、景区景点管理单位创新思路，根据自身特色谋求发展，各公园及时补植乔灌木、修复景点、完善配套设施建设等措施，园容园貌有明显变化。凤凰洲公园在安装了栏杆围墙的同时，加种桃花园；慧如公园加快建设植物园的步伐，至2011年公园已有的植物品种总量1400种，还种植30多个品种的桃花；鼓励西湖公园提升自身品位，努力增强竞争力，通过对庭园区加种色彩多样花木，对莲花池进行清理改造，加种莲花400多株，对雁塔周围环境进行改造提升，增添流水瀑布的造景，2011年还在加紧完善梅园改造项目的基础设施建设工作，有效提升各公园的景观和品位。

各绿化管养单位做好各项绿化管养工作。以潮州大道、体育馆绿岛等市区主干道的绿化带和渠化岛为重点，实行分段包干岗位责任制，落实人员对重点地段的绿化带和渠化岛加强管理，并配备保洁人员实行全日制作业，及时清除枯枝杂草和垃圾杂物；对路树和绿化带根据植物的生长特性及时进行修枝整形，使乔灌木呈现自然美观的形态，确保城市绿化景观。（彭静钿）

生态环境保护与建设 2011年，潮州市开展国家环保模范城市创建活动，污染源普查工作全面完成，一批产能落后、污染严重企业被关闭。韩江、枫江、黄冈河流域污染综合整治稳步推进，大气污染治理力度加大，生态环境保持稳定，在省环保责任制考核中连续多年获得优良等次。环境保护能力建设上新水平，市污水处理厂扩建工程完成，潮安、饶平县城污水处理厂建成投入使用，桥东污水处理厂建设加快，7个镇级人工湿地建成发挥作用，市城区污水处理率达到80%。市生活垃圾卫生填埋场一、二期工程建成，市区生活垃圾无害化处理率达到100%。林业生态工程建设力度加大，森林覆盖率达到60.8%。（卓扬）

城市水环境治理 截至2011年，潮州市城区建成并投产的污水处理厂有两座，分别为市第一污水处理厂和桥东污水处理厂。是年，潮州市城区生活污水排放总量为4155万吨。第一污水处理厂集中处理生活污水量3582万吨，生活污水集中处理率达到86.2%。该厂于2009年12月竣工并投入运行。位于三利溪与老西山溪交汇处，纳污范围包括古城分区、中心分区、城南分区、城北分区，污水处理能力为10万吨/日。市桥东污水处理厂于2011年2月建成并投入试运行，位于潮州市北溪路和砚峰路（规划）交汇处（桥东街道黄金塘村），服务范围为韩江东岸的桥东、意溪及红山三个片区。污水处理能力为6万吨/日。污水处理厂注重环境、运行、培训、管理等全面工作的开展，以“治理水污染、保护水环境”为己任，为潮州市社会、经济、环境的可持续发展作出积极的

▲潮州市水利枢纽工程——韩江枢纽 （陈泽生 摄）

贡献。

城市供水　多年来，潮州市各级多方筹资加快城市供水设施改造，全面提升城市供水能力，先后改扩建完成市竹竿山水厂、桥东水厂、潮安县庵埠第二水厂和饶平县第二水厂，全市供水规模由原有34万立方米/日增加到70万立方米/日。铺设供水管网总长度88.51万米，供水服务总人口120万人（其中市（县）城区人口63.47万人，农村地区56.53万人）。该市在自来水厂升级改造过程中，积极借鉴现代化管理模式，努力建成园林式厂区，达到环境优美、管理科学、水质安全的综合效益，如市竹竿山水厂、桥东水厂经扩建升级后实现无人值班、少人值守的现代管理模式。2011年，全市由以上7家水厂供应的供水总量9048.5万立方米，城市居民自来水覆盖率100%，供水水质符合生活饮用水卫生要求。

（陈少伟）

城市供气　潮州利用港口优势，大力开展天然气气源项目招商引资工作，多方争取在潮州投资建设天然气岸库和输气干线，先后与振戎、中海油、中油中泰等国内上游能源企业签订战略合作协议，使潮州进入各大能源公司的重点投资地区，将优质、安全、稳定的上游天然气气源引进潮州，为经济社会发展提供能源支撑。

2011年5月，潮州住房和城乡建设局按照《潮州市整顿和规范燃气市场秩序专项行动工作方案》，在全市范围内部署开展为期3个月的燃气市场专项整治行动，经过整治，潮州燃气市场秩序取得明显好转，全市燃气管道违规建设、无证经营、超许可范围经营等燃气违规行为得到有效遏制，促使全市市燃气市场规范有序健康发展，行业恶性竞争、无序竞争现象以及天然气管道乱挖乱建行为得到有效遏制，燃气市场长效管理机制初步形成。

是年8月，《潮州市城镇燃气专项规划（修编）》通过由省住房和城乡建设厅组织的专家组评审，受到省厅领导和专家的充分肯定。

（卓扬）

城市综合管理　市容环境卫生管理。2011年，潮州市落实属地管理的部署，理顺市、区城市管理、市容环卫管理体制，加快市区城市管理、环卫管理责任制的落实和推进，加强对城市管理、市容环境卫生日常管理工作的监督指导，利用数字城管视频监控系统对市区主干道实施数字化管理，根据监控情况实时组织城管工作人员对六乱现象进行整治，特别是加强主干道落实坐店经商、沿街铺户落实“门前三包”、流动摊贩归入腾退路段经营的监管，做到“严管主干道，严控次干道，规范背街小巷”，提升了城市管理水平。同时，不断提高环卫清扫保洁水平，市区环境卫生基本实现日产日清，道路清扫保洁率、垃圾清运率、生活垃圾无害化处理率基本保持100%。按照《潮州市区环境卫生“双整治”卫生“行动日”方案》的部署要求，协调开展七次大规模的群众性环境卫生清洁“行动日”，环境卫生面貌焕然一新，取得显著的成效。

对违规超载“泥头车”专项整治。加强对城区重点路段和城乡结合部进行重点整治，查处各类违法违规车辆，进一步规范泥头车运输秩序，打击无证营运、超高超载、沿途洒漏、扬尘污染等行为。同时通过发放《关于整顿规范市区垃圾运载车辆运载行为的通知》，规范垃圾运输车辆，使市区垃圾运载问题得到规范和有效改善。

环境卫生管理体制市场化改革。在以湘桥区、枫溪区为主体的环境卫生属地管理责任制的基础上，组织完成了市区七条主干道环境卫生管理市场化改革，6月1日正式由市市政建设总公司负责清扫保洁作业，实践证明，经过改革，七条主干道的环卫质量有显著提升，得到市领导和市民的表扬和肯定。同时，市园林绿化工程队洒水车辆每天对13条城市主干道进行一次冲洗，使承包路段和城市主干道环境卫生质量明显提高。

“三项维护”管理工作。“三项维护”管理工作，即确保市区路平、灯亮、下水道畅通。

路灯照明方面，申请市财政资金，对城区超过使用年限并存在安全隐患的路灯和建设年限久、破损严重的道路、排水管道进行改造。2011年已完成永护路、西荣路、绿榕北路和新南路的路灯线路改造、黄金塘村道路灯的安装以及完成金山大桥受损栏杆的维护、油漆和被盗泛光照明的修复。

道路建设维护方面，一是绿榕南路建设工程已完成护堤路至潮汕公路长2千米的道路主体工程，并于2010年元旦前通车，至2011年，人行道、道路照明等配套设施已基本完成，工程已进入收尾阶段；二是外环北路、外环西路市区段改造工程已完成长3千米的路基工程和大部分排水箱涵的施工。

排涝排污工程方面，加紧开展外环北路排水工程的管道安装；西湖截污整治工程截污管敷设、环西湖道路铺设、步道砖铺贴、白桥提升泵房建设和西湖底泥清淤以及西湖石雕栏杆工程也已全面完成安装。此外，组织完成市城区河浦溪、陈桥大排沟、社道沟、十字沟等4条主要排涝、排污渠系和开发区箱涵的清淤整治工作，进一步提高市城区雨、污水的排放能力。

（彭静钿）

【城镇村庄建设】　2011年，潮州市新农村示范村建设成效明显，“万村绿”建设扎实推进，创建林业生态文明村156个。乡村公路建设取得新发展，行政村通班车覆盖率达到95%。15.28万人的农村饮水特别困难问题全部解决，饶平沿海六镇饮水解困工程完成，农村饮水安全工程建成45宗、受益61万人。

（卓扬）

【中心镇建设】 2011年，潮州市按照“主导产业突出，功能区布局合理，设施配套齐全”的原则，大力推进中心镇建设，促进企业、劳动力、信息、流通服务等更快地向中心镇集聚，提高中心镇在产业、信息、市场、基础设施等方面的带动作用，加快农村工业化、城镇化和农业产业化步伐。截至2011年底，共设立潮安县的庵埠镇、彩塘镇和古巷镇，饶平县的黄冈镇、钱东镇和三饶镇等6个中心镇。

（洪群钊）

【住房与房地产业】 2011年，潮州市加大对房地产开发企业经营行为监管力度，严格执行国家政策措施，遏制房价过快上涨势头，房地产市场调控取得明显成效：多次购房比重持续回落，投资投机性购房得到有效抑制，房地产市场价格基本稳定。

是年，全市完成房地产开发投资21.5亿元，商品住房新开工面积65.2万平方米；落实旧房改造85套。

保障性住房建设 2011年，潮州市积极推进廉租住房、经济适用住房等保障性住房建设，确保建设用地到位、建设资金到位，采取有效措施，完成与省政府签订的该年度解决城镇低收入家庭住房困难工作目标责任任务。

全市落实宏天广场项目土地1.1万平方米，桥东东山项目土地1.76万平方米，潮安万和名庭项目土地3676平方米，饶平县黄冈太公园“惠泽里”1864平方米，饶平县县城二号街“思泽里”1872平方米，饶平大道西区生活市场3786平方米，饶平大道“西华园”480平方米，企业公租房项目（10个）土地8.13万平方米，共落实土地17.05万平方米（约256亩）。旧房改造85套，收购宏天广场保障房640套（廉租住房80套，经济适用房560套），落实社会力量建设公租房经济适用房1450套。

全年潮州市已开工保障性住房3789套，开工率103%。其中已落实租赁补贴294户；已开工廉租住房788套、经济适用房999套、公租房1708套。

（卓扬）

住房公积金管理 2011年，潮州市住房公积金归集总额为26.34亿元，比上年增长28%（本年度归集总额为5.2亿元，比上年增长22%）。归集余额16.92亿元，比上年增长27%。购买国债4.54亿元（本年度购买国债1.1亿元）；转存定期存款8.9亿元；发放住房公积金贷款1173户共2.47亿元（本年度发放住房公积金贷款450户共1.17亿元，比上年增长75%）；银行存款1.01亿元。累计提取和转移住房公积金9.42亿元（本年度提取和转移住房公积金1.93亿元）。

（卢雄）

【“三旧”改造】 2011年，潮州市新一轮土地利用总体规划修编完成，镇级国土资源所全部挂牌运作，耕地保护工作力度加大。节约集约用地水平提高，“三旧”改造积极开展，7个改造试点项目逐步推进。违法违规用地查处工作扎实有效，土地管理工作通过国家土地例行督察并受到好评。是年，全市纳入“三旧改造”土地总面积992公顷，涉及2708个地块，全市累计已批准改造项目49个，总面积95.79公顷，投入资金1340万元。

（沈宗文）

【建筑业】 2011年潮州市有形建筑市场公开招标工程累计共66项，工程总发包价4.89亿元，总中标价为4.59亿元，投标平均浮动率-6.14%，减少投资金额3004.87万元。全市所属施工企业累计完成建安产值32.27亿元，比上年增长60.3%，其中外出工程完成5.07亿元。

工程质量管理 2011年，潮州市从施工图审查、施工许可、质量监督、质量检测、竣工验收备案各个环节认真履行监督职责，全市房屋及市政工程竣工质量全部达到国家规范要求，竣工工程质量一次性验收合格率达到100%。潮州海关业务用房工程被评为广东省质量优良样板工程。

工程安全管理 2011年潮州新开工项目的深基坑、外脚手架等危险性较大的分部分项工程均按要求进行专家论证，为建筑施工安全生产提供保障。以持证上岗为抓手，全市“三类人员”100%持有安全生产考核合格证书，专职安全生产管理人员配置合理，按要求到位。完成“危险性较大分部分项工程论证专家”的征集及公示工作，对危险性较大的分部分项工程实施专家论证制度，为施工企业开展危险性较大分部分项工程论证提供技术支持的基础。

是年，潮州市开展多次全市性工程安全生产大型检查整治活动，共排查隐患610项，已完成整改557项，整改率91.4%。对安全生产责任不落实或违反相关规范的单位和人员进行扣分处理。

（卓扬）

【建设科技】 2011年，潮州市富丽天奥石建筑装修材料有限公司完成的《富丽天奥石环保砖》科技成果通过省住房和城乡建设厅成果鉴定。该项目引进德国生产设备，由广东省建筑材料研究院提供技术支持，是潮州首条利用废弃陶瓷作为主要原料的环保砖生产线。该产品在生产中大量利用废陶瓷颗粒，替代沙石等骨料，替代率可达100%。富丽天奥石环保砖采用里层原材料融合技术和横向强制式搅拌等手段，解决陶瓷废料在水泥混凝土制品中应用的技术关键，提高废陶瓷颗粒釉面的粗糙度，及其与水泥颗粒的黏结力及接触面积，有效提高产品强度。达到国内领先水平。所生产的废陶瓷新型混凝土路面砖，由于在砖的表层涂料中掺入空气净化物质，能起到净化空气的作用。而护坡砖依靠挡土块块体、填土通过加筋带连接构成的复合体自重来抵抗动静荷载，防滑透水，减少水分流失，达到稳定的作用。

砖体具有强度高、抗折性好，表面耐磨，使用寿命长等特点，可广泛用于各种水利工程和农田水渠。

建筑节能减排　2011年，潮州市建筑管理部门强化对新建工程执行节能标准的监管力度，制定“落实节能工作五项制度”，从设计图纸审查备案、节能信息公示、节能产品备案、节能材料检测到节能分部工程专项验收各环节实施全过程闭合管理，确保建筑节能标准的执行。以施工图审查和备案为突破口，全面贯彻执行建筑节能设计标准。市城区报建项目2011年竣工工程施工阶段执行建筑节能标准比例基本达到97%。（卓扬）

【信息化建设】　2011年，潮州市贯彻落实省厅《关于完善我省房地产企业信用档案系统有关问题的通知》精神，健全房地产市场信息系统和预警预报体系。潮州房地产开发企业及执（从）业人员的信用档案资料已实现信息化管理。同时，通过加强房地产市场统计工作，进一步完善全市房地产市场信息系统，增强潮州房地产市场透明度，及时准确地向社会发布市场供求信息，以达到引导房地产开发企业理性开发，确保全市房地产业持续健康发展。（卓扬）

附录：潮州市住房和城乡建设管理部门主要领导

潮州市住房和城乡建设局
　党组书记、局长：郑国浩
潮州市城乡规划局
　局长：胡　鹏
　党组书记、副局长：刘树鑫
潮州市房地产管理局
　党组书记、局长：肖逸生
潮州市城市综合管理局
　党组书记、局长：陈少鹏
潮州市水务局
　党组书记、局长：黄方亮
潮州市环境保护局
　党组书记、局长：罗文甲
潮州市住房公积金管理中心
　党支部书记、主任：谢毅

揭阳建设

【概况】　2011年，揭阳市围绕“打造粤东发展极，建设幸福新揭阳”核心任务，加大力度打造岭南特色水城，全市城乡面貌焕然一新。据统计，是年，全市建安总产值为62.2亿元，比上年增长35.8%。全市在建工程项目117宗，总建筑面积399.3万平方米，总造价72.2亿元；竣工工程48宗，建筑面积152.1万平方米。全市共完成房地产开发投资额38.24亿元，比上年增长15%；新建商品房销售面积71.24万平方米，销售额23亿元，销售均价3226元/平方米。市区市政工程累计完成投资9.19亿元。市区及各县（市）城区投入市政公用设施建设资金86.36亿元，建成项目146个。全市住房公积金参储人数7.97万人，归集余额19亿元；全年共发放住房公积金个人贷款683笔，贷款总额1.6亿元，贷款余额4.1亿元。至2011年底，揭阳市区建成区绿化覆盖率35.30%，人均公园绿地面积13.14平方米，垃圾粪便无害化处理率90.99%，污水处理率71.04%。（许晓凯）

【宜居城乡建设】　2011年，揭阳市投入中心镇市政公共设施建设资金约8.74亿元，中心镇市政公共设施建设项目73个，竣工项目29个。是年，揭阳市的惠来县神泉镇被省住房和城乡建设厅定为第一批“广东省宜居示范城镇”，榕城区梅云街道办事处奎地村、普宁市洪阳镇鸣岗村被定为第一批“广东省宜居示范村庄”。普宁市洪阳镇、揭东县玉湖镇、惠来县神泉镇、揭西县京溪园镇、东山区磐东镇，宜居村庄建设试点榕城区梅云街道办事处奎地村、普宁市洪阳镇鸣岗村、惠来县神泉镇溪东村、揭西县河婆镇溪西村、揭东县玉湖镇姑山村、东山区磐东镇阳美村、揭阳经济试验区凤美办事处塘埔村被列为宜居城镇建设试点。为打造宜居宜业的城乡环境，揭阳市住房和城乡建设局切实加强对省、市级宜居城镇、宜居村庄创建活动指导，以点带面，推动宜居城镇、宜居村庄创建工作。（陈锡群）

【城乡规划】　城市规划编制与研究　2011年，揭阳市规划部门继续做好《揭阳市城市总体规划（2010~2030）》修改完善工作，组织规划编制单位根据该市新形势发展需要对“总规”成果进行进一步完善，争取广东省人民政府及早批准实施。

专项规划编制。启动编制《揭阳市绿道网专项规划》工作，推进生态文明和宜居城乡建设，调节城乡景观结构，倡导“绿色出行”、“低碳生活”的理念。完成《渔湖新区控制性详细规划》收尾工作，按照市委市政府的总体部署，及时调整渔湖新区控规，并已完成最终成果。

控制性详细规划编制。在《揭阳市“三旧”改造专项规划》的基础上，组织启动编制《东山区核心区控制性详细规划》、《东山西片区控制性详细规划》、《榕城旧城区控制性详细规划》、《榕城紫峰新城控制性详细规划》，配合市区的发展策略，推动全市“三旧”改造工作的有序进行。

城乡规划管理　为更好地实施揭阳市城区总体规划和近期建设规划，市规划部门加强规划用地、建设工程、市政工程的规划管理，严格把关核发“一书两证”，使城区各项建设健康有序地进行。2011年共核发建设项目选址意见书7宗，用地面积61.79公顷，核发建设用地规划许可证26宗，用地面积82.72公顷，出具出让用地红线图2宗，用地面积6.65公顷。审批建设工程报建项目32宗。

建立和完善规划管理信息系统。进一步完善揭阳规划网站，严格执行该市电子监察网的有关规定和要求，及时更新建设项目审批信息。此外，加强规划办证窗口建设。指导各县（市、区）的规划管理业务工作。

配合该市新老30亿工程建设项目。及时出具各个建设项目的相关规划管理图件；全力服务该市重大项目建设，及时提供中石油炼化项目、中海油LNG接收站及输气管线、中电投通用码头、蓝粤通用码头、汕湛高速公路、潮惠高速公路、揭阳潮汕机场、省道S335线揭东霖磐立交至揭阳高新区段、揭西李望嶂风电场等重大项目的相关规划资料，并出具建设项目规划选址初审意见，为重大项目的落户和建设提供规划服务工作。　*（王勤华）*

【城市建设与管理】　市政设施建设维护　2011年，揭阳市区市政工程累计完成工程量折合投资额9.19亿元。全年在建工程项目共15宗（计划总投资24.76亿元），其中新开工项目8宗（计划总投资13.01元），续建项目5宗（计划总投资11.75万元）。至年底，东山区截污工程、进贤门大道东及环市东路、临江北路及临江北路西、市文化广场、市文化中心周边道路等工程项目建设进展顺利，蓬莱小区道路、教育局小区道路、东山公安局小区道路等完成工程建设。全年共新增道路长度2.03千米，新增道路面积3.25万平方米，竣工工程验收合格率100%，在建工程无质量、安全事故。

做好市政设施维修管理工作。一是严格落实巡查责任制，包片包路、责任到人，扎实做好市政设施的巡查管理工作。全年复盖损缺检查井盖、集水井盖计382个次，查实其他管线单位损缺井盖116个次，并及时通知相关单位进行复盖。对市政设施存在问题及时发现、及时处理，有效杜绝安全事故的发生。对未经批准挖掘城市道路的行为及时查处，同时对经批准的挖掘项目做好动态监督，严格修复质量管理，有效地规范城市道路管理工作。二是扎实做好市区市政设施维修养护工作。分批清挖各路段的检查井、集水井，尽量减少砂土、树根进入主、支管造成淤积堵塞，确保排水畅通；对市民反映强烈的西关路吊桥引桥沉降进行改造，使路面平顺，行车安全；专项组织对仁义路、建阳路、同心同德路、淡浦路北等排管涵进行清疏；及时对个别路段破损路面和人行道及绿化带设施进行维修。

城市园林绿化　一是加强园林绿化管养。抓住各季度苗木的生长特点，抓住薄弱环节，采取着力措施，集中人力、物力、财力，全面加强绿地苗木养护管理，全年共投入管养资金116.96万元。同时，做好市区园林绿化管养市场化工作，市区新增的绿化路段通过招投标，逐步推向市场。二是强化市区园林绿化检查监督。根据《广东省城市绿化条例》等法律法规，依法加大对市区园林绿化的管理力度，及时发现查处和制止市区一些单位和个人违章乱占用园林绿地，破坏绿化设施，损害花草树木等不法行为。全年共出动巡查985人次，及时制止违章违法行为153宗，组织拆除乱挂广告牌350多块，收缴彩旗4850支，发现查处乱砍伐树木、破坏园林绿化设施75宗。三是加强对中标管养单位的检查监督。做好推向市场路段管养工作的日常巡查及验收，做到一旦发现问题，立即责成改正，严格按照合同标准办事。四是认真做好市区园林绿化绿化补偿费和恢复绿化补偿费的收取工作。全面做好宣传工作，使建设单位理解“两费”收取工作的重要性，全年“两费”申办共10宗，办结10宗，其中按规定配套5宗，未配套5宗，上缴财政金额85.56万元。

城市环境卫生　生活垃圾处理。2011年，揭阳市区东径外草地垃圾处理场共收纳处理的生活垃圾总量为29.5万吨，处理垃圾渗滤液达标排放总量6.2万吨。一是建立健全管理制度，修订完善《市区垃圾场人员值班制度》、《市区垃圾场推土作业管理制度》等管理制度，严格用制度管人管事。二是整修垃圾填埋平台及进场路、环场路的工作，确保进场垃圾填埋顺畅。制作钢筋混凝土板123块覆盖作为倾倒垃圾平台，整修填埋平台面积约900平方米；铺筑临时路长约350米，清理进场路两边杂草2次。三是做好场属机械设备保养维修工作，确保机械设备正常运转。四是做好分区填埋，覆盖，压实、喷药灭蝇工作，全年共喷药灭蝇85次，达到无公害地处理生活垃圾的要求。五是做好填埋区的雨污分流工作。不定期清疏填埋区3条截洪沟，全年共清疏20场次，不定期在垃圾堆体开挖导排污水至收集池后导入调节池，实施雨污分流。六是加强渗滤液收集处理运行管理和环境监测工作。在运营中及时补充活性污泥进行生物培养，提高渗滤液的处理能力；在场区安装污水水质环保在线监测系统1部，主要安装了CODcr、氨氮、超声波流量计、数据采集系统等在线监测设备，经试运行至2011年5月，该监测系统通过市环保局、市环境监测站、揭东县环保局等5个单位专家的联合环保验收。七是继续做好沼气导排系统的继续建设安装工作。

城市生态环境保护和建设　环境质量状况。2011年，揭阳市区城市环境空气质量全年保持优良，日均值及年日均值均符合国家Ⅱ级标准。饮用水源引榕干渠、新西河水库水质处于良好水平，达标率为100%，水质均属于尚清洁。近岸海域水质较好，各站位及环境质量点位水质均符合相应水域水质要求。城市道路交通噪声平均等效声级为67.7分贝，平均车流量为767

辆/小时。城市区域环境噪声平均等效声级为54.8分贝。城市功能区噪声1类、2类、3类、4类区昼夜等效声级分别为53.0、59.8、57.9、66.1分贝。与2010年比较，声环境质量略为好转。

建设项目环境管理。全年共审批项目449个，验收156个，否决不符合审批要求的项目13个。

环境综合治理。抓好落实广东省十件民生实事之重点流域练江、枫江水污染综合整治工作。加快推进生态示范村建设，揭西县灰寨镇上角村和普宁市船埔镇深水村确定为揭阳市2011年省级生态示范村的创建单位，并被省环保厅评为2011年度省级生态示范村。开展实施饮用水源地治理示范工程，组织实施建设揭西京溪园现代生态农业养殖场人工湿地污水处理工程和揭东县白塔镇新溪实施河段治理工程，探索饮用水源地治理新模式。加大环境监察力度，全市环保监察系统共出动执法人员1.11万人次，检查企业3142家，立案604家，限期整改、治理96家，关停、取缔企业203家，保障环境安全和社会稳定。

环境能力建设。揭阳市不断加大环境监测能力建设力度，2011年，揭阳市环境监测站增加土壤、底泥和固体废物及环境辐射两大类计量认证，使项目由原3大类77项增加到5大类93项，监测能力覆盖水（含大气降水）和废水，环境空气和废气，噪声，土壤、底泥和固体废物，环境辐射等。 *(袁燕森)*

城市水环境建设　污水处理。2011年，揭阳市计划建设污水处理厂共19座，其中列入省计划9座，列入市计划10座。列入省计划的9座污水处理厂总设计规模为23.33万吨/日（市区污水处理厂首期6万立方米/日、揭市区磐东片区污水处理厂2万吨/日、普宁市区污水处理厂5万立方米/日、揭东县城污水处理厂3万立方米/日、揭西县城污水处理厂首期1.33万立方米/日、揭西县棉湖污水处理厂2万立方米/日、揭西县五经富污水处理厂1万立方米/日、惠来县城污水处理厂首期2万立方米/日、惠来县葵潭污水处理厂1万立方米/日），总投资12亿元，2011年完成9.1亿元。市区和普宁、揭东、揭西、惠来“一县一厂”及惠来县葵潭镇等6座污水处理厂已投入运行，日处理量14万吨，完成配套管网85千米，占污水处理厂设计配套管网的75%，3座未投产的污水处理厂目前正在加紧施工和进行设备调试。

列入市计划建设的污水处理厂10座（揭阳市区污水理厂（二期）、仙梅污水处理厂、普宁市占陇污水处理厂、里湖污水处理厂、洪阳污水处理厂、揭东县新亨污水处理厂、锡场污水处理厂、白塔污水处理厂、砲台污水处理厂、惠来县靖海污水处理厂），总设计规模19.5万吨/日，计划投资10.56亿元，2011年底完成0.42亿元，其中市区2座、普宁3座、揭东4座、惠来1座。

城市供水　2011年，揭阳市区共有两家供水企业，供水能力达25万立方米/日，第一水厂以三洲拦河闸引榕干渠水源为主用源水，以榕江南河为备用水源，第二水厂以新西河水库水为主用水源。供水范围为榕城区、东山区、试验区及揭东新亨、锡场、月城、桂岭，覆盖面积180多平方千米，受益人口70多万人，2011年全年供水量5424万吨，销售产值9184万元，分别比上年增长3.1%、3.0%，代征三费（污水处理费、卫生清洁费和垃圾处理费）4502万元，其中污水处理费2867万元。新增供水主干管18173米，抢修补漏4800宗，更换及维修消火栓60组，恢复、新筑水表井45个。“城中村”和涉农社区供水直抄到户改造装表3354个，受益人口1.2万人。

第一水厂实施高成本、无毒副产物、处于技术前沿的第四代全自动化二氧化氯消毒新工艺代替传统液氯消毒工艺，全面提升水厂自动化生产水平；第二水厂采用法国制水设备，配备先进的水处理工艺即法国“德利满”公司的专利技术，供水基本上全部实现电脑控制，自动化水平高。水厂供水水质综合合格率年均保持在99%以上，优于国家规定的饮用水卫生标准。

(陈俊武)

城市供气　一是组织开展新修订实施的《城镇燃气管理条例》、《广东省燃气管理条例》的宣传、贯彻工作，研究、拟订全市贯彻《城镇燃气管理条例》、《广东省燃气管理条例》的具体措施，发出了《关于宣传贯彻实施〈广东省燃气管理条例〉的通知》。二是组织开展燃气企业经营许可证换证工作。至2011年底，全市共有燃气储灌站（库）50个，液化石油气总储气能力9850吨，天然气总储气能力430吨。三是完成《揭阳市区燃气工程专项规划》编制工作。于2011年7月21日向揭阳市政府上报《关于批准揭阳市区燃气工程专项规划的请示》，2011年9月《揭阳市区燃气工程专项规划》经市政府批准实施，为揭阳市区燃气工程建设提供依据。四是举办燃气行业安全知识及职业技能培训班。 *(陈锡群)*

城市综合管理　2011年，揭阳市成立创文工作领导机构，制订工作方案，建立健全工作机制，开展创建活动。主要工作：一是开展专项整治行动。整治市区重点区域、路段如市政府办公楼、马牙车站、渔湖桥头等区域周边，以及天福路、东环城路、进安街、进贤门大道、临江北路、黄岐山大道等市区主要道路，促使市容环境进一步改善。开展生活噪声、车辆乱停放、违章户外广告（“牛皮癣”）、乱堆放建材、泥头车撒漏、夜市经营（违规烧烤）等的专项整治，营造市区良好的工作、生活环境。12月份，开展泥头车专项整治行动，共处罚泥头车污染路面行为3宗，乱倒泥浆5宗，转交交警部门处理6宗，责令落实整改措施8宗，批评教育14宗。二是完成市容保障任务。在春节、中秋节、国庆节等节日，以及揭阳市“两会”、中高考、揭阳市招商引资大会暨捐赠大会、揭阳市招商引资验收现场会、揭阳市第五次党代会、揭阳潮汕机场通航和揭阳首届玉文化节等重要活动期间，开展市容综合整治行动，为节日及市重要活动提供良好的市容环境。三是完善网格化管理。加大日常巡查工作力度和频度，重点路段、重点区域的市容违章现象最大限度得到处置。“门前三包责任制”得到较好落实。完善网格化管理模式，在不改变原网格区域划分的前提下，按照创建省文明城市、省园林城市活动的任务，合理调配执法人员，明确网格职责和人员任务，确保网格管理全覆盖和管理力度的加强，提升管理效能。四是严控违法建设。层层落实管控责任，把责任分解落实到各分局、中队和队员。结合市区“三旧”改造工程实际情况，克服人力不足、交通工具缺乏等困难，采取巡查、接受举报、蹲点跟踪等方法，加大日常巡查力度，做细法律法规宣传工作，不断加大严控力度。对没有手续或手续不齐全的，全力控制其停工补办手续，对情节严重的违法建设进行了强制拆除。基本做到发现一宗，制止一宗，把控制工作落到实处。

同时，配合政府中心工作，开展拆违清障和市容保障行动。一是配合市政工程建设开展清障拆违工作。配合市区进贤门大道改造工程共拆除沿路的遮阳物58块，清理拆除广告牌20块、临时搭设物8宗面积约200平方米。联合仙桥、梅云街道办事处及有关部门，对望江南路西段城市设防综合工程第二期建设范围内还未拆除的建（构）筑物全面实施拆除，圆满完成配合拆迁工作任务。二是配合开展违法违规用地清理行动。协同有关部门对磐东街道北河村、谭角村等地违法占用土地的构筑物进行强制清拆。三是做好揭阳学宫二期修缮工程以及娘宫观建设项目奠基仪式的市容保障工作。四是配合东山片区国有土地清障工作。配合有关部门对分别位于市区新河路以东、环市北路以南，莲花大道以西、新阳东路以南，莲花大道以西、建阳路以北，阳美路以东、西关路以南的4片国有土地开展拆迁清障工作。

（林树欢）

【城镇村庄建设】 2011年，揭阳市投入中心镇市政公共设施建设资金约8.74亿元，中心镇市政公共设施建设项目73个，竣工项目29个。开展创建宜居城乡工作。是年，揭阳市的惠来县神泉镇被省住建厅定为第一批“广东省宜居示范城镇”，榕城区梅云街道办事处奎地村、普宁市洪阳镇鸣岗村被省住房和城乡建设厅定为第一批“广东省宜居示范村庄”。普宁市洪阳镇、揭东县玉湖镇、惠来县神泉镇、揭西县京溪园镇、东山区磐东镇，宜居村庄建设试点榕城区梅云街道办事处奎地村、普宁市洪阳镇鸣岗村、惠来县神泉镇溪东村、揭西县河婆镇溪西村、揭东县玉湖镇姑山村、东山区磐东镇阳美村、揭阳经济试验区凤美办事处塘埔村被列为宜居城镇建设试点。为打造宜居宜业的城乡环境，揭阳市住房和城乡建设局切实加强对省、市级宜居城镇、宜居村庄创建活动指导，组织开展村镇环境清理整顿活动，取得较好效果。如惠来县组织清理整顿镇区环境，出动1500人次，共拆除乱占乱搭的建（构）筑物共7660平方米，拆除三色布等遮阳物一大批，使各镇镇区环境得到进一步改善；榕城区掀起村庄环境整治新高潮，全区共投入2900多万元进行村庄环境整治，组织村镇对池塘进行淤泥清理、垒石篱和周边绿化工作，大大提高环境质量；大南山侨区进一步加大对区容区貌、村容村貌的管理，大力整治环境脏乱差现象，有效改善城镇环境卫生面貌。（陈锡群）

【中心镇建设】 2011年，揭阳市全面推进中心镇的建设，进一步发挥中心镇在城镇化建设中的示范带动作用，促进全市城镇面貌取得根本变化，城镇化水平不断提高。主要工作：一是对2005年以来中心镇建设取得的主要成效、主要做法、存在问题进行认真总结，吸取经验教训，拓展中心镇建设思路；二是对2011~2016年中心镇市政公共设施建设认真进行谋划，制定建设规划；三是继续抓好中心镇“三个一”工程（每年建设一条配套齐全的样板路、建设一项上规模的公用设施、建设一项景观工程）建设，落实工程建设项目，2011年，全市投入中心镇市政公共设施建设资金约8.74亿元，中心镇市政公共设施建设项目73个，竣工项目29个。

（陈锡群）

【住房与房地产业】 *房地产市场管理* 2011年，揭阳市全面贯彻落实房地产宏观调控政策，稳定住房价格，着力引导房地产业朝着健康的方向发展。是年全市共完成房地产开发投资额38.24亿元，新建商品房销售额23亿元，新建商品房销售均价3226元/平方米。切实加强企业资质管理，至2011年底，全市共有房地产开发企业161家（2011年新成立11家），物业管理企业45家，房地产评估机构7家。出台《关于进一步加强房地产市场调控工作的意见》和《揭阳市落实住房保障和稳定房价工作约谈问责暂行办法》等指导性文件，合理确定2011年新建住房价格增速不高于全市生产总值增速和城镇居民人均可支配收入增速的平均值的控制目标，通过落实土地、税收、信贷房地产调控政策等措施，全市实现2011年度新建住房价格控制目标。进一步整顿和规范房地产市场秩序。制订出台《揭阳市房地产市场秩序专项整治工作方案》，并发出《关于严禁违法预售商品房的通告》。通过有关媒体、网站发布有关法规政策和向各开发企业发放《商品房预（销）售法律法规选编》等宣传资料，组织开展房地产市场秩序专项整治。揭阳市房地产市场秩序专项整治工作领导小组各成员单位多次进行联合检查，对市区开发企业设立的16个售楼处、咨询中心、展示中心进行全面排查。依法对市区部分开发项目存在的违规预售商品房行为进行调查取证，及时处理涉及商品房交易各个环节的投诉举报并对违规行为进行严肃处理。2011年共查处开发企业违规预销售行为11起。

保障性住房建设　揭阳市贯彻落实国务院和省政府关于保障性安居工程建设的决策部署，通过新建、改建、购买、长期租赁等多种形式，多渠道筹集保障性住房房源，加快保障性住房建设，努力解决中低收入家庭“住有所居”问题。2011年，全市保障性住房项目共38个，其中廉租住房项目5个，经济适用住房项目1个，公共租赁住房项目32个，全部已落实到具体地块。至年底，全市已开工4212套，开工率达到100.6%，共落实资金1.96亿元，建设用地11.06万平方米，顺利完成省下达的4185套保障性住房建设任务。揭阳市区纳入管理的公共租赁住房共1501套，建筑面积77693平方米，投资1.53亿元。2011年，市区120户廉租住房保障对象通过“摇珠分配”形式取得廉租住房或租赁补贴，其中40户享受租赁补贴，按每人每月40元补贴标准，共发放补贴资金75360元；80户分配到廉租住房。全年共完成市政府下达任务的101.3%。

房屋产权管理　为有效地维护市区商品房交易双方的合法权益，市房管局严格按照程序和时限依法审批各项办证业务，2011年共办理商品房初始登记5288件，面积780746.82平方米；转移登记4584件，面积66.57万平方米；预购商品房预告登记760件，面积10.77万平方米；预购商品房抵押预告登记782件。对未取得预售许可证的房地产开发项目，坚决不予受理房产登记备案手续。

物业管理　2011年，揭阳市大力积极物业管理，推动行业健康快速发展，为广大群众打造“配套齐全、洁净优美、服务完善、安全便利”的幸福宜居环境。加强制度建设，汇编《物业管理法律法规选编》和《物业管理制度选编》并分发给各物业服务企业，进一步提高升企业对相关法律的认识和制度化管理。以御景湾创建省示范小区和江南新城、金城龙庭、御龙湾创建市示范小区为试点，逐步推进全市物业管理走向规范化管理。多次组织物业企业管理人员进行培训及到广州等发达地区进行学习，提高物业服务人员的素质。联合市公安局做好保安备案工作，协助揭阳市安监局做好“安全生产警示牌”和协助移动通信做好“健康宣传栏”的设置安装工作。及时解决物业热点难点问题，对群众来信反映的江滨花园小区物业管理等问题进行调查处理。

公房管理　为加强市区直管公房管理，2011年，市房管局进一步落实直管公房管理的巡视制度，制订维修计划，落实公房勘查维修。积极追收欠租，全年租金收入540.18万元，公房维修并验收合格105宗，面积3060.02平方米，投入资金23.01万元，确保公房使用安全无事故。

住房公积金管理　截至2011年底，全市住房公积金归集余额约19亿元，参储职工人数7.97万人。其中2011年度归集住房公积金7.5亿元，归集余额4.3亿元，新增参储人数3700人，公积金缴存率63%。累计发放住房公积金个人贷款2481笔，贷款总额5.2亿元，贷款余额4.1亿元。其中2011年度放贷683笔，发放贷款1.6亿元，个贷未出现逾期。（陈锡群）

【“三旧”改造】　2011年，揭阳市按照省委省政府及国土资源部的工作部署，抓住建设节约集约用地试点示范省的重大机遇，遵循“全面探索、局部试点、封闭运行、结果可控”的原则，紧密结合本地实际，扎实推进“三旧”改造工作。据统计，是年全市共投入资金11.8亿元，实施改造项目114宗157.58公顷，已完成改造项目37宗83.91公顷，已完成改造区域内建筑面积从145.37万平方米增加到290.28万平方米，增幅达99.6%，节约土地3.29公顷，节地率为3.84%，在促进建设用地二次开发、推进节约集约用地的同时，有效推动产业结构升级优化，就业人口、年度税收、农村集体经济收入均有较大幅度增长。一是抓组织领导。专门成立以分管副市长任组长的“三旧”改造工作领导小组，并设立日常工作办公室，从各有关部门抽调业务骨干集中办公，加强对各地“三旧”改造的协调指导。二是抓规划先导。委托省城乡规划院设计研究所对全市“三旧”改造进行统一规划，确保市、县两级改造规划相互协调、有机衔接，有效防止各地在规划编制进度或质量等方面出现参差不齐的现象。是年5月，《揭阳市“三旧”改造专项规划（2010~2020)》获省住房和城乡建设厅批复同意备案。按照规划，至2015年（中期规划）改造项目4730宗16.2万亩，至2020年（远期规划）改造规模可达2.8万公顷。在此基础上，加快推进市区相关规划的编制工作，试验区50平方千米的控制性详细规划完成市级评审，榕城区旧区、紫峰新城控制性详规完成规划成果方案，东山区核心区控制性详规完成规划初步方案，市区中心城区的其它区域控制性详规列入年度编制计划。三是抓基础向导。委托省国土资源测绘院完成全市“三旧”改造地块标图建库工作，首批纳入改造数据库项目4730宗；6月，按照省国土资源厅的部署要求，根据新一轮土地利用总体规划，对首批标图建库成果进行重新核实，并增补改造项目，最终全市纳入“三旧”改造标图建库成果4890宗，用地总面积1.12万公顷，为全面推进“三旧”改造提供基础保障。四是抓政策指导。实施《揭阳市推进“三旧”改造促进节约集约用地实施意见（试行）》，编印《揭阳市“三旧”改造工作指南》，强化政策指引，规范办事流程。五是抓检查督导。将“三旧”改造列为各级党政领导干部绩效考核的重要内容，明确奖惩措施。六是抓试点引导。全市依照“三旧”改造政策共确定示范项目24个，其中揭阳市区的示范项目进度较快，特别是以政府主导改造的大型公益性基础设施建设项目——揭阳楼及广场已竣工交付使用、以整治修复古城风貌与建设现代高尚住宅小区融为一体的榕城区菓仔池片区旧城改造项目已完成环境整治工程和回迁区建设，初步形成良好的示范效应。 *（王勤华）*

【建筑业】 建筑市场管理 2011年，揭阳市建筑行业继续保持良好发展态势，建筑业经济持续稳定增长，全年累计完成建安产值62.2亿元，比上年增长35.8%。加大力度整顿和规范建筑市场秩序，开展严厉打击非法违法建筑施工行为专项行动，对7宗在建工程在未取得施工许可情况下擅自开工建设，立即责令其停工整改，并约谈7个项目建设单位及施工单位负责人。是年，全市建筑市场环境逐步好转，法定建设程序以及工程建设强制性标准的执行情况得到改善。进一步完善招标投标工作程序，规范有形建筑市场，全年建设工程招标投标工程35宗，工程造价17.87亿元。其中：公开招标27宗，造价17.7亿元；邀请招标8宗，造价0.17亿元。招标率100%。截至2011年底，全市共有各类建筑施工企业155家（其中一级企业6家，二级企业30家，三级企业114家，劳务分包5家）。

施工安全管理 全面落实安全生产责任制，强化安全生产目标管理。制定下发“安全生产年”活动等一系列文件，以防范重特大事故为中心，扎实开展建筑安全生产“三项行动”和“三项建设”，全年共组织6次安全生产检查，共检查在建工程项目44个，检查期间发出《建设工程质量安全隐患通知书》16份，并执行动态扣分。印制《揭阳市建筑工程施工安全标准化图集》1200本，发放相关单位及施工企业，并落实征订建筑施工安全操作教育系列片。加强建筑起重机械的安全监管。对建筑起重机械的安全检测工作以及产权登记备案、安装告知、使用登记以及日常维护保养制度全面实施监管。开展安全生产文明工地的创建工作。揭阳潮汕机场航站楼高架桥工程、惠来香格里拉花园工程（西区）2个项目分别申报2011年度上半年省、市“双优”工地评审（已通过初评公示）。通过实施有效监管，全年全市安全生产总体形势稳定，未发生安全生产事故。

工程质量管理 一是加大工程质量检查巡查频率以及经常性抽查制度，及时排查整改存在质量问题；二是继续强化对建设工程责任主体和有关机构履行工程质量职责情况和行为；三是加强建筑工程混凝土结构实体检测，市直工程项目已全面实行建筑物主体结构检测和验收制度；四是继续推行住宅工程质量分户验收，提高住宅工程整体质量水平；五是继续推广应用商品混凝土，印发《关于加强商品混凝土质量管理的通知》，加强商品混凝土质量控制，提高建设工程质量；六是配合做好质量强市活动，制订建筑工程质量强市活动实施方案，通过开展质量强市活动和“质量月”活动，促进市建筑工程质量整体水平持续稳步提高。全年受监工程一次竣工验收合格率100%。

勘察设计管理 2011年，揭阳市加强勘察设计市场的管理，规范勘察设计市场行为，提高勘察设计质量。同时加强建设工程勘察设计跨地区备案审查登记。是年办理勘察设计企业跨地区承接设计业务项目告知登记45宗；组织对岭南明珠(三期)、揭阳榕江观音阁、亚洲玉都二期等3个超限高层建筑工程项目的抗震设防专项审查，并分别向省住房和城乡建设厅上报3个项目的抗震设防专项审查工作情况报告。 *（陈锡群）*

【建设科技】 建筑节能 严格建筑节能设计审查备案、建筑节能专项竣工验收备案和施工许可证制度，全面实施建筑节能质量监督专项登记、专项验收制度。印发《2011年揭阳市建筑节能工作计划的通知》。加强建筑节能监管工作。做好建筑工程项目节能设计审查备案、竣工验收备案工作。市区的建筑工程项目，都根据《民用建筑节能管理规定》的要求，对施工图设计文件按照建筑节能强制性标准进行严格审查，并根据《夏热冬暖地区建筑节能设计标准》及广东省实施细则、《公共建筑节能设计标准》、《广东省民用建筑节能施工图设计和审查要点》对建筑节能设计文件进行审核、验算。2011年，共完成31个建筑工程审查项目，并全部办理建筑节能设计审查备案；办理建筑节能专项验收备案8宗。会同市经信局对设计单位及施工企业建筑节能工作情况进行监察检查。认真做好国家机关办公建筑能耗统计、公示工作。开展政府机关办公建筑能耗统计工作，对办公建筑能耗调查统计表进行收集、汇总，并在揭阳建设信息网进行公示。 *（陈锡群）*

【信息化建设】 2011年，揭阳市对揭阳建设网进行全新的改版，建成揭阳市住房保障网，实现揭阳市住房保障系统与省对接工作，进一步完善住房保障体系；在网页增加党务公开栏、民主评议政风行风专

栏及“三打两建”专栏，进一步满足网上信息公开的需求，方便群众查看相关信息。 *(陈锡群)*

附录：揭阳市住房和城乡建设管理部门主要领导

揭阳市住房和城乡建设局

党组书记、局长：许汉焕

揭阳市城乡规划局

党组书记、局长：黄克新

揭阳市城市管理行政执法局

党组书记、局长：吴淑生

揭阳市水务局

党组书记、局长：郭斯良

揭阳市环境保护局

党组书记：林　曙

局长：林　曙（任至2011年12月）

局长：傅友好（2011年12月任职）

揭阳市住房公积金管理中心

主任：林仕彬

云浮建设

【概况】 2011年，云浮市住房城乡建设系统以“三规合一”为统领，以“三旧”改造为抓手，创建宜居城镇8个、宜居村庄70个、宜居社区16个。是年，云浮市中心镇投入基础设施、公共设施建设资金6.93亿元，比上年增长17.6%，建设项目120个。全市房屋建筑和市政基础设施工程报建项目185个，建筑面积259.56万平方米，工程造价40.76亿元。全市共完成投入房地产开发资金总额为23.51.6亿元，比上年增长41.63%。全市建设工程招标投标共有304宗，比上年增长14.72%。动工建设的“三旧”改造项目有27个，改造面积67.03公顷，全年投入改造资金8.7亿元。以创建省级园林城市为目标，共筹措投入资金1228万元，中心城区绿化覆盖率38%，绿地率32%，人均公园绿地面积12.17平方米。市容市貌焕然一新。 *(张鹏)*

【宜居城乡建设】 2011年，云浮市选取8个城镇、70个村庄、16个社区作为宜居城镇、宜居村庄、宜居社区创建试点。

创建宜居城镇、宜居村庄、宜居社区工作以来，云浮市建立宜居城乡工作联席会议和宜居办，明确了相关部门的工作责任；在资金保障上，建立“以奖代补”的激励机制，落实了相应的创建经费，各县（市、区）共落实“以奖代补”资金616万元。在创建措施上，制订创建宜居城镇、宜居村庄、宜居社区工作方案和计划，确保创建工作落到实处。“三个宜居”建设累计投入建设资金1.15亿元，其中：宜居城镇建设投入资金3990万元，宜居村庄建设投入6060万元，宜居社区建设投入1456万元，城镇低保率达100%，镇村道路建设112.36千米，建设和完善污水处理设施70个，建设排污管道15.2千米，新增绿化小公园35个，新增绿化面积7.78万平方米，新建、改建文化站（农家书屋）52个，每万人刑事案件立案数有所下降。 *(黄锡秦)*

【城乡规划】 规划编制　2011年，根据市委、市政府的工作部署，云浮市规划编制委员会委托中山大学修编《云浮市统筹发展规划》。是年10月，市规划编制委员会将修改完善后的《云浮市统筹发展规划》成果上报市政府审定，并于10月31日对《云浮市统筹发展规划》进行为期30天的批前公示。

组织相关规划的编制和报批工作。是年，云浮市城乡规划编制部门组织《云浮市城市总体规划（2008~2020）》、《云浮市中心城区西片控制性详细规划》、《云浮市中心城区“三旧”改造专项规划》等的编制和报批工作。其中，《云浮市原石料总厂片区控制性详细规划及城市设计》于5月30日经市规划审批委员会第二次会议审议并原则同意；《云浮市城市总体规划（2008~2020）》于10月11日经市四届人大常委会第三十七次会议审议并原则同意；《南广铁路云浮东站周边用地控制性详细规划》于10月17日经市规划审批委员会第三次会议审议并原则同意，并于10月31日对该规划进行为期30天的批前公示。

指导协调有关部门编制各类专项规划和近期规划。是年，市规划编制部门联同市交通运输局跟进《云浮市公路网规划（2011~2030）》、《云浮市公路运输站场规划（2011~2020）》、《云浮市综合运输体系发展“十二五”规划》、《云浮港总体规划》四个规划的报批工作；会同市城市综合管理局，由市规划设计院组织编制《云浮市中心城区（一~七区）市政工程管线专项规划（2009~2020）》及《云浮市城区绿地系统专项规划（2011~2020）》，工程管线专项规划已经市政府四届七十五次常务会议原则同意；跟进市发改局、市经信局、市住建局、市环保局、市科技局、市文广新局、市林业局等多个部门“十二五”（近期）规划的报批工作。

推进宜居村镇建设工作。是年，市规划编制委员会起草《高质量推进宜居村镇建设的工作思路》和《关于继续对各县（市、区）的宜居城镇、宜居村庄、宜居社区建设进行技术帮扶的请示和行动方案》；配合相关镇、村做好规划建设工作，协助省规划设计院对新兴县六祖镇龙山塘村进行村庄规划的修编。

项目选址和其他规划　合市国土资源和城乡规划管理局办理各项业务案件。2011年，共办理业务案件187件，其中用地规划业务145件，工程规划管理类业务案件24件，市政道路规划类业务案件19件。

规划管理与监察　2011年，云浮市国土资源和城乡规划管理局共审批市中心城区建设用地规划业务案件543件，办理立面效果图审批、核发《建设工程规划许可证》、建设工程规划放线复线、建设工程验收等业务案件1300多件，代市政府征收城市基础设施配套费1440万元。市国土资源和城乡规划管理局抓好日常执法监察工作，联合云城区政府、市监察局对云城区范围内开展违法用地、违法采矿、违章建筑专项清查整治行动，全市共查处违法用地、违法采矿、违章建筑200多宗。 *(李建桥)*

【城市建设与管理】 市政设施建设 2011年，云浮市共筹措投入资金2635万元，开展贯通城区道路工程、城区慢行系统建设、烈士公园广场道路改造、杉冲洞华丰路改造、解放路路面改造、市政道路修复等多项民心工程，共建成府前路等城市慢行系统4.5千米，完成街道硬底化建设1.6万平方米，维修破损路面、人行道1.5万平方米，检测城市桥梁12座。开展贯通城区道路一期工程，完成贯通珊瑚路（长150米，投资概算80.98万元）和翠丰路（长400米，投资概算447万元）两条道路。

是年，云浮市采取照明、景观、节能结合的办法，投入资金740万元，对城区照明系统进行分批改造，安装、维修城市公共照明路灯、“中国结”等灯饰9500多套，城区路灯亮灯率、完好率保持在98%以上，进一步美化、亮化城区，方便市民群众的出行，取得了良好效果。

园林绿化 2011年，云浮市以创建省级园林城市为目标，共筹措投入资金1228万元，完成南山河加油站建设、凤凰广场两侧4个街头小景建设、南山森林公园景观改造、过境公路和世纪大道绿化升级改造以及开展绿化美化云城行动月活动，在城区公共场所、道路、慢行系统、小区、单位庭园共计新植、补植各类绿化苗木8500多株、绿地1.6万平方米，新增公共绿地面积1.3万平方米，在人民广场、“一河两岸”等公共场所摆设花卉18万多盆，绿色生态环境逐步提升。全市创建省级园林城市工作于2011年7月正式启动。

城市环境卫生 2011年，云浮市环境卫生落实精细化、标准化管理，通过“扫”、“保”、“洗”、“洒”四结合，加强城区主次干道、公共场所的环卫服务工作，并在街道、公共场所安装便民果皮箱500多个，进一步提升环卫服务质量，净化城市环境。同时，不断扩展延伸管理服务范围，把星岩四路、国家石材质检中心外围道路以及城区绿道等纳入环卫服务，新增环卫服务面积10万平方米，解决了上述路段以往“一城两样”、“同城不同样”问题。至2011年中心城区环卫服务面积280万平方米，年处理生活垃圾量5万吨（压缩后），生活垃圾处理无害化处理率100%。

是年，投入资金20.8万元，完成河口麻鸡坑垃圾填埋场旧围村农田灌溉引水工程。城区粪便无害化处理设施建设正在开展。新兴县的无害化处理垃圾场正在动工建设之中，预计在2012年4月底建成交付使用；罗定市生活垃圾填埋场的无害化处理升级改造，已完成立项、环评等前期手续；郁南县无害化处理垃圾场预计2012年底前动工建设；云安县小型填埋场将于近期施工，并计划选址建设新的无害化填埋场。 *(陈宏略)*

城市生态环境保护和建设 生态环境状况。2011年，云浮市环境质量得到持续改善，全市空气环境质量总体保持在国家二级标准以上，全年空气质量优良率达100%，建市以来首次实现优良率达100%目标，空气污染指数排名位居全省前列。城区降尘量年均值为4.26吨，优于省的标准（8吨），没有出现酸雨现象。西江云浮段水质保持在Ⅱ类，是省内水质最好江段之一。南山河、南江河、新兴江等主要河流水质均达到功能要求。集中式饮用水源水质达标率和省控断面水质达标率为100%。在是年8月公布的全省珠江综合整治考核结果中，云浮市名列山区城市第一名。在是年省政府落实科学发展观考评中，云浮市环保局负责的“主要污染物总量减排完成率”和“环境空气优良天数”两项指标在全省排名为第十名和第七名，分别比上年度上升2位和11位。

这一年全市争取到上级环保专项资金8059万元，有力地推进污染治理项目建设和完成。

是年，云浮市深入推进“以奖促治”和生态示范建设工作，制订《云浮市2011年农村环境整治“以奖代补”项目实施方案》，全力组织实施10个农村环境综合整治“以奖代补”试点项目，累计投入资金200万元用于污水处理设施建设，完成10个项目并通过验收。

强化畜禽养殖业环境监管，推行生态养殖模式。各县（市、区）针对畜禽养殖业发展的新形势，重新划定畜禽养殖禁养区、限养区和适养区，对80家养殖场限期整改，全面完成水源保护区等重点区域的畜禽养殖场关闭或拆除工作。12月，省环保厅联合省农业厅在云浮市召开全省农村环境综合整治暨畜禽生态健康养殖示范现场会，总结和推广云浮市的先进经验。

强化重金属污染防治工作。是年，组织开展《重金属污染综合防治“十二五”规划》编制工作。加强对涉重金属企业全过程监管，责令整改企业5家，顺利完成云浮硫铁矿铊污染治理工程。严格按照“六个一律”开展铅蓄电池行业整治工作，联合市监察局对新兴县新恒辉电源实业有限公司和云安县鸿富达蓄电池有限公司进行联合挂牌督办。

整治违法排污企业专项行动。着力解决突出环境问题，特别是市区上谭路刀头厂污染整治难题，解决了困扰当地居民十几年噪声和臭气污染顽疾。通过开展环境风险及化学品检查工作，促使一批重点环境风险企业的环境问题得到有效解决和突破。加强企业环境信用管理。以抓好石材行业环境信用管理为重点，深入推进环境信用管理工作。印发《云浮市石材企业环境综合整治工作方案》，制定《云浮市石材企业环境保护信用管理试行办法》，突破性的完成3300多家石材企业开展环境保护信用评级，以信用评价倒逼石材产业转型升级。

(傅银波)

城市水环境建设　城市排污。污水处理厂建成情况：截至2011年底，全市建成5座城市污水处理厂，分别是：云浮市城区污水处理厂，设计污水处理能力为6万立方米/日；罗定生活污水处理厂，设计污水处理能力为4万立方米/日；新兴县城区市生活污水处理厂，设计污水处理能力为2万立方米/日；郁南县城区生活污水处理厂，设计污水处理能力为1万立方米/日；云安县城区污水处理厂，设计污水处理能力为1万立方米/日。

是年，全市已建成污水管网总长28千米。全市年污水处理总量为3986.63万立方米，其中云浮市城区年污水处理总量为1599.9万立方米；云浮市全市日污水处理总量为10.92万立方米，其中云浮市城区日污水处理总量为4.38万立方米。

城市供水　2011年，云浮市总共投入7770万元用于管网建设。其中投入6380万元，完成12.9千米西江输水管道改造（二期）工程建设；投入1390万元，完成云城区环市路武警支队至教育园区段5.8千米供水工程建设。

是年，云浮市全市城市供水总量为6522.31万立方米，其中云浮市城区年供水总量为2477.7万立方米；日供水总量为17.87万立方米，其中云浮市城区日供水总量为6.79万立方米。

城市供气　2011年，云浮市共有液化石油气站20家，设计储气量为8000立方米，实际储气量为4800立方米。全年液化石油气供气总量为24507吨，用气户数达到18.07万户，86.96万人，县城用气普及率为91.51%。市城区管道天然气建设项目首期已建成管道燃气管线30.5千米，完成3000多户居民用户供气管道安装，实现供气22万立方米/月，为市民提供便捷、环保的能源。

(张鹏)

城市综合管理　2011年，云浮市按照“以人为本、科学统筹、以点带面、全面提升”的工作思路，落实“疏与堵相结合、教育与惩处相结合、治标与治本相结合，服务与整治相结合”的“四个结合”原则，采取“三个强化”措施，抓好市容环境和秩序管理。主要措施如下：强化常态管理。实施“分片包干、定岗定责”、“错时管理”工作制，对城区市容环境秩序进行常态化、全天候、全覆盖的巡查和执法管理，及时处置各类动态性、突发性问题，使城区的市容市貌保持良好态势。强化综合整治。进一步加强联合执法力度，会同公安、工商等相关部门组成城市管理联合执法工作组，实施多个综合整治行动，加大对河滨路、城中路等主干道路的整治力度，对中心市场周边、解放路、城基路等区域的秩序进行规范。全年共开展大型综合整治行动8次，专项整治行动16次，教育、纠正和查处城市“六乱”行为以及损坏市政设施、绿化树木、偷运建筑余泥、非法户外广告等违章行为共8200多宗，市容市貌进一步改善。

强化疏堵结合，归行划市。在巩固“入室经营”管理成效的基础上，设置金山市场临时农副产品批发交易市场、竹木器摆卖点、烈士公园灯光夜市、特色美食烧烤街等一批疏导摆卖经营场地，实行归行入市；引导机车修理，洗车场等污染较大的店铺逐步搬离主街道，搬迁到其他场所经营，减少污染行业对市容环境的影响；通过积极发动社会力量参与城市管理，引入专业物业管理公司参与中心市场周边、灯光夜市、特色美食街等区域市容秩序管理维护，提升管理成效。

(陈宏略)

【城镇村庄建设】　2011年，云浮市继续深化城镇村庄建设，组织实施《中共云浮市委云浮市人民政府关于提高我市城市化发展水平的实施意见（征求意见稿）》，以提高城镇综合承载力为抓手，争取经过“十二五”的努力，城市化水平每年递增2%，到2015年末达到40.81%。

(张鹏)

【中心镇建设】　2011年，云浮市中心镇建设在2010年基础上进一步扎实推进，按照“三规合一”的整体部署，以特色产业为抓手，力求实现一镇一业，提高中心镇在基础设施、产业集聚等方面的辐射作用，初步走出一条具有云浮特色的中心镇跨越发展的新路子。全市14个中心镇公共设施和基础设施建设稳步推进。全市中心镇投入基础设施、公共设施建设资金6.93亿元，比上年同期增长17.6%，建设项目120个（其中基础设施项目67个，公共设施建设项目53个）。

(黄锡秦)

【住房与房地产业】　2011年，云浮市完成房地产开发投资23.51亿元，比上年增长41.63%；全市商品房施工面积203.01万平方米，增长81.19%；全市商品房销售面积68.58万平方米，销售金额28.47亿元，比上年增长67.95%。

房地产权登记　2011年，全市共办理房地产办证业务1.6万宗，比上年增长1.7%，其中办理房地产初始和变更登记6173宗，增长55%；商品房预售备案1382件，下降22%；核发房地产权证15756件，办证总收入920万元，增长189%。

房地产交易　2011年，办理房地产交易3676宗，交易面积38.27万平方米，交易金额48.12亿元，全年交易手续费收入共401万元，超额完成全年任务190万元的111%。

直管公房管理和房屋安全鉴定　2011年，抓好直管公房的经营管理，提高经营管理效益，全年直管公房经营收入租金收入415万元，比上年的386万元增加29万元，安监所完善危险房屋资料库，完成房屋安全鉴定223宗，其中经营性鉴定208宗，抢险救灾15宗，全年经济收入共50.08万元。

保障性住房建设　2011年，云浮市把保障性安居工程建设列入“十大幸福工程”和“十件民生大事”之一。全市完成住房保障工作目标总数2566套（户），解决196户登记在册的城镇低收入家庭住房困难问题和8000多人（次）外来务工人员住宿问题。全市29个保障性住房建设项目，总建筑面积达13万平方米，全年累计投入保障住房建设资金1.5亿元，落实建设用地3.56万平方米，通过新建、改建、社会筹集等方式筹集房源2556套，并于10月底前全部开工，超额完成省下达的目标任务81套，其中年内竣工的保障性住房有1453套，开工率、竣工率分别为103.69%和58.78%，排在全省的前列。

物业管理　2011年，办理业主委员会备案2宗，物业服务公司资质申请4宗，外来公司资质备案3宗，物业管理区域备案1宗，资质年检10宗。全年全市登记备案的物业公司有29家，业主委员会9个，物业管理面积310.3万平方米，管理项目82个，管理人员1244人。有14个小区缴存房屋物业专项维修资金，2011年市城区专项维修资金缴存金额数52.22万元，缴存金额总数约为839万元。加强房屋白蚁防治的管理，办理22宗白蚁防治工程备案，备案面积为476753.88平方米，白蚁防治保治费为18.03万元。

（张鹏）

【“三旧”改造】　2011年，云浮市已申报的“三旧”改造项目有75个，计划改造的旧城镇、旧村庄、旧厂房面积422.3公顷。其中，正在动工建设的“三旧”改造项目有27个，改造面积67.03公顷，全年投入改造资金8.7亿元。在2011年粤港经济技术贸易合作交流会上，云浮市选出一批“三旧”改造重点项目进行推介，并与深商投商用置业有限公司、香港广领集团分别签订合作框架协议，项目计划投资总额1.27亿美元。

（张鹏）

【建筑业】　2011年，全市新批9家建筑业企业18项资质，其中，报送云浮市首家晋升一级资质企业资料上省厅至住房和城乡建设部；办理企业资质变更6家；办理安全生产许可证延期18家。全年共清理14家不符合资质要求的空壳或沉睡企业，其中注销资质10家、撤回资质4家。全年共办理“五大员”注册证书1423个，其中新办605个，延期818个；编制全年教育培训计划，举办培训班28期，培训人员5694人（次）。共受理并备案184家进驻云浮市和续期申请，其中，施工企业116家（其中，续期70家）、监理企业24家（其中，续期19家）、勘察设计15家（其中，续期6家）、招标代理机构23（其中，续期20家）、造价咨询机构6家（其中，续期3家）。全年办理外地企业单项进驻49家。

招投标管理　2011年，全市共304宗建设工程招标投标进入建设工程交易中心，比上年增长14.72%；工程总造价（中标价）16.98亿元，下降33.36%；工程标底价17.52亿元，下降32.46%；节约投资0.54亿元，下浮率3.08%。其中，市区共116宗，下降3.33%；工程造价4.87亿元，下降56.52%；工程标底价5.01亿元，下降55.9%；下浮率2.79%。应公开招标率和应招标率均达100%。

建设工程质量管理　2011年，全市受监工程无质量、安全事故发生，实现年度施工安全生产零死亡事故、无发生一般以上安全生产事故管理目标。全市有1项工程被评为省“优良样板工程”，有9项工程评为市“优良样板工程”，有2项工程获市“亚热带特色风貌优良样板工程”。全市建筑工程质量总体水平呈稳中有升的态势，工程质量管理工作得到省厅的充分肯定，被省厅推荐介绍经验的8个市之一。

建设施工安全管理　2011年，全市实现年度安全生产考核管理目标，有4个工地被评为省“安全生产、文明施工示范”工地，有6个工地被评为市“示范”工地。定期召开安全生产形势分析会，不断规范监督管理。把11个在建工地项目纳入全市施工安全生产重点监控范围。全年组织6次全市性施工安全生产大检查，抓平安，迎大运，监督施工企业开展对脚手架、深基坑、高大模板和起重机械等危险性较大的分部分项目工程和建筑工地消防隐患大排查工作。把政府重点工程、大型房地产开发项目等公共建筑作为强化监管的重点项目，同时进一步加强回迁户和私人房屋建筑工程安全质量管理。

建设工程造价管理　2011年，建立工程造价资料积累和数据库，做好招标控制价的备案管理工作，建立工程造价数据各项指标。全年市区招共完成招标控制价备案15宗，工程预算金额1.07亿元。施工合同备案17宗，合同金额3.28亿元。

（张鹏）

【建设科技】　2011年，云浮市建筑节能实现节约4.35万吨标准煤，完成4万吨标准煤目标任务的108.8%。新型墙体材料使用量9500万只标砖，完成8000万只标砖任务的118.7%；使用新型墙材的墙体达98万平方米，单位工程项目使用率达76%以上（其中市区使用率达95%以上）。单位工程项目建筑节能设计、图审、备案比例达100%，新建建筑施工阶段节能强制性标准执行率达97%以上。

是年，全市散装水泥供应量

388.5万吨，完成345万吨任务的112.6%；实现散装水泥使用量48.3万吨，完成40万吨任务的120.8%；商品混凝土使用量75.5万立方米，完成50万立方米任务的151%；太阳能（热泵）热水器的使用新增2250台，完成新增2000台任务的113%。全市关停红砖厂31家。市城区、罗定为全国第一批和第三批限时“禁实”城市，2011年市城区单位工程新墙材使用率达95%，罗定新墙材使用率达87%，均超额完成“禁实”目标任务。 *（冯文兴）*

【信息化建设】 2011年，组建云浮市住房和城乡建设局信息网，彻底解决“一局两网”问题，进一步提高信息化水平。同时，不断完善业务OA系统（内网）建设，以确保业务OA系统对业务的有效支撑。 *（张鹏）*

是年，云浮市投入专项经费390万元，建立云浮市国土规划电子政务系统，并于10月份上线试运行。该系统包括国土规划业务办理系统和土地矿业权网上交易系统两大部分。这是该市运用科技创新手段，加强国土规划政务公开、增强业务办理透明度、加大监管力度、推进国土规划领域防治腐败的一项重要举措。 *（罗锡炎）*

附录：云浮市住房和城乡建设管理部门主要领导

云浮市住房和城乡建设局

党组书记、局长：江卓君

云浮市规划编制委员会

党组书记、主任：周　军

云浮市国土资源和城乡规划管理局

党组书记、局长：叶　锐

云浮市城市综合管理局

党组书记、局长：陆景华

云浮市水务局

党组书记、局长：梁荣坚

云浮市环境保护局

党组书记、局长：陈德深

云浮市住房公积金管理中心

党委书记、主任：冯杰焕

各市建设

2011 年，广东省各级政府贯彻省委、省政府的工作部署，大力推进宜居城乡建设，落实住房保障计划，实现房地产市场调控目标，一大批城乡基础设施项目和民生工程开工建设或竣工投产，全省住房和城乡建设事业迈上新台阶。

2011年，广州市实际完成城建投资58.24亿元。建筑业完成总产值1549.04亿元，比上年增长3%；房屋施工面积9499.89万平方米。全市房屋建筑和市政基础设施工程获“中国建设工程鲁班奖”两项、“国家优质工程奖”两项、“詹天佑奖”4项、“广东省优良样板工程”26项、“广东省市政优良样板工程”4项、“五羊杯”18项、“广州市优良样板工程”91项、“广州市结构优良样板工程”19项。农村路灯、人行天桥等公共基础设施建设顺利推进，道路网络进一步优化，城市人居环境显著改善，新型城市化建设顺利开展。

■ 广州市海心沙鸟瞰（2011）　　（广州市城乡建设委员会供稿）

■ 广州市二沙岛（2011）

■ 2011 年 11 月 28 日，广州市白云湖菊花展开幕。

（广州市林业和园林局供稿）

■ 2011 年 10 月 9 日，广州市人民政府常务会议通过《广州市名镇名村创建工作方案》，确定有 800 年历史的中国历史文化名镇番禺区沙湾镇为广州市名镇第一批重点创建点。（广州市城乡建设委员会供稿）

■ 广州发展公园（2011）（广州市林业和园林局供稿）

（广州市环境保护局供稿）

从化市城乡建设局

2010年，在原从化市建设和市政管理局的基础上经机构调整设立从化市城乡建设局，现有人员109人，内设科室6个，下属7个事业单位。

2011年，从化市在建设广州北部城市副中心和珠三角最宜居生态城市的发展战略中，推进统筹城乡发展，探索新型城市化发展道路，先后完成国省道城区段改造、河东南路、镇南路、镇北路及沿江路（七星西路至S355线）等道路的改造建设；从化彩云小区、新城居委小区、西宁居委小区、府前居委小区等社区改造工程；完成南部供水管网工程建设；全面完成涉及33个村（社）、惠及5万人口的农村污水一期治理工程；完成全市农村路灯一期15063盏的安装建设等工作。在行业管理方面，切实抓好房地产开发管理和建筑业监管，落实安全生产责任，规范建筑工程施工许可的行政审批，推进全市墙材革新与建筑节能、散装水泥推广应用，全市房地产业和建筑业快速有序发展，“十一五”期间获“全省发展散装水泥先进单位”、“2009～2010年度广州市社会治安综合治理工作先进集体”等荣誉。

■ 2011年6月20日，广州市城乡建设委员会和从化市领导在从化市吕田镇桂峰村视察农村路灯建设情况。

■ 从化市区一河两岸灯饰工程（2011）

■ 升级改造后的105国道城区段（2010）

■ 从化市区金瓯广场（2006）

广州市从化建筑设计院有限公司

成立于 1981 年，前身是从化基建局建筑设计室，1993 年更名为建筑勘察设计院， 2007 年转制更名为广州市从化建筑设计院有限公司，是从化地区唯一一家乙级建筑设计单位。具备建筑工程设计和岩土工程勘察乙级资质，市政工程和城市规划编制丙级资质。具有各类专业技术人员的队伍，承担建筑工程及相应的工程咨询和装饰设计、市政工程设计、岩土工程勘察及城市规划编制。完成建设工程勘察设计项目 4500 余项，包含公共建筑、商业建筑、工业园区及城市规划、市政工程等各种类型，曾获省、市及地区优秀设计或科技进步奖。由公司设计的从化标志性建筑北回归线标志塔及古建筑重建的“文风塔”获“广州市第六次优秀工程设计三等奖”。

2011 年，全年承接签定勘察设计项目 180 项；完成建设工程项目的设计施工图 110 多项，完成市政工程道路、排水及小区改造项目设计工程造价 3500 万元；完成地质勘察项目 42 项，工程地质勘察进尺 1.3 万米；实现经营总收入比上年增长 50% 以上。

■ 广州从化紫薇花园效果图（2011）

■ 广州集泰化工有限公司从化龙星厂区鸟瞰图（2011）

■ 从化市望谷 · 美庐高层住宅效果图（2010）

从化市建设工程质量安全检测中心

成立于1996年，具有独立的法人资格，承担建设工程质量检测职能。业务范围包括室内空气质量检测、土壤氡浓度检测、外墙饰面砖粘结强度检测、地基压板载荷试验检测、基桩静载检测、基桩低应变检测等。

2011年，始终坚持“公正、准确、快捷、规范”的质量方针，以技术标准为依据，以完善的检测手段和熟练的检测技术为基础，对影响检测质量的诸多因素进行有效的控制，创建高水平、高质量、高效率的检测中心，为用户提供优质服务，为工程质量监督机构提供可靠的依据。提高工作完成量，低应变检测工作量增长21%，单桩竖向静载检测工作量增长25.8%。

■ 2011年9月，从化市建设工程质量安全检测中心参与检测的从化雅居乐滨江花园项目。

■ 2011年5月，从化市建设工程质量安全检测中心参与检测的从化宏诚海岸项目。

■ 单桩竖向静载检测设备

■ 检测员在工地进行基桩低应变检测。

从化市建筑工程质量监督检测室

成立于1989年，具有独立法人资格。从事建筑结构、建筑制品、建筑材料等质量检测，拥有检测专业人员19人、价值约500万元的各类检测仪器设备，本着“公正、科学、高效、热情”的理念为广大客户提供优质高效的检测服务。

2011年，对从化辖区内在建工程的建筑结构、建筑制品、建筑材料等进行质量检测，共检测建筑材料及构配件等约35000组（个）、建筑结构137幢。

■ 2011年1月28日，从化市建筑工程质量监督检测室迁入新址。

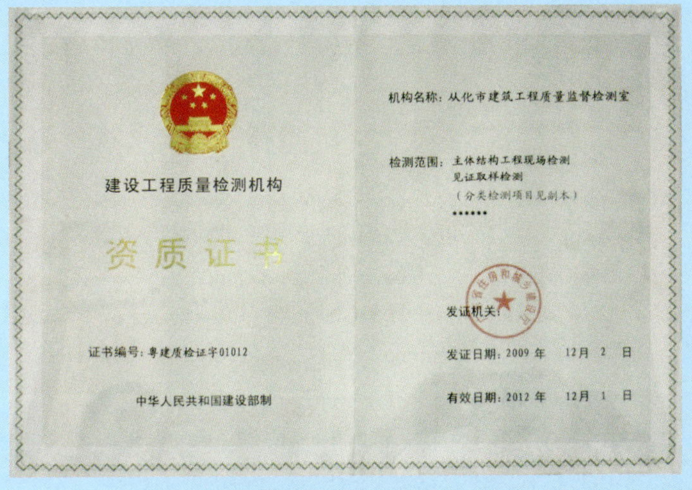

建设工程质量检测机构

资质证书

证书编号：粤建质检证字01012

中华人民共和国建设部制

机构名称：从化市建筑工程质量监督检测室

检测范围：主体结构工程现场检测
见证取样检测
（分类检测项目见副本）
······

发证机关：

发证日期：2009年 12月 2 日

有效日期：2012年 12月 1 日

资质认定

计量认证证书

证书编号： 2009191068R

名称：从化市建筑工程质量监督检测室

地址：从化市河滨南路36号（510900）

经审查，你机构已具备国家有关法律、行政法规规定的基本条件和能力，现予批准，可以向社会出具具有证明作用的数据和结果，特发此证。

检测能力见证书附表。

准许使用徽标

CMA

注：检测能力见附表
请在有效期届满前6个月提出复查申请，不再另行通知。

发证日期： 二〇〇九年八月二十四日

有效期至： 二〇一[illegible]年八月二[illegible]三日

发证机关： 广东省质量技术监督局

本证书由国家认证认可监督管理委员会制定，在中华人民共和国境内有效

2011 年，深圳市城市建设快速发展，交通、住房、人居环境、水务、城市面貌、城市供气等各项工作成效显著，城市功能更趋完善。全市开工建设保障性住房 7.3 万套、安排建设 6.2 万套，竣工 1 万套，完成中央和省下达的建设任务。深圳市全年生产总值 11502.06 亿元，房地产业增加值 1032.49 亿元，建筑业增加值 348.23 亿元。建成区绿化覆盖率为 45%，人均公园绿地面积 16.5 平方米。

■ 2011 年 3 月 2 日，中共中央政治局委员、广东省委书记汪洋（左一），省委常委、深圳市委书记王荣（右二）等领导在深圳湾公园参加植树活动。
（深圳市建筑工务署供稿）

■ 第 26 届世界大学生运动会中心体育场（2011） （深圳市建筑工务署供稿）

■ 深圳市深圳湾新貌（2011）

■ 深圳市 2 号省立绿道宝安段（2011）
（深圳市人居环境委员会供稿）

■ 深圳市深南大道绿化改造工程（2011）
（深圳市城市管理局供稿）

（深圳市城市管理局供稿）

深圳市规划和国土资源委员会

成立于2009年，内设17个处室、下设3个直属单位、派出7个管理局、8个事业单位。

2011年，完成《深圳市近期建设与土地利用规划（2011-2015）》，修改完善《深圳市土地利用总体规划（2006-2020）》；完成227项法定图则编制工作。创新土地节约集约利用模式，推进坪山中心区等9个地区的城市发展单元工作。审批城市更新单元规划项目47项，涉及拆除用地面积约450公顷，批准总建筑面积1716万平方米，完成1300公顷土地整备入库。除“开放式空间基础信息平台关键技术与数字城市实践”项目获“测绘科技进步一等奖”外，70余项成果获国家、省市级奖。

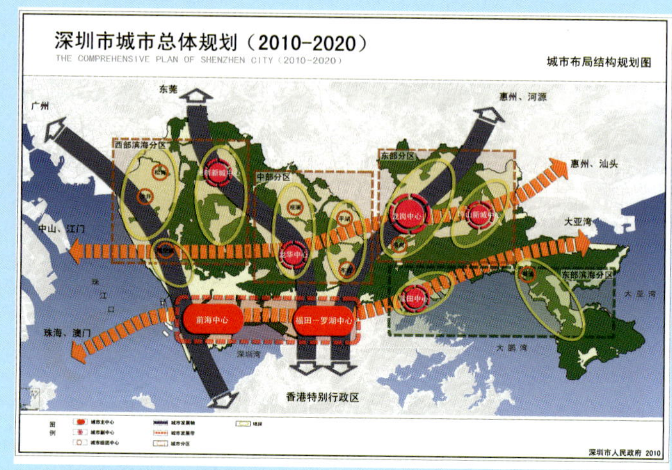

■《深圳市城市总体规划（2010-2020）》城市布局结构规划图

■ 2005年深圳市蔡屋围金融中心改造启动。2011年4月深圳市蔡屋围地区京基100大厦正式封顶，以441.8米的楼高取代地王大厦，成为深圳市的第三代地标。

■ 深圳市“前海水城”概念规划设计效果图（2011）

■ 深圳市城市更新（“三旧”改造）专项规划（2010 ~ 2015）

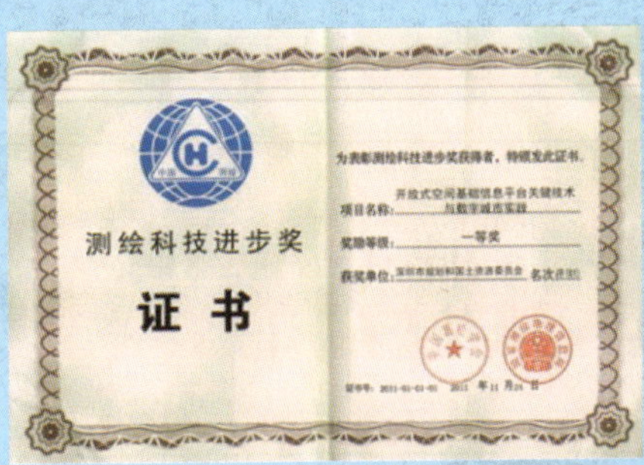

■ “开放式空间基础信息平台关键技术与数字城市实践”项目获测绘科技进步奖一等奖。

2011年，珠海市城市格局明显优化，经济特区范围扩大至全市，横琴新区开发上升为国家战略，实现建筑业增加值50.12亿元，房地产开发投资256.59亿元，在房地产开发投资中，商品房住宅投资163.60亿元，全年商品房施工面积1653.24万平方米，年末商品房待售面积53.11万平方米。

■ 珠海市大镜山水库（2011）

（珠海市海洋农渔和水务局供稿）

■ 珠海市新香洲远眺（2011）

■ 珠海市情侣北路段（2011）

■ 2011 年 12 月 30 日，珠海市珠海大道一期改建工程完工。

■ 珠海市前山河畔住宅群（2011）

（刘巍逡 摄）

2011年，汕头市被确定为国家主体功能区重点开发区域、海峡西岸经济区中心城市、国家海洋经济发展试点地区，区域中心城市地位进一步显现。完成市、区、镇三级土地利用规划修编，为拓展城市发展空间提供用地保障。加大城市规划力度，以“多规融合”启动新一轮城市总体规划修编，高标准规划“一核多组团”的城市发展新格局和“一湾两岸”的城市形态。重点打造濠江新城、东海岸新城、珠港新城和西部生态新城。全力推进港口、铁路、高速路网建设，主动与周边城市对接。全年重点建设项目完成投资183.7亿元，新增“国家园林城市”、“中国城市信息化50强”、“国家知识产权工作示范城市”、“国家电子商务示范城市”等城市名片，“国家卫生城市”通过复审确认。

■ 2011年9月20日，中共中央政治局委员、广东省委书记汪洋（前一）视察汕头市南澳大桥建设工程。

■ 汕头市海湾夜景（2011）

■ 2011 年 11 月 1 日，汕头市人民广场绿化改造工程完工。

■ 汕头市龙湖街区（2011）

（汕头市环境保护局供稿）

■ 汕头市海门湾（2011）

（汕头市住房和城乡建设局供稿）

2011年，佛山市在建监督工程6564项，建筑面积3510万平方米，工程合计总造价609.37亿元；广东省下达13657套保障性住房建设任务全部开工，实际建设开工14047套；全市投入“三旧”改造资金53.15亿元，新增改造项目343个，涉及土地面积0.175万公顷；全市人均公园绿地面积10.8平方米；建成城市绿道370千米，完成省立绿道网建设749千米，绿道379千米各项配套设施建成；全市生活垃圾无害化处理率达87.63%；中心城区生活污水处理率达88.98%，全市城镇污水处理率达81.49%以上。是年，佛山市被评为“‘十一五’全国无障碍建设先进城市”，获住房和城乡建设部颁发的“广东省珠三角绿道建设项目中国人居环境范例奖”，获中国环卫协会颁发“2011年度环卫行业创新奖”。

■ 佛山市亚艺公园（2011）

■ 佛山市岭南明珠体育馆（2011）

（佛山市住房和城乡建设管理局供稿）

■ 佛山市新城世纪莲体育场馆及周边建筑（2011）

■ 2011 年 11 月，佛山市南海区垃圾焚烧发电二厂竣工并投入运营。

■ 2011 年 10 月 29 日，佛山市南庄镇生态湖，历经两个多月的征名活动，被正式定名为“绿岛湖”。湖体面积 66.67 公顷，附属河网面积 33.33 公顷。

■ 2010 年 11 月 18 日，佛山市“岭南天地”特色和商业街一期工程完工，并向市民开放。

（佛山市国土资源和城乡规划局供稿）

2011年，佛山市顺德区围绕“城市升级引领转型发展，共建共享幸福顺德”的目标，以打造“宜居顺德、智慧顺德、和谐顺德、文明顺德”为主线，不断提升城市发展质量。顺番公路、碧桂路、均荷路改造等一批交通基础设施项目建成通车。贯通城市绿道286千米，新增（改造）绿化面积230公顷。完成内河涌疏浚470千米，推进36个重点水利工程项目。落实房地产调控政策，筹建保障性住房7877套。纳入“三旧”改造地块标图建库的项目551个，总用地面积6774.79公顷。城市功能、形态和环境均得到优化。

■2011年12月，顺德区105国道与三乐路节点绿化改造工程完工。

■2011年12月30日，顺德区陈村公园主体工程完成。

■2011年8月27日，顺德区均安新体育公园落成启用。

■ 顺德区商品住宅小区（2011）

■ 顺德区岭南风情美食展示中心位于顺德区大良南区，规划总用地面积 42000 平方米，投资 2 亿元，是顺德区大良镇“三旧”改造的重点项目。（顺德区发展规划和统计局供稿）

■ 2011 年 12 月 1 日，顺德区伦教绿道园林绿化工程完工。

（顺德区国土城建和水利局供稿）

2011年，韶关市共筹集落实到位资金55158万元，完成保障性住房13171套，通过划拨等方式落实保障性住房用地465946平方米，满足建设用地需要。投入资金570万元，建成绿道58.3千米，建成驿站6个，停车场4个，自行车租赁点3个，标识225个，安全环卫设施、标识牌等配套设施基本设施。全年建筑业增加值48.97亿元。全市房地产开发企业完成投资81.27亿元，全市商品房销售231.12万平方米。

■ 2011年10月30日，韶关市韶南大道改造工程竣工。

■ 广东省首个世界自然遗产——韶关市丹霞山风景名胜区（2011）

（刘加青 摄）

■ 2011 年 11 月 5 日，广东国际旅游文化节在韶关举办。图为广东国际旅游文化节开幕式焰火晚会。

■ 位于韶关市中山公园内的花卉摆放造型成为 2011 年广东国际旅游文化节期间的一大亮点。

■ 2011 年 11 月 5 日，韶关市举行“丹霞山绿道自行车骑行活动”，标志着丹霞山绿道正式启用。

■ 2011 年 11 月 28 日，韶关市举行原曲仁矿棚户区改造示范安置房暨水上居民入住交钥匙仪式。（章程 摄）

（韶关市城市综合管理局供稿）

2011年，河源市以打造“公园城市、万绿水城”和建设宜居城乡为目标，以“客家古邑、万绿河源”城市形象为特色。全市城镇化水平45%，市区建成区面积39.7平方千米，人均城市道路面积14.39平方米，建成区绿地率40.61%，建成区绿化覆盖率44.21%，人均公园绿地面积12.10平方米，生活垃圾无害化处理率99.66%，燃气普及率99.69%，自来水普及率99.98%，路灯亮化率98.81%。全市共落实保障性住房建设资金6.8亿元，落实建设用地11.2万平方米，新启动保障性住房建设项目44个。全市新建经济适用住房644套，新增廉租住房545套，新增公共租赁住房2603套，新增城市棚户区改造556户，新增工矿棚户区改造1032户，超额完成各项保障任务。全市新增归集住房公积金16.18亿元，发放贷款3.61亿元。市直共向285个单位8393名职工发放住房货币补贴资金5500万元。

■ 2011年河源市获“国家卫生城市”殊荣。是年12月20日，卫生部部长陈竺（左）向河源市市长彭建文（右）颁发“国家卫生城市”牌匾。

■ 2012年春节前，河源市客家文化公园首期工程完工并向市民开放。

■ 2011 年 12 月底，河源市直经济适用住房顺利封顶，解决了 526 户中低收入家庭住房困难问题。

■ 2011 年 3 月 28 日，河源市文化广场体育休闲公园投入使用。

■ 2011 年 4 月 28 日，广东省首批古村落河源市和平县四角楼首期保护开发工程竣工。

（河源市住房和城乡规划建设局供稿）

2011 年，梅州市成功创建“国家卫生城市”，世界客都大道、客天下旅游产业园（一期）建成投入使用，梅州城区文化休闲区、梅县机场扩建、绿色健康休闲度假区等重点项目配套市政设施建设按计划推进。全市设市城市和县城建成区面积为 115.74 平方千米，全市完成建筑业总产值 126.49 亿元，完成房地产开发投资 25.46 亿元。

■ 2011 年 8 月 22 日，梅州市委书记李嘉（右二）、市长朱泽君（右三）检查梅州市城建工作。

（梅州市城市综合管理局供稿）

■ 2011 年 1 月 1 日，梅州市剑英绿道建成并正式投入使用。

（谢汉奎 摄）

■ 2011年3月，梅州市广州（梅州）产业转移工业园体育公园竣工。（周耀坤 摄）

■ 梅州市城区林荫大道——华南大道（2011）（梅州市城市综合管理局）

■ 梅州市院士广场一角（2011）（梅州市城市综合管理局供稿）

■ 2011年6月13日，梅州市梅城世界客都大道加铺沥青主体工程完成。（谢汉奎 摄）

2011年，惠州市惠城中心区市政道路总长215千米，桥梁和隧道36座，城市照明线路总长965千米，城市供水主管道总长1000千米，日供水能力70万吨。市区垃圾无害化处理率达100%，4座污水厂投入运营，新增处理能力10万吨/日。市区城市园林绿地面积6642.57万平方米，绿化覆盖率38.35%，绿地率34.95%，人均公园绿地面积12.02平方米，新增公共绿地面积280.04万平方米。全年完成房地产开发投资377.5亿元，全市住房公积金归集额26.07亿元。

■ 2011年12月28日，惠州森林公园揭幕并正式开放。

（惠州市园林管理局供稿）

■ 2011年4月28日，惠州市西枝江大桥工程竣工通车。

（惠州市住房和城乡规划建设局供稿）

■ 惠州市西湖风景区鸟瞰（2011）（惠州市住房和城乡规划建设局供稿）

■ 2011 年 12 月 26 日，惠州市金山河综合整治工程举行动工仪式。（惠州市水务局供稿）

■ 2011 年 1 月 1 日，惠州市 3 号绿道惠城区示范段正式建成。至此惠州三条省立绿道全线贯通。（惠州市园林管理局供稿）

惠州市房产管理局房产交易中心

成立于1999年，是惠州市房产管理局直属窗口服务单位，负责惠城区内房屋产权交易、登记发证工作及产权产籍管理工作。在职干部职工113人，设合同管理部、交易部、产权部、抵押部、测绘部、质审部、缮证部、查档部、租赁部等14个业务部门。

2011年共颁发各类权证近10万份，完成房产测绘9000多宗，完成房屋租赁登记备案3000多宗，完成房产档案查询7万多份，出具首套房证明2万多份，办理法院查、解封业务4000多宗，建立房屋电子档案近10万份。曾获“广东省工人先锋号”、“广东省青年文明号”、“广东省青年文明号标兵示范单位”、“全国工人先锋号”、“全国房地产交易与权属登记规范化管理先进单位”等称号。

是年，房产交易中心坚持“为民服务，争创一流”的理念，全力推行服务“一站式”、办公“亮牌式”、为民“温情式”。“温情服务”房屋登记业务办理方式是广东省内首创针对“老、弱、病、残、孕”等特殊群体或大型社区、企业而进行的上门服务。全年共进行各类温情服务48宗。

■ 惠州市房产管理局房产交易中心获“2011年度全国工人先锋号”称号。

■ 惠州市房产管理局房产交易中心工作团队合影。

■ 惠州市房产管理局房产交易中心办事窗口一角（2011）

■ 惠州市房产管理局房产交易中心工作人员为企业服务。

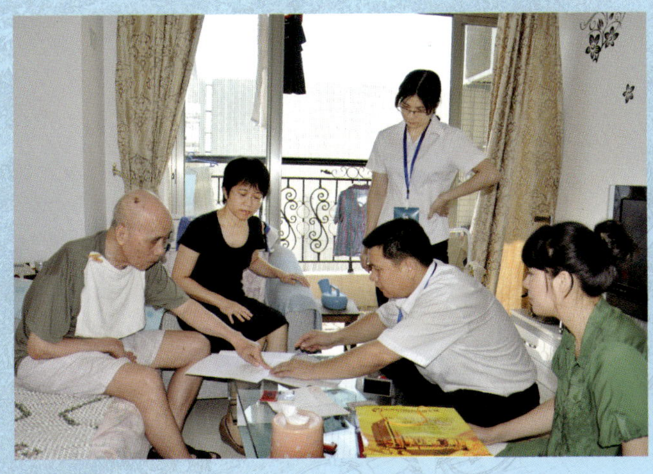

■ 惠州市房产管理局房产交易中心工作人员到社区为市民提供服务。

2011 年，汕尾市创建宜居城乡工作取得初步成效。完成投资约 2 亿元，负责实施的重点市政工程项目共 9 个，全市共创建市级试点宜居城镇 10 个、宜居村庄 21 个、宜居社区 17 个；全市房地产市场基本平稳，新建住房价格均未突破年度控制目标；超额完成省下达保障性安居工程建设任务。全市共完成建筑业总产值 16.9 亿元，房屋施工面积 178.28 万平方米，房屋竣工面积 96.45 万平方米，

■ 汕尾市区海滨大道（2011）

■ 汕尾市红海湾海上训练基地（2011）

■ 汕尾市海丰莲花山风景区（2011）

■ 汕尾市海丰大湖湿地（2011）

■ 汕尾市区金湖路（2011）

■ 汕尾市海丰县龙津河（2011）

（汕尾市住房和城乡建设局供稿）

2011年，东莞市建筑企业完成总产值133.50亿元，施工面积759.11万平方米，竣工面积396.15万平方米。建筑企业按施工产值计算的全员劳动生产率为人均22.99万元。全市房地产业实现增加值358.55亿元，全年完成房地产开发投资373.76亿元。共承建市财政投资建设工程72项，完成投资27亿元，其中东莞市中医院新院、运河整治A段、广电中心、档案馆等19项工程完工，东莞市廉租房二期、规划展览馆、网球中心、残疾人康复实验学校和体育训练中心一期等14项工程开工。援建四川省映秀镇“交钥匙”市政和园林景观工程获“国家优质工程银质奖”，市政项目和震中纪念地获“四川省‘天府杯’金奖”。

■ 2011年7月22日，珠三角绿道网建设现场会在东莞召开，广东省副省长林木声出席会议并讲话。 （东莞市城乡规划局供稿）

■ 2011年6月29日，东莞市举行东莞轨道交通工程R2线天宝站——东城站区间盾构首发仪式。

（东莞市住房和城乡建设局供稿）

■ 东莞市旗峰公园(2011) （东莞市城乡规划局供稿）

■ 东莞市环城路——广深高速石鼓连接线（2011）　（东莞市城建工程管理局供稿）

■ 2011年9月28日，东莞广播电视中心落成并投入使用。

（东莞市城建工程管理局供稿）

■ 东莞市松山湖（2011）　（东莞市城乡规划局供稿）

东莞市虎门建设发展有限公司

成立于1989年，具有房屋建筑二级、水电安装二级、市政道路施工三级等资质。前身是东莞市虎门建设发展公司，为东莞市建设委员会直属集体企业。2000年，正式转制为东莞市虎门建设发展有限公司。设立建筑、装饰、基础、市政、水电等分公司。2011年有员工2015人，其中高级专业职称6人、中、初级专业技术职称271人。拥有固定资产2500万元，及大、中型建筑施工机械设备100多台套。承担各类大中型土木建筑工程项目百余项，累计完成建筑面积超过1000万平方米，总值近百亿元，工程合格率100%。

公司注重企业形象的发展，以"精进、立信、忠诚"的精神，坚持"以质量求信誉，以工期求效益，全程管理，不断增值，先赢社会，再赢市场"的理念，奉行"以人为本"着重培养人的素质与专业知识相结合的原则，投资建成一流的办公大楼、配置现代办公设备绿化环保条件。坚持"质量第一，信誉第一"的经营方针，建立整套严格的工程质量保证体系，具备现代建筑施工企业的管理模式和水平。

2011年，完成工程量26.23万平方米，完成金额3.9亿元，工程合格率100%，安全生产、文明施工合格率100%，获"广东省房屋市政工程安全生产文明施工示范工地"两项，"东莞市优良样板工程"两项、"东莞市安全生产文明施工优良样板工地"6项，"AA级安全文明标准化诚信工地"两项，"呼和浩特地区安全质量标准化优良工地"1项，被东莞市住房和城乡建设局评为"2011年度建筑业施工企业先进单位和安全生产单位"。

东莞市寮步镇丰泰城三区施工工地被评定为2011年度广东省房屋市政工程安全生产文明施工示范工地。

■ 东莞市虎门镇东海城堡工程被评定为 2011 年度东莞市优良样板工程。

■ 东莞市南城区丰泰大厦（2011）

■ 东莞市虎门镇东海山庄（2011）

2011年，中山市加大基础设施建设力度，新建、改造道路总长12.7千米，新建绿地面积19.74万平方米，新建、改建污水、排水主干管29.5千米。主城区建设扩至“六区四镇”，城市管理覆盖城乡。新岐江公路、新十水线古镇至小榄段加快推进。投入334辆新能源公交车，公交出行分担率达20%。建成58千米城市慢行道，投放4000辆公共自行车，绿色出行成为新风尚。新种树木30万株，全禄蓄淡抗咸工程、长江水厂扩建等项目竣工使用，岐江游愿景成为现实。通过国家环保模范城市复检，建设全国生态文明示范市。前山河流域、内河涌和岐江河治理力度加大，珠江综合整治考核居全省前列，被广东省珠江综合整治工作联席会议办公室评为“八年江水变清”优秀城市。

■2011年6月17日，住房和城乡建设部总规划师唐凯（左一）、广东省副省长雷于蓝（左二）、中共中山市委书记薛晓峰（右二）、国家文物局人事司司长侯菊坤（右一）为中山市获评“国家历史文化名城”揭牌。（中山市城建档案馆供稿）

■2011年10月6日，中山市中山三路下穿隧道工程全线完工并顺利通车。

■ 中山商品住宅小区（2011）　　（中山市国土资源局供稿）

■ 中山市小榄镇鸟瞰

■ 2011 年，中山市继续完善中心城区的交通基础设施建设。图为城市主干道——中山路。

■ 2011 年 10 月 1 日，中山市岐江河“一河两岸”整治一期工程竣工。

（中山市住房和城乡建设局供稿）

广东大飞洋游艇设备有限公司

成立于2010年，以研发、生产、销售各类型游艇、交通艇、快艇及提供相关配套服务为主营业务，以确立“百年企业”为目标，以“提升人们的生活品质”为己任，追求的目标是“人人均可享受游艇”。为实现这一目标，大飞洋率先打破目前国内游艇设计、生产、停泊、保养等各产业链相互独立而给使用者带来不便并制约行业发展的现状，将游艇设计、制造、停泊、保养、驾驶培训及游艇租赁集于一体，致力于为客户提供一站式服务。

公司组建一支近百人的设计团队，在依托国外专业设计公司及国内重点院校技术力量的同时，将中国5000年文化底蕴及智慧渗透到产品的研发之中，以确保每一款游艇均具前瞻性及国人美感；在产品系列上，公司不求大而全，专注于精，立志于在游艇领域做到极致，规划28～138英尺共11种尺度15款不同风格船型，取得专利15项。在生产方式上，公司将量产与定制完美结合，70英尺以下将推行量产，以量产促规模，以规模促低成本，为客户创造更大价值，70英尺以上推行定制模式，满足客户个性化的需求。2011年，在独特的经营方式下，成功销售各种级别的游艇数十艘，成为游艇行业一颗耀眼的新星。

■ 十里堤岸明珠酒店（2011）

■ v80ft 游艇（2011）

■ 游艇码头（2011）

■ 游艇培训基地（2011）

■ 游艇制造厂（2011）

■ 游艇展销会（2011）

■ 游艇研发基地（2011）

（本页均为效果图）

2011年，江门市加快推进城市基础设施建设，广珠城际轻轨江门段建成通车，691项公共建筑项目和市政道路完成无障碍设施改造，286千米省立绿道和250千米城市绿道配套设施全面完成，滨江新区路网基本成形。推进中心城区“三旧”改造，完善全市生活垃圾和污水处理设施，市区河涌整治取得良好成效，城市宜居环境不断提升，成为全国文明城市。

■ 江门市东湖公园鸟瞰（2011） （周华东 摄）

■ 2011年11月16日，江门市天沙河引水增流工程竣工。 （容绍俊 摄）

■2011 年 12 月 31 日，江门市圭峰山绿护屏公园铺设水泥道路 3.25 千米，建成面积 4 公顷的大草坪以及绿化园林景观工程。
（江门市园林局供稿）

■2011 年 1 月 7 日，广州至珠海轨道交通城际轻轨江门段建成通车试运行。
（江门市住房和城乡建设局供稿）

■2011 年 1 月，江门市中区大道建成通车。（周华东 摄）

2011 年，阳江市加快推进重点项目建设，全市 47 个重点项目完成投资 151 亿元，完成年度计划的 104%。建筑和房地产业持续发展，全市完成建安产值 62.28 亿元，完成房地产开发投资 50.1 亿元，商品房施工面积 624.5 万平方米，商品房销售面积 153.8 万平方米，商品房销售额 60.8 亿元，实现市内建安税收 7.01 亿元，实现房地产税收 6.93 亿元。截至 2011 年底，全市城镇化率 46.97%，城镇人均道路面积达 13.56 平方米，城镇人均公园绿地面积 7.34 平方米，其中阳江中心城区人均公园绿地面积 10.59 平方米，森林覆盖率 54.5%。

■ 阳江市商品住宅小区一景（2011）
（范伟权 摄）

■ 阳江市“一河两岸”改造项目(2011)

（阳江市“三旧”改造工作办公室供稿）

■ 2011 年 1 月 11 日，阳江市金山植物公园正式开园迎客，同期举办阳江市首届公园艺术节；2011 年 8 月 8 日，阳江市在金山植物公园绿道举行阳江市第十二届体育节开幕式暨全民健身日绿道健步行活动。

（阳江市城市综合管理局供稿）

■ 阳江市商品住宅小区一角（2011）

■ 2011 年 12 月 31 日，阳江市鸳鸯湖景区改造工程完工。

（范伟权 摄）

2011年，湛江市城乡建设再上新台阶。完成“三环四通”交通规划编制；湛江大道、官南公路和调顺岛跨海大桥“两路一桥”前期工作顺利推进；东海岛西南跨海通道项目列入省“十二五”交通规划。完成海田路景观整治和三岭山森林公园整治一期工程，基本完成滨湖公园一期工程，增加公园用地733.33公顷，建成绿道40千米，新增绿地面积超100万平方米，市区环境空气质量优良率100%，继续名列全国环保重点城市前列，入选当年中国十佳低碳生态城市。

■ 2011年10月18日，中共湛江市委书记刘小华（右四）到湛江市城市综合管理局调研。（湛江市城市综合管理局供稿）

■ 2011年9月29日，湛江市举行广东省第十四届运动会主场馆建设项目初步评审会。

■ 湛江市中澳友谊花园（2011）

（陈彦伯 摄）

■ 截至 2011 年底，湛江市吴川市宜居新农村建设累计建成生态文明村 1226 个，占自然村总数的 77.2%。

■ 湛江市商品住宅小区一角（2011）

■ 湛江霞山观海长廊鸟瞰（2011）

（湛江市住房和城乡建设局供稿）

2011年，茂名市围绕城市“向东、向南、靠海发展”的战略目标，加快城市建设步伐，是年，建筑业、房地产业持续增长，完成房地产投资54.21亿元，比上年增长45.6%。建筑业总产值183.98亿元，实现利润6.5亿元，分别比上年增长50%和52%。

■ 2011年12月底，茂名市高凉南路与双山路口绿化改造工程完成。
（茂名市城市综合管理局供稿）

■ 茂名市油城路文化广场鸟瞰图（2011）

（曾强 摄）

■ 2011 年春节期间，茂名市新湖公园举行迎春花灯会，首次引进栽种三万多株郁金香花，吸引大批摄影爱好者。（潘小玲　摄）

■ 茂名市电白县水东海堤（2011）（茂名市水务局供稿）

■ 茂名市城市广场绿地一角（2011）（茂名市城市综合管理局供稿）

茂名市住房和城乡建设局

2011 年，组织宜居城乡创建和保障性住房建设，规范房地产业、建筑业、勘察设计业和燃气业管理，加大力度推广建筑节能应用，狠抓建设工程安全质量，推动茂名市住房和城乡建设管理工作健康有序发展。

是年，茂名市建筑业实现总产值 183.98 亿元、利润 6.5 亿元，分别比上年增长 50%、52%；完成房地产投资 54.21 亿元，增长 45.6%；商品房屋销售面积 281.77 万平方米，增长 41.7%；完成保障性住房建设任务 7047 套，超额完成广东省人民政府下达的建设任务。

■ 2011 年 12 月 15 日，茂名市委书记邓海光（右一）、市长梁毅民（右二）深入建筑企业调研。

■ 2011 年 6 月 21 日，茂名市委书记（右一）邓海光到茂名市住房和城乡建设局调研。

■ 2011 年 4 月 22 日，茂名市住房和城乡建设局召开全市建设暨保障性安居工程工作会议。

■ 2011 年 12 月 13 日，茂名市住房和城乡建设局领导率队在电白县检查城乡清洁工程工作。

■ 2011 年，茂名市城市基础设施建设步伐加快。图为茂名市区西粤路新貌。

2011 年，肇庆市加大城市基础设施建设力度，完成建筑业总产值为 102.38 亿元，完成房地产投资 142.87 亿元。全市实际开工建设保障性住房 6549 套（户），完成广东省下达目标任务的 102.7%。推进代建项目建设，总投资 58.76 亿元，其中房屋建筑工程项目 31 个，总建筑面积 54.50 万平方米，总投资 22.92 亿元；市政工程项目 13 个，总投资 35.84 亿元。

■ 2011 年 5 月 19 日，在珠江三角洲城市巡回检查讲评会后，中共中央政治局委员、中共广东省委书记汪洋（前左二）视察肇庆市省立绿道 1 号线。

（肇庆市城乡规划局供稿）

■2011年1月30日，广东省省立绿道1号线的重要节点——肇庆市七星岩东门广场落成使用。（肇庆市城乡规划局供稿）

■2011年1月，肇庆市波海公园绿道工程完成。（赵军行 摄）

■2011年8月25日，肇庆市首批天然气（LNG）公交车正式开始运营。

■2012年2月，肇庆市砚都大道竣工通车。
（肇庆市城市综合管理局供稿）

2011年，清远市推进城乡清洁工程、“三边”（路边、山边、水边）整治，宜居城乡和新农村建设试点进展顺利，城乡面貌明显改善。全市7个社区获“2010年广东省宜居社区”称号，4个镇和7个村被评为“广东省第一批宜居示范城镇（村庄）”，3个项目获“广东省人居环境范例奖”。北江水利枢纽工程成功截流，飞来湖防灾减灾工程基本完成，大燕河水利枢纽工程全面开工，湖城建设的基础工程基本完成，“湖城清远”初具雏形，被评为“广东省卫生城市”、“广东省园林城市”。是年，清远市报建总建筑面积885.9万平方米，报建总造价137.1亿元。全市房地产开发企业完成投资164.48亿元，商品房施工面积931.4万平方米。

■ 清远市佛冈县“一河两岸”水轴线景观（2011）

（清远市住房和城乡建设局供稿）

■ 清远市区夜景（2011）

（清远市城市综合管理局供稿）

■2011年11月19日，第八届中国（重庆）园林博览会参展项目清远市“清远园”，传承着清远市的凤城文化、福地文化、英石文化。

■2011年9月30日，清远市江滨公园扩建工程完工，并全面开放使用。

（清远市城市综合管理局供稿）

■清远市凤城文化广场鸟瞰（2011）

（清远市住房和城乡建设局供稿）

■2011年12月30日，清远市飞来湖防灾减灾工程项目完工。

（清远市代建项目管理局供稿）

2011年，潮州市全社会固定资产投资200.8亿元。62个年度重点项目完成投资77.6亿元。园林绿化景观建设扎实推进，城市绿地和休闲设施增加，获“国家园林城市”称号。全市新增新农村建设示范点86个，创建林业生态文明村197个。农村无害化卫生厕所普及率达到88%。15.3万人的农村饮水特别困难和65.6万人的农村饮水安全问题全部解决，饶平沿海六镇饮水解困工程全面完成。国家环保模范城市创建活动积极开展。韩江潮州河段环境整治与滨江景观建设被授予“中国人居环境范例奖”，森林覆盖率达61.2%，潮安县、饶平县先后通过广东省林业生态县验收。

■ 潮州市孔庙（学宫）（2011）

（潮州市住房和城乡建设局供稿）

■ 潮州市海关大楼（2011）（陈泽生 摄）

■ 潮州市竹竿山水厂（2011）（魏志勇 摄）

■ 潮州市高级中学（2011）

■ 潮州市金山中学（2011）

（陈泽生 摄）

■ 潮州市粮食储备库（2011）

（黄庆明 摄）

2011年，揭阳市城市（县城）建成区面积达130.78平方千米，人均住宅面积30.8平方米，城区绿化覆盖率28.61%，人均公园绿地面积6.42平方米，生活垃圾无害化处理率达52.51%；揭阳市区建成区绿化覆盖率35.30%，人均公园绿地面积13.14平方米，垃圾粪便无害化处理率90.99%，污水处理率71.04%。

■2011年12月15日，揭阳市潮汕机场正式启用并首航。（王 衍 摄）

■揭阳市区一角（2011）（王 衍 摄）

■ 2011 年 1 月 15 日，揭阳市临江北路堤围绿化带工程竣工。

■ 揭阳市区夜景（2011）
（揭阳市住房和城乡建设局供稿）

■ 揭阳市区道路及绿化带（2011）

（王 衍 摄）

2011年，云浮市创建宜居城镇8个、宜居村庄70个、宜居社区16个。中心城区绿化覆盖率38%，绿地率32%、人均公园绿地面积12.17平方米。全市房屋建筑和市政基础设施工程报建项目185个，建筑面积259.56万平方米，工程造价40.76亿元。全市完成投入房地产开发资金总额为23.51.6亿元。“三旧”改造项目有27个，改造面积61.04公顷，全年投入改造资金8.7亿元。

■ 2011年12月31日，云浮市举行城区廉租住房摇珠选房活动。

■ 经过改造的云浮市横岗村（2011）

■ 2011年9月30日，云浮市城区污水处理厂污水管网二期扩建工程完工。

（云浮市水务局供稿）

■ 云浮市城区远眺(2011)　（徐登科 摄）

■ 云浮市人民广场夜景（2011）

■ 云浮市都城镇城中公园（2011）

（云浮市住房和城乡建设局供稿）

云浮市住房和城乡建设局

组建于2010年，内设10个行政科室，辖14个事业单位。2011年，如期实现房价调控目标，狠抓建设安全质量生产管理，有形建筑市场健康发展。创建8个宜居城镇、70条宜居村庄、16个宜居社区；超额完成广东省下达保障性住房目标任务81套，开工率、竣工率分别为103.69%和58.78%，名列全省前列。

■ 2011年11月24日，广东省住房和城乡建设厅副巡视员李运章（右三）一行赴云浮市检查名镇名村示范村建设工作。

■ 2011年 3月30日，云浮市住房和城乡建设局局长江卓君（右四）、副局长梁绍雄（左四）到云浮市碧桂园施工现场调研。

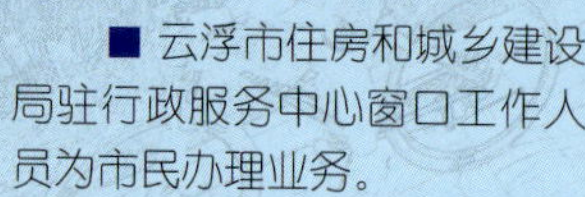

■ 云浮市住房和城乡建设局驻行政服务中心窗口工作人员为市民办理业务。

荣誉榜

□全国荣誉

□省级荣誉

全 国 荣 誉

2011 年广东省住房和城乡建设系统获“全国五一劳动奖章”个人

(授予单位：中华全国总工会)

获奖个人	工 作 单 位	职 务
吴克新	揭阳市富新旧村改造投资有限公司“三旧” 改造项目	办公室主任
谭立心	广东省长大公路工程有限公司	项目经理

(广东省住房和城乡建设工会)

2011 年广东省住房和城乡建设系统获“全国五一劳动奖状”单位

(授予单位：中华全国总工会)

荣誉名称	获 奖 单 位
全国五一劳动奖状	广东耀南建筑工程有限公司
	广东梁亮建筑工程有限公司

(广东省住房和城乡建设工会)

2011 年广东省住房和城乡建设系统获“全国工人先锋号” 单位

(授予单位：中华全国总工会)

荣誉称号	获 奖 单 位
全国工人先锋号	广州市国土资源和房屋管理局广州市解决历史遗留的办理房地产证问题办公室
	广东省城乡规划设计研究院规划一所
	广东省建设信息中心粤建通综合服务中心

(广东省住房和城乡建设工会)

2011 年广东省住房和城乡建设系统获“全国五一巾帼标兵”个人

(授予单位：中华全国总工会、全国妇女联合会)

荣誉称号	获奖个人	工 作 单 位	职 务
全国五一巾帼标兵	张海燕	广州市地下铁道总公司运营事业总部	副总经理
	李 翔	肇庆市房地产交易中心	干 部
	马 扬	广东省建筑科学研究院节能研究所	副所长
	罗小虹	广东省城乡规划设计研究院	高级工程师

(广东省住房和城乡建设工会)

2011 年广东省住房和城乡建设系统获“全国五一巾帼岗”单位

(授予单位：中华全国总工会、全国妇女联合会)

荣誉称号	获 奖 单 位
全国五一巾帼岗	梅州市环卫局江北分局东山教育基地学子路清扫组

(广东省住房和城乡建设工会)

2011年广东省住房和城乡建设系统获全国“五五”普法工作先进集体和先进个人

授予单位	荣誉名称	获奖单位或个人	个人所属单位及职务
中共中央宣传部、司法部、全国普法办公室	全国“五五”普法先进集体	汕尾市住房和城乡建设局	
	全国“五五”普法先进工作者	卿文峰	广东省住房和城乡建设厅法规处副处长
住房和城乡建设部	全国住房和城乡建设系统“五五”普法工作先进单位	广州市城乡建设委员会	
		珠海市住房和城乡规划建设局	
		清远市住房和城乡建设局	
	全国住房和城乡建设系统“五五”普法工作先进个人	武小平	深圳市规划与国土资源委员会副处长
		徐　林	汕头市住房和城乡建设局干部
		梁般华	东莞市城乡规划局科长
		陈敏泉	惠州市住房和城乡规划建设局科长
		乔　萍	湛江市住房和城乡建设局科员

（广东省住房和城乡建设厅法规处）

2008~2010年度广东省获“住房和城乡建设系统全国青年文明号”单位

（授予单位：共青团中央、住房和城乡建设部）

荣誉称号	获奖单位
住房城乡建设系统全国青年文明号	惠州市建设工程交易中心
	广州市建筑集团有限公司第一建筑工程分公司第二项目部
	广东省源天工程公司中山分公司

（广东省住房和城乡建设厅机关党办）

2011年广东省获“国家特色景观旅游名镇名村”称号镇村

（授予单位：住房和城乡建设部、国家旅游局）

荣誉名称	镇（村）名
国家特色景观旅游名镇	清远市清新县太和镇
	韶关市始兴县沈所镇
	潮州市饶平县新丰镇
国家特色景观旅游名村	东莞市茶山镇南社村
	湛江市霞山区爱国街道特呈岛村
	江门市恩平市圣堂镇歇马村

（广东省住房和城乡建设厅村镇建设处）

2011年广东省获“国家节水型城市”称号城市

（授予单位：住房和城乡建设部、国家发展和改革委员会）

荣誉名称	城市
国家节水型城市	深圳市

（广东省住房和城乡建设厅城市建设处）

2011年广东省获“中国人居环境范例奖”项目

（授予单位：住房和城乡建设部）

奖项名称	项目名称	管理单位
中国人居环境范例奖	珠江三角洲绿道网	广东省绿道网建设管理办公室
	广州市荔枝湾涌环境综合整治	广州市人民政府
	深圳市建科大楼	深圳市建筑科学研究院

（广东省住房和城乡建设厅城市建设处）

2011年广东省获“国家园林城镇”称号城镇

（授予单位：住房和城乡建设部）

荣誉名称	镇（村）名
国家园林城镇	东莞市长安镇

（广东省住房和城乡建设厅城市建设处）

2011年度广东省获全国物业管理示范住宅小区（大厦、工业区）

（授予单位：住房和城乡建设部）

荣誉名称	住宅小区（大厦、工业区）
全国物业管理示范住宅小区	广东省深圳市鸿景翠峰花园　广东省东莞市丰泰东海山庄　广东省中山市森美时代花园
全国物业管理示范大厦	广东省广州市国家税务局机关办公楼　广东省广州市广东科学中心　广东省广州市广东电信广场　广东省广州市和平商务中心　广东省深圳市国家工商行政管理总局行政学院　广东省深圳市龙岗区文化中心　广东省佛山市南海广场

（广东省物业管理行业协会）

2011年广东省获国家建设科技成果及应用项目

（授予单位：华夏建设科学技术奖励委员会办公室）

奖项名称	序号	项目名称	完成单位	完成人	获奖等级
华夏建设科学技术奖	1	低C/N比城市污水连续流脱氮除磷工艺与过程控制技术	北京工业大学 哈尔滨工业大学 东北师范大学 凌志环保有限公司 广州市市政工程设计研究院 安徽国祯环保科技股份有限公司 东达集团有限公司	彭永臻　霍明昕　郭建华　王淑莹 韩洪军　李　冬 汪传新　张君红　王　淦　王焜冬 隋　军　杨　庆　侯红勋　凌建军 张树军	一等奖
华夏建设科学技术奖	2	水电工程大型地下洞室的热湿环境调控关键技术	西安建筑科技大学 水电水利规划设计总院 广东申菱空调设备有限公司 长江水利委员会长江勘测规划设计研究院 黄河勘测规划设计有限公司 北京木联能工程科技有限公司 三峡水力发电厂	李安桂　杨志刚　赵鸿佐　潘展华 李光华　易新文　杨合长　刘　雄 牛文彬　郭　晨　吕卫国　樊越胜 赵　蕾	一等奖
华夏建设科学技术奖	3	混凝土交叉柱网筒超高层建筑结构研究应用	中建国际（深圳）设计顾问有限公司 深圳大学 中建国际建设公司 中国建筑科学研究院	傅学怡　吴　兵　肖从真　陈贤川 孙　璨　孟美莉　江化冰　高　颖 李建伟　吴国勤　田春雨　王翠坤	二等奖
华夏建设科学技术奖	4	东莞厚街水道大桥分阶段施工合成箱梁的试验与关键技术研究	深圳市市政设计研究院有限公司 福州大学土木工程学院 东莞市虎门港管理委员会	陈宜言　王先前　姜瑞娟　彭大文 刘　宁　林国华　蒙立军　陈朝慰 陈永昌　黄国兴　彭栋木　蔡　明	二等奖
华夏建设科学技术奖	5	《生活垃圾焚烧处理工程技术规范》CJJ90-2002	城市建设研究院 五洲工程设计研究院 深圳市环卫综合处理厂 上海市环境工程设计科学研究院	徐文龙　孙振安　郭祥信　陈海英 白良成　梁立军　杨宏毅　云　松 陈恩富　朱先年　龙吉生　金福青	二等奖

(续上表)

奖项名称	序号	项目名称	完成单位	完成人	获奖等级
华夏建设科学技术奖	6	深圳市城市规划“一张图”管理体系综合研究及应用	深圳市规划国土发展研究中心	许重光 徐忠平 杨成韫 刘全波 周劲 陈柳新 刘九生 杜建华 魏广玉 罗裕霖 邱俊 周丽娟	二等奖
	7	基于WebBOS的韶关市数字化城建档案管理系统	韶关市城市建设档案馆 南京大学	刘波 佘江峰 文超祥 吴柏盛 冯学智 许险峰 徐为雄 廖红明 姜红丹 陈景广 杨慧 马天兵	二等奖
	8	深圳市绿色城市规划设计导则研究	深圳大学城市规划设计研究院 深圳市规划和国土资源委员会 深圳市城市规划设计研究院有限公司 深圳市城市交通规划设计研究中心	杨晓春 黄伟文 曹捷 陈燕萍 单皓 袁磊 俞露 吕国林	三等奖
	9	广东科学中心建设关键技术的创新与实践	广州大学 广东科学中心 中南建筑设计院股份有限公司 广东省建筑科学研究院 广东省建筑工程集团有限公司	张季超 易和 李霆 周云 徐天平 蔡健 许勇 周观根	三等奖
	10	中国超高层住宅建筑发展研究	中国建筑科学研究院 深圳市建筑科学研究院 深圳招商房地产有限公司 上海现代建筑设计（集团）有限公司 中国建筑七局(集团)公司	王有为 王清勤 叶青 张桦 李百战 焦安亮 林树枝 胡树志	三等奖
	11	深圳市绿色建筑设计导则	深圳市建筑科学研究院有限公司	叶青 刘俊跃 鄢涛 罗刚 王莉芸 袁小宜 张炜 吕志军	三等奖
	12	多功能环保型建筑材料——无机聚合物胶凝材料的研究与开发	广州市建筑科学研究院有限公司 华南理工大学材料科学与工程学院	任俊 文梓芸 徐海军 殷素红 钟开红 徐小彬 杨建军 郭文瑛	三等奖
	13	盾构施工污水净化处理及再利用	广州市盾建地下工程有限公司 广州市建筑集团有限公司	张厚美 吴秀国 沈赞 谢海松 王文龙 刘光波 郑柯文 朱广文	三等奖
	14	隧洞穿越承压富水区中的破碎带围岩及砂层施工技术	广东省建筑工程机械施工有限公司 广东省第二建筑工程公司 广东省建筑工程集团有限公司	陈国亮 付梦求 麦国文 苏培丰 刘联伟 林茂 刘热强 吴象伟	三等奖
	15	城市桥梁服役期间结构损伤检测与安全性评估系统	广州市建筑科学研究院有限公司 华南理工大学城市建设研究中心 广州市建筑集团有限公司	谭学民 钟晓林 苏成 高俊岳 王卫锋 杜江	三等奖
	16	深圳市应急避难场所专项规划（2010–2020）	深圳市城市规划发展研究中心	傅晓东 魏杰 喻乐军 薛峰 孙薇 陈晓 周军 张武强	三等奖
	17	深圳市光明新区再生水及雨洪利用详细规划	深圳市城市规划设计研究院有限公司	俞绍武 任心欣 丁年 唐绍杰 叶凌 俞露 刘应明 胡爱兵	三等奖
	18	《房屋建筑与市政基础设施工程检测分类标准》JGJ/T181–2009	广州市建筑科学研究院有限公司 国家建筑工程质量监督检验中心 上海市建筑科学研究院（集团）有限公司 同济大学 北京市市政工程研究院	任俊 姜红 朱基千 萧岩 张元发 吴裕锦 关淑君 孟小平	三等奖
	19	广州市混凝土质量追踪及动态监管系统	广州市建设工程质量监督站 广州粤建三和软件有限公司	袁鄂 潘志强 聂策明 张勇 袁海洲 马庆辉 董松 彭润桃	三等奖

(续上表)

奖项名称	序号	项目名称	完成单位	完成人	获奖等级
	20	数字旅游服务示范工程	城市建设研究院 建设综合勘察研究设计院有限公司 深圳市鼎游信息技术有限公司 北京建设数字科技有限责任公司 北大方正集团有限公司	王磐岩　王　丹　丁　东　刘春艳 韩　笑　彭　飞　周　权　耿　丹	三等奖
	21	基于遥感和GIS的东莞市生态资源核算研究	东莞市地理信息与规划编制研究中心 中山大学地理科学与规划学院	裴志武　陈明辉　黎　夏　黎海波 李少英　艾　彬　刘小平　劳春华	三等奖

(广东省住房和城乡建设厅科技教育处)

2010~2011年度广东省获“中国建设工程鲁班奖”（国家优质工程）第二批获奖工程项目

（授予单位：中国建筑业协会）

广东省辖区内及灾后援建获“中国建设工程鲁班奖”项目：

序号	项目名称	承建单位	参建单位
1	广州新电视塔工程	上海建工（集团）总公司 广州市建筑集团有限公司	深圳金粤幕墙装饰工程有限公司 广东省工业设备安装公司
2	富力丽港中心住宅项目	汕头市建安（集团）公司	广东正升建筑有限公司
3	绿洋山庄二期（华发·龙庭）A区工程	广州金辉建设集团有限公司	珠海市建安建筑装饰工程有限公司 深圳粤源装饰工程有限公司
4	国检大厦	泛华建设集团有限公司	深圳市科源建设集团有限公司 深圳市晶宫设计装饰工程有限公司
5	紫荆山庄	上海市第五建筑有限公司 广东水电二局股份有限公司	
6	广东省飞来峡水利枢纽	广东省水利水电第三工程局 广东省源天工程公司	广东江海机电工程有限公司
7	广东全球通大厦	中国建筑第四工程局有限公司	广东建雅室内工程设计施工有限公司 深圳市瑞华建设股份有限公司 广东省装饰有限公司
8	灾后援建陇南市人民医院住院部工程	深圳市英龙建安（集团）有限公司	

广东省建筑企业在省外获“中国建设工程鲁班奖”项目：

序号	项目名称	承建单位	参建单位
1	建发五缘湾营运中心写字楼	福建四海建设有限公司	深圳市方大装饰工程有限公司
2	北京南站改扩建工程－站房工程	中铁建工集团有限公司	深圳市南利装饰工程有限公司
3	天津医科大学总医院神经病学中心	天津市建工工程总承包有限公司	深圳市宝鹰建设集团股份有限公司 深圳市洪涛装饰股份有限公司
4	天津梅江会展中心	中建三局建设工程股份有限公司	深圳市维业装饰集团股份有限公司
5	鄂尔多斯市地税局综合办公楼A座	内蒙古兴泰建筑有限责任公司	深圳市建筑装饰（集团）有限公司
6	浦东图书馆（新馆）	上海市第四建筑有限公司	深圳市洪涛装饰股份有限公司
7	常熟农村商业银行大厦	南通四建集团有限公司	深圳市科源建设集团有限公司
8	淮阴卷烟厂“十一五”技改工程（含“十五”后期规划调整）项目	司南工程有限公司 中铁建工集团有限公司	深圳市维业装饰集团股份有限公司
9	阳澄湖宾馆及配套	中天建设集团有限公司	深圳广田装饰集团股份有限公司

（续上表）

序号	项目名称	承建单位	参建单位
10	杭州湾跨海大桥工程	中铁大桥局股份有限公司 中交第二航务工程局有限公司 浙江省交通工程建设集团有限公司 中铁二局股份有限公司中交第一航务工程局有限公司 中铁四局集团有限公司 广东省长大公路工程有限公司 中交第三公路工程局有限公司	
11	青岛大剧院	青建集团股份公司 上海建工（集团）总公司	深圳市晶宫设计装饰工程有限公司 深圳市建筑装饰（集团）有限公司
12	郑州楷林国际大厦商业办公楼	河南省第二建设集团有限公司	珠海兴业绿色建筑科技有限公司 深圳市科源建设集团有限公司
13	湖南省肿瘤医院门诊、医技、住院大楼	湖南省长沙湘华建筑工程有限公司 湖南高岭建设集团股份有限公司	深圳市卓艺装饰设计工程有限公司
14	新海航大厦	北京建工四建工程建设有限公司	深圳城市建筑装饰工程有限公司 深圳市特艺达装饰设计工程有限公司 深圳城市建筑装饰工程有限公司
15	福建莆田燃气电厂新建工程	山东电力建设第三工程公司 广东火电工程总公司	

（广东省建筑业协会）

2011年广东省获国家建设工程项目AAA级安全文明标准化诚信工地

（认定单位：中国建筑业协会）

（排名不分前后）

广东省建工集团2项：

序号	工程名称	建设单位	承建单位	监理单位
1	广州科学城科技企业加速器三期（Ⅰ标段）工程	广州凯得控股有限公司	广东省第一建筑工程有限公司	广州珠江工程建设监理有限公司
2	广州市轨道交通九号线【施工5标】土建工程	广东华隧建设股份有限公司 参建单位：广东省基础工程公司	广州市地下铁道总公司	广州轨道交通建设监理有限公司

广州市4项：

序号	工程名称	建设单位	承建单位	监理单位
3	41层设计住宅楼（自编1—5号）5幢，3层设计商业楼1幢，3层设计幼儿园1幢。	广州东企房地产开发有限公司	中建三局第一建设工程有限责任公司	广州穗峰建设工程监理有限公司
4	单身宿舍及配套设施	广州市黄埔建筑工程总公司	广州市黄埔建筑工程总公司	广东广信建筑工程监理有限公司
5	孵化中心工程2幢（自编孵化中心二期D、E、F栋连体设计，G栋）	广州高新技术产业集团有限公司	中国建筑第八工程局有限公司	广东宏达工程顾问有限公司
6	雅居乐花园北区商业、文化活动中心、电影院工程1幢	广州番禺雅居乐房地产开发有限公司	浙江海天建设集团有限公司	广州市宏业金基建设监理咨询有限公司

(续上表)

序号	工程名称	建设单位	承建单位	监理单位

深圳市 3 项：

序号	工程名称	建设单位	承建单位	监理单位
7	研祥科技工业园项目Ⅱ、Ⅲ标段	研祥智能科技股份有限公司	中国华西企业有限公司	深圳市东部建设监理有限责任公司
8	东海国际中心（公寓综合体）	深圳市天麒房地产发展有限公司	中国建筑第二工程局	深圳市银建安工程项目管理有限公司
9	深圳市松坪村三期经济适用房施工总承包第三标段	深圳市住宅工程管理站	深圳市越众（集团）股份有限公司	深圳市东部建设监理责

珠海市 1 项：

序号	工程名称	建设单位	承建单位	监理单位
10	富豪商业大厦	珠海富豪大酒店有限公司	广东金辉华集团有限公司	珠海兴地建设项目管理有限公司

东莞市 2 项：

序号	工程名称	建设单位	承建单位	监理单位
11	万科·紫台 1、3 栋	东莞市虎门万科房地产有限公司	深圳市广胜达建筑工程有限公司	东莞市恒信建设工程咨询有限公司
12	万科·金域华府 3、4 号楼	东莞市新通实业投资有限公司	裕达工程实业有限公司	东莞市恒信建设工程咨询有限公司

佛山市 1 项：

序号	工程名称	建设单位	承建单位	监理单位
13	君御海城国际酒店	佛山市高明富逸湾实业开发有限公司	广东省六建集团有限公司	广州经济技术开发区建设监理有限公司

惠州市 1 项：

序号	工程名称	建设单位	承建单位	监理单位
14	惠州市中医医院(后勤楼、医疗综合楼、高压氧舱)	惠州市鹏达实业发展有限公司	广东铭濠润建工有限公司	广东建设工程监理有限公司

江门市 2 项：

序号	工程名称	建设单位	承建单位	监理单位
15	星汇名庭一期（1-14、15 栋、1-16 栋、1-17、18 栋住宅地下室）工程	越秀城建房地产开发有限公司	广东建邦兴业集团有限公司	广州城建开发工程咨询监理有限公司
16	江门市星河路廉租住房和经济适用住房建设项目（第二标段）	江门市房产管理局	广东耀南建筑工程有限公司	江门市建设监顾问公司

中山市 2 项：

序号	工程名称	建设单位	承建单位	监理单位
17	中山广场工程	中山市华联实业开发有限公司	宏润建设集团股份有限公司	中外建天利（北京）工程监理咨询有限公司
18	雅居乐世纪新城三期 L3-1、L3-2、G3-1、G3-2 幢、3-4 号电房及地下车库住宅小区工程	中山雅居乐雍景园房地产有限公司	中天建设集团有限公司	中山火炬建设监理有限公司

韶关市 2 项：

序号	工程名称	建设单位	承建单位	监理单位
19	三江紫园商住小区	韶关市信合昌置业有限公司	广东华坤建设工程有限公司	韶关市信成建设监理有限公司

(续上表)

序号	工程名称	建设单位	承建单位	监理单位
20	东莞（韶关）产业转移工业园高新技术创业服务中心	东莞（韶关）转移工业园科技创业服务中心	韶关市住宅建筑工程有限公司	深圳市深龙港建设监理有限公司

云浮市 1 项：

序号	工程名称	建设单位	承建单位	监理单位
21	温氏科技生活区 E 区 7-11 栋住宅楼工程	广东温氏食品集团有限公司	广东电白二建工程有限公司	云浮市金匠工程监理有限公司

(广东省建筑安全协会)

2011 年度广东省获“全国优秀城乡规划设计奖”项目

（授予单位：中国城市规划协会）

奖项名称	项目名称	编制单位
一等奖（7项）	深圳市城市总体规划（2010-2020）	中国城市规划设计研究院、深圳市城市规划设计研究院有限公司、深圳市规划国土发展研究中心
	珠江三角洲绿道网总体规划纲要	广东省城乡规划设计研究院、广州市城市规划勘测设计研究院、深圳市北林苑景观及建筑规划设计院有限公司
	珠江三角洲城乡规划一体化规划	广东省城乡规划设计研究院、广州市城市规划编制研究中心、深圳市规划国土发展研究中心
	广州新城市中轴线南段地区控制性详细规划	广州市城市规划勘测设计研究院、广州市交通规划研究所、广州市城市规划编制研究中心
	深圳市城市更新专项规划（2010-2015）	深圳市规划国土发展研究中心
	深圳市绿道网专项规划（含《珠三角 2、5 号区域绿道深圳宝安、龙岗段详细规划》）	深圳市城市规划设计研究院有限公司
	大珠江三角洲城镇群协调发展规划研究	北京大学深圳研究生院、广东省城乡规划设计研究院
二等奖（11项）	珠海市横琴新区控制性详细规划	广东省城乡规划设计研究院
	上步片区城市更新规划	深圳市城市规划设计研究院有限公司
	深圳市南山 02-01&02 号片区［蛇口地区］法定图则	深圳市城市规划设计研究院有限公司
	广州市白鹅潭地区城市设计	广州市城市规划设计所、美国 SOM 有限公司、广州市城市规划编制研究中心、上海同济城市规划设计研究院、广州市交通规划研究所
	城市地下空间开发利用规划编制与管理研究	深圳市规划国土发展研究中心、重庆市规划设计研究院
	广州国际商品展贸城修建性详细规划	广东省城乡规划设计研究院
	深圳市城市轨道交通近期建设规划（2011-2020）	深圳市城市交通规划设计研究中心有限公司
	吐鲁番市新区总体规划（2009-2020）	新疆维吾尔自治区建筑设计研究院、广州市城市规划勘测设计研究院
	深圳市轨道三期站点周边影响范围区划定及土地管理政策研究	深圳市规划国土发展研究中心
	第 16 届亚运会期间交通组织方案研究	广州市交通规划研究所、广州至信交通顾问有限公司
	杭州市公共开放空间系统规划	深圳市城市规划设计研究院有限公司

(广东省城市规划协会)

2011年广东省获全国优秀工程勘察设计项目

（授予单位：中国勘察设计协会）

工程勘察组：

奖项等级	项目名称	主要参加单位
一等奖	广州市新中轴线电视塔岩土工程勘察	广州市城市规划勘测设计研究院 广东有色工程勘察设计院
	广州珠江新城西塔项目主塔楼工程第三方测量	广州市城市规划勘测设计研究院 武汉大学
	深圳市后海湾填海及软基处理工程设计	深圳市勘察测绘院有限公司
	沈（阳）海（口）国家高速公路遂溪至徐闻段	广东省公路勘察规划设计院股份有限公司
二等奖	太古汇项目土方开挖及基坑支护工程	广州市设计院
	广东清远抽水蓄能电站工程测量	广东省水利电力勘测设计研究院
	广州市轨道交通2010年至2015年建设线路三等平面及二等水准控制网测量	广州市城市规划勘测设计研究院
	广州亚运城运动员村岩土工程勘察与基坑支护设计	广州市城市规划勘测设计研究院
	高州水库除险加固工程（建安工程项目）工程地质勘察	广东省水利电力勘测设计研究院
	广州市珠江新城核心区市政交通项目地下空间（金穗路至华就路）基坑支护设计	广东省建筑设计研究院
	华能海门电厂一期1号、2号机组（2×1000MW）工程岩土工程勘察	广东省电力设计研究院
	丰盛町地下阳光街基坑支护工程	深圳市勘察研究院有限公司
	广州亚运城媒体村居住区岩土工程勘察	广东有色工程勘察设计院
	佛山市广明高速公路西樵至更楼段第一合同段	广东省公路勘察规划设计院股份有限公司
三等奖	南山区南方科技大学选址拆迁安置测绘	深圳市勘察测绘院有限公司
	广州市轨道交通五号线［土建工程第三方监测项目］B标段	广州地铁设计研究院有限公司
	广州市水污染源调查项目（一期）大沙地片区控制测量	广州市市政工程设计研究院
	深圳市京基 御景东方拟建场地岩土工程详勘报告	深圳地质建设工程公司
	广东省惠州市惠阳区沙田镇海塘岗地热田地热资源详查	广东省地质建设工程勘察院
	广东省乳源县杨溪水一级水电站工程	广东省水利电力勘测设计研究院
	徐闻勇士风电场测量工程	中水珠江规划勘测设计有限公司
	500kV上寨至嘉应II回送电线路工程测量	广东省电力设计研究院
	广汕路延长线道路改造工程	广东省冶金建筑设计研究院
	广梧高速公路河口至双凤段石牙山隧道	广东省公路勘察规划设计院股份有限公司
	京基金融中心基坑支护工程	深圳市岩土工程有限公司
	深港西部通道深圳侧接线工程	深圳市勘察研究院有限公司
	广佛高速公路雅瑶至谢边段扩建工程	广东省公路勘察规划设计院股份有限公司
	广州南沙自来水厂工程勘察与基坑支护设计项目	深圳市勘察测绘院有限公司
	广东省边防总队教导大队营区水源热泵空调系统地下水工程勘察	广东省地质建设工程勘察院
	深圳市滨海医院岩土工程勘察	深圳市工勘岩土工程有限公司

建筑组：

类型	奖项等级	项目名称	主要参加单位
公共建筑	一等奖	宁波帮博物馆	华南理工大学建筑设计研究院
		深圳建科大楼	深圳市建筑科学研究院有限公司 深圳市建筑设计研究总院有限公司

(续上表)

类型	奖项等级	项目名称	主要参加单位
公共建筑	二等奖	济南奥林匹克体育中心	中建国际（深圳）设计顾问有限公司
		大梅沙·万科中心（中外合作设计）	中建国际（深圳）设计顾问有限公司
		城市动力联盟（6# 商铺办公楼）	广东南海国际建筑设计有限公司
		保利商业水城东岸（中外合作设计）	广州市设计院 GLC Enterprises,LLC
		津滨腾越大厦	广州市设计院
		珠海翔翼保税区项目	广东省建筑设计研究院
		深圳市福田交通综合枢纽换乘中心	深圳市市政设计研究院有限公司
	三等奖	中山舰博物馆	广州珠江外资建筑设计院有限公司
		广州科学城综合研发孵化区 A 组团 A1—A6 栋	广州市设计院
		成都花样年·喜年广场项目	艾奕康建筑设计（深圳）有限公司
		广州美国人学校科学城校区（中学部）	广州城建开发设计院有限公司
		保利水城 1～8 栋(中外合作设计)	广州市设计院 GLC Enterprises,LLC
		广州大学城中山大学校区—微纳尺度材料国家实验室大楼 / 生命科学国家实验室大楼	广州市设计院
		深圳市妇儿医院妇产科住院大楼	深圳市清华苑建筑设计有限公司
		腾讯大厦	中建国际（深圳）设计顾问有限公司
	三等奖	盈丰大厦	广州市住宅建筑设计院有限公司
		三亚阳光大酒店	香港华艺设计顾问（深圳）有限公司
		武汉光谷中心花园	广东省建筑设计研究院
		深南电路有限公司高端印制电路板投资工程	深圳奥意建筑工程设计有限公司
		广州大学城中山大学校区行政会议中心	广州市设计院
		广东星海演艺集团（新址）建设项目	广州市城市规划勘测设计研究院
		金茂深圳 JW 万豪酒店	深圳奥意建筑工程设计有限公司
		凯达楼	广东省建科建筑设计院
		淄博市体育中心综合体育馆	中建国际（深圳）设计顾问有限公司
住宅	二等奖	广州云山诗意人家二期	深圳华森建筑与工程设计顾问有限公司广州分公司
		南海水城公寓	广州市设计院 广州瀚华建筑设计有限公司
		峰云名居	广州瀚华建筑设计有限公司 广东南海国际建筑设计有限公司
	三等奖	广州开发区中心花园 KXC-P2、P3 地块（保利香雪山项目）	广州瀚华建筑设计有限公司
		华润中心二期——幸福里雅居	中建国际（深圳）设计顾问有限公司
		佛山九鼎·国际城	深圳市华阳国际工程设计有限公司
		昆山中航城	香港华艺设计顾问（深圳）有限公司
		兰亭御园	广州瀚华建筑设计有限公司
		海口紫园	广州伯盛建筑设计事务所
		东莞松山湖长城世家一期	香港华艺设计顾问（深圳）有限公司
		重庆珊瑚水岸一期	深圳市陈世民建筑设计事务所有限公司 重庆市设计院 重庆市轻工业设计院
		曦城一期（南区 B 片区）	深圳市建筑设计研究总院有限公司
		颐景园（二、三期）	广东省建筑设计研究院
		圣·莫丽斯（中外合作设计）	深圳奥意建筑工程设计有限公司

(续上表)

类型	奖项等级	项目名称	主要参加单位
世博会	一等奖	2010 年上海世博会中国馆	华南理工大学建筑设计研究院 北京华清安地建筑设计事务所有限公司 上海建筑设计研究院有限公司
亚运会	一等奖	广州歌剧院（中外合作设计）	广州珠江外资建筑设计院有限公司 英国 Zaha·Hadid 建筑师事务所
		广州塔（中外合作设计）	广州市设计院 英国 ARUP 工程顾问 荷兰 IBA 事务所
		广东省博物馆新馆（中外合作设计）	广东省建筑设计研究院 许李严建筑师事务有限公司
		广州亚运馆	广东省建筑设计研究院
亚运会	二等奖	2010 年亚运会省属场馆游泳跳水馆	华南理工大学建筑设计研究院
		广州自行车馆	广东省建筑设计研究院
		广州国际体育演艺中心（中外合作设计）	广州市设计院 美国 MANICA 建筑师事务所
		惠州市金山湖游泳跳水馆	广东省建筑设计研究院
		惠州市中心体育场	中建国际（深圳）设计顾问有限公司
		广州市花都区东风体育馆	广东省建筑设计研究院
	三等奖	2010 年亚运会场馆网球中心	深圳市建筑设计研究总院有限公司
		珠江新城海心沙地下空间及公园工程（海心沙）	广州市城市规划勘测设计研究院

市政组：

类型	奖项等级	项目名称	主要参加单位
道桥	一等奖	107 国道宝安段（三期）改造工程（机场立交—塘下涌立交段）	深圳市市政设计研究院有限公司
		广州市中山大道快速公交（BRT）试验线工程	广州市市政工程设计研究院 广州地铁设计研究院有限公司
	二等奖	广州市新光快速路猎德大桥段工程（第二标段）	广州市市政工程设计研究院
		广州市华南路三期工程 C 标段	广东省建筑设计研究院
		莞深高速公路石碣段共线方案北五环粉线工程	深圳市市政设计研究院有限公司
		深圳市福龙路（北段）市政工程	深圳市市政设计研究院有限公司
	三等奖	珠海市人民西路改造工程	珠海市规划设计研究院
		广州市对口支援汶川县威州镇（县城）灾后恢复重建项目市政工程	广州市市政工程设计研究院
		广州市滨江东路延长线（广州大桥—华南路）整治工程 A 段	广州市市政工程设计研究院
		广州大道系统改造—禺东西立交改造工程	广州市市政工程设计研究院
		广州市番禺区汉溪大道工程	广东省冶金建筑设计研究院
给排水	一等奖	永和水质净化厂（三期）工程	广州市市政工程设计研究院
	二等奖	广州市猎德污水处理厂三期工程	广州市市政工程设计研究院
		广州市大沙地污水处理厂一期工程	广州市市政工程设计研究院
		中堂镇污水处理厂首期工程	广州市市政工程设计研究院
		中山市珍家山污水处理厂工程	广州市市政工程设计研究院
		南京市江宁科学园污水处理厂（一期）	深圳市市政设计研究院有限公司
轨道交通	二等奖	广州市轨道交通五号线首期工程设计（滘口至文冲段）	广州地铁设计研究院有限公司
园林	一等奖	深圳市水土保持科技示范园一期工程	深圳市北林苑景观及建筑规划设计院
	二等奖	万科东莞塘厦棠樾景观设计（工程一期二期）	深圳市北林苑景观及建筑规划设计院
		海南石梅湾艾美滨海度假酒店	广州园林建筑规划设计院
		南沙开发区大角山海滨公园园林景观设计	广州园林建筑规划设计院
		深圳市 2 号区域绿道特区段规划	深圳市北林苑景观及建筑规划设计院

（续上表）

类型	奖项等级	项目名称	主要参加单位
园林	三等奖	深圳市马峦山郊野公园龙潭溯溪景观设计	深圳市北林苑景观及建筑规划设计院
		广州市金沙洲居住新城P线景观工程	广东省建筑设计研究院
		深圳市大工业区燕子岭生态公园	深圳市市政设计研究院有限公司
		广州市长隆酒店二期	广州普邦园林股份有限公司

计算机软件组：

类型	奖项等级	项目名称	主要参加单位
建筑结构专业	三等奖	建筑幕墙门窗热工性能计算软件	广东省建筑科学研究院
		年度监测信息系统	广东省岭南综合勘察设计院
		智能型深圳市建设工程专家库信息系统	深圳市科筑信息技术有限公司
		济南奥体中心主体育场	中建国际（深圳）设计顾问有限公司
结构亚运	一等奖	广州塔（中外合作设计）	广州市设计院 英国ARUP工程顾问
	二等奖	广州歌剧院（中外合作设计）	广州珠江外资建筑设计院有限公司
	三等奖	广州亚运自行车馆扁椭圆球面网壳结构设计	广东省建筑设计研究院
建筑环境与设备专业	二等奖	卓越·皇岗世纪中心	中建国际（深圳）设计顾问有限公司
	三等奖	广州歌剧院	广州珠江外资建筑设计院有限公司 英国Zaha·Hadid建筑师事务所

结构组：

类型	奖项等级	项目名称	主要参加单位
建筑智能化工程专业奖	一等奖	广州国际体育演艺中心建筑智能化设计	广州市设计院
		广州市属亚运场馆建设项目智能化系统工程施工专业承包	深圳市赛为智能股份有限公司
	二等奖	京基金融中心写字楼智能化系统	深圳市赛为智能股份有限公司
		广东省博物馆新馆智能化系统	广东省建筑设计研究院
		珠江新城海心沙地下空间及公园工程	广州市城市规划勘测设计研究院
	三等奖	广州亚运城房间组团、中小学、医院智能化工程—媒体村北区	广州复旦奥特科技股份有限公司
		中国出口商品交易会琶洲展馆二期工程弱电系统工程	深圳市赛为智能股份有限公司
人防工程	二等奖	中海·万锦东苑人防地下室	广东人防建筑设计院有限公司
	三等奖	广州市站前路、站南路人防工程	广州市人防建筑设计院有限公司
		广州科学城KXC—H3项目人防地下室	广东人防建筑设计院有限公司

（广东省工程勘察设计行业协会）

2011年度广东省获“全国环境卫生行业创新奖”项目

（授予单位：中国城市环境卫生协会）

序号	项　目　名　称	单　位　名　称
1	广州市大田山餐厨垃圾处理暨生态循环园项目	广州市城管技术研究中心
2	推广小区餐厨垃圾源头就地降解处理及资源化应用的创新活动	广州市环卫机械设备厂
3	打造数字化生活垃圾焚烧厂创新活动	深圳能源环保有限公司
4	佛山南海区城乡一体化生活垃圾转运工程及集中控制系统项目	佛山市住房和城乡建设管理局
5	改革环卫作业方式　电动车取代人力车	中山市环境卫生管理处

（广东省环境卫生协会）

2011年度广东省获“第十届中国土木工程詹天佑奖”项目

(授予单位：中国土木工程学会、詹天佑土木工程科学技术发展基金会)

项目名称	单位名称
广州亚运城	广州市重点公共建设项目管理办公室、广州市重点公共建设项目管理办公室、广州市城市规划勘测设计研究院、广东省城乡规划设计研究院、广州珠江工程建设监理有限公司、广州市建筑集团有限公司、广州机施建设集团有限公司、中铁五局(集团)有限公司、广东省工业设备安装公司、江苏河海新能源有限公司、广州协安建设工程有限公司、中建钢构有限公司。
亚云之舟—珠江新城海心沙地下空间及公园工程	广州市建筑集团有限公司、广州机施建设集团有限公司、广州新中轴建设有限公司、广州市城市规划勘测设计研究院、广州市市政工程监理有限公司、中建钢构有限公司。
广州天河体育中心综合改造及扩建工程	广东省第一建筑工程有限公司、广州市第三建筑工程有限公司、中国建筑第四工程局有限公司、广州市设计院、广州市重点公共建设项目管理办公室、广州建筑工程监理有限公司。
南沙体育馆	广州协安建设工程有限公司、广州南沙开发区建设和管理局、华南理工大学建筑设计研究院、广州市机电安装有限公司、广州珠江工程建设监理有限公司。
广州萝岗会议中心(凯云楼)	广东省第四建筑工程公司、广州凯得投资有限公司、广州珠江外资建筑设计院有限公司、汕头市朝阳建筑工程总公司、广东金辉华集团有限公司。
东方电气(广州)重型机器联合厂房	广州市恒盛建设工程有限公司、广州市建筑集团有限公司、东方电气(广州)重型机器有限公司、机械工业第二设计研究院、广州市第三建筑工程有限公司、北京华兴建设监理咨询有限公司。
万科中心	中建三局第一建设工程有限责任公司、深圳市万科房地产有限公司、中建国际(深圳)设计顾问有限公司、建研科技股份有限公司、中建钢构有限公司。
佛山东平大桥	路桥华南工程有限公司、四川省交通运输厅公路规划勘察设计研究院、上海同济工程项目管理咨询有限公司、长沙理工大学。
广州抽水蓄能电站	广东蓄能发电有限公司、广东省水利电力勘测设计研究院、中国水利水电第十四工程局有限公司。
广东飞来峡水利枢纽	广东省飞来峡水利枢纽管理处、中水珠江规划勘测设计有限公司、广东省水利电力勘测设计研究院、广东水电二局股份有限公司、广东省水利水电第三工程局、广东省源天工程公司。

(广东省土木建筑学会)

省级荣誉

2011年广东省住房和城乡建设系统获“广东省五一劳动奖章”个人

(授予单位：广东省总工会)

获奖个人	工作单位	职务
周大林	广州市地下铁道总公司	运营事业总部维修中心总经理
江　峰	广州市林业和园林局	工程处处长
黎周英	佛山市禅城区环境卫生管理处	工人
伍志光	广东中金建筑安装工程有限公司	车间主任
赵金福	肇庆市端州区环境卫生管理局	运输场副场长
林静和	揭阳市荣华建筑工程有限公司	总经理
徐天平	广东建筑科学院	院长
郭建华	广东省住房和城乡建设厅	城乡规划处副处长

(广东省住房和城乡建设工会)

2011年广东省住房和城乡建设系统获“广东省工人先锋号”单位

（授予单位：广东省总工会）

获奖单位	获奖单位
广州市第四建筑工程有限公司广州国际体育演艺中心工程广州建筑总承包项目部	深圳市水务(集团)有限公司滨河污水处理厂维修部
深圳市建筑设计研究院有限公司建筑创作中心	广东省第二建筑工程公司第二工程处
佛山市禅城区园林管理处中山公园卫生班	韶关市公共汽车公司一车队九路公交线
惠州市市政工程总公司维修处	中山市污水处理有限公司净水一厂
四会市骏马水泥有限公司烧成车间	广东容大物业管理公司育蕾管理处
广东华隧建设股份有限公司第一项目部	广东省基础工程公司省道281线电白那霍至三角圩段路面大修工程项目经理部
广东省建设工程质量监督检测总站安全生产考核业务室	广东省建设工程质量监督检测总站安全生产考核业务室

（广东省住房和城乡建设工会）

2011年广东省文明单位

（授予单位：中共广东省委、广东省人民政府）

获奖单位
广东省城乡规划设计研究院

（广东省住房和城乡建设厅机关党办）

2011年度广东省住房和城乡建设系统获“广东省系统和行业窗口之星”称号集体和个人

（授予单位：广东省监察厅、广东省纠正行风政风办公室、广东省精神文明建设办公室）

获奖单位	获奖个人
广东省住房和城乡建设厅行政许可管理处	惠州市建设工程交易中心招标部部长黄慧燕

（广东省住房和城乡建设厅机关党办）

2011年广东省住房和城乡建设系统获广东省“五五”普法工作先进集体和先进个人

授予单位	荣誉名称	获奖单位或个人	个人所属单位及职务
中共广东省委宣传部、广东省依法治省工作领导小组办公室、广东省司法厅、广东省普法办公室	广东省“五五”普法先进集体	广东省住房和城乡建设厅	
		广州市城乡建设委员会	
		汕头市建设局	
		汕尾市住房和城乡建设局	
		湛江市建设局	
		清远市住房和城乡建设局	
	广东省“五五”普法先进个人	卿文峰	广东省住房和城乡建设厅法规处副处长
		侯永铨	广州市城乡建设委员会主任
		刘国红	韶关市住房和城乡建设局科长
		谢　航	梅州市城乡规划局局长
		冯丽梅	阳江市住房和城乡规划建设局职员
		吴斯斯	湛江市城市规划局副局长
		梁锦文	清远市住房和城乡建设局办公室主任

（广东省住房和城乡建设厅法规处）

2011 年“广东省宜居环境范例奖”获奖项目

（授奖单位：广东省住房和城乡建设厅）

项目名称	项目名称
广州东濠涌综合整治工程	江门棠下镇良溪村历史文化遗产保护项目
广州二沙岛绿化建设项目	江门恩平歇马村历史文化遗产保护项目
广州南沙区蕉门河综合整治工程	阳江金山植物公园生态保护及建设项目
深圳宝安海裕社区和谐康居建设项目	肇庆环星湖绿道建设项目
深圳滨河污水处理厂改造项目	肇庆德庆金林水乡生态保护及城市绿化建设项目
深圳蔡屋围金融中心区建设项目	清远连南南岗古排历史文化遗产保护项目
深圳万科中心节能减排及新能源利用项目	清远佛冈潖江河景观带建设项目
深圳中国观澜版画原创产业基地建设项目	清远清新县城清新大道绿化升级及观景台建设项目
佛山南海区农村社区建设实验全覆盖项目	云浮新兴龙山塘藏佛坑风景名胜资源保护项目
佛山南庄生态休闲区建设项目	云浮罗镜镇城镇管理和镇容环境治理建设项目
韶关丹霞山风景名胜区环境综合整治项目	

（广东省住房和城乡建设厅城市建设处）

2011 年获“广东省园林城市”称号城市

（授予单位：广东省住房和城乡建设厅）

荣誉名称	城市
广东省园林城市	清远市

（广东省住房和城乡建设厅城市建设处）

2011 年广东省岭南特色规划与建筑设计评优活动获奖项目

（授予单位：广东省住房和城乡建设厅）

奖项名称	项目名称	奖项等级
岭南特色建设设计奖	广州市越秀区解放中路旧城改造项目一期工程	金奖
	华南理工大学建筑设计研究院工作室	金奖
	深圳大学师范学院教学实验楼	银奖
	惠州市中心体育场	银奖
	华南理工大学“逸夫人文馆”	银奖
	十香园纪念馆（广州市海珠区）	银奖
	赛时管理中心（制证／制服中心）	银奖
	广州鹿鸣酒家改造工程	铜奖
	美伦公寓	铜奖
	广州美国人学校—科学城校区中学部	铜奖
	凯云楼（萝岗中心区会议及公共服务中心—D1 组团）	铜奖
	佛山时代依云小镇	铜奖
	中国龙门农民画博物馆（惠州市龙门县）	铜奖

奖项名称	项　目　名　称	奖项等级
岭南特色建设设计奖	饶宗颐学术馆扩建工程	铜奖
	广州科学城综合研发孵化区 A1—A6 栋	铜奖
	明丰东江府（惠州市博罗县）	铜奖
	广州大学城华工大二期体育场馆	铜奖
	方圜鹤山项目 1 期商业（销售中心）（江门鹤山市）	铜奖
	华南师范大学南海学院	铜奖
岭南特色乡村民居奖	乳源瑶族自治县必背镇必背口瑶族新村	银奖
	大埔百侯农民新村（侯北新村）	银奖
	沙湾敬老中心（广州市番禺区）	银奖
	顺德龙江仁园	银奖
	梁氏家庙（佛山市禅城区）	铜奖
	从化市广裕祠保护修缮	铜奖
	沙湾古镇（广州市番禺区）	铜奖
	惠州市惠阳区秋长周田村风貌改造	铜奖
岭南特色园林设计奖	深圳市仙湖植物园	金奖
	广州珠江公园	金奖
	湛江市渔港公园	银奖
	深圳湾公园	银奖
	广州市花城广场	银奖
	深圳市莲花山公园	银奖
	佛山市南海中轴线开放空间设计	银奖
	清远市云山诗意住宅小区	银奖
	江门市无限极中草药体验园	银奖
	西关风情—广州市荔湾绿道设计	铜奖
	广州市二沙岛市民公园	铜奖
	广州市岭南湾畔住区庭园	铜奖
	惠州市孤山东坡园	铜奖
	深圳市中英街景观改造及古塔公园	铜奖
	梅州市客天下旅游产业园客家小镇景区	铜奖
	深圳市龙岗大运中心场地景观及大运自然公园	铜奖
	广州市兰亭御苑居住宅庭园	铜奖
	中山市名树园	铜奖
岭南特色规划设计奖	广州市海珠区小洲村历史文化保护区保护规划	银奖
	客家公园（客家博物馆、黄遵宪纪念馆）规划	银奖
	广州市信义会馆及周边区域综合景观规划设计	银奖
	开平市赤坎镇历史文化保护规划	银奖
	韶关市石塘镇镇区重点地段保护规划及城市设计	银奖
	广州大学城岭南印象园工程	银奖

奖项名称	项　目　名　称	奖项等级
岭南特色规划设计奖	沙面历史文化区保护规划（详细规划）	铜奖
	东莞莞城可园历史片区更新改造	铜奖
	东莞寮步牙香街、解放西街保护及整治工程	铜奖
	新城市中轴线北段核心地区（燕岭公园—珠江新城—电视塔南广场）城市设计	铜奖
	顺德岭南风情美食展示中心修建性详细规划	铜奖
	湛江市霞山“欧陆风情街区”修建性详细规划	铜奖
	古黄埔港历史风貌区环境综合整治规划及景观节点设计	铜奖
	中山市长堤路—凤鸣路片区改造规划	铜奖
	广州市海珠区南华西二期旧城更新改造规划	铜奖
岭南特色街区奖	荔枝湾及周边社区环境综合整治（一期）	金奖
	台山市台西路商业步行街	银奖
	龙川县佗城历史街区景观保护与修复	银奖
	北京路历史街区景观设计与整治	银奖
	江门市新会中心景观岭南特色街区	铜奖
	广州大学城岭南印象园工程	铜奖
	黄埔古港古村历史文化景区近期建设方案	铜奖
	南雄市珠玑古巷	铜奖
	寮步香市古镇历史保护区整治工程——牙香街	铜奖

（广东省住房和城乡建设厅建筑市场监管处）

2011年广东省住房和城乡建设系统获省级建设科技成果及应用项目

（授予单位：广东省住房和城乡建设厅）

奖项名称	序号	项目名称	完成单位	完成人	奖项等级
广东省科学技术奖	1	建筑交通与水利专业评审组	深港西部通道工程建设创新实践		特等奖
	2	北江大堤加固达标工程关键技术研究与应用	广东省北江流域管理局 广东省水利电力勘测设计研究院 广东水电二局股份有限公司 广东省水利水电第三工程局 广东省源天工程公司 深圳市东深电子股份有限公司 深圳市鸿和达电子有限公司 中国安能建设总公司	黄　尧　羽海英　陈孟阳　汪永剑 刘　平　陈小涛　冯　微　李　铁 陈小春　梁显强　谢　颖　林占东 姚会文　黄　峻　杨建文	一等奖
	3	复合地层盾构施工理论和技术创新的研究	广州地铁设计研究院有限公司 广州轨道交通建设监理有限公司	竺维彬　史海欧　王　晖　米晋生 钟长平　黄威然　魏康林　郭广才 罗淑仪　鞠世健	二等奖
	4	城市轨道交通工程建设安全风险管理与应用研究	广州市地下铁道总公司 北京安捷工程咨询有限公司 北京城建设计研究总院有限责任公司 广州地铁设计研究院有限公司	刘光武　吕培印　刘国祥　罗凤霞 李文球　冯国冠　杨秀仁　金　淮 夏成华　李秋明	二等奖

（续上表）

奖项名称	序号	项目名称	完成单位	完成人	奖项等级
广东省科学技术奖	5	大型科技场馆土木建筑工程灾害防护研究应用	广州大学 广东科学中心 中南建筑设计院股份有限公司 浙江东南网架股份有限公司 中国建筑科学研究院 广东省建筑科学研究院 广东省基础工程公司	张季超 易和 李霆 周云 许勇 杨仕超 夏继君 仝玉 周观根 李庆祥	二等奖
	6	大型冰蓄冷站施工技术	广东省工业设备安装公司	黄伟江 张广志 于文杰 萧逍 庄若杉 田伟能 李琦 李观生 卢剑飞	二等奖
	7	桥梁健康监测应用技术研究	广东省建筑科学研究院	李健 杨国龙 陈丽娜 罗贞 黄国伟 王旭东 付志军 孙鹏 孙晖 张新全	二等奖
	8	地铁进口交流传动车辆大修体系和技术创新	广州市地下铁道总公司	何霖 朱士友 潘丽莎 庞绍煌 员华 陈朗 周若湘	三等奖
	9	《广东省建筑节能工程施工质量验收规范》	广东省建筑科学研究院 广东省建设工程质量安全监督检测总站 广州市墙体材料革新与建筑节能管理办公室 华南理工大学 广州市建筑科学研究院有限公司	杨仕超 马扬 袁庆华 杨树荣 孟庆林 任俊 卜增文	三等奖

（广东省住房和城乡建设厅科技教育处）

2011年度广东省优秀城乡规划设计评选获奖项目

（授予单位：广东省城市规划协会）

城市规划类：

一等奖（共24项）

序号	项目名称	编制单位	主要编制人员
1	珠江三角洲绿道网总体规划纲要	广东省城乡规划设计研究院 广州市城市规划勘测设计研究院 深圳市北林苑景观及建筑规划设计院	罗勇、徐东辉、蔡云楠、何昉、温莉、杨玲、李枝坚、徐涵、方正兴、朱江、庄荣、杨春梅
2	大珠江三角洲城镇群协调发展规划研究	北京大学 广东省城乡规划设计研究院	周一星、李贵才、张少康、马向明、曾辉、李枝坚、孟晓晨、蔡运龙、吴健生、仝德、罗小虹、李建平、徐涵、杨磊
3	深圳市城市总体规划（2010—2020）	深圳市规划国土发展研究中心 中国城市规划设计研究院深圳分院 深圳城市规划设计研究院有限公司	许重光、尹强、邹兵、范钟铭、薛峰、秦元、王佳文、傅晓东、张健、杜建华、石爱华、李江、吕晓蓓、陈贞、陆佳
4	珠江三角洲城乡一体化规划	广东省城乡规划设计研究院	罗小虹、罗勇、宋云、叶育成、王真、刘罗军、沙丰、温雅、龚蔚霞、王岚、郑泽爽、谷蓉、姚远
5	佛山市城乡统筹规划	广东省城乡规划设计研究院	王磊、刘洁贞、温春阳、谭国昭、张翔、曹胜威、许险峰、刘宏、陈穗嘉、司徒卓林

(续上表)

序号	项目名称	编制单位	主要编制人员
6	兰州新区总体规划方案	深圳市蕾奥城市规划设计咨询有限公司	王富海、陈宏军、叶树南、蒋峻涛、邝瑞景、齐　奕、吴　雄、刘泽洲、蔡籽焓、钱征寒、周丽亚、张建荣、秦　潇、刘晋文、厉　洁
7	控制性详细规划编制和管理办法	深圳市规划国土发展研究中心	徐忠平、周　劲、孙　峰、王承旭、陈敦鹏、潘海霞、曾　璇、吴晓莉、张武强、李孝娟、蔡志敏、丁　强、王晓东、杨　燕、陈慧莉
8	城市规划“一张图”管理体系综合研究及“一张图建设”	深圳市规划国土发展研究中心 深圳市规划国土房产信息中心	徐忠平、杨成韫、刘全波、周　劲、杜建华、魏广玉、陈柳新、刘晓明、罗裕霖、邱　俊、周丽娟、苏建忠、谢　冬、唐　豪、高俊为
9	惠民之州，广东省最具幸福感的城市——惠州市三大轴线发展战略研究及行动计划	深圳市新城市规划建筑设计有限公司	黄　皓、张留昆、董金莲、钟　凯、刘　谦、曹丰林、杨丹涛、向晓夏、王政伟、李德友、施为学、李中华、王　洋、杨　景
10	东莞市塘厦镇科苑城西南片区地块包装规划研究	东莞市城建规划设计院	陈志军、谭歆瀚、王鲁峰、刘招明、谢灿成、杨景胜、李志兵、邹承辉、陈巧英、刘兴峰、熊育善、刘慧怡、郝云庆、王　斌、邱小勇
11	广佛同城化城市规划	广州市城市规划编制研究中心 广州市城市规划勘测设计研究院	王　东、吕传廷、黎　云、吴　超、严明昆、魏凌波、李开平、郑　静、刘松龄、黄宇频、张嘉懿、何洁妍、连　玮、魏宗财、陈筱玲
12	深圳市南山02-01&02号片区【蛇口地区】法定图则	深圳市城市规划设计研究院有限公司	李　晨、丁　强、张一成、刘志刚、葛军阳、刘　磊、彭首瑜、郭永刚、钟文辉、叶惠婧、詹国庆、黎祺君、叶艳峰、陶　帅、姚文琪
13	广州新城市中轴线南段地区控制性详细规划	广州市城市规划勘测设计研究院	蔡云楠、朱志军、彭　涛、王进安、郭冠颂、梁申亮、陈友浩、李爱城、张秋芳、周志华、杨　戈、王晓昉、王茂霖、韦　娅、左　韫
14	珠海市中心城区前山片区控制性详细规划	广东省城乡规划设计研究院	温　雅、宋　云、龚蔚霞、卢丹梅、闻雪浩、汪志雄、刘罗军、刘　洋、吴剑平、陈长云、马　强、徐建华、张　强、雷　闪
15	广州市白鹅潭地区城市设计	广州市城市规划设计所 美国SOM有限公司 广州市城市规划编制研究中心 上海同济城市规划设计研究院 广州市交通规划研究所	Craig Hartman、Gene Schnair、吕传廷、Ellen Lou、Lucy Ling、王　玉、匡晓明、景国胜、Michael Powell、姚燕华、王　霖、陈亚斌、常华、纪悦、余倩雯
16	黄河水城——东营总体城市设计	深圳市蕾奥城市规划设计咨询有限公司 东营市城市规划设计研究院	张震宇、覃美洁、孙庆荣、王富海、郭新民、李延庆、刘　泉、蒋迎迎、李凤会、修福辉、王　萍、葛海明、祁爱玲、赵会才、苗均强
17	龙岗整体城市设计	中国城市规划设计研究院深圳分院 艾奕康环境规划设计（上海）有限公司深圳分公司	朱荣远、夏　青、张若冰、石爱华、牛瑞玲、陈晓晶、律　严、陈　琳、李立人、王　星、孔晓青、庄项琳、何晓嫦、彭水清、刑　鼎
18	佛山市“三旧”改造专项规划(2010-2015)	广东省城乡规划设计研究院	卢丹梅、刘　宏、杨　玲、展　安、罗　坤、闻雪浩、罗　勇、罗小虹、徐建华、叶育成、吴　丹、邱权震、陈穗嘉、司徒卓林
19	中山市历史文化保护规划	中山市规划设计院、华南理工大学	吴庆洲、何俊文、何少杨、沈建桑、吴伟仪、肖　旻、邓晓军、刘　晖、张　晴、张智敏、梁耀文、王贺飞、董　睿、关丽华、刘绘宇
20	广州市海珠区南华西旧城更新改造规划	华南理工大学建筑设计研究院	王世福、张智敏、冯志坚、梁志伟、陈达良、唐玮鸿、陈起川、吴铭宁、范婉华、李　强
21	深圳市城市更新专项规划（2010-2015)	深圳市规划国土发展研究中心	李　江、邹　兵、薛　峰、徐　荣、贺传皎、胡盈盈、刘　昕、王吉勇、樊　行、朱恩平、汪　亮、蔡耿生、陆　佳、周　铭、缪春胜

(续上表)

序号	项目名称	编制单位	主要编制人员
22	江门市综合交通一体化规划	深圳市城市交通规划设计研究中心有限公司 江门市规划勘察设计研究院	张晓春、林　涛、陈建凯、郭宏亮、李　焱、林健生、唐建安、毛应萍、李道勇、高作刚、井西振、曾宪谋、岑象炯、张以红、熊　栩
23	深圳市城市轨道交通近期建设规划(2011–2020)	深圳市城市交通规划设计研究中心有限公司	宗传苓、覃　矞、谭国威、段仲渊、何龙庆、杨应科、张　欣、孙　莉、陈振武、史　卿、刘永平、龙俊仁、张　俊、蔺　源、刘建华
24	天府低碳城—成都大源商务商业核心区地下空间及市政基础设施保障系统规划	广州市城市规划勘测设计研究院	蔡云楠、李少云、杨玉奎、杨　戈、刘海明、刘明宇、张玉红、舒　然、朱晓宇、刘　德、巫思聪、卫敏辉、朱卓元、潘　峰、皮　浩

村镇规划类：

一等奖（共7项）

序号	项目名称	编制单位	主要编制人员
1	佛山市南海区大沥镇总体规划(2005–2020)	广州市城市规划勘测设计研究院	袁奇峰、刘云亚、彭　涛、易晓峰、宋　瑞、王建军、黄永熙、陈筱玲、熊秋文、林颖庭
2	百侯镇历史文化名镇保护规划	梅州市城市规划设计院	张　晓、曾南山、王　宗、王　瑛、陈　琅、朱　亮、黄　勇、黄志勇、吴爱勤、丘晓文
3	广东省村庄规划实施机制研究	广州中大城乡规划设计研究院有限公司 华南理工大学 广州市番禺区城乡规划编制管理办公室	孙　玥、龚　毅、李　郇、周锐波、侯启章、张志强、邓代红、李凤珍、张学良、陈达明
4	韶关市仁化县石塘村历史文化保护规划	广东工业大学建筑设计研究院	朱雪梅、林垚广、王国光、王　平、何韶颖、倪　虹、邱代胜、覃正思、叶建平、叶文乐
5	增城市“莲塘春色”国际生态旅游示范村村庄规划	广东省城乡规划设计研究院	陈　静、王其东、蒋万芳、邓毛颖、李　敏、陈志瑜、容伊梨、曹秀茹、李敏胜、林　莉
6	陈村镇仙涌村新农村景观改造规划设计	佛山市顺德区规划设计院有限公司	陈潮武、唐泽雯、欧阳尚贤、胡敏华、李敏宜、唐家铭、陈可苗、李妙玲、罗晓萍、许红卫
7	番禺区石楼镇新农村工作报告	广州市规划局番禺分局 中国城市规划设计研究院深圳分院	孙　玥、何林林、龚　毅、赵迎雪、侯启章、张志强、刘　雷、邓代红、刘　倩、吕晓蓓

(广东省城市规划协会)

2011年度广东省优良样板工程（房屋建筑工程、专业工程）

（授予单位：广东省建筑业协会）

序号	工　程　名　称	承　建　单　位
广州市：		
1	广州亚运城综合体育馆工程	广州市建筑集团有限公司
2	广州新电视塔	上海建工（集团）总公司、广州市建筑集团有限公司
3	商业、住宅楼工程1幢（邦泰国际）	中天建设集团有限公司
4	广州国际体育演艺中心	北京城建集团有限公司/广州市建筑集团有限公司
5	东方电气出海口基地三期工程联合厂房（二）土建工程施工总承包	广州市恒盛建设工程有限公司/广州市建筑集团有限公司
6	商业大楼、办公楼（自编琶洲PZB1501地块项目二期A、B栋）（保利世界贸易中心品牌展示馆）	中天建设集团有限公司

(续上表)

序号	工 程 名 称	承 建 单 位
7	广州体育学院体育馆(2010年亚运会省属场馆项目)	广州市第二建筑工程有限公司
8	2层(部分1层)设计网球中心工程2幢	广州市第三建筑工程有限公司
9	花都区亚运新体育馆工程(主体)	广州市第三建筑工程有限公司/正太集团有限公司
10	广州康王中心(和业广场)	广州市第二建筑工程有限公司
11	广州国际羽毛球培训中心(二期)	广州市建筑集团有限公司
12	歌剧院工程1幢(广州歌剧院)	中建三局建设工程股份有限公司(粤)
13	通信枢纽楼1幢(自编广东全球通大厦(新址))	中国建筑第四工程局有限公司
14	广州南沙体育馆土建主体工程	广州协安建设工程有限公司
15	海珠体育中心	广州工程总承包集团有限公司
16	黄埔体育中心体育馆(主场馆)工程	武汉建工股份有限公司
17	珠江新城E3—1地块2幢45层(自编A—1、A—2栋)、2幢42层(自编A—3、A—4栋)商业、住宅楼工程	广州市建筑集团有限公司
18	广州数控设备有限公司GSK系列数控产业化基地(二期)工程电机车间、冲压车间	广东梁亮建筑工程有限公司
19	广州市番禺中心医院门诊楼、医技楼(标段二)	广州市黄埔建筑工程总公司
20	广交会琶洲展馆配套设施项目(展馆)	广州市建筑集团有限公司
21	脑科中心一幢(广州医学院第二附属医院脑科教学综合楼)	广州市房屋开发建设有限公司
22	萝岗区行政办公用房及萝岗中心区人防工程一期施工总承包(一标段)	广州市建筑机械施工有限公司
23	萝岗行政办公用房及萝岗中心区人防工程一期施工总承包(二标段)	广州工程总承包集团有限公司
24	广州工程职业技术学校(从化校区)综合教学楼	广东电白二建工程有限公司
25	广州市慈善医院扩建住院楼工程	广东电白二建工程有限公司
26	亚运城医院工程(赛时为志愿者宿舍、临时物流中心及制服仓库)1幢	广州市第四建筑工程有限公司
深圳市:		
27	国检大厦	泛华建设集团有限公司
28	中央西谷大厦	江苏省华建建设股份有限公司
29	深圳卷烟厂易地技术改造工程—片烟库D	深圳市建工集团股份有限公司
30	清华紫光南方产业化基地	中建三局第二建设工程有限责任公司
31	西部第三方物流基地01地块B栋仓(一期)	深圳市深港建筑集团有限公司
32	东海商务中心(一期)	深圳市第一建筑工程有限公司
33	深圳市深福保B105—26号地高科技厂房III段工程	深圳市金润建设工程有限公司
34	半岛城邦花园二期	中国建筑第二工程局有限公司
珠海市:		
35	仁恒·星园二期一标段工程	龙信建设集团有限公司
36	中海广场一期	中建三局第一建设工程有限责任公司
37	珠海市香洲区人民检察院办公(综合业务楼)	广东建粤工程有限公司
38	珠海市环境监测监控中心	珠海市建安昌盛工程有限公司
39	绿洋山庄二期(华发·龙庭)A区工程	广州金辉建设集团有限公司
40	锦绣荣城E区11#楼	珠海市年顺建筑有限公司

(续上表)

序号	工　程　名　称	承　建　单　位
41	珠海市格力电器股份有限公司压缩机研发中心	广东建粤工程有限公司
42	南光物流通宇配送中心工程	珠海市建安集团公司
韶关市：		
43	仁化县人民法院审判法庭综合楼	广东省第五建筑工程有限公司
汕头市：		
44	汕头供电局生产调度综合楼	汕头市龙华建筑总公司
45	汕头市香域水岸一期B区（4—1～17、5—1～24幢	汕头市达濠市政建设有限公司
46	汕头市职业技术学院教学楼、实训楼项目	汕头市达濠建筑总公司
汕尾市：		
47	海丰县城污水处理厂综合楼	广东省环境工程装备总公司
佛山市：		
48	金海广场	广东省六建集团有限公司
49	中信南海美景旅游度假区住宅一期	中国建筑第二工程局有限公司
50	美的总部大楼	广州市建筑集团有限公司
51	佛山市蓝箭电子有限公司宿舍楼B1	广东电白二建工程有限公司
江门市：		
52	恩平供电局生产调度综合楼	广东耀南建筑工程有限公司
53	江门市质量技术监督局摩托车站综合研发检测大楼工程	广东金辉华集团有限公司
54	天富豪庭富景5号P11—P13、富景6号P15—P17工程	广东金辉华集团有限公司
55	创业大厦2号楼	江门市蓬江建筑集团有限公司
湛江市：		
56	湛江滨海园商住小区1、2、3、5、6号楼	广东三穗建筑工程有限公司
57	湛江君临海岸居住小区3号、13号、16号商住楼	湛江市粤西建筑工程公司
茂名市：		
58	“华侨城广场”住宅综合楼	广东省化州市建筑工程总公司
59	“亿城名苑”商住综合楼L栋	茂名市茂南建安集团有限公司
60	“盈龙大厦”商住楼	茂名市茂南建安集团有限公司
61	海景明珠商住小区A幢	广州协强建筑有限公司
肇庆市：		
62	肇庆市计划生育服务中心大楼	汕头市建安实业（集团）有限公司
63	肇庆高新区劳动力业务大楼	汕头市建安实业（集团）有限公司
64	肇庆市农业学校2号学生宿舍	广东瑞丰建设集团有限公司
惠州市：		
65	电力生产调度综合楼	广州市恒盛建设工程有限公司／深圳市创冠智能网络技术有限公司
66	惠州市中心体育场	中国建筑第八工程局有限公司
67	金山湖体育馆	广东省第四建筑工程公司
68	金山湖游泳跳水馆	广州市第三建筑工程有限公司
69	邮政信息大楼	惠州市铭濠润建筑有限公司
梅州市：		
70	广东嘉应制药股份有限公司科研综合楼	汕头市华达建筑工程公司

(续上表)

序号	工　程　名　称	承　建　单　位
71	梅州市中医医院门诊大楼	梅州市顺兴建筑工程有限公司
72	客天下大酒店会所	梅州市鸿艺建筑工程有限公司
河源市：		
73	河源市职工文化活动中心（培训综合楼）	广东三穗建筑工程有限公司
74	中共河源市委党校教研楼	汕头市潮阳第一建安总公司
阳江市：		
75	御水雅筑 C、D 幢	广东省阳江市建安集团有限公司
东莞市：		
76	新世纪尚居（二期）13、14、15 号住宅楼	中建三局第一建设工程有限责任公司
77	东田丽园富田居 11—13 幢	东莞市建工集团有限公司
78	雍景香江住宅小区 1 号，2 号住宅楼	湛江市粤西建筑工程公司
79	万科.松山湖 1 号花园枫林 4 栋	深圳市广胜达建筑工程有限公司
80	景湖豪庭 12 号—13 号	东莞市建安集团有限公司
81	万科·金域华府 6、7、8 号楼	中建三局第一建设工程有限责任公司
82	景湖时代花园 13 号楼	东莞市建安集团有限公司
83	华凯帝庭园	中建三局第一建设工程有限责任公司
84	新世纪星城二期 23、24 号楼	中建三局第一建设工程有限责任公司
中山市：		
85	雅居乐世纪新城三期 V2—1、G2—1 工程	中天建设集团有限公司
86	雅居乐新城十期 A 区商住楼工程	宏润建设集团股份有限公司
87	维港湾（1—3、5—7 栋及车库）住宅小区工程	宏润建设集团股份有限公司
88	水云轩五期（12、13 栋及车库）商住楼工程	浙江省东阳第三建筑工程有限公司
89	中山市人才发展研究中心办公楼工程	汕头市建安（集团）公司
云浮市：		
90	新兴县翔顺花园新景居	广东翔顺建筑工程有限公司
广东省建工集团属下企业：		
91	珠江新城 I1—4 地块（广州远洋大厦）	广东省第一建筑工程有限公司
92	商业、住宅工程 4 幢（自编 A1、A2、A3、A4 栋）、幼儿园工程 1 幢（自编 C1）、商业楼工程 2 幢（自编 D1、D2 栋）（自命名：世纪云顶雅苑）	广东省第二建筑工程公司
93	珠海科技创新海岸服务中心（一期）	广东省建筑工程集团有限公司
94	珠海市第一中学扩建工程	广东省第一建筑工程有限公司
95	李锦记会议中心工程	广东省第一建筑工程有限公司
96	广州市萝岗区萝岗中心区凯云楼	广东省第四建筑工程公司
广东电网公司属下企业：		
97	220kV 农园变电站工程	广东省电力技术改进公司
98	220kV 珠玑变电站工程	广东火电工程总公司

（广东省建筑业协会）

2011年度广东省市政优良样板工程项目

（授予单位：广东省市政行业协会）

工程名称	承建单位	建设单位	监理单位
龙岗区北通道市政工程第Ⅰ合同段第一标段（KZ0+000～KZ2+835段和KY0+000～KY2+843段）	深圳市建筑工程股份有限公司 深圳市交运工程集团有限公司	深圳市建设（集团）有限公司	深圳市启光建设监理有限公司
滨河污水处理厂改造工程	深圳市建筑工程股份有限公司 深圳市建工集团股份有限公司	深圳市水务（集团）有限公司	深圳市甘泉建设监理有限公司
广州市轨道交通四号线【车黄盾构区间】土建工程	广东水电二局股份有限公司 广州市建筑机械施工有限公司	广州市地下铁道总公司	华铁工程咨询有限责任公司
仓头—生物岛隧道工程A标段（水中段）	广州打捞局	广州市隧道开发公司	上海海科工程监理所
港湾大道（金鼎转盘至金唐路口段）改造工程	广东省水利水电第三工程局	珠海交通集团有限公司	珠海市工程监理有限公司
广州市珠江新城核心区市政交通项目旅客自动输送系统土建一标工程	广东省基础工程公司 二十三冶建设集团有限公司 广东华隧建设股份有限公司	广州市地下铁道总公司	中煤邯郸中原建设监理咨询有限责任公司
惠州市金山大桥新建工程	广东省建筑工程机械施工有限公司	惠州市公用事业管理局	广东华路交通科技有限公司
肇庆市星湖大道改造工程A—2标段	广州市第一市政工程有限公司	肇庆市城市综合管理局	广东工程建设监理有限公司
猎德大桥系统工程北延线金穗路～黄埔大道节点第二标段	广州市第一市政工程有限公司	广州市新光快速路有限公司	广州建筑工程监理有限公司
广州市轨道交通二、八号线延长线盾构工程3标段【南浦站～洛溪站、南浦站～南会区间中间风井盾构区间】	广东省基础工程公司	广州市地下铁道总公司	广州轨道交通建设监理有限公司
猎德大桥系统工程北延线金穗路～黄埔大道节点第一标段	广州市建筑机械施工有限公司	广州市新光快速路有限公司	广州建筑工程监理有限公司
广州市轨道交通五号线［猎德站］土建工程	广东省基础工程公司	广州市地下铁道总公司	石家庄铁源工程咨询有限公司
陈村镇道路提升改造工程BT项目	广东雄辉市政公用工程有限公司	佛山市顺德区陈村镇土地储备发展中心	佛山市顺德建设监理有限公司 广东德正工程管理有限公司
清河东路改造工程第四标段（K9+460—K11+160）工程施工总承包	广东金辉华集团有限公司	广州市番禺区基本建设投资管理办公室	广州市市政工程监理有限公司
同泰路升级改造工程施工	广东敦庆建筑工程有限公司 广东晟源建设有限公司	广州展维工程建设咨询服务有限公司	广州市市政工程监理有限公司
广州天河体育中心总平面亚运改造工程施工总承包	广州市市政集团有限公司 汕头市潮阳第二建总公司 上海市基础工程有限公司	广州市重点公共建设项目管理办公室	广州建筑工程监理有限公司
中山大道BRT试验线东段土建施工1标 中山大道行人过街系统完善工程东段土建施工1标 中山大道BRT试验线东段和中山大道行人过街系统完善工程东段1标8号、9号、10号、11号人行天桥钢结构工程	广东粤大建设集团有限公司 东莞市莱钢钢结构有限公司	广州市中心区交通项目领导小组办公室	广州市市政工程监理有限公司

(续上表)

工程名称	承建单位	建设单位	监理单位
广州国际生物岛螺旋路道路市政工程	广州市市政工程机械施工有限公司 广东长恒建设工程有限公司	广州国际生物岛建设办公室	广州建筑工程监理有限公司
广州南沙开发区龙穴大道（港区段）工程施工NA6.8标段	广东敦庆建筑工程有限公司 广东晟源建设有限公司	广州市广园市政建设有限公司	广州珠江工程建设监理有限公司
广州华南路三期工程第B3标	广州市第一市政工程有限公司	广州隧华快速路有限公司	广州市市政工程监理有限公司
广州市轨道交通三号线北延段【梅花园站】土建工程	湖南长大建设集团股份有限公司 广东省建筑工程机械施工有限公司	广州市地下铁道总公司	江西中昌工程咨询监理有限公司
大观路与车陂路系统改造工程—奥体中心立交土建工程第五标段	广东省建筑工程机械施工有限公司	广州市中心区交通项目领导小组办公室	广州市穗高工程监理有限公司
龙穴大道NA6.2标段土建工程	广州市第三市政工程有限公司	广州市广园市政建设有限公司	广州珠江工程建设监理有限公司
河源市滨江大道首期工程（一标段）	北京城建远东建设投资集团有限公司	河源市住房和城乡规划建设局	珠海市工程监理有限公司
大观路与车陂路系统改造工程—奥体中心立交土建工程第二标段	广东长恒建设工程有限公司	广州市中心区交通项目领导小组办公室	广州市穗高工程监理有限公司
大观路与车陂路系统改造工程—奥体中心立交土建工程第一标段	广州市第二市政工程有限公司	广州市中心区交通项目领导小组办公室	广州市穗高工程监理有限公司
大观路与车陂路系统改造工程—奥体中心立交土建工程第三标段	湛江市市政建设工程总公司	广州市中心区交通项目领导小组办公室	广州市穗高工程监理有限公司
深圳市大工业区水厂建设工程	深圳市市政工程总公司 深圳市天健市政安装工程有限公司	深圳市大工业区水务有限公司	深圳市中海建设监理有限公司
大亚湾中心区中兴中路市政工程（一标）	惠州市市政工程总公司 惠州大亚湾市政基础设施有限公司	惠州大亚湾经济技术开发区公用事业管理局	广东天衡工程建设咨询监理有限公司
惠州大亚湾西四大道（西D—磨岭南路段）工程	惠州大亚湾市政基础设施有限公司	惠州市大亚湾投资控股有限公司	惠州市工程建设监理有限公司
中兴中路（北段）市政工程	惠州市市政工程总公司	惠州大亚湾经济技术开发区公用事业管理局	惠州市工程建设监理有限公司
海珠区滨江路（海印桥—广州大桥）道路升级改造工程施工总承包	广州市市政工程维修处	广州市海珠区市政设施维护管理中心	广东建设工程监理有限公司
广州市番禺区汉溪大道土建工程施工Ⅰ标 广州市番禺区汉溪大道路面工程A标	广州市第三市政工程有限公司 江西建工第二建筑有限责任公司 江西中煤建设集团有限公司	广州市番禺交通建设投资有限公司	福州成建工程监理有限公司
河源市滨江大道首期工程（二标段）	广东省基础工程公司	河源市住房和城乡规划建设局	珠海市工程监理有限公司
大观路与车陂路系统改造工程—奥体中心立交土建工程第四标段	汕头市市政工程总公司	广州市中心区交通项目领导小组办公室	广州市穗高工程监理有限公司
珠海市前山河东岸市政道路工程第Ⅱ标段（三台石至南屏大桥）施工	广州市市政集团有限公司	珠海市基础工程直属管理处	广州建筑工程监理有限公司

(续上表)

工程名称	承建单位	建设单位	监理单位
鹤山市马山生活垃圾卫生填埋场改造及扩容（首期）工程	江门市政企业集团有限公司	鹤山市城市综合管理局	鹤山市工程建设监理有限公司
韶关市宝盖路工程	韶关市市政建设工程有限公司	韶关市市政建设工程管理处	广州东华建设监理有限公司
珠海情侣北路（南段）—白埔路市政工程	中山市宏信路桥工程有限公司	珠海城市建设集团有限公司	珠海市工程监理有限公司
广州市西江引水工程—输水管线—干线（西二环段）［广州市西江引水工程管道施工工程（管线五标）］	中铁一局集团市政环保工程有限公司	广州市自来水公司	广州珠江工程建设监理有限公司
广州市西江引水工程—输水管线—干线（西南涌段）［广州市西江引水工程管道施工工程（管线六标）］	重庆市黄浦建设（集团）有限公司	广州市自来水公司	广州珠江工程建设监理有限公司
广州市西江引水工程—输水管线—干线（东西二线段）［广州市西江引水工程管道施工工程（管线七标）］	广州市建筑机械施工有限公司	广州市自来水公司	广州珠江工程建设监理有限公司
广州市西江引水工程—输水管线—干线（佛山—环官窖立交至禅炭路西侧段）［广州市西江引水工程管道施工工程（管线八标）］	广东省基础工程公司	广州市自来水公司	广州珠江工程建设监理有限公司
广州市西江引水工程—输水管线—干线（佛山一环禅炭路西侧至桂和路段）［广州市西江引水工程管道施工工程（管线九标）］	广州市自来水工程公司	广州市自来水公司	广州珠江工程建设监理有限公司
广州市西江引水工程—输水管线—干线（桂和路至里和路段）［广州市西江引水工程管道施工工程（管线十标）］	深圳市建筑工程股份有限公司	广州市自来水公司	广州珠江工程建设监理有限公司
广州市西江引水工程—输水管线—干线（里和路至和顺立交段）［广州市西江引水工程管道施工工程（管线十一标）］	厦门地山建设发展集团有限公司	广州市自来水公司	广州珠江工程建设监理有限公司
广州市西江引水工程—输水管线—干线（滨江大道段）施工工程	广州市自来水工程公司	广州市自来水公司	广东重工建设监理有限公司
广州市西江引水工程—输水管线—干线（佛山—环官窖立交段）盾构施工工程	北京长城贝尔芬格伯格建筑工程有限公司	广州市自来水公司	广州市富华工程建设监理有限公司
广州市西江引水工程—输水管线—干线（佛山小塘立交段）盾构工程	广东省基础工程公司 广东华隧建设股份有限公司	广州市自来水公司	广州市富华工程建设监理有限公司
广州市西江引水工程—输水支线—石门、西村支线并线段，石门支线后段，江村支线—华南三期A段	广州市自来水工程公司	广州市自来水公司	广东建设工程监理有限公司
广州市西江引水工程—江村支线—华南三期B段	广州市市政工程维修处	广州市自来水公司	广东建设工程监理有限公司

(续上表)

工程名称	承建单位	建设单位	监理单位
广州市西江引水工程—江村支线—富力城段、机场高速北段	广东省基础工程公司	广州市自来水公司	广东建设工程监理有限公司
广州市西江引水工程—输水管线—江村支线机场高速（平沙立交）顶管段工程	广东省基础工程公司	广州市自来水公司	广州珠江工程建设监理有限公司

(广东省市政行业协会)

2011年广东省绿色住区项目

(认定单位：广东省房地产行业协会)

序号	项目名称	申报单位
1	广州金域蓝湾花园（二期）（A7～A9栋、B4～B8栋、C1～C2栋、F栋）	广州市鹏万房地产有限公司
2	江门开平汇景湾	开平市汇景湾物业发展有限公司
3	云浮新兴县翔顺花园二区	广东翔顺房地产开发有限公司
4	肇庆星荷湖畔	肇庆市侨兴实业发展集团有限公司
5	肇庆中源名都(一、二期)	肇庆市新中源房产开发有限公司
6	肇庆鼎湖森邻(一、二期)	肇庆广物房地产开发有限公司
7	肇庆臻汇园(一期A、B区)	广东臻汇园置业发展有限公司
8	东莞中信·凯旋国际花园	中信华南(集团)东莞有限公司
9	汕头中信嘉顿小镇(西区)	汕头市金平区中信房产开发有限公司
10	汕头柏嘉半岛花园(一期)	广东锦峰地产投资有限公司
11	佛山岭南天地—4地块商住项目东华嘉苑	佛山瑞安天地房地产发展有限公司
12	佛山星晖园	佛山市南海区星晖房地产有限公司
13	佛山顺德雅居乐花园(一期)	佛山市顺德区雅居乐房地产有限公司
14	广州岭南新苑	广州市越汇房地产开发有限公司

(广东省房地产行业协会)

“第三届广东省土木工程詹天佑故乡杯奖”获奖项目

(授予单位：广东省土木建筑学会)

序号	项目名称	申报单位
1	广州亚运城	广州市重点公共建设项目管理办公室 广东省建筑设计研究院 广州市城市规划勘测设计研究院 广东省城乡规划设计研究院 广州珠江工程建设监理有限公司 广东工程建设监理有限公司 广州市广州工程建设监理有限公司 广东重工建设监理有限公司 中国建筑股份有限公司 上海宝冶集团有限公司 广州建筑股份有限公司 广州协安建设工程有限公司 广州机施建设集团有限公司 中铁五局（集团）有限公司 广东省工业设备安装公司 中建钢构有限公司

(续上表)

序号	项目名称	申　报　单　位
2	亚运之舟—海心沙	广州建筑股份有限公司 广州机施建设集团有限公司 广州新中轴建设有限公司 广州市城市规划勘测设计研究院 广州市市政工程监理有限公司 中建钢构有限公司
3	广州歌剧院	中建三局建设工程股份有限公司 广州珠江外资建筑设计院有限公司 广州建筑股份有限公司 广州建筑工程监理有限公司 中建钢构有限公司 浙江精工钢结构有限公司 广东省工业设备安装公司 广东省基础工程公司 广东建安自动化系统工程有限公司 深圳市洪涛装饰股份有限公司 广东省装饰有限公司 珠海市晶艺玻璃工程有限公司
4	广东省博物馆新馆	广州机施建设集团有限公司 广东省博物馆 广东省建筑设计研究院 广东工程建设监理有限公司
5	天河体育中心综合改造、扩建工程	广东省第一建筑工程有限公司 广州市重点公共建设项目管理办公室 广州市第三建筑工程有限公司 中国建筑第四工程局有限公司 广州市设计院 广州建筑工程监理有限公司
6	南沙体育馆	广州协安建设工程有限公司 广州南沙开发区建设和管理局 华南理工大学建筑设计研究院 广州市机电安装有限公司 广州珠江工程建设监理有限公司
7	广州自行车馆和轮滑场、极限运动中心	广州市重点公共建设项目管理办公室 广东省建筑设计研究院 广东工程建设监理有限公司 中国建筑股份有限公司 中国建筑第八工程局有限公司
8	东方电气（广州）重型机器联合厂房	广州市恒盛建设工程有限公司 广州建筑股份有限公司 东方电气（广州）重型机器有限公司 机械工业第二设计研究院 北京华兴建设监理咨询有限公司 广州市第三建筑工程有限公司

(续上表)

序号	项目名称	申报单位
9	惠州市合生(下角东江)大桥	广东省基础工程公司 惠州市公用事业管理局 同济大学建筑设计研究院(集团)有限公司 广东华路交通科技有限公司
10	深圳市地铁5号线穿越南城百货托换工程	广州市胜特建筑科技开发有限公司 中铁隧道集团有限公司
11	广州塔	广州新电视塔建设有限公司 广州市设计院 上海(建工)集团总公司 广州建筑股份有限公司 上海市第一建筑有限公司 广州市第一建筑工程有限公司 上海市机械施工有限公司 广州市第一装修有限公司 上海市新丽装饰有限公司 上海市建筑装饰工程有限公司 香港奥雅纳工程顾问公司

(广东省土木建筑学会)

统计资料

- 全省全社会固定资产投资额一万六千八百四十四亿元
- 全省基础设施完成投资额四千五百四十四亿元
- 全省完成房地产开发投资额四千八百一十亿元
- 全省全社会施工建筑面积五亿八千一百三十四万平方米
- 全省国有经济固定资产投资总额四千四百一十八亿元

房地产开发主要指标

项　　目	单位	2000	2005	2009	2010	2011
土地开发及购置	万平方米					
本年土地开发面积		1754.51	2085.66	1497.15		
本年土地购置面积		1942.30	2894.12	2259.90	1726.31	2436.64
本年完成投资额	亿元	858.61	1591.90	2961.32	3659.69	4809.91
住宅		593.74	1065.74	2090.09	2539.03	3453.04
经济适用房屋		19.52	2.86	15.82	24.66	
资金来源小计	亿元	1064.51	2233.60	5059.35	7426.13	6877.82
国内贷款		228.53	385.75	1010.39	1256.11	1224.22
利用外资		39.16	37.16	65.23	90.85	73.38
自筹资金		287.71	702.33	1334.49	1582.94	2153.46
房屋建筑面积	万平方米					
施工面积		9922.12	15110.04	24814.69	29301.36	36137.07
住宅		7400.38	11399.99	18994.15	22253.76	27377.88
经济适用房屋		301.75	70.80	141.61	151.15	
竣工面积		3161.39	4385.16	5062.25	5659.10	6140.56
住宅		2598.52	3476.73	4111.60	4589.22	4884.18
经济适用房屋		180.42	33.86	15.86	50.74	
商品房屋销售额	亿元	729.50	2238.66	4598.53	5480.77	5852.54
住宅		597.36	1886.39	4176.65	4589.82	5070.76
经济适用房屋		14.83	4.70	12.02	25.78	
商品房屋销售面积	万平方米	2259.95	5038.91	7060.03	7321.76	7427.87
住宅		2009.34	4546.32	6567.43	6552.81	6706.60
经济适用房屋		106.74	33.96	40.21	69.34	

注：2010年国家取消本年土地开发面积指标，2011年取消经济适用房相关指标。

各市房地产开发投资情况
(2011)

单位：亿元

市别	完成投资额	#住宅
广州	1305.36	789.49
深圳	514.74	353.21
珠海	255.61	165.85
汕头	73.47	55.56
佛山	596.92	456.59
顺德	187.36	138.57
韶关	81.27	61.13
河源	58.80	46.50
梅州	41.37	32.50
惠州	376.54	290.83
汕尾	34.68	26.05
东莞	373.31	322.54
中山	310.36	229.75
江门	146.93	125.07
阳江	77.67	66.77
湛江	103.62	71.51
茂名	51.43	39.27
肇庆	143.11	105.88
清远	168.61	131.74
潮州	23.63	20.06
揭阳	43.84	38.62
云浮	28.64	24.11
按经济区域分		
珠三角	4022.87	2839.21
东翼	175.62	140.29
西翼	232.72	177.55
山区	378.70	295.98

各市房地产开发房屋建筑面积及价值(2011)

市别	房屋建筑面积(万平方米)			竣工房屋价值(万元)	
	施工面积	竣工面积	#住宅		#住宅
广州	7691.06	1292.47	844.09	4318900	2828907
深圳	2875.98	325.00	232.66	1609312	1163644
珠海	1654.49	349.66	281.46	1150098	934787
汕头	929.59	190.69	146.12	319073	247037
佛山	3559.17	605.09	501.98	1648328	1377313
顺德	1408.09	202.31	175.52	623178	546985
韶关	917.20	176.41	159.30	367839	333828
河源	411.60	109.12	97.37	382963	327467
梅州	398.44	193.89	168.74	491946	399502
惠州	3905.12	502.66	405.62	1382329	1106289
汕尾	251.20	34.67	33.20	62586	60396
东莞	2393.57	242.28	210.85	1112723	997975
中山	2959.96	638.66	520.58	1724240	1406983
江门	1445.95	340.36	300.62	805850	713730
阳江	609.15	85.35	81.18	197153	185868
湛江	949.53	170.30	141.11	365945	292972
茂名	791.68	212.25	180.62	421968	354214
肇庆	1408.36	252.11	209.03	601276	493902
清远	1672.36	206.72	178.50	453984	395172
潮州	325.52	52.96	46.37	90239	82149
揭阳	707.94	97.79	91.39	157095	145667
云浮	279.22	62.11	53.41	138024	117276
按经济区域分					
珠三角	27893.65	4548.30	3506.88	14353056	11023530
东翼	2214.25	376.11	317.08	628993	535249
西翼	2350.36	467.89	402.90	985066	833054
山区	3678.82	748.25	657.32	1834756	1573245

各市房商品房屋销售情况
（2011）

市　别	实际销售面积（万平方米）	# 住宅	实际销售额（万元）	# 住宅
广　州	1194.08	991.67	14452518	10834838
深　圳	496.89	469.43	10608646	9875457
珠　海	224.03	193.16	2575276	2299542
汕　头	159.10	138.79	824098	664768
佛　山	873.68	748.61	7023723	6143698
顺　德	286.53	268.77	2234644	2027311
韶　关	223.82	209.24	831119	724748
河　源	130.76	124.98	460674	427407
梅　州	138.04	130.18	443360	397285
惠　州	796.30	752.44	4408734	4146618
汕　尾	66.81	64.83	259095	248627
东　莞	595.61	540.68	4596123	4133322
中　山	628.44	576.71	3735895	3359328
江　门	321.63	300.49	1717476	1598855
阳　江	168.42	163.47	598594	568039
湛　江	194.26	173.60	980301	827376
茂　名	261.09	235.89	1010015	830259
肇　庆	329.16	299.50	1561012	1366147
清　远	355.13	341.07	1580111	1477154
潮　州	54.22	50.68	199751	178912
揭　阳	145.22	136.09	386131	357800
云　浮	71.19	65.09	272763	247378
按经济区域分				
珠三角	5459.82	4872.68	50679403	43757805
东　翼	425.35	390.38	1669075	1450107
西　翼	623.76	572.96	2588910	2225674
山　区	918.94	870.57	3588027	3273972

固定资产投资主要指标

项　目	1995	2000	2005	2010	2011
投资完成额（亿元）	2327.22	3233.70	7164.11	16113.19	16843.83
按城乡分					
城镇	1935.97	2710.57	6038.77	12870.09	14111.53
房地产开发	563.89	858.61	1591.90	3659.69	4809.91
农村	391.25	523.13	1125.34	3243.10	2732.30
按登记注册类型分					
内资	1874.41	2676.65	5368.63	13759.62	14399.45
国有	1122.84	1219.19	1858.90	5152.60	4418.30
集体	363.67	393.23	328.17	735.49	693.57
股份合作		19.43	66.56	49.91	72.06
联营		47.78	56.36	15.05	21.96
其他有限责任公司		366.63	1221.77	3393.58	4698.41
股份有限公司		153.58	377.11	869.46	990.59
私营	17.22	207.67	1107.61	2212.44	2822.70
个体	249.78	248.51	295.86	909.02	187.98
其他	120.90	20.63	56.29	422.07	493.87
港澳台投资	197.93	416.34	1081.10	1489.78	1527.74
外商投资	254.88	140.71	714.39	863.78	916.64
按构成分					
建筑安装工程	1507.92	2103.78	4520.62	10396.22	11019.16
设备工具器具购置	464.75	597.29	1593.83	2966.13	3022.94
其他费用	354.55	532.63	1049.67	2750.84	2801.72
按三次产业分					
第一产业	14.27	23.40	28.72	181.83	213.58
第二产业	682.40	768.82	2868.44	5241.53	5561.01
第三产业	1630.55	2441.48	4266.94	10689.83	11069.23
按财务拨贷款合计	2509.38	3396.79	7948.02	18864.04	19610.99
国家预算资金	26.98	56.80	69.13	411.16	412.55
国内贷款	376.11	584.34	1366.09	3171.76	2827.15
利用外资	465.13	357.05	786.05	630.48	574.03
自筹资金	941.71	1456.24	4300.92	10668.57	11523.54
其他资金	699.45	942.35	1425.83	3982.07	4273.73
房屋建筑面积（万平方米）					
施工面积	21364.88	23520.91	38351.76	57221.79	58134.27
竣工面积	10689.48	13492.94	17053.80	20420.60	14308.21
住宅	7308.18	8888.66	9633.54	12267.54	5595.67
实际销售商品房屋面积（万平方米）	1000.41	2259.95	5038.91	7321.76	7427.87
#住宅	850.44	2009.34	4546.32	6552.81	6706.60

注：1. 2011 年起固定资产投资项目统计起点由 50 万元提高至 500 万元，且不包含农村农户投资；2010 年以前为全社会固定资产投资。

2. 2011 年报起，原国家预算内资金改为国家预算资金。

固定资产投资总额

单位：亿元

年份	投资总额	按城乡分		
		城镇	#房地产开发	农村
1978	27.23	20.51		6.72
1979	28.29	20.65		7.64
1980	38.29	26.81		11.48
“六五”时期	548.80	398.17		150.63
1981	60.40	39.15		21.25
1982	84.73	57.34		27.39
1983	88.71	62.11		26.60
1984	130.37	89.86		40.51
1985	184.59	149.71		34.88
“七五”时期	1549.91	1308.23	129.10	241.68
1986	216.50	179.49	10.00	37.01
1987	251.01	208.87	16.29	42.14
1988	353.59	315.06	21.96	38.53
1989	347.34	294.95	48.15	52.39
1990	381.47	309.86	32.70	71.61
“八五”时期	7498.19	6072.55	1459.87	1425.64
1991	478.20	391.75	49.75	86.45
1992	921.75	702.59	125.57	219.16
1993	1629.87	1307.33	316.53	322.54
1994	2141.15	1734.91	404.13	406.24
1995	2327.22	1935.97	563.89	391.25
“九五”时期	13555.17	11333.16	3228.69	2222.01
1996	2327.64	1945.72	528.85	381.92
1997	2298.14	1899.22	528.31	398.92
1998	2668.13	2224.24	602.72	443.89
1999	3027.56	2553.41	710.20	474.15
2000	3233.70	2710.57	858.61	523.13
“十五”时期	25727.31	21742.54	6268.85	3984.77
2001	3536.41	3003.72	972.34	532.69
2002	3970.69	3343.46	1115.25	627.23
2003	5030.57	4235.14	1233.52	795.43
2004	6025.53	5121.45	1355.84	904.08
2005	7164.11	6038.77	1591.90	1125.34
“十一五”时期	58360.72	46198.54	13915.99	12612.18
2006	8132.37	6618.77	1843.51	1513.60
2007	9596.95	7525.46	2519.13	2071.49
2008	11165.06	8789.19	2932.34	2375.87
2009	13353.15	10395.03	2961.32	2958.12
2010	16113.19	12870.09	3659.69	3243.10
“十二五”时期				
2011	16843.83	14111.53	4809.91	2732.30

注：1. 1993年以前房地产开发投资主要是商品房建设投资。

2. 2011年起固定资产投资项目统计起点由50万元提高至500万元，且不包含农村农户投资；2010年以前为全社会固定资产投资。

按资金来源和构成分固定资产投资

年份	按财务拨贷款资金来源分				按构成分		
	国家预算内资金	国内贷款	利用外资	自筹和其他资金	建筑安装工程	设备工具器具购置	其他费用
投资额(亿元)							
1985	15.02	45.70	19.00	104.87	138.31	32.71	13.57
1990	12.92	73.92	61.07	261.60	246.56	103.97	30.94
1991	12.82	108.50	66.69	326.45	331.23	105.47	41.50
1992	12.98	205.51	120.17	667.06	651.18	185.72	84.85
1993	21.09	342.60	285.28	1085.64	1019.74	381.90	228.25
1994	20.70	335.57	479.52	1379.58	1357.19	499.26	284.70
1995	26.98	376.11	465.13	1641.16	1507.92	464.75	354.55
1996	22.52	347.75	494.70	1573.54	1507.04	498.79	321.81
1997	21.75	296.54	477.70	1605.60	1511.58	464.55	322.01
1998	46.53	414.58	394.44	1971.60	1688.14	546.06	433.93
1999	60.95	549.97	323.63	2167.05	1960.22	588.35	478.99
2000	56.80	584.34	357.06	2398.59	2103.78	597.29	532.63
2001	58.10	592.65	361.09	2680.24	2293.93	698.49	543.99
2002	73.58	749.21	439.31	3040.07	2548.91	783.70	638.08
2003	90.23	950.98	568.95	3996.32	3201.16	977.70	851.71
2004	72.39	1132.08	655.75	4864.42	3784.12	1247.82	993.59
2005	69.13	1366.09	786.05	5726.75	4520.62	1593.83	1049.67
2006	105.55	1659.26	865.58	6662.41	5221.87	1796.20	1114.29
2007	179.42	1755.86	984.01	8494.11	6088.11	1979.44	1529.39
2008	253.16	1877.90	779.48	9293.86	7140.54	2264.31	1760.21
2009	379.74	2695.36	682.36	12131.70	8800.83	2467.73	2084.60
2010	411.16	3171.76	630.48	14650.64	10396.22	2966.13	2750.84
2011	412.55	2827.15	574.03	15797.27	11019.16	3022.94	2801.72
构成 (%)							
1985	8.1	24.8	10.3	56.8	74.9	17.7	7.4
1990	3.2	18.1	14.9	63.9	64.6	27.3	8.1
1991	2.5	21.1	13.0	63.5	69.3	22.1	8.7
1992	1.3	20.4	11.9	66.3	70.6	20.1	9.2
1993	1.2	19.8	16.4	62.6	62.6	23.4	14.0
1994	0.9	15.1	21.6	62.3	63.4	23.3	13.3
1995	1.1	15.0	18.5	65.4	64.8	20.0	15.2
1996	0.9	14.3	20.3	64.5	64.7	21.4	13.8
1997	0.9	12.3	19.9	66.9	65.8	20.2	14.0
1998	1.6	14.7	14.0	69.7	63.3	20.5	16.3
1999	2.0	17.7	10.4	69.9	64.7	19.4	15.8
2000	1.7	17.2	10.5	70.6	65.1	18.5	16.5
2001	1.6	16.1	9.8	72.6	64.9	19.8	15.4
2002	1.7	17.4	10.2	70.7	64.2	19.7	16.1
2003	1.6	17.0	10.1	71.3	63.6	19.4	16.9
2004	1.1	16.8	9.8	72.3	62.8	20.7	16.5
2005	0.9	17.2	9.9	72.1	63.1	22.2	14.7
2006	1.1	17.9	9.3	71.7	64.2	22.1	13.7
2007	1.6	15.4	8.6	74.4	63.4	20.6	15.9
2008	2.1	15.4	6.4	76.1	64.0	20.3	15.7
2009	2.4	16.9	4.3	76.4	65.9	18.5	15.6
2010	2.2	16.8	3.3	77.7	64.5	18.4	17.1
2011	2.1	14.4	2.9	80.6	65.4	17.9	16.6

注：1. 1986年及以后的资金来源为财务拨贷款数，各项相加不等于投资总额。

2. 2011年起固定资产投资项目统计起点由50万元提高至500万元，且不包含农村农户投资；2010年以前为全社会固定资产投资。

3. 2011年报起，原国家预算内资金改为国家预算资金。

按构成分固定资产投资
(2011)

项　目	投　资	城镇	#房地产开发	农村
建设项目个数（个）				
施工项目	24958	16566		8392
全部建成投产项目	15625	9627		5998
计划总投资（亿元）	67835.29	62717.10	26860.98	5118.19
自开始建设累计完成投资	41704.50	37939.91	16258.05	3764.59
本年投资总额（亿元）	16843.83	14111.53	4809.91	2732.30
住宅	3666.63	3615.72	3453.04	50.91
按隶属关系分				
中央	1382.36	1360.54	200.85	21.82
地方	15461.47	12750.99	4609.06	2710.48
按构成分				
建筑安装工程	11019.16	9326.43	3441.91	1692.73
设备工具器具购置	3022.94	2305.80	46.65	717.15
其他费用	2801.72	2479.30	1321.35	322.42
财务拨贷款合计（亿元）	19610.99	16857.04	6877.82	2753.95
国家预算资金	412.55	330.49		82.06
国内贷款	2827.15	2768.45	1224.22	58.70
利用外资	574.03	453.07	73.38	120.97
自筹资金	11523.54	9262.60	2153.46	2260.94
其他资金	4273.73	4042.43	3426.76	231.28
新增固定资产（亿元）	10829.70	8763.94	2250.79	2065.76
房屋建筑面积（万平方米）				
施工面积	58134.27	51830.90	36137.07	6303.37
竣工面积	14308.21	11139.94	6140.56	3168.27
住宅	5595.67	5326	4884.18	269.24

各市固定资产投资额

单位：亿元

市别	2000	2004	2005	2006	2007	2008	2009	2010	2011
全省总计	3233.70	6025.53	7164.11	8132.37	9596.95	11165.06	13353.15	16113.19	16843.83
广州	923.67	1312.71	1514.01	1687.11	1858.64	2101.45	2659.85	3263.57	3412.20
深圳	677.12	1090.12	1182.32	1287.43	1345.00	1464.32	1709.15	1944.70	2060.92
珠海	95.08	179.85	218.23	256.28	339.32	351.32	410.51	501.55	637.39
汕头	112.48	131.94	154.14	175.18	206.69	261.36	291.90	361.68	438.15
佛山	198.96	568.56	741.43	895.25	1052.23	1230.64	1470.56	1719.63	1933.96
顺德	64.11	147.12	185.04	222.11	269.33	301.74	342.60	392.75	416.11
韶关	56.82	129.22	139.75	169.16	217.59	283.79	356.50	433.73	472.20
河源	26.54	78.38	111.10	175.18	232.09	174.79	198.15	242.74	237.34
梅州	44.45	93.06	97.66	108.43	125.00	140.54	162.98	195.52	197.65
惠州	77.41	297.62	352.37	308.78	486.91	588.74	758.97	894.02	1024.21
汕尾	36.21	73.44	101.86	133.48	175.08	206.27	289.43	366.99	329.65
东莞	102.89	433.90	592.20	698.67	841.21	943.07	1094.08	1114.98	1079.31
中山	109.95	291.58	320.92	346.49	399.22	444.95	545.61	660.37	766.95
江门	104.34	195.69	228.87	267.65	316.64	378.22	492.07	631.77	741.79
阳江	33.23	56.68	82.25	102.46	135.16	171.70	239.49	329.20	400.66
湛江	68.94	142.09	168.00	205.25	242.83	295.32	393.23	526.57	490.76
茂名	73.57	109.41	147.72	169.85	130.71	145.74	180.01	244.54	214.51
肇庆	75.29	145.24	178.01	216.94	270.57	326.31	462.77	625.21	710.03
清远	48.37	156.80	222.42	301.00	483.40	703.47	841.24	996.92	486.07
潮州	30.70	75.48	97.59	108.00	120.83	128.31	162.98	182.78	198.94
揭阳	68.43	87.81	115.16	151.57	203.19	265.79	393.50	564.07	658.08
云浮	32.98	76.13	103.44	110.29	129.19	142.76	240.19	312.66	353.08
按经济区域分									
珠三角	2364.71	4515.27	5328.37	5964.60	6909.74	7829.03	9603.55	11355.80	12366.76
东翼	247.82	368.67	468.75	568.23	705.79	861.73	1137.80	1475.51	1624.81
西翼	175.74	308.18	397.97	477.56	508.70	612.76	812.73	1100.32	1105.92
山区	209.16	533.59	674.38	864.06	1187.27	1445.35	1799.06	2181.56	1746.34

注：1. 2008 年前全省总计中含不分区部分。

2. 2011 年起固定资产投资项目统计起点由 50 万元提高至 500 万元，且不包含农村农户投资；2010 年以前为全社会固定资产投资。

各市按城乡分固定资产投资
(2011)

单位：亿元

市别	国家资产投资	城镇	# 房地产开发	农村
全省总计	16843.83	14111.53	4809.91	2732.30
广　州	3412.20	3285.38	1305.36	126.82
深　圳	2060.92	2060.92	514.74	
珠　海	637.39	630.09	255.61	7.29
汕　头	438.15	362.03	73.47	76.12
佛　山	1933.96	1057.25	596.92	876.71
顺　德	416.11	292.85	187.36	123.26
韶　关	472.20	445.42	81.27	26.78
河　源	237.34	181.71	58.80	55.62
梅　州	197.65	174.94	41.37	22.72
惠　州	1024.21	955.46	376.54	68.74
汕　尾	329.65	284.88	34.68	44.77
东　莞	1079.31	893.83	373.31	185.48
中　山	766.95	609.76	310.36	157.20
江　门	741.79	562.02	146.93	179.77
阳　江	400.66	364.38	77.67	36.28
湛　江	490.76	388.91	103.62	101.85
茂　名	214.51	157.40	51.43	57.11
肇　庆	710.03	454.92	143.11	255.11
清　远	486.07	366.36	168.61	119.71
潮　州	198.94	111.14	23.63	87.80
揭　阳	658.08	524.04	43.84	134.03
云　浮	353.08	240.69	28.64	112.39
按经济区域分				
珠 三 角	12366.76	10509.63	4022.87	1857.13
东　翼	1624.81	1282.10	175.62	342.71
西　翼	1105.92	910.68	232.72	195.24
山　区	1746.34	1409.12	378.70	337.22

注：2011 年起固定资产投资项目统计起点由 50 万元提高至 500 万元，且不包含农村农户投资；2010 年以前为全社会固定资产投资。

国有经济固定资产投资主要指标

项　　目	1995	2000	2005	2010	2011
建设项目个数（个）					
施工项目	6748	8934	7095	8669	7206
全部建成投产项目	3217	4070	3062	4659	3660
投资总额（亿元）	1122.84	1286.91	2062.31	5152.60	4418.30
住宅	193.93	185.38	54.08	171.36	233.94
按构成分					
建筑安装工程	680.01	835.63	1365.02	3558.70	3165.14
设备工具器具购置	254.30	222.31	345.90	741.84	579.26
其他费用	188.53	228.97	351.41	852.06	673.90
按建设性质分					
新建	685.99	635.88	1220.11	3291.99	2942.97
扩建	258.41	280.76	478.22	684.71	538.91
改建	101.85	128.62	262.00	844.39	788.59
按资金来源分					
国家预算内资金	19.31	48.77	58.78	366.85	371.35
国内贷款	186.84	275.53	558.68	1111.67	945.50
利用外资	142.71	55.08	9.28	35.97	48.36
自筹资金	550.53	743.32	1282.55	3303.88	2953.66
其他资金	223.45	164.21	153.02	533.65	472.90
新增固定资产（亿元）	634.07	1022.34	1195.42	3305.85	2947.53
房屋建筑面积（万平方米）					
施工面积	7425.60	5010.21	3878.94	5043.04	6543.35
竣工面积	2486.51	2062.14	1592.14	1261.43	1355.18
住宅	1385.38	1024.44	343.53	231.48	274.06

注：1. 建设项目个数、投资总额按建设性质分不含房地产开发部分。
2. 2011 年起固定资产投资项目统计起点由 50 万元提高至 500 万元，且不包含农村农户投资；2010 年以前为全社会固定资产投资。
3. 2011 年报起，原国家预算内资金改为国家预算资金。

基础产业和基础设施完成投资额

单位：亿元

年　份	基础产业	基础设施	电力、燃气及水的生产和供应业	交通运输、邮政业	电信和其他信息传输服务业	水利、环境和公共设施管理业
1990	139.95	132.62	24.73	46.77	28.75	32.37
1995	779.53	738.70	137.77	260.49	160.13	180.31
2000	1159.40	1098.68	204.91	387.43	238.16	268.18
2001	1187.24	1049.32	225.93	340.61	247.38	235.40
2002	1237.56	1127.94	300.13	348.87	242.34	236.60
2003	1655.29	1426.24	338.85	473.57	264.35	349.47
2004	2221.66	1858.46	548.32	627.93	267.91	414.30
2005	2612.47	2154.45	691.16	675.40	241.07	546.82
2006	2800.36	2392.07	714.76	820.49	218.37	638.45
2007	2989.95	2462.09	636.07	891.56	214.35	720.11
2008	3559.61	2935.03	749.57	1106.76	242.05	836.65
2009	5151.98	4488.32	1222.37	1664.65	278.46	1322.84
2010	5981.47	5394.68	1332.84	1908.64	239.17	1914.02
2011	5314.74	4544.10	934.31	1657.06	343.39	1609.34

注：2011 年起国家资产投资项目统计起点由 50 万元提高至 500 万元，且不包含农村农户投资；2010 年以前为全社会固定资产投资。

按行业分城镇投资主要指标
(2011)

行业	投资额（亿元）	施工项目个数（个）	全部建成投产项目个数（个）	新增固定资产（亿元）
全省总计	14111.53	16566	9627	8763.94
农、林、牧、渔业	68.89	243	177	54.37
农业	18.34	69	52	16.31
林业	9.68	28	20	5.55
畜牧业	10.64	39	27	7.93
渔业	12.21	45	34	10.93
农、林、牧、渔服务业	18.02	62	44	13.66
采矿业	54.86	61	38	32.50
煤炭开采和洗选业	0.49	1	1	0.49
石油和天然气开采业	30.87	6	3	20.69
黑色金属矿采选业	1.54	5	2	0.34
有色金属矿采选业	13.36	19	6	3.66
非金属矿采选业	8.48	28	24	7.17
其他采矿业	0.11	2	2	0.14
制造业	2967.35	6054	3867	2160.20
农副食品加工业	62.72	177	121	41.69
食品制造业	57.22	157	112	47.47
饮料制造业	50.91	79	54	46.37
烟草制品业	27.88	11	7	3.26
纺织业	85.70	209	169	84.73
纺织服装、鞋、帽制造业	93.65	357	282	83.18
皮革、毛皮、羽毛（绒）及其制品业	27.94	103	79	28.25
木材加工及木、竹、藤、棕、草制品业	25.43	62	40	14.95
家具制造业	42.21	110	67	33.59
造纸及纸制品业	128.92	130	87	34.54
印刷业和记录媒介的复制	46.28	162	130	48.37
文教体育用品制造业	33.89	124	86	33.67
石油加工、炼焦及核燃料加工业	72.77	44	17	22.72
化学原料及化学制品制造业	161.70	382	228	120.55
医药制造业	56.46	148	71	40.35
化学纤维制造业	6.74	9	6	6.67
橡胶制品业	11.93	34	23	37.66
塑料制品业	122.43	448	316	94.70
非金属矿物制品业	202.12	416	261	140.38
黑色金属冶炼及压延加工业	86.85	61	39	41.96
有色金属冶炼及压延加工业	56.53	82	42	24.42
金属制品业	177.79	481	339	142.35
通用设备制造业	86.11	214	118	66.85
专用设备制造业	90.60	268	162	63.87

注：1. 施工项目个数不含房地产开发。

2. 2011 年起固定资产投资项目统计起点由 50 万元提高至 500 万元，且不包含农村农户投资；2010 年以前为全社会固定资产投资。

(续上表)

行　　业	投资额(亿元)	施工项目个数(个)	全部建成投产项目个数（个）	新增固定资产(亿元)
交通运输设备制造业	214.69	209	104	125.64
电气机械及器材制造业	292.94	629	358	173.54
通信设备、计算机及其他电子设备制造业	513.09	590	311	460.10
仪器仪表及文化、办公用机械制造业	23.34	57	29	20.21
工艺品及其他制造业	87.73	247	167	61.38
废弃资源和废旧材料回收加工业	20.76	54	42	16.79
电力、燃气及水的生产和供应业	831.56	994	456	534.46
电力、热力的生产和供应业	677.26	604	284	398.32
燃气生产和供应业	45.52	60	22	53.48
水的生产和供应业	108.78	330	150	82.66
建筑业	26.30	31	18	17.65
房屋和土木工程建筑业	21.09	11	7	14.55
建筑安装业	0.61	6	5	0.67
建筑装饰业	4.19	12	6	2.32
其他建筑业	0.40	2	0	0.11
交通运输、仓储和邮政业	1622.75	1178	555	710.21
铁路运输业	199.99	46	11	30.52
道路运输业	708.27	788	414	267.89
城市公共交通业	230.07	68	24	16.19
水上运输业	91.73	99	33	50.81
航空运输业	308.59	12	4	265.59
管道运输业	1.44	6	3	1.17
装卸搬运及其他运输服务业	10.03	31	16	6.38
仓储业	69.01	122	49	69.53
邮政业	3.62	6	1	2.13
信息传输、计算机服务和软件业	384.39	706	342	344.81
电信和其他信息传输服务业	339.91	655	324	315.80
计算机服务业	21.60	22	12	15.59
软件业	22.88	29	6	13.42
批发和零售业	304.32	582	427	234.99
批发业	129.98	212	139	94.72
零售业	174.34	370	288	140.27
住宿和餐饮业	208.58	420	260	146.05
住宿业	173.26	284	149	117.06
餐饮业	35.32	136	111	28.99
金融业	25.04	37	16	11.26
银行业	11.03	28	14	9.58

(续上表)

行业	投资额（亿元）	施工项目个数（个）	全部建成投产项目个数（个）	新增固定资产（亿元）
证券业	9.89	4	1	0.76
保险业	3.87	3	0	0.86
其他金融活动	0.25	2	1	0.05
房地产业	5380.03	1056	669	2597.64
房地产业	5380.03	1056	669	2597.64
租赁和商务服务业	177.66	241	156	155.00
租赁业	0.80	2	2	0.80
商务服务业	176.86	239	154	154.20
科学研究、技术服务和地质勘查业	111.44	183	92	66.67
研究与试验发展	34.99	48	16	24.54
专业技术服务业	53.82	111	67	37.01
科技交流和推广服务业	21.80	24	9	4.28
地质勘查	0.83	0	0	0.83
水利、环境和公共设施管理业	1335.83	3075	1674	1003.61
水利管理业	177.08	622	342	181.70
环境管理业	95.70	299	168	97.28
公共设施管理业	1063.05	2154	1164	724.63
居民服务和其他服务业	12.95	67	45	9.73
居民服务业	9.79	49	34	7.64
其他服务业	3.16	18	11	2.09
教育	240.93	669	346	357.63
教育	240.93	669	346	357.63
卫生、社会保障和社会福利业	115.60	348	176	86.16
卫生	108.65	304	157	83.00
社会保障业	2.26	10	2	0.82
社会福利业	4.70	34	17	2.35
文化、体育和娱乐业	157.39	320	147	164.61
新闻出版业	4.94	5	2	1.43
广播、电视、电影和音像业	21.28	28	16	16.94
文化艺术业	43.94	137	54	28.29
体育	26.73	62	30	86.76
娱乐业	60.50	88	45	31.20
公共管理与社会组织	85.66	301	166	76.39
中国共产党机关	0.08	1	0	0.07
国家机构	70.47	251	131	66.73
人民政协和民主党派				
群众社团、社会团体和宗教组织	11.18	33	22	6.47
基层群众自治组织	3.94	16	13	3.12
国际组织				

投资效益指标

项　　目	2005	2008	2009	2010	2011
固定资产交付使用率					
本年完成投资（亿元）	7164.11	11165.06	13353.15	16113.19	16843.83
本年新增固定资产（亿元）	4668.97	7137.98	7926.97	10744.63	10829.70
固定资产交付使用率（%）	65.2	63..9	59.4	66.7	64.3
建成项目投产率					
本年施工项目（个）	23472	40229	45646	50626	24958
本年建成投产项目（个）	10680	28412	31420	36926	15625
建成项目投产率（%）	45.5	70.6	68.8	72.9	62.6
房屋建筑面积					
本年房屋施工面积（万平方米）	38351.76	44751.79	49419.17	57221.79	58134.27
本年房屋竣工面积（万平方米）	17053.80	18056.12	18736.95	20420.60	14308.21
房屋面积竣工率（%）	44.5	40.3	37.9	35.7	24.6
建设周期					
计划总投资（亿元）	26335.04	39023.52	48414.85	62193.20	67835.29
本年完成投资（亿元）	7164.11	11165.06	13353.15	16113.19	16843.83
建设周期（年／月）	3/8	3/6	3/8	3/10	4/0

注：2011 年起固定资产投资项目统计起点由 50 万元提高至 500 万元，且不包含农村农户投资；2010 年以前为全社会固定资产投资。

新增主要生产能力或效益

指标	2005	2008	2009	2010	2011
石油加工：					
蒸馏设备能力（处理万吨／年）	300	860	1340		30
裂化设备能力（处理万吨／年）	10	150		102	120
加氢精制设备能力（处理万吨／年）	120	205	220	200	60
钢材：热轧钢材（万吨／年）	280.35	98.44	146.00	103.60	93.50
冷轧（拔）钢材（万吨／年）	377.55	126.45	76.00	75.45	309.15
铜冶炼（吨／年）	25477	126560	420	155000	250000
铝加工（吨／年）	119780	519945	668610	184230	208860
发电机组装机容量（万千瓦）	526.93	1128.54	670.25	763.96	1198.33
水力发电（万千瓦）	37.32	295.61	31.59	108.39	119.43
火力发电（万千瓦）	433.57	779.00	489.00	580.00	868.30
输电线路（11 万伏及以上）（千米）	4066.05	2843.62	5638.58	6996.95	5463.29
水泥（万吨／年）	1792.15	694.00	793.50	1750.50	1873
塑料树脂及共聚物（吨／年）	32999	216732	466989	340713	120360
新建公路（千米）	1860.61	1584.81	2380.65	3028.90	1249.13
高速公路（千米）	187.86	331.01	172.54	508.70	156.34
改建公路（千米）	5379.79	5205.80	3945.65	4253.65	1660.54
一级公路（千米）	309.70	255.65	278.39	237.85	196.59
新建独立公路桥梁（延长米）	13032.38	10516.00	4094.53	22739.20	6043.50
（座）	118	19	36	48	13
新（扩）建港口码头（年吞吐量：万吨）	3158.00	2753.00	1676.30	3516.00	2244.00
（泊位：个）	13	21	35	28	19
新（扩）建客、货运站（个）	29	15	16	22	13
（平方米）	90564	64598	147980	221957	205782
程控交换机（指安装能力）（万线／年）	81.87	27.98			10.10
造林面积（万亩）	17.79				
水库容量（总库容）（亿立方米）	2.26				
有效灌溉面积（万亩）	35.20				
除涝面积（万亩）	34.24				
高等学生席位（个）	146394				
（平方米）	3081442				
医院病床（张）	7192				
城市自来水供水能力（万吨／日）	359.41	355.49	189.20	62.77	22.30
城市道路扩建长度（千米）	243.25				
城市道路扩建面积（万平方米）	557.63				
城市排水管道铺设长度（千米）	355.96				
城市污水处理能力（万吨／日）	124.46	198.74	321.25	506.88	65.70
城市防洪堤长度（千米）	150.74				

注：2011 年起固定资产投资项目统计起点由 50 万元提高至 500 万元，且不包含农村农户投资；2010 年以前为全社会固定资产投资。

各市建筑面积及价值
(2011)

市别	施工建筑面积(万平方米)	#住宅	竣工建筑面积(万平方米)	#住宅	竣工价值(亿元)	#住宅
总计	58134.27	29042.45	14308.21	5595.67	3137.15	1515.72
广州	11555.25	5082.81	2804.02	938.12	696.44	298.22
深圳	5162.10	2252.60	962.10	283.34	334.04	130.44
珠海	2762.66	1258.69	459.11	284.66	137.27	94.11
汕头	1837.69	754.69	624.05	185.15	81.87	28.35
佛山	5694.10	2952.44	1974.16	520.97	338.17	141.66
顺德	1822.55	1182.86	488.62	175.58	102.40	54.73
韶关	1537.29	792.68	419.26	191.63	75.48	37.95
河源	879.79	435.14	258.20	125.73	62.70	38.12
梅州	604.50	371.31	248.33	185.14	57.51	42.20
惠州	5818.17	3170.31	1244.86	457.14	246.60	118.89
汕尾	790.91	439.47	422.90	210.45	80.73	35.61
东莞	3433.26	2063.20	441.43	243.63	142.75	104.01
中山	4640.36	2365.95	1107.09	530.48	238.73	142.36
江门	2756.06	1228.83	1050.87	323.73	174.83	74.39
阳江	827.24	529.78	173.23	85.10	34.34	19.57
湛江	1197.20	714.87	315.32	200.09	58.62	35.13
茂名	1121.10	722.10	284.26	192.70	51.79	36.83
肇庆	1971.52	1149.21	569.84	231.86	103.91	52.21
清远	2053.46	1452.83	314.28	186.15	61.68	40.98
潮州	471.45	310.63	163.59	59.39	37.21	11.43
揭阳	2497.60	744.23	363.52	106.18	83.67	21.49
云浮	522.57	250.70	107.81	54.03	38.81	11.80
城镇总计	51830.90	28612.05	11139.94	5326.43	2710.40	1481.86
广州	10901.94	5029.39	2384.73	889.80	634.66	294.55
深圳	5162.10	2252.60	962.10	283.34	334.04	130.44
珠海	2755.70	1258.69	458.75	284.66	137.21	94.11
汕头	1548.39	731.63	509.89	165.09	71.51	25.93
佛山	3980.77	2934.51	805.09	507.19	205.76	139.74
顺德	1563.36	1182.80	279.77	175.52	77.72	54.70
韶关	1485.06	767.54	394.76	177.15	71.78	35.70
河源	749.61	405.01	206.60	115.82	58.15	36.56
梅州	579.31	366.04	240.24	183.20	56.41	42.00
惠州	5498.89	3134.10	1017.91	432.51	209.40	113.59
汕尾	705.63	425.43	355.13	196.41	73.48	33.86
东莞	2815.55	2033.84	325.22	234.42	125.51	103.11
中山	4027.06	2359.04	893.11	526.47	208.13	141.76
江门	2327.74	1210.42	839.72	308.39	149.75	72.55
阳江	810.33	523.88	171.51	85.10	34.11	19.57
湛江	1088.59	657.78	229.00	144.30	46.56	29.84
茂名	1016.94	701.87	246.54	190.78	47.19	36.51
肇庆	1681.97	1130.85	344.36	214.30	80.25	50.23
清远	1896.35	1427.77	259.09	182.56	53.49	40.43
潮州	393.21	299.33	86.73	48.09	17.63	8.95
揭阳	1971.43	712.40	330.20	102.85	74.84	20.64
云浮	434.35	249.94	79.26	54.00	20.53	11.80

注：2011 年起固定资产投资项目统计起点由 50 万元提高至 500 万元，且不包含农村农户投资；2010 年以前为全社会固定资产投资。

建筑业企业生产情况
(2010~2011)

项　　目	2010 年合计	# 国有及国有控股企业	2011 年合计	# 国有及国有控股企业
企业个数（个）	4551	511	4589	525
建筑业合同情况				
签订的合同额（亿元）	11021.92	5668.12	13933.66	7518.77
上年结转合同额（亿元）	4218.59	2145.10	6512.07	4019.20
本年新签合同额（亿元）	6803.34	3523.01	7421.59	3499.57
承包工程完成情况				
直接从建设单位承揽	5001.60	2069.84	6175.73	2615.89
工程完成产值（亿元）				
自行完成施工产值（亿元）	4462.47	1660.80	5572.03	2162.25
分包出去工程的产值（亿元）	539.12	409.05	603.70	453.64
从建设单位以外承揽工程	252.99	109.12	274.07	118.10
完成产值（亿元）				
建筑业总产值（亿元）	4742.09	1776.94	5804.21	2280.36
装饰装修产值(亿元)	731.16	127.62	923.24	139.04
在外省完成的产值（亿元）	933.93	466.11	1358.52	680.21
建筑工程产值（亿元）	4093.96	1595.93	5121.94	2077.26
安装工程产值（亿元）	506.29	146.49	572.70	164.10
其他产值（亿元）	115.20	27.49	151.57	38.99
竣工产值（亿元）	2550.41	803.83	3064.75	1015.95
房屋建筑施工面积（万平方米）	33140.39	12087.99	37876.75	14671.93
新开工面积(万平方米)	14529.68	5246.49	15889.34	5834.68
实行投标承包面积(万平方米)	20157.59	9320.01	23295.08	11357.48
新开工面积(万平方米)	9848.59	4454.69	10760.79	4832.92
劳动人员情况				
计算劳动生产率的平均人数（万人）	197.92	55.27	229.09	55.54
期末从业人数（万人）	196.32	53.46	190.28	46.20
工程技术人员(万人)	26.41	7.04	25.81	7.01

建筑业企业主要指标

年 份	建筑业企业单位数（个）	建筑业企业总产值（亿元）	建筑业企业增加值（亿元）	建筑业企业利税总额（亿元）	建筑业企业从业人员（万人）
1978	178	5.47		0.20	14.78
1979	188	6.32		0.23	16.27
1980	204	8.88		0.32	19.45
1981	224	13.44		0.49	24.29
1982	246	19.66		0.72	29.94
1983	269	24.51		0.90	36.23
1984	357	36.83		1.31	47.12
1985	462	50.45		1.54	54.47
1986	448	57.14		1.28	58.24
1987	492	65.96		1.56	59.08
1988	596	86.74		2.74	66.56
1989	646	125.65		3.62	71.88
1990	686	113.40		3.12	67.22
1991	705	137.30		4.33	67.71
1992	910	216.56		9.65	84.80
1993	1766	459.95		23.03	144.12
1994	1587	535.75		31.29	150.05
1995	1618	635.83		39.47	135.56
1996	2031	632.16	182.74	35.74	146.56
1997	2399	732.97	170.13	38.26	143.89
1998	2961	800.00	176.70	43.11	142.82
1999	3283	954.44	199.50	53.06	144.78
2000	4593	944.61	205.89	58.24	141.46
2001	3699	1179.03	266.00	84.51	147.07
2002	4019	1418.41	363.65	88.95	150.12
2003	4488	1702.87	364.20	127.48	161.48
2004	4166	1901.86	794.88	143.75	152.10
2005	4182	2200.58	855.87	164.38	166.78
2006	4172	2594.04	930.40	191.62	169.33
2007	4326	3005.32	1029.08	256.59	179.13
2008	4601	3282.55	1197.41	289.23	172.54
2009	4508	3826.83	1324.14	329.00	179.34
2010	4551	4742.09	1551.81	393.87	196.32
2011	4589	5804.21	1797.78	470.75	190.28

各市建筑业企业个数

单位：个

市 别	2000	2004	2005	2006	2007	2008	2009	2010	2011
全省总计	4593	4166	4182	4172	4326	4601	4508	4551	4589
广 州	757	807	764	741	755	801	804	779	781
深 圳	447	603	604	702	746	812	801	808	814
珠 海	143	157	165	161	163	156	161	144	151
汕 头	271	203	199	195	193	218	209	212	197
佛 山	248	525	502	460	464	508	496	497	452
顺 德	70	258	243	221	227	268	252	262	234
韶 关	110	65	66	72	72	74	76	76	93
河 源	117	117	82	84	86	99	94	85	103
梅 州	154	120	111	118	120	135	130	146	149
惠 州	241	121	124	122	119	120	115	111	118
汕 尾	100	43	43	45	43	39	37	38	37
东 莞	183	244	361	344	438	414	404	444	448
中 山	385	264	273	269	264	295	304	314	315
江 门	342	173	156	153	150	168	160	165	165
阳 江	122	98	91	86	90	95	94	95	111
湛 江	238	120	125	104	96	113	106	106	108
茂 名	146	99	100	102	99	115	100	97	114
肇 庆	136	103	122	133	131	127	120	119	122
清 远	136	79	74	73	74	74	68	80	71
潮 州	139	90	90	88	90	90	87	83	82
揭 阳	121	86	84	79	90	101	96	107	114
云 浮	57	49	46	41	43	47	46	45	44
按经济区域分									
珠三角	2882	2997	3071	3085	3230	3401	3365	3381	3366
东 翼	631	422	416	407	416	448	429	440	430
西 翼	506	317	316	292	285	323	300	298	333
山 区	574	430	379	388	395	429	414	432	460

各市建筑业企业总产值

单位：亿元

市别	2000	2004	2005	2006	2007	2008	2009	2010	2011
全省总计	944.61	1901.86	2200.58	2594.04	3005.32	3282.55	3826.83	4742.09	5804.21
广州	256.13	546.68	633.99	688.25	753.16	879.04	1023.66	1296.19	1578.38
深圳	153.02	458.37	545.62	712.84	857.64	923.35	1184.47	1460.99	1858.96
珠海	33.11	46.71	52.48	61.01	67.71	83.58	80.70	100.81	121.64
汕头	80.67	121.34	127.78	140.31	159.78	173.33	188.66	219.12	252.49
佛山	73.08	149.74	154.68	188.69	209.77	254.55	262.38	315.42	350.60
顺德	30.62	58.12	59.42	79.73	88.12	107.55	115.31	159.18	145.50
韶关	24.14	31.04	29.25	34.38	48.98	57.11	69.28	102.76	130.15
河源	5.74	13.25	17.01	21.27	23.49	18.40	18.26	20.68	30.88
梅州	15.14	58.59	54.81	67.02	76.81	96.02	100.91	125.91	158.32
惠州	20.35	35.89	46.94	49.70	54.23	51.89	52.87	69.83	86.93
汕尾	5.49	6.58	6.95	16.78	15.25	9.58	12.20	15.44	15.08
东莞	40.45	57.50	84.35	96.53	112.94	108.94	99.40	122.06	131.71
中山	26.20	64.05	73.41	76.20	87.08	97.19	118.10	133.70	141.81
江门	47.18	51.64	56.06	56.40	66.37	73.66	90.29	119.18	171.60
阳江	18.80	31.70	32.97	34.85	42.62	47.61	53.35	66.18	72.41
湛江	45.61	65.15	75.96	89.28	109.21	123.34	146.67	168.08	203.88
茂名	39.05	60.26	92.14	124.39	141.73	93.79	104.75	134.67	185.74
肇庆	15.40	28.97	39.99	47.10	63.51	65.76	78.58	99.40	101.04
清远	11.49	22.21	20.19	27.56	39.52	37.31	39.97	52.78	66.70
潮州	12.71	17.76	18.99	19.44	19.24	23.56	23.99	25.98	30.61
揭阳	12.24	22.21	21.78	27.23	39.31	51.74	61.18	75.06	92.89
云浮	8.61	12.22	15.20	14.82	16.95	12.78	17.16	17.85	22.40
按经济区域分									
珠三角	664.92	1439.55	1687.53	1976.71	2272.42	2537.97	2990.45	3717.58	4542.68
东翼	111.11	167.89	175.50	203.76	233.58	258.21	286.03	335.60	391.07
西翼	103.46	157.10	201.08	248.52	293.56	264.74	304.77	368.93	462.03
山区	65.12	137.32	136.47	165.05	205.75	221.62	245.58	319.98	408.44

各市建筑业企业利税总额

单位：亿元

市别	2000	2004	2005	2006	2007	2008	2009	2010	2011
全省总计	58.24	143.75	164.38	191.62	256.59	289.23	329.00	393.87	470.75
广州	15.17	37.81	45.42	51.19	69.52	85.98	93.25	118.16	123.81
深圳	13.79	34.60	39.76	38.20	68.15	61.80	80.35	105.09	141.93
珠海	1.43	4.11	4.16	4.75	5.46	8.20	7.20	7.44	9.03
汕头	4.14	9.34	9.86	9.82	13.63	13.99	17.30	17.64	21.39
佛山	4.70	13.49	14.31	28.87	27.34	26.16	24.95	30.47	26.19
顺德	2.17	5.81	5.17	18.36	17.91	12.57	13.70	17.48	14.22
韶关	2.00	1.38	1.57	2.15	3.27	3.92	5.37	6.66	8.76
河源	0.53	0.97	1.23	1.60	2.62	2.02	1.78	2.08	2.39
梅州	0.81	8.26	6.47	8.12	8.86	14.87	18.13	13.70	24.70
惠州	1.02	2.12	3.63	3.68	4.47	3.59	4.61	4.96	6.06
汕尾	0.58	0.41	0.58	0.76	1.03	0.90	0.93	1.43	1.40
东莞	2.25	4.60	6.36	7.44	8.14	7.46	9.99	9.80	9.77
中山	1.53	4.62	6.09	6.86	6.85	7.92	12.89	13.71	14.25
江门	2.37	2.79	3.79	3.58	4.30	7.26	8.41	9.61	15.69
阳江	1.15	2.95	3.24	3.64	5.03	6.10	5.01	6.26	6.30
湛江	1.69	3.47	3.80	4.93	7.45	10.87	10.96	10.69	12.03
茂名	1.82	4.68	5.97	6.44	7.48	8.69	8.17	10.01	17.67
肇庆	0.77	2.32	2.55	2.66	3.80	3.99	5.08	6.32	6.71
清远	0.40	1.42	1.20	2.00	2.93	5.32	3.70	6.24	5.38
潮州	0.66	0.91	1.17	1.06	1.35	1.79	2.05	2.12	2.94
揭阳	0.73	2.54	2.09	2.37	3.53	7.46	7.23	9.48	12.16
云浮	0.70	0.98	1.13	1.49	1.36	0.94	1.64	1.98	2.17
按经济区域分									
珠三角	43.03	106.46	126.06	147.24	198.04	212.35	246.73	305.57	353.45
东翼	6.11	13.20	13.70	14.01	19.54	24.14	27.52	30.68	37.90
西翼	4.66	11.10	13.01	15.00	19.97	25.67	24.14	26.96	36.00
山区	4.44	13.00	11.61	15.36	19.05	27.07	30.61	30.66	43.39

各市建筑业企业期末从业人员

单位：万人

市别	2000	2004	2005	2006	2007	2008	2009	2010	2011
全省总计	141.46	152.10	166.78	169.33	179.13	172.54	179.34	196.32	190.28
广州	26.40	29.80	30.80	33.20	33.16	35.04	38.30	39.65	39.14
深圳	20.15	23.05	26.85	29.68	37.09	33.18	36.91	45.59	44.55
珠海	3.55	3.03	3.24	3.46	3.54	4.20	3.84	4.36	2.90
汕头	14.29	12.37	12.63	12.65	13.25	12.78	13.06	14.35	13.02
佛山	8.62	11.63	13.71	11.73	12.22	11.87	12.29	11.02	10.34
顺德	3.14	4.71	7.12	5.53	5.85	5.51	6.16	5.33	4.34
韶关	4.46	3.67	3.69	4.25	4.82	4.49	6.08	5.71	5.92
河源	1.74	2.18	2.09	2.12	2.30	1.80	1.69	1.72	1.86
梅州	3.58	7.28	7.27	7.05	6.88	8.06	7.63	9.13	7.78
惠州	3.33	3.82	3.94	4.05	3.88	3.23	3.12	3.24	2.96
汕尾	1.25	1.26	1.28	1.21	1.24	1.09	1.12	1.31	0.95
东莞	6.65	6.56	7.78	8.41	7.84	6.18	5.38	5.73	6.07
中山	3.71	5.60	5.75	5.04	4.71	4.77	4.90	5.32	5.45
江门	10.26	8.01	10.58	8.36	7.98	7.20	7.43	8.50	11.29
阳江	3.54	4.52	4.54	5.28	4.85	5.34	5.37	5.49	5.22
湛江	8.03	7.93	7.87	7.74	7.86	9.00	9.63	10.29	8.92
茂名	8.92	8.03	10.44	10.16	11.56	8.56	7.86	8.27	8.68
肇庆	3.61	3.33	3.70	3.95	4.56	3.96	4.06	4.12	2.78
清远	2.74	2.14	2.46	2.87	3.30	3.15	2.59	3.43	2.88
潮州	2.10	2.12	2.17	2.08	1.92	1.79	1.37	1.46	1.49
揭阳	2.88	3.89	3.86	4.06	3.88	4.84	4.65	5.75	6.26
云浮	1.65	1.88	2.13	1.99	2.29	2.00	2.09	1.85	1.84
按经济区域分									
珠三角	86.28	94.83	106.35	107.87	114.98	109.63	116.21	127.54	125.47
东翼	20.52	19.65	19.94	20.00	20.28	20.51	20.20	22.88	21.73
西翼	20.49	20.47	22.86	23.17	24.27	22.89	22.86	24.06	22.82
山区	14.17	17.15	17.64	18.28	19.59	19.51	20.07	21.84	20.27

各市建筑业企业劳动生产率

单位：元/人

市别	2000	2004	2005	2006	2007	2008	2009	2010	2011
全省总计	66780	123458	132049	155312	166377	187538	212420	239595	253361
广　州	97020	178295	204454	208349	226900	249920	271428	315033	357975
深　圳	80901	171856	183515	249994	223577	266221	291311	300502	365620
珠　海	93266	149849	162503	171078	182939	185645	203730	228342	351646
汕　头	56450	97024	99266	114466	125230	136651	147170	159623	199497
佛　山	84781	129286	115051	151408	163044	213343	226936	285616	368172
顺　德	97509	120609	84095	132567	137153	191715	214870	301529	327837
韶　关	54118	83806	83704	85208	107603	122454	130287	189045	212203
河　源	33011	71304	82741	106900	103738	103593	110034	121383	175090
梅　州	42280	79301	78866	98749	114178	115770	135454	141903	211947
惠　州	61099	91845	119974	127346	142800	158081	174962	217933	279815
汕　尾	43892	53113	51367	118178	115186	89504	115906	116927	175038
东　莞	60826	81264	108136	111939	146017	173813	184034	218052	36789
中　山	70621	109962	119772	136689	156854	194817	223833	249502	271956
江　门	45985	72129	64418	69836	81276	95319	118329	147038	197196
阳　江	53113	76751	78360	70942	92475	101186	110279	123368	111674
湛　江	56804	88954	98452	115690	140362	138348	156933	173336	226382
茂　名	43778	81698	90457	125071	124612	114007	136748	170522	224550
肇　庆	42654	88225	107435	121341	147678	179047	211363	257334	344042
清　远	41919	105829	90596	100662	129029	126604	156001	158598	221388
潮　州	60518	81153	91838	99110	93579	114444	146613	146120	170587
揭　阳	42514	69301	57368	74608	95972	97677	125337	131884	148945
云　浮	52186	69909	74640	75063	71930	59042	86311	101721	130305
按经济区域分									
珠三角	637154	144993	156714	183651	193115	226140	251417	283028	277533
东　翼	203374	87725	87357	105636	115435	122316	140285	149042	181481
西　翼	153695	83435	90945	110086	123536	121179	139523	160692	194444
山　区	223514	81746	81395	94187	108503	111672	129410	151686	203225

各市建筑业企业房屋建筑施工面积

单位：万平方米

市别	2000	2004	2005	2006	2007	2008	2009	2010	2011
全省总计	16333.82	26480.38	26886.00	28878.86	32631.10	30295.65	30126.96	33140.39	37876.75
广州	3161.25	4727.78	5311.14	5462.94	5951.92	6156.62	6190.86	7135.48	8439.12
深圳	1999.65	4826.22	4800.07	5163.59	5875.60	5263.99	5690.62	5980.34	7505.14
珠海	733.57	500.61	625.51	703.35	647.47	730.49	728.52	877.39	980.71
汕头	1477.16	1777.49	2176.29	3394.04	2433.69	2355.81	2243.67	2381.63	2697.29
佛山	1763.57	2860.49	2782.45	3263.76	3394.09	3348.91	3225.96	3335.62	3405.59
顺德	652.00	1067.55	809.73	1353.44	1368.11	1305.96	1442.69	1248.00	1271.10
韶关	362.44	439.26	424.57	553.41	772.22	723.08	751.88	781.78	950.89
河源	79.80	199.23	294.41	307.11	303.54	222.38	217.42	218.83	265.33
梅州	273.56	858.84	776.23	876.57	853.93	1052.29	1146.44	1315.80	1239.34
惠州	366.05	696.36	772.13	871.38	1059.76	988.51	839.73	942.90	1010.97
汕尾	127.42	127.11	114.77	104.91	165.79	166.72	149.15	175.11	168.34
东莞	1217.56	979.98	1234.98	1484.55	1298.63	964.27	739.73	733.44	756.01
中山	400.99	922.64	945.60	832.63	824.34	707.94	640.83	601.02	704.94
江门	1329.02	3194.74	1585.95	1257.38	1376.90	1326.39	1377.80	1640.13	1917.19
阳江	270.81	531.86	525.95	521.77	618.21	678.88	699.48	825.31	761.45
湛江	857.19	1040.92	1399.47	1414.23	1557.29	1709.60	1724.16	1943.66	2427.94
茂名	734.43	1154.87	1395.55	1699.62	2827.31	1607.76	1458.04	1770.78	1898.70
肇庆	386.93	463.58	531.11	628.86	828.16	690.83	696.23	728.47	773.93
清远	249.02	467.24	466.45	549.93	871.33	576.95	572.66	632.87	727.12
潮州	217.15	222.58	206.67	305.65	347.85	351.78	356.79	373.12	460.99
揭阳	193.91	293.22	277.75	329.72	411.33	515.74	488.99	559.41	572.49
云浮	132.34	195.35	238.96	253.47	211.73	156.71	187.99	187.29	213.27
按经济区域分									
珠三角	11358.59	19172.40	18588.94	19668.45	21256.88	20177.94	20130.30	21974.80	25493.61
东翼	2015.64	2420.41	2775.47	3034.30	3358.67	3390.05	3238.61	3489.27	3899.10
西翼	1862.43	2727.66	3320.97	3635.61	5002.81	3996.24	3881.67	4539.75	5088.09
山区	1097.16	2159.91	2200.62	2540.50	3012.74	2731.41	2876.39	3136.57	3395.96

(广东省统计局供稿)

领导讲话

在全省提高城市化发展水平工作会议上的讲话

中共中央政治局委员、广东省委书记　汪　洋

（2011年12月7日）

省委、省政府高度重视城市化工作。从去年开始，省直有关部门就认真筹划，深入调研，起草文件，拍摄短片，为开好这次会议做了充分准备。这次会议的主题是贯彻落实党的十七届五中全会和省委十届八次全会精神，围绕加快转型升级、建设幸福广东核心任务，部署推进广东特色新型城市化，进一步提高城市化发展水平。刚才，会议安排播放的两个专题片，目的是让大家直观地了解城市化发展中的突出问题，并学习借鉴国内外先进城市的经验做法。希望大家结合实际，认真学习会议印发的《中共广东省委广东省人民政府关于提高我省城市化发展水平的若干意见》，明确方向，狠抓落实。下面，我就推进广东特色新型城市化、提高我省城市化发展水平，讲几点意见。

一、推进广东特色新型城市化、提高城市化发展水平是加快转型升级、建设幸福广东的迫切需要

城市化是人类文明的发展成果，城市是现代文明的标志和地区综合竞争力的集中体现。中央高度重视城市化工作，党的十七届五中全会、中央经济工作会议和国家“十二五”规划都把推进城镇化摆到十分重要的位置。在去年省部级主要领导干部研讨班上，胡锦涛总书记指出，加快推进城镇化是转变经济发展方式、加快经济结构调整的四大任务之一，要认真抓好。今年八月胡锦涛总书记在我省视察期间，专门考察了广州的新中轴线、东濠涌、金沙洲保障性住房小区等城市建设项目。各地各部门要进一步提高对城市化工作的认识，将提高城市化发展水平作为加快转型升级、建设幸福广东的重要抓手，以城市的转型升级促进经济社会全面转型升级。

要充分认识到，提高城市化发展水平，是顺应世界发展潮流，打造世界级城市群、提升综合竞争力的重要内容。城市是代表一个国家或地区参与国际竞争的重要载体，是工业化、信息化、城市化、市场化、国际化的承载平台。美国《商业周刊》有一个著名的观点：“当城市成功的时候，整个国家也会成功。”未来综合国力的竞争，在很大程度上由城市的竞争力决定。国家之间、国内不同区域之间的竞争，说到底，实际上是城市的经济、社会、文化、生态、建设发展水平的竞争。从世界城市的发展潮流看，城市的竞争力主要取决于两个方面，一是承载力，另一个是宜居。承载力是指城市的资源禀赋、生态环境、基础设施和公共服务等对城市人口及经济社会活动的承载能力，它决定了城市能建多大，能容纳多少人口，能承担多少就业，能提供什么程度的生活质量等，这是城市实现可持续发展的前提条件。宜居是指经济、社会、文化、环境协调发展，人居环境良好，能够满足居民物质和精神生活需求，适宜或者说让人们在喜欢的环境里工作、生活和居住。随着世界城市化进程的加快，城市群的地位日益凸显。同时，由于城市群的集聚效应、辐射效应和联动效应，带动了周边地区的发展。美国的大纽约区、五大湖区、大洛杉矶区，日本的大东京区、阪神区、京都名古屋区，英国的大伦敦区，法国的大巴黎区等世界级城市群，不仅成为本国的经济增长极和物质支柱，甚至成为发展的精神支撑，在国际竞争中发挥了举足轻重的作用。美国三大城市群的GDP占全美国的67%，日本三大城市群的GDP占全日本的70%。我国珠三角、长三角、京津冀三大城市群先后崛起，GDP也占了全国的39%，初步具备了跻身世界级城市群行列的条件。其中我省与港澳共同构成的大珠三角城市群，是最有发展潜力、也是最能代表中国参与国际竞争的世界级城市群。因此，国家“十二五”规划和珠三角《规划纲要》都明确要求要进一步深化粤港澳合作，促进区域经济共同发展，打造更具综合竞争力的世界级城市群。这是中央交给广东的重要任务，也是中央为我省发展指明的方向。它不仅是城市化发展的大势所趋，也是我国打造具有国际竞争力区域的客观要求。我们现在没有简单讲城镇化问题，而是讲要提高城市化的发展水平，这也是一个重要的依据。

要充分认识到，提高城市化发展水平，是以城市转型升级带动产业转型升级的重要载体。加快产业转型升级是我省当前的核心任务，提高城市化发展水平将为产业转型升级创造有利条件。通过城市改造升级，

能够吸引高端产业进驻和高级人才落户，从而推动产业的转型升级，促进人口的结构优化。德国的鲁尔区，从一个污染严重、陷入困境的重工业区，成功转变成当今欧洲领先的环保技术中心，就是通过进行大规模的城市更新，恢复生态，改善环境，由此吸引了1600多家环保企业和科研机构落户，带动了一大批环保领域的高科技人才前来发展。去年以来，广州的国际知名度和影响力有了新的提高，经济实力和发展潜力再次得到公认，这实际上是因为广州以“迎接亚运会，创造新生活”为主题，着力推进水环境和人居环境综合整治，城市建设水平大幅提高，城市面貌实现了脱胎换骨的“大变”，城市的形象和地位得到显著改善，从而吸引了国内外很多投资者和大项目，也吸引了很多高素质人才的目光。当然，这还只是初步的。可见，城市的转型升级能够有效提升产业层次和人口素质。

要充分认识到，提高城市化发展水平，是实施扩大内需战略、促进消费的重要抓手。这既是一个长远的战略，同时也是一个现实的选择。实施扩大内需战略是我国、我省长期的战略选择，城市化是扩大内需的有效手段。一方面，城市规模的扩大能够直接拉动基础设施、公共服务设施建设和房地产开发投资。据统计，2007年到2009年，全国固定资产投资总额53.5万亿元，其中86%是城市固定资产投资，总额超过46万亿元，同期城市人口增加了约4480万人，即每增加一个城市人口需要115万元的固定资产投资额。我省有大量发展中的中小城市，完善这些城市的基础设施和配套服务，投资效应巨大。另一方面，城市人口的增加可以促进居民生产、生活等多方面的消费。据测算，我省城乡居民消费水平约为3.6：1，城市化水平每提高1个百分点，就会有45万农民转为市民，他们的消费支出若达到目前城市居民消费支出的平均水平，增加的消费需求相当可观。同时，随着城市收入的增加和消费结构的升级，在满足生产生活基本消费的基础上，人们将更加注重文化、旅游、休闲类的新型消费产品，为刺激和扩大消费需求提供更广阔的发展空间。因此，加快城市化进程，提高城市化发展水平，是实施扩大内需战略、促进消费的重要措施。

要充分认识到，提高城市化发展水平，是提升群众幸福感的重要途径。去年上海世博会的主题是“城市让生活更美好”。城市是如何让生活更美好的呢？我看至少要体现在以下三个方面：一是有利于促进就业、增加收入。城市建设、城市经济、城市生活的快速发展，能为居民、高校毕业生以及农村剩余劳动力提供丰富的就业岗位，使群众的收入更多一些，增长更快一些。二是有利于提高公共服务质量。相对来说，城市的医疗卫生、文化教育和社会保障等公共服务体系更为完善，服务水平更高，群众的生活质量更有保障。三是有利于提升生活品质。城市化的一项重要任务就是宜居环境建设。城市高度集聚化使得城市的公共服务要求特别高。因此，解决好城市的各种问题也是提高城市化发展水平的一个重要任务。比如交通拥堵、环境污染、暴雨积涝这些常见的“城市病”，严重影响城市居民的生活质量，群众意见很大。提高城市化发展水平，下大力气加强基础设施建设，改善人居环境，可以让群众在城市生活得更幸福。

总之，提高城市化发展水平，可以促进经济社会加快转型，全面增强综合竞争力；可以创造巨大的内需空间，带动投资和消费；可以推动生态环境、人口结构、文明素质不断优化，营造宜居宜业的生活环境，为全省人民创造更加幸福的生活。

二、充分肯定成绩，正视存在问题，不断增强提高城市化发展水平的紧迫感

改革开放以来，广东以“敢为天下先”的精神，大胆探索，锐意进取，实现了城市化的超常规发展，用30多年的时间走过了许多发达国家用更长时间才走完的城市化道路。“十一五”时期是我省城市化发展最快、投入最大、成效最明显的时期。截至2010年底，全省城市化水平达到66.2%，居全国各省区市前列，珠三角地区城市化率超过80%，达到中等发达国家水平。我省城市化发展水平稳步提升，具体体现在以下六个方面：一是涵盖“广佛肇”、“深莞惠”、“珠中江”三大经济圈的珠三角城市群发展质量明显提升，粤东潮汕城市群、粤西湛茂城市群、粤北韶关都市区蓬勃兴起，现代城市体系基本成型。二是大力推进城市基础设施建设，城市综合实力、承载力和辐射力不断增强。三是大力推进节能减排、“三旧”改造和环境整治，加快环保设施和生态建设，珠三角绿道网全线贯通，城市面貌和人居环境不断改善。四是大力推进教育、科技、文化、卫生等公共服务设施建设，提升城市公共服务的供给能力。五是积极创新城市的社会管理服务体制，探索让外来人口融入城市的制度建设，努力提高城市的包容性，适应现代社会人员流动性及结构多元化的特点，城市运行更加包容和谐有序。六是坚持城乡一体化发展，着力健全以工促农、以城带乡的长效机制，推进新农村建设，加大户籍制度的改革力度，农村劳动力培训转移速度加快，城乡发展的差距开始缩小。

在充分肯定成绩的同时，我们必须看到，我省城市化的发展，就像我省的经济发展一样，规模扩张得很快，但是质量不高，城市化发展中仍然存在一些突出的问题。

一是城市建设仍然还在“拼土地、拼资源、拼成本”，“摊大饼”的现象比较普遍。我省一些地方城市转型滞后于产业转型，城市发展模式比较粗放。据初步统计，在全国1400多宗闲置土地中，我省占了324宗，占地面积达959公顷，居全国之首。全省工业用地

占城市建设用地比重过高，个别城市甚至达到35%以上，严重制约了城市空间品质的提升。香港城市化水平很高，但只开发不到30%的土地，还有70%以上的土地未开发。而我省有些城市，30年时间便已经没有土地可开发，过若干年就有可能到了无地可用的困境。另外，一些地方习惯于把城市改造、城市规模的扩大当作城市发展，结果造成了城市视觉污染、城市特色危机、城市风格和城市文化精神的缺失。一些地方习惯于把扩大城市规模作为城市发展的本质，或者认为城市发展的主要任务就是扩大规模，从而忽视了城市发展中人与人、人与社会、人与自然的关系，忽视了城市发展中的人文、社会和生态环境，忽视了城市发展与产业转型升级的关系，造成不少城市历史文脉断裂、社会空间缺失和生态赤字等。由于存在“一刀切”的城市化发展思维，把追求城市规模作为城市发展的主要任务，而忽视了城市富有内涵的东西，没有特色，导致“千城一面”，这是一个通病。

二是城市基础设施严重滞后，交通拥堵、城市内涝、体育活动场地及绿地不足等问题日益突出。城市公共服务供给不足，公共交通发展滞后，群众对交道拥堵和停车难问题意见很大。我省大多数城市公共交通对城市交通的出行分担率低于20%，佛山只有13%，中山市只有15%。即使轨道交通相对发达的广州和深圳，2010年公交出行分担率分别达到59%和44%，但与伦敦的72%、东京的87%、香港的89%相比仍然有较大差距。现在我们的城市堵得这么厉害，就跟城市公共交通不发达有很大的关系，广州、深圳等大城市很多居民每天花在上下班路上的时间往往超过两个小时。据统计，广州机动车辆超过200万辆，停车车位缺口超过50万个，造成很严重的问题。又比如，城市内涝问题严重，“雨后习惯性瘫痪”，已成为城市的普遍顽疾。目前，我省城市居民的体育活动场地和设施还远远不够，人均体育场地、人均体育消费、经常参加体育锻炼的人口比例大大低于发达国家的水平。另外，还有城市绿地不足，2009年底我省城镇人均拥有公园绿地面积12.27平方米，其中广州只有15平方米，相比纽约、伦敦、巴黎等世界大都市的人均19.2平方米、22.8平方米、24.7平方米的水平，差距明显。当然，客观地讲，中国的人口多，不一定都能完全达到他们的水平。但是，现在看来的确还有差距，尤其是我们城市的博物馆、美术馆等公共服务设施很少。

三是环境污染严重，城市的蓝天白云和清风碧水成为稀缺品。一些地方习惯于把城市经济增长当作城市发展，这种唯经济总量、唯增长速度的城市发展方式，导致环境受到破坏，污染日趋严重。城市规模大了，经济总量高了，但人们的生活质量却下降了。一些城市出现了由于水污染导致的水质性缺水，环珠江口部分滨海湿地渔农生产功能逐渐消失，水环境保护亟待加强。珠三角城市二氧化硫、二氧化氮和可吸入颗粒物浓度较高，灰霾天气还不少。经过治理，近年来广州市灰霾天数虽然逐年减少，但去年仍然达97天，占全年天数的三成。这些环境问题的存在，使得城市的资源环境压力不断加大。

四是城市管理水平较低，体制机制亟需改革创新。广东作为改革开放的前沿省份，毗邻港澳，经济成分多元，各种社会矛盾易发多发，触点多、燃点低，容易演变为群体性事件，危及公共安全和社会稳定。但我们不少的干部对经济建设“成竹在胸”，对社会管理却“办法不多”，对待群众的诉求置若罔闻。这是一个带有普遍性的问题。当城市发展到一定水平的时候，如果不能把这个问题摆上重要的议事日程，我们可能就会丧失发展经济的环境。另外，我省是农民工用工大省，非户籍常住人口享受公共服务均等化程度偏低，户籍、社会保障等制度改革滞后，对外来务工人员往往运用管、控、压、罚等简单粗暴的管理方式，使外来人口对城市缺乏归属感与认同感，容易激发外来人与本地人的矛盾。增城市大敦村发生的聚众滋事事件，就是社会建设滞后于城市发展的一个典型例子。这个问题，大家不要掉以轻心啊！实际上，世界各个国家，包括法国、美国等发达国家，都普遍存在着外来族群、人口在本地出问题的事情。比如，前年法国的外来移民闹事，在城市街区烧汽车，前后持续了一个多月。所以，我们一定要注意防止走发达国家已经走过的弯路。我今年去了欧洲几个国家，发现这些国家在城市快速发展的过程中，外来人口也比较多。现在回想起来，这些国家采取的很多措施都是在考虑如何解决好这个问题。比如，德国柏林专门为土耳其族裔的人搞了一个土耳其、伊斯兰特色的社区。希腊的福利制度适用于所有的外来人口，包括没入籍、正在等待移民的人口，如果他们生病了，都可以享受全免费医疗。这些国家，当年在有条件的时候，对这些外来人口，都是非常注意让他们享受国民待遇的。我们不可能像他们那样搞过度福利化，但至少这些发达国家对外来人口的融入问题非常重视的做法值得借鉴。

上述这些问题，可以用一位专家的话来概括：就是建筑洋了，特色没了；档次高了，生活难了；城市大了，空间小了；人口多了，交往少了。建筑洋了特色没了，是指在规划建设上贪大求洋，盲目模仿，互相攀比，千城一面、千楼一面，城市建筑缺乏特色，文化传承与创新的功能弱化。另外，我们现在能够反映出改革开放时期城市形象的城市建筑代表作，基本上都是洋人设计的，而有我们中国人自己文化特色的建筑很少。我们现在再仔细想想，中山纪念堂，是咱们中国人设计的，是那个时候的一个代表作。我们干了30年，城市建设规模相当于我们过去几千年建筑量的总和！但是我们却把老祖宗的好东西都丢掉了。档次高了生活难了，是指城市建设的“贵族化”倾向严重，虽然道路越拓越宽，立交越建越多，商店越来越豪华，但交通拥堵却越来越严重，群众日常生活却越来越不方便。在提高城市发展水平的过程中，我们的注意力是城市规模的扩张，没有注意很好地解决城市发展过程中，以人为本要解决的突出问题。都是想盖起来怎么看漂亮，商店也是越盖越大。但是，老百姓想买个东西、过个马路、串个门、找个活动的地方却很不方便。另外，一些亟待解决的与群众生活密切的城中村、垃圾围城、住房拥挤、治安恶劣、环境污染等“城市病”，反而没有得到有效的解决。城市大了空间小了，是指相对于越建越高、越建越豪华的城市楼房，“蚁族”、“蜗居族”队伍却不断扩大，外来人口、低收入群体为住房问题备受困扰。城市大了空间小了，还表现在城市没有体育场地，活动空间越来越少。有个问题提出来看能否解决，特别是珠三角这些城市。即体育活动场地能不能免费，政府买单。如不能做到每天免费，能不能星期六、星期天免费？让群众到现有的体育场地去活动，这是不是一个造福于民的措施呢？另外，能不能将来为公共体育活动场地的活动搞一点商业保险？现在大家不敢让孩子出去活动。能不能政府买一点保险，政府也不直接负担，就付一点保费。保险公司平时会去监督，如果出了问题，保险公司就会去处理。我希望珠三角的广州、深圳、东莞、佛山、中山、珠海这几个城市人口相对较多的中心城市，认真考虑这个问题。其他地方，也要尽力而为。人口多了交往少了，是指人口缺乏公共活动的空间及必要的组织与活动安排，基本上是没有人管的。城市越来越大，人与人的关系却越来越冷漠，尤其与外来人口的融合日益成为突出问题。我们现在回过头再看“小悦悦”事件，我看了媒体做的一些调查，五金城里全部是外来务工人员，大家互相之间没有交往，这和没有组织有很大关系。老板建了这个五金城租给大家，就完事了。其他人进去管卫生，管工商，管治安。他们如何生存交往，我们没有适当的管理。当然，现在包括每一个社区，搞得好的社区大家有些活动、有些交往；搞得不好的社区，上班到单位工作，下班回到家看电视。对门住的是谁不知道，楼上是谁也不知道。所以，我们应该在常住人口中建立党组织和社会组织等，让他们能够纳入组织，有活动，从而改变城市“冷漠化”的情况。

总之，我们的城市发展还没有真正转移到“以人为本”的科学发展观上来。说到底，我们的城市发展如同片面追求GDP一样，我们把提高城市化发展水平这个为了人的手段，变成了目的本身。GDP是为了改善人民生活的，后来异化了，追求GDP增长变成目的了。城市发展是一个手段，就是为了让人生活得更幸福。但是，我们把城市发展变成目的本身了，现在其实就是在看谁的城市发展规模更大，谁的城市建筑更洋气，却把人——这个应该服务的对象放在了一边。所以说，现在我们的城市建设从根本上就是要解放思想，转变观念。必须看到，充分查找城市发展中的存在问题，明确我省城市化发展与国内外先进城市的差距，有利于正确认识城市发展的本质，准确把握城市化发展的规律，不断增强提高我省城市化发展水平的紧迫感。

三、树立城市转型发展新理念，积极探索符合广东实际的文明、宜居、承载力和可持续发展能力强的城市化道路

今天，我们所追求的理想城市，就是要把人民的幸福作为城市发展的根本价值取向，走出一条符合广东实际的文明、宜居、承载力和可持续发展能力强的新型城市化道路，具体可以从八个方面衡量：经济可持续发展、景色优美怡人、交通安全便捷、生活舒适方便、文化气息浓厚、社会和谐稳定、公共服务健全、人文关怀备至。要按照这样的设想，去规划建设新城、改造老城，宁可慢一些，也要好一点，使我们的城市真正能够成为千年的古城、千年的名城。要建设这样的理想城市，必须树立城市转型发展新理念。

第一，树立绿色发展理念，从粗放的发展方式向更加重视低碳生态发展。绿色发展是宜居城市的一个重要标准，建设资源节约、环境友好、生态平衡、适宜人居的“生态文明”，关系到城市的长远发展和人民的福祉。因此，实现城市的转型发展，从粗放的城市发展模式向低碳生态方式发展，是当前和今后的一个重要发展方向。这方面，国外一些城市值得我们学习借鉴。如被称为美国“绿色之都”的波特兰市曾经是一个以矿产资源和森林采伐等传统产业为支撑的城市，它用10年时间成功转型为一个人居环境良好、高科技产业实力雄厚、世界公认的生态园林城市。这个城市有五大特色：一是拥有美国最多的绿色建筑，所有新区开发建设都是最高等级的绿色建筑；二是轨道交通系统非常完善，并免费鼓励居民乘坐轻轨出行；三是建有慢行交通系统，鼓励居民自行车出行；四是大力推广使用节水设施，城市周围的两条河流完全处于原始的自然状态；五是大量发展电动汽车，鼓励使用清洁能源，空气质量非常好。城市的转型使波特兰市成为美国人口增长最快的地区，也是美国高科技企业发展最快的城市之一。由此可以看出，生态环境建设，本身就是生产力，而且是更高层次的生产力，是可持续的绿色生产力。近年来，我省一些地方也在城市绿色发展中进行了积极探索，如东莞松山湖把环境保护和节能降耗融入区域规划和开发建设中，做到单位能耗全市最低，保持了青山绿水的良好生态，成为一个“科技共山水一色，人才与产业齐飞”的绿色科技新城，可以说是一个低碳生态建设的范例。深圳市抓住建设国家级低碳生态示范市、绿色建筑示范市试点工作的契机，把建设低碳生态城市、推广绿色建筑上升为城市发展战略，着力打造“绿色建筑之都”，在节能降耗上取得了显著成效。这些推动城市绿色发展的鲜活例子，值得在全省总结推广。

第二，树立智慧发展理念，从传统管理模式向更加重视信息化、智能化建设转变。智慧发展是建设理想城市的重要支撑，也是提升城市生活品质和承载力的重要内容。上世纪90年代以来，城市信息化建设经历了信息港和数字城市两个阶段，随着21世纪信息技术的迅猛发展，城市信息化建设的新目标已经变成“智慧城市”。智慧城市是一个以信息网络为基础的城市信息体系，它综合运用地理信息系统、全球定位系统、遥感系统、宽带网络、多媒体等技术，对城市的基础设施、公共服务进行全方位的信息采集、动态管理和辅助决策。可以说，智慧城市，虽然是物的，但是一个有生命的系统，是未来城市发展的方向。新加坡有国际公认的城市智能系统，以交通信息中心为轴，连接公共汽车系统、出租车系统、城市捷运系统、城市轻轨系统、优化交通信号系统、车内导航系统等，在出行者和交通系统之间建立起紧密、活跃和稳定的信息传递和处理，从而使市民可以提前规划出行线路和方式，避免城市交通过度拥堵，保证了交通秩序和营运的效率。这只是其中一个方面的例子。智慧城市的概念还在不断的完善当中，建设更是在初始阶段，有着广阔的天地和空间，这是城市未来的竞争力所在。我省是科技强省，拥有一大批高科技企业、设备和人才，但在城市管理中，还停留在主要依赖人力的阶段，信息技术的运用远远不够。建设智慧城市，就是要充分发挥广东的科技实力，以信息化、智能化助推城市化，让越来越多的高新技术在城市运营体系中得到应用。比如，我们现在的信息技术已经完全可以解决过路不停车收费的问题，但是要有人去做这个事情。还有一个，我们的会议证和准入证，我说了好几次，大家一直都没有认真对待这件事。能不能每一个公务员有一个号，都输入到信息系统里面。然后，只要你当公务员了，就发个卡号给你，将来一旦开会了，刷一下卡就行了。信息化可以做很多事，只要大家认真去想一想，怎么利用信息化提高效率，降低成本，就会大有作为。又比如：广州市着力实施“天云计划”，抢占“云计算”制高点，促进城市率先转型；佛山市也以“四化融合，智慧佛山”推动交通、环保、市政、医疗、教育、家居等方面高新技术在城市运营系统中的应用。当然，深圳这方面做得也不错。这些推进智能建设的做法，可以更好地发现和解决城市运营中的问题，为人们创造更加美好的城市生活。

第三，树立包容发展理念，从“本外二元”，“千城一面”向更加重视共建共享和文化传承转变。城市的包容发展，就是要更加注重精神文化的接纳与融入，兼收并蓄，共建共享。城市要有活力，必须要有强大的包容能力。城市人口流动性大，外来人口多，是现代社会的一个特点。如何对外来人口增强包容性，则是一个未提上重要议事日程的新问题。我省是全国流动人口第一大省，珠三角城市的外来和流动人口多，一些城镇甚至出现户籍人口与外来人口严重倒挂的现象。但是，我们的社会缺乏对外来人口融入本地城市的制度设计，对大量涌入的外来人口，城市缺乏住房、教育、医疗等公共服务的考虑。能否解决好这些问题，关系到未来的城市发展与社会和谐。如果说，改革开放初期农民工进城，大部分人还是准备回去的。但是，现在情况发生变化了，大部分是没准备回去的。而且，现在除了农民工以外，人口的流动性很强，外来务工的其他人员，包括大学生等，也很多。我们要包容城市各阶层群众尤其是外来人口的发展诉求，通过吸收外来务工人员参与社会民主管理、吸收外来人员进入公务员队伍、加快将非户籍常住人口纳入社区服务和管理等制度安排，创造平等发展的环境，实现经济社会发展成果的共建共享，提升外来人员的归属感。这方面，广州、深圳、东莞、中山等地都做了一些有益的尝试。我想，能不能进一步加大力度。城市的包容发展还体现在文化的传承和多元上。文化是城市的灵魂。一个城市的产业形态可以复制，高楼大厦可以复制，但历史渊源和文化特色不可复制，这是城市独特的魅力。现在各市陆续进行换届，新的领导同志走上岗位，希望你们一上岗位的时候就看一看你们这个地方的《地方志》，找一找你们这个城市独特的印记。今年我带队去意大利访问，它在城市建设中对文化传统的保护给我留下深刻印象。意大利在制定城市发展战略时，注重从每个城市的特色出发，把古老的建筑、街道、城墙都保留下来。其实，我们广东也是很有文化特色的地方，现在的问题是第一步就要保护。这方面人大能不能立法，比如，有历史文化传统的建筑都不能拆，谁拆谁申报，不申报，拆了就违法。这样，才能使我们保护这些文物有一点回旋余地。不然的话，现在大家没有这个意识，一下子把它们都拆了，等到有钱的时候再想找就都没了。我省一些地方，城市建设过度求新、求大、求洋，动不动就大拆大建，破坏原有历史文化风貌，导致“千城一面”，体现不出岭南文化，这是一个通病，也是一些城市缺乏魅力的重要原因。因此，我们要树立包容发展的理念，既注重岭南文化的传承，又注重与现代文化的融合，在传承中更新，在保护中开发。这方面，我省正在开展的名镇名村名区建设，就已注意到这点。比如，广州在荔湾涌和花地河整治中充分再现了岭南水乡风格，成为了新的代表性景观；海珠区黄埔村正在按照“村港一体”的思路开展黄埔古港古村历史文化景区保护工程，尽力还原明清时期对外贸易港口的风貌。今后，我们要更加注重从实际出发，挖掘城市固有的历史内涵，体现独特的岭南文化传统，塑造与自身的自然、历史、文化、传统以及经济社会发展水平相适应的城市形象，让人民群众对自己生活的城市有归属感和自豪感。特别是我们广东，海外华侨华人比较多，这点就更重要了。我认为广东民国时期的建筑可能在中国的建筑史上是有非常重要的地位的。省建设厅要注意系统地研究一下这件事。现在，看宋代、明清的建筑特色，到苏州等地方都能找到。但是，民国时期的建筑，特别是民居、园林，广东可能就是中国最有代表性的了。因为民国是我们广东人开创的，而且当时清朝后期外来文化从广东进入，开始维新。所以，现在无论是开平的碉楼，还是台山、潮汕地区的一些建筑，比如陈慈簧故居的驷马拖车，既有中国古代传统的东西，同时又有西方的东西。省建设厅和有关部门能不能共同配合，把民国时期的建筑在中国建筑史上的地位给确立起来。将来看唐代、汉代的建筑，去西北看；看宋以后的建筑，去长三角看；看民国时期的建筑，到我们广东来看。省建设厅要找一些专家论证，将来甚至可以摘一点专辑，系统推介一下。我们广东民国时期的建筑，特色在什么地方，哪些地方传承了古代，哪些地方开创了现代建筑，这种结合有什么特色等，这些问题值得深入挖掘，把地方历史文化符号搞得更鲜明一些。

第四，树立以人为本的发展理念，从重物轻人向更加重视民生导向和人的素质提高转变。城市是因人而生的，城市的生命力源于城市中的人和他们的活动，目前，我们的城市建设日新月异，看上去更大，更漂亮、更现代化了，但人民的幸福感并不高，值得我们好好反思。城市的发展说到底是为了人的发展，而不是单纯追求基础设施的数量和市容市貌的漂亮，市民生活的幸福感才是检验城市价值的唯一标准。只有牢牢树立以人为本的理念，在发展城市经济的同时尊重人们的愿望、满足人的需要，实现人的全面发展，才能让我们的城市更宜居更文明，给人民群众提供更高的生活品质。温哥华是全球最宜居的城市之一，它在城市改造和建设中做到一切以“人”为出发点。比如在社区改造中，政府注重将原先的混合社区转变为“多功能一体化街区”，使居民步行即可到达工作区域，下班后各类生活需求都能在本区域内得到满足，街区更趋人性化。还有在倍受关注的住房问题上，纽约、香港等人口密集，地价昂贵的城市，有近一半人口是通过公共房屋的政策改善居住条件的，从而逐步解决普通人买不起房子的困难。这些先进经验启示我们，按照宜居要求推进幸福广东建设，就要在城市化发展中处处体现以人为本，更加重视民生导向，充分体现人文关怀，逐步完善基本公共服务，使城市成为大家的城市，提升全社会的幸福感。

我们还要认识到，人的文明素质作为城市发展的重要“软实力”，也是城市发展水平的重要内容和标志，城市居民的道德操行、教育科学水平、文化修养、价值取向和综合素质，直接影响城市的整体形象和竞争力。如果没有人的现代化，没有人的素质的全面提高，不仅城市的文明宜居无从谈起，而且城市的吸引力、创造力和辐射带动能力都将大大削弱。这是一个更艰巨的任务。从当前我省城市转型的情况看，提高城市居民的文明素质和塑造高尚人格，使之与城市化发展的要求相适应，是比城市硬件建设水平提高更为艰巨的任务，需要作长期不懈的努力，任重而道远。以上这些问题解决得早，解决得好，广东就会在未来的竞争中占得先机，就会使城市焕发新的生机与活力，人民也会生活得更幸福。广东如果能够把这些理念转变过来，就可以先行一步。当年，当全中国不少地方都还在以阶级斗争为纲，争“你左我右”的时候，广东搞以经济建设为中心，狠抓经济发展。现在，当一些地方都还在片面地追求经济总量的时候，广东开始注意经济的质量、城市的质量，过若干年以后，我们必定能再领风气之先。

四、突出重点，狠抓落实，推动我省城市化发展取得新成效

推进广东特色新型城市化，走出一条符合广东实际的文明、宜居、承载力和可持续能力强的城市化道路，既要理清思路、谋定而后动，更要突出重点、落实到位，只有这样，才能出新招，有突破，见成效，切实提高城市化发展水平。

第一，科学谋划，充分发挥规划的“龙头”作用。建设宜居城市，要突出城市规划的公共政策属性。通过科学规划，提高土地的使用效率，调整配置好基本公共服务设施，实现促进产业结构升级、保障社会公平发展的目标。这里，关键要抓好三项工作：一是要按照宜居的要求修编规划。要把“十二五”规划、土地利用总体规划和城市规划有机地结合起来，并进一步强化城市规划对配置空间资源的基础性、先导性和统筹性作用。对还没有制定完成的规划，要转变工作思路，按照宜居的要求，深入研究，科学制定；对已经制定但不适应发展要求的规划，要及时修改完善。2012年6月底以前，各市、县（市、区）政府要按照法定程序，组织完成对现有重要城市规划的评估、修编工作，针对提升城市的宜居度和承载力，明确工作原则和时间进度。城市规划在获得批准后，对其中的强制性内容和标准，任何单位和个人都不得擅自修改。二是要把宜居作为对新区开发和旧城更新改造的重要目标。新区的开发要精心组织规划，宁可发展慢一点，也要看得准一点，确保发展得好一点，要有“功成不必在我任期”的境界。现在，我省至少一半以上的城

市都在考虑新区建设，都有新区建设的规划。我希望这些新区按照宜居的要求去做，不要新区是旧思路、老面孔。比如，深圳前海、深港河套、珠海横琴等国家已经批准的粤港澳合作重点区域以及广州南沙新区的开发建设，生态上必须宜居，文化上必须有特色，产业上必须高端化，管理上必须法治化，要站在新起点上，努力实现经济发展与生态保护双赢，打造经得起历史检验的“伟大作品”。对旧区的改建，目前要用好用足建设节约集约用地试点示范省和“三旧”改造的政策，各县级以上政府要编制“三旧”改造五年规划和年度实施计划，优化产业结构，改善人居环境，满足城市可持续发展的需要。城中村的改造要实行“一村一方案”，到2015年，把全省200个城中村逐步改造成城市宜居宜业社区。这个任务更重，特别是改造的时候，开发商会有一些要求，如何妥善地处理好宜居的要求和开发商的要求，值得认真研究。地方政府完全靠开发商搞城市建设还是不行的。三是要按照宜居的要求突出岭南的文化特色。岭南地区的历史文化底蕴深厚，城市的建筑设计要在岭南特色上做文章，建设一批彰显岭南文化元素和人文形象的新建筑，防止“千城一面”、“千楼一面”。从2011年起，开展“岭南特色规划与建筑设计评优活动”，奖励精品创作。要依法保护好历史名城、名镇、名村，复兴具有岭南特色的历史文化街区，把城市“紫线”管理落到实处。我在南沙现场会上要求南沙的开发必须坚持“科学开发，从容建设”，这对于下一步提高城市化水平的工作，在总体上也是适用的，看准的事下决心干，看不准的不要急于求成。要有战略思维、长远眼光和从容心态，绝不能一味大干快上，绝不能再搞边干边完善。

第二，加速推进城市一体化发展，不断提升城市的集聚力，竞争力和辐射力，要充分释放城市化促进经济发展的潜力，以城市的转型升级引领产业和区域的转型升级，实现城市化与经济发展的良性互动。

一是继续深化粤港澳合作，携手打造更具综合竞争力的世界级城市群。这方面，现在已有一些初步的考虑。将来特区行政区长官选举产生以后，我们要抓紧和新的行政长官进一步衔接。要在联合实施珠三角《规划纲要》联络协调会议的协调推动下，共同开展“一国两制”条件下构建世界级城市群的政策研究，编制完成总体规划框架和重要专项规划。今后，既要继续拓展和深化我省与港澳在金融、贸易等领域的务实合作，更要在经济社会管理和城市管理等方面，向港澳多学习、多交流，为粤港澳合作寻求新的增长点和政策空间。要加强珠三角一体化发展，在基础设施建设、产业布局、城市规划、基本公共服务、环境保护等领域实现一体化规划，加强省市间的协调联动、融合发展，鼓励城市间的适度竞争，打造经济共同体和利益共同体。

二是不断优化城市体系，加快城市转型升级。珠三角地区要着力提升城市群整体竞争力，在基础设施建设、产业布局、城乡规划、基本公共服务、环境保护等方面加快实施“一体化规划”，建立健全重要领域利益共享和补偿、公共信息共建共享等相关机制，进一步推动“广佛肇”、“深莞惠”和“珠中江”三大经济圈建设。要加快发展现代服务业、先进制造业和战略性新兴产业，积极发展“总部经济”、“楼宇经济”，广州、深圳、佛山等有条件的城市要探索服务经济模式，逐步形成高端集聚、高度协作和高效合理的产业一体化布局。粤东西北地区要加快产业和劳动力“双转移”，积极承接珠三角地区的产业转移，扩大城市规模，壮大城市综合实力，以城市带动区域发展，粤东地区要重点抓好机场、港口和路网等基础设施建设，加快“汕潮揭”同城化，抓住深圳—汕尾特别合作区建设、海峡西岸经济区合作建设的契机，构建不同区域合作发展新模式；粤西地区要加强陆海统筹，区域统筹和产业统筹，积极融入北部湾经济区以及中国——东盟自由贸易区的合作建设，提升发展“湛茂阳”临港经济圈；粤北地区要加强政策引导，突出生态建设和环境保护，积极发展绿色经济和循环经济，创建人居环境示范区。

三是强化城市对农村的辐射带动能力。要建立健全以城带乡、以工促农的的长效机制，逐步推进城乡基础设施和公共服务一体化，推进新型城市化与社会主义新农村建设互动发展、共同提高。其实，城市建设实际上也提高了辐射农村的能力，提升了解决农村富余劳动力的承载力，这是相辅相成的。珠三角能够成为更具世界综合竞争力的城市群，财政收入多了，反哺农业农村的能力也会提高。全面开展县（市、区）域和镇域城镇体系规划的编制和实施工作，实施“万村百镇”整治工程，精心组织“名镇名村示范村”建设。

第三，大力推进城市公用设施建设，不断增强城市民生服务的功能。完善的公用设施是城市宜居的基本条件。要抓好四个方面的工作。一要强化城市公共服务功能。科学安排各类公共服务设施空间布局，构建完善的城市公共服务设施体系。加强教科文卫等服务设施建设，建设综合性社区服务中心，加大政府对社区公共服务的支持力度。到2015年，广东要建成1800个宜居社区，这要有标准。二要完善公共交通体系。从城市的内部发展来看，必须落实公交优先发展战略，构建以公交枢纽为节点、大运量公交网络为骨架、其他公交方式为补充的公共交通体系，鼓励和吸引人们公交出行，缓解交通拥堵等“城市病”。会议特别印发了一份资料，借鉴学习香港等国际城市的经验做法，在珠三角城市中心区探索建设立体步道系统，特别是广州、深圳等这些城市，更有条件去做这件事，可能效果也会更好一些。从城市间的沟通连接来看，要以珠三角为重点，加快城市与城际轨道交通建设，形成便捷的城际交通网络。到2015年，全省城市轨道和城际交通运营里程要分别达630公里和700公里以上。三要提升城市信息化水平。加快城市智能基础建设，打造以无线城市群为载体的智慧广东。要大力推进电信网、广播电视网和互联网的“三网融合”，加强城市智能管理，提高城市运转效率和精细化管理水平。五年内，全省城市互联网普及率、无线宽带网络覆盖率达70%以上。四要解决好城市民生突出问题。要科学编制建设保障房发展规划和年度实施计划，重点保障城市困难群体和低收入群体的居住需求，“十二五”期间，要实现享有城市人均住房建筑面积13平方米以下的困难家庭和低收入家庭住房全部得到保障。要强化城市公共服务功能，特别是要加大政府对社区公共服务的支持力度，加强服务效益的评估和监管，提高社区服务效能。要保障城市特殊困难群体的权益，健全面向下岗失业人员、家庭经济困难人员、农民工子女以及残障人群等的帮扶救助机制。通过抓好专项建设和综合治理，增强优质生活资源的供给能力，确保人民群众喝上干净的水、呼吸上清洁的空气、吃上放心的食品。

第四，大力改善城市人居环境，不断提升市民的生活品质。优质的城市生活需要良好的人居环境，要让人民群众真正享受到城市发展带来的美好成果，也必须做好四项工作。一要建设低碳城市。一方面要将建设“紧凑城市”的理念贯彻到城市规划中去，优化空间布局，增强城市的可持续发展能力；另一方面，要确定促进城市低碳发展的重点和优先领域，特别要在交通、能源、建筑等领域树立低碳的发展导向，在人民群众中提倡低碳生活。要编制实施低碳城市建设的五年规划，明确控制温室气体排放的行动目标、主要任务和具体措施。到2015年，全省单位生产总值二氧化碳排放量达到国家下达的约束性指标要求。必须特别强调的是，目前一些所谓的低碳产业是以高污染和高能耗为支撑的，建设低碳城市不能是“烧着高碳的煤，生产低碳的节能灯”，不能成为争项目、出政绩的新概念，而要重视基础研究、项目选择和制度建设，要想清楚再干。二要保护城市生态环境。各地要充分利用本地的“阳光海岸”、“沿江景观”和“水乡风貌”等条件，打造优质的公共空间，用五年时间在全省建成100公里滨水空间示范段。各地级市要加快城市园林绿化建设和升级改造，力争到2015年，全部建成省级园林城市。要制定实施全省绿道网建设总体规划，以珠三角绿道网为依托，推进城市绿道建设向周边地区延伸，力争“十二五”期末基本形成覆盖全省的绿道网络。三要推进资源的节约集约利用。不断提高节地、节能和节水水平，提高资源利用效率。到2015年，全省城乡建设用地总规模控制在147.38万公顷以内，全省重点工业企业用水重复利用率达到65%以上。大力推行公共交通导向型土地开发模式（TOD），围绕公交站场枢纽规划建设集多功能于一体的新型城市综合体，促进城市土地集约紧凑利用。要根据岭南的气候特征，科学制定建筑节能标准体系和鼓励政策，大力发展绿色建筑。四要综合整治市容市貌。各市要制定专项计划，针对城市卫生、街区形象、市政施工等问题进行综合治理，完善城市标识系统，确保市容市貌的治理一年见成效、三年大变样。

第五，努力破除体制机制障碍，以制度创新加快推进城市化。制度创新是影响城市化发展的重要因素。必须把制度创新贯穿于我省的城市化进程，通过相应的体制改革和制度配套，使城市管理、土地管理、投融资机制、户籍制度等与城市化的现实要求相适应，从而促进各种要素的合理流动和集聚，提高城市的运行效率，提升城市化的质量与速度。

要创新城市管理体制。加强法制建设，进一步提高城市管理的法治化水平。要按照责权利相统一的原则，整合行政资源，调整机构设置，建立城市综合管理体制。要进行城市基层管理扁平化的改革试点，东莞、中山应当抓住有利时机，积极稳妥地开展“撤镇建区”的工作。顺德区现在是撤镇，直管街道，是一个有益的探索，也要注意总结完善推广。要着力培育发展社会组织，创新社区服务体制和公众参与机制，使我们的城市管理和服务能够覆盖到每一个在城市生活和工作的人。要强化社会治安综合治理，完善社会突发公共事件的应急处置体系。

要探索改革城市土地管理制度。推进城乡建设用地增减挂钩试点，实现城市建设用地增加规模与吸纳农村人口进入城市定居规模相挂钩。实施差别化土地政策，新增建设用地向重点地区、重要领域倾斜，全力保障重点建设项目和保障房用地。积极开展农村集体建设用地使用制度改革，探索集体建设用地使用权以转让、出租、作价入股等方式流转。

要创新城市发展的投融资机制。既要发挥政府资金的引导作用，又要利用市场的融资功能，进一步完善市政公用事业特许经营制度，开放城乡基础设施建设市场和运营市场，实现投资主体的多元化。在能源、交通、供水、供气、垃圾和污水处理等城市基础设施以及保障性住房建设等民生领域，采取多种形式鼓励和引导民间资本进入。支持政策性银行开展城乡基础设施建设中长期政策性信贷业务，引导商业银行加大信贷投放。在承载能力许可的范围内，城市基础设施借债还是应该鼓励的。不能老让政府包打天下，政府也包打不了。

要深入推进户籍管理制度改革。进一步完善并加大外来务工人员“积分制”的实施力度，使农民工和外来人口既“进厂”又“进城”。加快研究并适时出台取消“农民工”称谓和界定城市职业的办法，并在就业创业、劳动报酬、子女就学、公共医疗、住房租购等方面逐步实现由城镇户籍人口向非户籍常住人口的延伸覆盖。“积分制”我们现在搞了两年。下一步可以加大力度，进一步完善。比如，能够通过科学的方式认定他具有中级技工职称和高级技工职称的，能不能允许他入户，这是我们现在作为一个制造业大省最需要做的，这对广东提高竞争力是有好处的。把这些技工人才留下来，并提供相应的公共服务，这对企业的凝聚力、对城市的凝聚力、对我们制造业的竞争力都有好处。不断创新流动人口服务管理，实施“一证通”制度，推动户籍管理向居住管理的转变。

第六，强化组织保障，为提高城市化发展水平提供有力支撑。这次会议印发的《中共广东省委广东省人民政府关于提高我省城市化发展水平的若干意见》，是指导我省今后一个时期城市化工作的纲领性文件，各地要认真抓好贯彻落实。一是加强组织领导。省政府要成立全省城市化工作领导小组，负责研究解决城市化工作中的重大问题，加强领导协调和督促指导。各级党委、政府要建立由主要领导负责抓总的工作制度，制定城市行动计划，确定城市化发展的重大建设项目，实行目标责任管理，抓紧组织建设。省直有关部门要建立联系机制，加强沟通交流，按照职责分工，制定配套政策，以实际行动推进城市化发展。“十二五”期间，省财政准备每年投入6亿元的专项经费，支持开展城市化发展重大专项工作和专项建设，各地级以上市也要加大对城市化工作的财政投入。二是有序推进试点工作。要按照“试点先行、典型引路、以点带面、整体推进”的原则，有序推进相关试点工作。广州、深圳、珠海等试点城市要明确各自所肩负的任务，从本地实际出发，创造性地开展工作，既走出各具特色的城市化发展道路，又注重积累具备共性的成功经验，以便其他地区借鉴。三是加强考核评价和宣传。要抓紧制定城市化发展水平的考核办法，对市厅级党政领导班子和领导干部的城市化发展绩效，实行年度考核，以倒逼机制促进工作落实。要建立健全动态评估和通报机制，加强对重点工作和项目建设的专项督查，督查结果对外公布，接受公众监督。要提高舆论引导的公信力和影响力，营造良好氛围。

推进广东特色新型城市化，提高城市化发展水平，事关广东科学发展大局，事关全省人民福祉。各地各有关部门要真抓实干，在实践中勇于探索，在探索中勇于创新，努力走出一条符合广东实际的文明、宜居、承载力和可持续能力强的城市化道路，为加快转型升级、建设幸福广东作出新的积极的贡献！

在全省提高城市化发展水平工作会议上的总结讲话

中共广东省委副书记、代省长　朱小丹

（2011年12月7日）

同志们：

广东省提高城市化发展水平工作会议就要结束了。这次会议是在我省深入贯彻中央十七届六中全会精神和胡锦涛总书记视察广东重要讲话精神，奋力加快转型升级、建设幸福广东的关键时期召开的一次重要会议。今天上午，中共中央政治局委员、省委书记汪洋同志作了重要讲话，与会同志观看了省住房城乡建设厅和广州市政府制作的城市化专题片。下午，大家围绕汪洋书记的重要讲话和《关于提高我省城市化发展水平的若干意见》进行了热烈讨论，提出了许多很好的意见和建议。会议还印发了11个地市区的书面交流材料，为各地做好城市化工作提供了有益借鉴。希望大家认真学习贯彻这次会议精神特别是汪洋书记重要讲话精神，努力提高我省城市化发展水平，不断开创广东特色新型城市化发展新局面。现在，我对会议作个总结，讲两点意见。

一、会议开得圆满成功，取得了预期效果

省委、省政府对开好这次会议高度重视。2009年8月以来，汪洋书记多次召集省委、省政府有关部门研究部署会议筹备工作，多次对我省城市化工作作出重要批示，并亲自审阅修改《关于提高我省城市化发展水平的若干意见》。省政府常务会议、省委常委会先后审议了这个《意见》，为大会顺利召开确定了指导思想、奠定了良好基础。与会同志普遍认为，这次会议不仅规格高、准备充分，而且主题鲜明、内容丰富、重点突出。虽然会期只有短短一天时间，但开得紧凑、务实、高效，达到了预期目的。主要有四个方面的收获：

（一）*统一了思想，深化了认识。*汪洋书记的重要讲话站在全局和战略的高度，深刻阐述了新形势下我省提高城市化发展水平的重大意义，并对当前和今后一个时期的城市化工作作出了全面部署，完全符合中央精神和广东实际，为我省进一步提高城市化发展水平指明了方向。大家进一步认识到，提高城市化发展水平是顺应世界发展潮流，打造世界级城市群、提升城市综合竞争力的需要，是带动产业转型升级和城市转型升级的重要载体，是实施扩大内需战略的重要抓手，是提升群众幸福感的重要途径，是缩小城乡差别、率先基本实现现代化的必由之路。大家纷纷表示，一定要把思想和行动统一到省委、省政府的决策部署上来，统一到汪洋书记重要讲话精神上来，切实增强提高城市化发展水平的责任感和使命感，努力开创广东特色城市化工作新局面。

（二）*总结了成绩，坚定了信心。*汪洋书记重要讲话充分肯定了改革开放以来特别是近年来我省城市化工作取得的成绩，并从现代城市体系基本成型、城市综合实力不断增强及城市承载和辐射力作用不断增大、城市面貌和人居环境明显改善、城市运行更加包容和谐有序等六个方面进行了全面总结。大家认为，我省城市化工作能够取得这样的成绩来之不易，这是党中央、国务院和省委、省政府正确领导的结果，是我们进一步做好工作的基础和前提。大家表示，有了这样的工作基础，完全有信心、有决心把我省城市化工作提高到新水平。

（三）*认清了形势，明确了方向。*汪洋书记在充分肯定我省城市化工作取得成绩的同时，深入分析了当前工作中存在的突出问题，明确提出了建设理想城市的宏伟目标和理想城市八个方面的标准，要求我们树立“绿色发展、智慧发展、包容发展、人本发展”的城市转型发展新理念。大家表示，汪洋书记重要讲话抓住了根本，具有很强的针对性、前瞻性和指导性，是我们进一步提高城市化发展水平的工作指南。

（四）*厘清了重点，完善了政策。*汪洋书记明确指出，做好当前和“十二五”时期城市化工作，要集中力量抓好六个方面工作，即高度重视城市建设规划，不断提升城市的集聚力、竞争力和辐射力，大力改善人居环境，努力破除体制机制障碍，强化组织保障，明确了全面提升我省城市化发展水平的工作重点。同时，这次会前印发的《关于提高我省城市化发展水平的若干意见》，分量很重，内容很实，措施有力，指导

性、可操作性强，进一步完善了我省城市化发展的政策措施，是指导当前和今后一段时期我省城市工作的纲领性文件。

总之，这次会议开得很成功，既是一次求真务实、凝聚力量、催人奋进的动员会，更是一次谋划工作、突出重点、再创优势的部署会，吹响了我省探索新型城市化道路的号角，标志着我省城市化发展迈上了新起点。我们相信，这次会议必将推动全省城市化发展再上新台阶。

二、认真学习贯彻这次会议精神，不断开创新时期我省城市化发展新局面

当前，我省关于提高城市化发展水平的大政方针已定，接下来的关键是狠抓落实。我们要紧紧围绕主题主线和加快转型升级、建设幸福广东这个核心，着力建设一批具有岭南特色的宜居宜业城市，共同将城市化发展的宏伟蓝图变成美好现实，为我省切实当好推动科学发展、促进社会和谐的排头兵，率先全面建成小康社会、基本实现现代化作出新贡献。在这里，我提三点要求：

（一）扎实做好会议精神的传达贯彻工作，迅速形成全省上下合力提高城市化发展水平的共识和行动。会后，各地、各有关部门要把传达学习和贯彻落实这次会议精神作为当前一项重大政治任务来抓，尽快把会议精神特别是汪洋书记重要讲话精神传达落实到各级各部门、广大基层和社会各个领域。要在学习领会精神实质上下工夫，深化对提高城市化发展水平重大意义的认识，明确做好城市化工作的重点和关键。正如汪洋书记指出："提高城市化发展水平，可以促进经济社会加快转型，全面增强区域综合竞争力；可以创造巨大的内需空间，带动投资和消费；可以推动生态环境、人口结构、文明素质不断优化，创造宜居宜业的生活环境，为全省人民创造更加美好的生活。""要推进广东特色新型城市化，走出一条符合广东实际的、文明、宜居、承载力和可持续能力强的城市化道路。"全省上下一定充分领会这些重要论断的深刻内涵，进一步增强责任感、使命感和紧迫感。要以这次会议为契机，进一步解放思想，开拓创新，扎实工作，在全省掀起提高城市化发展水平的新高潮。各地、各有关部门贯彻落实会议情况请于12月30日前报省委、省政府。

（二）狠抓工作重点，进一步突破制约城市化发展水平提升的关键环节。各地区、各部门要紧紧围绕汪洋书记提出的总体思路和工作要求，统筹规划，突出重点，一项一项抓落实，力争在以下六个方面率先取得新突破：

一是坚持推动世界级城市群建设、加快珠三角城市群建设与提升粤东西北城市体系并重，在优化城市化布局和形态上有新突破。要认真落实国家"十二五"规划纲要，协调港澳共同开展建设世界级城市群内涵、特征和发展策略的研究，推动粤港澳联合开展世界级城市群总体规划战略框架和重要专项规划编制工作，加快世界级城市群的功能培育。要深化粤港澳在金融、科技、教育、文化、卫生、旅游、环保等领域的合作，加快推进粤港澳交通运输、信息网络、城市供水等重大基础设施对接，构建大珠三角优质生活圈。要深入实施《珠三角地区城乡规划一体化规划》，调整优化城市群内各城市的功能定位和产业布局，缓解广深港等特大城市的压力，增强卫星城和小城镇的产业和居住功能。特别要高标准、高质量规划建设广州南沙、深圳前海、珠海横琴、中新知识城等具有示范意义的新区，认真实施环珠江口宜居湾区建设等重点行动计划，加快珠三角城际轨道站点周边地区的公交导向型土地开发。要加快粤东西北地区城市化、工业化进程，制定实施中心城市带动发展战略，加快推动汕潮揭都市区、湛茂阳都市区一体化发展，建设粤北人居环境示范区，强化产业转移园区规划建设和农村劳动力培训转移就业，不断提高东西北城市化水平。

二是坚持城市转型升级与产业转型升级同步推进，在提高城市经济辐射力和带动力上有新突破。城市是集聚新兴产业发展要素的重要载体，产业是支撑新型城市化发展的物质基础。要按照汪洋书记的要求，科学编制城市规划，加快推进"三规融合"，健全城镇建设标准，从容开发新城新区，同时用足用好"三旧"开发政策，"一村一方案"改造城中村和城乡结合部，促进城市功能分区优化调整，加快创新企业和高端人才的集聚，疏通资金、信息、物资等要素流动渠道，增强城市的发展活力和投资吸引力。要着力抓好产业发展基地和重大产业片区建设，加快"退二进三"、"腾笼换鸟"，逐步改变非农产业无序扩张的状况。特别要把发展现代服务业等知识密集型产业摆在城市产业建设的突出位置，提升先进制造业集聚发展水平，加强战略性新兴产业核心技术研发创新，用高新技术、信息技术改造提升传统产业，促进城市产业结构的高端化，增强城市经济就业带动能力。

三是坚持发扬文化传统与突出城市个性相结合，在打造富有岭南特色和时代气息的城市风貌上有新突破。城市个性是在长期历史文化积淀中形成的，文化品格是城市生命力的集中体现。要积极学习借鉴世界文化名城传承优秀历史文化传统的经验，深入挖掘城市历史文化内涵，大力开展复兴岭南历史街区工作，强化城市"紫线"管理，精心组织名镇名村示范村建设，以点带面提升岭南城市文化品位。要充分吸收广府、潮汕、客家传统建筑的优秀元素，积极采用现代工艺和新型材料建设经得起历史考验的标志性公共建筑和建筑群，切实扭转城市建设趋同和贪大求洋的倾向。加强城市整体景观设计，凸显城市特色风貌。各地在实施市容市貌综合整治专项计划中，要把保护和彰显城市历史文化特色和个性摆在更加突出的位置。

四是坚持低碳城市建设与生态城市建设相融合，在改善城市人居环境上有新突破。要把低碳节能和生态建设的理念贯穿于城市化发展的方方面面，使城市建设和自然资源利用、生态环境保护相协调，全面提高城市化进程中的节地、节能、节水水平。要抓紧编制实施低碳城市建设五年规划，推广城市合同能源管理，开辟城市节能减排主战场。结合新能源汽车、半导体照明、太阳能光伏推广示范工程的实施，推进节能环保产品在公用设施中的普及应用，加快发展低碳交通、低碳建筑。着力构建城市绿色生态屏障，推进森林围城、森林进城，切实抓好城市景观林带和环城防护林建设，加快构建城市群及城市森林生态体系、园林绿地体系和湿地保护体系。全面完成2372公里省立绿道配套设施建设，发掘珠三角绿道网的综合功能，推动绿道网向东西北地区延伸。全面开展城市江河综合治理，加大治污力度，强化饮用水源防护，打造城市及城市群洁净水系，努力将城市现代化设施寓于生态环境之中。建成区要提升环保治污设施的使用效率，促进资源循环利用。新建扩建城市事先要详细勘探分析环境综合承载能力，避免出现资源、能源透支。

五是坚持促进城市公共服务管理水平和基础设施现代化水平双提升，在增强城市民生服务功能上有新突破。城市最本质的功能是服务民生。在推进城市化发展中，要坚持以人为本，着力解决与群众安居乐业密切相关的热点难点问题。要认真实施《广东省住房保障制度改革创新方案》，创新开发建设模式，建立多元化投融资机制，完善分配管理制度，保质保量完成国家保障性住房建设任务，切实缓解中低收入群体住房困难。要统筹地上地下供排水、供电、供气等市政公用设施建设，建立快速便捷的公共交通体系，依托智慧广东、数字城市建设提升城市管理服务信息化、智能化、精细化水平，明年底前珠三角地区所有的县（市）建成生活垃圾无害化处理设施。加快治理城市内涝，增强消防等城市防灾减灾能力。与此同时，要加快城市教育、医疗、文化、体育设施建设，深入推进城乡居民公共服务均等化，努力实现城市化成果全民共享。

六是坚持土地城市化和人口城市化协调发展，在创新城市化体制机制上有新突破。城乡二元结构是制约城市化水平提升的根本障碍，必须积极稳妥推进土地管理制度和户籍管理制度改革，统筹城乡发展，增强城市化发展的内生动力。要进一步完善征地制度，维护被征地农民合法权益，增强市场配置土地资源的基础作用，实行城市建设用地增加规模与吸纳农村人口进入城市定居规模挂钩。坚持以城带乡，以工促农，逐步改变城乡二元户籍管理、劳动用工和社会福利制度，加快形成城乡居民在就业机会和社会福利范围及水平上的公平。特别要放宽中小城市人口准入条件，全面实施农民工“积分制”入户政策，有计划解决非户籍常住人口在城镇的社会保障、子女就学、公共医疗等问题。与此同时，要创新城市管理体制，加强法治城市建设，推进城市基层管理服务扁平化试点，培育发展社会组织，完善流动人口服务管理居住证“一证通”制度和虚拟社会管理，提升城市社会管理水平。

（三）加强领导，狠抓落实，确保提高城市化发展水平的各项工作措施落到实处。城市化发展的效果直接体现政府的发展理念和执行力、公信力。各地、各有关部门要按照这次会议的部署和要求，切实加强组织领导，狠抓督促检查，确保政令畅通、任务落实到位。一是加强组织领导。省城市化工作领导小组成员单位要切实加强领导协调和督促指导责任，及时研究解决城市化发展进程中遇到的各种突出问题。各地要在党委、政府统一领导下建立健全城市化工作领导机构。同时认真落实领导班子抓城市化工作的责任，形成主要领导亲自抓、分管领导具体抓，一级抓一级，层层抓落实的工作局面。省委、省政府办公厅要根据这次会议精神，尽快制定出台《关于提高我省城市化发展水平工作的若干意见》的部门分工方案和重点建设任务的地区分解方案，明确牵头部门，落实责任单位，尽快推动各项工作落实。二是加强工作指导。省有关部门要加强对试点工作的指导，推动试点工作有序进行。要制定全省宜居城市建设评估基本指标体系，各地要因地制宜，完善本地宜居城市建设评估指标体系，研究制订实施细则，确保指标体系在宜居城市创建工作中得到有效落实。三是加强督促检查。要制定城市化发展水平考核办法，定期考核检查各地区、各部门按分工推进重点建设的情况。对工作做得好的地区和部门，要表彰嘉奖，树立典型；对工作落实得不好的，要通报批评，督促整改。同时，探索建立操作性强、覆盖面广的群众满意度评估机制，增强考核评价的客观性。四是加强总结宣传。要充分利用各种媒体，积极宣传城市化试点政策及城市化试点的成功经验和典型，并注意总结推广提升。要及时发布重大城市化方案及城市化进展情况，提高舆论引导的公信力和影响力，营造全社会关心、支持、参与提高城市化发展水平的良好氛围。

同志们，做好新时期我省提高城镇化发展水平工作责任重大、任务艰巨。让我们在党中央、国务院和省委、省政府的正确领导下，深入贯彻落实科学发展观，解放思想，振奋精神，开拓进取，扎实推进我省提高城市化发展水平的各项工作，为全省加快转型升级、建设幸福广东，切实当好推动科学发展、促进社会和谐的排头兵作出新的更大贡献！

谢谢大家。

在珠三角绿道网建设现场会上的讲话

广东省副省长　林木声

（2011年7月22日）

同志们：

今天，我们在东莞市召开珠三角绿道网建设现场会，主要任务是总结上半年绿道网建设工作情况，研究部署下半年工作。上午，大家现场参观考察了东莞市绿道网建设情况，刚才珠三角9市领导分别对各市绿道网建设情况作了汇报，庆方同志通报了上半年工作总体进展情况，并对“两年全部到位”和年终考核验收工作作了部署。大家都讲得很好，我都赞同。希望各市、各部门要认真贯彻落实这次会议精神，切实采取有力措施，加快推进绿道网建设，确保顺利实现“两年全部到位”的工作目标。下面，我讲两点意见。

一、肯定成绩，正视问题，进一步增强做好绿道网建设工作的责任感和紧迫感

省委十届六次全会作出规划建设珠三角绿道网的重大部署，要求做到“一年基本建成、两年全部到位、三年成熟完善”。去年，我们如期完成了“一年基本建成”的目标任务。今年上半年珠三角各市将绿道网建设作为加快转型升级、建设幸福广东的重要工作来抓，组织有力，推进有序，取得了明显成效。主要体现在以下几个方面：

一是省立绿道配套设施和使用功能不断完善。在去年全线贯通2372公里省立绿道的基础上，今年珠三角各市将工作重点转向完善配套设施和使用功能。目前，绿化和驿站、配套安全设施、环卫、安保、标识、游憩、文教、体育等等功能性配套设施建设均按计划加紧推进，累计建成驿站312个，停车场252个，自行车租赁点302个，对不符合要求的绿道连接线进行了整改，有效提升了珠三角绿道网的整体形象。

二是城市绿道建设全面铺开。按照“以人为本、贴近群众、服务民生”的要求，各市完成了城市绿道网建设规划的编制工作，并全面铺开了城市绿道建设。目前主干框架建设慢行道1075公里，新增绿化945公里，约占年度任务（2195公里）的49%，有望年底前实现城市绿道主框架的全线贯通。

三是省立绿道控制区划定工作基本完成。按照省的统一要求，各市先后开展了绿道控制区的划定工作，除个别城市外，大部分城市已经完成了划定工作，其中深圳、东莞、肇庆等市制定并实施了相应的管制办法。

四是绿道网宣传推广活动丰富多彩。各市、各有关部门积极开展丰富多彩的绿道宣传推广活动，引导社会各界增进对绿道的理解和认识。省住房城乡建设厅牵头制作了绿道专题片、公益广告片，联合省委宣传部筹办了“广东省青年记者绿道行”和“中央媒体记者绿道行”等活动，并配合南方日报等媒体开展了“十佳绿道品鉴”等活动。省旅游局和体育局分别组织开展了“中国旅游日，幸福绿道游”和“健康共享，幸福广东”珠三角绿道骑行等活动。广州、珠海、东莞、惠州、肇庆等市也结合当地实际开展了有声有色的绿道网主题宣传活动。通过广泛的宣传推介，“绿道”这一概念开始深入人心，赢得了群众的普遍赞誉。

但是，我们也要清醒地看到，珠三角绿道网建设工作还存在一些不容忽视的问题：一是少数地方出现思想有所松懈、工作有所放松的苗头，各市绿道办基本是临时机构，工作人员是临时抽调的，工作的稳定性和连续性受到一定影响；二是局部地段配套设施建设还跟不上，安全设施不够到位，环境舒适性欠佳；三是绿道网的综合功能还没有充分开发利用；四是行之有效的绿道网管理运营长效机制还未完全建立，特别是后期管理维护跟不上，部分地方出现了标识遭涂鸦损毁、路面被破坏挤占、流动小贩占道经营、机动车随意停放等问题。上述这些问题如果处理不好，很可能出现第一年大家都说好，第二年觉得有问题，第三年就不了了之的现象。希望各市、各有关部门要高度重视，切实采取有力措施，认真加以解决。

按照省的要求，今年要实现“两年全部到位”目标：一要完善2372公里省立绿道的配套设施，确保年底前全部建成并投入使用。二要规划建设城市绿道网，年底前实现2195公里城市绿道主框架全线贯通。从目前的情况看，今年建设的城市绿道将更多地穿越建成区，由于受制于道路和城镇建成区的现状，在选线方面难度会更大一些，绿化控制会受到较大限制，省立绿道连接线优化提升和绿道控制区划定要满足绿道安全和生态的需求等还存在一定难度。建设进度有待进

一步加快，截至今年6月底，城市绿道绿化和慢行道建设任务分别完成了43%和49%。因此，要实现“全部到位”的任务目标仍然存在不少困难，还有大量工作要做，我们不能有丝毫懈怠。

规划建设珠三角绿道网是“建设幸福广东”的重要工程，是提升民众生活品质和幸福指数的重要途径。省委、省政府对此高度重视，汪洋书记、黄华华省长亲自动员、亲赴实地开展调研并多次做出指示和批示，为绿道网建设工作倾注了大量心血。今年4月，汪洋书记专门主持召开绿道建设座谈会，研究部署绿道网管理维护工作。在珠三角九市转型升级巡回检查讲评总结会上，汪洋书记又专门对各市书记、市长强调了绿道网建设工作。希望各市和省直各有关部门一定要站在战略和全局的高度，进一步提高思想认识，全面把握绿道网建设的重要意义和目标要求，切实把思想和行动统一到省委、省政府的决策部署上来，进一步增强工作的责任感和紧迫感，再接再厉，真抓实干，一鼓作气，努力完成“两年全部到位”的目标任务。

二、突出重点，狠抓落实，努力实现“两年全部到位”的工作目标

当前，离“两年全部到位”的目标还不到半年时间，在一年建成的基础上，绿道网配套设施完善、功能深度开发、管理机制建立等方面的任务很重，涉及的事项也很多。各市、各有关部门要统一思想，提高认识，扎实推进各项工作，努力将绿道建设成为“为民所建、为民所用、为民所享”的民生工程、生态工程和经济工程。在具体工作中，要突出抓好以下四个方面：

（一）*全面完善省立绿道配套设施*。要高起点、高标准、高水平完善2372公里省立绿道相关配套设施，包括驿站、标识、环卫、安保、游憩、文教、体育等功能性设施，以及完善交通换乘系统和实现18个城际交接面的互通，这是衡量珠三角绿道网“全部到位”的一个核心标志。为使绿道更加便利、宜人、舒适、安全，要注意做到三个到位：一是数量到位。根据各市上报的规划，今年省立绿道的建设任务有：绿化445公里，建设驿站104个，树立标识牌7456个，设置安全设施1227个、环卫设施2346个，建设停车场99个、自行车租赁点113个，以及完善提升绿道连接线139公里，任务很明确、很具体，年底我们就按照这个目标来考核。二是质量到位。在加快建设进度的同时，要紧抓工程质量不放松，真正把绿道网建设成为精品工程、廉洁工程和民生工程。三是功能到位。在各类设施配套上，要充分体现以人为本和多样性，要将能否满足群众的多样化需求作为配套完善设施的出发点和落脚点。建设过程中，要根据绿道所处的区位、自然资源和人文特点，结合不同地段绿道的使用人群，配备相应的服务设施，凸显各区段的特色和功能。

（二）*加快规划建设城市绿道*。年底前要实现2195公里城市绿道主框架全线贯通，这是衡量珠三角绿道网“全部到位”的另一个核心标志。要把市域内具有代表性的森林公园、文化遗迹、传统街区、滨水空间等自然、人文节点以及城市功能组团有机串联起来，构建疏密有致、布局均衡、功能多样、服务民生的绿道网络格局。为使城市绿道融入群众生活，形成城市内部的“低碳慢行系统”，要注意做到三个衔接：一是要与城镇内部的公园、广场、体育场馆、商业街、滨水休闲带等公共空间有效衔接，成为公共空间的联系纽带。二是要与居民区、城市慢行交通系统、公共交通系统有效衔接，方便市民出行，成为推行“公交优先、方便慢行”的绿色出行模式的重要载体。三是与省立绿道有效衔接，提高可达性，形成全省性完整、连续的绿道网络。

（三）*充分发掘绿道网的综合功能*。如何利用好绿道，提高它的使用率，让绿道网更加贴近群众、服务民生，给老百姓带来实惠，这是评判绿道网建设成败的根本标准。从目前的情况来看，绿道网的使用功能还比较单一，主要是群众散步或就近骑单车，用的主要是“段”而不是“网”。如何利用这张“网”，充分发掘绿道网的休闲、运动、旅游、文化、科普等多重功能，发挥其整体效益，值得我们做一些深入研究和探索。一是发掘旅游休闲服务功能。绿道既可以让广大旅游者更环保、便捷、舒适、安全地到达旅游目的地，又可以让人们充分享受户外的绿色开敞空间。因此，绿道旅游势必成为我省旅游产业的一个新热点。汪洋书记明确要求要把绿道作为一个旅游产品开发出来。希望省旅游局和各市要结合国民旅游休闲计划，充分利用珠三角绿道网串联起来的各类自然景观、人文景观、生态景观、自然村落等旅游资源，因地制宜地发展城乡生态文化旅游产业。二是发掘体育运动服务功能。要发挥绿道体育锻炼功能，规划建设一些体育锻炼设施，使绿道成为人们体育锻炼的好去处。可以借助绿道网穿越风景名胜区、森林公园、乡村田野等独特的地理优势，举办自行车赛、水上摩托赛、皮划艇赛、定向越野等体育赛事活动，开展漂流、垂钓、登山、划船等户外运动和舞蹈、太极拳等康体健身活动，既可以拉动消费，同时可以促进我省群众体育发展，促进全民健身。比如我们可以像青海湖拉力赛一样组织一个广东绿道的拉力赛。这些事情花钱不多，而且又可以通过市场运作，是一种很好的以绿道养绿道的发展方式。建议省市体育部门认真研究一下。三是发掘文化服务功能。各市要结合“文化强省”建设，进一步挖掘和赋予绿道网更多的人文特色和文化内涵，拓展文化服务功能，使之成为传播和发扬岭南文化的重要载体。珠三角绿道沿线有很多具有深厚历史渊源、充满文化气息的节点，规划部门和文化部门可以研究

如何对绿道沿线人文资源实现开发性保护，开发文化遗产绿道游线，向人们展示沿线地域文化特色，让人们不仅能得到绿色享受，还可以得到高品位的精神文化享受。四是发掘科普教育服务功能。绿道网是生动的环境教育资源，教育、林业等部门可以组织学生联合开展以生态教育、环境伦理为主题的野外实习、夏令营、教师培训、垂钓培训、野生动物观测等活动，打造几条以科普教育、生态环保教育为主的特色绿道。

（四）切实提高绿道网管理水平。绿道网建设期是三年，管理则是今后长期的任务。绿道是公益性基础设施，各级政府是绿道网管理的主体。对于管理不到位等问题，今年以来，群众和媒体都有反应，汪洋书记专门就今年5月5日《南方日报》“珠三角绿道网，建好还须管好用好”作出重要批示，并明确提出绿道网建设要做到“有人办事，有钱办事，有制度管事”。各市要抓紧研究解决工作中存在的问题，严格按照汪书记的要求，切实提高管理水平，推动绿道网的永续利用。一要加快建立健全绿道网建设、运营、管理长效机制。要尽快改变目前依靠临时机构和临时人员开展工作的被动局面，省、市要抓紧成立工作机构，配备专职人员。遵循属地管理的原则，各市、县（区）、镇等各级政府应确保将绿道建设和管理维护经费纳入财政预算。省住房城乡建设厅要抓紧制定全省性绿道网管理规定，争取年内报省政府。要以深圳、珠海为试点，着手研究制定相应的管理办法或规章，确保绿道网管理有法可依，有章可循。二要积极引导社会和市场力量参与管理运营。在政府主导的前提下，要积极探索市场化动作模式。除慢行道建设、绿化等环境保育以及基本设施配套由政府提供外，其他如停车场、游乐设施、餐饮住宿等功能性设施，以及卫生保洁、安保、租赁等市场化程度比较高的服务项目，可以通过政府设定要求和标准，交给有条件、有经验的企业或个人去经营管理。在符合有关政策规定的情况下，应积极鼓励和吸引经济组织、社会团体、单位或个人以“认养”、“认管”的模式，参与绿道的维护管理。也可以探索由政府和社会共同管理、共同经营的模式，比如策划筹建一个综合性的绿道网旅游公司，政府与公司签订协议，将一段绿道交由公司统一管理和经营，以后可以将范围逐步扩大至一个镇甚至一个县的绿道网。三要加大宣传推介力度。省住房建设厅要抓紧建立珠三角绿道网信息平台，整合各部门、各市绿道网建设、管理和服务等方面的信息，实现资源共享和动态监测，扩大绿道网影响力。要通过编制使用手册、策划绿道主题活动、发放绿道宣传资料、制作专题片和公益广告片等多种形式，加大宣推介势力度，不断扩大绿道的影响力和知名度，让广大群众进一步认识绿道，参与绿道建设，共享绿道建设成果，真正发挥绿道网的综合效益。省住房城乡建设厅和电视台制作的专题片，各市可安排在电视台和星级旅游酒店滚动播放。

今年绿道网建设的各项任务目标已经明确，现在关键是加强领导、狠抓落实。珠三角各市、省直有关部门都要进一步强化大局意识，牢固树立“一盘棋”观念，充分发挥职能作用，加强沟通、密切配合，形成珠三角绿道网建设、管理、开发利用工作的强大合力。今年年底或明年春节前，省里将依托省宜居城乡建设工作联席会议的制度框架，由省直有关部门组成联合检查组，赴各市检查“全部到位”和建成绿道管理维护的情况。成绩显著的，将以省委、省政府的名义给予表彰；工作滞后的，将给予通报批评。省住房城乡建设厅在这次会上拿出了检查考核的初步方案，请大家研究并提出修改完善意见。关于表彰方案，下一步我们也将征求各市的意见。

同志们，今年是绿道网建设最为关键的一年，让我们在省委、省政府的正确领导下，齐心协力，扎实工作，努力将绿道网建设这件利国利民、福泽后代的好事办好、实事办实，将之打造成为我省“加快转型升级、建设幸福广东”的标志性工程！

在广东省第十三期市长(书记)城建专题研究班结业典礼上的讲话

广东省副省长　林木声

（2011年10月13日）

同志们：

历时5天的广东省第十三期市长（书记）城市建设专题研究班，今天下午就要结业了。在此，我谨代表省政府，对这期专题研究班的成功举办，对同志们学有所成表示热烈的祝贺！对为举办这期专题研究班而辛勤工作的北京大学有关领导和教师，以及为研究班授课的各位领导、专家表示衷心的感谢！这期研究班是在全省上下认真学习胡锦涛总书记视察广东的重要讲话精神，为实现加快转型升级，建设幸福广东的宏伟目标奋力拼搏的关键时刻举办的，研究班突出提升城市化水平、加快城市现代化建设这一主题，采用理论讲授、专题研讨和参观考察相结合的方式，紧密联系学员工作实际，取得了良好的培训成效，下面，我谈两点意见：

一、充分认识提高我省城市化发展水平和城市现代化建设的重大意义

“十二五”时期是我省加快转变经济发展方式的攻坚时期，也是推动城市化健康发展的重要战略机遇期。作为经济结构调整的重要抓手，城市化面临新的发展形势。突出表现为：世界大城市和巨型城市数量的迅速增加，城市群成为推进城市化的主体形态，城市发展日益集群化；全球气候变化和资源环境约束趋紧，绿色、低碳、生态成为引领未来城市发展的新标杆，城市建设日益低碳化；城市集聚辐射功能的不断增强和城市人口需求的多元化，提升城镇综合承载力的重要性日益凸显；“以人为本”理念不断深入人心，城市化更加关注促进人的发展，城市管理日益人性化。在新的历史时期，认真总结我省城市化发展的经验，准确把握形势要求，进一步提高城市化发展水平，对于提升我省的综合竞争力，建设幸福广东具有十分重要和深远的意义。

（一）*提高城市化发展水平是应对当前重大挑战的有效举措*。改革开放以来，我省实现了城市化的快速发展。到2010年，全省城市化率达到了66.2%，居全国各省区前列，城市辐射带动能力显著增强，现代城市体系初步形成，城市化从规模扩张阶段正向质量提升阶段转变。但是，从总体上看，我省城市化发展仍然落后于经济社会发展的现实要求，突出表现在：城市发展模式粗放，资源环境约束加剧；城市转型滞后于产业转型，综合承载能力不强；城市管理不够科学，交通拥堵、环境污染等“城市病”日益凸显；城市公共服务供给不足，非户籍常住人口分享城市文明成果均等化程度偏低；城市建筑缺乏特色，文化传承与创新功能弱化等等。因此，大力提升城市化发展水平，是增强我省城市化发展的内需动力、缓解资源环境压力和改善人居环境的必然选择。

（二）*提高城市化发展水平是提升广东综合竞争力的重要途径*。城市是现代经济社会发展的主要载体，城市化是衡量一个国家或地区的社会发展水平的重要标志。随着工业化、信息化、市场化、国际化进程的不断深化，城市化发展面临着前所未有的机遇和挑战。在新一轮的国际国内竞争中，加快推进城市化进程，提升城市化水平，增强城市的辐射带动作用，是我省增强综合实力的新平台、提升国际竞争力的新高地、增强发展后劲的新抓手。因此，在新的历史时期，我们必须加快城市建设，打造文明宜居、承载力强、可持续发展的理想城市，把珠三角地区打造成为更具综合竞争力的世界级城市群，抢占国际分工中的有利地位。

（三）*提高城市化发展水平是建设幸福广东的必然要求*。建设幸福广东的目的就是增进民生福祉，让居民共享改革发展成果。为此，坚持以人为本，着力解决就业、教育、医疗和社会保障等民生问题；合理开发利用资源，加强环境保护和污染治理；增强城市的公共服务功能，加强实现全体居民公共服务均等化；加强城市规划和管理，建设宜业宜居城市，既是我省城市化发展的方向，也是建设幸福广东的必然要求。

二、突出重点，狠抓落实，切实提高我省提高城

市化发展水平

今年是“十二五”开局之年，全省上下正紧紧围绕省委十届八次全会提出的“加快转型升级、建设幸福广东”这个核心任务，深入贯彻落实胡锦涛总书记“七一”重要讲话和最近视察广东重要讲话精神，坚持以科学发展为主题，以加快转变经济发展方式为主线，立足新起点、把握新趋势、建立新机制、增创新优势，切实当好推动科学发展、促进社会和谐的排头兵，朝着率先全面建成小康社会的目标奋勇前进。城市化是加快经济结构调整和生产方式转变的重要载体，是新时期增创发展新优势的突破口。省委、省政府对我省城市化工作高度重视。近期，汪洋书记将主持召开全省提高城市化发展水平工作会议，对我省下一阶段的城市化工作进行全面部署。会上还将印发省委、省政府《关于提高我省城市化发展水平的若干意见》。今后一段时期，我省的城市化工作要以促进人的全面发展为核心，以建设宜居城市为重点，突出加强城市群建设，提高城市综合竞争力，增强城市建设文化特色，提升市民现代文明素质，推动城市化发展迈上新的台阶。

今天，我着重结合即将出台的若干意见，强调几个方面的工作：

（一）着力加强城市规划的统筹协调作用。一要努力提高城市规划的编制质量。以国民经济和社会发展规划为指导，以土地利用总体规划中提出的土地利用调控指标为依据，科学编制城市总体规划，从空间层次、实施方式、管理机制上理顺关系，进一步推动“三规融合”。加强城市规划与产业规划的衔接，完善城市产业布局，推动城市成为经济结构调整和产业转型升级的重要载体。转变城市规划编制思路，合理确定城市经济、社会人文、资源、环境等规划指标体系，并分为控制性和引导性指标进行实施。鼓励各地从实际出发，运用先进理念和先进技术手段修订地方规划技术标准，探索建立具有广东特色的城市规划新体系。二要科学推进新区开发和旧区改建。妥善处理新区开发与旧区改建的关系，在新区开发中，对于一般性的扩张新区，必须优先安排交通基础设施、公共服务设施、市政配套设施等建设内容，严格管控新区土地出让，突出重要节点地区的特色和形象，对于功能性新区，要按照引领发展、宜业宜居的要求，精心谋划和组织开发建设，近期要充分运用国家赋予的优惠政策，把广州南沙、深圳前海、珠海横琴等几个重点功能新区打造好，使之成为粤港澳紧密合作的示范区和引领珠江三角洲地区城市转型升级和创新发展的核心枢纽；在旧区改建中，要明确用地规模和改造时序，合理确定旧区改建用地开发强度控制要求，提高用地二次开发的效益，要将旧区改建与调整优化产业结构有机结合起来，尤其要重视保护旧区的绿色公共空间和历史文化风貌。三要突出城市规划建设的文化特色。城市规划必须坚持地域性、文化性、时代性相结合，突出城市设计对城市空间形象的指导作用，弘扬兼容、务实、创新的岭南建筑传统，既要建设一批体现岭南文化特色和人文形象的新建筑与城市核心地带，又要特别重视城市历史文化保护工作，依法保护历史名城名镇，复兴具有岭南特色的历史文化街区。

（二）着力推动城市一体化进程。一是抓紧筹划更具综合竞争力世界级城市群建设。运用粤港澳联合实施《珠江三角洲地区改革发展规划纲要》联络协调会议机制，协调开展“一国两制”条件下世界级城市群内涵、特征和发展策略的研究。加强城市规划的衔接，推动粤港澳联合开展世界级城市群总体规划框架和重要专项规划编制工作。落实粤港、粤澳合作框架协议，抓住重点领域和关键环节组织突破，加快世界级城市群的功能培育。深化跨境贸易人民币结算试点工作，促进港澳地区银行人民币业务稳健发展，支持金融机构跨境互设分支机构，逐步建设以香港金融体系为龙头，珠江三角洲地区城市金融资源和服务为支撑的金融合作区。做好对港澳服务业开放先行先试工作，加快推进粤港澳交通运输、信息网络、城市供水等重大基础设施的对接，深化科技、教育、文化、卫生、旅游等领域的合作，打造世界先进制造业和现代服务业基地。建立区域环境和生态保护体系，实施环珠江口地区重点行动计划，规划建设湾区跨界绿道，共同保护东江、西江和港澳供水工程的水资源，构建大珠江三角洲地区优质生活圈。二是大力推进珠三角一体化。加快实施珠江三角洲五个一体化规划，提升珠江三角洲城市群整体竞争力。以广佛同城化为示范，进一步推动广佛肇、深莞惠和珠中江三大经济圈建设。强化区域中心城市的聚集辐射功能，促进城市间的产业优势互补，加快发展现代服务业、先进制造业和战略性新兴产业，形成高端集聚、高度协作和高效合理的产业一体化布局。创新资源配置和决策管理协作模式，建立重要领域的利益共享和补偿机制，形成统一、公平的市场竞争秩序。三是大力培育粤东西北地区的城市群。粤东西北地区要加快产业和劳动力“双转移”的步伐，积极承接珠江三角洲地区的产业转移，加快农村人口向城镇转移，不断扩大城市规模，壮大城市综合实力，以城市带动区域发展。提高汕头、湛江、韶关等区域性中心城市集聚能力和服务管理水平，鼓励引导各市之间和市域内部实行非均衡协调发展，走差异化城市化道路。加强粤东地区基础设施建设，重点抓好机场、港口和路网的优化建设，加快汕潮揭同城化，推动城市集聚发展。大力支持深圳—汕尾特别合作区建设，支持粤东地区积极参与海峡西岸经济区合作建设，构建不同区域合作发展新模式。加强粤西地区陆海统筹、区域统筹和产业统筹，促进融入北部湾经济区及中国—东盟自由贸易区的合作建设，培育壮大湛茂都市区，提升发展湛茂阳临港经济圈。突出生态建设和环境保护，切实加大政策支持力度，引导粤北地区积极发展绿色经济和循环经济，创建人居环境示范区。

（三）着力提高城市综合承载力。要大力提高城市的产业竞争力。认真落实以珠江三角洲地区为核心、辐射带动粤东西北地区协调发展的“一区三带”城市产业空间布局。全力推动产业转型升级，按照产业结构高级化、产业竞争力高端化的要求，坚持以自主创新为核心推动力，促进现代服务业与先进制造业双轮驱动，培育壮大战略性新兴产业，做优传统产业。以产业园区为载体推进产业集聚发展，培育一批战略性新兴产业示范基地，提升现有产业转移园区的发展质量，特别要支持企业化模式开发管理的新型产业园区建设，探索空间集约与要素集聚相结合、技术研发与生产应用相配套、资本运营与产业成长相促进的紧凑型发展新路子。要推进城市公用设施现代化。在交通设施方面，坚持公交优先，积极发展大运量公交系统，加快城市与城际轨道交通建设，尽快形成便捷的轨道交通网络，同时要完善慢行交通专用基础设施，优化城市交通出行环境。以智慧城市试点和重点领域应用为突破口，在信息设施方面，以无线城市建设为重要内容，加快城市智能基础建设，打造以无线城市群为载体的智慧广东。在市政基础设施方面，要重点完善城市防洪排涝体系，全力推进城市防洪工程、排水管网和排涝泵站建设，强化城市排水应急能力。在安全设施方面，要加固改造抗震能力不足的重要建（构）筑物，提高城市抗震防灾能力，加强消防基础设施建设，完善城镇消防安全体系，充分利用城市绿地、广场等公共空间，规划建设城市应急避险场所，加强基础性工程的人防功能建设，增强城市综合防护能力。深圳、江门、阳江等市要建立完备的核电应急计划和应急体系。

（四）着力增强城市民生服务功能。要突出解决住房保障等民生突出问题。要以定点申报登记和轮候安排为依据，科学编制保障性住房建设发展规划和年度实施计划，重点保障城市困难群体和低收入群体的居住需求，实行公共租赁住房为主体的保障方式，只租不售，完善申请、审核、分配、退出机制，促进公共租赁住房循环利用。要科学安排各类公共服务设施空间布局，构建完善的城市公共服务设施体系，同时，要推动公共服务资源向基层延伸，加大政府对社区公共服务的支持力度，这也是当前社会建设的重要任务。对于城市特殊困难群体，要特别重视对他们权益的保障，做好下岗失业人员再就业工作，保障农民工子女接受义务教育，通过发展慈善事业、志愿服务、法律援助等，切实保障困难群众的合法权益。对于旧城区、城中村、城乡结合部等低收入人群及弱势群体聚居地，要大力完善基础设施和公共服务设施，切实改善这些地区的人居环境和交通出行条件。通过开展“文艺进社区”、“图书馆进社区”等文化活动，营造良好的城市文化氛围，同时大力普及节约资源、保护环境、健康生活等知识，倡导积极向上、可持续发展的生活模式。要大力改善城市人居环境。推进国家低碳省试点工作，建设以低碳交通、低碳能源、低碳建筑和低碳生活为导向的低碳城市。通过城市景观林、城郊环城防护绿化带、滨水空间体系的建设，城市公园绿地系统的升级改造，以及依托珠三角绿道网推进绿道建设向周边地区延伸等措施，全面提升城市的生态环境品质。按照建设资源节约型社会的要求，提高城市化进程中的节地、节能、节水水平，大力挖掘现有建设用地潜力，积极开发利用地下空间，进一步提高建设用地效率；积极推广新能源应用，加快对办公楼、宾馆、商场等大型公共建筑进行节能运行改造，发展绿色建筑；全面开展节水型城市创建活动，提高水资源利用效率。要加大污染防控力度，通过加强区域大气污染的联防联治、城镇污水处理设施建设和配套管网建设、河涌水系综合整治、生活垃圾无害化处理设施和生活垃圾中转站建设以及重金属污染综合整治等方面的工作，有效提高污染防控水平。要开展市容市貌综合整治，科学实施城市环境卫生整治工程、市政基础设施整饬美化工程、街区形象提升工程，加强建筑工地文明施工管理，制定和实施市容市貌综合整治专项计划，确保一年见成效、三年大变样。

（五）着力强化组织保障。要切实提高我省城市化发展水平，仅有举措、项目和工程还远远不够，必须要通过强有力的组织保障，把这些举措、项目、工程落到实处。为此，一要切实加强组织领导。省政府将建立城市化工作领导机制，负责研究解决城市化工作中的重大问题，加强领导协调和督促指导，各级党委、政府要建立由主要领导负总责的工作制度，各地级以上市要尽快确定城市化发展的重大建设项目，实行目标责任管理，抓紧组织实施，省直有关部门要建立联系机制，加强沟通交流，按照职责分工，制定配套政策，以实际行动推进城市化发展。二要有序推进试点工作。按照“试点先行、典型引路、以点带面、整体推进”的原则，有序推进提高城市化发展水平的试点工作。考虑各地的工作基础和试点布局的代表性，省里将确定智慧城市、低碳城市、宜居城市的试点城市。各试点城市要结合本地实际，突出特色，大胆探索，积累可供其他地区借鉴的成功经验。三要注重考核和社会监督。目前，省有关部门正在抓紧组织力量制定城市化发展水平的指标体系和考核办法，对各地城市化工作将实行年度考核制度，将城市化发展绩效作为考核市厅级党政领导班子和领导干部的重要内容，对重点工作和项目建设实行专项督查，督查结果将对外公布，接受公众监督。要充分利用各种媒体，不断加大对城市化工作的宣传力度，提高舆论引导的公信力和影响力，让我们工作中好的做法、好的经验得到更多人的认同，形成全社会合力推进城市化进程的良好氛围。

各位学员都是城乡建设的规划者、推动者，在推进城市化和城市现代化进程中肩负着重要责任。希望大家回去以后，充分运用专题研究班学到的知识，积极借鉴先进地区的经验做法，紧密结合当地实际，立足当前、着眼长远，创新思路，不断提升城市化和城市现代化工作水平，为探索广东特色新型城市化道路、当好推动科学发展、促进社会和谐排头兵作出新的贡献！

在全省住房城乡建设工作会议上的讲话

广东省副省长　林木声

（2012年2月13日）

同志们：

今天，我们在这里召开全省住房城乡建设工作会议，主要任务是落实贯彻全国住房城乡建设工作会议及省委十届十一次全会和省“两会”精神，总结2011年全省住房城乡建设工作，研究部署2012年工作任务。刚才，庆方同志代表省住房城乡建设厅作了工作报告，讲得很好，我都同意。会上，省政府与各地级以上市及顺德区人民政府签订了2012年度保障性安居工程建设目标责任书；省住房城乡建设厅还与各地级以上市及顺德区城乡住房建设局签订2012年度建筑施工安全管理目标责任书。希望各级政府、各有关部门认真贯彻落实这次会议精神，开拓创新，扎实工作，努力开创我省住房城乡建设工作新局面。下面，我讲两点意见。

一、2011年我省住房城乡建设工作亮点纷呈，为加快转型升级、建设幸福广东作出了积极贡献

过去一年是“十二五”开局之年，是我省转型升级与改善民生互促共进、推动科学发展取得新成绩的一年，也是我省住房城乡建设系统承前启后、改革创新、服务全省经济社会发展大局取得显著成绩的一年。一年来，全省各级政府和住房城乡建设系统深入贯彻落实科学发展观，按照胡锦涛总书记视察广东提出的新要求，切实落实省委、省政府和国家住房和城乡建设部的各项工作部署，紧紧围绕“加快转型升级、建设幸福广东”这一核心，认真履行住房城乡建设工作职责，推动我省住房城乡建设事业取得新成绩，为我省经济社会平稳较快发展作出了新的贡献。突出体现在四个方面：

（一）*在探索城市化发展新路子方面开拓了新思路。*根据省委、省政府的工作部署，全省住房城乡建设系统积极开展专题研究，努力探索符合广东实际的文明、宜居、承载力和可持续发展能力强的新型城市化道路。一是明确我省提高城市化水平的目标任务。省委、省政府把提高城市化发展水平作为新时期增强我省综合竞争力的着力点，出台了《关于提高我省城市化发展水平的意见》，专门召开了工作会议，对推进广东特色新型城市化进行了全面部署，为我省进一步提高城市化发展水平指明了方向，注入了强大动力。二是扎实推进“三旧”改造。抓好“三旧”改造规划编制工作，进一步完善“三旧”改造规划实施保障机制，有序推进“三旧”改造工作，着力提升节约集约利用土地水平。全省“百条城中村”改造项目已全面启动，近半项目已进入建设阶段，有效提升了城乡人居环境质量，加速了城市化发展进程。据初步统计，去年完成“三旧”改造面积2.1万亩，实现节地率为48%。三是着力打造富有岭南特色的城乡风貌。首次组织开展了“岭南特色规划和建筑设计评优活动”，开展了第三批省级历史文化名镇名村评选，有效提高了社会各界对岭南建筑文化的保护、传承和创新意识。以名镇名村创建带动村镇规划建设，评定了3个省名镇建设示范点，从规划、设计、建设“一条龙”给予技术指导和服务，创建.建设快、质量高、效果好，达到了汪洋书记提出的名镇名村建设“一年见成效”的目标。全省共有3个镇和3个村被评为第二批国家特色景

观旅游名镇（村）。

（二）*在推进区域一体化、统筹城乡发展方面取得了新进展*。全力完善区域城乡建设统筹协调机制，促进形成大中小城市和小城镇协调发展的格局。一是粤港澳区域协作机制进一步完善。粤港澳联合编制《共建优质生活圈专项规划》和《环珠江口宜居湾区建设重点行动计划》进展顺利，《澳珠协同发展规划》、《澳门与珠江口西岸地区发展规划》编制工作启动，粤港澳联手打造更具综合竞争力的世界级城市群摆上重要议事日程。二是珠江三角洲一体化进程加速推进。广佛肇、深莞惠、珠中江三大经济圈开展了多层次的合作，珠三角城市群整体竞争力有效提升。大力推行TOD（大运量公交导向型）开发模式，珠三角城际轨道站场周边土地综合开发工作扎实推进，承载城市化的新型城市空间载体进一步完善，沿城际轨道走廊的区域土地开发分工协作得到加强，珠三角一体化进程加快。三是粤东西北地区发展格局不断优化。积极承接珠三角地区的产业转移，加快劳动力转移，带动农村人口向城镇集中，壮大城市综合实力，提升城市化发展水平。“汕潮揭”同城化有效推进，“湛茂阳”临港经济圈不断提升发展，粤北山区绿色经济和循环经济发展良好，有力推动了全省城镇体系格局的优化。

（三）*在宜居城乡建设方面取得了新成效*。各地、各有关部门认真贯彻落实省委、省政府关于建设“绿色广东”的战略部署，加快绿道网建设步伐，积极推进宜居城乡建设。一是实现了珠三角绿道网“两年全部到位”的目标。珠三角绿道网驿站、标识、环卫、安保、游憩、体育等各项配套设施全部配齐；城市绿道主干框架建成慢行道2828公里，沿线新增绿化里程2763公里，超额完成目标任务；省和大部分市制订绿道管理制度，绿道长效管理运营机制进一步完善，以绿道为主题的宣传推广力度不断加大，绿道健身休闲、旅游经济、科普教育等方面的效益得到充分发挥。二是宜居城乡创建活动深入开展。省住房城乡建设厅认真组织开展了省级宜居城镇、宜居社区、宜居村庄和宜居环境范例奖评选工作，评选出了省级宜居示范城镇41个、宜居社区344个、宜居示范村庄102个、宜居，环境范例奖14个。广州市大力改善城市环境，提升城市形象，荣获联合国颁发的“中国区环境规划优秀示范奖”。深圳市借助世界大学生运动会之机全面提升了城市人居环境质量。三是建筑节能减排成效明显。实施《广东省民用建筑节能条例》，新建建筑节能标准执行率显著提高：施工阶段执行率达97.5%。新增节能建筑面积9936万平方米，实现减排二氧化碳25万吨。在全国率先在规划用地许可阶段对用电指标把关，推动规划、设计、施工和验收四位一体的建筑节能监管体制的建立。新建成16座生活垃圾无害化处理场，市、县城区生活垃圾无害化处理率达到75%。四是城市绿化及人居环境不断改善。大力实施绿色发展和生态惠民战略。全省人均公园绿地面积达13.3平方米，比上年增加0.8平方米；建成区绿化覆盖率达41.2%，绿地率达37.40%，分别提高0.2个百分点和0.4个百分点。创建园林城市、城镇工作成果进一步巩固，清远市获得“广东省园林城市”称号。世界自然遗产丹霞山风景名胜区的保护和管理力度进一步加强。五是城乡公共安全保障有力。开展了自来水厂专项检查，积极应对韶关市武江河出现的锑浓度异常事件，有效保障了城市供水安全。开展了全省城市桥梁检查，排查事故隐患，提高管养水平。燃气行业监管得到了加强。房屋市政竣工工程一次验收合格率为99.9%，房屋市政工程施工生产安全事故得到有效控制。

（四）*在保障性住房建设和房地产调控方面取得新突破*。认真落实国务院及省委、省政府关于保障性住房建设的部署和要求，加大建设力度，抓好房地产调控，推进落实住有所居目标。一是超额完成国家下达的保障性安居工程建设任务。2011年是我省保障性安居工程建设总量最大、任务最重的一年，也是我省全部解决现有登记在册符合廉租住房保障条件家庭住房问题的最后一年。为切实做好各项工作，我省建立健全目标责任考核、巡查和督查、定期通报、约谈问责等工作机制，各地认真落实住房保障目标责任制，加大资金配套、土地供应、快速审批、多渠道筹集房源等方面的政策支持，确保住房保障目标任务的圆满完成。全年新开工建设各类保障性安居工程（含租赁补贴）33万套，完成年度目标任务的106%。提前一个季度全面完成对原登记在册符合廉租住房保障条件的7.3万户家庭实施的廉租住房保障。二是开展住房保障制度改革创新。制订出台了《广东省住劳保障制度改革创新方案》，以重点发展公共租赁住房为主线，按照问需于民、以需定建、分步实施、轮候解决的思路，合理确定住房保障范围、保障方式和保障标准，加快建立新型住房保障制度。广州市、中山市作为全省住房保障制度创新改革试点城市围绕需求登记、管理体制、投融资渠道、轮候机制、租赁管理等方面进行改革创新，为全省积累了经验。三是抓好房地产市场调控。认真贯彻落实国家房地产市场调控政策，强化对落实房地产市场调控工作的考核监督，建立了稳定房价工作约谈问责机制，各市制订和公布新建住房价格控制目标，部分房价较高、涨幅较快的城市适时出台了住房限购、限价政策。房地产调控成效初显，全省21个地级以上市市区新建住房价格均未突破年度控制目标。

此外，全省住房城乡建设系统坚持把党风廉政建设、精神文明建设与业务工作相结合，积极推进法制建设，认真开展城市管理综合行政执法和建设领域各专项治理工作，优化行政审批制度，完善对外办事窗口建设，扎实做好对口帮扶和援疆援藏工作，各项工作取得了较好成绩。

全省住房城乡建设系统各项工作的扎实有效推进，既推动了我省住房城乡建设事业的健康发展，又服务和保障了全省经济社会的平稳较快发展。对此，省委、省政府是充分肯定的。在此，我代表省政府向在座各位，并通过你们向全省住房城乡建设系统的广大干部职工表示衷心的感谢和诚挚的慰问！

在肯定成绩的同时，我们也要清醒地看到，当前我省城乡建设工作仍存在不少困难和问题。如统筹城乡和区域协调发展的体制机制还不健全，城乡基础设施现代化和公共服务管理水平还有待，提高，城乡发展模式粗放，城市规划和设计缺乏个性和特色，城市文化品位有待提升。对于这些问题，我们要在下一步工作中认真加以解决。

二、突出重点，强化落实，努力推动我省住房和城乡建设工作再上新水平

今年是实施“十二五”规划承上启下的重要一年，是加快转型升级、建设幸福广东的关键一年，也是我省加快提升城市化发展水平、统筹城乡规划建设、推进完善住房保障体系和房地产调控的攻坚之年。做好今年的住房和城乡建设工作，关系大局、关系民生、关系转型，具有特殊重要意义。我们要认真贯彻落实中央经济工作会议、全国城乡建设工作会议、省委十届十一次全会和省“两会”精神，继续深化改革，坚持创新发展，突出稳中求进，以提高城市化发展水平为统领，以建设宜居城乡为抓手，以推进住房保障制度改革为重要突破，以深化房地产调控为有力支撑，以完善珠三角绿道网为崭新起点，以狠抓建筑质量、建设安全为坚实基础，以提升人民居住和城乡生活质量为根本目的，全面推动住房和城乡建设工作迈上新台阶，促进经济社会加快转型，全面增强区域综合竞争力。关于今年的具体工作，刚才庆方同志已作了全面细致的部署，我都赞成。希望全省各级政府和住房城乡建设部门切实把思想和行动统一到省委、省政府的决策部署上来，创新思路、顽强拼搏、攻坚克难，真正把今年的工作抓紧抓实，抓出成效。这里，我再强调六点意见：

（一）坚定不移抓好城乡规划建设，大力提高城市化发展水平。去年底我省印发的《关于提高我省城市化发展水平的若干意见》，是当前和今后一个时期我省城市化工作的纲领性文件。认真落实好这一文件，是今年住房和城乡建设工作的重中之重。省委办公厅和省政府办公厅即将印发《意见》重点工作部门分工方案和重点建设任务地区分解方案。各地区、各部门要认真按照方案要求，明确工作进度，狠抓责任落实，保质保量按时完成各项目标任务。重点要抓好四个方面：一是要高质量抓好城乡规划的编制。规划是龙头。要进一步强化城乡规划对配置空间资源的基础性、先导性作用，科学合理安排重点建设项目的空间布局、建设时序等，统筹推进国民经济与社会发展规划、土地利用总体规划和城乡建设总体规划的融合，促进城市功能分区优化调整。对于尚未制定完成的规划，各地要按照宜居宜业、彰显特色的要求加紧制定完成；对已制定但不适应发展要求的规划，要及时修改完善。今年6月底前，各市、县人民政府要按照法定程序，组织完成对现有重要城市规划的评估、修编工作。二是要加快推进大珠三角世界级城市群规划建设。今年是《珠三角规划纲要》“四年大发展”收官之年。要认真对照“四年大发展”行动方案，以目标倒逼进度，加强督促考核，确保各项任务顺利完成。特别要深入实施《珠江三角洲城乡规划一体化规划（2009-2020）》，加快中心城市布局调整，积极推进新兴城市、“卫星城”、县城和中心镇建设，完善城镇基础设施和配套服务设施，促进大中小城市和小城镇协调发展。要进一步深化粤港澳城市规划和基础设施建设合作，特别是认真实施环珠江口宜居湾区建设等重点行动计划，与港澳携手加快优质生活圈建设。三是要科学统筹推进新区开发和“三旧”改造。一方面，要根据城市总体规划的空间布局要求，合理划定城市发展边界，精心编制新区规划，有序开展新区的开发建设。特别要高质量规划建设好广州南沙、深圳前海、珠海横琴、深圳河套、中新（广州）知识城、中山翠亨等具有示范意义的新区。另一方面，要紧抓节约集约用地试点示范省建设的有利时机，用足用好“三旧”改造政策，完善配套保障，积极探索容积率奖励和异地补偿机制，加快“三旧”改造特别是旧城区改造步伐。今年底前要完成旧城区改造用地详细规划和改造方案编制工作，统筹用地布局，明确用地规模和改造时序，确保改建一片、成熟一片、稳定一片。城中村改造实行“一村一方案”，因地制宜，分批推进。四是推动TOD取得实质性进展。今年在香港举办春茗活动期间，小丹省长专门带队考察港铁集团“地铁+物业”的建设开发模式，要求大力推行公共交通导向型土地开发模式。要加快编制完善《珠三角城际轨道站场TOD发展总体规划纲要》，尽快报省政府正式印发实施。特别要抓好第一批6个站点开发建设，努力建设集多种功能于一体的新型城市综合体，为下一批站点开发积累经验，提供示范。同时，要及早选取第二批轨道站点开展TOD综合开发规划的编制工作，加快推进轨道交通沿线开发工作。

（二）坚定不移推进宜居城乡建设，大力改善城乡人居环境。现阶段，城乡建设不仅要考虑承载力，更要把提高宜居度作作用，总结试点经验，适时广泛推开，不断完善城乡公共设施，提高管理服务水平，推进生态环境保护和文化氛围培育，打造宜居宜业新城乡，提升人民群众幸福感。重点抓好三点：一是加强市政设施建设和城市综合管理。加快建设和合理布局教育、医疗、文化、体育等服务设施，构建完善的公共服务设施体系。大力推进便捷高效的公共交通体系建设，加快构建现代信息网络，统筹城乡地上地下排水、供电、供水、供气等市政基础设施建设，有效整治城市内涝，确保供水安全，增强城市防灾减灾能力。开展市容市貌综合整治，各市要制定和实施专项计划，确保一年见成效，三年大变样。理顺城市管理体制，明确日常管理责任，完善数字化城市管理平台功能，提高城市管理智能化、精细化水平。今年要认真开展城市地下管线普查，积极探索创新地下管线经营管理模式。二是加强城乡生态环境保护。加快城市污水、垃圾处理设施建设，提升环保治污设施的使用效率，促进资源循环利用。全年新建污水处理厂33个，年底前珠三角所有县市都要建成一座以上生活垃圾无害化处理设施。加快推进农村危房改造。大力抓好城市绿化工作，建成点线面有机结合的生态绿地系统，不断改善城市生态功能，加强环境综合治理，提升宜居公共服务水平。三是打造富有岭南特色和时代气息的城市风貌。繁荣规划设计创作，弘扬岭南建筑优秀文化传统，切实扭转城市建设贪大求洋的倾向，防止“千城一面”、“千楼一面”。一方面要深入挖掘城市历史文化内涵，依法保护历史文化名城、名镇、为重中之重。要大力推进宜居城乡创建活动一，充分发挥典型带动名村、街区，实施专项计划复兴岭南特色历史文化街区。另一方面要加强城市整体景观设计，积极采用现代工艺和新型材料建设经得起历史考验的标志性公共建筑群。

（三）坚定不移健全住房保障体系，大力推进实现“住有所居”。保障性住房建设是一项重大民生工程，也是一项重大的发展工程。对此，中央高度重视，舆论广泛关注，群众热切期盼，今年我省政府工作报告也将其列为十大民生实事向全省人民作出了庄严承诺。各级政府和住房城乡建设等部门要切实增强责任感和使命感，全力以赴，迎难而上，强化政府公共服务职能，持之以恒加强保障性住房建设，加快棚户区改造，保障中低收入住房困难家庭的基本住房需求。一是抓好目标责任的落实。2012年国家正式下达我省开工建设保障性住房和棚户区改造住房15.15万套，竣工保障性住房和棚户区改造住房3.3万套的工作任务。刚才，我已代表省政府与各市签订了责任书。各地要高度重视，认真总结2011年经验，制定严格的工作方案，做好新一年保障性住房建设的各项工作，确保完成省下达的任务指标。这里要尤其要把握好开工建设的标准，最迟今年11月底前要全部开工，且1/3主体结构基本完成，1/3进入楼层施工，1/3进入基础施工。同时要加快在建保障房的施工，认真抓好保障性住房小区配套基础设施建设，争取多完成一些竣工量，缓解明后几年竣工压力。二是抓好住房保障制度的改革创新。汪洋书记、小丹省长在年前召开的全省深化体制改革工作会议上，特别强调要把深化住房保障制度改革创新作为三大重点改革任务之一。要出台实施《广东省住房保障制度改革创新方案》，逐步将廉租房、直管公房、公共租赁住房等保障性住房合并管理、并轨运营，建立以公共租赁住房为主体的新型住房保障制度。要把创新保障性住房建设投入机制和分配管理制度作为关键环节来抓。一方面，保证财政投入力度，加强投融资机制创新、开发建设模式创新、租金价格体系创新，引导和鼓励市场主体和社会资本参与保障性住房建设，多渠道筹集建设资金。另一方面，科学制定分配制度，严格规范准入资格审核，建立健全轮候、纠错和退出机制，确保所有符合条件者都能公平公正参加申请、轮候和逐步获得保障房。在整个分配过程中要接受群众和媒体全方位的监督，切实做到分配公平公正公开。广州、中山两市要认真开展住房保障制度改革创新试点。各市要从实际出发，抓紧制定住房保障制度改革实施办法，确保今年二季度向社会公布并付诸实施。三是更加重视抓好保障性住房工程质量。严格执行质量管理法律法规，在建材采购、施工、监理、验收等各个环节健全质量管理制度，切实落实到在建项目中。科学实施保障性安居工程，防止因不合理压低造价、盲目赶工期给工程质量造成隐患。建立健全质量责任终身追究制度，凡出现质量问题的，要对相关单位和责任人严格问责，问题严重的企业要清退出市场。

（四）坚定不移抓好房地产调控，大力促进房地产业平稳健康发展。房地产调控是当前宏观调控的重点和难点。中央明确要求坚持房地产调控不动摇，促进房价合理回归，引导房地产市场健康发展。各地区、各部门要充分认识房地产调控的重要意义，狠抓责任落实，真正把中央关于房地产调控的各项决策部署不折不扣执行到位。一是要加大力度实行分类指导的调控政策。严格落实差别化住房信贷、税收政策，优先保证首次购房家庭的贷款需求，严格执行二三套房的首付和利率标准。加快中低价位、中小套型普通商品住房建设，促进房地产投资合理增长，支持居民的合理购房需求。按照国家统一部署，继续执行房价控制目标和限购措施，抑制投资投机性购房。坚持市场经济原则，引导购房者通过合法途径解决房价波动引起的纠纷。二是进一步规范房地产市场秩序。完善商品住房预售备案制度，加强商品房预售资金监管，保护业主购房资金安全。加快推进个人住房信息系统建设，为房地产市场监管提供支撑。加强房地产市场违法违规行为的查处力度，规范城乡规划等领域的行政处罚裁量权。三是推进住房公积金缴存扩面。重点推进东西北地区进一步完善住房公积金制度，提高全省住房公积金缴存的覆盖面。加强住房公积金运行监管系统建设，充分发挥住房公积金在解决自住住房问题上的作用，确保住房公积金资金安全和有效使用。

（五）坚定不移完善绿道网建设，大力发挥绿道网综合功能。今年是贯彻省委、省政府决策部署，实现珠三角绿道网“三年成熟完善”的决胜之年。各地区、各部门特别是住房城乡建设系统要鼓足干劲，加快制定和实施《广东省绿道网建设总体规划》，推进绿道网延伸建设步伐，全力完善绿道网配套设施建设，强化绿道运营管理，充分发挥绿道网综合服务功能，擦亮广东绿道网品牌。一是扎实推动珠三角绿道网不断“成熟完善”。今年，由省住房和城乡建设厅牵头，对珠三角绿道网“两年全部到位”的情况进行考核，今年适当时候召开全省绿道网建设工作会议暨表彰大会，进一步推动工作。要按照“网络发达”的要求，认真查缺补漏，加强互通连接，确保绿廊系统、慢行系统、服务设施系统、标识系统、交通衔接系统等全部到位，特别要做好与城际轨道交通交接面的互通，制定管理规定并实施有效的绿道空间管制，构建便捷可达、设施配套、标准规范、特色突出的绿道网络。要按照“功能完善”的要求，建立绿道旅游产品体系，组织开展各类绿道体育、健身活动，完善绿道科普教育系统，推动绿道摄影、文艺创作等文化活动，全面提升绿道网综合功能。二是要推动绿道网延伸扩展。要加快规划建设城市绿道，逐步培育以绿道为依托的城市慢行交通网络，促进城市绿道与公园、广场、、体育场馆、商业街、滨水休闲带等公共空间有效衔接，为城乡居民提供优质公共生活空间。要以绿道网向农村延伸为契机，以绿道网换乘点和服务站为依托，大力发展农村服务业和生态旅游业。要根据各地的自然、人文及经济条件，合理确定粤东西北地区的绿道选线，既要确保绿道网的互联互通，又要因地制宜、节约成本。粤东西北各市要加快推进辖区内的省立绿道建设，同时组织编制好城市绿道网建设规划，明确城市绿道网的建设目标、总体布局与时序，逐步推开粤东西北城市绿道建设。三是加强绿道网规划建设管理的制度保障。省政府将出台《广东省绿道网规划建设管理规定》，各地要制定实施细则，建立健全绿道网建设工作问责、督导制度，明确绿道建设牵头单位，建立工作机构，配备专职人员，落实财政资金保障措施，建立运营维护机制，保障绿道网建设管理的有序推进。要积极引导社会和市场力量参与绿道管理运营，加快推进绿道管理信息化建设，建立健全长效机制，切实提高绿道运营管理水平，有效推动绿道网的长久保持和永续利用。

（六）坚定不移狠抓建筑节能，大力发展绿色低碳城市。低碳节能的门槛在今后城市建设中发挥着越来越重要的作用。为此，必须高度重视城市在节能减排中的主力作用，进一步挖掘建筑和交通节能的潜力，推动低碳城市建设。要将大力发展低碳建筑作为住房城乡建设转变发展方式和提高质量效益的手段之一，把建筑节能理念贯穿于建筑立项、勘察设计、工程施工和竣工验收的全过程，推动可再生能源在建筑中的规模化利用，加强新建建筑的节能准入管理。要根据岭南气候特征，科学制定建筑节能标准体系和鼓励政策，大力发展绿色建筑，全年要新增绿色建筑600万平方米。要加强公共机构和公共建筑节能，逐步推进现有办公建筑的节能改造。要大力推进建筑科技创新特别是加强低碳技术在建筑中的应用，抓好建筑节能示范项目，促进建筑行业走创新发展、集约发展、绿色发展的道路。与此同时，要强化建筑市场的监管，坚持不懈抓好建设工程质量和施工安全，促进建筑行业健康可持续发展。

此外，住房和城乡建设系统必须不断深入开展党风廉政建设、精神文明建设和作风建设，严格落实党风廉政建设责任制，筑牢反腐倡廉防线，加强干部能力建设，增强队伍的战斗力和凝聚力。去年全省市县领导班子集中换届，许多分管住房和城乡建设同志都是新面孔。希望大家抓好业务学习，创新工作举措，加强协调配合，尽快适应新的工作岗位。特别要科学制订工作进度方案，加强各项工作督促考核和奖先罚后，切实转变作风提高执行力，齐心协力完成好今年各项目标任务。

同志们，做好今年的住房和城乡建设工作，关系我省经济社会发展大局，关系幸福广东建设，使命光荣、任务艰巨。希望各级政府和全省住房城乡建设系统在省委、省政府的正确领导下，深入贯彻落实科学发展观，增强大局意识和创新精神，不断开拓进取、真抓实干，扎实做好住房城乡建设的各项工作，为加快转型升级、建设幸福广东作出新的贡献，以优异成绩迎接党的十八大和省第十一次党代会的召开。

真抓实干　努力提高城市化发展水平 全面开启住房城乡建设事业新篇章

——在全省住房城乡建设工作会议上的报告

广东省住房和城乡建设厅厅长　房庆方

（2012年2月13日）

同志们：

新年伊始，省政府召开全省住房城乡建设工作会议，林木声副省长亲自出席会议并将作重要讲话。这次会议的主要任务是：深入贯彻落实科学发展观，学习贯彻省委十届十一次全会和全国住房城乡建设工作会议精神，总结2011年工作，部署2012年工作。下面，我代表省住房城乡建设厅作工作报告。

一、2011年工作回顾

2011年，我省住房城乡建设工作在省委、省政府和各级党委、政府的坚强领导下，在广大人民群众的支持下，全系统的广大干部职工团结奋斗，勇于开拓，围绕“加快转型升级、建设幸福广东”这一核心任务，不断提升城乡发展水平和质量，为改善民生和经济社会发展作出了重要贡献。

过去一年，省委、省政府高度重视我省住房城乡建设工作。2011年1月31日，汪洋书记专程到我厅视察，代表省委、省政府向全省住房城乡建设系统干部职工致以新春祝福，并赞誉珠三角绿道网“一年基本建成”干得好，肯定我们系统是肯干事、能干事、干成事的。7月26日，汪洋、欧广源等省领导率全国人大代表专题调研住房保障工作，推动我省住房保障制度的改革创新。汪洋书记还对岭南建筑的保护和继承作了重要批示。时任省长黄华华和现任省长朱小丹对城市化、绿道网建设、住房保障、轨道交通站点TOD（大运量公共交通导向）开发规划等工作十分重视，多次作出重要批示。林木声副省长更是亲历躬行，具体领导和指导城市化、绿道网建设、住房保障、房地产市场调控、岭南建筑评优等重点工作。12月7日，省委、省政府在广州高规格召开全省提高城市化发展水平工作会议，省委、省政府主要领导汪洋、朱小丹同志亲自出席会议，吹响了我省探索新型城市化道路的号角，指明了今后若干年我们的工作目标、任务和方向。领导的关怀和重视，极大地鼓舞了大家的斗志，有力地推动了全省住房城乡建设事业的发展。

2011年，我省住房城乡建设工作硕果累累：

——新开工保障性安居工程33万套，新竣工11.35万套，超额完成国家下达的任务目标，提前一个季度完成了原登记在册7.3万户家庭的廉租住房保障任务。

——住房公积金新增缴存额926亿元，比上年度（下同）增长33%；提取额480亿元，增长31%，占同期缴存额的52%；发放个人贷款298亿元，增长28%。

——珠三角省立绿道累计建成驿站345个，设置标识近1.9万个，沿线新增绿化2735公里。城市绿道已建成2828公里，沿线新增绿化2763公里。“两年全部到位”任务超额完成。

——城市人均公园绿化面积达13.3平方米，提高0.8平方米；建成区绿化覆盖率达41.2%，绿地率达37.4%，分别提高0.2个百分点和0.4个百分点。

——新建成16座生活垃圾无害化处理场，新增处理规模6250吨/日，市县城区生活垃圾无害化处理率达75%，提高5个百分点。

——地级以上市城区污水处理厂集中处理率预计达76%，提高3个百分点。

——建制镇总体规划覆盖率达89%，提高5个百分点；村庄规划覆盖率达45%，提高6个百分点。

——各地城镇保障性住房建设、城中村改造、垃圾处理设施建设打包列入省重点工程项目，分别完成年度投资267亿元、214.3亿元、20.4亿元。

——获省岭南特色建筑设计奖19项，岭南特色园林设计奖18项，岭南特色规划设计奖15项，岭南特色街区奖9项，岭南特色乡村民居奖8项。

——新建建筑节能标准执行率施工阶段达97.5%，提高1.5个百分点。新增节能建筑9936万平方米，新墙材应用量130亿标准砖，实现减排二氧化碳约209万吨。

——建筑业总产值达5100亿元，增长11%。获“中国建设工程鲁班奖”6项，“全国建筑工程装饰奖”39项，“国家建设工程项目AAA级安全文明标准化诚信工地”18个，“省建设工程金匠奖”50项，“省优良样板工程”100项，新技术应用示范工程57项；国家级工法23项，省级工法158项。

——通过省级建设科技成果鉴定203项，49项列入住房和城乡建设部科技计划，21项获华夏科技奖，9项获省科技进步奖。教授级高级工程师初审通过67人，高级工程师评审通过1251人；各类执业注册人员达96506人；取得职业资格证书的技工达23205人。

去年，我们主要抓了如下工作：

（一）研究探索城市化发展新路，努力提升城市品质

为开好广东省提高城市化发展水平工作会议，一年多来，省委、省政府主要领导和分管领导带领我厅和省直有关部门精心筹划，深入调研，做了大量工作。根据汪洋书记的指示，我厅开展了以承载“五化”(即工业化、信息化、市场化、国际化、城市化）的城市发展模式与路径研究。并撰写了《关于将“城市中心区立体步道建设”作为提高我省城市化发展水平“发力点”的建议》、《美国、加拿大绿道规划建设情况考察报告》、《美国、加拿大人性化城市建设考察报告》等，得到汪洋书记充分肯定，有的还批示印发各市委书记、市长参阅。汪洋书记、林木声副省长多次作出重要批示，亲自主持和听取会议筹备情况的汇报，并组织审阅修改《关于提高我省城市化发展水平的意见》。12月7日，各地级以上市书记或市长、住房城乡建设系统各部门及省有关部门主要负责同志200多人参加了会议。汪洋书记在会上作了重要讲话，指出要树立城市转型发展新理念，建设经济持续发展、景色优美怡人、交通安全便捷、生活舒适方便、文化气息浓厚、社会和谐稳定、公共服务健全、人文关怀备至的理想城市。朱小丹省长作总结讲话，强调要以此为契机，不断开创新时期我省城市化发展新局面，力争在优化城市化布局和形态上有新突破。这次会议规格高、主题鲜明、内容丰富、重点突出。为贯彻落实好这次会议精神，省有关部门起草了落实《关于提高我省城市化发展水平的意见》的重点工作部门分工方案和重点建设任务地区分解方案，明确了七大重点工作和九大重点建设任务，并组织编写了《广东省宜居城市建设评估指标体系》，起草了《广东省提高城市化发展水平考核办法》等，这些文件将在近期下发，为提高我省城市化发展水平工作提供重要抓手和量化标准。此外，印发了《广东省城镇化发展“十二五”规划》，作为我省“十二五”规划的重点专项规划之一。会同省委组织部等四部门在北京大学举办了以城市化为专题的第十二期市长（书记）城建专题研究班，为推进城市化工作夯实理论基础。

（二）加强住房保障和市场调控，促进房地产业平稳发展

完成了国家下达保障性安居工程建设任务。2011年是全国大规模建设保障性住房的一年，也是我省全部解决现有登记在册符合廉租住房保障条件家庭住房问题的最后一年。为完成国家下达给我省31万套保障性住房建设任务，省研究制定了住房保障目标责任分配办法，合理确定了各市住房保障任务。并采取多种方式落实督查工作机制，建立了月通报制度，对进展较慢的城市政府负责人和住房保障部门主要负责人进行了约谈。省保障性安居工程联席会议各成员单位通力协作，积极落实资金、用地、审批绿色通道等制度；各市县政府及住房保障部门做出很大的努力，实现了全年全省保障性住房新开工目标任务完成率达106%。

探索创新住房保障制度。根据汪洋书记的指示精神，我厅在深入调研的基础上拟定了《广东省住房保障制度改革创新方案》，省政府将于近日印发。方案提出按照问需于民、以需定建、分步实施、轮候解决的思路，坚持政府主导、社会参与、只租不售、公开透明的原则，探索建立可持续、能循环、以公共租赁住房为主体的新型住房保障制度。为推动此项工作，省确定了广州、中山作为保障性住房创新试点城市，其试点方案已获省政府批准试行，并已取得了初步成果，为全省提供住房保障改革创新的经验。

有效调控和监管房地产市场。我省认真贯彻落实《国务院办公厅关于进一步做好房地产市场调控工作有关问题的通知》，按时公布各城市新建住房价格控制目标，每月通报房价控制任务完成情况，建立了住房保障和稳定房价工作约谈问责机制，加快推进个人住房信息系统建设。广州、深圳、佛山和珠海等市先后完善细化或出台了商品住房限购政策，韶关、中山、湛江等市相继实行商品住房限价政策。我省房地产市场调控初现成效，全省商品住房价格趋于平稳。全年全省商品住房均价7612元/平方米，同比上涨8.65%，涨幅比去年同期收窄1.4个百分点。全省21个地级以上市市区新建住房价格均未突破年度控制目标。广东房地产市场调控工作得到了国务院检查组的肯定。全年全省完成房地产开发投资4899亿元，同比增长33.9%；购置土地面积2290万平方米，同比增长30.4%；商品房销售面积7761万平方米，同比增长6%。总的看，2011年我省房地产市场保持了平稳发展态势。

加强了房地产行业管理。推进了我省物业管理师与香港屋宇经理执业资格互认工作。以创建规范化管理单位提高了我省房地产交易与权属登记工作水平。开展了《国有土地上房屋征收与补偿条例》宣贯培训和落实情况专项检查，印发了《国有土地上房屋征收社会稳定风险评估指导意见》，各市县均努力防范房屋征收过程中的社会稳定风险因素。广州市出台了《国有土地上房屋征收与补偿实施意见》，为全省制定相关配套实施办法提供借鉴。

提高了住房公积金管理服务水平。各地把工作重点放在支持职工改善自住住房和公积金风险防控上，确保了资金运行的安全高效。清理逾期项目贷款和挤占挪用公积金工作取得成效，清收工作正在稳步推进。开展了全省住房公积金管理中心业务考核，其中广州、佛山、东莞、珠海和惠州市获得优秀。配合住房和城乡建设部开展建立全国住房公积金监管系统相关工作。个别城市教师公积金拖欠问题得到妥善解决。

（三）加快宜居城乡建设，不断改善城乡人居环境

珠三角绿道网全部到位，并向全省延伸。去年，珠三角各市继续发力绿道建设，超额实现了省委、省政府提出“两年全部到位”的目标，再打一个漂亮仗。省先后出台了省立绿道建设指引、城市绿道规划指引、绿道控制区划定与管制指引等。珠三角省立绿道不断完善驿站、标识、停车场、自行车租赁点及安全、环卫等配套设施，城市绿道建设进展迅速，省立和城市两级绿道网日趋成熟。各地多途径、全方位地开展了绿道宣传工作，省制作了绿道电视公益广告片《绿道见》，在广东卫视、珠江、新闻等三个频道滚动播放。广东绿道网站已开通运行。全年省共接待省外、境外考察团200多人次。与此同时，粤东西北地区也开始推进绿道建设。《广东省绿道网建设总体规划》已经专家审查，将于近期呈报省政府审批。云浮、河源、清远、汕头、湛江、阳江等市编制了绿道网规划并实施。目前，绿道网的各类功能和效益日益显现，成为我省一张对外交流的新名片。

宜居城乡创建全面推进。各地通过推进住有所居、改善人居环境、加强社会管理、完善公共服务，城乡面貌焕然一新。广州市延续了亚运实现的“大变”成就，继续大力改善城市环境，提升城市形象，荣获联合国颁发的“中国区环境规划优秀示范奖”。深圳利用举办大运会契机，实现了基础设施大提升、市容市貌大变样、生态环境大优化。中山市获国家历史文化名城称号。2011年，珠三角绿道网、广州荔枝湾涌环境综合整治、深圳建科大楼建筑节能与宣传等3个项目获“中国人居环境范例奖”；我省各地共创建344个“广东省宜居社区”、14个“广东省宜居环境范例奖”、41个“广东省宜居示范城镇”、102个“广东省宜居示范村庄”。

城乡规划管理得到加强。深化粤港澳规划合作，《共建优质生活圈专项规划》和《环珠江口宜居湾区建设重点行动计划》已进入公众咨询阶段，携手澳门启动涉及粤澳两地的规划编制。组织对珠三角城际轨道交通沿线土地利用状况进行专项普查，完成了鼎湖、三水、珠海北、银盏、虎门商贸城、新塘等第一批6个站场的TOD综合开发规划。强化城乡规划审查，重点加强对城市总体规划工作的指导。各市积极部署“十二五”城市近期建设规划。并开展了镇域规划、中心镇总体规划和控制性详细规划、村庄规划编制工作，镇村规划体系逐步完善。加快“三旧”改造专项规划，全省启动了“百条城中村”改造，近半项目已进入建设阶段。广州、河源、云浮等试点市继续推进“三规融合”研究和相关规划编制工作。加强了省级产业转移工业园的规划审核和重大建设项目规划选址的管理，支持各地产业转型升级和扩大内需。

村镇建设取得长足进步。根据省委十届八次全会关于打造名镇名村的重要部署，制定了《广东省名镇名村示范村建设规划编制指引》等技术指引。开展清远市佛冈县等省名镇名村建设示范县的规划建设工作，抓好名镇建设示范点。开展了第三批全省历史文化名镇名村评选工作。增城市派潭镇等3个镇积极编制名镇建设规划，确定了71个项目已全部进入施工阶段。当地建立了规划、设计、施工、管理等“一条龙”的名镇建设模式，整合资源、集中力量推进，取得显著成效，走在全省名镇建设的前列。饶平县新丰镇、清新县太和镇、始兴县沈所镇等3个镇，东莞市茶山镇南社村、湛江市霞山区特呈岛村、恩平市圣堂镇歇马村等3个村被评为第二批国家特色景观旅游名镇（村）。佛山市南海区西樵镇成功申报全国第一批示范绿色低碳重点小城镇。省举办了11期村镇规划建设管理人员培训班，培训了1500多人；会同省委组织部举办了第一期中心镇镇长（书记）村镇建设专题研讨班。积极争取省财政支持，对省宜居村镇创建指导点“以奖代补”给予了项目建设一定的资金支持。

城市建设日新月异。大力推进生活垃圾无害化处理，全省累计处理能力达4.83万吨/日。鹤山、增城、从化、新兴、兴宁、乳源等6个试点县（市）基本建立了“村集中、镇转送、县处理”的城乡生活垃圾收运处理模式，共覆盖50个镇街，覆盖面达72.5%。举办了生活垃圾分类大学生公益广告创意征集活动。广州、深圳两地建成20个生活垃圾分类收集先行点。全力保障城市供水安全，全面检查了全省市县城区的128个自来水厂，组织对北江、东江等流域沿线50个水厂的出厂水42项常规指标进行了抽样检测；首次制作了全省市县城区自来水厂分布图和信息系统；有效应对韶关市武江河出现的锑浓度异常事件。加强了城市节水工作，深圳市被评为国家节水型城市。开展了城市地下管线综合管廊调研，拟订加强城市地下管线综合管廊管理的指导意见，有关政策建议得到汪洋书记的肯定。

开展全省城市桥梁检查，现场检查1058座桥梁，排查了事故隐患。加强燃气行业管理，抽查燃气企业396家，统一印制“燃气经营许可证”示范文本，规范了燃气经营企业市场准入和监管。加大创园指导力度，清远市被评为“广东省园林城市”。汕头、东莞等11个城市高质量参展第八届中国（重庆）国际园林博览会。突出抓好风景名胜区保护和管理，积极与当地政府沟通，促成4个景区完善机构和规划。目前，全省风景名胜区已全部建立管理机构，启动或完成规划编制，景区面貌焕然一新。

（四）转变建筑业发展方式，推进建筑业改革发展

推动岭南建筑特色的保护和发扬。按照汪洋书记批示精神，全省开展了岭南特色规划与建筑设计评优活动，建立弘扬岭南建筑文化的导向和激励机制，使岭南建筑文化包容创新的精髓深入到设计师的理念中去。经过专家评审，评选出广州市解放中路旧城改造项目一期工程、深圳市仙湖植物园、梅州市客家公园、广州市荔枝湾及周边社区环境综合整治、乳源瑶族自治县必背镇必背口瑶族新村等一批项目分别获岭南特色建筑设计、岭南特色园林设计、岭南特色规划设计、岭南特色街区、岭南特色乡村民居金奖、银奖或铜奖。通过评选活动，引导各地加强对岭南特色建筑的保护，挖掘城镇文化底蕴，传承城乡历史文脉，进一步实施文化强省战略。

推进我省建筑业转型升级。组织开展了现代建筑业产业化经营、建筑业企业转型升级和做大做强等调研，选定扶持建筑业专业承包企业发展作为转型升级突破点。积极落实《CEPA补充协议七》，对取得互认资格的香港建筑师、结构工程师来粤执业进行评估，经住房和城乡建设部同意，允许取得互认资格的建筑师、结构工程师作为注册执业人员申请企业资质，进一步促进粤港两地设计的交流。以信息化为手段改进建筑业管理方式。在肇庆开展建设工程项目管理信息系统建设，探索以信息化手段对建筑物全生命周期进行监管。省和珠三角工程质量检测信息化监管平台和网络基本建成。逐步完善全省建设系统企业信息库、人才信息库、法规标准信息库和行政服务平台（简称“三库一平台”）管理信息服务系统的应用扩展和配套信息库建设。进一步推进工程建设领域项目信息公开和诚信体系建设，项目信息公开工作走在全国前列。加强建筑市场动态监管，严厉查处了一批挂靠借用资质投标、转包、违法分包以及资质申请弄虚作假等行为，完善建设市场企业和人员准入清出制度，工程建设领域专项治理取得新进展。分6批对我省建筑、勘察设计等企业进行了资质条件核查，共核查1124家企业，收回211家不合格企业的资质。同时，加强全省施工图审图质量抽查，共抽查项目370项，及时纠正漏审强制性标准条款问题。严把初步设计审查关，完成省属工程项目初步设计审查23项。以推广绿色建筑为发力点促进建筑节能。出台了《广东省绿色建筑评价标准》和《广东省绿色建筑评价标识管理办法》，成立了省绿色建筑评价标识专家委员会，全面启动全省绿色建筑标识工作。深圳、广州市均出台了推广绿色建筑的法规规章。深圳光明新区整体推进绿色建筑建设，成为全国示范点；深圳建科大楼、华侨城体育中心荣获全国绿色建筑创新一等奖。开展国家机关办公建筑和大型公共建筑能耗统计，广州、深圳、东莞、中山等多个市开展了能耗监管平台试点建设。积极组织开展可再生能源示范工程和示范市、县的申报工作，“珠海市尖峰河风香堤光电建筑应用示范项目”等多个项目成为国家级示范项目，蕉岭县成为国家可再生能源建筑应用示范县，山区县作为示范点是一个突破性进展。在全国率先提出在规划用地许可阶段对用电指标进行把关，建立规划、设计、施工和验收四位一体的建筑节能监管体制。

工程质量安全监管效果显著。通过层层签订施工安全目标责任书，强化了施工安全监管责任的落实。出台了危险性较大的分部分项工程安全管理办法实施细则等文件，推进施工、监理企业落实安全生产责任制，严格实施建筑工程安全生产动态管理，全年全省共扣分17802条。加强对重要时期、恶劣气候下的安全生产检查，为深圳大运会安全举办作出了贡献。全年全省房屋市政工程施工安全生产责任事故低于省政府下达的施工安全生产控制指标（45人）。全面推行了住宅工程质量分户验收，工程质量样板引路工作深入开展，保障性安居工程质量监管得到加强。应用信息化手段加强质量安全监管，广州组织开发了混凝土试件“芯片植入法管理系统”，防止混凝土试件作假；深圳、东莞、河源、清远市实行建设工程现场远程视频监控，提高了监管效率。全省纳入质量监督的房屋市政竣工工程一次验收合格率达99.96%。

（五）强化法制建设，提高依法行政水平

法制工作取得进展。《广东省促进散装水泥发展和应用规定》于5月1日起施行。《广东省民用建筑节能条例》于7月1日起施行。《广东省城镇住房保障办法》、《广东省绿道规划建设管理规定》、《广东省建设工程质量管理条例（修订）》、《广东省城乡规划条例》等立法步伐加快。开展“六五”普法动员，编制了《广东省住房城乡建设系统开展法制宣传教育第六个五年规划》。依法做好行政复议和行政应诉工作，我厅全年共受理行政复议90宗，行政诉讼5宗，较好地发挥了行政复议定纷止争、案结事了的作用，行政诉讼无败诉，维护了住房城乡建设主管部门依法行政的形象。

行政执法监察工作逐步加强。初步建立了全省行政执法统计分析、执法监察工作联系、行政执法案卷

评查等一批管理制度和工作机制。积极推进行政执法规范化建设，统一了全省住房城乡建设行政执法处罚文书格式和文书制作规范。开展了房地产市场调控、住房保障、城乡规划、建筑节能和城镇减排，住房公积金、工程质量安全、城市供水安全和桥梁运行安全、建筑市场秩序等方面的重点稽查执法。创新城乡规划监督检查机制，建立了珠三角城乡规划督察员巡察制度，聘任首批6名城乡规划督察员，强化了对珠三角城乡规划工作的督察。积极推进治理商业贿赂工作，全系统把推进市场诚信体系的建设、健全惩戒和激励机制、加大查办案件作为重点，取得了成效。

行政审批效能得到提高。继续实施行政审批简政放权，在取消15项和主动将8项委托给各市实施的基础上，省去年又进一步将6项下放至县级政府管理。建设企业出省经营证明业务也委托给广州、深圳办理。目前我厅实施的行政审批共20项，比2006年大幅减少了17项。推进网上审批服务，选取了工程监理企业资质和房地产估价机构资质作为试点，实施企业资质申办无纸化，并实时公开企业的申请信息、资质审查意见和审批结果。优化行政审批流程，企业资质审批时间从受理至办结平均14日内完成，实现了省政府提出的总体提速30%目标。

（六）开展创先争优和党风廉政建设，改进政风行风和党建工作

认真开展建党90周年系列活动和“创先争优促发展”主题实践活动。把纪念建党90周年和“创先争优促发展”主题实践活动与统一思想、深化认识、推动科学发展紧密结合起来。隆重举办了以“高举党的伟大旗帜，永远跟党走”为主题的大型庆祝活动。大力推进对外办事窗口建设，实现了窗口建设标准化、办事程序规范化、优质服务常态化。各地争先创优活动也开展得有声有色。去年，系统一批单位和个人先后获得全国文明单位、全国青年文明号、全国工人先锋号、全国“五一”劳动奖状以及省精神文明先进单位、省“窗口之星”先进单位和先进个人、省工人先锋号、省“五一”劳动奖章、巾帼“三八”劳动模范等称号。

深入推进惩防体系建设和党风廉政建设。组织开展廉政风险防控机制建设工作，选择了具有人事任免、财务管理、行政审批、行政处罚职能的4个部门为试点，通过查找“五类风险”，构筑好“三道防线”。推进制度廉洁性评估，对已出台的49件法规文件进行了评估，提出了有关修订或废止的建议。积极开展党性党风党纪教育，编制出版《住房城乡建设领域案件专刊》和廉政宣传画，组织开展了“广东建设人廉政警句”征集活动，推进廉政文化建设。扎实抓好民主评议政风行风工作。认真做好“民生热线”上线及信访工作，畅通群众诉求渠道。继续发挥了我厅在全省聘请的68名厅机关作风监督员的作用。

扎实推进援建工作。继续做好支援新疆喀什地区和西藏林芝地区工作，为当地完成了一大批规划及建筑设计。积极开展人才援建，打造技术服务平台，提升了当地城乡规划建设管理水平。继续做好支持茂名“9.21”灾后重建规划建设工作。

同志们，我省住房城乡建设系统取得了这些丰硕成果，是省委、省政府坚强领导的结果，是广大人民群众支持的结果，也是我们系统辛勤劳动的结果。我代表省住房城乡建设厅党组和全体干部职工向全系统的干部职工，包括住房城乡建设局（委）、规划局、房管局、城建局、城管局、市政园林局、水务局、公积金管理中心以及系统各种服务部门和队伍，表示衷心的感谢和崇高的敬意！

过去一年，虽然我省住房城乡建设事业取得了很大的成绩，但我们也要清醒地认识到存在的问题和不足。如城市化发展质量不高，城市转型滞后于产业转型，城市综合承载能力不强，村镇建设滞后的局面没有根本改变；城乡公共服务管理水平不高，特别是县级垃圾无害化处理场建设在全国仅处于中等水平，全省仍有47个县（市）未建成，垃圾包围农村的现象还比较严重；住房保障制度有待改革完善，以更好地解决群众住有所居问题；城乡规划和建筑设计缺乏特色，城市个性和文化品位弱化，岭南文化未能很好地得到继承和发扬；建设科技整体水平不高，建筑节能进展比较缓慢，建筑施工安全基础还不够牢固，等等。

二、2012年工作安排

2012年，是继往开来的一年，我省住房城乡建设事业发展总的指导思想是：认真贯彻落实省委十届十一次全会及全国住房城乡建设工作会议精神，牢牢把握改革创新这一强大动力，牢牢把握保障和改善民生这一根本目的，以提高城市化发展水平统领住房城乡建设系统各项工作，全面推进宜居城乡建设，着力创新住房保障制度，大力规范建设市场，积极推动建筑节能，提高全系统信息化管理水平，加强党风廉政和精神文明建设，为加快转型升级、建设幸福广东作出新的贡献。着力抓好以下主要工作：

（一）强化城乡规划先导作用，推进宜居城乡创建

一是贯彻落实《关于提高我省城市化发展水平的意见》。要将提高城市化发展水平作为统领我省住房城乡建设工作的龙头和纲领性工作。省、市成立城市化工作领导小组，统筹各部门协同推进城市化工作。继续开展城市化相关专题研究，以理论指导实践。各市、县要对现有城市总体规划进行评估，对不适应城市化发展要求的要按照法定程序进行完善。认真抓好城市化各项试点建设，包括广州、佛山、云浮等智慧城市建设试点，深圳、珠海、河源、肇庆等低碳城市建设试点，梅州、中山、湛江、清远等宜居城市建设试点等，并确定本地“十二五”期间的理想城市示范项目

积极推进。省将出台贯彻落实该《意见》的《重点工作部门分工方案》和《重点建设任务地区分解方案》，分别对省直部门和各市提出具体工作要求。并将制定《广东省提高城市化发展水平考核办法》，重点考核各市城市新区建设、旧城区改造、宜居社区建设、复兴岭南特色历史文化街区、建造绿色建筑、绿道网建设、名镇名村建设、生活垃圾无害化处理场建设、污水处理厂建设等九大项目建设情况。通过考核和通报，推动各地城市化工作全面开展。

二是实现珠三角绿道网“三年成熟完善”，并向全省延伸。珠三角各市要全面落实绿道网建设要求，配套完善绿道的绿廊系统、慢行系统、服务设施系统、标识系统和交通衔接系统，建立起以绿道为依托的城市慢行交通系统。开发绿道网综合功能，推动绿道网成熟运营，让绿道更加贴近群众和生活。实施《广东省绿道网建设总体规划》，推动粤东西北地区绿道网规划建设，各市要抓紧编制本市的绿道网建设规划并实施，争取用一年左右时间实现各市建成区内省立绿道基本建成。2012年全省要新增绿道2500公里以上。省将在3月或4月召开全省绿道网建设工作会议，部署珠三角绿道网“成熟完善”的任务，推进全省绿道网的全面铺开，并对珠三角绿道网建设的先进城市、先进单位和先进个人进行表彰。

三是开展宜居城乡创建活动。继续开展“宜居城镇”、“宜居村庄”、“宜居社区”和“宜居环境范例奖”的示范和评选工作，发挥典型带动效应。省将出台《关于加强宜居社区建设的指导意见》和《广东省宜居城市建设评估基本指标体系》。各地要重视发挥宜居社区建设在宜居城市建设中的基础性作用，不断推动宜居城乡建设的深入开展，2012年全省要建设宜居社区500个左右。加快“三旧”改造步伐，2012年全省实施旧城区改造15万亩以上。

四是推动珠三角一体化进程。编制《珠三角城际轨道站场TOD发展总体规划纲要》，指导珠三角城际轨道站场各站场编制TOD综合开发规划。第一批6个站点要着手开发建设，打造一批TOD综合开发示范区。选取第二批轨道站点开展TOD综合开发规划的编制工作。继续深化粤港澳规划合作。联合港澳开展共建世界级城市群行动方案的研究，构建优势互补、联系高效、合作共赢的城市体系和功能载体，推动共建粤港澳优质生活圈和建设宜居湾区行动。依托广州南沙新区、深圳前海地区、珠海横琴新区、深圳河套地区等重要合作平台，打造促进粤港、粤澳合作和优质生活的示范区。

（二）创新住房保障制度，坚定不移抓好房地产市场调控

一是推进全省住房保障制度创新。2012年国家正式下达我省开工建设保障性住房和棚户区改造住房14.39万套，新增发放廉租住房租赁补贴7600户。推进保障性住房建设是中央和省的重要决策部署，省政府在这次会上要和各市政府签订责任书，各市一定要层层落实，不折不扣地完成本市的目标任务。今年的重点是加快已开工项目的建设进度并确保工程质量，提高竣工率，把竣工率作为一项重要考核内容。同时，省政府已审议通过并将在近日出台《广东省住房保障制度改革创新方案》，以新的思路来推进保障性住房建设和管理，建立以公共租赁住房为主体的新型住房保障体系。省的方案出台后，各市要在今年6月底前出台符合当地实际的方案并抓紧实施。

二是坚定不移执行房地产市场调控政策。国家对房地产市场的调控政策是坚定的，各地一定要坚决执行。要根据当地的实际，合理引导住房需求，抑制投资投机性购房，加快中低价位、中小套型普通商品住房供应，促进我省房地产市场平稳健康发展。继续落实地方政府对房价调控的责任，实施差别化住房信贷、税收和限购政策。加强房地产市场监管，强化商品房预售许可和预售资金管理，保护业主购房安全。

三是进一步规范住房公积金管理。坚持把资金安全作为住房公积金管理的重点，把帮助职工有效解决自住住房问题作为目标。推进全省公积金缴存扩面，力争今年实缴人数增长10%。组织开展全省住房公积金管理中心业务管理工作考核，督促清收住房公积金贷款逾期项目等历史遗留问题。各地要完善住房公积金管理机构和人员设置，提高管理效益和服务水平。

（三）提高城乡建设管理水平，提升城乡发展品质

一是全力推进城乡生活垃圾和污水处理。认真贯彻《关于进一步加强我省城乡生活垃圾处理工作实施意见》，组织实施全省垃圾处理“十二五”规划。2012年，汕尾和茂名市，珠三角各县（市）要建成一座以上生活垃圾无害化处理场；其他地区各县（市）力争在2013年前建成。广州、深圳要建设餐厨垃圾收运处理系统，力争创建全国垃圾分类示范城市。大力推广“户收集、村集中、镇运转、县处理”的农村生活垃圾收运处理模式，落实建设村镇垃圾收运设施和建立农村保洁队伍的资金，在全省开展农村垃圾整治大行动。继续推进城镇污水处理设施和配套管网建设，重视污水处理厂污泥处理。2012年全省要新建污水处理厂能力80万吨。

二是加快完善城市园林绿化体系。探索开展珠三角国家园林城市群建设，推动区域宜居城乡和生态文明建设。全力支持广州市海珠生态城、都市果林湿地建设。汕尾、揭阳、云浮市要积极开展创园工作，争取实现全省所有地级以上市成为园林城市。推进县、镇开展创园工作。各市要加快城市公园绿地系统改造升级，完善社区绿地建设，尽快实现居民出行半径500米范围内有绿色公共空间。组织参加北京园林博览会

工作，做好参展广东园的设计建设工作。督促国家级风景名胜区启动详细规划编制，指导省级风景名胜区编制或修编总体规划。韶关市要加大丹霞山世界自然遗产保护力度。

三是加强城市综合管理。开展城市地下管线综合管廊示范建设，出台加强全省地下管线综合管廊管理的指导意见。探索创新地下管线经营管理模式，推动数字化管理平台功能向地下管线、城市安全等领域拓展。开展城市地下管线普查，强化城市建设档案管理。加强全省城市供水管理，建立东江流域和完善北江、韩江、西江流域饮用水源水质监测与污染预警体系，确保群众饮水安全。推进供水价格调整机制的理顺，扶持行业发展。积极争取成立城市供水督察办公室。加强燃气经营和安全管理，开展全省燃气行业大检查。开展市容市貌综合整治，各市要制定和实施城市综合整治专项计划，确保一年见成效，三年大变样。

四是加大力度推动村镇建设。各地要抓紧完成名镇名村示范村建设规划的编制工作，确保实现名镇建设的阶段性目标。省将确定20个名镇建设规划编制指导点。积极申报国家历史文化名镇名村和特色景观旅游名镇名村。指导西樵镇完成住房和城乡建设部关于绿色低碳重点小城镇的建设工作目标，并做好第二批绿色低碳重点小城镇试点的推荐工作。2012年全省要建设名镇30个、名村500个左右，要把名镇名村和宜居城镇、宜居村庄建设结合起来。出台《广东省中心镇控制性详细规划编制工作指引》，继续举办中心镇镇长（书记）村镇建设专题研究班，推动中心镇加快发展。继续推动村庄规划编制和整治，确定省级示范点给予技术和资金支持，以点带面改善村镇人居环境。

（四）以繁荣岭南特色规划与建筑设计和推广绿色建筑为突破口，加快建筑业转型升级

一是保护和传承岭南建筑文化。总结首届岭南特色规划与建筑设计评选活动的经验，研究完善评选标准和指引，每两年开展一次评优活动。支持和指导中山市翠亨国际旅游小镇建设，将其打造成弘扬岭南特色规划与建筑设计的一个示范点。加强对近现代岭南建筑的研究，确立其在中国建筑史上的地位，出版相关图册，在全省建筑设计界形成重视岭南建筑文化的舆论氛围，鼓励和繁荣优秀岭南建筑的创作和传承。2012年全省要实施25处左右岭南特色历史文化街区复兴工程。

二是加强建筑市场监管。加大对建筑企业、勘察设计和施工图审查机构动态监管力度，实现资质动态核查常态化。对违法分包、转包等严重扰乱建筑市场的违法行为进行严厉查处。加强对外省企业和人员进粤承接工程的管理。进一步规范工程建设项目招标投标管理。加快推进项目信息公开和诚信体系建设，推进业绩诚信信息互认。按照扶优扶强、扶专扶精、规范市场秩序的原则，扶持高等级资质企业、专业企业发展。

三是确保工程质量安全。紧紧围绕“质量强省”的目标任务，出台我省住房工程质量分户验收管理办法，修订房屋市政工程竣工验收备案实施细则，提升工程质量。提高工程质量监督机构的监督工作水平，加快工程质量检测信息化监管平台建设，加强保障性安居工程等重要项目的质量监管，促进工程质量稳步提高。以督促施工安全责任主体落实安全责任和防范较大及以上事故为重点，加强施工安全隐患的排查整治，推进施工安全标准化工作，保持全省房屋市政工程施工安全生产形势的稳定。

四是以加快推广绿色建筑为重点开展建筑节能工作。推进建筑能效测评标识制度的实施，全年全省要新增绿色建筑600万平方米以上。大力推广绿色建材，鼓励科研单位和生产企业开展绿色建材的研究和生产，坚决淘汰不符合节能标准的各类产品。研究制定激励措施，加大太阳能、风能、地热能等可再生能源在建筑行业中推广利用的力度。逐步推进既有办公建筑的节能改造。建立和完善国家机关办公建筑和大型公共建筑节能监管体系，探索“定额用能，超额加价，节约奖励”的能源管理机制。积极开展住宅产业化和建筑工业化探索，选取部分保障性住房作为试点。

（五）推进建筑科技创新和信息化建设，提高各行业整体素质

一是不断提高建设科技含量。抓好华夏奖、省科技进步奖、住房和城乡建设部科技计划项目、省科技计划项目、建筑节能示范项目、省绿色建筑示范工程和省低能耗建筑示范工程的指导、审查推荐工作。及时发布建设行业科技成果推广目录，大力开展建设科技成果鉴定工作，为建筑新技术、新工艺、新产品的推广应用搭好平台，加大科技成果推广转化力度。加强建设培训机构和培训基地建设，完善培训制度。大力推行建设职业资格证书制度，全面实行持证上岗。努力促进建设领域人才的健康成长，为住房城乡建设事业的发展提供人才保证和智力支持。

二是推进行业管理信息化建设。继续完善“三库一平台”系统，升级改造行政服务平台。全面整合行政许可和行业管理一体化服务功能。推进企业资质申办无纸化及信息公开，深化行政许可信息化工作，提高行政许可效能。加快个人住房信息系统建设。全面实施全省住房保障项目动态管理信息系统。推进住房公积金监管信息系统建设。总结建设工程项目管理信息系统肇庆试点经验，进一步推广至各市，逐步建立全省工程项目中心数据库。完善珠三角工程质量检测信息化监管平台和网络，并推广至全省。推动珠三角空间信息平台及城乡规划决策支撑信息系统立项，推进城市建设各行业信息系统建设，加快村镇规划建设

管理信息系统开发。

（六）加大立法和执法监察力度，促进依法行政

一是积极推进立法工作。加快《广东省城乡规划条例》的立法进程，设立专章强化历史文化建筑和自然风貌特色保护。争取《广东省城镇住房保障办法》、《广东省绿道规划建设管理规定》尽快颁布实施。配合省人大修订《广东省建设工程质量管理条例》、《广东省房地产登记条例》、《广东省建设工程造价管理条例》。启动《广东省城乡建设档案管理办法》立法工作。

二是加强行政执法规范化建设和执法监察工作。各地要认真落实我厅《关于在全省住房和城乡建设系统开展行政执法规范化建设工作的意见》和《关于在全省住房城乡建设系统开展行政执法案卷评查的通知》部署，深入开展行政执法“五个规范化”建设和行政执法案卷评查工作。我厅将出台《广东住房和城乡建设领域违法违规行为稽查工作管理办法》、《广东省住房和城乡建设行政执法监督检查办法》等，加强住房城乡建设领域重点稽查执法工作，强化对各种违法违规行为的查处。完善城乡规划督察员工作制度，新遴选一批规划督察员，逐步从珠三角向全省铺开。继续做好治理商业贿赂工作。加强住房城乡建设执法人员专业法律法规的培训，推进“六五”普法规划的实施，提高执法人员学法用法能力和依法执法水平。

（七）加强党风廉政建设，构建高效清廉政务环境

一是抓好机关党建工作。抓好中央、省委全会精神等重要会议及重要文件精神的学习贯彻，特别是要做好中国共产党第十八次全国代表大会精神的学习贯彻。认真开展党建主题实践活动，抓好系统精神文明建设和政研会工作。按照省委、省政府的部署，继续抓好扶贫开发“双到”工作的落实，确保帮扶“双到”工作任务顺利完成。

二是落实廉政建设各项工作。扎实开展省委确定的廉政建设和反腐败各项工作。加大力度推进廉政风险防控，不断完善惩治和预防腐败体系建设。不断推进廉政文化建设，多形式开展纪律教育学习，全面贯彻落实《领导干部廉洁从政若干准则》，纯净思想，纯洁队伍。加强对市县住房城乡建设主管部门党风廉政建设工作的指导，推进党风廉政建设责任制的落实。这次会议还专门印发了《关于2012年住房城乡建设系统精神文明建设工作的意见》以及李锡洪纪检组长关于党风廉政建设工作的报告，请大家一并学习贯彻。

同志们，做好今年各项工作任务艰巨、责任重大。让我们在省委、省政府的坚强领导下，坚定科学发展的信心和决心，脚踏实地做好改善和保障民生工作，矢志不渝地推进城乡转型升级，全面开启住房城乡建设事业新篇章，以优异的成绩迎接省第十一次党代会和党的十八大的胜利召开！

法规文件

国有土地上房屋征收与补偿条例

（中华人民共和国国务院2011年1月21日公布）

第一章　总　则

第一条　为了规范国有土地上房屋征收与补偿活动，维护公共利益，保障被征收房屋所有权人的合法权益，制定本条例。

第二条　为了公共利益的需要，征收国有土地上单位、个人的房屋，应当对被征收房屋所有权人（以下称被征收人）给予公平补偿。

第三条　房屋征收与补偿应当遵循决策民主、程序正当、结果公开的原则。

第四条　市、县级人民政府负责本行政区域的房屋征收与补偿工作。

市、县级人民政府确定的房屋征收部门（以下称房屋征收部门）组织实施本行政区域的房屋征收与补偿工作。

市、县级人民政府有关部门应当依照本条例的规定和本级人民政府规定的职责分工，互相配合，保障房屋征收与补偿工作的顺利进行。

第五条　房屋征收部门可以委托房屋征收实施单位，承担房屋征收与补偿的具体工作。房屋征收实施单位不得以营利为目的。

房屋征收部门对房屋征收实施单位在委托范围内实施的房屋征收与补偿行为负责监督，并对其行为后果承担法律责任。

第六条　上级人民政府应当加强对下级人民政府房屋征收与补偿工作的监督。

国务院住房城乡建设主管部门和省、自治区、直辖市人民政府住房城乡建设主管部门应当会同同级财政、国土资源、发展改革等有关部门，加强对房屋征收与补偿实施工作的指导。

第七条　任何组织和个人对违反本条例规定的行为，都有权向有关人民政府、房屋征收部门和其他有关部门举报。接到举报的有关人民政府、房屋征收部门和其他有关部门对举报应当及时核实、处理。

监察机关应当加强对参与房屋征收与补偿工作的政府和有关部门或者单位及其工作人员的监察。

第二章　征收决定

第八条　为了保障国家安全、促进国民经济和社会发展等公共利益的需要，有下列情形之一，确需征收房屋的，由市、县级人民政府作出房屋征收决定：

（一）国防和外交的需要；

（二）由政府组织实施的能源、交通、水利等基础设施建设的需要；

（三）由政府组织实施的科技、教育、文化、卫生、体育、环境和资源保护、防灾减灾、文物保护、社会福利、市政公用等公共事业的需要；

（四）由政府组织实施的保障性安居工程建设的需要；

（五）由政府依照城乡规划法有关规定组织实施的对危房集中、基础设施落后等地段进行旧城区改建的需要；

（六）法律、行政法规规定的其他公共利益的需要。

第九条　依照本条例第八条规定，确需征收房屋的各项建设活动，应当符合国民经济和社会发展规划、土地利用总体规划、城乡规划和专项规划。保障性安居工程建设、旧城区改建，应当纳入市、县级国民经济和社会发展年度计划。

制定国民经济和社会发展规划、土地利用总体规划、城乡规划和专项规划，应当广泛征求社会公众意见，经过科学论证。

第十条　房屋征收部门拟定征收补偿方案，报市、县级人民政府。

市、县级人民政府应当组织有关部门对征收补偿方案进行论证并予以公布，征求公众意见。征求意见期限不得少于30日。

第十一条　市、县级人民政府应当将征求意见情况和根据公众意见修改的情况及时公布。

因旧城区改建需要征收房屋，多数被征收人认为征收补偿方案不符合本条例规定的，市、县级人民政府应当组织由被征收人和公众代表参加的听证会，并根据听证会情况修改方案。

第十二条　市、县级人民政府作出房屋征收决定前，应当按照有关规定进行社会稳定风险评估；房屋征收决定涉及被征收人数量较多的，应当经政府常务会议讨论决定。

作出房屋征收决定前，征收补偿费用应当足额到位、专户存储、专款专用。

第十三条 市、县级人民政府作出房屋征收决定后应当及时公告。公告应当载明征收补偿方案和行政复议、行政诉讼权利等事项。

市、县级人民政府及房屋征收部门应当做好房屋征收与补偿的宣传、解释工作。

房屋被依法征收的，国有土地使用权同时收回。

第十四条 被征收人对市、县级人民政府作出的房屋征收决定不服的，可以依法申请行政复议，也可以依法提起行政诉讼。

第十五条 房屋征收部门应当对房屋征收范围内房屋的权属、区位、用途、建筑面积等情况组织调查登记，被征收人应当予以配合。调查结果应当在房屋征收范围内向被征收人公布。

第十六条 房屋征收范围确定后，不得在房屋征收范围内实施新建、扩建、改建房屋和改变房屋用途等不当增加补偿费用的行为；违反规定实施的，不予补偿。

房屋征收部门应当将前款所列事项书面通知有关部门暂停办理相关手续。暂停办理相关手续的书面通知应当载明暂停期限。暂停期限最长不得超过1年。

第三章 补 偿

第十七条 作出房屋征收决定的市、县级人民政府对被征收人给予的补偿包括：

（一）被征收房屋价值的补偿；

（二）因征收房屋造成的搬迁、临时安置的补偿；

（三）因征收房屋造成的停产停业损失的补偿。

市、县级人民政府应当制定补助和奖励办法，对被征收人给予补助和奖励。

第十八条 征收个人住宅，被征收人符合住房保障条件的，作出房屋征收决定的市、县级人民政府应当优先给予住房保障。具体办法由省、自治区、直辖市制定。

第十九条 对被征收房屋价值的补偿，不得低于房屋征收决定公告之日被征收房屋类似房地产的市场价格。被征收房屋的价值，由具有相应资质的房地产价格评估机构按照房屋征收评估办法评估确定。

对评估确定的被征收房屋价值有异议的，可以向房地产价格评估机构申请复核评估。对复核结果有异议的，可以向房地产价格评估专家委员会申请鉴定。

房屋征收评估办法由国务院住房城乡建设主管部门制定，制定过程中，应当向社会公开征求意见。

第二十条 房地产价格评估机构由被征收人协商选定；协商不成的，通过多数决定、随机选定等方式确定，具体办法由省、自治区、直辖市制定。

房地产价格评估机构应当独立、客观、公正地开展房屋征收评估工作，任何单位和个人不得干预。

第二十一条 被征收人可以选择货币补偿，也可以选择房屋产权调换。

被征收人选择房屋产权调换的，市、县级人民政府应当提供用于产权调换的房屋，并与被征收人计算、结清被征收房屋价值与用于产权调换房屋价值的差价。

因旧城区改建征收个人住宅，被征收人选择在改建地段进行房屋产权调换的，作出房屋征收决定的市、县级人民政府应当提供改建地段或者就近地段的房屋。

第二十二条 因征收房屋造成搬迁的，房屋征收部门应当向被征收人支付搬迁费；选择房屋产权调换的，产权调换房屋交付前，房屋征收部门应当向被征收人支付临时安置费或者提供周转用房。

第二十三条 对因征收房屋造成停产停业损失的补偿，根据房屋被征收前的效益、停产停业期限等因素确定。具体办法由省、自治区、直辖市制定。

第二十四条 市、县级人民政府及其有关部门应当依法加强对建设活动的监督管理，对违反城乡规划进行建设的，依法予以处理。

市、县级人民政府作出房屋征收决定前，应当组织有关部门依法对征收范围内未经登记的建筑进行调查、认定和处理。对认定为合法建筑和未超过批准期限的临时建筑的，应当给予补偿；对认定为违法建筑和超过批准期限的临时建筑的，不予补偿。

第二十五条 房屋征收部门与被征收人依照本条例的规定，就补偿方式、补偿金额和支付期限、用于产权调换房屋的地点和面积、搬迁费、临时安置费或者周转用房、停产停业损失、搬迁期限、过渡方式和过渡期限等事项，订立补偿协议。

补偿协议订立后，一方当事人不履行补偿协议约定的义务的，另一方当事人可以依法提起诉讼。

第二十六条 房屋征收部门与被征收人在征收补偿方案确定的签约期限内达不成补偿协议，或者被征收房屋所有权人不明确的，由房屋征收部门报请作出房屋征收决定的市、县级人民政府依照本条例的规定，按照征收补偿方案作出补偿决定，并在房屋征收范围内予以公告。

补偿决定应当公平，包括本条例第二十五条第一款规定的有关补偿协议的事项。

被征收人对补偿决定不服的，可以依法申请行政复议，也可以依法提起行政诉讼。

第二十七条 实施房屋征收应当先补偿、后搬迁。

作出房屋征收决定的市、县级人民政府对被征收人给予补偿后，被征收人应当在补偿协议约定或者补偿决定确定的搬迁期限内完成搬迁。

任何单位和个人不得采取暴力、威胁或者违反规定中断供水、供热、供气、供电和道路通行等非法方式迫使被征收人搬迁。禁止建设单位参与搬迁活动。

第二十八条 被征收人在法定期限内不申请行政复议或者不提起行政诉讼，在补偿决定规定的期限内又不搬迁的，由作出房屋征收决定的市、县级人民政府依法申请人民法院强制执行。

强制执行申请书应当附具补偿金额和专户存储账号、产权调换房屋和周转用房的地点和面积等材料。

第二十九条 房屋征收部门应当依法建立房屋征收补偿档案，并将分户补偿情况在房屋征收范围内向被征收人公布。

审计机关应当加强对征收补偿费用管理和使用情况的监督，并公布审计结果。

第四章 法律责任

第三十条 市、县级人民政府及房屋征收部门的工作人员在房屋征收与补偿工作中不履行本条例规定的职责，或者滥用职权、玩忽职守、徇私舞弊的，由上级人民政府或者本级人民政府责令改正，通报批评；造成损失的，依法承担赔偿责任；对直接负责的主管人员和其他直接责任人员，依法给予处分；构成犯罪的，依法追究刑事责任。

第三十一条 采取暴力、威胁或者违反规定中断供水、供热、供气、供电和道路通行等非法方式迫使被征收人搬迁，造成损失的，依法承担赔偿责任；对直接负责的主管人员和其他直接责任人员，构成犯罪的，依法追究刑事责任；尚不构成犯罪的，依法给予处分；构成违反治安管理行为的，依法给予治安管理处罚。

第三十二条 采取暴力、威胁等方法阻碍依法进行的房屋征收与补偿工作，构成犯罪的，依法追究刑事责任；构成违反治安管理行为的，依法给予治安管理处罚。

第三十三条 贪污、挪用、私分、截留、拖欠征收补偿费用的，责令改正，追回有关款项，限期退还违法所得，对有关责任单位通报批评、给予警告；造成损失的，依法承担赔偿责任；对直接负责的主管人员和其他直接责任人员，构成犯罪的，依法追究刑事责任；尚不构成犯罪的，依法给予处分。

第三十四条 房地产价格评估机构或者房地产估价师出具虚假或者有重大差错的评估报告的，由发证机关责令限期改正，给予警告，对房地产价格评估机构并处5万元以上20万元以下罚款，对房地产估价师并处1万元以上3万元以下罚款，并记入信用档案；情节严重的，吊销资质证书、注册证书；造成损失的，依法承担赔偿责任；构成犯罪的，依法追究刑事责任。

第五章 附 则

第三十五条 本条例自公布之日起施行。2001年6月13日国务院公布的《城市房屋拆迁管理条例》同时废止。本条例施行前已依法取得房屋拆迁许可证的项目，继续沿用原有的规定办理，但政府不得责成有关部门强制拆迁。

国有土地上房屋征收评估办法

（中华人民共和国住房和城乡建设部2011年6月3日印发）

第一条 为规范国有土地上房屋征收评估活动，保证房屋征收评估结果客观公平，根据《国有土地上房屋征收与补偿条例》，制定本办法。

第二条 评估国有土地上被征收房屋和用于产权调换房屋的价值，测算被征收房屋类似房地产的市场价格，以及对相关评估结果进行复核评估和鉴定，适用本办法。

第三条 房地产价格评估机构、房地产估价师、房地产价格评估专家委员会（以下称评估专家委员会）成员应当独立、客观、公正地开展房屋征收评估、鉴定工作，并对出具的评估、鉴定意见负责。

任何单位和个人不得干预房屋征收评估、鉴定活动。与房屋征收当事人有利害关系的，应当回避。

第四条 房地产价格评估机构由被征收人在规定时间内协商选定；在规定时间内协商不成的，由房屋征收部门通过组织被征收人按照少数服从多数的原则投票决定，或者采取摇号、抽签等随机方式确定。具体办法由省、自治区、直辖市制定。

房地产价格评估机构不得采取迎合征收当事人不当要求、虚假宣传、恶意低收费等不正当手段承揽房屋征收评估业务。

第五条 同一征收项目的房屋征收评估工作，原则上由一家房地产价格评估机构承担。房屋征收范围较大的，可以由两家以上房地产价格评估机构共同承担。

两家以上房地产价格评估机构承担的，应当共同协商确定一家房地产价格评估机构为牵头单位；牵头单位应当组织相关房地产价格评估机构就评估对象、评估时点、价值内涵、评估依据、评估假设、评估原则、评估技术路线、评估方法、重要参数选取、评估结果确定方式等进行沟通，统一标准。

第六条 房地产价格评估机构选定或者确定后，一般由房屋征收部门作为委托人，向房地产价格评估机构出具房屋征收评估委托书，并与其签订房屋征收评估委托合同。

房屋征收评估委托书应当载明委托人的名称、委托的房地产价格评估机构的名称、评估目的、评估对象范围、评估要求以及委托日期等内容。

房屋征收评估委托合同应当载明下列事项：

（一）委托人和房地产价格评估机构的基本情况；

（二）负责本评估项目的注册房地产估价师；

（三）评估目的、评估对象、评估时点等评估基本事项；

（四）委托人应提供的评估所需资料；

（五）评估过程中双方的权利和义务；

（六）评估费用及收取方式；

（七）评估报告交付时间、方式；

（八）违约责任；

（九）解决争议的方法；

（十）其他需要载明的事项。

第七条 房地产价格评估机构应当指派与房屋征收评估项目工作量相适应的足够数量的注册房地产估价师开展评估工作。

房地产价格评估机构不得转让或者变相转让受托的房屋征收评估业务。

第八条 被征收房屋价值评估目的应当表述为“为房屋征收部门与被征收人确定被征收房屋价值的补偿提供依据，评估被征收房屋的价值”。

用于产权调换房屋价值评估目的应当表述为“为房屋征收部门与被征收人计算被征收房屋价值与用于产权调换房屋价值的差价提供依据，评估用于产权调换房屋的价值”。

第九条 房屋征收评估前，房屋征收部门应当组织有关单位对被征收房屋情况进行调查，明确评估对象。评估对象应当全面、客观，不得遗漏、虚构。

房屋征收部门应当向受托的房地产价格评估机构提供征收范围内房屋情况，包括已经登记的房屋情况和未经登记建筑的认定、处理结果情况。调查结果应当在房屋征收范围内向被征收人公布。

对于已经登记的房屋，其性质、用途和建筑面积，一般以房屋权属证书和房屋登记簿的记载为准；房屋权属证书与房屋登记簿的记载不一致的，除有证据证明房屋登记簿确有错误外，以房屋登记簿为准。对于未经登记的建筑，应当按照市、县级人民政府的认定、处理结果进行评估。

第十条 被征收房屋价值评估时点为房屋征收决

定公告之日。

用于产权调换房屋价值评估时点应当与被征收房屋价值评估时点一致。

第十一条 被征收房屋价值是指被征收房屋及其占用范围内的土地使用权在正常交易情况下，由熟悉情况的交易双方以公平交易方式在评估时点自愿进行交易的金额，但不考虑被征收房屋租赁、抵押、查封等因素的影响。

前款所述不考虑租赁因素的影响，是指评估被征收房屋无租约限制的价值；不考虑抵押、查封因素的影响，是指评估价值中不扣除被征收房屋已抵押担保的债权数额、拖欠的建设工程价款和其他法定优先受偿款。

第十二条 房地产价格评估机构应当安排注册房地产估价师对被征收房屋进行实地查勘，调查被征收房屋状况，拍摄反映被征收房屋内外部状况的照片等影像资料，做好实地查勘记录，并妥善保管。

被征收人应当协助注册房地产估价师对被征收房屋进行实地查勘，提供或者协助搜集被征收房屋价值评估所必需的情况和资料。

房屋征收部门、被征收人和注册房地产估价师应当在实地查勘记录上签字或者盖章确认。被征收人拒绝在实地查勘记录上签字或者盖章的，应当由房屋征收部门、注册房地产估价师和无利害关系的第三人见证，有关情况应当在评估报告中说明。

第十三条 注册房地产估价师应当根据评估对象和当地房地产市场状况，对市场法、收益法、成本法、假设开发法等评估方法进行适用性分析后，选用其中一种或者多种方法对被征收房屋价值进行评估。

被征收房屋的类似房地产有交易的，应当选用市场法评估；被征收房屋或者其类似房地产有经济收益的，应当选用收益法评估；被征收房屋是在建工程的，应当选用假设开发法评估。

可以同时选用两种以上评估方法评估的，应当选用两种以上评估方法评估，并对各种评估方法的测算结果进行校核和比较分析后，合理确定评估结果。

第十四条 被征收房屋价值评估应当考虑被征收房屋的区位、用途、建筑结构、新旧程度、建筑面积以及占地面积、土地使用权等影响被征收房屋价值的因素。

被征收房屋室内装饰装修价值，机器设备、物资等搬迁费用，以及停产停业损失等补偿，由征收当事人协商确定；协商不成的，可以委托房地产价格评估机构通过评估确定。

第十五条 房屋征收评估价值应当以人民币为计价的货币单位，精确到元。

第十六条 房地产价格评估机构应当按照房屋征收评估委托书或者委托合同的约定，向房屋征收部门提供分户的初步评估结果。分户的初步评估结果应当包括评估对象的构成及其基本情况和评估价值。房屋征收部门应当将分户的初步评估结果在征收范围内向被征收人公示。

公示期间，房地产价格评估机构应当安排注册房地产估价师对分户的初步评估结果进行现场说明解释。存在错误的，房地产价格评估机构应当修正。

第十七条 分户初步评估结果公示期满后，房地产价格评估机构应当向房屋征收部门提供委托评估范围内被征收房屋的整体评估报告和分户评估报告。房屋征收部门应当向被征收人转交分户评估报告。

整体评估报告和分户评估报告应当由负责房屋征收评估项目的两名以上注册房地产估价师签字，并加盖房地产价格评估机构公章。不得以印章代替签字。

第十八条 房屋征收评估业务完成后，房地产价格评估机构应当将评估报告及相关资料立卷、归档保管。

第十九条 被征收人或者房屋征收部门对评估报告有疑问的，出具评估报告的房地产价格评估机构应当向其作出解释和说明。

第二十条 被征收人或者房屋征收部门对评估结果有异议的，应当自收到评估报告之日起10日内，向房地产价格评估机构申请复核评估。

申请复核评估的，应当向原房地产价格评估机构提出书面复核评估申请，并指出评估报告存在的问题。

第二十一条 原房地产价格评估机构应当自收到书面复核评估申请之日起10日内对评估结果进行复核。复核后，改变原评估结果的，应当重新出具评估报告；评估结果没有改变的，应当书面告知复核评估申请人。

第二十二条 被征收人或者房屋征收部门对原房地产价格评估机构的复核结果有异议的，应当自收到复核结果之日起10日内，向被征收房屋所在地评估专家委员会申请鉴定。被征收人对补偿仍有异议的，按照《国有土地上房屋征收与补偿条例》第二十六条规定处理。

第二十三条 各省、自治区住房城乡建设主管部门和设区城市的房地产管理部门应当组织成立评估专家委员会，对房地产价格评估机构做出的复核结果进行鉴定。

评估专家委员会由房地产估价师以及价格、房地产、土地、城市规划、法律等方面的专家组成。

第二十四条 评估专家委员会应当选派成员组成专家组，对复核结果进行鉴定。专家组成员为3人以上单数，其中房地产估价师不得少于二分之一。

第二十五条 评估专家委员会应当自收到鉴定申请之日起10日内，对申请鉴定评估报告的评估程序、评估依据、评估假设、评估技术路线、评估方法选用、参数选取、评估结果确定方式等评估技术问题进行审核，出具书面鉴定意见。

经评估专家委员会鉴定，评估报告不存在技术问题的，应当维持评估报告；评估报告存在技术问题的，出具评估报告的房地产价格评估机构应当改正错误，重新出具评估报告。

第二十六条 房屋征收评估鉴定过程中，房地产价格评估机构应当按照评估专家委员会要求，就鉴定涉及的评估相关事宜进行说明。需要对被征收房屋进行实地查勘和调查的，有关单位和个人应当协助。

第二十七条 因房屋征收评估、复核评估、鉴定工作需要查询被征收房屋和用于产权调换房屋权属以及相关房地产交易信息的，房地产管理部门及其他相关部门应当提供便利。

第二十八条 在房屋征收评估过程中，房屋征收部门或者被征收人不配合、不提供相关资料的，房地产价格评估机构应当在评估报告中说明有关情况。

第二十九条 除政府对用于产权调换房屋价格有特别规定外，应当以评估方式确定用于产权调换房屋的市场价值。

第三十条 被征收房屋的类似房地产是指与被征收房屋的区位、用途、权利性质、档次、新旧程度、规模、建筑结构等相同或者相似的房地产。

被征收房屋类似房地产的市场价格是指被征收房屋的类似房地产在评估时点的平均交易价格。确定被征收房屋类似房地产的市场价格，应当剔除偶然的和不正常的因素。

第三十一条 房屋征收评估、鉴定费用由委托人承担。但鉴定改变原评估结果的，鉴定费用由原房地产价格评估机构承担。复核评估费用由原房地产价格评估机构承担。房屋征收评估、鉴定费用按照政府价格主管部门规定的收费标准执行。

第三十二条 在房屋征收评估活动中，房地产价格评估机构和房地产估价师的违法违规行为，按照《国有土地上房屋征收与补偿条例》、《房地产估价机构管理办法》、《注册房地产估价师管理办法》等规定处罚。违反规定收费的，由政府价格主管部门依照《中华人民共和国价格法》规定处罚。

第三十三条 本办法自公布之日起施行。2003年12月1日原建设部发布的《城市房屋拆迁估价指导意见》同时废止。但《国有土地上房屋征收与补偿条例》施行前已依法取得房屋拆迁许可证的项目，继续沿用原有规定。

广东省民用建筑节能条例

(广东省人民代表大会常务委员会2011年3月30日公布)

第一章 总 则

第一条 为了促进民用建筑节能，加强民用建筑节能管理，降低民用建筑使用过程中的能源消耗，提高能源利用效率，根据《中华人民共和国节约能源法》和《民用建筑节能条例》等有关法律、行政法规，结合本省实际，制定本条例。

第二条 本条例适用于本省行政区域内新建（含改建、扩建）民用建筑节能、既有民用建筑节能改造、民用建筑用能系统运行节能、可再生能源在民用建筑中的应用及其相关活动。

本条例所称民用建筑，是指居住建筑、国家机关办公建筑和商业、服务业、教育、卫生等其他公共建筑。

本条例所称民用建筑节能，是指在保证建筑使用功能和室内热环境质量的前提下，采取节能措施，降低建筑使用过程中能源消耗的活动。

第三条 县级以上人民政府应当把民用建筑节能纳入国民经济和社会发展规划。

县级以上人民政府建设主管部门应当会同有关部门组织编制本行政区域的民用建筑节能规划，报本级人民政府批准后实施。

建筑节能规划应当执行国家和本省的节能标准，对新建建筑的节能、既有建筑的节能改造、建筑用能系统运行节能、可再生能源在建筑中的应用等提出目标、具体安排和保障措施。

第四条 各级人民政府应当加强对民用建筑节能工作的领导，积极培育民用建筑节能服务市场，健全民用建筑节能服务体系，推动民用建筑节能技术的开发应用，做好民用建筑节能知识的宣传教育工作。

第五条 县级以上人民政府建设主管部门负责本行政区域内民用建筑节能的监督管理工作。

县级以上人民政府发展和改革、财政、经济和信息化、税务、城乡规划、环保、科技、消防等有关主管部门按照各自职责，配合做好民用建筑节能的相关工作。

第六条 省人民政府建设主管部门应当制定本省地方民用建筑节能标准，会同有关部门发布推广使用民用建筑节能的新技术、新工艺、新设备、新材料、新产品的目录和限制或者禁止使用能源消耗高的技术、工艺、设备、材料、产品的目录。

省人民政府建设主管部门应当制定绿色建筑和绿色社区的标准，开展绿色建筑和绿色社区的评价标识，推广绿色建筑。

第七条 县级以上人民政府建设主管部门组织和鼓励建筑节能新技术、新工艺、新设备、新产品、新材料的研发和推广；推行建筑节能示范工程制度；普及建筑节能知识，提供有关建筑节能的信息、技术、培训等服务。

第二章 新建建筑节能

第八条 市、县、镇人民政府编制城市、镇总体规划应当优化城市空间布局，合理确定人均土地资源的占用指标，统筹考虑建筑节能和可再生能源在建筑中的应用。

城市人民政府城乡规划主管部门、镇人民政府编制城市、镇详细规划应当在建筑物布局、形状、朝向、采光、通风、密度、高度和绿化等方面符合能源利用和建筑节能标准的要求。

第九条 民用建筑项目依法应当进行设计招标投标的，招标人或者其委托的招标代理机构编制的招标文件中应当包括建筑节能的要求，并作为评标的必要条件。

第十条 建设单位应当对建设工程符合建筑节能强制性标准负责。

建设单位不得明示或者暗示设计单位、施工单位降低建筑节能强制性标准进行设计、施工；不得明示或者暗示施工单位使用不符合建筑节能强制性标准和施工图设计文件要求的材料、产品、设备和建筑构配件。

按照合同约定由建设单位采购相关材料、产品、设备和构配件的，建设单位应当保证符合建筑节能强制性标准和施工图设计文件要求。

第十一条 设计单位编制的建设工程项目方案设计应当包括建筑节能设计专项说明；编制的初步设计文件应当包括建筑节能设计专篇；编制的施工图设计文件应当包括建筑节能设计说明和节能计算书等，明确材料、构件、设备的技术指标要求和节能措施、构造等内容。设计单位编制的大型公共建筑工程方案设计应当有建筑节能专题报告。

施工图设计文件审查机构应当对施工图设计文件中建筑节能内容是否符合建筑节能强制性标准进行审查。未经审查或经审查不符合强制性标准的，施工图设计文件审查机构不得出具施工图设计文件审查合格证明文件，建设主管部门不得颁发施工许可证。

第十二条 施工单位应当对其承包的工程施工是否符合建筑节能强制性标准负责。

施工单位应当编制建筑节能工程专项施工方案，按照方案组织施工，并按照施工图设计文件的要求对进入施工现场的墙体材料、保温材料、门窗、空调系统和照明设备等进行查验，对产品说明书和产品标识上注明的能源消耗指标不符合施工图设计文件要求的，不得使用；施工单位应当对公共建筑的集中空调系统及其监控系统进行联合试运转调试。

建设主管部门对不符合建筑节能强制性标准的在建工程应当责令停止施工，限期改正。

第十三条 工程监理单位应当编制建筑节能专项监理方案，并严格按照建筑节能专项监理方案组织工程监理。

建筑节能专项监理方案主要包括：

（一）材料和设备的查验；

（二）关键工序的监理形式；

（三）节能施工方案的论证和审批；

（四）节能工程的验收等。

第十四条 建设工程质量监督机构编制的工程质量监督方案应当包括建筑节能工程监督的内容。提交的建设工程质量监督报告应当有建筑节能的专项监督意见。

第十五条 建设单位组织竣工验收时，应当对民用建筑是否符合建筑节能标准进行查验，验收报告中应当有建筑节能专项内容。对不符合建筑节能强制性标准的，不得出具竣工验收合格报告，不得交付使用。

建设主管部门应当对竣工验收资料进行审核，对不符合建筑节能强制性标准的项目，不予验收备案并说明理由。

第十六条 国家机关办公建筑和大型公共建筑的所有权人或者使用权人应当在建筑物投入使用二年内按国家有关规定对建筑能效进行测评和标识，并予以公示。

鼓励房地产开发企业对居住建筑的建筑能效进行测评和标识。

第十七条 从事建筑能效测评的机构，应当具备国家规定的专业人员和检测设备等条件，出具的测评报告应当真实、完整。

第十八条 房地产开发企业应当在销售现场公布所售房屋的能耗设计指标、节能措施及保护要求、节能工程质量保修期等基本信息，在商品房买卖合同、住宅质量保证书和住宅使用说明书中载明，并对其真实性、准确性负责。

商品房买受人在节能工程质量保修期内可以委托民用建筑能效测评机构对所购买商品房所载明的能耗设计指标进行评估。对不符合能耗设计指标的，房地产开发企业应当返修，并承担评估和返修费用，给买受人造成的损失，依法予以赔偿。

第三章　既有建筑节能

第十九条 县级以上人民政府应当制定和执行既有建筑节能改造的激励政策，有计划、分步骤地推进既有建筑节能改造。

第二十条 省人民政府建设主管部门应当制定既有建筑节能改造技术标准和规程，指导、监督全省既有建筑节能改造。

县级以上人民政府建设主管部门应当会同房产管理等有关主管部门对本行政区域内既有建筑的建设年代、结构形式、用能系统、能耗指标、寿命周期等组织调查统计和分析，依照本地民用建筑节能规划，制定既有建筑节能改造计划，明确节能改造目标、范围、经费来源和要求，报本级人民政府批准。

国家机关既有办公建筑的节能改造，由本级人民政府机关事务管理机构会同有关部门制订改造计划，报本级人民政府批准。

第二十一条 既有建筑节能改造应当以不符合节能标准的国家机关办公建筑、大型公共建筑、政府投资和以政府投资为主的公共建筑为重点，实行强制性改造和市场引导相结合。

实施既有建筑的节能改造，应当优先采用遮阳、改善通风、建筑用能系统的智能控制等改造措施。

第二十二条 国家机关办公建筑、政府投资和以政府投资为主的公共建筑的节能改造，应当制订节能改造方案，并按照国家有关规定办理相关审批手续后方可实施。改造完成后，应当按照民用建筑节能工程验收规范进行验收。

第四章　建筑用能系统运行节能

第二十三条 国家机关办公建筑和大型公共建筑的所有权人或者使用权人应当建立健全建筑节能管理制度和操作规程，对建筑用能系统进行监测、维护，加强建筑用能系统能耗计量管理。

第二十四条 县级以上人民政府建设主管部门应当对本行政区域内国家机关办公建筑和大型公共建筑能耗情况进行调查统计和评价分析，并逐步建立能耗实时监管平台。

国家机关办公建筑和大型公共建筑所有权人或者使用权人应当定期将能耗情况报所在地建设主管部门。

第二十五条 县级以上人民政府建设主管部门应当建立民用建筑能源审计制度，依法对高能耗的国家机关办公建筑和大型公共建筑进行能源审计，并将审计结果向社会公布。

高能耗的国家机关办公建筑和大型公共建筑所有权人或者使用权人应当按照审计结果进行节能改造，提高能源利用效率。

第二十六条 省人民政府节能工作主管部门应当会同建设主管部门制定公共建筑用电限额标准。

县级以上人民政府节能工作主管部门应当会同同级建设主管部门根据公共建筑用电限额标准确定本行政区域内公共建筑重点用电单位及其年度用电限额，对超过用电限额的征收超额附加费，按照行政事业性收费，实行收支两条线管理，纳入财政账户，专款用于建筑节能改造。超额附加费的征收标准，由省人民政府另行制定。

第五章 可再生能源的应用

第二十七条 省人民政府应当制定民用建筑应用可再生能源的鼓励政策，对在民用建筑中应用可再生能源的给予支持。

第二十八条 省人民政府建设主管部门应当根据本省气候条件、产品技术水平和经济发展等方面的特点，制定太阳能等可再生能源在建筑中应用的设计、施工、验收标准或者技术导则，组织应用技术研究，并将技术成果公开供社会免费使用。

第二十九条 采用集中空调系统，有稳定热水需求，建筑面积在一万平方米以上的新建（含改建、扩建）公共建筑，应当配套设计和建设空调废热回收利用装置，未配套的，不得通过施工图设计文件审查和竣工验收备案。

第三十条 地级以上市人民政府建设主管部门应当根据当地实际情况明确太阳能在建筑中的应用条件，加强对建筑应用太阳能技术的指导。

具备太阳能应用条件的建筑，建设单位应当选择合适的太阳能应用系统，用于热水供应等；设计单位应当按照有关太阳能应用的标准进行设计，未按照标准进行设计的，不得通过施工图设计文件审查和竣工验收备案。

第三十一条 政府投资的建设项目应当带头应用太阳能及其他可再生能源，并列入投资计划。

第三十二条 各级人民政府鼓励和扶持太阳能光伏发电和热水建筑一体化，开展应用示范工程；鼓励和扶持建设单位选择合适的太阳能应用系统用于采暖、制冷、照明；鼓励和扶持在江、河、湖、海附近的建筑中使用地表水源热泵系统；鼓励中水回用、建筑废弃物回收利用。

第六章 激励措施

第三十三条 县级以上人民政府应当安排资金，用于支持下列民用建筑节能工作：

（一）建筑节能的科学技术研究、产品开发和标准制定；

（二）既有建筑围护结构和空调系统的节能改造；

（三）可再生能源在民用建筑中的应用；

（四）民用建筑节能示范工程；

（五）新型墙体材料、绿色建筑和节能项目的推广应用；

（六）民用建筑节能监管系统的建设；

（七）鼓励家庭装配节能设施；

（八）其他民用建筑节能活动。

第三十四条 用于支持民用建筑节能工作的资金主要来源如下：

（一）财政拨款；

（二）新型墙体材料专项基金；

（三）按照本条例规定征收的超额附加费；

（四）社会捐助等其他来源。

第三十五条 鼓励对建筑屋顶和外墙实施安全美观的绿化，降低建筑能耗。

第三十六条 生产、使用列入推广目录的建筑节能新技术、新工艺、新设备、新产品和新材料的，按照国家有关规定享受税收优惠等扶持政策。

企业购置用于建筑节能专用设备的投资额，依法按照一定比例实行税额抵免。

第三十七条 建筑项目经建筑能效测评获得低能耗建筑能效标识的，依法减免建设单位该项目的企业所得税。

建筑项目列入可再生能源产业发展指导目录的，建设单位依法享受该项目的税收优惠。

第三十八条 鼓励金融机构按照国家有关规定，对民用建筑节能项目提供信贷支持。

第三十九条 县级以上人民政府应当制定优惠政策，鼓励社会资金参与可再生能源建筑应用、既有建筑节能改造及示范工程等民用建筑节能项目。投资人有权按照约定获得投资收益。

第七章 法律责任

第四十条 有下列情形之一的，由县级以上人民政府建设主管部门责令限期改正；逾期未改正的，处三万元以上五万元以下的罚款：

（一）违反本条例第九条规定，招标人未在招标文件中明确民用建筑节能要求的；

（二）违反本条例第十三条规定，工程监理单位未编制建筑节能专项监理方案的。

第四十一条 违反本条例第十一条第二款规定，施工图设计文件审查机构未对施工图设计文件中的民用建筑节能内容进行审查的，由县级以上人民政府建设主管部门责令限期改正，并处三万元以上五万元以下的罚款；出具虚假审查合格证明文件的，处十万元以上二十万元以下的罚款；情节严重的，由省人民政府建设主管部门撤销对审查机构的认定；有违法所得的，没收违法所得。

第四十二条 违反本条例第十七条规定，民用建筑能效测评机构出具能效测评虚假报告的，由县级以上人民政府建设主管部门责令限期改正，并处五万元以上十万元以下的罚款；情节严重的，由省人民政府建设主管部门撤销对能效测评机构的认定；有违法所得的，没收违法所得。

第四十三条 违反本条例第十八条规定，房地产开发企业有下列情形之一的，由县级以上人民政府建设主管部门责令限期改正；逾期未改正的，处交付使用的房屋销售总额的百分之一至二的罚款；情况严重的，由颁发资质证书的部门降低资质等级或者吊销资质证书：

（一）未在销售现场公示所售商品房的能耗设计指标、节能措施和保护要求、节能工程质量保修期等基本信息的；

（二）未在商品房买卖合同中明确所售商品房能耗设计指标、节能措施和保护要求、节能工程质量保修期等基本信息的；

（三）所售商品房的能耗设计指标、节能措施和保护要求、节能工程质量保修期等基本信息不真实、不准确的。

第四十四条 依照本条例规定，给予单位罚款处罚的，对单位直接负责的主管人员和其他直接责任人员处单位罚款数额百分之五以上百分之十以下罚款。

第四十五条 县级以上人民政府有关部门及其工作人员违反本条例规定，有下列行为之一的，对负有责任的主管人员和其他直接责任人员依法给予行政处分；构成犯罪的，依法追究刑事责任：

（一）对不符合民用建筑节能强制性标准的民用建筑工程，核发施工许可证、予以竣工验收备案的；

（二）未按照法律、法规的规定使用建筑节能资金的；

（三）未依法履行民用建筑节能监督检查职责，对应当制止和查处的违法行为不制止、不查处、造成严重后果的；

（四）有其他滥用职权、玩忽职守行为的。

第八章　附　则

第四十六条 本条例自2011年7月1日起施行。

广东省促进散装水泥发展和应用规定

（广东省人民政府2011年3月2日公布）

第一章 总 则

第一条 为了促进散装水泥的发展和应用，节约资源和能源，保护环境，提高建设工程质量，根据《中华人民共和国循环经济促进法》、《中华人民共和国清洁生产促进法》、《广东省建设工程项目使用袋装水泥和现场搅拌混凝土行政许可规定》等法律、法规，结合本省实际，制定本规定。

第二条 本省行政区域内水泥、预拌混凝土、预拌砂浆和混凝土预制构件的生产、销售、运输、使用及其监督管理，适用本规定。

本规定所称建设工程项目，是指房屋建筑、市政、交通、能源、水利、港口等土木工程。

第三条 县级以上人民政府应当加强对促进散装水泥发展和应用工作的领导，将其纳入国民经济和社会发展规划，协调解决促进散装水泥发展和应用工作中的重大问题。

第四条 县级以上人民政府住房城乡建设行政主管部门负责本行政区域内散装水泥和预拌混凝土、预拌砂浆、混凝土预制构件发展和应用的监督管理。

各级散装水泥管理办公室（以下称散装水泥主管机构）负责本行政区域内散装水泥和预拌混凝土、预拌砂浆、混凝土预制构件发展和应用的具体监督管理，其管理经费由同级财政部门按照规定核拨。

发展改革、经济和信息化、财政、公安、国土资源、交通运输、环境保护、水行政、质量技术监督等部门按照各自职责，做好散装水泥和预拌混凝土、预拌砂浆、混凝土预制构件发展和应用的相关工作。

乡镇人民政府、街道办事处应当协助有关部门做好散装水泥和预拌混凝土、预拌砂浆、混凝土预制构件发展和应用的有关工作。

第五条 各级人民政府及其相关部门应当在政策和资金上支持散装水泥和预拌混凝土、预拌砂浆、混凝土预制构件的发展，促进散装水泥在农村的应用，重点扶持水泥生产、销售企业在农村建立散装水泥销售点，鼓励农村使用预拌混凝土、预拌砂浆，提高农村散装水泥使用率。

第二章 发展和使用

第六条 省人民政府住房城乡建设行政主管部门应当按照统一规划、合理布局、保护环境、方便需求、有序竞争的原则，编制全省散装水泥发展和应用规划，报省人民政府批准后实施。

市、县人民政府住房城乡建设行政主管部门应当根据上级人民政府批准的散装水泥发展和应用规划，编制本行政区域散装水泥发展和应用规划，报同级人民政府批准后实施，并报上一级人民政府住房城乡建设行政主管部门备案。

散装水泥发展和应用规划应当包括规划期内散装水泥率及散装水泥使用率目标，预拌混凝土、预拌砂浆、混凝土预制构件发展总体要求和目标、各区域建设项目的规划布点、土地使用以及生产规模控制，节约资源和环境保护目标与成效，规划实施的保障机制等内容。

第七条 省人民政府住房城乡建设行政主管部门应当会同有关部门，根据国家有关规定，适时发布促进散装水泥和预拌混凝土、预拌砂浆、混凝土预制构件发展和应用的生产技术、工艺、设备和产品目录。

第八条 县级以上人民政府住房城乡建设行政主管部门应当会同有关部门，根据国家有关规定和本行政区域经济社会发展状况，划定禁止使用袋装水泥、袋装预拌砂浆和禁止现场搅拌混凝土、现场搅拌砂浆的范围，报同级人民政府批准后实施，并向社会公告。

第九条 各级人民政府划定禁止使用袋装水泥、袋装预拌砂浆和禁止现场搅拌混凝土、现场搅拌砂浆范围内的建设工程项目，不得擅自使用袋装水泥、袋装普通预拌砂浆和现场搅拌混凝土、现场搅拌砂浆。

第十条 预拌混凝土、预拌砂浆和混凝土预制构件生产企业，应当使用散装水泥。

第十一条 按照本规定第八条规定应当使用散装水泥和预拌混凝土、预拌砂浆的建设工程项目，设计单位应当在施工图设计文件中注明使用预拌混凝土、预拌砂浆的要求。未注明要求的，施工图设计文件审查机构不得通过其施工图设计文件的审查。

第十二条 按照本规定第八条规定应当使用散装水泥和预拌混凝土、预拌砂浆的建设工程项目，建设单位和施工单位应当在工程招标、投标文件以及建设工程施工合同中，列明使用散装水泥和预拌混凝土、预拌砂浆的等级和数量。

建设工程项目未按照施工合同要求使用散装水泥和预拌混凝土、预拌砂浆的，监理工程师不得签字，施工单位不得进行下一道工序的施工。

第十三条 县级以上人民政府住房城乡建设行政主管部门应当根据建筑市场的变化，及时制定、调整并发布散装水泥和预拌混凝土、预拌砂浆、混凝土预制构件的工程定额和造价信息。

第十四条 新建、改建、扩建的水泥生产项目，年设计散装水泥发放能力不得低于其生产能力的85%，未达到要求的，有关部门不予批准立项。

新建、改建、扩建的水泥生产项目建成投产后，每年实际发放散装水泥的数量不得低于其水泥总产量的70%.第十五条销售袋装水泥的水泥生产企业（含水泥熟料粉磨站）和袋装水泥的使用单位，应当按照国家规定缴纳散装水泥专项资金。

散装水泥专项资金的具体征收标准，由省财政部门会同省人民政府住房城乡建设行政主管部门制定，报省人民政府批准后执行。

散装水泥专项资金的征收、使用、返退操作细则，由省财政部门会同省人民政府住房城乡建设行政主管部门制定。

第三章 管理和监督

第十六条 新建、改建、扩建预拌混凝土、预拌砂浆、混凝土预制构件生产项目，应当符合本地区散装水泥发展和应用规划，并报所在地县级以上人民政府住房城乡建设行政主管部门批准。住房城乡建设行政主管部门批准项目时，应当征求省散装水泥主管机构的意见。

第十七条 预拌混凝土和混凝土预制构件生产企业应当按照相关规定，依法取得相应等级的资质证书后，方可在其资质等级许可的范围内从事生产活动。

建设工程项目应当使用具有相应资质等级企业生产的预拌混凝土和混凝土预制构件。

第十八条 预拌砂浆生产企业应当向所在地县级以上散装水泥主管机构备案。具体备案管理细则，由省人民政府住房城乡建设行政主管部门制定。

第十九条 预拌混凝土、预拌砂浆、混凝土预制构件生产企业应当建立健全质量控制体系，建立产品和原材料质量检验分类台账，其产品应用到建设工程的，应当纳入建设工程质量管理体系进行管理。

第二十条 散装水泥和预拌混凝土、预拌砂浆的运输车、搅拌车、泵送车、搅拌机、储存器（含散装水泥中转库，下同）、计量器等设施、设备，应当符合国家和省有关标准。

散装水泥和预拌混凝土、预拌砂浆的生产、经营、运输、使用单位应当将所使用的上述设施、设备报省散装水泥主管机构备案。

第二十一条 散装水泥、预拌混凝土和预拌砂浆专用运输车辆装载水泥、混凝土和砂浆，应当符合核定载重量，不得超载，并采取有效措施防止抛撒滴漏。

公安机关交通管理部门应当将设有固定装置的承担建设工程任务的散装水泥运输车、混凝土搅拌车、混凝土泵车、预拌砂浆运输车等专用车辆确定为“工程特种车”，给予进入市区的特殊通行证。

获准通行的专用车辆，应当按照公安机关交通管理部门指定的时间、路线、速度通行，并在指定的地点、区域停靠，不得影响交通畅行。

第二十二条 装载预拌混凝土、预拌砂浆的专用运输车辆发生交通违法行为的，公安机关交通管理部门应当及时处理；处理时间需要半小时以上的，除驾驶员无驾驶资格且无他人替代驾驶的情形外，应当先予记录放行，待卸载后再进行处理。

第二十三条 散装水泥和预拌混凝土、预拌砂浆、混凝土预制构件的生产、销售、运输、使用单位以及相关设备租赁单位，应当按照国家和省有关规定向所在地县级以上散装水泥主管机构报送有关统计资料。

第二十四条 各级散装水泥主管机构应当推进散装水泥管理信息化建设，运用信息化手段改进对水泥、预拌混凝土、预拌砂浆、混凝土预制构件生产、运输、使用、设备租赁企业以及散装水泥储存企业的管理和服务。

第四章 法律责任

第二十五条 违反本规定第九条、第十条规定，由县级以上人民政府住房城乡建设行政主管部门责令停止违法行为，并按照以下规定予以处罚：

（一）擅自使用袋装水泥、袋装普通预拌砂浆的，按照每吨300元的标准处以罚款；使用袋装水泥、袋装普通预拌砂浆数量无法计算的，按照建设项目规模每平方米30元的标准处以罚款，罚款总额不超过3万元。

（二）擅自现场搅拌混凝土的，按照每立方米混凝土100元的标准处以罚款；使用混凝土数量无法计算的，按照建设项目规模每平方米30元的标准处以罚款，罚款总额不超过3万元。

（三）擅自现场搅拌砂浆的，按照每吨砂浆300元的标准处以罚款；使用砂浆数量无法计算的，按照建设项目砌筑面积或者抹灰作业面积每平方米10元的标准处以罚款，罚款总额不超过3万元。

第二十六条 违反本规定第十四条第二款规定，新建、改建、扩建的水泥生产项目每年实际发放散装水泥的数量低于其水泥总产量的70%的，由县级以上人民政府住房城乡建设行政主管部门对不足部分按照每吨20元的标准处以罚款，罚款总额不超过3万元。

第二十七条 违反本规定第十七条第二款规定，使用不具有相应资质等级企业生产的预拌混凝土和混凝土预制构件的，由县级以上人民政府住房城乡建设行政主管部门处以1万元以上3万元以下的罚款。

第二十八条 违反本规定第十八条规定，预拌砂浆生产企业未按照要求向所在地县级以上散装水泥主管机构备案的，由县级以上人民政府住房城乡建设行政主管部门处以3万元的罚款。

第二十九条 违反本规定第二十条第二款规定，未将运输车、搅拌车、泵送车、搅拌机、储存器、计量器等设施、设备报省散装水泥主管机构备案的，由省住房城乡建设行政主管部门责令改正，并处以1万元以上3万元以下的罚款。

第三十条 违反本规定第二十三条规定，未按规定向所在地县级以上散装水泥主管机构报送有关统计资料的，由县级以上散装水泥主管机构责令限期改正；逾期不改正的，由统计部门依法予以处罚。

第三十一条 住房城乡建设行政主管部门和其他行政主管部门、散装水泥主管机构及其工作人员，在促进散装水泥发展和应用工作中滥用职权、玩忽职守、徇私舞弊的，由其上级机关或者监察机关责令改正，对直接负责的主管人员和其他直接责任人员依法给予处分；构成犯罪的，依法追究刑事责任。

第三十二条 本规定设定的行政处罚，县级以上人民政府住房城乡建设行政主管部门可以委托同级散装水泥主管机构实施。

第五章 附 则

第三十三条 本规定自2011年5月1日起施行。广东省人民政府1997年3月27日以第12号政府令发布、2000年6月8日以粤府〔2000〕34号文件修改的《广东省散装水泥管理规定》同时废止。

广东省住房和城乡建设厅关于《房屋建筑和市政基础设施工程质量监督管理规定》的实施办法

（广东省住房和城乡建设厅2011年12月30日印发）

第一条 为加强房屋建筑和市政基础设施工程质量的监督管理，保护人民生命和财产安全，规范住房城乡建设行政主管部门及工程质量监督机构的质量监督管理行为，根据住房和城乡建设部《房屋建筑和市政基础设施工程质量监督管理规定》，结合本省实际，制定本实施办法。

第二条 在本省行政区域内对新建、扩建、改建的房屋建筑和市政基础设施工程（以下简称工程）的质量监督管理，适用本实施办法。

第三条 住房城乡建设行政主管部门（以下简称建设主管部门）负责综合开展本行政区域工程质量监督管理工作，主要包括研究制定与修订工程质量管理的政策措施，组织开展工程质量监督检查，建立工程质量信用档案，向社会公布监督发现的涉及工程主体结构安全和主要使用功能的工程质量问题及整改情况，组织或参与工程质量事故的调查处理等。

工程质量监督机构（以下简称监督机构）负责开展本行政区域工程质量监督管理的具体工作，主要包括对建设项目工程质量实施监督和依照委托权限执法，定期对工程质量状况进行统计分析，参与工程质量事故的调查处理等。

建设主管部门可根据工作需要委托监督机构开展其他相关工作，并办理委托手续。

第四条 监督机构受理建设单位办理工程质量监督手续，应当要求建设单位提交工程项目下列材料：

（一）工程质量监督申报（登记）表；

（二）建设工程规划许可文件；

（三）施工图设计文件审查合格书；

（四）勘察、设计、施工、监理中标通知书（限依法应当进行招标投标工程项目）；

（五）勘察、设计、施工、监理、劳务、施工图审查、工程质量检测合同；

（六）勘察、设计、施工、监理、施工图审查、工程质量检测单位资质（资格）证书；

（七）施工、监理单位派驻项目施工管理、监理人员的任命（聘任）文件和执业资格证书；

（八）施工组织设计和监理规划；

（九）应当提交的其他资料。

监督机构应当将需要提交的全部材料的目录和工程质量监督申报（登记）表的示范文本在办公场所公示。

第五条 监督机构对工程项目实施质量监督前，应当根据工程项目实际制订监督工作计划。工作计划内容应当包括工程项目的基本情况，工程质量责任主体和工程质量检测等单位工程质量行为抽查内容与方案，涉及工程主体结构安全和主要使用功能的工程实体质量抽查内容与方案，主要建筑材料、建筑构配件及工程实体质量抽测内容与方案，工程竣工验收监督内容与方案，实施监督的措施及责任落实人员等。

第六条 工程质量责任主体和工程质量检测等单位工程质量行为抽查的主要内容包括：

（一）履行有关法律、法规规定的质量责任和义务情况；

（二）有关项目管理人员到位和履行质量管理职责情况；

（三）项目质量管理措施落实情况；

（四）对发现的工程质量隐患和问题落实整改情况。

第七条 涉及工程主体结构安全和主要使用功能的工程实体质量抽查，主要检查按施工图设计文件施工情况，实体外观质量及尺寸，施工质量控制资料，重要和隐蔽部位施工情况及施工过程拍摄的照片或视频等。

第八条 涉及工程主体结构安全和主要使用功能的主要建筑材料、建筑构配件及工程实体质量抽测，可采用便携式检测仪器检测，或在监督人员见证下由具有相应资质的工程质量检测单位进行检测。

第九条 监督机构应当重点抽查地基基础、主体结构、建筑节能等分部（含子分部）工程的施工质量和验收情况，防止未经验收或验收不合格仍进行后续施工。

第十条 工程竣工验收监督重点监督以下内容：

（一）工程是否具备法定的竣工验收条件；

（二）竣工验收组织形式、参与验收单位和人员是否符合有关要求；

（三）竣工验收过程是否履行必要的程序。

第十一条 监督机构应当在工程项目竣工验收合格之日起5个工作日内，向工程竣工验收备案机关提交工程项目质量监督报告。

监督报告应当包括以下主要内容：

（一）工程基本概况；

（二）工程建设各方责任主体和工程质量检测等单位工程质量行为抽查情况；

（三）涉及工程主体结构安全和主要使用功能的工程实体质量抽查情况；

（四）主要建筑材料、建筑构配件及工程实体质量抽测情况；

（五）抽查、抽测发现的工程质量问题及整改情况；

（六）发生的工程质量事故及处理情况；

（七）工程质量违法违规行为行政处罚情况；

（八）工程竣工验收监督情况；

（九）工程竣工验收备案建议。

第十二条 监督机构应当督促建设单位在工程竣工验收前确定工程永久性标牌的设置位置，并在工程竣工验收备案前完成标牌的制作和镶嵌。标牌上应载明工程名称、开工日期、竣工日期和建设、勘察、设计、施工、监理单位等工程质量责任主体名称及主要责任人姓名。

第十三条 监督机构应当对受监工程项目建立完整反映工程质量监督情况的工程质量监督档案。主要内容包括：

（一）工程质量监督申报（登记）表及有关材料；

（二）工程质量监督通知（告知）书；

（三）工程质量监督工作计划；

（四）工程质量行为抽查记录；

（五）涉及工程主体结构安全和主要使用功能的工程实体质量抽查记录；

（六）主要建筑材料、建筑构配件及工程实体质量抽测记录；

（七）地基基础、主体结构、建筑节能等分部（含子分部）工程验收抽查记录；

（八）工程竣工验收监督记录；

（九）工程质量整改和停工（局部停工）通知书及责任单位整改回复资料，工程复工通知书；

（十）工程质量事故调查处理材料；

（十一）行政处罚决定书或建议书；

（十二）工程质量监督报告；

（十三）工程质量监督有关重要文件、资料、照片、视频。

监督机构应当按照提高信息化水平的要求，逐步建立工程质量监督电子档案。

第十四条 监督机构应当根据工程质量监督情况，对监督发现的工程质量问题及本地区工程质量状况进行统计分析，按季度向建设主管部门提交统计分析报告。

第十五条 建设主管部门和监督机构应当建立健全以抽查为主、以监督执法为特征的工程质量监督模式，采取差别化管理、信息化管理、施工现场和建筑市场联动管理、质量信用管理等方式，提高工程质量监督管理效能。

第十六条 监督机构考核和工程质量监督人员考核，按照以下方式进行：

（一）新设立的监督机构和新上岗的工程质量监督人员，由省建设主管部门进行认证考核；

（二）省建设主管部门对所属省级监督机构，并委托所属省级监督机构对地级以上市监督机构、地级以上市建设主管部门对所辖县（区）监督机构，每三年进行一次验证考核；

（三）省建设主管部门对所属省级监督机构的工程质量监督人员，并委托地级以上市建设主管部门对本行政区域监督机构的工程质量监督人员，每两年进行一次验证考核。

省建设主管部门对受委托单位实施验证考核情况进行抽查。

第十七条 建设主管部门和监督机构工作人员在实施工程质量监督管理中玩忽职守、滥用职权、徇私舞弊的，依法给予行政处分；构成犯罪的，由有关机关依法追究刑事责任。

第十八条 本实施办法自2012年2月1日起施行。

主题索引

说明

一、本索引采用主题分析法，款目按汉语拼音字母（同音字按声调）顺序排列。
二、书中的篇目题、类目题、分目题用黑体字标明，其余用宋体字排印。表格在其款目后注明“表”。
三、索引款目后的数字表示内容所在的页码，数字后面的拉丁字母（a、b、c）表示栏别（即版面的1、2、3栏）。
四、同一主题的内容在书中多处出现的，在其款目后面用不同的页码标明。
五、本索引对《大事纪要》、《荣誉榜》、《统计资料》、《领导讲话》、《法规文件》等篇目不作主题分析。

A

B

C

D

E

F

K

General List

Table of Contents

Photo Album

Features

Calendar of Events

Guangdong Construction Development Overview

Urban and Suburb Planning

Urban Construction and Management

Towns and Villages Construction

Major Construction Project

Survey and Design

Construction Industry

Construction Science and Technology

Housing and Real Estate Industry

Education and Training, Professional Qualities

Administrative Permission

Construction Enterprise Informationization

Legislation Construction

Office Work and Supporting Work

Party Work and Clean Government Building

Figures

Municipal Buildings in Different Cities

Honor Roll

Statistics

Leader' Speeches

Selected Policy Papers